中华优秀传统文化传承发展工程

Project for Transmission and
Development of Fine Traditional
Chinese Culture

中国民间文学大系

故事

Treasury of
Chinese Folk Literature

Collection of Folktales

4-41

河南卷 ｜ 安阳分卷 ｜

Henan Volume: Tales from Anyang

中国文学艺术界联合会 中国民间文艺家协会 总编纂

中国文联出版社
http://www.clapnet.cn

图书在版编目（CIP）数据

中国民间文学大系 . 故事 . 河南卷 . 安阳分卷 / 中
国文学艺术界联合会 , 中国民间文艺家协会总编纂 . --
北京 : 中国文联出版社 , 2023.8
ISBN 978-7-5190-5126-6

Ⅰ . ①中… Ⅱ . ①中… ②中… Ⅲ . ①民间文学 – 作
品综合集 – 中国②民间故事 – 作品集 – 安阳 Ⅳ . ① I277

中国国家版本馆 CIP 数据核字 (2023) 第 086906 号

中国民间文学大系·故事·河南卷·安阳分卷

Zhongguo Minjian Wenxue Daxi
Gushi Henan Juan Anyang Fenjuan

总编纂	中国文学艺术界联合会　中国民间文艺家协会
终审人	朱彦玲
复审人	蒋爱民
责任编辑	苏　晶
责任校对	胡世勋　赵小慧
书籍设计	XXL Studio
排版制作	水行时代文化
责任印制	陈　晨
出版发行	中国文联出版社有限公司
地址	北京市朝阳区农展馆南里 10 号，100125
电话	010-85923025（发行部），010-85923091（总编室）
印刷	廊坊佰利得印刷有限公司
开本	635×965，1/8
字数	1660 千字
印张	115
版次	2023 年 8 月第 1 版
印次	2023 年 8 月第 1 次印刷
书号	ISBN 978-7-5190-5126-6
定价	1180.00 元

中华优秀传统文化传承发展工程

中国民间文学大系出版工程领导小组

中国民间文学大系出版工程学术委员会

中国民间文学大系出版工程编纂出版工作委员会

总序

5000多年的中华文化源远流长、灿烂辉煌，滋养着中华民族生生不息、发展壮大，积淀着中华民族最深沉的精神追求，镌刻着中华民族独特的精神标识，也蕴藏着解决当代人类面临难题的传统智慧，是涵养社会主义核心价值观的精神之源，更是我们在世界文化中站稳脚跟的坚实根基。中华优秀传统文化是我们必须世代传承的文化根脉、文化基因，在实现"两个一百年"奋斗目标和中华民族伟大复兴中国梦的历史进程中，追溯中华文化的源流、探究中华文化的传续、前瞻中华文化的走向，对于为中华民族精神家园立根铸魂、为新时代中国特色社会主义事业发展凝心聚力，具有重大意义。

编纂出版《中国民间文学大系》（以下简称《大系》）是新时代传承发展中华优秀传统文化的国家级重点工程。党的十八大以来，以习近平同志为核心的党中央高度重视中华文化的传承发展。2017年1月，中央印发《关于实施中华优秀传统文化传承发展工程的意见》（以下简称《意见》），编纂出版《大系》列为其中的重大工程。《意见》从建设社会主义文化强国，增强国家文化软实力，实现中华民族伟大复兴中国梦的高度，深刻阐述了中华优秀传统文化传承发展的重要意义、指导思想、基本原则和总体目标，对传承发展工程的主要内容、重点任务、组织实施和保障措施等作出了重要部署，是当前和今后一个时期指导我们传承发展好中华优秀传统文化的重要遵循。民间文学是中华优秀传统文化中最主要的基础资源之一，它鲜明而又直接地反映着人民群众的日常生活和价值观、审美观。中国民间文学大系出版工程（以下简称大系出版工程）由中国文联负责组织实施，是中华优秀传统文化传承发展工程的重点项目之一，也是中国民间文学遗产抢救保护与传承的民心工程。这一工程的主要任务是以客观、科学、理性的态度，收集整理民间口头文学作品及理论方面的原创文献，编纂出版《大系》大型文库，完善中国口头文学遗产数据库，为中华民族保留珍贵鲜活的民间文化记忆。在编纂同时，开展一系列以中国民间文学为主题的社会宣传活动，促进全社会共同参与民间文学的发掘、传播、保护，形成全社会热爱、传承优秀传统民间文学的热潮，形成德在民间、艺在民间、文在民间的共识，推动民间文学知识普及与对外交流传播。

民间文学产生于民间，流传于民间，具有与生俱来的人民性。习近平总书记在文艺工作座谈会上的讲话中指出，"人民既是历史的创造者、也是历史的见证者，既是历史的'剧中人'、也是历史的'剧作者'"。因为民间文学活动本身就是人民的审美生活，是人民不可缺少的生活样式，具有浓厚的生活属性。民众在表演和传播民间文学时，就是在经历一种独特的生活方式。人民创作、人民传播和人民享受，是民间文学人民性的具体表现。

民间文学是培育和践行社会主义核心价值观的重要载体。首先，民间文学是宝贵的历史文化遗产，是中华民族祖祖辈辈集体智慧的结晶，积淀着中华民族特有的极为丰富的思想道德和文化意识形态。其次，民间文学是人民群众自己的文学和学问，具有最为广泛的人民性，没有哪一种文学艺术形式拥有如此众多的作者和观众。它对人们的生活方式和思想观念所产生的潜移默化影响也是最为深刻和久远的。再次，民间文学是人民群众最为喜闻乐见和熟悉的审美方式，也是最为便利的文学活动形式。每个地方都有祖辈延续下来的传说、故事、歌谣、谚语、小戏、说唱等等，为当地人耳熟能详。这些民间文学一旦进入当地人的生活世界，便释放出强大的感化能量。

新中国成立后，党和政府十分重视民间文艺的传承保护。民间文学搜集抢救整理成果丰硕，为编纂出版《大系》奠定了坚实基础。1950 年 3 月，我国民间文学、民间戏剧、民间音乐、民间美术、民间舞蹈等领域的文艺家与研究家发起成立了中国民间文艺研究会（以下简称民研会；1987 年更名为中国民间文艺家协会），开始在全国范围内统一组织实施中国民间文艺的传承与研究工作。在民研会成立大会上，代表们讨论并通过了《征集民间文艺资料办法》。1979 年 9 月，全国少数民族民间歌手、民间诗人座谈会在京召开，众多民间歌手和艺人恢复名誉，抢救保护民族民间文化遗产工作也随之重启。1984 年 2 月，中宣部印发《关于加强少数民族文学研究和资料搜集工作的通知》。同年 5 月，文化部、国家民委、民研会印发《关于编辑出版〈中国民间故事集成〉〈中国歌谣集成〉〈中国谚语集成〉的通知》，全国各地大批民间文艺专家和民间文艺工作者代表们会聚起来，形成强大的学术力量和社会力量，开始了民间文学抢救整理工作。1987 年至 2009 年，在全国普查、采录的基础上，全国各地民间文学"三套集成"陆续编辑出版。"三套集成"从酝酿、立项到全面实施，历经近 30 年，全国 30 个省市自治区（不含重庆、港澳台）编纂出版 90 卷（102 册），总计 1 亿多字，一大批珍贵的各民族神话、传说、故事、歌谣、谚语等民间口头文学作品，成为民间文学爱好者和研究者的通用读本。进入新世纪以来，中国民间文化遗产抢救、中国民族民间文化遗产保护等工程又相继开展，取得扎实而宝贵的工作进展。为了进一步适应今后文化发展以及科学技术进步带来的阅读、研究与利用的实际需要，2010 年 12 月，中国民间文艺家协会启动实施了中国口头文学遗产数字化工程，已陆续完成 10 多亿字民间口头文学记录文本的数字化存录，最终将形成体系完备的"中国口头文学遗产数据库"，以有效避免因各种因素造成的纸质资料遗失和损坏，并使阅读、检索和利用这些作品及资料变得更为方便、快捷和准确，从而实现更大范围的资源共享。新中国成立 70 年来民间文艺工作的实践与经验，数十亿字民间文艺资料的积累与储备，数十万民间文艺工作者的心血和智慧，是我国民间文艺事业发展的宝贵财富，也为《大系》的编纂工作确立了综合实力和巨大优势。

大系出版工程是新时代中国民间文学保护、传承工作的扩充、延伸、深化、升华，更是民间文学创造性转化和创新性发展的理论探索和实践行动。《大系》文库按照神话、史诗、传说、故事、歌谣、长诗、说唱、小戏、谚语、谜语、俗语、理论 12 个门类进行编纂，计划到 2025 年出版大型文库 1000 卷，每卷 100 万字，共 10 亿字。该工程制订的长期规划、分步骤分阶段分类别的运作策略和实施举措，保障了项目的可持续性发展和科学化运用。

《大系》既是有史以来记录民间文学数量最多、内容最丰富、种类最齐全、形式最多样、最具活态性的文库，也是在民间文学搜集整理领域开展的新时代综合性成果总结、示范性的本土文化实践活动。它将几千年来在民间普遍传承的无形精神遗产变为有形的文化财富，从而避免在全球化语境下民间文学遭遇民众文化失语和传统经典样式失忆的尴尬与窘境，为世人了解中国民间文艺发展规律、应对社会转型和变革所带来的传统文化衰微之势，提供了文化复兴的有效良方和经验范式。

《大系》充分吸收当代民间文学研究的新成果、新理念，在选编标准上，始终坚持正确的政治导向，坚持优秀传统文化的标准，萃取经典，服务当代。各分卷编委会着力还原民间文学的本真形态，忠实保持各民族作品原文意蕴，在内容、形式、类型等方面力求反映出民族风格和当地口承文化传统特点，按照科学性、广泛性、地域性、代表性的"四性"原则，在各类文本中，精心编纂出具有民间文化传统精神和当代人文意识的优秀作品文库。

编纂出版《大系》，我们始终坚持具有鲜明导向的指导思想和基本原则。《大系》汇集全国各地民间文艺领域上千名专家、学者，计划用 8 年的时间对民间文学 12 个门类进行搜集整理、编纂出版，是一项复杂的系统工程。《大系》既是党中央交给中国文联的一项重要的文化建设任务，又是民间文艺界的一项重大学术研究活动；既是一项中华民族大型文化精品创建工程，又是一次中国民间文学主题实践宣传活动；既要深入田间地头调查搜集采录第一手资料，又要坐在书斋静下心来进行归纳整理研究。《大系》具有很强的政治性、学术性、专业性、群众性。我们的指导思想是，始终高举中国特色社会主义伟大旗帜，全面贯彻落实习近平新时代中国特色社会主义思想和党的十九大精神，紧紧围绕实现中华民族伟大复兴中国梦，深入贯彻新发展理念，坚持以人民为中心的工作导向，坚持以社会主义核心价值观为引领，坚持创造性转化、创新性发展，坚定文化自信，增强文化自觉，树立正确的价值观、历史观、审美观，积极思考和探索民间文学的继承与发展等时代命题，坚持交流互鉴、开放包容，关注民间文学新的时代内涵和现代表达形式，使我们民族创造的民间文艺更接地气、更有底气、更具生气。

《大系》编纂出版工作确立了"三个坚持"的基本原则：一是坚持社会主义先进文化前进方向和正确价值取向，对民族民间文学中的制度风俗、思想观念、价值理念、乡规家风等加以梳理和诠释，去粗取精、去伪存真，发掘民间文学蕴含的核心价值观，充分发挥民间文学在"美教化、厚人伦、移风俗"等方面的特殊作用；二是坚持广泛性和代表性相结合，在广泛普查和科学分类的基础上，加强对各民族民间文学精神与思想内涵的挖掘和阐发，把强调先进价值观与突出地域文化特色、民族风格密切结合起来，推动建设中华民族和合一体的共同精神家园；三是坚持学术性与普及性相结合，以民间文学理论研究成果和当代文化思想为学术指导，加强民间文学各类别经典文本呈现、精品范本出版，促进民间文学的创造性转化和创新性发展，并注重与时代发展相适应，实现从口耳相传到多媒体传播的时代变化，激活其当代价值，高标准、高质量、高要求地打造体现中国精神、中国形象、中国文化、中国表达的经典传世精品。

编纂出版《大系》是新时代赋予我们的光荣职责和神圣使命。我国各民族民间文艺积淀深厚，灿烂博大，与人民生活紧密联系着，是中华优秀传统文化的土壤和基石。千百年来，我国民间文学薪火相传、生生不息，深深融入中华民族的血脉，深刻影响着中国人的精神世界，印刻着中华民族独特的文化记忆，鲜明地表现着广大人民群众的精神向往、道德准则和价值取向，充分彰显着中国人的气质、智慧、灵气、想象力和创造力，是中华文化的亮丽瑰宝和鲜明标志，不论过去还是现在，都有其永不褪色的价值。但同时也要看到，民间文学又是脆弱的。随着转型期社会的深刻变革和城镇化带来的高速发展，民间文学赖以生存的土壤正在迅速流失，不少优秀民间文学正在成为绝唱，更多的民间文学资源业已消失。因此，抢救与保护散落在中国大地上各区域、各民族现存的不可再生的文化遗产，按照当代学术规范和学科准则，大规模开展民间文学的搜集、整理、出版、推广、研究，激发全社会对我国优秀民间文学的热爱和珍视之情，促进民间文学保护、传承与发展，延续中华文脉，造福人民大众，为繁荣发展社会主义文艺事业提供民间文学精致文本和精彩样式，已成为热爱中华优秀传统文化有识之士的共同心声。

当前，中国特色社会主义步入新时代，在以习近平同志为核心的党中央领导下，各级党委和政府更加自觉、更加主动推动中华优秀传统文化的传承与发展，开展了一系列富有创新、富有成效的工作，有力增强了中华优秀传统文化的凝聚力、影响力、创造力。进一步发扬优秀传统，充分尊重人民群众的思想观念、风俗习惯、生活方式、民族情感、表达形式，充分尊重一代又一代民间文艺创造者、传承者的经验智慧与劳动成果，进一步凝聚共识，精耕细作，落实好、完成好大系出版工程的各项工作，不断书写出中国民间文学新的辉煌，既是新时代赋予广大民间文艺工作者的光荣职责，更是我们共同担当的神圣使命。

我们郑重呼吁：全社会都行动起来，共同承担起抢救中华民族民间文学遗产的神圣职责！

中国文学艺术界联合会

中国民间文艺家协会

2019 年 3 月 5 日

General Prologue

The splendid culture of China, with a time-honored history of more than 5000 years, has ensured the lineage, development, and growth of the Chinese nation, encompassed the deepest intellectual pursuit of the Chinese nation, engraved the distinctive cultural identity of the Chinese nation, containing the traditional wisdom to tackle today's problems faced by humanity. Moreover, the profound culture of China constitutes the spiritual source for cultivating the core socialist values, laying down a solid foundation for us to stand firm in the diverse global cultures. Fine traditional Chinese culture comprises the cultural root and gene that we must transmit from generation to generation. In the historical process of achieving the Two Centenary Goals and realizing the Chinese Dream of rejuvenation of the Chinese nation, China's fine traditional culture is of great significance in tracing the source and course of the culture of the Chinese nation while gaining a foresight of its future direction, so as to reinforce the rootedness and soulfulness of the spiritual homeland for the Chinese nation, and to pool the wisdom and strength for developing the socialism with Chinese characteristics in the new era.

The compilation and publication of the *Treasury of Chinese Folk Literature* (hereafter referred to as "the *Treasury*") is one of the national key projects for transmitting and promoting China's fine traditional culture in the new era. Since the 18th National Congress of the Communist Party of China (CPC), the CPC Central Committee with Comrade Xi Jinping at its core has been attaching great importance to the transmission and development of traditional Chinese culture. In January 2017, the central authorities issued the Opinions on Implementing the Project for Transmission and Development of Fine Traditional Chinese Culture (hereafter referred to as "the Opinions") in which the compilation and publication of the *Treasury* is included as one of the key projects. With a perspective of building China into a country with a strong socialist culture, strengthening its cultural soft power, and realizing the Chinese Dream of the rejuvenation of the Chinese nation, the Opinions not only profoundly expounds the significance, guiding ideology, basic principles, and the overall objectives of transmitting and developing China's fine traditional culture, but also conceives a holistic strategy for a series of projects on their main content, key tasks, organizational implementation, and supporting measures. It is, accordingly, a crucial guideline for us to better transmit and develop fine traditional Chinese culture at present and in the near future.

As one of the most fundamental resources in China's fine traditional culture, folk literature reflects, directly yet vibrantly, the daily life, values, and aesthetics of the people. The Publishing Project for the *Treasury of Chinese Folk Literature* (hereinafter referred to as "the Project"), organized and implemented by China Federation of Literary and Art Circles (CFLAC), is one of the key projects under the framework of the Projects for Transmission and Development of Fine Chinese Traditional Culture, and also a people-to-people exchange project for salvaging, preserving, and transmitting Chinese folk literary heritage. In an objective, scientific, and rational manner, the main tasks of the Project are 1) collect and collate the first-hand materials of folk oral literature and original documents of theoretical studies, 2) set up a large-scale textual library through compiling and publishing the *Treasury*, 3) enrich the Chinese Oral Literature Heritage Database, and 4) keep folk cultural memories alive for the Chinese nation. At the same time of compilation, a series of social publicity activities centered on the theme of Chinese folk literature should be carried out to promote the participation of the whole society in the exploration, dissemination, and safeguarding of folk literature, to unfold vigorous mass campaign for practicing and transmitting the fine traditional Chinese culture, and to reach the consensus that the people are the source of morality, art, and literature, giving impetus both to the popularization of folk literature knowledge and cultural exchanges and communication with foreign countries.

It is precisely because its origin is in the people while its spread is among the people, folk literature stands in the immanent affinity to the people. General Secretary Xi Jinping of the CPC Central Committee pointed out in his speech at the Forum on Literature and Art, "The people are both the creators and the observers of history, and both its protagonists and playwrights." Since folk literary activity itself has shaped not only the aesthetic life of the people, but also the indispensable life model of the people, it bears a strong life-attribute. When people perform and disseminate folk literature, they are experiencing a specific way of life itself. The affinity to the people of folk literature is alive in the concrete manifestations that it has been created, transmitted, and enjoyed by the people.

Folk literature is an important carrier for fostering and practicing core socialist values. Firstly, folk literature is the irreplaceable historical and cultural heritage, representing a crystallization of the collective wisdom handed down for generations of the Chinese nation, while testifying the accumulation of the distinctive and profound philosophical thoughts, moral essence, and cultural ideology attributed to the Chinese nation. Secondly, folk literature stands for people's own literature and learning and boasts the most extensive affinity to the people. No form in literature can match folk literature in terms of the number of creators and audience, and no literary form has exerted such profound and long-lasting yet subtle influence on people's mode of life and way of thinking as folk literature. Thirdly, folk literature is one of the most celebrated aesthetic means that is familiar to the average people and is also the most easily-accessible form of literature. No matter where it is, there must be legend, tale, song and ballad, proverb, drama, telling and singing, as well as other oral genres that are widely known to the local people for generations. Accordingly, once entering the life-world, folk literature will release powerful inspirational appeals.

Since the People's Republic of China was founded in 1949, the CPC and the competent authorities of government at all levels have been attaching importance to transmitting and promoting folk literature and art. The work of collecting, salvaging, and collating folk literature has yielded fruitful results, which lays a solid foundation for the compilation and publication of the *Treasury*. In March 1950, with the initiative of artists and researchers from related fields, such as folk literature, folk operas, folk music, folk fine art, folk dance, and so forth, the Chinese Society for Folk Literature and Art Research (hereafter referred to as "the Society," which was officially renamed as the Chinese Folk Literature and Art Association in 1987) was established. The Society immediately embarked on organizing and implementing the promotion and research work of folk literature and art in a unified way throughout the country. The "Measures for Collecting Materials of Folk Literature and Art" was discussed and adopted at the founding assembly of the Society. In September 1979, the National Symposium of Ethnic Folk Singers and Folk Poets was held in Beijing, with the aim of restoring the reputation of folk singers and artists who had been degraded during the Cultural Revolution, and the work of salvage and preservation of the folk cultural heritage was also resumed along the event. In February 1984, the Publicity Department of the CPC Central Committee issued the Notice on Strengthening the Research and Data-Collection of Ethnic Literature. In May 1984, the Ministry of Culture, the National Ethnic Affairs Commission, and the Society jointly issued the Notice on Compilating and Publishing *The Collection of Chinese Folktales, The Collection of Chinese Songs and Ballads, and The Collection of Chinese Proverbs*. Many experts and workers devoted to folk literature and art from all over the country were convened to form a strong academic force and social synergy and started to dedicate themselves to salvaging and collating folk literature. From 1987 to 2009, the Three Collections of Folk Literature were successively compiled and published on the basis of the nation-wide survey and collection. After nearly 30 years from preparation, project approval to full implementation, the Three Collections finally came into view of readers in 90 volumes (102 copies) in 30 provinces and autonomous regions (apart from volumes of Chongqing, Hong Kong, Macao, and Taiwan), with a total of more than 100 million characters in Chinese. Since then, a great amount of folk oral literary texts, such as myth, legend, folktale, folk song and ballad, proverb, and so forth, have become the general readers both for folk literature enthusiasts and scholars.

Since the beginning of the new century, the Project for Salvaging Chinese Folk Literature and the Project for Safeguarding Chinese Ethnic Folk Cultural Heritage have both been implemented by the Chinese Folk Literature and Art Association (CFLAA) and made remarkable achievements. In order to further adapt to the actual needs of reading, research, and utilization brought about by cultural development along with scientific and technological advancement in the future, in December 2010, the CFLAA initiated and implemented the Project for the Digitization of Chinese Oral Literature Heritage and has hitherto completed the digitization of the folk oral literature of over one billion Chinese characters. The goal of the digitization project is to create a well-established system of the Chinese Oral Literature Heritage Database, to effectively avoid the loss and damage of printed materials caused by various factors, to make reading, retrieving, and using these texts and materials more convenient, fast, and accurate, thereby enabling a wider range of resource sharing.

Over the past 70 years, the practices and experiences of folk literature and art, the accumulation and preservation of folk literary data in billions of Chinese characters, as well as the efforts and wisdom of hundreds of thousands of cultural workers, have constituted the invaluable assets for the development of Chinese folk literature and art, and also established the comprehensive strength and considerable advantage for the compilation of the *Treasury*.

The Project is not only the augmentation, extension, intensification, and sublimation of the preservation work of Chinese folk literature in the new era, but also the theoretical exploration and practical action in transforming and boosting folk literature in a creative way. The *Treasury* is to be compiled under 12 categories, namely myth, epic, legend, folktale, song and ballad, long poem, telling and singing, folk drama, proverb, riddle, folk adage, and theory. It is planned that by 2025, 1000 volumes with one million characters each and one billion characters in total will be registered. The sustainable development and scientific applying value of the Project will be ensured by its long-term planning and holistic measures with operation strategies for implementation in phases, steps, and categories.

The *Treasury* is not only the library that documents the largest number of folk literary texts with unprecedented resources in terms of content, genre, form, style, and living nature throughout history, but also provides a summarization of the comprehensive achievements in the field of collecting and collating folk literature, demonstrating local cultural practices in the new era. It turns the intangible spiritual legacy that has been generally transmitted for millenniums among the masses into tangible cultural wealth, thereby obviating the dilemma and predicament of folk literature suffering both from cultural aphasia of the folks and amnesia of the fine traditional patterns in the context of globalization. To understand the laws governing the evolution of Chinese folk literature and art, to cope with the decline of traditional culture brought about by social transformation, the *Treasury* provides an effective prescription and experience paradigm for cultural rejuvenation.

The *Treasury* fully draws on the new achievements and new conceptions gained in contemporary folk literature research. With regard to the selection criteria, it always adheres to the orientation of the people-centered and the standards of fine traditional culture to make the past serve the present. The editorial committees of each collection and each volume strive to represent the cultural reality and diverse implication of folk literature collected from Chinese people of all ethnic groups, giving specific attention to maintaining ethnic characteristics and local feature of oral-based cultural tradition in terms of content, form, genre, type, and so forth. In accordance with the Four Principles, namely, Scientificity, Extensiveness, Locality, and Representativeness, the well-elaborated Treasury collects fine folk literature works from all kinds of texts that are embedded with traditional cultural ethos and contemporary humanistic perception.

The compilation and publication of the *Treasury* always upholds the guiding ideology and basic principles with well-defined orientation. As a collaborative undertaking of thousands of experts and scholars in the field of folk literature and art across the country, it is a complicated systematic project that is planned to take 8 years to collect, clarify, collate, compile, and publish the folk literature materials under 12 categories. The *Treasury* is not only a crucial task entrusted to the CFLAC by the CPC Central Committee, but also a significant academic research project in the field of folk literature and art; it is not only a large-scale cultural project for promoting fine works of the Chinese nation, but also a promotional activity in practice highlighting the theme of Chinese folk literature; it is thus necessary both to go deep into the field to investigate, collect, and document the first-hand data, and to sit down at the desk to conduct induction, collation, and research with a will.

The *Treasury* is highly political, academic, professional with a strong connection to the grass-roots. Our guiding ideology includes to uphold socialism with Chinese characteristics and comprehensively implement Xi Jinping's Thought on Socialism with Chinese Characteristics for a New Era and the guiding principles of the 19th CPC National Congress; to make the unremitting endeavor to the realization of the Chinese Dream of national rejuvenation and push forward the new development concepts in an all-round way; to adhere to the people-centered approach, the guidance of the core socialist values, and transform and boost traditional culture in a creative way; to have full confidence in culture, enhance cultural consciousness, foster sound values and outlooks of history and aesthetics, and actively ponder over and explore into propositions put forward by the times, including the transmission and development of folk literature; to persist in deepening exchanges and mutual learning in a spirit of openness and inclusiveness, while ensuring the attentiveness of new connotation of the times and the contemporary form of expressions introduced in folk literature. In accordance with the above-mentioned guiding principles, the folk literature created by the Chinese nation should be more grounded, more uplifted, and more energetic.

The compilation and publication of the *Treasury* has established the basic principles of the Three Adherences. First, to adhere to leading direction of advanced Socialist culture and sound value orientation. In the process of clarifying and annotating the conventional custom, idea, conception, and family tradition carried in the ethnic and folk literature, we should discard the dross and keep the essential, eliminate the false and retain the true, explore the core values contained in folk literature, and to give full play to the special role of folk literature in the aspects of "giving depth to human relation, fostering sound moral values, and breaking with undesirable customs." Second, to adhere to the combination of extensiveness and representativeness. On the basis of extensive survey and scientific classification, we should strengthen the exploration and elucidation of the literary spirits and ideological connotation of folk literature among various ethnic groups, integrate the manifestation of sound values with prominent regional cultural characteristics and ethnic features, and promote the construction of a common spiritual homeland of harmony and unity for the Chinese nation. Third, to adhere to the combination of academicity and popularization. Under the professional guidance of the theoretical research results of folk literature and contemporary cultural thoughts, we should strengthen the presentation of fine texts in various categories of folk literature and the publication of quality model-texts, promote the creative transformation and innovative development of folk literature, and lay stress on keeping pace with the times, facilitating the appropriate transition from word of mouth to multimedia communication, and activating its contemporary value. With high standards, high quality, and high requirements, the *Treasury* aims to create a fine library that exemplifies Chinese spirit, Chinese image, Chinese culture, and Chinese expression that will be handed on from age to age.

The compilation and publication of the *Treasury* is the glorious duty and sacred mission delivered to us by the new era. Closely connected to the people's lives, folk literature and art of all ethnic groups of Chinese nation are profoundly developed and accumulated with its splendid, extensive, and broad spectrums, offering soil and cornerstone for the growth of fine traditional culture with Chinese features. For thousands of years, the Chinese folk literature has been passed on from generation to generation, running deep in the blood of the Chinese nation with great influence on the spiritual world of the Chinese people, and thus establishing the Chinese nation an imprint of the distinctive cultural memory. The folk literature in China thus evidently represents the spiritual aspirations, moral principles, and value orientations of the broad masses of the people, fully demonstrating the temperament, wisdom, intelligence, imagination, and creativity of Chinese people, thereby, endowing Chinese culture with the bright gem and distinctive symbol, which has its values that never faded, no matter in the past or at present. At the same time, however, we should be aware of the fact that folk literature is fragile. With the profound transformation of society and the rapid development brought about by urbanization during the transitional period, the soil that folk literature lives on is rapidly losing; many expressions of fine folk literature are becoming swan songs, and more and more folk literary resources have disappeared. Therefore, it has become the shared aspirations of those of vision to salvage and safeguard the existing nonrenewable cultural heritage scattered in various regions and ethnic groups in China, to undertake collection, collation, publication, promotion, and research of folk literature on a large scale in accordance with contemporary academic norms and disciplinary criteria, to motivate the whole society to love and cherish China's fine folk literature, to strengthen the protection, transmission, and development of folk literature so as to continue the lifeline of Chinese culture, and benefit the people's wellbeing, as well as to provide exquisite texts and wonderful formats of folk literature for the prosperity and development of socialist literature and art.

At present, the socialism with Chinese characteristics has entered a new era, the CPC committees and governments at all levels, under the leadership of the CPC Central Committee with Comrade Xi Jinping at its core, have been more conscious and more active in promoting the transmission and development of fine traditional Chinese culture, and launched a series of innovative and productive work, which has effectively enhanced the cohesion, influence, and creativity of fine traditional Chinese culture. In order to further carry forward the fine traditions, we should 1) fully respect the people's ideological concepts, customs and folkways, lifestyles, feelings and sentiments, as well as their ways of expressions, 2) fully respect the experience, wisdom, and labor outcomes of bearers and practitioners of folk literature and art in generations, 3) further consolidate consensus to carry out intensive and meticulous operations, to implement and complete all the work of the Project, and to make new achievements in Chinese folk literature. All these tasks are not only the honorable responsibilities of the practitioners of folk literature and art in the new era, but also the noble mission that we share.

We hereby earnestly call on the whole society to take actions together on the solemn duty of salvaging folk literary heritage of the Chinese nation.

China Federation of Literary and Art Circles (CFLAC)
Chinese Folk Literature and Art Association (CFLAA)
March 5, 2019

（陈婷婷　安德明　巴莫曲布嫫 译；侯海强 审订）

中国民间文学大系出版工程编纂出版工作委员会
"民间故事"编辑专家组

组长   万建中

副组长   江　帆　　陈建宪

组员   （按姓氏笔画排序）

              马光亭　　刘珊珊　　李生柱　　汪梅田　　陈华文
              林亦修　　尚　炜　　钟俊昆　　段　勇　　郭俊红
              黄清喜　　康　丽　　隋　丽　　傅功振　　谢红萍
              詹　娜　　漆凌云

联络员   康　丽

序言

　　月亮在白莲花般的云朵里穿行，迎面吹来阵阵凉风，我们依偎在祖母的怀里，听她讲那遥远的故事，《狼外婆》《狗耕田》《七仙女》《叶限》……构成了很多人儿时的记忆。一些故事以文字的形式记录了下来，但大量民间口耳相传的故事，因为演述人的断代而渐渐失传。那些散落在祖国大地上的民间文学"遗珠"，若不能及时得到抢救整理，我们失去的不仅是一个个好听的故事，更是民族文化的根脉。《中国民间文学大系·故事卷》正是举全国之力延续这一根脉的伟大工程，旨在将那些正在被遗忘的民间故事传统重新打捞起来，使之成为永远不会消失的纸质文本，供后人阅读、保存、研究和享用。

一、民间传统生活的"活化石"

　　民间故事具有浓厚的生活属性，民众在表演和传播民间故事时，是在经历一种独特的生活，一般不会意识到自己在从事文学活动。民间故事演述活动本身就是民众的生活，是民众不可缺少的生活样式。自古以来，民间故事的演述往往不是单独进行，而是和民众的生产生活及各种仪式活动紧密结合，有着很大的实用价值。故此，其价值包含在当地人的思想、历史、道德、审美等一切意识形态里面，也伴随着当地人的一切物质活动，远远超越了单纯的审美维度。民间故事延续了当地的文化传统，深深影响着当地人的生活世界。

　　民间故事的演述始终与某一生活情境联系在一起。民间故事与生活情境之间的联结最为牢固，同时也具有多向度的社会意义。民间故事的演述过程具有浓厚的表演色彩，但故事的演述者从来都不是独自站在舞台上演独角戏，听众随时随地都有插话、打岔、插科打诨的可能。故事的演述，往往是某次偶然的闲谈或者某个偶然发生的事件引起的，演述人通过演述某个与当时当地情景相符的故事，来表达自己的思想感情。因此，对于当地人来说，民间故事具有重要的交流意义。只有在民间故事演述的各种因素的关联情境中以及从头至尾的过程之中把握民间故事的生活形态，民间故事才能被全面理解。譬如，独龙族的"坛嘎朋"贯穿于独龙族各种仪式场合，表现了对祖先丰功伟绩的追忆。这种民间故事现象在民族地区尤为普遍。倘若脱离了具体的生活情境，民间故事便无法演述，也失去了演述的必要。

民间故事演述中机智、调侃的语言，伴随的插科打诨、夸张的形体动作、惟妙惟肖的表情、表演者与观众奇妙的互动，等等，都可引发现场哄堂大笑。恩格斯在《德国民间故事书》中说：民间故事书的使命是使农民在繁重的劳动之余，晚上疲惫不堪回来的时候，娱乐他，恢复他的精神，使他忘掉沉重的劳动，把他那贫瘠沙砾的田地变为芬芳的花园。这是民间文学特有的生活魅力。

在夜间讲故事是民间一种十分普遍的生活现象，有些著名故事集的名称就反映了这种情况。如意大利16世纪中叶斯特拉佩鲁勒收集的一个故事集叫作《愉快的夜晚》。日本故事学家关敬吾说，他开始研究民间故事时，阅读的是一位老大娘演述的《加无波良夜谭》。著名故事家刘德培的很多故事就是在这种场合下获得，在这种场合下演述。夜谈不限于室内，夏季夜晚在室外乘凉，秋收季节夜晚在月光下剥玉米、绩麻，这种轻体力劳动都不妨碍讲故事。在故事的演述和接受的过程中，人们的生活变得更充实、更有情趣。

二、演述者的演述魅力

民间故事的叙述人不是一般的说话人，即不是正在"说话"的人本身，而是一个秉承了某一地方传统并在传播和演绎传统的人物。一个人一旦进入叙事，他就必须改变自己的身份、角色和角度。叙述人是叙述人所创造、所想象、所虚构的角色。他可以根据需要，用不同的声音和方式进行叙述，并伴以各种形体和表情动作。故事的叙述人在演唱或讲故事时极为自然地把"说"扩展为一种表演、一种戏剧化的形式。叙述者不仅是一个故事的叙述人，他们还身兼数职地模拟故事中不同人物的口吻、音容笑貌、行为动作，以有声有色的方式富有临场感地叙述民间故事或演绎民间口头传统。

德国哲学家瓦尔特·本雅明（Walter Benjamin）在《讲故事的人》（1936年）一文中说："民间故事和童话因为曾经是人类的第一位导师，所以直至今日依旧是孩子们的第一位导师。无论何时，民间故事和童话总能给我们提供好的忠告；无论在何种情况，民间故事和童话的忠告都是极有助益的。"[1] 在这篇著名文章中，本雅明解释了民间文学教育作用的来源：故事演述者拥有丰富的生活经验。他们为两种人，一是远游者，讲故事的人都是

[1]　[德]瓦尔特·本雅明著：《本雅明文选》，陈永国、马海良编，中国社会科学出版社，1999年，第309页。

从远方归来的人，"远行者必会讲故事"。这样一种人见多识广，比当地其他人有着更为丰富的社会阅历，在崭新的生活道路上行进又不会深陷其间。《一千零一夜》中的故事大多来自从遥远地方归来的商人和商船上的水手；中国上古神话中有大量关于远国异人的描绘，《禹贡》《山海经》等都是有关殊方绝域、远国异人的故事。远游者的演述魅力在于空间方面，在于他们和另一空间的联系和有关的知识。人们总想知道山外的世界，远游者拓展了人们的生活空间，这是神秘的、异质的、充满悬念的、可以引发人们不断追问的生活空间。于是，从此人们的生活增添了一种崭新的空间上的联系、比较和向往。

故事演述者的另一种类型是当地德高望重者，他们是一群了解本地掌故传说的人。他们同样见多识广，比当地其他人有着更为深刻的社会阅历，在传统的生活道路上行进又在延续传统。他们是深深了解时间的人，是当地历史记忆的代表和演述者，其行为是在积极延续当地的口头传统，其故事和知识来自对历史和传统的掌握。演述的魅力在于将过去与现在联系在一起，通过聆听故事，人们知道了现在的生活是对过去的延续，更加理解当下生活的意义和合理性。

两种故事演述人"代表着人们生活和精神世界在空间和时间两个维度上的联系的维持与拓展"[1]。因此，这种演述活动的教育意义是全方位的，不仅是知识、道德及宗教信息的传输，而且让一个地方的文化传统在代际间不断传承，使当地人从故事中获得生活时空坐标上的恰当认定。法国著名藏学家石泰安（R.A.Stein，1911—1999）在《格萨尔史诗和说唱艺人的研究》[2]一书中，强调故事演述者是当地传统文化和历史的保护者，是一个民族或族群记忆的保持者。因为民间故事属于"过去"或历史，是对过去记忆的意识的母体。他们神圣的责任和目的就是让传下来的意识母体再传下去。

每个演述者都声称是由于听到过这个故事，所以才具有了讲述它的能力。他们用第一人称的口吻叙述事情发展的经过，绘声绘色，手舞足蹈，似乎说的就是历史本身，叙述本身就是历史，俨然就是祖先历史的重现。

三、民间故事的生活意义

在中国，发达的是以抒情行为及其产品为主要研究对象的诗学。直到 20 世纪 70 年代末改革开放后，西方建立在结构主义和现代语言学基础上的叙事学才传入进来。"叙事"又称"叙述"，英文翻译为"narrative"一词。叙事问题是当代人文学科中最具争论性的

[1] 耿占春：《叙事美学：探索一种百科全书式的小说》，郑州大学出版社，2002 年，第 21 页。
[2] [法] 石泰安（R.A.Stein）：《格萨尔史诗和说唱艺人的研究》，西藏人民出版社，1993 年。

问题的核心，叙述就是"讲故事"。"'讲故事'是'叙事'这种文化活动的一个核心功能。古往今来的不少批评家都注意到了讲故事作为人类生活中一项不可少的文化活动的意义，不讲故事则不成其为人。"正像世人皆知的《一千零一夜》所喻指的：从人最终的命运来看，"叙事等于生命，没有叙事便是死亡"。它用无穷无尽的故事赞美了故事本身，赞美了讲故事的人。将这部百科全书般的故事集译成中文的纳训先生在"译后记"中提到：伏尔泰说，读了《一千零一夜》四遍以后，算是尝到了故事体文学作品的滋味。

日本学者关敬吾在描写故事演述活动中的这种情形时说："随着故事情节的发展，不管它的主人公是人，是动物，是天狗，还是老山妖，故事里的主人公、讲故事的人和听众们能完全融为一体。人们沉浸在故事里，形成了一种精神集体。"[1]演述活动这种现场效果无疑起着联合人们、创造生活的作用。民间故事每篇作品的具体内容各不相同，但其所体现的情绪、思想倾向、生活理想有一定共同性。因此，在演述活动中，作品本身这种共同性经过演述者的发挥，很容易和听众（观众）发生心理共鸣，被听众（观众）接受，使"个体知觉变成集体知觉"，达到人们的共识和共有的精神趋同。

故事演述活动作为民众最基本的生活样式，之所以得以传承，主要不是依靠信仰的支撑，也不是依附仪式的神圣，而是出于民众对审美的基本需要，也是各民族、各地区民众将生活诗意化的产物。因而，其中也深刻地凝聚着各民族、各地区民众的审美理想、审美观念与审美情趣。说故事、听笑话的文学活动本身给人带来身心的欢愉。现实生活中的民间故事、各种形式的表演，喜剧的成分远远大于悲剧成分。一些比较严肃甚至神圣的民间表演过程，也总会融入一些插科打诨的形式。江西省赣南地方小戏采茶戏有一种舞蹈动作叫"矮子步"，幽默，诙谐，让观众感官得到满足。"矮子步"模拟并夸张地表现了采茶负重等姿态，老虎头鲤鱼腰，双手柔如月，腕、手、腿、脚、头具有几种不同的节奏，演员根据情感表达的需要可随时调整。整个舞蹈动作融合在完整统一的音乐之中，表现出气氛的欢快活跃、人物心情的舒爽轻松。小孩观看备感亲切，大人欣赏之后如回到童年，有一种返璞归真的舒畅。

民众运用民间故事进行传统的道德教育，这对于中华民族品格的形成，具有不可替代的作用。我国传统的道德思想，相当部分存在于民间故事之中，并借助民间故事得以传播。在民间，传统道德教育主要是通过民间故事演述的形式得以实施的。道德力量的释放往往是在故事的演述中实现的，演述者和听众共同营造了神秘的训诫和警示的氛围。"故事中的事件被看作他们生活的一部分，而不是与他们分离的或者是发生在别人身上的。我们每个人的身上都存在善和恶的潜能，因此每个角色体现了一个完整的人的某一部分。"[2]故事

---

[1] [日]关敬吾：《日本民间故事选·致读者》，中国民间文艺出版社，1982年，第5页。
[2] [美]麦地娜·萨丽芭：《故事语言：一种神圣的治疗空间》，叶舒宪、黄悦译，《广西民族学院学报》2003年第5期，第31页。

戏剧性地表现了这些部分，用形象来提醒人们：应该如何注意行为举止，可能在哪里误入歧途。故事演述完后，在场的人会有一番交流和讨论。这种演述空间、故事和故事之后的讨论都是一个完整过程中的要素。在这个过程中，人们（尤其是年轻人）认识到道德的生命意义，从而使人们行为都符合道德规范。

民间故事对青少年教育的作用更为明显。童话中往往出现魔法宝物母题，如何使用魔法宝物，既是故事情节发展的重心，也是两种道德观念交锋的焦点。魔法宝物实际上是诱使矛盾对立的双方充分表现各自品格和品性的道具。在使用魔法宝物的过程中，善和恶、无私与自私、正义与邪恶、高尚与卑鄙相互对照和衬托，前者建设力的高扬和后者破坏力的放纵泾渭分明。这是借用神灵的手笔摹写人世间善良、憎恶及贪婪的剧本。魔法宝物母题故事非常巧妙地制造了谁都难以摆脱其诱惑的魔物道具，让把玩它的人不得不暴露自己的道德景况。当正义最终战胜了邪恶，儿童欢快的内心也被注入了高尚的情愫。

四、民间故事：核心价值观的载体

培育和践行社会主义核心价值观需要优秀的民族民间故事传统。什么是社会主义核心价值观？它是建立在民族优秀传统文化基础上的，它是历史文化系统中凝聚提炼出来的，分别指向国家、社会和公民个人的价值目标、价值取向和价值准则，而这种公民个人的价值准则在不断规范人的成长，浇铸人的品格。核心价值观的 12 个词尽管都是面向当下和未来的，但也是对中国传统文化包括民间故事传统提炼和升华的结晶，具有鲜明的历时性向度。

培育和践行社会主义核心价值观之所以需要民间故事，主要基于两个方面：一是民间故事是历史的、民族的，或者说是民族历史的积淀。民间故事既是当下的，又是历史的、传统的和民族的，是优秀传统文化有机的组成部分。二是民间故事是民众的、人民的。民间故事根植于民族历史文化的土壤，带有深厚的民族特质；同时，民间故事的创作者和演述者是具有人民思想、愿望的人民本身，因此，民间故事具有直接的人民性。社会主义核心价值观延续着民族精神，承载和演绎着民族精神的民间故事在培育和践行社会主义核心价值观中的作用便举足轻重。我国源远流长的民间故事，从根本上使社会主义核心价值观符合广大民众的意愿和历史发展的方向。在我们建设中国特色社会主义和实现"中国梦"的过程中，当然应该吸取外国优秀的文学形式和文学作品，但最能够代表民族群体的崇高精神，最能够表达这种崇高精神的，不可能是外来的，而只能是本民族具有悠久历史的包括民间故事在内的文学传统。

新华社消息：为更好地培育和践行社会主义核心价值观，发掘、传承中华优秀传统文化，努力实现中华传统美德创造性转化、创新性发展，努力使中华民族最基本的文化基因与当代文化相适应、现代社会相协调，人民网、新华网、光明网定于 2014 年 7 月下旬起至 2014 年 9 月举办"聚焦核心价值观——中国传统名诗词、名故事、名折子戏推荐活动"。这一活动说明，党委宣传主管部门已认识到，培育和践行社会主义核心价值观需要民间故事。

一般而言，民间故事讲述活动在年节期间以及人生礼仪期间最为活跃。这种群体的场合，是民众进行道德教化的最佳时间。马克思和恩格斯早就指出：人是在十分确定的前提条件下创造历史的，这种前提和条件，包括"传统"在内。讲故事作为社会文化现象之一，它先于个人而存在。民间故事在个体社会化的过程中所起的教化作用，别的东西是不能替代的。所以恩格斯在讲到德国民间故事书的重要作用时，说民间故事书像《圣经》一样培养着人民的道德感，使人们认识到自己的力量、权利和自由，唤起对祖国的爱。

总而言之，新时期的民间故事，本身就是社会主义核心价值观的具体表现，是其承载体系中的有机组成部分，同时民间故事又通过教化、娱乐等途径，不断地把社会主义核心价值观渗入人们的日常生活，使社会主义核心价值观与民间及民族传统紧密联系在一起。利用民间故事开展培育和践行社会主义核心价值观活动，可以在民间、民族和传统情怀的语境中，使核心价值观进入人们的生活世界，并且深入人心。

五、记录文本的学术价值

与其说民间故事是文学的，不如说它是生活的；与其说它是审美的，不如说它是文化的。这是对处于"表演"状态的民间故事所下的判断。也就是说，田野语境中的民间故事不是真正的民间"文学"，而是与生产生活浑然一体的表演文本。从"文学"的角度关注民间故事，民间故事可以与田野没有关系。因为田野中的民间故事已不是纯粹的文学，而是文化与生活。纯粹的民间故事指的就是中国民间文学大系出版工程故事卷中这样的记录文本。故事卷生产的过程就是认识民间故事和将口头表演转化为纯文学文本的过程。

记录文本具有独立于田野之外的意义，以田野语境去衡量记录文本是徒劳的。民间故事文本尽管远离了现实生活和口头语言系统，却更加容易地进入了学术话语系统之中，自在地展开学术历程。以记录文本为考察对象，有着与表演理论和民族志诗学迥异的学术路径，沿着这条路径，产生了"故事形态学""口头程式理论"和"结构主义"分析方法。记录文本的生命力不在于作品本身的流传，在于不断被阅读，在于被学者们用于建构学术话语、从事学术活动之中。

中外民间文学学者大多关注民间文学的文学属性，而没有认识到其生活属性或排斥其生活属性。民间文学学科的正规名称是"民间文艺学"，是和作家文艺学相对的文艺学。这足以表明以往人们对民间文学的考察和研究主要是基于文艺学或文学的视角。民间文学被记录下来，变成了与作家文学同样的文学文本。唯有"记录"，民间文学才能抖露沉重的生活属性，而给予民间文学纯粹的文学性。民间文学研究的主要流派，有神话学派（包括语言学派）、功能学派、人类学派、心理分析学派、原型批评学派、流传学派、结构学派、符号学派等等。这些流派的研究对象一般也是民间文学的文学文本，而不是民间文学的生活文本。

其实，现有民间文学的学科体系主要是依据记录文本建立起来的。没有民间文学的记录文本，就不可能建构出民间文学的学科体系，也不可能将民间文学进行比较明确的分类，神话学、史诗学、故事学、歌谣学、传说学等也无从产生。记录文本可以让我们更为静态地、清晰地把握各种民间文学的体裁特征。一个无可辩驳的事实是，民间文学的文本研究已经取得了十分丰硕的成果。中国是如此，在西方现代话语的语境中也是这种情况。美国耶鲁大学的哈维洛克（E.A.Havelock）教授 1986 年出版了《缪斯学写：古今对口传与书写的反思》（*The Muse Learns to Write*）一书，提出了"文本能否说话？"（Can a text speak?）的著名论断，并尝试让古希腊的文本重新"说话"，使记录的民间文学作品进入民族志诗学和人类学研究的视野之中。研究民间文学的一个重要路径，就是通过对文本的阅读实例揭示出潜藏在这些文本下面的文化无意识，因为如果我们调动一切可资借鉴的手段（诸如符号学、结构主义、原型批评、语义学及传统的文化人类学等），对之进行适当的质询，"文本必然会显示出它表面上试图掩盖的东西"[1]。

《大系》故事卷为开创我国民间故事研究的新局面奠定了坚实的基础，可以说现在已进入了研究民间故事条件最好的时期，难以胜数的民间故事作品足以满足故事学家们各方面的学术需求。

六、口传故事渐趋枯竭

讲故事实际为一种"话语转述"，因为故事原本就存在，而且演述者从不追问故事的真假。任何叙事都包含虚构的因素，而我们的当下社会却力图追求知识的客观性，包括人文的知识也被披上科学的外衣，冠之为"人文科学"。我们在不断吸纳和输出既不包含故事叙述又不包括讲故事的人即叙述人这一主观立场的知识或所谓的学问。伴随着知识客观化的进程，我们学会了计算、分析、推理、归纳、总结、报道和评述等等，而失去了讲

---

[1]　[爱尔兰] 安东尼·泰特罗（Antony Tatlow）讲演：《本文人类学》，王宇根等译，北京大学出版社，1996 年，第 1 页。

故事的能力。于是，叙事这种古老的表现方式逐渐成为作家们的专利，尤其是明清古典小说显示了其无穷的活力和广阔的空间。信息的密集和更替的加速，促使我们需要直接而快捷地领会真理与精髓，于是不得不抛弃叙事，远离情节，民间故事等逐渐成为古老的传统，成为可供解释的符号。寓言故事中的情节早已被遗忘，凝练为意义深刻而又固定的成语。叙事形式成了累赘，或者成了一种奢侈的我们无法在现实生活中享用的东西。

记得读小学的时候，语文老师时常给我们讲一些民间故事。大家每次听得都很入迷，听完一个总会央求老师："再讲一个吧！"现在的学生似乎已不屑于听故事了，老师也不善于讲故事了，实在要讲的话，只能找一本故事书来读。借助大众传媒，各色各样的新闻将故事遣回故事的家乡。人们不再对传统民间故事津津乐道了。先秦的寓言、汉代的史传、六朝志怪、唐人传奇、宋元话本、明清文人笔记等都在说明当时是讲故事的黄金时代。在过去，民间叙事是在民间社会的一所所大学——尽管这是一些不登大雅之堂的"大学"——瓦子里、街巷间、茶馆烟馆里进行的。在文学、历史、宗教以及哲学、社会学这样一些"文科"成为现代社会大学里的专门知识之前，传统社会里的文化教育以及个人的教养全都是文学性质的。而且对于这个社会中的大多数人来说，所受教育的地方大多是上面所说的休闲与娱乐的空间，而其方式则是听故事的形式。因此，他们的精神世界不仅是用祖先或人类的"过去"所充实的，也是用叙述故事的方式所建造的。现在都不会讲故事了，这却是已往时代里常见的能力和生活现象。

民间口头文学为集体演述，民间口头传统通过参加者共同发出的声音，成为一条口耳相传的流动的传播链。口头传统在"声音"中获得生命。随着私人生活空间的出现，书写语言和书写活动变成"私语"，开始带有鲜明的个人色彩。如今的我们都热衷于个人的独创，养成了具有独白性质的思维习惯。我们再也不会重复口头传统了，再也不擅于在公共场合集体叙述同一个故事。我们已经进入个人化写作的时代，强调一种创造性的书写行为，演述原本就有的口头文学不再为我们所能。

民间故事的实际状况让民间故事研究遭遇前所未有的挑战，即城乡一体化进程迅速导致民间口传故事文本枯竭，民间故事研究不再可能从田野中获得源源不断的文本资源。如今，在大部分乡村，人们已听不到村民演述农耕生活的各种口头故事了。有一典型事例，晋代干宝《搜神记》中有《毛衣女》篇，开头指明故事发生在豫章新喻，即现在的江西新余市。在日常生活中，除了新余仙女湖和仙女洞的导游，现在谁还会演述这一故事呢？这一故事早已失去了演述的环境，口传的链条已然中断。然而，在新余，还有以仙女命名的学校、道路、村落以及人文景观，许多年轻男女还特意到仙女湖畔喜结良缘，仙女故事之符号频频出现并得到广泛使用。这是以现代生活样式演述着"毛衣女"的故事。民间文学文本难以寻觅，而民间文学生活仍在持续。在汉民族地区，传统民间文学的命运大体如是。

七、维护记录文本的本真性

"忠实记录"可以说是"五四"歌谣运动开始以来，一个恒久不变的核心理念。[1] 早期，学者们注意到了方音、方言对于歌谣表达的重要意义，认为这是歌谣的"精神"所在。因而，诸多学者在搜集歌谣时，将注意力投向了方音、方言的记录与解释。

在 1958 年 7 月召开的全国民间文学工作者第一次代表大会上，总结提炼出了民间文学工作的 16 字方针，即"全面搜集、重点整理、加强研究、大力推广"。其中前八个字，演变为"全面搜集，忠实记录，慎重整理，适当加工"。对此，时任《民间文学》执行副主编的贾芝先生，在 1961 年的少数民族文学史讨论会上曾作过一次长篇发言，指出："我同意当面逐字逐句记的。……逐字逐句当面记录，保留的东西显然会更多，可靠性也更大些。不管采取什么方法，都应达到'忠实记录'为准。而由于记录口头文学最大的问题是保持民间语言的问题，因此逐字逐句记录，应当是我们努力学习采用的一个比较好的方法。"[2]

20 多年后，钟敬文先生在给马学良《少数民族民间文学论集》所作序中，再一次强调了忠实记录原则的重要性。[3] 虽然"忠实记录"在"五四"歌谣运动中成为实践准则，在 20 世纪 50 年代的搜集工作中就已提出，并在集成《工作手册》中反复强调，然而对于如何做到忠实记录，除口头文本外，哪些方面也需要忠实记录，则没有更加翔实的具体要求。

其实，只是"一字不动"文字上的忠实，而不注意民间故事表演性的描写再现，并不是真正的"忠实记录"。从以往记录文本实际情况看，造成偏离"忠实记录"境况的根本原因主要不在于对内容的篡改，而是没有将文本置于具体的表演环境当中加以书写。民间文学是演述的，而非陈述的。"（民间文学）可能在劳动中配合一定动作演唱，也可能配合音乐舞蹈载歌载舞，甚至穿插进日常谈话，或者为了劳动、宗教、教育、审美、娱乐等实用目的在各种场合或仪式上说唱而表演。"[4]"民间文学的表演性使其形成多面立体。"[5] 因此，仅仅记录叙述了什么远远不够，还需要书写怎么演述故事，描绘出影响表演的其他因素。民间故事田野作业应该关注的是故事"表演"和表演的现场。应注意故事演述过程

[1] 段宝林：《民间文学科学记录的新成果——兼谈一些新理论的创造与论争》，《广西师范学院学报》2008 年第 3 期。
[2] 贾芝：《谈各民族民间文学搜集整理问题——1961 年 4 月 18 日在少数民族文学史讨论会上的发言》，载《拓荒半壁江山：贾芝民族文学论集》，文化艺术出版社，2012 年。
[3] 钟敬文：《忠实记录原则的重要性——序马学良〈少数民族民间文学论集〉》，《思想战线》1987 年第 2 期。
[4] 段宝林：《加强民族民间文学的描写研究》，载段宝林《立体文学论——民间文学新论》，高等教育出版社，2007 年，第 10—16 页。原文发表于《广西民间文学》1981 年第 5 期。
[5] 段宝林：《论民间文学的立体性特征》，《民间文学论坛》1985 年第 5 期。

中"语境"和"表演"的因素，包括"演唱的风度：姿势、面部表情、语气以及速度。把他作为一个艺术家来描述""观众、听众的反应、评语。包括：听众的成分（青年、老年、妇女、儿童，还是其他），肯定的和否定的批评等（这些最好能记进正文中去，放在括号里，如：笑、大笑、鼓掌、欢呼，或'可惜''好！'等等）"。[1] 这一颇具操作性的"立体描写"办法，至今仍值得民间故事田野记录所遵循。

八、让传统故事焕发时代活力

民间故事遗产的传承大多以"保护"为重，保护是活态的，即努力使民间故事遗产维持于生活状态，以口头演说及相关民俗活动为基本生存表征，但从传统民间故事的实际境遇看，一味强调"保护"似乎违拗了现实。民间故事传承所取得的主要成果并非来自"保护"，反而是"保存"。"保存"就是以实物、文字、图片、音像以及数字化的形式将民间故事遗产呈现出来，属于一种转化型的记录和记忆。

我国各民族都有好听故事和好讲故事的传统，打捞民间故事就是要让这一传统发扬光大，使传统的民间故事融入我们的生活，重新进入富有生气的叙述状态。

民间故事具有极强的时代适应性，原因就在于这一民间体裁一个特殊性。什么特殊性？故事并不专属于某种民间艺术形式，各种民间艺术形式可能表演同一个民间故事。因此，故事是超越民间体裁的，成为其他民间叙事体裁的源泉。各种民间艺术形式在同一空间里可能建构同一故事的共同体。围绕同一个故事，不同的文学体裁可以互相转化。这种转化可以在具体操作中完成，然而在更多情况下，是在自然状态中不知不觉中完成的。这段话实际上已触及"互文性"的问题。"互文性"一词指的是一个（或多个）信号系统被移至另一系统中，就文本而言，就是每一篇文本都联系着若干篇文本，并且对这些文本起着复读、强调、浓缩、转移和深化的作用。在文学文本相互转移的过程中，故事一直处于中心地位。

可喜的是，民间故事这一"元文本"特性正在被有意识地充分利用。广电总局等部门正在组织实施中国经典民间故事动漫创作工程，就是用动漫的形式对《盘古开天》《牛郎织女》《精卫填海》等一些中国民间故事进行再创作，让民间故事进入大众传媒，成为影视作品、网络小说和电子游戏创作的基本元素。民间故事已不再专属于口头语言，其讲述的形式具有丰富的科技含量。可以预见，在不久的将来，一些经典的民间故事将会以年轻人喜好的现代样式重新焕发生机，并逐渐进入人们的日常生活当中，展示出强大的社会教

---

[1]　段宝林：《中国民间文学概要》，北京大学出版社，1981年，第306页。

化功能。

　　事实上，许多记录文本仍具有旺盛的生命力。甚至还有这种现象：经过重新创编的民间文学反而被民众广泛接受，《格林童话》就是一个典型的例子。尽管民间文学记录文本属于纯文学的范畴，但其毕竟来源于民间的社会生活，本身的特质远远超越了文学本身，为各种人文社会科学的研究提供了可能。已全面展开的大系出版工程将为开创我国民间文学事业的新时代奠定坚实基础。民间故事的记录文本努力保存其应有的口传经验和集体经验，使之能够经受历史的检验，这是民间文学工作者的神圣使命。

万建中

(中国民间文艺家协会副主席、北京师范大学文学院教授)

2018 年 12 月 26 日于京师园

本卷主编　刘二安

中国民间文学大系出版工程河南省工作领导小组

组长　　　　　　王守国

副组长　　　　　王朝纪　　程健君

办公室主任　　　刘炳强

中国民间文学大系出版工程河南省专家委员会

主任　　　　　　程健君

副主任　　　　　夏挽群　　乔台山

委员　　　　　　（按姓氏笔画排序）

丁永祥　　乔台山　　刘二安　　刘小江　　李广宇
吴亚明　　汪振军　　张守镇　　陈江风　　孟宪明
郜冬萍　　姚向奎　　耿相新　　夏挽群　　高天星
彭恒礼　　葛　磊　　程健君

民间故事组组长　乔台山

专家委员会秘书　刘炳强

项目助理　　　　王博峰

1

20 世纪 80 年代末，河南省民协朱可先（前排中）、程健君（前排左）陪同张振犁先生（前排右），来安阳市指导三套集成编纂工作，安阳市民协游玉清（后排中）、胡德堡（后排右）、刘二安（后排左）前往宾馆拜会

摄影　刘二安　自拍

2

2021 年 3 月 6 日，《中国民间文学大系·故事 / 传说·河南卷·安阳分卷》召开培训暨审稿会，中国民协副主席程健君（前排左起第 6 人）、河南省民协秘书长刘炳强（后排左起第 7 人）、民间故事专家组组长乔台山（前排左起第 5 人）等到会

摄影　蔺光宗　2021 年

3

2020 年 8 月 7 日，《中国民间文学大系·故事 / 传说·河南卷·安阳分卷》龙安区编纂工作启动会召开

摄影　赵乾民　2020 年

4

2020 年 8 月 14 日，《中国民间文学大系·故事 / 传说·河南卷·安阳分卷》安阳县编纂工作启动会召开

摄影　王光明　2020 年

5

2020 年 11 月 14 日，《中国民间文学大系·故事/传说·河南卷·安阳分卷》林州市编纂启动工作会召开
摄影 赵乾民 2020 年

6

2020 年 11 月 19 日，《中国民间文学大系·故事/传说·河南卷·安阳分卷》汤阴县编纂启动工作会召开
摄影 赵乾民 2020 年

7

2020 年 11 月 26 日，《中国民间文学大系·故事/传说·河南卷·安阳分卷》滑县编纂启动工作会召开
摄影 王宇翔 2020 年

8

2020 年 12 月 22 日，《中国民间文学大系·故事/传说·河南卷·安阳分卷》内黄县编纂启动工作会召开
摄影 王光明 2020 年

9

2020 年 12 月 27 日，《中国民间文学大系 · 故事 / 传说 · 河南卷 · 安阳分卷》编委会在历史文化街区仓巷街任家大院召开"老城区民间故事传说座谈会"
摄影 赵乾民 2020 年

10

2021 年 2 月 4 日，《中国民间文学大系 · 故事 / 传说 · 河南卷 · 安阳分卷》编委会召开"殷都区卷"审稿会
摄影 赵乾民 2021 年

11

2021 年 4 月 16 日，《中国民间文学大系 · 故事 / 传说 · 河南卷 · 安阳分卷》编委会到龙安区龙泉镇平棘村进行田野调查
摄影 赵乾民 2021 年

12

2021 年 5 月 15 日，《中国民间文学大系 · 故事 / 传说 · 河南卷 · 安阳分卷》林州编纂推进会召开
摄影 蔺光宗 2021 年

13

2021 年 6 月 11 日，《中国民间文学大系·故事 / 传说·河南卷·安
阳分卷》编纂工作推进会召开，传达省卷编纂工作推进会精神，
向编委会成员颁发聘书

摄影　蔺光宗　2021 年

14

《中国民间文学大系·故事·河南卷·安阳分卷》附录编纂工作会，
2021 年 9 月 25 日在安阳市工人文化宫召开

摄影　蔺光宗　2021 年

15

《中国民间文学大系·故事 / 传说·河南卷·安阳分卷》编委会先
后到林州、汤阴、滑县、内黄，与各地编纂人员座谈交流，推
进编纂进度。左起：王光明、刘二安、陈东海

摄影　赵乾民　2021 年

16

《中国民间文学大系·故事 / 传说·河南卷·安阳分卷》编委会到
内黄二帝陵调研

摄影　王光明　2021 年

17

《中国民间文学大系·故事/传说·河南卷·安阳分卷》编委会考察位于千年古镇水冶珠泉桥东西两侧珠泉河文化长廊中的故事传说板块。左起：赵乾民、张保周、刘二安

摄影 赵乾民 2021 年

18

《中国民间文学大系·故事/传说·河南卷·安阳分卷》编委会到林州市盘阳古村调研林州民间故事与传说

摄影 王光明 2020 年

19

《中国民间文学大系·故事/传说·河南卷·安阳分卷》编委会在龙安区善应镇召开龙安区编纂工作推进会

摄影 赵乾民 2020 年

20

《中国民间文学大系·故事/传说·河南卷·安阳分卷》编委会在林州市摄录民间故事讲述视频

摄影 靳林峰 2021 年

21

《中国民间文学大系·故事 / 传说·河南卷·安阳分卷》2021 年
工作总结会在林州市召开
摄影 王光明 2021 年

22

《中国民间文学大系·故事·河南卷·安阳分卷》编委会 2022 年
2 月 24 日召开采录者座谈会
摄影 刘振民 2022 年

23

《中国民间文学大系·故事·河南卷·安阳分卷》编委会 2022 年
3 月 4 日召开内黄县采录者座谈会
摄影 兰馨 2022 年

24

《中国民间文学大系·故事 / 传说·河南卷·安阳分卷》主编刘
二安向安阳市民间文学前辈介绍"三套集成"安阳故事卷。左
起：刘二安、贾安夫、张家训
摄影 贾萼 2021 年

目录

B005

概述

一

　　安阳位于河南省最北部，地处山西、河北、河南三省交汇处，西临长治，东接濮阳，北临邯郸，南接鹤壁、新乡，总面积7413平方公里，其中市区面积1218平方公里，中心城区建成面积119平方公里，下辖1个县级市（林州市）、4个县（安阳县、滑县、内黄县、汤阴县）、4个市辖区（文峰区、北关区、殷都区、龙安区）。共有23个乡66个镇，46个街道，300个社区居委会，2981个行政村。

　　截至2021年底，全市常住人口542.3万，城镇化率51.75％；人口出生率11.13‰，自然增长率4.93‰；人口密度每平方公里799人；有汉、回、蒙古、满、壮、苗、藏、彝等43个民族，其中少数民族人口1万余人。

　　安阳地势西高东低。西部系太行山东麓，东部属黄淮海平原。地形复杂多样，平原、山地、丘陵、泊洼分别占总面积的53.8％、29.7％、10.8％、5.7％。地处半湿润地区，暖温带大陆性季风气候，四季分明、雨热同期。1981年以来，年平均气温14.3℃，年平均降水量582.3毫米，年平均本站气压1005.5百帕，年平均相对湿度64％，年平均风速2.2米/秒，年平均无霜期217天。

　　安阳是中国八大古都之一，是早期华夏文明的中心之一，是国家历史文化名城和豫晋冀三省交界地区区域性中心城市，是京津冀周边协同发展区城市，是省委、省政府支持建设的重要区域中心城市。早在25000年前旧石器时代晚期，先民就在此生活。远古"三皇五帝"中的颛顼、帝喾先后在帝丘（今濮阳）和亳（今商丘）建都，并葬于此（均在内黄县梁庄镇）。公元前1300年，商王盘庚迁都于殷（今安阳市区小屯一带），在此传八代十二王，历时 255 年。三国两晋南北朝时，先后有曹魏、后赵、冉魏、前燕、东魏、北齐等在此建都，故安阳素有"七朝古都"之称。

安阳之名，始于战国末期。公元前 257 年，秦将王龁攻克魏"宁新中"邑，后因宁、安意近，淇水（原黄河故道分支）之北太行余脉之南曰阳，乃定名为"安阳"。公元 401 年北魏在邺城设相州，是为相州名称之始。公元 580 年，北周灭北齐，杨坚焚毁邺城，邺民全迁安阳，安阳遂称相州。隋、唐、宋沿用相州一名。公元 1192 年，金升相州为彰德府（今安阳市），此为彰德府名称之始，明清一直沿用。1913 年，中华民国政府废彰德府，复置安阳县。1932 年 10 月，民国政府在省下设区，安阳为河南省第三区行政督察专员公署治所，领 11 县，直到 1949 年。1949 年 8 月 1 日，成立平原省，安阳为省辖市。1952 年 11 月 30 日，平原省撤销建制，安阳市划归河南省，现为省辖市。

文峰区（高新区）是安阳市的核心城区和行政、商贸、文化中心，拥有文峰塔、府城隍庙、韩王庙、高阁寺等历史文化古迹 400 余处；北关区位于市区东北部，是安阳市的核心城区；殷都区是中华民族文化的发祥地之一，早在旧石器时代，我们的祖先就在这里繁衍生息，过着群居生活，这里曾是商代 255 年的首都，谓之殷都；龙安区位于安阳市西南部，辖区内龙泉镇 2000 年 7 月被国家林业局、中国花卉协会命名为"中国花木之乡"，灵泉寺、长春观等五大核心景区景色优美宜人。

除市辖区外，安阳市所辖林州历史悠久，在夏属冀州，春秋时先属卫，后属晋。战国时为韩国临虑邑，后属赵国。西汉高帝二年（公元前 205 年）置县，以山取名，称之为隆虑县，因避殇帝刘隆名讳，改名林虑县。金贞祐三年（1215 年）改为林州，明洪武三年（1370 年）降州改为林县。1994 年，经国务院批准，撤销林县设立县级林州市，归安阳市所辖。数千年来，林州人民在这里繁衍、劳动、生活、斗争，创造了这方土地的文明历史，留下了丰富的文化遗产，其中也蕴藏着许多优秀的民间口头文学遗产。林州人民还在太行山的悬崖峭壁上修建了举世闻名的人工天河红旗渠。

安阳县悠久的历史和源远流长的灿烂文化，使其成为华夏文明的发祥地之一。考古发掘证实，25000 年前原始人居住的洞穴，新石器时代的仰韶文化和龙山文化，县境内都有遗存。从商王盘庚迁殷起，三国鼎立时期的曹魏，东晋十六国的后赵、冉魏、前燕，南北朝时的东魏、北齐，先后有七个朝代在此建都，安阳县几度为中原的政治、经济、文化中心。作为县级政区，安阳始置于秦；汉废，晋复置安阳县；东魏时曾并入邺县，隋又改安阳县，之后，千余年间，虽归属多变，但作为县级政区一直延续至今。

滑县自古人文荟萃，文化底蕴丰厚。始为颛顼之都，继为封侯之国，秦设东郡，隋改滑州，明洪武废州为县，历有建制，代有沿革，有史记载 5000 余年。滑县向称文明礼仪之邦，史载古为孔子屡至之地。境内有著名的瓦岗军起义遗址和李文成起义遗址，明福寺塔、欧阳书院等国家和省级重点文物保护单位。曾孕育出我国第一位爱国女诗人许穆夫人、汉武帝时位居九卿的著名谏臣廉吏汲黯、隋末瓦岗寨农民起义领袖翟让、唐朝贤相卢怀慎、清朝天理教农民起义领袖李文成、清末廉吏暴方子等。土著风流数不尽，流寓英雄纷至沓来，历代兵家曾在此地争雄逐鹿，袁绍、曹操、宋太祖、宗泽、欧阳修、司马光均在此地出宰任官，李白、杜甫、高适、岑参、王维、刘禹锡、司空图、苏轼、黄庭坚、苏辙纷纷咏滑赋诗。人以地著，地以人显，代代风流装点着滑县辉煌的历史。

内黄属黄河故道，因黄河得名。黄河流经内黄数千年，在这里留下黄水大洼，叫黄沟、黄泽、黄池，内黄由此古称黄城。汉高祖九年（公元前 198 年）置县，当时隶属魏郡，立足魏地，自我观物，（黄）河以北为内，以南为外，因处河北，称内黄至今。内黄地处古黄河中下游，从而成为古人类的繁衍地、古文化的滋生地。早在 4500 年前的上古五帝时期，华夏人文始祖颛顼、帝喾二帝均建都建业并建陵于此，今遗有颛顼帝喾陵和大城村帝丘遗址。随着一年一度颛顼帝喾陵祭祖节的举办，内黄已成为华夏寻根祭祖圣地。在陵区附近发掘出土的三杨庄汉代庭院遗址，被列入 2003 年度中国六大考古新发现，是国家重点文物保护单位，价值重大，被专家誉为"中国的庞贝古城"，可以想见昔日的繁华。

汤阴因位于荡水（现汤河）之阴得名。荡原为古国名，因荡水流经古荡国得名。唐贞观元年（627 年）以水微温，改"荡水"为"汤水"，并荡原为汤阴县。汤阴历史悠久，人文厚重，被称为"三圣之乡"，这里是《周易》发祥地，羑里城就是商王囚禁周文王之所；神医扁鹊长期在汤阴及周边行医；伟大的抗金英雄岳飞在这里诞生。汤阴自西汉设县，距今已经有两千多年的历史，更是我国被联合国地名专家组认定的 100 个"千年古县"之一。

岁月流逝，沧海桑田，物华天宝，地灵人杰。安阳人民在这块风水宝地上繁衍生息、劳动生活，创造了这里的文明历史，也创造了丰富的文化遗产，民间文学便是文化遗产中一大笔珍贵的财富。[1]

二

古邑传说久，老城故事多。

安阳悠久的历史，不仅镌刻在殷墟的龟甲兽骨上，流传久远的安阳民间故事，早在魏

---

[1]　安阳概况选自《安阳市情概览（2022）》，安阳市委办公室、安阳市人民政府办公室编印。

晋南北朝时期就已有文字载录。东晋的史学家干宝所著《搜神记》，集我国古代民间故事之大成，除神仙道术、巫鬼妖怪、佛教灵异、殊方异物等内容外，还搜集了一些民间故事和传说。在卷十八就有一篇《安阳亭书生》，讲述安阳城南有一座驿亭，晚上进去住宿的人，都会莫名其妙地死在里面。有位书生颇有胆识，偏偏要在那里住宿，不为遭杀的话吓倒。在半夜，他听到问答声，就前去仿效，探得了秘密，表现出他的机智。最后书生握剑为乡民和过路人铲除了三个妖怪。这篇传说还收录在北宋初中国古代地理总志《太平寰宇记》卷五十五、清嘉庆二十四年的《安阳县志·古迹志》。《安阳亭书生》的讲述者或许寂寂无名，早已湮没在历史的长河中，所幸有我们的河南老乡干宝（河南新蔡人），将其收录在《搜神记》里，近两千年后，我们还能聆听到先人娓娓讲述流传在家乡的民间故事。

安阳民间故事也以各种途径流传到外地，还收录在清代蒲松龄的《聊斋志异》里。相传，蒲松龄曾为了搜集素材，在自家门口开了一家茶馆，来这儿喝茶的人可以讲故事代替茶钱。《聊斋志异》中的《刘夫人》《霍女》，讲述彰德（治所在今安阳市）人朱大兴、廉生的故事，或许就是借助这个方式，这类故事得以流传至今。

安阳俗语"喷闲话""喷套儿""喷一会儿""喷几段儿""说瞎话儿""吹牛儿"等都包含有讲故事或说故事的成分，也有称为"说古"的。虽然鲜见于文献记载，但安阳的民间故事一代代口耳相传，田间地头，茶余饭后，在夏日的树荫下，在冬天的火炉旁，爷爷讲给孙子听，妈妈讲给女儿听，那些讲在嘴上、听在耳里、记在心中的民间故事，不仅流传久远，而且流传广泛，流传于田野乡间，流传于古城巷陌，至今还保存在众多安阳人的记忆之中，各县区都有一批善于讲述、乐于采录民间文学的热心人和有心人。

这些民间故事反映了安阳人民生活的方方面面，塑造出形形色色的人物形象，展现出现实生活和奇异幻想的不同的故事情节，种类林林总总，内容丰富多彩。许多在全省乃至全国范围内较有影响的故事，在这里都有不同程度的流传，出自安阳本土的故事，则展现了鲜明的地域特征和文化特色。

讲故事是人类的天性，在古城安阳，这种天性展现得尤为充分。民间传说、故事、谜语、谚语等充溢于人们的生产生活当中，活跃在民众生活的不同时期、不同阶段，口耳相承，代代相传，川流不息。民间文学已内化为民众生活的重要组成部分，成为民众生活的反映和见证。

安阳历史悠久，文化底蕴丰厚，在漫长的历史发展中，积淀了丰富的民间文学成果。民间故事是其中的一朵奇葩，其种类繁多，数目庞大，涉及面广，涵盖了民众生活的方方面面，有活跃在民众生活中、站在民众立场、为民发声的民间机智人物故事；有反映农耕社会背景下为谋生计的长工与养尊处优的地主之间矛盾的长工斗地主故事；有讴歌女性智慧和女性胆识的巧女故事；有反映诗意生活和戏曲情趣的诗联故事和戏迷故事；有反映姑爷群体的女婿故事；有反映孝道和勤俭美德的婚姻家庭故事；有反映工匠技巧和匠人精神的工匠故事；还有反映异类世界想象的狐精狐仙故事、鬼故事及动植物故事等；也有以夸张手法抽象人生百态、揭示人生哲理的笑话类故事。这些故事不论是现实生活的文学性载录，还是经过想象而生成的虚幻性建构，都是安阳人民相应历史时期的现实生活的直接和间接的反映和见证，也是彼时民众情感诉求和审美表达的外显。这些都是历史的积淀，具有鲜明的地域和历史特征。这些不同类型的故事，以不同的表现手法，将人与人、人与社会、人与自然、人与异类相关联，勾勒出了人类社会众生相，于丰富多彩的文学世界中，传承和发展着人们的生产技能和生活智慧。这些故事或为人们提供生产方面的指导，或为人们提供生活方面的智慧，或为繁重的劳动生活提供休闲娱乐，或继承和发扬着为人处世的道理和高尚的道德品格，或对社会中的假恶丑进行鞭笞，无论哪种都赋予了民众生活些许欢愉和希望。

安阳的这些民间故事，源自民众生活、服务于民众生活，一方面，为民众所创作，为民众所享用，具有"与民同在"的人民属性；另一方面，情感真挚、叙事精妙，是民众智慧的结晶，具有"情感性"的显明特征。它们见证着安阳地区的社会发展和民众生活的变迁，是安阳历史的别样书写，具有重要的历史价值和文学价值，为当下的历史学、民俗学、民间文学、人类学、民族学等人文学科研究提供了重要的佐证材料。民间故事随同那些讲故事的人款款而来，在家人、亲朋和邻里的讲述中，在岁月的变迁中，潜移默化地，安阳人民拥有了明辨是非的能力，拥有了面对困难的勇气和毅力，拥有了激昂的斗志和优良的品格。在民间故事的滋养下，安阳人民学会了更加积极地看待社会和人生，更加懂得感恩，更加热爱生活。更重要的是，民间故事装点了安阳民众的生活，使之充盈着希望、温暖和力量。

不可否认，伴随历史、时代和社会的发展，一些故事所秉持的价值判断和情感认同等已不再适应当代社会的发展需求，用今人的眼光考量，其间甚至夹杂着封建、落后、保守的成分和观念，对此，在选编过程中，在不违背真实记录的基础上，我们力求"去其糟粕，存其精华"。

三

结合民间故事的分类标准和安阳地区流传的具体故事，本卷将民间故事大致分为三大类：一为生活故事，二为幻想故事，三为笑话故事。安阳民间故事，不论是与民众生活关联紧密的生活故事，还是关于异类世界的幻想故事，抑或是极富哲思、引人发笑、一扫阴郁的笑话故事，都具有典型的集体性、地域性、变异性和传承性特征。安阳民间故事，一方面充分展现了安阳人民的勤劳善良、坚忍不拔、尚和崇德及其担当之道；另一方面充分展现了民间故事的娱乐休闲、道德教化及其现实补偿等功能。

生活故事，顾名思义，就是源于现实生活，在现实生活"本事"的基础上，进行的文学性发挥。安阳地区的生活故事主题十分丰富，有独具地方特色的诗联谜语故事和戏迷故事，有充满智慧和灵动的断案故事和机智人物故事，有独具时代韵味的长工与地主的故事，有充满生活情趣的巧女故事、女婿故事以及婚姻家庭故事，也有展现匠人精神的工匠故事及反映为人处世道理的社会故事（其他生活故事），等等。这些故事涵盖了民众生活的方方面面，由此可以窥见这一带民众的生产生活方式、节庆习俗、情感认同及审美价值判断等，并于此故事讲述和倾听中，展现着广大民众的悲喜与爱憎、好恶与向往。总体看来，安阳生活故事在充分展现民间故事地域特征的同时，还充分展现了民间故事的休闲娱乐、道德教化等功能。

休闲娱乐功能是民间故事的重要价值，其使得民众原本艰辛和枯燥的生活变得丰富和充满乐趣。安阳以平原居多，民风淳朴，人民勤劳能干，吃苦耐劳，于歌舞并不擅长，但民众的内心世界却是极为丰富和浪漫的，因此，流传于当地的生活故事中不乏充满生活乐趣和艺术气息的佳作，诗联谜语、戏曲故事等都是这方面的代表，这些故事装点了民众的生活日常，使之富有诗情和画意。

安阳是殷商文化的发源地，历史文化悠久、人文底蕴厚重，在这里吟诗作对曾一度进入民众生活的日常，成为民众生活日常的一部分，可以说吟诗作对是当地民众休闲娱乐的重要方式，更是当地民众诗意生活的反映。如《一家四口对诗》讲述的是父亲、母亲、女儿和儿子一家四口人围坐在一起吃饭，边吃饭边对诗的场景，在这里诗和生活浑然一体，水乳交融。《仨媳妇吟诗》描述一个男人和三个媳妇围桌进餐的情形，四人吟诗对答，各不相让，其间虽有些许抱怨和调侃，但仍不失为一种诗意的生活。

谜语源自民间，历经数千年的演变和发展，是广大民众集体智慧的文化产物。出谜和猜谜在安阳有着非常广泛的群众基础，"安阳灯谜"被评为河南省省级非遗项目，安阳被河南省民协灯谜学委员会命名为"河南省民间谜语之乡"。直至今日，还有不少谜语故事流传于民众生活当中。安阳谜语故事中，既有在故事情节中穿插猜谜语的，如《丫头难倒教书匠》《三妯娌猜谜》等；也有将谜语融入故事情节中的，如《九龙山"老玉"的故事》等。此外，还有哑谜（《屠夫驸马》）、字谜（《猜字》）等不同形式的谜语故事。

同诗谜一样，戏曲也是安阳人民生活的重要组成部分。安阳可以说是戏曲之乡，豫剧、大平调等都是享誉全国的地方剧种。这里的人民爱听，也爱唱，并且将之融进了自己的生活当中，以讲故事的形式流传不息。总体看来，安阳地区的戏迷故事可分为两大类，一类为"戏里"故事，主要讲戏曲表演过程中，出现突发情况时，演员们的机智化解，如《找胡子》讲的是在表演《铡美案》时，知府的扮演者忘记了佩戴胡须，于是赶快加了"下陈州路过圪针窝，我的胡须挂掉了。王朝马汉一声叫，快给相爷去找找"几句道白，其他演员便立马会意，呈上胡须。再如《找事儿》讲的是一徒弟欲为难师傅，表演中随意为自己加词，不料师傅却叫他"附耳听令"，他迅速把耳朵凑近，不料师傅却来了句脏话。另一类为"戏外"故事，讲的是戏曲在人们生活中产生的深远影响，如《父子锄地》讲的是一位父亲带着儿子锄地，在锄地过程中，儿子的锄板和锄钩分离，儿子为了不打断父亲唱戏、不影响自己听戏，便将锄板插在腰间，在父亲身后比画锄地动作，直到父亲唱完，儿子才以实情相告。

对于民间故事的道德教化功能，人们有着较为一致的认知，寓教于乐是民间故事道德教化的重要方式，在故事的讲述和聆听过程中，人们的思想观念和行为方式等都潜移默化地受到影响和引导，于此推动形成自我的人生观、价值观及行事方式。总览安阳民间故事，可见其所传达的对祖国、集体的热爱，对勤劳、诚实的赞美，对慷慨、善良的讴歌，对贤良、淑德的思慕等已内化于广大民众心中的行为和处事原则。

俗话说"妻贤夫祸少，子孝父心安"，安阳地区流传广泛的巧女故事正是基于这一思想，生动形象地展现了女性在家庭和睦和家庭繁荣方面发挥的重要作用，对女性的社会价值给予了高度肯定，抨击了"女子无才便是德"的陈腐观念。就内容而言，安阳的巧女故事主要有两大主题：一是赞美女性在面对外界羞辱和压迫时，临危不惧的胆识和顺利化解难题的智慧，《新媳妇戏小和尚》《村妇智斗清和桥》《一女戏三男》等从不同侧面展现了女子在面临困境时的临危不乱和过人胆识；一是赞美女性在治家和处理家庭和邻里关系时的智慧，《巧妇》《傻扑腾》《三媳妇当家》等在展现女性巧妙化解家庭和邻里矛盾的同时，也赞扬了女性的博大胸襟和宽容胸怀。

与巧女故事相对的便是女婿的故事。安阳地区有"丈母娘看女婿，越看越喜欢"的说法，因此，安阳地区流传着不少以女婿为主题的故事，其中又以傻女婿居多，这些傻女婿"傻"却不失可爱，如《傻女婿不傻》《傻女婿学东西》《傻女婿学话》《仨女婿对诗》等，这些故事一方面展现了女婿之"傻"和"愚"，另一方面似乎又是在展示女婿的"大智若愚"，从中不难看出人们对女婿群体的包容和偏爱。

从古至今，智慧贤明、公平公正、乐善好施一直是安阳人民讴歌的理想品格，这从安阳地区机智人物故事、断案故事以及长工斗地主故事中可见一斑。就机智人物故事而言，安阳基本每个地区都有相应的机智人物代表，如林州的刘更新、安阳县和龙安区的种九长等。围绕这些人物形成了多彩的机智人物故事群。这些故事一方面充分展现了现实生活中安阳人民对智慧的崇尚，如在《母女和好》中，刘更新让妻子和岳母母女二人重拾母女情分、和好如初的智慧；另一方面也展现了安阳人民内心深处对公平正义的推崇，如《趣斗老滑酸》所展现的对童叟无欺、公平公正的向往。

与机智人物故事较为相近的是断案故事，这类故事颇受安阳人民的追捧，在表达广大民众对贤明清官期盼的同时，也表达了人们对智慧和侠义精神的崇尚，如《李知县断案》《审枣树》，一方面是对清官的期盼，另一方面更是对智慧和侠义精神的崇尚。

长工与地主的故事是历代底层民众与地主阶级斗争的缩影。这些故事一方面反映了底层社会农民生活的不易；另一方面也反映了地主阶层的为富不仁和剥削本性。如《扮鬼称花记》讲述的是地主的贪婪无耻和长工讨薪的艰难；《狗和屁》《巧佣人》则表现了在衣食堪忧的情况下，长工的乐观主义和苦中作乐的斗争精神。

安阳故事中广为流传的还有工匠故事和社会故事，前者以工匠的精湛技艺和匠人精神为主题，在展现工匠匠人精神的同时，也讲述相关术语的来源与含义。如《铜匠教徒》讲的是匠人精益求精、勤学好问的优良品格，《同行是冤家》讲述的是该说法的来历及其后人对此认识的谬误。后者以传递尊老爱幼、夫妻恩爱等传统美德为主题，强调与人为善、勤俭节约、行善积德等为人处世观念。如《刘百万和荞麦皮》讲为富不仁的刘百万临终因二两荞麦皮羞愧难当，发出"处世要往宽处想，富人应怜穷人饥"的感慨。《千里送鹅毛》讲的是患难中的朋友真情，你仁我义，礼不分贵贱，真可谓是"千里送鹅毛，礼轻人意重"。《状元府》讲的是"滴水之恩，涌泉相报"的故事。《千里知马力，走后见人心》则讲的是贫贱之交不可忘的兄弟情谊。

四

幻想故事是民间故事的重要组成部分，是民间故事中最富理想色彩和象征意义的一类，是民众对于异类世界的大胆想象。幻想故事通过艺术化的手法，借助想象的力量，将现实生活中未曾发生的"本事"，加以文学性的构拟，以具体的文学形象和曲折的故事情节呈现于民众面前。安阳人民以其丰富的想象力、内在的浪漫主义情怀创造了难以穷尽的幻想故事，虽光怪陆离，却至真至诚。在这里，动物、植物等可以幻化为人，它们或善良或邪恶，或与人为友，或与人为敌，与人发生了种种纠葛，但大抵都遵循了"善有善报，恶有恶报"的因果逻辑。这类故事看似不着边际，但却扎根于现实生活，是对现实生活的哲理性和诗性表达，具有强烈的道德使命感，广大民众的人生观、价值观，甚至婚恋观等都融入了故事当中。正所谓"满纸荒唐言，一把辛酸泪"，看似荒诞，实则真切。现实中无法达成的理想诉求在这类故事中成为现实，极具浪漫气息。

幻想故事的产生一方面与安阳的地理环境不无关联，安阳位于河南省的最北部，西倚巍峨险峻的太行山，东连一望无际的华北平原，平原、山地、丘陵、泊洼等地形复杂多样。数千年来，安阳人民在此积累了丰富的农耕文明成果。受"万物有灵"思维的影响，冥冥之中，人们赋予了自然万物以生命，认为除了肉眼可见的现实世界外，还存在人类之外的世界，即异类世界。基于此，安阳地区有不少庙宇、寺观、祠堂等里面供奉着各种各样的神、仙等。这种朴素的民间信仰，是农耕文化背景下的产物。但凡安阳地区能见到的飞禽走兽、花草虫鱼等，几乎都成了幻想故事的主角，成了人们美好想象的情感寄托。另一方面，处在社会底层的广大民众，怀揣着种种美好生活的想象，在社会现实中却屡屡碰壁，太多的欲求和失望无处开解，幻想故事也就成了寄托民众美好想象的园地，发挥着现实补偿和道德教化的功能。

　　安阳地区的幻想故事中主题最为多元、最为打动人心的当属狐精狐仙故事。这类故事有以人与异类婚恋为主题的，有以精怪报恩、报仇为主题的，有讲精怪惩治不良行为的，等等。其中人与异类婚恋为主题的故事主要有两种类型，一为凡间男子与异类"女子"的婚恋；一为凡间女子与异类"男子"的婚恋。在凡间男子与异类"女子"婚恋的故事中，凡间的男子多为社会底层的穷书生、穷小子，他们社会地位低下、家境贫寒，娶妻十分困难，因此，温柔貌美、不计较社会地位和经济状况的异类便成了主动追求凡间男子的不俗"女子"，她们都义无反顾地爱上凡间男子，为其洗衣做饭、生儿育女，完成了男子"成家"的愿望，甚至帮其实现了"立业"的人生理想。如《蛤蟆媳妇》中，蛤蟆化身为勤快的佳人，任劳任怨，像田螺姑娘一样为男子准备餐饭；《孙二艳遇》中的狐狸与凡人孙二缔结姻缘，并产下儿子。在凡间女子与异类"男子"的婚恋故事中，往往是异类"男子"垂涎于凡间女子的美貌，幻化成凡间男子的形象，将其掳走。之后，女子通过自己的聪明才智和家人的帮助成功逃脱精怪的束缚，如愿返回人间。如《老狐狸》《老狐精的故事》《狐仙传奇》等讲的都是老狐精欲求凡间女子为妻，将女子带入狐狸窝，女子在家人帮助下顺利逃脱的故事。这类故事是人类"人定胜妖"观念的外显，充分展现了人对自然、对未知的自信态度。

　　安阳人民坚信善恶有报，相信善能积德，因此，当地流传着不少关于善恶报应和因果轮回的幻想故事。这类故事主要有报恩型和报仇型两种，较为鲜明地反映了人们对"善恶有报"观念的笃信。这一观念虽然带有一定的迷信色彩，却在人们的道德养成过程中发挥了重要作用，对于培养人们的善恶观有着积极意义。报恩型故事方面，如《巨蟒救众生》等讲述的都是人类的善意帮助种下"善因"，获得了精怪的帮助，收获了"善果"的故事。这类故事在劝解人们行善积德的同时，也寄托着人们对于人与异类、与自然和谐相处的愿望。报仇型故事，讲述的是人类的贪婪、自私等对精怪造成了无可挽回的伤害，精怪出于复仇或泄愤的心理对人类实施报复，人类因此落得个悲惨的结局，如《老王公与狐仙庙》讲的是猎人老王公害死老狐狸的五个孩子，继而又杀死老狐狸，最终遭到老狐狸报复的故事，《猫精》讲的是残忍的屠夫凶残地对待母猪，终遭报应的故事。

此外，还有一类较为奇特的精怪故事，讲的是精怪见不得一些人的不轨或恶意害人行为，而伺机惩罚这些人的故事，在这里精怪俨然成了正义的审判大使，肩负着惩恶扬善的重任，如《好说贱气话的光棍汉》中泥胎对言语污秽的光棍汉的惩罚，《任长和任短》中精怪对背信弃义的任短的惩罚等都是这方面的例证。

因着现实生活中充满了无法达成的愿望和无法解释的现象，便有了关于诸种魔法宝物的幻想，便有了无数宝物魔法故事的出现和流传。宝物魔法故事中的宝物，都有"灵性"，分善恶，对于善良的弱者，宝物往往能助其发家致富；对于贪婪自私者，宝物往往能使其家道中落，甚至家破人亡。如在《金斧子的故事》中憨厚勤快的小憨在跌落井底时，无意间获得"金斧子"，它不仅帮助小憨医治好了母亲，获得了财富，还帮助周边的穷人解除了病痛。而当奸猾懒惰的大能以同样方法获取"金斧子"时，却迎来了家破人亡的悲惨结局。《宝锣》中大儿子和大儿媳自私贪婪、好吃懒做，二儿子心地善良、勤劳能干，同样是在无意间二儿子获得了"宝锣"，在"宝锣"的帮助下发家致富。而大儿子、大儿媳借来"宝锣"，因贪得无厌，疯狂敲击，以致丢掉了性命。此外，《夜明珠》《红绿宝珠》等讲述的都是善恶双方在获得宝物时，因本性的善良与否，而获得了截然不同的结局。

五

民间笑话是流传于民间的喜剧性短篇故事，常运用夸张手法，突出对象的本质，令人于笑声中领悟到某些真理。民间笑话结构精巧，短小精悍，多含嘲讽之意，多截取社会生活中的一个侧面，在简短的故事情节中展开矛盾冲突，待矛盾冲突发展至高潮时，陡然解开，造成强烈的喜剧效果。清代《笑得好》的编者石成金说，"笑话醒人"，可治"沉疴痼疾"，是一剂"猛药"。它是人民的娱乐工具，同时也是斗争中的讽刺利器。就内容而言，安阳地区的民间笑话多是对当地民众现实生活的狂欢化反映和哲思性表达，意在讽刺和揭露。安阳地区的民间笑话数量较多，流传范围较广，深受民众喜爱，大致可分为三类：其一，是对权威的嘲讽；其二，是对民众自身缺点的揭露；其三，是生活中的趣事笑话。

"对权威的嘲讽"类笑话中的"权威"指向社会、经济地位较高者，如官家、财主、师傅、文化人等。现实生活中，这些人往往凭借优越的社会地位、经济条件和文化知识等，成为"权威"的象征，成为底层民众尊重和"迷信"的对象。在"对权威的嘲讽"类笑话中，民众的狂欢精神得到了充分张扬，他们化身为智慧和力量的象征，对"权威者"的愚笨无能、自以为是和装腔作势等看得非常清楚，能够一针见血地指出，并予以无情的揭露和嘲讽，如《张大户请客》《你我她》等是对社会地位、经济地位较高者愚笨和无能的嘲讽；《戏弄农夫讨没趣》《才大齐天》等是对文化地位较高者的讽喻。《学生背书》《书呆子赶集》等则是对"师傅们"好为人师和工作失职的讽刺。

在"对民众自身缺点的揭露"这部分，民众将己置身芸芸众生当中，在感受、展现民众生活的同时，敢于直面民众自身的缺点和不足，勇于披露和展示，让民众在认识他人不足的同时，也加深对自我不足的认知，如《厨子揣肉》《剃半个头不要钱》等是对贪婪、贪小便宜行为的揭露；《月亮脱皮》《倒拿借据》《看病》等是对不懂装懂、死要面子行为的讽刺；《师徒俩》《拽裤衣》是对吹牛和拍马屁行为的讽刺；《犟筋头》《千里驹》《牛油》等是对生搬硬套、不知变通行为的讽刺；《露球能》《放咸屁》等是对一些人好为人师、自以为是的揭露。

"生活中的趣事笑话"将常见的夫妻吵架、父子抬杠、嬉戏儿孙、做生意等生活场景作为描绘的对象，讲述发生在这些场景中的趣事，充满生活情趣，如《接生》《梦里背书》《呆子找驴》等讲的是歪打正着、误打误撞的故事，充满了喜剧色彩；《黑驴打滚和二龙戏珠》《见相学样》等讲的是在面对尴尬情形时，自编自话巧妙化解的故事，别具风味；《小两口打架为啥事》《男子汉大丈夫》描绘的是夫妻吵架的情形，活灵活现，令人忍俊不禁。

在上述三类之外，还有一些故事在引人欢笑的同时，也让人心生感慨，寄予无限的怜悯和同情，如《咸死他》讲的是在食盐紧缺的情况下，庄户人家为应对缺盐现状，将一块老咸菜挂在饭桌下，一家人"望咸菜生盐"的故事。对比当下物质丰富、生活富裕的生活，不免让人感慨万千，庆当今之幸，叹昨天之不幸。

笑话往往以讽刺者居多，多为对不智行为、死板教条、贪婪吝啬等品行的讽刺，但也不乏讴歌之作，一方面抨击和揭露假恶丑，另一方面也赞扬和歌颂真善美。安阳地区流传的笑话故事大都源自对现实生活的比拟，于讲故事的过程中，折射出哲理和情感判断。安阳地区的笑话故事是安阳人民乐观精神、反抗精神和智慧哲思的象征，陪同广大民众走过了不堪回首的受剥削、受压迫的岁月。但不可否认的是，从和谐社会和现代审美的眼光去考量，部分作品就内容而言无疑是不合时宜的，如《瞪眼瞎看告示》是对生理缺陷者的嘲弄，《吃啥屙啥》则表现出庸俗的低级趣味等，这些都是民间文学中的糟粕，须谨慎对待。

六

口头文学是口耳相传的文学作品，主要通过口耳相传的模式传播传承；是人民群众的集体创作，是民间文学的主要流传方式。安阳所流传的口头文学主要有民间故事、传说、神话、歌谣、谜语等，民间故事在其中占有极其重要的地位。通过讲述者的讲述，采录者的倾听和记录，民间故事才得以保存并进而更广泛地流传开来。

《中国民间故事集成》的编纂至今已三十多年，《中国民间故事全书》的编纂也将近二十年，当年参加"三套集成"故事卷、"故事全书"编纂工作的民间文学工作者不少因工作变动或调往外地等已失联。本卷编纂过程中，我们千方百计联系到了各县市区"三套集成"故事卷和"故事全书"的主要编纂人员，尽量交由本人提供资料撰写简介，无法联系到本人或已经去世者，则根据资料代为撰写简介，为安阳市民间文学保存了较为完整的翔实档案。除在每篇作品后所附要素中将他们的相关信息进行简要的记载外，还在附录中，为主要的讲述者、采录者立传，为他们谱写安阳民间文学群英谱。

时代发展，代际更迭，安阳的民间文学薪尽火传，祖祖辈辈流传至今，传承不息！

民间文学的传承方式有亲缘传承、业缘传承、地缘传承等，其中，亲缘传承最为常见。在安阳民间文学讲述采录的群体中，有一个有趣的现象，许多讲述活动发生在祖孙、父子、母子、父女、母女、夫妻和亲戚之间。

父子相传的如汤阴县瓦岗乡南寒泉村程好义（已过世）。他以瓦匠为业，常通过讲民间故事来教育子女。之后，程氏的儿子程新发对这些故事进行了采录整理，使之得到了有效保存。父子相传的还有市区的王德贵、王家俊，滑县的崔自连、崔长灿等。母子相传的如赵新梅。赵新梅是安阳市西郊郭潘流村人，家庭妇女，生逢乱世，一生经历了许多苦难，曾在城隍庙做义工，她能听到各种人讲故事、传说、笑话，也能常看到各种社戏。她虽然没上过学，但博闻强记。在编纂《安阳故事卷》时，其最小的儿子王有才所采录的30多篇作品，多数是她讲述的。母子、母女相传的还有内黄县的温尽云、刘会丰，安阳县的卢玉花、郜现英等。其他例子还有《狐狸坟传奇》主编孙保成的女儿孙雅，尚在读中学，就协助父亲采录整理了一些比较短小的民间故事和笑话。安阳县北郭乡文化站站长李生学，其妻子乔梅花也很爱讲故事，为李生学采集民间故事提供了很多原始资料，民间文学成为夫妻共同的爱好，乔梅花又不断把这些故事讲述传播给女儿和周围的人听，以至其女儿李海燕也善于讲述民间故事，堪称民间文学之家。

民间文学与民间艺术是相通的，安阳市许多民间故事讲述者多才多艺，同时也是颇有影响力的民间艺人，例如：本卷故事讲述者中就有王玉僧、乔梅花、樊晓磊等人，他们的剪纸作品、剪纸故事，收录在《中国民间剪纸集成·豫北卷》中；程新发是河南省省级非遗项目"泥塑（汤阴泥彩塑）"项目传承人；还有龙安区"秦氏砖雕"传承人秦仁保，内黄县农民画艺人王东希、崔尧章等。

民间故事的讲述者、采录者，很多是20世纪80年代末民间文学"三套集成"编纂过程中的积极参与者，限于当时的条件，加之时间的推移、人事的变动，很多资料散佚。本卷编纂过程中，编委会两次发出征集主要讲述者、采录者信息的通知，广泛发动各县市区补充资料，要求尽量完善要素。安阳县、汤阴县、内黄县等县民协多方联系，挖掘出一些资料，林州市民协通过各种渠道寻找线索，找到已故老民间文学工作者的家人，并专程到他们家中，找到许多珍贵资料，有的资料还弥补了当年"三套集成"所欠缺的要素。

七

为本卷的编纂，我们前期进行了充分的资料准备工作，汇总了各县市区现有的资料，编纂启动之后又搜集了一批新征集到的资料。截至目前，共搜集到安阳故事/传说图书资料70余部。其中，"三套集成"故事卷和《中国民间故事全书》县卷本，是本次编纂工作的主要资料来源。

1989年12月，安阳市委宣传部下发《关于建立"中国民间文学集成河南安阳市卷编委会"的通知》，市委宣传部、市文联、市文化局高度重视"三套集成"的编纂，有关领导担任了编委会主编、副主编，市民间文艺家协会及所辖各县文联、文化局分别组成了编辑班子。此前，部分县文化馆已经着手编纂。民间文学"三套集成"的编纂，是安阳市民间文艺界首次全面参与的全国性民间文学搜集、整理、编纂、出版工作，并由此而催生建立了安阳市民间文艺家协会，在安阳市民间文学史上，具有划时代的意义。

经过安阳市各县区民间文学工作者的努力，1987年汤阴县卷、林县卷率先出版，1990年滑县卷、内黄县卷相继问世，1996年安阳县卷出版，至此，安阳所辖各县卷本全部编印出版，市区所搜集的作品直接编入了市卷。《安阳故事卷》1993年由中原农民出版社出版，该书共收录安阳民间故事100篇，其中安阳市区29篇、安阳县14篇、林县12篇、汤阴18篇、内黄17篇、滑县10篇。2001年6月出版的《中国民间故事集成·河南卷》，从安阳各卷本中挑选了安阳民间故事16篇，其中安阳市区2篇，安阳县3篇，滑县5篇，内黄3篇，汤阴1篇，林县2篇。"三套集成"故事卷的编纂出版，是安阳市民间文学首次收获的重要成果，为今天《中国民间文学大系·故事/传说·河南卷·安阳分卷》的编纂，打下了良好的基础。

进入21世纪后，河南省民间文化遗产抢救工程启动，《中国民间故事全书》是民间文化遗产抢救工程的重要内容之一和专项任务之一。安阳市民协积极组织所辖各县（市、区），投入到《中国民间故事全书》县卷本的编纂中。在"三套集成"故事卷的基础上，补充资料，完善内容，从2006年到2008年，圆满完成了五个县卷本的编纂，同时，殷都区民协也在全市首次独立编纂完成了区卷本，这六个卷本，总计收录广义的民间故事1500余篇，包括神话、故事、传说。其中安阳县卷、殷都区卷已自行编印成书，其他各县（市、区）上交了完整的电子文本。

"三套集成"故事卷和《中国民间故事全书》县卷本的编纂，为安阳市民间文学建造了丰富的档案库，是安阳市民间文学极其珍贵的文献。另外，中国民间文艺研究会河南分会、河南大学中文系所编《河南民间故事集》，冯骥才主编的《中国木版年画集成·滑县卷》，程健君主编的《中国民间剪纸集成·豫北卷》中，也都收录有部分专题的安阳民间故事；安阳市部分民间文学工作者还编纂出版了一些民间故事图书，比较有影响的如《岳飞岳庙传说故事》《岳飞故事》《风流才子刘庚星的故事》《民间说曹操》《瓦岗军的故事与传说》等。令人惊喜的是，在编纂过程中，我们发现一册六十年前安阳市文化馆编印的油印本《安阳市民间故事集成》（第三集），该集成编印过多少集目前已无从得知，但仅这一集，就记载了20世纪50年代末60年代初安阳市文化馆农村文化股的民间文学工作者，长期深入乡村进行田野调查，采录的安阳县小朝寺农民抗粮故事传说，这些资料的发现，弥补了后来"三套集成"和"故事全书"的遗漏，弥足珍贵。从中也可以窥见安阳市的民间文学工作者，很早就致力于安阳市民间故事集成的编纂，并为之付出过辛勤的努力。

除已出版的民间文学图书之外，各县市区还积极提供了一大批新采录故事。例如林州市，民间文化资源比较丰富，有"三套集成""民间故事全书"的良好基础，本次编纂中，发挥基层乡镇民协的作用，利用各乡镇微信公众号平台，广泛征集，又采录到一大批民间故事与传说。鉴于安阳市老城区（文峰区、北关区）未进行过中国民间文学"三套集成"、《中国民间故事全书》的编纂，资料较为分散，编委会召开"老城区民间故事传说座谈会"，开展了老城区民间故事传说的征集补遗；殷都区发现几位热心的民间文学爱好者，他们各自搜集整理数十篇到上百篇民间故事与传说，有的自费编印了民间故事集，有的保存了20世纪80年代的手抄本；编委会还多次到龙安区一些乡镇进行田野调查，组织采录，完成了龙安区部分故事传说的初选。

《中国民间文学大系·故事·河南卷·安阳分卷》《中国民间文学大系·传说·河南卷·安阳分卷》两卷的编纂，是同时启动、同步进行的，这是古都安阳民间文学两朵并蒂的奇葩，既是巨大的中国民间文学宝库的组成部分，也是抢救濒临灭绝的民间文学遗产、留住民间文化根脉的乡邦文献。尽管两卷已经收录了上千篇流传于安阳地区的民间文学作品，但绝非搜罗完备，我们将继续努力，为进一步保护民间文学遗产做出新的贡献！

执笔：刘二安　高艳芳

凡例

一、 《中国民间文学大系·故事·河南卷·安阳分卷》，是遵照中国民间文学大系出版工程领导小组制定的"故事卷编纂体例"和有关文件精神，本着科学性、全面性、地域性、代表性的原则加以选编的。

二、 本卷所选民间故事，采用的是与神话、传说并列的狭义的民间故事概念，收录故事流传时间不设上下限，主要是以安阳市各县（市区）文联、民协编纂的《中国民间故事集成》《中国民间故事全书》县卷本为主进行选编，并补充安阳市民间文艺工作者编纂的其他民间文学书籍所收录的，以及本次新征集的民间故事。部分原来发表或者出版过的作品，由原采录者或编者按照忠实记录原则进行适当处理。

三、 本卷收录故事分类，按照本市故事资源状况，遵循宜粗不宜细的原则，包括生活故事、幻想故事、笑话三大类，每大类分若干小类。共收录安阳地区民间故事 550 多篇（含异文）。

四、 本卷在收录故事正文的基础上，将内容相近的故事作为"异文"一并收录。一般以情节结构完整、语言文字生动的作品为正文。异文一般保留原标题。

五、 本卷收录作品尽可能保留安阳地方特色，尽可能采用方言、口语。计量单位沿用旧时民间习惯，如斤、里、亩等。地名、官府名、职官名等一般采用当时名称。

六、 本卷收录的作品后附列讲述者和采录者的信息，包括姓名、性别、年龄、民族（汉族不标）、籍贯（或工作单位、家庭住址）、文化程度、职业，以及采录的时间和地点。讲述者和采录者的基本信息均以采录时为准，年龄、职业均为采录时的信息。在附录讲述者、采录者简介中注明出生年月或生卒时间。采录地点，因行政区划调整的，本书按采录时的行政区划表述，例如 1994 年撤销林县设立林州市，2017 年安阳县部分乡镇划入其他区等，只在首次出现时加以注明，以后不再重复注明。有的作品因收录时间较早，要素缺失，有的原书未刊载、有关信息又无从补充的，根据具体情况，或在附记中加以说明，或空缺。有的作品讲述者和采录者为同一人，或者有的讲述者无从知晓，均只标注采录者信息。

七、 本卷不是单纯的民间故事作品集，而是故事文本相对完整的呈现，故除故事文本外，还尽量在部分作品后，以附记的方式体现故事讲述的语境，以及故事类型、流传情况、讲述者与采录者情况、故事和当地民俗的关联性、故事来源、故事文化背景、故事研究情况等，并适当配以相关的图片。

八、 总序、序言、编纂人员名单、图片，以及概述、目录、凡例均见本卷文前。安阳常用方言对照表，安阳民间故事主要讲述者、采录者简介，安阳民间故事图书与资料图录等附录，均见本卷文后。

九、 本卷附录"安阳常用方言对照表",对所收录的故事文本中使用的方言词语,按方言读音标注国际音标,其中的入声字依据《安阳方言词典》(中州古籍出版社,2014 年)"安阳方言中的入声字表"进行标注。调值依据《河南方言研究》(河南大学出版社,1993 年)"河南各方言点的调值表"进行标注。轻声在音标前用 · 表示。

十、 本卷版权页附二维码,打开微信,扫描二维码,可获取本卷部分故事的相关视频。

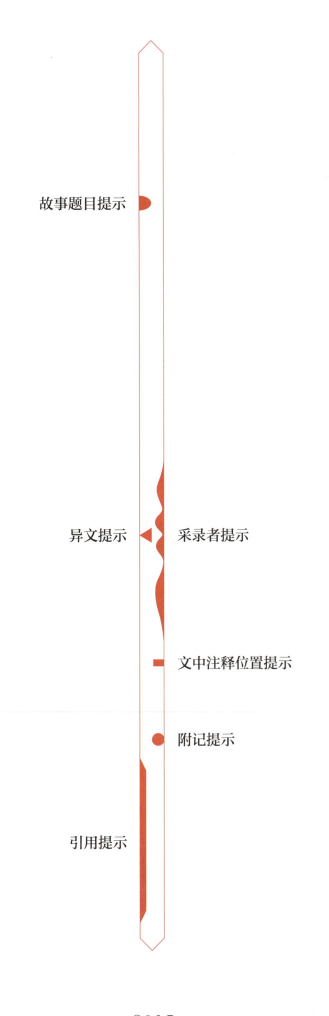

故事题目提示

异文提示　　采录者提示

文中注释位置提示

附记提示

引用提示

C019

一 生活故事

（一）诗联和谜语故事

1

一家四口对诗

有一家四口人，靠务农为生，老汉种田，老婆做饭、洗衣，料理家务。生有一男一女。女大为姐，做些针线。儿子小为弟，在学堂攻书。

有一次过节，摆了个家宴，一家四口饮酒作乐。小儿子提出，咱不可光喝酒，咱必须每人作诗一首，以助雅兴。对不上来的要罚酒三杯，不过这次作诗与以往不同，前三句都须一致，后一句都要带上百家姓，而且还要把日常生活表达出来，方可过关。老汉想，这个难度很大，为看各人才智，也就欣然同意。

于是儿子说："我的提议我先作。"老汉说："好，就依你。"

儿子说：

小桌子四四方方，
墨台搁到正当央[1]。
毛笔头一来一往，

[1] 正当央：正中间。

写出了柏水窦章。

女儿说：

针线筐四四方方，
绣花布搁到正当央。
针与线一来一往，
绣出了苗凤花方。

老婆说：

煤火台四四方方，
做饭锅搁到正当央。
饭勺子一来一往，
做出了奚范彭郎。

老汉说：

小菜园四四方方，
茅粪桶搁到正当央。
茅勺子一来一往，
舀出了酆鲍史唐。

讲述者： 李天生，男，73岁，龙安区马家乡李庄村人，初中，农民

采录者： 李立国，男，44岁，龙安区马家乡李庄村人，大专，兴阳禅寺文保所所长

采录时间： 2018年9月

采录地点： 龙安区马家乡李庄村

附记

坐落在我们村的兴阳禅寺塔,是国家级文物保护单位,我在兴阳禅寺文保所工作。那一年中秋节晚上,我在寺院门口散步,正好碰见同村的李天生老先生也来到寺院门口。他自幼爱好画画,后来经老师指点,自学学会了神话人物绘画,在民间走街串巷绘画,算是村里的文化人,还经常给人们说古讲故事。我将他让进寺院办公室,因为是中秋节,想让他给讲讲吴刚伐树的故事。可老先生一进门,看见屋里摆放着一张方桌,就以"小桌子四四方方"开头,讲起了一家四口对诗的故事,我听着有趣,便赶快拿起笔记了下来。(李立国)

李天生(右)讲述故事,李立国(左)在采录(摄影:刘二安)

异文:傻女婿对诗

从前,有个漂亮的姑娘嫁了个傻女婿,她怕娘家人嫌弃,天天教傻女婿念百家姓。直到背熟了,才带着他走娘家。

到娘家,岳父、岳母陪着女婿吃饭。岳父想考考他,就说:"咱每人吟首四句小诗,尾句必须带上百家姓。"

岳父先吟道:

小桌子四四方方,
笔墨纸砚放在当央;
手拿羊毫一来一往,
写的字是贺吕史张。

岳母接着吟道:

煤火台四四方方,
煤火口坐在当央;
小火柱一来一往,
做了一锅奚范彭郎。

傻女婿吟道:

小炕儿四四方方,
丈母娘躺在当央;
老丈人一来一往,
生了个闺女周吴郑王。

讲述者: 王三虎,男,42岁,安阳县铜冶镇南西炉村人,高小,农民

采录者: 王玉海,男,36岁,安阳县铜冶镇人,教师

采录时间: 1989年

采录地点: 安阳县铜冶镇南西炉村

选自: 《狐狸坟传奇》

附记

《傻女婿对诗》选自安阳县民间故事集成《狐狸坟传奇》,除本篇外,王玉海还采录了魏榜花、王三虎、崔海生、崔三更、崔金来等人讲述的《仨媳妇吟诗》《大运》《蝎子精报仇》《投胎》《宝锣》《憨大胆》《是俺把灯吹乏了》等故事。采录者、讲述者所在地安阳县铜冶镇,现划归殷都区,因时日较久,人事变动,采录者、讲述者均联系不到,后经镇文化站协助查找,可能大多已过世,其后人尚未联系到。(刘二安)

2

姐夫与小姨

从前，在安阳城东有个叫王庄的村，村里有对老年夫妇，跟前有两个女儿，长得如同出水芙蓉一样漂亮，都到了婚龄，按顺序先给长女儿完婚出嫁。女婿长得一表人才，一家人都很喜欢。在城东有个风俗，就是在婚后第一年的正月十六日这一天，都要把闺女、女婿请回娘家，一块欢度良宵佳节。

这年二老按传统风俗，将女儿、女婿请回门，欢度元宵，二老将席宴办得十分丰盛，全家人欢聚一堂，气氛十分融洽，酒席宴上互敬互让热闹非凡。这时新女婿已经喝得够量了，小妹举杯要敬姐夫三杯，祝姐夫新的一年发财。在小妹给他递杯时他已有醉意，看到小妹十分漂亮，眉清目秀，鹅蛋小脸微笑着，现出两个酒窝，端正的小嘴轮廓分明，柔唇微启露了一口雪白的牙齿，真是酒不醉人人自醉。三杯酒过，他便昏昏沉沉倒在桌子上，小妹忙把姐夫送卧室醒酒，入室后姐夫想入非非，再也把握不住自己，将小妹抱入怀内，小妹用力将其推到床上，对姐夫的非礼行为深感不满，并在墙上题诗一首：

好心敬君子，
不该把奴戏。
虽说亲妹妹，
不是你的妻。不能！

然后含羞离去。小妹走后，姐夫醒来看了诗训，深感内疚，并和上一首以表歉意：

一时酒醉迷，
不分东和西。
只按你姐到，
哪知是小姨[1]。赔情！

他也含羞上床蒙眬入睡，这时岳父大人进屋就看见女婿已经入睡，并见到墙上二人题写的诗篇，他已情况大白，同时又配诗一首：

白纸糊棱窗，
屋里好亮堂。
两人均无意，
何必诗上墙。不该！

岳母大人也到屋内看个究竟，并也和诗一首：

入室看女婿，
诗容全都知。
今日醒酒迷，
以后要注意。保密！

这时大小姐也放心不下，要到屋看一下自己女婿，进屋后，看到自己的丈夫正在梦乡，又看到墙上所题诗，知道了来龙去脉，就又加上一首来宽恕丈夫，诗言：

---

[1] 小姨：小姨子，丈夫称妻子的妹妹。

姐夫戏小姨，

这事不稀奇。

只要守分寸，

不许越雷池。宽容！

等姐夫酒醒后，看了诗墙，深感小妹情操高尚，二老大人高风亮节，爱妻的宽怀，敬佩不已，以后他们夫妻之间关系更加融洽和睦。

讲述者： 王书太，男，64 岁，安阳县人，退休教师
采录者： 张俊山，男，67 岁，安阳市北郊东大姓村人，高小，退休干部
采录时间： 2005 年
采录地点： 安阳县崔家桥镇东曹马村
选自： 《安阳县民间故事集》

3

仨媳妇吟诗

过去有个男人娶了三个媳妇。

有一天，这四口人围坐在桌前，盘子碗儿弄了一大堆准备连吃带喝。这个男人对媳妇们说："今天，咱们就以这桌席为题，各吟四句小诗，倘若谁吟不出诗来，从今以后，我就不再去谁那屋子里睡觉了。"

大媳妇吟道：

小席桌四四方方，

酒壶盘子放在桌上。

壶里有酒盘里有鸡，

要说还是从小夫妻。

二媳妇吟道：

小席桌有腿有面，

酒壶盘子放在上边。

壶里有酒盘里有蛋，

是你为生养才娶俺。

三媳妇吟道：

小席桌甚是不错，
酒壶盘子桌上边垒。
壶中有酒盘中有菜，
公公平平咱仨一人一夜。

男人吟道：

小席桌甚是好看，
酒壶盘子放在桌面。
壶中有酒盘中有蒜，
这样做活累死我老汉。

讲述者：　魏榜花，女，65岁，安阳县铜冶镇南西
　　　　　炉村人，不识字，农民
采录者：　王玉海，男，36岁，安阳县铜冶镇人，
　　　　　教师
采录时间：　1989年
采录地点：　安阳县铜冶镇南西炉村
选自：　《狐狸坟传奇》

4

妯娌四个吟诗对簿公堂

这家有妯娌四个，一个比一个心灵，一个比一个嘴巧，彼此相处也很好，劳作之余常在一起说说笑笑，吟诗答对。

这天，她们你一句我一句吟道：

猫儿走路飘飘轻，
两只眼睛亮晶晶。
不知能否捉老鼠，
老鼠就在门后听。

不料，恰在这时她们的公爹在门后拿木锨听见了，心里说："这儿媳，竟然骂我是老鼠。"一怒之下，把她们告到了县衙。县官差人传唤她们，她们大惑不解，当县官指着她们说清案由时，她们才恍然大悟，遂说明原委辩解道："俺只是吟诗答对，并不是说公爹。"县官半信半疑问道："你们真会吟诗答对？"她们说："不信你试试。"县官叫她们以堂前面那面鼓为题吟诗答对。她们你一句我一句地接替吟道：

堂前一面鼓，

画龙又画虎，

今年当知县，

明年升知府。

说得县官心里乐开了花，两只眼笑成了一条缝儿，同时，也证实她们所说果真不假。只是她们的公爹因误会错怪她们了，于是反过来责打了她们的公爹四十板。

这时，她们既心疼也无奈，又你一句我一句吟道：

只为一句话，

挨了四十下，

公爹身上疼，

疼也没办法。

采录者：　田俊杰，男，67岁，汤阴县宜沟镇翻身
　　　　　街人，师范，农民

采录时间：　2006年5月5日

采录地点：　汤阴县宜沟镇

选　自：　《中国民间故事全书·汤阴卷》

附
记

家中采访，当时田俊杰已经年老多病，久卧病床，并伴有老年耳聋，记性也不太好，当他知道我的目的后，一下子便从床上坐了起来，连鞋子都没有顾得上穿，就下地走到书柜前，蹲在地上为我翻找民间故事资料，并献出了他收藏多年的10多本《汤阴民间故事》打印本。他说：临老能为民间文学做点贡献，今生无憾，一生足矣！（刘振民）

本篇故事的讲述、采录者田俊杰，安阳市作协会员、汤阴县民协会员，曾获安阳市老有所为奉献奖章，现已80多岁高龄，他一生热爱写作和文化宣传，注重收集民间传说故事，其撰写的新闻稿件和民间故事传说多次在国家、省、市、县级媒体上刊发和播出。2006年春天，他受汤阴县文联邀请参与《汤阴民间故事》一书的收集整理编辑工作，本人收集民间故事70余篇。2021年8月，汤阴县文联、县民协收集整理出版"汤阴优秀民间故事文化丛书"，为了收集更多的优秀民间故事，同时也为安阳市民协编纂《中国民间文学大系·故事·河南卷·安阳分卷》一书，推荐更多的优秀故事，我前往田俊杰

5

诗迷

过去有个孩儿好编联儿[1]，无联儿不说话，开口就是联儿。这天，他跟爹在地里锄地咧，见天阴了，就说：

西北来块云，
阴咧怪沉，
阴了就要下，
雨淋。

他赶紧从地里回来，到了家门口，见娘在门外扫地，就说：

门外有一老，
抱住笤帚扫，
扫咧不净，
再扫。

他就这样天天编联儿，家里人都很厌烦。爹娘管不住，就把他送到县衙。

他上了公堂，看见县官是个秃子，就随口编了一联儿：

大老爷坐了堂，
衙役站两旁，
摘来乌纱帽，
秃光。

县官一听，气坏了，叫："给我打！"两边的衙役们一齐上前，按倒他就打。他一面"哎哟"，一面又编了一联儿：

大老爷发了刑，
打咧怪疼，
嗑开毛竹板，
打股。

县官也没办法，就把他发配到南阳充军。他的舅舅听说了，前去看他。爷儿俩见面，痛哭一场。还没止住哭呢，他又编联儿：

充军到南阳，
见舅如见娘，
两人齐掉泪，
三行。

咋是三行呢？原来他舅的一只眼瞎。

讲述者：　李梅菊，女，30 岁，内黄县二安乡沙河庄村人，不识字，农民
采录者：　李国存，男，9 岁，内黄县二安乡沙河庄村人，学生
采录时间：1965 年
采录地点：内黄县二安乡沙河庄村
选自：　《中国民间故事集成·河南内黄县卷》

[1]　联儿：顺口溜。

附
记

李梅菊是我母亲。小时候，逢三伏天，晚上屋里闷热，无法入睡，她就在当院地上，或者平房顶上铺一张草席，和我们弟兄三个躺在上面。我们三个好打闹，母亲为了让我们安静睡觉，就用一把扇子挥舞着，为我们一赶蚊子二扇凉。还给我们讲"游磨眼话"（故事）。我们便安静下来，仰望着星空，不知不觉就睡着了。她给我讲的故事，多是这个时候听来的。小时候记性好，听一遍就能记下来。（李国存）

李国存（右）向本卷主编刘二安（左）回顾采录故事的往事

6

缺角诗[1]招祸

有一走街串巷的货郎，把货郎担放到一个村十字口，手摇拨浪鼓走来走去，边走边摇间，瞅到一家门口站着一位漂亮女孩，探头向十字路口望着。这使得这风流诙谐的小货郎诗兴大发，他大声唱道：

小姐站门旁，
银环响叮当。
小脚三寸长，
横量。

过去女人以脚小为美，"横量三寸"是说她脚大。他这么一唱，羞得姑娘退回家去，向爹娘哭诉其受辱情况。过去只要说谁脚大，就意味是丑女子，何况她的脚横量三寸就更大。因此该家把货郎告上了县衙。

货郎被差役押到县衙。一进县衙正好看到一差役在打

[1] 缺角诗：五言诗四句，排列起来整整齐齐，这篇故事中的诗最后一句只有两个字，排列起来像是少了一个角，所以叫缺角诗。

水时，把桶掉到了井里，他急口吟道：

院内一口井，
辘上一井绳。
多半井绳烂，
扑通。

差役把货郎按到大堂，县太爷正要问话时，班头来报："老爷，太太分娩了，生下一千金。"货郎一听随口吟道：

老爷坐大堂，
太太进产房。
生下一千金，
像娘。

县太爷听了，不但不气，反而认为此人"缺角诗"说得不错。接着开言："货郎，你能就老爷吟一首吗？""能！"货郎高傲地回答。接着高声吟道：

县大老爷本姓王，
一心想着当皇上。
癞蛤蟆想吃天鹅肉，
妄想！

县太爷一听把肺都气炸了。一声喝道："画押，充军黑龙江！"

货郎充军黑龙江，路过彰德府，他一个老舅来看他。二人相见，痛哭流涕，货郎一抬头看到舅舅泪流满面，哭着吟道：

充军黑龙江，
见舅如见娘。
二人同掉泪，
三行。

原来他舅一只眼瞎，他这样一吟，气坏了老舅："到什么时候了，你还这样！"说着"扑喳"打了货郎一巴掌。货郎有气[1]地吟道：

舅舅脾气暴，
巴掌像鞭炮。
扑喳一声响，
六道。

他舅原来是个"六指"。

采录者：　李文林，男，64 岁，安阳县磊口乡南磊口村人，大专，退休干部
采录时间：　2006 年
采录地点：　安阳县磊口乡南磊口村
选自：　《安阳县民间故事集》

附 记

1955 年我读小学六年级时，夏季的一天中午，正在我家过道乘凉，想着当天的日记写什么——那时候小学老师要求我们每天写一篇日记。我正在苦思冥想，我爷爷李永合看我皱着眉头的样子就问我作啥难哩，我说了写日记的事，他听我说罢，就给我讲了这个故事，我当时把它写入了我当天的日记中。2006 年，安阳县文联征集民间故事，我将这个故事回忆并进行整理，该故事被选入《安阳县民间故事集》。（李文林）

[1]　有气：生气。

7

庄稼诗人

从前，有个庄稼人，特别喜欢作诗，见到什么，想到什么，随口就成诗。尤其见到不平事或为官不正的人，那更是非作不可。虽然他识字不多，但笑骂成诗，人称"庄稼诗人"。

十月初十庙会，这天赶会的不少。农忙过去了，都想到会上逛逛，买一些东西。你看那挑挑的、担担的、锔锅的、卖蒜的、降香的、还愿的……大姑娘小媳妇三五成群，小伙子老头子也成群结队。一阵凉风吹来，庄稼诗人打个寒战，看了看自己的破烂褂子，随口说道：

摇晃又摇晃，
走在大路上。
衣裳露皮肉，
凉爽！

"闪开！快闪开！你们这些闲人。我家小姐要上香，快快……"这时，从后边来了一顶花轿，轿前有一个人不停地吆喝着。不知怎么的，越喊得来劲，人越挤得结实，把路堵得水泄不通。人们心中都窝火：谁是闲人哪！你们才是闲人！

这时，从轿子里探出一个油头粉面的脑袋，一只手还捂着雀斑脸。庄稼诗人扭头一看，呵，好俊的小姐啊！于是随口溜出几句：

来了一只花，
掩面羞答答。
仔细脸上看，
真花！

众人听了都哈哈大笑起来。那个吆喝开路的人想，这不是嘲笑我家小姐吗！这还了得。他就大声喝道："放肆！欺负到我家员外爷头上来了。来人哪，把这小子给捆了，见官去。"几个轿夫把庄稼诗人带走了。

诗人被诬告为调戏妇女罪，被送到县衙。

此地县官是个赃官，不理正事，为非作歹。平常问案不管有理没理，只要有钱有势就能打赢官司。

庄稼诗人被带到大堂上，见县官虎势势[1]地坐着，瞪着圆眼，就不慌不忙走上前，打了一躬，立而不跪。吟道：

老爷做县官，
整日瞪圆眼。
一旦见钱两，
笑脸！

"放肆！"县官大怒，猛拍惊堂木，"呔！你这小子，你调戏良家妇女，老爷还没有问你的罪，你就骂起老爷来了，拉下去重责三十。"

一会儿，一个浑身血淋淋的人被拉到堂前，县官笑说："你还敢骂老爷不敢了？老爷是有法子治你的。"

农民诗人猛扬起头，看见县官满脸麻子，随口说道：

[1] 虎势势：形容威严。

官儿实在浑，

欺压众良民。

麻子不叫麻，

坑人！

"哇！"县官暴跳如雷，从椅子上跳了起来，额头上青筋暴突，"打！给我打！看他的嘴硬还是我的板子硬！"

庄稼诗人被打得血肉模糊。昏过去，又被凉水浇醒，拖到堂上。县官用脚踢了踢小伙子："起来呀！作诗呀！骂吧！老爷我听着呐！"

农民诗人没有起来，更没有吱声。县太爷十分高兴，坐在太师椅上说："还是老爷的板子硬，再硬的汉子也得在我的板子下低头！哈哈哈哈……把他给我拖下去。"

庄稼诗人被拖走了。县官下堂时，忽然看见小伙子趴过的地方有几行用血蘸着写的小字：

要官岂要脸，

为何歹毒俺！

不让俺作诗，

造反！

采录者：　　冯峰，男，滑县赵营乡小韩村人

采录时间：　1989 年

采录地点：　滑县

选自：　　　《中国民间故事全书·河南滑县卷》

8

团圆席上的笑话

很久以前有一个老秀才，家有三个儿子，老大有学问，老二馋，老三憨。八月十五晚上，全家欢喜，饮酒过节。老秀才平时就爱舞文弄墨，中秋佳节，他对三个儿子说："今日中秋节，我等须对诗饮酒，对得上者饮酒，对不上者喝辣椒汤。"老大、老二连连点头赞同。老三虽然不点头，可他却说道："那就马棚里伸腿儿——出题（蹄）吧！"父亲唉了一声，开始吟道：

什么圆又圆？

什么去半边？

什么闹嘈嘈？

什么静悄悄？

老大随口就答：

八月十五月亮圆。

初七初八月半边。

天上星星闹嘈嘈。

太阳一出静悄悄。

该老二了，他能答出什么诗呢？他抓耳挠腮，一会儿用手托着下巴，一会儿伸出双手，眯缝双眼，左比右画，好长时间都没有对上。他正为难之际，只见家人将几个烧饼放在席上。老二顿开茅塞，放声笑道："妙，有了。"他立即捞起烧饼，歪着脖子一边端详，一边说：

小小烧饼圆又圆。

三口下去去半边。

上边芝麻闹嘈嘈。

一阵子吃了静悄悄。

轮到老三了。他火烧眉毛似的，左右为难。老二见此，偷偷给他使眼色，意思是对不上就算了，干脆少喝点辣椒汤吧。谁知不使眼色倒罢，老二的眼睛又向父亲、哥哥这么一挤，老三深受启发，心领神会，有词了。他说：

爷儿四个喝酒圆又圆。

死了两个去半边。

全家哭得闹嘈嘈。

一下死了静悄悄。

父亲听罢了，拍案而起，欲打老三，正在这时，老夫人出来了，她细问原因，老秀才一五一十向老伴说了一遍，老夫人一听便说："对诗，此乃好事，为何发怒？我也来一首。"老秀才见老夫人也要对诗，转怒为喜。只见她点着老秀才的头说：

老头儿脸蛋儿圆又圆。

一耳光下去红半边。

脸上胡子闹嘈嘈。

用火一燎静悄悄。

尽管诗文不雅，老秀才仍为自己的秀才门第而庆幸。除了我家能出诗人，还有谁能比得上呢？

讲述者：　刘正学，男，69岁，内黄县人，艺人
采录者：　聂延军，男，31岁，河南清丰县人，大学，内黄县文联主席
采录时间：　1987年11月10日
采录地点：　讲述者家中
选自：　《中国民间故事集成·河南内黄县卷》

9

赵员外考子

相传，韩陵山下某村有个赵员外，家有三子，都是好吃懒做，游手好闲。赵员外一心想叫儿子们改掉恶习，学有所成。一天，赵员外把三个儿子叫到跟前说："给你们每人一百两银子，各自外出学点儿手艺，一年之后的中秋节回来，到时候我可要考考你们！"

转眼间一年过去，中秋节来临，三个儿子都如期返回家中。晚上，月光分外明亮，父子四人在后花园的石桌上会餐。餐前，赵员外说："今天你们每人作一首诗，其内容不离开今天的这些东西。另外，每首诗的第一句必须带'圆又圆'三个字，第二句必须带'少半边'三个字，第三句必须带'乱吵吵'三个字，第四句必须带'静悄悄'三个字，谁作不出来诗，谁别吃饭。"

老大望望夜空，指指月亮，不紧不慢地说：

十五十六圆又圆，
十七十八少半边，
天上星星乱吵吵，
再过几天静悄悄。

老大说完，得意洋洋地拿起个苹果啃起来。
老二急于吃饭，伸手抓一个烧饼晃了晃说：

一个烧饼圆又圆，
咬掉两口少半边，
上面芝麻乱吵吵，
再吃两口静悄悄。

老二说完，一个烧饼也咽到了肚里。
老三这时着了急，抓耳挠腮地想不出什么好，忽然他灵机一动，在桌子上空中画了一个圆说：

父子四人圆又圆，
死去两个少半边，
屋里哭声乱吵吵，
再死两个静悄悄。

赵员外听罢，顿时气了个没气儿。

讲述者：　黄天信，男，49岁，安阳县韩陵乡东见
　　　　　山村人，高中，干部
采录者：　冯湘平，男，39岁，安阳市人，大专，
　　　　　记者
采录时间：1991年
采录地点：安阳县香花电视机厂附近的饭馆
选自：　　《韩陵山的故事》

附记

1991年中秋前的一天，我去安阳县采访香花电视机厂的新闻。接待我的是有外号"老喷的"的黄天信，他因天花病后遗症，又因遇

事有办法，被人们戏称"点儿多"。

采访告一段落，到了饭时，我们就到附近一家饭馆就餐。当时喝酒风气很盛，黄天信为了少喝酒，主动提出讲一个笑话抵酒。有人提出条件，笑话要与"八月十五"有关，而且要把大家说笑了才可算数。黄天信答应了，开始讲《赵员外考子》。

黄天信讲第一首诗时，语气平缓，为了扣"八月十五"，还拿筷子在空中画圆比画着。说到第二首诗时，他竟用筷子指着餐桌上的烧饼盘说了前两句，然后补充道："老二张开大嘴嗯嗯咬两口，烧饼就下去半个。"黄天信又接着说："这老二拿着半个烧饼，手竖着，一反一正晃着，指着说——上面芝麻乱吵吵……接着不管三七二十一，把烧饼全填进肚里，吧嗒着吃完才说——再吃两口静悄悄。可不静悄悄吧，全吃完了，没有了！"黄天信讲到这里，笑声中还有人拿烧饼有芝麻的一面，贴近其脸。黄天信一边撑那人"没正形"，一边继续讲。他学着抓耳挠腮的样子，在餐桌上方画个圆说："姨儿四厢（安阳土话称爷儿四个，即父子四人）圆又圆，死了两个少半边。赵员外一听，这老三傻得不透气胡咧咧，想要制止，但没容老爹多说出声，后两句就出来了——屋里哭声乱吵吵，再死两个静悄悄。"大家笑过之后，黄天信说："四口人全死了，能不静悄悄吗？"

事后想起，有类似的故事，早在 1969 年，我在汤阴县皇甫村当知青时也曾听过。（冯湘平）

10

两个作诗人

从前，有一个县官很爱听诗。他出告示，招请诗人到县衙作诗，说作得好了有赏。

这天，来了一个作诗人。县官设酒宴招待了他。宴后叫他作诗，他问道："以何为题呀？"这时天热，刚有人抬来一筐西瓜，县官就随便说："以西瓜为题吧。"

诗人略微一想，作成一首：

小小西瓜圆又圆，
黑籽红瓤在里边。
大老爷你光吃瓤来甭吃皮儿，
把籽、皮扔在墙外边。

县官一听，连声说好，马上赏给作诗人五十两银子。作诗人接过银子，装到左边的衣袋里，告辞出来。他刚一离座就摔倒在地上。县官问："怎么啦？"他指指衣袋说："偏沉。"县官又赏五十两银子，装在他右边的衣袋里，送他出来。刚出门，作诗人看见一只绵羊在院里吃草，就灵机一动，随口吟道：

小小绵羊白如银，

好吃青草啃麦根。

大老爷要它有何用？

不如许给作诗人。

县官一听，非常高兴，马上把绵羊送给了他。

作诗人的一个朋友听说这个事儿，也想走个鸿运，就向作诗人问清了作的什么诗，把诗牢记在心里，第二天也去作诗了。

同样，县官设酒宴请这个作诗人吃喝了一顿。要他作诗，他也文绉绉地问："以何为题呀？"这时县衙宰了头牛。县官就随便指着刚摘下的草包说："就以草包为题吧。"作诗人就假装想了一想说：

小小草包圆又圆，

黑籽红瓤在里边。

大老爷你光吃瓤来甭吃皮儿，

把籽、皮扔在墙外边。

县官一听可气坏了，心里说"这不是叫我吃屎的吗？"就叫割下作诗人的左耳。作诗人刚离座也摔倒了。县官问："怎么啦？"他忙指着耳朵说："偏沉。"县官就叫人把他的右耳也割了下来，把他赶了出去。

出了门，他没有看见绵羊，就指着在一旁看热闹的县官的女儿说：

小小姑娘白如银，

好吃青草啃麦根。

大老爷要她有何用，

不如许给作诗人。

县官一听，"哦，想要我闺女啊！"就把作诗人打了一顿，赶了出去。

讲述者： 李文同，男，12岁，内黄县二安乡沙河庄村人，学生

采录者： 李国存，男，10岁，内黄县二安乡沙河庄村人，学生

采录时间： 1966年

采录地点： 内黄县二安乡沙河庄村

选自： 《中国民间故事集成·河南内黄县卷》

附记

李文同是我本家哥，比我大两岁，这则故事是1966年他12岁时在老家讲给我们几个玩伴听的。1990年4月在编纂中国民间故事集成内黄县卷本时，我根据回忆进行了整理。（李国存）

11

打官司

夫妻二人和媒人到滑县县衙打官司。县太爷立即升堂，让三人申诉理由。妻子说：

俺家本姓孙，
家住上官村。
结婚三年整，
没挨过丈夫身。
天天熬活寡，
还不如不结婚。

丈夫说：

俺家本姓王，
家住四间房。
白天读四书，
夜晚写文章。
后生应该先立业，

哪有闲心入洞房。

媒人说：

俺家本姓杜，
家住五里铺。
从小说的娃娃媒，
不管长大合来否。
常言：新人入洞房，媒人走一旁。
管恁合铺不合铺。

县太爷一听，都是顺口溜，也随口判道：

俺家本姓段，
家住在滑县。
做官三年整，
这个官司容易断。
既然夫妻无感情，
干脆早点散。

县太爷当即朱笔一点，批散了这对错误鸳鸯。

讲述者： 聂守礼，男，44 岁，滑县老爷庙乡聂庄人，
教师
采录者： 云守本，男，43 岁，滑县人，大专，教师
采录时间： 1989 年
采录地点： 滑县
选自： 《中国民间故事集成·河南滑县卷》

12

张百奇巧吃河中宴

张百奇是柳河东岸双槐树村人，聪明灵巧，说个笑话随口就来，辩个理那是死蛤蟆也能说出尿来，从来不肯认输，特别是对钱财，更是一点也不想吃亏。柳河东岸流传着这样一个歇后语："张百奇赴宴——喝酒容易掏包难。"其实，他有三掏三不掏。三掏是，和穷亲戚、朋友、穷街坊在一起喝酒，他抢着掏；和当官的、富人、商人在一起喝，他一个子儿也不想掏。因为他和有钱人在一起喝的时候多，所以，慢慢地，那句"喝酒容易掏包难"的歇后语也就传了出来。

开始，有钱人不知道他这一套，日子长了，就看透了，怕跟他喝酒吃亏。

有一次，双槐树村有两个富户，弄了只小船，把它抛锚到河中间，在上面喝上了，故意让人们都知道他们喝酒。

张百奇听到划拳声是在河当中喝的，顺河上下没一条船。他想，噢，是专门治我的，不让喝是不中。可是没船，又挠头了，回到村里转了几圈，除了碾屋有个漏斗，再无别的东西。

他把漏斗用棉絮填好，拿到上游，往水里一放，人蹲

到里面，两手拨水向小船划去。很快到了船前。上到船上他说："好大的酒兴呀！这么好的地方，咱们三人一起喝，来来来。"刚要端酒，富人说："慢来，慢来，咱们今天作诗才能喝酒。"百奇说："啥诗？五言、七言？还是绝句？"富人说都不是，第一句要有糊糊涂涂在内，第二句要有明明白白在内，第三句要有容容易易在内，第四句要有甚难甚难在内。百奇说："万人走路，一人领头，那就二位带头吧。"一个富人说："我先来。雪在天上糊糊涂涂，下到地下明明白白，雪变水容容易易，水变雪甚难甚难。"另一富人接着念道："墨在砚糊糊涂涂，写成字是明明白白，墨变字容容易易，字变墨甚难甚难。"百奇心说，看来这酒还真不好喝呢，对个啥呢？一扭脸看见了漏斗，说："在漏斗里糊糊涂涂，上到船上明明白白，我喝你的容容易易，你喝我的甚难甚难。"

二人一听，差点没把鼻子气歪了。

讲述者：　胡国芳，男，47岁，滑县上官村西街人，初中

采录者：　毛春明，男，61岁，滑县上官镇刘庄村人，高中，离休教师

采录时间：　1989年

采录地点：　滑县

选自：　《中国民间故事集成·河南滑县卷》

13

要饭的教徒弟

从前，有个小孩叫臭蛋，爹娘都被财主逼死了，他只得去要饭。别小瞧要饭，不懂行也难要到嘴里。臭蛋要了三天饭，小米没沾上牙，还叫恶狗咬了一口。他又疼又饿，昏死在大街上。幸好有个叫赖疤的要饭的救了他，还领着臭蛋拜了丐头，收臭蛋当了徒弟。

这天一大早，赖疤领着臭蛋出门要饭，边走边说："小兄弟，你十岁，俺十三，少力动武不能干，咱只能'文讨'。"臭蛋忙问啥叫"文讨"，赖疤说："'文讨'就是编顺口溜，念四方诗，写十字句，画龙凤词，叫他不愿给也得给。"说着，他们来到一个大财主门口，赖疤叫臭蛋在一边看着学，自己便一屁股坐到财主家的门墩上，脱了鞋、掰起了脚指头。

不一会儿，财主走出了门，一见赖疤坐在门墩上，大声说："喂，干啥的？快滚！"赖疤忙站起来鞠了一躬说：

头戴八角官帽，
怀揣一把尖刀。

八方尽收目中，
吃穿难以寻找。

财主一听，知道是个"貧"[1]字，肯定是要饭的了。赖疤随后敲起骨板，念起了顺口溜：

财主大门不小，
应有无数元宝。
行善天天招财，
日子越过越好。

这财主听得顺耳顺心，高兴地掏出两个铜子儿给了赖疤。赖疤回来得意地对臭蛋说："瞧清楚了没有？先报家门，然后再恭维他们，一准就成。"臭蛋点点头说："下回俺也试试。""来，俺先教你两手。"

不远的地方，有一个铺面，臭蛋抢先坐到店铺的门槛上，等着店家开门。不一会儿，店主下门板，一眼看到臭蛋，便开口询问，臭蛋把刚学过来的要饭诗亮开了：

头顶皇家宝盖，
腰系八卦莲台。
见人躬身施礼，
手里缺少钱财。

这是一个"窮"[2]字。
随后也敲起骨板，念叨着：

店铺柜台不小，
财源滚滚有宝。
行善天天招财，
生意越做越好。

这店主听着怪顺耳，为图个吉利就给了臭蛋五个铜子。

---

[1] 貧："贫"的繁体字，拆为"八、刀、目、八"。
[2] 窮："穷"的繁体字，拆为"宀、八、躬"。

臭蛋第一回要到了钱，高兴得欢蹦乱跳，赖疤见他聪明，又教臭蛋一组"四方诗"。

眼见爷儿[1]到了正头顶，正好又碰到一个大宅院。臭蛋高兴，又要先试试。臭蛋走进大院不一会儿，就火急慌忙地跑了出来，赖疤问臭蛋出了啥事，臭蛋说："俺到这院里，正好碰见年轻的女主人和一个老婆子在收拾黄蒸馍，俺就念起了'四方诗'说：

庄稼不差，成群骡马。
年年买地，家大业大。

"谁知那老婆子看看年轻的主人，年轻主人只当没听见，直催老婆子快收拾，俺又念了一段顺口溜：

老大娘，好行善，
上天能赐米和面。
子孙后代都孝顺，
福禄祯祥全占遍。

"老婆子听了这话，拿起半个黄面馍才要给俺，那年轻主人一把夺过去喂了狗，还叫狗来咬俺，亏俺跑得快，裤腿子被撕了一块。咱快离开这儿吧，免得再吃亏。"

赖疤听了臭蛋的话，说："你别怕。俺多年不武讨了，今儿给她来点武的，不能便宜了她。"说罢，就到这家大门口喊起来：

这家娘子不行善，
炕上孤老[2]滚成蛋。
生养子女两三个，
瞎子瘸子嘴三瓣。

赖疤这一嚷嚷，惹得过路人围成了一大圈。这家的媳妇听到门口乱哄哄的，也出门来看热闹。一听赖疤的话，气

得差点背过气，想放狗咬这个要饭的，又怕街上人多咬差了人，忙叫老婆子送出两个黄蒸馍。一招得了手，赖疤还不认这壶酒钱，最后只好又送了十个铜钱，赖疤这才罢休。

臭蛋见赖疤骂了人还多要了东西，心里很解气，忙催着叫赖疤教他"十字句"新招。赖疤指着一座幽静的大院，说："这家姓钱的望子成龙中秀才，你给他门口写上一段'十字句'，他准保高兴。"随后写道：

才
秀
钱
我镇要出贵人来
叫
门
开

臭蛋不知道咋个念法，赖疤说：

才秀钱出叫门开，
开门叫出贵人来。
来人贵出要镇我，
我镇要出钱秀才。

钱家一听，高兴地拿出十个钱给了臭蛋。

回来路上臭蛋说："要是这家人耍恶咋办？"赖疤回道说："这好办，对恶人就用恶法，你这样写，非把他气死不可。"接着又在地上写了一个"十字句"是：

且
八
王
我是本朝做大官
一
老
仙

[1] 爷儿：日头。
[2] 孤老：奸夫。

0021

臭蛋学着念道：

旦八王朝一老仙，

仙老一朝做大官。

官大做朝本是我，

我是本朝王八旦。

念完，他就开心地大笑起来。接着，臭蛋又性急地要学"龙凤词"，赖疤也高兴地在地上写道：

龙

凤凤

巾巾巾巾

湖湖湖湖湖

海海海海

会

仙仙仙仙仙仙仙仙

州州州州州州州州

江湖

皆

兄弟

全全全全全全全全全

美美美美美美美美美

善

为

先

臭蛋左瞧右瞧，瞧不出个名堂，忙央求赖疤念一念，赖疤就念道：

一龙二凤倒三山，

五湖四海会八仙。

九州江湖皆兄弟，

十全十美善为先。

臭蛋缠着询问这"龙凤词"咋个用法，赖疤指指天

说："天黑了，咱回庙里歇着去吧，回头把咱这要饭的玩意儿都教给你。"

讲述者：　　林泰来，男，56 岁，安阳市东关人

采录者：　　林泰安，男，43 岁，安阳市人，大学，教师

采录时间：　1989 年 12 月

采录地点：　林泰来家

选自：　　　《狐狸坟传奇》

附
记

林泰来是我大伯哥，他的右腿有点瘸，我从小就看惯了他一瘸一拐地走路，也不知道他是咋瘸的。1989 年，大伯哥从厂里退休了。他叫我们兄弟几个去吃饭。不知咋回事，大伯哥那天有点兴奋，有说有笑地天南地北喷了一个遍，末了摸着胡茬子得意地说："没想到啊没想到，俺这瘸子退休了还能领三百多块钱的退休金……俺到死再也不用要饭了。"

我问他："你要过饭？"

"咋，你不知道？我这腿咋瘸的？就是要饭时叫狗咬的。"

他放慢了语气，显得不那么兴奋了。

"那是 1942 年的事。那一年，河南大旱，地主家都逃荒了，咱这当长工的，你想吧。出门没几天，爹娘就都饿死了。俺一路要饭，走到大王村，就叫一条野狗咬了，幸亏，有个比我大不了几岁的老要饭的，他知道咋治狗咬伤，这我才逃了个活命儿。他领着我拜了个要饭的头儿……几年下来，我也成了一个老要饭的了。"

原来，《要饭的教徒弟》是我大伯哥的亲身经历呀！（林泰安）

14

兄弟四人上京赶考

兄弟四人要上京赶考。老三老是瞧不起老四，说他不会作诗，出门前，他爹叫他们先作一首诗试试，出了题目是《赶考之前》。

老大道："大比之年闻开选。"

老二道："弟兄四人求状元。"

老三道："不知谁中谁不中。"

小四道："碰！"

老三说："应该是'各显神通看才能'！"

老大说："还是一个'碰'字干脆利落。"

吃过饭，兄弟四人骑着马走了。走了半天，遇见一条很宽很深的河，河上只有座独木桥，人空手过还可以，骑马根本没法过，老大说道："咱们碰到这不顺当的事，也要吟诗。"他出的题目是《独木桥前》。

老大说道："滚滚波涛水面宽。"

老二道："水连地来水连天。"

老三答道："望而生畏咋过河？"

小四道："转！"

老三又说："应改为'速寻渡桥和舟船'！"

老二道："找船不容易，还是一个'转'字实在。"

他们找了桥，转了过去。

又向前走了一天，遇见一家埋死人的。老大说："咱遇白事，也要吟诗。"

老大道："远处看见一棺材。"

老二道："许多人儿把它抬。"

老三道："有叫有哭出了村。"

小四道："埋！"

老三道："应改为'奏乐挥锨齐葬埋'！"

老大说："还是'埋'字通俗明白。"

又走了一天，遇见一家娶媳妇的，老大又说要吟诗，就说道："前面来了一花轿。"

老二道："里边坐着女娥娇。"

老三道："拜罢天地入洞房。"

小四道："睡觉！"

老三又不满地说："你咋光会说俩字？要说成'花烛之夜尽情俏'。多好！"

老二道："入了洞房还不睡觉等啥？"

老三又不吭声儿了。

到京城考试完毕，又游玩了几天，兄弟四人在店里包饺子吃。饺子熟了，老三说："咱今天吃饺子也要吟诗，谁吟诗的字数多，谁吃的饺子多。"他想气气老四，他拿着捞饺子的漏勺出了题目《房檐下的燕窝》。

老大道："燕巢无燕巢空空。"老三一数七个字，舀了七个饺子给大哥。

老二道："不知俊燕哪里行。"老三一数同样舀了七个饺子给二哥。

老三道："灵燕蹁跹把春游。"说完这句诗，老三很自觉地也给自己舀了七个饺子。这下该老四了，老三在勺里准备好了一个饺子，等着给老四。老大老二给老四递眼色，意思是你可别再说一个字，要多说几个。老四一笑说："游过三里桃花店，飞到四杏花苑园，人见燕子心中畅，燕子心中喜洋洋，喜洋洋，喜洋洋，喜洋洋……"老三只好说："算了！算了！这一锅饺子都给你吃了还不够。"

0023

故事·河南卷·安阳分卷
生活故事

讲述者： 程五明，男，65 岁，安阳县辛村乡张太
保村人，略认字

采录者： 刚呈云，男，36 岁，安阳县辛村乡张太
保村人，中师，教师

采录时间： 1976 年

采录地点： 程五明家

选自： 《狐狸坟传奇》

15

祈雨

附
记

《兄弟四人上京赶考》的采录者刚呈云是我初中语文老师，2020
年病故。他生前长期在农村居住生活，热衷于民间文化，喜欢在村里
的红白喜事上收集别人讲的故事，曾根据收集的民间故事创作出《心
灵晴空》《夕阳情韵》两部文集。1994 年 10 月的一天下午，我去他
任教的北郭乡拜访他，在他的宿舍里，他给我谈到他家邻居程五明。
他说程五明是个故事篓子，别看识字不多，但记性好，三四十年前听
来的故事他都能活灵活现地讲述出来。《兄弟四人上京赶考》就是他
小时候听他爷爷讲给他的，里面的对诗他都能一句不差很流畅地说出
来，在农村也算一个巧人。（张永军）

有年天大旱，有位赵公子到龙王庙祈雨，他虔诚地烧
香祷告，询问龙王爷何时下雨。磕罢头拨开香灰，见灰中
有张纸条，上面写了一首小诗：

> 十年未见赵家郎，
> 一日得见喜心房。
> 下雨之事我不晓，
> 透了天机罪难当。

赵公子想，这龙王爷虽然有灵，但祈雨等于白来一趟，
依然不知何时下雨。

回家过了几日，天突降大雨，旱情彻底解除了。这时，
赵公子又找出那张纸条仔细端详，终于发现了其中的奥妙。
原来，这是一首藏头诗，取出每句头一个字，组合在一起
就是"十一下透"。赵公子掐指一算，下大雨这天正好是
农历的五月十一日。

采录者： 侯新民，男，41 岁，林县茶店镇大峪村人，
　　　　大专，干部

采录时间： 1985 年

采录地点： 林县

选自： 《中国民间故事全书·河南林州卷》

16

父子对诗

一家父子二人，孩子已经二十五岁，但因家里穷，父亲根本就没有打算给儿子娶媳妇。

有一天，孩子上厕所，便在厕所地上写了两句顺口溜：

孩儿今年二十五，
衣服破了没人补。

父亲上厕所，一见这两句，不由哼了一声："你就不尿泡尿照照自己啥人样儿，还想娶媳妇儿？"于是，他就续了两句：

要得有人补，
还得二十五。

孩子再上厕所，一见老爹题的诗，就接着往后续：

人活六十古来稀，

哪有五十才娶妻?

老爹也不含糊,接住续道:

我儿若有彭祖命,
八十婆亲也不迟!

采录者:　赵长生,男,56岁,林州市合涧镇河南
　　　　元村人,高中,干部
采录时间:　2006 年
采录地点:　林州市
选自:　《中国民间故事全书·河南林州卷》

17

请客

　　从前有个农村妇女,请了个木匠给做犁。为了让木匠把活儿做好点,做饭时就割了点肉。吃饭前,她把私塾先生请来和木匠一块吃,目的是让先生把孩子教好。

　　吃饭的时候,先生发现木匠碗里的肉多,自己碗里的肉少,就编了四句诗念给木匠听:

席上吃肉分等级,
先生要比木匠低。
既然教书没地位,
也学木匠去做犁。

木匠听了,觉出先生有意见,就编了四句诗作答:

木匠干的出力活,
手上老茧比你多。
因为多吃几块肉,
挨你先生一顿说。

女主人听见俩客人为肉多肉少而闹矛盾，就编了四句诗劝先生：

二人莫打嘴官司，
先生坐的陪伴席。
只要好好教孩子，
往后专门请你吃。

讲述者： 王保印，男，83 岁，河北省磁县白塔村人，大专，退休教师

采录者： 赵长生，男，70 岁，林州市合涧镇河南元村人，高中，退休干部

采录时间： 2020 年

采录地点： 林州市

附
记

《请客》这个故事是听我的初中班主任老师王保印讲的。王保印老师曾在林县二中任教多年，后调安阳市高级技工学校任校长，现退休在安阳家中。在搜集民间谜语和民间故事、笑话时，他们夫妻二人给我提供了不少资料。因为岁数大，眼睛不好，又不会打字，我就教他们如何发送语音资料，然后我再将语音整理成文字。《请客》这个故事就是根据语音资料整理的。（赵长生）

18

员外选婿

听说，过去彰德府城内有一位家财万贯的宋员外，年近花甲，膝下无儿，身边只有一对如花似玉的双胞胎女儿。大女儿名唤大娇，二女儿名叫小娇，姊妹俩的容貌长得一模一样，难以辨认。这两个女儿长到十七八岁，像是西施再世，嫦娥下凡，引得许多书生进士登门求婚。宋员外一心想给两女儿各选一位才貌双全的如意郎君。经过几回挑选，从众多书生中选出七个有才有貌的进士。一天，宋员外把这七名进士请到家中，对他们说："我出一个题目，你们谁能答出来，我就把女儿嫁给谁。"说罢，他挥笔写了一首诗：

大娇二娇是同胞，
三寸金莲四寸腰；
擦上五六七盒粉，
八九美妙十分俏。

写罢，他又说："我是从一到十写这首诗的，你们也得从十到一每人写一首诗。"七个进士看罢全都思考起来，

从上午到下午，从傍晚到深夜，苦苦思考，咋也答不出来。你看看我，我看看你，无奈，只好陆续告退。一直到五更天了，七个进士走了六个，仅剩下一个。这时，剩下的那个进士忽然听得金鸡长鸣，灵机一动写下一首诗：

十九月亮八分圆，

七个进士六个还；

五更四点鸡三唱，

二女只配一夫男。

写罢，他急忙到堂屋，把诗交给了员外。宋员外一看，先是眉头一皱，随即喜笑颜开，说道："好，我就把俩女儿都嫁给你为妻。"

讲述者： 康运枝，女，42岁，安阳市人，初中，职员

采录者： 杨建国，男，36岁，安阳市人，中专，办事处文化专干

采录时间： 1987年8月9日

采录地点： 安阳市西营街康运枝家

选自： 《安阳故事卷》

19

蠢人改春联

从前，有个人大字不识两布袋，却滥充文雅。在他母亲七十大寿时，他拿着一副"天增岁月人增寿，春满乾坤福满门"的对联，让一位教书先生当作寿联写。

教书先生看了后说："这副是春联，而不是寿联。把春联当寿联成何体统？"

他说："把'人增寿'改成'娘增寿'不是很好吗？"

教书先生说："虽说可以，但不够贴切。"他饮了口茶又说："对联是有讲究的，历来就有春联、厅堂联、山水联、婚联、寿联、挽联之分，且不可相互替代。书云：天对地、雨对风、大陆对长空；山花对海树，赤日对苍穹。有道是多对少，黑对白，天子对庶民，痴人对秀才，烟花对爆竹，萝卜对白菜，勤对懒，拙对巧，爹对娘，哥对嫂，这既合辙押韵，又朗朗上口。由此看来，你这联中有娘不可无爹，娘对爹，爹对娘，美哉，美哉！"

那人就说："好，你就照此写吧！"

教书先生云天黑地[1]给他斡了这么个大圈子，才算使

[1] 云天黑地：云里雾里，不着天地。

他中了圈套。先生挥笔而就，他一卷对联就兴冲冲地走了，并把这副对联挂在堂屋。

翌日众人齐来拜寿，抬头往上一看，寿联是这样写的：

天增岁月娘增寿，
春满乾坤爹满门。

有个人看了捧腹大笑，身旁有人问他何故，他咬着他的耳朵说："今日咱这东道主，爹多娘少，岂不令我好笑！"

此后传得家喻户晓，尽人皆知。

育意义，给人以启示。（宋海庆）

故事采录地安阳市殷都区大司空村（摄影：宋海庆）

采录者：　宋魁元，男，67 岁，殷都区大司空村人，
　　　　　小学，退休干部
采录时间：　2003 年 6 月
采录地点：　殷都区大司空村
选自：　　　《民间故事选》

附
记

我家住在安阳大司空村，村西洹水悠悠三千载，见证了朝代更替，留下了举世闻名的世界文化遗产殷墟，还有众多的历史人物、丰富的民间故事。

我的父亲宋魁元，爱好广泛，善于言谈，尤爱读书写作。早期作品主要有诗歌、散文、通讯等体裁。每有作品发表，他的喜悦之情溢于言表，能感染身边的所有人。父亲毛笔字写得好，不少人找他写春联，激起了他对对联的兴趣。他把收集的对联精心筛选、分类排序，誊写在自己打格的白纸上，装订成册，像宝贝一样放在床头枕边，时常翻看。还曾自费打印《古今春联荟萃》、刻写蜡纸油印《巧联修辞趣话》赠送亲朋好友。

父亲搜集、整理民间故事不遗余力。他常常把手稿念给身边人听，虚心请教。听到有趣的故事，赶紧记下来，回到家再进行整理润色，丰富内容，使之更加生动。时间久了，手稿成摞。凝聚父亲心血的《民间故事选》终于定稿，共 162 篇 14 万余字，我也帮父亲完成了一个多年的心愿。其中的故事或具知识性，或具趣味性，或具有教

20

与鬼对对联

传说有一县令，自幼聪明，文章出众，且喜爱吟诗作对。他当了县令，更为勤奋，每天的卷宗他都要一一过目，该批的批，该办的办，不贪赃，不枉法，在该县父老乡亲中享有盛誉。

一天晚上，他阅完卷宗，举步迈出大堂，朝天一望，只见群星灿烂熠熠生辉，便自言自语地说："夜深人静了。"灵感突至，随口吟出一联："半夜二更半。"他觉得此联很美，便说："妙哉，妙哉！"由于心情一时激动，又有"妙哉，妙哉"的出现，思路竟被中断，当下未能对出下联。但他并不就此罢休，仍在县衙大院里踱来踱去，虽思考良久，但未能如愿。回府路上，嘴里还是"半夜二更半"。步入室内，夫人劝他上床歇息，他像没有听见似的，仍在绞尽脑汁，苦思冥想，但也未能寻觅到一个中意的下联。第二天，他茶不思饭不想，折腾了一天一夜，也是一无所获。七天过后，一命归阴。

在他殡葬之后，朝中又派来一县令。新县令一进县衙，就听到大堂之内有言语之声，细听，乃是"半夜二更半"。他进入大堂，并没看到人，这使他心里犯疑；酉时刚要退出大堂，里面又传出"半夜二更半"之声，回头看看，并无人影。连续发生此事，致使新县令迷惑不解。晚上，他把一个衙役召至府上，问他："过去县衙有无冤假错案？有无冤枉无辜？有无冤屈死鬼？"

衙役说："前任老爷清正廉明，一向慎之又慎，小人从未听说有过冤枉无辜之事。"

新县令觉得疑团未解，又召来一个老衙役，问道："前任县令大人是如何死的？"

老衙役说："前任老爷是因病而死。死后听他家人说，他在弥留之际，还断断续续地说'半夜二更半'，可谁也琢磨不透他这句话的意思。"

新县令又问："他平时爱吟诗作对吗？"

老衙役说："爱！爱！我曾多次见过他放在案头的一些对联，他作的对联工整奇巧，兴致来了，就像着了魔一样，三更半夜不回家，直到尽兴才肯罢休。"

新县令把老衙役送出门外，见明月当空，他"啊"了一声，说："症结兴许就在于一个下联！"

第二天早上，新县令一走进县衙，大堂内又传出"半夜二更半"。他朝大堂深施一礼说："老年兄呀老年兄，你真是聪明一世糊涂一时呀！你没对出那个下联，竟然断送了一条性命，可惜呀，可惜！"接着又说："学生才疏学浅，试作一联，不知可否？此联乃是'中秋八月中'。"

说来也怪，他当天几次走出大堂，有意在院内留步，但均未听到"半夜二更半"之声。当夜，新县令刚一入睡，就见一穿官服的人走近他的案头，满脸堆笑说："我是来向大人致喜致贺的！你这下联对得好，令我捧读再三，不忍释手。是年兄了却了我的夙愿，消除了我的遗憾，请受我一礼！"未等说完，躬身便拜。新县令忙说："过奖，过奖！学生实不敢当！"伸手去搀扶，却是一梦。从此以后，"半夜二更半"在县衙消失了，但"半夜二更半，中秋八月中"这副巧联和故事却流传了下来。

采录者： 宋魁元，男，70岁，殷都区大司空村人，小学，退休干部

采录时间： 2006年7月

采录地点： 殷都区大司空村

选自： 《民间故事选》

21

年老得贵子

传说，在很早以前，有户人家在年三十贴出了这样一副春联：

家有万金不算富
虽有五子绝断根

横联：断子绝孙

这副春联恰被玉皇大帝看见了，但他不知其意。于是，摇身一变，变成了一个手拄拐杖的白胡子老头儿，便去登门询问究竟。

家里出来个60多岁的老汉回答说："俺老两口儿大半辈子好善乐舍，对那些穷苦人一向冬舍棉，夏舍单，常常把饭菜施舍给那些没吃没喝之人。人们都说俺老两口儿行了大半辈子好，积了大半辈子德。这倒好，反倒修了个没儿没孙。一气之下，我就写下了这副春联，让老天爷睁开两眼瞧瞧，看这公道不公道。"

玉皇大帝说："你可不可以与我这老朽详细说说这联

中的意思，也让我这老朽长点见识？"

老汉说："所谓'家有万金不算富'，乃是俺老两口儿一生生养了十个女儿，女儿曰千金，十个女儿岂不是万金吗？女儿个个长大成人，一个个先后嫁了出去，万金得而复失，岂能算富吗？所谓'家有五子绝断根'，就是说一个女婿半个儿，十个女婿不是五个儿吗？这五个儿只是女婿而已。再说横联，俺老两口儿均已年逾六旬，至今膝下无子，无子岂能生孙？没有下辈人的繁衍生息，岂不是断子绝孙吗？"

玉皇大帝稍微抬头说："啊，原来如此呀！"接着又问："你老伴多大年岁？"

老汉说："与我同岁，今年六十有二。"

玉皇大帝微微一笑说："六十二，血脉旺，六十三上还生养，明年此时得贵子，你这春联当改样。"话刚落音，眨眼不见。

老汉觉得这白胡子老头儿非神则仙，对此番话喜出望外。

事有凑巧，不知是天意还是巧合，恰在第二年这时，老伴就生下个白胖小子，街坊邻居、亲朋好友闻听这一喜讯，齐来庆贺他年老喜得贵子。老汉思前想后，意味深长地说："行好自有好，老天爷昧不了。"

老汉得子后，当年贴了这样一副春联：

　　苍天有情播雨露
　　古树逢春发新枝

　　横联：否极泰来

讲述者：　周明贵
采录者：　宋魁元，男，67岁，殷都区大司空村人，
　　　　　小学，退休干部
采录时间：2003年6月
采录地点：殷都区大司空村
选自：　　《民间故事选》

22

木匠讽喻『先生牛』

　　从前在我县北有一位退役的小官员，自认为有点文化，就收徒授课，教了好多学生，由于教书下功夫，备受人家钦佩。有一年中秋佳节，一名学生请先生到家做客，以表谢意。凑巧学生家里请了裁缝和木匠两位师傅干活，学生的父亲就请他们三人同桌入席赴宴，教书先生见这满桌的酒、肉、菜丰盛，自认为那两个干活儿的师傅是沾了自己的光，和他们在一块儿有些失体，就想奚落他俩一番。即提议："咱们各自说雅句助助兴如何？"出苦力的二位师傅点头示意，表示赞同。

　　教书先生抢道：

　　一点起，高、官、客；
　　鸟字旁，鸡、鸭、鹅；
　　无我先生高、官、客，
　　你等怎吃鸡鸭鹅？

　　裁缝接着说道：

雨字头，霜、雪、露；

衣字旁，衫、袄、裤；

没我缝制衫、袄、裤，

先生怎防霜雪露？

木匠师傅最后说道：

一撇起，先、生、牛；

木字旁，格、栅、楼；

木匠不建格、栅、楼，

何处关你先生牛？

教书先生听了，惭愧得面红耳赤，无言以对，学生家长忙说："喝酒！喝酒！友情为重。"缓和了酒宴上的情绪。

讲述者： 张立山，男，85 岁，文峰区王村人，中师，退休教师

采录者： 张俊山，男，67 岁，安阳市北郊东大姓村人，高小，退休干部

采录时间： 2005 年

采录地点： 文峰区王村小学

选自： 《安阳县民间故事集》

附
记

安阳是甲骨文之乡，自古以来文风兴盛，多有咬文嚼字的，因而也流传有许多与文字有关的故事，经常能听到与诗联谜有关的故事。《木匠讽喻"先生牛"》以及采录者另一篇《三个女婿行酒令》，就都是利用相同偏旁部首的字来表达自己的意思。（刘二安）

23

村姑巧对妙联

从前城东北有一座槽马桥，桥边洹河滩内正遇播种季节。一天有个自以为有学问的秀才路过此桥，口不住地"之乎者也"叫着显耀自己的才能，被正在滩田插秧的农夫听见。

农夫对秀才说："我说上联，你对下联。"

秀才正找用武之地，一个农夫不可能难住他。

这时，农夫拿着一捆稻秧出了上联：

稻草捆秧父绑子

这个秀才文人怎么也对不上来，抓耳挠腮。

这时走来一位村姑，提着一篮竹笋，对秀才说："我对下联。"

竹篮提笋母抱儿

这个秀才顿觉羞愧，赶忙向村姑、农夫赔礼，回去后奋发努力，终得以魁名高中。

讲述者： 王书太，男，66岁，安阳县人，退休教师
采录者： 张俊山，男，67岁，安阳市北郊东大姓
村人，高小，退休干部
采录时间： 2005年
采录地点： 安阳县
选自： 《安阳县民间故事集》

24

妙联选郎君

早些年间，彰德府有家富商，家中有一千金小姐，貌如天仙，人才出众，知书达理，琴棋书画样样精通，确系才女。已到婚龄，她立志要嫁一个如意郎君。

她的选偶条件只有一个，"无论穷富，唯才是举"。其方式也很别致：只要对上她出的上联，方可嫁其人为妻。这位小姐的上联是：

寸土为寺，寺旁言诗，诗曰：明月送僧归古寺。

第一、二句是拆字格，第三句又引用了唐诗一句，月字则用"明月"拆开，并用寺字作押尾。

一晃过了两年，也无人能够对上，小姐的父母也在为此事着急，要她不要如此固执，以免误了青春。但这位千金小姐执意不从。话说到第三年秋天，一位姓林的书生因会文访友路过此地，看见"招婿榜"上的上联，觉得非常有趣，暗自思忖，先对一对下联再去会文访友也不迟。于是他思索了一阵儿，便于自己姓氏中得到了启发，很快对出了下联：

25

父女合谋巧选佳婿

双木成林，林下示禁，禁云：斧斤以时入山林。

这位姓林的下联一、二句属拆字格，最后一句出自《孟子·梁惠王上》，却也言之有据，应用颇为自如。

那位小姐知道此事后，很快就与姓林的书生喜结良缘，过着幸福美满的生活。

讲述者： 王书太，男，66 岁，安阳县人，退休教师
采录者： 张俊山，男，67 岁，安阳市北郊东大姓
　　　　　村人，高小，退休干部
采录时间：2005 年
采录地点：安阳县崔家桥镇东曹马村人
选　自：　《安阳县民间故事集》

附
记

这篇故事是我当年编纂《中国民间故事全书·安阳县民间故事集》时，从张俊山先生送给我的一个发黄的本子上看到的，后来我问他这篇故事的来历，他说还是 20 世纪 60 年代在农村工作时听村里一位老先生讲的，记在了笔记本上，这个笔记本的历史也有四十多年了。（王光明）

从前彰德府老城内，有一姓王的老翁，他有三个女儿均已到出阁时候，因人才出众，琴棋书画样样精通，求婚者甚多。但只因三个女儿择婿条件都很苛刻，不尽如人意，迟迟嫁不出门。这一老人总是为三个女儿的婚事发愁，一日，老翁心生一计，征得三个女儿同意以才挑选佳婿，要三个女儿各写一个字，让前来求婚者在一袋烟工夫根据字义写出一副对联，女儿称意即可择婿。三个女儿均同意用这种方式为己选婿。

一天有三个书生前来上门求婚，按照顺序大女儿写了个"圆"字，只准用十个字写出一副对联；二女儿写了一个"佳"字，只准用十一个字写出一副佳联；三女儿写了个"好"字，不准大于或小于十个字，写出一副楹联。三个书生按照三个小姐写出的字意稍一沉思，按顺序各自写道：

太阳年轮绣球，圆中可转，铜鼓铜锣铜钹，圆中带响：圆圆皆是。

逢佳日择佳偶佳期传佳话，迎佳丽抬佳轿佳女选佳

婿：佳偶天成。

你说好才是好不好也好，说不好就不好好也不好：选中者好。

~~~~~~~~~

三个女儿看后羞答答含笑，老翁观后也哈哈大笑，父女就立即同意订下这三门亲事，三个书生喜回家门，选出吉日过府迎亲。

讲述者：　翟天贞，男，65 岁，安阳县韩陵乡人，农民
采录者：　张俊山，男，67 岁，安阳市北郊东大姓村人，高小，退休干部
采录时间：　2005 年 10 月
采录地点：　安阳农校家属院
选自：　《安阳县民间故事集》

26

哭笑不得

从前，有个人叫端子绪，都叫他炕头上的秀才。咋个说哩？就是在外头作不出诗，回家往炕头上一坐，诗兴就来了，好诗就出来了。

这一天，几个秀才在一块喝酒，一个秀才出了一副上联：

~~~~~~~~~

贫贫富富，富富贫贫，越贫越富，越富越贫。

~~~~~~~~~

端子绪觉得这上联太深奥了，用酒助助兴，也许能露露脸。他一杯又一杯地喝，酒快喝完了，还没有想出来。秀才们说："回家坐炕上想吧。"

他也没听出来这话里含着讥讽，就回家了。

其实，他回家是去问老婆了。他老婆很有能耐，一听就对上了：

~~~~~~~~~

生生死死，死死生生，先生先死，先死先生。

~~~~~~~~~

他老婆对的下联，没多长时间就应验了，她得了一个

急病死了。

老婆才死，就有媒人把茬儿对上了，埋老婆的这一天，就是他娶新娘子的日子。

这一天，他写了副对子贴在门上，上联是：

我出灵柩，我入洞房，我进、我退，我是进退不得。

下联是：

我哭前妻，我笑新娘，我哭、我笑，我是哭笑不得。

横联是：

喜丧在天。

讲述者： 李凤仙，女，75岁，安阳县人，私塾一年，农民

采录者： 王志康，男，76岁，安阳县人，私塾五年，中医

采录时间： 1980年

采录地点： 安阳县豫剧团家属院

选自： 《狐狸坟传奇》

附记

已故采录者王志康，世传中医。三十多年前，他得了糖尿病，一直靠中药维持着。后来病情恶化，住了医院。他从昏迷中醒来后，发现自己被截肢，半条腿没了。原来老伴李凤仙（讲述者）背着他在手术单上签了字。他怨恨她，几天不吃不喝。老伴理解他守着他，给他回味两人这辈子的风风雨雨、酸甜苦辣……讲了好多小故事。她还出上联，让他对下联，反反复复总对不好，她说，这不就是熬时间嘛。于是便讲了这个带对联的小故事。出院后，住到了儿子家，王志康就把这些故事一个个整理出来，有《哭笑不得》《老夫少妻的故事》《狗和屁》等。（孙保成）

27

孩童巧对秀才

从前有一位秀才，爱卖弄自己的文才。有一天到朋友家做客，朋友拿西瓜招待，秀才即兴吟道：

坐南朝北吃西瓜，皮往东甩。

朋友的小儿子正在看《左传》，听到立即对道：

自上而下看《左传》，书向右翻。

秀才见孩童对得工整，赞叹不已，打那儿以后，再也不敢卖弄文才了。

讲述者： 赵金和，男，43岁，安阳县人

采录者： 牛化法，男，27岁，安阳县磊口乡目明村人，大专，干部

采录时间： 1989年7月

采录地点： 安阳县磊口乡目明学校

选自： 《狐狸坟传奇》

28

猜灯谜的来由

据传，很早的时候，有个姓胡的财主，家财万贯，横行乡里。见人总是皮笑肉不笑，人们都叫他笑面虎。笑面虎只要看见比自己穿得好的人，好像老鼠给猫捋胡子——拼命巴结；对那些破衣烂衫的穷人，他就像饿狗啃骨头——恨不得嚼出油来。

那年春节将临，胡家门口先后来了两个人，前边那人叫李才，后边那个叫王少。李才衣着整齐华丽，王少穿得破破烂烂，家丁一见李才，忙回房禀报，笑面虎慌忙迎出门来，一见来客衣帽华丽，满面堆笑恭敬相让。李才说要借银十两。笑面虎忙取来十两纹银，李才接过银两，扬长而去。笑面虎还没回过神来，王少忙上前喊道："老爷，我想借点粮。"笑面虎瞟了他一眼，见是衣着破烂的王少，就暴跳如雷地骂道："你这小子，给我滚！"立刻就让家丁把他赶出大门。

回家的路上，王少越想越生气，猛然间心生一计，决心要斗斗这个笑面虎。

转眼间，春节已过，元宵快到，各家各户都忙着做花灯，王少也乐哈哈地忙了一天。到了元宵节的晚上，街头

巷尾，各家门前都挂上了各式各样的花灯，王少也打出一顶花灯上了街。只见这花灯扎得又大又亮，更为特殊的是上面还题着一首诗。王少来到笑面虎门前，把花灯挑得高高的，引得好多人围着看。笑面虎正在门前观灯，一见此景忙也挤到花灯前，见灯上题着四句诗，他念不通，认不全，就叫身后的账房先生念给他听。账房先生摇头晃脑地念道：

尖尖身细白如银，
论称没有半毫分。
眼睛长到屁股上，
光认衣裳不认人。

笑面虎一听，气得面红耳赤，怒眼圆睁，哇哇乱叫："好小子，胆敢来骂老爷！"喊着，就命家丁来抢花灯。王少忙挑起灯，笑嘻嘻地说："老爷，怎见得是骂你呢？"笑面虎气呼呼地说："你那灯上是咋写的？"王少又高声念了一遍。笑面虎恨声说："这不是骂我是骂谁？"王少仍笑嘻嘻地说："噢，老爷犯了猜疑。我这四句诗是个谜，谜底就是'针'，你想想是不是？"笑面虎一想，可不哩！气得干瞪眼，没啥说的，转身狼狈地溜走了。周围的人见了，只乐得哈哈大笑。

这事后来越传越远。第二年灯节，不少人都将谜语写在花灯上，供观灯的人们猜测取乐，所以叫"灯谜"。以后相沿成习，每逢元宵灯节，各地都举行灯谜活动。一直传到现在。

讲述者： 赵香玉，女，35 岁，内黄县井店镇文化馆干部，中专
采录者： 王改善，男，44 岁，内黄县井店镇文化馆干部，中专
李金声，男，53 岁，内黄县井店镇文化馆干部，中专
采录时间： 1990 年 4 月 8 日
采录地点： 讲述者家中
选自： 《中国民间故事全书·河南内黄卷》

29

三妯娌猜谜

采录者：　宋魁元，男，69岁，殷都区大司空村人，
　　　　　小学，退休干部

采录时间：　2005年9月

采录地点：　殷都区大司空村

选自：　　《民间故事选》

夏天的一个晚上，月亮地里，三妯娌坐在打麦场上猜谜。

大嫂说："咱以大排小，我先来。当中一条路，两边俩饭铺，专供自己的孩子吃，不管他人的孩子饿肚不饿肚。"

二嫂接着说："肉包儿两个，吃得不错。管你吃饱，不准你咬破。"

三弟媳说："金鬏儿银嘴儿，里头装着蜜水儿，虽说不是值钱货，朝廷老爷都吃过。"

大嫂说："咱们仨都说了，谁来猜？"

三弟媳说："这还用猜？你有我有她也有，三人仨谜一谜底，对吗？"

她的话儿一落音儿，妯娌仨都笑了。

聪明的读者，她说得对吗？

谜底：妈妈[1]。

[1]　妈妈：方言，乳房。

30

巧对药联结良缘

相传古时候城东北不远某村有一书生名叫王桂，在韩陵山隐居读书，有一次偶染小疾，前去安阳城里买药。他在一家药店门口见柜台内坐着一位端庄秀丽、文静素雅的少女，心中不禁暗暗称奇："市井之中，竟有如此佳丽，确实少见，但不知她的才学如何？何不试她一试。"于是走上前问道："姑娘，小生今日上街，忘记带上药方，望姑娘方便一二，不知如何？"

姑娘彬彬有礼道："方便顾客治病救人，是医家本分。"

王桂脱口说道："一买宴罢客何为？"姑娘莞尔一笑，从容答道："宴闭酒罢客'当归'。"

王桂接着又说："二买黑夜不迷路。"姑娘不慌不忙地答道："夜不迷路因'熟地'。"

王桂继续说："三买艳阳牡丹妹。"姑娘回答："牡丹花妹是'芍药'。"

"四买远征在万里。""万里戎疆有'远志'。"

"五买百年美貂裘。""百年貂裘好'陈皮'。"

"六买八月花吐蕊。""秋花朵朵点'桂枝'。"

"七买难见熟人面。""难见熟人是'生地'。"

"八买酸甜苦辣咸。""世上都称'五味子'。"

"九买蝴蝶穿花飞。""彩蝶双双归'香附'。"

"十买青藤缠古树。""青藤缠树是'寄生'。"

王桂连称妙哉，暗自思忖，这姑娘才貌双全，我求学哪能怠慢偷闲。他回山后，便更加发奋攻读，终于中榜及第。回后特向药店姑娘求婚，他们果然喜结良缘，传为千古佳话。

讲述者： 王书太，男，66 岁，安阳县人，退休教师

采录者： 张俊山，男，67 岁，安阳市北郊东大姓村人，高小，退休干部

采录时间： 2005 年 10 月

采录地点： 安阳县崔家桥镇东曹马村

选自： 《安阳县民间故事集》

31

婆媳打哑谜

过去，豫北太行山东麓是个穷地方，农民整日劳作，到头来总是吃糠咽菜。妇女受"三纲五常"和"男尊女卑"古训的影响，更是吃不上一顿像样饭，且没黑没明地纺棉花织布，整日劳作。

张家凹有一家二老，娶了两房儿媳。从前由于吃食短缺，分家普遍较晚，全家仍是合锅吃饭合力干活。

一天吃过晚饭后，两个儿媳和婆婆在一块儿纺棉花。纺了一会儿，大儿媳对二媳妇说："妹妹，我给你打个哑谜。"接着说："纺线车子嗡嗡嗡，我打个哑谜妹妹听。咱俩做的那码事，不知是熟还是生？"原来吃过晚饭去纺棉花前，妯娌俩偷偷在厨房边焙了几个黄饽饽饼子，等焙熟了两人偷吃。

二儿媳听嫂嫂说罢，心里明白，假装去解手，离了房间。一会儿进房后告诉嫂嫂说："嫂子，我也给你打个哑谜听。纺线车子嗡嗡嗡，咱俩做的那码事，一面熟来一面生。"后来二媳妇到厨房一看饽饽饼，下面焙熟了，上面还是生的，于是就把它翻了过来。

婆婆听了她俩对哑谜，觉得有点蹊跷，于是就走出房屋。她走到厨房门口，只见她老头子串门回到厨房，正在吃着焙得煳生生[1]的饽饼，一家伙把它给吃得净光。这一下婆婆全明白了。

婆婆不慌不忙走到屋里坐下纺棉花。抽了几把后对俩媳妇说："我也给你俩打个哑谜。纺线车子嗡嗡嗡，我打个哑谜你俩听。你俩做的那码事，在厨房撑坏你公公。"两个儿媳一听，脸唰地红了。一知事情败露，二知前功尽弃，肥了公公。

讲述者：　卜改荣，女，84 岁，安阳县磊口乡南磊口村人，不识字，农民

采录者：　李文林，男，64 岁，安阳县磊口乡南磊口村人，大专，退休干部

采录时间：　2006 年 1 月

采录地点：　安阳县磊口乡南磊口村

选自：　《安阳县民间故事集》

附记

我老家磊口乡，过去是一个封闭的小山村，那时候山里还有狼，一到冬天，家人就都不出门了，每天晚上聚在一起烤煤火取暖聊天。我读高一时的一天冬夜，全家围着煤火取暖时，我母亲卜改荣给我讲了两个故事，这是其中的一个，我当时就用文字记录了下来。（李文林）

[1]　煳生生：焦黄酥脆。

32

对谜

姚兴玉，彰德府西人，学富五车，满肚子文章，明末举人。因不愿为官，一生没进京应试，在乡间以教书为生。平生最大的嗜好就是制谜、猜谜，年过花甲兴趣不减。姚兴玉六十大寿，这天，三个女婿分别献上厚礼给岳父拜寿，随后翁婿们便一同入席。

姚兴玉端起一杯酒对三个女婿说："今年与往年不同，老夫出一谜语，只能以谜对谜，不准说出谜底，谁违反了规矩，罚酒三大杯。"三个女婿听了齐声赞同。姚兴玉将酒杯中的酒一饮而尽，吟道：

出门就展翅，回家把翅收。
拍拍它的头，眼泪往下流。

大女婿站起身来对姚兴玉拱手道，老泰山的谜语是：

高高一座亭，无窗也无门。
柱子当中立，八文任意行。

二女婿也站起来抱拳对大女婿道："你听好了！"

半空有座楼，少瓦没砖头。
水从楼顶过，人从楼下走。

三女婿心中有数，对着大家吟道：

我有一朵花，能闭又能发。
不见花有叶，根在肉中扎。

三女婿吟罢，翁婿四人心照不宣，哈哈大笑。老岳母也出生在书香门第，长在谜语中间，见此景对翁婿四人说道："看你们高兴，我也来凑个热闹，助助兴。"

五人一间屋，有顶有梁柱。
大人屋顶站，小人梁上坐。

老岳母吟罢，五人相对而笑，聪明的读者，你能猜出谜底是什么物和字吗？

谜底都是伞，但字谜要猜作繁体的"傘"。

讲述者：　郭尽忆，男，77岁，安阳县文化局干部
采录者：　孙晨琳，男，50岁，安阳县水冶镇东街
　　　　　村人，小学，工人
采录时间：2000年
采录地点：安阳县水冶镇
选自：　　《安阳县民间故事集》

附记

这是一篇流传于文化人之间的故事。

在我们水冶这边，文人相聚，特别是喝酒聊天时，爱讲笑话，或者对对子，对谜语，成语接龙。大家边喝酒边聊天，行文雅一些的酒

令，或者以讲故事增加趣味和气氛，这篇故事就是我在一次酒局上采录的。

这篇故事的主人公都说实有其人，具体村庄说不清了，与三个女婿对谜的事也是口口相传下来的。（孙晨琳）

33

哑谜

三国时，曹操带十万雄兵把刘备围在一个小山上，曹操派人下书说："一是决一死战，一是斗智。两条路必走一条。"孔明说："力战是不行了，那咱就斗智吧。"刘备问："谁去呢？"孔明一算："除张飞不胜。"

张飞带关平二人下山走到曹营，曹操说："今天对哑谜，你胜了，我不打自退。我胜了，你们到我这儿称臣。"张飞说："好！"曹操用手一比画一个大圈，张飞就伸出三个指头，曹操又伸出五个指头，张飞伸了八个指头。曹操这时害怕了，连说："不行，对不过他，快快退兵，快快退兵。"于是，他就带十万雄兵退走了。

过后，部将问曹操："丞相，怎么他伸了八个指头，你就说输了呢？"曹操说："我比个圈，意思是我势力大，他伸三个指头，说三结义弟兄一条心；我伸五个指头，说他五虎上将都来也不行，他比个八说有他丈八长矛就行了。我有什么办法？"

张飞回山后，刘备问他怎么赢的曹操，张飞说："我也闹不清，他比个圈，我看是个烧饼，我伸出三个指头是说我能吃三个，他伸五个指头说吃五个行不行？我比八个指头说八个也能吃完。他耍赖不卖给我就逃走了。"

讲述者： 崔尧章，男，40 岁，内黄县城关镇南长
　　　　固村人，高中，农民

采录者： 朱尽忠，男，33 岁，内黄县马上乡文化站
　　　　干部，高中

采录时间： 1990 年 3 月 18 日

采录地点： 崔尧章家中

选自： 《中国民间故事集成·河南内黄县卷》

附记

　　1990 年元月，我在内黄县马上乡文化站工作，接到内黄县文化
局通知，要求各乡镇文化站收集民间故事。虽然在乡里工作很忙，但
我还是抽出时间，利用春节假期走家串户，找到一些老文人、老教师
和一些爱讲故事的人，积极收集整理民间故事。善宜村的老文人张慎
之、南长固村的老画家崔尧章、善义店村的老农民张海旺等，会讲很
多故事，提供了许多故事。1990 年春节，我到南长固村崔尧章老师
家拜年，茶饭之余，崔老师给我讲了这则内黄流传很广的《哑谜》故
事。（朱尽忠）

34

『聖賢愁』[1]

　　从前有一个人，爱凑热闹，油嘴滑舌，专门骗饭吃，
村里百姓称他为"白吃"，有文化的人送他外号"聖賢愁"，
后来他干脆做了一块匾，挂在门头上。

　　有一次，上仙韩湘子和铁拐李路过此地，见门牌写
着"聖賢愁"三个字，很奇怪，一打听知道了缘由。他俩
买了瓶酒，坐下来喝，没有酒菜，就把宝剑放在饭桌上。
"白吃"凑上去，又想骗酒喝，二人想摸摸他的底儿，就
客气地让座，说了几句套话后，韩湘子说："我们三人依
你门牌上三字为令对诗，对出来喝酒，对不出来三碗凉水
打发。""白吃"说："远来为客，你们先说吧。"韩湘子
说："那我先说，'聖'——口耳王，壶里有酒我先尝，今
天喝酒没酒菜，割个耳朵尝一尝。"随后韩湘子拿起宝剑
把自己的耳朵割下来一个。铁拐李说："'賢'——臣又

[1]　"聖賢愁"："聖賢"是"圣贤"的繁体字。这里采用谜语的拆字手法，将"聖賢
　　愁"分别拆为口耳王、臣又貝、禾火心。

'贝'，壶里有酒我先醉，今天喝酒没有菜，我割个鼻子兑一兑。"结果他拿剑把鼻子割下来了。轮到"白吃"啦，他心里想，今天这个酒怪不好喝咧！不过他脑子还真快，对吧，说道："'愁'——禾火心，壶里有酒我先斟，今天喝酒没酒菜，拔根汗毛品一品。"说着他从身上拔了汗毛一根放在桌上。韩湘子和铁拐李一看真对上啦，都说："你真不愧为'聖賢愁'。"

讲述者： 陈凤岭，男，50岁，内黄县后河乡南丈保村人，中专，教师

采录者： 李香菊，女，42岁，内黄县梁庄镇李官寨村人，大专，干部
王朝方，男，44岁，内黄县人，中专，县文化局干部

采录时间： 1989年12月3日
采录地点： 内黄县一中
选自： 《中国民间故事集成·河南内黄县卷》

异文："聖賢愁"

武平寺附近有个纨绔子弟，他略有些文化，也有些财势，但他却有一个"骗吃"的恶习。在周围他骗了东家骗西家，吃了绅士吃官家。所以，人们就给他起了一个绰号叫"聖賢愁"。意思是圣人、能人谁也治不了他，谁见了他都发愁。

最后，他骗到了武平寺院，连住了数日不走，住持也不敢怠慢，但却引起了僧众的不满。住持为难之时，一个小和尚给住持出了个主意，说："凡人治不了他，可请仙家来治他。"住持会意之后，便当即烧香祈祷，请来了"和""哈"两位"仙家"。

"仙家"装成两个游人，有意找到这位公子，东拉葫芦西扯瓢，从早晨扯到晌午，都不提吃饭二字。这时，"聖賢愁"实在饿得受不了，就吵着要吃饭。两位"仙家"随即答应，但向他提出了个要求，用他的绰号"聖賢愁"三个字，每人念一个字，从自己身上割一件东西配到盘

中，来个自割其身，共食其餐。这个公子一时迷糊，欣然答应。"和"仙念第一个字"聖"字："耳、口、王，耳、口、王，割个耳朵我配上。"念罢抽刀将耳朵割下放入盘中。"哈"仙念"賢"："臣、又、贝，臣、又、贝，又削个鼻子往里配。"也割下鼻子放入盘中。轮到"聖賢愁"了，他一看俩"仙家"割裂的是自己身上的东西放入盘中，这可把他吓坏了。他抓耳挠腮，急得满头大汗，想不出对付的办法。这时两位"仙家"哈哈大笑，指着他说："怎么样，不敢了吧？"就在这时，"聖賢愁"灵机一动，念出最后一个字："禾、火、心，禾、火、心，自拔汗毛配三根。"他把汗毛放在盘中。二位仙人看了目瞪口呆，真的拿他没法。这时二位仙人对视一笑，又出了个点子说："每人配一手指，相互断指放入。"说罢各割裂一指，放入盘中。又轮到"聖賢愁"了，两位仙人动手去剁他的手指头。他看二位要动真格的，可把他吓坏了。他无法推辞，便"扑通"一声跪下说："你们饶了我吧，以后我再也不敢骗吃了。"

采录者： 刘广昌，男，50岁，林州市河顺镇马家山村人，高中，职工
刘红霞，女，27岁，林州市河顺镇马家山村人，中专，农民

采录时间： 2013年
采录地点： 林州市河顺镇马家山村
选自： 《大唐武平寺》

35

猜字

站干部，高中

采录时间：　1990 年 3 月 18 日

采录地点：　内黄县马上乡善宜店村

选自：　《中国民间故事集成·河南内黄县卷》

附记

《借物》和《猜字》是内黄县马上乡善宜店村民张慎之讲述的两个民间谜语故事。张慎之初中毕业，20 世纪 50 年代初期在村里算是文化人，他喜爱书法、音乐，和气善良，爱说笑，人缘很好。此外，他做裁缝小有名气，开了一个服装裁缝店，还先后办裁剪辅导班多年。因此，许多群众爱聚集到他的服装裁缝店裁缝服装、讲笑话、讲故事。张慎之接触群众多，掌握了许多民间故事。

1987 年冬天，县文化局让我们马上乡文化站下去采录民间故事，我们在马上乡善宜店村见到村民张海旺、张慎之。我到张慎之家喝茶时发现茶叶不多，他灵机一动就讲起《借物》这个故事，逗得大家哈哈大笑，大家听后都说很好。接着，他又看我一下，说还有一个有趣的故事，就讲起一个字谜故事。他把一个繁体"姉"字编成一个谜，这就是采录那篇《猜字》的经过。这条字谜谜底是繁体字"嬸"，前两句象形"宀"，第三句"田、采、女"，合为"嬸"字，第四句以叔叔的口气，叔叔的妻子即是姉子。（朱尽忠）

从前有个人，领他侄儿到地里去，一出村看见他老婆在地里摘棉花，他顺嘴说道：

看山两头低，

往下细分析，

田上采花女，

本是我的妻。

他叔问："你猜是个啥字？"小孩想了一大会儿也没想起来。

叔叔说："傻瓜，你看那是谁？""啊！是'嬸'[1]。"

讲述者：　张慎之，男，54 岁，内黄县马上乡善宜店村人，初中，农民

采录者：　朱尽忠，男，33 岁，内黄县马上乡文化

[1]　嬸："婶"的繁体字。

36

借物

这也是一条字谜故事，人头戴草帽（艹）脚穿木拖（木），合起来即为"茶"字，灯谜中有以"人在草木中"扣"茶"的，手法相同。

（刘二安）

从前有个教书的先生，来了客人叫书童赶紧到庙里找他的好朋友老道去借一样东西，书童说："先生，借啥东西？"先生说："你头戴草帽，脚穿木拖，到那儿他就知道了。"

书童到庙里说借东西，道人问："借啥？"书童说："先生说你一看就知道。"道人一看哈哈笑了，给了书童借的东西。

先生打开一看说："知我心者，道长也！"

书童急忙挤着看，原来是一包茶。

讲述者：　张慎之，男，54岁，内黄县马上乡善宜
　　　　　店村人，初中，农民
采录者：　朱尽忠，男，33岁，内黄县马上乡文化
　　　　　站干部，高中
采录时间：　1990年3月18日
采录地点：　内黄县马上乡善宜店村
选自：　《中国民间故事集成·河南内黄县卷》

37

他买啥？

从前，有个人到肉铺里去买东西，一走进肉铺就把钱递了过去，肉铺里的伙计问他："你买什么肉？"他说："不要肥，不要瘦，不要骨头，不要肉。"

你猜猜他要买啥？

肉铺里的伙计一听，杵刀给他割了一块猪油，称了称，那个人拿起来很满意地走了。

采录者： 王桂莲，汤阴县人
采录时间： 2005 年 11 月 18 日
采录地点： 汤阴县古贤乡
选自： 《中国民间故事全书·河南汤阴卷》

附记

这个故事的讲述者是《汤阴县民间故事集成》已故主编王权的女儿，在乡文化站工作过，后迁居外地，目前已无法联系到。（刘振民）

38

屠夫驸马

从前，有个杀猪的，一口气能杀好几头大肥猪。可村里人穷，没人家杀猪，他穷得连饭都吃不上，只好到京城去混口饭吃。

这一天，他急着上茅厕，顺手撕了一张贴在墙上的黄纸，他哪里知道，这正是皇榜。原来，有狄人来打哑谜，满朝文武谁都不敢对阵，皇帝这才出皇榜，招一天下奇才，和狄人对阵，输者杀头，赢者招为东床驸马。皇榜出了半个月，没人敢揭。这屠夫揭了皇榜，早被御林军拿住送往皇宫。

这屠夫大唔小叫[1]，一直说是撕纸上茅厕，不是揭皇榜，满朝文武见找来个替死鬼，哪还能轮到他争辩？屠夫见反正都是一死，也就换了衣帽，和狄人对哑谜。

狄人上前伸出个大拇指，意思是：当朝一品。屠夫心说："你家有猪叫俺杀呀，这一个猪杀杀还不够工夫钱，俺一回最少杀两头，这才够饭钱。"想罢，他就伸出两个指头。

[1] 大唔小叫：说话声音大，像喊叫。

狄人一见，吃了一惊，心说："中原就是有能人，当朝一品，官最大了，想不到他说'二帝为尊'，压咱一头。这一哑谜算你赢。"狄人又跺了跺脚，意思是：踏平你中原大地。

屠夫心说："这跺跺脚是不是不给工钱了，光给猪蹄儿，这不中，猪蹄儿上头根本没几两肉，要论肉多，还是头上。"屠夫就拍了拍头，意思是，俺不要猪蹄儿，俺要猪头。

在狄人眼里，这一拍头，意思是：天朝顶天立地。

第二招，狄人又认了输。

接着，狄人又拍了拍屁股，意思是：坐你天朝江山。

屠夫心说："这傻小子，杀猪哪有杀屁股的，都是杀脖子的。"想罢，就用手比刀子在脖子上做杀的架势，意思是：杀的时候从这儿下刀。

狄人一瞧屠夫这架势，脸色"唰"地白了，在狄人看来，这是：砍你颈上人头。狄人又连连摇头，意思是：不要把话说绝。屠夫一见他摇头，心说："咋，这猪又不叫俺杀了，俺三天三夜水米还没有打牙呢。"气得瞪了狄人一眼，一屁股坐下来，愁得一句话也说不出来。

在狄人看来，这瞪眼不说话是：天朝从来说一不二。吓得狄人赶忙趴下磕头求和，保证年年进贡，岁岁纳粮。

屠夫胜了狄人，就当了驸马爷。

讲述者：　刘鸿生，男，40岁，北关区安阳桥人，高中
采录者：　汪利宏，男，27岁，安阳县人，干部
采录时间：1989年2月
采录地点：安阳市鼓楼影院
选自：　　《狐狸坟传奇》

异文一：屠夫对哑谜

北方的匈奴经过汉武帝时的两次沉重打击，逃回漠北，再不敢轻易南侵了，每年还需向汉朝进两次贡。

一天，匈奴的老狼主正在帐内和众臣议事，只见一个

番将出班奏道："狼主，臣最近编了几路哑谜，臣想到中原去，难他们一难，若他朝有人能解出哑谜，也就罢了，不能解出，我国就以此不再进贡，每年为我国省下多少物资。我谅他汉朝不会对答上我的哑谜。不知狼主意下如何？"狼主就让这个番将把哑谜表演了一遍，很高兴，就派他到汉朝来了。

匈奴使臣见了汉朝皇帝，说明来意。皇帝就召文武登殿，让匈奴使臣先把哑谜表示表示，好让大臣们思考解答的办法。只见匈奴使臣走到殿上，伸出右手大拇指摆动几下，又伸出左手三个手指，然后拍了拍胸脯。众大臣面面相觑，谁也不知他这是什么意思。皇帝问文武，都摇头说解不出。皇帝问如何办好，只见宰相奏道："臣有一策，可在全国贴出皇榜，如有人能解出哑谜，封千户侯，我堂堂汉朝岂能没一人才。"皇帝准奏，就在全国贴下榜文，遍招能解哑谜的人。匈奴使臣限期七天，若无人对答，就要回去，从此不再进贡给汉朝了。眼看贴出皇榜已六日了，仍无揭榜的人，君臣十分着急。

河南的乌有镇上有一个屠夫，一字不识。这一天他杀完猪从肉铺里出来，见墙上有块纸儿，顺手扯下来，擦了手上的猪血，往路旁一丢，没想到被卫榜的兵士捉住。屠夫忙说无意，卫兵说，揭去皇榜，干不了榜上的事，要判处死罪的。不由分说把屠夫押进京城。屠夫想，横竖是个死，倒不如说个"能"字，和他试忽试忽[1]，也见识见识，就一口答应能解答哑谜之难。眼见最后一天，皇帝命屠夫马上和匈奴使臣对答。

旗帜飘飘，炉香高烧，对答仪式十分隆重，满朝文武都来参加了。屠夫和使臣分别从两边走上大殿，司仪官宣布对答开始。

只见匈奴使臣伸出大拇指，屠夫伸出了二拇指和中指，使臣伸出三个手指，屠夫伸出一个巴掌，使臣又拍了拍胸脯，屠夫右手在空中摆了几摆。屠夫的动作十分熟练自如，不假一点儿思索。只见匈奴使臣对屠夫双手一拱说："佩服，佩服，我邦甘拜下风。"文武一阵喝彩，对答结束。匈奴使臣表示佩服汉室，永远进贡，然后带着从人惭愧地走了。

回到匈奴，使臣来见狼主。狼主问："此次到中原，情况如何？"使臣伏在地上说："中原地大人多，小视不得。大臣没有出面，用的一个人据说是个宰猪的，哑谜全被对住，我邦只好进贡称臣。"狼主生气地说："目的未达反见辱。用一个宰猪的不是欺我邦吗！你用的哪路哑谜？"使臣说："我用的第二路最难的。我伸大拇指，大拇指一个不是顶十个数吗，意思是'释迦牟尼'（释迦牟尼，即老佛爷的意思），屠夫想都不想就伸出两个指头，这不是'二菩萨'吗！我又伸出三个指头，意思是'三皇治世'，屠夫伸出一个巴掌（五个指头）这不是'五帝为君'吗！我拍拍胸脯，意思是'胸怀日月'，表示我邦虽小，志向不小，屠夫摆动袖子，这不是'袖里乾坤'？袖里装着乾坤。句句都压在我的上边，因知其是个能人，不敢再对下边几路就回来了。望狼主恕罪。"说罢叩头。

汉室这边，皇帝摆宴，为屠夫庆功，封屠夫为礼部尚书。饮酒间，皇帝对屠夫说："爱卿，你和匈奴使臣究竟对的是啥意思，说给大家听听，也好互相学学。"屠夫说："我主啊！他伸的指头太容易了。伸一个拇指，那不是说一头猪吗，我回他两个指头，就是说两吊钱，这有何难？我们经常买猪，就这个价儿！他又伸三个指头，意思是说，少了三吊不卖。我想，我们堂堂汉朝，买他一头猪，给的少，落得丢我们的人，我主也不光彩。我伸五个手指，意思是说给上他五吊。只是给我主多费了两吊钱，我主不要见怪。他又拍拍胸脯，这意思是说心肝五脏这些杂碎归哪国，亏他还是个国家，还在乎这些，太小气了。我想多给你两吊钱还不在乎，还在乎这些杂碎吗？我就摆摆手，意思是说，那就甭说了。"

采录者：　郭新江，男，38岁，林县合涧乡郭家岗村人，大专，教师

采录时间：　1985年

采录地点：　林县合涧乡

选自：　《林县民间故事集成》

[1]　试忽试忽：试试，跟他针锋相对。

附记

郭新江是林县合涧乡郭家岗村人，从小就爱听老人们讲故事。《屠夫对哑谜》是郭新江在上小学时，听他们村里一位本家爷爷给他们访古（讲故事）时讲述的。那时候还是大集体，村里人人都得去队里上工，所以他们一群小学生经常瞅空儿去缠磨（缠）着本家大人们讲故事。有一天他本家的一位爷爷就给他讲述了一个杀猪的帮助朝廷解开外国哑谜的故事，老汉儿讲得绘声绘色，郭新江听得入迷，总有一种听不够的感觉，所以后来他与他的小伙伴们又缠着这位老汉儿讲了好几遍。到1985年他在木纂学校当老师时，乡文化站史成书让他写民间故事，他就把《屠夫对哑谜》的故事写了出来。（房海林）

异文二：斗哑谜

战国时候，秦国最强大，韩国最弱小。秦国老是欺负韩国。

这一天，秦国给韩国发来国书，要两国选能人斗哑谜，说谁斗败了就割给对方三座城池。

韩王接到国书，就召集大臣商量对策。韩王说："秦国仗着能人多，想不费一兵一卒要孤的城池。你们都是能人，谁愿意去应斗，为孤分忧啊？"大臣们你看看我，我看看你，谁也不吭声。韩王就"咳"了一声，说："不敢应斗，就是认输，那也得丢城啊！"这时，一位大臣说："大王，民间也有高手，不如贴出榜文，重赏招聘能人，说不定就有人应斗。总比认输强吧？"韩王听了这个大臣的话，觉得有理，就叫贴出榜文，说谁能斗过秦国能人，要官有官，要钱有钱。

按规矩，发榜三天到期。到了三天头上啦，也没人揭榜。看榜的士兵正准备收摊交差，忽然从那边来了个杀猪的。这个杀猪的卖了一天猪肉，收摊回家，手上沾的猪血猪油还没擦。他一个大字不识，担着空挑子走到榜文处，顺手就把榜文撕下来擦手了。

两个士兵立马把他抓住。杀猪的吓坏了，说不是能人，一个劲儿求饶。士兵咋能放过他，说："是不是能人都得去见国王。要不，误揭王榜也是死罪。"杀猪的心想，反正是死，叫我干啥我干啥，多活一会儿算一会儿。就跟着士兵走了。

斗哑谜活动如期进行。他们在两国的边界上筑起一座高台，两个能人在高台上各占一边，对面坐着。秦国的能人先对着这边杀猪的伸出一个大拇指。杀猪的伸出两个手指应对。秦国的能人又伸出三个指头，杀猪的伸出满把手五个指头。秦国的能人拍了拍自己的脑袋，杀猪的就拍了拍自己的肚子。这个时候，秦国的能人突然丧气地跑下高台，说斗不过他。杀猪的不知道是咋回事，见他下去了，也就下去了。

秦王追问能人："你咋斗不过他？"能人说："我伸出一个大拇指，意思是说天下我们秦国是老大。他伸出两个指头，意思是我们两国两面夹击你，看你怕不怕？我伸出三个指头，意思是，你就是三个国一齐来，我们也不怕。他伸出五个指头，意思是，要是我们发动五个国一齐来呢？我拍拍脑袋，意思是说，强大不强大全看头儿，我们秦王最厉害。他拍拍肚子，意思是说，肚子代表老百姓，我们老百姓一起来反抗你暴秦，头儿能有肚子大吗？大王想想，他把天下老百姓发动起来，咱还能斗过他吗？"秦王听罢，觉得能人说得在理，也就没说什么。

这边韩王看本国能人胜了，非常高兴。问杀猪的："你咋赢他了？"杀猪的说："我也不知道。他伸出一个手指头，说要卖给我一头猪。我伸出两个手指头，说给他两吊钱。他伸出三个指头，给我要三吊。我伸出五个指头，意思是最多给他两吊五。他拍拍头，意思是猪杀了以后，要把猪头饶给他。我拍拍肚子，意思是说，好，别说猪头，下水也饶给你。正等着成交呢，这小子就跑了，说了不算，真不是玩意儿！"

讲述者：　刘殿青，男，38岁，内黄县文化干部
采录者：　李国存，男，22岁，内黄县二安乡沙河庄村人，学员
采录时间：1978年
采录地点：内黄县
选自：　《中国民间故事集成·河南内黄县卷》

39

老农考秀才

原来老农和牧童说的都是一个"米"字。

采录者： 田俊杰，男，67 岁，汤阴县宜沟镇人，
　　　　 师范，农民
采录时间： 2006 年 3 月 7 日
采录地点： 汤阴县宜沟镇
选自： 《中国民间故事全书·河南汤阴卷》

　　从前，有几个秀才一同进京赶考，由于天气炎热，个个口干舌燥，突然见一位老农从西瓜地里走来，忙对老农说明了买瓜解渴之意，老农遂拣了两个熟透的大西瓜，用刀切开让他们吃，并笑着说："我出一个字谜请各位猜，若猜中了，我不要西瓜钱，要是猜不中，照价付款。"

　　秀才说："猜中猜不中，西瓜钱是一定要给的，请老伯说'谜'吧。"老农不慌不忙地说道：

四个不字颠倒颠，

四个八字紧相连，

四个人字不相见，

一个十字站中间。

　　秀才们原以为猜个字谜有何难，这时却都傻了眼，你瞅瞅我，我看看他，谁也猜不出来。

　　这时，走来一个牧童，听罢谜后，一笑说道："上看像不，下看像不，不是不上，就是不下。"

　　老农听后连连点头道："对，对，猜得好！猜得好！"

40

李大爷字谜说年龄

李大爷凡事知足，笑口常开，说话幽默，酷爱猜谜，也酷爱说谜，要不，他能如此健康长寿，还五世同堂？

一次，他正抱着曾孙子逗玩取乐呢，人们问他俩的年龄，他顺手拾了一个树枝，在地上写了一个"精"字，笑着说："我俩的年龄都在这一个字里，你们猜吧。"

众人中有人猜道："李大爷，八十八岁，他曾孙子十二个月。"问李大爷："对不对呀？"李大爷点头说："对。"

采录者：　田俊杰，男，67岁，汤阴宜沟镇翻身街人，师范，农民

采录时间：　2006年3月7日

采录地点：　汤阴县宜沟镇

选自：　《中国民间故事全书·河南汤阴卷》

41

妗子和外甥破谜猜

妗子：我给你破个谜儿你猜猜。巴掌一片，毛长两岸儿。

外甥：我也给妗子破个谜儿。一拃儿长儿，硬撅撅，我这紧挨的妗子那[1]。

妗子：小鳖子的，想挨耳光哩！

外甥：别打，别打，你说你破的谜儿是啥？

妗子：我说的是牛耳朵。

外甥：俺说的是牛角。

采录者：　侯新民，男，62岁，林州市茶店镇大峪村人，大专，退休干部

采录时间：　2006年

采录地点：　林州市

选自：　《中国民间故事全书·河南林州卷》

[1]　那：那里，林州方言读"挪"。

42

九龙山『老玉』的故事

很早很早以前，九龙山有个道士叫老玉，能掐会算，通天文，晓地理，有很多人家中有啥事，便去问道士老玉。经老玉道士指点便都能解决。

一天，有一家养的牛不见了，找了几天也没有找着，家人急得不能行。一邻居给他出主意说："九龙山的道士老玉会算，你去让他给你算一算，看你的牛在哪儿，也许能找回来。"无奈，他只好去九龙山找老玉道士了。时过中午，他到九龙山上见了老道，没等他开口，老道说道："午时出了头，必定来找牛。"丢牛的一听，连说："对，对，对！我的牛丢了几天了都没找着，正是来求你的。"老玉说："想找牛下山向东走，半路遇见手拉手，只有从中闯过去，才能找着你的牛。"他听后半信半疑，但为了找到牛也只好按老玉说的去做了。他便下山向东走去，这时有对中年妇女手拉手向西走来。为了找牛他也顾不上什么礼仪，急忙从中间闯过就跑，这对妇女见他如此无礼，便追他过来，边追边骂。他明知自己无礼，不敢停下，一直朝着旁边的高粱地深处跑去。正跑着突然看见了自家的牛正在吃草，他高兴极了，忙拉着牛出来向那对女子赔礼。女子听说是老玉出的主意，消气走了。他找着了牛，高高兴兴哼着小曲回家去了。

九龙山西的一个小村叫西龙山村。村里有一户村民，一家三口人。小两口生气，男的一气之下走了两年不回来，女的非常思念，只好拉着儿子上山找老玉想办法。到山上后，她觉得丈夫是给自己吵架，被自己气走的，无法开口，便和儿子手扶着一棵树站在门口。老玉出来，看到这种情景，对她母子说："回去吧，今天你丈夫就回来了。"女的听到后心里说，我还没开口你就知道我丈夫今天能回来，有怎灵[1]吗？女的半信半疑："等我回家看看再说吧。"她母子俩下山回家去了。

天黑了，母子俩吃过饭，准备睡觉，忽然听到叫门声，她开门一看，果然是自己的丈夫，她高兴啊！心里说，老玉算得可真准啊！

本村还有两口子，丈夫出去三年了，没回过家，妻子也上山找老玉来了。她也站到了门口的树旁，老玉看到后说："你回去吧，别希望丈夫回来，他一旦回来，就要休你。"这女的听后很不高兴，没精打采地离开九龙山回家了。

过了几天，她丈夫果然回来了，还领回了一个女子。他到家便要休他的妻子，气得妻子又上山去找老玉，问老玉："前一位妻子的丈夫就能回来，而我丈夫为啥回来就要休我？"老玉说："你和她就大不一样了，虽然你们来了都同样站在同一棵树下，但结果不一样。你看他们母子两个人站在一棵树下，两边两个人中间一个木，这个字就是个'來'[2]字。而你一个人，旁边一个木，这个字就是个'休'字。我是根据测字测出来的，所以她丈夫能回来，而你丈夫回来便要休你。"听到此，女的伤心地回去了。

讲述者： 程天生，男，48 岁，安阳县善应镇天喜镇村人，初中，农民

采录者： 杨保新，男，30 岁，安阳县善应镇杨家坪村人，大专，善应镇文化站站长

采录时间： 1992 年

采录地点： 安阳县善应镇天喜镇村

选自： 《善应传说传奇故事选》

[1] 怎灵：那么灵。

[2] 來："来"的繁体字。

43

提意见

附记

九龙山道士老玉为人掐算，以"午时出了头，必定来找牛""两个人站在一棵树下，两边两个人中间一个木，这个字就是个'來'字""一个人旁边一个木，这个字就是个'休'"，都是运用字谜的拆字离合方法，故将本篇作为谜语故事收录。（刘二安）

有个秀才在饭店吃饭，觉得饭菜不可口，没调料，想给老板提个意见，琢磨了一阵，就在墙上写了四句诗：

蒙蒙细雨下湿墙，

刘备提刀上战场。

马在槽头拴不住，

孔明失势于周郎。

秀才走后，老板看到这四句诗，悟出每句诗都是一条意见。

你猜这四条意见是啥？

原来是说饭菜没盐（檐）、没酱（将）、没姜（缰），也没蒜（算）。

讲述者：　栗用书，男，74岁，林州市横水镇西白壁村人，高中，退休职工

采录者：　赵长生，男，70岁，林州市合涧镇河南

0055

故事·河南卷·安阳分卷
生活故事

元村人，高中，退休干部

采录时间：　2020 年

采录地点：　林州市

附记

　　《提意见》这个故事是我在市区居住的老邻居栗用书讲的。我在任村任驻村干部时，在皇后村也曾听一位村民讲过。这故事有多种版本，还有人把它作为谜语故事来讲。（赵长生）

（二）戏迷故事

44

找胡子

采录时间：　1990 年
采录地点：　安阳县善应镇
选自：　　　《狐狸坟传奇》

从前有个戏班，演出《铡美案》，包公一出场，台下看戏的人就乱呜叫起来："老包咋没胡子！"这个扮包公的一摸，可不，忘戴了。他不慌不忙唱道：

下陈州路过圪针窝，
我的胡须挂掉了。
王朝马汉一声叫，
快给相爷去找找。

王朝马汉连忙到后台，拿了胡须说道："启禀相爷，胡须在圪针缝儿找到了。"他踩着鼓点儿接过戴上，接着唱起了正本。

讲述者：　申本仁，男，60 岁，安阳县善应镇人，
　　　　　农民
采录者：　申兴发，男，56 岁，安阳县善应镇北善
　　　　　应村人，初中，干部

45

向戏班提意见

一戏班到一个村唱戏。在演唱《下陈州》时，包拯出来忘了戴胡须。扮演包拯的是一位老演员，他随即唱道：

我包拯下陈州，
把胡须愁掉，
叫王朝和马汉，
赶紧把胡须来找。

这样一来，老观众听了也很顺当，且很有风趣。又一次在演唱《樊梨花征西》时，樊梨花要刀时，刀失手落地。正好扮樊梨花的也是一位老演员，及时唱道：

叫丫鬟快拾刀，
姑娘马上紧紧腰。

这样一来，风雨不露，避免了丢丑。

且不说戏班丢丑，第二年戏班到演过戏的一个邻村唱戏。戏班接受了上次教训，避免错漏。但在戏结束后，有一位貌似很识戏的老者，找到戏班班主提意见："你们戏班看不起俺小村，去年在某某村唱《下陈州》掉胡须、演《樊梨花征西》掉刀，到俺村演一不丢胡须，二不掉刀。别认为我们小村不认戏，俺们啥子都见过。"弄得班主哭笑不得。

采录者：　李文林，男，64 岁，安阳县磊口乡南磊口村人，大专，退休干部
采录时间：　2006 年
采录地点：　安阳县磊口乡南磊口村
选自：　《安阳县民间故事集》

附记

这篇故事是早年我在老家过农历二月初五古庙会时采录的。当时唱的是濮阳大平调，我与戏班的李关清比较熟悉，闲了就聊聊天。一天住了戏后，我和他谈着当天唱的戏，说了点小建议，他就给我讲了这个故事，我就记住了。（李文林）

46

的儿噌[1]

讲述者： 蔡顺，男，已故，安阳县辛店集南街人

采录者： 刘耀青，男，53岁，殷都区小庄村人，
中专，农民

采录时间： 2006年4月

采录地点： 安阳县磊口乡泉门村矿山

选自： 《中国民间故事全书·殷都卷》

附记

讲述者蔡顺生卒年不详。1972年我在矿山开矿，蔡顺是一个矿坑的负责人，当时我们叫他排长。这人好说笑话，工作期间一边装矿石到平车上，一边不停地讲故事、讲笑话。他说戏班子的规矩，皇帝及国丈和阁佬宰相出来用什么鼓板，国舅与小人物出来用什么鼓板。而国舅是被人看不起的角色，出场不论怎么摇头摆尾，只用一只小旋子敲。这小旋子发出的声音是的儿噌的儿噌，从此人们就叫这国舅的儿噌，借以讽刺那些装大架子的人。2006年主编《中国民间故事全书·殷都卷》时，我将这篇故事进行了整理并收入书中。（刘耀青）

台子上唱戏，什么人出场都有讲究。要是皇帝与宰相、太师出场，那就动了墩墩鼓[2]四大扇[3]，唢呐也吹了起来，那派头是戏台上最高规格的了。可要是国舅出了场，那国舅也是左摇右晃，迈八字步儿伸胳膊伸腿装样儿，往往这装国舅也装出皇帝宰相阁老的样子来，浑身哆嗦，左扭右压，拿着十二分劲儿装样儿。可不论他怎么抖怎么晃，给他配乐器的只有一个小旋的儿[4]，的儿噌的儿噌的一直是那个点。

这戏子后来不唱了，到村里当了保长，后来又叫村长，虽说是成村头了，可改不了那咋咋呼呼、装腔作样儿的劲儿。一件本来小得算是鸡毛子蒜皮子的事儿，他都能装出个大架子来。可人们都看不起这个三分不值二分的官，就背地里给他起了个名儿叫"的儿噌"。他往哪儿一走，人们就说："的儿噌来了。"

[1] 的儿噌：小旋的，即小锣，又叫磬，用三角形木板敲击，发出"的儿噌"的声音。
[2] 墩墩鼓：大鼓。
[3] 四大扇：大钹。
[4] 小旋的儿：小锣。

47

忘记了

一个村里有一个八十岁的老太爷，儿子做到了袁世凯手下的督军。这老头儿就抖了起来，穿的是绫罗绸缎，吃的是山珍海味，每天拿着个三尺长的旱烟袋，后面跟着两个丫鬟，在街里一走一晃。每当吸了一袋烟儿，丫鬟们就赶紧给他装烟儿，另一个丫鬟就给他点烟让他吸。

这一天到了他八十大寿时，儿子就遍邀当地的名流，到家里来为他祝寿。于是就在家门前搭了戏台子，在台前专门给老太爷留了个软座，让丫鬟和儿子们、媳妇们，孙子、孙女们，重孙子、重孙女们都来看戏。这老太爷有看戏的瘾，一看戏就什么也都忘了，摇头晃脑地跟着戏班唱。

这一天上午的开场戏是《杨门宰子》，老太爷就坐在台下看，随着台上的杨延景唱。可唱着唱着听得不过瘾，一下子站起来，拄着拐棍就上了台，叫道："停住停住，给我停住。"戏班的头儿赶紧示意让敲家伙的停下，过来弓着身子问老太爷咋回事，老太爷说："唱得味不对，得由我来唱。"还指手画脚捏着嗓儿唱了几句。这天是老太爷的生日，大家就是让老太爷高兴呢，台底下就有人起哄："叫老太爷唱，叫老太爷唱。"戏班只好让演员脱下衣裳，让老太爷穿上，然后敲起锣鼓点儿让老太爷上场。

这老太爷从来没有唱过戏，听了人家唱，嘴里也就随人家哼哼。别人一唱他都知道，这就叫"人家说开耶我也就想开耶，人家抓开耶我也就痒开耶"。你要真让他独自道白独自唱他还真来不了。可这会儿老太爷正在兴头上，锣鼓一敲他穿着杨延景的衣裳就出来了。手捋捋头上翎子，迈了几个八字步，鼓板点就催着要他唱了。可他不论怎么也唱不出来。但弦子就拉到该唱的地方了，急得这老太爷头上冒出了汗。台底下的人都眼巴巴地看着他，盼老太爷能够来一缸儿[1]，烘托烘托气氛呢。这时老太爷也就比开了手爪儿[2]。可手才比画了一下就拖着长音说："忘记了——"身子一歪一转，一个急脚子步儿就下去了。

大家见老太爷弄了这一手儿都笑了起来，有人就拍手起哄要老爷子再出来唱，还有人在台下起哄叫好儿。这老太爷回到后台还真想起了词儿，就对鼓班儿说："再敲，这一回我要弄他们个全场叫好儿。"鼓班一听就又敲起来，老爷子就又上了台。这次老爷子跟上一次截然不同，步儿走得也好，手爪儿比画得也好，弦儿拉了过门又该唱了，老爷子呕着嗓子就想唱，可音也到喉咙边就又忘词了，就急得绕台子转。台底下的人都盼他能唱出来，儿孙们也拿起了手准备鼓掌，这时就听老太爷唱道："又忘记了——"一个急脚子风就又进去了。

讲述者： 郑占春，男，已故，安阳县辛店乡三十里铺人，农民

采录者： 刘耀青，男，53岁，殷都区小庄村人，中专，农民

采录时间： 2006年9月

采录地点： 殷都区柴库村庙会

选自： 《中国民间故事全书·殷都卷》

[1] 来一缸儿：唱一段。

[2] 比开了手爪儿：比画。

48

一个大的，一个小的

附记

讲述者郑占春，生卒年不详。1971年我在西部山区泉门矿山采矿。郑占春由于年事已高，就在矿山看工地。当时矿工们都提前上班，先到看工地的土洞内坐着，等大家都到齐再下矿坑。这时间郑占春就给大家讲笑话。说有个做寿的老人也想唱几句戏，大家因为为他做寿，也就让他披挂了上台。可他平时都记着戏词，一上台就忘，结果闹了笑话。2006年主编《中国民间故事全书·殷都卷》时，我将这篇故事进行了整理并收入书中。（刘耀青）

有一个人演寇准，上台后往那儿一坐就忘了词儿，可既然上去了，总得道白，就说："一个萝卜四两。两个萝卜……"戏班的人一看他演砸了就赶紧跟他圆场："八两，八两。"

这寇准还是没有吃怔过来，还没有记起词儿来，就接着说下去："七两。"

戏班人看他还没有记起词儿来，就再跟他圆场，以便他能按戏词儿演下去，就说："不对不对，八两，八两。"这时装寇准的还是没记起戏词儿，就仍接着往下说："不，是七两，一个大的，一个小的，不信我给你们拿出来看看。"就站起来随着锣鼓点儿下去了。

讲述者：　许艳兰，女，已故，殷都区北蒙办事处三家庄村人

采录者：　刘耀青，男，53岁，殷都区小庄村人，中专，农民

采录时间：2006年11月

采录地点：殷都区三家庄村

选自：　《中国民间故事全书·殷都卷》

附
记

讲述者许艳兰，生于 1935 年，卒年不详，娘家在北蒙三家庄村，是我姥姥家的一个近亲，按辈分是我的堂姨。1962 年春节期间，我到姥姥家拜年，初二晚上住在姥姥家，堂姨到姥姥家串门，跟姥姥聊她和闺蜜们看戏时的奇闻，讲了这么一个故事。2006 年主编《中国民间故事全书·殷都卷》时，我将这篇故事进行了整理并收入书中。（刘耀青）

49

敬德打马上锅台

有个戏子在台子上装敬德，随着四个兵踩着锣鼓点出来了，左悠悠右晃晃来了个亮相，把胡子一撩就要开唱了，可却忘了唱词儿。可鼓板在打点，弦子拉起来了，不唱不中了，他只好乱编了。就唱道："敬德我打马——上锅台，出手掀开——锅盖的来，只知道一锅猪羊肉哇——，谁知道一锅——他娘的芒瓜菜——"

这敲鼓板的也知道他唱错了，只好又敲起来，装敬德的就下了场。台下面有一帮子戏油子，现在叫戏友，他们经常看戏，唱词儿都记得十分清楚，看了这一场戏说："这是哪一回？咋从来没有见过？敬德打着马吧咋还能上了锅台上呢？"这时候装敬德的人到后面又背了背词儿，才又上台唱了起来。

讲述者： 方春贞，男，61 岁，安阳县辛店乡二十里铺村人，村干部

采录者： 刘耀青，男，46 岁，铁西区小庄村人，中专，农民

采录时间： 1998 年

采录地点： 文峰区三角湖旁

选自： 《中国民间故事全书·殷都卷》

50

张老虎唱戏

　　张老虎很好唱戏，可村里人都讨厌他，总不叫他在村里唱，把他撵到山旮旯里。没人听，这唱的是啥劲儿？他脑筋一活动，就想到城里大戏园子里唱，一来有人听，二来也能弄大把的银子花。他一拍腿，就进了城。

　　他对戏园子的经纪人喷开了，说他是京城唱黑头的名角儿，皇帝老子三天两头传他进宫里唱。这回他回家省亲，也给家乡的父老献献艺。可巧呢，京城里真有个叫张老五唱黑头的，那名气可大得很。戏院经纪人一时间也分不出真假，就把大牌子挂了出去，写的是，京城黑头张老五来本院只演三场《铡美案》。

　　这一下小小县城可热闹了，票价由三百文上升到一两纹银，就那票都卖得一张不剩，县太爷带着夫人小姐还包了厢。

　　第一场，戏园子里头挤得满当当的。弦儿一拉、锣一敲，戏开场了，张老虎戏装整洁，浑身是劲儿，就这么一亮相，满园子都给他拍开了巴掌，到底是京城里的名角儿，板眼儿拿得就是准。张老虎从来没有当着这么多人唱过戏，一激动，把吃奶的劲儿都使出来了：

奉旨陈州把粮放，

不分昼夜回汴梁……

两句儿一出口，那戏园里头可热闹了，咋了？都争着往外挤，一个比一个挤得欢。才唱了五六句，戏园里头就没人了。

第二场，没一个人，张老虎也没唱，第三场还真来了两个要饭的。要饭的就要饭的吧，反正比没有人听唱强。张老虎就可开嗓门唱开了。一唱唱到底，这俩要饭的还没走，他激动得都哭了。哭罢一问，才知道这是俩实聋子[1]，不是听唱的，是图个暖和。这可把张老虎气懵了，也不卸装就跑了。

他一跑就跑出了县城，他觉得戏唱得恁好都没人听，还有啥活头？他要跑得远远的去死。

跑着跑着，迎头碰见一个老头儿和一个老婆儿，张老虎就"哧啦"一声抽出了假宝剑，指着老头儿说："你都要死呀要活？"

他没卸装，一个大黑脸，还真把这老头儿和老婆儿吓住了，老两口儿一边作揖一边说："要活、要活。"

"要活好办，坐下来听俺唱戏。"

这可是好事，老两口儿也是戏迷。大明月亮地儿，老婆儿就拿出了鞋底儿纳，老头儿吧嗒吧嗒抽开旱烟袋："好汉爷，唱吧。"

张老虎一运气就唱开了，才唱了不几句，老头儿老婆儿一齐儿"扑通"一声给他跪下了，说："好汉爷，别唱了，还是杀了俺吧。"

讲述者：　王介吾，男，33岁，安阳市人，医生
采录者：　李梦夫，男，44岁，文峰区东关集市街人，
　　　　　高中，工人
采录时间：　1984年
采录地点：　安阳市
选自：　　《狐狸坟传奇》

[1]　实聋子：全聋，听不到耳边大声呼喊的声音。

51

老班头与大弦戏

清朝末年，前物头村出了个远近闻名的人物，名叫张玉，后因在县衙当差，是衙役中的班长，人们都习惯称他老班头。

张玉是滑县大弦戏的创始人。是他在家乡前物头村亲自隆起的大弦戏班。那时，大弦戏经常到周边村庄演出，深受周边群众欢迎。大弦戏发展越来越好，演出的范围逐渐向周边集镇、县城扩展，常年出外，大弦戏也逐渐出了名。但不管出外演出多长时间，只要不演出，就要回到前物头村。那时，大弦戏把前物头当成自己的家。每逢年关及重大节日，都要在前物头演上几场。前物头的村民都说大弦戏是自己的戏，张玉是大弦戏的管主[2]。

后来，张玉到县衙当差，人们仍然称张玉是大弦戏的管主，张玉仍关心着大弦戏的事。

农历三月三日是前物头的传统古会，每年这个时间大弦戏总是日不错影[3]地到前物头演出，这是共同约定的，

[2]　管主：老板。

[3]　日不错影：准时。

一定十八年。可是，有一年，不知因为啥，时间到了三月初一，都该搭戏台啦，人们还不见戏影。几个会首很是着急，聚在一起议论这件事，谁也不知出了啥事。商量来商量去，干着急，就是拿不定主意。有人提议说："咱去找张玉吧！叫他给咱拿个主意。"众会首马不停蹄地来到县衙，见到老班头张玉，说明来意，老班头遂派人去打听消息。回来的人说，今年人家出钱多，戏到人家那里演出了。张老班头一听，火冒三丈，愤愤地说："你们找他们去，叫他们马上回前物头，谁拦先掰折谁里腿，出事都是我的。"

众会首找到戏班，戏班的管事人一看来人，心里就明白几分，连忙赔礼道歉，并表示此场演出结束，立即启程。

幸好，由于戏班抓得紧，及时赶到前物头，大家又齐动手搭戏台，初二那天又准时开戏啦。

这件事以后，每年三月三前物头古会期间，大弦戏都能准时开戏，人们都知道戏班是张老班头亲手隆起的，前物头就是大弦戏的老家，前物头人演戏是从不掏钱的。可是演员都乐意回自己的家，给自己的父老乡亲演出。每年古会期间，演员们也都要前去看望老管主张玉。

讲述者：　刘志国，男，48岁，滑县老店乡人，大学，教师

采录者：　李佩堂，男，48岁，滑县老店乡河东村人，中师，教师

采录时间：　1992年12月

采录地点：　滑县

选自：　《中国民间故事全书·河南滑县卷》

52

火烧戏班子

道口镇河西村南头的火神庙自古以来香火旺盛，有口皆碑。每年别说逢年过节，就是平时，百儿八十里的信徒，也都不惜路途遥远携香带箔，赶来祈福拜佛，求寿灭灾，很是灵验。但你若是显得不敬或欺骗了火神爷，同样对你不客气，因此，这一带的老百姓都非常敬畏他，崇拜他，言行上都非常谨慎，绝不敢违规。

据说清末民初时期，火神庙与县里的一个戏班子签订了一份五十年的演戏合同，每年正月古会，都要先到河西火神庙来唱，不能误事。可中间有一年，浚县新镇也写了他们的戏，时间正好与河西的正月庙会冲突。可是两家办事的时间恰好错不开，也不愿改动，浚县新镇就一再要求这次给他们先唱，并表示多出钱。于是没办法，戏班子里的班头只好自作主张，临时"变通"了一下，暗自答应下来。

道口街这边已经起会，客商们早在火神庙一带扎好摊点，远近客人也陆续赶来，热闹非凡。可是一看，戏台上还空空荡荡的，不见一点儿动静。别说唱戏，连个戏毛儿都没有，搞得丈二和尚——摸不着头脑，一个个面面相觑。

管事的人一看开戏时间到了，可唱戏的班子还没到来，这可怎么办呢？直急得会首像热锅上的蚂蚁，望着渐升渐高的太阳，头上直冒火星，只得派人寻找。后来才得知，他们早已动身前往新镇方向去了。

再说唱戏的那帮人，他们雇用的车子已走到滑县南坡，可是正值往前行走时，突然前面的一辆车子起火，眨眼间其他几辆车子也都先后冒出黑烟。一时间，烟尘滚滚，火苗蹿起。大家一个个惊得目瞪口呆，马上停下来，对身边的来人说："新镇的，今天恁那里去不成了，看，起火了，就是去到也没办法再演了，戏装给烧毁了……"新镇的人一看情形只得作罢，急匆匆赶回去报告。这里戏班子的负责人，马上意识到："可能是违约得罪了火神爷，给咱点颜色看看。"于是立即改弦易辙，带着人马急匆匆地又回去了。

他们一到火神庙便匍匐在地，连连磕头谢罪，表示有过必改，再不敢冒犯。他们正在为烧掉的戏装发愁，不知该如何办，突然传来惊喜声："咦，戏装还没有被烧坏！"管事的人半信半疑，一脸茫然地跑过去，接连把几个箱子全都打开，被眼前的情景一下子惊呆了——一箱箱戏装道具完好无损，真是惊煞魂，喜煞人，从没见过的奇怪现象。

自此，火神显灵的说法越传越远，越传越奇，直到现在，这段故事还常让这一带的人津津乐道。

讲述者：　王胜利，男，36岁，滑县道口镇东关村人，大专，干部

采录者：　刘玉顺，男，42岁，滑县道口镇河西村人，教师

采录时间：1989年3月

采录地点：滑县万古镇

选自：　《中国民间故事全书·河南滑县卷》

53

找事儿

某戏班有个年轻人，总觉得师傅不重用自己，就想找个岔儿难为师傅。

这天唱一本三国戏，这年轻人扮演一个传令兵。剧情很简单，就是在扮演诸葛亮的师傅说了"唤诸位将军进帐议事"这句台词之后，他就说俩字儿："得令！"然后转身下场就可以了。这年轻人有意给师傅添乱，当师傅说完"唤诸位将军进帐议事"的台词后，他马上自编了一句词儿："想那张飞生性鲁莽，唤他不来如何？"他想，我突然给你搅这一杠子，师傅你尽管经验丰富，必然也手足无措，那可就有好戏看了。谁料师傅一点儿也不慌乱，接着徒弟的话音，也道出一句新台词儿："附耳听令！"徒弟忙把耳朵贴过去，师傅装着面授机宜，却悄悄在他耳边骂道："你爹多娘少！"徒弟脸一红，急忙说声"得令！"转身回后台去了。

观众一点儿也没有看出破绽。然而，谢幕后，这徒弟却重重地挨了师傅三耳光。

采录者： 侯新民，男，62岁，林州市茶店镇大峪
村人，大专，退休干部

采录时间： 2006年

采录地点： 林州市

选自： 《中国民间故事全书·河南林州卷》

54

父子锄地

俗话说，锄头有水又有火。还说，头遍深，二遍浅，三遍以后光刮脸，多锄儿遍能增产。

有一家父子二人在地里锄玉米。这父亲是个老戏迷，一边干活儿，一边哼着落子腔，唱的是《丝绒记》，不仅唱得好，故事也很感人。

儿子刚学农活儿，锄在手里不听使唤，后来锄板儿也活了，从锄钩子上脱了下来。

这安锄板儿的事儿可不是一般人都能干得了的。让父亲给安，又怕打断了父亲的戏；自己安，一来自己没那手艺，二来又怕跟父亲拉下距离，听不成戏。这时，他灵机一动，把锄板儿往腰带上一别，抡着个锄钩子跟在父亲身后比画。到了地头，父亲住了戏，儿子也急忙从腰里取下锄板儿，往地上一扔，随着"当啷"一声响，他赶紧说："中，看到地头看掉了，正合适。"

讲述者： 王贵生，男，22岁，林县合涧公社河南
园大队第一生产队人，初中，农民

采录者： 赵长生，男，19 岁，林县合涧公社河南
园大队人，初中，农民
采录时间： 1969 年
采录地点： 林县合涧公社河南园大队
选自： 《中国民间故事全书·河南林州卷》

55

『失手』与『十手』

附记

这则故事是我初中毕业后回乡参加农业生产，听本队社员王贵生
讲的。那时是集体生产，大家为排解疲劳，常常边干活边讲故事、说
笑话。有人会唱几句，也常常边干活边哼唱。有天正锄地，有一位社
员的锄头脱落了，不得不到地边去安装，王贵生触景生情，便给大家
讲了这个故事，逗得大家哈哈大笑。（赵长生）

西庄准备唱戏，正在犹豫选哪个剧团比较好。听说东
庄有个剧团正在演出，就派了李老汉去一探究竟。

李老汉可谓不辱使命，他早早就在台下占了个好位置，
一开戏便目不转睛地盯着台上。突然，扮演穆桂英的女演
员把刀掉在了地上，只听她高声唱道："叫丫鬟，快捡刀，
姑娘这里紧紧腰。"丫鬟果然上场将刀捡起递了过去，"穆
桂英"接刀在手，随着锣鼓点上下舞动，台下不住传来叫
好之声。

李老汉想，这一招够厉害！我看了多少戏，真没见演
过这一出！好，就是他了！

回到村上一汇报，就定下了这个剧团。

李老汉选剧团有功，那天被安排在最好的位置上，他
双眼圆睁，就等着看穆桂英掉刀那一节。可是，戏演完了，
这最为精彩的一幕却始终没有出现。

眼看就要散戏了，李老汉突然站了起来："停停停，
你就还没演掉刀那一出呢，怎么就不演了？"

团长一听是说这事，慌忙出来解释："老大爷，在东
庄俺那是'失手'……"

"哼，在东庄你就给他演'十手'，在俺村就只给俺演'九手'，小看俺啊！俺少给你钱了吗？"

讲述者： 林州市公安局一老民警，姓名不详

采录者： 赵长生，男，54岁，林州市合涧镇河南元村人，高中，干部

采录时间： 2004年

采录地点： 林州市

选自： 《中国民间故事全书·河南林州卷》

附
记

这则故事是我在公安局工作时听一位老民警讲的，名字记不得了。在一次闲聊中，大家轮流讲故事，讲的故事大都与唱戏有关，有的甚至就是自己亲身经历的事，例如说某某演老包，因为天热，到后台便把胡子摘下来休息，结果该上台了，急急忙忙却忘了佩戴胡子。有人说某某剧团在某村演出，一个演员在台上翻跟头，听到台下鼓掌，又接连翻了几个，结果掉到了台下，有几个调皮的观众走上前来，在演员脊背上连打几拳，质问道："这是台子？"其中有个老民警便讲了《"失手"与"十手"》，讲过之后，故事结尾李老汉的那段话竟然成了当地流行的一段歇后语："哼，在他村儿你就给他演'十手'，在俺村就只给俺演'九手'——俺少给你钱了吗？"（赵长生）

56

松树庙唱戏木刀杀人

盘阳原来有一座玉帝庙，因为庙院里长有几棵高大苍劲的白松，当地人都称松树庙。民间传说，正月初九是玉帝生日，十二月二十五日又是玉帝下巡人间的日子。因此，每年的这两个时候，松树庙都要举行盛大的祭拜仪式。每年正月初九庙会，一定要唱戏娱神。

有一年冬天，村上和社里又及早谋划来年正月初九的"玉皇会"，因害怕正月里乡村民间唱戏多，戏班台口紧，到跟儿[1]了写不上戏，社首等人年前就到外边找了一个有名气的大戏班，谈好了戏价，交代清了时间、场次，并交了定金，签立了合同。

到了年后正月初七，松树庙玉皇会各项工作都准备布置就绪，戏楼上也打扫安排妥当，却不见戏班到来，等到初八上午仍不见来，人们都着急起来：戏班该不会给晒了台子吧？正七嘴八舌议论着，只见戏班管订台口的人急匆匆地赶了来，找见了社首就道歉，说戏班当下台口那里又

[1] 跟儿：跟前，眼前。

追加了几场戏，唱不圪节[1]，人家死活不让走，松树庙这里的社戏只能往后推了。

社首和主事没等他把话说完，就截住了话头："你都弄哩这叫啥事？许给人人等，许给神神等，你们怎么能随便晒台子[2]呢！"戏班来的人说："这事儿真叫不对人。要不这样吧，我们退了你们定金，你们庙上赶紧再去找班戏……"社首不依，说："你说里倒轻巧！现在啥时候了，急手下双[3]的叫我们去哪儿找？去找谁？"双方理论的最终结果，定金不接，戏不退，等松树庙庙会后戏班再来补唱。

其实，事后才了解到，戏班当时并不是戏没唱圪节，而是另一个地方临时唱愿戏[4]，出的戏价比盘阳高，戏班掌柜见钱眼开，昧着良心找借口欺骗了盘阳人，人们都骂这个戏班太缺德。

因为没有戏助兴，不用说，那一年的庙会不热闹。

过了不长时间，这个戏班没台口了，就赶来盘阳补台口。

三天六场戏，虽过了庙会，因是农闲时间，来看戏的人却仍然不少。

第二天下午，唱的是第三场，锣鼓一响，演员披挂上场。当时唱的是哪一出戏，先人没有传下来，反正是演绎忠奸善恶斗智斗勇的朝代戏。

演员表演很卖力，剧情也进展到高潮处。台子上，一个人被敌对一方给逮住了。一番数落之后，被喝令推出门外斩首，手下的人就把用带子"绑住"的人推到台前一角，然后另一个人挥刀便向被绑之人脖颈前抹去。唱戏当然都是出假样儿，手中拿着的明晃晃的刀是涂了银粉的木制道具，说是杀头也只不过是用刀在肩膀上比画一下，刀一般不挨身。不承想，当手执木头刀的演员把刀架在扮演被斩之人的演员脖子上，做了一个拉刀杀头动作后，只见对面演员项上头颅突然与身躯分离，血淋淋的人头骨碌碌地滚落到了地上。

因为一切来得太快、太突然，台上的演员跟台下观众一时没有意识到发生了什么事，只是怔了一下。当看到血从碗口大的齐抹抹的刀口上汩汩冒出，站着的无头身躯瞬间浇成了个红柱子，随即又"扑通"倒下时，台上台下所有的人才反应过来，明白了被斩首之人真的被斩了首。刚才还活生生的演员，眨眼间竟身首分离，横尸戏台！

人们被眼前血淋淋的一幕惊呆了，纷纷用手捂着脸，惊呼着往后退散，胆小的人早已搁头里[5]远远地跑走了。"松树庙唱戏木头刀子杀了人！"消息随即四下传开。

目睹的、耳闻的，人们议论纷纷：唱戏用的木刀咋个儿就会把一个人的头砍了下来呢？实在是不可思议！可这又实在是千真万确的事呀！真是一桩天下奇事，个中蹊跷谁也解释不清楚。议论的最终结果，人们都认为是戏班失信毁约，欺骗神灵，玉帝怪罪所致。就是说唱戏的遭了天谴！

被木头刀砍了头的演员，本是这家戏班的"台柱子"，他这一死，戏班文武场面的演职员也随之散伙逃离，各奔东西。戏班的老板为安恤死者家眷，只好变卖了戏班全部行头和财产。自己苦心经营了一辈子的家当，就这样一下子弄了个倾家荡产。

讲述者：　张玉录，男，59 岁，林州市任村镇盘阳村人，初中，农民

采录者：　申洪运，男，59 岁，林州市任村镇盘阳村人，大专，退休教师

采录时间：2011 年 4 月 18 日

采录地点：林州市任村镇盘阳村张玉录家中

选自：　　《盘阳草根录》

[1]　不圪节：不到一段落，不完整。圪节也作隔节，正好，告一段落。

[2]　晒台子：冷场。

[3]　急手下双：事情来得突然，弄得手忙脚乱没法处理。

[4]　愿戏：还愿唱的戏。

[5]　搁头里：在前边，跑前边。

松树庙的庙会，自从那一年唱戏出了如此变故后，就再也没有唱过戏。没有戏的庙会又持续了几年，最终悄然终止。（申洪运）

"安阳故事／传说卷"编委会在林州市任村镇盘阳村采访故事讲述者
张玉录（右二）（摄影：赵乾民）

57

离唱不说话

从前，有一人姓艾名唱，非常爱唱。不管做啥事，说啥话，都得唱，不唱不说话。

一天，艾唱和妻子在三岔路旁边浇地。艾唱搅辘轳打水，他妻子在地里改畦。这时路上走过来一位书生，要上东京去应考，不知道该走哪条路，到井台边问艾唱："喂！有劳大哥，往东京该走哪条路？"艾唱不理他。书生连问几声，不见回答，以为他是个哑巴，正要走开，艾唱的妻子听不惯了，忙解释道："你唱着问他吧！一唱他就告诉你了！"书生只好唱起来："走上前，施一躬，问大哥，哪条大路通东京？"艾唱一桶水正摇到井口边，一听见唱，立即停住了手，唱着回答："向东拐，往北行，那条大路通东京——"一时唱得高兴，忘记了自己正在打水，用手一比画，辘轳"扑啦啦"地一倒转，把艾唱和一桶水一齐拖入井中。

艾唱的妻子急忙跑到井台上，向井内问丈夫的伤情，急得书生也不知如何是好。

艾唱的妻子焦急地喊："你跌得怎么样？碰破了没有？"艾唱在井中不吭声。艾唱的妻子猛然想起丈夫的毛病，只好唱着问："井台上，我问一声，问丈夫，你磕得怎么样？"艾唱在井中唱着回答："你丈夫，我摔得可是不轻——"书生忙唱着问："怎么办？"艾唱唱着回答："摇辘轳，缠井绳，赶快把我绞出井。"

讲述者： 田金芳，男，63岁，内黄县张龙乡南羊坞村人，小学，农民

采录者： 田讯川，男，32岁，内黄县张龙乡南羊坞村人，大专，教师

采录时间： 1981年6月6日

采录地点： 内黄县张龙乡田达中学

选自： 《中国民间故事集成·河南内黄县卷》

附记

20世纪六七十年代，我在农村劳动。1972年，我们村出去搞副业，我随村里的运输队来到焦作市石料厂。我们靠人力拉架子车向市里建筑需要石料的工厂或机关单位运送片石、石子等石料。一天下来，累得很。几十个人睡在一个石洞里，久久不能静静地入睡，就想法子找趣，让见多识广的、年纪大一点的人讲故事。田金芳是我的同族谱的老哥，当时已经四十多岁，不甘于天天在农村修理地球，也参加了运输队。50年代初期，他当过集体农庄的会计，有文化，讲个笑话也有水平。一天夜里，我们在石料厂的窑洞里听他讲了这么一个故事。从此，《离唱不说话》的故事就存在了我的记忆中，后来进行了整理。（田讯川）

58

针尖对麦芒[1]

从前，有妯娌俩。嫂嫂叫针尖，弟媳叫麦芒。

这天晚上，村里唱大戏。针尖对麦芒说："弟妹，我去看戏哩，你去不去？"麦芒说："我想睡觉哩，你替我去吧。"

针尖心想，哼，叫我替她看戏，没恁便宜，也得叫她给我办个事儿。就对麦芒说："你要不去，就在家替我睡觉吧。"

针尖来到戏台下，突然后悔了：我咋能平白无故替她看戏，我偏不替。想罢，她扭过脸背对着舞台，捂住了耳朵。

麦芒在家也后悔了：叫我替她睡觉，别想！我偏不睡。

这样，针尖也没看成戏，麦芒也没睡成觉。

[1] 麦芒：麦穗上的芒。

讲述者： 李珍，男，46 岁，内黄县文化馆干部

采录者： 李国存，男，27 岁，内黄县文化馆职工

采录时间： 1983 年

采录地点： 内黄县文化馆

选自： 《中国民间故事集成·河南内黄县卷》

附记

　　我在内黄县文化馆工作期间，被分在农村文化组。李珍是我们农村文化组的负责人。好长一段时间，我负责收集整理民间故事。有一天，李珍到我办公室检查工作，见我在整理民间故事，就说："民间故事多着呢，我给你讲一个吧。"说着，就给我讲了《针尖对麦芒》。（李国存）

（三）断案故事

59

李知县断案

李知县坐在大堂上，把被告张有夫妇，原告王栓兄弟传上堂来，开始审问。王栓兄弟对李知县说，他们出外挣了一百两银子钱，回家养活老母，路途中在张有店里住宿，一夜间，放在布袋里的银子都不见了。店内旁的人没有，必定是他们偷了布袋里的银子。可是张有夫妇却不承认，说王栓兄弟根本没有带银子，是他们诬告别人。双方你一句，我一句，吵得不可开交。李知县听了双方的争论，眉头一皱，计上心来，他唤过两个衙役，耳语片刻，便下令，因双方闹堂，各罚苦力一趟，王栓兄弟二人抬鼓向南走二十里，张有夫妇二人抬鼓向北走二十里。

双方只好领命而去。王栓兄弟抬着鼓，心中愤愤不平，边走边说："张有夫妇真是缺德，我们挣了百两纹银，还未孝敬老母，倒先被他们偷走了，还说我们诬告他们，真是不讲理。"向北走的张有夫妇呢，老婆问张有："你到底拿他们的钱没有？叫咱吃这苦力。"张有忙说："抬吧，那银子在咱屋后的槐树下边埋着咧。"二人不再说话，默默地抬着鼓向前走。

双方都很快走完了二十里，回到大堂前。李知县端坐正堂，开堂审理此案。双方仍和开始一样，对答如故。李知县见此，喝道："开鼓！"只见几个衙役一齐上前，把两个大鼓分别打开了，原来鼓内各有一个衙役，一个说王栓兄弟在张有店内银两被盗是真，一个说张有夫妇偷了人家的纹银也是真，埋在屋后的老槐树下了。这都是他们亲耳听到的。

张有夫妇一看这场面，目瞪口呆，一下子跪在堂前，磕头求饶。李知县一向为官公正，岂能饶过罪人。他立刻下令，一面派人前往张有的店中挖出银子归还原主，一面把张有夫妇判了苦役。

从此，"李知县断案——鼓里明情"的俗语就流传下来了。

讲述者： 刘正学，男，65 岁，内黄县人，艺人
采录者： 聂延军，男，37 岁，河南清丰县人，大学，内黄县文联主席
采录时间： 1983 年 5 月 10 日
采录地点： 内黄县县文化馆
选自： 《中国民间故事集成·河南内黄县卷》

60

审枣树

传说，清朝时期，于建堂在相州任知县时，相州城南有个张李村，张李村有两家邻居，一个叫张弓，一个叫李木。张弓和李木因为一棵枣树，发生争吵，官司打到了县衙。

县官于建堂升堂问案，张弓抢先说道："老爷，他把粪坑挖到我的枣树旁边，臭粪熏得我家的枣树都不结枣了。请老爷做主，让他赔我的枣树！"李木反驳说："老爷！我的粪坑离他的枣树近，倒是不假。但是，绝不能怨我的粪坑熏得他的枣树不结枣了啊！您不知道，他家的枣树根还在我的粪坑里边扎着呢！按理说，我家的粪坑还养着他家的枣树咧！请老爷明断是非，不要冤枉了好人啊！"

于建堂听罢两个人的申诉，心里一琢磨，当下带领衙役与张弓、李木二人，一同到现场查看实情。

于建堂来到现场一看，二人所说，都是事实。为了断明此案，于建堂当即审问枣树说："枣树啊，枣树，你为啥不结枣，是不是被李家臭粪熏的？"

于建堂连问数遍，枣树一声不吭，于建堂怒声吼道："衙役们！用长棍将枣树头上重打四十！"衙役不敢怠慢，

立即动手，用长棍将枣树头上打了四十下。枣树上边的细小密枝，全被打掉了。

于建堂随即说道："此案暂时停断，以后再作审理。从今天起，张李两家，谁也不准再为枣树粪坑发生争吵，违犯的定要严惩！"说罢，带领衙役就回城去了。

到了第二年结枣的时节，于建堂又到现场查看，只见那棵枣树满枝挂满了红枣，当下即传张李听审。

于建堂怒斥张弓说："大胆刁民，明明是你的枣树得到李家的粪力，长成疯枝，才不结枣的，你反而诬告说是李家粪坑熏得你家的枣树不结枣了！去年，我令衙役把枣树上的疯枝打掉，今年才结出这么多的枣儿！张弓，你诬告近邻，该当何罪？"

张弓无理可辩，立即磕头认罪："请老爷饶恕，我再也不敢诬告别人了……"于建堂当场定案，张弓受到诬告罪的处罚。

讲述者： 侯德政，男，70多岁，安阳市北郊乡侯家庄人，私塾三年，农民

采录者： 冯新志，男，30岁，安阳市北郊乡侯家庄人，高中，农民

采录时间： 1986年9月

采录地点： 安阳市北郊乡侯家庄人

选自： 《安阳故事卷》

附记

1986年中秋节，我去侯德政老伯家，侯老先生热情款待，俺两个对酒当歌，谈古论今。他家有一棵大枣树，结的枣很多，个大味甜，他摘了一大盘子大红枣放到桌上让我品尝，果然不错，味道很好。我问他爱吃枣吗，他说："枣这东西，虽说是果树产品，但很有药理价值，能补气养血，保健身体，提起枣来，我能给你讲一段因枣断案的故事。"他这么一说，我心里高兴，他当场为我讲述了《审枣树》的故事，讲得既幽默，又风趣，听完后，我便记了下来。（冯新志）

冯新志搜集民间故事手稿（摄影：刘二安）

61

县官断案审椿树

　　从前，张家庄有个张有财，二十岁出头，爹妈生病先后离世。虽叫张有财，但因给双亲治病和安葬，欠了一屁股债。现在已是婚配年龄，而且也和本村的年轻寡妇桃花情投意合，怎奈手里没钱，一贫如洗，怎么娶得起媳妇？只好出外谋生，他乡求财。

　　转眼，五六年过去了，张有财带了几十两银子回来了，也算衣锦还乡吧。心想可把桃花娶过来。但转念又一想，我出去好几年了，桃花变心或嫁人了没有也不清楚，所以，他多了个心眼儿，要先去探探再作决定。

　　于是，等到了天黑，便向张家庄走去。先在村头的一棵大椿树下的杂草里把几十两银子藏起来，心想，如果她心没变，我再来取银子。

　　有财向桃花家走去，还好，路上没有碰到一个人。桃花家院墙不高，他翻墙到了院子里。看见屋里亮着灯，就在窗外听屋里的动静。听了一会儿，确定了屋里就桃花一个人，就在窗户上敲了三下。

　　"谁？"屋里传出桃花惊慌的声音。

　　"桃花，我，有财。"

桃花一听，喜出望外，打开屋门，把有财迎进了门。

几句寒暄过后，桃花问有财："还没吃饭吧？"有财说："没。"

桃花就到村子里的饭店买了一瓶好酒、几样好菜，两人同桌对饮，谈笑风生，互诉离别之苦和想念之情。

有财一看桃花对他的心一点没变，就把在村头大椿树下面藏银子的事告诉了她。俩人又拉了一会儿家常。桃花说，咱赶快去把银子拿回来吧，在那儿放着不安全。于是，俩人一块来到了村头大椿树下面，可左找右找就是不见了银子。这下桃花可火了，说："你没挣着钱就算了，也不用编这谎话骗我。"有财说："我真的没骗你，我真的是藏这里了。"桃花就是不信，说："藏这里为啥没有？"

两人就吵起来了，且越吵越凶，从晚上吵到了天亮，招来了村里好多人看热闹。

话说本县刚上任的县官，新官上任三把火，今天出来巡查，正好路过张家庄，看到好多人在围着看两个人吵架，就让手下把吵架的人带过来，一问究竟。有财和桃花一听县太爷驾到，连忙来到县太爷轿前跪下见过大老爷。县太爷就问二人："为啥在大街吵闹？伤风败俗，有失大雅。"有财就把他怎么穷困潦倒，外出谋生到他们二人吵架的来龙去脉讲了一遍。

县太爷听完问有财："你确定银子藏在村头大椿树下面了？"有财说："确定。"县官眉头一皱，计上心头。他带领大家来到了村头的大椿树下对手下说："既然银子是在大椿树底下丢的，那椿树一定知道谁拿走了银子，把椿树鞭打四十，问它谁拿走了银子？"话音刚落，两名手下手拿皮鞭，对椿树"噼里啪啦"一顿猛抽。

这可惊动了张家庄的全村百姓都来看县太爷断案审椿树。

一直打了一二十分钟，县太爷说："不用打了，椿树说话了。"他手指一个头戴白帽、腰系白围裙的饭店老板说："大胆歹徒，椿树说是你拿走了银子，还不赶快认罪，从实招来。"

饭店老板一听，早吓得魂不附体，颤抖如筛糠[1]，扑

[1] 筛糠：用筛子筛糠，来回摇晃。比喻身体发抖打颤。

通一下，跪倒在了县官面前，磕头如捣蒜。嘴里不停地说："大老爷饶命，我全部交代，银子是我拿的。"

饭店老板在县官手下的人看管下把银子拿来还给了有财。

有财和桃花连连给县官磕头，千恩万谢，嘴里不断地在说："谢谢青天大老爷。"

县太爷把饭店老板当众打了二十大板，鸣锣开道，扬长而去。

故事到此就应结束了，但看官一定会问，那椿树真的会说话吗？当然不会。聪明的县官听有财讲他进村没人看见，而桃花去买酒菜时，只有饭店老板知道。一个年轻寡妇，半夜买酒菜，一定是偷男人啦！出于好奇心，他一定会跟着桃花，想看个究竟。无意中听到了藏银子的事，就先回去把银子拿走了。县太爷的高明之处是在他没直接去抓人，而是导演了一场审椿树的闹剧。

只是苦了那棵无辜的老椿树，被打得皮开肉绽，小命不保啊！

讲述者： 纪进昌，男，63岁，林州市横水镇东赵村人，高中，退休职工

采录者： 房海林，男，68岁，林州市合涧镇石板沟村人，大专，退休职工

采录时间： 2021年1月

采录地点： 林州市紫云餐厅

附
记

林州市横水镇东赵村有几个年龄相仿的老人，有我（70岁）和纪阳生（70岁）、梁淮森（70岁）、纪全山（69岁）、纪进昌（64岁）等六七个人，因为是同代人，脾气趣味相投，隔多长时喔儿（隔一段时间）就要找个饭馆聚会一次，而且是轮流做东。2021年1月，大家又聚在一块儿，边吃边聊，无拘无束，海阔天空，你一个故事，他一个笑话，逗得大家哄堂大笑，前仰后合。轮到纪进昌了，他就给大家讲了这则《县官断案审椿树》的故事，引得所有人一阵笑声。接着大家继续听下一个人讲，一晚上，笑声不断，其乐融融。（房海林）

62

县大老爷断元宝

讲述者： 张志莲，殷都区大司空村人

采录者： 宋魁元，男，67 岁，殷都区大司空村人，小学，退休干部

采录时间： 2003 年 6 月

采录地点： 殷都区大司空村

选自： 《民间故事选》

三个小孩一起去拾粪，路上发现了一个大元宝。走在前边的那个小孩抢先捡到了，后边的两个小孩都说："见一面，分一半。"一个元宝没法分，就去找县大老爷。

县大老爷听了他们的各自理由后说："你们昨天夜里是咋着睡的呢？"

甲说："铺门扇，盖卧单，头底下枕着个半截砖。"

乙说："铺草垫，盖草垫，头底下枕着个半截砖。"

丙说："铺脊梁，盖胸膛，头底下枕着俩巴掌。"

县大老爷说："一个元宝既好分，又不好分。既然你仨相信本官，就由本官来断了，你们同意吗？"

三个小孩异口同声说："同意！"

县大老爷说："好，这就好断了。按你们三个所说，前边的两个或多或少、或好或歹都算是有些东西，而后边的小孩一无所有，怪可怜的，那就把这元宝断给他好了。"

县大老爷有言在先，前两个小孩也不敢再争了。

63

县
太
爷
难
判
家
产
案

很早以前有这样一个故事，在林县某村有一对夫妇，自年轻时生了个闺女后，久不开怀，直到老汉岁满花甲时，才又得了个儿子。不久，老汉的妻子得病去世，老汉也重病在身，临终前，族中亲友问他死后财产有何交代，他只挥笔写下了一段文字，便闭上了双眼。

老汉死后，族中长者便公布了老汉的遗书。谁知老汉的闺女和女婿看后，便带领儿女来搬迁老汉的财产，而老汉的族中主事者都拒不相让，说这是老汉的遗言，结果双方吵闹不休，争论不下，只好到县衙打官司。县太爷闻鼓忙登堂审案，他问清案由，忙令衙役将老汉的遗书传上，他拿起来一看，只见上面写着"六十老人生一子人言非是吾子也家产尽归女婿外人不得争夺"这么一段没有标点的文字。他百思不解其意，便问老汉的闺女和女婿凭什么占有财产。老汉的女婿忙说："吾岳父临终前，写下遗言，说'六十老人生一子，人言非是吾子也，家产尽归女婿，外人不得争夺'，白纸黑字，明明白白，可我岳父族人却阻拦于我，望老爷为小人做主。"县太爷一听后顿觉有理，怒问老汉的族人为何蛮不讲

理，进行阻拦。这时，老汉的族人中走出一位长者，上前答曰："老汉临终前，念儿子尚小，恐日后受人欺负，特将儿子托我等照管，并留下了财产归儿的字据，曰：'六十老人生一子，人言非，是吾子也，家产尽归，女婿外人不得争夺。'可老汉死后，他的闺女和女婿却来抢占财产，望老爷明断。"县太爷听后，觉得也很有理。到底谁是谁非呢？县太爷一时定夺不下，无法判决，只好借故退堂。

至今这起案还没有判清。

讲述者：　李吾书，男，40岁，林县任村乡豹台村人，中师，教师

采录者：　赵福生，男，22岁，林县任村乡任村人，大专，干部

采录时间：　1985年

采录地点：　林县

选自：　《林县民间故事集成》

附
记

最初听到这个故事，是20世纪70年代末。那时我在林县七中上高中，李吾书老师是我们班的语文老师。记得开学不久，李吾书老师给我们班上文言文课。他在台上讲得之乎者也，不亦乐乎，我们在台下听得一头雾水，生涩难解。以至同学们都私下议论，李吾书老师讲课水平不怎样。后来，这事不知怎的传到了学校领导那里，领导就让我们的班主任付巧燕老师专门儿给我们班开了一次会。付老师说，李老师中师毕业，语文功底深，教学水平也相当好，只是同学们初学文言文，还有些不适应。凡事都要有个过程，请同学们上课注意听讲。同时，付老师还专门与李吾书老师交流，针对我们班的情况，改进了讲课的方式，让我们慢慢融会贯通。果然李老师其后给我们上课时，不仅讲得很细，而且讲得很清晰。有时还结合课文，给我们穿插讲相关故事，《县太爷难判家产案》(原名《葫芦官判葫芦案》)的故事，就是他在讲学习文言文的重要性时讲给我们的。这个故事后来对我们班学生影响很大，直到多年以后，同学们说起这个故事都仍记忆犹新，并口口相传至今。1985年初夏，县文化局在全县开展民间文学"三套集成"的资料收集工作，我听说后，就又想起了这个故

事。于是，我利用一个星期天，专程跑到李吾书老师家拜访，请他再次详细进行了讲述。后来我把采访记录进行了整理，上报了县文化局。（赵福生）

64

县官巧断家产纠纷案

相传清道光年间，在县城东北有个叫小申庄的村，村里有一户姓申的家业较大的富户。主人跟前有两个儿子，长子叫申宗仁，次子叫申宗义。父亲在世时，弟兄妯娌和睦相处，共谋家业，人和家兴，令人钦佩。

在父母相继去世后，因分家产，弟兄妯娌互不相让，寸土必争，从大吵大闹到大动干戈，打得头破血流。经街坊、族长、老乡邻里多次调解，无效。

最后弟兄二人一齐到县衙明理告状，这个县令一向廉洁清正，体察民情，判断如神。大老爷一见状纸，知是家产纠纷一案，便说："本县凡家产争议均应退二堂审问。"大老爷退二堂之机，为让弟兄二人化干戈为玉帛，互让不争，和好如初，随笔写下启文一则："羊羔跪乳，乌鸦反哺，马不欺母，仁也；鹿得食而呼其群，义也；蜂见花而聚其众，礼也；蚂蚁塞穴而防雨，蜘蛛结网以求食，智也；雁非时而不至，鸡非时而不鸣，信也。飞禽走兽尚知仁、义、礼、智、信，何况人乎？你申宗仁仁而不仁，你申宗义义而不义，诗云：弟兄同胞一母生，父母遗产何须争？一番相见一番老，能得几时为弟兄？"

退到二堂后，官司尚未审问，县太爷便叫宗仁、宗义二人先观其文。弟兄二人看后感动得痛哭流涕相抱，二人齐喊："大老爷，这官司我们不再打了，家产也不争了，家也不分了。"退堂回家去了。

二人回家后，各做妯娌工作，要珍惜先人创业不易，应以和为贵，家和万事兴。从此后弟兄妯娌和好如初，齐心合力共谋家业，备受众人称赞。

讲述者： 靳明明，男，39 岁，安阳县人，本科，干部
采录者： 张俊山，男，51 岁，安阳市北郊东大姓村人，高小，退休干部
采录时间： 1989 年 8 月
采录地点： 文峰区大王村
选自： 《安阳县民间故事集》

65

张府台断案

安阳有句"舔屁股眼儿子溜沟子，下了雨儿钻丘子"的顺口溜，它虽俗得掉渣儿，但对那些溜须拍马之徒来说，倒是一针见血，入木三分。

这句顺口溜是咋来的呢？据说清末年间彰德府有个姓张的府台，从他处理一桩三个铜钱的纠纷案说起。

当时的府口街商贾铺店一家挨一家，且生意兴隆，开饭店的、卖小吃的集中在西端的丁字街口，招揽顾客的叫卖声此起彼伏，不绝于耳。

一天早上，一南乡的骑马人在一家饭铺前停下，下马后问掌柜的汤多少钱一碗，油条多少钱一根。掌柜的说汤一个铜钱一碗，油条一个铜钱一根。骑马人从口袋里掏出三个铜钱给了掌柜的，说要一碗汤、两根油条。掌柜的收下钱就给他盛了一碗汤，随后又送过去两根油条。骑马人接过汤和油条，就坐在饭铺前的小方凳上吃将起来。他吃完要走时，却被饭铺前一卖馍的拉住了。骑马人问他："你为何拦我？"卖馍的说他吃了饭没付钱，骑马人说："我是先付钱后吃饭的，不信你可问问您掌柜的。"掌柜的说："我只顾忙生意，也记不清谁是先付钱后吃饭的了。"

一个说付了钱当走，一个说没付钱当拦。两个争执了好久，也没争出个所以然来。虽被围得水泄不通，但并无人过问。

后来，骑马人说："我是去北乡讨账的，出来时身上只带了这三个钱，为了赶路，我确实是先付钱后吃饭的，你说我没付就算我没付，我把这马鞍子先押这儿，回来有钱了，我回 [1] 我这马鞍子，没钱，这马鞍子就算是抵饭钱了。"这时才有人插嘴说，他已说到这个份上，就让人家先走吧，卖馍的才算把他放了。

这场闹剧恰被身穿便服的张府台看得一清二楚，听得一句不漏。骑马人牵着马走后，他也走了。

当骑马人走到竹竿巷东口时，迎面来了个五十多岁的人，他拦住牵马人问道："小兄弟，你为何有马不骑呢？看你面带愁容、无精打采的样子，心中必定积压着一些烦恼和苦闷，我是个爱管闲事的，你可不可说与我听？倘若能解开这疙瘩，岂不是一件快事？"

牵马人虽然与他素不相识，但听他说话实在，问的在理，就把刚才发生的事儿一五一十地对他说了一遍。

"你感到冤枉不？"

"咋能不感到冤枉呢！"

"常言说'民不告官不究'，你何不到府衙告他？"

"老兄呀，我是个拙嘴笨腮 [2] 的乡下人，今天让我遇上这倒了八辈子霉的事，这口气我是难咽呀，唉……"

"兄弟放心，我给你说吧，我与那张府台从来不分彼此，他虽然刚上任不久，但我相信他会帮你打赢这场官司的。我不妨代你写个状纸，到他那儿告发他，你这不白之冤，自然就会大白于天下。"

"那好，劳驾您老兄了。"

牵马人接过状纸，施礼问道："老兄尊姓大名？"

"姓张名七。"

"老兄现居何处？"

"新里庄。"

牵马人谢过书状人就向府衙走去。他到府衙门前击鼓鸣冤，状纸往上一送，那位张府台二话没说，就把那饭铺

[1] 回：赎回。
[2] 拙嘴笨腮：指不会说话，话不成句。

掌柜的传来了。他指着牵马人问他："你可认识他？"

"回老爷的话，过去不曾认识，只是今儿个儿早上他到铺子里吃饭，小的方见过他一面。"

"他状告你收了他的饭钱，又扣押了他的马鞍子，有此事吗？"

"回大老爷的话，有。不过情况是这样，今儿个儿早上，人多事杂，我也记不清他是先付钱后吃饭、还是先吃饭后付钱的了。"

张府台把惊堂木"啪"地一拍，喝道："大堂之上你这小子还胆敢耍小聪明、装糊涂，妄图掩盖事实真相，由此看来你是不见棺材不落泪，不挨板子不知疼。来人呀，先赏他四十大板，治治他这口不照心、心不照口的毛病！"

掌柜的见势不妙，连连招手说："大……大人，先……先别打，先别打，且容小的再想想，再想想。"

张府台一挥手，站班的衙役回到了原位。不一会儿，掌柜的说："回大人，刚才小的是一时没想清，这会儿仔细一想，当时确实有个人是先付钱后吃饭的……"

"是他吗？"

"可能是。"

"可能是？不是可能吧？现有证人在大堂上作证，你再不老实交代，就别怪我这板子无情了。"

"回老爷，是他，是他，确实是他。"

"情知是他，你为何还说那含糊其词、模棱两可的话呢？"

"是卖馍的为我好，我不好意思把他露出来。是我想蒙混过去。我承认这过错，请大老爷恕罪！"

张府台又命衙役传来那卖馍的，卖馍的见府台大人与当班的衙役那么厉害，就如实交代说："这事儿都怪小的私心太重，是我常在掌柜的铺子旁卖馍，趁着人家的地盘，遇事不巴结掌柜的点儿咋着？再说，他是乡下人，就给他来了个有口难辩的招，扣下了他的马鞍子。小的屈说了人家，不但给他身上栽了赃，还敲了他的竹杠，叫他有口难辩。小的当着大老爷的面认错，向这位兄弟赔不是，请这位兄弟高抬贵手，宽恕小的这一回吧！"

张府台说："原告可以宽恕你，但法不可宽恕你！"

之后，他让两被告在口供上画了押。又说："掌柜的你是认打呀还是认罚？"

"认打怎么个打法？认罚怎么个罚法？"

"认打打你四十大板，认罚罚你去买四两黑糖。"

"小的愿认罚。"

"那好，你去买糖去吧。顺便把原告的马鞍子带来。"

掌柜的走后，张府台又问那卖馍的："你是认打呀，还是认罚？"

"认打怎么个打法？认罚怎么个罚法？"

"这场官司几乎造成人命大案，就是打你八十大板也算便宜了你。至于认罚么，罚你吃四两黑糖。"

"小的愿认罚。"

当掌柜的把糖和马鞍送来后，张府台指着牵马人说："你的马鞍物归原主，被告已向你当堂认错，还你清白。至于你一时受了些委屈，由本官让你看一场好戏！委屈自会烟消云散。"之后，他把惊堂木一拍，对掌柜的说："你把裤子褪下来，趴在这大堂之上。"又命衙役把糖撒在他腚沟上，对卖馍的说："你不是认吃糖吗？今天不是让你抓着吃，而是罚你溜着沟子舔着吃，啥时舔完了，啥时放你回去。"

卖馍的见衙役们个个如凶神恶煞一般，他也只好乖乖地爬下去溜着沟子舔了。可这掌柜的平时养尊处优，都说头份子话，如今趴在地上，屁股沟子里又放了糖，怎么也觉得不舒服。这时卖馍的又来舔腚沟子，不由得放了个响屁，把卖馍的崩出两丈外。张府台一看说："啊，你们还想以个屁赖掉惩罚呀。你给我继续舔。"卖馍的只好爬到掌柜的身边继续舔，可糖早被掌柜的一屁崩跑了，卖馍的就去舔掌柜的腚眼子。在他舔完之后，张府台说："二名被告听清，为人要走正道，以后可别做那些聪明反被聪明误、搬起石头砸自己脚的傻事了。今后如若重蹈覆辙，本官将严惩不贷。二被告听清了吗？"

二被告齐声说："小的听清了！"

张府台说："下去吧！"

他们走后，牵马人走近张府台感激不尽地说："老哥啊，不，张大人，我在这大堂之上认出您来了，您就是当今的包青天啊！您不仅为我这平头百姓申了冤出了气，也给彰德府黎民百姓送来了温暖，带来了福气。"话未说完，他就"扑通"一声跪在张府台面前，张府台一边扶他一边说："你这心意我领了。唐知县不是有句名言吗，当官不为民做主，不如回家卖红薯。黎民百姓是我们为官的衣食父母，不为他们伸张正义，又何以为官？"

牵马人说："在我即将离开大人您之前，有些心里话想说与大人您听，可以吗？"

张府台说："可以，可以。此案结了，也轻松多了，有话直说无妨。"

牵马人跪地施礼说："谢谢青天大老爷，谢谢您公平断案哪。"

张府台微笑道："你这小兄弟真是聪明，今日有缘，一家人不说两家话，以后就别'大人''大人'地相称了，就直接喊我大哥好了。"

牵马人谢过张府台骑马而去。

话分两头，再说那卖馍的。他在大堂上出丑后无脸回家，就六神无主地向荒郊野外走去。当他漫无边际地向前走着，天空中忽然乌云滚滚，电闪雷鸣，顷刻间便下起了倾盆大雨。他前不临村，后不临店，就仓皇地钻进了一个砖丘里。后来他虽然不卖馍了，但耳边常常听到"舔屁股眼儿子溜沟子，下了雨儿钻丘子"的顺口溜。从那以后，这句顺口溜就传得家喻户晓，尽人皆知。

采录者：　宋魁元，男，67 岁，殷都区大司空村人，小学，退休干部

采录时间：　2003 年 5 月

采录地点：　殷都区大司空村

选自：　《民间故事选》

66

连环命案

光绪年间奇案多，连环命案便是其中的一个。

有位教书先生，父母在世时，家里过着宽裕的时光，并且娶了媳妇成了家。后来，父母相继过世，家境日渐衰落。他从小上学读书，既不会种庄稼，也不会做生意。为了生计，他只好到四十里开外的一个村庄去教书。日子虽然过得清贫，但小两口恩恩爱爱还算快活。

时间如流水，日月似穿梭，转眼间五六年过去了，媳妇既没生男，又没养女。

一天下午，先生想起了回家。他深更半夜走近家，竟意外地发现自家临街的小窗上还透出一缕灯光。他走到房根下一听，又听到室内有男女谈笑之声，预料室内定有蹊跷。他没打草惊蛇贸然去敲家门，而是悄悄越过院墙，蹑手蹑脚地走到窗下，用指头蘸上唾沫，轻轻点破窗纸，斜眼朝里一看，哎呀呀，糟、糟、糟！

怎么个糟呢？只见一个素不相识的和尚坐在自家的炕沿上，一双色眯眯的眼睛盯着媳妇，媳妇两手不停地包着饺子。待饺子出锅，和尚又把媳妇抱在怀中，媳妇顺势坐在和尚的大腿上。和尚左手抱着她的臂膀，右手夹着饺子，

二人脸对脸，口对口，边吃边逗。随后便双双上炕，尚未将灯熄灭，二人就干起那难于言表的事体来。

先生看在眼里，气在心里，头尖冒火，七窍生烟，真是心欲碎，肺欲炸，恨不得立马将这双狗男女打成肉浆，剁成肉馅，一口把他们吞下。但他转念一想，却出了口长气：冰冻三尺，非一日之寒，既然他们已经热到这种境地，看来是为时已久，还不如暂缓一步，待有良策再解恨不迟。

先生回去后彻夜未眠，绞尽脑汁想点子。久而久之，他眼睛一亮，一个稳妥的方案在他的不断酝酿中形成了。

第二天傍晚，先生提着一块肉，掂着一捆葱回了家。媳妇见他回来，仍是满脸堆笑，如同往常。

先生说："久未回家，实在委屈了你，今晚陪你吃顿饺子，也算是一点补偿吧！"

媳妇说："夫妻之间，不用如此客套。你爱吃，我马上做。"

于是，剁肉的剁肉，剥葱的剥葱，不一会儿就把饺子包好，片刻工夫便出了锅。待媳妇把饺子递给先生时，先生顺手把媳妇抱在怀中，并要她坐在自己的大腿上。媳妇见他一反常态，不像往常那样斯文，就羞嗔道："你疯了，怪叫人……"可在此时，她已身不由己地坐到先生的大腿上。之后，先生又模仿那和尚的举动，要媳妇同他口对口吃饺子，并同和尚一样与她嬉戏。这时媳妇才意识到自己的不轨行为可能已被丈夫所察觉，但还是装出一副没有事的样子。

先生猛然将她推开，正色道："我今晚很开心，你怎么反倒装模作样地正经起来？难道我还不如那和尚顺乎情理吗？"

一石激起千层浪。她知道自己的丑事确实败露了，也就低头不语了。霎时，屋里无声无息，静得跟无人存在一样。

停了一会儿，媳妇沉不住气了，凄楚地说："既然你已抓住了我的把柄，知道了我的短处，我活在这尘世上也没脸见人了，活着还不如死了的好！"

先生按捺住心头的怒火，反转过来劝她说："你尽说些糊涂话！我说了句气话你何必这样认真！往后的日子还长着哩，你万万不可因为这件事而去走绝路！常言

道，一日夫妻百日恩，我疼不疼你、体贴不体贴你、是不是爱你，这些你是最清楚不过的，也无须我再多说。"缓缓气又说："既然你做出了对不住我的事，给我戴上了绿帽子，难道我还能不火、不气吗？！我想，只要你能改过自新，我们仍然是对好夫妻。为了这个，我并不打你、骂你，更不会绝情地休你。说一千，道一万，还不是为了你，为了咱这个家！为了咱们这个家，我完全可以原谅你，既往不咎，而你又何必去钻那死胡同呢？"接着又以缓和的口气说："为了防备那秃驴再来纠缠你，咱们总得想个办法吧？"

媳妇听了他这言语，慢慢地抬起头来，低声低气地说："有法吗？"

先生见她开口，便把想好的办法说出来："有，当然有！但关键全在于你了。"

媳妇转眼望着他，期待着他的下文。

先生说："为了堵住那秃驴的后路，又把往事掩盖住，我想让你做两件事，但不知你肯不肯配合。"

媳妇说："只要你能饶恕我，别说两件，就是二百件、两千件我都能应从，就是上刀山下火海……"

先生忙说："你要上刀山下火海，我还舍不得的！咱书归正传，一是要你把跟和尚的事从头到尾说个清楚、道个明白，特别是那些难于出口的事、难于启齿的话，说得越详尽越好；二是在适当的时候，想方设法把那秃驴引诱过来。"

媳妇说："第一件事我可以一五一十地说出来，可第二件事我是不能从命的，我不能一错再错了！"

先生说："这件事我曾考虑再三，我也理解你的心情。其实，这只是一个幌子，我是要他不知不觉地走向死路。"

媳妇说："既然这样，我就竹筒里倒豆子——一个不留地倒出来。"

先生说："好，好！你尽管说，说得越详细越好。"

媳妇说："我本是个良家女子，大家闺秀，从来也没想过勾引野男人，这些，我自不多说。至于那件事，开先，我觉得咱俩结婚多年，婚后既没生男，又没养女，对此，我常泪眼汪汪，觉得很是对不住你。我怕给你断了根苗，就常到村头尼姑庵里去烧香、磕头、求子。老尼姑看

我急着要孩子，也帮我烧香、祷告，也盼咱后继有人。接触多了，我们也就熟悉了，后来也就不分彼此了。有时老尼姑让我给她做伴，当时我觉得天晚了，也不敢一个人回家，就留在老尼姑的住处。"说到这儿，她掉下了眼泪。

先生说："说下去，这只是个开头。"

媳妇擦擦眼泪继续说："有一次，我与老尼姑睡在一个床上，睡梦中，我觉得身子猛然一沉，可我咋也翻不过身来。我睁眼一看，原来是个和尚，此时，生米已做成了熟饭，他已把我糟蹋了。当时，我又气又羞，说要把此事告诉你，叫你到官府里去告发他。可那和尚磕头如捣蒜，一再表白他摸错了人。老尼姑也在一旁帮腔说，这事儿你知、他知、我知，但天不知、地不知、你不知。这事儿让你知道了不如不让你知道的好，让你知道了事就大了，你会杀我、砍我、休我，不只是丢人现眼，你脸上更会无光。还说什么受屈人常在，妇道人家吃个哑巴亏也就罢了，何必再去惹祸。我当时想去寻死，他们一再阻拦，我欲死不能。结果，我就把这丑事压在心底，一再提心吊胆地瞒着你。后来老尼姑曾多次叫我去给她做伴，她说啥我也不敢再去了。"她说到此，先生递过半碗饺子汤，并追问："再后来呢？"

媳妇放下汤碗，说："再后来，老尼姑叫我到她的庵里，说有要事，我问她啥事，她说你到庵里就知道了。当我去了之后，先是聊了些闲话，后来她又把她与那和尚之间的苟且之事说了许多许多，还说了那和尚变着法让她欢快、惬意的事。我听她尽说这些，起身要走，可她硬是拦住我在那儿吃晚饭。吃过晚饭，我说天晚了，又要走，这时那个和尚正好一脚门里、一脚门外进来了。他见了我，一再说好话、赔不是，并发誓决不再干那伤天害理的事了。我不知他这是圈套，就相信了他。当我要回家时，老尼姑叫他来送我，我说不用他送，而他执意要送我。这样，他就送我来到咱的家。他知道你不在家，就死皮赖脸地纠缠我，跪下来求我再可怜他一次，说以后再也不来了。我怕他狗急跳墙伤害我，心一软，就有了第二次。此后，他听尼姑说你常不在家，便像老母猪拱着鲜土似的，隔三岔五便跳过院墙，拨开门闩摸进屋里，不做那事决不罢休。有

时老尼姑花言巧语骗我去与她做伴，人脚定了[1]，他就去了，无休止地纠缠我，也在尼姑庵里做过那事。这样一来，使我越陷越深不能自拔。时间长了，你也没有发现。现在我都与你说了，唉！都怨我心软、不争气呀。"

先生说："浪子回头金不换。你今天能向我吐露真情实况，说明你决意悔改，并与邪恶一刀两断。虽然你并没主动去勾引他，但是，这毕竟是件丑事，你也在其中，青砖见白泥还会透风哩，何况是这种肮脏事，一旦这风声传扬出去，岂不坏了你我的名声？为了掩人耳目，避免旁人在咱背后说三道四，戳指咱俩的脊梁骨，我想了个再好不过的主意，由你出面，定成。"

媳妇说："我如何出面？"

先生说："你把那秃驴引进来，像钓鱼一样，将他勾住，这叫引鱼上钩，然后再关起门来打狗。这样一来就会一箭双雕。"随后，他又附在媳妇的耳旁，如此这般、这般如此地交代一番，媳妇心领神会，点头依计而行。

第二天早饭后，趁着街上人多，她把先生送往村外，之后又拐进尼姑庵，并对老尼姑说："昨天晚上先生回来了，今早又出远门访友去了，我估计他将在外边停留好长一段时间，你一定要把这话传给他。"

老尼姑说："你是要我去约他？"

媳妇说："这还用说，不是为去约他，我何必给你说呢！"

老尼姑又问："什么时间？"

媳妇说："今天晚上，过期不候。"

老尼姑不敢怠慢，及时把话传给了那和尚。当天晚上，和尚就兴冲冲地来到先生的家。他推门进去，只见先生的媳妇伴着孤灯坐在炕沿上，脚蹬着煤火台愣神儿。她见他进来，却又气呼呼地背过脸去，好像跟他怄气一样，这时和尚贱筋出槽[2]，疯狂地扑上去，双脖子抱住她，又是亲又是舔。先生的媳妇双手把他推开，生气似的说："一边去，你少给我来这一套！"接着又嗔道："我问你，老尼姑好，还是我好？"

和尚嬉皮笑脸地说："当然是你好。"

媳妇说："我好？我好你咋光亲我的脸，而不亲我的舌头呢？老尼姑说你亲她的舌头，她可快活哩，你咋不叫俺也如此快活快活呢？！"

和尚说："这有啥大不了的，你吐出来，我一定——"

先生的媳妇吐出了舌头，和尚舔了舔说："有滋味，有滋味。"

先生的媳妇说："你也吐出来，也得叫俺品品滋味。"

和尚说："只要你喜欢，我就吐出来，让你品个足、品个够。"话一落音就把舌头吐了出来。

这时，先生的媳妇眯缝着双眼动情地问："你是真心实意爱我呀？还是真心实意爱那老尼姑？你要是爱那老尼姑，你就马上给我走开，要是爱我，以后就得依着我！"

和尚说："我当然爱你，你年轻漂亮，比那老壳篓[3]强一万倍。"

先生媳妇拱进他怀里说："既然喜欢我，那我们就好好地亲亲，我叫你快活足、快活够。"于是，和尚吐出了舌头。

先生的媳妇看都没有看就娇声娇气地说："哟，才吐了这丁点儿？难道稍长一点都舍不得，真是个吝啬鬼！哼，我不稀罕！"这时，和尚紧紧抱住她，像哄小孩儿似的说："这又不是上天摘星星，下海摸龙蛋，好，好，好，吐长点儿，吐长点儿，喏！"恨不得把舌根都吐出来。

随着和尚舌头的伸长，先生媳妇也尽量多噙住一些，并紧抱和尚。正当和尚想入非非之际，她猛然使劲，"咯吱"一声就把和尚的舌头咬下了大半截。和尚刚"啊"了前半个"啊"字，而后半个"啊"字再也没能"啊"出来。

先生在外早有准备，听到这一动静，就在外边一股劲地"啪啪"拍门。他们听到急促的拍门声，顿时乱了方寸。先生的媳妇惊恐万状地说："先生他回来了，先生他回来了！"和尚手脚无措，恨不得找个地缝儿钻进去。先生的媳妇也佯装慌了神，并惊吓他说："还不快躲避一下！他看到你，你还有命吗？"

[1] 人脚定了：夜深人静。
[2] 贱筋出槽：淫心大发。
[3] 老壳篓：老妇女，老身子，老壳子。

和尚一时出不了水[1]，更是心乱如麻。先生的媳妇见机行事，便将他推到门旮旯儿，又给他盖上个破包单，吓唬他说："别吱声！我去开门。"和尚从包单的裂缝中瞅见先生怒气冲冲，提着寒光逼人的利剑进来，趁他刚步入套间，他就慌不择路地捂着嘴逃窜了。

和尚逃跑后，先生说："快，快把那孽障的舌头给我，我要给它派个好用场。"他接过那截舌头，直奔尼姑庵而去。

先生越过尼姑庵的院墙，按他媳妇说的暗号，在尼姑窗下轻轻拍了三下手掌，老尼姑以为是和尚来幽会，就一丝不挂地出来开门。月光下，她看见先生怒目逼人，杀气腾腾，顿时毛骨悚然，吓得目瞪口呆。只听先生严厉地说："你这出家之人不好好地在尼姑庵里修身养性，反倒与那秃驴勾搭成奸，还丧心病狂地引诱别人下水。你玷污了这圣洁之地，人神共愤，天地难容，该当何罪？！"

老尼姑听他怒责自己的劣迹，犹如霹雳轰顶，又见利剑在面前舞动，便惊恐地"啊——"了一声。她这一"啊"，嘴巴正好张开，说时迟那时快，先生就将那截舌头塞进了她的嘴里，并以迅雷不及掩耳之势将剑刺入她的心窝，只听"扑通"一声，老尼姑的身子倒在门槛里。先生见她一命呜呼，掩上她的门，急忙翻墙而回。

先生回家之后对媳妇说："那截舌头我已给它放到了最好不过的地方，你尽管放心。为预防不测，我今晚还须赶回学校。我走后，你要把那血迹清除干净，把屋里屋外打扫一下，不要有响动，不要留下任何蛛丝马迹。有事改日再说。"说罢就匆匆地走了。

一宿无话。

第二天，正好是这个村庙会。当天，晴空万里，人如潮涌。日已三竿而不见庵门洞开。有一香客从门缝往里一瞧，院内静悄悄的毫无动静。有一好事者翻墙而过，先开了庵门，随后，善男信女先后进来，又见老尼姑的屋门还掩着未开。有个熟知老尼姑的香客去推她的屋门，她这一推，却吓得倒退三步。咋啦？只见老尼姑赤裸裸地躺在血泊中，惨状不堪目睹。

人命关天，惊动了县大老爷。县大老爷查看了现场，见是凶杀命案，又见老尼姑嘴里有半截舌头，就认定是情杀。他没说半句话，就打轿回府了。

庙会过后半个月的一天早上，大街小巷突然响起了打锣声，并听到打锣的差役喊道："全村青壮年男的注意听清，今天早饭后都要到大戏台前恭迎县大老爷来咱村巡视，不出来恭迎者要受到处罚！"一阵锣、一阵喊，一阵喊、一阵锣，震得全村山摇地动，鸡飞狗跳。

早饭后，青壮年男的陆陆续续赶到大戏台前，县大老爷正襟危坐在戏台上，衙役分列两旁，气势威严。众人未见过这般场面，感到又惊又奇。

戏台下井然有序，鸦雀无声。村首在台前喊："大家向前聚一聚，向前聚一聚！"人们就集中在台前。县大老爷问村首："人到齐了吗？"

村首回答："到齐了。"

县大老爷欠欠身子向台下说："本官有幸来到咱们这个庄上，一是来看望乡亲，二是挑选一个能说会道的人到县衙当差。对此，你们欢迎不欢迎？"

台下一片掌声，齐声说："欢迎，欢迎！"

他又说："欢迎就好，我要把挑选的办法告诉大家。首先要求大家排成队，然后再挨个到台前自报姓名、年龄，本官要逐个目测。本官目测后，就可以从出口走出去自行其便了。"又问台下："听清楚了吗？"

台下齐声回答："听清楚了！"

他又宣布："现在开始！"

当人们快要走完时，只见那和尚捂着嘴只"唔唔"而报不出自己的姓名、年龄，又发现他衣领上有尚未洗净的血迹，就问他："你是哑巴吗？"和尚摇摇头。这时县大老爷拍案而起，声色俱厉地喝道："给我把这秃驴拿下！"如狼似虎的衙役一拥而上，把和尚捆了个结实，随即押送县衙，打入囚牢。

第二天辰时和尚登堂受审，县大老爷让他老实交代犯罪事实。和尚用文字陈述："罪人与尼姑是有奸情，且由来已久，罪人供认不讳，但不曾杀害尼姑。"

县大老爷看后，怒气冲冲地说："你这刁和尚，胆敢在大堂之上避重就轻，不让你尝尝皮肉之苦，你未必招

[1] 出不了水：脱不开身。

供！”他把惊堂木一拍，说道：“给我打，看他招与不招？！”衙役们棍棒交加，不一会儿就打得和尚皮开肉绽、死去活来。和尚受刑不过，只得招供。县大老爷命他写出供词，签字画押，就把他打入死牢。此后，县大老爷以通奸罪、强奸罪、杀人罪判处和尚死刑，不久就把他斩首示众了。

县大老爷为何要这样做呢？据他推断：和尚此次到尼姑庵欲行不轨，尼姑这次执意不从，和尚要强行下手，尼姑软弱无力，于是便佯装屈从，借接触之机咬下了和尚的舌头。和尚疼痛难忍，恼羞成怒，一怒之下将尼姑捅死。其实这是先生巧做安排，借县大老爷之手杀死了他。

尼姑、和尚死后，先生的媳妇解除了后顾之忧，压在心头的千斤重石才算落了地。先生为抚平媳妇的心理创伤，也较前回家勤快了，且从不提及媳妇的过错。

又过了一段时间，村里又是一年一度的庙会。在庙会即将来临之际，先生提前购来款待亲友的东西，并于先天买来一个大缸放在后院，又担了大半缸水，随后又买来几条鱼放进水缸里。

庙会那天，先生两口子忙忙碌碌。近午，亲友来齐了，饭菜已全部备好。当亲友热热闹闹刚一坐下，饭菜就端到桌上。在亲友们吃喝兴头上，先生当众对媳妇说：“你快去把那些鱼捞出来，我好动手做。”媳妇走后，他又对亲友们说：“你们只知我会教书，殊不知我还能做一手好菜。昨天买来几条活鱼，待会儿做出来让大家品尝一下鱼的味道。”

缸大、水深、鱼活，她捞了半天也没捞出个鱼尾巴。这时，先生又当着众亲友的面焦急地说：“这么久了，一不见鱼，二不见人，真叫我没面子。你们继续吃，我到后边去看看。”说罢就向后院走去。

他一走出后门，只见媳妇半截身子弯在缸里，两手还不停地乱抓乱摸。他看身后无人，就悄悄走到她身后，冷不防将她的双脚猛地向上一掀。媳妇失控，头全浸在水中。不一会儿，就神不知鬼不觉地溺死了。他觉得媳妇确死无疑，就大呼小叫起来：“不好了！出事了！”虽经一番掩人耳目的抢救，但谁也没能把她从阎罗殿里拉回来。

先生一把鼻涕一把泪，呼天号地，当着亲友们的面悔恨交加地说：“要知出这意外之事，就是不让你们吃鱼也不能让她这样走啊！”

亲友们见他悲痛欲绝，都安慰他说：“人已经死了，说啥也不顶用了，能好生打发她就是了！”先生把他们蒙在鼓里，他们更不怀疑先生会下此毒手。停丧三天，就把她殡葬了。

教书先生巧设计谋，一环套一环，环环相扣，一连害死三条人命，从始至终未曾露出蛛丝马迹，最终老死在教书任上。

这个故事又是如何传出来的呢？据说，在教书先生死后，弟子们在清理他的遗物时，发现了他当时的一些笔录，历经多方考证，便把他这三连环的妙计一一勾画出来了。

采录者：　宋魁元，男，53岁，铁西区大司空村人，
　　　　　小学，干部
采录时间：1989年12月
采录地点：铁西区大司空村
选自：　　《民间故事选》

附记

这个故事是1950年冬的一天晚上，一个叫胡二喜的二舅讲给我听的。那时我13岁，在脑海里记了39年。1989年12月31日完成初稿，1999年11月又进行整理。（宋魁元）

67

朱灰只行劫

西南岭东端有个由顶岗，由顶岗上有一条南北大道，大道路西有一座坐西朝东的山神庙，山神庙坐落在魏家营之南，二十里铺之北，庙南坡陡，庙北坡缓，此坡素有"南三里北五里"之称。

传说，当时魏家营有个叫朱灰只的人，此人从小娇生惯养，长大后游手好闲，好吃懒做，他不但在村上偷鸡摸狗，而且还常到由顶岗上行劫。

当年夏天的一天中午，天气特别炎热，由顶岗上的行人也特别稀少，朱灰只遇上这么好的作案机会，便去了由顶岗。

当他刚走到岗顶上，就见一个穿着讲究的人慌慌张张地从北而来，腰间还缠着一个鼓鼓囊囊的布袋，他以为此人必定是个有钱的主儿，迎上去一刀就把那人给捅死了。他解下被害人腰间的布袋朝下一抖，顿时傻了眼，倒出来的不是金钱，也不是什么贵重的东西，而是一辫子三分不值二分的大蒜。对此，他懊悔不迭，但为时已晚，而且越想越觉得后怕。他忐忑不安地看四周无人，便向山神庙走去。他迈进庙门槛，回头朝后一看，见身后连个人影都没

有，他才长长地出了一口气。他觉得自己虽然杀了人，但神不知鬼不觉，命案难破，于是便在墙壁上写下了一首诗：我错你也错，因蒜把你杀；要想破此案，除非马有角。写毕，便将带有血迹的短刀扔到神像后边逃跑了。案发没几天，安阳县的县大老爷坐着一顶小轿，带着一帮随从到城南乡下巡查民情，当他们过了魏家营，由于天气太热，县大老爷想乘会儿凉，就命抬轿的把轿停到山神庙的院里。

他下了轿又想到大殿里看看，见门虚掩着，抬手推开门扇，脚刚迈过门槛，门头上的蜘蛛网突然落了下来，蜘蛛网上的灰尘落了他一身。他停下脚步，一边擦脸一边掸衣服上的灰尘，无意中发现了墙壁上有一首诗，细看，笔迹还为时不久。他从诗的末句推断，这是一桩十分难破的命案，按迷信的说法，案犯一定与蜘蛛网上的灰尘有关。经勘查，又在神像后面发现了一把带有血迹的短刀，刀柄上似乎有几个模模糊糊的字，于是他命一随从传来魏家营的村长。经询问得知，不久前曾在由顶岗上发生过一起命案，被害人系男性，穿着讲究，尚未闭上双眼，尸体旁有一摊血和一辫子大蒜。由于多时无人认领，尸体已经开始腐烂发臭，于是村长就派了几个壮汉把尸体掩埋在山神庙后了。

县大老爷问他："你们村有姓朱的吗？"

村长说："有。"

县大老爷脱口说："巧！"又问："他叫什么名字？"

村长回答说："朱灰只。"

县大老爷"啊"了一声，自言自语地说："莫非此来会是这么巧？"之后又命一身穿便服的衙役传来了朱灰只。

朱灰只恐慌不安地来到了山神庙，县大老爷问他："你就叫朱灰只吗？"

朱灰只本想捏造个假名，但见村长也在场，只好回答说："是。"

县大老爷见他鸡毛扇子眼[1]一扑闪一扑闪的，又问他："这墙壁上的诗是你写的吗？"他心惊胆战地脱口说："是。"随即又改口说："不是。"

县大老爷见他前言不照后语，更为可疑，说："你说

---

[1] 鸡毛扇子眼：眼皮不停地翕动。

不是就不是。可你知道这诗是谁写的吗？"

朱灰只摇摇头说："不知道。"

县大老爷见他在躲闪，就命随从人员把文房四宝摆放在供桌上，说："朱灰只，你就照墙壁上的诗写写吧！"

朱灰只见一大帮人都在瞪着眼睛看着他，又怕官方抓到他的小辫子，只好胡写乱画一通，而后呈了上去。

县大老爷看过之后说："你这笔迹虽然较墙壁上的笔迹有些潦草凌乱，但仍像出自你朱灰只之手。"突然又问他："你的短刀呢？"

朱灰只说："短刀，什么短刀？"

县大老爷说："嗯，短刀。"

朱灰只说："我哪有短刀？"

县大老爷说："你真的没有吗？"

朱灰只说："我曾经有过一把，但早已丢失了。"

县大老爷让随从把那把短刀在他面前晃了晃，又问："认识吗？"朱灰只低下了头。县大老爷说："诗的末一句真是被你言中了，但你不知本官姓马名有角，你说这事儿蹊跷不蹊跷？出乎你的预料吧？朱灰只，你是杀人凶手确凿无疑，还不老实交代？"

朱灰只知道这首诗砸了锅，露了马脚，就如实作了交代，县大老爷让他在口供上画了押，并押他进了大狱。

讲述者： 赵培育，男，龙安区马投涧乡王二岗村人，农民

采录者： 宋魁元，男，72岁，殷都区大司空村人，小学，退休干部

采录时间： 2008年夏

采录地点： 殷都区大司空村

选自： 《民间故事选》

68

老夫少妻的故事

安阳城东有个程村，村里从前有个叫贾清的穷老头儿，都快六十岁了，还没找上个老婆。谁要他呀，穷得两手拍巴掌[1]，人老得瞧上去有八十多。

这一天，他发了横财，挖了一大堆金元宝。他买了房子买了地，还娶了个十八岁的大闺女。这大闺女还真给他生了个胖小子。贾清整天捻着白胡子笑。

这一年，发了场大水，啥都淹得鳖蛋精光。他们只好去讨饭。半路遇见个叫张堂的小青年，也是去要饭的，一喷[2]，都是三里五村的人，谁都知道谁。贾老头儿想借借他的气力，帮他挑东西；张堂是瞧中了他的年轻老婆。一说，当下就合到了一块儿，一起去逃荒要饭。

逃一天的荒、要一天的饭，那真使得慌[3]。遇个破庙、草庵什么的，贾老头儿就像一摊稀泥，动都不想动。那一男一女就坐在月亮地里喷闲话儿，一喷就喷到三更半夜。

[1]　拍巴掌：除两手外，什么也没有。

[2]　喷：说闲话。

[3]　使得慌：累得很。

不几天，两人喷着喷着就往黑旮旯里钻，贾老头儿叫都不回来。

这种事，说也说不清、道也道不明、撵也撵不走，贾老头儿发一回脾气，俩人就当着他的面儿近乎，近乎罢了，还逼着贾老头儿写休书，贾老头儿可不干，就把他俩告到公堂上。

俩小青年捏好了套儿，到公堂上不管咋问，都一口咬定他俩是对小夫妻，贾老头儿是后丈母爹。仨人就有俩人口供一样，胖小子还说不清话儿，县官也没有办法。

这一天，公堂上县官拿出一个梨，对胖小子说："给你爹吃。"

胖小子把梨给了贾老头儿，贾老头儿抱着胖小子狠哭起来。

县官把张堂囚禁起来，叫他们一家上路。

这女人就一头碰死在公堂上了。

讲述者：　李凤仙，女，75 岁，安阳县人，私塾一年，农民

采录者：　王志康，男，76 岁，安阳县人，私塾五年，中医

采录时间：　1980 年
采录地点：　安阳县豫剧团家属院
选自：　　《狐狸坟传奇》

69

糊涂清官

离县城四十五里有个村庄，名叫李庄。李庄西头，有个老汉。李老汉年过半百，乏子无后，只养了两个如花似玉的闺女。大闺女已经出嫁，二闺女也正待出阁。

这一年，老天大旱，路冒青烟。为求雨村里请来了大剧团。那时候唱戏，与现在不同，分大小场子。男人在大场子里，女人在小场子里。男女有别，互不干涉。李老汉在家看门，二女儿秀凤和李大娘前去看戏。这一天，唱的是《辕门斩子》。李大娘边看边和女儿说着话："凤，你看，待一会儿就把宗保斩了。"

秀凤说："多好的一个小伙子，斩了多可惜。"李大娘说："那是唱戏，哪能真斩？"

她们娘俩儿正在说话，却被刘二混听到了。刘二混是个啥人儿？他是一个啥事都干，就是不干人事儿的人。这一天，他提着个画眉笼子，不看戏，围着小场子转圈儿。听到她娘俩儿的话，他就起了坏主意。

散戏后，刘二混跟踪了她娘俩儿。到了后半夜，刘二混像夜游神一样来到李家。他直奔闺房，敲着门，低声喊着："开门，开门！"秀凤问道："你是何人？为啥半

夜三更来叫门？"刘二混说："我是唱戏的小宝，快开门吧。"秀凤说："你是小宝也不开。如果你有意，就请媒人来提亲。"

刘二混见叫不开，就从怀里拔出腰刀，悄悄地把门子拨开了。

第二天，大女儿和女婿也来看戏。夜里没走，就住在秀凤的闺房里。刘二混占了便宜，今夜又来，想不到秀凤挪出闺房。他来到床前，用手一摸，见两个人头，不由大怒："好啊，你结识了我，又敢勾引别人，我岂能容你！"刘二混举起腰刀，结果了二人性命，可惜大女儿夫妻二人，正在睡梦中，却做了鬼魂。

天明后，李大娘起床做早饭，不见他们起，知道年轻人看了夜戏，缺睡眠时间，也就没有在意。等做好了早饭，仍不见他们起床，就过来叫门。连叫三声，不见回音，用手一推，门开了，当她看到两具尸体时，吓得她浑身打战，惨叫一声，昏倒在地。

李老汉正在打扫院子，听到喊声，连忙跑来。见二人被害，吃惊不小。他连忙唤醒妻子，就去县城报案了。

县官不敢怠慢，随即打轿而来。验尸后，县大老爷问道："以前，这屋里住着何人？"李老汉回答道："这是我二女儿的闺房，昨天大女儿看过戏后，他们没走，就住在了这里。"县官听了，点头道："哦！这就对了，去把你二女儿叫来。"

秀凤来后，县官问道："你在这屋居住，可曾与人来往？"秀凤哭而不答。李大娘劝说道："秀凤啊，事到如今，有啥你就直说吧！"听了劝说，秀凤抽泣着说："前天夜里，唱戏的那个小宝曾经来过。"

县官听了，就对衙役说："我就知道，唱戏的人，没有一个好东西。去，给我把小宝绑了，带到县衙！"

待县令回到县城，捕快们也把小宝带来了。于是，立刻升堂。

一声堂威过，县官一拍惊堂木，问道："我说小宝，你可知罪？"

小宝是个戏子，走南闯北，见过大世面。面对县令，面不改色心不跳，见县令问他，连忙回道："小民以唱戏为生，一向安分守己，不知身犯何罪。"

县令道："不动大刑，量你不招，给我打。"

一声令下，衙役们个个如狼似虎，举杖便打。直打得小宝哭爹喊娘，皮开肉绽，就是不招。县官无奈，只得把他暂押县衙。县官又把秀凤提来，问道："你说小宝强奸你了，可有证据？"秀凤道："他的背上有核桃大的瘊子。"县官听后，差人去验看。验过后，令县官大失所望。小宝的背上，光溜溜的，哪有瘊子的影子！

县官闷闷不乐，在大堂上来回走动。一怒之下，对衙役们吼道："你们都给我出去，把那长瘊子的给我带来。"

衙役们正想出去溜达溜达，听了此话，正合心意，都退了出去。

回头咱再说刘二混。刘二混杀人后，认为人不知鬼不晓，仍然逍遥自在，到处乱逛，这一日，他又手提画眉，来在台下。刘二混的画眉不同一般。这画眉不仅个大，叫得好听，而且还会出笼进笼。那画眉从笼中飞出，落在刘二混的手上，又从手上飞到他的头顶，喳喳叫个不停。围观的人们，不住地为它喝彩。这画眉正叫得起劲儿，也不知看到什么，一声尖叫，飞到一棵杨树的尖儿上。不管刘二混咋叫，也不下来。刘二混爱鸟如命，怎肯叫它飞了。二话没说，脱去衣服，爬树而上。

他这一脱衣服不打紧，却被捕快张三发现了背上的瘊子。张三喊来李四，二人一嘀咕，就把刘二混绑了。

县令听说带来了长瘊子的人，连忙升堂审问。刘二混知道事情败露，怕用大刑，如实招了。

破了杀人大案，县官高兴得手舞足蹈。他差人把小宝、秀凤叫来，自作主张，叫他们配了夫妻。

讲述者：　尹秀荣，内黄县人
采录者：　陈国希，男，37岁，内黄县田氏乡杨庄村人，高中，农民
采录时间：1990年3月21日
采录地点：内黄县田氏乡杨庄村
选自：　　《中国民间故事全书·河南内黄卷》

70

聪明人与老实人

在很久以前，聪明人和老实人住在同一个村子里。聪明人机灵，老实人有什么事爱找聪明人出主意。老实人待人忠厚，聪明人有什么活，爱找老实人帮忙。一来二去，两个人成了一对儿好朋友。

话说这一天，老实人在地里锄地，发现了一锭金子。他不知道怎么处理才好，就去找聪明人商量。聪明人眨了眨他那小眼睛，说道："外财不富命穷人。依我看，这金子动不得。你不如将它埋在原处，等以后有了什么大事，再把它刨出来用。"老实人一听，聪明人的主意不错，就这样办了。

常言说：天有不测风云，人有旦夕祸福。事过不久，老实人的母亲病了，卧床不起，无钱医治。无可奈何，只好去刨金子了。谁知道那锭金子不翼而飞。老实人想来想去，就想到了聪明人。

聪明人反咬一口，硬说老实人早已把金子偷去，反来诈他。说着说着，两个人就扭打起来。乡亲们闻讯赶来，又不能分清是非，就把他们送往县衙，让县大老爷明断。

县大老爷听完他们的陈述，微微一笑说："好了，老爷我明白了，我已经知道是谁把金子偷走了。"

聪明人一听此话，心里不由打了个寒战。但他马上又镇静下来，心想："我那事神不知鬼不觉，即使你有天大的本事，也难断明这场官司。"县大老爷对看热闹的众人说："乡亲们，听说你们村里有棵老槐树，成了仙，很受人们的崇拜。我在断这个案子时，也很想利用它，让大家开开眼界。明天，我要亲自去你们村，通过审问老槐仙，来断明这个案子。"

第二天，县太爷搭轿而来。十里八乡的乡亲们，一听说要审老槐仙，也都来看热闹。摆好香案，祭奠已毕，县大老爷开始问案了。他一拍惊堂木道："老槐仙啊老槐仙！关于聪明人与老实人一案，老爷我要求你帮忙。你要有一说一，有二说二，不要欺软怕硬，陷害好人。我来问你，那锭金子是何人偷去，你要当众讲来。"

"讲！"衙役们手持大杖，喊声震耳。

"我说，我说，"老槐仙真的有灵，开口讲话了，"你问金子之事吗？实不相瞒，金子是老实人偷去了。"

众人一听，连连替老实人叫苦。聪明人洋洋得意，老实人大呼冤枉，连忙跪在县大老爷面前叩头，声泪俱下，要青天大老爷明断。

县大老爷绕树转了两圈儿，勃然大怒，吼道："老槐仙呀，唉咳老槐仙！我实指望你能帮我断案，谁知你竟帮着聪明人，欺负老实人，我岂能容你！来呀！给我把这老槐树腰断三节！"

衙役们个个摩拳擦掌，刚要上前劈树，老槐仙又发话啦："我该死，我该死！我说实话，金子是聪明人偷去了。"

"你……"聪明人气急败坏地说，"你怎么胡说八道！"

"儿啊！"老槐仙说，"事到如今，我可顾不得你啦。"说着，老槐仙竟爬出树，人们一看，这哪里是什么槐仙，分明是聪明人的父亲。

县大老爷"哈哈"大笑，高兴地说："乡亲们，你们都看清了吧！天下本来是没有神的，神仙原来是聪明人用来欺骗老实人的鬼把戏。从今以后，我们都不要再信它了。"

讲述者： 刘平得，男，42 岁，内黄县田氏乡杨庄
村人，初中，农民

采录者： 陈国希，男，37 岁，内黄县田氏乡杨庄
村人，高中，农民

采录时间： 1990 年 3 月 21 日

采录地点： 内黄县田氏乡杨庄村

选自： 《中国民间故事集成·河南内黄县卷》

71

稀奇事儿稀奇断

有个姓康的书生，他娶了个媳妇，三年都没进过媳妇的屋门，媳妇熬不住，把他告到衙门。县官升堂，她对县官说：

奴婢本姓申，
家住杏花村。
康郎娶奴三年整，
至今未挨奴家身。

县官把书生带到公堂，书生说：

学生本姓康，
家住康家庄。
白天下地夜读书，
哪有闲空去同房。

县官一听有理，就把媒人叫过来问，媒人说：

媒人本姓常，

经常当红娘。

只管牵线订终身，

不管同房不同房。

县官见都说得有理，只好说：

县官本姓靳，

手抱皇家印。

天下啥事都敢管，

就是这事不能问。

讲述者： 刘金玉，男，45 岁，高中，安阳县水冶
镇人

采录者： 李梦夫，男，49 岁，文峰区东关集市街人，
高中，工人

采录时间： 1989 年元月

采录地点： 安阳市东大街

选自： 《狐狸坟传奇》

72

巧断砖头案

　　林县城北一个村子里，住着一户姓李的人家，家中只有母子二人。母亲五十岁了，命苦得很，三十岁时生了一个儿子，取名李盼喜，盼喜还没有满月，他爹进山砍柴，一去没回来。她带上干粮，怀抱盼喜进山去找，一连几天，边走边喊，始终没有听到盼喜他爹的回声，也没看到她男人的尸骨。一天黄昏，在一条崎岖的山路上，隐隐约约看到了几处血迹，她忘记了回家，沿着那山路向深山寻去，然而，路的尽头却是一条万丈绝壁。回到家，她守着儿子只是哭，哭得双目失明。瞎寡妇熬儿，吃尽了苦头，熬了二十年，盼喜长大了，尽管日子过得仍然苦，但儿子十分孝顺，瞎老婆子的脸上倒也常常挂着笑容。母亲五十岁生日就要到了，盼喜寻思着去挣几个银钱，打些礼品，请来本家的长辈坐上一阵，为母亲的五十大寿好好庆祝一番，尽尽孝心。盼喜倒也有心计，他到外地赊回一担砂锅，想到十月初一林县城里庙会时，挑进城，贩出手，给娘祝寿的钱儿也就进兜儿了。

　　十月初一的一大早，李盼喜就挑上砂锅进城去了。常言说：快财不扶命穷人。也真是，盼喜脚步生风地走着，

就要进城门了，不料一不小心，脚下碰上半块砖头，一个跟跄没稳住，连人带锅跌倒在路上。人倒没坏事，可砂锅全摔碎了。盼喜爬起来，手捧着碎锅片，伤心极了，盘脚坐在路中央，嚎啕大哭。李盼喜边哭边诉说着自己的不幸家世和事情的缘由，引得看热闹的人围了一圈又一圈，有同情的，有讥讽的，不知是谁冒了一句："全怪那砖头，到县衙告它去。"李盼喜愣头愣脑竟也听了进去，不哭了，从地上起来，用衣袖抹了一把眼泪，跨进城北门，向县衙跑去，撞着衙役，闯进公堂，跪在地上，向县太爷告起那半块砖头来。县太爷听李盼喜哭诉了事情的前后经过以及家庭境况，感到十分为难，心想：走路摔跤不稀奇，断你无理也亏你，断你有理更亏你，摔破的砂锅谁赔呢。那知县拍着脑袋，左思右想好一阵，也没想出个好的处理办法，只好命衙役把盼喜轰出堂去。可李盼喜爬跪在地上，死活不走。那知县急得就像热锅上的蚂蚁，绕着案桌转来转去，对李盼喜奈何不得。忽然有人传报说，知府徐大人有事问话，那知县顿时眉头舒展，计上心来。原来，彰德府的徐大人近日正在林县衙内巡视，那知县心想，何不推给他去断，好看个热闹。

知县把知府徐大人请到公堂，让上正座，自己坐在案桌的一头，叙述了李盼喜被半截砖头绊倒、砂锅摔破的事情缘由和他的家庭状况。知府徐大人一边听着，一边把惊堂木在两只手里不停地拨弄着，两眼还不停地打量着李盼喜。知县的话音刚落，知府徐大人把手里的惊堂木像下棋将军一般"啪"地打在公堂的案桌上，目光从盼喜身上移到了两旁站着的衙役，说道："众衙役听令，让下跪的带路，去把那半块砖头，用木枷铐住带来。沿途告示百姓，本知府审断砖头，众人可以买票听堂。"衙役们到了李盼喜跌倒的地方，用木枷铐住那半块砖头，俩衙役用杠子抬住，向衙内走来。赶会的人感到好奇，围追着观看，当得知知府大人要审断砖头，并准许百姓买票听审，许多人便争着买票，想进去看个究竟。半截砖头被抬进公堂，听审的人在公堂内外已站得水泄不通，人声嘈嘈，热闹非凡，知县帮衙役维持秩序，公堂仍不能安静下来。知府徐大人把惊堂木在案桌上轻轻地一击，站了起来，用目光扫射着众人，脸上显出一丝难于掩饰的微笑。说来也怪，连那知

县的脸上也显出惊讶，徐大人那一击、一站、一看、一笑，公堂内外顿时变得鸦雀无声。徐大人朝李盼喜说道："盼喜，审断开始，你把事情经过向众人讲来。"盼喜又从头到尾把事情的经过说了一遍。徐大人接着又问道："盼喜，你可还有什么要说？"李盼喜哭丧着脸答道："俺进城挑着锅，跌倒不怨我，砖头绊了脚，要它赔我锅。"知府徐大人笑了笑说道："盼喜呀，你挑锅行走不当心，跌倒要了锅的命，倘若破锅能说话，它会向你讨罪名。"李盼喜听着，垂下了头。徐大人接着说道："今日你把砖头告，你的理由不充分，砖头绊了你，你踩砖头痛，倘若砖头有张嘴，它会说它受了惊，本官当着众人面，把这案子断公正，你和砖头都不怨，众说公平不公平？"在场的人一听知府大人说得在理，齐声高呼："徐大人说得在理！徐知府断得公平！"李盼喜一听，急红了脸。徐大人接着说道："众人把堂听，都说断得公，大家心地善，助我把案断。"说罢，让一个衙役把刚才卖票收的纹银取来，接过手，走到李盼喜的面前，扶他起来，说道："念你一片孝心，送你十两纹银，回给老娘做寿，往后做事小心。"李盼喜接过银子，感激得直流热泪，赶忙跪在地上，一个劲儿地磕头谢恩。在场的人个个称是，知县也羞红着脸，伸出大拇指，连连夸赞："知府大人断案高明，高明！"知府徐大人走到案桌后面，朝众人大声说道："砖头案审断完毕，退堂！"听堂的赶集人有说有笑地散去了。

李盼喜再一次磕头谢过徐大人，把银子揣在怀里，高兴地上集去，他东跑西窜，为母亲打点着五十大寿的祝寿礼品。

讲述者：　徐秀峰，男，66岁，林县姚村乡上陶村人，小学，农民

　　　　　原三顺，男，64岁，林县姚村乡上陶村人，小学，农民

采录者：　徐增奇，男，24岁，林县姚村乡上陶村人，高中，教师

采录时间：1986年

采录地点：林县姚村乡上陶村

选　自：　《林县民间故事集成》

附记

　　林州市姚村镇上陶村、城郊乡深沟村、临淇镇渔村（今属五龙镇）和安阳县水冶镇天池村，以及相距不远的安阳市，乃至山西省长治市，徐姓比较集中。相传，他们的祖籍是江南松江府华亭县（今属上海市）。从前，徐氏祖先在山西潞安府（治所在今长治市）执事，后至元明朝代更替，难返原籍，经明朝大移民，许多徐氏族人翻越太行山脉，在豫北地区定居下来，其后人逐渐在彰德府及其各县的官场上做事的多了起来。后来，在他们中间流传着许多族人做官时的故事，其中，知府徐大人巧断砖头案，就是其中的一个。（徐增奇）

（四）机智人物故事

73

刘更新的故事

传说清朝末年，咱林县下川村有户姓刘的穷苦人家，大年初一起五更过新年，生了个男孩子，起名叫更新。

（1）在娘肚里说话

关于刘更新的出生，有一段离奇的传说。

刘更新在娘肚子里的时候，他娘感到胎动得很厉害，非常紧张，别的妇女用手摸了摸她的肚子，像被火烧着了似的赶紧把手缩了回来，连声说："动得太厉害了！动得太厉害了！"

她临产的时候，请来了接生婆，当时是白天，接生婆做好准备，正要下手，忽然听到一个稚嫩的声音："娘，今天是啥天？"这是谁说话？接生婆愣了，产妇也愣了。紧接着，刚才的话又重复了一遍。这回，接生婆听清了，声音是从产妇的肚子里传出来的。她便对产妇说："你的孩子在和你说话哩！"

孩子未生下来就说话，产妇和接生婆不仅是头次遇到，

而且还从未听说过，她俩都有点害怕，心想，这个即将出生的孩子会不会是个怪物呢？

肚里的孩子又说话了："娘，今天是啥天？"

接生婆壮起胆子对产妇说："你就跟孩儿说声吧！"

产妇欠了欠身子，向窗外望去，只见天色蔚蓝，万里无云，院子里的树枝在轻轻摇摆。她如实回答道："孩儿，今儿个晴天，有点风。"她答罢，肚里的孩子"嗯"了一声。

孩子顺利地生下来了，是个男的。接生婆仔细端详，这孩子很正常，无丝毫特异之处。她对产妇说："别人的孩子长到两三岁才会说话，而你的孩子这么早就说话，将来，这孩子一定是个有本事的人！"

果然，这孩子后来成了个远近闻名的风流才子。

讲述者：	郝文明，男，75岁，林县人，不识字，农民
采录者：	侯新民，男，49岁，林县茶店镇大峪村人， 大专，干部
采录时间：	1993年
采录地点：	林县县城
选自：	《风流才子刘庚星的故事》

（2）更新上学

更新从小俏皮灵便心孔多。在学校念书记得牢，写字手灵巧，心事点 [1] 都没他来得快。有一天晚上，老师坐在院里问学生："什么弯弯挂天空？什么圆圆在绣房？什么弯弯在田间？什么圆圆在路上？"学生们争着回答："月亮弯弯在天空，镜子圆圆在绣房，豆角弯弯在田间，烧饼圆圆在路上。"更新伸伸脖子瞪瞪眼说："不对！十五月亮圆又圆，镜子有圆又有方，豆角有弯又有长，烧饼圆圆在路旁。应该是月牙儿弯弯在天空，圆镜圆圆在绣房，扁豆

[1] 心事点：点子，办法。

弯弯在田间，车轮圆圆在路上。"老师点点头。

第二天早晨，老师带学生到打谷场上看日出，看谁最先看到。学生们面向东，有的抢着站在石磙上，有的踮起脚儿，有的打着亮儿。更新不慌不忙坐在石头上，朝着西方望。别人问他望什么，他说："太阳出来了，总要先照在西山头上。"老师把学生带回校园看日出，只许面向东，不许面向西，看谁先看到阳光。学生们争着往西墙根挤。更新一个筋斗翻到了东墙根，手拿一面镜子，从镜子里最先照见西房顶上的阳光。老师点头笑了。

采录者：　　牛安民，男，49岁，林县横水镇石家壑村人，大学，教师
采录时间：　1985年
采录地点：　林县
选自：　　　《林县民间故事集成》

（3）三告董冠头

更新家穷，只上了几年学，就到财主董冠头家当小觅汉[1]，他成天倒骑在牛背上管放牛。人都说："董冠头，真刁薄，放屁崩出一豆子，也要炒炒吃了它。"话没说错，董冠头总嫌觅汉做活儿少，吃饭多。年底算账，生能八法[2]找个不三不四的借口，算盘一拨拉，三下五除二，别说给钱啦，还该他哩。觅汉们恨透了董冠头。别看更新岁数小，数他能，他也生能八法捉弄董冠头。

太行山里，有个古老说法："腊月二十三，灶君归上天。东家算了账，觅汉回家园。"正好那年腊月下了一场大雪，天冷得很。更新知道董冠头要来算账，就光着脊梁，穿着棉裤，戴着帽子，赤着脚，在长工院里练武功，使出

一身汗。一瞅，董冠头来了，便蹲在雪堆上，忽里忽扇地扇着扇子，还说："今天好热啊！"董冠头进来斜了他一眼，认为他是个小孩子家，没当他是一回事，只顾给大觅汉算账说："你都来我家做活儿，为的是顾嘴[3]，也不能白住我的房子，白使我的家具。"说着就把预先算好的一半工钱扔给了大觅汉，叫他管分摊。董冠头屁股上像点了一把火，溜出去了。

伙计们看在眼里，怒在心里。你看看我，我看看你，商议了一番，更新带头，找董冠头要做活儿钱。董冠头说给了，觅汉们说没给。停了几天，官司打到官堂上。年近腊月，县官懒意问事，听见击堂鼓声，就有点生气。问董冠头："你在何时何地给他们钱？如实说来。"董冠头说："前几天下罢雪，天冷得很，我去给他们钱。刘更新光着脊梁，戴着帽，穿着棉裤，赤着脚，蹲在雪堆上，扇扇子，还说……"没等他说完，县官一拍惊堂木喝道："胡说八道！岂有此理！轰下堂去，打二十个嘴巴，照付觅汉们工钱。"说罢回后堂陪太太喝酒去了。董冠头连声喊冤也不搁事。两个衙役拖他下去，不管三七二十一，好像腊月二十三晚上，人们在灶君爷嘴上画"×"一样，打得他嘴巴胖肿了，活像猪八戒的嘴唇那样，还往上卷沿呢。

常言说，数了割肉疼，就数出钱疼。董冠头忍痛给了觅汉做活儿钱，头一低，眼一挤，想出个坏点子。他假装喝醉酒，猛不防，抢起木棍劈头盖脸地朝更新打来。更新一闪，夺过木棍还打，正好打掉了董冠头的两颗门牙。这下董冠头可抓住了洋理，他忍着疼痛，满嘴流血，跑到官堂上告状。差役来传刘更新，更新赶紧叫一个伙计在他背上咬了一口，上得堂来。县官问："你为何打掉东家的门牙？"更新说："冤枉啊！那是他咬我把牙扳掉的啊！"说着脱下棉袄，露出牙印，让县官看，边脱边说："他不想给我们钱，还骂你是糊涂官呢！"

县官一听，好恼，"怎么？我糊涂？"指着董冠头问，"你咬人扳掉牙，还告状，不糊涂？"董冠头磕头如捣蒜说："小人岂敢，小人岂敢。"县官贪财，主要嫌董冠头不出血，就传令衙役让他撅开屁股，重打了一顿，才让他捂

[1]　觅汉：长工。
[2]　生能八法：千方百计，想各种办法。

[3]　顾嘴：挣钱吃饭。

着屁股一瘸一拐地回家。

董冠头恨透了刘更新。他想要赶走刘更新，倒是不费吹灰之力，就是太便宜了他，得想法找他个过错，重重处置他一下，才解恨。更新早看透他不操好心，就想出了个对付他的巧办法。

第二年秋天的一个上午，更新慌慌张张从董冠头家的玉茭地里背出一布袋玉米穗子，急忙中从身上掉下一个红布包。董冠头拾起来揣在怀里，叫人连这一布袋玉米穗子都送到官堂上，心想，这下人证物证俱在，看你小子还有啥说？县官打开红布包一看，里面有两张纸，一张陈旧的画图，画着破门台阶，一个箭头指着下面的洞，洞里盛着金银财宝；一张崭新的纸张，上面写着"近来小民董冠头得宝许多，成功之后，一定全数奉送大人"。县官思忖：好个董冠头，把奉送给我的礼物，当成刘更新的赃物送来了。这回可该我发财了。他又解开布袋一看，里面尽是带皮的熟玉米穗子，他怔住了，思索许久，才明白过来，这是刘更新使的计策。联想到前两次打官司，越想越觉得这小孩儿是神童，不能惹。把心一横，将计就计，发不了财也落个清官好名声，高声叫道："董……董个屁！这是咋搞的？"说着叫衙役把布袋里的玉茭穗子[1]一倒，董冠头发怔了，气得咕咕叫，真是哑巴吃黄连——有苦难言。

刘更新上前说："启禀大老爷，那红布包的图纸是我家的祖传藏宝图，怎么落在董冠头手里，想必是他盗了我家的宝。大老爷廉洁清正，何不查个水落石出？"县官顺水推舟，派两个差役随同更新到下川村他家察看。果然跟图上画的一样，只是破门下面石阶周围有浮土，洞被撬开里面空空。县官明知是假，也只好以假作真，审问董冠头："你贼喊捉贼，又来贿赂本官，该当何罪？"董冠头有口难张，有理难辩，赢官司打成了输官司，气得不出出、不出出[2]直叹气，又拍屁股又跺脚，双手捧着个脑袋锅，蹲在地上不起，白白赔了更新五百两银子才算拉倒。更新接过银子，与伙计们分了分，回家去了。

[1] 玉茭穗子：玉米棒子。
[2] 不出出：形容非常生气。

采录者： 牛安民，男，49岁，林县横水镇石家垄村人，大学，教师
采录时间： 1985年
采录地点： 林县
选自： 《林县民间故事集成》

异文：三两银与三两漆

村上有个财主，心狠手毒，贪财不足，刘更新总想治治这个地头蛇，就借了财主三两银子，等着他来要账。

财主果然来要账来了。刘更新先在家里安排一番，然后才放财主进来。财主来到刘更新屋里，见他穿着皮袄正在烤炉火。财主觉得这是中伏天，穿皮袄、烤火炉有些奇怪，就问："大热天，怎么穿皮袄、烤火炉呢？"刘更新说："我只觉得冷。"财主不顾多说这些，就说起借银子的事。刘更新提出一小瓶说："这里是三两漆，还给你吧。"财主不要漆，刘更新硬说就是借的漆。生开了气，一齐到县官那里去说理。

财主跪在大堂上说："刘更新借我三两银子，可今儿还我三两漆，求老爷做主。"

县官是个鲁莽官，一听就拍起桌子说："借了三两，还三两七，那利还低？还告哩！无理取闹，来人，重打四十板！"县官一喊，财主先挨了四十大板。

财主挨过打，又辩道："老爷，冤枉，不是三两七钱银子，是三两漆，漆桌子的漆，稀水。"

县官忙问刘更新："有这等事吗？"

刘更新说："没这事！不信，老爷只问他在什么地方，谁能见证。"

县官问财主："在什么地方来？有何人证、物证？"

财主禀道："就在他家里，他穿着皮袄，烤着炉火，在家里提出一个小瓶子。"

刘更新说："老爷，他分明在这里诬人清白，你问他啥时间。"

县官问："啥时间？"

财主答："六月十三，中午。"

刘更新说:"他不但诬赖我,最不能容的是他在这里捉弄老爷。六月十三,那不正是中伏吗?我能穿皮袄烤炉火?我可没得过疟疾病,不信,四邻为证。"

县官大怒,指着财主大骂道:"混蛋,敢来捉弄本县,真正岂有此理。来人,再给我重重地打!"

财主被打得皮开肉绽,跑回家,永不敢告状了。

采录者: 郭新江,男,38岁,林县合涧镇郭家岗村人,大专,教师

采录时间: 1985年

采录地点: 林县合涧镇

选自: 《林县民间故事集成》

(4)趣斗老滑酸[1]

再说离下川村不远有个小镇,镇上有个人外号叫老滑酸。因为他办事"滑",作风"酸"。他原是饭铺里的一个跑堂倌儿,练就了一口好唱词。如今是饭馆里的老板。他开饭馆连鸡蛋都到乡下买,一来价钱便宜,二来乡下人好捉弄。他在下川村买了一个老婆婆的三斤鸡蛋,油腔滑调地唱:"老大娘,把账算,一斤鸡蛋八个钱,一八得八,三八一十八。给你二十个钱,回家再端一碗饭。"山里人憨厚,只要吃饭时间有人寻饭吃,不管认识不认识,都要请到家吃碗饭。老滑酸在大娘家吃饭,斜眼看着她家的新媳妇,美得像朵花儿,就没屁扯风[2]地说:"大娘,城里的花会说话,再好也比不上山里的野花美。"老婆不信。他赌咒说:"我要哄你,我就是你的亲儿子。"边说边偷瞧着新媳妇笑。新媳妇霎时脸红到耳根,小声骂道:"鳖孙——想死你哩!"

[1] 滑酸:尖酸刻薄。

[2] 没屁扯风:说瞎话。

老滑酸挨了骂,反觉得痛快,好像吃了一颗仙丹,飘飘悠悠地,边走边嚼磨着当鳖孙的滋味。好事不出名,坏事传遍村。刘更新知道了,要教训教训老滑酸,叫他知道山里人不可欺。他追老滑酸到村边打谷场上说:"我家有鸡蛋,都在家站着哩!"老滑酸笑道:"鸡蛋圆,圆鸡蛋,没见过鸡蛋还会站。"更新也学着他的腔调唱:"鸡蛋圆,圆滚滚,鸡蛋还能拴住人。"老滑酸哈哈一笑:"小老弟,真机灵,才能胜过刘更新。你能叫鸡蛋拴住人,我拿这篮九十个鸡蛋打输赢。"更新说:"一言为定。"向他伸手勾指为定。老滑酸觉得这小孩怪有趣,就和更新勾指说:"不再反悔。"

更新从篮里取出一个鸡蛋,用力"当"一声竖在了石碡上。老滑酸喝道:"小老弟,别逞能,还没叫鸡蛋拴住人。"更新说:"一百个鸡蛋才能拴住人,你只有九十个。"说着就从篮里取出鸡蛋放在石碡上,腾出篮子,去家扣十一个来。老滑酸害怕鸡蛋从石碡子上滚下来,赶紧用两只胳膊把石碡子围住,问:"小老弟,叫啥名,快去快来别磨蹭。"更新说:"我叫都来瞧,一会儿就来到。"老滑酸弯腰拱脊,伸蜷不得,站,站不起来,坐,坐不下去,忍不住叫:"都来瞧,都来瞧!"人们都来了。更新领着一群小孩在人群里拍着手齐声喊:"咳咳!都来瞧,撅得屁股比头高!咳咳!都来看,鸡蛋拴人不能站。咳咳一八得八,三八一十八,哈哈哈……鳖孙——老滑酸!"老滑酸一听这才醒悟过来,一蜷胳膊,"哗——"一声,鸡蛋滚了个满场,流出了黄水。他趴倒就喝,腻了满嘴的蛋黄,好像满嘴屎,朝着更新骂:"大家伙都来瞧,老子对你不轻饶。"众人一听他骂人,围上来揪住他,让卖给他鸡蛋的老大娘,拿着只旧绣鞋不住地往他嘴上扣。

采录者: 牛安民,男,49岁,林县横水镇石家垔村人,大学,教师

采录时间: 1985年

采录地点: 林县

选自: 《林县民间故事集成》

（5）善辩考官

更新长大了，他人穷志不短。几年来，他白天下地做活儿，晚上到学堂念书，老师很爱教他，他一目双行，过目不忘，学了一肚文才。

这年府试考秀才，他去晚了。把门的不让他入场。他在考场周围转悠，发现旁边有个大水道，眉头一皱，计上心来。就头朝墙外，把脚先伸进水道里，假装往外钻。两只脚故意蹬得里面石头哗啦哗啦响。把门的听见了，忙走过来，踢了踢他，说："不考完，不准离考场。"拽他进了考场。

更新领了卷子一看，是张白卷，上面没有题目。只见考场里竖着一根竹竿，竹竿上拴着一只小鸟。他明白小鸟站在树枝上，是"喜鹊登枝"，站在竹子上是"凤凰在竹"。这就是题目。他就围绕题目，一口气写完，写得语句顺，情节好，真是狗撵鸭子——呱呱叫。写完瞧了瞧周围的童生们，像羊羔卧地一样，蹲在考场。有的咬着笔杆发愣，还不知道考试题目是什么。他抬头看看，考官戴着眼镜像只木鸡，呆在考场，闲着没事就顺手在卷子背面画了一幅有趣的图画。

更新把文章呈上去，考官接过，看看，连连点头，念念，歌歌溜溜[1]，连声说："奇才！奇才！"看罢，卷子一扣，背面画着一头小黑驴，撅着尾巴，低着头，戴着眼镜，瞪眼瞅。考官由喜变怒，传刘更新来审问："你为何糟蹋本官？"更新说："我是让小黑驴看守卷子，不是看阅文章。你怎么连'看阅'和'看守'都分不清？"考官一听，不敢再问，害怕一声张，别人耻笑他学识浅，就点了更新一个秀才算了事。

采录者：　牛安民，男，49 岁，林县横水镇石家垴村人，大学，教师
采录时间：　1985 年
采录地点：　林县
选自：　《林县民间故事集成》

（6）巧拜县太爷

刘更新中了秀才，理应先去拜见县官，在县里取得名位。更新不在乎这一套，他回家饮酒自乐，作诗《故乡》：

东临洹水，观观鱼跃；
西依行山，听听鸟鸣。
鱼儿游游，自在自在；
鸟儿飞飞，自由自由。

更新知道县官是个赃官，偏不去巴结他。县官等得不耐烦了，就叫差役牵马来请。更新说："我近日有病，没去拜见县太爷，请你把马留下，三天后，自己骑马就去了。"差役走后，更新把马牵来，给马作一个揖，打马一阵子，再作一个揖，再打马一阵子。这样训练了三天三夜，直到一作揖，马就猛踢乱跳为止，方才骑马向县城走去。县官听说刘更新来拜访，赶紧迎接到热闹处，想当众叫刘更新施礼拜见，显显威风。

更新一见县官，赶紧下马，请他骑上马，上前一作揖，马就猛踢乱跳，县官猛不防，被甩了个地溜平，跌了个嘴啃地，鼻子碰歪了，眼睛跌斜了，嘴片磕破了。更新忙上前搀起县官，小声说："我洪福大，你洪福小，你经不起我一拜。"

采录者：　牛安民，男，49 岁，林县横水镇石家垴村人，大学，教师
采录时间：　1985 年
采录地点：　林县
选自：　《林县民间故事集成》

[1]　歌歌溜溜：文绉绉的。

（7）风流才子讨封

刘更新飞笔点太原出了名，惊动了当朝天子。他入朝面君，单腿着地，另一腿抬高，前额着地叩头，引起满朝文武哄笑。皇帝让他入座，他来到椅前，双脚蹦上，双手抱膝，坐到椅背上。皇帝看到这种可笑举动，比看宫女歌舞还开心，情不自禁地说："好一个风流才子。"这时，只见更新一跃跳下椅子，双膝着地高呼："谢主龙恩。"皇帝问："你谢我什么恩？"更新说："我谢你对我的风流才子的加封。"皇帝说："我乃随口而言。"更新说："天子金口玉言，哪有儿戏之语？更何况我有这样的称号，也就足够了。"皇帝看他根本没有做官之意，只好成全了他。

从此，刘更新"风流才子"的称号便传开了。

采录者：　牛安民，男，49 岁，林县横水镇石家垴村人，大学，教师

采录时间：　1985 年

采录地点：　林县

选自：　《林县民间故事集成》

（8）巴豆饼

刘更新从小没了爹娘，被一个无儿无女的财主收养为干儿子。这财主对刘更新倒还可以，就是对穷人心狠手毒。刘更新随着年龄增大，渐渐看出了财主的为人，心中非常不满，产生了整治他一下的心。

一天，他找了一把巴豆，研碎偷偷地放到面里，让老婆烙了几张油饼给财主送去了，财主高兴地吃了。刘更新见财主吃了油饼，就开始准备了。他先把老婆的针线筐子放到茅厕墙上，然后又到财主的几个朋友家里，说："今天，俺爹和我生了一场气，他一直闹着要寻死，大爷叔叔们，你们得去劝劝他。你们坐在俺门口，俺爹要往外跑，

你们一定要拦住他。"财主的几个朋友果然坐在门外等候。

两个时辰后，财主觉得肚里翻搅，"咕咕"地直响，要泻了。财主急急忙忙地往茅厕跑，跑到茅厕口，一看茅厕墙上放着儿媳妇的针线筐，以为儿媳妇在茅厕解手哩，财主两手提着裤腰在院里直转圈。他突然急中生智，想到门外别人家的茅厕去。刚跑出大门外，一伙人忙上去拦住他，七嘴八舌地劝说："更新他爹，你得想开呀，和儿子生生气，也值得这样吗？"财主急急地说："没生气，没生气，我要屙哩，快放开我！"他越这样说，众人越觉得有问题，越是死死地拉住不放手，财主终于禁不住了，"扑噶"一声，拉了一裤裆。

采录者：　郭新江，男，38 岁，林县合涧镇郭家岗村人，大专，教师

采录时间：　1985 年

采录地点：　林县合涧镇

选自：　《林县民间故事集成》

附记

郭新江 2022 年已经 75 岁，2021 年得了脑血管病，有老年痴呆症，记不起以前的事，而且手抖得写不成字，问起他当年写的那些民间故事，他说都不记得了。我让他好好回忆一下，他想了几天，也只想个星星点点，他给我说了说，我根据他说的情况，把他当时听故事时的情况简单整理成附记。

刘更新的故事，在林州可以说是家喻户晓，到那个村，村里人都会说几个刘更新的故事。他在合涧公社木纂大队学校当老师时，吃罢傍黑儿饭（晚饭），他和村里几个比他年龄大的人在一块儿攀轩（聊天）时，大家说到了刘更新的故事，这个人说一谷处儿（一段，一个段子），那个人说一谷处儿，虽然黑灯瞎火的，大家说得绘声绘色，听得津津有味，其中就有《巴豆饼》和《三两银和三两漆》的故事。（房海林）

（9）更新剃头

从前，在太行山下的一个小村庄里，有一个剃头匠，手艺精，人老实，一家老小，全靠他给人剃头挣些钱买粮度日子。

本村有一个财主，为人刻毒，方圆几十里没人敢惹他。他每次剃头，总是以剃得不美为借口，不付钱。更新听说了很气愤，便决定想法整治整治这个财主。

这一天，财主又来剃头了，他傲慢地往椅子上一坐，嚷道："快点剃。不剃美，不给钱。"刘更新从剃头匠手中接过剃头刀，装成是剃头匠的小徒弟，满脸赔笑："您来剃头，不剃美，俺是分文不收的。"说罢，走上前，唰唰两刀把财主的两道眉毛给剃了下来。这下，可把财主气坏了，他勃然大怒："好小子，你竟敢把老爷的眉毛剃了，看我怎样收拾你。"

刘更新不慌不忙地说道："老爷，你别发火，是你让俺给你剃眉（美）的，你不是说不剃眉不给钱吗？怎能怨俺呢？"

财主一听，气得浑身发抖，说不出话来。

讲述者： 高明仓，男，22岁，林县原康乡原康村人，
 高中，农民
采录者： 郝剑平，男，22岁，林县合涧镇三羊村人，
 大专，干部
采录时间： 1985年
采录地点： 林县县城
选自： 《林县民间故事集成》

（10）省油秘方

一个惜财如命、对人尖薄的吝啬鬼，在村边开了一个饭馆，谁去他店里吃饭，他总是生法敲诈谁。大伙儿恨死他了。刘更新决定教训教训他。

一天，刘更新来到饭馆，见吝啬鬼正在炸油条。他故意看了一阵儿后，便自言自语地说："唉，油条炸得倒不错，就是太费油了。"吝啬鬼想钱心切，听到更新这一说，忙问："莫非你有省油的高招？"刘更新见吝啬鬼上钩了，故意慢吞吞地说："有倒是有，就是……唉……"

吝啬鬼看到更新吞吞吐吐，想说又不想说，忙捧上一堆油条："您请尝，您请尝。"刘更新也不客气，坐下来，拿起油条吃了起来。吃罢，抹了抹嘴，拂袖而去。

吝啬鬼看到刘更新没说出省油的秘方便走，忙走上前，拦住刘更新："您还没告诉俺省油的秘方呢，怎么就走？"

刘更新忙从口袋里掏出一团纸，说："省油的秘方在上边写着，到屋里看，不要让人知道了。"说罢，扬长而去。

吝啬鬼走到店里，迫不及待地展开一看，只气得他两眼瞪得滚圆滚圆，半晌说不出话来。

原来，纸上写着：要想省油，请做蒸馍。

讲述者： 高明仓，男，22岁，林县原康乡原康村人，
 高中，农民
采录者： 郝剑平，男，22岁，林县合涧镇三羊村人，
 大专，干部
采录时间： 1985年
采录地点： 林县城
选自： 《林县民间故事集成》

（11）在外面别叫狗咬着

刘更新小时候给一个地主家当长工，这个地主尖薄得很。吃饭时，让大长工们吃好一点的饭，让小长工们吃不好的饭。为了不让小长工们看到大长工们吃的饭好，总是把小长工们关在屋里吃，久而久之，刘更新看出了其中的奥秘。

有一天，正吃饭的时候，刘更新和小伙计们吵着要到院里吃饭，地主对他们说："不要吵，院里有狗，在外面别叫狗把你们咬着。"

吃罢饭，刘更新和小伙计们去给地主插红薯秧，插了没多会儿，肚子就饿了。一气之下，刘更新和小伙计们把红薯秧堆在一起，全埋在地下了。

太阳落山了，老地主来地里验工，见地里只有不几棵红薯秧，便问刘更新："你们今天插的红薯秧在哪里？"

更新不慌不忙地说："在土里面，在外面别叫狗咬着，就全把它们埋在地下了。"

地主听了，气得说不出一句话来。

讲述者：　高明仓，男，22 岁，林县原康乡原康村人，高中，农民

采录者：　郝剑平，男，22 岁，林县合涧镇三羊村人，大专，干部

采录时间：1985 年

采录地点：林县县城

选自：　《林县民间故事集成》

（12）南通十省

刘更新写得一手好字。

彰德府城南门重修时，有关方面搭好架子，请了几个书法好的秀才往城门上题字。被请的几个秀才商量来商量去，决定写上"南门"二字。可是临到动笔时，谁也不敢上场，都清楚，这南门不同于小户人家的大门，字一写出，天下的人都要看的，写得好还好，写不好就要丢人现眼了。有如此利害关系，谁敢轻举妄动？

几个人推辞了一阵，有个胆大的才执笔写起来，写成后，咋看咋不顺眼，其他人也说不行，应当重写。换了一个人，写得更差劲。几个人轮流写了一遍，没有哪个让人满意的。这时候，围观的人甚多，都替这几个秀才着急，

有些人甚至说风凉话："秀才秀才，全是吃才。"秀才们听了这话，觉得很不是滋味，他们决定收摊，不写了。

正要打退堂鼓，忽听人群里传出一个声音："你们歇会儿，我来试试！"秀才们听了，既高兴又怀疑。高兴的是，在这关键时刻，有人替自己解围；怀疑的是，不知这个人到底能否把字写好。

这个毛遂自荐的人就是刘更新，他猜透了秀才们的心思，就对他们说："我写得好，分文不收；写不好，给你们擦洗干净。"秀才们听他说的像是很有把握，就同意了。

围观者中有的认识刘更新，现在听说他要献技，就踮脚伸脖地往前挤。只见刘更新登上架子，掂起一把刷子，把墨蘸饱，三下五除二，"南通十省"四个遒劲的大字就出现在人们的眼前。

赞叹声响成了一片，有的夸刘更新动作快当，有的夸哪一笔哪一画特别有力。忽然，有个人发现了个问题，说"省"字是否少写了一点儿？众人仔细一看，"省"字上部的"少"字右下角那一点儿的确漏掉了。秀才们也发现了这个缺陷，他们作难了。叫刘更新补写吧，他已从架子上下来了；别人替他补写吧，又怕补得不像一个人写的。议论了一阵，觉得还是刘更新自己补写为好。

"那个'省'字……"一个秀才赔着小心对刘更新说。

刘更新不等他说完，就把话接过了："那一点，我留着现在写呢！"说着，抓起刷子，蘸了一下墨，挥臂朝空中扔去。这一扔，不偏不斜，正好给"省"字把那一点补上了，而且补得和写的一样有劲。秀才们看后，目瞪口呆；围观者看后，啧啧称奇。

刘更新为啥要写"南通十省"这四个字呢？有人扳起指头算了一下，安阳的南边，果然有十个省。

讲述者：　纪万春，男，70 岁，林县横水镇东赵村人，中师，退休干部

采录者：　侯新民，男，49 岁，林县茶店镇大峪村人，大专，干部

采录时间：1993 年

采录地点：林县县城

选自：　《风流才子刘庚星的故事》

附记

1985 年，侯新民就产生了收集整理刘更新故事的计划。因为他那时在林县政法委工作，与公检法机关的人经常在一起开会或研究工作，接触的人比较多。这期间他正在陆续收集采录刘更新故事，只要同行同事在一块儿，他就会挤时间打听谁知道刘更新的故事。纪万春在林县法院工作，以工作能力强、能说善讲而著名，侯新民也与他很熟。他听说侯新民收集刘更新故事，就当场给侯新民讲了《南通十省》《写碑文》《巧进考场》《不做官》等故事。侯新民边听边记，回到家又马上整理成文。1992 年他把纪万春讲述的这几个故事编入《风流才子刘庚星的故事》一书中，1993 年 2 月由文津出版社出版。
（房海林）

房海林（右）采访刘更新的故事讲述者纪万春家人（左）

（摄影：纪天生）

（13）写碑文

刘更新的文才出了名，不仅林县人知道他写一手好字，而且外地人也知道他字写得好。

在林县南边的辉县境内，有个风景胜地百泉，这里以泉水清澈而闻名，人们集资捐款，建亭立碑，为它锦上添花。为了不负众望，动工之前，负责建筑的主管派人到林县请刘更新来写碑文。

这人走到下川村边，碰见一个人从村里出来，便问："刘更新家住哪儿？"接着就把找刘更新的目的说了一遍。

其实，对方正是刘更新。刘更新想，看来，他不认识我，我和他开个玩笑吧。于是，他故意把声音压低，装出很神秘的样子说："哎呀，刘更新死了，埋了有半个月了。"对方一听，道声谢，扭头就走。

没把刘更新请来，但工程还是要进行的，碑文也得写，主管只好降格以求，就地找了几个写字写得好的人来效力。

这几个人的字写得一般化，写了几遍，主管都看不上眼，写字的人很惭愧，他们对主管说："我们就这么大本事，你要是觉得不行，就另请高明吧！"主管作了难，若辞退了他们再找别人，不仅把他们惹下了，而且所找的人不一定就比他们强。思谋再三，决定还是让这几个人再写。

这几个人想争口气，写了擦，擦了写，半天也写不好一个字。正在恼火，偏偏有一个提泥包的小工不时从他们身边经过，往他们身上蹭点儿泥。其实，这个小工就是刘更新。那天，等那个请他的人走后，他就到百泉做工来了，现在，他是有意激一激这几个人哩。

这几个人穿着挺讲究，头戴礼帽，身披大衫，把他们的衣服弄脏了，自然不高兴，况且，他们心里本来就有气。他们发作了，其中一个瞪着大眼质问刘更新："你是咋搞的？""咳，你们写得也太慢了，要写快点儿，早点儿离开这地方，不就没事了吗？"那人瞥了刘更新一眼，说："你写得快你来写！"刘更新把泥包往地上一丢，说："行，写就写！"夺过笔就在碑上写起来。

那人本来说的是气话，没想到刘更新当了真，再看刘更新写的字，横是横，竖是竖，简直可以用"入木三分"来形容。那个人惊呆了。另外几个人也不禁转怒为喜，齐夸刘更新写得好。

主管听说有个小工字写得好，急忙赶来过目。他看到刘更新写的碑文，感慨地说："太棒了！你这字，赶上刘更新写的了。"接着，他问刘更新叫什么名字。

"我就是刘更新！"刘更新亮了相。

"你……你不是早就……"主管以为见了鬼。

"哈哈，我没有死，我要真死了，就写不成字了。"

主管不再让刘更新做小工了，叫他专门写字。

讲述者：　纪万春，男，70 岁，林县横水镇东赵村人，中师，退休干部

采录者：　侯新民，男，49 岁，林县茶店镇大峪村人，大专，干部

采录时间：　1993 年

采录地点：　林县县城

选自：　《风流才子刘庚星的故事》

（14）母女和好

刘更新的妻子和他丈母娘因一点小事闹了别扭，双方有好几个月没有来往，亲友们多次说合，均无效果。刘更新想，我在外边是个很有名气的人，在家庭内部也得树立威信啊！

这天，刘更新到老丈人家去了一趟，对丈母娘说："不好了，你女儿和我生了一回气，就神经了，每天早晨乱跑。"当娘的虽然对女儿有点儿意见，可是母女的关系毕竟不一般，听说女儿疯了，当娘的很是不安。其实，她女儿根本没有疯。

刘更新回到家，又在妻子面前说了一套瞎话："你娘跟儿媳妇生了一回气，发了神经，躺了好几天了。"当女儿的虽然对娘有点儿意见，可是娘病了，总得去看看呀！便说："咋就没有给我捎个信儿呢？""咳，你和你娘不对事[1]，你娘不让给你捎信儿呗。"刘更新的话编得很圆满。

次日天不明，刘更新的妻子就起来了，她要去看看娘。她离了炕，刘更新也下了地，他趁妻子不注意，拿出毛巾到锅底擦了一把。农村做饭烧的是柴火，锅底有一层锅烟墨，于是，毛巾被染得漆黑漆黑的。这时，他妻子正在洗脸，他把毛巾递了过去，天黑，又没点灯，她把毛巾上的墨擦到脸上了。

她顾不上梳头照镜子，急匆匆地向娘家走去，与其说走，不如说是跑，因为她走得很快。不一会儿，就累得满头大汗。

她到了娘家，天刚亮。待气喘吁吁地叫开门，进了院，她娘正好从屋里出来，娘看见她脸黑得像唱戏的老包，头也没梳，真像一个疯子，联想到女婿说的话，更坚信女儿确实神经错乱了，就上前一把拽住女儿，说："别乱跑了，快洗洗脸。"女儿原以为娘是躺在炕上的，现在见娘这么早就下了炕，而且言行也不正常，真像有神经病，就说："娘，你上炕躺着吧！"

母女俩你言我语地吵吵了一阵子，都觉得对方说的话不照号。待坐下一交谈，才发现双方都没有病，最后，她俩异口同声地惊呼："我们都上了刘更新的当了！"

事后，她们母女俩并没有找刘更新算账，因为自从闹腾了这一场，她俩之间的疙瘩解开了，她们内心里都很感激刘更新呢！

讲述者：　郝顺才，男，47 岁，林州市东姚镇下庄村人，大学，干部

采录者：　侯新民，男，49 岁，林县茶店镇大峪村人，大专，干部

采录时间：　1993 年

采录地点：　林县县城

选自：　《风流才子刘庚星的故事》

（15）驴纣棍

人们知道刘更新是个活宝，便常请他说几句笑话开心，刘更新脑子反应快，总是有求必应。这天午饭时，他因有急事，匆匆忙忙地往村外走去，经过大街的时候，有十几个人正坐在一根大梁上吃饭，其中一个人对他说："更新，这么失急慌忙[2]的干啥？给我们说个笑话听听吧。"

"我没工夫！"刘更新边走边答。

---

[1]　不对事：关系不好，不融洽。

[2]　失急慌忙：也作慌而失忙，形容慌张忙乱。

"咳，你还能有啥事？你给我们说了笑话，我们大伙儿帮你办事。"另一个人帮腔。

"我真的没工夫，我赶着驴送粪，驴纣棍断了好几根。现在，十几头驴伙使了一根，你们说这能不急吗？"

大家知道，纣棍是牲口鞍具的组成部分，是系在牲口屁股后面的一根短木棍，起防止鞍子往前滑的作用。这十几个人议论起来，有的说："今天没见到刘更新送粪啊！"有的说："他尽说瞎话，他哪有十几头驴呢？"还有的说："纣棍又不用力，一般不会断呀！"众人还要往下说，一个人突然站起来，笑着道："你们别说了，刘更新是骂我们哩！"众人略一沉思，便醒悟过来，原来刘更新把在座的十几个人当成驴，把梁当成纣棍了。有的说："刘更新真能骂，骂了还叫人觉不出来。"随后，又有几个人站起来，对那几个仍坐着的人说："起来吧，别当驴了！"有的想还骂刘更新几句，可是，刘更新早走得没影儿了。

讲述者： 李全民，男，75岁，不识字，农民
采录者： 侯新民，男，49岁，林县茶店镇大峪村人，
 大专，干部
采录时间： 1993年
采录地点： 林县县城
选自： 《风流才子刘庚星的故事》

（16）卖干草

冬季里一天，有俩人在林县城卖干草，他俩财迷心窍，在秤上大耍手腕，顾客买了他俩的干草，回去一称，往往不够数，老实巴交的农民明知吃亏，可是牲口不吃草不行，草又不好买，只得自认倒霉。

这天，刘更新到县城办事，见这两个卖干草的又在整人，便心生一计，他买了两个馍，对两个卖干草的说："我要买草！""要多少？"两个卖干草的正愁不好卖，见

有人找上门来，自然高兴。"至少要千把斤。"刘更新故意说了个大数，卖干草的一听，更高兴了，心想，今天可要发大财了。

刘更新把两个卖干草的领到了一座废弃不用的空房里，说："这草是我们东家要的，我只是跑跑腿，待我去把东家叫来，你们和他商议吧！"说罢，把两个馍放到了桌上。

眼看天已过午，还不见刘更新回来，两个卖干草的饿得肚里直叫唤。走吧，又不忍心扔掉这笔生意；不走吧，还不知那人多咱能来。两人商议，干脆先把这两个馍吃了，等那人回来，再给他钱，权当买吃了。于是，两人一人一个，津津有味地吃起来。

一个人一个馍当然不够吃，不过，总算不那么饿了。两人正在琢磨下一步咋办，刘更新急如星火地来了，说："我找了半天，也没找到东家，让你二位久等了，实在对不起，饿坏了吧？"那俩人不好意思地说："我俩把你放在这儿的那两个馍吃了，先斩后奏，请原谅，不过，我们不白吃。"说着，各自去兜里掏钱。刘更新故作惊讶之态，说："哎呀，那两个馍里有毒药，是我让药老鼠的。咳，也怨我忘了给你们说。"

两个卖干草的一听，惊得嘴张开，半天合不上，齐声央求刘更新道："你说这咋办？我们家里都有老婆孩子呀！我们要是死了……"

"别说那么多了，这毒药很厉害，不快点想办法儿抢救，非死不可！"刘更新故意吓唬他俩。其实，那两个馍里根本无毒药。

"快救救我们吧！"那俩人吓得面色如土，嗓音都变了。

刘更新装模作样地想了想，说："倒有个偏法儿，不知你们愿不愿意使。"

"愿意愿意，只要保住性命就中！"那俩人已经顾不上讲条件了。

刘更新从厕所里舀了一瓢屎汤，往那俩人面前一放，说："喝吧！喝了就把毒药吐出来了。"那俩人哪里还怕脏？一个个只嫌自己喝得少。

讲述者： 侯富山，男，65 岁，高小，农民
采录者： 侯新民，男，49 岁，林县茶店镇大峪村人，
大专，干部
采录时间： 1993 年
采录地点： 林县县城
选自： 《风流才子刘庚星的故事》

讲述者： 郝顺才，男，47 岁，林县东姚镇下庄村人，
大学，干部
采录者： 侯新民，男，49 岁，林县茶店镇大峪村人，
大专，干部
采录时间： 1993 年
采录地点： 林县县城
选自： 《风流才子刘庚星的故事》

（17）亲嘴

刘更新人缘好，每到空闲时间，人们常自动到他家聚会，谈天说地中间，相互开个玩笑是常事。

一天，几个人又不约而同地来到刘更新家里。闲谈中，有个人对刘更新说："你虽有本事，却不敢当众与老婆亲嘴。"刘更新说："这个不难，我们老夫老妻的，害什么羞呢！"尽管刘更新说得轻松，大家却认为他是吹牛，因为夫妻当众亲嘴毕竟是件尴尬的事。

大约过了半个时辰，刘更新到厨房去了一趟，回到屋里，对众人说："我在厨房里放了一根葱，叫治感冒的，不知你们哪个给吃了。"

众人异口同声地否认，纷纷说："我们连厨房的门都没进，怎会偷吃你的葱呢！"

刘更新的老婆对刘更新此举很不赞成，从旁斡旋道："一根深叶茂葱有什么大不了的，况且我就没见厨房里有葱。"

"今天我定要破这个案，谁吃了葱，嘴里必然有股葱味儿，我闻一闻就知道了。"刘更新说罢，就凑近每个人的嘴去闻，他老婆在场，自然也是怀疑对象。当他凑近老婆的嘴时，他老婆为表明自己清白，便不躲避，刘更新抓住机会，很顺利地和老婆亲了一下嘴。

在场的人都看到了刘更新和老婆亲嘴的一幕，个个笑得前仰后合。

"怎么样，我没吹牛吧！"刘更新问大家。

到此，大家才弄明白，刘更新说丢了葱，只不过是为了达到和老婆亲嘴的目的而设的一个骗局。

（18）巧卖芝麻糖

有个穷汉靠卖芝麻糖为生。刘更新同情他，想了个点子帮他销货。

这天，卖芝麻糖的又来到村里，刘更新慷慨地买了一支。刚吃完，就叫喊肚子痛，在场的几个人不依了，七嘴八舌地和卖主理论，说刘更新的肚痛是吃芝麻糖引起的，言外之意，芝麻糖质量有问题。

卖主怕担责任，吓坏了，为了证明自己卖的芝麻糖没问题，他先吃了一支，随后拿出一把分散给众人，说："不信，你们尝尝。"众人肚里正饥，又见卖主敢吃，便接过芝麻糖，小心地放进嘴里。

众人各吃了一支，觉得很好吃，停了停，肚里并无不适反应，就又大胆地尝起来。不大会儿，就把卖主的货尝光了。

这时，刘更新忽然肚子不痛了，他恢复常态，对众人一本正经地说："大家快交钱吧，人家做生意不容易。"

众人恍然大悟，原来刘更新并非真的肚子痛，而是使的一计呀！

讲述者： 梁全吉，男，65 岁，林县人，大专，干部
采录者： 侯新民，男，49 岁，林县茶店镇大峪村人，
大专，干部
采录时间： 1993 年
采录地点： 林县县城
选自： 《风流才子刘庚星的故事》

（19）偷灯笼

县官是个赃官，却恬不知耻地吹嘘自己清正廉明。在他的授意下，过年的时候，县衙的大门口挂了盏灯笼，灯笼上贴了个大大的"正"字。

老百姓对县官的标榜投以冷眼，恨不得把这盏灯笼砸个粉碎。

刘更新不主张采取鲁莽的举动。他趁衙役不备，把灯笼上"正"字的第一笔往上提了提，使"正"字成了"一止"二字，然后，他把灯笼挂在自家门口。

灯笼被盗，衙役慌忙报于县官。县官很是气恼，急令衙役倾巢出动，从速破案。衙役不敢怠慢，四处寻找，终于在刘更新家门口把灯笼找到了。

这几个衙役都认识刘更新，有的甚至领教过刘更新的厉害，便赔着小心对刘更新说："刘先生，我们只把灯笼拿去交差，别的概不追究。"刘更新并不领情，说："好汉做事好汉当。我还是跟你们走一趟吧！"

刘更新被带到堂上，县官一见是他，不禁"啊"的一声惊叫，浑身直打哆嗦。因为县官和他打过交道，知他是个不好惹的人。但碍于衙役在场，只好强打精神把刘更新审问一番。

"是你把本衙的灯笼偷去的吗？"县官问。

"请问本衙的灯笼有什么标记？"刘更新以问代答。

"本衙的灯笼上贴有一个'正'字。"

"可我家的灯笼上是'一止'二字啊！"

县官生怕再被刘更新弄个难堪，一边验看灯笼，一边想着怎样为刘更新开脱。忽然，他对衙役吼道："你们简直是胡闹，连一个字和两个字都分不清，这个灯笼不是咱的！"

讲述者： 郝顺才，男，47岁，林县东姚镇下庄村人，大学，干部

采录者： 侯新民，男，49岁，林县茶店镇大峪村人，大专，干部

采录时间： 1993年

采录地点： 林县县城

选自： 《风流才子刘庚星的故事》

靳林峰（左）采访刘更新的故事讲述者郝顺才（右）（摄影：刘二安）

（20）唱戏

有个外地剧团到村里唱戏，跟村里说好唱三天，每天下午和晚上各演一场，总共要40吊钱。可是，剧团不守信用，每天只演一场。钱已预交了，让剧团退还20吊钱，剧团不给。怎么办？刘更新自告奋勇地说："这事给我吧，我去要！"

刘更新找到剧团的团长说："我想入伙唱戏，你们要不要？"团长正在为人手少发愁，听到这话，心里不禁一喜，他端详了刘更新一番，觉得刘更新外貌不赖，年龄也不大，就有几分满意，只是还不知刘更新嗓门如何。他让刘更新唱了几句，觉得还可以，就和刘更新订了半年合同。合同上写明，半年给刘更新20吊钱。

当晚的戏是最后一场，刘更新主动提出要登台献艺。团长也很想检验一下他的水平，自然同意。刘更新只简单地化了一下装，就在锣鼓声中出了场。

听说刘更新要唱戏，来看的人特别多。大家都摸刘更新的底，没听说他会唱戏呀！大概他又要出个洋相，闹个笑话吧！

锣鼓声一住，刘更新一屁股坐了下来，先念了两句道白："四根明柱好戏楼，钩檐滴水猫耳头。"台下有好多人是识戏的，心想，这两句应该是"身在将门里，英雄虎豹狼"，他怎么瞎编呢？禁不住笑起来。下边胡琴响了，台

下的人停止了嬉笑，想听听刘更新唱点儿什么。刘更新唱道："一月二月——"台下的观众禁不住笑出声来，这时，许多人已悟出刘更新是故意出洋相的，便大声地喝倒彩。台下乱哄哄地成了一锅粥。等稍一安静，刘更新又唱了一句："三月四月——"团长早就吃不住劲儿了，他看透了，刘更新根本不会唱戏，而是故意调理他哩。他向刘更新递眼色，示意刘更新退场。可是，刘更新仍稳坐不动，团长怕继续下去影响剧团的声誉，就走上台，去拽刘更新。刘更新站起来，做个鬼脸，赶紧又唱了一句："五月六月——"

待刘更新回到后台，团长埋怨道："你唱的这叫啥？咱趁早解除合同吧！"刘更新说："解除合同可以，不过你得给我半年的工钱。"团长把眼一瞪，说："你唱了连一袋烟的工夫都不到，就想要半年的工钱，岂有此理！"刘更新说："你不给不中！"说着，拽着团长去打官司。

二人见了县官，刘更新说："我和他订了合同，言明我唱半年戏，他给我20吊钱，可他赖账！"团长辩驳道："他没有唱够半年，只唱了六个月呀！"县官一听，把惊堂木使劲一拍，说："混蛋，六个月不就是半年吗？到了堂上还赖账，我看你是想挨打了。"

团长不敢再吭声了，他知道县官糊涂，自己再解释一遍，县官也不一定能听得进去。闹不好真的得挨板子，就答应给刘更新半年工钱。

刘更新胜诉了，给村里要回了那20吊钱。

讲述者：	郝顺才，男，47岁，林县东姚镇下庄村人，大学，干部
采录者：	侯新民，男，49岁，林县茶店镇大峪村人，大专，干部
采录时间：	1993年
采录地点：	林县县城
选自：	《风流才子刘庚星的故事》

异文：刘庚辛唱戏

在俺太行山里，人们都好喷风流才子刘庚辛的故事儿，喷得你又解恨又高兴。您都来了，俺就喷几段儿给您解解闷儿。这刘庚辛呀，林县人叫刘更新，咱安阳县西边，叫刘庚辛，其实是一个人。

先喷一段刘庚辛唱戏。

早旧，俺村有个戏班子，靳班主是个大烟鬼，那白面儿一吸就是好几包，好几两银子才买那么一丁点儿，这就害苦了戏子们，唱死唱活也唱不到一顿饱饭。

不知咋及[1]，刘庚辛听到耳朵眼儿里了，他就去找靳班主要当戏子。凭着名气，靳班主巴结还巴结不上哩，当下就言明，唱一个月给三斗小米。

都听说刘庚辛唱戏哩，那人把戏院子挤得泼一瓢水落不了地。刘庚辛踩着锣鼓点儿走到戏台当间儿[2]，唱道："这戏台、好戏台，滴水钩檐猫儿头。"一句就把人都唱傻了，这不是在胡唱吗？刘庚辛往下一坐，又唱："正月二月三月四月五月六月……"

靳班主气得嘴都歪到耳朵上了，说："尽捣乱，不用你了！"

刘庚辛说："中中，给俺算算账。"

"啥呀？不叫你赔钱都是好的。"

刘庚辛也不多说，到衙门就把靳班主给告了。

县官一坐大堂，就审问靳班主："给你唱了戏，咋不给工钱？"

靳班主说："他才唱了半天戏，又捣乱，就不给工钱。"

县官说："他唱了正月二月三月四月五月六月，不差吧。"

"不差，他只唱了'正月二月三月四月五月六月'，往下就不唱了。"

啪！县官一拍惊堂木："大胆刁民，六个月是半年，不是半天。老爷我连这都不会算？哄蒙本老爷，给我打！"

[1] 咋及：怎么着。
[2] 当间儿：当中。

打得靳班主一个劲儿求饶，说："半年是六个月，六个月是半年。"

刘庚辛把三六十八斗小米都给了穷唱戏的，靳班主也算服了劲儿，也没钱吸白面儿了，也不敢克扣戏子们的饭钱了。

讲述者：　王世俊，男，61 岁，安阳县马家乡沙井村人，略识字，农民

采录者：　王世英，男，63 岁，安阳县马家乡沙井村人，中专，教师

采录时间：　1990 年 3 月

采录地点：　安阳县马家乡沙井村

选自：　《狐狸坟传奇》

附记

讲述者王世俊、采录者王世英是亲兄弟，在安阳县民间故事集成编纂征集资料时，弟兄二人积极参与，一个讲述，一个记录整理，提供了不少当地流传的民间故事，收入安阳县民间故事集《狐狸坟传奇》多篇，其中刘庚辛的故事，扩大了这一机智人物故事的流传范围。但由于行政区划变动，采录地由安阳县划为龙安区，事过多年，人事更替，很久找不到他们的相关信息。后经龙安区文联协助，终于联系到他们的后人，王世俊、王世英兄弟已去世多年，由其后人查找家谱，补充了他们的个人简介。（刘二安）

（21）三声炮

刘更新名扬天下，无论朝野，都为他未能当上官而惋惜。一天，刘更新突然给朝里捎了个信儿，说他想在有生之年步入仕途。朝里官员商量了一下，认为刘更新确有真才实学，这个要求应当满足。

封刘更新做官，是顺乎民心之事，皇上为了显示自己礼贤下士，知人善任，借此事往自己的脸上贴金，就派人大张旗鼓地去向刘更新报喜。一行人举着旗，扛着炮，敲锣打鼓地往下川村走来，到了刘更新家门口，"嘣！嘣！嘣！"放了三声炮。这炮声响得很，震得大地直颤抖。其含义有二：一是表示吉庆，二是通知刘更新出来迎接。众人等了一阵，不见有人出来，正纳闷，却从大门里传出哭声。这是咋回事？派了个人进去打探，只见刘更新躺在炕上，有几个人围着他号啕大哭，看样子，刘更新刚刚与世长辞了。

原来，刘更新因是年迈之人，时有病魔缠身。不久前，得了一场大病，多方求治，均不见效，相反病情一天天恶化。在他弥留之际，突然响了三声炮，这震天动地的炮声，就是身体健康的人也要被吓一大跳的，奄奄一息的刘更新自然受不了，结果，他就……简言之，要不是这三声炮响，刘更新还可以多活一些时间。

报喜的人好心办了坏事，感到很难为情。刘更新的家属起初也很有意见，后经说明情况，才不作计较。

刘更新去了。人们说，那三声炮是为他送终的，刘更新声称当官，不过是他施的一计罢了。

讲述者：　侯龙山，男，80 岁，小学，农民

采录者：　侯新民，男，49 岁，林县茶店镇大峪村人，大专，干部

采录时间：　1993 年

采录地点：　林县县城

选自：　《风流才子刘庚星的故事》

附记

一

刘更新的故事流传甚广。在河南省林县（现林州市），不管男女老少，几乎都会说上几个。此外，刘更新的名字在山西省的一些地方也为人们所熟悉，原因是那里的人有相当一部分是早年从林县逃荒而去的，比如平顺、安泽、屯留、绛县等地的林县人在全县人口中都占很大比例。

关于刘更新其人，史书上无记载，传说他是清朝康熙年间人。如果此说成立，那么，康熙从1662年起，在位61年，刘更新故去迄今已有300年左右的时间了。人们传说刘更新是单传，家境贫寒。关于刘更新的故居，比较可信的说法是林县采桑镇下川村，该村南沟老虎坡下曾有刘更新的坟墓，其墓与众不同，后代的墓不是位于前代墓的下边，而是位于前代墓的上边。1975年平整土地时，刘更新的墓被平掉，据目击者说，墓里空空如也，并无骨殖。其奥秘不得而知，是迁往他处了？还是被盗了？抑或是为了迷惑人而搞的伪装？

据说，刘更新的后代住在与林县毗邻的安阳县许家沟乡黄口村，迁往时间不详。有人路经该村住宿，该村的刘姓人自称刘更新的后裔，并和客人套近乎说，他们的老家在林县下川村。

刘更新的故事全系民间口传，人们对他的一致评价是：才华出众，足智多谋；鄙视权贵，刚正不阿；惩恶扬善，见义勇为；性格诙谐，平易近人。

如果求全责备的话，刘更新的某些做法也许有恶作剧之嫌，人无完人，相信读者不会苛求于他的。

关于刘更新的名字，有各种写法，有写作刘庚星、刘更新的，还有写作刘根心的。（侯新民）

二

刘更新的故事在林州流传很广。侯新民编著《风流才子刘庚星的故事》1993年出版后，很快售罄，又多次重印。《中国民间故事集成·河南林县卷》《中国民间故事全书·河南林州卷》都收录有刘更新的故事。华新（常俊杰）还根据自己从小听到过的许多关于刘更新的故事笑话，编著了26万字的长篇小说《刘更新传奇》，2010年8月由长江文艺出版社出版。林州地处河南、河北、山西三省接壤处，刘更新的故事在这一区域也有广泛流传，在《中国民间文学集成·河南省安阳县故事卷》，即《狐狸坟传奇》中，就收录有《风流才子刘庚星的故事》。

1994年1月24日，经国务院批准，撤销林县设立林州市。采录地点因行政区划调整的，本书按采录时的行政区划表述。（刘二安）

侯新民《风流才子刘庚星的故事》手稿（摄影：刘二安）

侯新民（左）向房海林（右）介绍采录撰写《风流才子刘庚星的故事》往事（摄影：李兰英）

（22）刘庚辛告地痞

再喷一段儿刘庚辛告地痞的事儿。

在东姚集有个地痞，叫王二。这人儿坏得谁都不敢咋及他。东姚集上任他吃、任他拿，他还嫖还赌，真是头顶上生疮、脚底板流脓——坏透了。刘更新早就想收拾他。

这一天，王二正在街上胡来，刘庚辛冲着他就走了过去。他的一个帮手说："走吧，老童生刘庚辛来了。"

这王二也是个吃荤不吃素的人，冲着刘庚辛鸣叫："童生？童生算啥？童生也不敢咬俺的！"

刘庚辛二话没说，就给衙门写了一张状纸。状纸上写着：东姚地痞叫王二，他骂童生不敢咬，老爷也打童生过，你说这事该咋着？

可把县老爷给气坏了，叫衙役锁了王二，结结实实打了一顿，掷进了大牢。

讲述者：　王世俊，男，61 岁，安阳县马家乡沙井村人，略识字，农民

采录者：　王世英，男，63 岁，安阳县马家乡沙井村人，中专，教师

采录时间：　1990 年 3 月

采录地点：　安阳县马家乡沙井村

选自：　《狐狸坟传奇》

（23）考卷上画黑驴

刘庚辛的学问大得往外溢。

这一年，刘庚辛到京城去闲悠，看好[1]皇上开科取状元。刘庚辛也就报了个名，想瞧瞧这考状元的题到底有多难。

考卷发下来一瞧，嘿——稀松，拿开笔哗哗就答开了。答完一卷，主考官不信，又给他一卷。走马一瞧，嘿——平常，拿开笔哗哗哗又答开了。答完第二张考卷，主考官还不信，又亲自命题，专拣难的往上写，啥天上的、地上的、鬼的、神的，把看家本事都写上了叫刘庚辛答。刘庚辛一瞧，嘿——这还有点儿考卷的味道，毛笔一提，哗哗哗就答开了。主考官坐在桌子边儿上，瞧着他答，那简直服气得不能行，考场时辰不到，他就答完了三张考卷。

主考官拿着这三张考卷，一步赶不上一步地往皇帝那儿跑，他要去给皇帝说，中华可出了神人了！

皇帝一瞧，龙颜大喜，提笔就写上：状元甲等。你瞧瞧，考上状元不说，状元上头又加了等级。等到写名字时，

[1]　看好：正好。

一瞧，三张卷上都没有名儿，该写名儿的地方，画了三头小毛驴。这三头小毛驴跟真的一个样儿：头一头，在吃草，叫你能听见嚼草的嘎嘣声儿；第二头，在欢马乱跳地蹦，叫你能瞧见吃饱后那个喜欢劲儿；第三头在叫，吓得皇帝赶快捂耳朵，驴叫唤得是不中听。

一瞧三头驴，皇帝就知道这人是啥都精通，一心想叫他帮着治国，就叫全城关了城门，有请画驴人到皇宫。

大街小巷的士兵拿着画像找他，他就装了个要饭的混进相国寺去搬砖和泥当小工。趁人不注意，他就写了一首诗贴在墙上：文章不成器，卷上画黑驴，皇上别找俺，溪山随意眠。

皇帝瞧了，知道他不想做官，只好算了。

讲述者：　王世俊，男，61 岁，安阳县马家乡沙井村人，略识字，农民

采录者：　王世英，男，63 岁，安阳县马家乡沙井村人，中专，教师

采录时间：　1990 年 3 月

采录地点：　安阳县马家乡沙井村

选自：　《狐狸坟传奇》

（24）相国寺写碑

再喷一段，是上一段的叉股。不是说皇帝找刘庚辛，刘庚辛装了个要饭的混进相国寺当小工么，就接着这儿往下说。

刘庚辛一进相国寺，就瞧见一个写碑的，那架势真气派：一个丫鬟给他研墨，一个丫鬟给他端茶叶水，另两个丫鬟轮番给他扇扇子。他一天不多写，十个字。

刘庚辛当他写得多好，就提着泥包瞧他写，他也写得真不赖，知道是国手，就是笔画里少神韵。这时，大工叫

他："要泥儿。"刘庚辛一提泥包，就给这国手杠[1]了一屁股泥，国手回头一瞧，那泥包在地上画了一道，那神韵从泥道里直往外拱，这可把国手给吓了一跳，再瞧是个穷要饭的，也就没当一回事。

第二回，又给这国手杠了一屁股泥，再一瞧，又一个泥点里的神韵往外拱，这回把国手吓愣了。国手也就操了心。

第三回，国手专门撅着个屁股叫他杠泥，刘庚辛也不客气，照杠不误，杠罢，又在地上划了一撇，这一撇，那气度跟江翻了、海倒了不差啥。国手真服气了，一下子把他写的碑全擦了，赶忙叫一个丫鬟给刘庚辛研墨，一个丫鬟给刘庚辛倒茶叶水，两个丫鬟给刘庚辛扇扇子，刘庚辛叫他们都靠边站，半天就把碑文写好了。

讲述者：	王世俊，男，61岁，安阳县马家乡沙井村人，略识字，农民
采录者：	王世英，男，63岁，安阳县马家乡沙井村人，中专，教师
采录时间：	1990年3月
采录地点：	安阳县马家乡沙井村
选自：	《狐狸坟传奇》

（25）三句话救了五条命

刘庚辛回到家，没事儿就瞧书下象棋。任你啥官叫，也不去他家吃一回饭，整天跟穷哥儿们在一块儿高兴。

这一天，正在街上闲聊，瞧见一个老农人满脸苦相走过来。刘庚辛上前一步拦住他，说："走路低头，心忧愁；仰脸长出气，必定有官司。"一问才知道，这老农人一家八口，就有五口判了斩刑。啥事？这老农人也说不清，只知地里有一个啥将军的墓子，种地时给刨了，就因为这。

[1] 杠：抹，涂抹。

刘庚辛说："屁大的事就杀人，真真没了王法。明儿咱一块上堂，保你全家没事。"

老农人一听，吓得那脸色黄得跟黄表纸一个样儿，连忙跪下给刘庚辛磕头，求他别再招惹县大老爷，怕县大老爷把他全家八口杀光，说是刨了将军的墓子，就该杀。要不是卖了房子、卖了地求人说情，县老爷是一个也不饶的。

刘庚辛不管这，第二天就上了堂。

县大老爷一瞧刘庚辛上了堂，赶忙叫倒茶搬坐。刘庚辛往大堂上一坐，大腿儿压着二腿儿，品着茶叶水儿，问："这将军墓里埋的将军叫啥名儿？"

一句话问得县大老爷就出了一头汗，说："都知道是前几百年的将军墓，啥名可不知道。"

"哪朝哪代的知道不知道？"

县大老爷又说不知道。

刘庚辛"哪哪"一声就把茶碗给他摔了，说："这是天底下第一个卖国贼的墓，咋着，县大老爷是不是跟他有啥瓜葛？"

县大老爷赶紧把那五个人放了，还送了二百两银子，说是刨平了卖国贼的墓有功。

讲述者：	王世俊，男，61岁，安阳县马家乡沙井村人，略识字，农民
采录者：	王世英，男，63岁，安阳县马家乡沙井村人，中专，教师
采录时间：	1990年3月
采录地点：	安阳县马家乡沙井村
选自：	《狐狸坟传奇》

附记

这一系列故事的主人公是今林州一带上年纪的人大多耳熟能详的人物，而安阳县的马家、水冶、磊口、都里一带从地缘关系上看都紧挨林州，民间不乏生活来往、亲戚走动等常见现象，所以刘庚辛的故事也得以在这一带流传。由于口音的关系，林州叫刘更新、刘庚星等，安阳县西部叫刘庚辛。（王光明）

74

种九长的故事

（1）吃麻糖

安阳人叫油条为麻糖。这一天，九长赶山路，走得又饥又渴，前不邻村，后不邻店，可把九长给困住了。

这时候，从那边来了个老太婆，提溜着一大串麻糖走亲戚。九长笑着跑过去："姨，您来了，老远的还提啥麻糖？"说着，就扶着老太太的胳老肢[1]，一手把麻糖接过去。老太太一时没返过劲来，笑微微地说："吃吧，吃吧。"九长驴屁大嘴[2]地吃了好几根，老太太这才问："你叫啥来？"九长说："叫九长。"老太太再一瞧，根本不认识，问："你咋叫俺叫姨？"

九长说："你跟俺娘都是娘儿们，不叫姨叫啥？"

[1] 胳老肢：腋窝，这里指胳膊。
[2] 驴屁大嘴：嘴大的意思。

（2）吃咸菜

在煤矿井口上，卖饭的一个比一个叫唤得欢："小米稀饭两个钱一碗，咸菜随便吃。"矿工们花两个钱儿，得得劲劲吃一碗。

路那边一个摊子上没一个人吃，咋里？饭稀。九长不怕，他一个人走过去，老板紧忙招呼，九长问："你的咸菜……"老板说："随便吃，吃多少都中。"九长大咧咧地一坐："来一碗。"九长饭量大，又专想从咸菜上捞本，就着馍吃了一盘又一盘，吃了一盘又一盘，吃到第七盘，把老板吃恼了。说吧，有言在先，咸菜随便吃，不说吧，心里怪难受，老板俩眼儿一圪挤[1]，问九长："大哥是哪乡的？"九长说："西乡的。"老板说："听说西乡有个菜饱驴你知道不？"言下之意，说九长是个菜饱驴。九长一点儿也不放在脸上，说："是有个菜饱驴，听说前几天死了。""死了？""是气死的。儿子没在家，孙子不知道他爷是菜饱驴，一吃菜就心疼，还变着法骂他爷，气死的。"

（3）打孝子

村里有个老寡妇，生了五男二女了，没人管了，气得老寡妇上了吊。

村里人都气不过，想打孝子一顿替老寡妇出出气，孝子们也瞧出了苗头，对村里人恭恭敬敬，谁都打不到一点儿借口。

大家叫九长出主意，九长说："好办。"

出殡这天，九长当总管，他站在一个杌子[2]上，对着孝子训话："都得听号令，不摔老盆谁笑打谁，摔了老盆谁不哭打谁。"

死了老娘，咋着也得装出一个样子来，孝子们把脸一黑丧，瞧九长咋发号令。

九长在杌子上倒背着手，一副大总管的模样，那神情，

[1] 圪挤：眨眼。
[2] 杌子：小凳子。

比死了自己的亲老子都庄重。村里人都担心，咋能叫孝子们笑？

没过多大一会儿，九长的脸憋红了，谁都知道九长要放屁了。孝子们心说：你再放屁，俺也不笑。

九长的屁股往前一拱一拱的，知道他是在用劲憋住。孝子们心说：你九长再嘎，也不讲个场合。

九长抓耳挠腮，急得在杌子上团团转，孝子们心说：憋死你活该。

冷不防，九长的一只脚踏在杌子的边沿上，一趔趄，身子就往下栽。精神紧张，大概顾不得憋屁了，头朝下脚朝上放了一个通天屁，把全院人逗得捧着肚子笑。孝子们也忘了禁令，跟着笑。九长脸一黑嗔[3]，对村里人呜叫[4]："都上去给我打，不听号令，不叫笑还笑！"

孝子们挨了打，乡亲们出了气，村儿里好长时间没出过不孝顺的子孙。

（4）吊孝

这一年春天，天暖和和的，闲来没事，九长和几个穷哥儿们想进城逛逛。

走了几十里地，路过一个村子，村里头有家财主办丧事，丧事办得热闹得很，不管是尼姑和尚还是吹手打旗的，一个个用筷子串了白馍，端着大碗肉菜蹲在路两边吃。种九长这伙穷哥儿们，甭说吃肉，就连这香气成年论辈子也不知道能闻上几回。穷哥儿们这阵子走得又饥又累，一个个瞧着人家吃肉不想走。九长也瞧得流口水。

穷哥儿们说："想个法儿吃他一顿。"

九长说："中，哥儿们跟着咱，咱瞧着你都咋着。"

九长瞧了瞧丧牌子，一进门就哭开了："俺的老哥呀！你咋不吭一声儿就走了哇——"穷哥儿们一想到要吃人家的大碗肉，一个个都跟着他跪在灵前头哭，硬是从眼里圪挤出了几点泪，一时间哭声震天，凄凄惨惨，九长不

[3] 黑嗔：黑嗔纳脸，愁苦而充满怒气。
[4] 呜叫：喊叫。

中，一想到大碗肉就想笑，泪是咋也挤不出来，九长就把唾沫朝脸上抹了抹，任谁瞧见了，也像才哭罢。

住了声，他问孝子："俺老哥今年怕都六十了罢？"

孝子说："五十九了。"

九长说："老哥数狗的，虚岁六十了。"

种九长瞧了丧牌子，上头都写得明明白白，当然说话掉不到地下。

孝子说："瞧你跟俺爹还怪熟的？"

九长说："说来不怕你笑话，都是从小的弟兄们，脱着赤巴肚[1]长大的。"种九长瞧了一眼孝子，估摸他最多不超过三十岁，说："近二三十年儿，住得远了，来往得少了，可听说这事儿，说啥也得赶来瞧瞧。"

孝子说："跑恁远，先吃饭吧。"

种九长说："唉——哪还有心思吃饭。"

孝子说："人死不能活，先吃了饭再说话吧，管家，这几位大叔是俺爹从小的好朋友，给上房屋开一桌上好的酒席，别让大叔们吃大锅菜。"

（5）撴鳖

九长好撴鳖，一撴就上瘾。这一天晌午，他正撴在兴头上，他老婆大呜小叫地叫他回去看孩子。九长就是不吭，仍旧撴他的鳖。他老婆气呼呼地到坑岸上找他，问他："你咋连气都不吭一声儿？"九长瞪了她一眼："吭、吭，吭啥吭，一吭鳖不就听见了。"老婆没听出把她比成了鳖，又说："那你不会摆摆手？"九长说："摆，摆手鳖不就瞧见了。"

（6）屙了你一蹄子

村里头唱大戏，围得里三层外三层，挤挤扛扛，风雨不透。九长和几个挖煤的上井迟，咋也瞧不着，旁人都想走不瞧了，九长说："来，跟着我。"他可着嗓门呜叫："啊——油啦油啦。"愣往里挤。人都怕油蹭到身上，闪开了一条缝，正往里挤着，一个穿白鞋的娘儿们挡着路，咋呜叫也不动。九长朝着白鞋"啊——呸"就是一口，穿白鞋的娘儿们骂他："臭小子，往哪儿屙！"九长赔着笑脸，说："他嫂子真对不住，屙了你一蹄子。"说着，一挤就过去了。

（7）给驴瞧病

一天，水冶集逢会。九长想盖房子买点木什[2]，偏偏几个染房的伙计拦住他，非要他喷几个笑话不中，说啥也不叫他走。九长说："别闹了，俺今儿个有急事，家里的那几头大公驴得了急病，病得蹄儿爪儿都发了青，不赶紧请兽医就没得救了。"染房的伙计见他心急火燎的，就叫他走了。

傍黑儿，他拉了一车旧木什路过染房门口，染房伙计们拦住他问。他说："不用治，天一黑一洗就好了。"伙计们这才呓怔[3]过来，他把染布伙计的手当驴蹄子。

（8）井里捞孩子

有个小孩掉到井里，九长失急慌忙地大呜小叫："快来捞小孩呀，小孩掉到井里了。"

九长在这一片是出了名的"瞎话精"，嘴里很少吐句实话，上当的人多了，慢慢地就没有几个人相信他的话了。

在地里锄地的人只当没这回事，听见都当没听见，照做人家自己的活儿。

九长不会水，见人又不来，一横心，"扑通"一声栽到井里去救人。

锄地的人一见这回是真的，都赶快围上来找绳捞人，

[1] 赤巴肚：赤着肚子，没穿衣服。

[2] 木什：木料。

[3] 呓怔：清醒，省悟。

幸好水不深，打到腰里，小孩没死，九长头上栽了个大窟窿，九长说："自作自受，谁叫俺好说瞎话了。"

（9）骂铁匠

有家铁匠铺，招牌是专打钢刀，其实是铁片子，打刀时就是不使钢。九长就想骂骂他们解解恨。

这一天，他来到铁匠铺："掌柜的，忙着哩。"掌柜的说："大忙人儿，这咋闲了？"

"闲啥哩，这不俺到彭城去买缸。"

"咋？麦子吃不完了？"

"哪里，家穷，死了怕儿子买不起棺材板，买两个缸对起来用呗。"

"要是儿子不使缸哩？"

"就怕龟孙儿子黑心烂肚子不使钢，骗他爹。"

（10）肉头

老哥儿俩在大街上斗嘴，这一个呜叫那一个："肉头——"那一个也呜叫这一个："肉头——"九长看好路过这里，就大声答应："哎——叫谁哩！"叫肉头是说老婆偷汉子，这咋还有人答应？一时把两个老汉弄愣了，一瞧是个年轻人赶紧说："走吧走吧，不是叫你哩。"九长说："咋这儿叫肉头的恁多？"老哥儿俩傻了脸。

（11）扫盐

天阴了，九长急急忙忙往家赶，半路被人拦住，说："听说你会说瞎话，也诓诓俺哥儿们。"九长一瞧不认得，就说："说瞎话是逗人笑的，那是闲来没事胡编的，俺今儿个有急事得回家拿布袋，山口那边不知谁漏了一大溜子盐，不赶紧扫扫，这天一下雨就都化了。"说完拔腿就跑。

这几个人赶紧拿了布袋去扫，结果，一粒盐没扫到，反倒淋了个水鸡子。

（12）偷玉菱

种九长的孩子被邻村的地主打了，说是偷了他家的玉菱。他问孩子，孩子说没偷，就从地主的地边过了过。九长也知道孩子的手不贱，就想教训教训那个老地主。

他穿了一身新衣裳，背了个干干净净的破布袋，就来到邻村地主的玉菱地里。地主一瞧有人带着布袋进了玉菱地，又听到玉菱地里"咯哩呵吧"地乱响，就知道一准有人在偷玉菱。他抓住一瞧，是九长，再一瞧，满地的玉菱棒子，那地主的气可是不打一处来，平素受够了他的气，这一下可有了出气的机会，兜起地上的玉菱棒子不由分说，就把九长送到了县衙。

县老爷对九长是三分恨，七分怕。一听说地主抓住了九长偷玉菱，立马就升了堂。县老爷心说：没理，就狠打他，有理，就狠奖他，反正不落孬种就落人情，落孬种，叫他怕落人情，叫他感恩，不再生事惹非。

地主说："人，是俺在俺家的玉菱地里抓住的，这一布袋，是他偷的俺家的玉菱，大老爷，得叫他赔俺一头牛。"

九长说："玉菱是俺家的，俺在他地里屙屎，他就胡赖，屈说[1]俺。"

地主说："玉菱是你家的，你叫叫它答应不答应？"

九长说："你叫叫它瞧它答应不答应？"

县老爷说："不准胡闹，老爷我自会明断。"

他叫九长把他布袋里的玉菱倒出来，和地主的玉菱一比，说："颜色一样，大小相同，先打五十大板，再赔一头牛。"

九长说："老爷断得不公。"

县老爷说："不公？莫非你还不认罪？"

九长说："都是地里长的，咋能不一样？但俺今年地里浇的是开水，长的是熟玉菱，他地里浇的冷水，长的是

[1]　屈说：诬陷。

生玉茭，不信老爷你尝尝。"

县老爷说："有这等怪事，拿几个来，老爷我先尝尝。"

县老爷啃了几口："不错，是熟的。"又啃了地主的玉茭一口："生的。"

地主不信，咬一个熟的，再咬一个还是熟的，一连咬了多半布袋都是熟的，地主没话说了。

九长说："你咬了俺这么多玉茭，叫俺咋卖？"

县老爷说："咬一个赔一个钱。"

九长说："不中，俺这是开水玉茭，一个卖十两银子。"

县老爷一拍惊堂木说："老地主，你给我赔，我吃的这个，也算到你的账上。"

讲述者：	程天生，男，48岁，安阳县善应镇天喜镇村人，初中，农民
采录者：	杨保新，男，30岁，安阳县善应镇杨家坪村人，大专，善应镇文化站站长
采录时间：	1992年
采录地点：	安阳县善应镇天喜镇村
选自：	《狐狸坟传奇》

附记

20世纪90年代，安阳县文化局准备出版《中国民间故事集成》安阳县卷，广泛宣传和发动征集资料，我当时任善应镇文化站辅导员，这个任务就落在了我的头上，通过在下边走访，发现天喜镇村的村民程天生爱说一些小故事和搜集本地笑话、传说等，我便认识了他，逐渐和他熟了起来。程天生，男，1943年出生，小学文化，在家务农，爱写爱画、多才多艺、擅长烧制砖雕，安阳市清凉山修定寺塔（唐塔）是国家级文物保护单位，在修复过程中，塔身上的砖雕烧制就有他的参与。他家庭条件一般，几个儿女都已成家。我多次到他家给他送笔和稿纸，鼓励他，让他多写些本地的故事、笑话等。搜集整理了他讲述的十多篇故事、笑话，收录在安阳县民间故事集《狐狸坟传奇》中，特别是《种九长的故事》吸引了大家。说起种九长，程天生显得有些激动，有说不完的话，他说种九长也叫种久常、种大常，原名赵久常。"种"当地俗称，也就是"浪"的意思，善应（天

喜镇）、水冶、铜冶一带流行，种，有"孬种""俗种""贱种"等称谓。如："你种了不轻，浪了不轻。你去哪儿浪了？你去哪儿撒了？"久而久之，人们就把他叫成种大常。程天生说，他虽然没见过种大常，但听他父辈说过。种大常家的坟墓就挨着他家的坟地，他听上辈人说，种大常没上过几年学，年轻时下煤窑、当苦工，他聪明能干，能说会道，会说好多小故事、荤故事、笑话、种话（浪话）。本村流传着一句话："上去东河坡儿，说浪话不搁家儿。"就是指几家姓赵的。种大常家就住在东河坡上。有次他去水冶，路过天池村时，听到有人在喊"肉头！"（骂人的话），他听到后，赶忙答应，那人一看不认识他，连忙赔不是说："你走吧，不是叫你哩！"他说："不是叫我哩？在我家那儿，他们都叫我'肉头'，咋你村也有'肉头'？"那人听到后，尴尬地走开了。不知不觉中一句话就骂了人。又如，水冶东大街有家染房，种大常去染布，有个小伙计认识他，让他说个笑话，种大常说："今天不中了。"伙计问他："咋不中了？"种大常说："我家驴有病了，蹄子和爪子都发青了。我得赶紧去找兽医给驴治病。"小伙计笑着说："那你赶快去吧！"种大常走后，老掌柜说："小伙计你真是个晕种，还笑了，看看你的手和指头青不青？"小伙计一看，红着脸走开了。

又有次种大常去安阳，到小摊上吃饭，一个十几岁小孩抢生意说："来我这儿吧，我这儿的菜尽吃（随便吃，不限量）。"种大常就坐到他的摊位上吃了起来，他一碗饭没喝完，光菜就加了六次，小孩急了说："你家是哪儿的？"他说："西乡人。"小孩说："西乡有个人叫菜饱驴，你知道吧？"他说："知道。"小孩高兴地以为可骂了他，种大常接着说："不过他死了。"小孩又问："咋死的？"他说："被他儿子气死的，他儿子不孝，他要吃菜，儿子嫌他多吃得多不让吃，气死了。"小孩一听红着脸无话可说。旁边的饭摊老掌柜偷偷笑了起来。

总之，种大常在天喜镇村一带人人都知道，类似这样的故事传说还有很多，现在，程天生已经80多岁了，身体不好，不过程天生表示以后身体允许他将继续写下去，争取多搜集、多写些，让这些小故事和传说流传下去。（杨保新）

杨保新（右）在采录程天生（左）讲述种九长的故事
（摄影：刘二安）

《种九长的故事》采录地善应镇天喜镇村（摄影：杨保新）

75

郭老钻的故事

相传从前豫北某镇子上有一个叫郭老钻的"名人"。此人怎么样"名"，就是他为人刁钻奸诈，他的"点子"往往很会作弄人，经常使人上当受骗，有时候还真让人有言难辩，有理讲不出来。

（1）炸油条费油

郭老钻在镇子北街住。他每次从十字路口过，看到路东一家炸油条的总是说："你这样炸油条太费油了。"时间长了，这家炸油条的店主想，人家老郭很可能有炸油条省油的办法。

有一天郭老钻从门口过时又说那句话，店主问："老郭，你有省油的办法？""那当然了。"郭老钻有把握地回答。店主接着说："那你今天有工夫吗？咱一块坐坐。"郭老钻回答："今天还真没工夫，改天你约我好了。"其实郭老钻什么没工夫，他怕对方准备不充分，吃喝水平低罢了。

一日，炸油条店主专门约郭老钻到店里坐坐，郭老钻就应允了。郭老钻吃饱喝足后对店主说："你们注意听着，方法很简单，炸油条费油，干吗要炸油条呢？蒸馍馍不是很省油吗？"店主听了还真是无法反驳，只不过是赔了一桌酒席。

（2）郭老钻买缸

有一天，郭老钻外出到五里外的刘庄，看到一个卖缸的人用小车推着两口大缸，吆喝着："卖缸呀卖缸。"郭老钻走近跟前，问一个缸要多少钱，卖缸的回答："一个缸二十文。"郭老钻听后说："你卖缸是论个卖吗？到俺那儿都是论斤卖的。"卖缸的一听感到很惊奇，卖了这么长时间，还真没听说过卖缸论斤卖，所以就问："你那儿一斤缸多少钱？""一斤六文。"卖缸的一听暗暗地合计了一下，如果六文钱一斤，哪个缸都下不来百把斤，一个缸就能卖六七百文，比论个合适得多。于是就问："到你那儿去卖，你要吗？""要啊。"

卖缸的一听非常高兴，推起缸跟着那郭老钻走去。累得满头大汗总算推到了郭老钻家门口。一会儿郭老钻掂着个锤子从家里出来对卖缸的说："我买二斤缸。"说着拿锤砸缸。卖缸的赶紧上前拦住，"什么，要二斤缸，你要二斤剩下的我咋卖？"郭老钻说："你不卖算了，可不是我不买。"卖缸的有气无处生，只好推起缸走了。

（3）吃花生

有一年冬天，郭老钻拿着竹粪权出门拾粪，看到两个瞎先生坐在北墙根儿晒着太阳吃花生。其中一个瞎子包着一兜花生，隔一会儿给另一瞎子一把花生。郭老钻看在眼里，计在心里。

郭老钻慢慢走近瞎子。当包着一兜花生的瞎子给另一个瞎子花生时，郭老钻用手接住，然后给另一个瞎子几个，他留下大部分。这样来回了好多次后，另一个瞎子嫌吃的花生少，向包花生的瞎子讨花生时，回答说："没有

了，还要啥！""咋没有了！一次你只给我几个，斤半花生就没了？""不信你搜搜。"郭老钻一看时机已到，用粪权把朝包花生的瞎子打了一下。这一下气得他说："你吃了那么多花生还打我。"说着拿起明杖[1]朝另一瞎子打去。接着两个瞎子对骂起来。郭老钻看"事"已办妥，慢慢溜走了。

（4）算卦

有一年夏天，郭老钻看到街上有位算卦的瞎先生。他马上到家拿了两根长扁担，走近瞎子说："先生，走，到俺家给我算一卦。"随即领着瞎子到没人烟的漫地里，把两根扁担往地里一栽，扶着瞎子说："这是我家，扶着门框（其实是扁担）走。"走了几步给瞎子搬了一个平石头，让他坐下，并说："这是我家东屋，我去叫人来了就算。"

瞎子信以为真。当瞎子坐下后，老郭把两根扁担一拔，去之无踪。瞎子等呀等，听不到任何动静，于是站起来连走带喊："这个院子这么大，怎么一直摸不着屋子。"瞎子摸来摸去，跌跌撞撞，就是听不到算卦的人来。

（5）都来看

夏季一天的傍晌午，郭老钻在镇子外遇到一位瞎子，上前与他搭讪上了。瞎子感到此人很热情，就问起郭老钻叫什么名字，郭老钻回答："我叫'都来看'。"

他俩越谈越投机。郭老钻突然向瞎子提出："这里有一个水坑，天沤热[2]，快中午了，没有人来，咱洗洗澡吧？"瞎子认为有这么个"知己"，洗就洗。说着瞎子就把衣服脱光，放到了树下，下到了水里。

郭老钻不但没脱衣服，而且把瞎子的衣服包起来，很快离开了水坑。待了一会儿，瞎子喊："都来看，下来了

[1] 明杖：盲人探路的竹棍。
[2] 沤热：湿度大，无风的闷热天气。

没有？"他连喊数声听不到对方回音后，便马上上来穿衣服，结果衣服也没有了。接着大喊起来："都来看，都来看……"

住镇子边的群众听到"都来看"喊声，纷纷到池坑边看有什么热闹，结果一看有一位赤条条的瞎子在瞎喊，大家便骂起他来了，瞎子听到有人声，以为是都来看来了，便骂道："都来看什么……"

（6）郭老钻买鸡蛋

腊月初八那天，郭老钻在一个村外场[1]边，见到一个人担着两篓鸡蛋，便问："你是卖的还是送的？"答："卖的。"当他俩讨价还价后，郭老钻答应能要他一篓半。

卖鸡蛋的马上称了一篓，郭老钻说："总得腾出一篓来才能称那篓啊，干脆你搂着这个大石磙，两手叉紧，我把鸡蛋一个个挪到磙上，那就有法称半篓了。"卖鸡蛋的以为碰上了大买主，就如此照办了。两条胳膊叉手伸到磙上，肚贴着磙子。郭老钻则把篓里的鸡蛋一个个挪到卖鸡蛋的怀里，当把一篓鸡蛋往磙子上挪完后，郭老钻说："哎呀！费这事干啥，俺家就这个村的，我回家把俺家的篓子拿来，直接称半篓不就完了。"卖鸡蛋的一听有理，虽说手冷肚凉，只好再坚持会儿。

郭老钻一走，哪里还会再来？卖蛋的一等再等，不见郭老钻的踪影。可就是不敢松手，直到把手冻僵，肚子冰凉，真坚持不住了，不由一松手，一篓鸡蛋从磙上跌下来打个精光。

（7）郭老钻"善"对老师

郭老钻上小学时，总是想方设法给老师发难，使老师屡屡难堪。

郭老钻发现老师早晨起床后，总是把便壶里的尿倒去

[1]　场：收打农作物的场地。

后，随手将便壶放到厕所那一摞砖上，于是郭老钻触景生情，想出个馊主意。他利用没人的机会溜进厕所，用一个铁锥子在老师的便壶底下钻了一个孔。

老师到夜间，照常把便壶提到屋里，凡是用便壶的人一般是老年人或成年人，而小便不下床，把便壶塞进被窝里，便后取出。老师有尿时，按通常规矩办理后，怎么觉得被窝里湿淋淋的，想起便壶却是空的，经检查知道有人在便壶底下做了手脚。这位老师暖湿被不太要紧，就是第二天也没脸往外晒被褥。

郭老钻根据多次观察，发现老师到茅厕大便时，因年纪大，腿脚不好，总爱用手拽着伸向茅厕的那条柳枝，借个力蹲着。郭老钻看在眼里，坏点子出在心里。他趁没人的机会，用小刀把那条柳枝枝骨割断，只是树皮还连着点儿。

待老师去大便时，还是老规矩，一解裤子照常去拽柳枝，这一拽可出了问题。他毫无防备把柳枝拽断，"扑通"一声，仰面朝天掉进茅坑里。在万般无奈的情况下，只有喊学生把自己捞上来。尽管很难堪，也不能老待在茅坑里啊。

（8）郭老钻骗剃

郭老钻到剃头铺剃头，总想方设法白剃不出钱，弄得剃头的有话也难说。

一次郭老钻在外地干活，走进剃头铺剃头，剃完头后他扭头就走。剃头的见他没有付钱要走，上前说："你还没给钱呢？""什么？剃头还要钱？"郭老钻显得很惊讶的样子，"在俺那个地方，剃头是互助的，不行你坐下，我给你剃剃。"弄得剃头的无法再与他理论。

又有一次郭老钻到剃头铺剃头，在刮脸时说："给我把眉剃掉。"剃头的认为可能是人家嫌眉不旺，于是就把眉给剃掉了。接着郭老钻说："给我把耳朵剃掉。"剃头的说："笑话，谁敢给你把耳朵剃掉。""你见谁把眉剃掉了？""是你呀！""我又叫你把耳朵剃掉，你为啥不剃？"剃头的哑巴吃黄连，再咋说也不敢把人家的耳朵给

剃掉。让人家走了算便宜，不让包钱就好。

还有一次在剃头铺门口，郭老钻与一位想剃头的人相遇。二人谈笑风生一同进了剃头铺。进去后正好没人，郭老钻说："你先剃还是我先剃？""还是你先剃吧。"那人很礼貌地说。郭老钻说："那就依实了。我就先剃，反正都是我拿钱。"那人接着说："我拿，我拿。"

郭老钻剃完头，没哼一声出了剃头铺。当那个人剃完头，付一个人的钱时，剃头的说："还有一个呢？""只有我一个呀！"那人很惊奇地回答。"你们两个不是一块儿进来的吗？"剃头的迫不及待地反问。"是啊，一块儿进来我就得给他付钱？"那人很气愤地说。这样一来把剃头师傅急得满脸通红，说不上理。

（9）说笑财主

从前，有一财主发出话去，谁能一句话说笑他，奖银元五十个。当消息传到郭老钻耳朵里，他就朝思暮想，想得到这五十个银元。

一天他在大街上遇到一瞎先生，上前与其热乎起来。告诉瞎子说："有一宗好差事，只要与我配合，五十个银元对半分。"瞎子问："什么差事，要我怎么配合？""你甭管啥差事，只要听我的，准能成。"瞎子想，我一个瞎子能让我干什么？只要不缺德总不会把我害死吧，当即就答应下来。

瞎子答应后，郭老钻就对财主说可以说笑他。在财主定下的吉利日那天，郭老钻领着瞎子到财主家花园，带瞎子一直走到花园养鱼池边，让瞎子停下站好。这时，郭老钻对财主说："开始吧！""可以。"郭老钻对着瞎子喊："跪！"瞎子背着铺盖卷和箱子，照跪不误，只听"扑通"一声，瞎子栽到了养鱼池里。财主立刻幸灾乐祸地"咯咯"大笑起来。

郭老钻不是一句话把财主说笑了，而是一个字就说笑了。郭老钻轻松地得了二十五个银元，而瞎子也有惊无险地挣了二十五个银元，但浑身上下成了一个落水鸡。

（10）郭老钻救丈人

郭老钻的岳父是个看相的。郭老钻经常劝老丈人丢下这套骗人的把戏，可老泰山却不以为然。

这日天气晴朗，老丈人又把招牌挂在门外揽生意。不一会儿，大街上过来一模一样的三顶小轿。一个衙役走进门问："喂，哪位是看相的先生呀？"老头儿笑脸相迎："是我。你要相面吗？"那衙役说："我不相面，是俺家太太相面。相得准了，多给赏银！要是相得不准叫你这老头子吃不了兜着走！"老头儿一听那衙役出言不逊，便傲慢地说："相准相不准的，一相才知。尽管让你家太太来相便是。"衙役边说边走出去，老头儿跟在后边。一见外边停着三顶轿子，老头儿一愣。只听衙役喊道："有请太太！"三个轿帘儿一齐打开，走出三位年龄、长相、穿戴、个头都差不多的女人。衙役又对老头儿说："你说你相面相得准，今天就试试你的本事。先认认她们三个中哪个是大太太？认出来了，赏给三十两；如若错认，今儿非但砸了你的招牌，还要拖你上公堂吃板子。"老头儿万没想到遇上这号难题，吓得出了一身冷汗，立在那儿大张着嘴，不敢吱声了。

这时候，郭老钻慢慢走了出来，他瞟了一眼正在狞笑的衙役，说："这有何难。用不着我们老人费心劳神了，在下今天露一手儿，各位看看！"衙役一看，以为他们是师徒哩，就说："好吧，你先认认，认不出来再叫你师父认！"郭老钻诡谲地一笑，说："这有啥认头儿哩？贵人贵相，贱人贱貌，好认得很。大太太脑后有三根金头发，离大老远我就看见了。"这时，衙役和两个女人都不由自主地向站在中间的那个女人脑后看去。可看了好一阵儿，也没见一根金头发。

郭老钻对站在中间的那女人笑道："他们是看不见你脑后金发的，凡胎肉眼哪能见贵物？要是都看见了，还有啥主贵处！"几句话把站在中间的那个女人说得直抿着嘴儿笑。郭老钻趁机走过去对中间那个女人说："大太太，该赏钱了吧？"那个女人喜得合不拢嘴，立马命衙役取出三个元宝，赏给了郭老钻。

三顶轿子抬下走后，老头儿还傻站在门口。郭老钻忙道："岳父大人，这三个元宝给你。今后缺钱花了，只管吭一声，可别再玩这把戏了。看今儿个这事儿多悬乎！"

老丈人这才回过神儿，当下把那看相招牌砸了，往后再也没给人相过面。

采录者： 李文林，男，64岁，安阳县磊口乡南磊口村人，大专，退休干部

采录时间： 2006年1月

采录地点： 安阳县磊口乡南磊口村

选自： 《安阳县民间故事集》

附记

郭老钻的故事广泛传播于安阳县西部民间，而且历史悠久。这组故事反映的是生活在封建社会底层的一个机智人物的人生琐事，故事既有滑稽可笑捉弄人的一面，也有崇善嫉恶的一面，展示出过去一部分劳动人民的精神世界。（王光明）

76

刘二椦[1]的故事

（1）赌牛

初冬的一天，刘二椦背着粪箩头来到村东，恰遇本村老财主赶集回来，把刚买回来的一头大公牛拴到路旁的大树上，到一旁大解。刘二椦停在远远的地方，等着拾粪，可等了很长很长时间，老财主才大解完。刘二椦上前一看，那点粪便连半个驴粪蛋儿大也没有。便风趣地说："肥得像头猪，拉了这么点。"老财主一听很不高兴，便说："别看少，你也吃不了。"刘二椦反问："我若吃了怎么说？"老财主抓着肥胖的大脑袋说："把我刚买回的大公牛输给你。""一言为定？"刘二椦反问。老财主想拿人取乐，便随口答道："说了算数。"这时几个过路的村民，知道刘二椦又要戏耍老财主了，便齐声说道："我们担保。"刘二椦用一根小棍儿扎起粪蛋，故意靠近老财主眼前晃了晃说："老东家，你看准，我要吃了。"老财主急忙掏出手巾捂着大嘴，闭着眼睛。刘二椦趁机把粪蛋甩到背后，向后一退，

[1] 椦：骗，坑，害。

踩到脚下的松土里。等老财主睁开两只小眼时，刘二榷手里还拿着扎粪蛋的小棍儿，伸伸脖子瞪着眼，像真吃了的样子。老财主一看可傻了眼。他后悔了，不愿把牛输掉，便急忙趴在地上央求说："老二呀，老少爷们，您也拉点叫我吃了算兑了吧。"刘二榷一听便说："好吧。"就到一旁隐蔽处去大解。穷人家吃的是萝卜野菜喝冷水，又加上恰巧受了点风寒，肚里不适，拉了箩筐大一摊稀屎，还夹杂着几条混屎虫。老财主一看可又吓傻了，转了几圈，为了不输大公牛，一狠心，闭上小眼儿，张开大嘴，只一口下肚，便"哇"的一声又全吐了出来。众人捧腹大笑。无奈，老财主趴在地上求情："老少爷们，老二呀，高抬贵手，让我带回家里，慢慢地吃吧。"众人都说："那不行！"老财主只好呆呆地看着刘二榷和众乡亲牵着大公牛，哼着梆子腔走了。

（2）火龙衫

老财主输了大公牛，心里恨透了刘二榷。十冬腊月的一天，他用了几个护院家丁，把刘二榷抓到家里，剥掉棉衣，关在磨坊里。心想："打死人偿命，冻死你活该。"深夜，刘二榷推起空磨取暖。第二天刚亮，老财主隔窗一看，刘二榷满头大汗，浑身冒热气，便惊疑地问："恁冷这天，你咋恁热？"刘二榷说："东家，我这身衣服叫火龙衫，天气越冷，它就越热。"老财主听了心想："可也就是，我穿着狐皮大衣还冷哩。"便暗笑说："老二呀，给我的狐皮大衣换换吧，我就放你出去。"刘二榷想了想便说："换换可以，但还要外加十两银子。"谈妥以后，换了衣服，付了银子，就放走了刘二榷。

第二天，风雪交加，滴水成冰。老财主为炫耀自己的宝衣，就穿上火龙衫，到十里外一个朋友家去吃酒。半路上冻得实在受不了，见路旁有棵烧焦了的枯树，就紧靠着死灰取暖，一会儿就冻死了。他们家里的人找刘二榷问罪，刘二榷看了以后，便不慌不忙地说："老东家不是冻死的而是热死的，你们看，火龙衫把树都烧焦了。"老财主家里人看了，也只好作罢。

（3）杀鬼判

老财主死了以后，就到阎王殿里去告状，说是被刘二榷害死的。阎王就派了红眼判和烂眼鬼去传刘二榷到堂质对，二鬼判拿着公文，来到刘二榷家说明来意。刘二榷自知见了阎王也是吃亏，灵机一动，计上心来，就对二鬼判说："请您稍等，让我把这锅眼药熬好以后再跟您走。"二鬼判一听熬眼药，就满口答应并央求说："能不能把我们的眼睛治一治。"刘二榷答应后，就熬了锅皮胶，先将胶抹在两个树桩上，让红眼判和烂眼鬼各坐一个，然后又用皮胶糊住二鬼判双眼，等粘住以后，拿出菜刀，将二鬼判的头砍了下来。

（4）打阎王

火龙衫一案未了，二鬼判又被杀死，阎王闻报大怒，急差众鬼判一齐去捉拿刘二榷。刘二榷知道阎王不会与自己善罢甘休，就想出对策。他买了些皮胶、干草和食盐，每天给大公牛吃干草加食盐而不饮水，又用红绿布条绑在鞭子上，整天狠打公牛，使它干渴难忍，一见红绿鞭子就性急发怒，然后用熬好的皮胶把牛的全身涂抹一遍，干后一敲梆梆发响，并用布把牛眼捂上。

一天，公差到门，刘二榷故意央求着："请允许我把这头万里牛一同牵去，如果留在家，被人偷去怪可惜的。"众公差答应后，一同来到阎王殿。阎王听说刘二榷有一头万里牛，好奇地问："听说你有一头万里牛，可是真的？"

"不错，是有一头。"刘二榷回答。

"带上来，让我看。"有一个小鬼把牛牵上殿，阎王一看便问："它有什么能耐？"

"它是一头宝牛，可日行万里不吃不喝，"刘二榷回答后又接着说，"不过，里边的秘诀可不能叫外人知道。"阎王喝退众鬼判后说："你若能把牛献给我，我可以免你一死。"

"好吧，你说话可算数？"

"生死大权我掌，哪能不算。快讲秘诀来。"

77

"没有什么秘诀。不过必须穿上我的衣、袜、鞋、帽，挥动这把红绿鞭子，掀去捂眼布，骑上牛背，想上哪儿，一声吆喝，飞奔而去，为防摔下牛背，必须预先涂抹皮胶在牛背。"阎王听了，便想试一试万里牛到底如何，就和刘二椎换了衣袜鞋帽，涂了皮胶，跨上牛背，红绿鞭子一晃，揭去捂眼布，大吼一声，那牛怒吼着冲出阎王殿。刘二椎赶出殿外大声喊道："刘二椎跑了……快追呀……"众鬼判一看，果然是刘二椎骑着万里牛跑了，就一拥紧紧地追了去。那牛一来受惊，二来口渴难忍，再加上胶黏难受。一直冲着一条河边跑去，阎王心里害怕，想拦，拦不住，想下，下不来，便和牛一同扎到河里去了。众鬼判赶到河边，阎王在河里大声号叫着："快救救我，我是阎王爷……"这时刘二椎穿着阎王的服装，也赶到河边，对众鬼判说："他还冒充我哩，快打死他！"众鬼判得令下河，把阎王打死了。从此以后，刘二椎就坐了阎王宝殿。

讲述者：	刘有志，男，65 岁，内黄县亳城乡东永建村人，小学，农民
采录者：	刘润喜，男，47 岁，内黄县亳城乡政府干部，高中
采录时间：	1989 年 11 月 17 日
采录地点：	内黄县亳城乡东永建村
选自：	《中国民间故事集成·河南内黄县卷》

没牙虎高继酬的故事

清朝道光年间，水冶南段村出了个高继酬。他文才很高，后来成为举人。他对当官的像一头猛虎，可从来不咬老百姓，三里五村的人都叫他没牙虎。

这就给你说几个没牙虎的事儿。

（1）拜天拜地就是不拜官

有一年，三省巡抚来彰德府办案，全府秀才、举人都到北门外迎接。大炮响过三通，旗牌官在前头开路，一路喊叫："秀才、举人，一律跪拜相迎。"秀才、举人一个个跪到地上，头不敢抬，大气不敢出。只有没牙虎高继酬一条腿在左，一条腿在右，倒背着手儿站着瞧。

旗牌官说："喂！那个举子你咋不跪？"

高继酬根本不搭理他，那个旗牌官跑到他跟前说："你眼里还有没有三省巡抚？"

高继酬大声说："俺拜天拜地就是不拜官，谁奈我何？"

他的话刚落音儿，三省巡抚的轿就落在了他跟前，后面跟着府老爷的轿、县老爷的轿，一下排了一长溜，那么多官一下子都钻出轿来，一个个横眉瞪眼儿，恨不得把高继酬咬两口。

"呦！这不是高举人吗？"三省巡抚下了轿就朝高继酬跟前走来。高继酬抬眼一瞧，赶忙拜跪："晚生有礼了。"三省巡抚扶起他，旗牌官说："嘴不硬了，你不是说拜天拜地就是不拜官吗？"

高继酬说："天地，乃是父辈师尊也。"

（2）敲打县官

县官是个糊涂官，说他糊涂他也不糊涂，发财训人数他最清楚。

这一回，高继酬的村里出了个奸情案，不用县官破，村里人都知道是财主的儿子朱上槐干的。县官一直不抓人，谁心里都明白，县官受了贿。

百姓们一直告，上面当官的一直催，这县官没法子才带着班长衙役来锁人。

到村里，县官没去财主家，倒先找到了高继酬的门上。咋哩？他要在高继酬跟前显显能耐，光光脸面，镇住高继酬。

高继酬连让县官进屋都没有，就站在院子里的老槐树下说话。

寒暄了几句，县官指着一只顺着树往上爬的蜘蛛说："高举人，那是啥？"

高继酬说："小蜘蛛。大人不认得？"

县官说："那是神虫。"

高继酬说："来给你报信儿。"

县官说："这次破案，毫无线索，蜘蛛、蜘蛛，就是知道犯案的姓朱。知朱么。"

高继酬心里说，出鳖形，嘴上说："父母官真神，但不知叫什么？"

县官说："蜘蛛顺着老槐树往上爬，犯案的该叫上槐吧？高举人，贵村有没有叫朱上槐的？"

高继酬说："神哪，真神人也。"

县官说："不敢当，不敢当。"

高继酬说："听说神仙卖东西不要钱，不知父母官知道这事不？"

县官说："把本官说糊涂了。哪地方有不要钱的？"

高继酬说："神仙卖东西不要钱，所以他不爱财，一爱财就不是神仙了，办事也就不神了。在下送父母官一副对子，'国正天心顺，官清民自安'。大人好自为之吧。"说罢，就把县官送到大门以外，"砰"的一声关上了街门，"哗啦"一声上了门闩。

（3）惩罚恶人

老财主在乡里横行霸道，谁家的鸡跑到他地里啄了他的菜，他就把人家的鸡杀了吃肉；谁家的羊啃了他的麦苗儿，羊也就成了他家的了。谁都不敢吭，谁都惹不起他。

有一回，高继酬有意放马去啃老财主的麦苗儿，老财主也知道高继酬的头不好剃，一面扣了马，一面就给彰德府的知府大人送了银子求大人把马判给他。

知府就叫衙役拿了红头竹签去给高继酬送信，要他拿十两银子到公堂了断。

来到大堂，知府问："你家的那匹马，啃了财主家的麦苗儿，你可知道？"

高继酬说："知道，下人给我说了。"

知府说："中，还算老实，那么老爷就从轻发落了，交十两银子的罚金。"

高继酬二话不说，就拿了二十两银子放到公案上。

知府说："罚你十两为啥交二十两？"

高继酬说："昨天的那匹马啃了他家的麦苗罚十两，还有前三天一匹花黑骡子也啃了他家麦苗儿，岂不是又十两，大人还不一次了断。"

老财主说："那匹大花黑骡子是我家的。"

高继酬说："那匹大花黑骡子，是这匹马所下，我亲手把它养大，咋成你家的了？大老爷可问一下村里人，哪个不知！哪个不晓！老财主公堂说谎，大老爷何不用刑？老财主昨天晚上提着包袱进府，难道他给你送了银子不成？"

知府的头上当下冒了汗，高继酬咋知道老财主昨天晚上提着包袱来的？这事儿若叫高继酬告到三省巡抚那里，这吃饭的家伙可就没有了。

老财主跪下说："启禀大老爷，前四日黑间，高举人说急着用银子，把个大花黑骡牵到我家，一百五十两银子卖给了我。"

高继酬说："你在说梦话。"

知府说："好哇，你竟敢编着瞎话讹诈高举人的大骡大马，衙役们，给我上重刑。"

老财主吃了大亏，高继酬把那一百五十两银子给了那些被杀了鸡、牵了羊的人家。

讲述者：　　王张氏，女，70岁，安阳县水冶镇南段村人，农民

采录者：　　刘长卿，男，35岁，安阳县水冶镇南段村人，工人

采录时间：　1990年

采录地点：　安阳县水冶镇南段村

选自：　　　《狐狸坟传奇》

（五）长工与地主的故事

78

牛只戏弄胡不正

相传，大司空村有个人叫牛只，由于家境贫寒，常到外村打短工，由此结识了不少穷哥儿们。

安阳桥人市附近有个财主叫胡丕正，生下来头脸就像个歪巴子葫芦。有一次他向外边发帖子[1]，忙乱中，拉下丕字下边的一横道，"丕"字成了个"不"字，"不"字又与"正"字上下连得很近，按一个字念是个"歪"字，按两个字念就是"不正"二字。收帖人挑他的眼儿，出他的洋相，先叫他胡歪只，他不应声，后叫他胡不正，他不吭气。他的长相配上这个笑话，胡不正、胡歪只就越叫越响了。

胡不正生性刁钻，每当他到地里验工，总是横挑鼻子竖挑眼，克扣短工些工钱。穷哥们怨声载道，叫苦不迭。

牛只听到穷哥儿们向他诉胡不正的苦，就想找机会去见识见识胡不正，为穷哥儿们出一出这口怨气。

有一天，牛只忙完自家地里的农活儿，起个大早就赶到安阳桥人市上找活儿干。他刚蹲下，就见一个人朝他走来。说来也巧，此人正是胡不正。

胡不正趁着星光，看他膀大腰圆，粗胳膊壮腿，穿着又像个出力的，就问他："你是在这儿等主儿吧？"

"嗯！"

"会浇园吗？"

"庄稼人谁不会！"

"会浇园就跟我走，先到家里背上辘轳，我牵上牲口把你送到地里。"

"中！"

胡不正把他领到井台上，见他套水车利索，又见他安辘轳有板有眼，就放心地回家睡黎明觉去了。

牛只吆喝牲口，水车转圈了，水顺着垄沟向前流着。他拔了井边一棵大笤帚苗使劲往井里一传，又把柳斗往井里一卸，就向胡不正家走去。他把胡家的街门拍得震天响，胡不正出来问他："啥事？"

牛只有鼻子有眼地说："是这样，我把柳斗卸下去，柳斗就是不吃水。我用柳斗朝下蹾了蹾，觉得肉鼓囊囊[2]的，往下瞧吧，井筒里黑咕隆咚的，啥也看不清。也不知是死猪死狗还是死人。我没法干活儿，所以才来叫你。"

胡不正听说井里有东西，就同牛只奔到井上，他用柳斗蹾蹾，柳斗只是漂晃，就是不吃水。往下看看，也没有看出个所以然来。于是他对牛只说："我把你卸下去，不管是啥东西，把它捞上来就算了。"

牛只扯谎说："要是往常这倒是小菜一碟，只是……今儿个出门前刚与老婆行了房，干了男女之间的事儿最怕受凉。我实在不能下，还是主家想法吧。"

胡不正说："你不能下，我只好下了。你把我卸下去吧。"

牛只说："行！"

说话间就把胡不正卸到井里。

牛只觉得井绳不那么吃劲了，就向井下问："到底了吗？"

"到底了。"

"有多深？"

"腰来深。"

[1] 发帖子：发名片，当地人叫片子。

[2] 肉鼓囊囊：不软不硬的样子。

牛只趁胡不正松开井绳的当儿，三不两下[1]就把井绳绞了上来，然后朝井下说："你在井里呆着吧，我是走人了。"说罢，扬长而去。

胡不正知道上了当，又气又恨，可就是无法上来。他在井里喊了好久，把嗓子都喊哑了，也没有喊来一个人影儿，一直等到大天老明[2]，周围下地的人来了，才算把他捞上来。

牛只离开井台后，又到人市上等雇主。他怕胡不正来认他，就把长袖布衫穿在外，并把路上拾的一顶破草帽扣在头上。牛只在人市上等了好一阵儿，也没等上一个主儿，正准备"打轿回府"[3]，胡不正匆匆忙忙向他走来。他以为是来找他算账的，心想："真是冤家路窄。"这时已躲闪不及了。他把帽檐往下一塌，生怕胡不正认出来。

胡不正开口说："你是等人呀，还是找雇主儿？"

牛只觉得他没有认出来，就随口说："是打短工的。"

"会浇园吗？"

"会！"

"那好，你就跟我去吧！"

牛只知道他没被认出来，就说："中！不过咱先小人后君子，我把丑话说在前头，你今儿出多少工钱？"

胡不正听他的话音是在讲价钱，就慷慨说："照全数给呗，一个子儿也不少。"

走在路上，牛只进而又问："这么晚了，你给我一天的工钱不嫌吃亏吗？"

胡不正"唉"了一声说："地里干巴巴等着浇水，还能计较那仁核桃俩枣儿[4]的工钱吗？"

牛只到地里还没绞几斗子水，胡不正已经把早饭送来了。牛只吃着饭又问："这么好的一棵笤帚，您咋舍得把它拔啦？"

他这一问，竟然点着了胡不正的心火。他气呼呼地说："别提了，提起来真气死人！我今儿个起个大五更，在人市上雇来个短工，我前脚到家，他后脚就去叫门。他说井里有东西，叫他下，他不下。我下去，他就把我甩到井里。他说这儿说那儿，原来就是这棵青笤帚。我在井里泡了一清早，几乎把命丢在里头，你说叫人气不气？"

牛只说："当真？"

胡不正赌咒说："我骗你我是龟孙！"

采录者：　宋魁元，男，69岁，殷都区大司空村人，小学，退休干部

采录时间：　2005年3月

采录地点：　殷都区大司空村

选自：　《民间故事选》

[1] 三不两下：形容动作迅速利落，意同三下两下。

[2] 大天老明：天亮后许久。

[3] 打轿回府：回去。

[4] 仁核桃俩枣儿：不算多，不多。

79

扮鬼称花记

在韩陵山，流传着这样几句俚语："獐豹慕村，称花二斤，不知名姓，穿白衣人，分文没付，差点归阴！"说起来，这中间还有个有趣儿的故事呢！

相传韩陵山西麓有富户刘曾，家财万贯，对长工却非常苛刻，故人送外号"老奸头"。这年结算工钱的时候又到了，老奸头还用以前的手段，长工们催慢了就推，催急了就找岔子撵人。长工们非常气愤，有个叫黄公的想出了个主意，如此这般给大家讲了一遍，喜得大家连叫"妙计"……

这天晚上，刘曾唤长工王勇吩咐道："今晚把车备好，牲口喂足，明天一早到县城卖棉花！"

王勇回到长工房，大家又如此这般商量了一番。

有个叫黄公的想了个主意，如此这般给大家讲了一遍，喜得大家连叫"妙计"……

第天[1]，一辆装满棉花的四轮车上坐大管家和刘家大公子，老把式王勇扬鞭吆喝着，"叮当，叮当"地驰出了

[1] 第天：第二天。

村子。

正当午时，棉花车驰到接近獐豹慕村的小路上，忽从高粱地蹦跳出十多个身穿白衣、青灰脸、披头散发的女鬼，吓得大管家、大公子从车上摔倒在地，面如土色。众鬼阴阳怪气乱叫："每人称给二斤花，不然架你们回阴曹地府！"大公子一想：只称二斤，不多，剩下的还能去卖。急忙应允！谁知称了二斤后一鬼走了，又来一鬼，一车棉花称完了，还有鬼要称花，大公子撒腿就跑，王勇和大管家也赶上车跟着逃了。

大公子回家，禀告父亲："獐豹慕村……"刘曾听不明白，训道："别绕腔调了，到底怎么回事？"大公子就把路上遇鬼称花之事说了一遍，刘曾听完气得瘫倒在地上，动弹不了啦。

你道真的是鬼截走了棉花吗？不！其实是长工们拿棉花抵了工钱！

讲述者：　黄天信，男，48 岁，安阳县韩陵乡东见山村人，高中，干部
采录者：　冯湘平，男，38 岁，安阳市人，大专，记者
采录时间：1990 年
采录地点：安阳县电业局
选自：　《韩陵山的故事》

附记

1990 年秋季的一天，我和黄天信去安阳县王宁乡（后更名为韩陵乡），找乡党委书记刘付贵商议集中采访民间故事的事。到乡里才知道刘书记去獐豹村和慕村一带去了，我俩便在一个大房间里等候。

闲等期间，黄天信觉得干坐着没有意思，就说："刘书记去的是獐豹慕村，那地方还有个古呢！"我说："啥古？讲讲！"老黄便摇头晃脑说："獐豹慕村，称花二斤，不知名姓，穿白衣人，分文没付，差点归阴。"我说："你这啥古？我听不明白！"黄天信笑了，在我面前站定说："俺这一片儿，历来棉花长得不错，清朝时在彰德府是抢手货。我说的这几句顺口溜，就是长工智斗财主故事流传至今的浪摆

的话儿（巧且有趣味的话）。"然后，老黄便从头至尾儿讲了《扮鬼称花记》这个发生在清朝的故事。

故事讲了，老黄意犹未尽，接着讲了一番富有土味和哲理的话："财主老尖头，炒菜不枝油（不放油），坑人坑自己，赔本把人丢。有的人耍心眼儿，想歪点儿，其实是人哄地皮，地皮哄肚皮，到头来，还是搬起石头砸自己的脚！"（冯湘平）

80

吟诗戏财主

从前，韩陵山下有兄弟四人给王财主当长工。这天，王财主叫他们去锄地。兄弟四人刚到地头，天空乌云密布，凉风呼呼，一场大雨很快就要降临。好不容易可以休息一天了，兄弟四人高兴得说起了顺口溜：

老大：云彩满天空，
老二：呼呼起了风。
老三：刮风必下雨，
老四：下雨好歇工。

话音未落，天下起雨来，兄弟四人就扛起锄头回到了王家大院。

谁知兄弟四人在地头的一番话被藏在旁边的狗腿子听到，狗腿子又将这些一五一十地告诉了王财主。王财主马上叫兄弟四人到磨坊去推磨，将原来正在拉磨的牛牵回圈去喂养。兄弟四人很气愤，一边推磨一边又编起了顺口溜：

老大：可恨财主佬，

老二：心如一把刀。

老三：拿人当牛使，

老四：下雨都不饶。

话音刚落，王财主怒气冲冲地出现在门口，指着兄弟四人说："反啦！你们胆大包天，竟敢骂我！走，咱们到公堂上去！"

于是，王财主和兄弟四人一起来到县衙门。县官因收了王财主五十两银子，所以一升堂就叫王财主到里面歇着，然后把兄弟四人唤上堂来。惊堂木拍得"叭叭"响，扯着嗓子喊："这四个刁民竟敢辱骂主人，来人，每人给我重打四十大板！"

四兄弟异口同声地说："县老爷，实在冤枉，我们根本没有辱骂主人，而是在吟诗作对。"

"哈哈，你们这些泥腿子，斗大的字不识一升，哪会吟什么诗！快给我打！"

兄弟四人又说："县老爷，你如不信，咱们可以当场试一试。如果俺把诗作不出来，每人心甘情愿挨四十大板；如果俺把诗作出来了，王东家就是诬陷好人，就得打他四十大板。"

这县官一听，心想：料他们也没有作诗的本领，不如答应下来，到时候叫他们挨了打还不能喊冤枉。于是县官当下叫人取了笔墨，写下了字据。

兄弟四人待字据写妥，就请县官出题。实际这县官也是草包，想了半天也没有想出个题来，末了，他顺手指了指院里的一座房子，说："就以此为题。"

兄弟四人看了看这座房子，共三间，有一个门、两个窗户，前边有两棵柳树，房后有三棵桑树。兄弟四人互相使一下眼色，便开始吟诗：

老大：一座三间房，

老二：一门两个窗。

老三：门前两棵柳，

老四：屋后三棵桑。

县官听了，瞠目结舌，说不出话来。这时兄弟四人又吟起了诗：

老大：老爷莫心惊，

老二：诬陷罪不轻。

老三：事先有字据，

老四：为官要清正。

县官没有办法，只好摆摆手说："把王东家打四十大板。"

此刻王财主正在喝茶水，忽然进来两个衙役，不由分说把他拖到堂前，按倒便打，尽管他哭爹叫娘，也毫无用处。

回去的路上，兄弟四人看着王财主"哼呀嗨哼呀嗨"的狼狈劲儿，又风趣地吟起了顺口溜：

老大：下次记住别告了，

老二：不告怎挨四十下，

老三：四十大板不算疼，

老四：不疼咋能直哼哼。

在兄弟四人的嘲讽声中，王财主哼哼地捂着屁股往家走。

讲述者：　黄天信，男，48岁，安阳县韩陵乡东见山村人，高中，干部

采录者：　冯湘平，男，38岁，安阳市人，大专，记者

采录时间：1990年

采录地点：安阳县电业局

选自：　　《韩陵山的故事》

我在报社工作时，一天黄天信来报社送稿子，和另外几个人聊起了长工斗地主，黄天信插话说："长工斗地主，这类事多得很！我能讲十个八个不成问题。"黄天信先讲了一个晒房子的事，有人说课本上有这一段，不能算。我鼓励他再讲，他就讲了这个《吟诗戏财主》。他用安阳土话，舌前音舌后音有点不分，但听着特别有趣。讲长工回到住处，还有一段后来没有写进去的内容：白天下雨夜里晴，气得东家肚里疼。按照规矩，长工下雨歇的是应该的，东家就得管吃管喝；农忙时长工多干活儿也不多加钱，但在饭食上要提高待遇。可这财主眼里不着闲人，更不把"觅汉儿"当人，心生歹意，叫他们四人去推磨。黄天信说到最后时，"不疼咋能直哼哼"，"咋能"二字极具安阳特色。尤其是学着财主的样子，一只手捂着屁股，弯腰甩着另一只手哼哼着，把大家逗得乐不可支。

后来我说："你咋这么多故事呢？"黄天信说："我不算多！韩陵那一片，韩信埋母、韩陵山大战、定国寺、韩陵片石牌……事儿不少，地不好，风水好，官葬多，怪事多，与河北省交界，净出了不少'老喷的''话篓的''连巴嘴的'，找一个上岁数的，都能喷得天花乱坠！"（冯湘平）

81

听话的长工扒祖坟

从前，有一个地主坏得头尖儿生疮、脚底板流脓，真是坏透了。他给长工们定了个规矩，一年有一次不听话，就扣全年的工钱，成百成百的长工就这样白白地干一年，都空着手走了。

这一年，一个很听话的长工来到他家，地主给他派活儿说："你就干那和煤、喂牲口、担水、垫圈、转磨旮旯活儿吧。"地主说罢出去了。听话的长工照他说的去办事了。地主回来，见他在磨旮旯转圈儿，忙问："你在干啥？"

长工说："转磨旮旯哇。"

地主赶紧到牲口圈里，一看牲口槽里都是煤子，满圈都是水，不等地主问，长工就说："你让我和煤喂牲口、担水垫圈，我不是照你说的办了吗？"地主干急没话说。

长工又问："明天干啥？"

地主没好气地说："明天到河滩拾那三尖八棱的石头吧。"

第二天，长工在河边睡了一大觉儿回来了，地主问："拾了多少石头？"

长工说:"没拾一块儿。"

地主问:"为啥没拾?"

长工说:"我看那儿一块石头都不中,都是有三尖儿没有八棱,有八棱没有三尖儿,你不要的东西,拾回来还是白搭。"接着又问:"明天干啥?"

地主没好气地说:"明天你到地里去,看人家干啥活儿你也干啥活儿,偷懒回家不叫你吃饭。"

第二天,长工到地里,二话没说就把地主家的祖坟扒了。晚上地主问长工:"你今天在地里干了些啥?"长工说:"你说叫我到地里看人家干啥,人家起干骨,我就把你家的祖坟扒了。"

打那儿以后,地主再也不敢孬种了。

讲述者: 姬天河,男,安阳县蒋村乡双全村人,
        农民
采录者: 杨国芳,男,安阳县人
采录时间: 1991 年
采录地点: 安阳县蒋村乡双全村
选自: 《狐狸坟传奇》

82

狗和屁

从前,有一老地主,孬得不能行,他总想着法儿糊弄长工,时间一长,长工也就想着法儿糊弄他。你不叫俺吃饱,俺就把苗儿给你锄死;你扣俺工钱,俺就躺在地里睡地头觉。谁也不怕谁,吵就吵,闹就闹,反正你离开长工,地就得荒着。

这一天,地主又想了孬主意。他在大门口写了个笑话儿,题目就叫狗和屁。长工们从地里回来,他端着灯挨着个儿叫长工们瞧。

笑话儿大概是这样写的:

村上的狗分三种:第一种叫狗放屁,第二种叫放屁狗,第三种叫放狗屁。

第一种狗最好,是狗不能不放屁,但它肯给主家出力看门儿;第二种狗就差劲儿了,尽管能看门,可整天放屁,臭得不能行;第三种狗最坏,不给主家出力看门儿不说,还瞎放狗屁。

言外之意,是叫长工们瞧瞧,自己是哪种狗。

这可把长工们气坏了,商量了半后晌,找了个秀才也写了个笑话贴在大门口,长工们把老地主推到门口叫他瞧。

笑话儿大概是这样写的：

世间的狗分三种，第一种叫放狗屁，第二种叫放屁狗，第三种叫狗放屁。

要说哪一种狗好，哪一种狗坏，很难说明白。狗都不干活儿，都靠人养活。第一种狗，似乎通点人情，狗放的就是狗屁，不会是其他啥屁；第二种狗，多放几个狗屁，也咋着不了谁；第三种狗，最孬，是狗有意对着人放屁，人可就要打狗了。

老地主把笑话瞧完，吓得脸色都变了，打那儿往后，再也不敢欺负长工了。

讲述者： 李凤仙，女，75 岁，安阳县人，私塾一年，
农民

采录者： 王志康，男，76 岁，安阳县人，私塾五年，
中医

采录时间： 1980 年

采录地点： 安阳县豫剧团家属院

选自： 《狐狸坟传奇》

83

长工斗地主

从前，有个黑肚肠的地主，吃白馍屙黑屎，啥事一经他的肚肠就妥了。他整天想着巧法儿扣长工的工钱，长工一个个都上当，就是拿他没办法儿。这一天，又来了一个长工，照例也得给地主说上几句牢靠话儿。

地主说："到月底，你觉得咋好，俺就叫你咋着办。办妥了，加一月工钱，办不妥，扣一月工钱，咋样？"

长工说："中。"

这一个月，地主叫长工没黑没明地干活儿，瞌睡得长工恨不得掉了头。月头上，地主问长工："啥最好？"

长工说："睡觉最好。"

地主说："那你睡一天一夜的觉，不准睁眼，要不，就扣一个月工钱。"

长工睡了一大觉，也没睡够一天一夜，地主一瞧，长工睁着眼儿坐着，就说："这个月的工钱给你扣了。"

长工说："俺是睁着眼儿睡，你惊了俺的觉，加一个月工钱。"

地主没法儿了，只好加一个月工钱。世上还确实有睁着眼儿睡的人。

第二个月，地主整天叫长工喝稀菜汤儿，饿得长工肚皮贴着了脊梁骨。月头上，地主问长工："啥最好？"

长工说："吃饱最好。"

地主说："那你就给俺吃吧。吃不完三篮子黄蒸馍，扣你一个月工钱。"

长工吃饱了，还把剩下的馍分给村里的穷人。

地主说："瞧你有啥说，扣你一个月工钱。"

长工说："俺说的是吃饱最好，没说撑死最好，要想撑死俺，再拿三百篮子馍来。"

地主又没法儿，只好加一个月工钱，三百篮子馍顶好几个月的工钱，他不舍得。

第三个月，天就冷了，地主就是不给一点空儿叫长工回家拿棉衣，冻得长工浑身打哈刹[1]。月头上，地主问长工："啥最好？"

长工说："暖和暖和最好。"

地主说："那你就给俺坐在火上暖和吧，坐不到火上，扣你这仨月的工钱。"

长工就把麦秸堆到地主的上房里，坐到房脊上，叫地主说："快点儿点火，要不俺自己动手了，你瞧这西北风儿一吹，冷死人了。"地主吓得直磕头，说："给你加一年的工钱，给你加一年的工钱。"

讲述者：　孙桂英，女，55 岁，安阳县人，初中，银行干部

采录者：　吴丁唯，男，安阳县人

采录时间：　1987 年

采录地点：　安阳县

选自：　《狐狸坟传奇》

[1]　哈刹：颤抖。

84

巧佣人

从前，有一个财主对佣人很刻薄，因此佣人们都不好好地干活。财主很着急，总想选个合适的佣人。这天终于找到了一个人，他对这个人说："只要你在我这儿好好地干，到时，我总不会叫你吃亏的，别人不干的活，你干了，别人不吃的东西，你就吃了。"

这个佣人早就听说财主是个吝啬鬼，哪会对自己有啥照顾，不过是想叫自己多干点活，少吃点饭罢了。所以就想了个主意，要弄财主，治他一下，替穷人出口气。有一天，财主不在家，佣人就把财主家正房门里，佛像前摆的供品吃了个一干二净，接着又去把账房的账本用火烧了个精光，财主回家后，看到供品全没了，就问佣人哪里去了，佣人说："那供品是我吃了。"财主急忙说："哎呀！那是敬神的，你咋能乱吃呢。"佣人不慌不忙地说："你不是对我说别人不吃的东西叫我吃了吗？我看这供品放的时候不短了，神也不吃，人也不吃，我怕坏了，所以就都吃啦。"财主无言可答。正在这时家人对他说，账房的账本也全让他烧了。财主当时气得两眼发红，说："你吃了供品也不大要紧，为啥把账本也给我烧了？"佣人答："那天你不

是对我说，别人不干的活儿叫我干吗？！我看这账本放了不知有多少年，破破烂烂，也没人烧，所以我就抽空把它烧了。"财主听到这里，顿时气得昏倒在地上。

故事讲述者单金生（左）与采录者单建设（右）

讲述者：　单金生，男，34 岁，内黄县高堤乡嘴头村人，小学，农民

采录者：　单建设，男，28 岁，内黄县城关镇人，高中，文化站干部

采录时间：1990 年 4 月

采录地点：内黄县

选自：　《中国民间故事集成·河南内黄县卷》

附
记

最早听到这些故事，还是在 20 世纪 70 年代初期。我当时在内黄三中（井店）上高中，每逢节假日，回到家里，总爱和我的发小单金生在一块儿玩。特别是晚上，还常留他在我家过夜。有时间，就让他讲一些有趣的故事或笑话。

金生上小学三年级的时候，他的父亲为了让他挣工分，下地拔草、拾粪，就不让他上学了。我曾经到他家去叫他上学，可他的爹说我："上学的都是懒人、滑人、不愿干活儿的人。以后再来叫他上学，你们就不能在一块儿玩。"从此，金生就再也没上过学。但是，金生却是天生的聪明，能说会道，爱唱爱笑，记性也非常好。我俩特别合得来。他也很喜欢和大人们在一块儿说话聊天。所以，他就显得比同龄人成熟早，懂得多。特别是他爱跟我村一位袁姓的老人（多年前已去世）在一起说话。据说，老人曾是一位船拐子（在船上干活儿的人），走南闯北，见多识广，说话出口成章，笑话、故事随口就来。因此，金生便学会并积累了很多故事和笑话。给我讲起来，也是绘声绘色，有模有样，就像说评书的一样。我也很喜欢听他胡喷六拉。因为当时年轻，也不知故事有什么含义，只是听个笑话，取乐消闲而已！

金生给我讲过很多的故事，有《巧佣人》《挖水井》《对尖》等。因时间太久，有些已记不清详细内容。（单建设）

85

隐身草

从前，有一个地主，名叫刘霸。他欺压长工，剥削农民，大家都恨透了他，总想想个法子整治他一下。

一天清早，地主刘霸拄着文明棍去那两个长工住的屋子里，叫他们起来干活儿。没到屋里，便听见那两个长工在谈话，其中一个长工说："兄弟，咱两个做的梦一样，都是梦见后院树上鸟窝里有棵隐身草。咱谁也不说，趁个时候咱俩去拿下来，拿那个草到街上任吃任喝，就是偷银子也别想看见咱。"说罢大笑起来，另一个长工马上拍了拍他说："别大声笑了，要让地主听见了，可是不行。""对，可别让地主知道了，如果让他得到隐身草，咱不成水中捞月一场空啦。"说罢，两个扭头边说边笑地干活去了。

地主刘霸听到了长工的对话，高兴地来到后院，上到有鸟窝的树枝上，把所有的草都拿到屋里，对他的老婆说："我一根一根地拿，如果能看见也说话，看不见也说话，哪根看不见就是隐身草。"他老婆答应了一声，刘霸拿一根朝老婆晃晃说："看见看不见我呀？"他老婆说："看得见。"这样，地主一根一根地问，老婆可发了急，不

耐烦地说："看不见你啦。"地主很高兴，拿住那根草，便去了城里。

来到了城里，地主拿着他的"隐身草"在街里走着想："我来时还没吃饭，不如先拿点吃的。"想着便走到一个烧饼铺前，伸手拿住两个烧饼就吃，卖烧饼的人抬头一看，奇怪地想："地主刘霸那么好过[1]，怎么做起小偷来了，八成是疯了吧。"卖烧饼的人也没吭气。地主高兴极了，又走到了一个卖布的跟前，伸手拿了一块银元。卖布的人抬头看了看，一眼认出是地主刘霸，可是由于地主坏名远扬，卖布的人怕惹出乱子，就忍气让地主拿走了。

地主更加高兴了，一边走一边看，只见县衙门开着，他想："有这棵隐身草，到县衙里拿走县官的大印，这我不就成了县太爷了吗？"想着便走进县衙，两个衙役看见地主刘霸，以为找县官有事，没有盘问，就让他进去了。

刘霸手里晃着草走到堂上，此时县官抬头一看，只见刘霸手里晃根草，向自己的堂上走来，他没有理会，两旁衙役见县官没问，谁也没敢说话。地主见没人吭气，还以为没人看见自己，便悄悄地走到堂桌上，提起大印就走。县官见了非常气愤，"啪"的一声，拍响了惊堂木，然后大声说："大胆地主刘霸，竟敢在光天化日之下偷老爷的大印，衙役们，给我拿下，重打四十板！"衙役们上前就去捉地主，地主还一个劲地晃隐身草，可也没挡住衙役的双眼。地主被绑，重打四十板，押在了监牢里。

讲述者：　袁振华，男，60岁，内黄县马上乡八里庄村人，不识字，农民

采录者：　袁连周，男，30岁，内黄县马上乡人，高中，文化站干部

采录时间：1989年3月10日

采录地点：内黄县马上乡八里庄村

选自：　　《中国民间故事集成·河南内黄县卷》

[1]　好过：生活过得好。

86

雇短工

这个村里有一家地主，外号"铁公鸡"，光雇短工不雇长工。雇长工划不来，农闲时候光吃不做活儿。雇短工也跟人家不一样，人家一天给三升米，他一天给二升米。吃饭也不叫吃饱。

这一天早上吃饭，正吃着，地主不叫吃了，叫赶紧上地。短工说："我才吃了个半饱儿啦。"地主说："你拿个馍，边吃边走吧，地这么远，走到地当儿[1]也就吃饱了。"短工想了想，就去套牲口。地主说："牲口还没吃饱啊。"短工说："没事儿，我给牲口塞笼嘴[2]里一把草，边吃边走吧，地这么远，走到地当儿也就吃饱了。"地主没法了，就叫他吃。眼看着吃饱了，地主一想，说："你把中午饭也吃了吧，省事儿了。"短工想了想，说："中。"吃了几口馍，短工说："中了，中午咧吃完了。不胜把晚上饭也吃了吧。"地主说："中啊。"短工就又吃了一口馍，喝了一口饭，说："中了，晚饭也吃完了。算账吧，一天二升

[1] 地当儿：地方。
[2] 笼嘴：戴在牲口嘴上，防止它吃东西的器物。

米。"地主瞪眼了，说："你还没干活儿呀？"短工说："晚饭都吃罢了，这一天不就完了。这一天过完了，不就该算账吗？"老地主不依，两人就吵起来，说要打官司。这时候飞来一只乌鸦，短工就拿起一把镰一边追一边骂跑了。到山那边儿睡了一天，回来了。一见老地主，没等老地主说话，他先骂那个乌鸦，说："那个乌鸦是俺老家那边咧，那个乌鸦真可恶，浑身是黑咧。"老地主一愣怔，说："你咋这着说话呀？天下乌鸦一般黑，哪儿咧乌鸦还不一样？"短工说："不一样，您这儿咧乌鸦就不一样，不光乌鸦不一样，您这儿咧人跟人家外边都不一样，你看，人家雇短工都是一天三升米，您这儿一天二升，人家都叫吃饱，您这儿只叫吃半饱儿。"老地主傻眼了。

讲述者：	常俊如，男，57岁，滑县大寨乡常营村人，高小，干部
采录者：	魏庆选，男，31岁，滑县老爷庙乡魏庄村人，大专，县文联干部
采录时间：	1989年11月
采录地点：	滑县
选自：	《中国民间故事集成·河南滑县卷》

附记

《雇短工》以及后边《俩伙计打架》《和尚秀才游春》等故事的采录者魏庆选，是《滑县民间故事集成》的主编，已经退休多年，现居郑州，因眼疾不方便撰写，通过微信语音留言，回顾了他采录的经过："这三篇故事的讲述者常俊如，性格开朗，幽默风趣，肚里头装了比较多的故事和段子，在滑县县直机关小有名气。也是从县直机关一些人口中了解到常俊如这个人，所以当时我才去找到他单位采访他。我记得在他单位采访了一部分，后来又到他家去采访了一部分。常俊如是老同志、老资格，曾经当过滑县五中的校长，还当过滑县供销社办公室主任，当过县教育局的副局长，离休前任滑县卫生局副局长。他虽然学历不高，但是功底还是比较厚的，特别是古典文化，从采访和跟他交谈过程中，我也略有感受，听他的孩子也是这么说的。他脑子比较好使，记忆力非常强，我印象中，

他讲故事的时候非常通顺，非常流畅，如果是现在的话，手机打开录音，然后整理成文字，基本上就不用怎么整理，就是很完整的故事。"（刘二安）

87

吃饭像猫，干活像虎

从前，有个财主，他虽然有万贯家财，但是却惜金如命，整天为家中年轻力壮的长工饭量大而发愁。他常常烧香祈祷神灵保佑他能找一个吃饭像猫一样少，干活儿劲儿像虎一样大的长工。

村里的一个叫李福的小伙儿听说此事，便和朋友张和去找财主。见了财主，他们说："大老爷，我们想在你家扛工行吗？"财主问："你们饭量如何？"俩伙计答："自幼忍饥挨饿，吃饭像猫，干活儿像虎。"财主一听大喜，随即立了字据。让俩小伙在他家帮工三年。

吃饭时，俩小伙儿一看见馍篮里的馍，便喵呜一声猫叫，身子向前一躬，两只手同时抓住两馍。又喵呜两声，然后大口而吃。几声猫叫之后，一篮馍吃个光净，坐在一旁的财主看傻了眼。

吃过饭后去地里干活。俩小伙儿刚到财主家田头，便一声虎吼，双手举起，一个饿虎扑食的姿势立在田头。财主叫他们一声，他们就学虎吼一声，一点活儿也不干。气得财主半死，只好拉他俩见官。

到了县衙，财主告他俩光吃饭不干活儿，还装猫做虎。张和、李福拿出字据对县官说："大老爷，我们这是按字据办事。"县官看了字据后，一拍惊堂木说："大胆财主，你仗财欺人，你不按字据办事，还告别人，罚银五十两，并付张和、李福三年工钱，退——堂。"

讲述者： 韩仰宗
采录者： 韩巧玲，女，滑县老爷庙人，高中，学生
采录时间： 1989 年 11 月
采录地点： 滑县
选自： 《中国民间故事集成·河南滑县卷》

88

俩伙计打架

有一个财主雇有俩伙计干活儿。这财主不舍咧叫伙计吃饭，麦罢天，人家都吃好面卷，他叫伙计吃花卷。这花卷是一层粗红面一层好面，一层一层咧红面都很厚，那一层一层咧好面就薄咧可怜。这俩伙计受不住了，一商量，咱俩治他吧。俩伙计就打架了，不打皮肉，光摔东西。捞住盆，摔了；捞住粪钩一锛，锛到马屁股上。丁丁当当，一会儿，掌柜咧来了。打啥啦打啥啦，忙拉开。一个伙计红着眼说："你看这花卷儿，我说是这一层白面是擀面杖擀咧，他偏说是用刷子刷咧！"另一个伙计说："那咋会是擀咧呀！擀咧能会恁薄？我说就是刷子刷咧。"

这掌柜咧虽说吝啬，可并不傻，一听就知道咋回事儿了，啥话也说不出来，哑巴吃黄连。

讲述者： 常俊如，男，56 岁，滑县大寨乡常营村人，高小，干部
采录者： 魏庆选，男，30 岁，滑县老爷庙乡魏庄村人，大专，县文联干部

采录时间： 1988 年 4 月

采录地点： 滑县

选自： 《中国民间故事集成·河南滑县卷》

89

买酒

　　从前，有个老财，满脸都是麻子，大麻子里还套着小麻子，叫你数几天也数不清。他脑子里的枯笈点子[1]比他脸上的麻子还多哩，一眨眼就是一个。在他眼里，钱比命还大，就是一分钱掉到地上也要沾四两土。逢办事，还好要个小聪明，刁难一下伙计们，别瞧他平常说的比唱的还好听，可说到底，还是个铁毛老公鸡带粘胶——一毛不拔，还想倒粘几根。

　　这一年腊月间儿，老财要给他儿子办喜事儿，前好几天他就吹着风儿说："谁要是能照我说的话办成事儿，谁才是世界上最能的人哩！老爷我在事成之后一定重重赏他。"伙计们知道他是啥东西儿，只当他放了个屁，谁也没有搭理他。刚好腊月里的工钱发下来了，老财也就想趁这事儿捞他一家伙。他把一个外号叫"小诸葛"的伙计叫到跟前儿说："少爷的喜事眼瞧就快到了，到时候少不了有很多来贺喜的。伙计们当间就数你聪明，我给你一个酒篓，你去挑两篓酒吧！"说罢就把酒篓交给了"小诸葛"，

[1]　枯笈点子：坏点子，歪点子。

还说："快去快回。"

"小诸葛"想：光给酒篓不给钱，叫我咋介弄酒？这不是有意耍赖是啥呀？就问："钱哩？"

老财一听，嬉笑着说："要是掏钱买酒，谁还不会去，还用得着你这五尺高的男子大汉？这跟你的外号配不配？你要是不花钱买来酒，才算是真能哩！"

"小诸葛"想了想，二话没说，挑起酒篓走了。

到了办事儿这一天，客人们来得还真不少。该上酒的时候儿，"小诸葛"才挑着那个空酒篓溜溜达达回来了。老财一见当下气白了脸："酒哩？"

"小诸葛"嘻嘻一笑，慢吞吞地说："老东家，你别急。酒篓里要是有酒，谁还不会喝？谁要是能从这空酒篓里喝出酒来，那才算是真有本事哩！"

财主听了，气得差点没背过气去。

采录者： 张月琴，女，40岁，汤阴县人，大专，干部

采录时间： 2005 年 12 月 8 日

采录地点： 汤阴县城关镇

选自： 《中国民间故事全书·河南汤阴卷》

90

把脉

有个老财主，每年夏天一打完场就把麦子存起来，让长工们吃杂面。到种麦时，麦子价钱猛涨，他就籴麦赚大钱。

这一年又到种麦时候了，老财主急着籴麦，头天晚上就对长工们说："今儿黑[1]早点睡，明儿早[2]早点起。吃饭前装好车，吃了饭去赶集籴麦种。"第二天日头一竿子高了，还不见动静，老财主就去找领活儿的。找到一看，领活儿的正在逗狗玩，老财主火啦："看天到啥时候了，车不装，还有闲心玩狗？"领活儿的说："我不是玩狗。这狗病了，我给它把脉咧！"老财主骂起来："放屁，狗哪有脉？"领活儿的说："不信你来瞧，它要没麦（脉），咋会籴（跳）恁急咧？"

[1] 今儿黑：今天晚上。

[2] 明儿早：明天早晨。

讲述者： 牛德举，男，64 岁，河南濮阳县人，高小，
退休干部

采录者： 胡德葆，男，48 岁，内黄县人，大学，
干部

采录时间： 1990 年 12 月 15 日

采录地点： 安阳市体委家属楼

选自： 《安阳故事卷》

91

看好家门儿

附记

《把脉》的讲述者牛德举，当过兵，曾任安阳地区体委副主任，性格开朗风趣，喜欢讲故事。退休后经常在自家烟酒小门市聚三五熟人讲故事、聊天，往往手舞足蹈，声情并茂。其时，我正在主编"三套集成"安阳故事卷，就将他讲述的这篇故事以及《王二小要饭》等，记录整理，编入了《安阳故事卷》。（胡德葆）

有个财主最喜欢看戏，他雇了个长工也喜欢看戏。

有一天邻村唱戏，财主的"戏瘾"上来了，他对长工交代说："今儿个我去看戏，你要看好咱这家门，千万千万别把家门丢撇了[1]。"长工"嗯"了一声财主就走了。

财主头脚走，长工后脚摘下两扇街门，用小车子推着也就跟去了。

财主在戏台下看了一会儿，憋了一泡尿，就挤出人群去小解，他走到人稀的地方一闪眼，看到他家的长工也站在土堆上看戏。这时他顾不得撒尿了，就瞪着眼对长工说："你咋也来看戏了？丢了家门我可不依你！"

长工看他气色不好，就心平气和地说："丢不了，你尽管放心！"

财主着急地说："你在这儿看戏，家门咋能看好？"

长工指着小车上绑的两扇街门说："那不是，拴得牢呱呱的，咋能会丢了呢？"

财主跺着脚说："我说的是家门！"

[1] 丢撇了：让人偷了。

长工也着急地说："你说一千道一万，还不是为这两扇家门吗？你要是不放心，你就把它推回去好了。"

采录者：　宋魁元，男，55岁，铁西区大司空村人，
　　　　　　小学，干部

采录时间：　1991年1月

采录地点：　铁西区大司空村

选自：　　《民间故事选》

（六）巧女故事

92

巧嘴媳妇

有个巧嘴媳妇很懂礼数，因为她老公公叫周老九，她从来不说"九"字。该用"九"字的时候，她避过去不用，还能很巧妙地把话说明白。

一天，周老九和西村李老九、东村张老九在一块儿说话，直夸他儿媳妇懂事，从没说过一个"九"字。李老九说："一回半回也许能做到，我就不信日子长了，她不说出'九'字来。"张老九说："就是，简单话不说'九'字可以，有些话只怕她想避也避不开。"周老九说："你们不信？俺儿媳妇来三四年了，就是没说过一回'九'字，再难的话她也能避过去。"张老九说："你别说啦，咱打个赌，明天你先躲出门，俺俩去你家找你。你儿媳妇真能避过'九'字，俺俩情愿输给你一个猪头二斤酒。要是她说了'九'字，你说咋着吧？"周老九说："她要是说了'九'字，或带'九'字音的字，我照样输给你俩一个猪头二斤酒！"张老九说："那中，咱一言为定！"

第二天，周老九按他们事先说好的，离开了家。张老九提个酒壶，李老九掂捆韭菜，一块儿来到周老九家门口。他们一敲门，巧嘴媳妇出来了，问："二位找谁呀？"

张老九说："俺找周老九。他在家吗？"巧嘴媳妇说："俺爹刚出去，找他有事吗？"张老九说："等他回来，你对他说，东村张老九、西村李老九，一个提着一壶酒，一个掂着一捆韭菜，九月九请他去喝酒。到时候叫他早点儿去，可别叫俺俩等久了。"

他俩说完就假装走了。过一会儿，周老九回来了，他俩就躲在门外偷听。周老九进院先咳嗽一声，巧嘴媳妇忙走出屋说："爹，刚才有俩人来找你。"周老九问："谁呀？"巧嘴媳妇说："东村的张三三，西村的李四五。一个提一壶高粱曲，一个掂一捆连冬菜，重阳节请你喝几盅。还说叫你早点儿去，别叫他俩等时候长了。"

张老九和李老九在门外听罢，算服啦：嗨，这媳妇嘴真巧，那么长的话，到底连个带"九"字音的字也没说出来。二人没说的，只得输给周老九一个猪头二斤酒。

讲述者： 王西榜，男，58岁，林县城关西街人，初中，干部

采录者： 张宪增，男，34岁，林县城关人，中师，教师

采录时间： 1987年2月

采录地点： 林县城关乡政府

选自： 《中国民间故事集成·河南卷》

附记

《巧嘴媳妇》原载《中国民间故事集成·河南林县卷》，原名《周老九的媳妇儿》，曾选入《安阳故事卷》。

异文：聪明的儿媳妇

从前，安阳西边，有个叫王老九的老汉，大家都知道他的儿媳非常聪明。从前的人，小辈不准叫大辈的名，因

故事·河南卷·安阳分卷
生活故事

公公的名字有个"九"字，她说话时遇到"九"字总是避开不说。

两个好事的人趁王老汉不在家里，特意去考考这个媳妇，他们到老汉家里后，就喊："九大哥在家吗？"

媳妇回答说："公爹赶集去了。"

好事人接着说："等俺九哥回来后，你告诉他，就说东头有个张老九，西头有个李老九，明天就是九月九，请俺九哥去喝酒，留下这把韭菜和九个钱，我们不久等他了。"

王老汉回来后，两个好事人偷偷跟在他后边，只见儿媳妇先给王老汉端了一盆水，让他洗了脸，又倒了一杯茶。然后才说："东头有个张三三，西头有个李四五，明天就是重阳节，请你赴宴去做客，丢下一把长叶菜和几个钱，我接着数了数，十个短一个。"

两个好事人听了说："真是个聪明的好媳妇。"

讲述者： 申本仁，男，59岁，安阳县善应镇人，农民

采录者： 申兴发，男，52岁，安阳县善应镇北善应村人，初中，干部

采录时间： 1986年

采录地点： 安阳县善应镇

选自： 《狐狸坟传奇》

附记

关于韭菜和酒，流传有不同的说法。这些故事展示了一个聪明伶俐且孝顺的妇女形象，讲述者巧妙利用了汉字谐音字的特点韭、九、酒等和同义词的性质，赋予了聪明女性智慧，讲来让人倍感亲切。（王光明）

93

一女戏三男

一天，乌云翻滚，大雨倾盆。路上的行人及在田里干活儿的人都跑到一所寺院的房檐下避雨。相继而来的有和尚、秀才、农夫和一个走亲戚的女人。三个男的凑在一起挤眉弄眼，想拿这个女人开心。和尚说："雨天无事，咱们云诗吧！"

和尚领头说：

和尚帽子我头上戴，
人人瞧见人人爱。
谁要跟我和尚走，
白面馍馍吃不败。

秀才接着说：

秀才帽子我头上戴，
人人瞧见人人爱。
谁要跟我秀才走，
一辈子银钱花不败。

农夫接着说：

一顶草帽我头上戴，
人人瞧见人人爱。
谁要跟我农夫走，
萝卜白菜吃不败。

女人听他们是有意拿自己开心，也毫不示弱，就大大方方站起来说："我也来给你们凑个热闹。"接着说道：

娘们的帽子我头上戴，
胸前比你们多两块。
生下大儿当和尚，
生下二儿当秀才，
生下小三当农民，
跟着他爹学种菜。

三个男人被一个女人骂得无言以对，才坐下来不敢狂了。

采录者：　宋魁元，男，69岁，殷都区大司空村人，
　　　　　小学，退休干部
采录时间：2005年3月
采录地点：殷都区大司空村
选自：　　《民间故事选》

94

94

面条汤

婆媳两个在地里薅野菜，傍晌午了，儿媳问婆婆："妈，天快晌午了，咱俩谁回去做饭？"

婆婆说："你回去。"

儿媳又问："做啥饭？"

婆婆有心为难儿媳，就像念小曲似的说："条儿面，空心汤，锅里杖[1]着油嗒啷，熟了路过芝麻地，再往前走送到鬼家庄。"儿媳在路上一直记着婆婆说的这句话，可是到了家她又作了难，这是叫做啥饭呢？难得她抓耳挠腮，去问吧，又怕婆婆说自己笨，不操心；不去问吧，又难做成饭。她"唉"了一声就愁眉苦脸地走出了家门，刚出门就碰上了她二大娘，二大娘见状问她："侄儿家，你是咋的？咋愁得脸上都扯满了蜘蛛网？"她把婆婆叫她做午饭的事说给了二大娘。二大娘一听，摇摇头说："这呀，我还以为是啥大事哩，这芝麻大的事就把你愁成这样子？实话告诉你吧，你婆婆是存心难为你，又是考验你，其实是叫你做面条汤，杖些葱花儿，杖点儿香油。做好了叫你路

[1] 杖：放的意思。

过芝麻地给她送去,她是给你死去的公公送香汤呢。"

当儿媳把做的面条汤送到婆婆手上,婆婆揭开饭罐一看是面条汤,细看,汤上面还漂着葱花儿,一闻,喷香。婆婆放下饭罐拉住儿媳的手说:"我原以为你傻乎乎的,谁知道你并不傻,还恁聪明,从今往后,婆婆我就不再难为你了。"

讲述者: 张志莲,殷都区大司空村人
采录者: 宋魁元,男,72 岁,殷都区大司空村人,
        小学,退休干部
采录时间: 2008 年 1 月
采录地点: 殷都区大司空村
选自: 《民间故事选》

95

送饭

有个农夫,娶了个聪明的妻子。炎夏的一天,农夫吃罢早饭往地里走时,对妻子说:"中午给我送饭吧!"接着,给妻子出了五道题:黄金饭,珍珠汤,经过油村鬼家庄,没根树下有荫凉。

他走后,妻子寻思了不大会儿,就找到了谜底:这黄金饭,肯定是小米干饭,因为小米是黄色的。珍珠汤就是面疙瘩汤。她把饭和汤做好,盛到家伙里,打了把伞,就去给丈夫送。她到了地里,丈夫看到饭和汤,夸赞她道:"头两道题你算答对了。"妻子说:"中间两道题我也答对了。"丈夫问:"你从哪儿来的?""芝麻地呀,这不就是你所指的油村吗?"妻子答。"那鬼家庄呢?"妻子指了指面前的一片坟说:"人死后成了鬼,这么一大片坟,不是鬼家庄吗?"丈夫听着,不住地点头。

妻子说到这里,不等丈夫再问,主动地说:"你所说的无根树也带来了!"说着,把伞往地上一支。

采录者： 赵长生，男，56 岁，林州市合涧镇河南
元村人，高中，干部

采录时间： 2006 年

采录地点： 林州市

选自： 《中国民间故事全书·河南林州卷》

96

爱出难题的老公公

　　从前有一户人家，儿子、儿媳、老公公三口，儿子老实巴交不好说话，家里家外主要由儿媳料理。老公公却有个怪脾气，做事总喜欢出个小难题，让人费费脑筋思考。

　　有一天，老公公去地里干活儿，儿媳妇问他中午吃啥饭，老公公说："干干米米桶桶汤，麻饼地，鬼家庄，我在响叶树下歇荫凉。"说完头也不回就走了。

　　公公走后，儿媳妇在家想了半天也没有弄明白他说的啥，就跑出去问前院的婶子，婶子听了笑了笑说："你老公公就喜欢故弄玄虚，干干米米桶桶汤，就是小米饭带一小桶米汤，麻饼地就是麻地，鬼家庄就是地里有一座坟，响叶树就是白杨树，又叫鬼拍手。他的意思是让你把饭送到麻地边大杨树下呢。"

　　儿媳妇照着婶子的话，做了一碗小米干饭，提着米汤，找到种麻的那块地，一看果然地里有一座坟，地边有一棵大杨树，老公公正在树下吸着烟袋等着呢。媳妇把饭送过去，老公公十分高兴，连连称赞。

　　没过几天，老公公给了儿媳妇一块布，让她给自己做一个大床单、一件大布衫，剩下的再做一条擦汗的手巾。

儿媳妇接过一看，这块布做一条床单都不够，别说大布衫了，就是光做一条擦汗小手巾都不够。她虽然知道老公公喜欢出难题，可怎么也做不出这三样东西来呀，怎么办呢？儿媳妇真的发了愁。想来想去没办法就又去找婶子，婶子笑了笑，告诉她怎么做怎么说，儿媳妇记在心里。

过了几天，老公公问儿媳妇做好了没有，儿媳妇说做好了。老公公一看只有一个小床单，就问："我的大布衫和擦汗手巾呢？"媳妇说："铺上是卧单，披上是布衫，撩开底襟就能擦汗。"老公公一听也无话可说了。

讲述者：	李先英，女，73 岁，林州市原康镇大安村人，小学，农民
整理者：	高鹏伟，男，52 岁，林州市原康镇大安村人，本科，教师
采录地点：	林州市原康镇大安村
采录时间：	2021 年 8 月 24 日

附
记

送饭的故事在安阳地区多有流传，有的是婆婆，有的是公公，为难儿媳妇，还有丈夫给媳妇出难题，都是将要做的饭菜像猜谜一样地说出来，让人去猜做啥饭。（刘二安）

97

新媳妇戏小和尚

很早很早的时候，韩陵山定国寺里有个挑水的小和尚，他人小鬼点多，光想取个巧，沾点儿光。

这年夏天，小和尚来寺外挑水，看见一个新媳妇在洗衣裳，就起了个坏心眼儿。他边绞水边说："辘辘头吱扭扭，二百钱叫谁受。"新媳妇装着没听见。小和尚就越发胆大了。每次见了新媳妇就念："辘辘头吱扭扭，二百钱叫谁受。"

有一天，新媳妇终于答话说："辘辘头吱扭扭，二百钱叫俺受。"说完害羞地瞟了小和尚一眼。

小和尚见有门儿，又说："新媳妇你叫啥，今天俺要去你家。"

新媳妇说："小和尚会说话，要来俺家就来吧。"

吃过晚饭，小和尚偷偷溜到新媳妇家，新媳妇说："这会儿俺磨面，明日再来见。"

小和尚哪肯罢休，就说："今天我来帮你磨，磨完咱俩干什么？"

新媳妇羞答答，说："小和尚，你真坏，磨完干什么，不说也明白。"

小和尚边推磨，边想好事儿。累得他满头大汗。刚磨完，只听得敲门儿。

"不好，俺丈夫回来了。"新媳妇边说边拉着和尚来到门边。小和尚慌了手脚，看见一个缸，就赶快跳进去，门开了，新媳妇的丈夫进来把早已准备好的一大锅热水泼向缸里去，只烧得小和尚满身燎泡，爬出来就跑了。

讲述者： 卢玉花，女，60岁，安阳县韩陵乡东梁
贡村人，略识字，农民

采录者： 郜现英，女，21岁，安阳县韩陵乡东梁
贡村人，高中，农民

采录时间： 1994 年

采录地点： 安阳县韩陵乡东梁贡村

选自： 《狐狸坟传奇》

98

喷大话碰上巧嘴女

很早很早以前，有一个张家庄，张家庄有个张老汉，张老汉已经八十八了，可家里却有个十八岁的小娘子。为这事，张老汉天天坐在村口的大树下，逢人就喷：

老汉今年八十八，

家中尚有"一枝花"。

谁要是年龄比俺大，

俺就输给他这枝"花"。

张老汉天天喷自己的老婆是朵花，又喷自己的年龄比谁都大，那些南来北往的过路人，也真没人能比过他。

有一天，张老汉又在村口坐着喷，迎面看见一个和尚骑着大马过来，他照样说了一遍。

谁知，那和尚听后跳下马来，走到张老汉面前说："俺给你比一比吧？"

张老汉上下打量了一下，看模样，这和尚有五十多岁，张老汉说："要是你输了，拿啥给俺呢？"和尚说："要是俺输了，俺给你这匹马。"两人商量好了，就开始

比试。

张老汉先把自己常喷的话重复了一遍，随后叫和尚报年龄，那和尚说道：

> 和尚本没名，
> 家住杭州城。
> 要问俺多大，
> 俺见黄河九澄清。

张老汉一听这话就傻了眼。他听老辈子人说过，黄河一千年才澄清一回，这和尚说见过黄河九澄清，那当然是和尚的年龄大了。张老汉碰了一鼻子灰，想说又说不出来，只好叫和尚明天清早来领人。

张老汉回到家里，心里很不是个滋味，谁叫自己喷大话呢？他看着如花似玉的小娘子，只有唉声叹气了。

那小娘子见张老汉愁眉不展，忙问咋回事，张老汉把事情的经过说了，谁知小娘子听后"扑哧"一笑，说："明天你装病别出门，有事俺顶着。"

第二天清早，小娘子正在家里拾掇东西，忽听门外有人喊："张老汉在家吗？"

小娘子应声出来一看，果然是个和尚，她明知故问，"你找张老汉有啥事呀？"

那和尚把昨天比年龄的事讲了一遍，说："俺今天就是来领人的。"

小娘子一笑说："俺就是张老汉的媳妇，要说比输了，俺该跟你走，可俺看你的年龄并不比俺大，要比赢了俺，俺就心甘情愿跟你走。"和尚听了小娘子的话，上下打量着她，心里说，这小娘子最多不过二十，比就比。和尚开口就重复昨天说的话。

小娘子微微一笑说：

> 天上的树是俺栽，
> 地上的黄河是俺开。
> 您爷您爹是俺说的媒，
> 瞧你这个和尚敢要谁？

和尚一听傻了眼，没想到瞎吹碰上个胡吹，还被人家骂了一顿，他接口也说：

> 奇怪奇怪真奇怪，
> 草鸡[1]要给公鸡赛。
> 钢嘴铁牙真伶俐，
> 草鸡反比公鸡坏。

小娘子也不恼，随口说：

> 光头光头葫芦头，
> 头上不用再擦油。
> 公鸡本是草鸡生，
> 你娘生了个大滑头。

和尚瞥了小娘子几眼，知道不是对手，扭头就往回走。小娘子马上说："站住！你输了，把你的马留下来。"和尚无话说，只好丢下马走了。

讲述者：　赵新梅，女，已故，安阳市人，不识字，擅长讲故事
采录者：　王有才，男，35岁，大学，安阳市钟表厂工会主席
采录时间：1987年5月根据回忆整理
采录地点：安阳市唐子巷附六号院
选自：　　《狐狸坟传奇》

附　记

讲述者赵新梅是我的母亲，生于1913年，1978年病逝。我有三个哥哥三个姐姐，是俗话叫"奶干子"的"老生子"。我六岁上学后，

[1]　草鸡：母鸡。

回家还会赖在母亲怀抱中撒娇。20世纪五六十年代，人们的娱乐方式极少，夏天晚饭后，街坊邻居都会坐在家门前乘凉聊天，而小孩子们就会凑到一起玩耍。一大帮小孩子都喜欢到俺家门口，围着我母亲听她讲故事。母亲天天乐哈哈地摇着一把自己缝边的荷叶扇，张口就开讲。她讲的故事涉及面很广泛，许多故事都给我留下了永难抹掉的印象。母亲病逝后，常常引起我的怀念。为解思母之情，我开始整理母亲讲过的民间故事。《喷大话碰上巧嘴女》等故事，是在编纂民间文学"三套集成"时，受安阳县文化局邀请，一口气整理出十余篇，收录在《狐狸坟传奇》。（王有才）

99

四个媳妇与公爹

从前安阳城西有个村名叫王家庄，王家庄有个王老汉。他有四个心灵手巧的儿媳妇，尤其是他的二儿媳，更胜人一筹。

儿媳妇每纺线的时候，老汉都要坐在一边盯着她们。有一天儿媳妇趁着月光纺线已到深夜，感到很困倦，可是老头儿却坐在那里一动不动地盯着，儿媳妇们谁也不敢回房睡觉，于是大儿媳提议说顺口溜来解困助兴。可是以什么为题呢？正在这时，一只猫从房顶上跳了下来，伸了一下懒腰，然后卧到公爹身边。见此情景，二媳妇灵机一动道："何不以猫为题？"大家一听，认为好主意，大儿媳先说了第一句："四爪落地轻。"二媳妇接着说："两眼像铜铃。"三媳妇紧跟着说："说它不逼鼠。"四媳妇急忙对来："样子挺吓人。"四个媳妇话音刚落，坐在一边的老头儿气得直吹胡子干瞪眼睛，愤然离去，四个儿媳不知何故，互相观望，各自回房去了。

第二天，四位媳妇被传到县衙大堂，县官大老爷把惊堂木一拍："大胆刁妇，你们竟敢不守孝道，辱骂公爹，还不从实招来。"媳妇们听了，吓得连声申辩："老爷，我们实在没有辱骂公爹呀！""没骂？那你们昨天晚上纺线时说了些什么？"于是二儿媳便将当时情况如实说了一遍。老爷听了便说："既然这样，不属辱骂公爹，为了弄个虚实，我倒要考考你们，我这堂上有面鼓，你们就以鼓为题说一首让我听听，如果说得出来，便放了你们，否则我可要重重处罚你们。"

四个媳妇看了堂鼓，并瞭望公堂四周和老爷，思索了片刻，会意地点了点头，还是由大媳妇开始："老爷堂前一面鼓。"二媳妇接道："圆圈围着木老虎。""老爷今年做知县。"三媳妇说。"明年就要升知府。"四媳妇说。老爷一听这话，马上笑逐颜开，于是下令放了四个媳妇，要令衙役打老人家四十大板。四个媳妇齐喊："稍候！老爷念老公爹一时糊涂，就饶了他吧！"老爷听了四个媳妇的争呼求情，便开恩道："念恁四人确实守孝道，一齐下堂去吧！"从此后这个家庭尊老爱幼，和睦相处，更加团结，平安度日。

采录者：　张俊山，男，67岁，安阳市北郊东大姓村人，高小，退休干部

采录时间：2005年10月

采录地点：安阳县崔家桥

选自：　《安阳县民间故事集》

附
记

这篇故事流传于安阳县韩陵乡（今韩陵镇）一带，但又颇具代表性，反映的是封建社会家庭生活的一个故事。张俊山在世时曾给我说过，这个故事还是他在农村工作时听到的，而且还是农村老婆婆讲的，那个老婆婆说她们村过去就有这样的媳妇。封建时代群众过日子艰难，家家都是精打细算，公爹贪活儿而小气这是常见的，遇到聪慧的媳妇善意地应付公婆的对待也是正常的。（王光明）

100

村妇智斗清和桥

洹水从西向东流去，河水清澈见底，在安阳东也叫青龙河。就在洹水故道上有座石桥叫清和桥。传说古时候，每到阳春三月，两岸杨柳吐翠、繁花似锦，在风和日暖的一天，有韩陵山定国寺院的一个和尚同一名秀才春游到此，见桥下有一身穿黄花衣服的少妇在桥下洗衣裳，少妇用棒槌在青石板上连捶带揉映入水里，曲线非常优美。二人便心生歹意，想调戏一下开心取乐。这时这秀才便吟出"关关雎鸠，在河之洲。窈窕淑女，君子好逑"来挑逗，但她毫不在意头也不抬，仍自如地洗衣裳，不搭理他们。他们二人又商定用清和桥为题吟诗答对，继续挑逗。

秀才自认为肚子里墨水多，他指着清和桥的"清"字吟出了诗：

有水也是清，

无水还念青。

去掉清边水，

加米便念精。

精精精是人人爱，

我就爱吃那黄花菜。

秀才仰天狂笑，便指着村妇问和尚："怎么样，我吟的诗凑合吧！"

和尚说看你书肚字不浅，愚僧也来上几句你看是否对称，便指着清和桥中间的"和"字吟道：

有口也是和，

无口还念禾。

去掉和边口，

加果便念稞。

稞稞稞是惹人爱，

我爱吃的也是黄花菜。

吟完后便问秀才："怎么样？'黄花菜'也合意吧！"两人洋洋得意，朝天而笑。

这时洗衣的村妇再也忍耐不住愤怒地站起来，对桥上的两个家伙说："听了二位的诗，我也配上几句，不知二位可愿接受？"

和尚和秀才，一来想对这一村妇逗趣取乐，讨便宜，二来觉得她不会有文才对答，二人连声说道："愿意，愿意。"

村妇说："既然你们不烦，我就献丑了。"说罢便手指清和桥说："清和桥你们占了两个字，接着我用桥字回敬你们一首。"便从容自如地不慌不忙地吟道：

有木也是桥，

无木还念乔。

去掉桥边木，

加女就成娇。

娇娇娇，是老娘[1]，

娘的胸前有两块，

一边喂和尚，一边喂秀才。

[1] 老娘：指着隆起的胸部乳房。

秀才、和尚一听，这位村妇确实才貌双全，自感不是她的对手，偷鸡不成反啃了鸡屎，也再不敢吭声，灰溜溜地逃走了。

讲述者：　段景文，男，78 岁，安阳县人

采录者：　张俊山，男，35 岁，安阳市北郊东大姓村人，高小，干部

采录时间：1973 年

采录地点：安阳县瓦店乡政府

选自：　《安阳县民间故事集》

附
记

这篇故事广泛流传于安阳各个地方，版本也很多，但大致意思不差多少，主要是讲述语言上的一些出入，编选张俊山采录的这个版本，是充分考虑到这篇具有代表性。（王光明）

异文：和尚秀才游春

一个寺院，里头住着一个老和尚、四个小和尚。寺院旁边有个学校，里头住个秀才。这一年春天，天儿怪好，秀才跟老和尚一商量，去游春吧。

到了郊野外头，就见大路小路上有不少女的，穿红戴绿。"菜籽花儿，满地黄，谁家姑娘不瞧娘啊"。和尚跟秀才正走着，就赶上前边一个女的。这女的年纪轻轻，长得不赖，头上插朵菜籽花儿。和尚对秀才说："咱俩作诗吧。"秀才说："中啊，谁先作呀？"和尚说："你是秀才，当然得你先作了。"秀才就作：

有口也是和，

无口也是禾，

去口添斗变为科。

这一科，是好科，

新春开科必中我。

——我心中有一爱。

〰〰〰〰〰〰〰〰

和尚问："爱啥？"

秀才说："我爱五经四书黄花菜。"

前头那个女的都听着，不吭气儿。

秀才说："该你作了。"和尚就说：

〰〰〰〰〰〰〰〰

有土也是增，

无土也是曾，

去土添人变为僧。

这一僧，是好僧，

云梦西天取过经。

——我心中有一爱。

〰〰〰〰〰〰〰〰

秀才问："爱啥？"

和尚说："我爱真经笙管黄花儿菜。"

前头那女咧听不上了，就回头问："您作诗就作诗吧，

咋要把黄花儿菜带上啊？"

俩人都说："俺就爱黄花儿菜。"

女子说："那中，我给您随一首吧。"

和尚、秀才一听高兴了："中。"女子就说：

〰〰〰〰〰〰〰〰

有木也是桥，

无木也是乔，

去木添女变为娇。

这一娇，是好娇，

九天仙女下云霄。

——我心中也有一爱。

〰〰〰〰〰〰〰〰

和尚、秀才一听都高兴了，忙说："你爱啥？"

女子说："爱我胸脯两大块。"

和尚、秀才越发高兴了，问："你爱那干啥呀？"

女子说："我叫它一个养和尚，一个养秀才。"

这和尚跟秀才挨了骂，也没心思游春了，回家吧。

讲述者：　常俊如，男，57 岁，滑县大寨乡常营村人，
　　　　　高小，干部
采录者：　魏庆选，男，31 岁，滑县老爷庙乡魏庄
　　　　　村人，大专，县文联干部
采录时间：1989 年
采录地点：滑县
选自：　　《中国民间故事集成·河南滑县卷》

101

小妹对诗解夫围

从前在县城东边某村，一对老夫妇养了三个女儿。大女婿有点文才喜弄之乎者也，二女婿有点武功耍些弓棒拳术，且为人轻浮。两位老人对他们均无好感，小女婿尽管口吃，不善言辞，因满腹经纶，且为人诚实厚道，二位老人打心眼里最偏爱他。

一日，老丈人六十大寿，三个女婿、女儿偕同来为老人拜寿。

大女婿、二女婿对两位老人的偏心早就心怀不满，二人背地商量好，要利用这次寿宴机会，一来在众人面前显显身手，二来羞辱一下口吃不善言辞的小女婿，报复一下。席上，大女婿提议："今日盛大喜宴，不可无诗助兴取乐，我们三个女婿要联手各作一首诗当庭吟诵才是。"说罢，便摇头晃脑地吟诵起来：

小小笔头尖又尖，
做起文章赛谪仙。
有朝一日时运转，
一笔考下文状元。

话音未落，二女婿便迫不及待地抢着一摇三摆地吟开了：

小小箭头尖又尖，
拉起弓来一窝圆。
有朝一日大比武，
一箭考下武状元。

小女婿连连摆手表示不行，那两个姐夫却不依，非叫小女婿当场吟诵不可。

小妹见两姐夫欺人太甚，噌的一声站起来说道："二位姐夫，我代丈夫续上一首为大家助兴，您看如何？"

两个姐姐心想："你这个不出闺门的黄毛丫头有啥能耐，一个出丑还不够，还要再赔上一个吗？"于是满口允诺下来，十拿九稳地等好戏看！

这时小妹站着不慌不忙地、一字一句地吟诵起来：

小小针头尖又尖，
绣起花来一窝圆。
有朝一日身怀孕，
生下文武两状元。

在众人一片哄笑声中，两个姐夫偷鸡不成反蚀把米，灰溜溜地不知溜到哪儿去了。

讲述者：　陈粉芬，女，68岁，安阳县人
采录者：　张俊山，男，67岁，安阳市北郊东大姓村人，高小，退休干部
采录时间：2005年12月
采录地点：安阳市大王村
选自：　《安阳县民间故事集》

云诗答对，这是民间故事里常见的一种题材。《小妹对诗解夫围》，流传于老安阳城内和近郊，这是一种文化现象，也就是在文化发展和生活条件相对好点的地区，一些吟风弄月、云诗答对之类的故事就多一些。这篇故事也应该出自过去的老秀才之口，再经口耳相传到民间。讲述人陈粉芬也说过，这篇故事就是听她爷爷讲的。（王光明）

102

先生是我的儿子

有一对双胞胎到私塾读书，教书先生是个风流人，知道他俩是双胞胎时，为了取乐，就吩咐两个双胞胎："回去问问你娘，你俩哪个是先生的。"俩小孩按先生的吩咐，回到家便问："娘，俺先生说，俺两个哪个是先生的？"孩子娘知道私塾先生想挠俏[1]，便对孩子说："到学校告诉先生说，甭管先生后生，都是我的儿子。"俩双胞胎到学校如实回禀："先生，俺娘说啦，甭管先生后生，都是俺娘的儿子。"弄得先生面带羞色，无言以对。

采录者：　李文林，男，64岁，安阳县磊口乡南磊口村人，大专，退休干部
采录时间：　2006年1月
采录地点：　安阳县磊口乡
选自：　《安阳县民间故事集》

[1]　挠俏：骚扰，调戏，占女人便宜，意与"吃豆腐"相近。

附
记

我小时候，不但我爷爷李永合（当时在我村算是个文人）经常给我们讲故事，我父亲李三明也经常讲一些幽默的故事。这则故事是我父亲讲的，我至今记忆犹新。（李文林）

103

巧媳妇

汤阴城东有个赵家村，村里有户人家，名叫赵德义，一家四口，老两口儿，还有两个儿子。赵德义为人忠厚老实，勤劳朴实。老伴韩秀珍，温柔贤惠，待人和气。虽说日子过得不算富裕，却相处得十分和睦。这一年，赵家的两个儿子都大了，大儿子年纪已二十，小儿子十八，这一天，媒婆来给赵家大儿子说亲，说哩是菜园集上程家的女儿。老伴说："咱庄户人家，也不能挑多漂亮的闺女，只要老实守本分，不憨不傻就中。"赵德义是个老实人，见老伴同意，择好黄道吉日，娶过来就是了。

咱不说如何抬轿迎娶，拜堂成亲。单说小两口儿婚后，日子过得也很热和。只是婆婆韩秀珍有点放心不下，她总想出个难题，考验考验儿媳是不是聪明，看脑子够不够用。这天是正月二十三，儿媳提出要回娘家，婆婆便一口答应了。并对儿媳说："今儿个是二十三，你到二十四回来。那不是，门后头包单里有花，能织一丈布，你纺成线，织成布，做个布衫，做一块手巾，做一个褡裢，做一个衬单回来。"儿媳听了，心里作了难。但那时候婆婆说了话，儿媳是不敢回嘴[1]的，心里作难，也只能点头应承。无奈背着花回娘家去了。

走到村头，儿媳心里还在想着这件事，不禁愁得哭了起来。这时候，正好村里有个姑娘去地里给她爹送饭回来。这姑娘叫李玉兰，今年刚刚十八岁，生得聪明伶俐。她听见哭声，走到跟前一看，是赵家大儿媳，就问："大嫂，你哭啥哩？"赵家儿媳见有人问，忙止住了哭，把婆婆交代的话说了一遍，并说自己不知道该咋办才好。李玉兰听了，想了想说道："你婆婆是让你到下一月二十四回来。这样，时间有一月零一天，你纺线织布做衣裳的时间都有了。"赵家儿媳又皱着眉问："那一点布哪能做出好几样东西哩？"李玉兰回答："你用八尺布做件宽大的布衫，剩二尺做双大布袜子。"赵家儿媳又问："那还有手巾、褡裢和衬单哩？"李玉兰说："这个布衫能多用，底襟一撩，能当擦脸手巾。脱下来，两个袖子前后一搭，就是褡裢。铺开来，又能当衬单用。"赵家儿媳听了，也不哭了，笑嘻嘻地谢了李玉兰。临走玉兰又说："咱们是一个村的，您住村东头，俺在村西头，以后遇到啥事，请去找我了。"说罢，俩人分了手。

再说过了一月零一天，赵家儿媳从娘家回来，把婆婆要的东西交了。韩秀珍也非常高兴，但是，又疑心不是儿媳自己想出来的。于是，又想了一个法，再考试她一回。过了几天，赵家两个儿子都去地里锄地，晌午不回来吃饭，韩秀珍就对儿媳说："我今儿有点事不在家，上午你在家做饭，做好送到地里。"儿媳问："娘，做啥饭，送到哪块地里？"婆婆说："今儿晌午饭做高竿饭，筒儿汤，锅里漂着油叮当，珍珠成堆当干粮。送到油家路，鬼家庄，扭劲树下锄高粱。"婆婆说罢，就出门走了。可是这一回呀，婆婆没有走远，而是躲到一边，偷偷看着儿媳，是不是真有本事。

再说赵家儿媳一见婆婆出门走了，又不免为难一番，把婆婆的话在嘴里嘟哝了好几遍，也不知道该做啥饭，更不知道送到哪块地里。想来想去，想到了李玉兰，便关好门，到村西去找她。正巧李玉兰在家，赵家儿媳便把婆婆

要她做饭送饭的事说了一遍。李玉兰想了一会儿说："高竿饭，是下点高粱米。筒儿汤，是切点菠菜。锅里漂着油叮当，是让你熟点葱花。珍珠成堆当干粮，是小米干饭。"赵家儿媳想了想，可不，就是这个理。就又问："那往哪儿送饭哩？"李玉兰想了想道："油家路，是路边种着芝麻的地。鬼家庄，是您家的坟地。扭劲树下锄高粱，是坟地下有棵柏树，在树下地里锄高粱哩。"赵家儿媳听了，眉开眼笑，连忙向李玉兰道谢，回家做饭去了。

她刚回到家里，婆婆已经在家里等她了。韩秀珍细细盘问儿媳，儿媳见事情瞒不住了，就把两次向李玉兰请教的事说了。韩秀珍听后，对李玉兰非常喜爱，等赵德义和两个儿子下晌回来，便把自己两次出题，李玉兰帮助儿媳出主意的事说了。全家人都十分喜欢李玉兰的聪明伶俐。当下，赵德义两口商议，请出媒婆，厚礼重聘，找李家说合，李家也因赵家为人厚道，赵家老二聪明能干，又与玉兰同年同庚，当下就答应了这门亲事。

不久，择了黄道吉日拜堂成亲，李玉兰到赵家做了儿媳。她到赵家后，孝敬公婆，体贴丈夫，里里外外，料理家务。一家人互敬互爱，日子过得十分美满。

讲述者： 蔡金明，男，40岁，汤阴县人，高中，干部
采录者： 原金亭，男，52岁，汤阴县人，大学，汤阴县文化局干部
采录时间： 2005年11月12日
采录地点： 汤阴县城关镇
选自： 《中国民间故事全书·河南汤阴卷》

异文：巧媳妇

从前，黎阳县[2]善化山下有一个小小的村庄叫善庄。村里有一个老汉叫善善。他跟前有三个儿子，大儿子和二儿子都已成家，两个媳妇很老实，街坊邻居乱议论，说是两个傻媳妇。善善的老伴，外号巧婆婆。她听到议论，心

---

[1] 回嘴：反驳。

[2] 黎阳县：西汉置，治所在今河南浚县东。

想，这俩媳妇傻不傻，我得试一试。

一天，两个媳妇要回娘家，问婆婆叫她们什么时候回来，带什么礼物，婆婆想了想说："你三五一十五回，带肉包骨头。"对二媳妇说："你五三一十五回，带骨头包肉。"

二位媳妇在回娘家的路上，边走边想边议论，走了二三里地，也没弄清什么时候回家，带什么礼物。越想越发愁，越想越苦恼，越苦恼越想掉泪，不知不觉走到了巧庄的一个大坑旁。二人就坐在坑边望着清水哭了起来。恰巧这时，坑边有一个叫"巧大姐"的姑娘在洗衣服。她看到二位大嫂啼哭，便上前问："二位大嫂，莫非有伤心之事吗？"二人抬头一看，面前的姑娘，长了两个长辫，双眼皮，眉清目秀，聪明伶俐，便将婆婆说的话告诉了她并恳求帮忙。姑娘想了想便说："这事很简单。二位大嫂在娘家住上十五天，大嫂回来带红枣，二嫂回来带鸡蛋，婆婆见了准喜欢。"二人这才醒悟，谢过姑娘，高高兴兴地回娘家走了。

十五天后，巧婆婆看见媳妇按时回来，又带对了礼物，心里很高兴，便说："都说俺的媳妇傻，我看很聪明。"可是，俩媳妇老实，说："不是俺聪明，而是碰上了巧大姐了。"接着，她们便把碰上巧大姐的事叙说了一遍。婆婆听了，便说："啊，原来是这样。"心想，我怎样才能让这位巧大姐成为我的媳妇啊。

于是便想方设法寻找媒人说亲。结果不到一个月的工夫便说成了亲事，并选择良辰吉日给三儿子举行了婚礼。婚礼这天，她在头门上贴了副对联。上写："各行各业有能人，万事不求人；上上下下都有人，我皆为人人。"横批是："人人为我"。

偏巧，县太爷这天下乡私访来到了善庄，看到了这副对联。他十分恼火，说："好大的口气！竟敢写'万事不求人'，我倒要看看你求人不求人！"说罢，随即派人将善善提到县衙审问。

县太爷说："善善，听说你万事不求人，今天老爷有一事情叫你去办，倘若办不好，拿你全家问罪。"善善说："老爷有什么事情讲。"县太爷说："现在太阳太热，你给我用大块布将太阳遮住。再把海水给我抽干，换成小

磨香油。"善善听了这两件事打了个冷战，垂头丧气地回到家里，饭也吃不下，觉也睡不着，巧媳妇看到公爹这个样子，便上前询问说："爹爹此去县衙回来为何不高兴，莫非出了什么事？"善善说："儿媳不必多问，你管不了这事。"巧媳妇说："爹爹不必难过，你说出来，我可以想想办法。"善善看儿媳一再追问，便将县衙之事说了。巧媳妇听了之后，心说好狠毒的县令！便对公爹说："爹爹不必犯愁，叫我去县衙一趟。"

征得公婆的同意，第二天，巧媳妇骑着毛驴，不几个时辰就到了县衙。进了县衙，巧媳妇不慌不忙地跪在堂下说："善善家儿媳回太爷话。"县太爷一看来了个小媳妇，便傲慢地说："我给你家说的那两件事，办好了没有？"巧媳妇说："回禀老爷，只因老爷安排不周，小人无法准备。"县太爷说："怎样个不周呢？"巧媳妇说："只因老爷没有说出太阳用几丈几尺布才能遮住，海水用几桶才能抽干，香油用几斤才能将海填满，我们如何准备呢？"县太爷听了，无言答对，闹得非常尴尬。停了好久，他忽然大叫一声："哎呀，疼死我也！"便一头从公案上栽下来。众衙役急忙搀起，对巧媳妇说："还不快走，太爷都被你气病了。"巧媳妇一看，县官败了阵，就骑着毛驴高高兴兴地回到了家里。

从此，善化山下善庄巧婆婆巧媳妇故事就流传开来。

讲述者：　颜章，内黄县人
采录者：　刘新国，男，50岁，中专，内黄县文化局干部
采录时间：1990年4月24日
采录地点：讲述者家中
选自：　《中国民间故事集成·河南内黄县卷》

104

巧妇

常言说："远亲不如近邻，近邻不如对门。"张大娘和李大娘门对门，两家关系很好。

可是有一次，张大娘用棒撵鸡子，恰巧李大娘心爱的花狸猫钻到棍棒下，被张大娘打死了。张大娘连忙去李家请罪。李大娘说："你知道我那只猫有多好？它是南山一只虎，白天捉鼠一千三，夜里能捉一千五，你就是给个银猫金猫也不给你换。"一席话呛得张大娘无话可说，张大娘只好垂头丧气地回家去了。一进家门，儿媳妇见婆母脸色不好看，便问母亲在生谁的气。张大娘把打死李家的猫的事叙说了一遍。儿媳听了，也感到不好办，猫再好难道死了还能活吗？儿媳想了个办法："妈！甭难过，李大娘她借用过咱家的什么东西吗？""借过，前几天她家闷酱，拿咱家的一把勺子，她说不小心，把勺把给弄坏了。""妈不用生气了，这回我让李大娘她不再提猫的事啦。"说着朝李大娘家去了。"李大娘在家吗？"没进门声音就进去了。只听门里说："在家，进来吧！""我妈说你拿俺一把勺子，你要是不用了，就让我拿去吧？"媳妇说。"你看差点给忘了，是这样，我在闷酱时没小心，把勺把给弄坏

了，等集上我给她买个新的吧。""哎呀那可不行，你知道俺那把勺子有多好吧？""有多好啊？""俺那勺子把是南山华黎木，锅里无米能搅成粥，管全家老少吃个饱，拿到集上又卖两千五。您就是给个银勺子、金勺子，你说俺能给你换吗？""这……"李大娘听了这话，想起要人家赔猫的事，羞愧难言。停了好大一会儿才说："好了，你回去给你妈说吧，这勺子和那只猫顶替了，往后谁也不要再提这件事了。"

讲述者： 张志德，内黄县人
采录者： 张希江，内黄县人
采录时间： 2006 年
采录地点： 内黄县
选自： 《中国民间故事全书·河南内黄卷》

105

傻扑腾

东桑村有个傻扑腾，娶了个巧媳妇。一天巧媳妇让傻扑腾赶会卖骡子。在会上傻扑腾等了一晌也没人问。"卖不了骡子，回家又要挨数落！"傻扑腾很着急。这时候走过来一个人，前后左右看了看傻扑腾的骡子问："这骡子卖多少钱？"傻扑腾说："俺媳妇让卖二百钱！""那好，我买下了！"那人满口答应，"不过我没带现钱，过两天你给我要账，行不行？"傻扑腾想，只要能卖了骡子，过两天要账也行，就说："中。你是哪村的，你叫啥名字？"那人说："家住西北风，名是大水冲，一辆大车就是我的姓。前门有个打鬼棒，后门有个吃谷虫。"说完，牵着骡子走了。

傻扑腾空手回到家，媳妇问："钱呢？"傻扑腾说："人家没现钱，让我过两天去要！""那他是哪村的？叫啥名？"傻扑腾说："他说是'家住西北风，名是大水冲，一辆大车就是他的姓。前门有个打鬼棒，后门有个吃谷虫'。"媳妇说："哪有住西北风的，哪有叫大水冲的，谁家姓一辆大车？你上哪儿找去？这是上了人家的当啦！傻扑腾啊傻扑腾，你什么时候才能长两个心眼啊！"媳妇埋怨傻扑腾，可又想光埋怨有啥用，还是想想办法吧。巧媳妇静下来一想："噢，这原来是一个谜。这个人家住西北的韩村，姓韩名百川，前门有棵皂角树，院后有个石碾子！"

过了两天，傻扑腾到了韩村，果然找到了这一家。他就站在石碾子上喊："韩百川，开门！"门开了，出来的正是那个买骡子的人。韩百川把钱给了傻扑腾，还留他吃顿饭。韩百川问："你咋找到我的？"傻扑腾把前前后后说了一遍，韩百川说："你媳妇真巧啊，我这有样东西送给你媳妇！"说完给了傻扑腾一个纸包。

傻扑腾回到家，把钱和纸包交给了媳妇，说纸包里是韩百川送的礼物。巧媳妇打开一看，原来是一棵葱一枝花，还有一小块腥肉，巧媳妇随即就明白了："聪明伶俐一枝花，配了一个肉疙瘩。这不是笑话我吗？"巧媳妇说："傻扑腾，我跟着你丢死人啦！"说完回娘家走了，再不回来。

傻扑腾不知道咋回事，就找到韩百川说："俺媳妇见了你送她的东西，回娘家再不来啦！"韩百川全在意料之中，笑笑说："你先回家吧！你媳妇今天就回家。"

傻扑腾走后，韩百川牵了一匹配了两个鞍子的老瘦马，来到巧媳妇的娘家村里。巧媳妇正巧在街上浆线子。韩百川牵着马过来，巧媳妇说："你这马咋配了两个鞍子？"韩百川说："这叫好马不配两鞍，好女不随二男！"

巧媳妇浆完线子就回婆家了。

讲述者： 李爱田，女，51岁，内黄县中召乡滹沱村人，不识字，农民

采录者： 焦国建，男，21岁，内黄县机要局干部，中专

采录时间： 1990年5月8日

采录地点： 内黄县中召乡滹沱村

选自： 《中国民间故事集成·河南内黄县卷》

106

三弟兄养父

安阳地区内黄、滑县、汤阴等地都流传有一些类似的故事，都是傻子娶了巧媳妇，傻子去卖牲口，牛或骡子，买主都不给现钱，让傻子猜谜，靠聪明的媳妇要回卖牲口的钱。（刘二安）

异文：傻子卖牛

从前，有个傻子到集上卖了一条牛。回家后，他爹向他要牛钱，他说："没有钱。"他爹问道："咋哩？"傻子说："那人让我猜谜，猜对了，去找他要钱，猜不对，钱就别想要了。"他爹一听，发了急："什么谜？你快说。"他说："我姓西北风，名叫草上滚，家住鬼门东，门前有棵狼牙树，房后有个吃谷虫。"他爹一听，知道是被人骗了，就把傻子打了一顿。

傻子有个聪明的媳妇。媳妇听了这件事，就安慰傻子说："不怕，我告诉你，准能找到他。西北风是寒（韩），草上滚是露水，这人就叫韩露水。家住鬼门东，是说他家住在坟的东边，门前有棵狼牙树，就是有棵皂角树，房后有个吃谷虫就是有个碾子，你去找吧。"

傻子按照媳妇说的，果然找到了那个买牛人，要回了钱。

讲述者： 万为新，男，56岁，林县人，农民
采录者： 焦玉江，男，26岁，林县原康镇曹家沟村人，中专，教师
采录时间：1985年
采录地点：林县原康镇曹家沟学校
选自： 《林县民间故事集成》

从前，某村有个老汉。他有三个儿子，都不孝顺。一天，老汉把三个儿子叫到跟前，说："我老了，不中用了，你们谁都不管我，想饿死我哟！这样吧，从今往后，你们弟兄三个，谁打别[1]谁养我。"老汉说到这里，咳了一声："如果谁都不打别，那就轮流管我吃饭。"三个儿子说："好吧。"

他们兄弟三个，数小三老实。第一天大哥榷小三："三弟，夜儿个晚上[2]这雨真来劲，雨点子比磨盘还大。"小三不知道大哥的用意，就直爽地说："老虎拉火车——没那回事儿！"大哥得意地说："好，三弟，你跟我打别了，养咱爹一天吧！"小三管他爹一天饭。第二天，二哥又来榷小三："三弟，来，我问你一件事儿。我少了二两银子，你偷走了吗？"小三一听，火了："二哥，别冤枉人了。小弟虽穷，但不是偷东摸西的小人！"老二又达到了目的，说小三跟他打别，让他养活父亲，直到大哥二哥

[1] 打别：上劲，说反话。
[2] 夜儿个晚上：昨天晚上。

跟他打别时为止。

小三的妻子很聪明。第三天，她喊来大哥、二哥，着急地说："你们三兄弟坐月子哩，你们弟兄俩管咱爹吃饭吧！"老大和老二一齐说："你胡说，男的能坐月子吗？你分明是想点子骗俺哩！"小三媳妇笑了："咱爹该你们弟兄俩养活了吧？"老大和老二大眼瞪小眼，无话可答。

讲述者：　邢玉枝，女，74 岁，内黄县田氏乡彭路
　　　　　村人，不识字，农民
采录者：　梁福林，男，37 岁，内黄县田氏乡彭路
　　　　　村人，高中，教师
采录时间：　1989 年 4 月 2 日
采录地点：　讲述者家中
选自：　《中国民间故事集成·河南内黄县卷》

附
记

我母亲叫邢玉枝，虽然不识字，但是记性特别好，不仅能有鼻子有眼地讲述几十部传统戏曲故事，而且能绘声绘色地讲述几百个民间故事。

20 世纪 60 年代，农村还没用上电，每到晚上，母亲就在微弱的油灯下，一边纺棉花，一边给我讲故事。讲到兴致处，母亲常常停止纺棉花，用手比画着故事中人物的动作，还惟妙惟肖地学着故事中人物说话的神态和语气，逗得我哈哈大笑。《三兄弟养父》就是留在我心目中终生难忘的一个有趣故事。（梁福林）

107

智多女

有一位农村妇女，聪明过人，智慧超群，三里五村儿的都称她为"智多女"。

有一天，智多女的丈夫在路边儿的地里插秧，有位骑马的打这儿路过。这个人问智多女的丈夫："请问大哥，你整天插秧，叮叮咚、叮叮咚，一天能咚几千几百几十咚？"智多女的丈夫抬头一瞧，一眼就认出这是当地有名的"才子"罗衣先生。说他是才子，其实他肚里也没多少学问，只不过是好提个蹊跷问题，显显自己罢了。智多女的丈夫，面对这突然的提问张嘴结舌，答不上来。

晌午回家吃饭时，丈夫把这件事告诉了妻子，智多女一听，笑着说："这有什么难的。"随后，就把对付罗衣先生的办法告诉了丈夫。

下午，罗衣先生回来时，又从这块地边儿路过。智多女丈夫放下手里的活儿，双手作拱施礼问道："请问先生，你每天骑马啼啼哒、啼啼哒，一天能哒几千几百几十哒？"罗衣先生也被问得目瞪口呆，没话儿可说。

罗衣先生终究是念过几天书，喝过点儿墨水，有点见识，于是就探问道："大哥，此话虽出自你口，我想未必

出自你心，请问是谁教的你？在下愿知其尊姓大名。"智多女丈夫，本来是个老实人，赶紧说："不敢当，不敢当，此话乃鄙人之妻智多女指教。"罗衣先生听后暗吃一惊，心想：既是智多女，我何不趁此机会见识见识，比比高低呢？便说："大哥，你能带我前去拜访拜访吗？"智多女丈夫一听罗衣先生要去拜访，心里怪高兴，也就同意了。

再说那智多女料事如神，知道罗衣先生不会服劲儿，肯定会要找上门来的。她隔着窗户向外看着。果然不假，罗衣先生就是跟着丈夫来了。她不慌不忙地整了整衣服，满脸儿带笑出去迎接。

罗衣先生见智多女长得漂亮、庄重，心里暗暗发誓要胜过她。于是，就从马上下来，他一只脚立在地上，一只脚踩在鞍镫上，问智多女："请问大嫂，你知道我现在是要上马，还是下马？"智多女斜瞟了他一眼，急口就说："欲去则上马，欲来则下马。"罗衣先生只好点头称是。这时智多女正一脚门里，一脚门外地站着，反问道："请问先生，你可知道我是进门还是出门？"罗衣先生眼珠一转，学着智多女的话答道："你欲进则进，欲出则出。"边说边摇头摆脑，显出很得意的样子。智多女摇摇头，说："两者皆非，我嘛，不进也不出。"说罢，一侧身骑着门槛子坐下了。

这时，罗衣先生的脸一红一色[1]，上马想走，智多女忙说："先生刚来，又何必急着走呢？请在我家吃罢饭再走吧。"罗衣先生走也不是，不走也不是，最后还是留下来了。罗衣先生不服输，坐下来说道："大嫂既然留我吃饭，我好吃多样饭菜，今儿个非吃十菜十饭不中。你能在半个时辰给端到桌上吗？"智多女没多想就说："这有何难，用不了半个时辰，请先生稍等片刻。"不一会儿，饭菜端来了。罗衣先生一瞧，原来是一碗韭菜加蛋花。他又被弄得怪不好瞧。看好，这时智多女的两个孩子在场。罗衣先生又想了一个点子，想捞回败局。他见这俩孩子长得相貌相似，年龄大小一样，就像一对双生，就把他俩搂在怀里，笑着问："这俩孩子真可爱，请问哪个是先生的，哪个是后生的？"智多女一听就知道他在戏弄人，却装得

跟没事人儿一样，不紧不慢地说："请你听清，先生是我的儿，后生也是我的儿！"罗衣先生一听这话儿，灰溜溜地赶紧走了。

讲述者：　李保视，男，52岁，汤阴县人，高中，干部
采录者：　商怡安，男，54岁，汤阴县人，高中，干部
采录时间：　2005 年 11 月 20 日
采录地点：　汤阴县城关镇
选自：　《中国民间故事全书·河南汤阴卷》

[1]　一红一色：羞愧难当的样子。

108

三媳妇当家

在老年间，有一家姓王的，老汉叫王来福。老两口儿有三个儿子，个个为人忠厚，身强力壮，都是劳动能手。爷儿四个起早贪黑地干活，积攒了一点家业。三年的工夫，三个儿子都娶上了媳妇。这三个媳妇一个赛一个。孝敬公婆、操持家务，都是百里挑一。

俗话说：外有搂钱耙，内有装钱匣。眼瞅着，王家的日子过得像风吹火炭儿，红红火火。

这一年的八月节，杀了一头大肥猪，足有四百斤。王来福瞧着白条儿肥肉，别提心里多高兴了！就在这欢乐中，他的心事被勾起。他想：我都七十岁了，支撑不了这么大的家业了。三个儿子只知道干活，让谁当家都不成！怎么办呢？王来福和老伴一合计，还是选个儿媳妇当家吧。选谁呢？老两口儿挑来选去，拿不定主意。最后老汉想出个办法来考考她们。

王来福把儿子、儿媳、孙男孙女们都叫到跟前说："我老了，不想当这个家了。想从你们妯娌三个中选出一个来当家。今儿个，是八月节，咱家杀了口大肥猪，你们谁能用一袋烟的工夫做出二十样菜，谁就当家！你们都去准备一下吧！"

不多时，三个媳妇都说准备好了。王来福叫大媳妇先做。老汉装上一袋烟，点着，慢慢地抽着。只见大媳妇爽神麻利地做着滑里脊、片肘花儿、炒三样、熘腰花儿……一袋烟的工夫到了，二十样菜没做够数。

轮到二儿媳妇了，一袋烟的工夫也没够二十样菜。

该三媳妇做了。王来福照样点上烟，抽着，刚吧嗒两口，只见三媳妇炒了一个菜，端来两样酱，扒了四棵大葱往桌上一放，就笑着说："爹，二十样菜到齐了！"

王来福一看，惊喜地问："这怎么能是二十样菜呢？"三媳妇微笑着指着桌上的菜说："这叫韭菜、韭菜花儿酱，二九一十八，大葱蘸大酱正好二十样！"

婆婆笑着问："三媳妇，今儿个是八月节，咱家杀了猪，你咋不炒肉呢？"三媳妇说："婆婆，我想把肉都卖掉，换些钱，再加上咱家平时的积攒，买一头大骡子，好多开荒多种地呀！今儿个是八月节，煮些猪骨头，烩些菜，再加上头蹄下水和血肠儿，这个节，咱全家不是也过得挺美满吗？再说，年节好过，日子可长着哪！"三媳妇的一席话，说得全家都很赞成。老汉十分满意，便把钥匙和钱匣子交给了三媳妇。

三媳妇当家以后，一家人和和气气，富日子当穷日子过，勤俭节约，精打细算，小日子过得如同芝麻开花——节节高啊！

采录者：　焦玉江，男，26岁，林县原康镇曹家沟村人，中专，教师
采录时间：　1985年
采录地点：　林县原康镇曹家沟学校
选自：　　《林县民间故事集成》

（七）女婿故事

109

傻女婿的故事

从前有个傻小子，傻小子娶了媳妇，就成了傻女婿。傻女婿的故事成筐成箩，三天三夜说不完，今儿个，咱就先说几个。

（1）娶媳妇

这一天，傻小子要娶媳妇了，临去丈母娘家，媒婆一再交代："听俺的锣声儿喝酒，听俺的鼓点儿吃菜。千万别错喽，错喽媳妇就不跟咱来了。"

傻小子记住了。

上房屋大席摆开，鸡鸭鱼肉，应有尽有。傻女婿周吴郑王[1]地坐在当中，咽着口水不吃也不喝，不说也不动。都说：这女婿咋傻？一点也瞧不出来。老丈人跑过来端起酒杯："来，同喜，同喜。"

"喤——"锣响了，傻女婿笑模糊[2]地一端酒盅，"咕咚"抽[3]下肚。

老丈人又拿起筷子："来来，叨叨[4]，叨叨，别光闲着。"

别人吃，傻女婿不动，咋哩？没听到鼓声儿，不敢吃，一吃媳妇就不跟咱走了。别人都以为傻女婿是客气哩。别人吃了好几口了，这咋还不听鼓声儿，傻女婿趔开身子往外头瞧，瞧见媒婆拿着鼓槌儿在鼓边儿站着，就是不敲。傻女婿可有点儿急了，趔着身子呜叫："唉，这咋还不——""敲"字没有说出口，媒婆子手疾眼快，"咚——"敲了一声，傻女婿赶紧叨了一大口。

一声儿锣，一盅儿酒；一声儿鼓，一口菜。傻女婿一点儿也没露出傻劲儿来。

这酒一直吃到半晌午，媒婆急着上茅厕，这一走，围上来一群小孩，有打鼓的，有敲锣的，"叽里咣咣"响成一片。这可忙坏了傻女婿，咋着也跟不上趟儿，干脆下了两手抓起来，吃得满脸、满头都是肉和菜。边吃还边说："这咋锣鼓敲得不论点儿啦？"

（2）叫孩儿吃饭

不管咋着，总算把媳妇娶到了家。第二天一大早，媳妇就找着婆婆哭开了。婆婆是过来的人，一瞧就知道是咋回事。不用问，不知道办那宗子事。婆婆给媳妇说尽了好话儿，一拍胸脯："不要紧，为娘的教他。"

要说不认字，教他，不会锄地，教他，这都能办到，唯有男女间的那种事，说不出口，也教不会，婆婆可真为难了。

想了三天三夜，婆婆总算开了窍，她把傻女婿叫到跟前问他："儿呀，娘见你亲不亲？"

"亲！"

[1] 周吴郑王：煞有介事，郑重其事。

[2] 笑模糊：笑眯虎，笑得眼睛眯缝起来。

[3] 抽：把酒端起来喝下。

[4] 叨叨：夹菜吃。

"你想不想要儿子？"

"想。"

"好，娘给你说，你媳妇肚子里有孩子……"

傻女婿"噌"的一声跑了，他到厨房端了一碗热饭，朝媳妇的肚子上就泼过去："孩儿呀，快吃饭，可别饿死了。"

（3）借织布机

媳妇叫傻女婿去她娘家借织布机，傻女婿高兴得像过年抢炮仗。高兴啥？傻女婿又能好吃好喝一顿啦。

俗话说，丈母娘见女婿亲，一点儿不假。傻女婿每回到丈母娘家，丈母娘都给他炒鸡蛋烙油饼。丈母娘特别舍得放油，鸡蛋炒得又多又嫩，黄澄澄的，像刚从油锅里捞出来；油饼烙得又薄又软，油光光的，像刚在油锅里炸过。傻女婿一咬一嘴油，香得没法儿说。傻女婿一边走一边想着吃油饼炒鸡蛋，不提防被半截砖绊了一跌，傻女婿爬起来一想，借啥机呀？还不赖，没全跌光，好歹还记着一个"机"。

一进丈人家的门，傻女婿就可着嗓子叫开啦："丈母娘丈母娘机呀，丈母娘丈母娘机呀！"傻女婿的岳父从屋里走出来，板着脸说："呜叫啥咧！你娘串亲戚不在家。进屋等着，你饥我给你做饭吃！"岳父手儿快，三下五除二，把鸡蛋炒好了，油饼也烙了。傻女婿一吃，这咋跟丈母娘做的油饼炒鸡蛋差远了，油放得太少，一点儿也不香。傻女婿板着脸子吃完了饭，呜叫开了："丈母娘丈母娘机呀，丈母爹丈母爹机呀！"岳父叹了一口气，憋着一肚子火，又给傻女婿做了一回油饼炒鸡蛋。傻女婿撑得瞪白眼，吃完了还呜叫："丈母爹，丈母爹，机呀，丈母爹丈母爹，机呀。"岳父看着女婿的那股子傻劲儿，心头火气直往上蹿，一扬手，"啪"的一声，给了傻女婿一个大耳掴子。傻女婿没有防备，身子猛地一歪，正扑到织布机上。傻女婿指着织布机说："机，机，就是这个机，就是这个机。"

（4）赶会

傻女婿的丈母娘家要起会[1]了。媳妇提前就得去娘家帮忙准备会上用的东西。农村的会比过年还热闹，媳妇临走时急急忙忙交代傻女婿，赶会那天要早早地去，啥衣服光就穿啥，啥礼重就拿啥。

到了起会这一天，天还没大亮，傻女婿就赶到丈母娘家了。开街门的正巧是傻女婿的媳妇。媳妇一看就吓了一大跳，咋啦？只见傻女婿光着身子搬着一块捶布石，还用肚皮往前扛着。媳妇不由得埋怨他。傻女婿说："瞧瞧，不是你说啥光穿啥，啥重拿啥来？"媳妇叹了口气，悄悄把傻女婿领到后院，叫他下到一个枯井里，又给他端来一碗菜两个馍。傻女婿爱吃醋，叫媳妇给他放醋。媳妇诓他说等一会儿拿醋来，就把一扇石磨盖住井口，赶紧回家拿衣服和礼去了。

天亮了，亲戚们陆陆续续都来了。有一个小孩儿来到后院解手，见石磨上有个眼儿，就往磨眼儿里尿。傻女婿的饭菜还没有吃，正好流到菜碗里，傻女婿高兴了："可算把醋等来了。"谁知那小孩儿憋了一夜，一直尿，一直往碗里流。傻女婿心里说："中啦中啦，醋倒得太多了。"那小孩儿尿完，又蹲了下来照着磨眼儿屙屎，憋着气才出来一个黑蛋蛋，正好也掉到傻女婿的菜碗里。傻女婿急了："瞧瞧！把醋瓶塞子都倒下来了不是！"

（5）探病

人吃五谷杂粮，谁能不生个病。傻女婿的丈母娘生病了。当闺女的少不得在床前床后伺候吃喝拉撒。傻女婿也非去不行。媳妇没法儿，只好交代他在娘跟前别乱说乱动，非说不行就要说好听的。

这一天晌午，傻女婿的媳妇因为一连几天伺候她娘很劳累，倒在炕上就睡着了。丈母娘忽然欠起身来要解手。傻女婿赶紧学着媳妇的样子给丈母娘撩开被子，把解盆塞

[1] 起会：发起办庙会。

到丈母娘的屁股底下。丈母娘一边解手一边对傻女婿说："哎，我的病难好，光觉得气儿不通。"傻女婿想了想说："丈母娘你的病能好，屁股胖得像俩瓢，中间开了一道壕，打了一阵雷，下了一场雨，前后通着哩。"

（6）哭丧

傻女婿的丈母娘去世了，亲戚朋友都去吊孝，闺女女婿更得去哭丧。傻女婿说："我听人家哭得像唱戏，我咋哭？"媳妇说："你就想想娘活着的时候给你的好处，再听听我咋哭就行。"

来到灵棚前跪下，媳妇立刻放声痛哭，哭成了泪人儿，边哭边说："我那狠心的娘啊，你就忍心不管我呀！我那再也见不着的娘啊，你可叫我咋过呀！"几个亲戚连拉带劝，把媳妇劝到屋里去了。傻女婿跪在那儿愣了一会儿，也号啕大哭起来，边哭边说："我那狠心的丈母娘啊，你就忍心不管我呀！我以后再来你们家呀，谁给我烙油饼炒鸡蛋呀！"旁边的一个亲戚看到傻女婿哭得那么痛，还真为傻女婿的孝顺感动哩，后来听出来傻女婿哭的话，觉得不中听，赶忙去找傻女婿的岳父。岳父来了，耐着性子把傻女婿拉起来，说："别哭啦！以后我给你烙油饼炒鸡蛋！"傻女婿一看是老丈人，马上想起那次借织布机时油饼鸡蛋一点儿也不好吃，"扑通"一声跪在老丈人面前，边哭边说："我那狠心的丈母爹呀，你没有丈母娘放的油多呀！我那狠心的丈母爹呀，你做的油饼鸡蛋就是不香呀！"

讲述者： 林泰来，男，53岁，安阳市东关人
采录者： 林泰安，男，43岁，安阳市人，大学，教师
采录时间： 1986年
采录地点： 安阳市
选自： 《狐狸坟传奇》

110

傻女婿和能媳妇

（1）傻子走亲戚

能媳妇的弟弟娶新媳妇，她得先回家帮忙。临走对她的傻丈夫说："到那天，你要拿重礼，穿得越光越好。"

几天来，傻子一直惦记着这事，咋也说不清，啥是重礼，啥是越光越好。

到了这天，还没想出来，直急得傻子团团转。他摸摸这儿，看看那儿，都觉得不重也不光。一眼瞧见门边有块四四方方的捶布石，就觉得这家伙重。

他换了几套衣服，都觉得不光，一摸赤巴肚子，觉得怪光，他就光着身子，扛着捶布石，去丈母娘家串亲戚。

能媳妇赶忙把他拽到旮旯里，问他，他说："啥都没有肉光，你的肉比俺的还光……"气得能媳妇抡手就是几巴掌，傻子哭了，还说："拿恁重的礼还嫌轻？"

（2）傻子祝寿

这次，傻子的姥姥做寿。能媳妇再也不敢让他一个人去了，并告诉他："到了她家，没人问你，别说话。"傻子记在心上了。

小两口走过一片粪场，看见黑乎乎的好多东西在乱滚，原来一群屎壳郎在来回卷粪蛋儿。傻子觉得怪好玩，可没有人问，他也不敢吭。

到了姥姥家，傻子不吭一声，扫地、抹桌子，也怪勤快的，都说傻子有长进。他扫地扫到了厨房，他大舅正在炸丸子，大舅问他："这是啥？"

傻子说："屎壳郎卷粪蛋儿，一卷就是一小块儿。"

大舅照脸上就是一巴掌。

（3）傻子拦架

能媳妇再也不敢让傻子去丈母娘家了。傻子在家闲着没事干，就到村外野地里去闲转。转着转着，猛地从他脚边跑出去一只兔子，傻子的傻劲儿上来了，撒开腿撵。别瞧兔子一蹦八丈远，可傻子也追得风快。眼瞧着就快撵上了，兔子"叽溜"一下，钻进坟窟窿里。

这坟窟窿这边一个口，那边一个口，傻子到这边，兔子到那边露头，傻子到那边，兔子又跑到这边露头，弄得傻子傻了脸。

这时候，傻子还真有了傻主意。他从衣裳里边，撕下一块白布，蒙住了一个洞口，他在这边用棍往里拨拉。

兔子急了，顶着白布跑没影儿了。傻子就到处找他的顶着白布的兔子。

他碰见一群埋死人的，傻子问："见俺的兔子没有？它头上顶着俺一块白布。"

埋殡的人上前就把傻子打得鼻青脸肿。

傻子到家告给能媳妇说，能媳妇就教他："见这场合，就该哭两声，可不能说兔子头顶白布，那是骂人的，不打你打谁。"

傻子记住了。

这一天，有家做满月，刚生个胖大小子，亲戚朋友都来祝贺。

傻子见又是一大堆人，就上前哭开了："你死得好苦哇——"

人家又把傻子打了。

回到家，傻子又把这事给能媳妇说了。能媳妇说："红事就该放炮，你去哭人家不打你打谁。"

傻子又记住了。

这天，有一家失了火。火是红色，傻子以为是红事，就买了鞭炮放开了。结果人家又把傻子狠狠打了一顿。

傻子哭着回了家，把挨打的事给能媳妇说了。能媳妇说："你该帮帮人家，提桶水把火扑灭。"

傻子又记住了。

第二天一大早，有家铁匠铺在生火打铁，傻子一瞧这火苗呼呼地往外直窜，就提起一大桶水，照着炉口泼过去。铁匠好不容易才把火生着了，傻子给浇灭，气得一巴掌扇得傻子鼻子嘴里往外流血。

回到家，能媳妇对他说："遇见这情况，就该帮人家打几锤。"

傻子整天挨打，憋着一肚子气没法儿出。这天晌午，他见两个小孩在打架，就想开媳妇的话，帮人家打几锤。他照着这两个小孩就是几拳，结果，又被人家的大人打了。

能媳妇气得没法儿说，谁知道教都教不会，拍着桌子说："遇着打架的，你就该拦开。"

又过了几天，傻子见有两头老黄牛在抵，傻子上前拦，老黄牛一头就把傻子给抵死了。

傻子死了，傻子的故事也就没有了。

讲述者： 卢玉花，女，60岁，安阳县韩陵乡东梁贡村人，略识字，农民

采录者： 郜现英，女，21岁，安阳县韩陵乡东梁贡村人，高中，农民

采录时间： 1994年

采录地点： 安阳县韩陵乡东梁贡村

选自： 《狐狸坟传奇》

111

傻女婿

附记

这组故事是母亲哄我们开心时爱讲的故事。

以前，东梁贡村南头最高的地方是打麦场。麦场东边有条小河，我们春天在河边网小蝌蚪小虾米，夏天在河里玩耍。邻居有个傻姑娘和我差不多大，哪里人多哪里有她。她经常冷不丁从身后猛推一下我们，我和小伙伴一个一个就掉进水里。再不然拾起石头蛋儿、土坷垃、瓦子片往我们身上扔，吓得我们抱头乱窜，边哭边跑回家。母亲就会抱我坐她腿上说："不怕，娘给你讲傻子的故事。"听着听着就把我逗笑了，就这样傻子的故事深深印在我的记忆里。

后来，在县文化局孙保成老师的帮助和建议下，我将这些故事分编成三个片段：《傻子走亲戚》《傻子祝寿》《傻子拦架》。（邰现英）

有个傻子，结婚三年多，没有登过岳父家的门。媳妇嫌他傻，怕出洋相，不叫他去。

一天，他可怜巴巴地对媳妇说："别人都到丈人家吃好的，我娶你三年了，就结婚那一天吃了一顿，你叫我再去一次吧！"

媳妇看他说得可怜，便叹口气说："好吧！我领你去。但有个条件，我怎样教你，你就怎样做。"

傻子满口答应。

媳妇说："你进门之后，咱那二老爹娘要出来接你，你这时要行个礼，问岳父岳母好。"

"行。记住了。"傻子说。

媳妇又说："往里走，有一棵小柏树。你就说，拿钩担[1]和桶，让我挑几担水浇浇这棵树吧，百年以后，它就是二老的好寿木。"

"行。记住了。"

"再往里走是牲口棚，里面有个小牛犊。咱爹要问你

[1] 钩担：专用于挑水桶的扁担，因两端有铁钩故称钩担。

咋样，你就说，好极了，将来一定能长成大牤子。"

"行。记住了。"

媳妇还不放心，就又考试了傻子一回，傻子真的及了格。于是，夫妻俩就上了路。

进了岳父家的街门，傻子便对前来迎接的二位老人行了个礼说："岳父岳母大人，近日可好！"

老两口儿高兴地说："好！好！"心里想：看模样，我这女婿并不傻啊！

进了二道门，前面有棵小柏树。傻子装模作样地说："拿钩担和桶，让我挑儿担水浇浇这棵树，百年之后，这可就是二老的好寿木啊！"

老两口儿又一听，心里甜滋滋的，心想：别人的话不可信，俺这女婿不但不傻，还怪懂道理呢！姑爷第一次上门，哪能让人家挑水。于是连忙往里让。

进了三道门，傻子睁眼就看见了小牛犊，便快步走到跟前看着。岳父为了进一步考测女婿的智力，便问："这小牛犊咋样？"

"好极了，将来一定能长成大牤子！"傻子拍着牛屁股大声说。

老两口儿喜上眉梢，心想：我的女婿还怪有远见呢。

傻子一看老两口儿有了笑脸，心想：小柏树能长成寿木，小牛犊能长成大牤子，看来什么东西都可以长大。

为了招待好这以前没有登过门的姑爷，丈母娘炒了鸡蛋，擀了面条，为了调味，又特意找来几瓣蒜，放在蒜臼子里，一边捣一边仰着脸笑，一锤捣在白沿上，将蒜臼子捣烂了。傻子一看，十分惋惜地说："这么好个蒜臼子捣烂了，要不，将来一定能长成个大水缸。"

丈母娘一听这话笑出了声，一松劲"咚"的一声放了个响屁。傻子一听乐了，大声说："这么响个屁让你给放了，要不，将来能长成一串鞭炮！"

讲述者：　黄天信，男，48 岁，安阳县韩陵乡东见山村人，高中，干部

采录者：　冯湘平，男，38 岁，安阳市人，大专，记者

采录时间：　1990 年
采录地点：　安阳县韩陵乡
选自：　　《韩陵山的故事》

附记

20 世纪 90 年代初的春夏之交，黄天信的老家过会，邀我们去热闹。

黄天信的老家在安阳县王宁乡（因我与黄天信在《安阳日报》发表韩陵山故事连载，乃至后来出版《韩陵山的故事》一书，产生较大影响，更名为韩陵乡）东见山村，离安阳市区约 8 公里，是"风水宝地"和"说古地儿"（故事多的地方）。那天人很多，屋儿着不下，就在院里摆了桌凳。老黄迎来送往陪客人聊天儿，其妻子及几个女人做饭菜忙活。就在这时，一个小男孩突然用右手比作手枪状直指众人。大家还没明白咋回事，就听"嘣"的一声，原来是他放了个响屁。大家哄堂大笑，那小屁孩儿在骂声中随即跑了。有人说："屁是心中火，放屁不由我，宁愿呛死你，不能憋死我。不要嚷孩子！"老黄这时站起来说："既然都说屁，趁着还得一会儿开饭，我来讲一个屁故事吧！"说罢，他就讲了《傻女婿》这个故事。讲到"蒜臼子长成大水缸"时，老黄还伸手拍拍身边还在用着的大水缸。他讲时，围了一圈人在听。讲完故事，黄天信提高嗓门，指着几个晚辈说出一段顺口溜：说傻得，笑傻得，恁都（你们）可别做傻得，遇事想想再说话，过好时光得得得（顺利和好）。

这时黄天信老婆过来插一句："甭光听觉得好笑，编傻子故事的人都能得哩（聪明得很）！"（冯湘平）

《傻女婿》故事采录地（摄影：刘二安）

112

异文：骗一骗

张二旦媳妇过门后，慢慢发现自己的丈夫缺个心眼儿。过年要去走亲戚了，她生怕二旦儿有什么闪失，急忙把二旦儿叫到面前说："咱今天到了俺娘家，俺爹在大门口骗牛，你上前叫爹，就说：'这小牛一骗，准能发个大老犍。'其他可别再说什么了。记住了没有？"二旦儿说："我记住了，记住了！"

小两口上了路，不一会儿就到了。二旦儿看见老丈人果然在门口骗牛，就点头哈腰走过去说："爹，这小牛一骗，准能发个大老犍。"老丈人一听可高兴了："谁说俺家女婿不够数了？"

岳母一见闺女、女婿来了，赶紧回家去做午饭。先是擀面条，接着就炒菜、捣蒜。

二旦儿干坐着觉得很无聊，见岳母捣蒜，突然来了灵感："娘，这蒜臼子要是骗一骗，准能发个大水缸。"

丈母娘一听，想笑又不敢笑出声，使劲儿往回憋，结果放了一个大响屁。

二旦儿赶忙站起来说："娘，你这屁要是骗一骗，准能当个大炮弹。"

采录者：	赵长生，男，56岁，林州市合涧镇河南元村人，高中，退休干部
采录时间：	2006年
采录地点：	林州市
选自：	《中国民间故事全书·河南林州卷》

傻女婿学东西

有个傻子娶了房媳妇，算成了家。可娶了媳妇也光知道傻吃，媳妇就给了他几个钱要他出去学点东西，将来好生活。他出了门后就往前走，到了一个树林子边看到一个人在前头走，走进树林子里面鸟儿也不叫了，什么动静儿也就没有了。这人就说："一人入林，百鸟无声。"傻子就追过去，说："你刚才说的啥呀，给我说说，我给你十个钱。"那人说："我刚才说'一人入林，百鸟无声'。"这傻子就记住了："一人入林，百鸟无声。"给了人家钱就走了，一边走还一边念叨着这一句。

傻子走了好半天来到了一个水塘边，看到一个人站在那儿往坑里看。坑里一坑鱼儿，有红的，有白的，还有黑的。那人说："一坑鱼儿没有网真难捞哇。"傻子就走过去："你说的啥呀，给我说说，我给你十个钱。"人家说："我说'一坑鱼儿没有网真难捞哇'。"傻子就念叨起来："一坑鱼儿没有网真难捞哇。"给了人家钱就走了。

傻子又走了半天，到了一个村里，一只狗撵着一个老汉咬，老汉停下来拿粪杈指着狗说："老狗老狗你吼龇牙[1]，龇牙给你两粪权。"狗见人拿着东西，就不敢追着咬了。傻子过去问："你说咧啥呀，给我说说，我给你十个钱。"人家就给他说了，傻子就念叨着"老狗老狗吼龇牙，龇牙给你两粪权"回家了。

这一天老丈母娘做生日，媳妇就领他去了。人家正在说笑，傻子来了，人们就都不说话了，都看着他。傻子就说："一人入林，百鸟无声。"大家听傻子说得文绉绉的，都觉得奇怪。吃饭时大家坐到一起，一条船[2]见人家送羹匙来就把傻子面前的羹匙拿了跟自己的垒到一起用，看傻子会怎么样。傻子看人家用羹匙舀汤，自己面前没有，就说："一坑鱼儿没有网真难捞啊。"人家以为他说没给他羹匙，就赶紧给他送来羹匙叫他舀汤喝。吃过饭大家到院里豁亮[3]，老丈母娘听人家说自己的女婿会说话了，高兴得合不拢嘴地笑，这时傻子来了，见老丈母娘张着嘴笑就说："老狗老狗你吼龇牙，龇牙给你两粪权！"

讲述者： 许连珍，女，75 岁，殷都区北蒙办事处三家庄村人，不识字，农民

采录者： 刘耀青，男，51 岁，殷都区小庄村人，中专，农民

采录时间： 2004 年 11 月

采录地点： 殷都区北蒙办事处三家庄

选自：《中国民间故事全书·殷都卷》

附
记

过去的孩子，很小有父母护着，长大了点就娶上媳妇，有的十几岁就当爹了，对于为人处事之道那是一窍不通。而当父母的也因为儿子娶了媳妇，有人管了，也就乐得放手了。可这时的孩子也不是傻，而是还没有过去青春期，当媳妇的往往比女婿岁数都大，嫌男人不长出息，就让他们出外学艺或跟人学话。而他们多数是未成年，办的事情也往往幼稚可笑。拿学来的话或学来的本事用在生活中，更是文不对题，处处惹人发笑，也就成为流传几千年的笑话。讲述者许连珍是我母亲。她平常跟邻居们在一起纺织，做衣服，就边干活儿边说话，我就从母亲与邻居们的谈话中听到许多故事。傻女婿的系列故事就是幼时听到的故事之一。（刘耀青）

[1] 吼龇牙：不要张嘴咬人。

[2] 一条船：连襟。

[3] 豁亮：宽敞，宽敞的地方。这里指大家到宽敞的地方散心。又引申为某人懂的事多，心地广阔。

113

傻小学话

已是腊月二十五了，傻小的媳妇很着急，她想到，年节很快就要到了。正月初二那天，还得跟丈夫一块去娘家串亲戚，而丈夫傻得不会说，就连日常生活中一些寒暄客套话都不会说，到了那一天和父亲、大姐夫、二姐夫这些秀才、文人们在一起，岂不被人耻笑？哎呀！这怎不叫人心焦呢？这时，只见她眉头一皱，计上心来，招招手把丈夫叫到跟前，说道："相公，这里有四两银子，你带上，出门去学说话吧，谁教你一句话，你就给人家一两银子，千万要记住，到年三十这一天一定要回来过年，记住了没有？"那傻小瓮声瓮气地说："知道了。"说罢就背起干粮出门走了。

这天，他来到一个村外边，看见一群麻雀在树上叽叽喳喳快乐地叫着，追逐着。忽然一只老鹰，像一支离弦的箭从高空俯冲而下，众麻雀见事不好，轰的一声，都钻进树丛中，老鹰没找到食物，无力地拍打着翅膀，扫兴地飞去了。这时有个秀才正巧路过此地，他见景生情，随口吟道："这叫一鸟遮百音。"傻小听后，急忙上前给了人家一两银子。他一边走一边吟道："一鸟遮百音，一鸟遮

百音……"

没走多远，他又看见两只喜鹊，头不停地一上一下争吃地上的食物。正好有一书生路过，只见他微微一笑，点点头说道："二鸟争食不抬头。"傻小听后，又赶紧上前给了书生一两银子，嘴里又"二鸟争食不抬头"扑噜起来。

又过了一个村边，傻小看见一个黄狗追着两只兔子，眼看就要追上，只见两只兔子一东一西分头而去；大黄狗停下来，不知道追哪个才好，它望着远去的兔子，汪汪叫了两声，伸了个懒腰，摇着尾巴走了。正好有个才子骑马走来，见后说道："这叫一狗撵二兔。"傻小听后，又赶忙上前给了这个才子一两银子。

他到河边，看见一个老汉骑着一个驴去赶集，那个驴走到桥上，忽然打了个前蹶，卧到桥面上，那老汉一个跟头栽下来，跌得鼻青脸肿，他站起来生气地上前踢了驴一脚，那头驴卧在那里动也不动，急得老汉又是打又是抽，只见那头驴光摇头摆尾，可就是站不起来。正好有个赶车的路过，看见这情况，就从车上跳下来，说道："老驴跌了抽尾巴。"他帮老汉把毛驴抅起来[1]。傻小听后，又赶紧上前，给了那赶车的一两银子。并牢记住这句话，就高高兴兴回家了。

初二这天，傻小和媳妇来到岳父家，看见大姐夫、二姐夫都已到，老丈人热情地招待了他们。两个姐夫都是黉门秀才，张口唐诗，闭口李杜，和岳丈谈得很是投机。唯有傻小无语可对，呆坐在那儿，心里很不自然，一不小心，放了个响屁，俩姐夫和丈人都停住头，把目光集中在傻小身上，这傻小慢腾腾地说道："这叫一鸟遮百音。"二姐夫和丈人一听，把脸气得都成了铁青色。恰好，家人把饭端来，俩姐夫也不搭腔，低下头来只顾自吃，傻小微微一笑："嘿嘿，这叫'二鸟争食不抬头'。"两个姐夫一听，气得把筷子一摔，起身就走，老丈人急忙赶上，拉拉这个，扯扯那个，傻小看见，也跟了出来，随口说道："这叫一狗撵二兔。"老丈人一听气得"扑通"一声，昏倒在地上，大姐夫二姐夫一见慌了手脚，忙上前搓胸摸怀，全家人围住连哭带喊，傻小不慌不忙地分开众人，慢条斯理地说：

[1] 抅起来：扶起来，推起来。

"这好办，老驴跌了要挡尾巴。"气得谁也没法儿。

采录者： 苏天民，男，50岁，汤阴县人，大专，干部

采录时间： 2005年12月16日

采录地点： 汤阴县城关镇

选自： 《中国民间故事全书·河南汤阴卷》

114

傻小儿学精话

　　傻小儿的老丈人快过寿了，他老婆说："你傻成这样子，串亲戚拜寿不出丑吗？我给你攒了些银钱，织了些布，你带着出去换句精话儿吧。"

　　就这样，傻小儿按老婆的嘱咐，带着银钱扛着布，离开了家。

　　傻小儿走过一处刚干的水洼，水洼里的一层胶泥[1]皮被晒得裂成一块一块地翻卷了起来，有个路人说："呀，地卷天书！"傻小儿听见了，赶忙问："您说的啥呀？"过路人说："你问这干啥？"傻小儿说："你对俺说吧。俺不白[2]您，俺给您银钱给您布。"那人就把"地卷天书"几个字又说了几遍，傻小儿跟着念了几遍，记在心里，给了人家些银钱和布。

　　傻小儿路过一个村子，村里正拆楼房。有人指着说："高楼上拆。"傻小儿听见了，赶忙问："您说的啥呀？"那人说："你问这干啥？"傻小儿说："你对俺说吧。俺不

[1]　胶泥：黏土。

[2]　白：占便宜。

白您，俺给您银钱给您布。"人家就说给傻小儿，傻小儿给了人家银钱和布。

傻小儿走到村头上，见一个小子往村外跑。村头一个大人叫他，他头也不回。又有人说："真是父叫子不回呀！"傻小儿就又学了这句话。

最后，傻小儿来到集上逛，见一个牲口经纪人在看牛估价。经纪人掰开牛嘴看了看，又在牛肚子上砸了三拳，说："断一断，估一估，这头牛值四百八十五。"傻小儿又用最后剩下的银钱和布买回了这句话。

到了拜寿那天，老丈人问傻小儿："你念过啥书啊？"傻小儿说："地卷天书、高楼上拆（册）。"老丈人从来没听说过这种书，心说：都说傻小儿傻，没想到他不但不傻，还有这么高的学问咧！

院里拴了一头牛。老丈人指着牛问傻小儿说："你断断估估这牛值多少钱吧？"傻小儿就掰开牛嘴看了看，又在牛肚子砸了三拳，说："断一断，估一估，这头牛值四百八十五。"碰巧了，这头牛就是傻小儿在集上学话见的那头牛，后来被内弟买来了。

傻小儿的内弟平时好说傻小儿如何如何傻，不想姐夫这次估价估得这么准。他爹怨他说了假话，还不住地夸傻小儿。于是，他害羞了，红着脸向外走去，他爹叫也不答应。傻小儿这次又接上了话茬："真是父叫子不回呀！"老丈人见傻小儿句句话本得[1]是地方，非常高兴。

吃过饭，老丈母娘也来夸傻小儿，傻小儿把学的话用完了，没啥答对，就掰开老丈母娘的嘴看了看，又在丈母娘肚子上砸了三拳，说："断一断，估一估，这头牛值四百八十五。"这三拳下去不大要紧，就把老丈母娘砸了个半死。

傻小儿又傻起来了。

讲述者：　李光智，男，56岁，内黄县二安乡沙河庄村人，不识字，农民
采录者：　李国存，男，12岁，内黄县二安乡沙河庄村人

[1]　本得：说得。

采录时间：　1968年
采录地点：　讲述者家中
选自：　《中国民间故事集成·河南内黄县卷》

附记

李光智是我爷爷。从我3岁起，就跟爷爷同床睡觉，一直到我15岁去当学员。爷爷干了一天农活儿，非常累，就叫我给他捏脊背。我的条件就是要他给我讲故事。他给我讲了许多故事，此是其中之一。（李国存）

115

傻女婿学话

很早以前，某村一个大财主有三个女婿。大女婿和二女婿聪明，三女婿样子有点傻气，因此，老财主看不起他。三女婿娶亲的头一年，要去老丈人家里串亲戚，三闺女为傻丈夫发愁。想来想去，想出一个妙主意，给丈夫四百铜钱，让他学话去。

他拿着这四百铜钱，来到一个树林子跟前。当时正是早晨，百鸟争鸣，非常动听。忽然，一只猫头鹰飞进了树林，叫得怪声怪气，非常难听。它这一叫，吓得别的鸟不敢叫了，动听的鸟鸣突然停了。这时，恰巧有一个人走来，他触景吟诗："一鸟进树林，压住百鸟音。"三女婿一听，就缠住那人，付出一百铜钱，买了这句话。他又来到一个桥边，这是个独木桥，很不好过。恰巧一个人来到桥边，感叹道："双木桥好过，独木桥难沿[1]呀！"三女婿觉得不错，又花一百铜钱买下这句话。他又走到一个村子旁边，见一位老大爷正在拾粪。老大爷面前有一摊粪，旁边有一只狗啮着牙想去吞粪。老大爷说："老狗老狗别龇

[1] 沿：顺着走。

牙，五股钢叉把你拿！"三女婿听得怪好，又用一百铜钱买到这句话。他往前走了几步，又碰见一个人，抱着一个三四岁的孩子。不知那个大人咋惹了那个孩子，孩子边哭边向大人的头上打。大人说："别打爹，打爹不给你买烧饼吃！"三女婿听了，急忙掏出一百铜钱，买下这句话。

他回到家里，妻子问他学到哪些话，他骄傲地说："我学的好着哩，就是不告诉你。"妻子千方百计才逗出他头两句话。妻子听了很满意，心想，这一回我丈夫丢不了人了。于是，他们夫妻便高高兴兴地往老财主家串亲戚来了。

当他们来到老财主家门口的时候，老财主正和大女婿、二女婿喝酒哩。看到他们，老财主说："看吧，傻种来了，有好戏看哩！"两个女婿都笑了。三女婿来到屋里，只见老丈人他们鸦雀无声，瞪目静观，便喊道："一鸟进树林，压住百鸟音！"老财主一听，感到这句话很有水平，喜出望外，眉开眼笑，急忙把三女婿请到身旁的座位上，让他喝酒。老财主为了进一步试探三女婿是否聪明，故意给他一根筷子。三女婿马上说："双木桥好过，独木桥难沿呀！"老财主听了高兴得哈哈大笑起来，不料三女婿接着说道："老狗老狗别龇牙，五股钢叉把你拿！"这一下可把老财主气坏了，他抓住三女婿就打，三女婿一边跑一边说："别打爹，打爹不给你买烧饼吃。"

讲述者： 邢玉枝，女，74 岁，内黄县田氏乡彭路村人，不识字，农民

采录者： 梁福林，男，37 岁，内黄县田氏乡彭路村人，高中，教师

采录时间： 1989 年 7 月

采录地点： 讲述者家中

选自： 《中国民间故事集成·河南内黄县卷》

116

就是那个『种』

附记

20世纪80年代一个夏天的晚上，我和母亲坐在家中院子里的月光下乘凉。母亲对我说："你是教书先生，你讲一个能逗笑我的书上的故事，我讲一个能逗你笑了还想笑、啥时候想起来就会笑的民间故事。"于是，我给母亲讲了《此地无银三百两》，母亲给我讲了《傻女婿学话》。我们母子俩都笑得前仰后合。当时的情景至今记忆犹新。（梁福林）

小官庄的大女婿憨厚，好认个死理，都说他"粪杈子不叫粪杈子——叫死别子"，好抬杠的意思。二女婿精明，处处好露一手，好显显自己的能耐。他总想压人一头。

这一天，两人到了丈母娘家。

同着丈母娘的面，二女婿又想露一手，他指着院里的一棵石榴树问大女婿："你说说，这石榴为啥是一边红的，一边绿的？"

大女婿摇了摇头说："不知道。"

二女婿就给他解说了："这石榴，向阳的那一边是红的，不向阳的那一边是绿的，这是太阳晒的结果，不信你瞧瞧，是不是都是这样？"

二女婿指着石榴，挨着个儿让大女婿瞧，果然不错，向阳的那一边是红的，不向阳那一边是绿的。

二女婿很得意，摸着胡子笑。

大女婿认死理也是出了名的，他说："不对，你瞧那红萝卜，向阳的那一边是绿的，不向阳的那一边是红的，不管太阳的屁事，就是那个种。"

两人出来溜达，来到丈母娘家后园的一块菜地里，二女婿又问："你说说，咱老丈人种的大白菜为啥长得这么大？"大女婿摇了摇头说："不知道。"

二女婿就给他解说了："那是上的粪多。有大粪长根，有尿长叶，粪多尿多就长得个儿大，你瞧，这一棵顶那三棵。"

二女婿很得意，又摸着胡子笑，心说：瞧你这回再上别劲儿。

大女婿想了想说："不对，你瞧那粪堆里的蛆，有粪有尿就是长不大，那小白菜也顶它千儿八百个，不关粪尿的屁事，就是那个种。"

气得二女婿直跺脚。

两人又溜达到铁匠铺跟前，二女婿指着铁匠脖子说："你说说，铁匠的脖子为啥那么黑？"

大女婿摇头说："不知道。"

二女婿说："那是因为整天不洗，一洗就白了。"

大女婿说："不对，你瞧瞧那呼延庆、包文正，整天洗也洗不白，就是那个种。"

二女婿又没话可说了。

两人溜达了一圈，又回到丈母娘家，二女婿指着丈母娘说："你说说，咱老岳母娘为啥今天这么年轻，这么好看？"

丈母娘一听，就咧开嘴笑了。

大女婿说："你说说为啥？"

二女婿说："咱岳母今天擦了粉，戴了花儿，就显得年轻、好看。"

丈母娘一听，说："对，就是这。"

大女婿说："不对，咱岳母不擦粉，不戴花儿，一样年轻、漂亮。不关花儿、粉儿的屁事，就是那个种。"

丈母娘一听，高兴得摸不着南天门了。

讲述者：　李梦夫，男，47岁，文峰区东关集市街人，高中，工人

采录者：　孙保成，男，42岁，文峰区东南马道人，大专，干部

采录时间：1987年2月10日

采录地点：讲述者家中

选自：　《狐狸坟传奇》

附记

讲述者李梦夫是我同学。20世纪80年代初，谁家买点大东西，都好显摆显摆。这一天，我们同学当中相传：李梦夫家买了大彩电，美女都化着妆、打着红嘴唇哩。四乡八邻的同学都想瞧瞧这西洋景。直到下午三点多，李梦夫在房坡还没对好天线。彩电里都是雪花。嫂子摆上酒菜，说："不慌不慌。"六个同学喝了三瓶，彩电里依旧雪花在飘，大眼瞪小眼，十分没趣。李梦夫从房坡爬下来，冻得直流清水鼻涕。

"来！跟恁都喷个笑话。都听说过'小官庄女婿——睡了好'这话没有？"大家都说不知道说的啥。他一下子来了劲头："这小官庄，就在俺村的东南头大概有十里地的地方。要说，真是奇了怪了，大都生的孩子闺女多、儿子少。每逢过集，谁家都能来俩仨女婿，赶罢集，老丈人还要留女儿女婿住一黑老（住一夜）。"他接着就讲了这段大女婿和二女婿的故事。（孙保成）

117

都用不上

讲述者： 王秀珍，女，74岁，内黄县人，不识字
采录者： 樊喜玲，女，20岁，内黄县人，高中
采录时间： 1990年4月7日
采录地点： 讲述者家中
选自： 《中国民间故事集成·河南内黄县卷》

从前，有个傻子娶了个精媳妇。一天傻子在家闲坐着，忽听街上有吹喇叭声，他忙跑出去，听着笑着叫着，身穿孝衣的人打了他一顿，他哭着回家了，媳妇问他哭啥。他对媳妇说了，媳妇说："以后再见吹喇叭的，你就说烧四两吧，烧四两吧。"

又一天，一家娶新媳妇的正吹着喇叭走，他挡住大路大叫："烧四两吧，烧四两吧。"人家又把他打得哭着回家了。他媳妇知道后，对他说："以后见了乱哄哄的时候就说花花丽丽怪好看，花花丽丽怪好看。"

又一回，一家屋子着了火，火光冲天，满街人乱忙着挑水泼水，他在一边拍手大叫："花花丽丽怪好看，花花丽丽怪好看。"人家又打哭了他，到家后哭着对媳妇说，媳妇说："以后见了火，你就说泼一桶吧。"碰巧，有一家请了炉匠来打铁，刚生着火，傻子就挑着一挑水，嘴上说着："泼一桶吧。"等人家明白过来，火已经被泼灭了，人家又打了他一顿。

他哭着给媳妇吵："你教我的怎么都用不上？"

118

能媳妇教傻女婿

能媳妇嫁了一个傻女婿，新婚三天，就要回娘家会客人。能媳妇不愿意叫娘家门上[1]人说三道四，就想了一个办法。她教给傻女婿三句话，第一句是心满意足，第二句是美味佳肴，第三句是夜来香。又给他说："我拉一下绳子，你就说第一句，我拉两下绳子，你就说第二句，我拉三下绳子，你就说第三句。"

傻女婿背了一夜背熟了，能媳妇就在他的裤腰带上拴了根绳子先试试咋样，一试，还真不赖，全说对了，能媳妇高高兴兴领着傻女婿回门了。

酒席摆上了，能媳妇的七姑八姨、大舅子小外甥，都来凑热闹。一瞧，这新姑爷长得还真人模人样的：小分头，蓝布衫，白底鞋。往酒席宴上一坐，还真瞧不出傻气来。

她七姑说："俺这侄女，可是百里不挑一的美人儿，全村都扳大拇指头！"

能媳妇拉了一下绳，傻女婿就说："心满意足、心满意足。"

谁都没想到这新姑爷有文才。

她大舅说："别光说闲话儿，菜凉了，快吃、快吃。"

酒过三杯，菜上八道，能媳妇对傻女婿说："这菜是咱大舅的手艺，味道咋样？"说罢，就拉了两下绳子。

傻女婿说："美味佳肴、美味佳肴。"

真把他大舅高兴得摸不着大头小尾巴了。

吃了一会儿酒，他大舅提出兴个酒令儿，能媳妇赶忙说："咱各说一种花名儿，花名儿里要有表示时间的字，违令罚一盅。好，我先说，月季花。"

下面就该傻女婿了，新媳妇一拉绳子，傻女婿说："夜来香。"

他八姨跷起大拇指："好！好！新婚夫妻好一个夜来香。"

他大舅没说出来，罚了一盅，小外甥没说出来，也罚了一盅，能媳妇说："这题太难，换一个吧。"

能媳妇娘在席边上把这都瞧在眼里，就把能媳妇叫到一边儿，说："人家可不赖呀。"

话还没有落音儿，狗蹄子绊住了傻女婿裤腰带上的绳子，一个劲儿地蹬起来，傻女婿瞪着狗说："拉啥拉？就教了这三句不是都说完了。"

讲述者：王介吾，男，44 岁，安阳市人，医生

采录者：李梦夫，男，50 岁，文峰区东关集市街人，高中，工人

采录时间：1990 年

采录地点：文峰区东大街

选自：《狐狸坟传奇》

[1] 门上：邻居。

119

傻女婿不傻

从前，有一人家，两口子，生了三个闺女，都出嫁了。大女婿是读书人，彬彬有礼。二女婿是买卖人，能说会道。三女婿是庄稼人，缺点心眼。逢年过节，三女婿走亲访友，不是挨饿，就是闹笑话，到了老丈人家，都管他叫傻女婿。

有一年，三个女婿又到老丈人家去拜年。三闺女是个明白人，担心女婿出丑，自己脸上无光，临走悄悄地对女婿说："吃饭的时候，你把辫子从窗户眼穿到窗外。记住，我在外边逮[1]一下辫子，你夹一下菜，我快逮，你快夹，我慢逮，你慢夹，我要是不逮，你就不要夹，听明白了吗？"女婿点点头，意思是明白了。

午饭开始了，三闺女在窗外有节奏地逮辫子，女婿在屋里相应地夹菜，夫妻俩配合得很默契。时间长了，三闺女要到厕所去，辫子没人逮咋办？女婿少夹两下菜是小事，要是辫子掉进屋里就坏事了。三闺女正在发愁，抬头看见墙上挂着一把高粱穗，她伸手揪下一棵，拴在辫子上就放心地走了。傻女婿在屋里直愣愣地坐着不动，不管别人怎么劝说，他就是不吃不喝不夹菜，单等辫子下命令。说来也巧，一会儿飞来一只麻雀，吃起高粱穗来。那麻雀啄一下，辫子动一动，傻女婿就夹一下菜，动作有快有慢，倒也没啥，可不大一会儿，又飞来十几只麻雀，争着吃那一棵高粱穗，这样动作就不是一下挨一下了，而是连成一片了。没有个数了，这可把傻女婿忙坏了，尽管他的筷子像穿梭一样来回拐个不停，仍旧跟不上趟。这回，傻女婿多了个心眼儿，他眉头一皱，计上心来，赶紧放下筷子，端起菜盘子，把菜全倒在了自己饭碗里。大家一看都愣了。大女婿讲礼貌，在众人面前不好意思说什么，二女婿虽然能说会道，在这场合也没啥可说，老丈人是长辈，又是主人，说上两句，理所当然，他轻轻地吭吭了一声，严肃地问傻女婿："为啥把菜都倒在你碗里？"傻女婿不以为然，理直气壮地答道："就这我还赶不上趟咧。"

[1] 逮：拉。

讲述者： 郑家润
采录者： 郑爱红，女，27岁，安阳市人，高中，职工
采录时间： 1990年1月
采录地点： 安阳市自由路人委家属院14号
选自： 《安阳故事卷》

120

三个女婿拜年

过去有一位县官，原本农民出身，可是，他当上县令后，对农民却是非常看不起。县令跟前有三个女儿，大女儿自幼习文，后来嫁了文状元；二女儿从小爱武，后来寻了个武状元；三姑娘呢，一不学文，二不习武，却偏爱劳动，非嫁个农民不可。县令说门户不相对，还说她有福不会享。可三姑娘一概不听，她说："人各有志，没有农民来受苦，哪有富人去享福，当人不能没良心。"最后，终于嫁给了一个农民，惹得那县令一肚子不高兴，总想寻机会给三姑娘或是三女婿点颜色看看。

说着到了正月初二，三个女婿都去给岳父、岳母拜年，大女婿长袍短褂，大轿迎送，好不体面；二女婿身着银甲，骑马挎箭，何等威风；独有三女婿，走亲戚也不忘干活儿，他让三姑娘挎着个馍篮，自己却背了个粪箩头。他说，来回两路，可以拾一箩头粪。

长话短说，酒菜备齐，客人入座。县令这时站起来说："大家难得在一起，为了喝个痛快，咱先对诗，谁对不上罚酒三杯。"说罢，用眼瞥了一下三女婿，意思是说，看你如何应酬。这时只听大女婿说："岳父尽管出题，小

的从命。"

县令说声好，就出题："天上飞的是什么，地上跑的是什么？厨房用什么，书馆有什么？"

大女婿低头沉思少许，说道："天上飞的是凤凰，地上跑的是绵羊，厨房用的是丫鬟，书馆有的是文章。"

二女婿接着说："天上飞的是斑鸠，地上跑的是牤牛，厨房用的是梅香，书馆有的是《春秋》。"

说完，大家都看着三女婿，三女婿面不变色心不跳，说道："天上飞的是鸟枪，光打斑鸠和凤凰，地上跑的是老虎，爱吃牤牛和绵羊，厨房用的是火炉，烧掉《春秋》和文章，书馆有个小书童，要娶丫鬟和梅香。"

那三人听了，心里尽管别扭，但又说不出什么。于是大女婿请求岳父另出新题。那县令又道："什么东西圆又圆，什么东西尖又尖，三啥什么什么好，皇上点我啥状元？"大女婿、二女婿一听，喜上眉梢，认为这下子非把三女婿难住不可。大女婿开口说道："我的砚台圆又圆，我的毛笔尖又尖，三篇文章做得好，皇上点我文状元。"二女婿说："紧绷弓儿圆又圆，雕翎箭头尖又尖，一马三箭射得准，皇上点我武状元。"

那县令刚说一声"好"，就听三女婿有板有眼地说："我的犁铧圆又圆，我的犁头尖又尖，三遭地儿犁得好，皇上点我庄稼老状元。"

县令听完，冷笑一声说："都知道天下有文状元、武状元，哪有什么庄稼老状元，胡诌八扯，罚酒。"大女婿马上端起酒杯，二女婿也在一旁凑热闹。三女婿推开酒杯说："俗话讲，'三百六十行，行行出状元'，就不兴种庄稼的有个状元吗？"

一句话，问得那三人张口结舌，但又不忍心就此罢休。于是县令继续出题："什么和什么相似，啥比啥多两根翅翅[1]，有人说什么是什么的，也不知道是呀不是？"

这当然难不住大女婿，他说："知了和知了牛相似，知了比知了牛多两根翅翅，有人说知了是知了牛变的，也不知是呀不是？"

[1] 翅翅：翅膀。

县令一听，说："好！不愧为文状元。"三女婿不高兴地说："谁不知道知了是知了牛变的，这还用问！"

二女婿说："不要再吭了，听我的！老鼠和蝙蝠相似，蝙蝠比老鼠多两根翅翅，有人说蝙蝠是老鼠变的，也不知是呀不是？"

县令说："妙！"然后得意地把乌纱帽摇了三摇。三女婿看到他们今天是在故意耍笑自己，不禁怒从心头起，但又不便发作，刚想说什么，他丈爷来催吃饭。他灵机一动，说："有了，听我的，岳父和丈爷相似，岳父比丈爷多两个翅翅，有人说岳父是老丈爷变的，也不知是呀不是？"

县令一听，头上的青筋暴出了槽，一拍桌子喝道："大胆的畜生，竟敢骂起老岳父来了，这还了得。"说着就要让二女婿动手。那老丈爷因为耳背，不知他们都说些什么。又见酒菜未动先要动手，太不像话，于是喝道："大新正月，客人轻易不来，这是干什么？"那县令瞪了他父亲一眼，想张嘴又没法张。三女婿不满意地说："我不过是随便问问，是不是算了，何必发脾气。"大女婿见势不对，忙站起来打圆场说："下面我出题，咱继续对诗。"接着他说道："粮食囤独立独站，正月里贴红纸很是好看，招引得老鼠成群扯串，狸猫一来立即闯散。"

二女婿皱了一下眉头，顺着格式说道："当院的石榴树独立独站，五月里开红花很是好看，招引得麻雀成群扯串，老鹰一来立即闯散。"

又该三女婿了，他心想，今天存心是想叫我不好受，你们也别打算高兴，我豁出去了，随口说道："俺老岳母独立独站，年轻时搽胭脂抹粉甚是好看，招引得光棍汉成群扯串，老岳父你一来呀立即闯散。"然后不等县令发作，马上说："谁不知老岳母年轻时是这一带有名的风流人物，还是岳父你一来当县官才没人敢再胡干，我说的若有半句假话，天地不容。"

那县令只气得肚子一鼓一鼓的，像是老牛大憋气。

三女婿酒足饭饱之后，背着个箩头回家了。

讲述者： 张绍然，男，35岁，滑县慈周寨乡后柿园村人，高小，农民

采录者： 张良术，男，38岁，滑县慈周寨乡后柿园村人，初中，干部

采录时间： 1987年7月10日

采录地点： 滑县慈周寨乡后柿园村

选自： 《中国民间故事集成·河南滑县卷》

121

仨女婿拜寿（1）

从前，有个老汉，他有三个女婿，大女婿当官儿，二女婿是秀才，三女婿是种地的。

拜罢寿，老丈人摆上了酒摊儿，说："你们仨到一块儿就打嘴，今儿个都得说是、是、是。要不然，就得喝冷水。"

大女婿说："我头上有两根刺，你们说是不是？"

三女婿说："是、是、是，咋没瞧见那两根刺？"

大女婿把官帽儿往地上一搁，晃了晃，说："这两根刺，管别人、护自己。当官儿的头上都有刺。"三人一起喝了酒。

放下盅儿，二女婿说："我满肚子刺，你们说是不是？"

大女婿心里说：我才两根刺，你就满肚子刺？真是胡说八道。但又不能打嘴，只好说："是、是、是，可你得说说你那满肚子刺。"

二女婿说："秀才本是宰相的根苗儿，满腹经纶迟早会变成刺。"

都说："是、是、是。"仨人又一起喝了酒。

放下盅儿，三女婿说："俺是刺儿他爹，你们说是不是？"

大女婿、二女婿怕喝冷水，只好说："是、是、是，但你得说出根由来。"

三女婿说："当官儿恁好，俺还不叫俺孩子头上长两根刺？到时候，俺不就是刺儿他爹了。"

大女婿、二女婿红了脸，老丈人赶紧出来打圆场："到时候，俺是刺他老爷，你是刺儿他大姨父，你是刺儿他二姨父，这才能轮到你是刺儿他爹哩。"

讲述者：	乔梅花，女，39岁，安阳县北郭乡人，初中，农民
采录者：	李生学，男，40岁，安阳县人，文化站站长
采录时间：	1992年12月
采录地点：	安阳县北郭乡
选自：	《狐狸坟传奇》

附记

这篇故事的讲述者是我母亲，采录者是我父亲，原是父亲在世时采录整理好的，我也看过。父亲走后，母亲好多年不再讲故事，近几年从失去我父亲的痛苦中走出来才偶尔讲几个故事给我听，最近还给我讲过这篇故事。

我母亲是一个性格开朗的人，是河南省民间剪纸艺人，平时也非常爱讲故事，她知道的故事也多，在我们村，大姑娘小媳妇闲了都爱围着她听故事。我父亲生前在本乡文化站工作，对民间故事很有兴趣，也就注重采录。（李海燕）

乔梅花（左）向女儿（右）讲述民间故事（摄影：王光明）

122

仨女婿拜寿（2）

这一家有三个女婿。大女婿是个翰林，二女婿是个举人，三女婿是个白丁。大女婿、二女婿瞧不起三女婿，一有机会就想出他的丑。

这一天，酒菜摆好了，老丈人说："喝吧。"大女婿说："别忙，喝酒以前咱得一个人作一首诗，作不上来不能喝，一边儿看着。"都说中。老三家情知是要出他的丑，也不吭气儿。翰林说："咱作诗得限着，上山得采一种药，下山得遇一个古人，古人后联吟一个'四书'语，'四书'语后再联吟一首童谣。"举人说："中。"

大女婿就作："上山采葛根，下山遇朱温。""四书"语是："温故而知新。"联一童谣："新媳妇儿，掉叠肚儿[1]，掉哪儿嗨儿掉厨屋[2]儿。"

二女婿接着作："上山采白芷，下山遇孔子。子，子在齐闻《韶》而对曰。月，月明地儿，明晃晃，开开后门洗衣裳；洗咧白，浆咧白，娶个女婿没成色；又喝酒，又

[1] 掉叠肚儿：脱肛。

[2] 厨屋：厨房。

抹牌，哪个龟孙跟他过得来。"

大家一听，二女婿作的也不错。该三女婿了。三女婿想了一阵说："上山采麻黄，下山遇宣王。王，王顾左右而言他。她，她是他三姨。他三姨，白肚皮，肚里一肚好东西。好东西，还不算，会生举人翰林院。"

讲述者：　万福，男，61岁，滑县人，初中，会计
采录者：　魏庆选，男，31岁，滑县老爷庙乡魏庄
　　　　　村人，大专，县文联干部
采录时间：1989年12月
采录地点：滑县
选自：　　《中国民间故事集成·河南滑县卷》

123

仨女婿拜寿（3）

老员外有三个女儿。大女儿嫁了个秀才，二女儿嫁了个教书先生，三女儿嫁了个庄稼汉。在老员外生日那天，三个女婿随同女儿前来拜寿。

老员外摆开酒席，让女婿们饮酒致贺。在开饮前员外说："今天为了高兴，吟诗饮酒，并有一个要求，甭管谁说的诗，都得有'粗、孵、玄乎'四个字。"

听老员外这么一说，大女婿得意地吟道："老岳父院内槐树粗，树上大喜鹊把小喜鹊孵。都说喜鹊吃了槐豆就会变凤凰，我看玄乎。"老员外说："好，好。"

二女婿是教书先生，当然也不示弱，接着吟道："老岳丈你家的粮囤粗，里面大耗子正把小耗子孵。都说耗子吃了盐就变蝙蝠，我看玄乎。"老员外说："好，好。"

三女婿没文化，一直吟不上来，又找不到选题。大女婿、二女婿带讥讽地说："吟呀，吟呀。"越急三女婿越找不到"粗"的参照物。正发愁间，忽然看到丈母娘走来，诗兴来矣："丈母娘的肚粗，肚里正在把小舅子孵。都说丈母娘怀的是老丈人的儿，我看玄乎。"这次老丈人也不说"好了"，只是扭过去那哭丧的脸，一顿寿宴无滋无味。

讲述者： 袁保琴，女，61 岁，安阳县磊口乡南磊
口村人，初中，农民
采录者： 李文林，男，64 岁，安阳县磊口乡南磊
口村人，高中，退休干部
采录时间： 2006 年 1 月
采录地点： 安阳县磊口乡南磊口村
选自： 《安阳县民间故事集》

附
记

　　《仨女婿拜寿》以及《蛤蟆媳妇》《燕子报恩》《金斧子的故事》
等故事，是我老伴儿袁保琴听她老娘牛银娥讲给她的。老岳母生前很
爱讲故事，我老伴儿从小在娘家受到不少民间故事的熏陶，以至于她
也很喜欢民间故事，爱讲民间故事，还喜爱剪纸。平时闲的时候，我
们老两口儿就说几个故事打发时间，这几篇故事就是她讲给我的，我
一一把它们记录了下来。（李文林）

袁保琴剪纸（摄影：王光明）

124

仁
女
婿
拜
寿
（4）

　　柳财主过生日，仨女婿都来祝寿。

　　大女婿是个文状元，二女婿是个武探花，三女婿是个
庄稼汉。大女婿送来盆银元宝，二女婿送来匹彩锦绸缎，
三女婿只送了一只鸡、一只鹅。

　　寿席上，柳财主有意叫三女婿出洋相，他叫仨女婿各
吟四句诗，谁吟的诗句入情入理，才能端酒动筷子，不然
的话，就只能瞧别人吃。还说，四句诗中，必须有天上飞
的，地下跑的，客厅摆的和厨房使的。

　　大女婿有文才，先说："天上飞的是凤凰，地下跑的
是绵羊，客厅摆的是文章，厨房使的是梅香。"

　　柳财主笑哈哈地说："不赖，吃喝随便。"

　　接着二女婿说："天上飞的是斑鸠，地下跑的是牤牛，
客厅摆的是弓箭，厨房使的是丫头。"

　　柳财主又笑哈哈地说："中，中，吃喝随便。"

　　该三女婿了，他想了半天才说："天上飞的是利箭，
地下跑的是猛虎，客厅摆的是盆火，厨房使的是牛郎。"

　　柳财主说："不中，靠边站吧。"

　　三女婿说："我的诗有讲头，天上飞的利箭，射死他

的斑鸠配凤凰；地下跑的猛虎，吃了那牤牛配绵羊；客厅摆着盆火，烧掉他的弓箭配文章；厨房使的牛郎，拐走了丫头叫梅香。"

老财主也只好叫三女婿连吃带喝了。

讲述者： 王三虎，男，42岁，安阳县铜冶镇南西炉村人，高小，农民

采录者： 王玉海，男，36岁，安阳县铜冶镇人，教师

采录时间： 1989年

采录地点： 讲述者家中

选自： 《狐狸坟传奇》

125

三个女婿拜寿

从前，有个员外，跟前[1]仨女儿，大妮儿寻[2]了个文官，二妮儿寻了个武官，三妮儿寻了个庄稼老土儿。员外待见大女婿、二女婿，看不起三女婿。

这天，员外生日，仨女婿都来拜寿。员外想乘机夸夸大女婿二女婿的能，出出三女婿的丑。

吃饭以前，员外领着仨女婿到后花园闲转。花园里有好多桃树，员外就指着树上咧桃子问大女婿："这桃咋一半儿红，一半儿绿呀？"大女婿答："朝阳者红，朝阴者绿。"员外听了大女婿咧回答，伸伸拇指夸道："贤婿高才。"说罢就白了三女婿一眼。三女婿看出员外咧用意，心里不平，就接住话头说："我看不见得。"员外一愣："那你说呢？"三女婿理直气壮地说："那胡萝卜，天天埋在土里，一直都不见太阳，咋也是红的呀？"这一问，问得大女婿张嘴白瞪眼，员外找了个没趣。

一会儿，从头顶上飞过一群雁，"呱呱呱"地叫着。

[1] 跟前：生养。

[2] 寻：女儿出嫁、娶媳妇。这里指女儿出嫁。

员外装作惊讶地说："啊，雁咋叫真[1]响啊？"二女婿一看是露能的机会，急口接道："颈长。"员外赶紧称赞："高见！"三女婿又接住话："我看不见得。"员外又一愣："咋……"没等员外说完，三女婿就说："那老鳖一伸脖子怎长，咋成天不见它叫一声儿啊？"把二女婿也弄了个脸红脖子粗。

员外两回都没难住三女婿，还不散伙[2]。吃饭时，他问仨女婿："怎看我咧眼咋真红啊？"大女婿二女婿一齐答道："是劳神过度啊！"三女婿摇摇头："我看不见得。俺家那个小白兔，除了吃草，就是睡觉，成天不干活儿，咋它也是红眼啦？"

这一句儿，三女婿说得不光在理，还暗骂了岳父，弄得员外干急儿说不出话儿。打这儿，他再也不敢小看三女婿了。

讲述者： 张恩妮，男，30岁，内黄县二安乡沙河庄村人，小学，农民

采录者： 李国存，男，14岁，内黄县二安乡沙河庄村人，学生

采录时间： 1970年

采录地点： 集体出外劳动临时住处

选自： 《中国民间故事集成·河南内黄县卷》

附
记

张恩妮是我们村公认的"故事大王"。他多才多艺，自己会编"快板"，活脱脱的现实"李有才"。村里春节娱乐成立土戏班，他是当之无愧的主演。《红灯记》他演李玉和；《智取威虎山》他演杨子荣。只要他参与的剧，都是一号主演。我参加工作前，上学的假期就到生产队参加劳动。每每劳动休息时，张恩妮总是中心。

生产队为了积肥，就组织劳力到几十里外的颛顼陵附近的沙窝地铲草搂叶子。我十三四岁去了两个秋假。沙窝地村庄稀少，附近只有

孤零零的一个国家林场。这里有沙岗，有荒地。荒地里盛长着成片成片的茅草，荒地边上有一条一条的灌木防风带。沙岗上有望不到边的槐树林。是黄河故道典型的"原始森林"。我们夏季在荒地里铲茅草，秋季在沙岗槐树林里搂槐叶。

生产队会在背风处建一座大茅庵，庵边露天砌个炉灶，就成了我们的"军营"。去这里的是一色男劳力，二三十个人全要住进去。由于材料限制，庵子不可能搭得很大，只好两个人"打通腿"睡。两个人一颠一倒钻进一个被窝，这样一对一条紧挨着摆挤进去。晚上谁小解都要踩着别人的腿才能出来。夜深人静，万籁俱寂，只有庵头挂的微弱的马灯光，照应着天上的星月。刚躺下时，是大家的说笑声，接着就是张恩妮等"故事大王"的演讲声。到大家睡着了，就只有鼾声和屁声了。

这个故事，就是在这种环境下采集到的。（李国存）

[1] 真：这么。
[2] 散伙：罢休。

126

三个女婿行酒令

采录者： 张俊山，男，67 岁，安阳市北郊东大姓村人，高小，退休干部

采录时间： 2005 年 8 月

采录地点： 文峰区大王村

选自： 《安阳县民间故事集》

附 记

在安阳民间，流传着很多有关"三个女婿"去岳父家拜年或拜寿的故事，且都是以取笑某一个女婿为娱乐点。

据张俊山说，这篇故事还是他年轻时在老家生活听村里的一位读过书的老者讲的，老者早已作古，姓名都记不起来了，只记得当时讲故事时，听者很多，都是些已经成年的男人，老头儿讲到最后还说了一句，你们年轻人走丈人家说话要谨慎，可不要闹出笑话哦。（王光明）

很早以前，在安阳北岭某村，有一老翁做寿，把三个女儿女婿邀回贺寿。大女婿是精通经文、论理一套，祖上做过官府职员，自以为官宦之家，高人一等，目中无人。二女婿是走南闯北的商人，闯荡江湖，见识很广。小女婿则出于耕读之家的勤劳阶层，也爱读书，为人忠厚。

在老翁寿宴上，大女婿为卖弄文采，难为其他二位女婿，提出要行酒令助兴，要求每人用三个同头的字，三个同旁的字结合起来，以表各自身份，因其看不起二位小婿。

按照顺序，大女婿应先吟："三宝同头官、宦、家，三丝同旁绫、绸、纱，不是官宦家，怎穿绫、绸、纱。"说后得意洋洋。

二女婿略思索吟出："三字同头大、丈、夫，三水同旁江、海、湖，不是大丈夫，怎能闯江湖。"

大女婿微笑点头，认为小女婿一定对不出来。谁知小女婿不假思索吟出："三尸同头屎、尿、屁，三言同旁谈、议、论，不是谈论议，怎能放出屎、尿、屁。"这样一来，使得大女婿更加丢人现眼不可收拾。

127

三个女婿作诗

从前有个老员外，他有三个女婿，两个大女婿家境虽穷，但读书识字还是可以的，小女婿家境虽富，但不读书认字，言行无度，所以，老员外不喜欢他。

有一年春节，三个女婿都来拜年，老员外大摆宴席，款待这三个女婿。客人上坐之后，老员外命仆人把好酒抱来，打开坛盖，注满酒爵，正要起杯饮，老员外阻住了。他说："今天咱来个作诗饮酒，凡作上诗的痛饮一杯。"大家齐说："请岳丈大人行令！"老员外说："今天咱立个四句诗令，第一联结尾用'一串一串'，二联用'好看好看'，三联用'成群打蛋[1]'，尾联呢，用'不赶自散'。"员外说罢，起了个示范，云："洋槐花开得一串一串，挂在树上好看好看；招得蝴蝶成群打蛋，小燕子飞来不赶自散。"员外吟罢，举杯把酒饮了。

大女婿略一思索，想起自己的老先生写字时的情景，便说："我来吟。"云：

俺先生写字一串一串，

贴在墙上好看好看；

招来观众成群打蛋，

把字条一揭不赶自散。

大女婿吟罢，看了看员外，老员外点了点头，大女婿也举杯把酒喝了。

二女婿想起年前自家的一块谷地，也吟了一首，云：

谷穗子结得一串一串，

垂在秆上好看好看；

招得麻雀成群打蛋，

恶老叼[2]来了不赶自散。

二女婿吟罢也看了看员外，员外也点了点头，二女婿也举杯喝了酒。

三女婿抓耳搔头怎么也想不出词儿，正在为难之际忽见丈母娘来了，他看到丈母娘银坠闪闪，便吟起来，云：

丈母娘的耳坠子一串一串，

戴在耳上好看好看；

招得孤老[3]成群打蛋，

丈母爹一来不赶自散。

他吟罢，不管二和三，端杯就饮。老员外一看，气得一句话也说不出来。

采录者：　　骆天庆，男，60岁，安阳县安丰乡渔洋村人，中师，教师

采录时间：　2005年冬

采录地点：　安阳县安丰乡渔洋村

选自：　　　《安阳县民间故事集》

[1]　打蛋：结团，形容多。

[2]　老叼：老鹰。

[3]　孤老：指女人的情人。

128

仨女婿对诗

在农村，谁家娶媳妇，街坊邻居都来参与。新婚之夜，我们这里有个风俗习惯，就是"听房"。据说听房是吉利事，还可以讨得喜糖吃，时间长了还能喝喜面汤。听房大都是小孩子的事，年长的都躲在一边听消息。小孩子听房都是程咬金抢斧子——猛三遭，不一会儿就耐不住了，便想着喝面汤，谁也不肯离去。这时，年长的就开始给他们讲故事。关于三个女婿作诗的这个故事我就是那时候听房时听大人讲的。（骆天庆）

骆天庆（中）回顾采录民间故事的场景（摄影：王光明）

从前，彰德府有个王员外。

这一年，他过六十岁生日，仨女婿都来给他祝寿。王员外摆了一桌酒菜，就下了酒令："以快为题，但不准说快字。吟不上罚酒三大碗。"

大女婿是文进士，二女婿是武举人，三女婿是种地的。大女婿张嘴就有诗。他说：

今日岳父生，
骑马离了京。
来到彰德府，
天才交五更。

"好！好！就是快。"老丈人摸着胡子笑哈哈地不住点头。

二女婿文武都中，他说：

岳父寿诞忙，
驾车去南阳。

载回桃一筐，

寿宴才开张。

"中！中！中！！！"老丈人一连说了仨中。

轮到三女婿了，他可犯了难，憋得脸红脖子粗，一个字也说不出来。岳母瞧在眼里，痛在心上。上前去说情，谁知话还没出口，却放了个响屁。三女婿当下有了题。他说：

丈母娘放个屁，

乘风上高丽。

我去去又回来，

肛门还没闭。

说得丈母娘满脸通红。

讲述者：　申本仁，男，49 岁，安阳县善应镇人，农民
采录者：　申兴发，男，45 岁，安阳县善应镇北善
　　　　　应村人，初中，干部
采录时间：1979 年
采录地点：安阳县善应镇
选　自：《狐狸坟传奇》

异文一：屁门还没闭

安阳河北岸有个村庄，庄里有个张财主，张财主是个练武的，过去曾在军队上干过，后来告老还乡，膝下无子，只有两个女儿都已嫁人，大女儿嫁给彰德府城里一个文人家庭，小女儿嫁给了邻村的一个种地小伙子，本来老财主是想让小伙子倒插门的，但因老婆子不同意，几经人说合，就是说不成。小姑娘小伙子日子虽然不富裕，但也过得舒适。

这年三月三，是老财主六十六寿辰，家里设宴请大小女婿女儿来给老财主做寿。大女儿和女婿送来绫罗绸缎几

匹，整猪整羊各六只，出手很阔绰，而邻庄小女和女婿则不同，打了一篮子面做寿桃，小女婿手里拎着一块肋条猪肉显得小气。但小女婿则说："六十六，割块肉。"张财主倒没计较，你看那个岳母，本来就嫌弃人家穷，送来的东西又这么寒酸，沉着一张脸，也不给女儿女婿打招呼，一脸的不耐烦。带在脸上还不说，吃饭时还故意多给大女婿加菜添汤，就是不给小女婿客气，还不时说些难听话给小女儿，气得小女儿敢怒不敢言。

大家热热闹闹吃过午饭，酒足饭饱，大女婿乘着酒劲，一是想卖弄文才，一是想讨好丈母爹，说："咱们吟诗行令吧，以什么为题呢？请丈母爹点题。"老岳父张财主平时喜欢射箭弄棒，抬头看到墙上悬挂着自己当年用过的弓和箭鞘，就说："就以弓箭为题吧。"并且还约定了韵脚和形式。

大女婿先说，他想夸奖老岳父，看着丈母爹咧着嘴正笑得合不拢嘴，便吟诗道：

我搭弓将箭射出去，

丈母爹正好笑嘻嘻，

狼牙箭已经落到目的地，

丈母爹两唇还没闭。

老岳父听了连声叫好，两眼乐得也眯成一条线。

小女婿文化浅，心里越急，就越是想不出诗句来，脸憋得通红。恰好这时本来就有气的丈母娘"咚"一声放了个响屁，小女婿灵机一动，高叫一声："有了，你们听我的。"

我搭弓将箭射出去，

丈母娘正好放个屁，

狼牙箭已经落到目的地，

丈母娘屁门还没闭。

小女婿吟罢，洋洋自得，老岳父目瞪口呆，大女婿斜着眼看他，小女儿看着脸变成紫茄子的娘沮丧地说："恨不得找个地缝钻进去。"

讲述者：	王德贵，男，68 岁，安阳市郊区马家垒
	村人，私塾两年，农民
采录者：	王家俊，男，41 岁，安阳市郊区马家垒
	村人，大学，公务员
采录时间：	1995 年 3 月
采录地点：	安阳市郊区马家垒村

异文二：夸马

从前，李家屯有个李员外，他有三个女婿，大女婿是举人，二女婿是秀才，三女婿是佃户，因此，李员外有些看不起三女婿。

这一天，李员外五十大寿，三个女婿前来拜寿。寿宴上，酒过三巡，大女婿说："岳父，你那匹枣红马还好吧？"

一提到马，李员外格外精神，他笑哈哈地说："好，我那匹马膘满肉肥，奔跑如飞，人称'千里驹'。"大女婿说："岳父，今天是你的五十大寿，何不以马为题，吟诗助兴呢？""行啊！"李员外道，"今天就以《夸马》为题，吟诗答对，作得好的，赏酒一杯，作不出的罚酒三盏。"

李员外话音未落，大女婿就站起来，他说："我祝岳父健康长寿，寿比南山不老松，下面听我的《夸马》诗。"

鹅毛火上烤，
岳父骑马到东府。
到那儿拐回来，
鹅毛还未煳。

"作得好，作得好！"李员外夸赞说，"寒舍到东府，相距百里之遥，可见我的马快也。来，大女婿，我敬你一杯。"

二女婿站了起来，说道："我祝岳父长寿有福，福如东海长流水。听我的《夸马》诗。"

银针水上浮，

岳父骑马到李村。
到那儿拐回来，
银针仍未沉。

"好诗，好诗！来，我也敬你一杯。"李员外把脸扭向三女婿，说："该你啦！"三女婿站了起来，说："岳父，我是一个佃户，只知道收秋种麦，哪会什么湿啦干啦，我看就免了吧！"

"不行，不行，不作诗，就得罚酒。"李员外要难难三女婿，说什么也不让过关。

这时候，岳母走了进来，打着圆场："算啦，算啦，该上饭啦。"李员外道："不行，我说的不能不算，要么作诗，要么罚酒，由三女婿挑。"岳母见劝说无效，气愤地走了。刚出屋门，忍不住放了个响屁。听到屁声，三女婿忽地站了起来，说道："我祝岳父健康长寿，寿比南山不老松。下面是我的《夸马》诗。"

岳母门外放声屁，
岳父骑马到孙集。
到那儿拐回来，
她粪门还没闭。

讲述者：	陈清元，男，72 岁，内黄县田氏乡杨庄
	村人，不识字，农民
采录者：	陈国希，男，37 岁，内黄县田氏乡杨庄
	村人，高中，农民
采录时间：	1990 年 3 月 21 日
采录地点：	内黄县田氏乡杨庄村
选自：	《中国民间故事集成·河南内黄县卷》

129

仨婿探病

城东有个老翁，有三个女婿，老大是唱戏的，老二是说书的，老三是开茶馆的。一天，老头儿病重，三个女婿前去探望，大女婿一见岳父躺在床上面色枯黄，就以唱戏的架势拉开腔调说："岳父大人病体如何？"二女婿接着用说书腔调说："欲知生死如何，且听下回分解。"老头儿一怒，操起床下的便壶向二女婿摔去，三女婿口中急呼："闪开闪开，小心茶水烫着。"

讲述者：　张俊山，男，70岁，安阳市北郊东大姓
　　　　　村人，高小，退休干部
采录者：　王光明，男，48岁，安阳县白璧镇郭盆
　　　　　村人，大专，安阳县文联干部
采录时间：　2005年
采录地点：　安阳县文联
选自：　《安阳县民间故事集》

附记

有关三个女婿走丈人家闹笑话、出洋相的故事我小时候在老家听过很多，都是调侃三个中有一个犯傻的。《仨婿探病》这则故事我早年也听上年纪的村民说过，但对三个女婿的身份记忆模糊了。

说起我早年记忆中的故事来源，这里有必要说一下早在农村生产队时期的村民文化生活。那时候，村民白天出工，晚饭后要去生产队部记工分，队部的大院其实就是个大杂院，队里的仓库、农具、牲口棚都在那里，仓库是不能进人的，牲口棚叫棚其实也是几间大房子，那是村民记完工分后闲聊的去处，那里俗称"槽前头"，生产队的骡马驴牛拉一天套到晚上都一字排开在那里喂养，牲口槽边有饲养员的床铺，有闲坐的空地方，特别是冬天，十来头牲口身上散发的热气，再加上就地笼一堆火，"槽前头"暖烘烘的，自然是村民取暖聊天的好地方，非常热闹。上年纪的人这个说个笑话，那个讲个鬼故事，七嘴八舌，能说到半夜，有时候听完了都不敢独自回家了。我记忆中的好多故事就是那时候在"槽前头"听来的。

我在"槽前头"听过《仨婿探病》这个故事，为了弄准确三个女婿的身份，就向张俊山请教，他就重新给我说了一下这个故事，落实了三个女婿的身份分别是：老大是唱戏的，老二是说书的，老三是开茶馆的。（王光明）

130

考女婿

薛家庄薛员外年过半百，膝下无子，只有一个女儿叫爱珠，意思是爱如掌上明珠。这爱珠除了小时候脖子上长疮，落了几个小疙瘩，没啥毛病，长得明眸皓齿，沉鱼落雁，又读了几年私塾，是个多才多艺的大家闺秀。

薛员外为女儿找婆家找了几年，总是高不成低不就。看女儿已经十九岁了，才与王家庄王好左的儿子王诗订了婚。这王诗是个诚实的人，不好说话，不知道的，都说他缺个心眼儿，为这事，婚姻也就耽误了两年。

薛员外为女婿也是放心不下。这一年，薛员外七十大寿，王诗也到老丈人家祝寿，酒席下，老丈人说："闻听贤婿博览群书，满怀锦绣，老夫有一事不明，请贤婿回答，不知……""岳父请讲。"员外说："鹤叫声为何那么洪亮？""那是天生的。"又问："松柏为啥四季常青呢？""那是天生的。"再问："路边的树身上为啥有疙瘩？""那是天生的。"员外一听，心里说这女婿果真缺心眼儿。就说："差矣，鹤高鸣是脖子长，说它有个长脖子；松柏冬青是中心强，松柏内心长得木质坚硬；路边的

树身上有疙瘩是车创[1]的。"说罢，瞧着女婿不言不语的傻样子，自叹女儿命薄。

这时，女婿问道："小婿也有一事不明，请岳父大人赐教。"员外点点头，王诗说："青蛙叫声洪亮高亢，也是脖子长吗？"员外一听，吃一惊，结结巴巴说："非……也。"女婿又问："竹子四季常青也是中心强吗？"这一问，问得老泰山面红耳赤："非……也。"心说行了，别再问了。谁知王诗得理不让人："令爱脖子里也有疙瘩，难道也是车创的吗？"老丈人早已汗流满面，端起杯，说："贤婿快喝快喝，酒凉了。"

把女婿送走后，他真高兴啊，急忙回到里屋，对夫人女儿说："外人说咱家女婿缺心眼儿，全是胡扯，你们猜咱家的女婿是啥样人物？"夫人女儿一齐问："他啥样？"员外说："我把他好有一比。"夫人说："比从何来？""他好比破棉絮里包珍珠。"女儿问："此话怎讲？""他是主贵在心里呀！"一句话把全家都说笑了。

讲述者： 毛纪亮

采录者： 侯富强，男，22 岁，滑县上官镇人

采录时间： 1987 年 2 月

采录地点： 滑县

选自： 《中国民间故事集成·河南滑县卷》

[1] 车创：车撞，"撞"豫北方言读作"创"。

（八）工匠故事

131

半副石刻

字，又费了四四十六年的时间，把它细细刻了出来。谁知道往太行山上一放，近瞧是蓬莱仙境，远瞧是蓬莱仙士，至今仍是这个样子。

讲述者：	杨文喜，男，50岁，安阳县人，认字
	杨遂只，男，60岁，安阳县人，认字
采录者：	杨金书
采录时间：	1991年
采录地点：	安阳县铜冶镇南西炉村
选自：	《狐狸坟传奇》

很早以前，有个石匠，凿了四块最好最好的大青石，磨得平了又平，光了又光，他想找一个好写家，写四个字，做一副石刻。可是他一直找了二十年，也没找到一个合适的人。

一天，他正在厨房里做饭，看见一个老要饭的来到石头旁，用一把旧笤帚沾了石灰水，在石头上乱画起来。可把石匠气坏了，一边呜叫"别乱画，别乱画"，一边擦手往外跑。那老要饭的像没听见似的，画罢一块，又换了一块画起来。石匠跑了半截，又跑回去找棍子。就在这当儿，老要饭的又急忙换了第三块画起来。石匠也不管三七二十一，跑到老要饭的身边，举棍就打。那老要饭的躲过一棍跑到最后一块石头上刚画了三笔，木棍就当头劈了下来，吓得老要饭的拔腿就跑，一溜烟没了人影。石匠撵跑了老要饭的，回头一看，只见石头上写的是"蓬莱仙士"，大概是那个"境"字只写了一个土字旁。再看这三个半字，写得真棒，苍劲有力，入石三分，石匠这才知道遇到了活神仙。

后来，石匠又找来最好的书法家，添上了那个"境"

132

卖墨斗

王三是个手艺很不错的木匠，就是祖上留下个规矩，手艺不能外传。曾有几个年轻的小木匠来向他讨教，都被他一口回绝，因此惹恼了不少人。

这一天，年轻木匠赵天妻子玉花来到王三的木匠铺，问王三："师傅，有墨斗没有？"王三听了一愣，心想：没听说过有买墨斗的。玉花又说："我家有个很大的木匠作坊，需要的墨斗很多，平日都到彰德府去买，一买就是一篮子。"

王三一听动了心，便又问玉花："大姐，一个墨斗能给多少钱？"玉花答道："四十个铜钱一个，我一买就是一篮子。"王三一听价钱不错，便与她订了三十个墨斗的货。玉花怕王三不信还特地付了五十个铜钱的订金，说好三天后来取货。

王三停了一切活儿，累死累活地赶了三天，做好了三十个墨斗，还在心里打着小算盘：一个墨斗四十个铜钱，三十个墨斗就能卖一千二百个铜钱，太划算了。

结果，王三等了一个多月也没人来买一个墨斗。这事后来被王三的姐姐知道了，他姐姐骂他："你个浑小子，上当了，被人拐卖了还帮人家数钱。"

墨斗是木匠的工具，随意找一块木头一刻就成，木匠行业有个习俗：墨斗自己做自己使。墨斗做得好坏，也显摆木匠的手艺，哪有出钱买墨斗的道理。

王三挨了姐姐一顿臭骂，明白了过来。因怕被同行笑话，他就把三十个墨斗偷偷烧了。

讲述者： 户戌生，男，37 岁，安阳县化肥厂职工

采录者： 孙晨琳，男，30 岁，安阳县水冶镇东街村人，小学，工人

采录时间： 1980 年

采录地点： 安阳县化肥厂

选自： 《安阳县民间故事集》

附记

这篇故事的讲述者祖上干过木匠活儿，他很熟悉木匠中间的趣闻轶事，在一次谈做生意看行情话题时他讲了这篇故事。

手艺人凭手艺吃饭，但也不乏使点子出馊主意戏弄同行的，这篇故事说的就是这方面的事，听起来好像有点离谱，但也符合情理。

（孙晨琳）

133

同行是冤家

过去，不论是哪一行，凡是同行的，大多是冤家对头，互相嫉妒，互相拆台，生怕他人夺了自己的饭碗子。所以人们常说"同行是冤家"！

相传，从前山脚下有个靠山庄，庄里有两个姓袁的木匠，他们是同姓不是一家。这两位师傅，一个四十八九，一个五十出头。人们称年长的为大木匠，叫岁数小的二木匠。因为他俩是同行，又都姓袁，大家习惯说"同行冤家"。

袁大木匠和袁二木匠，论手艺不相上下。不论做粗活儿细活儿，盖房上梁，安门做窗，刻鸟雕花，门门不挡手[1]，做出的活儿没挑儿[2]，都是十里八村的高手，当然细评起来都各有所长。二木匠干活儿手快一些，大木匠比二木匠多一手绝技。安石碾子时，大木匠做的碾框子，拉起来碾的米不粗不碎，人人夸赞。二木匠就差了，他做的碾框，拉起来碾的米不是粗，去不掉皮儿，就是压的碎米多，

人们都不请他做碾框。二木匠为了学大木匠这手绝活儿，偷看了几次了也没学会。

有一年过大年时，二木匠提着两包点心，去给大木匠拜年送礼，口称大哥，求他教给这手技术。常言道：长圣人，短艺人。大木匠就是不肯教。他心想："连我闺女都不传，你算老几呀！"大木匠心里这样想，表面上满口答应，浮皮潦草地说几句大道理把二木匠打发出去。二木匠心里清楚没有吭声儿。

有一次，大木匠被外村人请去安石碾，傍晚返回时，走到深山老林，碰上一只老虎，大张血口要吃他。吓得他扔下工具边跑边喊："救命啊！救命啊！"正在山里锯树的二木匠和他徒弟，闻声拿起斧子，朝着喊声方向跑去，撵走了老虎，救了大木匠一条命。

二木匠和徒弟把吓瘫的大木匠背回去。大木匠吓得大病了一场。二木匠不记前事，亲自给他请先生、抓药，照顾得大木匠挺周到。大木匠病好后，摆了一桌好菜，亲自请二木匠到他家喝酒。酒桌前说了自己过去的不是，并告诉了二木匠安石碾时，做碾框的诀窍儿，关键在劈木槽子上，要不薄不厚不长不短正好。

从此，大、二木匠像亲哥儿俩一样，互相照顾，互相学习，取长补短，他俩的手艺更精了。后来，大木匠的闺女，还嫁给了二木匠的儿子，哥儿俩亲上加亲结了亲家。出嫁时，村里有人问："这闺女嫁给谁了？"知底细的人回答："同行袁家！"当时有人还编了四句顺口溜：

谁说同行是对头，
袁家结亲不结仇。
大二木匠是高手，
一对美名万古流！

因为"袁"和"冤"字音相同，后来被人们传成"同行是冤家"。

---

[1] 不挡手：能干。
[2] 没挑儿：无可挑剔。

讲述者： 王德贵，男，69 岁，安阳市郊区马家垒
村人，私塾两年，农民
采录者： 王家俊，男，42 岁，安阳市郊区人，大学，
公务员
采录时间： 1996 年
采录地点： 安阳市郊区马家垒村

134

铜匠教徒

从前有一个铜匠师傅，手艺精湛，做出来的乐器如铜
钹、铜锣声音格外洪亮。如今已年近花甲，搬箱铸造的活
儿已力不从心，于是他和老伴儿商量了一下，想收个徒弟。

经人介绍，终于收个二十岁的小伙，小伙名叫金锁，
长得人高马大，浑身有使不完的力气。老铜匠一看便相中
了，于是金锁给师傅行了拜师礼，然后商定学徒规矩：一
年满二年圆，三年谢师给师傅白干一年，第四年出师，师
傅送徒弟一套得手的工具，徒弟便可另立门面独干了。

金锁非常能干，搬箱铸造一类粗活儿很快学会，老铜
匠可清闲多了，对这个徒弟也非常满意。长话短说，两年
后像铜乐器和铜家具之类的活儿，基本可以独自完成，可
以说铜匠这一门手艺是学成了。第三年，金锁为报答师傅
又干了一年。到了第四年，师傅照约给徒弟打造了一套铜
匠工具，金锁谢过师傅后，就在县城找了一间门面挂牌开
业了。

金锁的手非常巧，做出的铜货顾客都很满意，卖出
的货很少有人回来找。半年来，金锁的活儿路很广，有
些他没学过的，也慢慢揣摩着做起来，真可谓青出于蓝

而胜于蓝。

有一天，一个人找到他定制了一套铜响器，拿走以后又找上门来，说是一副铜钹有岔音儿。金锁拿起钹一拍，仔细听起来，果然响音不一样，于是羞愧地给人家道了歉，答应再给人家打一副。

金锁细致地重新打了一副铜钹，经淬火后一拍还有岔音，一连弄了四五次，结果都一样，金锁没门儿了，他想：学艺时这铜钹淬火没亲自动过手，都是师傅亲自弄的，看来只有找师傅请教了。

于是金锁关了铺子，到街上糕点坊买了四封点心，到师傅家，见大门紧闭。师母说师傅这几天身体不舒服，金锁把点心放在桌上，来到师傅床前，只见师傅躺在床上，见面问候罢，师傅问他可有什么事情，金锁想师傅有病在身，下次再问吧，于是告辞而去。

第二次，金锁又是四封点心到师傅家，师母说，师傅到朋友家喝满月酒去了，回来可能要下半晌了，金锁又徒劳而返。

就这样，金锁一连去了四趟，每次都拎着礼物但总是不凑巧，不是师傅有病就是有事不在家，金锁也没了办法。当去第六趟时，师傅还是出门了，师母看他一次又一次地跑，又带着礼物，料想一定有事，便问道："金锁，你来了这么多次，不知道是有啥事？"金锁开口答道："师母不知，我给人家打造了一副铜钹，哪儿都好，就是打出响来有岔音，连做了四五次仍然是这个毛病，这不，才来请教师傅，看来今天又白跑了，我改日再来吧！"

金锁正要走，就听师母说："金锁，我见你师傅打造铜钹时，都是两个一起淬火，也不知你是如何淬的？"金锁听完后，心里一下子全明白了，真是"一语惊醒梦中人"呀，于是金锁辞行而去。

老铜匠喝酒回来，见桌上又放着几包点心，问老伴儿："金锁又来过了？""嗯，来过了。"铜匠笑着问："他没问你什么事吗？"铜匠老婆答道："他说打造铜钹有岔音，我告诉他淬火时要两个同时淬才行。"

老铜匠唉了一声道："多嘴婆，以后别想吃点心了。"

讲述者： 户戌生，男，36 岁，安阳县水冶镇人
采录者： 孙晨琳，男，29 岁，安阳县水冶镇东街
村人，小学，工人
采录时间： 1979 年
采录地点： 安阳县水冶镇
选自： 《安阳县民间故事集》

附记

水冶，以水轮车带动鼓风机冶炼钢铁得名。过去能工巧匠很多，有关这些匠人的故事在水冶多有流传。

民间过去师傅带徒弟有句老话，叫作"留一手"，这个故事就是说的这个"常规"。老铜匠教徒弟留了一手，可徒弟心诚，最后还是把手艺学到家了，这也算结局圆满。（孙晨琳）

135

神箭将军和神刀剃头匠

有一天，神箭将军来神刀剃头铺剃头。

剃头匠给他洗好了头，拿刀子在布条上来回杠[1]了杠，拿起刀子往上就扔，剃头刀在半空中翻了十八个跟头，刀尖朝下，照神箭将军的头上砍去，就在这一闪间，神刀剃头匠两指夹住刀把。"哧啦"一声在神箭将军头上剃了指把宽的一道子。吓得神箭将军说："不剃了，不剃了，光吓也要把人吓死。"

神刀剃头匠说："这叫功到自然成，如剃一个小口，你割下我的人头。"

神箭将军说："那请便。"神刀剃头匠把刀子扔得更高了，一会儿把头剃光了，说："这叫飞刀！"又给他刮耳轮，他又玩花似的将刀子来回旋转说："这叫旋刀！"给他剃鼻孔，拇指食指将刀柄捻得哆噜噜地转，说："这叫转刀！"又给刮眼帘，将眼皮翻开，刀子在红眼皮上哆嗦、打战，说："这叫韵刀！"

一会儿，完了。神箭将军用手一摸，头面很光，耳鼻舒服，眼睛比任何时候都清亮。"嗯，不错。"神箭将军说，"我也给你献献丑。"他拿了三个铜钱放在神刀剃头匠头顶上，说："我说射哪一个就射哪一个，射一个小口，你也割下我的人头。"

神箭将军拉弓箭，站在百步开外，弓开如满月，箭发似流星，说："是上一个。""嗖"的一箭，最上边的铜钱被射下："这叫穿梢箭！"

神刀剃头匠心里害怕，嘴上也不好说啥。

神箭将军又拈弓搭箭，说："下边一个，着！""嗖"的一声，箭偎着头皮穿过去，射下紧贴头皮的那一个："这叫抽底箭！"

这时又射最后一个，又"嗖"的一声，铜钱飞出，将军说："这叫功到自然成箭。"

两人都大笑起来。

讲述者： 田金斗，男，64岁，安阳县辛村乡人，农民

采录者： 刚呈云，男，46岁，安阳县辛村乡张太保村人，中师，教师

采录时间： 1986年

采录地点： 安阳县辛村乡南辛村

选自： 《狐狸坟传奇》

附记

20世纪70年代以前，农村文化娱乐生活十分匮乏，老百姓农活儿休憩或茶余饭后都喜欢让一些"巧人"讲故事逗乐。该故事的讲述者田金斗和采录者刚呈云是安阳县辛村乡人，这两个人我都认识。田金斗在饭场给大伙讲这个故事时我和采录者刚呈云都在场，他讲故事喜欢摆手势，语言和动作都很夸张，记得他在讲"拿起刀子往上就扔"时，就做出一个向天上扔刀子的动作。他在模拟声音方面也是形象逼真，如"哧啦"一声、"嗖"的一箭等，他就连比画带学声音，逗得众人哈哈大笑。（张永军）

[1] 杠：摩擦。

136

土埋脖子的人

有一个村子，要立一座很大的石碑。碑共分三个组成部分——碑座、碑身和碑帽。工匠们刻好了碑文，雕好了碑座和碑帽，就召集了全村青壮年来，要竖起这座大石碑。

碑座安稳好后，大家一齐动手，费了很大的气力，才算把碑身也装上了碑座。轮到装碑帽了，大家你看我，我看你，谁也想不出主意该怎样把碑帽装上去。搭木架子吧，碑帽那么重，拉也拉不上去；把碑身放倒地上，先装好碑帽再竖碑身，又怕别伤了碑身和碑帽的榫头。一时谁也想不出好办法。

这时，一位八旬开外的白发白胡子老头儿走了过来，大家一齐迎上去，求老头儿想办法，白胡子老头儿看了看，说："我是土埋脖子的人了，想出的办法也是土埋脖子的办法，没有用了。"说完，径自走去。

年轻人一时泄气地坐在地上，有的干脆躺下休息。工匠们也是第一次立这样的大碑，也没什么经验，只是沉思着。忽然，一位工匠大声说："有了！"大家一哄而起，围住这位工匠。这位工匠让大家一起动手推土，把碑身周围用土埋到顶上，只露榫头，把碑帽顺着土堆的斜坡移到碑身的上头，很快就装好了碑帽。

在大碑立好后庆祝的那天，村子里的人摆酒请工匠，工匠们把"土埋脖子"的那个白胡子老人让到了上席位。

讲述者： 田枳，男，61 岁，内黄县张龙乡南羊坞村人，私塾，农民

采录者： 田讯川，男，32 岁，内黄县张龙乡南羊坞村人，大专，教师

采录时间： 1981 年 6 月 6 日

采录地点： 内黄县张龙乡田达中学

选自： 《中国民间故事集成·河南内黄县卷》

附记

田枳是我大伯父的孙子，他性格温柔，平易近人，是个正经的庄户人。我们俩年龄相差三十岁，我们见面，他离"叔"不说话。农闲人不闲，一个拾粪筐挑了后半生。责任田里小麦受他拾粪补充肥源，长势和产量超过其他农户。

他擅长珠算，打算盘是其长项，凡是能叫上名字的算盘名堂，他都能打成。且边拨算珠边念口诀，右手拇、食、中三个手指分别行动下，什么"三遍九""凤凰单展翅""凤凰双展翅""三八式"等等，他都能熟练地一气呵成。年轻人学几遍都学不会。

他善于用故事讲道理，讲故事给围在他身边的人听。《土埋脖子的人》这个故事告诉我们一个生产经验。我十分佩服故事中的老人，也感谢田枳这位"老侄儿"讲述给我听，就把这个故事整理成了文字。（田讯川）

（九）婚姻家庭故事

137

李星贵打花

四百多年前，牛屯有一人叫李双夜，刚刚与父母分家，他和妻子带着一岁多的男孩儿李星贵过日子。

转眼到了年关，李双夜家境贫寒，无法度年。这咋办呢？总不能不过年吧。最后李双夜提出要到浚县打花，就是到浚县买一些大姑娘、小媳妇往头上戴的花儿，来家再到集市上卖。可是没钱，拿什么做本儿呢？后来两口子商定先把妻子的簪子、耳环等银器拿到当铺先当几天，不误年关戴就行了。有了本钱，第二天李双夜就到浚县打花去了。

牛屯离浚县八九十里，当时又没有车，走了一天，到太阳落山的时候，才走到浚县，该住店了。

谢老虎开的谢家店当时在浚县最有名了，李双夜就在这里住下了。他身上带着个首饰盒，怕夜里被人拿走，就放在席下面当枕头枕着睡了。

第二天，李双夜要赶着去打花，天还不亮，就起来走了。天明时，谢老虎查看店房，来到李双夜住的那个店房一看，人没了。嗯？那席怎么恁高呢？谢老虎走过去，掀开一看，是个精致的首饰盒。打开一看，里面尽是耳环一类的银器。谢老虎就把它揣在怀里带回了家。

再说李双夜起来走了不多远，忽然想起了首饰盒，一摸身上，才想起来忘在店里了。他紧跑慢跑，等跑到谢家客店时，早上气不接下气了。一问，谢老虎说什么也不承认。有啥法咧？李双夜只好垂着头回家了。

回到家，两口子又吵了一架。吵罢，妻子就去给他做饭去了。做好饭左找右找，找不到他。天快黑了，一个邻居慌慌张张跑到他家，说李双夜上吊了。邻居和双夜妻把他从枣树上放下来时，李双夜已经断气了。有孩子李星贵在，双夜妻才没有改嫁。

一晃十五年过去了，李星贵长到了十六七岁，年关又到了，他的同窗有的建议他去浚县打花。他也同意了。有的家里稍富一些的同窗这个兑二百钱，那个兑二百钱，也就够本钱了。

李星贵拿着同窗凑的钱，高高兴兴回到家，对他娘说："娘，我借了一些钱，让我去浚县打花吧？"这一说，娘一把抱住星贵大哭起来，过了一会儿，说："儿呀，你爹就是死在这上的呀，你千万不能去，如果再有个三长两短，我怎能对得起你那死去的爹呀！"星贵娘越哭越伤心。李星贵就说："娘，我听您的话，不去了。"星贵娘才不哭了。

夜里，李星贵和他娘都睡了，他娘睡在东间，他就睡在西间。李星贵并没真睡，半夜，蹑手蹑脚地起来，带上一切打花用得着的东西，摸黑上路了。等到他娘夜间起来听不到他那边有声音，去他床上一摸，李星贵不在了。他娘又怕又气，大哭了一场。

李星贵走了一天，到快黑时也来到了谢家客店。谢老虎明天要为他儿子谢保安娶媳妇，今晚不收客人，可偏偏又忘了把门外的招牌拿掉。李星贵不管三七二十一闯进去就喊："店家，店家。"一个伙计听见跑出来，问："啥事咧？""我要住店。""明天要办喜事儿，今天不收客。""你看，就我一个人，我又不吃你们的饭，咋不让住！"伙计没法，只好说："那好吧，你先等一会儿，让我给店主说一声。"谢老虎出来一看，确实只有一个人，就让李星贵住下了。再说，到了半夜，谢保安总觉得在自己枕头前站着一个吊死鬼，伸着红红的舌头足有半尺多长，脖子上还套着一根麻绳，瞪着血红的眼睛，两只大手还不住往自己头上抓，谢保安差点给吓死，一下子就病倒了。

天明时，一会儿就要去娶亲了，谢保安却动弹不得，咋办咧？一家人急得像热锅上的蚂蚁——团团乱转。还是保安的表嫂有主意，说："店里昨晚不是来了一个小伙子吗？长得也不错，我们先让他替保安把媳妇娶回家，先冲冲喜。""人家干吗？""没关系，我们不会给他钱吗？"

那个表嫂向李星贵一说，李星贵说："我还得去打花呢。""你打花是为了啥？""为了赚几个钱回家过年呀！""好，我给你两大吊钱不就行了。"李星贵一想，行，我先赚两吊再说。这样就算商量好了。

谢保安的媳妇家离谢保安家只有三里地，有许多人都认得谢保安。可来到这村一看愣了，嗯？来的咋不是谢保安？乡亲就都说开了。说归说，可没耽误娶亲。等车走到谢老虎家门口时，李星贵跳下来，脱下衣裳要钱去了。

这下咋办咧？拜天地让谁呢？娘家人也在这儿。"唉，拜天地也让他吧！"那个表嫂又找李星贵商量了："拜天地你也替我兄弟吧。""我还急着去打花呢，就这都耽误我的事了。""再给你两吊钱不就行了！"李星贵一想，我就再赚两吊再说。

拜过天地，李星贵可就不走了。"你咋还不走？钱也给你了。""天都黑了，还让我回哪儿去？今晚我还得住这儿。"李星贵有他自己的打算：娶亲、拜天地你都让我替，我倒要看看入洞房你让谁。入洞房时是谢保安的妹妹谢宝花代替的。

等到第二天新女婿和新娘回门。娘家人把新娘和"新郎"接走了。李星贵呢？见新娘、新郎的车走了，他就跟在车后头。

等来到女方家中，许多人都疑惑了，怎么不是来娶亲的那个新郎呢？这时李星贵就插嘴了："来娶的是我。"大家一看，果然是他。"拜天地的也是我。谢保安昨天已经死了。"接着他又用手指着谢宝花说："她就是谢保安的妹妹谢宝花。"这时还有人不大相信，把她的外衣脱下来，果然露出了红装。谢保安的丈母娘就问李星贵："你是哪村的人？叫什么？家中还有谁？"他都一一做了回答。"好，既然你与我女儿拜了天地，今天我就把她许配

给你，做你的大媳妇，谢宝花做你的二媳妇。"又吃了一顿饭，就套车送李星贵他们上路了。

从此便留下了"李星贵打花"这段佳话。

讲述者： 祝心召，男，66 岁，滑县万古镇胡营村人，
　　　　　初小，农民
采录者： 祝金佩，男，19 岁，滑县万古镇胡营村人，
　　　　　高中，学生
采录时间： 1989 年 11 月
采录地点： 滑县道口镇
选自： 《中国民间故事集成·河南滑县卷》

138

丑男儿智娶美貌妻

从前，有个人长得三分像人，七分像鬼，取名丑儿。父亲早年去世，娘要饭供他上学，孤儿寡母，相依为命，过着辛酸的生活。使母亲更伤心的是儿子将来娶不上媳妇。

有一天，丑儿娘到外村去要饭，她看见一家财主门口挂着一张画，上写："谁家的儿子长得像画上的这样美，就将女儿嫁给谁。"丑儿母亲看了唉声叹气，心想自己没有那份福气。回到家又将这事从头到尾给丑儿讲了一遍。没想到丑儿听了喜上心头，他羞羞答答地靠近母亲耳边，轻声慢语地说："娘，你老想要她做你的儿媳妇吗？"她娘一听觉着有点惊奇，语重心长地说："我的傻孩子，你长那么丑，咱家这么穷，咋能娶财主家年轻美貌的小姐为妻咧？你这不是说梦话吗？"丑儿一双深情的眼睛望着母亲，又伤心又暖心地说："妈，只要你老人家愿意，我有办法。"

第二天，丑儿娘又来到那财主家门口，按照丑儿说的办法，举起打狗棍，将墙上的那画打了个粉碎，然后上气不接下气地说："这是我儿，谁挂在这里，风吹日晒，这还了得？"看守丫鬟急忙回家禀报财主。那财主听了喜出望外，亲自出门将丑儿娘迎接到家，先让座，后倒茶，杀鸡宰羊，热情招待一番，并亲口答应了这门亲事。

这一计成功了，丑儿娘喜笑颜开，丑儿高兴得在炕上直翻跟斗。丑儿早就听说那女子长得漂亮，打扮得如花似玉，一心找个英俊的女婿。丑儿想亲眼看一看那女子，就装扮成一个卖梨的，到财主家门口大声吆喝起来。事有凑巧，那女子平时大门不出，二门不踩，这天她母亲病了，想吃梨，她不得不上街买梨。她到街上一见那卖梨的长的那个丑样儿，扭身就往家走，可是她又想到母亲的病，强忍一肚子委屈，买了梨匆匆忙忙地回家了。这回丑儿对那女子的模样从上到下看了个够，回到家选了个好日子，拜了天地。

丑女婿怕见新媳妇，为这事，丑儿娘提心吊胆，坐卧不安。可丑儿却不慌不忙，他来了个日出夜归，白天不见面，每到晚上，他母亲就对媳妇说："他嫌害臊，你先睡吧。"媳妇也就信以为真，天天吹了灯等候，丑儿虽说人长得丑，但学问高，口才好，新婚之夜，他和媳妇作诗答对，出口成章，说得天花乱坠，一时间媳妇心里美滋滋的，暗喜自己找了一个称心如意的好女婿。

第二计又成功了，丑儿自然得意，也有点不放心。他想白天不见面也不是长久的办法，早晚会露马脚。咋办？丑儿日思夜想，心乱如麻。经过几天细心琢磨，到底想出一个绝妙的计策，他告诉他娘，夜里三更时辰，到屋顶上拉一个石磙来回跑，一边跑，一边喊："是人都变，免遭灾难。"当天夜里，正当小两口亲亲热热地说话儿时，三更天到了，忽听屋顶上"轰隆隆"响个不停，还掺杂着说话的声音，媳妇不知咋回事咧，吓得连话都不会说了，紧紧贴在丑儿身上。丑儿心里明白，一本正经地说："老天爷有令，人人都要变，美的变成丑，丑的变成美，倘若不变，天打雷击。"媳妇一听越发害怕起来，一头钻到被窝里，不敢吱声。丑儿见时机已到，又故作镇静地说："听说两口子变一个人也行，你变吧，变得再丑我也爱你。"媳妇这才松了一口气，软绵绵地说："还是你变吧，变好变坏，我不埋怨。"丑儿早就等着这句话哩。媳妇话音刚落，他赶紧说："你让我变，我就变。"说时迟，那时快，媳妇掌灯一看，"哎哟"尖叫一声说："我的妈呀，你变谁也别变那个卖梨的呀。"这时丑儿心里坦然而又羞愧地说："我本来就是那个卖梨的嘛。"

讲述者： 郑家润，男，61岁，河北省滦南县人，
　　　　　初中，离休干部
采录者： 郑晓莲，女，27岁，中专，教师
采录时间： 1990年6月
采录地点： 安阳市自由路人委家属院14号
选自： 《安阳故事卷》

139

镜子里面出妖精

在很早以前，有个地方还没有照脸镜子。这个地方有户人家，家里只有四口人，一对年过半百的老夫妻，一对年轻的小夫妻。

年轻的儿子为了增加家庭经济收入，就到外地做生意去了。他在外边跑腾[1]了一年多，从没回过一趟家。中秋节前夕，他见别人都先后回家了，他也想起了回家。出来一年多了，回去买个啥好呢？想来想去，他觉得照脸镜子怪稀罕的，于是就买了一个带了回来。

他为了博得家人的喜欢，一进家门儿就先把照脸镜子送给媳妇看，并让她当面照照。他媳妇从来未见过这东西，她接过来一照，就气呼呼地说："我说你咋一出去就不回来了，原来你在外边被这年轻美貌的女妖精给迷住了，一双笑眯眯眼睛，两道柳叶似的眉毛，小脸蛋儿白里透红，犹如刚刚绽放的桃花……她还瞪着两只水灵灵的眼睛向我笑哩！你把她带回来给我看，不是让我给她腾地方吗？！"说着说着，就呜呜咽咽地哭闹起来。

[1] 跑腾：折腾、办事。

她婆婆在院子里听到她这哭闹声，插嘴说："你常盼他早些回来，可他刚一进门儿，你就跟他怄起气来。"她一进到儿媳屋里，见儿媳妇鼻涕一把泪一把的，就问儿媳妇："咋啦？"

儿媳妇说："咋啦？是你养的那好儿子在外边有了情妇，并且把她给带了回来。你说，这事儿我能容他吗？！"说着说着，就把镜子递给了婆婆。

她婆婆也没见过照脸镜子，她接过来一照，便唠叨起来："这不能怪你媳妇跟你怄气。就是你在外边寻个二房，她也不会说啥，你好不该在外边招来个满脸枯皱皮[1]、一头白毛尾[2]的老太婆呀，我看她给你当娘倒是差不多！我一看就生恁娘八辈子气！"

他爹在院子里听到儿媳妇和老伴的数落声，也坐不住马鞍桥[3]了，于是三步并作两步走进屋里。他一进门儿，就训斥儿子说："你不回来家里风平浪静，你一回来家里翻江倒海！让四邻八家听到了，就不怕人家笑话吗？！"

老头子也没见过照脸镜子，他接过老伴递过来的照脸镜子一照，说："你媳妇说你从外边带回来个女妖精，你娘说你从外边带来满脸枯皱皮、一头白毛尾的老太婆，其实她俩说的都不对，而是一个头发花白、年过半百的老头子。我缺的是孙子，你缺的是儿子，而不是爹！我看你是在外边跑得昏了头转了向，连东西南北都辨不清了，混账！混账！"

儿子接过爹手中的照脸镜子说："你们消消气，也容我说两句行不行？"他见他们静下来了，举着镜子说："这是照脸镜子，是照脸用的，谁照，镜子里边就是谁。你们围到我跟前，咱们一齐照。"当他们围拢到一块，他指着镜子里的人影儿说："这是我爹，这是我娘，这是骡马大轿娶来并与我拜过花堂的女妖精。"

经他这么一点拨，三个恍然大悟，茅塞顿开。媳妇

红着脸说："不是一家人，不进一家门。你说我是女妖精，我还说你是男妖精哩！"

老头子看这场风波平息了，便向老伴努努嘴说："咱别在这儿凑热闹了，腾出地方叫两个妖精在屋里闹吧！"

儿媳妇听到公爹说的话中有话，顿时羞得脸一红一红的。

讲述者： 张志莲，殷都区大司空村人

采录者： 宋魁元，男，67岁，殷都区大司空村人，小学，退休干部

采录时间： 2003年6月

采录地点： 殷都区大司空村

选自： 《民间故事选》

[1] 满脸枯皱皮：满脸皱纹。

[2] 白毛尾：毛尾，头发。白毛尾是白头发。

[3] 坐不住马鞍桥了：马鞍桥，本意指马鞍，因为马鞍像个桥，当地有人把马鞍叫马鞍桥。后用来指位置、官位。坐不住马鞍桥了，原来是指将领遇到急事，不能平静地任由马匹驮自己前行了。安阳人这句话是说遇到急事、大事，当事人再也不能平静、不能沉默了，待不下去了，坐立不安，连马鞍都坐不住了。

140

媒婆说媒

从前不兴晚婚，谁家的闺女在家长过 20 岁还没婆家，谁家就是留下了"闺女种"。

北庄有个姓胡的"闺女种"，就是因为她爹嫌贫爱富而成了"闺女种"的。

南庄有个姓聂的小伙子，就是因为家里穷，20 岁出头还未娶上媳妇。

孩子没能按时成家，成了爹娘的一块心病。孩子娘虽然为这事儿一而再再而三地张罗，但都是竹篮子打水——一场空。她焦急得没法儿，就买来一些礼品去央求王媒婆，好话说了几箩筐，王媒婆才答应去给她儿子说媳妇。

王媒婆凭着一张磨不烂的嘴、一个能打十八个弯的舌头，就跑到北庄胡家来。她一见老胡头就开门见山地说："一家女儿百家求，我是来给你闺女提亲的。俺门上聂家有个小伙子，长相好又能干，为人老实，又有把好手艺，我觉得与你女儿蛮般配的，但不知你意下如何？"

老胡头问："他家有多少房子多少地？多少骡子多少马？"

王媒婆说："这还用我说？聂家又不是住的山旮旯里，

你亲自到那儿打听打听不就心知肚明了。你打听过后，成与不成，一定要给我个回话儿。"接着又奉承又诈唬老胡头："你是个明白人，常言道，'女大不可留，留来留去把丑丢'。她已老大不小了，也早该给她寻个家了。"

老胡头说："是呀！"

王媒婆见缝插针说："这样吧，南庄离这儿不远，七八里地，抬脚就到，你到那儿打听打听，心里不就有谱了。"

老胡头说："中。还是你领我去吧！"

说着，二人就去了。

无巧不成书。南庄有个姓乜的财主，家大业大，家有吃不完的粮、烧不尽的柴、穿不尽的衣。

他俩走到南庄，老胡头看到眼前的一块水浇地，就问："这是谁家的？"

王媒婆说："乜家的。"

又走了不远，老胡头指着一块长势很好的庄稼问："这是谁家的？"

王媒婆说："乜家的。"

他俩走进村，老胡头见一片青堂瓦舍的宅子，又问："这是谁家的？"

王媒婆说："乜家的。"

他俩又转到一个大草院跟前，老胡头朝里一望，又见场棚下拴着骡子拴着马，柴草堆得像座山，就问："这是谁家的？"

王媒婆说："乜家的。"

老胡头问这问那问了一大串儿，王媒婆都说是乜家的。老胡头心里有毛病，把乜家当成了聂家的，觉得闺女能嫁到这家门儿，也算是高香没白烧，便不再问了。

王媒婆怕露了真相，就问老胡头："大致上你都亲眼看了，你还打听不打听了？"

老胡头说："我完全相信你，不打听了。"当即就把这门亲事定了下来。

时隔不久，"闺女种"就嫁到了聂家。第二天闺女回门儿磕喜头，不是满面春风心花怒放，而是愁容满面，放声大哭。

爹见状问她："咋啦？"

女儿埋怨爹说："聂乇家穷得坛坛罐罐叮当响，是你大睁着两眼把女儿推到了火坑里呀！"

老胡头开始并不大相信，见女儿哭得鼻涕一把泪一把的，知道受了骗，一跺脚就去找王媒婆。

他见了王媒婆就火冒三丈地说："当初，你说聂家富得流油，这也有，那也有，其实啥都没有！是你把我女儿推进了穷坑里，你说，这事儿咋办吧。"

王媒婆见他气势汹汹，反倒很平静地说："我还以为你急啥哩，不当[1]是说这个呀！那好，咱就打开窗户说亮话。当初，你问我这儿问我那儿，我都说是乇家的，是你鬼迷心窍，把乇家当成聂家的。三里五村谁不知你比鳖还精，我这个拙嘴笨腮的老娘儿们还能哄得了你吗？再说，你没有到聂家去，也没有打听聂家的情况，你就定了这门亲事，这能怪我吗？常言说，'新媳妇圆了房，媒人撂过墙'，他们已生米做成熟饭了，染缸里还能倒出白布吗？我是牵线搭桥的月下老，而不是拆散婚姻的老法海。你找我出气，我去找谁出气呀？"

经王媒婆这么一说，老胡头也就泄了气。临出门时，老胡头说："听天由命吧！"

有道是：

聂乇本是两个姓，
两姓音同字不同。
张冠李戴铸成错，
泼水难收留话柄。

采录者： 宋魁元，男，55 岁，铁西区大司空村人，小学，干部

采录时间： 1991 年 3 月

采录地点： 铁西区大司空村

选自： 《民间故事选》

141

烀粑饭

山旮旯里有一妇女不会做饭，她做的每一顿饭都是烀粑的[2]，儿子是吃她做的烀粑饭长大的。他只知道烀粑饭好吃，而分辨不出烀粑饭那刺鼻的难闻味儿。

儿子长大娶了媳妇，轮到他媳妇做饭的时候，当然不做烀粑饭了。这不烀粑的饭反倒不对他的胃口。他嘴上虽然说不出个道道，但心里反觉得倒了八辈子霉，寻了个不会做饭的老婆。他顿顿饭怄气，时不时给他媳妇脸子看，动不动就摔筷子扳[3]碗，天天折腾得媳妇摸不着头脑。

他媳妇憋得实在无法了，就问他："饭稠？"

"不稠。"

"饭稀？"

"不稀。"

"饭咸？"

"不咸。"

"饭淡？"

[1] 不当：原来。

[2] 烀粑的：烀，将饭烧焦；粑，饭烧焦后黏着在锅底的结层。

[3] 扳：摔。

"不淡。"

"是我不孝敬公婆？"

"不是。"

"是我有啥短处？"

"没有。"

晚上，媳妇主动接近他，他却翻过身去，给她个脊梁。不是这儿不是那儿，反倒使他媳妇更加纳闷。

有一天，他媳妇在厨房里做午饭，脑子里反复闪现出他那难看的脸色，一次次摔筷子扳碗的情景。思前想后，她越想越觉得难过，天天如过鬼门关，泪水像断线的珠儿似的流个不止。就在这时，她闻到锅里的煳粑味，急忙收住眼泪去揭锅盖，刚一揭开，煳粑味呛得她倒退三步。她心里想："天哪，是我哪辈子作了大孽，而今为什么又把我往绝路上逼？！"继而"唉"了一声，向自己的房里走去。

不久，她男人从外边回来了。他闻到这煳粑味儿，就像猫闻到鱼腥味儿一样欣喜若狂。他走进厨房，一连喝了两三碗。这顿饭对了他的胃口，他要告诉媳妇，要顿顿做成这样的饭。

他一走进屋，屋里静悄悄的，一种阴森可怕的感觉，令他毛骨悚然。他猛地掀开门帘，只见他媳妇吊在梁头上，情急之下，他急忙解开绳头，慢慢地把她卸下来放在床头上，伸手一摸，已是气绝身亡了。他转脸向桌上看去，桌上放着一张纸，纸上歪歪斜斜地写着："我做了这顿煳粑饭，一定会使你更生气，我感到无地自容，只好别你而去。妻。"纸上有斑斑泪痕。

他抓住这张斑斑泪痕的遗书，捶胸顿足，大喊："我的妻呀我的妻，你怎么就这样别我而去？！"

讲述者： 魏敬东，男，71岁，林州人，初中，退
　　　　 休干部
采录者： 宋魁元，男，63岁，铁西区大司空村人，
　　　　 小学，退休干部
采录时间： 1999年
采录地点： 魏敬东家中
选自： 《民间故事选》

异文：煳饭

从前，有个妇女很懒，做饭不看锅，饭常常做煳。他的儿子自小吃惯了这种带煳味儿的饭，便觉得这样的饭很好吃。

这个孩子长大了，娶了个很勤快的媳妇，做的饭不煳了，他觉得不好吃，就常常打骂媳妇，怨媳妇不会做饭。媳妇莫名其妙，气得成天眼泪不干。寻了好几次短见，幸好被邻居发现得早，没死成。

终日胆战心惊的媳妇为了讨取丈夫的喜欢，更注意在做饭上下功夫。常言说：老虎也有打盹的时候。有一天，她一不小心，把饭做煳了，重做已来不及，她的心"扑通"扑通直跳，暗想：往常我殷勤做饭，做的饭不煳，丈夫还不满意，嫌饭不好吃，又打又骂。这回我把饭做煳了，丈夫还不把我往死里打呀？眼看丈夫就要从地里回来了，她赶紧到屋里藏起来。

媳妇透过窗户，看到丈夫进了院，放下农具，洗了洗手进了厨房，好像听到丈夫说了句什么，她想，一定是丈夫闻到了饭的煳味儿，生了气。她越想越怕，就悬梁自尽了。

刚才，丈夫进了厨房，确实闻到了饭的煳味儿，不过他并没生气，相反说了句赞赏媳妇的话："嗯，今天这饭做得不赖！"他越吃越想吃，舀了一碗又一碗，撑得肚子实在装不下了，才把碗撂下。这时，他忽然想起应该对媳妇表扬一番，可是迟迟不见媳妇的面，朝屋里喊了几声，也没人应。他感到奇怪，赶紧到屋里去看，一进门，呆了。他把媳妇从梁上卸下来，解掉绳子，赶紧抢救，可是一点儿用也没有。他惋惜地说："她才学会做饭了却死了！"

讲述者： 王保印，男，83岁，河北省磁县白塔村人，
　　　　 大专，退休教师
采录者： 赵长生，男，70岁，林州市合涧镇河南
　　　　 元村人，高中，退休干部
采录时间： 2020年
采录地点： 林州市

142

拖荆笆的故事

荆笆是由山上的荆条手工编成，把它弄弯曲了，放在大车小平车的前后，再用绳子固定，中间装上东西就不容易从车上漏掉。安阳人叫它荆笆子。

府西阎家湾有个人叫阎贵，人老实巴交的，嘴噙冰凌——话（化）不成水。人也笨，人家三下五除二干成的事，他摸摸扭扭得干半天。可他娘就生下他这一个儿子，儿子再傻再笨也得养大他，养大了还得给娶个媳妇。好在，阎贵家有几亩水浇地，勤勤恳恳地劳作也饿不死人。以前有地的人少，许多人都没有饭吃，这陶家井的陈老冤儿家只有二亩山坡地，却有个孩子是一个闺女。闺女才九岁陈老冤儿就急着给女儿找婆家，为的是家里少一口人吃饭。

媒婆一见陈老冤儿就这一个闺女也要早早地嫁人，就四处打听有没有合适的茬儿，结果就打听到了阎贵家。阎贵娘正好死了丈夫，心里感到空了了 [1] 的，一听人家给儿子说媳妇，就应诺下来了。于是给了陈老冤儿家一担二斗小米，就把陈家闺女陈井儿给娶回来了。

阎家有地，可劳力就阎贵他娘，当时阎贵才十二岁，也只能给娘当下手。人整天在干活儿，就很少接触社会，人也就变得单纯，在外人看来这人就傻。而阎贵他娘只想把家境改变，除了一年到头地辛苦劳作，就是催着儿子媳妇整天干活儿。这就引起了陈井儿的不满。但陈家家里存粮没有二斤，到人家家里忙归忙，却有饭吃，陈井儿只好把心中的不满强按下了。

好几年过去，陈井儿也为阎贵生下一个儿子，由于阎家干活儿的人多了，庄稼收得越来越多，日子也过得好了起来。儿子阎俊也上了私塾。而阎贵他娘由于终日劳作，积劳成疾，腰也弓了，头也哈了，走路拄了拐杖还想摔倒，只好坐在家门口为他们看家了。

这陈井儿有了儿子成了阎家的功臣了，说话就硬气了，对婆婆也处处横加指责，看婆婆哪里也觉得不顺眼。婆婆强支撑着身子给他们做饭，她怨婆婆做的饭不是稠了就是稀了，不是咸了就是淡了，反正婆婆怎么干也不是。母亲逐渐变老，慢慢地就干不成事了，整天坐在街门前望着外面的世界。陈井儿每当看到婆婆就翻白眼。

这一天晚上，阎家人吃过饭去睡，儿子阎俊就跟奶奶住在一个屋里，这阎贵夫妻就说开了话。陈井儿说："老东西啥也干不动了，咱们把她扔到山里喂狼虫虎豹吧。"阎贵虽然说话不顺溜，可却不同意。陈井儿说："你阎贵算是啥东西，连个话儿也说不顺溜，我到你们阎家，给你们填了十来年憨 [2]，还听那老东西的数叨。现在老东西成了吃饭拉屎不干活儿的废物了，咱们还要她干什么！扔了算了。"

阎贵虽然不会说几句话，但却一直坚持着说不行："我就那一个娘，娘为我们吃了不少苦，我得为她养老送终。"陈井儿一听阎贵这样说，当晚睡觉就给了他脊梁。阎贵去拉她，她就打阎贵。从此后也不干活儿了，也不煮饭了，吃了睡，睡了吃。阎贵忙了地里的还得忙家里的，干一天活儿还得早早起来为儿子煮饭送他上学。这一下可累得够呛。更重要的是他虽然说话不利，办事不爽，但他却是个男人，男女之间的事还是需要的。可陈井儿就是不让他碰。阎贵只要一搂她，她就说："找你娘去。不把你娘扔了就一辈子别碰我。"

这阎贵见陈井儿这样，就想狠狠地揍她一顿，可是，想到自己憋得像一头笨牛，离开陈井儿就不能活，也就忍气吞声，继续干自己的活儿。可是，每到晚上与陈井儿躺一个炕上，那男人的东西就不老实了，催得他就去搂陈井儿。陈井儿仍然是那句话，把老东西给扔了，说咋就咋。

这打光棍难熬，有老婆不能用的日子更难熬。阎贵白天当牛做马，晚上还得当骡子，实在熬不下去了，一天在儿子上学去后就从大车上拽下了荆笆子，把娘从炕上抱下来，放到荆笆子上，说："娘，你好久没有到姥姥家去了，我带你去姥姥家。"娘说："你姥姥姥爷死了都几十年了，你还带我去干啥。"阎贵说："去了你就能见到我姥姥姥爷了。"说着拖了荆笆子就走。

阎贵把老娘拖到了深山背后，扔下荆笆子就走。娘一直在喊："阎贵儿，带我回去。"阎贵几次回头看老娘，可想到带回老娘媳妇就不给睡觉了，于是就硬着心肠走了。

再说这阎俊从小就由奶奶带大，心跟奶奶比跟娘都近，下学回来了一看不见了奶奶，就问奶奶到哪里去了，陈井儿就谎说奶奶去她娘家看舅爷了。阎俊天天想奶奶想得睡不着觉，每天下学回来就问奶奶回来了没有。陈井儿就说奶奶留恋老姥姥家，不回来了。

阎俊想奶奶，找到老姥姥家，可老姥姥家的人早死光了，没有一个人了。后来阎俊从一个同学口中听说奶奶被爹娘给扔了，学堂也不去了，迫不及待地去山中找奶奶。他翻山越岭走了许多路，终于找到了奶奶。可却看到奶奶身边卧着一只白额大老虎，大老虎不仅没有吃奶奶，还保护着她。奶奶一见孙子找来，抱着孙子就哭了，说："孙子呀，我一辈子千辛万苦都是为了那个家呀，如今老了，不中用了，你爹娘就不要我。你回去吧，我要死在这里，不给你们添麻烦了。"

阎俊哭着说："奶奶你不能死，我要养活你。"于是把奶奶送到一个山洞里藏起来，又采来了许多山果让奶奶吃，然后拖了荆笆子回去了。陈井儿见儿子不见了，就站在村头等着，盼儿子的身影出现。等了三天却见儿子拖着荆笆子回来了，陈井儿见了儿子上前抱了就哭，哭过了问

阎俊把荆笆拖回来做什么，阎俊告诉她说："这东西还有用，我拖它回来是等你们老了没用了，我就用这荆笆子装上你和爹，扔到深山背后喂狼虫虎豹去。"这时阎贵也从地里回来了，与陈氏听了儿子的话非常惭愧，知道儿子会学他们的样子将来把他们扔深山喂狼虫虎豹的，就痛改前非，与儿子一块儿跑到深山，把老母亲接了回来，从此日日养护，端茶送饭格外殷勤，只怕儿子将来步父母的后尘。

讲述者： 陈文书，男，23岁，安阳县曲沟镇洪岩村人，高中，经商

采录者： 刘耀青，男，53岁，殷都区小庄村人，中专，农民

采录时间： 2006年4月

采录地点： 安阳县水冶镇麻水村龙岩寺

选自： 《中国民间故事全书·殷都卷》

陈文书（左）在讲述民间故事（摄影：刘耀青）

143

小官庄的女婿

这个故事流传很广。说的是，从前县城东部有个村名叫小官庄，每年夏初有个古庙会，十里八乡的人来赶会的很多，购买三夏工具的、拉农副产品交流的、购买衣服布料的、经营杂货的、烧香进庙敬神和看戏的、游玩的，人山人海热闹非凡。

有一年过会，有个外村的青年小伙子，长得很英俊，一表人才，但确属浪荡公子。这天来庙会上游花看景。下午日西，恰巧碰上本村一个新婚不久的小媳妇的一个十来岁的侄儿，那小孩就把这位小伙子错认为是自己的姑父，就往家拉，并说："奶奶、爷爷、姑姑都在家等你呢！"弄得他不知所以然，莫名其妙，心想可能是桃花运到了，就将计就计巧设圈套，对这一玩童非常亲热，并买了糖果、小食品给他吃，说："你先回去告诉爷爷、奶奶和姑姑，就说我来了，是否同意我去。我在原地等你来叫我。"这个小孩高兴地连蹦带跳跑回了家，对爷爷、奶奶、姑姑说："我在会上见到我姑父了，他还给我买了好吃的。"爷爷奶奶齐说："快去把他领回家，天已快黑了。"姑娘回门已有数日，听说新婚的丈夫要到，内心喜悦。天已傍晚要住下该有多

美。这个公子买上点心及礼品随同小孩扮了副假婿成真的角色。到了"丈人"家，这里天已黄昏，二位老人忙把贵人让到堂屋客厅，点上灯，快叫闺女上茶招待女婿，姑娘送茶到客厅，同着双亲含羞不敢细看，但这位假婿，趁着灯光，看到这位如花似玉的少妇着衣可体，优美动人，就淫心欲发，但自己毕竟是假的，言行必须小心谨慎，随机应变。两位老人又用美酒好饭款待女婿，边吃边聊，言语融洽。

姑娘饭后已回闺房，等待数日小别的夫君前来共度良宵。翁婿仍在客厅闲聊，时辰进入初更，丈人问女婿："天色不早，你去看戏还是早点休息？"婿言："奔波一天有点累，还是早点睡了好。"丈人将门婿送到闺房门口，二老也回房安息去了。女的已进入梦乡，男的久久不能入睡，怕到天明暴露真相难以出水[1]，就趁姑娘与家人熟睡之时溜之大吉，走到过道见墙上挂有大蒜，就又背了一辫子蒜。为让女方父女明白真假，并留言于墙："小官庄女婿睡好了，给女同了床，丈人还管饭，走到家门口，背走一辫蒜。"这个顺口溜流传很广。

讲述者： 王光明，男，48岁，安阳县白璧镇郭盆村人，大专，安阳县文联干部

采录者： 张俊山，男，67岁，安阳市北郊东大姓村人，高小，退休干部

采录时间： 2005年

采录地点： 安阳市大王村

选自： 《安阳县民间故事集》

王光明（左）下乡采录民间故事（摄影：李佩芳）

[1] 出水：脱身，脱离困境。

144

大运

从前，有老两口儿住在河边，靠捕鱼谋生。他们有个女儿名叫大运。大运姑娘年已十七岁了，从没出过家门，整天坐在闺房里学针线。

有一天，老头子挑着鱼担到集市上去卖，遇到个没事干的小伙子帮他卖鱼。

卖完鱼，老头子挑着空担子回家了，一进门，老婆子就问他："咋今儿个回来得恁早！"老头子就把集市上的事说了。

老婆子也没说啥。第二天，老头子又挑着鱼到了集市，昨天帮他卖鱼的那个小伙又来帮忙了。老头子问他："你是哪里人？年年轻轻[1]咋出来要饭哇？"

小伙子说："俺是河南人，家住在黄河边上，前年黄河涨大水，家里人都被淹死了，俺只好出来要饭。"老头子见他怪可怜，就把他领到渔船上。

小伙子见天在河里帮老两口儿撒网捕鱼，很是勤快。从不回家，也不多问一句话，更不知道老两口儿还有个叫

[1] 年年轻轻：年纪轻轻。

大运的漂亮闺女。

这一天，村上有集，老两口儿就给了他三个铜钱，叫他歇一天去集上吃顿好饭。

小伙子来到集上，见到那儿围着个人圈，挤进去一看，原来是个算卦的，都说他算得准，他就把那三个铜钱给了他，叫他算一卦。

算卦先生一推算他的生辰八字，说："你今年要交大运，从今年起，你时光一天比一天好过……"小伙子算罢卦，没钱了，只好扭头往回走。

他一边走一边觉得好笑，搂着个饥肚子回家，还说交大运，真是活见鬼。

半夜三更，小伙子饿得咋也睡不着，就爬起来到船头去出闷气，饿得急了，他就大声呜叫开了："大运，大运，你快来吧，俺实在等不及了……"

小伙子这一呜叫不要紧，那捕鱼老头儿可犯了疑心，他想：黑更半夜不睡觉喊大运，莫不是跟女儿有了私情。老头子越想越气，非把那个贱女儿打死不可！老头子那火爆爆的脾气一犯，立马就气哼哼地回了家。

老婆子也跟老头子说不清，只好去问闺女。大运更不知道是咋回事，只有哭。

老婆子怕老头子犟脾气犯了出人命，只好给女儿打了包袱，趁天不亮，叫大运偷偷逃个活命去。老婆子搬来一块石头扔进了河里，谎说是女儿跳河了，还假装坐在河边抹眼泪哭女儿。

天一亮，老两口儿撵走了小伙子。

小伙子离开他们家，整整走了一天，天黑时来到一座村庄外，正打算进庄去投宿，见到那儿站着个大闺女，啜啜泣泣在哭啼。

小伙子走近前去问道："姑娘，哭啥哩？天黑了，还是快快回家去吧！"姑娘只是噙着眼泪摇头。后来，问急了，姑娘说了自己的苦衷，原来她正是昨夜从家里逃出来的大运。已经一天加半夜没有吃饭没有歇脚了，她走投无路，咋不伤心落泪呢？

大运说完，小伙子心里就明白了，原来这事纯属误会。他感到很对不起主家的姑娘，于是很抱歉地也把帮他爹卖鱼和算命的事说了，说完俩人都笑了。

两人手拉手进了庄子，去投宿。

偏巧，这座庄子里有家财主，几年前盖起一座又宽敞又明亮的楼房，因为常闹鬼，至今没人敢住进去，财主就在门口上贴了个告示，说谁敢住，这楼房就归谁。有几个胆大的曾住进去过，半夜三更就没了头。这小伙子是要饭的，啥地方没住过？再说正交着大运，又有大运姑娘陪着，心一横，就住了进去。两人把被窝蒙住头。一觉就睡到了天明，啥事也没有。从此，小伙子和大运就在这里安了家。

过了几年，他们生男育女了，再后来，他们就去把大运的爹娘接来，和和美美地过日子。

讲述者： 崔海生，男，57 岁，安阳县铜冶镇南西炉村人，私塾，农民

采录者： 王玉海，男，36 岁，安阳县铜冶镇人，教师

采录时间： 1989 年 3 月

采录地点： 采录者家中

选自： 《狐狸坟传奇》

145

家产

从前，水冶镇有个富户老掌柜余万金，人称余员外，四十多岁时有了个儿子，取名余全。这余全出生在富贵人家，从小没受过一点苦，整日与一班富家子弟遛鸟、喝酒、逛妓院、听戏，不干正事，才二十多岁已是五毒俱全，吃喝嫖赌，挥金如土。

十多年后，余万金已年过七旬，见儿子成天无所事事，游手好闲，便发起愁来，心想：我这宝贝儿子就这样了，到哪一天我一命呜呼，他可咋活。我辛辛苦苦创的这份家业，可已被他挥霍了大半。常言道"坐吃山空"，到时候都挥霍完了，难保他会不去当乞丐花子，唉！我得提前做好准备。

半年后余万金一病不起，临死前把余全喊到床前交代道："全子，爹是不行了，不能照顾你了，好在给你留下一份不小的家业。如果你还像以前一样，过个三年两载，你可就啥都没有了。后边西库房给你留下五只瓷坛，万一你啥时候过不上来了，就去打开瓷坛，记住一定要按上面编的号，一次只能打开一个，如果你不听爹的话，你就不是我余家子孙。"余万金说完就两腿一蹬去见阎王爷了。

余全埋葬了老父后，依然和从前一样，与一些狐朋狗友过着花天酒地的日子，结果不到两年，把剩下的家业已挥霍干净，然后卖完家产，就只剩下了后院的西库房。

余全想起了老父临死前的话，便打开库房，将一号坛子打开，从里面拿出不下千两的金银珠宝，余全一见可高兴了，依然像以前一样过着纸醉金迷的日子，一年后又挥霍干净。于是余全又打开第二号坛子，又得了不少钱财，不过比第一口坛子里的东西可差了一些。

余全又是海吃海喝，挥霍无度，时间不长又是两手空空。余全打开第四口坛子，见里面有一根打狗棍子和一只碗，知道这是最后的财产了。可是后悔已晚，看来只有上街去喊爹叫娘了，此时的余全真是走投无路，后悔至极。这时余全看到了第五口坛子，心想：第四口坛子都已是要饭的家伙了，第五口难道还能成了自杀的刀子不成！不甘心上街讨饭的余全于是颤颤地打开了第五口坛子，打开一看两眼傻了，坛子里除了一条上吊的绳子，还有一张纸，其余什么都没有了。

余全拿起纸一看，见上面有老父写的字：全子，当你打开这口坛子时，你可能才真的后悔了，要饭的滋味实在是不好受，那是你爹经过的事。你要真不想要饭，你就用这根绳子在这屋里上吊吧，爹在这边等你。

余全看完字后，如万箭穿心，心想我太对不起老父了，老父千辛万苦创造的这份偌大的家业，被我挥霍一空，我真是罪该万死。如今后悔已迟，世上没有卖后悔药的。只有痛改前非，将我一身毛病改掉，把挥霍去的财产再挣回来，才能以此来告慰老父的在天之灵。可现在除了这根上吊绳子我还有啥？哎，不听老人言，吃亏在眼前，看来我只好去和老父见面了。

于是余全拿定主意，拿着绳子去屋了。可在屋里却找不着拴绳子的地方，这间库房是楼房，光光的楼板，只有楼口上有一铁环，于是余全找来凳子，将绳子挽在铁环上，脖子伸进绳扣里，凄惨地喊了一声："爹爹，不孝儿见你去了。"说完两眼一闭，两脚一蹬脚底下的凳子，身子便悬在空中，谁知楼上"哗啦"一声，从楼口里"噼里啪啦"掉了一堆东西。

余全重重地摔在地上，顾不上疼痛，睁眼一看，满地金银，足足有千两之多。

这一次余全没有笑，他深知老父用心良苦，这才是他真正最后一份财产。余全决心痛改前非，重新做人，他用这些银钱做本钱，学做生意，辛辛苦苦经营，慢慢由小到大，积少成多，二十年后，终于成了镇上的首富。

讲述者：　刘厚钢，男，25 岁，安阳县水冶镇人
采录者：　孙晨琳，男，20 岁，安阳县水冶镇东街
　　　　　村人，小学，工人
采录时间：　1970 年
采录地点：　安阳县水冶镇
选自：　　　《安阳县民间故事集》

146

亲爹和后娘

栓福儿十四岁死了亲娘，亲爹又给他娶了个年轻的后娘，后娘领来个小弟弟，才十岁，亲爹见小弟弟亲，后娘可不见栓福儿亲。栓福儿一天到晚吃稀的，干重活儿。累死累活还要遭后娘的白眼儿。

有一回，兄弟俩玩耍，当猫捉老鼠，小弟弟磕到头上一个青疙瘩，栓福儿又是吹又是揉，小弟弟哭得比杀他都厉害，后娘不说三、不说四，掂起鸡毛掸子就打，栓福儿跑了，跑到山沟里饿了三天，还得乖乖地回来。

后娘打孩子——迟早饶不了。后娘的心有时比蝎子还狠毒，她早就打好主意，要把栓福儿摆弄死。后娘对亲爹说："不中，得把他扔到井里去，你不扔，我就一头碰死。"亲爹怕后娘，就像老鼠怕猫，后娘稍一黑沉脸，亲爹的腿肚子都转筋。亲爹说："扔就扔吧，可别叫俺瞧见。""咋啦？"后娘黑沉着脸，"就恁爷儿俩近不是，不中，你得亲手扔。"

虎毒尚且不食子，何况是从小拉扯大，又死了亲娘的亲骨肉。亲爹是真不忍心，前半夜把栓福儿叫醒，一把鼻子一把泪地把这事给栓福儿说了，栓福儿说："爹，甭怕，俺的水性好着哩，保准淹不死俺，你只把辘轳上的绳子给俺卸下去就中了。"

后半夜，后娘叫醒了亲爹，俩人悄没声儿地抬起栓福儿就往井里扔，到井口儿，后娘说："坠上个大石头，别淹不死再跑回来。"石头捆好了，亲爹推推栓福儿的头，见他睁开眼，就小声说："爹给你系了个活扣儿，一解就开。"

后娘恶狠狠地把栓福儿推到井里。

亲爹把辘轳绳子卸到井下，后娘说："你干啥？"亲爹说："瞧瞧沉了没。"

其实他是把井绳往栓福儿手里送。

栓福儿等亲爹后娘走远了，才从井里爬上来。

他进了城，先是要饭，后是打工，又学经商，最后发了大财。娶了个城里的花媳妇，生了个胖儿子，他想起了亲爹，要回家瞧瞧。

他买了好多好多好东西，吃的、穿的、用的，整整拉了一大马车。

回到家里，亲爹高兴得一直哭，劝都劝不住。后娘眼馋得吃不下饭，后娘拉了栓福儿到墙旮旯儿问他，咋没死？咋发了财？栓福儿一时间不知道说啥好，实打实地说吧，怕自己走了后娘跟亲爹生气，不说吧，也怕自己走了亲爹受后娘的气。他俩眼一挤，就编了一个瞎话儿说："那口井是神井，里头住着个白胡子老头儿，他说这里没有你住的地方，到外头发大财去吧，他用手一指，俺身上那块石头就变成了金子，他又叫一条小龙把俺驮到城里，俺就发了大财。"

说者没有心，听的可有了意。当天夜里，后娘就把亲儿子扔到井里，她生怕儿子得的金子少，就坠了一个大磨盘，她一直等到老，也没瞧见她的亲儿子回来，还是栓福儿把亲爹后娘一直养到老。

讲述者：　王秀荣，女，53岁，安阳市人
采录者：　常忠生，男，38岁，安阳县人，干部
采录时间：　1986年
采录地点：　安阳市解放路
选自：　《狐狸坟传奇》

147

后娘算计了自己

"窗户风，桥眼水，后娘心，小婆嘴"，这是林州流传的一句形容心狠手毒的俗语。话说很早很早以前，岭南有一对儿小夫妻风风火火过了几年，生下大娃后妻子死了。很多人劝鳏夫再娶一房。鳏夫知道续妻室意味着儿子要受罪，坚持不续，和儿子相依为命。谁知那年大旱，赤地千里，田地里禾苗枯干，从外地来了一群难民，其中一个未婚女子看上了这个年轻的鳏夫，算一算他们的年龄只相差四岁，也算是一对天铺地设的夫妻。但年轻的鳏夫害怕续妻以后后娘刁难儿子，说啥也不愿意，这女子很有耐心，也很诚心，跪到鳏夫面前说："你不用担心我给儿子过不去，我来了会像他的亲生母亲那样待他，不会让他受任何委屈。"

在小女子的软磨硬泡下，鳏夫和女子拜了天地。

一家三口生活得很平静，相安无事，其乐融融，根本看不出这娘是儿子的后娘。过了三年，小娘子生了一个儿子，叫二娃，小时什么也不显，但时间一长，自身的污点就暴露了出来，而且越来越突出。大娃长到十八岁，继母竟生下了害儿的心，怎么害，总得有个说法，前思后想，

继母想出了个馊主意。那天，小娘子煮熟了一袋芝麻、一筐蒜给了大娃，准备了一袋芝麻种子和一筐蒜种给了二娃，对他们说："你们到北岭把各自的芝麻和蒜种上，住上一些日子，等苗儿出来再回来，谁的苗儿出不来就在那里一直等。"

兄弟俩按照母亲的嘱咐上了北岭，大娃闻到自己的芝麻香气四溢，蒜的味道也很诱人，不觉抓了一把吃了起来。二娃看到哥哥吃芝麻，给哥哥要，大娃让弟弟到盛芝麻的布袋里自己拿，二娃抓了一把吃了一口，觉得特别香，也解起自己盛芝麻的布袋口，抓起芝麻来吃，可是怎么也觉得没有哥哥的香，便埋怨起母亲偏心，说给哥哥的好吃，给自己的不好吃。大娃、二娃还不知道这"好吃"与"不好吃"里边的玄机。二娃非要与哥哥换芝麻种子，而且连蒜都要换。二娃从大娃盛蒜的筐里拿了一颗蒜，放在嘴里一嚼，呵，真好吃。

兄弟二人白天种芝麻、种蒜，三五天也就种完了，可是种子发芽也得六七天。六七天过去了，哥哥种的芝麻和蒜上齐了芽，弟弟种的芝麻和蒜一直不露头。

大娃和二娃一起在那里等，兄弟两人在大山里做些饭，没事在林间走走，倒也悠闲自得，美妙无穷。过了一天，大娃觉得身子不舒服，得回家看看医生，要二娃一块回家，二娃说啥也不肯，因为他种的芝麻和蒜还没有出苗，坚持要等到芝麻、蒜苗出来再回家，可大娃的病不能再拖，二娃硬把哥哥劝回了家。

大娃回来了，继母知道他的芝麻、蒜出来了，便问二娃的情况。大娃照实说了。父亲听说大娃有了病，忙让妻子带大娃到药铺看病，他失急慌忙到北岭找二娃，到那里一看，二娃被狼咬死了。

采录者： 郭布舜，男，69 岁，林州市桂林镇丰乐店村人，大专，退休干部

采录时间： 2016 年

采录地点： 林州市五龙镇岭南村

148

刑场吃奶

先前，有个媳妇，就生了这么一个宝贝儿子，再也不能开怀[1]了。她娇儿子呀，娇得没法儿说，拿在手里怕掉了，含在嘴里怕化了，一句话，惯得孩子上天，惯得孩儿当爹叫。

都好说，娇杀子，惯杀子，棍子底下出孝子。对小孩儿，就得管严点儿，不管严，就是害孩子。这媳妇不信这一套。

她从小就教儿子沾光，打得人家头破血流，她就给儿子烙油饼、炒鸡蛋吃，说儿子是好汉不是孬种；儿子上了学，不好好学习，净捣蛋，先生用板子打了儿子的手，这媳妇就叫人把先生的家给砸了。儿子大了，作践了人家的闺女，这媳妇就给人家俩钱算拉倒[2]。这媳妇说："儿子呀，你要星星，你娘也去给你摘下来。"

常言说：法不饶人。这儿子越学越坏，坏得头顶上生疮，脚底下流脓——坏透了。小罪瞧不到，犯了大罪不知

道。儿子十八岁时就被判了死刑。

法场上，这媳妇去瞧儿子，抱着儿子哭得死去活来。三通催命炮放过，刽子手就要开刀问斩。这媳妇最后问儿子，还想啥不想？儿子说，死前想吃娘几口奶。这儿子要星星都能摘下来，吃几口奶有啥不中的。她就把奶头儿揣进儿子嘴里。谁知道，儿子一发狠，就把她的妈妈骨朵[3]给咬下来了。

儿子说："我恨你把亲生儿杀了哇！"

儿子死了，这媳妇狠哭开了。

讲述者：   孙好礼，男，80岁，男，安阳县善应镇人，农民

采录者：   申兴发，男，46岁，安阳县善应镇北善应村人，初中，干部

采录时间： 1980年

采录地点： 安阳县善应镇

选自：   《狐狸坟传奇》

附记

这篇故事在安阳地区流传很广，我的母亲是安阳县水冶镇人，记得小时候她也给我讲过这个故事，教育我从小不要娇生惯养，至今记忆犹新。（刘二安）

[1]　开怀：指生育。
[2]　拉倒：完事。
[3]　妈妈骨朵：奶头。

149

放羊汉和懒媳妇

从前有个懒媳妇，那是懒得出了名，接连嫁了七七四十九个男人，就因为懒，都把她休了。回到娘家，还是整天往外跑找男人养活她，不然她过不下去。

有个放羊汉，也是穷得叮当响，四十多岁了，还没挨过女人的边儿，整天价想媳妇想得俩眼直发愣，一听说这个懒媳妇找汉子，卖了两只羊就把懒媳妇娶到了家。

开先[1]哪，放羊汉也顾不上去放羊了，成天给媳妇端屎端尿，送吃送喝，懒媳妇躺在炕上，被窝都不出，小日子觉得怪能过。可时间一长，家里的米面吃光了，羊也饿瘦了，放羊汉只好去放羊。放了一天羊回家一瞧，冷水没得一口喝，只好饿着肚子生闷气。

懒媳妇侧棱开身子说："做饭吧，都快饿死了。"放羊汉长出了一口气只好挤了羊奶叫她喝。

这样又过了几天，放羊汉说："起来捡点柴火吧。"

懒媳妇说："买得起猪、打得起圈，娶得起媳妇管得起饭。咋啦，成天白给你暖被窝呀。"放羊汉一听，是理

儿，心里不得劲[2]，嘴上也说不出啥子来。

这样又过了几天，放羊汉说："你总不能啥都不干光吃吧。"

懒媳妇说："嫁汉嫁汉，穿衣吃饭，咋啦，不是你想媳妇那阵子了不是？"

放羊汉一想，是理儿，心里再不得劲，嘴上也说不出啥子来。

这样又过了几天，隔院的嫂子实在瞧不过眼儿了，就给放羊汉说："娶来的媳妇买来的马，任你骑来任你打。她懒，你不能治治她？"

放羊汉理直气壮了，朝懒媳妇的屁股上就是几巴掌，兴许是放羊汉的手软，也兴许是懒媳妇的肉肥，懒媳妇连哼一声都不哼，反朝放羊汉瞪眼珠子。放羊汉吓得赶紧给懒媳妇挤羊奶喝。

这样又过了几天，隔院的嫂子给放羊汉出主意，放羊汉心一横，就照着办了。他宰了一只羊，把羊肉切成肉片放到衣兜里，再把羊油熬成油盛在铁锅里，进了家门，就把懒媳妇捆起来吊到树上，他拿了一把刀子说："咱家穷成这个样子，先吃你几片肉挡饥[3]。"

压根儿懒媳妇就不信这一套，嘴里还硬梆梆："吃吧吃吧，饥就多吃几口肉。"

本来放羊汉也就是吓吓她，哪知道懒媳妇一刚，放羊汉就真动了火，用刀子尖就扎了她屁股一下子，再把兜里的羊肉扎在刀子尖上，朝锅里一油炸，放进嘴里就吃了，这样吃了十几片，懒媳妇可受不了啦，一股劲地求饶，说再也不懒了。

打那以后，懒媳妇真变了，变得比谁都勤快。咋哩？害怕放羊汉再吃她的肉哩。

讲述者： 苏忠温，男，51 岁，安阳县文化馆副馆长

采录者： 王世英，男，63 岁，安阳县马家乡沙井村人，中专，教师

采录时间： 1990 年

[1] 开先：刚开始。

[2] 不得劲：不舒服。

[3] 挡饥：充饥。

采录地点： 安阳县

选自： 《狐狸坟传奇》

150

黄仆囊[1]赶集

黄仆囊落草[2]才一斤四两多点，跟个光肚子[3]大老鼠不差啥。都说把他扔了，可他娘咋也舍不得，总算把他养了二十年，还给他娶了媳妇。

这一天，东村逢集，黄仆囊起了个大早要去赶集。他娘说："娘自打有了你，就没吃过一口麻糖[4]，你就给娘捎两股吧。"

黄仆囊说："唉，吃那干啥？娘年轻时，啥没吃过？"

黄仆囊说罢抬脚就走。他的小妹妹跑过来拽着他的手说："哥，给俺买把花生吧。"

"小孩儿家，吃的时间还长着哩，到婆家啥不能吃。"说着，就掰开妹妹的小手走了。

他刚走到街门口，就被他媳妇叫住了："咋？这就走哇，也不说给俺买点儿啥？"

黄仆囊见老婆亲那是出了名的，比当年他娘见他亲还

[1]　仆囊：虚而松软的肉。
[2]　落草：生下来。
[3]　光肚子：光身子。
[4]　麻糖：油条。

亲儿百倍。他一听媳妇说了话，那又黄、又暄、又虚、又干的脸早笑成了发面馍。

"你说，你说，你说捎啥就捎啥。"

他媳妇早把麻糖、花生吃腻了，这回挑上了白糖粽子。

黄仆囊到集上，那当然没啥可说，转悠了一大圈儿，挑了四个白糖粽子，用麻绳一捆，就提着往家走。走到半路上，正巧碰着他妗子。妗子见了外甥甭提有多亲了，非要拉他到姥姥家吃了饭再走。黄仆囊觉着，不吃姥姥家的饭，背屈[1]；吃了饭，赔上四个粽子更背屈。就装着去苇地出恭[2]，把粽子埋到芦苇地里。

有四个拾粪的小孩儿，见有人出恭，齐刷刷地跑过来争着拾粪，一瞧，不是粪，是四个又大又饱的白糖粽子。四个小孩儿就一人一个给它吃了。吃完后，就又照着原样儿，包了四个粽子：头一个包了个驴粪蛋儿；第二个包了个屎壳郎；第三个包了包鼻圪渣；唯有第四个小孩还平和，包了一包土坷垃。

黄仆囊吃了姥姥家的饭，刨开粽子，一脚跟不上一脚地往家赶，去给媳妇献殷勤。

他怕娘瞧见，怕妹妹瞧见，就偷偷地溜进了媳妇屋儿。先吹灯，后上炕，掰开粽子皮儿叫媳妇吃。

头一个吃的是鼻圪渣，媳妇说："咋咸的？"

他说："轻点声儿，遭了盐。"

二一个吃的是屎壳郎，媳妇说："咋还有腿儿？"

"肉馅的，没剁烂。"

三一个吃的是土坷垃，媳妇说："咋吃着咯哩咯嘣的？"

"没煮熟，夹点儿生。"

四一个吃的是驴粪蛋儿，媳妇说："这咋是臭的？"

他说："时间长了，捂的。"他哄着媳妇把四个"粽子"都吃了。

讲述者： 王世俊，男，61 岁，安阳县马家乡沙井村人，略识字，农民

采录者： 王世英，男，63 岁，安阳县马家乡沙井村人，中专，教师

采录时间： 1990 年 3 月

采录地点： 安阳县马家乡沙井村

选自： 《狐狸坟传奇》

[1] 背屈：吃亏。
[2] 出恭：大便。

151

枣为媒

从前，内黄县城南有个刘庄，庄上有个刘员外，是当地一家出名的富户。

刘员外的独生子刘仁，不仅相貌长得排排场场，而且很有才华，琴棋书画无所不精，当地人称其为"才子"。因此，刘仁刚到成婚年龄，周围百里之内的乡绅富豪纷纷托媒到刘家提亲，都想攀上这门好亲事。没想到，刘仁对门门亲事都摇头不应，甚至到后来听说有媒人来，马上就令管家赶走。

刘仁的举动，可把抱孙子心切的刘员外给吓慌了，他忙问儿子为何不愿结亲，刘仁胸有成竹地说："让我成亲，必须让管家给我找来一样东西。""找一样东西？"刘员外急切地把管家找来说："少爷要你去找样东西。"管家问刘仁找什么东西，刘仁说："肉包骨头。"这句话可把管家说愣了，因为他从没见过这"肉包骨头"是何物，也没有听说过哪儿有这"肉包骨头"，更不知道少爷为啥要找这"肉包骨头"。管家刚想张口问个明白，没想刘仁倒先开了口："让你去找，你就去找，别多问了。找不到你就四处多打听打听，但只准向姑娘们打听，不准向其他人寻问。

如果哪位姑娘知道，或者卖给你'肉包骨头'，你要把人家的芳名、地址问清。这件事，五天里要给我办成，否则，我这辈子就不娶亲了，你也别在我家干了。好啦，快上路吧！"刘仁一席话，让管家更觉得莫名其妙，他有心再想问问，但见刘仁板着脸，自知再问也是讨个没趣，没办法，只好出外寻找"肉包骨头"去了。

管家按照刘仁的要求，在村里、集上、镇上打听个遍，也没找到"肉包骨头"。眼看到了最后一天，他来到城里。在城里，管家是一家家商号里找，一个个姑娘问，还是没找到。眼看天都黑了，只好找店住下。晚上，管家躺在床上，想想没能完成任务，想想这几天受的罪，想想少爷将一辈子不再娶亲，想想自己将成为无业游民，想想老婆、孩子今后要跟着挨饿受冻，想想自己多年对刘家忠心耿耿却落得个如此下场……他是越想越生气，越想越伤心，禁不住哭了起来。

管家的哭声惊动了店主和他的女儿。这家客店的店主姓王，女儿叫玉珍。玉珍早年丧母，是父亲拉扯她长大，今年十八岁。玉珍姑娘不仅长得水灵好看，而且聪明能干，勤劳善良，帮着父亲把客店和家操持得井井有条。父女俩听到哭声，忙跑过来，见是管家一人在哭。王店主关心地问："客官，有什么难事说出来，看我们能不能帮忙。"管家止住哭声，抬头望望店主父女俩，欲言又止，叹口气，不说话只是掉泪。玉珍见状，上前道："客官，常言道，在家靠父母，出门靠店东，只要你说出口来，我会尽力相助的。"见管家仍是只掉泪不说话，玉珍不放心地追问："莫非是您住店没钱了？要是这样，我们就不收您的店钱。"管家摇摇头。玉珍又问："莫非是您生病了？要是这样，我就去给您请大夫。"管家仍是摇摇头。玉珍再问："莫非您是饿急了？要是这样，我这就去给您生火做饭。"管家被父女俩的热心肠感动得终于开了口，将事情的经过前前后后讲了一遍。哪知玉珍姑娘听后，笑得直不起腰来。管家说："这事把人都难死了，姑娘你有啥可笑的呢？"玉珍姑娘说道："原来就这么点小事，你咋不早说呢。这'肉包骨头'我家里就有，也不用您买，明天您走时，俺送给您一些就是了。"管家听后，惊喜地问道："真的？"玉珍姑娘笑笑说："错不了，您就放心吧。"

第二天一早，玉珍姑娘提着一篮红枣来见管家，指着篮里的红枣说："客官，您看这是什么？"管家说："红枣啊。"玉珍姑娘笑着说："您看这红枣，核在中间，枣肉外裹，核坚如骨，这红枣不恰恰就是您要寻找的'肉包骨头'吗？"姑娘这一提醒，管家拍着脑袋："对呀！我咋就没想起这档子事来呢？唉！我真笨！姑娘你太聪明了，太谢谢你了。"管家说完，接过姑娘手中的枣篮，又闻得一股枣香扑面而来，再看篮里的红枣，不由惊呆了，只见枚枚大如核桃，黑红透亮。管家长这么大，还从来没见过这样好的红枣呢。问姑娘这叫什么枣，玉珍介绍说："这都是我家院子里那棵枣树结的。因为这棵枣树结的红枣枣核又扁又平，很特别，我们就叫这种枣为'扁核酸'。说起这棵枣树也真神，不仅结得果皮薄肉厚，香甜迷人，甜中微酸，特别可口，而且每年结的果个大，产量高。更神的是用这枣夏天做粽子、做枣花糕、做枣馍啥的放多天都不馊……"管家简直听得入了迷，口里连连称奇。

管家谢别玉珍姑娘，速速回到刘府，见过刘员外和刘仁，呈上红枣，禀明经过。刘仁听了，高兴得跳了起来，对着管家连连施礼："多谢管家！多谢管家！多谢您给我找到一个聪明、贤惠、善良的好媳妇。"刘员外和管家一听，又都愣了，不知这是从何说起。刘员外说："儿啊，你这一会儿风，一会儿雨的，你是唱的哪出戏啊？"刘仁说："爹，您别急，听儿给您讲。您看咱这家以后就我一人，我想找个聪明能干的姑娘为妻，好在今后帮助我操持好这个家。可是，那些媒人说的亲，不是富户家的千金，就是官宦家的小姐，根本不会居家过日子。所以，儿实在不同意和她们结亲。为寻个聪明能干的姑娘为妻，儿就想了这么个下策，以红枣为试题，另名'肉包骨头'，让办事最稳重、最尽心、最得力的老管家外出寻找，看哪位姑娘能识破答对，儿就向那位姑娘求亲。不知此举父亲是否同意？"刘员外听后连呼："好！好！好！"管家这时也全明白了："原来少爷是让我给你去做媒啊！"刘仁歉意地对管家点头说："正是，可也让您担惊受怕、吃苦受累受委屈了。我是怕跑漏风声，选错姑娘，才不得不小心从事啊。还望您多多见谅。您想，您在我家多年，忠心耿耿，我又是您一手带大，您待我比爹待我还亲，咋忍心因

找不到媳妇就赶您走呢。我呀，还准备给您养老送终呢。"刘仁一席话，说得管家心花怒放："能给少爷找个好媳妇，我受再大的委屈也情愿。明天我就给你求亲去。"

第二天，管家带人抬着聘礼，来到王家，见过王家父女，说明来意。王家父女对刘家情况和刘仁的人品、才识早有所闻，颇有好感，所以，当时就答应了这门亲事，并择定吉日成婚。

婚后，刘仁和玉珍姑娘恩恩爱爱。玉珍不负众望，将刘家偌大个家业操持得更红火。后来，刘仁和玉珍为纪念促成他们婚事的红枣，为了造福乡民，特意将玉珍娘家那棵枣树移植到刘家庄园里，不断进行分株繁育，培育出大量的枣树苗，将其栽入自家田间，并施舍给周围各村百姓。

就这样，没几年刘庄一带就有了一望无际的枣林。

讲述者： 刘春同，男，63岁，内黄县六村乡刘邢固村人，不识字，农民
采录者： 刘会丰，男，27岁，内黄县六村乡刘邢固村人，大学，干部
采录时间： 1991年9月
采录地点： 内黄县六村乡刘邢固村
选自： 《中国民间故事全书·河南内黄卷》

附记

《枣为媒》这个故事，是32年前，我在内黄县六村乡刘邢固村采访北路坠子发源情况时，听该村村民刘春同讲述的。当时，在采访刘春同时，他拿出自己枣树上结的枣让我们吃。那枣个大、肉厚，非常好吃，看到我们连连夸赞，刘春同顺口就讲了这个故事。因为刘邢固是枣乡，村里面有很多枣树，村东南4里地就是全国最古老的古枣园，所以在这里流传着许多与红枣有关的故事。这里的村民们爱听、爱讲红枣的故事，红枣的故事在这里广为流传，村里的老人们都能讲出几个与红枣相关的民间故事。（刘会丰）

152

巧云

过去有个叫刘大个的，天天推着小车卖白布。

这天卖完布，天就黑了，他就搭黑回家。走着走着，听见"呼啦"一声，路边上一棵弯腰老枣树猛一晃，吓了他一大跳。扭头一瞧，恍恍惚惚看见那棵老枣树枝上吊着个东西。他急忙放下车子，走近一看，呀！上面吊着一个十七八岁的大姑娘，刘大个赶紧把姑娘救了下来。

方才那"呼啦"一声，是姑娘刚吊上，救下来不一会儿，她就活过来了。刘大个问她家是哪儿的，为啥寻死。她光哭，一句话也不说。刘大个说："你跟我走吧。"姑娘点点头，刘大个就叫姑娘坐在小车上，他推着慢慢往家走。

这姑娘是谁呢？她叫巧云，是个大户人家的小姐。那时结亲戚，讲究门当户对。爹娘把她许给邻村一个大户人家的公子，公子名叫群秀。今天是完婚的大喜日子，她坐着花轿来到婆家。拜罢天地，入了洞房。到了晚上，她的丈夫群秀多喝了几杯酒，进房来摆起男子汉大丈夫的架子，支使媳妇给他装袋烟吸吸。这巧云平时娇生惯养，从来没干过伺候人的事儿，也不会装烟。丈夫支使她，她愣在那儿，不知咋办好了。群秀叫了几声，见媳妇没动，脸面上

有点过不去，就发急了。心里说你新婚头一天，就不听使唤，以后还不翻天哪！就趁着酒劲上前伸手抓住媳妇连打带骂，一脚蹬出门外。

巧云从小到大，哪受过这样的气。她一股心酸，就跑到这漫天地[1]里上吊了。要不是刘大个碰得巧，恐怕就活不成了。

这刘大个推着姑娘往前走，走啊走啊，走到半夜。这巧云哭了恁长时间，觉得口渴得很。路过一个村时，她让刘大个停住车，自己下来找水喝。黑天半夜的，哪儿找啊？可是她渴得实在耐不住了，就不管不顾地敲响一家的门。

这个人家，是个破落的大户，家里有老两口儿。老两口儿原来有个独生闺女，长到十四五岁时，被一股大黑旋风刮走了。老两口儿为找闺女，把家产全都卖完了。闺女没找到，现在只剩下两间破草屋。老两口儿气得疯疯傻傻，半死不活，和亲戚邻友早就断绝了来往。

这天夜里，老婆刚睡着，听见一个姑娘叫门的声音，迷迷糊糊当是闺女回来了，慌得赶忙起来，开门就问："是俺妮儿回来了？"

巧云听老人这么问，知道是认错人了。要说不是吧，恐怕老人不给水，就顺口答应说："是。"老婆高兴坏了，把她拉到家，哭一阵儿，笑一阵儿，把闺女失迷的事从前到后数叨了一遍，说罢就慌着烧水做饭。

巧云听了老婆的话，把事情猜了个差不多。不想扫老人的兴，她就顺口答应着。俩老人想闺女想糊涂了，再说闺女丢失这么多年，哪还能认出真假，完全相信这是自己的闺女。也不疯了，也不傻了，病好像一下子全好了。巧云呢，也拿出闺女的样子，去帮助烧火。

老两口儿丢失闺女后，整天犯病，屋里的东西扔得乱七八糟，光灶火灰就堆有半屋子，连锅底门[2]都埋住了半边。你说奇怪不奇怪，巧云收拾这些陈年老灰，在灰堆里刨出了一个银元宝。再往下刨，呀！底下埋的都是……不知哪辈子埋下的这么多宝贝。发现了这个秘密，巧云吃了

[1] 漫天地：也作"漫间地"，空旷的田野。
[2] 锅底门：炉灶门。

一惊。她心中有数，装作没事一样，悄悄地又把元宝埋了起来。吃罢饭，喝罢水，巧云拿出一个元宝交给刘大个说："我到家了，这就是俺爹娘。这点银子你先拿去用，等以后方便了我还会重谢。"

打发走刘大个，第二天，巧云对老头儿说："爹，这两间草屋太小了。咱不能买处大庄院住住吗？"老头儿说："妮儿，因为找你，咱的家产卖干卖净啦！看，那处大院原来就是咱的，卖给那个大户了。现在买庄院，咱哪儿有钱哪！"巧云说："我有钱，你去说说，叫他把那院子再卖给咱中不中？"老头儿不信闺女有钱。巧云说："你只管去问，钱保准有。"老头儿还是不大信，闺女再三催，他只好答应去说说试试。老头儿到那大户家一说，那家掌柜的笑了，他还以为老头儿的疯病没好呢，就想逗逗老头儿，说："只要有钱，别说原来您的老院，就连我现在的全部家产都卖给你也中。"老头儿回家一学话，巧云说："问他要多少银子吧。"老头儿去问，那掌柜的越发好笑，就随口说要元宝十五大筐。心里说，甭说十五大筐，恐怕连根银子毛你也拿不出来。一会儿老头儿回去跟闺女说罢又来了，说让准备十五个大筐，明天去抬。他越发觉得有趣，第二天，真叫人抬着大筐去了。乖乖！真的就抬来了十五大筐元宝。看着白花花的银子，他后悔了，可是买卖已成，没法反悔，只能腾出宅院。

巧云清点了买来的财产，让二老搬进去住下。几天时间，这个破落的大户，又恢复了过去的荣耀。巧云呢，当了这家的正掌柜咧。

不说这里的巧云，说说那边的群秀。打他把老婆踢出门外以后，老婆就没了音信。巧云娘家来要人，两家打官司打了好长时间。为打官司，群秀把家产卖了个一干二净。最后穷得没办法，就和他娘出来流浪，农闲时要饭，农忙时给人家打短工。

这年麦收大忙，群秀碰巧来到巧云落脚的这个村。娘儿俩住在一个破庙里。娘去拾麦，群秀就在巧云家地里割麦打短工。

群秀富家出身，从小没掏过力，啥活儿也干不好。伙计们嫌他慢，配班儿不要他，要撵他走。为了有口饭吃，他就赖着不走。为这，可没少吃伙计们的白眼珠子。

这天割麦，伙计们都往前割走了，他丢在后边。想追赶人家，又追不上，心里一急，镰刀就割破了手。麦不能割了，急得他坐在地头上哭了起来。

就在这时，巧云坐着轿车来巡工。见了群秀，就问他为啥哭。群秀就把伙计们要撵他的事说了。巧云一边听他说，一边用眼偷偷打量这个可怜人，觉得好像在哪里见过。就问他家是哪的，叫啥名字，咋来到这儿。群秀一一说了，巧云一听，全明白了。这个把自己蹬出门的丈夫，今天落到了这种地步。心里既恨他，又可怜他。想想，就对群秀说："你不用割麦了，坐车跟我回去，再给你找个活儿吧。"群秀一听这话，意外地高兴。他想不到今天咋碰上了这么好的东家。可是，吓死他也不敢和女东家坐一辆车啊！可东家非叫他坐不行，他才哆哆嗦嗦地坐在车尾巴上。他咋能想到眼前这个大财主，就是他那没有音信的妻子呢！

大户家人多吃水多，院里有十五口大缸，盛着吃用的水。成群的鸟儿来喝水，光往缸里屙。巧云把群秀叫到家后，白天让他拿着长鞭，在缸边赶鸟，晚上敲梆在院里打更。这算是家中最轻最好的活儿啦，群秀干得很应心，也很卖力。

日子一天天过去，转眼到了八月节。中秋晚上，巧云一个人坐在后花园的凉亭里吃酒赏月。她看着天上的圆月，想想自家经历的前前后后，心里咋也不是滋味儿。人家都团圆呢，她跟群秀毕竟是夫妻，得饶人时且饶人，这样下去能到哪年哪月呀！

想到这里，巧云让丫鬟去拿一根烟袋来，放在自己面前的石桌上。一会儿，群秀打更敲着梆子过来了。巧云让丫鬟把他叫过来，让他陪着自己吃酒赏月。群秀哪敢跟女主人平起平坐，嘴上答应就是站着不动。巧云说："你只管坐下，我有话说。"群秀这才坐了。巧云说："你给我装袋烟吧。"群秀听说让装烟，想起自己的新婚之夜，心里不由得一哆嗦，大着胆子仔细看了看眼前的女东家，忽然认出了巧云，吓得他"扑通"一声跪在地上，磕起头来。

巧云把他扶起来，说了些宽心话。群秀这才放心坐下。俩人叙说了离别之情，随后，去庙里接来群秀的老母。全家团圆，夫妻一起生活，群秀再也不敢欺负巧云了。

讲述者： 李光智，男，55岁，内黄县二安乡沙河

庄村人，农民

采录者： 李国存，男，11岁，内黄县二安乡沙河

庄村人，学生

采录时间： 1967 年

采录地点： 讲述者家中

选自： 《中国民间故事集成·河南内黄县卷》

153

爷儿俩一起儿拜天地

过去，有个小孩叫张六，十几岁了，在邻村的一个学堂里念书。

过去兴娃娃媒，订婚早。他每天上学的路边上，有块西瓜地，就是邻村他岳父家的，他的未婚媳妇就在那里看瓜。

有一天，张六跟他的几个伙伴一块儿去上学。当走到这块瓜地时，同学跟他开玩笑，对他说："张六，咱天天在这儿摘瓜，光见你老婆的面儿啦，还没听过她说话咧。你今儿个能不能叫她说句话听听啊？"

张六说："能。"

同学有意激张六的将，说："那嘴在她身上长着，要是她死活不吭呢？"

"那我有办法。"

"你敢打赌吗？"

"敢！"

就这样，他们打了赌。张六叫同学藏好，自己走进瓜地。

平常，他们想吃瓜，就叫张六明着去瓜地摘。那姑娘

认识张六，见了，总是不吭声。张六呢，也匆匆忙忙地，摘了就走。这次张六却摸摸这个瓜，弹弹那个瓜，就是不摘。就这样，摸呀，弹呀，没完没了啦。那姑娘见了，实在替他着急，起先不吭声，后来实在忍不住了，就开口说："那瓜都熟了，快摘个走吧！"这边藏着的同学们听了，"哄"的一声笑起来。那姑娘羞得满面通红，捂着脸钻进瓜棚里。

就这样，他们天天上学路过这儿，回回摘瓜吃。张六和他未过门的媳妇，从不敢说话到说话，从在外边打个招呼，到敢在瓜棚里说悄悄话。两个渐渐地混熟了……

转眼一年多过去了。有一天，张六的岳父抱着个孩子气哼哼地来到张六家，见了张六他爹说："这是你家的孩子，我给你送来了。"说罢，放下孩子就走。

张六他爹看着这还不满月的孩子，心里明白了，准是张六这小子办了丢人事儿啦。没有过门生了孩子，八辈子老祖宗的脸都丢尽了。老头儿一股急，拿起一把菜刀，霍霍磨了起来，说等张六下学回来非把他杀了不可。

张六下学回来，一进村就听说了这个事儿，他吓坏了，不敢回家，扛着书包逃跑了。

先不说张六家的事，离他这里很远的地方，有个集镇。集镇上有个员外，家里地有百顷，骡马成群，集上还有他不少买卖。这么大的家业，需要一个好管账的，可他家的管账先生，却是个菜包子，时常把账弄错。员外对他很不满意，一时又找不来比他强的人。

这天晚上，员外正在为管账先生的一堆糊涂账发愁，忽然家人报说，大门外来了个要饭的小伙子，给罢他东西啦，就是不走，要在门楼下边过夜。员外平时最烦忌[1]大门不清静，这时心情又不好，一听就急了。他来到大门外一看，见这个小伙子蹲在门楼下，拿着一个半截香头，在借香火的光亮读书。员外看他要饭不忘读书，准是个有志之人，打心里喜欢，怒气立马就消了。他把小伙子请到家里，管了顿饭。

饭后，问他会算账不会，小伙子说懂得一点。员外就把那一堆账拿给他，看他能不能算好。小伙子翻开账本，

不一会儿，就找出了错处，把账理得头头是道，给员外讲得一清二楚，让员外十分满意。员外当下就掐[2]了那个管账先生，请小伙子来管。

这个要饭的，就是逃出去的张六。他聪明能干，做事又十分尽心，先是管账，后来又替员外管家，把员外的家业搞得越来越兴旺。

员外虽有万贯家财，就是没有后代。这事成了老两口儿花钱治不好的心病。现在看张六聪明能干，又忠厚老实，就收做了义子。

一年一年过去了，员外和老伴先后去世，张六就赡受[3]了全部家产。

自打张六外逃后，他爹就把未过门的媳妇接到家里，照管小孙子。这一年，天大旱，庄稼绝收，村里人都出外逃荒了。张六他爹也领着媳妇、孙子离开家乡。巧啦，他们逃荒，就来到了张六落脚的那个集镇。

灾荒年，粮食缺得很。张六在镇上开粮行，买粮的长队能排一道街。粮行里人手不够，张六时不时也来帮忙。

这天张六正在粮行帮着记账，忽然瞧见买粮的里边有个人怪面熟，仔细一看，原来是他爹。老人已经满头白发，身子也瘦得不像样子，都快认不出来了。张六看着可怜的老爹，张口就想喊。想喊还没喊出来，又想起当年被爹逼出家门，爹是不是还生他的气，他要不认儿子咋办？张六想到这儿，张开的嘴又闭上了。

老人也看着了张六。可是，张六逃走时才十几，现在都快三十了，长得人高马大的，他咋能认识这个儿子呢？再说他就是看着像，听见伙计们老爷老爷地叫着，也不敢相信儿子能成个大富翁啊！

张六看到老人没反应，知道爹认不出他了。可是爹遭难到了这个地步，不管，心里能安生吗？他想了个主意。在给老人量米的时候，他主动上前帮着撑口袋，趁机把袖中的几个元宝，暗暗装到老人粮袋里了。

张六他爹回去后，发现了元宝。老人穷得有志气，又让孙子将元宝送回粮行。张六见这个送元宝的孩子也有十

[1] 烦忌：也作"烦气"，惹人讨厌。
[2] 掐：辞退。
[3] 赡受：继承。

几岁了，跟自己当年的模样儿差不多，心里怀疑，一问，果然是自己的亲生儿子。他又拐弯抹角地问了小孩家里的一些情况，知道自己的未婚媳妇也来了，就又让小孩把元宝拿走，小孩子怕回去挨吵不拿。张六就挑出其中一个小元宝，对小孩说："把小元宝给你娘吧，她要问，你就说这是我欠她的瓜钱，准不挨吵。"

小孩回家把小元宝给了他娘。他娘听说是"瓜钱"，想起当年的事，心里犯了猜疑，就让孩子领着来到粮行，见了张六，夫妻相认。随后，张六接来父亲，全家欢欢喜喜团圆了。可是，张六夫妻还没拜过天地呢。再说，儿子也不小了，按当时规矩，也到了结婚年龄。张六就给儿子寻了个媳妇，选了良辰吉日，父子俩一齐办了婚事。

讲述者： 李海富，男，22 岁，内黄县二安乡沙河庄村人，村干部，小学

采录者： 李国存，男，14 岁，内黄县二安乡沙河庄村人，学生

采录时间： 1970 年

采录地点： 沙河庄村田间地头

选自： 《中国民间故事集成·河南内黄县卷》

附
记

讲述者李海富，当时是沙河庄村民兵班排长。我在学校放假期间，也随村民在生产队劳动。此故事是他在田间休息时讲的。（李国存）

154

拾来的媳妇

很久很久以前，在一个贫穷的村子里，住着一户姓王的人家。老夫老妻，只有一个宝贝儿子。这儿子既像母亲，又像父亲。他像母亲那么好看，又像父亲那么聪明。老两口儿省吃俭用，要供应孩子求学读书。

这孩子名叫整岁，就是说整年整岁的意思。上学以后，先生给他起了个学名，叫作王学礼。

这一天傍晚，学礼从学堂归来，在半路上解手时，拾到了一个褡裢。他用手一摸，里面有些银子。学礼心想：这是谁丢的呢？要是富人丢的，也许无关紧要；要是穷人丢的，就会寻死上吊；若是赶考的人丢的，就会误了大事的……不管是什么人丢的，自己是不能要。常言说得好："外财不富命贫人。"我必须在这里等着失主。想到这里，学礼就在路边坐了下来。

过了好一会儿，学礼见一个青年跑过来。他到那丢银子的地方寻了一阵，没有找到，就又转了回去。

学礼见那青年着急的样子，就站起问道："这位大哥，你是不是丢了东西？"那青年道："是的。我的一个褡裢丢了，里面还有银子呢！"

学礼说："我拾到一个，你看看是不是你的？"

"哎呀！"那青年接过褡裢，惊喜地说，"我可找到你啦！"稍停，那青年对学礼说："小兄弟，谢谢你！"向学礼鞠了一躬，转身赶路去了。

学礼回到家里，母亲问道："岁儿，往常你都是早早回来，今日为啥回来晚了？是不是逃学了？"

学礼摇着头说："孩子不曾逃学，只是在途中，我拾到一个褡裢，里面装有许多银子。"

"银子？"父亲惊喜地跳了起来，说，"有多少？拿来我看看！"

"我已经交给失主了。"

"你……你这无用的孩子！"母亲听说他把银子还给了失主，不由得发了火，"娘纺棉花，你爹他拾粪种地，省吃俭用，供应你上学，实指望你成名成家，养老送终，谁知你拾到银子不拿回家，你真是一个大傻瓜。我算把你白养活大啦！"

父亲更是暴跳如雷，他指着学礼说："你这不孝之子，见金不拾，要你何用！还不给我滚出家门。"王老汉越说越气，顺手拿起粪权，朝学礼打去。学礼捂着头，哭喊着逃出家门。

学礼逃出后，远离家乡。白天卖诗讨饭，夜晚住在破庙中。

这一天晚上，学礼躺在一家当铺的房檐下安歇。正巧，这家当铺在结算财产，一个人念，一个人打，打来打去，没有算对。学礼在外边听得烦了，就大声喊道："那不是一千二百五十二两纹银吗？"

"外面何人在说话？"账房先生问。

学礼回答："一个讨饭的花郎。"

"进来！进来！"

"进来就进来。"学礼边说边走了进去。

账房先生见他长得眉清目秀，知道他并非无能之辈，就对他说："来来来，你打打看。"

学礼接过算盘，扑扑嗒嗒一打，正是那个数。账房先生说："真是神童呀。"

"什么神童，我母亲还说我傻呢！"学礼说着流着泪，把离家出走之事讲了。

账房先生见他聪明伶俐，心眼又好，就把掌柜的叫来，把他收留下来了。

几年过去，这一年的冬季，掌柜的儿子要娶亲，不想却得了伤寒，没有治好，死了。

这一天夜里，学礼正在沉睡，却被账房先生喊醒。学礼问："什么事呀，大师傅？"

账房先生说："大事不好，掌柜的儿子死了。"

学礼边起床边说："这可怎么办，他不是明天就娶亲吗？"

"是啊！"账房先生说："掌柜的叫我来，正是为了这事。"

"我去了能帮他什么忙呢？"

"能帮他大忙，"账房先生说，"掌柜的意思是，让你代他儿子娶亲去。"

"这怎么成啊！"学礼说，"这些缺德事，我不干。"

"我说学礼啊！你也不能太固执了。常言说得好：'受人点滴恩，应当涌泉报。'我问你，掌柜的对你如何？"

"对我一百个好，就像待亲儿子一样。"

"是呀！掌柜的对咱好，咱可不能见恩不报呀。"账房先生说罢，也不管学礼答应不答应，拉着他就走。

第二天，学礼打扮成新郎官，坐上花轿，娶亲去了。谁知天公不作美，花轿一起动，天上就下起了鹅毛大雪。等到了那里，大雪已下了三尺深。大雪托着轿底，无法回了，就住在了那里。

吃过晚饭，学礼心烦意乱，毫无睡意。他连新娘子看都不看，坐在桌边拿起一本书，看了起来。

三更过后，新娘子抻好了被子，催他几次，他都没有动地方。

第二天，新娘子早早地起床，对父亲说："爹爹，天下有多少美貌的少年你不找，偏把我许给一个哑巴。"接着，她把昨晚的事说了一遍。

父亲听了，摇着头说："不会的。我过去看看。"

学礼一见老人家进来，连忙迎上去说："你好，老人家！"又倒茶，又让座。

老人坐下后，对学礼说："你也坐，你也坐。"待学礼坐下后，老人家说："我说贤婿啊，听说你昨夜一直在看书，是不是梅英惹你生气啦？"

"不！她是一个好姑娘，只是我……事到如今，我只好如实说了……"

老人家听了，哈哈大笑说："我说贤婿啊，这正是天配的姻缘。你拾到的那个褡裢，正是我儿丢的。他进京后，得了头名状元，现在京城为官。他给我捎来一封家书，让我寻找那少年，以便报答。不想天公作美，让你找上门来，你说，这不是双喜临门吗？"

后来，学礼在岳父家住了几天，又回到当铺，认了掌柜的为干爹，以报答收养之恩。过了几日，夫妻二人回了家。

一去几年，不但儿子回来了，还领来了个漂亮的媳妇。老两口儿高兴得合不拢口，逢人便说："俺学礼拾来个媳妇。"

讲述者：　尹秀荣，内黄县人

采录者：　陈国希，男，37 岁，内黄县田氏乡杨庄
　　　　　村人，高中，农民

采录时间：1990 年 3 月 21 日

采录地点：内黄县田氏乡杨庄村

选自：　　《中国民间故事集成·河南内黄县卷》

155

三个芝麻粒的嫁妆

过去有个老汉，生有三个女儿，到了女儿待嫁之年，老汉置了三份嫁妆，一是骡马车辆，一是绫罗绸缎，一是三个芝麻粒，让三个女儿去挑。老汉有言在先，三个芝麻粒管种三年。

大女儿挑了车辆骡马，二女儿挑了绫罗绸缎，只有三女儿挑了三个芝麻粒。老汉为三女儿种植芝麻，头一年种出的三棵芝麻，长得三杈五股，又高又大，打下的芝麻足有两盒。第二年，老汉把这两盒芝麻又一粒一粒地种在地里，种了一亩还多。这一年的芝麻长得更好，打下的芝麻有四斗多。第三年，老汉把这四斗芝麻种在地里，种了五顷有余。这五顷芝麻长得又很好，共收了二百石芝麻。

老汉又把这二百石芝麻作为三女儿的嫁妆。大女儿的车辆骡马不如她，二女儿的绫罗绸缎不如她，三女儿成了最富有的人。

讲述者： 高秋瀛，男，85 岁，内黄县人，不识字，
农民

采录者： 高延英，男，34 岁，内黄县教委干部，高中

采录时间： 1988 年 5 月 10 日

采录地点： 讲述人家中

选自： 《中国民间故事集成·河南内黄县卷》

156

埋狗训夫

古时候，有一户人家，父母生有兄弟二人，家景比上
不足，比下有余，生活也算过得去。平时，家中有个大中
小事，或是与街坊邻居、亲戚朋友打交道的事，都由老大
去办理或跑腿。

几年后，兄弟二人先后都成了家，父母因年老体衰，
先后亡故。兄弟二人经过协商，分开家各自过日子，时光
过得都还不错。

分开家后，老大不满足于现状，总想让家更富一些，
生活更好一些。因此，他与贤惠的妻子商量，向一些有钱
的人家借些钱再置办一些田地、耕牛和农具。因为父亲在
世时，老大常与那些有钱的人打交道，摸透了那些人各自
的脾气性格，再加上他会说话，因此，很快借够了钱。

老大夫妇俩，依照自己的打算，用借到的钱来搞农活
儿，日子过得红红火火。三亲六故常来串门的人多了，经
常是高朋满座。

再说老二，本是一个性格内向不爱说话的人，当他看
到哥嫂一家日子过得红火时，心中就产生了疑问，怀疑大
哥在分家时分得不公，肯定是偷偷捞去了父亲留下的许多

钱财。正是由于这个原因，大哥几次想接济他，他都坚决不要，并指责大哥分家不公平，隐瞒了家中许多钱财。大哥再三解释，二弟不信，兄弟二人就闹翻了。最后一次，大哥还气愤地甩下几句刺伤兄弟之情的话："我有的是亲朋好友！有你不多，没你不少，我就只当没有你这个兄弟，看你能咋？"

老大的媳妇儿本是一个贤惠善良的本分人，当她听说丈夫与二弟闹翻后，思来想去，总觉得不是个味儿。他几次说丈夫要体谅二弟，说他年纪还小，并诚恳地告诉丈夫："人常说，无父长子为大，打仗亲兄弟，上阵父子兵。你和二弟不管怎么说，是一奶同胞，流的都是一脉血呀！他是兄弟，你当大哥的应该忍让点儿，主动接近他，有事慢慢说，要不，街坊邻居都会笑话咱。你拜的那些朋友啊，我咋看也都像是些酒肉朋友，咱要真是有是有非、有灾有难，我看他们不一定能上前帮忙，到时还是亲弟兄心近，会上前帮忙。"

老大已经习惯了别人的甜言蜜语、好听话，哪还能听进妻子的话。他满不在乎地狠狠说道："我啊，八辈子也甭想去找他！离开他我照样活得好好的，过得荣荣耀耀的。"

妻子听了丈夫的话，知道再多说也是无用，就不再言语了。但贤惠而又有心计的妻子，却一直在盘算着怎样能使丈夫回头，让兄弟二人和好如初。

这一天，正是八月十五中秋佳节，老大又派人传信宴请本村及邻近村的亲朋好友。傍晚，亲朋好友都已到齐。坐了满满一屋子，丰盛的酒菜也都摆上了，正要开宴时，老大的妻子神色慌张地从外面进来，她摆手示意老大有话要到外面说，到了门外，妻子结结巴巴地对丈夫说："不……不好了，吓死人了。我去咱家后院想抱点柴烧水，模模糊糊见有一个大长布袋，我仔细一看，里面是一个死人，真吓死我了，这要叫官府知道了，咱咋说呀？"说话声虽低，但屋里门口坐着的人还是清清楚楚地听见了，接着，满屋子的人都传开了，个个吓得面如土色。紧接着，屋里的人都像脚踩滑冰鞋一样——全溜走了，连声招呼也顾不得跟呆若木鸡的老大打一声。

看着吓呆了的丈夫，妻子拽了他一下，急切地说：

"你总得想个办法呀！"丈夫瞪着眼，怔怔地望着妻子，颠三倒四地应道："啊？我……我……这咋办呢？"妻子看了看屋里，出了个主意对丈夫说："你去看看屋里，看哪些朋友还在这儿，等一会儿，让他们帮咱用筐抬到村外野地里，偷偷埋掉算了。"

听了妻子的话，老大好像才醒悟过来，慌慌张张地来到屋里一看，不由得惊呆了，嘴里喃喃地说道："啊？都走了。"这时，妻子也跟了进来，她一看屋里没有一个人，疑惑地问丈夫："怎么？都走了，他们不都是你的好朋友吗？哪次喝酒他们都说和你像亲兄弟一样，只不过多一个头，还说要为朋友两肋插刀，这不，还没到用两肋插刀就都吓跑了。这、这，咳！闹腾半天，原来都是些势利眼，都是些酒肉朋友啊！"

再看老大，听了妻子的话，就像一口吞了二十五只小老鼠——百爪挠心。他双手挠着头，在屋里直转圈。看到这情形，妻子又催促道："哎！我说，你得赶快想个办法，总不能让那死人一直在咱家。我是个女的，总不能让我跟你去吧。要不，天明了咋办呢？"无可奈何的老大，哭丧着脸说："我……我……我哪有办法呢？"

这时，只见妻子皱了皱眉头，试探着问丈夫："是不是找老二过来帮帮忙，你瞧咋样儿？"老大一听，"啊"的一声，大张着嘴，瞪大双眼，愣在了那里。接着，脸上就像过风的巴掌扇过一样，难看极了。"这……这能中吗？"只听妻子道："中不中，你去了再说。虽然说翻过脸，但你们总归是一奶同胞啊！打断骨头还连着筋呢。"

老大别无他法，涨红着脸，硬着头皮去二弟家。这时，天早已过了三更时分，家家户户都已熄灯入睡。老大来到二弟门口，叫开了门，二弟睡得迷迷糊糊，一边向被窝里钻，一边眨巴着眼睛，惊疑地看着久未来过的自家的哥哥。只见哥哥撇着嘴，哭丧着脸对二弟说："兄弟，不好了，出大事了，你哥我闯祸了！""啊？"闻听此言，老二一骨碌从床上爬起来。"咋了？大哥，出啥事了？"二弟瞪大双眼追问大哥。老大把家中发生的事说了，二弟一听，吃惊不小。他迅速穿好衣服，着急地对大哥说：

"快！咱别迷瞪[1]了，趁这会儿深更半夜，村里人都睡了，咱俩把那死人抬到村外，偷偷埋掉算了，谁也不知道。要不，天一明就麻烦了。快走，哥！"

看着比自己还心急的二弟，老大的心里像打翻了五味瓶——酸甜苦辣咸什么味儿都有。

兄弟二人急急忙忙来到老大家。老大的妻子告诉哥俩死人所在的地方。老大找来一个大筐，两兄弟来到后院，借着朦胧的月光，慌慌张张把装死人的大布袋放进筐里，谁也顾不得去仔细验看一下。因为，一是会儿大了[2]，怕街坊邻居知道了，传到死人的家里惹来麻烦；二是怕官府知道后，到时浑身是嘴也说不清。

兄弟二人心惊肉跳地把死者抬到了村外一片荒草地，慌慌张张地就把死人埋了，然后失魂落魄地回到老大家，兄弟二人还心里不安生。老大说了一些感激二弟的话，并表示了对二弟歉疚的心情，二弟摆摆手不让再说。接着二人又合计如果被人知道了，怎么向人家解释。

这时，老大的妻子从里间屋走出来，问道："事办完了？"哥俩哭丧着脸作了回答。老大的妻子听后，笑眯眯地招呼二人："来，恁兄弟俩喝酒吧，这么多酒菜，不吃了喝了，都浪费了。"老大听了妻子的话，哭笑不得，咧着嘴，哭丧着脸说："哪还有心思喝酒呢？"老二瞪了嫂子一眼，不满地说道："俺哥都吓成啥样了，你还说喝酒的事儿。咱这是啥事呀？"

老大的妻子用手捂着嘴，抿嘴"咕咕咕"地笑了一阵，简直笑得前仰后合。兄弟二人被她的笑声弄得丈二和尚——摸不着头脑，都傻愣愣地看着她。一阵笑声过后，未等二人问话，老大的妻子开口道："我说二弟呀，你和你哥都被蒙在鼓里了，你们抬去埋的那不是死人，是一只死狗。"

"啊？"兄弟二人同时惊呼了一声。"怎么？是一只死狗？你咋开这样的玩笑，都快把俺哥给吓死了。"老二埋怨嫂嫂。心里不踏实的老大，用疑惑不解的眼光呆愣愣地盯着妻子。还未等他说话，老大的妻子对着二弟说道：

"我说二弟呀，我要不这样，你哥能去到你家找你吗？你们兄弟二人能和好吗？街坊邻居不笑话咱吗？更要笑话你哥了。你哥结交了那么多好朋友，都说和你哥比亲兄弟还亲，只不过多一个头，还说为朋友两肋插刀呢，这不，一有事，都脚底板抹油——溜了。我就是要让你哥知道，到底是亲兄弟心近，还是酒肉朋友近。同时我也想试一下，你哥要是真有个三长两短，瞧你上前不上前。我说的那只死狗，恁哥俩要是不信，可以去埋的地方刨出来看看，瞧是真是假。"

听了妻子的一番话，老大的脸上红一阵、白一阵，惭愧地低下头去，嘴里喃喃道："兄弟，哥对不起你，哥给你赔不是了。"

"哥，不用说啥了，咱去村外看看，瞧俺嫂说的是真是假再说吧。"

兄弟二人提上马灯，拿了铁锹，急忙去那里刨出来一看，果然是条死狗，兄弟二人的心像一块石头一样，彻底落地了。

从这件事，老大受到了很大震动，也彻底醒悟了，真正明白了妻子所说的"打仗亲兄弟，上阵父子兵"，兄弟之间"打断骨头还连着筋"，"酒肉朋友不可交"这样的道理。从此，兄弟俩和好如初，两家互帮互助，男耕女织，两家都过上了甜甜美美的生活。

讲述者：　马张德，男，52岁，内黄县高堤乡北寨南街村人，不识字，农民

采录者：　马少青，男，48岁，内黄县高堤乡北寨北街村人，大专，教师

采录时间：　2005年8月18日

采录地点：　讲述者家中

选自：　《中国民间故事全书·河南内黄卷》

[1] 迷瞪：磨蹭，耽误时间。
[2] 会儿大了：时间长了。

157

哥俩许愿

但凡人间烧香磕头许愿，一般都是祈福求安，或是求子盼孙，或是求升官发财之类，可滑县万古一带流传着的一个滑稽故事，却与众不同。

说起来这是很多年前的事了。万古某村有兄弟俩分家过日子。老大在土地庙许愿："三年里头如让我越过越暄[1]，给您上供买一万头的大火鞭。"兄弟老二听了气不过，也来到土地庙前许愿说："土地爷显显灵，叫我三年里头把家产攉贬干[2]，到时候我给您上花花大供，一百馒头，酒一坛，再唱一台大戏。"你看，这老二的许愿多新鲜！

话说老大自与老二分开家后，憋着一股劲儿，起早贪黑，勤俭持家，不到三年果真越过越红火，又买牲口又置地，房屋由卷棚翻盖成了瓦房。家境虽比不上村里的大户人家，可也不愁吃不愁穿，也算得上越过越暄了。三年前曾在土地爷庙许下的愿实现了，这不，他正在土地庙前放鞭炮还愿呢！

老大一还愿，老二的心里像打翻了五味瓶，啥滋味都有——也真说不清到底啥滋味。原来这老二从小被惯坏了，养成了好吃懒做的习惯，长大了整天游手好闲，不务正业，还好赌个钱。他把哥哥的劝说当成是对自己的欺负。万般无奈，哥嫂才和他分家另过了。这老二自和哥哥分开家后没了约束，更加放纵自己。几年下来，别说积攒了，就连分家时分的家业也真的攉贬干了，住在一间用土垛的[3]连个门都没有的屋子里。

就在哥哥还愿的当天晚上，老二讨饭回家路过土地庙前，两眼刚往土地庙里一扫，"呼"的一声窜出两个小鬼，个个青面獠牙。一小鬼拿着铁链哗啦啦套住老二的脖子就往庙里拉，另一个小鬼拿着明晃晃的三股叉在后面逼着。老二吓得魂飞魄散，大汗淋漓，猛地一睁眼，原来是躺在草苫上做了一场噩梦。

老二想，这一定是土地爷托梦给自己让还愿的。当时许愿，其实有口无心，不过说说罢了。今天事已至此，如不还愿，怕小命难保。可这愿怎么还呢？老二真是绞尽脑汁了……

第二天，老二来到土地庙向土地爷诉说："土地爷呀土地爷，我三年前曾在这里许愿，如三年把我的家业攉贬干，我上花花大供，一百馒头，酒一坛，外加一台大戏。如今俺还愿来了。"说罢从怀里掏出一把槐花，放在香炉前，此名曰"花花大供"。又从怀里摸出一个馒头，将馒头一掰两半，叫作"一百（掰）馒头"。然后又取出从酒店打来的一两薄酒，用手指在酒中蘸蘸，中指和拇指一扣，便将手指头上的酒弹了出去，这一招唤作"酒一坛（弹）"。还有一台大戏怎么唱呢？只见他走出庙门，捡根树枝在庙门前就地划了个四方块，当作戏台。他边画边说："土地爷呀土地爷，您是阴间一神，俺是阳间一人，我许你一台戏，可没许多少人呐！"说罢，就拿棍当梆，一个人唱起了《困河东》。

到后来，老二有了悔改。他早起拾粪晚捡柴，换来一升半斗，再省着要着，农忙时给人家帮帮工，时间一长，慢慢地也便有了积蓄。再后来，又分得了二亩薄地并娶妻

---

[1] 越过越暄：越过越好。

[2] 攉贬干：祸害完，败光家产。

[3] 土垛的：用土堆的墙壁，只在上面用梁栋搭建。

生子。如今，已经是子孙满堂了。但是，哥俩许愿的故事，仍被老人们当作教训，在茶余饭后向儿孙们讲说着"勤是摇钱树，俭是聚宝盆"的道理。

讲述者：	肖守纪，男，66 岁，滑县万古镇西万古村人，不识字，农民
采录者：	肖随普，男，34 岁，滑县万古镇西万古村人，中专，教师
采录时间：	1988 年 4 月
采录地点：	滑县
选自：	《中国民间故事全书·河南滑县卷》

附 记

我听他讲这个故事，纯是一个偶然的机会。一天吃过晚饭，我去街里玩，见一堆人在一块闲喷，我就凑了过去。其中，我觉得肖守纪（我们一个家族，他是爷字辈）讲的这个故事最有趣，最有艺术性，给我留的印象最深刻，以至于多年后我还记忆犹新。后来，我就以文字的形式把它采录下来。（肖随普）

异文：许愿

从前，有一个叫王五的人，他能说会道，诙谐幽默，家里却穷得叮当响。他听说土地庙里的神仙很灵验，更有心取闹一番。

一天，他来到村头土地庙，烧了三炷香，磕了几个头，对着土地爷的神像许起愿来："土地爷呀土地爷，我家穷得比水还清，现在也没有什么东西敬奉你，望你显显灵，叫我今年收十担粮食，年底我给你上大供，许你一百馍三坛酒，人头大供一台戏。"

事也真妙，王五许愿本来是闹着玩的，不想他一年来辛勤劳动，再加上风调雨顺，王五果然收了十担粮食。这时，王五想起当初许的愿，两眼一转，顿生一计，就准备

了一个馍、三杯酒、一张空心有窟窿的方桌、一根高粱秆，来到了土地庙。

一进门，王五先点上香，把带的东西摆在桌子上，然后跪下磕了几个响头，对着神像说："土地爷，年初我曾在这儿许过愿，今儿个我来还愿了，所带的祭品请收下吧。"说罢站起来拿起一个馍一掰两半，说："给你一掰（百）馍。"又分别端起三个酒杯各弹一下，说："给你三弹（坛）酒。"该人头大祭了，王五把带来的桌子放好，将头从桌中心窟窿钻出来说："给你人头大供。"祭罢，又对土地爷说："当初我还许过你一台戏，但没许多少人。"于是王五拿起高粱秆当作银枪，在庙里连跑带唱开了。

从这儿以后，"一掰馍，三弹酒，人头大供一台戏"的故事便传开了。

采录者：	张自明，男，48 岁，汤阴县人，大专，干部
采录时间：	2005 年 11 月 11 日
采录地点：	汤阴县宜沟镇
选自：	《中国民间故事全书·河南汤阴卷》

158

一条妙计

从前，有一家三口人，母亲王张氏，儿子王强，儿媳妇李梅花。张氏和儿媳不和，常常争执。

一天，张氏对儿子说："儿呀，我看还是把你媳妇休了吧。"儿子说："娘，俺都过几年了，咋能休了咧。"没等儿子说完，母亲就说："好，你不休她，我就死。"儿子就答应了。到了晚上，儿子回屋睡觉，李梅花说："王强，你赶紧叫你娘改嫁吧。"男人说："娘恁大岁数了，咋能改嫁咧。"妻子就说："中，你不叫她改嫁，我就死。"王强只好答应了。王强嘴上答应了，心里可作难了：休了妻子吧，这可是终身大事，等老母百年之后，我自己该咋过呢？让母亲改嫁吧，母亲可是一把屎一把尿把我拉扯大的呀，咋能把娘推出门呢？唉！这一夜，他想啊，想啊，到底想出个好主意。

第二天，他对母亲说："娘，我出去一个月，回来一定把她休了。但是，这一个月内，她说啥你都得依从她，你就是捏[1]一个月。"娘说中。他又对妻说："我出去一个

月，等回来一定把她改嫁。但是这一个月内，你一定得孝顺，娘说啥你都得依从她。"妻也说中。

转眼间一个月过去了。王强回到家，对母亲说："娘，儿子不能不答应你的要求，咱明天就把她休了。"娘慌忙说："不中不中，休不得，休不得，你走这一个月，她对我百般孝顺，比亲闺女还亲哪。"王强回到睡房，对妻说："梅花，我一定得满足你的要求。"妻说："啥要求？"王强说："不是叫咱娘改嫁吗？"妻忙说："别改嫁了，你出去这一个月，咱娘待我比亲娘还亲哪。"

打那儿以后，妻子贤惠，老母慈善，儿子能干，家庭越过越和睦。

讲述者：武芳芝，男，51 岁，滑县万古乡武庄村人，小学，农民

采录者：武风军，男，18 岁，滑县万古镇武庄村人，高中，学生

采录时间：1990 年 10 月

采录地点：滑县

选自：《中国民间故事集成·河南滑县卷》

[1] 捏：将就。

159

哄个媳妇过日子

有个小伙子叫王前,自然条件不错,脑瓜儿灵活,能说会道,有木匠手艺。因为家里穷娶不上媳妇,就外出闯荡,想找个媳妇成亲,结婚过日子,也好延续香火。本地找不到,那就去外地碰碰运气吧。

到外地后,不管在哪家干活儿,他都很勤谨[1],不惜力气,活儿做得特别好。一天,他在张庄一个叫张侯的人家做家具,由于小伙子王前长得好看,又勤快,这家女主人喜欢得不得了,一打听小伙子还没有成家,就想给自己女儿张艳说说。这个王前看出来女主人的意思,嘴就像抹了蜜一样甜,夸起老家一套一套的,一旁的女儿张艳乐得翻了天。

"俺老家,好得没法说。"

"咋好呀?"

"王村雾气腾腾。"

"啥叫雾气腾腾?"

"有时对面都看不清人,云天雾地的。"

[1] 勤谨:勤劳,谨慎。

"就像雾城重庆一样呀。"

"李村赛似北京。"

"什么什么?赛似北京?有恁好?"

"地上天下一片白皑皑的。"

"原来是蓝天白云绿地呀。那怪好啊,全国比上北京的地方可不多。"

"十二里是两门。"

"十二里两门,这么说一个门六里呀,没有见过,没有见过。"

"还有更好的呢,十八里沙土堆。"

"什么?沙土堆就十八里呀,怪大嘞。"

"大娘,还有更稀罕的美景呢。四十五里八孔桥。"

"四十五里八孔桥?不会吧?一个桥有八个孔,都四十五里,这一个孔都合几里地呀?五里半还多呀。"

这小伙子王前是越说越带劲儿,那边娘俩是越听越喜欢越着迷。几天工夫,王前把家具全部打好了,他和张艳的关系基本上确定下来。过一段时间后,张艳跟随王前回老家成亲。

结婚那天,热闹非凡,该来的都来了。欢喜过后,新媳妇张艳还记着王前说的美景,嘟噜着要他带自己前去看看。王前被逼无奈,只好借个摩托车带新媳妇看美景。来到王村,只见大风突起,云天雾地,飞沙走石,睁不开眼,张艳用围巾围住自己漂亮的脸蛋和双眼,问王前雾气腾腾的美景在哪儿。王前说:"你睁眼看看,这儿都是沙土,大风一刮,满天是沙,连眼睛也睁不开,这不是雾气腾腾吗?"

"你这是骗人。"

"我说的雾气腾腾就是这景象,估计是你想错了,哈哈哈。"

"你这家伙嘴真甜,咱们不说什么雾气腾腾了,我要看赛似北京的村。"

"好的,得令。"

王前马上骑摩托车带新媳妇张艳去李村。李村到处都是盐碱地,不怎么生长庄稼。

"这是什么地方呀?"

"李村,赛似北京的地方。"

"啥呀？这哪里赛似北京？"

"李村到处都是盐碱地，白花花的一片连庄稼都不生长。你想北京是什么地方？会生长庄稼吗？到处都是蓝天白云。北京和这里有很多相同的地方呀。"

"你你你……你是个大骗子。"

"娘子，我真的没有骗你，只是你又想错了呀。"

"我今天非要你带着我看完你说的那几个美景不可，你带我看十二里两门。"

二人骑上摩托车，一路狂奔，不到二十分钟，停车熄火下车。王前用手一指："这就是两门。"

"哪是两门呀？我咋看不见两门。"

"哈哈哈。我说的两门是个村，离我们家十二里。"

"你不是说十二里两门吗？"

"是呀。十二里两门，意思就是说两门这个村离我们家十二里。"

"不是十二里两个门吗？不是一个门六里吗？"

"不是不是，你娘儿俩都想错了……"

"那你当时为什么不说清？"

"是你们也没有问清呀。"

"你你你……你这是骗婚！"

"咱们都二十多了，哪有骗婚的道理呢，呵呵呵。"

张艳气得七窍生烟："我要看十八里沙土堆。"

"好的。夫人上车。"

两位新人马上骑上摩托车，不一会儿来到十八里沙土堆村。王前用手一指："这就是沙土堆。"

"咋不见沙土？"

"沙土堆是个村，估计原来这儿都是沙土，现在土地改良了，没有沙土了，这叫沙土变良田，但是村庄的名字没有改，还叫沙土堆。这儿离我们家十八里远，所以是十八里沙土堆。"

"我现在算是明白点了，你是花言巧语欺骗俺娘儿俩，把我可害苦了。"

"真的没有骗你，虽说美景不如你想象的好看，但都是真的。"

"那个四十五里八孔桥，按照你的逻辑，八孔桥也是个村，离你们家四十五里？"

"娘子聪明，对，很对，十分对！"

"我要和你离婚，坚决不跟你过了！"

"娘子息怒，我们既然生米做成熟饭，就不要离婚了，我保证，今后对你百依百顺，言听计从。"

"不行，坚决离婚。"

"坚决不离，我二十多年才寻个媳妇，哪能说离就离呢……"

小两口回到家后，张艳哭哭啼啼，王前好言相劝；张艳骂骂咧咧，王前客客气气；张艳痛不欲生，王前唯唯诺诺……二人连吵几天，街坊邻居好言相劝，张艳大病一场，王前小心伺候……

一年后，二人的孩子王长出生了。这孩子聪明伶俐，悟性很高，学习刻苦，成绩优异，后来考上国家重点大学，毕业后参加工作，又哄了[1]个好媳妇过日子，并把父母接到北京安享晚年。

讲述者：　崔长灿，男，45岁，滑县人，大专，教师
采录者：　绳红升，男，45岁，滑县桑村乡绳马厂村人，大专，滑县文广体旅局党组成员、副局长
采录时间：2013年2月
采录地点：滑县道口镇

[1]　哄了：娶了。

160

申坤找女婿

从前，有个地主叫申坤，他有个女儿今年已经十八岁了，只因她常年多病，人品不佳，凡来提亲的，穷的她不要，富的人家不要她，所以一直没有出嫁。申坤为女儿的亲事整天愁眉不展，费尽心机。这样下去怎么能行呢？申坤狗急跳墙，凶相毕露，就强迫一个欠他债的穷秀才五日之内为他女儿找个才貌双全的女婿，不然，就得立即还清债。

上哪儿去找呢？一连几天，秀才急得没有办法，不找吧，没有钱还债；找吧，谁愿意娶这种女子。

秀才不愧是秀才，第五天，秀才想了一个办法，便到申坤家，见到他便说："你说的那门亲事，我已经找到一个，不知你愿不愿意？"申坤一听为女儿找上了婆家，心里格外高兴，急忙催问，人品怎样，秀才拿出一张纸条说："都写在这上面。"接着便把纸上面写的念了一遍："这位公子麻子没有，头发黑，脸蛋白，眼睛好，饭食不得稀，眉毛弯，心眼好，生气不会，孝顺父母。"申坤听后，接过纸条，照秀才的念法又念了一遍，很满意，并告诉秀才，让公子三日来娶。

他女儿嫁走以后，头一次回娘家，见到申坤就号啕大哭起来……

当时把申坤给哭蒙了，劝住女儿后问是怎么回事，听女儿诉说后，气得他暴跳如雷，他拿起纸条，找秀才去了。

原来，那日来娶他女儿的不是公子，是个替身，等拜罢天地，入洞房后，他女儿一看这女婿呀，满脸麻子，光秃秃的头上还长着黄水疮，脸蛋黑得像个锅底，一双眼珠子上有两个大白花子，三五根眉毛安在灰白的癣疮上。申坤找住秀才，把纸条往前一拿，对秀才说："呸！你找的公子是个什么样子？"秀才接过纸条边看边慢条斯理地说："就是这个样子嘛，这位公子麻子，没有头发，黑脸蛋，白眼睛，好饭食不得，稀眉毛，弯心眼，好生气，不会孝顺父母。这不写得清清楚楚，正是你同意的吗？"

申坤见此情景，像泄了气的皮球，他想：生米已成熟饭，女儿已嫁了出去，再闹下去，反而更丢人；再则，那公子家也有点小门势，只得就此了。要问这秀才想的什么法子，原来，那纸上没有标点符号。

采录者：　边风凯，男，47岁，汤阴县人，大专，干部
采录时间：2005年11月4日
采录地点：汤阴县城关镇
选自：　　《中国民间故事全书·河南汤阴卷》

161

管事能

从前，汤阴县李朱村有个人叫常有信。这个人，心眼平和，办事有方，方圆十几里，不管谁家生气打架，分业不亭[1]，大大小小的麻缠事，都要请他去管。人家就是有法儿，不管啥事，只要他一上场，就办得利利索索，谁也没啥意见。所以，人们都叫他"管事能"。

黄河南，有兄弟俩分家，家产分到最后，分不亭了，谁都嫌吃亏。弟弟要哥哥再帮二百块钱，哥哥要弟弟再帮二百块钱，弟兄俩互不相让，事情越闹越僵。在那儿管事的人作了难，后来不知他们咋介听说汤阴县李朱村有个人会管事，就托人从几百里以外，把管事能请去了。果然名不虚传，管事能到那儿没到天黑，就把弟兄俩的纠纷管好了，哥哥怪满意，弟弟也很高兴。

过了一时，弟兄俩和好了。哥哥觉得当时要弟弟那两百块钱不应该。一天晚上哥哥拿着这二百块钱去给弟弟。弟弟见哥哥来送钱，弄不清咋回事，愣住了。弟弟也忙从柜里头拿出二百块钱，对哥哥说："是你给了我二百块钱，

[1] 不亭：不平均，不公平。

我啥时候儿给过你钱？"听弟弟这么一说，哥哥马上明白了。哥哥说："咱啥也甭说了，明天清早鞴好马，去汤阴李朱拜访管事能。"

原来，黄河南的人来请管事能时，把弟兄俩分家闹别扭的事儿根根蒂蒂一说，管事能心里就有了底儿了，就带了四百块钱去了，到那儿后，问了问情况，互相背着他弟兄俩，每人给了二百块钱，说是对方给的，解决了弟兄俩的纠纷。

从此，"管事能"常有信的名声，传得更远了。

采录者： 刘占学，男，53 岁，汤阴县人，高中，干部
采录时间： 2005 年 11 月 16 日
采录地点： 汤阴县宜沟镇
选自： 《中国民间故事全书·河南汤阴卷》

162

癞蛤蟆吃了天鹅肉

有个村庄里有一位青年后生姓来叫黑马，家中一贫如洗，总是吃了上顿没下顿。到了娶媳妇的年龄，说媒的不少，就是嫌他家穷，总也说不成。老娘来李氏见到儿子总娶不上媳妇，很是着急，就东庄去寻，西庄去求，但成亲的事总是落空。这可叫来李氏发了愁，愁得焦头烂额。忽一日有朋友找上门来，告诉她白庄有位老姑娘，长得漂漂亮亮，犹如仙女下凡一样美丽，她姓白，人送外号白天娥。让来黑马去相亲提亲。

说起白天娥，她自己觉得长得美貌，要求男方条件太高，就一直挑三拣四，对应试对象都不屑一顾，因此耽搁了适龄婚期。白姑娘眼看年龄越来越大，但经过前边应试者的传播，即使有人相中了白天娥的美貌，也都是望而却步，不敢前往提婚，使得白姑娘深陷婚姻泥潭之中。父母也是着急上火，闺女年龄已大，总找不上婆家，将会贻误终生。想到自己自视清高贻误婚姻，每天父母和家人谆谆劝解，弄得白姑娘也是六神无主，拿不定主意。听媒人又来给她与来黑马提亲，感到这次不给来黑马不行了，如果

再失去了这次机会，过了这个村可就没了这个店儿。无奈之下，她一狠心，就把终身许给了来黑马，但她仍是心有不甘。

而来黑马，自知自己家穷，条件差，加上人们给他送的外号"癞蛤蟆"，本来就害怕别人说他"癞蛤蟆想吃天鹅肉"，对于向白天娥求婚的事，自己连想都不敢想。但是，顶不住老娘来李氏一心要让儿子去应试，连求带嚷加鼓励的劲头，来黑马才硬着头皮决定去与白天娥相亲。他借了一条裤子和一件长袍，穿上老娘新做的千层底布鞋，拍拍身，梳梳头，着实打扮了一番，买了两盒糕点，壮壮胆子去了白天娥家。一进白家门，就被白家父母、本家亲戚扎实看了个够，弄得"癞蛤蟆"浑身上下火烈烈的，好不自在。白家人一看，只见应聘对象，一副学生风范，倒也挺精神。但白天娥很有眼光，一看来黑马脸色面黄肌瘦，衣服虽好却不太合身，知道他并不是大户人家，就是一只"癞蛤蟆"。白天娥虽然看不上来黑马，但扛不住家中所有人左劝右劝，她只能答应了"癞蛤蟆"的求婚。

白天娥与"癞蛤蟆"成婚后，总觉得自己与"癞蛤蟆"成婚，自己太冤，所以她总不把丈夫放在眼里，到了晚上，丈夫躺在左边炕上，白天娥就躺在右边炕上，第二天，丈夫睡在右边床上，她就睡在左边床上，一直不与丈夫同床睡觉。来黑马总想，我娶了老婆，却还是一个人睡觉，这总不是长远事儿，得想个法子，诱导妻子就范。经过一番琢磨，计上心来，要智取白天娥，让白天娥主动投入自己的怀抱。

来黑马是个木匠，要先改造窗户，把原来的"气死猫"窗户改成能开关的窗扇。他与妻子白天娥商议说："你做针线活儿，窗户不明亮，咱改成开扇窗，换上玻璃，十分明亮。"白天娥不知是计，还很是高兴，认为"癞蛤蟆"这是巴结她，为她着想，就同意了。当来黑马改好窗户，室内明亮了许多，通风条件也好了。两扇窗，开关很方便，还能经常通风换气，惹得白天娥很高兴。但来黑马告诉白天娥："靠窗有风，别把你凉了，你睡后炕，我睡前炕。"这时白天娥还是觉得是丈夫体贴她。来黑马在一切安排好后，就在窗户上做起了文章。他在窗扇外边装上松紧绳，里边用绳子拽住。绳子一拉，窗户就会响，拉几

下响几下，全都掌控在来黑马手上。

　　近几天村子里接连死了三个年轻人，两个男的叫崔半夜和崔天明，女的叫郭金莲，是上吊死的。到了后半夜，来家的窗户响了起来。来黑马装着正经，数说这些死鬼们，别到人间来祸害黎民百姓，我们没仇没怨。来黑马说："我知道你是谁，如果你是崔半夜，就让窗户响两下。"说罢，窗户就"当当"响了两下。过了一会儿，窗户又响起来了，来黑马就说："我知道你是崔天明，你是和崔半夜一块来的，如果是你，你就让窗户响三下。"说罢，窗户真的"当当当"响了三下。这可把白天娥吓得不轻，躲在自己被窝儿不敢吭气儿，还瑟瑟发抖。可是一会儿窗户又响了。来黑马又问："你是不是郭金莲，你冤情重大，但与我们无关，你不要找我们，如果是你，你就敲五下窗户。"来黑马刚说罢，就听见窗户"当当当当当"响了五下。这一次，白天娥害怕得再也憋不住了，光着屁股一下就跳到了来黑马的床上，钻进了来黑马的被窝儿里，由于惊吓过度，紧紧地抱住丈夫。来黑马喜在心里，却装着手推脚踹，要把白天娥推出去。而白天娥只怕失去救命稻草，死死搂住丈夫不敢松开。从此以后，白天娥再也不敢离开来黑马一步，跟丈夫过起了恩爱幸福的生活。

　　讲述者：　梁淮森，男，67 岁，林州市横水镇东赵村人，初中，退伍军人
　　采录者：　房海林，男，67 岁，林州市合涧镇石板沟村人，大专，退休职工
　　采录时间：2020 年 11 月
　　采录时间：采录者家中

附
记

　　2020 年 11 月的一天，天比较冷，还刮着风，我和村里的几个年龄相仿的老伙伴又相约聚在林州市人民公园对面的紫云餐厅，梁淮森是退伍军人，他从家里带了两瓶供应退伍军人的专供酒，又点了几个家常菜，边吃边聊，谈天说地，云来雾障地讲故事说笑话。每逢这时是我们几个老家伙最开心的时刻，因为大家脾气秉性相同，说话无拘无束，也不计较谁说的话不合谁的心事儿，其中梁淮森这天是东道主，他率先讲了这个故事，直逗得大家哄堂大笑，笑了好一阵子，有的甚至笑得流出了眼泪。笑声告一段落后，其他人一个接一个地讲述起了各自在心中装了很久的故事和笑话，每讲罢一个故事或笑话都会引发一阵笑声。（房海林）

163

鬼来勾

从前有一个恶老婆子，对儿媳刁难刻薄，经常叫儿媳一黑夜就得纺很多棉花，织很多布，干不完不叫睡觉。

儿媳拼命地干，瞌睡上来就念个曲儿："瞌睡神，瞌睡神，瞌睡上来不由人，打发婆婆早死去，一觉睡到大天明。"

恰巧，这曲儿让恶婆听见了，她走到儿媳跟前，恶狠狠地问："你刚才念的是啥曲？"

儿媳随机应变说："瞌睡神，瞌睡神，瞌睡上来不由人，打发婆婆早睡觉，纺花织布干到明。"

恶婆说："要不是你小媳妇改嘴快，照头给你半截砖！"儿媳赶忙跪下来求饶，才算没挨打。

但是，这整天整夜不停地干活，累得她腰酸胳膊疼，头昏脑涨，比挨打还难受咧。她实在受不了啦，就跑回娘家去了，娘家人听了她的哭诉，都非常气愤。弟弟说："长期这样下去，还不把我姐姐活活累死，我去找她讲理！"姐姐说："用讲理的法是不中的。"弟弟说："那咋办咧？讲理不行，我看只好这样了。"随后把自己的想法告诉了姐姐，姐姐点点头就跑回家去了。

当天晚上，恶婆正在因儿媳逃跑打骂她，忽听院内"扑通"一声，恶婆赶忙出门去看，只见院子东南角里，模模糊糊一个白骨堆，一会儿大，一会儿小，一会儿高，一会儿低，叽叽喳喳，乱蹦乱跳，朝屋门口这面走来。嘴里边哼哼地唱着："纺花车叽扭扭，谁叫纺花鬼来勾，不勾娘们小媳妇，光勾恶婆老来愁！"恶婆先看到白骨堆就吓得腿软了，又听见"鬼"叫，更是吓得浑身哆嗦，忙喊儿媳妇说："你，你，你以后，夜里再也不要纺花了。"这时候又听见白骨堆唱道："织布机，哗哗响，我在这里来站岗，谁家婆子难媳妇，勾去叫她见阎王！"恶婆听了，吓得趴到地上，央求儿媳道："快，快扶我到里屋去，布也别织了。"从这以后，恶婆再不敢刁难儿媳妇了。

讲述者： 袁伏香，女，41岁，安阳市大碾屯村人，小学，农村妇女

采录者： 史明公，男，42岁，安阳市人，小学

采录时间： 1989年12月

采录地点： 安阳市北郊大碾屯村

选自： 《安阳故事卷》

164

跩书肚子[1]

城西有一家人家，家里有个孩子叫大胖，读书读得很迷，十五岁上娶了老婆，生了孩子，还阴阳怪气的，跟人家说话也是"之乎者也"。他爹省吃俭用，为的是让他好好学习，将来考取功名，他平时讲"子乎者也"也就没有管他，还为他能跩几句书肚子得意，逢人就说："哎，你看俺这孩儿，说话文绉绉的，将来肯定不是戳牛屁股[2]的，不是省官府官，也得弄个县官当当。"

这一年大胖他爹有了病，叫大胖去给他请医生。大胖他爹知道儿子好跩，就把他叫到跟前，说："你去请医生可不要跩，别让人家听错了音。"那村有个王医生是给人看病的，还有个汪医生是兽医。大胖在他爹跟前是不敢跩书肚的，就说："是！"转身去了。可一出门就想跩，到村口跩着书肚儿问人家："王医生仙居何方？"人家见他拿声拿调的以为他问的是汪医生，就把兽医家指给他。大胖到了兽医家举手就去敲门，这时就听里面有人说："何

人叩门？"大胖就说："圣贤人也！"人家说："有何贵干？"大胖说："不幸牛马而有疾，乞求先生脉而诊之。"人家说："请先头引路！"大胖就前头走了。

兽医听说人家的牛马有了病，赶紧拿起吊钩撩匙[3]准备到那儿喂牲口药，一到了大胖家却看到在炕上躺的是大胖他爹，也不由得愣了。大胖他爹还交代了大胖，叫他请王医生[4]，不要请汪医生，大胖却拙拙地[4]给他请来了个汪兽医，急得大胖爹就想打大胖。可手头也摸不到什么，摸了半天从床下拿起了便壶来，就往大胖头上扳[5]。这时候大胖娘、大胖媳妇赶紧拦，赶紧劝，给大胖爹把夜壶夺去了，才没有扳到大胖头上。

大胖出了门，还说："悠悠壶（乎），挡挡壶（乎），要不是帮君诉说美，走头给我两夜壶！"大胖知道如果在这儿待着，他爹还会打他，就跳墙跑了，到了墙上又跩起书肚子来，说："越墙而过之！"

墙外头是个不小的水坑，大胖上墙头一跳就扑到水坑中。他又不会凫水，就咕咚咕咚在那儿喝水儿。喝了一会儿就不知道任啥[6]了。他媳妇见他跳墙跑了，知道要坏事，就到外面找，到坑边他已经把肚子喝老大了。赶紧叫人来把他捞上来，担到[7]一个碌子上控水，这一控大胖吃的饭和喝的恶囊[8]水就都出来了。街上有两条野狗，见他吐了东西就来吃，吃完了他吐的东西见他嘴上还有，就舔他的嘴，这一舔他就醒了，醒来了就又跩起书肚子来了，说："狗有用我者乎？"

讲述者：　王士珍，男，41 岁，安阳县柏庄镇二十里铺村人，小学，农民

采录者：　刘耀青，男，18 岁，安阳市郊区西郊乡小庄村人，高中，学生

采录时间：　1970 年

[1]　跩书肚子：跩，拿架子、摆谱。跩书肚子，装有学问，拿腔拿调地说话。
[2]　戳牛屁股：戳，打的意思。打牛屁股的，就是掌鞭子的。

[3]　吊钩撩匙：吊钩，把牲口的脖子吊起来的钩子。撩匙，喂牲口用的专用工具。
[4]　拙拙地：偏偏，意料外又意料中。
[5]　扳：砸、打、摔。
[6]　任啥：不论什么东西。
[7]　担到：放到某个东西上，为放水方便。
[8]　恶囊：脏，不干净。

采录地点： 安阳县跃进渠工棚内
选自： 《中国民间故事全书·殷都卷》

165

学跹书肚的

有一户人家是个驴经纪，经常到会上或集上给人家牵线卖牲口，他从中抽钱。这人谈价怕别人听见了，把手伸到人家的袖口里面捏指头，你拽拽我的这个指头，我拽拽你的那个指头，捏咕[1]半天算给卖家把价砍定，然后再去拉住买家，把手伸到他袖子里再去捏咕。捏咕半天觉得给买主的价差不多了，才把双方叫一块，侃个中间价，一锤定音，自己从买主那儿抽一些，从卖主那儿抽一些，往兜儿里一装，然后再去捏下一家。他在会上捏咕的多了，人们也就认识他了，有时候砍成了价，买主没拿那么多钱，卖主也放心地把牲口交给他，约好时间让驴经纪到买主家要钱，要来给他。

这一天有一户人家买了一头驴，差三十个铜子儿，驴经纪就担保让买家先牵驴走了，说好后天到他家拿钱。驴经纪到了约定的时间到那家要钱，主人不在家，驴经纪就问："您爹抓嘞业[2]？"

[1] 捏咕：暗中探讨。
[2] 抓嘞业：干啥去了。

他家有个小孩在读书，听到驴经纪问就说："父尊出外会客。"驴经纪一看自己给人家交易的驴在院里拴着，就夸开了："哎，你看咱给你买的这驴儿，你看这耳朵，直生生的；你看这脊梁骨，圆滚滚的；你看这四根柱儿[1]粗根根的。哎，你看……"

人家的小孩见他夸驴，说道："鞭打畜类，何必夸矣？"就仍然看书。这时驴经纪没话说了，就装斯文，坐到小孩旁边翻一本诗作，他不识字，书本都拿颠倒了，却说："哎呀，这诗作得好呀，这字写得好呀，不是大才可弄不成这样啊。这是谁写的呀？"

小孩说："此乃爹爹所作，孩儿一字不知。"

驴经纪看那小孩挺会说话，很佩服人家是书香门第，就说："等恁爹回来了让他把驴钱给我送去，还差三十大钱呢。"小孩说："谨记尊嘱。"驴经纪就走了。

驴经纪有个儿子叫杨三片，他回到家，见儿子歪戴着帽子，趿拉着鞋儿，掀着怀儿，背着个粪箩头装着半箩头粪从外边进来，就骂道："你看你那吊形儿，整天吊头灰耳[2]的。你看人家那孩子，学啥像啥，说话都文绉绉的。今儿我到前街陶家要驴钱，见到给人家买的驴夸了几句，人家说：'鞭打畜类，何必夸矣！'我看桌子上有本书，我问人家小孩这是谁写的，人家说：'此乃爹爹所作，孩儿一字不知。'你看看人家，你看看自己，你就不能有点出息，你就不能长点记性。你给人家说话就不能跩几句儿？"

这杨三片虽然没上过学，可记性特别好。他爹给他说的话他就记下了。第二年他老婆生了孩子，过满月了媳妇要到娘家住两天，叫作住满月。杨三片就套了辆车让老婆坐车上。小孩满月街坊邻居都来看小孩，这个抱抱，那个抱抱，都说小孩长得好。杨三片想起他爹说的话，叫自己同人对事跩跩书肚子，就搜肠刮肚找词儿，可平时没学过，关键时候也找不来，就想起爹那天给自己说的话，就套用上了。他对夸自己小孩的邻居说："鞭打畜类，何必夸矣。"一个邻居看人家看热闹也凑过来，一把抱住小孩

说："这是谁的孩子，这是谁的孩子长这么好？"杨三片就又想起另一句，跩了起来："此乃爹爹所作，孩儿一字不知！"

讲述者： 王士珍，男，41岁，安阳县柏庄镇二十里铺村人，小学，农民

采录者： 刘耀青，男，18岁，安阳市郊区西郊乡小庄村人，高中，学生

采录时间： 1970年

采录地点： 安阳县跃进渠工棚内

选自： 《中国民间故事全书·殷都卷》

附记

讲述者王士珍，曾当过地方杂牌兵，下过关东伐木。回来后除参加生产劳动外，也做小生意。王士珍讲《跩书肚子》和《学跩书肚的》故事时，是1970年在安阳县跃进渠工棚里。当时没有收音机和什么娱乐活动，大家在工棚内躺下后就听人讲故事。王士珍经事不少，也能喷套儿，还会说东北的黑话，所以大家都爱听他讲故事。王士珍一边抽着烟丝，一边就喷开了。这些故事我当时记住了，2006年主编《中国民间故事全书·殷都卷》时，进行了整理并收入书中。（刘耀青）

[1] 四根柱儿：四条腿。
[2] 吊头灰耳：没个人样。

166

呆葫芦逞能

可惜都不是好东西。"

呆葫芦接下话茬说:"这都是俺爹娘苦挣的。"

客人笑成一堆,最后说:"你真是个傻瓜。"

呆葫芦道:"这不稀奇,俺家一辈儿一个。"

讲述者: 袁新凤,女,25岁,安阳县人,初中,农民
采录者: 朱由龙,男,24岁,安阳县人,教师
采录时间: 1988年
采录地点: 安阳县安丰乡靳家屯村
选自: 《狐狸坟传奇》

从前,有家倒霉的财主,他有个孩子,长得人高马大,就是又傻又秃还又呆,人们都叫他"呆葫芦"。

有一天,有几个客人要到呆葫芦家里做客,老财主怕呆葫芦出丑,就教他说:"客人问起门前的大树,你就说,年景不好,卖了;问起屋后的竹园,你就说,兵荒马乱糟蹋了;要是看见仓里的粮食,你就说,这都是爹娘苦挣的;要是人家看见墙上的秀才匾,你就说,这不稀奇,俺家一辈儿一个。"

呆葫芦把他爹的话背了又背,总算给记住了。

客人进了家门,老财主赶紧去买酒买肉。客人一直等到吃晌午饭还不见老财主的影子,就问呆葫芦:"你爹咋还不回来?"

呆葫芦早就在等客人问,等得都冒了汗,一见问,赶快逞能地说:"年景不好,卖了。"客人一听,皱起眉头,又问:"那你娘呢?"呆葫芦赶紧说:"兵荒马乱给糟蹋了。"

两句话,客人就知道呆葫芦是个傻呆呆,瞧着他那又高又胖的身架,就指着院墙角的粪堆叹道:"堆头倒不小,

167

傻子买竹竿

从前，有一个傻子，说他傻，他可不是个实傻子，只是一分钱的西瓜，切些儿[1]。

这一天，傻子他爹叫傻子去买竹竿。这傻子知道自己记性不好，把钱往兜里一塞，嘴里就不断地念叨开了："竹竿、竹竿、竹竿……"边念叨边朝集市上走。

光顾得念叨，不顾得瞧腿底下，一块石头把他绊了个跟头。爬起来一打土不打紧，念叨着竹竿成了猪肝、猪肝、猪肝……

傻子到集市上，找到一个肉铺子，掏出钱对掌柜的说："都买猪肝。"掌柜的把肉案上的猪肝全都拿出来一称，斤两还不够，就对傻子说："给你添个猪心中不中？"傻子说："中！"

傻子买了猪肝又添了个猪心，心里怪高兴，一边往回走，一边心里还想套儿："这猪心俺不给爹，留下来自己吃。"傻子就把猪心塞到怀里了。

回到家里，他把猪肝往桌子上一放，对他爹说："猪肝买来了！"

傻子他爹一瞧买了一桌子的猪肝，真是气不打一处来。"啪"的一声，就扇了傻子一个大嘴巴，指着鼻子骂他："你算啥东西，叫你买'竹竿'，你咋买'猪肝'？还有心没有？"

傻子没办法，连藏个猪心爹都知道，只好一边揉脸，一边从怀里掏出了那个心。

讲述者： 赵新梅，女，已故，安阳市人，不识字，擅长讲故事

采录者： 王有才，男，35岁，大学，安阳市钟表厂工会主席

采录时间： 1987年5月根据回忆整理

采录地点： 安阳市唐子巷附六号院

选自： 《狐狸坟传奇》

[1] 切些儿：缺些儿，缺心眼。

168

老土儿进城

从前，有个庄稼老土儿，很想进城去逛逛。

这年丰收了，他就趁个黄道吉日，换上老婆给做的新衣裳，带上卖粮食换来的盘缠钱，骑着毛驴，向城里走。

他走啊走啊，走到离城不远的一个地方，看见麦地里落了一群雁，就问路边锄地的老头儿："这是谁家的雁哪？"

老头儿一听他的问话，觉得非常可笑，心想，雁都是野的，哪有家喂的？这个人真是傻得绊倒不知起哪头儿。为了逗逗这个没见过世面的老土儿，他就随口答道："这是俺家的。"

"您卖不卖？"

"卖。"

"多少钱一只？"

"十吊。"

老土儿一听，呀嗬！这雁还怪主贵咧。他摸出带的盘缠钱，又数了数雁，说："我的钱不够，能便宜点不能？"

"能。"锄地老头儿本想开个玩笑，可现在肥肉送到鼻子下边啦，谁能不张嘴咧？

就这样，老土儿把钱交给锄地老头儿，随后走到地里，对雁大喊道："雁，咱家是哪儿哪儿的，快回家吧！"

那群雁听见喊声，吓得"忽"的一声，飞了起来，转眼间就没影了。老土儿一见，心说："这雁还怪听话咧！"

来到城里，老土儿的两只眼就不够使唤了。他牵驴在街上人群里挤着，看着街道两边的景致，头摇得拨浪鼓一样。

城里的小偷看见他那傻愣愣的样子，就乘机把驴缰绳割断，又扯着半截缰绳，跟了他好远，他也没发觉。后来，小偷撒手溜了，他一拽绳，觉得轻了，才知道驴被偷走了。

老土儿两手空空，又拉不下脸来要饭，一直饿了一整天。到了夜深人静，他正发愁没地方去，忽然看到一个庙里有灯光。他知道和尚都行善，就走进庙里。

庙里明灯的地方，放着具棺材。这是一个大户人家寄放的。按老规矩，有死人就得一直守着灵，和尚们图清闲，就雇了一个人在这里顶替。

老土儿来到停灵的地方，看见守灵人正在那里吃夜饭。他肚中饿得实在受不住了，就厚着脸皮去要。守灵人看他穿得挺新，不像个要饭的，就问他为啥要饭。他就把进城之事说了。守灵人说："让你吃饭是中，就是得替我守灵。"老土儿到这时，还有啥不愿意的！可是，守灵得穿孝衣。他又跟守灵人换了衣服，替下人家，才吃上了饭。

那守灵人走了，一去不回头。到了第二天早上，他才明白自己最后剩下的衣裳也被骗走了。

没有办法，老土儿就留下，当了守灵人。没几天，人家把棺材起走，他的饭碗就丢了。偏巧，这时皇宫里派人下来选太监，和尚们就让他当了太监。

当太监一不愁吃，二不愁穿，差事赖是不赖，可是，家里还有老婆呢，总不能当一辈子啊！过了一段时间，老土儿就辞了太监，准备回家。

可是，回家得有盘缠呀！他就在城里大街上，转来转去，想瞅个弄钱的法儿。

转着转着，老土儿听见街上有个拔牙的在喊："拔牙，谁拔牙，拔一颗一吊钱，要拔快来拔。"

老土儿摸摸自己嘴上的牙也不少，就凑向前说："给我拔吧。"

拔牙的问："拔哪颗？"

"都拔了。"

拔牙的为赚钱，也不管好牙坏牙，"噌噌噌"，一会儿就把他的满嘴三十二颗牙拔了个精光。

老土儿见牙拔完了，就伸出手说："拿钱吧。"

拔牙的愣了，说："我还没给你要钱呢，你伸手跟我要啥钱？"

老土儿急了，说："你不是说拔一颗一吊吗，这三十二颗牙，你不给三十二吊钱，我能叫你拔？"

拔牙的听了这话也气坏了。二人说话不及就吵了起来。周围几个看热闹的出来管闲事儿，把他们劝开，对拔牙的说："反正老土儿也没钱，你就认倒霉吧。"

就这样，老土儿没得了钱，又闹了一肚子气，只好要饭回到了家。

老土儿一进家门，老婆见了问："你的驴呢？"

"丢了。"

"你的钱呢？"

"花了。"

"你的衣裳呢？"

"叫骗走了。"

"你说话咋恁不得劲咧？"

"牙没了。"

"你个蠢东西，啥都丢了，咋不把你的蛋子儿也丢了！"

"哎呀，可叫你说准了，我当了几天太监，蛋子儿也丢了。"

老婆一看他这个样子，气得一屁股坐在地上就哭起来。

老土儿赶紧劝老婆说："别哭，别哭，我还给你买了群雁呢！你见咱的雁回家来了没有？"

老婆一听这话，哭得更厉害了。

讲述者：　刘殿青，男，38岁，内黄县县文化局干部

采录者：　李国存，男，22岁，内黄县二安乡沙河庄村人，学员

采录时间：　1978年

采录地点：　乡镇公共场院内

选自：　《中国民间故事集成·河南内黄县卷》

附记

刘殿青是内黄县豫剧团"画布景的"（舞台美术师）。大概在1978年前后的一次"赶场"（从一个演出地点转移到下一个演出地点）过程中，他给我们剧团的装卸组讲了这个故事。我们把装箱整理好的演出道具从剧院抬出来，放置在汽车能开到的地方。装卸组都是身强力壮的男职员。在汽车到来之前的这段或长或短的等待时间里，我们休息、闲聊，话题多带"色"。这个故事肯定是由某个荤笑话引出来的。（李国存）

169

王大憨做买卖

王大寒外号叫王大憨，又叫弄不清。他耳根子软，听说贩马能挣钱，就把自己的地卖了，先买了一匹高头大马，想卖了赚钱。

他牵着马到集上去卖，走到半路上，听说卖羊赚钱，他就想卖羊。看好遇上一个人牵着一只羊去卖，他就说："我拿马换你的羊咋样儿？"牵羊的人不相信这话当真，可王大憨又对牵羊人说："我拿马换你的羊咋样儿？"牵羊的人就给他换了。

他牵着羊往集市上走，又遇见几个人在说卖鸡咋中咋中，他就对一个抱鸡的人说："俺用羊换你的鸡儿咋样儿？"抱鸡的人以为听错了，问道："你说啥？"王大憨又说："我用羊换你的鸡中不中？"抱鸡的人就把鸡换了他的羊。

又走了一会儿，又碰见一个人拿着几把破伞，他问人家干啥去，人家说是修伞的，一晌午挣了二十多吊钱。他就想，我先买一把破伞，学会修理，买卖加手艺，该挣大钱啦。他就把鸡又换成了一把破雨伞。

走了没多远，天变了，下起了大雨，他撑起破雨伞，怪得意的，一走三晃悠，心里美滋滋的，正高兴得摸不着南天门，一阵大风刮来，把他的伞面旋走了，只剩下一个伞把儿，他呢？淋了一个落汤鸡。

雨下了一阵儿就停了，路还很难走，他又用伞把儿当拐棍。他还乐哈哈地说："要不是伞把儿，我至少也得跌几跌，要是跌坏了骨头，说不定该花多少钱呢。"

他拄着伞把儿到了集上，肚里又饥，身上又冷。想买点东西吃，一摸，身上没有钱，他哭丧着脸像个丧门神，嘴噘得能拴住一头叫驴，气得他连伞把儿也扔了八丈远。他想要饭吃，可又放不下脸，一直饿到后半晌，饿得头直发蒙。他正走着，瞧见前边儿一堆人，一瞧是个拔牙的。一问，拔一个牙一吊钱。于是他就给拔牙的说："给俺把牙全拔了。"

拔牙的说："全拔了？没病的也要拔？"

他说："少管恁多，拔就是了。"

拔牙的上了麻药，拿起钳子，"咯吱、咯吱"全拔了。

他漱了一下口，歇了一会儿，对拔牙的说："给俺钱吧！"

"给你钱？该你给俺钱呢！"

"啥？我给你钱？"

他问了一下瞧热闹的，都说得给拔牙的钱。他捂着血糊糊的嘴说："要知道这，龟孙才让你拔！"

拔牙的见他是个穷酸，也没啥法儿，只好认倒霉，叫他走了。

他饿着肚子往回走，走到半路上，遇见一个熟人，熟人问他："买卖做得咋样儿？"

他就把一匹马换一只羊、一只羊换一只鸡、一只鸡又换成一把破伞，一下大雨、一刮大风，一把破伞只落个伞把儿的经过说了一遍。

这熟人听了笑得直喊肚疼，说："你呀，你，叫人把大牙都笑掉啦！"他一张嘴说："你瞧，全没了！今后吃饭也不怕塞牙了。"

讲述者： 申玉英，女，62岁，安阳县人，教师

采录者： 刚呈云，男，42岁，安阳县辛村乡张太

保村人，中师，教师

采录时间： 1982 年

采录地点： 安阳县辛村乡太保小学

选自： 《狐狸坟传奇》

170

傻子学精

　　从前一个员外有个憨儿，员外嫌他憨，就给他足够的银两，叫他出外学精。一天憨子背上银两离家出去，刚走到一个村口，就碰见一个人喊："糟啦糟啦，房子要塌。"憨子一听这句话不孬，就叫那人再说一遍，那人不说，憨子说："你说一遍我给银十两。"那人就又说了一遍，傻子记住啦。

　　他又往前走，又碰见一个撵驴的人说："公驴母驴往哪儿跑。"傻子听这句话也不孬，就又拿银给人学了这句话。往前走，又见一个小子拉扯着他老爹，那老爹说："小子还打老子！"傻子又学会了。一共学了这三句话，傻子回家了。

　　进家他就说："糟啦糟啦，房子要塌。"他爹娘一听吓得乱往外跑，傻子指着爹娘又说："公驴母驴往哪儿跑！"他爹娘一听气得撵着打他，傻子又说："小子还打老子。"

讲述者： 刘红，男，77 岁，内黄县城关镇支庄村人，
不识字，农民

采录者： 王素娥，女，22 岁，内黄县城关镇支庄
村人，高中，农民

采录时间： 1990 年 3 月 17 日

采录地点： 内黄县城关镇支庄村

选自： 《中国民间故事集成·河南内黄县卷》

171

学话

　　有一个人，很羡慕能说会道的人，他决定出去到外边学几天话，回来后也显显自己的本事。

　　他经过一番准备，就出发了。

　　接连几天，他都没有碰见会说的人，心里很急。晚上住进店里，翻来覆去睡不着。这时听见店主人和一个人说话。原来是店家的亲戚在外地干事，回家来住几天，今晚串到店主人这儿来了。学话的人仔细听他们的对话。店家说："是表弟来了？"店家的亲戚回答说："是我呀！"店家又问："啥时间回来的？""昨天晚上。""昨天晚上？咋白天没来坐会儿？""我喝醉酒了。""今晚住在这儿，咱弟兄俩好好聊聊。""那当然了！""没把恁表哥忘了？""不会的。""还带点礼物干啥？""这是应该的。"后来，店家和表弟进另一间房内说话去了。学话的人觉得店家表弟的话很好听，就把刚才听的话重复一遍，记住了。

　　第二天，学话的人就再重复一遍店家表弟的答话："是我呀！昨天晚上，我喝醉酒了，那当然了……"他认为自己学会了见人要说的逛面子话，就高兴地回家了。

　　县官来破杀人案，学话的人自告奋勇见县官。县老爷

一见有人来了，一看这像一个不正经的庄稼人，心里猜疑，就直接问："谁打死的人？"才从外地回来的那个人想，我学的话就要用上了，也口快地回答："是我呀！""啥时间打死的？""昨天晚上！""你为什么要打死他？""我喝醉酒了。""杀人需要偿命！""那当然了！""你不反悔吧！""不会的。"

　　县官是一个草菅人命的糊涂虫，一见这起人命案侦破如此顺利，以为自己威风把杀人犯吓软了，就立即宣布斩首示众！刀斧手上前捆住了刚问过的"罪犯"，押至刑场，把刀搁在"罪犯"脖上时，"罪犯"大叫一声："慢点！我还有一句话。"刀斧手问："啥话？"这个学话的人说："这是应该的。"

　　讲述者：　田显，男，63岁，内黄县张龙乡南羊坞村人，小学，农民
　　采录者：　田讯川，男，32岁，内黄县张龙乡南羊坞村人，大专，教师
　　采录时间：　1981年6月6日
　　采录地点：　内黄县张龙乡田达中学
　　选自：　《中国民间故事集成·河南内黄县卷》

附
记

　　我从小就爱听人讲故事。因为少年时代没有什么文艺活动，扎到大人堆里听他们说闲话儿，觉得有味道。农村人文化水平有限，多是说个笑话，讲人们经历中的喜怒哀乐。也有人为了逗我们小孩子，故意说些妖怪魔怪的话吓我们。随着年龄增长，上学在外，听到的故事大多数都淡忘了，记不住什么比较完整的故事情节。听到的故事大多是在"文革"中参加生产队集体耕作时代，集体干活儿过程中，或者是夜间看护庄稼时，听一些老年人讲的。

　　《学话》这个故事是我们村的田显讲的。他有小学文化，能看得通一些旧小说，也好给人家讲故事，爱和人说笑话逗乐，常常用"你没听说过这样的一个人……"引起一个故事或笑话，三言两语逗笑人就走。1981年，我参加教育工作的第三个年头，县文化局通知我收集民间故事，我就整理了好几篇邮过去。后来发现，文化局整理编印

的《中国民间故事集成·河南内黄县卷》有几篇是我采录的。我看过后送给了田显，他很高兴地收下。我告诉他书中讲述人有他的名字，他翻到了，说："我的名字也上书了！"（田讯川）

172

财主和儿子

从前，一个财主有三个儿子，长子名金玉，次子名金旺，三子名金定。这三个儿子好吃懒做，游手好闲，整日不干正经事。老财主不但不管教儿子，反而把气使在长工们身上，经常打骂长工，而且连糠菜也不让吃饱。长工们实在受不了啦，都偷偷地跑光了。因为老财主心狠毒，所以没有一个人敢到他家扛活儿。

老财主看着家里的粮食越来越少，整日愁眉苦脸，可也没有办法。有一天财主将他的三个儿子叫到自己跟前吩咐道："你们都大了，咱家的情况你们也都知道，你们弟兄三个都到外边学点本领，学会了再回来，我不能看着你们受罪啊。"三个儿子都很听话，第二天早上，便各自收拾行李，分别出发了。

大儿子向东走了七七四十九天，碰上一个打猎的男子汉。他看见猎枪挺好玩，便想学打猎，上前拦住猎人行了个礼，说道："大哥，我想跟你学打猎，如果你愿意教我的话，我情愿给你五十两银子。"猎人看他是真心实意，便同意了。金玉学了几天，扛着猎枪高高兴兴地回家了。

二儿子金旺向西走了七七四十九天，碰上一个补锅的。

他觉得补锅也算个技术活儿，便想学补锅，上前拦住补锅的行了个礼，说道："大哥，我想跟你学补锅，如果你愿意教我的话，我情愿给你五十两银子。"补锅人看他是真心实意，便同意了。金旺学几天，便推着大车高高兴兴地回家了。

三儿子金定向南走了七七四十九天，碰上一个在坟上哭儿的老头儿。金定听他高一声、低一声哭得挺感人，便想学一学。他上前给了那老头儿五十两银子，很快就学会哭儿了。学会后，也高高兴兴地回家了。

三个儿子把本事学到手，都回来了，家里人当然很高兴。有一天午饭后，三个儿子各自拿着工具，猎枪、补锅锤、钉、白布条来到他爹的房间，看见他爹在炕上睡觉，三儿子向金玉说道："大哥，你看咱爹头上有个蝇子，你能打下来吗？"金玉说："能。"便用猎枪照财主头上打了一枪，把财主的头打了两瓣。大儿子这下可慌了，忙对兄弟金旺说："你把咱爹的头钉住。"二儿子便上前钉住。二儿子见财主已经死了，便对兄弟金定说道："你不是会哭吗？快哭几声吧。"金定便坐下来，双手扶着两只脚大哭起来："我的儿啦！……你死了叫怹爹咋过呀？……我的儿呀！……"

讲述者：	袁振华，男，60岁，内黄县马上乡八里庄村人，不识字，农民
采录者：	袁连周，男，30岁，内黄县马上乡文化站干部，高中
采录时间：	1987年3月10日
采录地点：	内黄县马上乡八里庄村
选自：	《中国民间故事集成·河南内黄县卷》

173

傻子借鏊子

讲述者： 张东德，男，75 岁，内黄县亳城乡东草坡村人，不识字，农民

采录者： 张怀恩，男，38 岁，内黄县亳城乡东草坡村人，大专，干部

采录时间： 1989 年 5 月 19 日

采录地点： 讲述者家中

选自： 《中国民间故事集成·河南内黄县卷》

　　过去有个傻子，什么事也不会做，成天吃了玩，玩了吃。傻子最爱吃煎饼，可他却不知道煎饼叫啥。有一天，他又叫喊着要吃饼，用手不断地比画着。他媳妇知道他又要吃煎饼，又一时腾不出身来去借摊煎饼的鏊子，她就让他到邻居家去借。她反复交代，傻子就是记不住鏊子的名字。他媳妇觉得傻子爱吃煎饼，就叫他用两手比画成一个像煎饼一样的圆圈，说这样比画着，邻居见了就知道要什么了。傻子学会了，就用两手比画成一个圆圈，一路说着："恁大、恁大、恁大。"可是，当傻子快要走到邻居家门口的时候，一块砖头把他绊了一跤。傻子一下摔倒了，两只手也摁在地上。比画的圆圈不见了，就大哭大叫起来。邻居见了，问傻子哭什么。傻子一边哭一边说："俺那个那叫俺来借那，俺记不住那个那，俺那个那就叫俺比个那。谁知道路上绊上个那，摔跑了那个那。借不成那个那，叫俺咋见俺那个那。"

174

榆木疙瘩[1]胡二傻

据说汤阴城南有个二十五岁姓胡的男子，由于在家排行老二，脑筋不大管用，傻二扑腾[2]，像个榆木疙瘩，因而村里人都叫他"榆木疙瘩胡二傻"。

有一天，他嫂叫他去姥姥家借织布机。

他一出门，就忘记叫干啥啦。嫂对他说："你当紧记牢借机！"

他怕忘记，就不停地念叨："机！机！……"

到了姥姥家，妗子问他有啥事？他不停地说："机！机！"

妗子听外甥不停地说"饥，饥"，知道孩子在家没吃饭就来了，赶紧给他做饭吃。他吃罢放下碗，嘴里还说"机！机！"妗子笑着推了他一下说："你这孩子，吃饱了，还嚷啥饥？"他侧身打了个趔趄，碰到机上，说："就借这，织布哩。"于是他扛着机就回家了。

他扛着机走着走着，忽见一只兔子钻到丘内，他就摘

掉头上的白手巾，堵住丘子[3]的一个窟窿，用机杆从另一头向丘子里搅动。

兔子在丘子里左碰右闯，逃不出去，在万般无奈之下，就朝发白发亮的地方猛冲，还真不错，从塞手巾的窟窿处逃了出去。

二傻一见兔子跑了，还带走了他的手巾，就急忙追赶。

兔子奔跑如飞，他哪里追得上！

追着，追着，见地边路上来了一群出殡的。他喘着大气，向众孝子高声问道："恁看见兔子头上顶着白手巾没有？"

问头一声，没听清他说的啥，没人理睬。

他见没人搭腔，就连声喊："恁看见兔子头上顶着白手巾没有？"

众孝子身穿白孝衫，头戴白孝帽，他一再问"谁见兔子头上顶着白手巾"之类的话，分明是在奚落骂人。于是，就把他推倒在地，痛打了一顿，看你还敢不敢胡咒乱骂！

他挨打之后，痛哭流涕地回到了家。

嫂子问他哭啥哩，他向嫂子诉说了挨打的经过。

嫂子微笑着对他说："唉，你见了孝子，竟说兔子戴着白手巾之话，咋能不挨打！"

二傻一听，愣头愣脑地仰着脸问："那，那我该咋办？"

嫂子耐心地对他说："你该给人家烧张纸，点块箔，哭几声，祭奠祭奠，保管挨不了打。"

二傻听后，满心欢喜，连声说："记着了，记着了。"

有一天，他在家门口闲坐，忽见村东头迎面来了一帮人。前边响器班吹吹打打，后边紧跟两顶花轿，徐徐向他走来。

他一见这场景，就三步当作两步走，急速跑到家，取出预先准备好的烧纸和几块箔。

等到轿临家门口，他迎面挡住，"扑通"跪倒在地，边点纸烧箔，边一把鼻子一把泪地哭道："恁可不该死呀，恁死得可太早呀，我可想念恁啦！我这是吊孝祭奠恁啦！哎，我真痛哇……"

一场大喜，岂容他这样胡闹，败兴！于是，办喜事人

[1] 榆木疙瘩：脑子不开窍，自己不动脑子。
[2] 傻二扑腾：傻劲，办事傻。

[3] 丘子：土包子，土丘。

家连踢带打，把他推了老远。

嫂子在家听了他又挨打的经过后，对他说道："你若是买把火鞭，说声道喜啦，保准挨不了打，令人喜欢。"他说："记住啦，我照办。"

没隔几天，有家邻居失了火。他见人很多，来往人像穿梭，好像办啥大事。

他就赶紧跑到家，拿起他买好的火鞭，赶赴失火现场。

到失火现场就点燃鞭炮，还欣喜若狂地高喊："好哇，好，我恭喜啦，贺喜啦！"

众救火人正为祸从天降而心焦如焚，奋不顾身救火，他却在一旁连蹦带跳点燃鞭炮，嘴里还欣喜若狂地高喊"恭喜，贺喜"，岂不把人活活气死。于是就狠狠地把他打了回去。

他回到家，如实向嫂说了挨打经过。嫂子对他说："你要能提桶水，往火上泼泼，帮人救救火，人家准会夸你好。"他点头称是。

有一天下雨，有个铁匠生炉，因柴湿咋也生不着炉火。他生尽办法，费了好大劲，到后半晌总算把炉生着了。

铁匠正准备放铁干活儿，冷不防被二傻掂了一桶水给泼灭了。这下可急坏了铁匠，铁匠就没好气地把二傻打了一顿。嫂子得知这次挨打的情况后，就指教他说："你若帮人夯几锤，保证挨不了打。"二傻随口答话："那不差，那是。"

有一天，他发现两个老婆儿扭打在一起，互不相让。他到家掂了把大锤，朝这个老婆儿腰上夯一锤，朝那个老婆儿腿上夯一锤。那两个老婆儿疼痛难忍，再也不相互打了，都举起拳头朝胡二傻打来。

胡二傻遭痛打后，又回家诉说了挨打的经过。嫂子又教诲他说："遇到打架的，你应该好言相劝，把他们拦开，他们定会感谢你。"二傻听后，觉得说得对，下次一定照着办。没隔几天，他在场地发现两头牛相抵打架，就上前高声劝解道："别打了，别打了！"两牛正打得红了眼，怎么会听他的话，照样翘起尾巴、圆瞪双眼，猛力相抵。他见连续劝解无效，就趁两牛后退准备再抵的间隙，站立在两牛中间，挥动双手，声嘶力竭地高喊"听话，听话，可别再打了！"在他费力高喊之际，两牛又猛力相抵，

由于他站在中间，就被抵死了……

采录者：　李友义，男，68岁，汤阴县宜沟镇前里朱村，大学，副教授

采录时间：2006年3月20日

采录地点：采录于汤阴城关镇

选自：《中国民间故事全书·河南汤阴卷》

附
记

本篇故事的讲述、采录者李友义，曾在宜沟高中、县文化馆、文化局、县剧团、党史办、县党校工作，从小喜欢编编写写，2006年2月，他受县文联之邀，参与编纂《汤阴民间故事》，收集民间故事500余篇（他本人收集整理90余篇），共计60余万字。2021年，县文联、县民协收集整理出版"汤阴优秀民间故事文化丛书"，他搬来了保存多年的、满满一大箱子、写满九大本子的民间故事，为"汤阴优秀民间故事文化丛书"的出版做出了大的贡献。他虽岁至耄耋，但身体尚好，记忆清晰，是汤阴文化界的"活字典"，许多过去的文化老人、文化故事，他都了于胸，能说出个道道，帮人解决了不少难题。同时，他干到老，学到老，写到老，常根据民间故事，创作出更容易使人喜闻乐见的文艺作品。前不久，他根据民间故事《明都堂李禄的故事》创作出了豫剧剧本《李巡案平叛》，使更多的人了解到了汤阴瓦岗人氏、明代清官李禄的事迹。（刘振民）

175

傻子拉煤

采录地点： 汤阴县瓦岗乡

选自： 《中国民间故事全书·河南汤阴卷》

汤阴东部，有一傻子和他爹一起上窑拉煤，晚饭后起身，赶天明就可到窑上，来回要一天一夜。出家门时，爹对傻子说："你先上车睡会儿，等到县城西岗，咱俩再换班。"傻子上车就睡了。他爹慌忙赶路，推着车就出村了。

等过了县城，到了西岗，他爹喊醒睡在车上的傻子："到西岗了，你拉我会儿吧，赶天明就到窑上啦！"这傻子下车揉了揉眼，拉起他爹就走。天快明时，来到了一个村边，傻子喊爹："到了！"他爹睁开眼，咋瞧咋不对劲儿，这村儿咋恁眼熟哩？正癔症着，见一抬粪老头儿给他打招呼："傻子爹，上窑拉煤怪快哩，一夜就回来了？"傻子爹一看，又回到了家，白慌张了一夜，真叫他干急不出汗，唉！

采录者： 李现虎，男，48岁，汤阴县五陵镇镇抚寨村人，大专，干部

采录时间： 2006年2月5日

176

憨小子买羊

采录者：　李现虎，男，48 岁，汤阴县五陵镇镇抚
　　　　　寨村人，大专，干部
采录时间：　2006 年 2 月 15 日
采录地点：　汤阴县瓦岗乡
选自：　　《中国民间故事全书·河南汤阴卷》

　　汤阴瓦岗乡，有个青年憨头憨脑，心眼儿真笨。家乡人叫他憨子。

　　一次，他娘让他到会[1]上把大公羊卖了，再添俩钱儿，买只正下奶的奶羊回来喝羊奶。老憨进会十元钱把大公羊卖了后，就去看玩把戏去了。散场后，忽然想起娘让他买奶羊的事儿，就匆忙来到羊市上寻找要买的奶羊。找来寻去都不合适。忽见有只羊长得毛好、个大，又见身下的"奶子"垂了恁长，还用手朝羊的下身摸了又摸，心想，这只奶羊好，问了问价儿，不贵，就掏了十五元钱把羊牵回了家。

　　那羊到家门口儿就挣脱憨子的手，径直朝院儿里的羊圈跑去，还"咩——咩——"地叫了两声。憨子娘听到羊叫，知道憨孩子回来了，就出屋问憨子多少钱卖了，又花多少钱买的。娘问后到羊圈一看，急愣了："你个憨小子，咋又把咱的大公羊给买回来了，净白搭五块钱！"憨子办这种憨事，真让人可笑。

[1]　会：集市，赶会。

177

训逆子

从前，有个李秀才，早年丧妻，家境贫寒，他又当爹又当娘地把儿子养大成人，还给儿子娶了媳妇，不久又添了一个小孙儿。

七十岁那年，他突然患上病不起，已经三天了，儿不瞧不问，他吃不上饭喝不上水，三番五次喊儿子，也叫不到跟前。邻居去看他时，他写了一首诗叫人给了儿子。儿子一看，原来是：

我养我儿我见亲，
我为我儿报我恩。
我把我儿养大了，
我儿只见他儿亲。

儿子瞧过后，把纸一扔，不以为然。老汉见劝儿无效，在绝望中又写给儿子一首诗，儿子一看，上面写着：

隔窗看见儿喂儿，
想起当年我喂儿。

日后我儿年老了，
只怕你儿忘我儿。

儿子瞧过，恍然醒悟，从此孝敬老人，无微不至。
李秀才的病很快好了，李秀才又编了一首小诗教小儿们唱：

要让儿孝你先孝，
房檐滴水点点照。
父母跟前多尽孝，
儿孙自会把你报。

讲述者： 申本仁，男，59岁，安阳县善应镇人，农民
采录者： 申兴发，男，55岁，安阳县善应镇北善应村人，初中，干部
采录时间： 1989年
采录地点： 安阳县善应镇
选自： 《狐狸坟传奇》

178

买麻糖的故事[1]

采录者： 李文林，男，58岁，安阳县磊口乡南磊
口村人，大专，退休干部

采录时间： 2000年

采录地点： 安阳县磊口乡政府

选自： 《安阳县民间故事集》

在太行山东麓一个集镇上，有一家支锅卖麻糖的。整整卖了一天，买麻糖的人还是那么多，排着长长的队，个个口称是给孩子买麻糖吃。

这时来了一位中年人急切切地说："我想给俺娘买斤麻糖，你看这么多人。"说者无心，卖麻糖的都听在心里，接着喊："来来来，往前站。整卖了一天麻糖，都说是给孩子买的，第一个听到是给娘买的。"说着指向那买麻糖的中年人："来，先给你称，要多少？"那人说："我要一斤。"当高高地称够一斤后，又给加了一个，敬佩地说："走吧！"中年人问："多少钱？""给娘买麻糖的不要钱！"卖麻糖的爽快回答。

讲述者： 刘含茂，男，54岁，安阳县磊口乡南磊
口村人，农民

[1] 麻糖：油条。

179

不孝顺不得好

他的生意一下子赔了个吊蛋净光，只好回家过苦日子。

讲述者：	梁桂兰，女，76 岁，安阳县善应镇人
采录者：	申兴发，男，56 岁，安阳县善应镇北善应村人，初中，干部
采录时间：	1990 年
采录地点：	安阳县善应镇
选自：	《狐狸坟传奇》

　　从前，有一个人很不孝顺，在外面做生意，发了大财，也不舍得往家里捎半个铜钱，怕他娘花，怕他的妹妹做嫁妆。他恨他的娘不快死，他恨他的妹妹不快嫁。他给他的老婆写了这么一封信：

　　老白毛在不在？
　　眼角刺坏不坏？
　　心上人儿安不安？
　　一对婴儿欢不欢？

　　可巧，他娘收到了信，别人给她一念，她就哭开了，一直哭了三天三夜。他舅听说了，就给他写了封回信：

　　老白毛正当家，
　　眼角刺正开花，
　　心上人儿新得病，
　　一对婴儿死了个净。

180

穷娘丑闺女

山旮旯里,有一个老婆儿,老头儿死得早,留下了一份庄田和一个丑闺女。这闺女是丑:大嘴儿、小眼,那鼻孔不朝下,不朝上,是朝着正前。一直长到十七八,那鼻涕还是常年地流,说一句话,得吸溜一下,要不就得流到嘴里。因为姓刘,都叫她刘流。

刘流娘为刘流发了不少愁,放出去话儿,不管瞎子、瘸子、聋子、傻子,只要娶刘流的,送一半庄田。就这儿,都没人娶她。

刘流娘狠了心,要了一个光光面面[1]的儿子,把刘流掷到深山沟儿里。

刘流哭了三天三夜,那鼻涕哭了有大半桶,这时候,从山道上下来个骑毛驴儿的小青年。这小青年叫"吭吭",就是鼻子常不透气儿,顾了说话顾不了吸气儿,常憋闷得"吭吭吭吭"。

这小青年儿一见刘流的鼻子不但透气儿,而且还透得特别得很,一瞧就眼气上了。

[1] 光光面面:体体面面。

他走到刘流跟前,说:"在这深山背后头,吭吭,一个姑娘把鼻子流,吭吭,有心带她回家转,吭吭,却不知是啥因由。吭吭。"

刘流一见有人相中她,说:"多谢大哥好心田,吸溜,俺娘扔俺不叫回家园,吸溜,有心跟着大哥走,吸溜,不知大哥收留不收留。"

小青年忙说:"吭吭,只要你不嫌俺拙,吭吭,骑上毛驴儿咱就把亲结。"

刘流忙说:"吸溜,只要你不嫌俺丑,吸溜,骑上毛驴儿咱就走。"

吭吭把刘流扶上毛驴儿,牵着就走了,当天后晌就拜了堂。

第二天,俩人起了个大早,吭吭去倒粪,刘流去扒柴草,不一会儿,都高高兴兴回到家。吭吭说:"俺俺俺,吭吭,倒粪倒出个金老鼠。"刘流说:"俺俺俺,吸溜,扒柴扒出个夜明珠。"

他俩富了,买了庄田,置了家园,还雇了长工和丫鬟。吭吭当老爷,刘流当了夫人。

也就在这个时候,刘流的娘穷了,咋着哩,她要的儿子娶了媳妇,把她撵出了家门,她只好要饭过日子。

这一天,她要着饭找到了刘流的家门前,刘流瞧见了,一扭头就进了家,她恨死她娘了。吭吭说:"咋着,吭吭,她是娘,闺女不该和娘论短长,吭吭。"

小两口儿就把娘领到了家,娘说:"不管闺女咋着丑,也是娘的心头肉。"

刘流说:"不管娘是咋着穷,吸溜,也要给娘养老去送终。"

讲述者:　李青云,女,69 岁,安阳市人
采录者:　李国云,女,37 岁,安阳市人
采录时间:　1990 年
采录地点:　安阳市人民大道
选自:　《狐狸坟传奇》

181

新媳妇摔碗

从前，有一个媳妇，丈夫、儿子都在外头做工，家里就剩下她和婆婆及儿媳在家过日子。

当年老婆婆辛辛苦苦地把儿子拉扯大，现在有了儿媳孙媳，按说该称心了，但老人伤心的却是婆媳关系。俗话说："媳妇背上挂面锣，逢人背地说婆婆。婆婆背上放个鼓，逢人背后说媳妇。"话是怎价说[1]，到底媳妇说婆婆的多，婆婆说媳妇的话很少听到。婆婆老了，又多病，自己连床也起不来，全靠儿媳妇伺候。受了白眼，也总是忍气吞声，不说媳妇半句闲话。就怎价，日子还是不好过。吃饭时媳妇拿起给她固定的小脏碗儿往床头一放，扭头就走。吃过饭后也不给刷刷洗洗，平时鸡子、老鼠、小孩糟蹋了她的东西，她就比鸡骂狗声不绝，说啥老不死的东西儿，要你有啥用，还不如养头猪，也能杀了卖几块钱……天底下竟有这等样人！

刚过门儿的孙媳对婆婆这等样儿很瞧不惯，只是觉得自己刚过门，不好意思去说长道短，也就不吭声儿。

[1] 怎价说：这样说。

一天，媳妇做好了饭串门儿去了，孙媳就用一个大碗给老奶奶盛了冒尖的一大碗干饭。老人端着饭，老泪"吧嗒、吧嗒"直往下落。孙媳妇儿忙安慰老人，叫她快吃饭。老人放下碗，拿起她那小脏碗说："这是你婆婆固定给我的，要是叫你婆婆知道了，骂我不说，还会连累你，还是用那小碗吧！"孙媳妇一听，气得夺过那个脏碗"叭"的一声摔碎了。就在这时候，儿媳妇串门儿回来，听到摔碗的声音，就站在门外边偷听。

碗一碎，可把老人吓坏了，老人大哭起来，边哭边说："好孙媳妇呀，你的心我知道，可你这一下子给我惹了祸，这叫我以后咋办哩！可怜我没个闺女，要是有个闺女也好到闺女家去住去。"孙媳妇劝老奶奶说："奶奶，俺婆婆刁难您的事儿，您知道，我知道，人家都知道。碗摔碎了也好，俺婆婆让您用它，过几年后她也像您一样不能下床时，我怎忍心像她虐待您那样虐待她？再说婆婆也是没有女儿呀，这事儿我一个人承担，奶奶您放心吧！"

话还没落音儿，门开了。儿媳妇泪流满面，跪在婆婆面前说："娘，您别生气了，都是我不好，我实在没脸见人呀。"说罢更大声哭起来。

婆婆、孙媳也都哭了，哭够了，婆婆说："孩儿呀，起来吧，过去的事了，提它干吗！"孙媳妇儿也过来劝，劝了好久，大家才不哭了。

从这儿以后，一家人过得和和睦睦的了。

采录者：　张天彬，男，44岁，汤阴县人，大专，干部
采录时间：2005年12月17日
采录地点：汤阴县白营乡
选自：　《中国民间故事全书·河南汤阴卷》

182

巧劝媳妇

从前，有位勤劳、憨厚的药农，叫高峰银，提起高峰银，他家里曾有过这样一个故事。

高峰银的老伴死得早，给他撇下一个不满三岁的孩子，峰银辛辛苦苦、忍饥挨饿地把孩子拉扯大，给他盖了房子、娶了媳妇，后来又得了一个孙子、孙女。儿子高杰贤聪明、善良、不爱说话，儿媳妇则眼皮灵活，能说会道，为人处世不老实。

峰银上了年纪后，虽说手脚不比以前灵活，干点活儿很吃力，但他不愿坐着白吃，整天忙忙碌碌，一年四季上山入林采药，把采药换来的钱，全部交给儿媳妇料理。儿媳妇觉得老人还有用，对他也就好些，不管吃喝穿住都料理得不错，老人和儿子心里自然高兴。

一天，峰银在山上采药，突然乌云滚滚而来，狂风大作，接着瓢泼大雨顺头而下，峰银急忙下山，不料，快到山脚时，脚蹬空了，咕咕噜噜地就滚了下来，跌伤了腿和腰。

峰银被抬回家后，全身不能动弹，整天躺在炕上，儿媳妇看着老人不能为她挣钱了，还得有人侍候，从心眼里就讨厌。狐狸藏不住尾巴，儿媳妇打这儿起，整天沉着脸，对老人爱理不理，时间一长，就虐待开老人了。

儿子杰贤每天去采药，到外面换钱，经常不在家，往日吃饭时，峰银和儿媳妇、孙子、孙女吃的是一锅饭，眼下就不一样了，逢到吃饭时，儿媳和两个孩子吃的是白馍捞面，叫老人吃的却是剩菜、剩饭，嘴里还不干不净地指鸡骂狗。儿子从外回来，总要先到老人炕前问寒问暖、问饥问饱，老人为了不惹儿子生气，家里能有个安宁的日子，老人总是忍气吞声，直哭不语。儿子见老人这个样，觉得可能有啥不顺心的事，就问媳妇，她却撒谎说："唉，咱爹身有重病，不能起床，我整天吃的喝的侍候得地地道道，有啥不顺心，那是他高兴得哭了。"

俗话说，人能哄了人心，哄不了肉身，儿子见爹一天天瘦了，脸色越来越差劲，就对媳妇起了疑心。有一天，儿子对媳妇说："今儿个儿，我赶集卖药不回来，你要好好照料咱爹。"媳妇装样说："你放心走吧，爹的病就是咱的病，咋能不搁在心上哩。"并把杰贤送到门外。其实，杰贤根本就没去赶集，到村后又回来，藏在后院的邻媳家。到了吃饭时，他悄悄地到他家房后，从后窗看见媳妇和孩子端着大碗面条坐在院里树荫凉下吃，爹爹在屋里饿得直叫唤，媳妇还责骂道："老杂种躺下不干活儿能有多饥！再叫唤刷锅水都不给你。"杰贤看在眼里，伤在心里，泪水不觉流出来。

平常，杰贤也惹不起媳妇，有啥事也顺着她，媳妇知道杰贤是个好脾气，所以在家里想咋就咋。这回杰贤见媳妇这样对待爹，气恼但不敢怎么她。为此，他几天都吃不好，睡不着，才想出个治媳妇的主意来。

腊月的一天，杰贤卖药回来，对媳妇说："孩儿他娘，今年咱挣的钱也不少，明天咱割点肉把孩子姥姥家的人叫来，痛痛快快地吃一顿，中不中？"媳妇一听，哪能有意见，连忙说："中！中！"

第二天快晌午时，孩子的姥爷姥姥、舅舅妗儿都来了，杰贤热情地把岳父岳母和亲戚让上座，就叫媳妇端饭。岳母对女婿说："儿呀，先给你爹端个定碗。"杰贤摆摆手说："不，不，给他点剩菜、剩饭就行了。"岳母顿时把脸一沉，怒声道："不孝之子，咋能这样对待老人呢？"

媳妇眼皮活，知道杰贤请人吃饭是冲她来的，她怕丈夫再说啥，就说："你去把宝宝叫来一块儿吃吧。"谁知杰贤不但没去，反而往凳上一坐，白了她一眼说："要儿子干啥，还不如养个闺女。"原来吃饭前，杰贤把儿子绑在里屋的桌腿上，不让他吃饭，就是为了这一步棋。岳父岳母不知道内情，埋怨道："把话说哪去了？儿子、闺女都一样！都是自己身上掉下的肉。"杰贤见岳父岳母说的是心里话，不觉眼泪流了出来："我要是个闺女，能当家管事，在家守着，俺爹有了病也绝不能吃剩菜剩饭，更不能挨儿媳妇的骂。"杰贤的话就像一声响雷，顿时把人震住了，媳妇自知理亏，脸色一阵白一阵黄，豆大的汗珠直往下掉，低着头不吭声。这时，岳母对女儿说："闺女呀，你咋能这样对待公爹呢？咱可不能做那不要良心的事，要是你嫂子也这样对待你爹和我，你心里是啥味？"媳妇听罢娘的话，"哇"的一声哭了，跑到公爹住的小屋，跪在床前，对爹说："爹爹，我真对不起你！都怪我不好啊！"峰银老人顿时泪流满面，支撑着坐起来，双手去扶儿媳妇。

从此，儿子、媳妇孝敬老人，全家人辛勤劳动，互相尊重，日子过得越来越好。

采录者：　　于万祯，男，42岁，汤阴县人，大专，干部
采录时间：　2005年12月25日
采录地点：　汤阴县白营乡
选自：　　　《中国民间故事全书·河南汤阴卷》

（十）其他生活故事

183

紫燕石八庄

相传，燕石庄有一对少年，一个叫紫燕，一个叫石八庄。他们从小就在一块儿玩耍，稍大一点，他们又在一起上学读书，因此，他们是一对很要好的朋友。虽然他俩是同年同岁，可石八庄比紫燕大半个月，石八庄是哥，紫燕是弟。

紫燕十六岁那年，父母相继病故，家里只剩下紫燕一人。慢慢地，家景贫穷下来。没有办法，紫燕只得去石八庄家里借钱，石八庄的父亲石员外知道紫燕是儿子的好朋友，就把他留了下来，让他和石八庄一起攻读四书五经。没过一年，石八庄的父亲也患病死去，于是，石八庄便成了石府的主人，整个家业就由石八庄接管了。日月如梭，眨眼就是一年。这年腊月，石八庄娶媳妇，新婚的晚上，石八庄逼着他的朋友紫燕替他入洞房，与嫂子做伴，紫燕心想："哥哥今天是咋了，你娶媳妇让我入洞房，有这事吗？"紫燕咋也不去，石八庄说道："贤弟，为兄我待你如何？"紫燕说："哥哥待我恩重如山，小弟铭记在心，终生不忘。""既然如此，为啥不听哥哥的话？在我家里，是由不得你的。今天晚上你去也得去，不去也得去。"

说罢，硬是把紫燕推到屋里，转手把门锁上了。

紫燕无奈，闷闷不乐地在房内来回走动，他忽然发现桌上扔着一本书，便拿了起来，坐在椅子上，看起来。至于嫂子，他连看也不看一眼。再说石八庄的妻子，她怕冻坏了她的丈夫，铺好了铺盖，羞答答地喊他上炕。可是紫燕理也不理，还是坐在那里看书。腊月的天气，冰雪在地，天寒地冻。紫燕的手冻成了红萝卜，放在嘴边哈一哈，继续看书；他的脚冻僵了，像猫咬一样，痛得钻心，他又站起来，跺跺脚，仍旧看书。他盼啊盼啊，终于盼到了鸡子叫，大天老明了，才放下书，说了一句："可盼到天明啦。"然后出门而去。这时，躲在一旁的石八庄望着紫燕远去的背影，满意地点了点头，随后进了洞房。见了发怔的妻子，石八庄笑着说："你别发怔。我们才是真正的夫妻呢。刚才那人是我的一个朋友，为了试他的心，才开了个小小的玩笑。"

听了丈夫的话，妻子放声痛哭起来，她边哭边说："官人哪，你只顾开玩笑，险些害了奴家一生。"说罢，哭得更厉害了。

石八庄见了，也知道自己这样开玩笑有些过火，就劝妻子说："别哭，我以后再也不这样开玩笑了。"紫燕二十岁那年，南京开了科选，紫燕与石八庄商议，要进京去。石八庄给紫燕鞴了匹枣红大马，给了他五十两银子，叫他进京赶考去了。

紫燕告别了兄嫂，骑马进京，一路辛苦不提。真是功夫不负有心人，到了京城，紫燕考了个头名状元。从此，他在京城住下，并给兄嫂去了家信，讲明了自己的官职地址，还讲了很多感激的话，感谢他们的收养之恩，有什么困难，可给他捎书去，一定尽力操办。

时隔两年，石八庄家里失了天火，烈火熊熊，烧了三天三夜，烧得是房无一间、粮无一颗，唯有石八庄夫妇和未满两岁的儿子没有被烧死。

石八庄看着烧光的房屋，伤心透啦。没有办法，只得卖了几十亩地，买了几担粮食，盖了两间草屋，住了进去。又过了两年，眼看着地卖得差不多了，石八庄对妻子说："这样吧，孩儿他娘，叫我去京城找紫燕去。到了那里或许能借来银两，重建家园，你跟孩子可卖地度日，等我回来。"

"事到如今，也只好这样了。不过你要快去快回，不要在那里久呆，一来为妻挂念，二来妻子在家卖完地，可咋办呢？"

石八庄说："娘子放心，我一定快去快回。"

第二天，石八庄告别了妻子儿子，骑马上路。到了京城，石八庄打听到紫燕的住处，写了一封书信，叫人送去。不大一会儿，紫燕打轿而来，把石八庄迎到府中。

到了府中，石八庄讲述了这几年的不幸遭遇。紫燕听了，深表同情。他暗暗差人给石八庄家里送去大批银两，还有一封书信。信上说：石兄在府内一切都好，嫂子不必挂念。

石八庄来到府内，整天只顾吃喝玩乐，也就忘了回家。不知不觉，三个月过去了。石八庄来的时候，还是冬天，现在已经到了春季，春暖花开，天气一天天热起来了。石八庄来时穿的破大袄，已经不能再穿，可紫燕就是不给他换衣裳。这一天，石八庄又出府游玩，在一家衣裳店看见一件衣裳不错，就想买下，却被随从拦住了，随从跪下说："我家大老爷，这衣裳可买不得啊！"

"咋买不得？"石八庄问随从。

"出门时，老爷多次吩咐，要什么都行，就是不能买衣裳。谁买了衣服，回府后就问个死罪，望大老爷不必买了。"

石八庄见随从苦苦哀求，也就罢了。可他又一想：这就怪了，他为啥就不叫我买衣裳呢？想当年他在我石府中，我对他亲兄弟一般，谁知来到这里，连件衣裳都不让买，真是忘恩负义。哼，在此受罪，还不如回家去呢。主意拿定，石八庄不顾紫燕的再三阻拦，坚决要出府回家。紫燕见状，心中好笑。"石兄，既然你执意要走，小弟也不强留了，小弟我有封家书，你可捎去，看了信，你会什么都明白的，小弟我是个穷官，刚上任不久，也没啥可赠送的，给你三十两银子，作为你路上的费用，你在路上不要耽误，一是银两不多，二是嫂子挂念。"

石八庄接了信，把它塞在棉袄的一个窟窿里，告别紫燕，急急上路回家。盘费花光了，石八庄也看到了自己的村庄。他想，我现在还不能进村，要是碰见街坊邻居，我

这穿戴咋见人咧，还是躲一躲，等天黑了再回家吧。想到这里，石八庄一头钻进麦田里。由于困乏过度，躺下就睡着了。不觉到了半夜时分，一阵凉风吹过，石八庄醒来，站起来摸索着向村里走去。来到自己的门前，抬头一看，茅草房不见了。面前却是漆黑的大门，门里是深宅大院。看到这些，石八庄不由得一阵心酸，他想："是不是自己走的时间太长，妻子卖完地，和儿子讨饭去了？也许，她已经改嫁了。"想到这里，石八庄掉下了伤心的眼泪。不管咋，还是在这里睡下为好。到了天明，长工套犁子时，不小心把我踩死了，还得给我弄个棺木衣裳，总比死在荒郊野外，叫狼拉吃了好。想到这里，石八庄脱掉破大袄，铺在地上，躺下睡了。

到了黎明，长工要出外犁田，开门一看，见门外躺着一个人，就叫喊起来。石八庄的妻子听到喊声，赶忙走来，一看是自己的男人，连忙把他扶了起来，拉进了屋里。

到了屋里，石八庄看着妻子，问道："我走了几个月，你咋又盖了这处院子，从哪里弄来这么多钱？"

妻子笑着说："你走了以后，紫燕就差人送来了银两和信，除了盖这处院子，还买回了咱的地。"

石八庄一听这话，满腹怒气一下全泄完了，他嘿嘿地笑着说："紫燕，我的好朋友！"可他又一想："怪呀，他对我这般好，却为何不让我买衣裳换呢？这里边一定有缘故。"这时妻子看出他的心事，说："这是紫燕兄弟怕你忘掉家乡呢。"石八庄恍然大悟，这时他问："我那袄哩？""那不是？"妻子指着那脱下来的破棉袄说。

石八庄奔过去，摸出那封信，凑到灯下一看，只见上面写着：

紫燕石八庄，
走后知人心。
你冻我一夜，
我热你一春。

夫妻看后，不约而同地大笑起来。

讲述者： 尹秀荣，女，65 岁，内黄县田氏乡杨庄
村人，不识字，农民

采录者： 陈国希，28 岁，高中，农民

采录时间： 1983 年 5 月

采录地点： 内黄县田氏乡杨庄村

选自： 《中国民间故事集成·河南内黄县卷》

184

刘百万和荞麦皮

过去有个财主叫刘百万，家大业大，骡马成群。

有一年天大旱，一春没雨。一直旱到六月十一，才下了半墒雨[1]，家家抢墒种谷[2]。有个穷汉子叫二虎，家里就他和一个七十岁的老娘，扶了耧拉不了耧，拉了耧扶不了耧，眼睁睁瞧着火辣辣的日头晒干了地皮，心里比火烧还急，就跑到刘百万家借牲口。刘百万不但不借给他，还说："我养牲口我用，你想用牲口，自己买嘛！"二虎想，不借不借罢了，不该这样耍笑人，就说："世上没有人不走的路，你家也不是万宝全[3]！"扭头走了。

二虎没种上谷子，墒也干了，只好等又下了雨，种了荞麦。这天，刘百万遇上个算卦的，算了一卦。算卦的说他家八月十五要遭天火。刘百万想：到那天，我不动烟火，看天火从哪儿来，到了八月十五这天，刘百万叫全家人吃干馍，喝凉水，一天到晚没动烟火。这天直到夜里都没有

[1]　半墒雨：墒，是墒情，即下雨的情况，下透了叫全墒，下了一些叫半墒雨。

[2]　抢墒种谷：趁着刚下雨种谷，不然地就干了，发芽受阻。

[3]　万宝全：什么都有。

出事，刘百万才松了一口气。谁知他的小孙子去茅厕尿尿哩，瞧见当院有只老鼠，拾起一块石头就砸。不想那老鼠是火鼠，一石头砸过去，火鼠身上起了火。火鼠带着火，往堂屋跑去。不一会儿，刘家起了大火。

一场火把刘家烧穷了。刘百万连惊带气，生了大病。看病先生开个药方，药引子得用荞麦皮。刘家的人打听来打听去，只有二虎家有荞麦皮。刘百万没脸叫孩子们到二虎家去找这种药引子，只是叹气。刘百万临死留下四句话：

> 处世要往宽处想，
> 富人应怜穷人饥。
> 骡马成群全无用，
> 临死难找荞麦皮。

讲述者： 张黑丑，男，74 岁，林县任村乡人，不
识字，农民

采录者： 苏清林，男，35 岁，林县任村乡任村人，
中师，教师

采录时间： 1987 年 2 月

采录地点： 林县任村乡

选自： 《林县民间故事集成》

185

千里送鹅毛

古时候，河南有个人叫王不懒，山西有个人叫李不闲。两个人一见如故，互相说咱两个你不懒我不闲，名字叫得好，咱以后就是终生朋友了。

河南山西远隔千里，交通不便，老哥儿俩常年不见，很是想念。有一天河南的王不懒跟媳妇说："咱一直没有去咱哥那里瞧瞧，咱去瞧瞧吧！"可是家里穷，也没啥东西好拿，这个说拿这，那个说拿那。他媳妇心细，说："咱家不是养了一只白鹅，白雪雪的，咱就拿它吧！"他们提前一天把鹅洗了洗，喂了喂，装到一个布袋里。第二天，他们带了点干粮，背着鹅向山西走去。路上住店时，就掀开口，让鹅也透透明儿[1]。到了李不闲的家门口，两个人干粮也吃完了，又饥又渴的。王不懒说："解开口，瞧瞧鹅咋样了？"刚掀开口儿，谁知那只鹅也是饥渴难忍，一见明儿，"扑棱棱"地飞了，媳妇出手去捉，只薅了一根鹅毛。两人吵了一架，没办法，最后把鹅毛放进布袋里，系住口，背着进去了。

[1] 明儿：明亮，光亮。

宾主相见，寒暄一阵。李不闲给他们端了一碗水，说："兄弟你先坐一会儿，我们出去有点事。"原来他家也穷，虽然地面宽[1]，可是今年大旱安不上苗，家里也是揭不开锅。客人远道来了，咋能让人家吃糠咽菜？他们两口就去邻家借钱，上集上割了点肉，打了点酒，回来就半夜了。这边厢王不懒两口坐着没人理，就说："咱俩办了这没成色[2]事，背了根鹅毛来了。咱哥瞧咱没拿东西，把咱冷淡在这里了。"正说着，李不闲掂着酒，端着菜进屋，说："不好意思，咱家也揭不开锅。我们出去借钱，邻家借不开，又跑到外村借，买点肉买点菜，就到这时候了。"王不懒听后说："兄弟我也办了个没成色事，本身家里啥也没有，就有一只白鹅觉得怪好。一路背来，到你家门口一解口儿，它饿了饥了，一见明儿，一蹬腿飞了。亏你弟妹眼明，拽了根鹅毛。"说完把鹅毛拿出来搁到了桌子上。一说真心话，兄弟俩抱头痛哭。这就是"千里送鹅毛，礼轻情义重"的来历。

讲述者： 秦仁保，男，69 岁，安阳市龙安区龙泉镇平棘村人，初中，农民

采录者： 段瑞峰，男，46 岁，林州市人，本科，干部

采录时间： 2021 年 4 月 16 日

采录地点： 讲述者家中

附 记

由于龙安区设立较晚，没有进行过"三套集成"和故事全书的编纂，在这次大系工程启动后，我们龙安区文联积极进行补课，不仅召开了编纂工作启动会、推进会，还在安阳故事/传说卷编委会指导下，在区内开展田野调查。2021 年 4 月 16 日，我们第一站来到龙泉镇平棘村。平棘村秦仁保是河南省民间文艺家协会会员，安阳市级非遗项目"秦氏木雕"代表性传承人，他出生于木工世家，从事古建文物

[1] 地面宽：地多。
[2] 没成色：没本事。

修缮，木雕、根雕艺术 50 余年，多件作品先后在省、市比赛中获奖。在进行古建文物修缮时，一些老者给他讲述了很多故事。他还走街串巷，拜访多位老者，因而能讲许多民间故事。这次田野调查中，秦仁保在他的工作室，向我们讲述了故事/传说《两好搁一好》《千里送鹅毛》《平棘村的由来》《牛家岗的由来》《麻水寺上头一功》《墩鞭石的传说》《阎王的故事》《白蛇的传说》等，我现场录音并进行了整理。

（段瑞峰）

本卷编委会在秦仁保（右二）家中采录民间故事与传说

（摄影：赵乾民）

秦仁保木雕《桃园三结义》（摄影：秦仁保）

异文一：千里送鹅毛

许多年前，有两个年轻人，因生活所迫到异地一同给人当长工。日久天长，建立了深厚的友谊，情同手足，后结为义兄弟。

义兄是沁河北人，义弟为沁河南人，两人结束了长工生活后，就依依不舍地回到了各自的原籍。

数年后，义兄得了吃不下饭的病。一日，听人说喝白

鹅血能治好此病，可当地无人养白鹅，去哪儿弄白鹅血呢？义兄想到了义弟，认为义弟一定会想办法弄到白鹅血。于是让家人给义弟写了一封信，信中表明了求鹅的原因，更表明了对义弟的信任。义弟收到信后，百感交集，尽心尽力，搞到了一只又肥又大的白鹅。

当时交通极不方便，到义兄家必须走水路。义弟带着大白鹅上了船，准备渡过沁河给义兄送去，好让义兄尽快喝上白鹅血。可船开了之后，一不留神，那只又肥又大的白鹅突然向舱外飞去，紧抓慢抓，义弟只抓住了两根白鹅毛，自己还差点掉到河里。他又急又恼，无可奈何，想：鹅虽然跑了，但我一定还要去看看我那病重的义兄，和他叙叙家常，以减轻他的病痛。

船疾驶向前，义弟一直紧紧地抓着两根鹅毛。到了义兄家，一家人看义弟只带回两根鹅毛，并有一脸难过的神色，问其原因。义弟道出了原委，一家人纷纷安慰义弟说："别难过了，千里送鹅毛，礼轻仁义重。"

义兄被义弟的仁义精神所感动，虽没喝上白鹅血，病情却好转痊愈。从此，人们到处传颂着这个故事。"千里送鹅毛，礼轻情义重"也就世人皆知了。

采录者：	左斌，男，55岁，汤阴县白营乡杨村人，大专，文联副主席
采录时间：	2006年2月9日
采录地点：	汤阴县城关镇
选自：	《中国民间故事全书·河南汤阴卷》

异文二：千里送鹅毛

古时候，有两个好朋友，一个叫真情，一个叫真意。俩人好得不能一天不见面。后来，打起了仗，真情去充军，真意依然在家种田。

真情上了战场，腿被砍掉了一条，只差一点就到阎王爷那里报了到，幸亏一个要饭的媳妇救了他，俩人相依为命，就成了家。

真意年年替真情担心，天天盼真情能捎回信来，时时担惊受怕。几年过后，一点也没有真情的音信儿。其实，真情是心里难受，不愿意让真意看到自己现在这副模样儿，一直不敢往家里头通音信。

这一年，真意总算接到了口信，他一刻也不愿多停，非要到千里之外瞧真情不可。没啥礼物好送，就抱了家里的一对白鹅。

他一路要饭一路走，遇到了沙漠，只好吃了那一对白鹅，带了鹅毛，好诉真情。

总算到了真情家，看好真情没在家。真情媳妇一听说是真意，别提有多高兴了，就把一把水壶放在桌上，说："俺把真情找回来。"

真意一路风吹日晒，干渴得嘴皮上都起了泡，一提水壶，水壶是空的，一倒，没有半点水。气得把鹅毛往水壶底下一压，顺手写了一句"千里送鹅毛，礼轻人意重"就要走。

看好，真情夫妻回来了，一瞧那首诗，真情顺着写下了半联："空壶拦住友，剪发待亲朋。"

原来真情家穷得付不起井绳钱，真情媳妇剪了头发付了井绳钱才为真意打回来一桶水。

"千里送鹅毛，礼轻人意重"，一直被世人传为佳话。

讲述者：	孙桂英，女，45岁，安阳县吕村乡人，农民
采录者：	孟贵金，男，52岁，安阳县吕村乡人，干部
采录时间：	1990年
采录地点：	安阳县吕村乡
选自：	《狐狸坟传奇》

《千里送鹅毛》有多篇异文，为何一则故事会出现这么多的版本呢？原因在于安阳民间崇尚礼仪道德之风，以至于这则故事的流传比较广泛，对调理民风起到一定的积极作用。其版本有别，就同一些流传比较广泛的故事一样，在不同地域不同时代经不同的人传播时，总会带上一些地方特色，打上讲述者的生活阅历和审美价值观等烙印。（王光明）

186

状元府

明朝时，彰德府城内东南营街，有个"状元府"。由于时间相去五六百年，这座状元府早已不存在了，但留下的故事却至今还流传在民间。

有个山西人，姓葛名一，在当朝位居阁老。一年冬天，他离京南下，微服私访。他途经彰德府时，见天色已晚，担心出城后前不临村、后不着店，就在城内一家小店住下，打算次日起早登程。翌日五更，他刚离开小店不久，谁知天不作美，寒风刺骨，雪花漫天飞舞。他着衣不多，又遇上这个风雪交加的鬼天气，冻得他浑身打战，不能赶路。于是，他只好暂且停留在一家门楼下躲避风寒。

葛一刚站在门口，街门"呼啦"一声开了，从里面走出一个人来。此人姓梁名好，以掏粪为业。他见门口站着的这个陌生人冻得浑身筛糠，上牙打着下牙，怜悯之心油然而生。他赶忙放下粪担和粪锨，如同见了久别重逢的兄弟一样，上前说道："天这么冷，大哥怎么一个人站在这里？何不到家暖和暖和？"说着就往家里推让。但他做梦也不曾想到他推让的竟是当朝的一位屈指可数的大官。

葛一见他真诚实意，又不好谢绝主人的美意，就随着梁好进去了。他们二人刚到院内，葛一就听到梁好向屋内喊道："喂！家里的，咱大哥来了，你快把屋里收拾一下。"不一会儿，他们就听到屋里传出一个女人的声音："请大哥进来吧！"

二人刚一进屋，梁好指着葛一给媳妇说道："这位是咱多年不见的大哥！"又指着媳妇对葛一说："这是我的媳妇。"随后向媳妇吩咐道："你快去动手做饭，我到外边买些东西。"说罢就慌慌张张地出去了。

梁好去后，梁妻让葛一到里间炕边烤火。由于室内光线昏暗，葛一往炕边一坐，觉得下边像有什么东西搁着似的。他起身揭开小褥一看，不由大吃一惊——自己一屁股把一个刚过满月的小孩坐压得口鼻出血，他身不由己地"啊"了一声，一时感到不知所措。

梁妻在外间听到这突如其来的惊叫声，赶到里间一看，孩子在炕上露着，脸上淌出血来；又见葛一搓手跺脚，后悔莫及的神色，料知大事不好。她按捺不住内心的悲哀，顷刻泪如泉涌，失声痛哭起来。

葛一看着婴儿的惨状，听到梁妻的哭声，心如刀割，眼泪夺眶而出。他一边擦着眼泪，一边以好言相劝，才勉强止住了梁妻的啼哭。末了说："我一时荒唐，竟把孩子压死了，使你蒙受这般痛苦。"梁妻抽泣着说："这不能怨大哥，只怪我一时忙乱，没顾得上挪动他。人无起死回生之力，请大哥不要犯难。"说罢，把小孩往被子里一盖，强忍着悲痛就继续做饭去了。葛一见状，更是心乱如麻，坐卧不安。

过了一会儿，梁好提着酒、肉兴冲冲地回来了。他见家里已备好饭菜，自己就动手切了肉，装了盘，把小方桌往炕上一放，随手端来酒、肉、饭、菜。梁妻瞒着梁好，也跟着挨靠[1]炕上的东西，腾出地方，并让梁好坐到小孩的一边，就抽身出去了。

葛一将要开口，说明刚才发生的不幸之事，但见梁好已筛上酒，笑着说："兄弟有缘，今天备下薄酒，请大哥不要见外，咱们痛饮几杯，一来不负兄弟相逢之情，二来也可稍驱风寒。"

[1] 挨靠：归置、清理。

葛一说："我，我实在对不起贤弟……"梁好不知其意，以为是谦让，就打断葛一的话说："不必见外，不必见外。"顺手递过酒去。葛一盛情难却，只好接过酒杯，梁好情不自禁，一饮而尽。

梁好边说、边斟、边让、边喝，丝毫没有觉察到这不幸的事情发生。然而，葛一心中有数，哪还有心饮酒。他内心充满内疚和不安，都趁势把酒倒在袖筒内，倒像招待梁好似的回敬多次。

他们吃喝过后，收拾已毕，梁妻在外间说道："你看孩子醒了没有？"

梁好掀开小褥子一看，不见小孩，接着又翻开坐过的被子，这一翻，犹如晴天霹雳，使他倒吸了一口凉气。他见小孩脸上已经是血糊糊的，用手一摸，一点热气儿也没有了。他强装着精神，慌忙用小褥子一裹，向外边说道："还没醒。"

葛一这时才意识到这是梁妻的有意安排，便忍不住开口说："贤弟，咱打开窗户说亮话吧，那孩子是我……"

梁好马上打断他的话，毫不含糊地说："哪里，哪里，这与你无关，是我粗心坐的，也怪他命短。"

梁妻在外间听到他们所谈，就又在外间"儿呀，儿呀，苦命的儿呀"地哭起来。

梁好急忙跑到外间，含着眼泪对媳妇小声说："孩子已经死了，谁不难过？既然他已经死了，哭也无济于事，咱不能叫大哥也跟着咱难过呀！算了，算了！"他随即找来一个人，二话不提，用草垫简单一裹，就叫扔去了。

由于雪后路不好走，梁好再三挽留，又有小孩死亡的牵挂，葛一只好在梁好家住下来。每当他向梁好说明小孩是自己不慎坐死时，梁妻总是在一旁把话题岔开，梁好更不谈及小孩的长短，梁好夫妻处在这种剧烈的痛苦之中，仍然始终如一热情招待葛一。这使葛一备受感动，暗自叹道："这样的人家真是天下少有啊！"

葛一在梁好家等了数日，见他们夫妻只字不提、一无所求，又见路已经能走了，想到重任在身，便向他们辞行。梁好夫妻又是送盘缠，又是备干粮，并一同把葛一送到城外。分别前夕，葛一告诉了他们自己的籍贯住址，并说："日后有什么难处，请到家里找我，愚兄一定厚报。"

一晃几年过去了，彰德府地面遇上了灾荒年头。大粪不值钱，又是很少有人要，微薄的收入，难糊他夫妻之口。积蓄很快渗光了，缺粮少柴的现象屡屡发生，有时甚至就揭不开锅。在这种贫困难熬的情况下，梁好的媳妇更为发愁。她对梁好说："现在咱们吃了上顿愁下顿，三天两头忍饥挨饿，你总得想个办法才是呀！"

梁好说："这一带灾荒严重，我有啥办法呢？"

梁妻说："你曾记得山西那个葛大哥吗？他临走时不是说遇到什么难处叫去找他吗？咱现在困难到这种地步，你何不到山西走一趟，向他求告求告呢？"

梁好说："咱不能伸着手向人家讨情。再说，咱们多年不曾有书信来往，谁知他那里的情况又是如何呢？"

梁妻说："依我说，咱们总不能等着饿死吧！也许他那里比咱这儿好过些。"

梁好说："你说的倒是一条门路，可惜咱手中无钱难出门呀！"

梁妻说："我卖掉首饰，你再筹借点钱，不就有了盘费了吗？活人何必要叫尿憋死呢！你往山西去一趟，他知道咱这儿有困难，也许能拉巴咱一下，我想这总比坐在炕上犯愁作难好！"

梁好说："中，中，我不妨去试试。"

过了两天，梁好穿上新拆洗的衣服，背上干粮，带上盘费，就投奔山西而去。

梁好起五更，打黄昏，走了好几天才到山西地面。他顺藤摸瓜找到了那条街，这条街比彰德府还繁华，他约莫快到葛一的家门口，就问过路人："请问葛一住哪个门里？"过路人瞧瞧他，也不答话，只是用手指了指，就仓皇而去。他往那里一看，嘿！一对石狮分左右，高大旗杆竖两边，门前青石铺满地，辕门巍峨非寻常。梁好自忖道："这哪里是庶民百姓的家门，分明是达官贵人的府邸。"

梁好看后，心中又惊又喜。惊的是，几年不见，大哥走了红运，发了迹；喜的是，这一趟来得好，困难不难解决。心里感到十分庆幸。他整了整衣服，壮着胆子向里走去。

把门的见他风尘仆仆，穿着平常，又是个外乡人，就拦住他问道："你找谁？"

梁好说："我找我大哥。"

把门的又问："谁是你大哥？"

梁好说："葛一就是我大哥！"

把门的又问："贵姓？从何地而来？"

梁好说："不敢，小人姓梁名好，从彰德府而来。"

把门的不敢怠慢，急忙向里传禀。

葛一听说梁好来了，高兴地说："啊呀！我思念已久的贤弟来了。"马上又对身边的人说："你们快去准备一下。"说着就三步并作两步地去迎接。

梁好见葛一身穿一身大官衣服，已不是当年见面时的穿衣打扮，便紧走几步，伸手作揖道："大哥可好？"

葛一笑着说："好，好，贤弟好！"说着就握住梁好的手往里走。周围的人见葛老爷对梁好如此热情，无不惊讶。

梁好边走边看，他见院内金碧辉煌，楼瓦雪片，树木参天，怪石林立，奇花竞放，异草丛生，不由连连喷嘴。当他们步入客厅，梁好坐下来一看，客厅内的陈设更使他眼花缭乱——红绒地毯铺地，桌椅耀眼明光，字画琳琅满目，古玩错落有致，五彩雕梁画栋，悬挂精致纱灯。真是件件新奇，样样别致，使他目不暇接，大开眼界。

不一会儿，有人端进茶来，葛一说："贤弟先用茶。"梁好一路缺汤少水，正口渴舌干，于是端起茶来，一会儿就喝了好几茶碗。

葛一问道："弟妹在家可好？"

梁好说："好！好！她还叫我代问大哥、大嫂好。"葛一听了，满心高兴。

茶毕，摆上酒宴，葛一亲自把盏，为梁好接风洗尘。梁好哪里见过这等席面，只觉得阵阵香气扑鼻，样样香甜可口，就是叫不出名堂来。

宴后，又有人端进茶来。茶间，葛一说道："贤弟此来，必有要事。"

梁好说："不瞒大哥你说，今儿个我也不怕大哥见笑，现在彰德府灾荒严重，苛捐杂税多如牛毛，许多人缺吃少穿，有的卖儿卖女，有的离乡背井，有的投亲靠友。唉！现在家里吃了上顿无下顿，谁知啥时候才能度过这年月？

无奈，我才厚着脸来求告大哥的。"

葛一等他不说了，又问："还有何困难？"

梁好摇了摇头说："没有了。"

葛一又问道："把弟妹接来如何？"

梁好长出了一口气，说道："唉！穷家难舍呀！她没出过三门四户，是不会来的。"

葛一说："既然如此……那好吧，你近日路上辛苦，先歇儿日再说吧。"

梁好满心欢喜，心想："大哥他指头缝里漏一点儿，我就可以度过这荒年了。可这里毕竟不是我的家呀，过两天我就要回彰德了。"

梁好在葛府成了座上客，天天被以嘉宾相待，顿顿是鸡鸭鱼肉、山珍海味，每天的吃喝比他过生日还要好上多少倍。

一天饭后，梁好向葛一说："大哥，我出来已经半个月了，我该回去了，免得你弟妹挂念。"

葛一说："既来之，则安之。既然来了，你何必操之过急呢？再住几天再说吧。"梁好只好听从。

又过了半个来月的光景，梁好又去找葛一说："大哥，我已出来一个多月了，谁知家里现在成了啥样子？大哥，我不能在这里坐享清福，让你弟妹在家活受罪呀？我该回去了。"

葛一说："你怎么坐不住马鞍桥了呢？你尽管放心，车到山前必有路嘛！"接着又说："我要到京城去，你等我回来，我就送你回去。"

梁好摇了摇头，迫不得已地说："又得再停儿天了。"

葛一这一次进京三个月没有回来，梁好在葛府心急如焚，度日如年。一天，他实在等不下去了，就对侍候的人说："回来您给俺葛大哥说一下，就说我等不上他了，回去了。"

侍候的人一听，急忙拦住道："梁大人，您可能还不知道哩，葛老爷上京前夕还专门作了交代，第一要我们照应好您，第二老爷回来要亲自为您送行，如果有半点差错，重责不贷。您这样回去，我们可如何向葛老爷交差？"

另一侍候的人趁水和泥[1]说："您这样不见葛老爷的面就走了，我们哪能吃得消？"并且说："梁大人是个心地善良的好心人，哪能会难为我们呀！"

梁好左右为难，只好等葛一回来。

时间如流水，日月似穿梭，一晃三四个月就过去了。一天晚上，梁好躺在床上翻来覆去睡不着，就在这时，忽然窗外传来"葛老爷回府了""葛老爷回府了"的问候声。梁好喜出望外，一骨碌从床上爬起来，他刚离床边，门"吱"的一声响了，他掌灯一看，葛一已来到他的面前，开口说："贤弟可想家了吧？"

他这一问不大紧，梁好竟像小孩似的掉下了眼泪。

葛一抱歉地说："是我叫你受委屈了！"

梁好急忙说："不，不，是我想……想……大哥呀！"

葛一望着窗外，若有所思地说："他们也该回来了。"

梁好问："谁？"

葛一说："你还未见过面的两个侄儿。等他们赶回来，我再送你不迟。"

连日来，他们形影不离，白天同桌吃饭，晚上同床共寝。

一天饭后，葛一对梁好说："贤弟既然急于回去，我也实在难以挽留了。"

梁好急切地问："大哥叫我哪一天走？"

葛一说："明天如何？"

梁好高兴万分地说："我恨不得马上插上翅膀回到彰德府。"

两人都满意地笑了。

第二天早晨，梳洗已毕，葛一在客厅大摆宴席，为梁好饯行。

席上，有两个青年走进客厅。梁好见他们身穿状元服，两眼炯炯有神。葛一对梁好说："他们两个昨晚才从外地赶来，是专门为你送行的。"又对两个儿子说："这位就是你们彰德府的梁好大叔。"二人随声跪到梁好面前说："见过叔父大人！"梁好急忙扶起。

葛一说："他们现在都已中了状元，贤弟不必见外，

[1] 趁水和泥：借机发挥。

请你任选一个，还我夙愿。"

梁好激动不已，随之谦让说："往事已过，大哥何须挂齿。他们乃国家栋梁，我实在不敢当，我领大哥的盛情就是了。"说罢向葛一深施一礼。

葛一说："你现在不肯收留，也罢，以后就由我做主了。"

这时，有个人走到葛一身边，低声说："老爷，现已日过三竿，天不早了，该送梁大人起程了。"

葛一说："好，好，现在就送我贤弟起程。"说着就拉住梁好的手步出客厅，边走边说"祝贤弟一路平安""路上多加保重"之类的客套话。当送到门外时，梁好停住脚步说："请大哥留步，不必远送，不必远送。"葛一难分难舍，又送一程才让人递过包袱，梁好接过包袱，热泪盈眶，挥手告别。

梁好背着沉甸甸的包袱，一路匆匆而行。走到近午，感到身热体乏，便坐在路边的树荫下歇脚，这时也觉得肚子有些饿了，打开包袱一看，却大失所望。原来他以为是不少好东西，谁知定睛一看，除了够路上用的一点盘费外，就是路上吃的东西。这真是不看还高兴，一看泄了气。他眼望苍天喊道："天哪，这可叫我咋办呀！"后来，他又低下头来想："难道大哥会这样忍心叫我回去吗？"过路行人以为他是胡言乱语，既无人理睬，更无人问津。他休息了一会儿，就自己给自己说："葛大哥是个很细心的人，又是一个很重感情的人。难道他真的会把我这难处忽略掉吗？不，不会的。常言说贵人多忘事，也许……人的命，天注定，胡思乱想不中用。"想到这儿，他也不往下多想了。

梁好晓行夜宿，不两日就回到彰德府。他一进东南营，腋如添翼，脚下生风，恨不得一步赶到家。可是，他一到家门口就惊呆了：左右邻居的房子依旧，唯独自己家的房子翻盖一新，更显眼的是门头上还挂有一块大匾，匾上写着"状元府"三个涂金大字。他心想："这可糟了，我不在家这些日子，媳妇可能过不下去了，就把房子卖了，人也可能改嫁了。我虽然回来了，可却是无家可归了。"

梁好在街上犹豫徘徊，胡思乱想了一阵之后，就迷迷糊糊地向里走去，他一进门，就有人问他："你找谁？"

梁好结结巴巴地说："我倒不是……找谁，是想……打听打听原来这家的人搬……搬到哪儿去了？"

问者说道："原来这家的女主人曾搬出去住了几个月，后来有人把房子盖好了，就让她搬回来了。"

梁好听他这么一说，如同霹雳贯顶、冷水浇头，身子立刻凉了大半截，疑窦顿生："莫非她等不上我就起身改嫁了不成？"转而又想："她能逃个活命也好。不过再怎么样我得见见她才是呀。"他对问者说："有人叫我给她捎着个口信儿。"

那人一听他是捎信的，也不多问了。他便向里走去，只见上房五大间，甩袖挂前檐，红漆楹柱，千格窗户。左右配房也是青砖瓦舍，院内恬静幽雅。他又往前一走，见一个女人坐在斗椅上，身穿绫罗，跟自己的媳妇一样，但他不摸底细，又不敢贸然向前说话，他看四周无人，便装着咳嗽的样子，干咳了一声。那女人随声转过脸来，见是梁好，就起身说："你怎么才回来呀？你可害得我好苦呀。"才说了这么两句，眼泪就像断线的珠儿一样，扑簌扑簌地掉下来。

梁好听到她这种话头，心如刀割，眼泪不止，像认错似的说："都怨我没本事，叫你走到这一步！"

梁妻擦了擦眼泪转悲为喜地说："这一步也算是走好了！"

梁好困惑不解地问道："你……"话到嘴边，又觉得无法问下去，就把话缩了回来。

梁妻不知其意地反问："你说的是……"

梁好急忙直截了当地问："你现在伺候谁呀？"

梁妻说："伺候谁？你到屋里就知道了。"

梁好紧张地瞧瞧背后，见无旁人，低声说道："你净说傻话，我哪敢进人家的屋呢？"

梁妻这时意识到他对自己产生了误会，就说："你说啥？要是世外旁人，他还不敢沾这个边呢！"

梁好听她这么一说，如梦方醒，说："都怪我进门时想得太多了，一时不知从何说起好了。"他只是两眼不停地环视四周。

梁妻这时又像刚过门的新娘子，轻轻推了梁好一下，羞羞答答地说："进屋再说吧！"

梁好一进屋就问:"咱家咋能会变成这样子?"

梁妻说:"自从你走了大约有十来天的光景,官府里来人打听你,我出去一看,两个人穿着官服,戴着官帽,牵着高头大马。我一看,就吓了一跳。我以为你在外边惹了祸,可是不见班房的人,也不见他们提锁、带枷、拿铁索,心里就不很害怕。他们在街上问了三两句话,又看了看咱的街门,就向院里走来。我想官不入民宅,他为啥要进咱家呢?那两个人又到屋里看了看,还问咱家几口人,你到哪去了?我说两口人,你到山西去了,他们就不再问了。第二天他们又来了,还安慰我说:'昨天让您老人家受惊了。'不一会儿,就有人送来米面,我不敢收,他们叫我收下了。临走时,对我说:'这房子旧了,该翻盖了。'我说:'连饭碗都发愁,哪还有钱顾得翻盖房子。'他们说:'这用不着您老人家愁这事儿,由我们翻盖。'我说:'恐怕你们是认错了人。'他们说:'一点也不错。'我说:'我们在你们面前并没有啥德能,咋敢劳驾你们。'他们说:'一家人不说两家话。'就这样,我就搬了出去。我头脚搬,他们二脚拆。房子盖好后,他们又把我接回来,当时惊得满街人都来看热闹。我回来一看,吃的、喝的、穿的、用的,样样俱全,并且还给咱雇来两个人,有人说咱一步登了天,我也觉得福从天上降下来。"接着又说:"后来我还听说京城里还在咱这儿放了赈,减了税,惩办了几个小贪官儿。"

梁好这时才问:"那两个人是啥样子?"

梁妻说:"啥样子?我不是给你说过了吗?他们穿着官服,戴着官帽,都有二十出头的样子。长得虎头豹眼,膀大腰圆,还认我为娘呢!嘻嘻!前几天还来过一趟哩。我要是知道你今儿个回来,说成啥也不会让他们两个走。"

梁好说:"他们不走我咋能回来呢?"

梁妻感到莫名其妙,急切地问:"这是咋回事呀?"

梁好说:"我到山西后,见到了咱大哥,把家里情况向他一说,他知道咱这儿困难,还不是先让两个孩子来送东西,随即又给翻盖了房子,一切都安排停当了才回去,他们回去向咱大哥说了情况,大哥放心了,才让我回来。"又回想说道:"我说咱大哥一直拖着我,不让我回来,原来如此呀!"

梁妻问:"咱大哥是个干啥的?"

梁好说:"不给你说你不知道,给你一说还真能吓你一大跳。"

梁妻说:"你别大惊小怪地吓唬我!"

梁好说:"吓唬你?咱葛大哥可是个大星宿,是当朝的大官,还经常给皇帝见面、说话呢。那年他来咱家时,是出来私访,我当时要是知道他是那么大的官,还真不敢往家推让,更不敢大哥长、大哥短地乱称呼。其实他就是赫赫有名的葛阁老。"

梁妻又问:"那他为什么要在咱家门上挂块'状元府'的横匾呢?"

梁好说:"自从他在这儿压着咱那孩子,老是放心不下,常挂心怀,这次我临来时,他说两个孩子都已中了状元,叫我任挑一个,我哪敢承受,可咱大哥就如此安排了。"

梁妻再一次地问:"你来时怎么不叫人送你?"

梁好说:"那一定是怕树大招风,路上不平稳,遭麻烦;也可能是怕我过于激动,路上出乱子。这样我才能平平安安回到咱彰德府。"接着他又感慨地说:"在山西不少人都说我梁好好,其实我梁好哪有人家葛一好呢!"

梁好经常对人说:"人家葛一仁义,对人实在,他既是朝中的大官,又是我的好大哥。"

梁好夫妻由于葛一的照管,后半生无忧无虑,坐享晚年,直至在"状元府"寿终正寝,并有两个状元为他们披麻送终。

人们听到梁好、葛一他们的交往过程,赞不绝口,传为佳话。随着时间的变迁,他们的真名实姓被隐去,逐渐演变成民间的一句俗语——两好搁一好。

这就是"状元府"传为后世的一段佳话。

讲述者: 李文山
采录者: 宋魁元,男,48岁,铁西区大司空村人,小学,干部
采录时间: 1984年4月
采录地点: 铁西区大司空村
选自: 《民间故事选》

异文一：两好搁一好

古时候有两个人，一个叫两好，一个叫搁一。两好家生了个小孩，搁一登门贺喜。按照古代的礼法，到人家做客，一般习惯两个地方不能坐，一是客厅中堂前的斗椅，这是祭祀时供奉神位的地方，家里婚丧嫁娶时让长辈坐的；二是炕边，家里的被子平常都是叠得整整齐齐，但是有了小孩，为了照顾孩子方便就不叠了。搁一是个粗鲁人，到两好家后往炕边一坐，结果被子下的小孩不透气被捂死了。搁一走后，两好一家急得没法，两好说："甭说甭说，都是朋友，得有肚量，别吭声儿！"俗话说好事不出门，坏事传千里，这件事还是在村里传开了。搁一听说后觉得很过意不去，在家商议说："都是朋友，该共事还共事，平常咱多去瞧瞧。咱不是有个小孩，到十八了咱送过去。"果然，搁一的孩子十八岁时，搁一领着孩子到两好家说："我把这个孩子给了你，你们就是他的父母亲！"人们听说后都说两好没有搁一好，传来传去，就变成了两好搁一好。

讲述者：　秦仁保，男，69岁，安阳市龙安区龙泉镇平棘村人，初中，农民
采录者：　段瑞峰，男，46岁，林州市人，本科，干部
采录时间：2021年4月16日
采录地点：讲述者家中

异文二：两好搁一好

很久之前，运河西岸，就是现在的白庄一带，有个人姓梁名好。梁好身材魁梧，膀大腰粗，力大无比，会些拳脚功夫，他性情直爽，血气方刚，爱打抱不平。

一天，梁好在运河边的石阶上歇息，一只商船慢慢靠岸，正要卸货时，一伙劫匪从渡口上奔杀下来，船员大呼："有劫匪！收船索！开船！"

梁好听见呼喊，怒喝道："你们这帮家伙，打劫商船，坏了这里名声，乱了这里规矩！若要劫船，先过了我这一关！"

梁好动作飞快，一把抓住了劫匪头，一锤下去，劫匪头鼻口出血，踉跄绊倒在石阶之上，一命呜呼。

船员们撑篙摇橹，急驶入了河中央，转眼工夫，转入了弯道，不见了踪影。

梁好一时性急出手过重，导致劫匪身亡。与其等府衙通缉坐以待毙，不如一走了之，亡命天涯，只是苦了家中的贤妻老母。梁好思虑了一番，决定走为上策，他一路向西，奔山西而去。

梁好来到了山西平遥镇的深山老林，他依傍着山口，搭建了庵棚。起初，他以打猎为生，久而久之，他下山给大户人家做短工，下山的时候，带一捆山柴，卖了，得些纹银，就这样隐居偷生。

梁好辛勤苦干，一年下来，积蓄了不少银两。后来，他在山口处盖了两间房屋，做起了杂货铺生意。梁好为人厚道，杂货铺离村口不远，生意兴隆。

山口的村子里，有一淳厚老实之人，他姓葛，名一好。葛一好有年迈老母，体弱多病，常年需要看病抓药，妻子贤惠，待婆婆如同亲娘，夫妻二人生有两男一女，日子过得十分贫困。

葛一好上山打柴，下了山，常在梁好的杂货铺前歇脚，或是问口水喝，或是向梁好讨口吃的。天长日久，梁好与葛一好称兄道弟，情深义重。

有一年秋天，平遥大旱，葛一好的秋田颗粒无收，他采山菜，煮稀粥，一家人饿得面黄肌瘦，老母亲年迈多病，生命垂危。

一天晚上，葛一好妻子提议把自己卖掉，换些银两，给婆婆抓药，得些粮食，顾住孩儿们性命。葛一好对妻子说道："时景不好，苦了你了，我的贤妻！灾荒之年，情非得已，梁好为人忠厚，他还没有见过你，将你托付给他，怎么样？切不可与他道明你是我妻！"

夫妻二人最后一晚同床共眠，离痛煎心，十多年结发情深，泪湿枕巾。葛一好说："哄了孩子们，就说是你去娘家长住，望贤妻得空常回来看看！"葛氏说："为一家人活命，我虽屈身卖与他人，心里装的还是夫君！"

第二天一大早，葛一好来到梁好的杂货铺，拉梁好到后屋，说道："梁哥，你独居多年，铺里铺外，都是你一人张罗，做饭洗衣，还得你一个大老爷们儿摆弄，兄弟一直想给你物色个女人，给你成个家，村里有人托我，让我把李寡妇与你撮合撮合，她与你年龄相当，相貌好，贤惠端庄，保准能趁你意！"

梁好说道："使不得！这可使不得！我漂泊在外，独处已久，况时局不稳，前程不定，怕是人家跟了我，过得不幸福！"

葛一好接着说："梁哥啊，你有所不知，平遥大旱，庄稼不收，李寡妇上有年迈多病的婆婆，膝下又有三个孩子，一家人靠野菜充饥，李寡妇贤孝，为养活婆婆和孩子，有心将自己托付给有善心之人。梁哥为人，兄弟信任，若你与她结为夫妻，你身边有了女人照顾，也像了个家，李寡妇和她的婆婆孩子，也能有口饭吃，灾荒之年，她也是不得已而为之。"

梁好听后，扭身打开了钱柜，拿出了五百两银钱，递给葛一好，说："快拿去给老人家抓药，再给孩子们买些粮食，其他的事，咱先不说！"

葛一好接过五百两银钱，心想："许是梁哥嘴上不好意思纳妻，心里应该是同意了！"

于是，葛一好唤来了在山口捆柴的妻子，向梁好喊道："我把人给你领来了，我上山打柴去了！"

梁好忙完了店铺，来到了后屋，见一女子在烧饭洗衣。梁好打量了这位女子，衣着破旧，勤快伶俐，皮儿虽不白，却很干练。

梁好见葛氏低头不语，问道："看样子，你心里应该有苦衷，说说看！我梁好行侠仗义半生，为人打抱不平，不得已隐居山中，若是你遭人欺负，我抽了他的筋！大不了再远走一处，再来一次亡命天涯。啊！说多了，说多了！"

葛氏早已泪眼汪汪，抽泣不已。她问道："梁哥，您是个好人，莫非您也有难言之隐？"

"唉！说来话长啊！"梁好回道。"出手打死了滑州运河上的商船劫匪，州官通缉，情急之下，扔下了河南贤妻老母，隐居于此，一晃便是五年，每次想起这些，深感有

愧。"梁好将这些遭遇一五一十地说给了葛氏。

葛氏听了梁好的诉说，一脸惊诧，自己的家里情形，也向梁好娓娓道来。

梁好听罢，才知道眼前的这位李寡妇就是葛一好的贤妻，因为一家人活命，夫妻二人才出此下策。梁好道："葛兄啊，真是难为你了，有什么难处，只管明说，何必这样委屈弟媳、虐待贤妻？走！咱们去追赶葛兄！"梁好与葛氏出了杂货铺，一前一后，追赶葛一好去了。

葛一好洗了把脸，挑着两捆山柴，回到了家中。一进门，葛一好喊道："娘啊！我一会儿给您抓药去，再捎回些食物，我们有吃的了！"

这时，他转手去摸肩头装银钱的袋子，大事不好！钱没了！葛一好心想道：定是山上打柴时，不小心滑那一脚，五百两银钱，掉入了万丈山涧。

"悬崖峭壁，丢了银两，何处寻找？这可咋办？那可是一家人的活命钱啊！"葛一好越想越痛心，越想越没法儿过。

在老母和孩子面前，葛一好若无其事一般，他依旧煮了一锅的野菜，一家人围炕而坐，各吃了两碗。饭后，葛一好解开山柴，拿了绳索，来到了西厢房。他踩上凳子，扔了绳索缠到梁上，系了脖子，一闭眼，蹬倒了板凳。就这样，葛一好卖了贤妻，弄丢了银子，惭愧至极，悬梁自尽了。

再说梁好与葛氏出了杂货铺，一路追赶葛一好，跑得气喘吁吁。梁好远远望去，河边好像有人逗留了一下。梁好来到河边，走近一看，见是刚刚交给葛一好的钱袋子，丢在了河边。

"快！快去家里看看！他把钱弄丢了，会想不开的！"葛氏对梁好急忙说道。

梁好与葛氏赶到了葛一好家里，堂屋的老母和孩子们还在围炕而坐，只是不见了葛一好的人影。这时候，葛氏在西屋里喊道："梁哥，快来！夫君他自尽了！"

梁好一个跨步，进了西屋，双手举着葛一好双腿，只是绳索系着脖子，不能松开。葛氏在院子里高喊："二叔、三德子，快来啊！葛一好出事了！"

在众人的帮助下，梁好解开了葛一好脖子上的绳索，

将他平放在了地上，二叔掐捏着一好的脉，三德子用热毛巾搓着一好的胸口。许久，葛一好的手臂轻轻颤抖了一下，他微微睁开了双眼，起死回生了。

梁好说道："葛兄，你这是何苦？家中有难，你只管开口，何必对我隐瞒实情去委屈弟媳？何必因为丢失了银子去自寻短见啊！"

这时候的葛一好，两眼无神，两鬓垂泪，好久说不上话来。

梁好继续说道："五百两纹银，是我接济葛兄的！我梁好为打抱不平，隐居在这里，平日里，多亏葛兄帮忙，打理家务，能一起过穷时光，一起吃肉，同啃一个馍，同喝一碗粥，是真兄弟。"

经历了这番生死相交，梁好与葛一好二人情同手足，真好像一奶同胞。

后来，葛一好为照顾梁好店铺生意，索性一家人搬到了梁好的店铺一侧，两家合成了一家，在一个院子里一起生活。一天晚上，葛母、葛氏，还有孩子们，都安睡去了。梁好与葛一好，在院子里的石案处对坐，对月畅饮，各自抒怀。

葛一好说："梁哥遭遇，我已悉知。我明日起程，去梁哥滑州故里，接老母亲以及梁嫂来平遥定居，可否？"

"为躲避州府通缉，深山里偷生五载，每想起家里的老母贤妻，都觉得自己猪狗不如。你此去滑州故里，也打听一下州府通缉状况，若老母贤妻尚在，可一并接来，在平遥久居。"梁好说罢，兄弟二人，举杯痛饮。

第二天，葛一好起程赴滑，梁好十里话别，十里思亲相托。

不几日，葛一好来到了滑州运河西岸，打听到了梁好旧宅子的位置。他来到了白庄，走进梁哥宅子，满院一地荒柴，梁母梁嫂并不在此处居住！屋脊的瓦楞上，尘土堆积，枯草在随风飘摇。葛一好心想：天有大旱，人有祸福，莫非梁哥妻母已不在人世？

葛一好出了白庄，来到货运码头，见一班人围着一老一少两个妇人议论纷纷，有的说："媳妇孝贤，夫君早逝，为养婆婆，要卖掉自己，真是难为她了！"有的说："少媳妇丈夫，失手打死了人，官府通缉，亡命天涯，可怜了

家中妻儿老母。"葛一好听此，心头惊喜，莫非这就是梁哥妻母？

葛一好上前问道："敢问少夫人夫君名字，可是梁好？"

"是！是！是！只是他已失散多年，灾荒之年，婆婆多病，为养活婆婆，我只有卖了自己。"梁好妻子说罢，一脸泪花。

葛一好听罢，上前深鞠一躬，施礼道："梁母，嫂夫人，葛一好这厢有礼了！梁哥在平遥开店，时常与我谈及白庄故里运河事情，梁哥常常想念您老，他安排我来接您了！"

梁母说："当年梁儿失手伤人，天网恢恢，疏而不漏。如今，本案早已终结，那帮劫匪早已伏法，收监在牢，这些年，苦了我的梁儿了！"说罢，梁母老泪纵横。

葛一好回梁母说道："我与梁哥在平遥萍水相逢，我们兄弟情深，有福同享，有难同当。梁哥店铺生意红火，安排我来接您老和嫂夫人去平遥定居，安享晚年！"

"梁儿通缉案已经撤办，白庄故里运河两岸，生活居住了多年，如今，我年事已高，平遥位处深山，长途跋涉，恐老身难受劳顿！"梁母回葛一好说道。

随后，葛一好搀扶梁母梁妻去客栈歇息，他在柜台上交纳了梁母梁妻半月的食宿花费，一番安顿，一番道别，葛一好回奔平遥。

到了平遥，葛一好向梁哥一一叙说了老家情况，梁哥说道："久别故里，庆幸老母贤妻尚在，通缉案撤除，吾当速回故里，为滑州漕运业继续效力，若葛兄不弃，请携家眷与我定居运河岸边，我们贫富相守，荣辱与共！"

葛一好回道："好！愿追随梁哥做执事跟班，我们跋山涉水，同吃野菜，真兄弟贫贱共度，相互帮衬着过日子！"

次日清晨，梁好与葛一好一大家人，早早起床，院里院外收拾了当，杂货铺物品分发给了当地村民，奔滑州而来。

村外的山口处，聚集了许多村民，看到此番情景，众人感慨："梁好葛一好，萍水相逢，贫富共守，真是两好搁一好啊！"

转眼间数百年，如今，白庄村早已没了梁姓葛姓人居

住，但梁好与葛一好的故事，却一直在流传。

讲述者： 张希顺，男，74 岁，滑县道口镇白庄村人，
　　　　　初中，农民

采录者： 王海晓，男，49 岁，滑县王庄镇郎柳集
　　　　　村人，大专，文化传媒类人员

采录时间： 2021 年 5 月

采录地点： 滑县道口镇白庄村

张希顺在讲述《两好搁一好》的故事（摄影：王海晓）

187

千里知马力，走后见人心

　　从前，一个村里住着两个孩子，一个叫千里，一个叫马力。两家都穷得叮当响，穷孩子和穷孩子对心眼儿。他吃一个虱子，不忘给他剩一条大腿；他喝一碗冷水儿，也不忘给他留一个碗底儿。

　　这一年，千里的爹娘不差俩月都死了，千里没法儿过，就住到马力家。夏天俩人儿一头儿睡，冬天俩人儿打通铺，半饥半饱地俩人过了十几年。

　　这一年，俩人儿都去进京赶考。一考，千里考了个头名，马力考了个末名。马力没脸在京城待，就偷偷跑回了家。

　　后来，千里招了驸马，再后来就当了相国，除了皇帝，就数他的官儿大。

　　也不知过了几年，马力家闹开了饥荒，逃荒的逃荒、要饭的要饭，啥门道都没有了，只好在家等着饿死。

　　马力想去找千里生办法儿，又觉得人家这么大的官儿，可能不吃这一壶。他的老婆、孩子都求他去，说总比眼睁睁地饿死强。可也是。

　　千里把马力让到家，喷了几句从小的事儿，又扯了几

句眼下的事儿，千里就说："忙得很，你先住下再说吧。"说罢就走了。

过了一天，千里没露头，又过了十天，千里还没露面。马力可坐不住了，原打算住上一天半日，凭着老面子讨几两银子，谁知这个千里连头都不露了。走吧，回家后这日子咋过？不走吧，这冷板凳坐得可不是滋味。

一圪挤眼，又是十来天，千里别说露面了，连回家都不回了。马力左不是，右也不是，只好整天长出气。

有一天，一个下人跟他说，相国出外放粮去了，当下回不来，要走，俺给你一两银子就先走吧。

马力差一点把鼻子气歪了，心说，人一当官，心就黑了。俺马力非瞧瞧你千里的心有多黑不中，就不信你一辈子不进这个家门儿。

心一横，时间倒跟飞似的往前流，一圪挤眼儿，半年过去了。

这一天，千里总算露了头。马力一瞧，千里瘦了许多，黑了许多，嘴上的胡子白了许多，心里就有一种说不出来的不得劲儿。不见恨，见了又觉得不得劲儿。想了一肚子的孬种话儿就都出不了嘴。唉——谁叫咱觉得跟他心眼儿近哩。

千里坐下来，抿[1] 了口茶，浑身没一点儿劲地说："这儿有二两银子，你拿去路上用吧，带多了，路上怕出事儿。"说罢，就叫人送客。

马力一路要饭，不舍得花这二两银子。一进村儿，乡亲们都穿着忽溜崭新的衣裳来接他，嘴里直叫他马员外，一下子把他弄得一盆糨子似的糊涂。走到自家门口一瞧，高高大大的新瓦房，石狮子、黑漆大门儿铜鼻儿，院子里还栽了槐树种了花儿，他老婆笑眯眯地戴着溜溜的耳坠子迎出来："你这个老不死的，这咋才回来，盖这房子，把千里使得病了半个月起不了床。"

讲述者： 卜照孝，男，66 岁，安阳县磊口乡卜居头村人，农民

采录者： 卜宪玉，男，安阳县磊口乡卜居头村人

采录时间： 1990 年 7 月

采录地点： 安阳县磊口乡卜居头村

选自： 《狐狸坟传奇》

[1] 抿：收敛嘴唇少量沾取。

188

楚老衡与康仁义

在安阳城东至今流传着这样一句话，如果做事对对方稍有点欠缺的话，就要用"真对不起永和集上的楚老衡"来表示歉意。要弄清这句话的由来，还得从一个民间故事谈起。

从前永和集商贾云集，贸易发达。古寺、古桥、古井、古宅，丰厚的历史文化底蕴至今犹存。在这个古镇上，有一姓楚富户，户主为人正直忠厚，处事公道，人称楚老衡。

一年夏天，楚老衡骑马去城北洪河屯走亲访友，回来路经崔家桥，大雨倾盆。楚老衡就牵马到一家大门的过道里避雨。谁知那匹不懂事的马给人家屙到了过道里。夏天的雨来得快，去得也快，不一会儿，雨过天晴，楚老衡准备用扫帚打扫干净就起身走。这时，这家主人发现过道里的马粪，立刻大怒："谁弄脏了我家过道。"楚老衡说："对不起，我已经给你打扫了。"但这位主人却不近人情地说："把溅到墙上的也给弄净。"楚老衡二话没说，掏出手绢擦掉了溅到墙上的马粪。可这家主人仍嫌不干净。楚老衡便将大衫子撕了一个角擦溅到墙壁上的马粪，直到擦得一干二净时主人才放行。楚老衡策马回家不提。

每年五月中旬，永和集有个闻名全县的传统骡马物资交流大会，一会儿十天，十里百乡的人都要来这里赶会，购物、看戏、游玩，热闹非凡。话说这一年的五月会时，五月二十三正会这天，楚老衡早早吃过早饭到村西古石桥头去迎客。等到半晌看见一位客人骑着一匹枣红大马徐徐走来，楚老衡亲切上前拉住缰绳就说："愚弟在此等了好久才接到你，到家去坐坐吧。"这一来客看楚老衡有点熟，但又马上想不起来他是哪路的朋友，却不好意思去问，只好跟随来到楚家。楚老衡先叫家人把马拴到槽前去喂，把来客让到上房客厅，端上名酒佳肴设宴款待，午饭后又将其安排到上等客房午休。下午又派人跟随客人逛会游玩。傍晚，客人要走，楚老衡执意挽留。晚上，楚老衡又亲自陪同一起看灯戏，回来后又叫佣人端水洗脚、倒茶，就寝。这一客人翻来覆去难以入睡，高低想不起来这在什么时候、什么地方结识的朋友，为什么如此款待自己。

第二天早饭后客人说什么也要告辞回家，楚老衡实难挽留，只好牵马送友，边走边谈，十分亲热。这时客人实在忍不住了，问："咱二人什么时候、在什么地方相识的呀？"客人忍不住追问，楚老衡才说："我楚老衡是这一片儿有名的处事公道的人。你忘了去年夏天我去访友回来路过你村，因天下大雨在你家避雨的事了……"这位客人一听，啊！一下子面红耳赤，羞愧难当，恨不得找个地缝一下子钻进去。他马上拉住楚老衡的手说："我虽名叫康仁义，但对老兄却是不仁不义，大有失礼，以后一定报答你，后会有期。"说完低头上马而去。二人分手后，康仁义边走边想："我康仁义也是富户名人，竟做出这等对不起人的事，惭愧呀！惭愧！"越想越觉得对不起楚老兄。回家后，越想越后悔，天长日久，得了重病，家人问他，他什么话都不愿说。后楚老衡得知康仁义得了大病，就带着晚辈，拿着礼品前来探视。这时康已奄奄一息，临终的时候，他把晚辈唤到跟前，握着楚的手对两家晚辈说："以后咱要和永和楚老衡好好交往。"又特别教导晚辈说，切莫学我，要好好对待你的楚伯。他在临终前一直反复着一句话："我……真……对……不……起永和集上的楚老衡！"后来这句话流传开来，一直流传至今。

讲述者：	石洪美，男，64岁，安阳县崔家桥人，农民
采录者：	张俊山，男，68岁，安阳市北郊东大姓村人，高小，退休干部
采录时间：	2006年
采录地点：	安阳县崔家桥镇
选自：	《安阳县民间故事集》

附记

这篇故事在安阳东部广泛流传，在临近安阳县的周边地区也有耳闻，如内黄县西部、河北临漳县南部。经实地考察，在安阳县东部的永和镇永和集上，楚姓为大户人家，人们大都知道这个故事，而且也承认是他们祖上的事，因为这是比较光彩的事嘛。祖上善行，讲仁义，也影响着后代子孙，而今的永和集楚姓族人，仍然秉持着宽以待人、积德行善的好传统，善行义举者有口皆碑。（王光明）

《永和乡志》收录《楚老衡与康仁义的故事》（摄影：刘二安）

异文一：对不起永和集上的楚老恒

从前，永和集上有一个做买卖的人，名叫楚老恒。

有一天，他外出要账，骑着毛驴正走着，天就阴了，忽雷闪电的，眨巴眼就下起大雨来，楚老恒赶紧牵着毛驴到一家过道里避雨。雨下个不停，时间一长，毛驴撅开尾

巴给人家拉了一墙稀屎。人家的过道墙壁才用白灰泥过，白洞洞的，楚老恒很觉得过意不去。天晴以后，楚老恒把房主叫来，心想赔人家几个钱，谁知道房主说啥也不要他的钱，非叫楚老恒把驴屎擦干净不中。楚老恒说："俺可啥也没带，咋擦？"房主说："咱可不管这，你爱咋擦就咋擦。"楚老恒没有法儿，只好脱掉身上的长大衫，把墙上的驴粪擦了。

回家后，楚老恒老是想着这件事，总觉得没有把粪给人家擦净，又没赔人家钱，人家出门进门都会觉得恶心。他越想越觉得心里有愧，楚老恒就每逢永和集上有会，就在会上来回转悠，想找着这个房主拉到家喝场酒，了却这桩心愿。有一回，楚老恒还真碰上了这个房主。楚老恒很客气地把这位房主拉到家里，在上房摆好上等酒席。房主也认不清楚老恒了，酒也吃了，饭也饱了，摸着鼓起来的肚子，也没想起和楚老恒是啥亲戚或者是啥朋友，心里觉得怪憋闷得慌。

房主接连赶了几个集，楚老恒也接连给他摆了几回酒席。房主心里越来越觉得奇怪，他想张嘴问，又觉得问出来不好看，就一直憋闷在心里头。

这一天，房主又来永和赶集，碰到楚老恒后，照样是被楚老恒拉到家里。酒足饭饱后，这房主再也憋不住了，就问楚老恒咱当中到底是啥亲戚？楚老恒这才把那码子事提了一提。这一提不打紧，房主的脸马上就红了。咋回事呢？房主想起自己说的那话怪不中听，又硬叫人家脱了长衫擦驴屎。事后，房主也觉得对不起人家，一万个想不到，人家又来报他的恩，越想越觉得没脸吃人家的酒席，就走了。

回家后，房主心事重重，越想越觉得对不住人家，又想不出啥法子报答人家，直到老了，还记得那事。有一天，房主得了重病，家里人到处求医，都不管用。临死，他对家人只说了一句话："对不起永和集上的楚老恒。"

后来，这句话就在白壁、永和一带传开了，意思是做啥事做得短了，一辈子心里不好受。

讲述者：　申秀云，女，66 岁，安阳县崔家桥北街人，
　　　　　农民

采录者：　李鲍

采录时间：　1990 年

采录地点：　安阳县崔家桥北街

选自：　《狐狸坟传奇》

附记

《对不起永和集上的楚老恒》的故事，在安阳县东部流传很广，还流传到相邻的汤阴县，有多种异文，并被收录在《永和乡志》（中国文史出版社 2012 年 2 月出版）。永和集，即现在的永和镇。故事的主人公都是楚老恒，也有作楚老衡。他骑马或骑驴去走亲访友、要账、赶会，虽说法不一，但都是因到别人家避雨时牲口拉粪便而引起，房主或叫"康仁义"，虽然房主对楚老恒不礼貌，但楚老恒日后反而款待房主，使房主感到歉意，愧对"仁义"的名字，临终都觉得不好受。"对不起永和集上的楚老恒"由此而传开了。（刘二安）

《对不起永和集上的楚老恒》的故事发生地永和镇（摄影：刘二安）

异文二：真对不起楚老恒

在安阳县汤阴县交界的地方，要是谁做了错事或对不起人的事儿，就会长叹一声说："哎，真对不起楚老恒。"这话儿从哪儿说的哩？

以前在安阳县永和村儿里，有一个人，姓楚叫老恒，人可是真老实。有一回他骑着马去赶会，会上天突然下起

了雨，他就把马牵到一家门楼子里避避。不想马正拉稀，把墙上地上弄得都是稀粪。楚老恒正要找把扫帚扫扫，门儿里出来一个老头儿。老恒忙上前施礼："老先生，实在对不起，把你的墙弄脏了，不知先生家里有没有扫帚疙瘩，我来扫扫。"老头儿还没等他的话落音儿就说："俺家没有扫帚，你用手捧吧。"老恒没有办法，只好忍着气，用手把地上的稀粪捧走，再用毛巾把墙上的稀粪擦得干干净净，心想等以后再说教说教这老头儿。

秋天，老恒村有会，会上俩人刚好走遇。老恒就把这个人请到家里，好烟好酒招待，好像老熟人一样。老头儿咋也想不起来啥时候和请他吃饭的人认识的，临走的时候就问楚老恒。老恒说："您村儿的会上，有匹马把您家的门楼弄脏了，那马的主人就是我呀，咱们可是老相识了。"说罢哈哈大笑。老头儿一听，脸一下子红到耳朵根上，二话没说，起身就走。到家咋想咋不是，饭也吃不下，别人问他咋回事，他长长叹了一口气说："哎，真对不起楚老恒。"

"哎，真对不起楚老恒。"这句话就怎价传开了。

讲述者：　吴炳申，男，61 岁，汤阴县人，高中，
　　　　　干部

采录者：　藏合旺，男，50 岁，汤阴县人，高中，
　　　　　职工

采录时间：　2005 年 12 月 24 日

采录地点：　汤阴县菜园镇

选自：　《中国民间故事全书·河南汤阴卷》

189

人心不足蛇吞象

从前，有一个小孩儿，小名叫作象。有一天往枣园子里去打枣，挎着一篮子枣回来的时候，看见一帮小孩子，围着一条小黑长虫，拿着柳条乱打，象一时不忍，就说："你们别打啦，我给你们枣吃！"小孩儿们听说给他们枣吃，就不打了。象过去看了看，小长虫身上破了好几块，已经不会爬了，感到怪可怜的，于是就把它放在袖筒儿里回家了。

象回到家里，把小长虫放在一个竹筒里养着，几天就把它的伤养好了，象天天喂它，给它起了个名字叫小青，每回喂它时，就叫："小青，出来吃饭啦！"小长虫听见了，就爬出来。一连养了二三年，小长虫已经长大了，象就领着它，到深山里，把它放了。长虫临走的时候，还回过头来，好像在谢他，有点舍不得离开的样子。

又过了七八年，那长虫越长越大，常常出来伤害过路的人。人们都不敢从那儿过，所以，附近断绝了行人。后来官家就出了个告示：谁能把黑长虫赶走，就赏给谁二百两银子。

象听说是条黑长虫，就想："八成是小青吧？"他冒着险往山里去瞧。到山里就喊："小青，出来吃饭啦！"果然，一条碗口般粗细、一丈多长的长虫从山洞里爬出来，见了象就向他点头，象骂道："我救了你的性命，养大了你，你倒在这里害人来啦！"黑长虫低下头，不动也不作声。象就嘱咐它说："你若想念我的好处，从此就别再伤害过路的人了！"黑长虫点了点头，就走。象回去，就往官衙门里去请赏，说："我已经把黑长虫治服了，它再也不伤害过路的人了。"待了几个月，官家见黑长虫真的不伤害行人了，就赏给他二百两银子。

又过几年，皇上悬赏，征求一颗夜明珠，谁献上去，赏给谁一个县官做。当时有人对象说："山上那条黑长虫，它那两只眼就是夜明珠，可是谁敢去剜呢？"象听了，没有说话。一会儿象就偷偷地往山上去，到山上叫喊："小青，出来吃饭啦！"黑长虫听见了，就又爬出来，象说："皇上悬赏征求一颗夜明珠，你让我剜下一只眼吧！"那黑长虫念他有救命之恩，就点头答应了。象剜下了长虫一只眼，就去献给皇上，皇上果然赏给他一个县官做。

过了一段，皇上又把象叫了去，和他说："夜明珠是一对，你如果再献一颗，就给你个知府做！"象贪心太大，穿着官服，带着衙役，到山上，叫出黑长虫说："小青，皇上还要一颗夜明珠，我若献上去，就赏给我个知府做，你再叫我剜下你那只眼吧！"那长虫见他已经做官了还不知足，若再剜去一只眼，看不见东西了，还不得饿死吗。所以，忍无可忍，一时凶性发作，就把象吞吃了。

直到现在，还有一句"人心不足蛇吞象"的俗话。

讲述者：　王月珍
采录者：　张宪增，男，32岁，林县城关人，中师，
　　　　　教师
采录时间：　1985年
采录地点：　林县
选自：　《林县民间故事集成》

190

大心眼儿和小心眼儿

大心眼儿和小心眼儿是好朋友。

一天，天下着雨，大心眼儿在小心眼儿家喷闲话儿，眼瞧着到了吃饭的时间，小心眼儿心里就犯了毛。犯啥毛？怕大心眼儿吃他家的饭。他就变着法儿撵大心眼儿走。大心眼儿正在兴头上，那好几回暗示的话儿他根本就没放在心上。小心眼儿实在撵不动，也不好明说，心里暗着急。他一眼瞧见才买的一把雨伞，马上就有了主意。他说："俺买了一把格格崭崭的雨伞，趁今儿个下雨，你先试试新吧。"说着就把雨伞撑开，送到门口等着，大心眼儿只好打着雨伞走了。

大心眼儿一走，小心眼儿心里又觉得不得劲了。咋着啦？格格崭崭[1]的新雨伞哪！不是谁的东西，谁会心疼？说不定咋着狠用哩。他愁得响午饭都没吃安生。下午一放晴，他就赶紧往大心眼儿家里拿雨伞。路上又泥又滑，他就提着鞋，赤巴着脚往大心眼儿家里走。

一进门，可气坏了。咋了？他瞧见那把格格崭崭的新雨伞插在院子里的石磨眼里，连合都不合，还撑得展绷绷的。小心眼儿心里暗根这个大心眼儿，真是坏透了，你用吧，还叫你的磨用；下雨用吧，晴了天还用。真是不是谁的东西谁不心疼。

大心眼儿把小心眼儿让到屋里，给他端了热水洗了脚，还叫他吃了后响饭。小心眼儿心里说："装样儿叫瞧哩，不逮住他，他舍得赔这本儿？"

天黑了，小心眼儿要回家，大心眼儿把一双格格崭崭的木底鞋拿给小心眼儿穿，怕他蹚泥。

小心眼儿可找到了报仇的机会。他穿着格格崭崭的木底鞋，走到家门口，又扭头往野地里头走。咯哧、咯哧插着稀泥儿，拖拉、拖拉叫鞋底儿往地面上磨。一走走了大半夜，使得满头大汗，就这也觉得不解恨。哼，你用俺的伞，俺就磨你的鞋，你叫石磨打伞，俺就叫地咬鞋。走哇走，走哇走，一直走得两腿酸溜溜的，这才回了家。他心说躺在炕上歇一会儿，再去磨鞋。哪知道，头一挨枕头就不当家了。睡着觉还记恨着，梦见在山石的路上狠磨，把地都磨成了窟窿。第二天醒过来，被子铺底都蹬成了龟孙[2]，把小心眼儿气了个半死。

人，就是这，越是小心眼儿，到头来越是他自己吃亏。

讲述者： 林泰来，男，57 岁，安阳市东关人
采录者： 林泰安，男，43 岁，安阳市人，大学，教师
采录时间： 1990 年
采录地点： 讲述者家中
选自： 《狐狸坟传奇》

[1] 格格崭崭：崭新。

[2] 被子铺底都蹬成了龟孙：把被子褥子都蹬烂了。

191

公平与交易

很早很早以前，有一个人叫交易，住在河南邺城的向阳庄。他家里不但十分富有，而且心地特别善良，十里八里的乡亲们，也都很敬重他。离这里几千里外有个人叫公平，家住在福建的仁义村。他家可穷得叮当响，常常是吃了上顿没下顿，别瞧穷，他可是个重义气不重财的人。

有一天，公平在野外挖到一大块金子，金子的背面有一行小字：此金有交易一半。公平一边走一边想，既然前人留下话有交易的一半，我就不能全要。可谁是交易呢？又住在哪里？天下这么大，咋着个找法儿呢？他确实犯了愁。最后，横下一条心，找上他半辈子，也要找到交易。就这么着，公平要着饭，到外面去找交易。他翻过的山不知道有多少座，走过的桥数也数不清有多少架，走过的路更甭说有多长。反正他见天走呀走，找呀找。身上的衣服烂了几回，脚上的鞋换了几百双，就这也没有死心。

三年后的一天，他走到漳河边，住到了一个村头儿的破庙里。他才躺下，就听到墙外有两个人在说话儿。一个

说："明天咱交易哥五十大寿，咱弟兄俩一块去送礼吧？"另一个说："中，晌午头，你去家叫俺。"公平一听到"交易"两个字，赶忙跑到庙外面，追上那两个人，打听交易住在啥地方。这两个人说："你问交易大哥吗？谁个不晓得，就住在向阳庄。"

第二天晌午头，公平来到向阳庄，叫看门人往里面传话，说有个叫公平的朋友找他。看门人到里面说："门外有一个要饭的，说是叫公平，是您老的朋友，要见您。"交易想了老半天，也没想起来，说："给他点好吃的，让他走吧。"看门人把话传出来，公平不走，说啥好的也不吃，非要见到交易不中，看门人只好再去回话，交易说："那就叫他进来吧。"

公平一进门，交易就下阶相迎，拉住公平的手，让到客厅的酒席上。席中，两人举杯畅饮，真像是一对老朋友。席散后，交易找到公平，问公平需要啥，公平说："三年前我拾到一块金子，背面有一行小字，说有你的一半，找你平分。"说着从怀里掏出金子交给交易，交易一瞧，背面确实有一行小字："此金有交易一半。"这真是天大的稀罕事，但自己从没有过这金子，也没听先人说过。他说："金子是你捡的，应该归你，我一点也不能要。"说着，又把金子还给公平。公平说啥也要平分，又擩给了交易。二人你擩我推，一不小心，金子掉在地上，转眼掉进砖缝里不见了。交易立即叫人拿来镐锹，亲自把砖挖开，还不见那块金子，就又往下挖，一直挖了一丈多深，一下刨住[1]一个缸，弄开一瞧，里面全是金子，上面有一块石碑，上写"此缸金有公平一半"。交易说啥也要把金子与公平平分，公平说："金子是在你家，理应该归你。"交易说："不是你来送金子，我哪里知道地下有金子，理应平分。"二人你推我让，定不下来。大家都说："你二人把仁义看得比啥都重，就成为亲兄弟吧。"后来做买卖的就把两人的名字连在一起——公平交易，意思是做买卖应该像公平和交易那样讲求仁义。

[1] 刨住：刨到，刨着了。

讲述者：	常信清，男，33岁，安阳县善应镇南平村人，初中，农民
采录者：	杨宝新，男，27岁，安阳县善应镇杨家坪村人，大专，干部
采录时间：	1989年
采录地点：	安阳县善应镇
选自：	《狐狸坟传奇》

附记

这则故事寓含一种为商之本，说明古人就讲究诚信经营，公平交易，这样的故事在今天仍有其积极的社会意义。安阳三千年前是商王朝国都，商王朝是以经商起家的，由于有着历史的渊源，在安阳，至今流传着许多有关从商的佳话，"老不欺，少不瞒""脸面值千金""秤平斗满""毫厘不爽"等。（王光明）

异文：公平交易

公平和交易原是两个人。

相传很久以前，公平是个要饭的花子。一天，他在要饭的路上拾到一块银子，上面写着：跟交易分。公平就整天打听交易住在哪里，可是找了一个多月，也没找到。

一天，公平听有人说到交易老爷家做客，他就跟着那人去，走到交易府门口一看，大小官员都往府里去。原来交易是个官员，今天是他的生日，那些官员都是给他来拜寿的。看门的一看来了个花子，就不让他进。公平一直等到下午拜寿的人都走完了，又来到府门口。看门的给交易说有个花子要找他，交易说："既然说要找我，那就赶快请进来。"公平进门后，掏出他拾来的银子对交易说："这块银子上写着要我和你分，我就来找你了。"说着把银子递给交易。交易没接好，银子掉进砖缝里了，就找人来掘。可是，越掘，银子越往下掉，掘着掘着，发现地下有很多银子，就把它们挖了出来。交易对公平说："这么多银子，咱俩平半分。"公平连连摇手说："不敢，不敢。"交易说："那一小块银子，你还来找我分呢，何况这么多银子，理所当然应该咱俩分。"说着，找人把挖出来的银子给了公平一半。

从此以后，公平再也不讨饭当叫花子了，成了百万富翁。"公平交易"也从这儿传开了。

讲述者：	尹志勋，男，45岁，滑县慈周寨尹庄村人，农民
采录者：	尹爱先，女，19岁，滑县慈周寨尹庄村人，农民
采录时间：	1989年10月
采录地点：	滑县慈周寨尹庄村
选自：	《中国民间故事集成·河南滑县卷》

192

马二哈答

东庄住着马二，西村住着哈答。这一年，东庄失了大火，马二家被烧得净光，生活十分困难。西庄哈答夫妻几次给马二送衣送米粮，都被马二挡回来。马二不取不劳之物，哈答夫妻无法，就借叫马二来帮工以便照顾他生活。马二来到西村，哈答夫妻只叫他领着孩子玩。哈答晚年得子十分娇养，就打了银脖锁挂到小孩脖子上。因天长日久，小孩的鼻涕口水就不时流到银脖锁绳上。一天线断锁掉，正好哈答的鹅在身边，就一口吞了下去，无一人知道。哈答之妻见小孩没了脖锁，心中起了疑心，心想能不能是马二拿去变卖了，夜里对丈夫说："那脖锁……"哈答未等妻子说完就接着说："不要胡说，二哥不是那种人，千万不可外扬。"可妻子肚中放不住话，第二天给马二孩子时就说："孩子的脖锁……"马二未等弟媳说完心里就明白了，马上接口说："脖锁？啊！是我拿走了，我看脖锁不错，想叫银匠照打一个。"这样哈答之妻就放了心。第二天一早马二就向哈答告假回家，说是多日不回东庄，想回去看看，哈答不知内情就答应了。马二回家后无法可想，只好卖了孩子换回银子打个新的，三天后，马二拿着新脖

锁来到西村，马上给孩子戴上。哈答夫妻一看是个新的就犯了疑，问道："二哥，这咋恁新啊？"马二说："我看这脖锁好，还余一点银子就又镀了一层。"这样就蒙混了过去。

自从马二回家后，哈答的鹅就一直不吃东西，就在马二来的早起死了。马二动手杀鹅，哈答夫妻围着看。只见刀子进去嗉子出来，里边有个硬东西，哈答夫妻一剥开，一个脖锁落在地。夫妻二人瞪了眼，感到这事真离奇，忽然哈答明白了，直问二哥咋回事。马二从头说仔细，哈答夫妻感到对不起，随即取银赎回小侄儿，并让马二全家都搬过去。从此马二哈答过日子，留下美言后人提。

讲述者： 温如东，男，54 岁，内黄县六村乡温邢固村人，高小，干部

采录者： 位培林，男，43 岁，内黄县六村乡人，中专，文化站干部

采录时间： 1984 年 11 月 11 日

采录地点： 内黄县六村乡温邢固村

选自： 《中国民间故事集成·河南内黄县卷》

193

识足[1]的朋友

传说在很久以前，有一位丞相，他决心要找到一个识足的人做朋友，当他的想法得到皇上允许后，丞相便带了几位家人，到各地寻找识足的朋友去了。

日月如梭，两年的时间不觉就过了，他们踏遍了江南塞北，可是，连个识足人的影子也没找到。一个夏天的中午，他们来到了江州地面的一座桥上，由于天气炎热，丞相便下令："到桥下休息片刻再走。"众人早已走得筋疲力尽，巴不得好好睡上一觉才痛快。所以，一到桥下，经凉风一吹，便都打起盹来。忽然，从旁边传来一阵嘟嘟囔囔的声音："这回我可识足了……"众人一听，全都来了精神，一个个跳起来顺着声音一找，只见在一个桥墩的旁边睡着一个衣着破烂的人，嘴里还在不住地自语着"识足啦"。丞相高兴地把他唤起来问道："你是干什么的？怎么觉得识足了？"那人听得问话，睁眼见是官家，吓了一跳，连忙回答道："小人是要饭的花子，今天赶巧碰上一家大主户办喜事，他饱饱地管了我一顿饭，你想想，俺要

[1] 识足：知足。

饭的只要能吃饱肚子不就识足了吗？"丞相听罢，心中说道："这真是踏破铁鞋无觅处，得来全不费工夫哇！"当下，丞相给要饭的人讲明了自己的打算和意图，便把要饭的带回相府，给他换了一身崭新的衣裳，从此，他便成了丞相的识足朋友了。

光阴似流水一般，一晃就是一年。丞相除了有事上朝以外，只要一得空就陪着识足的朋友吃喝聊天。单说这一天，相爷又上朝去了，识足的朋友一人在家闲坐，不免有些寂寞。他正在心绪烦乱地胡思乱想，恰好，相府里最出色的丫鬟腊梅给他送茶来了。识足人一见便动了心，他趁腊梅不注意的时候，一把将她抱住动起手脚，把个腊梅吓得连哭带叫，挣脱身逃跑了。

夫人得知此事，十分生气。因为腊梅是相府里最得力的丫鬟，夫人也最疼爱她。等丞相下朝回来，夫人便把他狠狠地骂了一顿。丞相哪里肯信，细问腊梅，方知是真事。丞相心里有了数，脸上却不带出来，还是和平常一样，照样谈笑吃喝。过了一段时间，丞相故意摆了一桌丰盛的酒席与识足的朋友同饮，酒至半酣，丞相问道："朋友，你在此一年多，我待你如何？"识足人答道："相爷待我恩重如山！"丞相笑道："既然如此，我有一事想让你替我走一遭，不知你意下如何？""相爷有事尽管吩咐，小人定当效劳，纵然是上刀山下火海，也在所不辞！"相爷高兴地说："这就好了，我从前在江州做买卖时，那里的几位大商人曾欠下我千两银子，一直没有工夫去讨，眼见得你闲着无事，可代我去走一遭，一来算是为我出点力，二来也可以开开眼界，望朋友莫要推辞！"识足人听罢，自然是唯唯连声，高兴地答应了。当下，丞相便给了他五十两银子做路途盘费。最后把一封信郑重地交给他，并再三嘱咐道："一切情况都在这里边，千万小心，不到江州，莫让任何人看。此去万里，还望朋友慎重，不得大意。"一切都安排停当，识足的朋友便磕头拜别了相爷，自往江州讨债去了。

识足的朋友一路上晓行夜宿，饥餐渴饮，不止一日，来到了江州地面，眼见得五十两银子已经用光，识足人便把那封信掏出来，交给了一个卖字画的艺人，简单地说明意图，那位艺人把信拆开看了看，又看了看识足的人，便

问道："你是相爷的识足朋友吧？""是的。""你曾经调戏过相府里一名叫腊梅的丫鬟吗？""你怎么知道？"识足人吃了一惊。那位艺人便把这封信递在识足人面前，指着念道："识足的朋友戏腊梅，江州要债永远也甭回！"识足人听罢，立刻像泄了气的皮球一样，瘫在地上。

194

买话儿

讲述者： 王相臣，男，60 岁，内黄县马上乡东同
住村人，不识字，农民

采录者： 王子峰，男，30 岁，内黄县人

采录时间： 1990 年 2 月 26 日

采录地点： 讲述者家中

选自： 《中国民间故事集成·河南滑县卷》

很久以前，在滑州西南的一个村里住着一对孤儿寡母，孩子名叫铁蛋儿。全靠寡母娘给人家缝补洗涮糊口度日，家里很穷。铁蛋儿长到十三岁，娘由于积劳成疾又无钱医治去世了。

好心的乡亲可怜他，帮他在邻村找到个活儿，给一家财主打短工。干了一个秋天，年关算了账还剩五吊钱。他拿着这五吊钱往家走，边走边想，这五吊钱可怎么花呢？他看了看露着黑棉花的破棉袄，看了看露脚指头的鞋，又想到了打出了纹的漏瓦盆……

这点钱买东买不了西，买盆买不了碗，他正边走边算计着怎么花呢，忽听到："小伙子低着脑袋想啥心事呢？"铁蛋儿吓一跳，抬头一看，原来是一个前胸飘着白胡子的老头儿，便憨厚地笑了，指指手里的五吊钱诚实地说："算计这五吊钱怎么花呢！"老头儿慈祥地笑着问："买不买话呀？"小伙子打量一下老头儿的浑身上下，没见老人拿着什么，便不解地问："您的画儿是什么样的呀？我看看好吗？""噢！我卖的不是墙上贴的画。""那是什么画儿呀？""是教你怎样做人的话儿。"铁蛋儿听后就动心了，

心想：娘临死前嘱咐我，人穷志不能短，千万学做一个好人。我今天就买了老人的话儿，学学怎样做个好人。于是，问老头儿："话儿怎么卖呀？""一句两吊，两句三吊。"铁蛋儿看了看手里的五吊钱，对老人说："我还得吃饭，就买两句吧！"老人接过三吊钱，捋捋胡子说："你可要听好记住啊！这第一句是'外财不可贪'，第二句是'他人妻不可占'！"说完，铁蛋儿谢过老人，两个人就各奔东西了。

时间好快，一晃年过完了，正月十五又快到了，有钱人家张灯结彩，准备庆贺元宵佳节，作为穷人家的孩子，铁蛋儿没有什么奢求，只想在新的一年里多干点儿活儿，多赚几吊钱不挨饿受冻就心满意足了。他每天早上天刚蒙蒙亮，就起来到村里村外的路上拾粪，准备换点零花钱。正月十三这天早晨，天气很冷，可是路上的粪很多，刚出村外不远，铁蛋儿就拾满了一筐，刚想送回去再来，就看见前面有挺大的一堆，他想把那堆粪装上再往回走。

谁知走到近前一看，并不是什么粪，而是一个鼓囊的包袱，提起来还很沉。铁蛋儿心中不由一喜，看看前后左右无人，自言自语地说："这回可要发财了！"刚拎起来走了两步停住了，想打开看看里面有什么东西，刚刚解开包袱疙瘩，白胡子老头儿的音容笑貌立刻出现在眼前："外财不可贪！"铁蛋儿立刻出了一身冷汗，仿佛偷了人家东西似的。过了一会儿，铁蛋儿心平静下来了，决定把捡来的包袱还给丢失的人。可他又犯起愁来，这路上南来北往的人马车辆很多，到哪去找失主呢？正当他一筹莫展之时，远处有一匹马飞驰而来，马上骑着一个穿皮袄戴皮帽的人。马跑到近前，他才看清骑马人的帽耳子上结了厚厚一层白霜，马跑得通身是汗，嘴里大口地吐着白气，枣红色的皮毛上也结了一层白霜。马上的人一看立在路旁的小伙子手中拎的包，"吁"的一声勒住缰绳下了马。那人走近铁蛋儿问："小兄弟，这包是你的吗？"铁蛋儿诚实地说："不是，是我在路上捡的。"骑马的人大喜，拽着铁蛋儿的手说："好兄弟，这是我丢的包，里面有一封书信和一件黑色旧衣服包的五十两银子。"铁蛋儿听了似信非信，想了想，对骑马人说："我还没看过里面有些啥，打开看看如果和你说的一样，就还给你。"骑马人连忙打开，

两人一看，里面的东西和骑马人所说的一点儿不差，铁蛋儿就还给他了。骑马人从里面拿出五两银子说："小兄弟，我张文不知该咋谢你，这是一点儿小意思，请收下吧！"铁蛋儿说什么也不要，骑马人没办法，只好把银子放回包里，问铁蛋儿："兄弟尊姓大名？家住哪里？家中还有何人？……"当他知道铁蛋儿的身世和家境时说："兄弟，难得遇见你这样人穷志不短的好人，那就到我家去吧。家里就你嫂子一个人，我整天在外跑买卖，没空照看家里，偶尔干点儿零活儿就行了，你回去收拾收拾，我办货回来顺路接你一块儿走，今后咱们就是自家兄弟了。"

铁蛋儿答应了，待骑马人办货回来，弟兄俩就一齐来到了张家。到家以后，铁蛋儿更勤快了，整天忙里忙外不闲着，对兄嫂很敬重，兄嫂对他也很好。哥哥经常跑买卖，有时一出去两三个月回不来，家里的大事小情弟弟用心操劳，日子过得丰衣足食。转眼一年又过去了，铁蛋儿已出息成膀大腰圆的小伙子了。嫂子梅花慢慢有了外心，对铁蛋儿百般疼爱，常常眉来眼去逗惹铁蛋儿。铁蛋儿毕竟是发育健全的大小伙子，难免春心萌动，可是"他人妻不可占"这句做人的警句常常在他的耳边响起，他也不愿做任何对不起哥哥的事儿。铁蛋儿索性就装傻，干完这个拿起那个，尽量躲着嫂子的纠缠。谁知，梅花这人不到黄河不死心。一天夜里，嫂子鼻涕一把泪一把地赖在铁蛋儿的炕上不肯离去。铁蛋儿实在没法，借口给牲口添草料从家中出走，另谋生路去了。哥哥回来后，问铁蛋儿哪儿去了，梅花恶人先告状，说铁蛋儿如何调戏了她，被她赶走了。哥哥听信了媳妇的话，气愤地说："这小子真不是个好种，不贪财却爱色，滚了好！"又过了将近两年，一次，张文外出回来，大白天在家里堵上老婆和一个野男人鬼混在一起，顿时勃然大怒，痛骂道："你勾引野狗，还诬告我兄弟调戏你，丧尽天良……"一顿大棒子打得梅花和那野男人遍体伤痕，随后一封休书打发她回了娘家。

以后，哥哥在远处找到了弟弟，兄弟相见悲喜交加，彼此倾诉了离情别绪，哥哥方知弟弟离家后，经白胡子老爷爷指点，在一个依山傍水的村子里和一个失去双亲的姑娘成了亲，男耕女织，生下了一男一女，日子过得很和美。弟弟很同情哥哥的不幸，像当年哥哥收养他那样，把哥哥

留下来和他一起生活。后来，哥哥也找到了媳妇，两家相处得很和睦，被人们传为佳话。

讲述者：　崔自连，男，69 岁，滑县人，中师，教师
采录者：　崔长灿，男，35 岁，滑县人，大专，教师
采录时间：　2003 年 2 月
采录地点：　滑县道口镇

附
记

崔自连是我父亲，1954 年至 1957 年在滑县师范上学，1957 年滑县师范毕业后，先在外村教学，1959 年至 1961 年三年困难时期以后，因为响应"半农半学"的号召，回本村当民办教师，教小学。20 世纪 70 年代，农村普遍贫穷，夜里点不起煤油灯，所以天一黑，就上床睡觉。父亲为了哄我们兄妹几个睡觉，就给我们讲故事，讲着讲着，我们就睡着了。《买话儿》就是其中的一个故事。（崔长灿）

异文：买话

从前有个人名叫刘忍，很爱玩钱，掷骰子、下宝、推牌九样样都会。可是他这一年运气很不好，玩啥啥输，一下把庄园土地输个一干二净。老婆气得死去活来，他没法子找着他舅舅借了八十两银子想买个牲口，拉脚[1]养家糊口。在集上还没买着牲口却遇着一个怪人，高喊："谁要话，谁要话！"没有一个人问，刘忍还以为是个卖字画的，就上前说："我要。"那人说："你带八十两银子，我的话二十两银子一句，你买四句我再给你留十两银子做盘缠如何？"他一听，才知道不是"字画"而是说的"话"，心里就凉了。可人家又能说出他身上带的钱数，这一定有来历。他就把心一横说："我买了。"那人说："好！你听着，

人穷志不移，有高不住低，朋友妻不可欺，有功就立。"说过又道："不可在家，应出门访友。"说完拿过七十两银子就不见了。

刘忍拿着十两银子，想了想，就直奔山西而去，在山西找到了他父亲的好友俞厚德。多年不见，叔侄一见倒亲热了一阵子。刘忍把过去的事说了一遍，就在那里住下了。可是俞厚德的家境也远不如从前，不过只能吃上碗饭。在这里住比当长工还累，又不好提工钱，手里分文没有，怎能捎钱养活老小呢？他又想再走个地方当苦工，挣几个钱。忽然想起"买话"时的第一句话"人穷志不移"。

生活是苦，刘忍强顶着没有走。后来俞厚德想做倒卖染色[2]的买卖，东找西借，求亲告友把本钱凑齐了，又找了俩伙计，让儿子也赶一辆车。临走他又对刘忍说："你的哥哥傻得不懂人事，这次出门全靠你了。你要一路小心啊！"刘忍说："只要叔叔信得过我，苦我是不怕的。"打点齐备三辆大车就上路了。

不觉三个月过去了。这一天，三辆大车拉货回来，车走到一个村，就问是什么地方？村里人说："是低庄。"刘忍问："前面还有什么村？"村里人说："前面一村约五里远，叫高庄。"刘忍猛然想起买的第二句话"有高不住低"，就说："伙计，快走吧，这里不能住。"可是伙计都累得走不动了，说："要走你自己走，俺是不走了。"

刘忍没法只得自己赶车往前走去，不大会儿就到了高庄。找个人家住下，忽然间天黑如锅底，对面不见人影，风能推房拔树，滚雷闪电，雨如倒缸。这一夜风雷不停。第二天起来一看，山下一片大海，哪还有低庄的影子！傻哥他们连人带车都不见了。回到家，厚德老汉见了幸存的一车染色，很感动地说："要是贤侄和他们住到一块儿，这笔账我就是磕头叫街也还不起啊！"染色卖了以后，厚德赚了一笔钱。

俞厚德又办了几处买卖，也是他时来运转，买卖处处兴旺，年夜一盘算净利万元，厚德把刘忍叫到跟前说："贤侄呀，我是不中用了，这个家就全靠你啦，以后一切人由你使唤，一切钱财由你用，只要到月前把账给你那嫂

[1]　拉脚：用车载客或为人运货。

[2]　染色：染料，染色的颜料。

嫂说一下就行了。"

各处买卖都很顺利，一到月底，各处问事的就把账和利银拿来，由刘忍和嫂子过目、收拾就没事了。头几个月，他看嫂子对他很热乎，还以为人家没把自己当外人看呢，可是后来越来越不像话，没人时那女人就动手动脚地不安生了。有一次，那女人竟不让算账，轻浮地说："贤弟，别急，说会儿话吧。"扯了一会儿，光说些风流事，把个刘忍说得也忍不住了，那女人见时候已到，就解带宽衣睡在刘忍的床上，刘忍正要上前，忽地想起买的第三句话，就待在那里不动了。那女人等了一会儿，见他不前来，就叫："傻瓜，不来还等个啥？"刘忍摇头不言，那女人一见好事不成又丢了人，就狗急跳墙把头发衣裳都解开，高喊："来人呀，救命呀，这不要脸的狗东西！"这一喊，全家老少、长工仆女一下子都起来了。那女人站在院子里只是哭，大家一看，一切都明白了。厚德一见，气得头昏眼花，大叫："你……你不是人。滚！你快滚出去！"刘忍一见，一时也无法说清，就慢慢地走出大院。

刘忍并没走远，因为他不放心，老叔年迈，那女人野心已起不好收留。他主意打定，就在离他叔家五里地的村里找了一户长工家住下，每当夜深人静，他总要到叔的庄园外遛一会儿，听一听，安然无事才慢慢离去。时间一长就成了毛病，一天不去就睡不着。这一天，正值冬至前后，还零零星星飘着雪花，他不打算再去了。可是怎么也睡不着，只得穿衣又去。在后园墙外，听了一会儿，没有什么动静，他正想回去，忽听墙内一男一女在说话，又听不清，他心犯疑，就在黑影里藏了起来，不一会儿，墙上上来一个人，接着用绳子吊下来两个圆东西。后来墙上又上来一个人，先上来那人，用绳子捆住后上来人的腰，慢慢放到墙下，他也顺着绳子下来了，刘忍一看，不好，这个正是他厚德叔的儿媳妇。刘忍大喊一声："哪里去？！"男的一闪就不见了，那女的只跑了两步就滑倒了。刘忍上前一把提起头来，拖着就往大门走去。他厚德叔听到叩门声起来一看，是他。没好气地说："你来干啥？"刘忍从背后提过那女人说："叔叔你看！"厚德一看是儿媳妇，忙问："这是怎么回事？"刘忍领他叔在墙外的雪地上看，看到儿媳和别人合伙偷的那两包金银首饰，一切都明白了，

感动地说："贤侄，你又一次救了我这个家。"

从此，俞厚德把全部家业交给了刘忍掌管。

讲述者： 张海旺，男，32 岁，内黄县马上乡善宜店村人，初中，农民
采录者： 朱尽忠，男，30 岁，内黄县马上乡人，高中，文化站干部
采录时间： 1987 年 5 月 20 日
采录地点： 内黄县马上乡善宜店村
选自： 《中国民间故事集成·河南滑县卷》

附记

一

马上乡善宜店村民张海旺虽文化水平不高，但爱学习，爱读书，爱讲故事，能接受新生事物，在村里是种植和养殖能手。

1987 年 5 月，我们马上乡文化站的几个工作人员下去采录民间故事，见到张海旺，他问我们："你们光听说过买东西吧，听说过买话没有？"我说："听说过，听说过买字画。"他说："不是，我说的'话'是说话的话。"大家一听，都说没听过。于是，张海旺就把故事讲给了我们。从张海旺处，我们得知这个故事在当地流传已久。大家都觉得《买话》这个故事不仅有趣，而且也反映出人民群众的智慧，便将这个故事整理出来，交给了县文化局。（朱尽忠）

二

买话的故事有多种，虽然买的数量不同，但都是通过所买的话受到教育，教人如何做好人。（刘二安）

195

高招

民国期间，水冶镇有个叫杨七的老汉，干了一辈子的庄稼活儿，没有任何嗜好，只是有一样，就是一天也离不了饮茶，成天茶杯不离手。

夏天，家里热得不透一丝风，杨老汉觉得闷热得喘不过气来，便拎了一壶茶到村外的树荫下乘凉。村外微风习习，秋高气爽，杨老汉非常惬意，晾上一杯茶，停了一会儿刚要喝，就见路边走来一人，肩扛锄头。那人见了杨老汉高兴地说道："七叔，乘凉哇，口渴得很，让我喝口茶吧。"说完，也不等杨老汉答应，端起茶杯"咕咕嘟嘟"一气喝了个精光。

这人走后，杨老汉又倒了一杯晾在那里，不一会儿，又走来了一人，见到杨老汉又是一声："七爷，喝口水。"便端起茶杯，一仰脖子，几口喝了个干净，放下茶杯说："谢谢了，七爷！"走了。待了一上午，杨老汉也没喝上一口自己的茶水。

一连三天都是如此，晚上杨老汉想起白天喝茶的事，心里很不是滋味。他左思右想，怎么既能出外乘凉，又能喝上茶，待睡着时也没想出个好主意。

半夜，杨老汉起小便，提起尿壶，心里突然有了主意。天明吃过早饭后，杨老汉又到大街买了把新尿壶，回家洗涮干净，装上满满一尿壶茶水，提起又到村外大树下乘凉去了。他提起尿壶倒了一杯茶水，晾在地上。

不一会儿工夫，过来个熟人，见杨老汉晾着茶水，正要上前讨喝时，见旁边放着一把尿壶，又不见其他盛水的家伙，知道茶水是从尿壶里倒出来的，便一扭脸，憋住气走了。

不久，又过来一人，走到杨老汉跟前，杨老汉主动说道："天热，喝杯茶再走吧！"那人一见这茶具，连连摆手道："不喝，谢谢七叔。"头也不扭便走了。

结果，一天也没人到杨老汉这儿讨茶喝，杨老汉可高兴了。

讲述者：　姬生厚，男，56 岁，安阳县水冶镇人
采录者：　孙晨琳，男，54 岁，安阳县水冶镇东街
　　　　　村人，小学，工人
采录时间：　2004 年
采录地点：　安阳县水冶镇
选自：　《安阳县民间故事集》

附记

这篇故事是地地道道的水冶本地故事。

都说水冶自古出能人、出巧人，也不乏性格古怪而有趣的人，这篇故事的主人公杨七老汉便是这么一个巧而有趣的人，水冶民间很多人知道有关他的笑话。

用便壶盛茶水以对付讨方便喝他茶的人，这显示出杨七老汉的巧，也表现出他的小气。这招说是高，但也不无讽刺意味。（孙晨琳）

196

儿
死
西
瓜
破

应村人，初中，干部

采录时间： 1984 年
采录地点： 安阳县善应镇
选自： 《狐狸坟传奇》

从前，有个老汉叫王老大，吝啬得出了名，都叫他吝啬鬼。

有一年夏天，他同儿子一道贩运西瓜。他在后面推车子，儿子在前面拉。赶了两天的路，儿子说渴得走不动了，他把儿子骂了一顿说："前不邻村，后不挨店的，哪儿有水喝呀？"又走了一段路程，儿子说渴得很厉害，实在走不动了，王老汉又把儿子骂了一顿，要儿子坚持找到水再喝。儿子东倒西歪地又赶了四五里路，在车子下坡时，"扑通"一声倒在了地上。

王老大急忙丢了车子去救儿子，哪知儿子已被渴死在路上。同时，车子顺坡一歪，西瓜滚了满地，不少西瓜被摔破了。王老大后悔地说："西瓜能碰破，何不让儿子吃西瓜？"

讲述者： 申本仁，男，54 岁，安阳县善应镇人，
农民
采录者： 申兴发，男，50 岁，安阳县善应镇北善

197

对尖

据说，有两个人，一个叫尖满天，另一个叫尖半拉天，他们为人都十分刁滑。

一天，尖半拉天突然想到，这尖满天到底有多尖[1]哪？我不妨去拜访一下看他能否和我这个名人相比。想到这，就动身去了，走到半路，突然想起初次登门拜访，空手去有些不便，正好路沟边扔了块手纸，他就捡了起来，撕成几条鲤鱼模样，用柳条串起提着，来到了尖满天家。偏巧，尖满天不在家，他那只有十岁的孩子接待了他，小孩首先问了安好，尖半拉天作了自我介绍，并说明了来意，小孩非常高兴，接过了纸鱼，把客人领进了客厅，对着一块光地画个方块，对尖半拉天说："叔叔，不客气，请坐在桌边待茶。"尖半拉天看看周围并没有桌椅，只好坐在光地上了，心中还在想着，尖满天不在家，我喝两碗茶、弄顿饭吃是不成问题了。正在美想，小孩用手比了个茶碗，递了过来，说道："叔叔只管用茶。"尖半拉天一看，暗吃一惊，只得假装喝茶，应付一场。喝罢了茶，小孩在方块

内用手一比说："这是一盘炒肉，这是一盘炸鱼，这是一个炒鸡蛋……"一连比了八个碗、四个盘和一个油饼，并且说："叔叔，茶饭不好请多担待。"弄得尖半拉天目瞪口呆，心中暗想：这小孩也不好对付啊。"吃罢了饭，尖半拉天正想早点回去，就向小孩告辞，小孩热情地说："叔叔再吃点西瓜吧，以防路上渴。"尖半拉天又想，如能弄块瓜吃也不赔本，遂又坐了下来，小孩马上比个大西瓜放在"桌"上，拿刀切了让客人吃，尖半拉天后悔不该坐下，也只得吃两块了。临走时，小孩又比了个大的说："叔叔把这个带回去让我婶子吃吧。"尖半拉天只好领情，接着"西瓜"闷闷不乐地走了，一边走一边想："唉！又赔了一条'鱼'。"

尖半拉天刚走，尖满天回来了，孩子把事情经过说了一遍，他非常高兴，当孩子说"临走我给他比了个大西瓜让他带给婶子吃"时，尖满天脸色突变，"咣咣"打了孩子两个耳掴子，嘴里嚷道："谁让你给他比个大西瓜，小的丢着谁吃？打死你这个大手的东西咧。"

讲述者： 单金生，男，34岁，内黄县高堤乡咀头村人，小学，农民

采录者： 单建设，男，28岁，内黄县城关镇人，高中，文化站干部

采录时间： 1990年4月

采录地点： 内黄县

选自： 《中国民间故事集成·河南滑县卷》

[1] 尖：尖头，小气、吝啬。

198

四根灯芯儿

从前，滑县某村有一个小财主，为人不仅尖酸刻薄，更是出了名的抠嗖[1]，因此，跟街坊邻居处得也就不怎么好，经常因为鸡毛蒜皮的小事儿跟别人闹别扭。

小财主抠嗖，那就是对家里的人和自己也一样。别看他家里面青砖瓦舍几十间，家眷老小站在那儿黑压压的一大片，但是，他们家人吃的、穿的、用的比一般人家还要寒酸。小财主家里的人，老老小小算起来也有几十口，这几十口人一年到头很少吃时鲜蔬菜，平时主要以咸菜为主。慢慢地，小财主的家人也就淡忘了油炒青菜的味道了。

邻村有一个卖菜的，天天从小财主家的门前经过，总不见这家人出来买菜，心里感觉很奇怪。于是，有村民就想了一个坏点子，对卖菜人说："你每天故意在他家门前丢一捆青菜试试，这可是一个大买家儿，你如果能拉上这么一个大买家儿，甭说你这一车菜，就是两车菜也不愁卖完！"

卖菜人半信不信地丢下一捆青菜就走了。

[1] 抠嗖：吝啬，小气。

过了有多大一会儿，小财主家的朱漆大门打开了。小财主从里面走出来，见门口放着一捆青菜，又扭头看看旁边有人，就赶紧从地上捡起来拿了进去。心想大清早儿一开门就碰见个好事儿，白捡了一个便宜儿。于是，就高兴地吩咐家人用盐和小磨油腌制了一下，代替平时的咸菜作为早饭的下饭菜。

让小财主万万没有想到的是，因为有了小磨油调的青菜，这一顿早饭全家人竟然吃去了一大笸箩馍，比往常多吃了好几倍。这让小财主十分后悔，后悔自己不该占小便宜吃大亏。

于是，小财主这一整天都丢着个脸，好像掉了一百吊钱一样泄气，见谁都好像见了仇人一样，也不说一句话。

第二天一大早，小财主照例要出去转悠。刚一打开大门，就见门口地上仍然放着一捆青菜。这次小财主一见，心中的火气就不打一处来，高声骂道："是哪个卖菜的王八羔子，左不丢右不丢，偏偏把菜丢到俺家正门口！"于是，他恶狠狠地飞起一脚，将那捆青菜踢出去老远。

小财主家里有上百亩的好地，干活儿用的农具也一样不少。家里除了雇有长工之外，每年到了焦麦炸豆的季节，还要雇短工。那些雇工们去小财主家里干活儿，活儿可没那么好干。每天到了黄昏下晌的时候，小财主都要严格检查每样农具，如果发现铁锨或锄头打了豁儿，或者其他农具有什么损坏，都会急得蹦脚儿跳，不仅扣去雇工全天的工钱和口粮，还要包赔损失。至于雇工们的伙食，就更不用说了，真的连小财主家的牛马牲口都不如。

平时小财主家里的农具摆放得很有秩序，也很讲究。对农具的储放连家人都不得插手，都由他一人操持。不用时的铁制农具，件件擦得明光，还要涂上吃的油。甭看他家平时的一天三顿饭舍不得吃油，可每件铁农具上却擦得油光。他家的农具别人是借不出的，即使偶尔有人去借，他也会找出种种理由对付过去。这样，慢慢地也就有人敢去借他家的任何一种小物件儿了。

虽说小财主已经是七老八十的人了，但他那两个深眼窝里的两个灰白暗淡的眼珠子，总是放射出两束闪烁不定的贼光，刺得人不舒服。就是这两道闪烁不定的贼光，可以让他洞察一切，就连细小的土粒儿都不放过。田里的一草一木、家中的一人一物，都在他的严密监视之中，不得有半点儿损失和差错，否则他就会"败家子儿"地骂个不停。他所有的子孙们也都对他害怕三分，不敢有半点儿顶撞。

终于有一天，小财主病倒了。这一次可是病得不轻，卧床不起。眼看着就要见阎王去了，全家人和亲戚都来了，焦急地围在他身边，准备着听他最后的告诫和责骂。

为了让他看清楚身边所有亲人的面孔，儿子们将灯盏的四根灯芯全部点上。这时，只见小财主两眼死死地盯着油灯，久久地、无论如何都不肯咽气儿。只有嘴一张一合的，好像使出了吃奶的劲儿，但是总也说不出一句话来。孝顺的儿子们一见这种情景，以为老父亲还有什么未了的心事，赶忙围过来关切地问这问那。可是，小财主的嘴仍然只是一张一合的，一个字儿也说不出来……

还是老伴儿理解老头儿子，走过来用缝衣针撮灭了三根灯芯儿，只留下一根灯芯儿照明。

小财主这才满意了，微笑着咽了气儿。

讲述者：　陶兆敏，女，25岁，滑县上官镇陶家村人，
　　　　　本科，主任医师
采录者：　崔长灿，男，23岁，滑县人，大专，教师
采录时间：1991年9月
采录地点：滑县道口镇

附
记

讲述人陶兆敏是我妻子，1989年河南中医学院毕业。她耳闻则诵，过目不忘，记忆力超人。我们一起散步时，她经常给我讲小时候从她奶奶那里听来的民间故事。妻子很擅长讲故事，常常是边讲边发挥，讲每个故事的时候，都能发挥得淋漓尽致。尽管时隔许多年，可每一个故事，她都能讲得头头是道，细节生动有趣。《四根灯芯儿》就是我从她所讲的民间故事中整理出来的一个。这个故事在我们当地流传有其他说法，但都大同小异。（崔长灿）

199

「省三县」拜师

安阳一带百姓常常将那些最会省吃偷用、待人吝啬、花销抠唆、喜欢斤斤计较、不大方豪爽的人称为会省，安阳民间就流传着这样一个讽刺故事。说在豫北一带有个会省的人，家住在安阳城内，由于在豫北安阳县、林县、汤阴县几经较量，鼎鼎有名，所以人送绰号"省三县"。"省三县"得到这个外号后沾沾自喜，自以为是，不想，有个河北来安阳城内做生意的人，一日不期相遇，说你这"省三县"徒有虚名，并说河北大名府有个人号称"天下省"，在河北地界上，乃至全国还没有能压过他的。"省三县"听后，很不服气，决心要去大名府拜访一下"天下省"。

这天，"省三县"一路奔波，来到大名府，慕名找到"天下省"的家里。初次拜访，"省三县"来前街上托一代写书信的老先生，在纸上画了一条鱼，用手拎着。敲门后，接待"省三县"的是"天下省"的儿子"小省子"。"省三县"道："来拜访你爹，没啥拿的，带了一条大鱼，望你笑纳。""小省子"见礼，急忙接了礼物，并指着没有凳子的桌旁让座说："先生，请坐，请上座……"并接着说："家父不在，既是同行，我需酒宴相待。"说着从墙角捡回

一块白灰块，在桌上，先画一壶，又画两个酒盅，随后说："请慢用酒。"又在桌上画了八盘和八碗[1]，随后又说："请多吃菜。"之后，"小省子"又说："酒已三巡，菜已上够，家里贫穷，只有大烧饼作主食了。"说着，"小省子"两手高举过头，在"省三县"面前比了个大大的圈："请你将这个大烧饼吃了吧。""省三省"也寒暄几句，自愧不如，心里话："哎，佩服呀，我还求人画鱼，花了一两纹银呢，这'小省子'比画几下就把我打发了。"

"省三县"走后，傍晚时，"天下省"才回到家，谈及"省三县"拜访的事，"小省子"沾沾自喜地在爹面前叙述了一番，特别是说到那大烧饼就把个"省三县"给喂饱了。小省子本想炫耀才能，谁知"天下省"不听便罢，一听更急，一巴掌打在"小省子"的腮帮子上，嘴里骂骂咧咧地说："你个败家子，平时怎么教育你的，不能给他比个小小的烧饼吗？"

讲述者： 王德贵，男，69岁，安阳市郊区马家垒村人，私塾两年，农民

采录者： 王家俊，男，42岁，安阳市郊区马家垒村人，大学，公务员

采录时间： 1996年

采录地点： 安阳市郊区马家垒村

---

[1] 八盘和八碗：安阳民间宴席，比较丰盛，俗称"八碗八"。

200

抠门

大家公认的吝啬鬼，在洹河岸两边叫"小抠门"。

小时候听说，有一对表兄弟，都是抠门。表兄外号叫"大抠"，表弟外号叫"小抠"。平时和朋友邻居相处总是想方设法揩别人的油，谁家有个红白喜事，他们要是出一个钱，准能吃回两个来。洹河边上憨厚人多，大家习惯了，一般没人和他们计较。

山不转水转。大抠和小抠这表兄弟俩转到了一块儿，这故事也就转出来了，传扬开了，常常逗得人们捧腹大笑。

一年秋天，小抠到大抠家做客，小抠一进门就气得往板凳上一坐说："表哥，我这人真够倒霉的，昨天从洹河里捞鱼，特意给你选了两条大的，被你表弟妹挂在树上，嗨！不知是谁家该死的猫，半夜里叼了去。"还举起手里的一根麻绳："看看，就剩下这根绳子了。"小抠看看表哥又看看表嫂笑着说："也是你们没口福，算了，明年再起鱼时，一定留两条更大的，用缸扣住，我看那猫能不能掀动缸。"

天快中午了，这小抠没见大抠两口子弄饭弄菜，有点沉不住气了，提示道："哎哟，光顾说话了，要不是肚子

咕咕叫，我还不以为天中午了呢？"这大抠两口子经这么一提醒，慌忙起身进厨房做饭去了。小抠在堂屋里东张张西望望就等吃饭了。一会儿就听见厨房里油锅"滋滋啦啦"声，又闻到小葱的香味，小抠在堂屋里亮起高嗓门喊道："表哥、表嫂，都是自家人，中午简单点行了！"厨房里表哥说："平时表弟来得也不多，乍来一次，你表哥总要弄个汤汤水水的。"小抠听了心里乐滋滋的。不多一会儿表嫂满头大汗出来了，笑着对小抠说："表弟呀，中午就吃豆腐汤，炒油菜，你表侄女给你弄了几个大饼。"小抠笑眯眯地说："破费了，破费了。"

抬过吃饭桌子，主客坐定，每人面前放了一只大碗，小抠瞪大了眼睛在碗里没看到一星豆腐块，心里说："乖乖，这就是豆腐汤呀！"大抠看看媳妇，媳妇忙说："不好意思，真不好意思，豆腐被老鼠啃了几口，我怕表弟嫌脏，没敢往锅里放。"小抠想：这两口子真是韭菜炒鸡蛋——对色了。正在这时，表侄女捧着几张纸进来了，嘴里还甜甜地叫着："表叔，饼弄好了，你可别作假[1]呀！多吃点。"小抠一看，那纸上画着几个大大小小的圆圈圈。小抠心里想，再大的老鼠也下不出狸猫来，这小丫头和她娘老子一样。临行前客气地说："表哥、表嫂，闲时也常到我家走走。"大抠一家三口子，一边答应着，一边将小抠送出门去。这哪里是送呢，分明是哄走了小抠。小抠气得要命，到家后把在大抠家的遭遇跟媳妇和儿子一说，全家人气得直跺脚。

再说大抠一家哄走了小抠后，重新端上了豆腐汤、咸肉烧油菜和煮死面锅饼，吃着，笑着，说着。媳妇说："小抠被这么一戏弄，肯定气得要命，明年你要到他家，他也会给你吃炒腐竹的。"大抠说："他那两下子，哪能跟我玩，我明年开春就去，他还怎么给我吃呢？"

一晃冬去春来。这天大抠来到了小抠的家，一进门也是气鼓鼓地朝板凳上一坐："表弟呀，你说气人不气人，我一大清早就到油坊买了两斤小磨麻油，想让你们尝尝那家小磨麻油的香劲，嗨！半路上栽了一跤，瓶弄打了。"说着举起手中的瓶嘴儿让他看。表兄弟寒暄了一会儿，小

[1] 作假：假装客气。

抠两口子主动到厨房弄饭去了。就听表侄在院中将鸡撵得"嘎嘎"叫，大抠在堂屋里大声喊："表弟呀，午饭简单点。"小抠在厨房答应着说："没弄什么，就炖了锅鸡汤。"大抠心想：这家伙舍得炖鸡汤？就是炖了，那鸡可能比鸽子大不了多少。

开饭了，大方桌子中间放了个大瓦盆，大瓦盆里大半盆混浊的水，隐隐能看到水中有条鸡蛋花。大抠一看，心想：好家伙，难道这就是鸡汤？小抠一边解释一边说："表哥呀，没想到你来得这么早，要是秋天来，这只鸡蛋抱出小鸡过一个夏天，小鸡就能长到二斤多，那时不就是一大盆香味扑鼻的鸡汤嘛！"大抠很生气，想数落小抠几句，但又一想，小抠怎么也比自己大方，汤里孬好还打了一个鸡蛋。不一会儿，表侄儿捧着几张纸进来了，一进堂屋就热乎乎叫着："表大爷，我给你弄了几块大饼！"大抠一看纸上画了几个大圆圈，圆圈上还有星星点点，大抠问："大侄儿，这星星点点的是什么？"表侄说："那是黑芝麻。"

大抠也不敢再待下去了，那肚子早就唱大戏了。一路上大抠想：这小抠一家子还是没玩过自己，除了那汤里放了一个鸡蛋外，这侄儿的"饼"上也多了些黑芝麻。

讲述者：　王德贵，男，69岁，安阳市郊区马家垒村人，私塾两年，农民

采录者：　王家俊，男，42岁，安阳市郊区马家垒村人，大学，公务员

采录时间：　1996年

采录地点：　安阳市郊区马家垒村

201

够本急

《水浒传》中，每个人物均有别号、诨号或绰号。

安阳民间生活中，在朋友间，也有以人个性、爱好或特征给对方起幽默诙谐又贴切别致、为群众公认的"外号"（绰号）的。如"十二能""大手儿""三只手""大喷得""书呆子""小诸葛""小神仙""铁公鸡"，还有一个说法叫"够本急"，就是讽刺一些人只能沾光，不能吃亏。沾光就喜笑颜开，够了本钱还着急上火，惦记着多吃多占，这也是够形象的。安阳民间就流传着这样一个耿演巧斗够本急的故事。

从前，城北有个财主，姓缑，名叫本济，平素吝啬成性，无论办什么事只能沾光，不能吃亏，不苛薄别人不如意，为此，街坊便照他名字的谐音，给他送了个外号，叫"够本急"。时间一长，叫真名的人越来越少，"够本急"这个外号，却是越传越广，家喻户晓，人人皆知了。

这一年，"够本急"的大儿子长满七岁，想请个教学先生教他念书。"够本急"费尽心机写了一张启事，贴在大街上。上边写道："敝人聘请教学先生在家设馆每日供应伙食外言明束脩无米面也可无鸡鸭也可无鱼肉也可无银

钱也可。"城乡的教书先生看了启事，都是哼一声就走开了，没一人去应聘。后来耿演知道了，跑去看完启事，心内一转圈，"唰"的一声将启事就揭下来了。看守启事的人急忙问道："耿先生，难道你来设馆？"耿演笑着点头道："我教这个学生。"说罢便去找"够本急"应聘教书。

教了一年，年终放假，耿演将要辞馆回家，找见"够本急"要束脩学礼（即教师的工资钱）。"够本急"说："我招聘的启事上写得明白，光管饭，没有身价。"耿演说："启事写得明白，白纸黑字，你身为大户说话可得算数。""够本急"一听便急，说："你的饭量大，吃得多，我还没给你算饭钱哩……"耿演胸中有数，便拉"够本急"去衙门，评判谁是谁非，到大堂击鼓呼冤。县长坐堂问过，说："您二人空口无据，不好评理。"耿演从腰中掏出启事，逞递给县长，县长一看，惊堂木一拍，勃然大怒道："'够本急'你这刁民，启事明明写着：束脩无米，面也可；无鸡，鸭也可；无鱼，肉也可；无银，钱也可。怎么强口赖账，拉下去，重打四十，罚银三十两。""够本急"目瞪口呆，白挨四十板，又给了耿演三十两银子。

讲述者： 王德贵，男，69 岁，安阳市郊区马家垒村人，私塾两年，农民

采录者： 王家俊，男，42 岁，安阳市郊区马家垒村人，大学，公务员

采录时间： 1996 年

采录地点： 安阳市郊区马家垒村

202

省下这几个屁

春分时节热闹的农村建房工地上，大家在一起盖房子，中午吃过大锅饭，都坐在房前屋后喝水休息，泥工张全从大家面前走过时一连放了几个屁，引得大家哄堂大笑，泥瓦匠王德贵打趣地叫住张全："张全啊，省下几个屁吧？"张全很不高兴，不服地说道："你管天管地可管不住人家拉屎放屁，你也管得太宽了些吧！"王德贵趁着大家饶有兴趣，便兴高采烈地给大家讲起了《省下这几个屁》的故事。（王家俊）

一对地主夫妇，出名的吝啬。

一天男的进城去，走着走着想上厕所，但转念一想：这么好的肥料可不能便宜了别人。于是一直憋着。后来实在憋不住了，找个厕所就上。可是除了放几个屁之外，什么也没有拉出来。于是心中得意不已。

回到家里，向老婆讲述自己的经历。谁知老婆一听大怒："你这个败家子，哪有你这样过日子的，省下这几个屁来吹灯该多好！"

讲述者：　王德贵，男，69岁，安阳市郊区马家垒村人，私塾两年，农民

采录者：　王家俊，男，42岁，安阳市郊区马家垒村人，大学，公务员

采录时间：　1996年

采录地点：　安阳市郊区马家垒村

203

财主的遗嘱

说："要记住，卖肉时，千万别往东庄去，怕……你舅吃肉……不掏钱。"说完话，这位财主才微笑着闭上了眼睛。

讲述者：	王德贵，男，69 岁，安阳市郊区马家垒村人，私塾两年，农民
采录者：	王家俊，男，42 岁，安阳市郊区马家垒村人，大学，公务员
采录时间：	1996 年
采录地点：	安阳市郊区马家垒村

从前，有个财主，虽然家有万贯之富，却是个有名的吝啬鬼。得了病，舍不得花钱医治，快要断气的时候，将三个儿子叫到床前，询问怎样办后事。

大儿子说："爹！您老人家一辈子省吃俭用，给俺置下万贯家业，您百年以后，俺们弟兄要尽孝道，给你置下金棺银椁，穿上绫罗绸缎，请三班僧道，两班鼓乐，开吊三天，大摆筵席，打发您老人家……"大儿子还没说完，财主又是摇头，又是摆手，表现出非常生气的样子。

二儿子说："爹！我知道您老人家怕铺张浪费，俭省节约给您老人家办丧事，置条芦席将您卷住，俺兄弟三人，半夜三更悄悄把您埋了，你看如何！"财主还是摇头，表示不同意。

还是三儿子猜到了老财主的心理，他说："爹！我知道您老人家死后还要我们发一笔横财，我计划等您断了气，将您的皮剥下来，卖给皮匠，骨头剔出来卖给油漆店，肉割下来煮熟后卖钱。"财主听了三儿子的计划，连连点头闭上了眼。

停了一会儿，财主又慢慢睁开了眼，断断续续地

204

送礼

东庄有个刁财主，西庄有个辣先生。他们两个是远近闻名的吝啬鬼。

他们遇上面，刁财主向辣先生说："正要给你下请帖哩，碰上了，给，请你到时候去喝喜酒。"

辣先生接过帖子一看，觉得左右为难。不去吧，情面上过意不去；去吧，送些礼物吃顿饭，实在是不够本儿。他想呀想，想了许多日子也没想出个不赔本的好办法。临到刁家办事那天，还真不赖，总算是想出了个两全其美的主意。他叫家人把笔墨纸砚拿来，在红纸礼单上写道："送上食盒四个：一对鸡子显小些，两个竹笋显老些。下欠食盒两个。"就让人抬着去了。

刁财主接过礼单一看，认为总算是四个礼盒儿。当打开礼盒一瞧，盒子里面只是一双筷子、两个鸡蛋。刁财主不好当众发作，只好让辣先生混了个肚儿圆。

时隔不久，辣先生又见到了刁财主，辣先生上前说："我正要去给你下请帖哩，正好，给你吧。到时候你一定去喝喜酒！"

刁财主望着帖子想鲜点儿，可是想了多日也没有想出

个既比辣先生省钱又巧妙的办法来。事到临头，总算开了窍。他在红纸礼单上写道："送上食盒四个：兑上上次所欠两个，下欠两个。"这样，他就穿上长袍大褂去了。

辣先生接过礼单一看，笑了，一边挥舞着礼单，一边有滋有味地向来宾介绍说："这位就是刁财主，这就是刁财主送的厚礼。"

刁财主听出这是老爷轴子上画画——画（话）中有画（话），当场应付说："过誉了，过誉了。辣先生乃恭维之辞，实不敢当。要论本事，当数咱西庄的辣先生了，哈哈……"

在场的人都笑了，但他们各自心中有数。

采录者：　宋魁元，男，41岁，铁西区大司空村人，
　　　　　小学，干部
采录时间：1977年12月
采录地点：铁西区大司空村
选自：　　《民间故事选》

205

穷汉和富翁

从前，有一个大富翁财迷心窍，凡是他屋里的东西，每天数了一遍又一遍，有时来了客人，他也总是想叫客人给他点啥，要是遇到客人来向他求点什么东西，他总是说没有。等客人一走，他两眼总是在客人身上转悠，恐怕客人偷走他的什么东西，送走客人后，总是把屋里的东西再数一遍，等完全查清了，他才放心。

一次，一个穷人钻进他院子里的草垛睡了一夜，第二天被他发现了，他恨得咬牙切齿，火冒三丈，硬逼迫这个穷人说出偷了他家啥东西，穷人被打得直叫唤，就说偷吃了他家的一碗米和一个馍。这个富翁一听便对穷汉说："怪不得饭也少了，馍也少了，原来是你偷吃的。"富翁一想，计上心来，对穷人说："这样吧，昨天夜里你睡在我的草垛里，把草给我压碎了，我不怪罪你，今天夜里我让你睡在屋里，不过得把你身上穿的衣服都脱下来。"穷汉一听，大冬天，让进屋里睡，当然高兴，便痛快地答应了。这个穷人脱了衣裤，被关进一间磨坊里，整个屋子，什么也没有，只有一盘石磨和推磨的棍。等到半夜，冻得这个穷人浑身直打哆嗦时，猛然想到这盘磨，就使出全身力气去推空磨，一个劲儿绕着磨道跑。

富翁躺在厚厚的棉被里，心想："这夜非冻穷小子半死不可！"天一亮，他起了床，匆匆忙忙打开门，一看，这穷汉浑身流着汗，满面红光。他问这个穷人："我穿的棉衣这么厚，还觉得冷，你浑身上下没一条线，咋还热咧？"穷汉说："你不知道啊，开始是冷点，可往后越来越热，半夜时分，你这屋里有个发光的东西，直朝我身上吹热气，所以，一夜我都不冷，现在我还热呢！"

富翁一听，喜得合不住嘴，高兴地让这个穷人穿上衣服，照顾他吃饭，又对这汉子说："别声张，你穿上我的衣服，让我进去待一夜，得到了宝，我就把这身衣裳送给你！"穷人答应了。

一到天黑，这个富翁便赤条条地进了磨坊，让穷汉从门外面把门锁好。这个富翁越来越冷，不一会儿便冻得直打哆嗦，但一想到半夜时分发热的东西，便咬紧牙，不出声，两眼在磨盘底下不住地寻找着发热的宝贝。几天后，人们在磨坊里发现了他的尸体，浑身上下一丝不挂。那穷人早穿着一身厚厚的棉衣连夜逃跑了。

讲述者：　耿贵，男，64岁，安阳市人，识字不多，退休工人
采录者：　耿继臣，男，39岁，安阳市人，大专，编辑
采录时间：1989年4月25日
采录地点：文峰区广播站
选自：　　《安阳故事卷》

206

糠窝窝和元宝

太行山脚下，有个村叫水洼，经常闹水灾。

有一年夏天，大水又淹没了村庄。村里有个财主，一见大水来了，啥也不顾，忙把箱子里的十八个元宝包起来，提了就跑。村里有个穷人，一看大水来了，把锅里的十八个糠窝窝用手巾一兜，跑了出去。财主和穷人都跑到村西，上了两棵相距不远的大树上，大水很快没过了树杈。

两天两夜过去了，穷人觉得饿了，就拿出糠窝窝来吃。财主摸摸包里的元宝，心里暗自高兴，心想大水一落，这能买多少东西啊！

三天三夜过去了，大水没有落。财主见穷人不断吃糠窝窝，直流口水，肚里"咕咕"直叫，不得不求穷人："喂，给个窝窝吧。"穷人回答说："不行啊，这是我的干粮，你的兜里不也有吗？"财主说："我这是元宝。要不你卖给几个窝窝吧。"穷人说："一个元宝一个窝窝。"财主看看白花花的银子，舍不得了。

四天四夜过去了，财主饿得实在忍不住了，喊穷人："老兄，一个元宝一个，你投给我，我投给你。"穷人说："不行啊！涨价了，一个元宝半个窝窝。"财主一听，又舍不得了。

五天五夜过去了，财主饿坏了，哀求说："老叔，一个元宝半个就半个吧。"穷人说："又涨价了，两个元宝半个。"财主说："你怎么一直涨价？"穷人说："灾年的时候，你的粮食不也是一直涨价吗！"财主是个舍命不舍财的人，又舍不得手里的银子了。

财主终于饿死了，和银子一齐掉到了水里。

水退了，穷人从树上爬下来，重新开始生活。

采录者： 郭新江，男，38 岁，林县合涧乡郭家岗村人，大专，教师

采录时间： 1985 年

采录地点： 林县合涧乡

选自： 《林县民间故事集成》

附记

《糠窝窝和元宝》是 20 世纪 80 年代郭新江在木纂学校当老师时，晚上批罢学生作业，与同校的一位老教师到校外散步时，老教师边走边给郭新江讲述的，主要意思就是当笑话讲出来，缓解一下一天的课堂讲学的紧张思想。1985 年，合涧乡文化站史成书让郭新江写故事，郭新江就把这个故事写出来给了他。（房海林）

207

家信

讲述者： 冯天福，男，56岁，安阳县郭村乡人，
农民
采录者： 张林森，男，30岁，安阳县郭村乡人，
干部
采录时间： 1989年12月
采录地点： 安阳县郭村派出所
选自： 《狐狸坟传奇》

从前，有个人不识字，名叫许二。常年在外做生意，妻儿老小靠他做生意养活。一次，一个同乡回家，许二便让他捎回一百两银子和一封家信给妻子。此人在路上打开信一看，上面画了四条狗、八只鳖、一穗高粱和一人撅着屁股走路，并没有写捎回多少银子，就偷拿了二十两银子。

回到家里，他将信和八十两银子交给许二的老婆，许二的老婆接过八十两银子和捎来的信，一看说："银子不对呀，信上写捎回一百两银子，你咋只给我八十两？"捎银子的人问："你咋说一百两？"许二的老婆指着算着说："你瞧，四狗（九）三十六，八鳖（八）六十四，加起来一百两整。"捎信人又问："信上画的这穗高粱和这个撅着屁股走的人咋讲？"许二的老婆说："这是说，我丈夫秋天时候回来。"捎信人只得将偷的二十两银子交出来。

208

南坛地

从前，有一个姓王的老人，他一生闯荡江湖，家中只种着十八亩地。后来年老病重了，临终时把三个儿子都叫到跟前，对他们说："我恐怕不行了，也没有给你们留下啥家产，只有十八亩地，你们弟兄三个平分，不偏不向，每人六亩，横打三截，咱这地里埋了十八坛银子，是命根子地，千万要种好，万万不能卖给别人。"弟兄三个都含着泪点头应允了。

老人死后，弟兄三个按爹的嘱咐把那块地横着平分三截，每个人一块。这弟兄三个当中，老大忠厚勤谨，老二也肯下力气，两个人种地精耕细作，庄稼长得都不错。只有小三懒些，种地不下气力，庄稼长得不好。大哥两口子商量："爹临终说地里埋着银子，咱咋不找咧？犁地时犁得深一点，看能不能犁出来。"结果也没有犁出来，不过因为地犁得深，庄稼长得格外好，粮食打得比小弟兄俩都多。第二年老大家两口子又挨着把地深翻了一遍，翻出了一坛银子三百两，庄稼打得多，又得了银子，两口子很高兴，往后年年深翻土地。老二、老三两家，见老大家挖出了银子，心想十八坛银子，才挖出了一坛，还有十七坛咧，

咱也挖吧。他们也都深翻了土地，庄稼长得很壮，粮食打得多，他们也都各挖出了一坛银子，也都是三百两，也都很高兴。以后弟兄三个年年深翻土地，一年比一年深，庄稼也一年比一年长得好，可就是再也没有挖出银子。老三抱怨说："还该有十五坛银子咧，咋翻了几遍了，连一坛也翻不出来？咱爹说瞎话哄人，真气人。"老大说："我也想好久了，咱爹只有三坛银子，想这巧法给咱平分了，当时说有十八坛银子，不过是想叫咱把地每年都翻得深点，庄稼长得好点，多打粮食罢了。我们应当理解他老人家的心意，把地种好。"大家听了都如梦初醒，连连点头，觉得大哥说得有道理。以后种地都更加尽心，粮食也一年比一年打得多。后来为了记住老人的话，就把这三块地叫南坛地了。

讲述者：	王玉僧，男，61岁，河北省隆尧县人，退休工人，初小
采录者：	胡德葆，48岁，内黄县人，大学，干部
采录时间：	1989年12月
采录地点：	安阳机床厂家属院王玉僧家
选自：	《安阳故事卷》

附记

讲述者退休于安阳机床厂，是一位冶炼铸造翻砂工人，由于喜爱美术，工作之余为工厂的宣传栏、报栏画插图。他自幼受父母亲影响，喜爱民间艺术，毕生钻研剪纸艺术，创作大量剪纸作品，在国内各种报刊发表，在各级美展中展出、获奖，晚年受"剪桐封弟"典故的启发，以桐树叶、橡树叶、美人蕉叶等叶料作底，创作出大量精美的剪叶作品，其独创的剪叶艺术，曾在北京电视台《全国健康老人逛京城》节目中进行表演。他从小喜爱听故事、讲故事，《南坛地》就是他小时候听母亲讲的，后来又经常给邻居讲述。（胡德葆）

王玉僧与其剪叶作品（摄影：王胜军）

209

三句话不离本行

　　从前在洹河北岸有个村子，村子里住着四个能说会道的人，一个是厨师，一个是裁缝，一个是车把式，还有一个是使船的。村里只要有兄弟不和、邻里不和，以及家庭之间出现一些难以调和的事，都请他们去调解。

　　有一次，本村张三兄弟闹分家，由于人多嘴杂，心眼多，分了几天也分不好，因此就请这四人去说和。这四个人也觉得这事棘手，于是他们先到厨师家开个"诸葛亮会"。

　　厨师说："咱们去了要快刀斩乱麻，别锅啦碗啦分不清。"

　　裁缝说："我们办事不能走偏了，针要过去，线也要过去才行。"

　　赶车的接茬儿："嗨，咱原先也不是没有管过这种事，前有车，后有辙，别出大道就行。"

　　使船的听了不耐烦了："我们就别在这里啰嗦了，不如到那儿再看风使舵，怎么顺手就怎么给他们划拉划拉得了。"

　　厨师媳妇听了几位师傅的话，扑哧一声笑了："我说你们真是'三句话不离本行，卖什么吆喝什么'。"她的话刚说完，又引起全场人大笑。你道为什么？原来，这媳妇是个走街串巷做小买卖的。

讲述者：　索士孝，男，85 岁，安阳县人，退休教师

采录者：　张俊山，男，67 岁，安阳市北郊东大姓村人，高小，退休干部

采录时间：　2005 年

采录地点：　安阳县韩陵乡

选自：　《安阳县民间故事集》

附记

这篇故事在安阳县民间流传甚广，有句俗话说，干啥吆喝啥，反映的就是人们说话大都习惯于用自己熟练的语言表达熟悉的事物。

张俊山采录的这篇故事在反映人们的交际语言方面具有一定的代表性，而作为故事流传则更具有幽默风趣的色彩。采录者说他给许多不同行业的人讲过这个故事，大家都说有趣。（王光明）

210

一个福字进京

传说，过去的妙真饭庄是彰德府最大的饭庄之一，它不仅在彰德府安阳、汤阴、林州、临漳、内黄、武安、涉县七县市，就是在晋冀鲁豫也是赫赫有名的。

妙真饭庄的美味佳肴不仅吸引了本乡本土的顾客，同时也吸引了南来北往的高官与巨商。特别是远道而来的外地客人，他们能品尝到妙真饭庄地道的美味佳肴而引以为荣。

妙真饭庄历来高朋满座，座无虚席，生意火爆，赞誉有加。

妙真饭庄生意火爆除了良好的经营理念外，还与饭庄影壁上方桌大的福字有关。此字很有创意，出自一位大书法家的手笔。字遒劲有力，轻重有度，刚柔相济，龙飞凤舞。福字寓风水宝地、福满乾坤、口福圣地、迎喜接福、大富大贵、洞天福地之意，更是为人所称道。

此字不仅吸引了无数的顾客，也引起了饭庄内一跑堂小伙计的注意。他每次抹桌面，都要在桌面上用揾布[1]蘸

[1]　揾布：方言，抹布。

上清水认认真真地模仿这个福字的写法，并且潜心琢磨这个字的间架结构与气势，久而久之，他还真的模仿到了家。但他仍然锲而不舍，日复一日地持续下去。

后来，饭庄的影壁由于受到暴风骤雨的冲击而倾倒了，上面的福字也自然而然地随之不存了。东家虽然招来工匠重建了影壁，但那位书法家已经过世。东家只好请来几个大笔[1]先生另行书写，但均不中意。就在东家进退两难之际，跑堂的小伙计自告奋勇，毛遂自荐，向东家说让他试试看。东家说："你既没上过学，又大字不识两布袋，我岂能让你在这显眼的地方胡抿[2]乱画呢？"

小伙计说："我写不好别的字不假，但写这个福字倒是小菜一碟。"

东家听他口气不小，就答应了。他用抿布蘸上墨，一挥而就，其效果并不亚于原来的那个福字。

东家放心了，高兴了，与他开玩笑说："你真是笤帚底下的北瓜呀！"

小伙计问："你这话怎讲？"

东家说："不许过[3]呗！"

饭店的生意照样红红火火。

一天，有位回京的官员听说妙真饭庄名气很大，便去探听虚实。他刚步入妙真饭庄，就一眼看到影壁上的诱人的福字，于是停下了脚步，他看了又看，啧啧称赞说："神来之笔，神来之笔也！"随后命随从叫来东家。

他问："这个福字是哪位大笔先生书写的呀？"

东家说："不瞒您说，是本饭庄的一跑堂的小伙计写的。"

官员觉得他这话有些言过其实，便让他马上找来那个小伙计。

他们见面后，官员问他："这个福字是你写的吗？"

小伙计说："说不上写，是我胡抿乱画的。"

官员说："不管是写的，还是胡抿乱画的，反正我很看中这个字。待我回京时，我想带你进京，请你给本官的

影壁上也写上这样一个福字。"

东家说："谢大人给妙真赏光了。"

长话短说，小伙计到了京都北平之后，那位官员让工匠铲除了影壁上的壁画及题词，经过重新修饰后，问他："你用什么笔？用什么墨？"

小伙计说："我只用墨而不用笔。墨要用起明发亮的好墨，至于笔，一块可手[4]的抿布就行了。"

官员听了，连连说："不可思议，不可思议！"

当厨房师傅送来一堆抿布后，官员就指派好几个人代他研墨。

研墨的研了一阵问他："够不够？"

小伙计说："半铜盆就够了。"

小伙计挑选了一块可手的抿布在墨汁里蘸了又蘸，握了又握，觉得服手[5]了，就把墨汁端到影壁下，三八两下就把那个福字写好了。众人见了，齐声喝彩。

官员夸他道："好哇！你可谓上鞋不拿锥子——针（真）中！"

接下来官员又让他写些条幅什么的，他说："我只会写这个福字，别的字一概不成。"

官员问他："你怎么光会写这个福字呢？"

小伙计说："是我天天握着抿布练的。功夫下到了，自会写出好字来。"

官员哈哈一笑说："你可是一个福字进京都啊！"

采录者：　宋魁元，男，69岁，殷都区大司空村人，
　　　　　小学，退休干部
采录时间：2005年3月
采录地点：殷都区大司空村
选自：　　《民间故事选》

---

[1]　大笔：方言，指大书法家。

[2]　胡抿：方言，意为胡乱写。

[3]　不许过：方言，没有想到，想不到。

[4]　可手：方言，适用，适合。

[5]　服手：顺手，得心应手。

宋魁元《一个福字进京》手稿（摄影：宋海庆）

211

活神仙出丑记

从前，在安阳西部山区，有个巫婆，自称是五姑娘的传人"活神仙"，不少人家有了病，都要请她去摆治[1]一番。

一天上午，有个小青年，请她去给他娘看病，见她正在下神，没敢吭，就站到一边儿等着。这时候巫婆的闺女问她中午做啥饭，她连眼皮儿都没抬，说："你爹不在家，剩下咱娘儿俩，下上半升米，切些老北瓜，门旮旯儿有豆子，抓上一大把。"这个小青年想，下着神还管做饭，真邪乎，心里就有了怀疑。等她下罢神，这个青年说了来意，活神仙就同这个青年一道去医病。

活神仙一到这个青年家门上，就东瞅瞅西看看，都暗记在心里。吃了饭，洗了手，烧上香，上到炕头，盘腿坐了，一本正经地下起神来。她说："想病好，不作难，需要多少花些钱。"

病人家的人说："只要能治好病，需要啥尽管说。"

活神仙说："一斗米、一斗面，拿到俺家去还愿，还得配两丈布、十尺绸、八斤大肉、五斤油。"

[1]　摆治：处置，摆弄。

病人家里的人忙说："中！中！"

活神仙见要的东西都送去了，开始说起病因来："门前碾子是青龙，不该朝着老羊圈。"

"好！搬走。"

"纺花车子也是神，不该挂到墙上边。"

"好！摘下来。"

"为啥你家有病人，只因后院有新坟。"

病人家说："那不是新坟，那是一堆麦糠。"

那小青年说："一时来得慌张，没有仔细端详，只说那是坟堆，谁知那是麦糠。"活神仙见端了她的老底，赶紧跑了。

讲述者： 申应，男，59 岁，安阳县善应镇人，文物管理员

采录者： 申兴发，男，57 岁，安阳县善应镇北善应村人，初中，干部

采录时间： 1991 年

采录地点： 安阳县善应镇善应村

选自： 《狐狸坟传奇》

212

旋风

人们都说旋风是坏风，刮到哪儿就会祸害到哪儿，不是刮倒房子就是刮翻树，再不就是吹跑人。总之见了旋风，哪怕只是个很小的旋风都要"呸呸呸"地吐几口唾沫。

城西北某村有一个财主，家里喂着两头牲口，种着百亩良田，雇着五个长工为他们耕田，短工那是经常使用。当家的叫米粮川，生下了四个孩子，长子叫米市，二子叫米香，三子叫米山，四子叫米囤。

且说这米市生下就聪明伶俐，什么事儿一看就会，一瞧就懂，长大了更是聪明过人，遇事总是出个鲜点，人们就跟他起了个外号叫作"露球能"。且说露球能见父亲越来越老，弟兄们越来越大，后来又都娶了妻生了子，知道用不了多久就得分家。看到这么大的家业就要一分四份，自己只能得其中的一份，不由得感到前景凄凉，就想多吞一份。

这米市有个酒肉朋友叫张群生，从小跟米市同学，由于都会耍个小聪明，两人就臭味相投，上学的路上就在棉花地中间的小斜路上折了三根棍儿，插到田埂上充作香，就拜了朋友。由于这张群生做事也不随大流，人们就跟他

起了个外号，叫作"瞎球怪"。且说这露球能想吞一份产业，就找瞎球怪给自己出主意。瞎球怪说："要想吞一份产业只有找个人，写一份假借据，就说借了人家的钱给老爹看病，到爹死了后就让人家拿着借据找家里要钱，弟兄们听说欠人家的钱，肯定得从家产中抽出一部分来还人家。到分了家你给人家要过来这个钱，那么这钱就是你的了。"

露球能听瞎球怪这样说，知道这是个好办法，就说："群生啊，咱们从褐扒肚儿[1]时起就在一起耍，长到这三十半辈子你也把我当哥看，我也把你当弟待，咱们虽不是一个娘生的，但也如亲弟兄们，你就帮帮我这个忙怎么样啊？"瞎球怪听露球能说让自己帮忙，当然要帮了，就一拍胸脯说："好，这事兄弟我来帮你，咱们就写个假借据来。"于是两个一捏咕就写了张借据，上面写着："今借到大洋一千三百块，给老父亲看病用。立借据人：米市。"这米市写了这借据后，一想，不对，我这是日鬼捣棒槌[2]咧，要是瞎球怪给我反悔了，将来我们米家的这笔钱不就白给张家了吗？就说："群生，我给你写这个假借据，你也得给我写个字据。要写明米市没有借张群生的一千三百块大洋，米市写那字据是为了多分点家产。张群生从米家拿到一千三百块大洋要如数还给米市。为了答谢张群生的相帮，张群生还米市一千三百块大洋后，米市给张群生一百块大洋作为答谢。"

瞎球怪一听米市这样说，拍着胸脯说："好，我写。咱们是朋友嘛，为朋友两肋插刀都在所不辞，我咋能糊弄朋友呢。"说着就照露球能的话写下了字据。于是两个人换了字据，要一块耍米家的三兄弟了。

再说露球能与瞎球怪写下这字据后米市他爹果然生了大病，整天求医问药，也花了不少钱。米市看他爹的病真瞧不好了，在取药时就不到药铺去取了，而是带了几张包装纸，带了一把修剪果树的剪子出了门。到河边把这棵小树剪一段，把那棵草剪几根，然后剪碎了，拿个铁片放土疙瘩上，把碎树片碎草末放上面，下面烧起火来烤，等烤干了就分作几包，拿回去充作中药跟他爹吃，只盼他爹早

[1] 褐扒肚儿：光着身子。
[2] 日鬼捣棒槌：捣鬼。

点死掉好分家产。可没想到他爹吃了这些树皮草根倒渐渐好起来了，慢慢地竟能下地干活了，弟兄们也感谢大哥为父亲的病四下奔波。这一下可急坏了露球能，没想到歪打正着，树皮草根竟救了父亲。于是就找到瞎球怪说了这事，并说："是不是老爹瞧着我呀，我盼爹死，爹反而不死呀！要不这样吧，你把我写的字据给我，我也把你写的字据给你，这事算拉倒吧？"

瞎球怪跟他说："你老爹都七十多了，尽他活他还能活多少天？这字据咱们就还各自拿着，等你爹死了我就帮你要钱。"说得露球能也心存希望，只能等老爹死了。

这一天米粮川又跟长工们在一块儿犁地，嫌长工们犁得慢，就亲自扶犁操鞭犁地，要给长工们做个样子看。没想到干了一晌午到太阳中天时竟然一头倒在地头上死了，米家人也顾不得犁地下种了，就先去办老爹的丧事。于是请和尚念经，请人绑纸色，请来亲戚朋友吊丧，买来柏木棺材埋爹，呼呼喝喝七天，才算让老爹入了土。老爹一死，弟兄四个见没了家长，就坐到一起商量分家了，这时瞎球怪就拿着米市的借据来要债了。米家兄弟一看借了人家一千三百块大洋，一下都愣了。但想到米市天天去药行给老爹抓药，也确实要花钱，这米家老二米香也是个人物角，说："当初人家借钱给老爹看病，咱们不能赖账。家中没有钱，把北地的二十亩卖了给人家群生。"于是立刻找来要主，找来中人，把二十亩水浇地卖了一千三百块大洋，当众给了瞎球怪，收回了露球能给人家写的字据，当众焚毁，又送给瞎球怪一头猪表示感谢。然后把余下的地、房屋折算了一下，弟兄四人一人一份，说好弟兄们一人一个月养老母亲，老母亲百年后死在谁屋中就在谁家办事，费用弟兄四人共摊。

家分后没几天，米市这露球能觉得多分了一份产业，高兴异常，就提了一瓶酒，拿着瞎球怪写的字据找瞎球怪要钱。可是，自从露球能给瞎球怪写了这份字据后，瞎球怪就在打这一千三百块大洋的主意。所以当初露球能有反悔的意图时他就充好人骗他。今天露球能来找自己要款，就拣人物话说："拿来字据吧。我给你钱。"露球能没有多想，就把字据给了瞎球怪，没想到瞎球怪一下把字据扔到煤火眼里烧了，然后拿过露球能提来的酒打开，找

了两只碗，一个碗中倒了一半，举起碗来说："米市，来，喝酒。"这会儿露球能心中只是想着那一千三百块钱，就问："群生，那钱呢？"

瞎球怪说："什么钱？"

露球能说："咱们不是定了假借据，从我们家要了一千三百块钱嘛。钱你拿了，该给我了。"

瞎球怪说："米市，哪有这事。咱们俩褂肚儿长这么大，干什么可从来没有说个不字。你咋能赖我讹你家的钱呢？"

露球能说："咱们立的有字据呀？"

瞎球怪说："啥字据，在哪儿呢？"

露球能说："我刚给你，你不是放火眼中烧了吗？"

瞎球怪说："哪有这回事？当初你给你爹看病借了我们家的钱，你的弟兄们还了。你却又想赖。我没想到你米市长了这么大白长了，竟然会赖人了。世上少有你这样的人，我往后不跟你这样的小人牵连。"说过把碗中的酒咕咕咚咚喝下，把碗一摔，推了露球能就往外走。露球能没想瞎球怪会这样，扒住人家门框就是不走，瞎球怪就叫来自己的兄弟，推的推，搡的搡，抬的抬，拖的拖，把露球能扔到门外了。

露球能吃了亏，可这话又没法给弟兄们讲，只好忍气吞声地回到了家。回去了觉得自己心里窝囊得慌，蒙了床被子就睡，老婆来问怎么回事他也不说。躺了三天还得下地干活，从此就得了噎嗝症[1]，没过几个月就死了。在临死前，他把这事告诉了他儿子。儿子见爹露球能没能到点子上，倒让瞎球怪给椎了，也不好意思对人讲，就老老实实地做人，再不敢有半点出格。

再说瞎球怪得了这笔不义之财，就在大路口盖了一溜十八间房子，开起杂货店来了。进来丝绸布料、生产工具、饭锅蒸笼、犁耧锄耙、茶叶香料，想一下子发成百万富翁了。这路口离市也远，离集也不近，附近的村子也不少，过路行人更是屡路成条，于是他这杂货店生意也挺兴旺。笑得瞎球怪嘴都差点咧到耳朵上。

且说六月六这天，天气十分晴朗，庄稼在阳光下伸展着身体，拼命地往上拔节儿呢。突然来了一股旋风，卷着树叶草棒，把碧蓝的天空都染黑了。说话间旋风到了跟前，把瞎球怪的杂货店给卷走了。布匹、衣服、鞋帽、权把扫帚、铁锅竹笼都卷上了天，黑云中好像有一只手，把一件件物件儿都收去了。旋风过去，地上连一个砖头瓦块也没有留下。瞎球怪见旋风这样厉害，知道自己理亏，想那旋风可能是露球能变的，来夺自己的钱帛来了。

这瞎球怪家本来就很穷，办这杂货店时用光了诈来的钱，又把家产变卖了大半，才办成这样，没想到一风儿给挑了。这年又遇上大旱，庄稼颗粒无收，瞎球怪家人没饭吃，只好拉了棍子去要饭。到了北漳河边儿，又来了一个大旋风，又是刮得昏天黑地。旋风过去了，瞎球怪的孩子老婆都被刮得没影了，瞎球怪到处去找，一没小心跌到一个大井中淹死了。

再说三十里外有个寺庙，里边住着十来个不正经的和尚。他们经常与香客发生不正当的关系，还经常到附近的尼姑庵中调戏尼姑。这天那些和尚正在寺院里坐着闲聊，忽然见天上飘着一块云彩，周围却一点云彩也没有，正看时，就见从云中掉下一个小娘们儿来。这小娘们儿原来是瞎球怪的老婆，她被旋风卷到天上，可被吓坏了，如今落到和尚堆里，双手紧紧抱住一个和尚就不放了，一头拱和尚怀里说："吓死我了，吓死我了，孩儿他爹，快抱住我别丢手。"这和尚本就是个淫棍[2]，见一个小娘们儿拱怀中，抱起来就进了禅房，扒下衣服就占有了她。其他和尚见了也过来，你上来我下去，把瞎球怪的老婆占有了。从此他们就霸占了她，让她做了和尚们公用的老婆。

瞎球怪的女儿也被旋风卷到漳河北，一下掉到一座山林中。那里有几只豹子正在打食，见来了个半死的人，扑上来就把她吃了。瞎球怪的儿子还小，被旋风卷到一个水塘中，这时有个老翁在河边钓鱼，见了把他救了出来，让他做了义子。瞎球怪亏了心，被旋风卷得家破人亡，有个儿子也管人家叫爹去了。

---

[1] 噎嗝症：胃癌，吃不下饭。

[2] 淫棍：色鬼。

讲述者： 许学书，男，已故，殷都区北蒙办事处三
　　　　 家庄村人

采录者： 刘耀青，男，53 岁，殷都区小庄村人，
　　　　 中专，农民

采录时间： 2006 年 11 月

采录地点： 殷都区北蒙办事处三家庄村

选自： 《中国民间故事全书·殷都卷》

附记

　　讲述者许学书是我的外公，生于 1895 年，1968 年去世。1963
年安阳当地涨大水（水灾）后，外公家的房子倒塌，我随母亲到外公
家修房子，晚上在睡觉时外公讲了他们村一家人的故事。这家人的老
大十分贪财，为侵吞家产给别人共造假契约，分家时给人家一百块银
元。结果对方不认账，昧了他的钱，使他得癌症死去。而那个榷他们
的人也没有好下场，最后家人没有一个活得好的。2006 年主编《中
国民间故事全书·殷都卷》时，我将这篇故事进行了整理并收入书中。
（刘耀青）

213

西大井扬沙

　　城西某村有户人家姓靳，传说老家在东北，跟着清朝
人打仗有功，被人家赐姓爱新觉罗，翻译成汉语就是姓金。
后来清朝倒台了，这户人家也觉得再姓爱新觉罗没意思了，
也就改作老姓姓靳。可总觉得姓靳没有姓金能发财，又改
作姓金。

　　这金家人在集上办了个杂货店，什么也卖。但这金掌
柜想做生意，又怕遇到熟人不好说话，就收了两个小伙计，
一个叫礼的，一个叫升的。这礼的长得明眉大眼，手脚也
勤快，又格外听话，金掌柜的很喜欢他。这一天金掌柜的
店里来了一个朋友，要买二斤酒。这人虽说是金掌柜的朋
友，但这朋友也只是酒肉朋友，是共酒不共心的。听说他
要打酒，金老板就说："礼的，去给孙哥打二斤好酒来。"
礼的应一声"好咧！"就去了。

　　当时杂货店、酒铺卖酒可不是把酒分成几等几级。而
是把酒头、酒尾都搅到一个大缸中。缸上面的酒含酒精度
高，含水量少。而下面的呢，含酒精度低，含水多。当时
的人买酒只要酒辣就行了，酒下到肚中能马上烧心就认为
是好酒。所以这好酒嘛就是从缸上面舀酒，赖酒嘛就是从

中间或下面舀酒。礼的听掌柜的说给朋友舀好酒，是绝不敢舀赖酒的，到了酒缸前就用酒舀子从上面为朋友撇了[1]好酒，然后送上去。

这掌柜的也是个人精，只要一闻酒味就知道酒是好酒还是赖酒。他接过酒一闻，暗道："坏了，今儿一天的工夫又得了，赚不到钱了。"但面对朋友，心里有事嘴上也不能讲，就含着笑把酒递过去，客套几句收了钱，把朋友送到了门口。

朋友远去了，金掌柜回到铺里就座，问道："礼的，你从上面给孙哥舀的酒还是从下面舀的酒？"

礼的说："掌柜的，我按你的吩咐，专门从上面跟他撇的好酒。"金掌柜一听礼的这么说，瞪起眼来了："礼的，你咋就这样傻？那好酒一斤可以兑五斤水呀。一块钱一斤，就能赚四块钱哪。可你把好酒给人家了，你吃什么呀？"骂得礼的灰头土脸，站在那里不作声。从此礼的就学精了，不管什么人来买酒，一律从酒缸底下盛酒。一些不经常喝酒的人还尝不出来，一些经常喝酒的人却能品出来。但酒喝到肚子里变成尿了，也不能给人家退了，除了在背地里骂娘也没什么办法。

村里有个会唱秧歌调的，每到春节就踩着高跷到各家店铺前唱小调，顺便也讨几个小钱。于是就年年组织一班人，有拉弦的，有打家伙的，有跟着扭的，一家挨一家串。到了店铺门前或主儿人家门前停下来就唱。当然唱的都是祝福词儿，"恭喜发财，万事如意"什么的。每当唱完了，主家就拿几个钱，或者一包瓜子糖果什么的，送给唱小调的人们。可这金掌柜的却是个老鳖一[2]，是不想出一分钱的。每年人家演秧歌戏的到他的店铺门前，他总是关着门，那些唱秧歌调的唱了也等于白唱。于是这些唱秧歌戏的就编着词儿骂他。当年这帮人踩着高跷来到金掌柜的店铺前，一看没人出来，就唱起来："送情郎送直到大门以北，一抬头看见个老王八驮石碑。要问那老王八你犯了什么罪，他言说卖烧酒往里头搅冷水。"

这金掌柜的店铺是没有开门，可金掌柜却在里面烤火。

[1] 撇了：从上面舀。
[2] 老鳖一：戏中的人物，吝啬鬼，一毛不拔。

他想我不出钱还得听你们祝福，这才是精明人呢。没想到听着听着脸就变了色，骂道："这帮混蛋，大过年的怎么倒骂起大爷来了？"就跳起来一下抽了门闩，蹦到大家面前，叫道："别唱了，别唱了。"秧歌队停下了锣鼓音乐，看金掌柜说些啥。这时金掌柜又说："我进的酒都是原装货，我从来没有往里面搅冷水。"

这时唱曲儿的安老大踩着高跷就走了过来，说道："金掌柜的，你没有往酒里搅冷水，我们也没有说你搅呀？我们唱的是老王八卖烧酒往里头搅冷水呀！你想往身上搅呀？你是老王八吗？"话呛得金掌柜咕嘟咕嘟说不上话来。

大家见金掌柜愣了，就又敲起鼓拉起弦来，踩着高跷往别的店铺走去。另一家老板就怕这帮秧歌队对自己不恭，就高高地提着糖果包站在门口，另一只手中还拿着一叠花花绿绿的票子。踩高跷的立刻卖命地舞起来了，然后净拣好听的词儿唱，高兴得那家掌柜的笑得合不拢嘴。

再说这金掌柜大过年的挨了骂，心里很不是滋味，就想着榷集上的百姓。但酒里搅冷水的事儿人家知道了，再搅就没人买酒了，只好按原装卖。但他却又往大米小米中搅沙子，一斤粮中能搅一两半沙子。这沙子细，用水淘一下也能吃，但却少了分量。许多人到他店里买米，吃后都觉得亏。但他的米却比别人的便宜几分钱，人们想买他的米还不想让他榷，有人就想办法治他。

又是那帮唱秧歌调的小伙子凑到一块，说了金家米中掺沙的情况。于是为首的安老大来了主意，说："这样吧，西大井地里有金掌柜的二亩半地，他近日就要到地里浇返青水了，咱们榷他一下。"

且说这金掌柜的有生意在，也不愿让地里的活儿耽误了，大过年的也不让小伙计回家，大十五[3]的就把小伙计赶到地里浇地。他家有三块地，一块在西北岗，地块斜，不好浇，就让小伙计们夜里去浇。西大井的地好浇，放了水到地另一头插一张锹，水流到那儿后地一软，锹就倒了，满地的人就是睡着觉也就知道了，所以他自己去浇。

这金掌柜摸黑改好了水，背着条破被子就到了地另一

[3] 大十五：正月十五。

头找地方睡觉。这另一头的地边有另一条沟，如果没人放水，是干的，人躺到沟里垫点野草就可以睡觉了。这金掌柜就把锹插到麦地里，背着被子到处找野草铺底儿。可安老大一帮子小伙子们早做了手脚，在地上埋了皮筋，皮筋牵着木机，木机上面有个木翘儿，翘儿上面放着牛皮纸，里面包着一包沙子。只要脚绊住皮筋儿，就牵动木机，木机就把翘儿上的牛皮纸弹到空中。这牛皮纸中一般装三五斤沙子，一下扬起来就能迷了人的眼睛。这金掌柜找干草铺底儿时一下子踏住了一根皮筋，翘儿就弹起来，把沙子全给他倒头上，把他的眼也迷了。他双手去扒眼，这时安老大跟踩高跷的小伙子们从暗处钻出来，一人扛个盛着沙子的篮儿，抓起来沙土就往金掌柜头上撒，让他怎么也睁不开眼。等大家扬够了，吱地叫一声都起来跑了。金老板以为西大井地块上有了鬼，扒开两眼看清路了，背了锹和被子就跑。天黑，路不好走，被田埂儿绊倒了好几回。回到家里脸上跌出了血，嘴也跌成了猪拱嘴儿。

第二天早上，浇地的两个小伙计还没回来，踩高跷的几个小伙子早早就来敲门儿，叫着要买东西。金掌柜听了抓起衣服穿上就往铺子中跑，跑到那儿打开门儿，一看人站了一大片。可他回来后衣服却没有洗，一身沙尘。问大家买什么，大家都说买米。这时安老大说："哎呀金掌柜，你咋一身沙子，是不是在往米里搅沙子，没小心搅到衣裳上了？"

金掌柜赶紧说："没有没有，我昨晚上浇地遇到鬼了，扬了我一身沙子。你们要米，要多少，我现在就给你们制[1]米。"安老大说："鬼给你把沙子扬到身上倒没什么，扬到米里就坏事了。"金掌柜的说："没有没有，鬼在西大井扬沙咋能扬到我的米柜中呢。来吧，你要多少？"

安老大说："鬼本事大着呢，能在地里扬沙就能在家里扬沙。扬到米中了没有，我得瞧瞧。"说着取过米铲斗铲了二斤米，从伙伴们手中拿过早准备好的罗面罗就筛了起来，不一会儿沙子就落到柜台上一堆。就说："金掌柜的，你这鬼做大了啊，不仅能把沙子扬到地里，还能扬到米里。看来鬼附着你呀。"说过把罗中的米倒在米柜中，跟大伙儿一块走了。

[1] 制：用秤称重量。

金掌柜掺沙的米没人要了，金家人只好自己吃了。

讲述者：　霍金邦，男，已故，殷都区小庄村人，农民
采录者：　刘耀青，男，53岁，殷都区小庄村人，中专，农民
采录时间：　2006年7月
采录地点：　殷都区小庄村
选自：　《中国民间故事全书·殷都卷》

附
记

豫北有个风俗，每到春节，人们就会演"故儿"，也叫社戏。有的踩高跷，有的唱小调，有的在本村扭，有的到外村扭，还有的到集镇上去扭。而村里的富户、镇上的商户听到有人到自己门上演故儿，都要拿出香烟糖果点心之类作为礼物相送。当然，演故儿都是唱些祝福之词的，祝人们新年物阜年丰、大吉大利。可也有的人家平时坑人榨人，为人们所不齿，于是人们就编着小调来骂他们，骂他们卖烧酒搅冷水，兴秤（过秤，用秤称量）兴得不够数，卖粮卖东西缺斤短两。那些商户和大户为了让人家多讲几句好话、不骂自己，听到鼓乐声赶紧出门，举着点心包或者烟酒在门外等着。演故儿的当然要唱些好词了。有的人为了让人多表演一会儿，还拿出银钱奖赏，图个热闹。讲述者霍金邦与我同村，生年不详，1989年去世。他平时好讲故事。1985年本村建葡萄园时，派村民用夹板土造墙，就在霍金邦家门前。当时人们没有用夹板土打过墙，就请他指导。他到了现场帮着打墙，歇着时讲了这个故事，说的是洪河屯村一家地主，家里有土地，还开有杂货铺。当时这人尖酸刻薄，被当地人戏弄。故事中的礼的也是小庄村人。2006年主编《中国民间故事全书·殷都卷》时，我将这篇故事进行了整理并收入书中。（刘耀青）

刘耀青下乡采录民间故事（摄影：刘万里）

214

半
仙
儿
归
正

　　城北某村有个人叫刘老成，是一个长工儿，家里地没
一垄，房没一间，没事时就住在南庙上，给大伙儿看着庙。
这庙上香火很旺盛，善男信女在这里磕了头许了愿，都能
实现愿望，所以来的人越来越多。善男信女儿见刘老头儿
一家可怜，就相约给刘老头儿盖一座房子，于是就约好三
月十五这天一块来到庙上，有车的带车，有锨的带锨，有
杈的带杈，还有的带来了水桶，背来一包麦秸，就在东地
路边给刘老头儿堆起了五间房子的麦秸泥墙。四月十五土
墙干了，他们就这家捐根梁，那家捐根檩，这个捐根椽子，
把顶跟他搭起来了。这时刘老太也跟家人在村外割了野苇
子，编了笆蒲，摊房顶上就压了泥，抹光了。又过了几天
有人就上窑给刘老头儿拉来了石灰，和好了麦秸泥跟他上。
屋顶上，从此刘老成就有了一个家。

　　这刘老头儿有了房又拾了一个要饭的女人，就成了个
人家，刘老头儿行好了多半辈子，五十六岁上生下了一个
小子，起名叫刘老硬。过两年又生两个闺女，就那样过着。

　　再说这刘老硬长大了，干什么事儿挺有主意，木匠、
泥水匠、铁匠都会一点儿。到了成家的年纪了，就跟几个

小伙伴们脱坯垒墙，伐了家门上的木头做梁檩，盖起了三间房子来。从地里干活儿回来就拉起小风匣，烧锅做饭，吃了饭就又下地，勤快得让人人说好。也有人开始跟他张罗媳妇。可刚有大姑娘想嫁他，却遇到意外。这一年秋天，老天爷一气下了七天七夜的雨，平地里都往上翻泉眼[1]。下到了第七天老硬家门口的河沟就涨了水，老硬的房子都是土坯垒的，刘家人怕房子倒了就跑到东边一个高地上搭庵子住。刘家的南屋和北屋经水一泡就软了。开始是西北角一大批土坯被水泡软了，就倒了下来，一会儿整个房子就全倒了。刘老硬在东地听到声音就过来看，见有一根梁被水冲了，就拖了回来。

雨停了，刘家没有了房子，又住回了庙里，邻家就帮着刘家盖房子，算是把南屋重新用泥堆起来了。可大家给刘家盖完了房子却不见了刘老硬。原来刘老硬对家乡失去了信心，外出流浪去了。刘老硬来到了城里头，转了一上午也没有找到活儿干，天也下了小雨，只好坐在人家的屋檐下看天。这时候过来一个三尺多高的女子，脊梁上一半锅一半不锅，锅的那边还起着个尖儿。这锅女来到他面前说："大哥，你是出来找活儿的吧？"刘老硬说："是。"锅女就说："来吧，俺家有活儿干。"

刘老硬到了锅女家，锅女有个老爹，坐在屋里就着一碟花生米喝着酒儿，见刘老硬进来了就说："我要盖房子，梁不够长，那儿有两截木头，你给我接起来，不准用钉子，不准用胶，还要顶根梁用。"说着就又去喝他的酒儿。这刘老硬跟老师父学过几天，知道接起来的木头不论怎么开榫掏穴儿，都没有原来的结实。这刘老硬就在那儿想法儿。想了一会儿就把木头错着开榫儿，开了从当间凿洞，把栽子楔进去，这样梁就成了一体，可以与原来的木头一样有力。

刘老硬接好了木梁就给锅女他爹看，锅女他爹一看接得不错，说："来吧，来喝酒。"说着给刘老硬倒了一小碗叫他喝。刘老硬肚子也饥了，坐下来就喝了一小口，伸手抓花生豆儿吃。锅女他爹说："闺女，给他做饭吃。"这锅女就去屋里擀了面条，炒了鸡蛋出来，往桌子

上一放说："吃吧。"锅女他爹却说："吼吃咧[2]。吃饭以前你得答应我一件事，答应了再吃。"刘老硬问啥事，锅女他爹说："你娶了俺闺女咋说都中，不娶俺闺女饭你也别吃，起来走人。"刘老硬一瞧这锅女就这样，娶她当媳妇那是十二分不情愿，但肚里正饥哩，吃了饭再说，就说："中，我娶她。"说过端起面条儿就吃。吃了饭站起来就要走人，可没想到锅女她爹却有很大的手劲，手一提溜就把刘老硬给提起来了，一下扔炕上："啊，你小子敢给我说不，吃了俺闺女的面条想走人，没门儿。"刘老硬看锅女的爹有恁大劲，也不敢说走了，就在那儿凑合着跟锅女过。

这锅女的爹是个有名的神汉，在城里下神驱邪那是一能儿[3]，别人有事都找他。这一天他出去了，人家来找他下神他不在，人家就叫锅女去。这锅女不会下神，却会瞧见啥就哼哼啥，就跟人家去了。到人家那儿锅女浑身一抖就哼哼起来了。她在路上看见了一群羊和几头猪，这会儿就哼哈猪羊："黑头猪来白头儿羊，一堆的小鸡儿刨麦场。"一看人家门口上挂着好像是猪头，就说："墙上挂着猪头你不供养。"人家赶紧说："那不是猪头，那是茄种。"锅女就说："茄种就茄种，老爷我要回空！"说过身上也不抖了，安生下来了。人家问闺女的邪症咋样治，她说天天吃猪头就能过来。人家给了她二两谢银就让她回去了。那家闺女得的是营养不良病，病发作起来浑身颤抖，吃了猪头果然好了。

锅女回去把这邪病邪治的法儿给刘老硬一说，刘老硬就记在心里了。今天跟丈人学几招，明天跟锅女学几招，就把老丈人下神弄鬼的事儿就都记下来了。可他不出名，别人也不知道他会下神，他还得做木匠活儿。他见锅女没事干，就做了一些锅盖让锅女卖，锅女卖锅盖的也是稀罕事，许多人就都来看。看她是个残疾人就都买一个锅盖回去，倒使锅女的锅盖卖得很快。

过了两年锅女她爹死了，人家来找人下神就找刘老硬，刘老硬对丈人下神耳濡目染也会了不少。到人家家里先问

[1] 翻泉眼：地下水翻上来。

[2] 吼吃咧：停一会儿吃。

[3] 一能儿：小能人，耍小聪明。

0353

故事·河南卷·安阳分卷
生活故事

病情，然后再下神，下了神也给个方儿治邪病，竟然使不少人都好了。这一下人们更信他了。可是，他手里有了几个钱却看不起那三尺高还是半个锅子的锅女了。如果把锅女扔了，人家也会因扔锅女而不相信自己，那神也就下不下去了。如果不扔锅女，自己年轻少壮咧，夜里搂着一个锅女，睡觉都摁得慌[1]，心里咋能高兴呢？就决定既留下锅女，再娶一位好姑娘。他给锅女做了几百个锅盖，要她在城里卖，然后自己就回到了家乡。

刘老硬又回来了，可家里就那几间土房子，往屋里一住就可憋气。可刘老硬没有办法，只好一头拱进正上午都看不清的黑屋中。这时他两个妹妹见哥哥回来了，就过来看哥哥。小妹妹坐在炕边就问哥这些年到什么地方去了，找没找个嫂子来。这刘老硬是在城里找了个卖锅盖的锅女，心里本来就不舒坦，又见小妹提这一壶，心里就烦了，说："恁哥没有钱，娶不上媳妇，你们赶紧嫁了，把地盘给我腾出来，让我娶媳妇。"妹妹见他进门就说这样的话都愣了，刘老硬就张罗着给妹子找对象。没几天大妹子找个样儿不错的男人，刘老硬就在漫天地里夹了几只兔子，做了一锅菜把妹子给嫁了。轮到小妹子出嫁了，他在地里下了两天套没夹住兔子，就下河网虾捞鱼，把鱼鳖虾蟹弄了两盆儿，做了几盆菜把小妹子出嫁了。这一下刘老硬心里轻松了，就跟他老爹一块儿过，一有空儿就下乡去下神，瞅机会搞对象。

这一天刘老硬来到西北岭儿上，听说村里有个疯闺女就找上门要给人家看。这疯闺女是因为她爹她娘把她看得太紧了，见她跟人家小男孩说句话也开教，多看人家一眼也开教，说话多了也开教，不说话也开教，过了一段闺女就疯了，开始是在炕上躺着就一下跳起来，说某某小青年来了，要娶自己咧，随后就是跑到村头大路口，举着手向过路的打招呼。过了一段，见了男的就走过去拽，不断地说："你娶了我吧，我给你生大胖小子。"家里拿闺女没法，想找个家把她嫁出去，她又正疯着呢，没有人要，只好在家守着。这刘老硬进了人家的家，走了几步看了看就走到门口喊："有人吗？"这时就见那闺

女从屋里跑出来了，上前扑到刘老硬的怀里，说："老头儿的[2]，你是来娶我的吧。快来快来，我在这家里等不下去了。"刘老硬一看这闺女长得非常好看，就想把闺女娶了，可自己与人家素不相识，还得装神弄鬼。这时闺女的母亲来了，见闺女抱着人家就想拽开她，可越拽闺女搂得人家越紧。这刘老硬说："别动，让她再搂我一会儿，我就把她身上的猫精给吸走了，吸走了，你闺女就好了。"果然，那闺女搂了刘老硬一会儿就好了，说："老头儿的，咱回家吧。"她娘一见闺女清醒了就问刘老硬："你真把俺闺女身上的猫精给吸走了？"刘老硬装得一本正经："是啊，你看你闺女还跟原来一样吗？"闺女娘见闺女真好了，高兴了，就给刘老硬烙油饼炒鸡蛋，让他吃。那闺女就坐在刘老硬身边陪他吃。闺女娘见闺女一陪刘老硬就不疯了，知道一物降一物，卤水降豆腐，就说："嘿嘿，俺闺女既喜欢你，你就把俺闺女娶了吧。她这些年可能等的就是你。"刘老硬就说："行啊，我一会儿就领走。"吃过饭，闺女家就雇了头驴把闺女送到刘老硬家了。

刘老硬从此就跟这疯闺女过起了时光，也许这疯闺女就是跟他丢着[3]呢，到他家什么也能干，什么也会说，把他家收拾得井井有条。这刘老硬有了老婆心情是高兴了，可是小妹虽然出嫁了却还挂连着父亲，仍在娘家住着。这小妹人缘关系好，每到晚上就有小姐妹们或村里的小媳妇来她家让她教做针线活儿，让她帮着剪鞋样儿，让她帮着纳底子花儿。刘老硬家住的是两头两个里间，中间三间外屋，妹子就跟姑娘们、小媳妇们在外屋说笑，这刘老硬就容不下了。这一天刘老硬跑到小妹的婆家，对小妹夫说："你们管不管了，管不管了，恁媳妇可在娘家不安生了，每天夜里三四个。你们要不管，那我就把她的胳膊腿给打断了，给恁弄个瘸胳膊断腿的送来。"小妹夫一听说媳妇不正经，就把媳妇叫回来。可媳妇回来了他也不问啥事，吃过饭就睡觉去了。小妹吃过饭不能马上进屋睡，得帮婆婆洗了锅碗才能进屋，可男人就是不开门，给婆婆说了婆

[1] 摁得慌：摁，硌的意思。触着凸起的东西觉得不舒服，躺得不舒服。

[2] 老头儿的：当地人对自己男人的叫法。

[3] 丢着：等着，放着。

婆就去问儿子，原来是大舅子来了说了这一番话。婆婆觉得自己的儿媳妇不像他哥说的那样，就叫媳妇跟自己睡，第二天就去村里打听了。打听着一个叫五婶的妇女，那妇女听人家这样问，就说："一夜三五个，七八个都有。"婆婆听这心里就发怵了，不由得问："真的？"五婶说："真的，但那些人都是妇女，去求恁儿媳妇帮着做针线活儿咧。恁儿媳妇手巧心灵，大家都愿意偎她。"婆婆听人家说儿媳妇这样好，只是有个半仙哥外气她，回去跟儿子一说，儿子就跟媳妇好了，从那小妹就很少回娘家了。

刘老硬撵走了小妹，自己就跟媳妇好好过了起来，一年到头就生了一个小女孩，两口子逗着孩子也高兴得直乐。这天中午他们吃了顿杂面条，就逗孩子玩，可没想到那半个锅子的锅女人却来了，一进门就对刘老硬说："锅盖卖完了，家里等着你做锅盖咧。"刘老硬一见这锅女来打搅自己就火了："锅盖卖完了卖你脊梁上那锅盖，卖了就有钱花了。"这时媳妇就问刘老硬这人是谁，那锅女就说："我是他老婆，在城里住。靠他给做锅盖卖。"刘老硬的媳妇一听就急了，说："老硬啊老硬，你有这个半个锅的媳妇咋又娶我咧。我不跟你过了。"说过扔下孩子就走。刘老硬起来就去拽，那半个锅的女人却搂住了他的腿。这一个拽的，一个搂的，一个哭咧，一个叫咧，叫刘老硬没法了。锅女是城里人，经的多、见的广，见刘老硬又有了媳妇知道撵也撵不了人家，就说："既然妹子已经进了门，那咱就一块儿过吧。你家里就这个土房子，妹子和闺女也过不舒坦，咱们就一块儿进城吧。我家好赖有几间房子，还有一个小院。我还会卖锅盖挣个钱，拖累不了你们什么。"刘老硬一听锅女这样说，一想是个门儿，就带了老爹和媳妇、闺女，跟锅女一块儿进城去了。到城里锅女管卖锅盖，刘老硬管做木匠活儿，老爹管看孩的，媳妇管做饭打杂，一家人就恁介[1]过了下去。

[1]　恁介：那么，那样。

讲述者：　陶伏兰，女，约70岁，安阳县柏庄镇陶家营村人

采录者：　刘耀青，男，53岁，殷都区小庄村人，中专，农民

采录时间：　2006年6月

采录地点：　安阳县柏庄镇陶家营村

选自：　《中国民间故事全书·殷都卷》

215

娶媳妇考状元

从前有一个穷秀才叫秦纪，这一年要考状元了，就东拼西凑，凑了十两银子上京赶考，一路上舍不得吃，舍不得喝，当然更没钱雇头驴儿了。这一天中午走在漫间地里，走得是又饥又渴，看见前面有块西瓜田就想吃个瓜。到了人家的瓜棚下坐了下来，说："大爷，有水没有？让我喝几口。"这瓜田的老板十分好客，见这人走得一身大汗就说："这里有西瓜，给你开一个吃罢。"说过就挑了个熟的打开，让秦纪吃。这秦纪说了声谢谢就吃了起来，一个十来斤重的大西瓜就一气吃完了。瓜田老板问他做啥咧，秦纪说自己上京赶考的，瓜田老板说："考状元好，考状元好。来，既然你是去求功名的举子，那么我再送你俩西瓜，你背上到路上吃。"说着就下了瓜田。

这秦纪站起来，伸伸胳膊伸伸腿，就见瓜庵里面坐着一个美貌齐整的大闺女，看见他还对他笑了一笑。这秦纪说："哎呀，没想到瓜庵下还有这么好的大闺女，要是我能娶了她，这一生就满足了。"这时瓜田老板摘瓜回来走到他身后，见他看中了自己的闺女，就说："好啊，你既相中了我的闺女，你们现在就拜堂成亲吧。"这秦纪

说："哎呀，岂敢岂敢，我只是随便说说而已。"瓜田老板说："举子，你给我说实话，你是不是真的相中了我的闺女呀？要是相中了我做主，现在就让你们拜堂成亲。"这秦纪想，我只是一个穷秀才，上京考上考不上还说不定呢。如果在这儿完了婚，就是考不上我也就有了一房漂亮媳妇了。就作了一揖说："老泰山在上，请受小婿一拜。"瓜田老板就坐在小板凳上让他拜了。然后说："你要去赶考，事情仓促，你们就在这瓜庵里圆个房吧。等你赶考回来就把俺闺女接到家。"这秦纪就进了瓜庵，跟那闺女拜了天地。这天晚上两个人就住在瓜棚中，成就了夫妻。可就这一回，那女的就怀上了孩子。

且说这秦纪苦读十二年寒窗，那是饱读诗书满腹经纶，到京城一考就成了头名状元。宝殿上见过皇上，皇后娘娘给插了金花，就放到江苏泰兴做了一个七品知县。这秦纪就衣锦还乡，要到老丈人家去接媳妇了。

再说这瓜田老板的闺女是个"为的"[1]，在瓜庵里坐着不出庵那是看哪儿有哪儿，可要是让她起来走路就不得不拄上双拐。虽说家里人让她嫁了个秀才，也怀孕在身了，可她却暗自担心，怕秦纪回来发现自己是个"为的"不要自己了。但又想到秦纪不一定能考上状元，回来还是个穷秀才，娶自己也算有了个家，也就抱着几分侥幸等着秦纪回来。过了几个月，这"为的"正在家里给小孩做小衣裳咧，就听街里头音乐声响了起来，有人就奔到家里报喜，说贵婿秦纪金榜题名，成了状元郎了，放江苏泰兴做了知县。瓜田老板一听就高兴得合不拢嘴了，就带家人出门去迎女婿。这"为的"一听说自己的女婿回来了，也坐不住了，也要站起来去接自己的丈夫。她爹就瞪了她一眼，说："你能走吗？你去做啥咧？"可这"为的"这会儿心里很高兴，非要去迎自己的夫婿不可，猛一下就站了起来，站起来就往外走，跟好好的人一样了。家里人一见闺女好了都喜出望外，高高兴兴地出去迎女婿了。

这秦纪见到了老丈人和丈母娘，一一作揖，当听到老丈母娘说自己的媳妇怀了孕更是高兴得合不拢口。这时媳妇上前挽住了他的胳膊，就和他一块儿回到家里，老丈人

---

[1] 为的：下肢瘫痪、不能走路的人，只能用手撑着身体挪动。

就与小舅子一块儿割肉打酒，摆宴席迎接女婿回来。

　　原来是秦纪媳妇长得太漂亮了，老天爷怕她被别人娶去了，才捏着她腿上的筋儿，让她成了"为的"，安排她和秦纪在瓜田相见。他们结为夫妻后老天爷仍怕秦纪不在家有人打媳妇的主意，还让她当"为的"。秦纪衣锦还乡了，老天爷就把捏着的筋给放开了，这状元媳妇马上就站起来了。这秦纪从丈人家接来媳妇，带媳妇回家看了看父母，就带着媳妇到泰兴上任了。夫妻二人恩恩爱爱，小日子过得是美美满满。第二年生下一个胖小子来，生下来就会说话，长大了也成了状元郎。

讲述者：　袁连喜，男，约60岁，安阳县柏庄镇大花村人，农民

采录者：　刘耀青，男，53岁，殷都区小庄村人，中专，农民

采录时间：　2006年10月

采录地点：　安阳县磊口乡泉门矿山

选自：　《中国民间故事全书·殷都卷》

216

青丝迥

　　彰德府人会吃，把煮过肉皮的汤子撇去油，捞去杂物，熬半天就熬成了迥。凡是透明发亮的，中间不夹肉不夹猪皮的就叫青丝迥[1]。集上就有人专门卖这青丝迥。

　　这卖迥的叫李回的，有个外甥叫张文举。文举的爹死得早，文举娘就一把屎一把尿把他拉扯大。文举是娘这一生唯一的希望，只怕他受一丁点委屈。他说要什么就给他弄什么，他说干什么就叫他干什么，老娘从不说半个不字。这一年文举才十六岁，他娘就四处张罗跟他娶媳妇，费了好大劲儿终于跟他说了一房媳妇，可这媳妇看他家里穷，娘又窝囊，就看不起老娘，进家就提出要给他娘分开过。文举娘为了让儿子能够有个家也就同意了。于是老娘就一个人过，整天里到树下拾些干树枝，到地里拾几根花柴，摘点野菜，配点粮食吃。这文举只管给媳妇热热乎乎地过，从不问老娘有吃的没有，他老娘只怕孩子过不好，有点小灾小病就忍着。

[1]　迥：肉冻。不带一点肉皮的冻，当地叫青丝迥。

这一天老娘又在小锅壳郎[1]那儿烧火煮饭，张文举就来了。娘见了他就问："文举，吃饭了没有？"文举说："吃了，我今儿去赶集了，看娘你捎啥不捎啥。"他娘不知道文举今儿咋这么孝顺了，但孩子只要来问候娘心里就热得得咧[2]，就说："别的不要，你舅舅在集上卖青丝迥咧，你让他给我切一点来，让我开开口胃就行了。"

这张文举到了集上，舅舅喊着"青丝迥，青丝迥"就推着小车过来了。李回的青丝迥在这一带是有名的，车子刚停下来就有人拿了盆咧碗咧来买。有些人在饭铺里喝酒，听到卖迥的来了，也赶紧跑出来买些下酒。这张文举见了舅舅就糊了[3]上去，说："舅舅，你在这儿卖迥咧？"李回的一看是外甥，就说："啊，是文举呀。你娘身体儿咋样啦，要不就叫她到我那儿住两天？"文举说："俺娘很好，舅舅怎不用操心。就是我来时俺娘说怎舅舅卖青丝迥好，叫你给她割点让她开开口胃。"李回的见外甥这样说，就说："好孝尊[4]孩的，来，我给你割一大块，你家都尝尝舅舅的手艺。"就跟他弄了二斤多，用个荷叶包了给了文举。文举接着了迥就说："舅舅怎卖迥吧，有了空儿到俺家住几天。"舅舅说："好好。"文举就走了。

文举回到村头天就快黑了，文举想，舅舅就给这一点迥，如果给娘吃了，俺两口子就不能吃了，不如把它埋在地里边，回去就跟娘说没见到俺舅舅，娘也就不想了。夜里俺就把青丝迥刨回去吃。就钻到花地里，记下了第几垄儿第几棵花，然后就拽了几把草，把青丝迥埋到草下回了家。到家里遇见他娘，娘说："你给我弄的青丝迥咧？"文举就说："我在集上办事呆的时间长了，没见着俺舅舅。"他娘见今天没吃青丝迥，想了就说："啥时再去集上找找怎舅舅，记着给我弄青丝迥来。"文举就说："嗯。"

再说这文举本家有个二叔，知道这文举不是孝顺孩子，见他傍黑往花地里钻，等他走了就去看他弄啥咧。到了文举藏东西的地方拨开草窝看发现了一个荷叶包，打开看里面原来是青丝迥，就说："好你个文举呀，你是怕怎娘吃，

才不往家带呀，老叔就给你打个二号[5]。"就坐花地里三下五除二替他吃了，吃了把荷叶包一扔就往花地外面走，这时就觉得想屙，想了想就回去屙荷叶上，又跟他包好了。

到了夜里，文举惦记着藏在花地里的青丝迥，就开了门去花地里找青丝迥了，见荷叶包好好的，就拿了回来。回到家闩了门就往自己屋里走，这时他娘听见了，就在屋里问："文举，怎刚才做啥去了？"文举说："我刚才出去问人家明天上窑不上窑，要上窑我就叫人家给捎点煤回来。"他娘听他这样说："那就早点睡吧，明天还上窑咧。"文举哼一声就进了屋。

文举到了屋里给媳妇说："快吹了灯，别让娘看见点着灯又过来，咱们俩吃青丝迥。"媳妇"噗"一下就吹了灯，两个人就打开荷叶包，你抓一点我抓一点往嘴里掌，一进嘴觉着这么臭，赶紧吐出来，点上灯一看，一荷叶屎。文举说："咱舅舅明明给我割的是青丝迥，咋就成屎了呢？"

文举本家的二叔的房子就在他的前边，这会儿正隔着窗户眼往文举的屋瞧呢，见两口子吹了灯又点上灯呸呸呸地吐咧，就笑了，唱着说："你小子不知趣，骗了老娘想肥自己，青丝迥本是好东西，你要一吃就变狗屎！"

讲述者：　王秃只，男，约60岁，安阳县辛店乡大狗冢村人，农民

采录者：　刘耀青，男，53岁，殷都区小庄村人，中专，农民

采录时间：2006年8月

采录地点：殷都区北蒙办事处大碾屯村

选自：　《中国民间故事全书·殷都卷》

[1]　小锅壳郎：小土灶。

[2]　热得得咧：亲热，热乎乎的。

[3]　糊了：糊，有黏性的东西。糊了，形容紧贴着，紧跟着。

[4]　孝尊：孝顺。

[5]　打个二号：抄他的后路。

青丝迥本是当地一种美食，官话叫皮冻。但这青丝迥与皮冻的做法又有不同，它是用煮肉的汤熬制成的，中间没有一点肉或者猪皮，特别适合没有牙的老人吃。《青丝迥》的故事就从一块皮冻上反映出孝道问题。农村有个曲儿，说是麻喜鹊尾巴长，娶了媳妇忘了娘。确实有的人是这样的，有了好吃的东西与媳妇关了门吃。结果人们就讽刺这些人，骂他们不孝敬老人，只配吃粪。讲述者王秃只，生卒年不详。当时我在西面山上修跃进渠，被派到山上的工程指挥部领炸药，当时保管下山去运物资了，我就跟大狗冢来的人一块儿在指挥部等保管回来。当时闲得无聊，大狗冢的王秃只就讲了这个不孝顺老人的故事。（刘耀青）

217

屁姑娘

有个姑娘长得很漂亮，漂亮得没有人比得上。等到她刚刚开始谈婚论嫁时，说媒的、求婚的排成队，就要踢破门槛、挤翻墙了。可是后来提亲的人都一一打了退堂鼓，一去不回头。不长时间咋会出现这样大的变化呢？不因为别的，就因为她好放屁，她的外号就叫屁姑娘。

一美遮百丑，更何况她只是这一丑呢，后来还是被一户人家相中了人，不计较她放不放屁的了。婚事定下来不久，屁姑娘就被男方娶了过去。

屁姑娘过门没出三天，婆婆见她面色苍白没有血色，肚子胀得比将要临产的孕妇还要大，一举一动少气无力，便心疼地问她："你是咋的？肚子怎么会胀成这样？你要是感到哪儿不适，咱就请个郎中来看看。"

屁姑娘说："婆母娘你放心，我年年轻轻，能吃能喝，没啥病，只是三天来，我从没痛痛快快地放过一个屁，其实，屁放出来了，啥事也就没有了。"

婆婆说："没病就好。有屁你就放吧，何必憋成这样呢？"

屁姑娘说："你若准许俺在这个家放屁，你就把俺住的这三间新房腾出来，一件东西也不要留，这样我才敢放心大胆地把屁放出来。"

婆婆说："这好办。"说罢就让人把新房里地面上摆的、桌子上放的、墙上挂的统统搬了出去。屋里的东西搬完后，她又对婆婆说："你可以出去了。出去时要把门关上，而且越严实越好。"

婆婆虽然感到她的话有些离奇，但还是一应照办了。当她刚走到窗下，屋里就传出"忽里忽隆"的声音，细听，是挂在里间墙上的一个葫芦忘记拿出来而震动的声音。这时，她用舌尖点破窗纸朝里看看吧，不想屁的劲儿太大，竟然把她的舌头冲了一层皮。公公朝里望望吧，眼刚贴近窗户，就被屁冲了个毛青眼。

公婆受了伤，一怒之下就把屁姑娘告到了县衙，要退婚。县大老爷听了他老两口儿的陈述，连连摇头说："不可能！不可能！世上岂有这等怪事？"他朝衙门外挥挥手说："你们回去吧，本县没工夫听你们这种奇谈！"可是他们两个就是跪着不起，县大老爷只好传屁姑娘到堂。

屁姑娘慌慌张张来到大堂上，县大老爷问她："你会放屁吗？"

屁姑娘说："会，吃了五谷杂粮谁不会？"

县大老爷又问："你放的屁真像你公婆说的有那么大的劲儿吗？"

屁姑娘说："劲儿提不上，但屁音有些震动确实不假。小女子对此实不敢相瞒。"

县大老爷说："耳听为虚，眼见为实。你在大堂之上展示一番，一来好让本官辨清真假；二来就此机会也让本官开开眼界，增长增长见识。"

屁姑娘说："县大老爷一言九鼎，小女子就是吃了豹子胆也不敢不从命，但是……"

县大老爷问道："你'但是'什么？"

屁姑娘说："小女子另有一些事相求，恳请大老爷恩准。"

县大老爷看了她一眼，说："你说吧！"

屁姑娘说："一是求您派人把大堂之上的大案桌移到外面的空地上；二是求您坐到这大案桌上，并且要坐得稳稳当当；三是请允许我在大案桌周围走动。你若能答应我

这三条，我一屁就能崩得大案桌一踮踮[1]，两屁就能崩得大案桌忽闪忽闪，三屁就能崩得大老爷上青天。"

县大老爷哈哈大笑说："你年纪不大，口气不小，而且还敢在大堂之上夸下这么大的海口，冒出这么大的狼烟[2]。好！量你使尽浑身解数也未必能做出像你所说的那样。既然如此，本官全答应你。你若做成功了，本官判你无罪，可放你回去度蜜月；如若你做不出来，可别怪本官无情，本官既要判你有意伤害公婆罪，又要判你恫吓朝廷命官罪。"屁姑娘说："遵命！"

当县大老爷坐定后，屁姑娘在大案桌周围转了一圈儿，然后猛一转身，一屁就崩得墙上掉土，大案桌一踮踮的颤动不已，二屁就崩得大案桌忽闪忽闪的，三屁一响，崩得县大老爷像坐了"起火"[3]一样"吱溜"一声就飞了几丈高。这时吓得县大老爷胆战心惊，他急忙朝下喊："姑娘姑娘你落落屁，好叫本官下去给你拿主意。"屁姑娘只好止住屁，县大老爷才慢慢落了地。他落地后擦了一把冷汗说："你这屁真是毒，里边能生铁匠炉，不打爪钩不打锄，专打火通[4]轧花轴[5]。"

屁姑娘说："县大老爷你真会开玩笑，其实小女子来到这大堂上早已吓得摸不着北了，小拇指也靠边站了。你这句玩笑话才使小女子的打心锤照着了血泊潺[6]。有道是'大堂之上无戏言'，既然县大老爷判俺无罪，俺可要回家度蜜月了。"

县太爷说："屁是人生之气，哪有不放这理，放屁人洋洋得意，闻屁人垂头丧气。去吧去吧，有屁就到没人的地方去放啊，别再把东西崩坏了。"

屁姑娘就侧身一礼，说了声遵命，就扬长而去。

两公婆见媳妇确实是个屁阎王，本想退婚，可有大老

---

[1] 大案桌一踮踮：指崩得案桌都在颤动。

[2] 狼烟：原指长城上报信时点的烟火，叫狼烟。这里是指屁像狼烟，意思是这么大的屁。

[3] 起火：花炮的一种，点上就能飞到天上，又叫钻天猴。

[4] 火通：捅煤炉用的铁棍。

[5] 轧花轴：棉花摘下来得用轧花车子轧掉棉籽，才能用来纺织，轧花轴是指轧花车上的轴。

[6] 打心锤照着血泊潺：打心锤，指心脏；照着，挨上；血泊潺，指血液中。这里是说一颗心落到了肚子里。

爷的令在，也只怕再分辩被大老爷打板子，只好诺诺而退，回家闻屁去了。

讲述者： 张志莲，殷都区大司空村人

采录者： 宋魁元，男，72 岁，殷都区大司空村人，
小学，退休干部

采录时间： 2008 年 1 月

采录地点： 殷都区大司空村

选自： 《民间故事选》

218

王买只偷瓜

大路村有个人叫王买只，是个有名的捣蛋鬼。他手下一帮小弟兄们都跟着他学坏。靠河沟边有一户人家，在河边栽了几十棵桃树，等桃子熟了摘下换钱买油盐酱醋，他们从桃树开花就看着，小桃儿才指头肚大就去偷，直到偷得人家把桃子全部卸了[1]。

王买只有个二大娘，身边没子，有两个闺女也都出嫁了，她对王买只也十分关心，想到百年后让王买只给自己送终。这王买只就经常到二大娘家去，也帮着扫扫地、提提水，但更多的是吃他二大娘的。有一年二大娘要给闺女家送羊，蒸了一篮子面羊，面要物儿[2]，然后出去借邻家的衣裳穿了。这时候，王买只带那帮坏小子去了，见桌上放着一篮子面羊，以为是亲戚给送的，拿一个就吃。他一吃小伙伴们也眼巴巴的，王买只就拿了面羊给大家吃。半桩子[3] 孩子正是装饭时，你一个我一个，吃了小的又分大

[1] 卸了：摘了。

[2] 要物儿：把面做成鸟、兔、鱼等样子的叫要物。

[3] 半桩子：不大的男孩。

的，不一会儿把篮子里的面羊都给吃光了，吃光了人也走了。二大娘从外面回来要去送面羊，换好了衣服，还拿了把荷叶扇子，可去扢篮子时却成了个空篮子。二大娘找到王买只家，这会儿王买只吃饱了没事干，正在跟小伙伴们在家院里翻跟斗呢。二大娘问面羊的事，王买只倒慷慨，承认是自己吃了。二大娘责怪他偷吃了面羊，王买只说："二大娘你别生气，我这就给你屙出来！"说着一摆手，让小伙伴们都褪下裤子撅到二大娘面前屙屎。二大娘只好转身回家重新去蒸面羊了。

这一年夏天王买只又闲着没事，带了小伙子们四处游荡，到人家地里看到有茄子就偷茄子吃，看人家种黄瓜就偷黄瓜吃。转了好久到了一块西瓜地边。这块地是邻家的，人家有事去了，让二大娘帮着看一下。王买只一看二大娘在看西瓜就来了主意，他让小伙伴们到西瓜地另一头偷西瓜，自己去引开二大娘的眼光。于是就哼着小曲走了过去。

二大娘坐在西瓜庵子口，一边纳鞋底儿一边看西瓜，见王买只来了就问："买只，你来干什么？"王买只说："好长时间没见二大娘了，来看看你。"就在二大娘的面前坐下。王买只说："二大娘，你没有孩子，我就是你的亲乖乖、宝宝蛋。上次不知道你蒸面羊是给姐姐家送的，就给你吃了。想给你屙出来，嘿，这面羊从屁股眼儿里出来也就不能吃了。太对不起二大娘了。这样吧，等我长大了，我给你买件皮袄，买条皮裤，买双皮袜子，买个皮帽子，叫你冬天不用受冷。"说得二大娘嘴都笑得合不拢了。这时，偷西瓜的小伙伴们在远处学了声牛叫，王买只知道他们已经得手，说："二大娘你在这儿吧，我回去了，等长大了我一定孝敬你。"说着就走了。

王买只来到高粱地里，小伙伴们已经偷了十几个大西瓜，王买只就坐下来，伸出长指甲小手就抠西瓜皮，三下五除二就把西瓜抠出个窟窿，把手伸进去就去掏瓜瓤吃。小伙们纷纷仿效，一个人弄了个西瓜掏着吃。可是，一个西瓜有十来斤大，大的还有二十多斤的，一下子是吃不完的。吃得小伙伴们只打嗝儿。王买只经常偷瓜偷枣儿，有经验，就说："不要慌，吃饱了尿一泡，然后再吃。"于是大家都脱了裤子，坐在田埂上一边尿一边吃，直到把打开的西瓜吃完。

他们偷了十几个西瓜，一人吃了一个还有七八个，这时王买只抓抓头来了主意："这西瓜咱们是吃饱了，得换换口味了。这样，你们每人抱一个西瓜，咱们一块儿到俺二大娘的闺女家去，把西瓜给她送去，让她给炒鸡蛋吃。"

王买只让小伙伴们抱着西瓜来到二大娘的闺女家，说是二大娘叫送西瓜来了。大姐见兄弟来了，赶紧炒鸡蛋烙油饼给他们吃。他们吃饱喝足了摸摸肚皮都走了。

第二天，二大娘正在家里簸绿豆，人家种瓜的就来了，进门就说："二大娘，我看你人好，才让你替我看会儿瓜园的，没想到你一下子弄走我十五个大西瓜。"二大娘说："我没有啊。"瓜园主家说："我问邻家的小孩儿，他们说你跟王买只说透了话，让他们偷瓜，除吃了又送到你闺女家七八个。不信你到你闺女家去瞧瞧。"

二大娘一听人家这么说，拧着小脚就奔了闺女家，到那儿一看，屋地上果然放着五六个大西瓜，闺女一家人正就着小桌切瓜吃呢。二大娘这一下可蒙了，没想到王买只竟干了这事。回去后只好让老头儿扛了一布袋麦子给了瓜园的主人了事。

讲述者：　王大海，男，63 岁，安阳县柏庄镇二十五里铺村人，生产队长

采录者：　刘耀青，男，53 岁，殷都区小庄村人，中专，农民

采录时间：2006 年 11 月

采录地点：安阳县柏庄镇二十五里铺村

选自：　《中国民间故事全书·殷都卷》

附
记

在城北一个村，有一帮十二三岁的孩子，他们整天聚在一块儿，不是到这家地里偷黄瓜，就是到那块地里偷茄子，再不就是到果园、莲池中偷东西、逮鱼、抓泥鳅。被当地人称为祸害的一群。这个王买只就是这帮坏小子的头儿。他们一出去一小群，像窝狗子一样到处流窜，闹得乡里四处不安宁。有人也想治一下这帮子坏小子，可你治了

他们，他们就会疯狂报复，甚至一夜之间能把你家的庄稼给祸害个差不多。于是人们对这些半大孩子都是既恨又怕的。可是，农村还断不了这伙坏小子，这茬刚长大，别一茬又上来了。在以前的社会中，就有这么个年龄段小祸害们存在，他们的头儿办的坏事就被人们记录下来了，在民间口口流传。（刘耀青）

219

偷棉裤

有个小偷想给丈母娘偷条合身的棉裤，到哪儿去偷呢？他首先想到了邻家老两口儿伙穿的那条棉裤。

小偷黑更半夜摸到他老两口儿的窗下，侧耳一听，他们两个已经打着通铺[1] 躺下了，不但没睡，而且还在说东家道西家哩。他轻手轻脚地摸到床边，听到老汉说："老婆子，你要穿好咱两个伙穿的那条棉裤，千万别脱下来，以防小偷给咱偷走。"老婆婆不耐烦地说："知道，知道！你天天唠叨这条棉裤，不觉得烦人吗？"小偷听到这儿，觉得一时半会儿难以得手，只好暂时出去另想办法。

小偷在院子里转了两圈儿，后来又摸到锅台上，在锅台上又摸到半碗剩稀饭，这半碗剩稀饭却派上了大用场。

小偷端起那半碗剩稀饭又轻手轻脚地摸到床边，他把被窝慢慢掀开一个小口儿，顺手就把那半碗剩稀饭倒了进去。这时候又听到老汉说："你闲不住？咋把被子蹬开了？"老婆婆回敬说："你倒打一耙，你就不能伸开你的

[1]　通铺：两个人钻一个被窝，各朝一头睡觉，叫打通铺或打通通。

0363

蹄爪[1]掀掀吗？"这时又听到老汉说："被窝里黏不搭的[2]，是你屙到被窝里了吧？"老婆婆顶撞他说："倒是你屙到被窝里了，你咋光给我身上赖！"老汉说："弄脏了棉裤明天早上我咋穿？趁早脱下来吧！"老婆婆说："谁知道沾上屎没有？"老汉说："不管沾没沾上，先脱下来再说吧，别粘得哪儿都是。"这时候又听到老婆婆说："脱下来了，晾在椅肘子上[3]了。"

他老两口儿的对话像打电话一样打给了小偷，棉裤刚放稳就被小偷偷走了。

采录者： 宋魁元，男，71 岁，殷都区大司空村人，
小学，退休干部
采录时间： 2007 年 12 月
采录地点： 殷都区大司空村
选自： 《民间故事选》

[1] 蹄爪：这里是指手脚。
[2] 黏不搭的：黏糊的意思。
[3] 椅肘子上：椅背上。

220

懒夫妻沾了懒的光

有对夫妻，懒得出奇。男的天天不洗脸，女的顿顿不刷锅。脸上的黑泥有二指厚，做饭的锅里的锅铬馇[4]有半尺厚，可他们看见了也不管，就是这样稀里糊涂过时光。

一天夜里，他两口子刚躺到床上，就听到院里有动静，意识到院里有了贼，可是谁也懒得动弹。男的叫女的去赶，女的叫男的去赶。他俩推来推去，谁也没有动。贼在院里转来转去，也无啥可偷。后来他两个听到锅台上"咯嘣"响了一声，估计贼是揭走[5]了锅，男的这时才慌着去捉贼。贼听到有人来追，像穿了兔子鞋一样跑得飞快。贼在前面猛跑，懒汉在后边紧追。当懒汉伸手去捉贼时，贼狗急跳墙，扭头就照他脸上劈了一刀。他怕再吃贼的亏，就捂着脸回去了。

回到家，他急忙叫老婆点上灯。他老婆端着灯一看，竟是又惊又喜。惊的是被贼砍了一刀，怕伤到痛处，喜的是他没有伤着皮肉，只不过脸上少了一块污泥。懒汉说：

[4] 锅铬馇：锅巴。
[5] 揭走：拿走，偷走。

哎呀，咱家也没有啥可偷的，只有那口锅，快去看看锅叫人家偷走了没有。他两个端着灯走近锅台边一看，懒汉连声叫好、好、好，饭锅原封未动，贼只是偷去一层厚饹馇。

采录者： 宋魁元，男，70岁，殷都区大司空村人，
小学，退休干部

采录时间： 2006年7月

采录地点： 殷都区大司空村

选自： 《民间故事选》

附
记

这是一则流传甚广的故事，用极度夸张的艺术手法描绘出过去社会贫困阶层的懒人形象，带有诙谐滑稽的色彩，又不无讽刺意味。本故事异文《懒点儿好》虽然说的不是一对夫妻，而是"一个住村东头，一个住村西头"的两个懒汉，但故事情节是一样的。还有多种异文故事情节与这两篇大同小异。从这几篇相同题材的故事我们可以看到，民间故事在流传过程中，因时间和地域变迁会发生一定的变异，一传十，十传百，总会有出入，这与讲述者有直接关系。（王光明）

异文：懒点儿好

从前，某村有两个懒人，这两个人一个住村东头，一个住村西头。二人都是光棍一条，一人吃饱全家不饥。这两个人各有一个特点，一个人不好洗脸，自从娘肚子里出来就一直没有洗过脸，脸上积存的泥垢厚厚一层，根本看不见肉；另一个人则不好刷锅，自从他自己开始做饭后就再也没有刷过锅，铁锅里积存的又黑又厚的锅饹馇比铁锅还厚。

有一天，住村东头的不好洗脸者做饭的锅破了没法做饭吃，买口新锅吧又身无分文，借邻居的吧又没人肯借，于是就想到了偷。可偷谁呢？村里人就像防贼一样防自己，根本就没有下手的机会。只有村西头不好刷锅者家少门子

没院墙，那人又经常不沾家，偷他的锅把握大点，好！就偷他的锅！不好洗脸者趁不好刷锅者不在家时溜到对方那又黑又暗的小屋，房间光线很暗，他摸到锅台边，一只手按着锅沿，另一只手用小锅铲用力一撬把锅撬下来，扛起来就往外跑。刚出门就碰到不好刷锅者回家，不好刷锅者见有人大白天偷他的锅，怒不可遏地冲上前狠狠地向对方脸上抓了一把，他那近乎一寸长的指甲实实在在地抓进对方"肉"里，可对方却连哼也不哼一声，扛着"锅"跑了。不好刷锅者追了好远没有追上，就回到屋里，到锅台前仔细一看，铁锅仍然在，来人偷的只是一个与锅一般大的锅饹馇。他很庆幸自己不好刷锅才保住了锅。

再说不好洗脸者背着偷来的"锅"气喘吁吁地跑回家，刚进门一不小心绊了一跤，锅摔在地上破成好几瓣，他仔细一看，自己冒着风险偷来一个大锅饹馇，偷锅不成反被对方在脸上抓了一把，他摸了摸脸上，虽然有几道沟却没伤着肉，幸亏自己养成了不洗脸的"好"习惯，否则，对方那像鹰一样的爪子抓在自己脸上，不破相才怪呢。

二人在村里见了面，不好刷锅者开了腔："你狗咬尿泡空欢喜，你偷的不是锅，而是我的锅饹馇，反白挨了我一爪子！"不好洗脸者回答："你那一爪子仅抓掉我脸上几块泥，根本就没有伤着皮肉。"

讲述者： 许万华，男，46岁，安阳县白璧镇大寒村人，农民

采录者： 方宪仁，男，40岁，安阳县白璧镇大寒村人，高中，干部

采录时间： 1985年

采录地点： 安阳县白璧镇大寒村

附
记

过去农村都有"饭市"，饭市是街坊邻居聚在一起吃饭的地方，每到饭点，人们就端着饭碗到饭市上或蹲或坐，大家一边吃饭，一边

谈古论今，海阔天空，荤素笑话无话不谈。许万华老人当时近五十岁，他讲的这个故事很吸引人，我印象最深。2008 年经回忆整理出这个故事。（方宪仁）

221

杜大与范老大

早先李桃村住着两个大户人家，一家姓杜，另一家姓范。两户人家世代为邻，和睦相处。清代乾隆年间，两户人家因房产地契发生了纠纷，双方互不相让，吵骂互殴，甚至打上了官司，一时间，两家闹得不可开交。当时虽经村里三老主持议和，之后事态逐渐平息，但两家却因此结下了仇怨。

杜姓这一家主人因身材长得人高马大、虎背熊腰，村里人都称他"杜大"，本来这个绰号没有什么毛病，村里的人也这么着叫惯了。可这个"杜大"偏偏成了"范""杜"两家不和的原因。

原来范姓这一家本来弟兄三人，范老大、范老二结婚多年未生育，范老三虽生育了，却是一个女娃儿。范家担心他们这一代断了香火，就到处占卜算卦、烧香求子，希望天赐贵子。这一天，村里来了个算卦的道士，手持拂尘，腰悬宝葫芦，长得倒有些道骨仙风模样。范家老大闻讯忙把道士请进屋内，好生款待，向道士表明心迹，请求道士布施一个"得子"之方。道士问明原委，勘察周遭环境后，让范老大贴耳过来，低声密语一番，范老大恍然大悟，原来是这么回事呀！于是重金酬谢了这名道士后，就去找范老二、范老三商量家族香火之事去了。

谁也不曾想到，这个道士在来范家之前，已经被杜大请去算了一卦。杜大也因家中连生二女，膝下无子继承家业，担心在他这一代断了香火而整日烦闷不已。但杜大生性吝啬，不愿多给那道士算卦钱，道士恰巧碰到杜大的邻居也要算卦，就计上心来，捏造了范老大家中香火不旺是因杜大的姓名"妨克"的缘由。

道士对范老大说："'杜大'谐音就是'肚大'呀，你想，你姓什么，你姓'范'啊，'范'等同于'饭'呀。他家肚子大，肚大吃饭，把你家的祥瑞之气尽数给吃光了。"范老大三个弟兄凑在一块儿一合计，心想还真是这么回事，于是给了道士一笔丰厚的卦资，并依道士之言，范家三兄弟就一一改了自家的名字，老大改名"范有药"（毒药之药），老二改名"范有信"（"信石"的"信。"信石，即砒霜），老三改名"范有鸩"（鸩，鸩酒，就是指毒酒），任你"杜家"肚子再大，也终不能食，食即遭殃。

说来巧合的是，本来是风马牛不相干的事，经这么一折腾，仿佛范、杜两家的命运从此有了改变。杜家的两个闺女不久后都远嫁他乡，而范家却接连有子嗣降临，于是范家大肆杀鸡宰羊，放炮鸣鼓连唱七天大戏以示庆贺。杜大看在眼里，急在心中，联想到自家这般凄凉，终日郁郁寡欢，家道从此逐渐败落，不久忧愤而逝。之后本村百年之内竟再无一户杜姓人家。

到于今[1]，村里老一辈儿的人每每遇到谁家有新生儿降生要起名字时，都还要饶有兴趣地谈起范、杜两家不相容的故事。

讲述者：　李金芳，女，69岁，北关区西漳涧村人，小学，农民

采录者：　王森林，男，40岁，北关区西漳涧村人，大专，文员

采录时间：2016年7月

采录地点：讲述者家中

[1] 于今：现在。

222

搬家

古时候，水冶镇上有个姓李的读书人，为了养家糊口，便在自家临街的一间门面房开了间书社。李先生好清静，闲时就在书社里看书打发时光。

房子是死的，人是活的，两年后李先生的西邻家开了一家乐器店，专卖锣鼓笛箫之类的乐器。谁要买的话谁不试一下？因此，一会儿锣鼓咚咚，一会儿笛箫呜呜，吵得李先生苦不堪言，再也没有了往日的宁静。

祸不单行，半年后，书社东邻家又开了一家木匠铺，一会儿砰砰，一会儿啪啪，令李先生心烦。要是赶上木匠师傅修锯条，那叽咕叽咕的声音，让人浑身直起鸡皮疙瘩。两家生意好时，东西交响，好像戏班子唱戏一样，好不热闹，令李先生头痛。

爱清静的李先生，如同生活在水深火热之中，可又有什么法子呢！自己的书社总不能搬走，没办法，李先生就放出风去，说谁能让两个邻家都搬走，他摆一桌酒席请客。

不消半月，东西两邻家的掌柜同时找到李先生说，两家都要搬家了，李先生很是高兴，立马办了桌上好酒席招待两邻家，两人也毫不客气地坐下来，三人猜拳行令，推

杯换盏地享用起来，一直到更鼓响过，两人才告辞回去。

李先生把两位邻家送出门外后问道："二位高邻，你我虽说相处时间不长，可情深义厚，这下你们搬了去，令在下有点不舍，不知二位搬到哪儿了，日后也好串个门儿？"

东邻木匠听后答道："先生不必有此顾虑，我的木匠铺子新添了人手，嫌地方太小，因此和乐器店的老哥商量好了，我们相互交换一下地方而已，咱们这邻家是处定了！"

李先生听了东邻家的话，惊愕得合不上嘴了……

讲述者：	郭尽忆，男，77 岁，安阳县人，退休干部
采录者：	孙晨琳，男，50 岁，安阳县水冶镇东街村人，小学，工人
采录时间：	2000 年
采录地点：	安阳县水冶镇
选自：	《安阳县民间故事集》

附
记

《搬家》是发生在水冶的故事，也是长期流传在水冶文化圈的一个趣闻。

水冶城里人不种地，上了点年纪的都习惯茶余饭后聊天说闲话。聚堆儿说闲话当然是人以群分。一般人聊的是家长里短，文化人聚在一起就是谈一些文化方面的事。《搬家》这个故事据说发生在清末民初，现在的李姓家族也都知道这个事，至于有没有演绎的成分就无从考究了。（孙晨琳）

223

卖驴

清末，水冶镇有家祖传干牲口经介[1]的户，家中父子二人，老子于三，干了一辈子经介工作，说起牲口来没有他不知道的，如今上了年纪力不从心，便把手艺传给了儿子于中。

这一天，于中从牲口市场买回一头老驴，这驴虽老却骨架高大，于中把驴弄回来后，拴在院子里的枣树上，想给驴打扮打扮多卖几两银子。

下午，于中把驴放翻捆了个四蹄朝天，从屋里拿出木匠凿子，准备开工。原来独蹄牲口看年龄大小是看牙齿的凹槽，牲口越年轻凹槽越深，吃得粗料，干得重活儿；牲口老了凹槽就磨平了，粗料嚼不动，只能干些拉磨、施肥的轻活儿，也就不值钱了。

于中找了根木棒塞在驴嘴里，便拿起木匠凿子、手锤，要把磨平了的牙齿凿出凹槽。驴虽说上了年纪，但骨架高大还有几分力气，挣扎着让于中下不了手。没办法，于中便对屋里喊道："爹，出来帮把手。"

[1] 经介：经纪，介绍买卖双方进行交易。

于三听儿子喊叫便来到院里，见此情景心知肚明，于是让儿子用膝盖将驴顶住，自己就拿起工具"砰砰啪啪"地干了起来，不消半个时辰就收工了。

于中将驴牵到户外，此时正是初春季节，青草遍地都是。就这样，白天喂它青草，晚上细料伺候着，不到半月时间，老驴旧貌换新颜，吃得肚皮溜圆，精神多了，于中见状心里甚是高兴。

四月十八龙王庙会，于中早早把老驴牵到河沟洗刷一新，然后牵到庙会上，找个树桩一拴坐在旁边等买主。不一会儿工夫，有个中年汉子上前拍拍驴背问道："谁的驴？"于中见有人问，便应了声："这位大哥，想买驴吗？先看看货吧！"

中年汉子牵着驴走了几个来回，掰开驴嘴看了看牙齿问道："你这驴牙是不是挑过？"于中听了满脸的不高兴，气冲冲地对中年汉子说："你要不买别来捣乱，若真心要买，这样说吧，这驴牙若是挑过，那就是我按住我爹挑的，咋样？"

中年汉子见于中赌这么大的咒，毫不怀疑，双方一阵讨价还价后，最终以二十两银子成交。于中见中年汉子高高兴兴地牵着驴走了，心中暗喜，仔细一算，除去买驴的三两银子，连饲料带工钱打上二两，净赚十五两银子，可高兴了。

半个月后，于中正在家里张罗中午饭，听得门外有人喊道："于掌柜在家吗？"于中开门一看，原来是买驴的那个中年汉，便将他让到院子里。那中年汉子满脸的不高兴，对于中说道："于掌柜，你的驴我买回去后，粗饲料吃不了，重活儿又干不得。买时我问你是不是给驴挑过牙，你说若是挑过，就是你按住你爹挑的，我见你赌恁大的咒才相信你的，结果还是上当了。"

于中听了中年汉子的话后，笑着对他说："大哥，这可怨不得我，我当时给你说明了，这驴牙是挑过，那就是我按住，我爹挑的。你说，这么大的牲口，是一个人能干的活儿吗？"

中年汉子听了，哭笑不得，无奈地摇了摇头对于中说道："为了二十两银子，连老爹都捎上挨骂，值吗？"

讲述者：　姬生厚，男，57岁，安阳县水冶镇人
采录者：　孙晨琳，男，54岁，安阳县水冶镇东街
　　　　　村人，小学，工人
采录时间：2004年
采录地点：安阳县水冶镇
选自：　　《安阳县民间故事集》

附记

在过去，牲口既是种地的畜力，也是交通工具，驴则是最普遍的牲畜。针对牲口交易，那时有一种专门的行当，叫"经介"，是在买家和卖家之间游走讨价还价的人。干这一行的都得能说会道，还得会玩心眼儿，在经介人当中有很多这方面的事，有趣闻，也有恶作剧，也有坑蒙骗，这篇故事就是从经介人口中传出来的。（孙晨琳）

224

穷秀才吃饭

清朝有个穷秀才,穷得吃不上饭,还放不下穷架子。逢出门儿,总要把一小块肥膘子往嘴皮上蹭蹭,逢人说:"俺吃的大肉菜。"

这一天,饿得实在受不住了,用肥膘子蹭了嘴皮出门想办法。

他走到一家饭铺子门上,店小二赶忙出来招呼他:"先生吃啥饭?"

"吃过了,吃过了。"穷秀才一边说,一边就跨进了门,他迈着四方步,四周打量了几眼,说:"好整洁,一尘不染。"

掌柜的一听高了兴,招呼店小二:"给先生泡茶来!"

穷秀才心说,越喝茶越饥,嘴上却说:"不来,不来,肉吃腻了,茶喝烦了,出来散散食气[1],瞧有啥清淡的东西润润喉,这样吧,来碗面汤吧。"

面汤不花钱还挡饥。穷秀才的妙法。

掌柜的反倒觉得拿不出手,穷秀才说:"今儿个晌午吃的肉打卤面条儿,还没吃罢,丫鬟就把面汤给倒了,叫我骂了一顿,就不知道老爷我好原汤化原食。"

掌柜的一听有理儿,对店小二说:"照先生说的办。"

店小二怕用大碗粗俗,就用茶盅盛了一点端上来。穷秀才一瞧费了半天的劲就来了这么一点点,觉得怪败兴,可又不便说透,只好另想主意。

他端起茶盅,斯斯文文地呷了这么一小口,突然装出惊叹的样子说:"贵店的面汤咋恁好喝!微微带点煳味儿,怪香。我家的面汤就出不来这个别楞味儿[2]。"说着,一口把面汤喝了,说:"再来一大碗儿!老爷我今天过过面汤瘾!"

讲述者: 王介吾,男,30 岁,安阳市人,医生
采录者: 孙保成,男,36 岁,文峰区东南马道人,
           大专,干部
采录时间: 1981 年
采录地点: 安阳市东风路
选自: 《狐狸坟传奇》

附记

和好友王介吾约定,早起六点到河边钓鱼。中午饿了,才知道谁都没带干粮和水。中午一点多,才赶到一家国营食堂。这国营食堂真气派!五间大门面,还挂着一面五星红旗。真有点叫穷人不敢进的感觉。进里面,空空荡荡的,没一个人吃饭,桌面上散掷着几只空碗。卖票的坐在那么高的售票台上憩盹(安阳方言,打盹)。

王介吾争着买单:"喂!要两碗面。"

"大碗小碗?大碗半斤粮票二毛,小碗三两粮票一毛五。"惊醒了人家,有点烦,能理解。

王介吾交了一斤粮票四毛钱。说:"给弄点开水吧。"

售票员一指墙角。

墙角有个水管,龙头没关紧,还漏着水。

王介吾有点上火:"我说开水!"

[1] 食气:食积,吃食物过多而引起的消化不良。

[2] 别楞味儿:特别的味道。

售票员的火比他大："开水回家喝！"

吃口饭吧，这咋还能吃上气？我赶快拉着王介吾："算、算，咱喝口面汤吧。"

"师傅，给盛碗面汤中不中？"低声下气问了三遍，大师傅才回过头来说："到前边交钱，二分钱一碗。"

我们俩端着面汤碗，四目相对，没心思喝了。咋觉得有打翻五味瓶的味道……

好大好大一会儿，他没头没脑地说："亏岗（安阳方言，幸亏）那个穷秀才进的不是这食堂……"

这话里明显有话，我问他，他便讲起了这个《穷秀才吃饭》的故事。（孙保成）

225

取名

从前给孩子取名有一个规矩，为了小孩成人，生下婴儿一出屋门或家门，遇到什么就叫什么，要是遇到某人，就让人家取名，说"撞名"。给大财主家当长工的就另有规矩了，婴儿出生后，看财主在干什么就取什么名。

刘财主家的长工老婆生了一个儿子，马上去报财主。这时财主正在厕所大便，露着肥肥的大屁股，于是财主便说："就叫他'屁股'吧。"没几天财主老婆也生了个儿子。当报给财主时，他正在剃头铺刮脸，于是财主说："就叫他'脸'吧。"

长工家吃食营养差，没多天屁股就死了。在脸八岁生日那天，财主也让长工参加了喜宴。长工触景生情，看到了人家的孩子，想起了自己的孩子，不由哭泣起来。财主看到问："你有啥悲伤事？"长工悲痛地回答："要有俺那屁股在，跟你那脸也差不多了。"

采录者： 李文林，男，64 岁，安阳县磊口乡南磊
口村人，大专，退休干部

采录时间： 2006 年

采录地点： 安阳县磊口乡政府

选自： 《安阳县民间故事集》

226

撞名

从前，彰德府西有个村子，村里人有这么个习惯，生了孩子怕不好养、难成人，在生了孩子那天大清早，由孩子的父亲到大路上等人，不管遇见谁，求人家给小孩子取个名字，这就是所谓的"撞名"。

这一天，一个农夫家添了个小男孩，产妇第一个孩子没成活，便催着丈夫早早到大路上等人给孩子取名字。

农夫来到村外的大路上时，还是一片漆黑，不见一个人，他知道来得早了，便装了一锅旱烟"吧嗒吧嗒"地抽了起来。当他装第二锅烟时，听得西面有推车子"叽扭叽扭"的声音，连忙迎了上去，就见一个推小车卖砂锅的中年汉子，腊月天累得直流汗，农夫上前拦住小车，对推车的中年汉子说道："大哥，我家今天刚添了个小男孩，借你吉言，给孩子取个名字吧？"

中年汉子推了满满一车砂锅，又是慢上坡，累得"呼哧呼哧"的，见这农夫拦住小推车，悠闲地吸着旱烟，让给他儿子取名字，心里很有气。他想，我正上坡，你也不来帮把手，便不耐烦地对农夫说道："叫狗蛋吧。"农夫听了心想：叫狗蛋就叫狗蛋吧，反正是个男孩，村里叫尾巴、

鳖蛋的都有，怕啥！便回家向孩子他妈交差去了。

又停了两年，农夫家又添了第二个男孩，他又是早早起来到大路上等人给孩子取名字。这次农夫遇见的是个挑担子卖山货的老头儿，老头儿也是累得呼呼直喘，农夫拦住老头儿叫老头儿给孩子取名字，老头儿心想：你这人好没道理，老子累得呼呼直喘，你硬是拦住老子让给你儿子取名字。便也没好气地对农夫说："好吧，就叫狗屁吧。"

狗屁长到八岁时，农夫的妻子把狗屁送到学堂念书。这一天狗屁在学堂里捣蛋，不听先生讲课，先生一怒，中午不让狗屁回家吃饭，想让家长找来时告狗屁的状。

午时过后，农夫的妻子不见狗屁回来吃饭，便对先回来的狗蛋说："狗蛋，到学堂看看去，是不是狗屁又淘气了，让先生扣住不让回家吃饭。这孩子，真没法子，你到学堂去求求先生，让先生把你弟弟放回来。"

狗蛋到学堂后，见到先生深施一礼说："先生，我娘让你放狗屁……"狗蛋话没说完，先生就急了，什么，你娘让我放狗屁，你小子竟敢骂先生，就大喊一声："反了！"便伸手去抓狗蛋。狗蛋一见吓得"哎呀"一声扭头就跑，先生就在后面追。小孩子身轻脚快，先生累得直喘，也是心急怕狗蛋跑掉，紧追两步将狗蛋扑倒在地，抓住不放。

狗蛋被先生扑倒后，挣扎着想脱身，先生一急便顾不得斯文，照狗蛋屁股上隔着单衣咬了一口，这才解气地放了狗蛋。

狗蛋哭着回到家后，把经过给他娘一说，狗蛋娘就急了，拉着狗蛋找到学堂，见了先生便骂："好你个先生，让你放狗屁，你放狗屁也好，不放狗屁也罢，好不该再咬俺狗蛋一嘴。"

采录者：　孙晨琳，男，55岁，安阳县水冶镇东街
　　　　　村人，小学，工人
采录时间：　2005年
采录地点：　安阳县水冶镇
选自：　　　《安阳县民间故事集》

附记

撞名是旧社会的一种陋习，过去在安阳民间司空见惯，我还遇到过这样的事，也给人家新生儿起过名。这是朋友家添了孩子喝满月酒时，朋友间说到孩子名字时讲的一个笑话。

在豫北一带民间，新生儿来到世间，家人怕其不成人，于早晨出门"撞名"，此习俗从古时一直延续到20世纪50年代初。形成这种习俗的主要原因是过去医疗条件落后，新生儿成活率低，迷信观念重。撞名时必须是新生儿家人出门在路上见到的第一个人，从人家说的第一句话中取名字。碰到有点文化的人，取的名字就文雅一些；如果碰到没文化的，取的名字就俗一些，即使难听也不能改变。以致农村过去有叫狗蛋、狗剩、黑驴、马的、牛只、羊儿、猪的、拴牢、圈子等，很普遍。这是时代的产物，随着时代的进步，这些已经成为历史，今后也只有在民间故事中可以看到了。（王光明）

227

扁担开花鲤鱼打鼓

以前，在内黄县高堤乡出现了一件稀奇古怪的事儿。

一天，高堤乡一马姓人家的老人死了，因为到了头七要下葬，所以，他们就按照当地的风俗习惯，提前找来一个阴阳仙儿，给瞧一下茔地和下葬的时辰。阴阳仙儿在卫河西岸与汤阴的赵庄搭界的地方，选中了茔地，然后又一边吸烟，一边眯缝着眼仔细想了一下说："这个，下葬的时辰呢，就定在扁担开花、鲤鱼打鼓时。"

跟着去瞧茔地的家人和家族中辈分最高的老上司一听，都觉得奇怪又好笑。当问起阴阳仙儿这到底是什么时候时，阴阳仙儿眯着眼说："不要再问了，知道是在这个时候就行了。到时候只要看见有扁担开花、鲤鱼打鼓的事儿出现，恁就下葬，要是没有那样的事儿出现，恁就等着，千万不要提前或错后下葬。"

到了出殡埋葬的那一天，响器前面连吹带敲引路，帮忙的人抬着棺材，孝子痛哭流涕跟着，来到了要埋的地方，家族中的几位老上司也随着跟来。其中一位辈分最大的老上司，让抬棺材的人把棺材放下后，就大声说道："老少爷儿们都辛苦了！咱今儿个这个下葬的时间哪，人家先生

说了，要等到扁担开花、鲤鱼打鼓的时辰才能下葬，不能靠前，也不能靠后。大家都歇歇，吸袋烟，也都操点心。"

因为定的这个时辰，有的人并不知道，所以这些人都觉得很奇怪："这哪有扁担开花、鲤鱼打鼓的事呢？这不是闹笑话吗？这是哪儿的阴阳仙儿，胡敲梆子乱敲盆儿，来这儿瞎说一气。"

人们正在胡思乱想着，从赵庄路上过来一位赶赵庄会的人，肩上搭着一条扁担，在他的扁担的前端，插着一朵非常鲜艳的花儿，这是他在会上买的。人们正惊讶的时候，天上飞过来一只老鹰，嘴里叼着一条鲤鱼。不知道为什么，它叫了一声，嘴一张，嘴里的鲤鱼掉了下来，正好掉在响器班所打的鼓上，只听"砰"的一声响。人们这才明白过来：喔，原来这就是扁担开花、鲤鱼打鼓啊。

辈分最大的老上司这时大声喊道："哎！老少爷儿们都注意啦！下葬的时辰到了，开始动手吧。孝子亲戚稍往后退一退。"

那位老上司话音刚落，人们就开始动手了，不一会儿，就把死去的老人埋葬了。

讲述者： 马张德，男，52 岁，内黄县高堤乡北寨北街村人，不识字，农民

采录者： 马少青，男，48 岁，内黄县高堤乡北寨北街村人，大专，教师

采录时间： 2005 年 8 月 9 日

采录地点： 讲述者家中

选自： 《中国民间故事全书·河南内黄卷》

228

瞎话篓[1]

有个小孩瞎话特别多，人家都叫他"瞎话篓"。

有一天，他邻家二嫂子在地里打棉花杈，见他从地头路过，就叫着他说："瞎话篓、瞎话篓，说个瞎话吧。"他说："俺不，俺去往地里打些花杈蒸蒸吃咧。"说罢，头也不回地走了。

二嫂子心想，打这么多花杈，扔了怪可惜，我不能也蒸些吃吗？回家后，她就蒸了一锅花叶。花叶蒸熟了，可是苦得没法吃。去找瞎话篓问，瞎话篓说："你不是叫说个瞎话吗？"二嫂子这才明白过来，气得没办法。

二嫂子心想，瞎话篓这么多瞎话，一定看过什么书。她也想学说瞎话，就去找瞎话篓借瞎话本[2]看。瞎话篓说："别忙，俺先得去地里摘露水籽，去晚了，就摘不成了。"二嫂子奇怪，问："露水有籽吗？"瞎话篓说："瞎话有本吗？"

西庄有个姑娘，说多少个婆家都不愿意。一提瞎话篓，她就满口答应。

新婚那天夜里，二人入了洞房，新媳妇说："都说你瞎话多，今天大喜日子，没事说个瞎话玩吧。"瞎话篓听了一板脸："那不行，说瞎话可不是闹着玩的。"可是媳妇不依，一再纠缠，说嫁给他就是图的听瞎话，非叫说个不中。瞎话篓不愿扫她的兴，说："那就说个小瞎话吧。"

瞎话篓说："我有个肚痛病，怎么也看不好，算卦的教了个破法，说等结婚那天，让媳妇抱个小孩睡一夜，病就好了。咱婶子家才添了小孩，你抱来吧！"

媳妇觉得怪有意思，就真的抱来了那个小孩。瞎话篓一看媳妇上当了，乘机溜出家，跑到西庄老丈人家，叫开门报喜，说："您闺女生了个孩子。"说罢扭头就回去了。

他老丈人一听，不大相信。平时闺女是规规矩矩，怎么会丢丑[3]呢。可女婿黑天半夜地跑来……他老丈母娘说："是真是假还是去看看吧。"

就这样，他老丈人随即来到闺女庄上，偷偷地溜到亲家门外一听，里边果然有小孩"哇哇"的哭声，气得老头儿一跺脚，扭头而回。

三天后，新媳妇回门。西庄娘家上[4]了大门不让进。爹娘还在院里大骂闺女，不管闺女怎么解释也不听。最后害得闺女哭着回去了。

西庄的后来弄明白了怎么回事，又嫌这玩笑开得过分，一直三年不登亲家的门。

媳妇后悔地对瞎话篓说："可别再说瞎话啦，小瞎话还断亲三年呢，要是大瞎话，还不知能咋样儿呢。"

讲述者： 李国庆，男，28岁，内黄县二安乡沙河庄村人，高中，工人

采录者： 李国存，男，31岁，内黄县二安乡沙河庄村人，高中，干部

采录时间： 1987年

采录地点： 内黄县城

选自： 《中国民间故事集成·河南内黄县卷》

[1] 瞎话：谎话。

[2] 本：书。

[3] 丢丑：找野男人。

[4] 上：插了门闩。

李国庆是我胞弟。我们都曾在内黄县城工作。此故事是他和我一起闲聊时讲的。（李国存）

229

赖债

有个人借了人家一笔钱，一直不还。人家来要账，他说："我现在没有，等明年八月十五吧。"

第二年八月十五，讨债人来了。他又说："我现在没有，再等明年八月十五吧。"

又一年的八月十五到了，他又要往后推，讨债人不依，非要他当下还清不可。他就说："你在家等着，我去借借。"

讨债人在家，一直等到天黑，也不见他借钱回来，就出去寻找。结果在庙里找着了他，原来他在庙里呼呼大睡呢！讨债人质问他，他无言答对，就说："我实在没法儿啦，院里还有棵树咧，你刨走顶债吧。"讨债人说："有树也行。"说罢，就要去刨。可是，院里净光净光，一棵树也没有。讨债人问他："树在哪里？"他说："跟我来吧。"说着，就把讨债人领到厕所里。厕所里有棵用瓦片盖着的小树苗。讨债人一看笑了。他说："我知道你要笑咧。你看有指望了不是？"

讲述者： 李国庆，男，28岁，内黄县二安乡沙河
　　　　　 庄村人，高中，工人

采录者： 李国存，男，31岁，内黄县二安乡沙河
　　　　　 庄村人，高中，干部

采录时间： 1987年4月18日

采录地点： 内黄县二安乡沙河庄村

选自： 《中国民间故事集成·河南内黄县卷》

230

圆梦

　　河南彰德府有一位名叫李信的秀才，有一年决定赴京应试。他将路途盘费、笔墨纸砚收拾停当，准备次日启程。

　　到了鸡叫三遍，天还未亮之时，李信忽然翻身坐起，唤醒妻子，一迭连声地说："不好了！不好了！进不得京了！"妻子忙问何故，李信叹了口气说："方才我做了一个噩梦，梦中，只见大雨之中，一位妇道人家头上罩着两把雨伞，坐在两口棺材之上顺水漂来，为夫心中一惊，便醒了过来，此梦恐怕凶多吉少啊！"妻子开口道："俺家母亲擅长圆梦，您何不去一趟，让母亲圆一圆，看看究竟如何？"李信听妻之言有理，天刚亮，就到了岳父家里，偏巧岳母不在家，只有二妹在做针线。李信心中暗想：岳母能圆梦中吉凶，想必二妹也熟其法。于是就将梦述说一遍，问道："二妹请看吉凶如何？"二妹闻听，略思片刻，便大惊失色，连声叫道："去不得，万万去不得的！大雨想必是祸从天降！这两把雨伞难遮其祸，到时落得两口棺材，这妇道人家只得顺水漂流，此是不祥兆，你若出门怕是一定遭大祸，不但性命难保，恐我家姐姐也要受牵连了。去不得呀，去不得！"李信听罢，觉得有理，便说："不

去也罢，咱不求高官厚禄，但求平安无事，也就是了。"

此刻，岳母从门外进来，李信上前拱手施礼，岳母见是李相公不由一怔，说道："儿啦，你还不启程进京，到此做甚？"李信便将梦中之事前后说了一遍。岳母闻言，闭目细思，有点儿喜形于色，说道："儿啦，快回去收拾行装，莫要怠慢，即刻进京。"

李信感到好奇怪。问道："岳母大人你道怎讲？"岳母说道："水即财也，大雨滂沱乃洪福齐天，这两把伞在上为顶上加顶，两口棺在下为官上加官。此次赶考定能皇榜得中，儿啦，快去，快去！"

李信听了，想了方才二人所言，弄得他目瞪口呆，啼笑皆非。

这时他岳母回来了，问清原委之后对他说："甭听你妹子瞎说，姜还是老的辣，我来给你解说吧。"遂解说道：一、魁名高中；二、官上加官；三、扭脸就进。一席话又说得他笑逐颜开。

后事如何？姑且不论。只是母女俩对相同的梦，却有相反的解说，令人觉得饶有趣味儿。

采录者：　　田俊杰，男，67岁，汤阴县宜沟镇人，师范，农民
采录时间：　2006年5月1日
采录地点：　汤阴县宜沟镇
选自：　　　《中国民间故事全书·河南汤阴卷》

讲述者：　　兰法田，男，75岁，内黄县马上乡七里井村人，农民
采录者：　　张廷智，男，31岁，内黄县马上乡文化站干部，高中
采录时间：　1981年8月8日
采录地点：　内黄县马上乡七里井村
选自：　　　《中国民间故事集成·河南内黄县卷》

异文：母女俩解梦

从前，有个秀才在准备进京赶考前的一天夜里，做了三个梦：一、梦见在墙头上耩地；二、梦见出殡的棺木上摞着棺木；三、梦见与他小姨子对着屁股睡。是吉是凶？是福是祸？进京赶考的命运如何？他百思不得其解，便去请会解梦的岳母解说。事不凑巧，赶到岳母家时，岳母有事外出。在家的小姨子问清来意后，毛遂自荐地说："我常在咱娘身边也学会解梦了，不妨说出来让我给你解说解说。"他先说出了前两个，小姨子解说道：一、一去不回头；二、犯重丧。叫他说第三个时，他说不好意思，小姨子说："说梦的吧，有啥不好意思，只管说好了。"可是，当他说出来时，小姨子一听，边挥手边说："去你的吧，光想，不得。"一席话说得他愁眉苦脸。

231

神箭王三

从前，有个叫王三的小伙子，流流皮皮，不务正业。

有一天，他捉到一只鸟。为了显能，就把一支刻着自己名字的箭插在鸟的屁股眼儿里，隔墙扔进村里员外家的后花园。然后，大模大样地进了员外家，说在山上打猎，射中一只鸟，落进后花园，问员外拾到了没有。员外问："何以见得是你打的鸟？"王三说："箭上有我的名字。"

员外查问，他的三闺女把鸟拿了出来。原来，三闺女在后花园玩，碰巧拾到了。员外看看鸟带的箭，果然不假，箭杆上刻着王三的名字，那箭还不偏不斜正扎在鸟的屁股眼儿里。他觉得稀奇，就笑道："你这一箭射巧了。"王三说："不，我的箭法就是专射屁股眼儿。"

这个员外最爱骑射。他有三个闺女，大闺女二闺女嫁的都是武将，剩下三闺女，还准备找个武艺更高的。今天，他一看王三有这么高的箭术，正中自己的意，不久，就做主将三闺女嫁给了王三。

这一年，员外生日，三个女婿都来拜寿。员外有意想显示一下三女婿王三的武艺，就出了个主意说："今天你们三个比赛打猎，晌午回来，不论长幼，谁赢了，谁在酒宴上坐上座。"

大女婿二女婿听罢就骑马进山去了。王三可作了难。他本是啥也不会的流皮鬼，甭说打野兽，就是进山转一圈，甭碰上野兽，能囫囵回来，就算不错了。这次比赛，活该他出丑啦。可是，事情到这个地步，怕也白搭。王三只好硬着头皮，装模作样地整鞍上马，也进山去了。

荒山野岭里，树木是遮天盖地，阴风嗖嗖，野兽怪叫，吓得王三在马上直哆嗦。一会儿就觉得肚里咕咕叫，他下了马，蹲在山坡上拉起稀屎来。

就在这时，突然"哞"的一声，一只老虎从山上下来了，吓得王三差一点没掉魂。他提起裤子就往一棵树上爬。老虎也是，老头儿吃柿子，专拣软的捏。本来是冲马来的，一见王三上树，就丢下马，照王三扑过来。王三平时爬树的本领还可以，这时慌张，裤子没提好，嘣住了腿。他使尽了吃奶的劲，就是爬不快。老虎窜到树下，瞅准王三，往上一跳。这一跳，你猜王三准没命了吧？其实不然，不知是王三命大，还是老虎时运低，老虎这一跳，跳得巧啦，那老虎嘴离王三的脚只差那么一点儿没够着，可往下一落，老虎头正好卡在树权上。树权成了老虎的上吊绳啦。老虎爪子不着地儿，脖子出不来气儿，三蹬两蹬，越蹬卡得越紧，一会儿工夫就一命呜呼了。

王三见这个情形，马上转怕为喜。他从树上跳下来，提好裤子，弄下来老虎，把一根刻着王三名字的箭往老虎屁股眼儿里一插，又用绳子把死虎往马后一拴。骑上马，拖着虎，耀武扬威地回家而去。

天快晌午了，大女婿二女婿先后回来了，他们打的有山鸡、野兔、狼啊、鹿啊，也不算少。可是一会儿王三拖来一只大老虎，箭还在老虎屁股眼儿里插着。他们只好认输，让王三坐了上座。

王三所在县的境内，有一片密林。密林里有一只老虎，最近不断出来，好多人畜都叫它吃了。多次派猎人去打，都没打着。县官就在县城贴出布告，悬赏捉拿老虎。

这一天，员外到县城赶集，见了布告，就顺手揭了下来，让看布告的把他带进县衙。县官问他："你揭了布告，能捉住老虎吗？"员外说："我不能，我三女婿能。"接着，他就把王三箭射老虎屁股眼儿的故事讲了一遍。县官听罢非常高兴，叫："快请王三。"

王三被请到县衙，听说叫他打虎，就暗叫起娘来。他后悔自己当初不该逞能，落了个虚名，如今冒出了这么个吓人的差事，不是叫他送命么！可是啊，事到这儿啦，推也推不掉，说了实话也少不了挨罚。咋办呢？王三想了想，想出了个主意，就说："要捉老虎不难，得答应我一个条件。"县官问是啥条件，他说得找二百哑巴。

县官一听，纳了闷了，这打虎就打虎，要哑巴干啥？可是为了打虎除害，提出来的条件不能不办哪！县官就派人四处找哑巴，找了好长时间才找够。

哑巴找够了，王三发给他们每人一根棍子，领着他们去打虎。

来到山林中，老虎出来了。王三命令哑巴一伙齐上，一场打虎仗开始了。老虎再凶，搁不住哑巴多。这么多人，别说打，就是往嘴里送，也能把老虎撑死。这样，虽说伤了很多哑巴，但最后还是哑巴把老虎打死了。王三见老虎死了，就按老办法，把一根刻着自己名字的箭又插在老虎屁股眼儿里，让哑巴们抬着，"班师"回城了。

王三见了县官，把怎么射死老虎的事，胡溜八扯地吹了一通。县官非常高兴，重赏了王三。哑巴们见了，都嗷嗷叫。可是他们想提意见，也说不出来，比画也比画不清。县官赏给他们些银子，打发他们走了。从此，王三箭射屁股眼儿的威名就传了出去，还越传越神。

有两个贼，听说王三得了不少赏银，就想去偷。可是，他们害怕王三那专射屁股眼儿的箭。以防万一，他们事先在屁股上各绑了一只鏊子[1]。

天黑了，两个贼把王三的屋子掏了个窟窿。一个贼先钻了进去。这时，王三两口子正挤他们小儿子的蛋子儿玩呢。这个贼刚进去，就听王三说："进来一个。"实际上王三是说小孩儿的蛋子儿进来一个。这个贼当是被发现了，吓得蹲在那里没敢动。这时，另一个贼也钻了进来。王三说："又进来一个。"两个贼听了，吓得从墙洞里钻了出去。这时王三刚好说："又回去了。"两个贼一听，咋王三长夜眼咧，看那么准。吓得两个贼拼命地逃跑了。

他们跑过一片棉花地，两腿蹚着棉花棵。棉花棵一摇晃，棉花桃纷纷往他俩屁股上绑着的鏊子上碰，噼里啪啦地响，两个贼当是王三的箭射来了。他们心里说，今天多亏绑着鏊子，要不，王三的箭也不知射进屁股眼儿里多少了。

两个贼没偷了王三的银子，又虚惊一场，就恨透了王三。后来王三死了，他俩趁天黑来到王三的坟上，要拉一堆屎腌臜[2]王三一下。二人解开裤子往下一蹲，由于天黑看不见，坟周围插的哀杖[3]正好扎在屁股上，他们又吓得不轻，提着裤子就跑。边跑边说："咋王三死了还箭射屁股眼儿呢！"

讲述者：　孟东印，男，36岁，内黄县人，演员
采录者：　李国存，男，22岁，内黄县二安乡沙河庄村人，学员
采录时间：　1978年
采录地点：　剧场附近农家
选自：　《中国民间故事集成·河南内黄县卷》

[1] 鏊子：圆形炊具，这里是用来当盾牌。

[2] 腌臜：侮辱。

[3] 哀杖：一种丧葬时的仪仗用品。是由白纸条裹在棍子上做的，由孝子举哀时手持，样子像手杖，故名。乡俗一般是用后就插在坟的四周。

232

兄弟打豹

采录者： 李国存，男，7岁，内黄县二安乡沙河庄
村人，学生

采录时间： 1963 年

采录地点： 乡村小学院内

选自： 《中国民间故事集成·河南内黄县卷》

附
记

我们村办的小学，有好多"一"。全校只有一座土房子、一个教室、一块黑板、一名教师带一个"复式班"。教师就是我们本村的李文山，他也是学校里唯一的成年人。我在这个学校上完了小学的一、二、三年级，所有的课都是听他讲。那时我们小，上课闹得欢。老师维持课堂秩序有三个办法，一是吼，二是打，三是讲古。三个办法是分级别的。老师先用初级的"吼"法，吼没有效果，他就拿教鞭往我们头上敲。如果敲也镇不住，他就用最高级别最有效的方法，给我们讲故事。他一承诺课后讲故事，教室会马上静下来。这个故事就是我在这种情形下听来的。（李国存）

弟兄俩去打猎，见山坡上卧着一只豹子。哥说："你在南面，我在北面，你先打一枪，打不中，我再打一枪。"于是，弟兄俩转到豹子两边，摆好架势。弟弟先打了一枪。可这一枪没打住，那只豹子听见枪声，顶着枪烟向弟弟扑过去，一下子把弟弟扑倒在地，张嘴去咬他的头。弟弟急中生智，把手伸上去摸着豹子的肚皮挠起痒来。豹子觉得舒服才没有马上去啃他的头。在北边的哥一看这个情形，被吓傻了，他愣在那里，打起了哆嗦。

正在这危急时刻，来了一个老猎人。他要过哥哥的猎枪对弟弟说："你歪歪头！"弟弟听了就把头歪向一边。豹子听了，当是猎人要打死身下人让它吃，叫它歪头呢，所以就把头歪向了另一边。老猎人瞄准豹子，一枪打去。枪子儿从豹子的眼里钻进去，从屁股眼儿里出来了。豹子打死了，弟弟被救了。

讲述者： 李文山，男，23岁，内黄县二安乡沙河庄村人，小学教师

233

聪明糊涂蛋

从前，有个人牵着毛驴驮着一袋米去城里粜。他看着毛驴驮着米很吃力，他就把米扛在肩上。可是他又不愿跑路，心想：我的驴平时能驮动我，不如我扛着米骑到驴上。

来到城里，他粜了米，又买了根长竹竿，扛着回去。走到城门，他见城门口很小，就抱着竹竿横着过。过不去，他又让竹竿竖着过，对着角过，又没过去。他正想把竹竿截成几截再过，忽听得一个声音喊："喂！老弟，来，从这儿过去吧！"他顺声望去，原来是一个守城门的站在城墙上喊他。他一拍大腿："唉！我怎么没想起来呢？还是人家聪明。"守城门的人帮他把竹竿从城墙上递了过去。

他为了感谢守城门的人，买了点酒，两人边喝边叙。从谈话中他得知守城门的有一个两岁的儿子，他想："那小孩他爹就这么聪明，小孩也一定不傻，我正好有一个一岁的女儿，给这两个孩子定娃娃亲，我俩结个亲家，岂不更好！"他把这个想法给那守城门的一说，那人也满口答应。

他扛着竹竿回到家，把这事给老婆一说，老婆就问那家男孩多大？他说两岁，老婆大骂他糊涂蛋，说他家男孩

儿比咱女孩儿大一半，等咱闺女三十正当年，他男孩已是六十岁的老头儿了，让咱侍候他一辈子吗？他仔细一想，就是。但是这事已跟人家说定了，咋办？他俩想了半天，谁也没有想出一个好办法，只好去找他们的族长——二大爷。他二大爷在他这一族很有权威。两口把事情一说，他二大爷就骂道："你们一对糊涂蛋，咱的小妮今年一岁，明年两岁，不就和他的儿子一样大了吗？"两口一听，恍然大悟，还是二大爷聪明，就高高兴兴回家了。

讲述者：	武天增，男，70 岁，滑县慈周寨乡方易寨村人，教师
采录者：	张良术，男，40 岁，滑县慈周寨乡后柿园村人，初中，干部
采录时间：	1989 年 11 月
采录地点：	滑县
选自：	《中国民间故事集成·河南滑县卷》

234

一张请帖

很早以前，靠柳清河北岸有一个村，全村人没有一个识字的。

村里有个人叫赵福，膝前独有一女，长得十分俊俏。十九岁那年，由赵福做主，与河南岸关帝庙村的一个财主家的呆儿结了婚。

过了九儿，女儿回到了娘家，在娘家住了三天。女儿临走时，赵福不得空，叫她二大爷，让她二大爷套车把她送走。

路上，女儿对她二大爷说："俺爹肯[1]咧要命，这是俺攒下的一点白布，有心让俺爹卖了，恐怕他不给俺钱。再过三天，就是关帝庙大会。二大爷，您把这点白布拿回去给俺卖了，俺到会时还等着花钱咧！"

大会的先一天，财主让呆儿去邀请亲家。因为自己的儿子痴呆，怕到亲家闹出笑话，就写了一张请帖，让呆儿送去。

呆儿到了岳父家，把请帖往桌子上一放，扭头就走。

这下可难住了赵福，琢磨半天也不知道是个啥玩意儿。拿着请帖找村里的主事人。

[1] 肯：滑县方言，表示吝啬。

主事人也犯了愁，因为他也目不识丁。要说不认字吧，怪丢人的。见是红纸就想：既然是红的，肯定是有喜事。就说："恭贺老赵，你闺女有喜了，让你去做客。"

赵福回到家，老伴急不可耐："是个啥？说了吗？""是个啥！都是你养的好闺女，还没过门三天就有了，哎！我看你咋还有脸去赶会！"

再说，会过去两天了，财主也没见到亲家的影，就让呆儿兜了一大包礼物，送往亲家。赵福如同火上加油，连瞧都不瞧，叫来老伴："这都是你养的好闺女，这不，人家把小孩送来了。赶快叫喂牲口的老李头儿，弄出去给我埋了！"

老伴叫来老李头，老李头说啥也不肯埋，说是太亏良心。赵福就说："去埋吧，埋了赏给你一件大棉袄。"老李头还是不埋。"再添一大吊。"老李头还是不肯去。无奈，赵福只得先拿出了一件棉袄和一吊钱，老李头这才去找铁锨。

进了屋，老李头光棍了这么多年，还没有见过"血娃"是个啥样，今天我要瞧瞧。想着，就解开了包袱，解开包袱一瞧，里面净是些香肠馒头。老李头心中大喜：自来到你赵福家，这些东西甭说是吃，连见都没见过。算是我老李今天交了好运，让我留着慢慢吃吧。

其实，赵福老伴心里也在嘀咕：女儿平时在家规矩得很，咋出了这种丑事？出了这种丑事，我女儿在婆家能不受气？赵福老伴越想越不是滋味，越想越放心不下，就趁着天黑来到了亲家家。

一进门，见女儿蒙头大睡，劈头就问："妮儿嘞，你跟谁呀？"女儿正睡得迷迷糊糊，以为是问布的事，随口说："跟俺二大爷。"赵福老伴二话没说，扭头就走。

老伴一到家，赵福就问："跟谁呀？""跟你那好二哥！"赵福一听大怒，操起一把菜刀，直奔二哥的家。

二哥吃过晚饭刚坐下来，见兄弟拿着菜刀闯了进来，忙问："这是咋啦？""咋啦？你跟俺姐的事你还不知道？""那哟，我还没给她钱咧。"二大爷以为是说布的事。"呀！还许钱咧！"说罢，抡起菜刀就砍，二大爷连忙招架。

再说女儿睡得迷迷糊糊，觉得好像是母亲来过一趟，坐起来一问呆儿，果然如此，于是就急忙穿上衣服，去娘家了。

刚到村头，就听见一片嚷嚷声。近了，一听是在二大爷的家里。进去一看，见父亲手持菜刀，正和二大爷厮打。急忙走上前去，问明情况，说清了事情的原委，这才避免了一场"血战"。

讲述者：　逯天晨，男，65 岁，滑县上官镇逯堤村人，农民

采录者：　逯庚殉，男，25 岁，滑县上官镇逯堤村人，高中，农民

采录时间：　1989 年 11 月

采录地点：　滑县上官镇逯堤村

选自：　《中国民间故事集成·河南滑县卷》

235

天下第一

不知啥时候，有个老头儿叫董天胜，下棋是好样的，谁也赢不了他。这事儿叫皇帝知道了，就封了他个"天下第一"的雅号，并赠锦旗一面，上绣四个金色大字"天下第一"。

有一天，一位叫刘冲的将军，领兵从董老汉的村子路过。听说这儿有"天下第一"棋手，心里不服气，就找上门去，跟董老汉下棋。刘将军对董老汉说："来，咱俩下上三棋[1]，一比高低。"董老汉是个明白人，就把棋子摆开了。连下三棋，董老汉都输了。刘冲得意地说："董老先生，你可称不上天下第一呀，快把那面锦旗摘下。"董老汉忙说："好好好，我不是第一，马上摘下。"刘将军高高兴兴地走了。

刘将军走后，董老头儿又把锦旗重新挂上，刘将军打了胜仗回来时又打这儿路过，一看锦旗又挂上了，就问董老头儿："你咋又把锦旗挂上了？"董老头儿笑着说："刘将军，咱再下三棋，如果我输了，当面烧毁，如果你输

[1]　三棋：三盘棋，连下三盘棋。

了，锦旗还照样挂着。"刘将军说："好，君子一言为定。"
结果，下了三棋，刘将军输了三棋。刘将军有点不解地
问："董老先生，你上一回为啥不赢我呢？"董老头儿回
答说："将军呀，你上次是领兵打仗，如果叫你输了，到
战场上会影响你的士气，再说，你打着仗还想下棋的事儿，
能取胜吗？"刘将军恍然大悟："啊，原来是这样。"

从此，刘将军对董老头儿心服口服，说这老先生不光
棋艺高，爱国之心也强啊，真不愧"天下第一"。

采录者：　蔡世虎，男，47岁，汤阴县人，高中，
　　　　　干部

采录时间：　2005年12月7日

采录地点：　汤阴县城关镇

选自：　　《中国民间故事全书·河南汤阴卷》

236

仙姑挨打

从前，有个人死了个独生子。他们老两口儿很悲痛，
他老婆想儿子想得有了病，睁眼闭眼都想看见。一天，她
听说东庄有个李仙姑啥都能看，还很灵验，就叫老汉去请
李仙姑。可是老汉从来不信邪，把老婆训斥了一顿，老婆
又气又急，就在老汉出去做生意的那天，亲自把李仙姑请
了过来。

李仙姑叫她摆上酒席，焚香烧纸，自己蹿上桌子，坐
在当中，闭上双眼，掐诀念咒。老汉出门忘了带钱，折回
来了，见这情景，便蹑手蹑脚地靠到门边，想看个究竟。

只见李仙姑打了几个呵欠，两眼一闭，念起咒来：
"亲亲娘，亲亲娘，仙姑让咱叙家常。"老婆一听以为儿子
的魂灵来了，便放声大哭起来。只听李仙姑又说："亲亲
娘你别哭，来世还生在咱屋，我在阴间把书念，手中缺少
零花钱。"老婆忙问："要多少？"李仙姑说："交十两银
子用着看。"

老汉听得一清二楚，看李仙姑在编圈子要钱，便一步
跨进屋内大声问："儿啊，光要钱，你读的啥书呀！"

这一问把李仙姑吓愣了，半天才说："我上学最用功，

四书五经都精通。"

王老汉说:"背几段给我听听。"

李仙姑不会了,支支吾吾地说:"见了爹娘我心慌,五经四书全忘光。"

老汉一听很有气,脱掉鞋照李仙姑打去,李仙姑吓得从桌上滚下来,怪叫道:"你好大胆呀!敢打仙姑。"

王老汉说:"我打的不是仙姑,打的是不争气的小畜生!"说着便又打了起来,李仙姑见势不妙,吓得跑了出去。

讲述者: 胡光辉,男,63 岁,汤阴县人,高小,农民

采录者: 刘金林,男,50 岁,汤阴县人,大专,干部

采录时间: 2005 年 11 月 25 日

采录地点: 汤阴县白营乡

选自: 《中国民间故事全书·河南汤阴卷》

237

贴门帖儿

以前,有个老汉儿,逢年过节的时候儿,好写几句吉利话儿,贴到街门上免灾。

有一年,他把一位老秀才请到家里,叫这位老秀才给他写几句吉利话儿。老秀才说:"我想了几句,先念给你听听,要是中咱就写,不中咱再说。"老汉儿点了点头说:"行。"老秀才念道:"年年好,祸事少,不得打官司。喂猪喂成象,老鼠都死了。"老汉儿一听,连忙说:"中,就这就中。"老秀才随手写了写就走啦。

老汉儿刚刚把门帖贴出去,一会儿,又过来一个人,走到跟前看了看这门帖说:"老哥,你咋贴了个这帖,这多不吉利!"老汉儿说:"你念给我听听,这帖不吉利到哪儿啦?"这个人念道:"年年好祸事,少不得打官司。喂猪喂成象(像)老鼠,都死了。这能吉利?"老汉儿一听,泄了气。他想了半天,也不知道咋回事儿,为啥他俩念的不一样儿?

选自：《汤阴民间故事》，原书采录者等要素均不详

附记

门帖，即春联，豫北一带民间过春节贴春联叫作贴门帖。门帖不仅仅包括门框两边的对联，还包括门头上、窗户上、影壁墙上、衣柜用具上、大门外等地方贴的，通称为"门帖"。门帖均为欢度春节的吉祥、祈福、平安语，也有根据自家从事的行业所拟定的愿景、理想，如这则故事的主人公希望养猪发财等。这是很淳朴的民俗，也是有安阳地方色彩的民间文化。（王光明）

238

二人打赌

从前，有两个人，一个性格很急躁，不管遇到啥事，就像个急捻炮，一点就响，人们就给他起了个外号叫急捻炮。另一个人性格疲沓，不管办啥事，屁股上响火鞭也惊不了，人们就给他送了个外号叫老坍。

有一天，急捻炮和老坍碰到一块儿。急捻炮说："老坍弟，你这个坍性可得改改，不然啥事也办不成。"老坍停了半天，才慢腾腾地说："急捻炮老哥，你这个急性也得改改，要不然有些事也能办坏。"两人一想，这话说得都有道理，决心要改改。咋个改法咧？两人都认为得立个规矩，老坍说："要改就得慢慢来，急了不好。"急捻炮说："要改当下就改，慢了不好。"两人商量了半天，才定为半月后，谁再犯了就罚谁二斗米。

半月后的一天，老坍又碰到急捻炮，看到他棉袄后襟上着了火，便朝他身上看了又看，说："急捻炮老哥呀，我有件事儿想给你说，怕你的脾气没改，犯了病输米。"急捻炮说："有啥话只管说，我这个人说改就改，犯不了。"老坍慢腾腾地说："你的袄后襟上着了火。"急捻炮赶快脱下袄来把火扑灭。老坍在旁边说："看看，你这

急性病又犯了吧，啥时候叫我去你家背米哩？"急捻炮说："我袄上着了火，你还慢腾腾地给我说，你已经先输给我了。"

讲述者： 孟庆香
采录者： 王权，男，52 岁，汤阴县瓦岗乡龙虎村人，高小，文化馆干部
采录时间： 1987 年 7 月 10 日
采录地点： 汤阴县文化馆
选自： 《中国民间故事集成·河南汤阴卷》

239

苏三和王五

苏三和王五是一对好朋友。苏三是贩米的，王五是贩盐的，二人出外常常做伴，有了困难共同解决，胜似亲兄弟。

一天，他俩从家动身同往苏州，走到半路，天突然下起了瓢泼大雨，道路泥泞，走一步，退两步，没法前进。

无奈只得住了店，等不下了再走。可是，一连下了四五天，雨点仍未减小。怎么办呢？二人急得团团转，觉得这样下去非困在这里不可。说来天还讲点儿情意，到了第七天，雨停了。二人又惊又喜，喜的是老天成全自己，惊的是所带盘费几乎全开了店费饭费。本来能跑个来回，可这么一停，所剩银两已经很少。苏三剩五两，王五剩四两。又算了一下路程，离苏州还有四百多里，靠自己的两条腿，也还得走上三四天。这几两纹银路上哪能够用，要是往回返，更不合算。二人商议了商议，还是往前走。至于盘费，哪会儿花完了，哪会儿再想办法，车到山前必有路。

于是，二人重新上路。途中省吃俭用总算又熬了两天。到第三天，苏三对王五说："小弟，如今盘费用尽，离苏

州还远，照咱们行走的速度计算，也还得两天多，看来这几天也只有要些吃的了。"王五点头称是。

走着走着，来到一个村子，王五突然往地上一躺说："大哥，我是实在饿得走不动了。"苏三这时也饿坏了，一见村子就打算去讨点吃的，不想自己还没开口，王五倒先提了出来。于是，也来了个顺水推舟说："好吧，小弟你等着，我去讨点吃的便来。"说完，进了村子。

一进村，苏三恰好碰上一家办丧事，灵棚前，有好多哭得伤心的孝子，一班音乐队吹得叽叽喳喳。苏三打听了一下，得知是本地一个财主的父亲死了。那人死前，是村上的一霸，无恶不作。顿时，苏三满腔怒火，心想非整治他一下不可。可怎么整治他呢？苏三灵机一动，便走了进去。他先瞧了瞧四周，然后"扑通"一声趴倒在地，一声高一声低地哭喊开了，哭什么"我的大哥呀！你死得这么快，连小弟一面也没见。小弟对不起你呀！"鼻涕流了尺把长，也不顾得擦。财主的儿子和孙子们，对这位哭得很伤心的吊者感到莫名其妙。财主儿子轻轻地拍了一下苏三的肩膀，问道："客官，你是何人，为何哭得比我们还伤心？"苏三抹了一把泪，说道："俺叫黄山，山东德州人，和你家大人生前有八拜之交。是有福同享、有难同当的朋友。曾在一锅吃过饭、一被窝睡过觉。自从那年一别，永没再见。不想今日路过此地，才知道他已不在人世。我怎能不悲痛呢？只因你父亲生前曾交代我几句话，也不知敢不敢当着众人讲？"这财主儿子听说他爹死前有交代，瞧了一眼家人，悄悄地把苏三拉到一边说："有啥话跟我学学，我保准不让你吃亏。"苏三不哭了，问他："此话当真？"财主儿子说："如果能说出几百两银子的下落，我随手给你一百两。大丈夫男子汉说话算话，决不反悔。"苏三接着道："好，一言为定。"苏三又往边拉了拉他，对着耳朵偷偷地说道："你爹曾这样跟我说过，黄山弟，咱俩算是好朋友，我倘若有个好歹，你可代我告诉我的儿子们，在村外的半山坡上，一棵柿树底下，埋着一个大瓦罐，内装白银六百两。叫他们几个刨出来平分就是了。"财主儿子一听说出白银六百两的下落，脸上立刻现出了笑容，忙偷偷地叫出自己的老婆备了酒席一桌，热情招待苏三。苏三的肚里这会儿正咕咕地叫，一见这香气扑鼻的山

珍海味，早已垂涎三尺，一挟筷子就吞了个饱。临走，苏三向财主儿子要回了他曾许出的那一百两纹银，给王五拿了四五个馍头，向财主儿子告别，满心欢喜地出来了。

这时，王五正坐在地上无力地向村口张望着，见苏三果真讨回了雪白雪白的馍，猛扑上去，不住地询问着要馍的经过。苏三笑着说了一遍。王五说："大哥，你真行，下回看咱的。"苏三笑着递给他一个馍，说："老弟，快吃吧，我知道你饿了。"王五正饥着，接过馍头，狼吞虎咽地一口气吃了好几个。

又到一个村子，王五叫苏三等着，自己去了。偏巧也碰上一家埋人。他不假思索地走了进去，也像苏三上次那样，趴下便哭。不过，并没掉泪，可是声音不小，听着很伤心。其中两个人搀起他，问道："客人，何处人呢？为啥这样伤心？"王五心本来就虚，听见有人问他，慌忙假装抹了一把泪，说："俺叫胡来，从河北承德府来，和你家人既不是远亲，也不是近亲，只是和你家大人生前有八拜之交，曾是好朋友，一锅吃过饭，一被窝睡过觉……"王五说到这里，就觉得头顶上落下来雨点般的拳头，打得他抱着个头杀猪般地大叫，连连哀求说："我的爹呀，请留孩儿一条命，今后再也不敢……"这些人正打在瘾头上，哪里还管这些。不料，王五四肢一伸，叹一声，便再也不动弹了，只是白眼球乱翻，嘴唇紧闭，真像死了一样。这可把几个打手吓呆了。这时，一个说道："别害怕，先看看他是真死还是假死。"说着，便伸手开始检查。不料，王五一跃而起，逃了。几个人抓了一把，没抓住。王五这时像惊吓逃脱的兔子一样，跑得飞快，一口气跑到了苏三跟前。苏三一瞧他头发蓬乱，鼻青脸肿，就知道他闯了祸。接着，王五把要馍的经过一五一十地说了一遍，气得苏三直埋怨道："你呀你，太笨了，不会对症下药。真是自讨苦吃。"原来，这一家死了一个老太婆。

讲述者：　秦王连，男，林县任村乡仙岩村人，农民
采录者：　石付林，男，22岁，林县任村乡仙岩村人，
　　　　　高中，商业职工
采录时间：　1985年

采录地点：　林县任村乡仙岩村

选自：　《林县民间故事集成》

240

通头儿躺

附记

　　这个故事是听我们村一个老汉儿讲的，只知道他叫秦王连。当时是生产队集体，我们还是小学生，大家称他秦老爷子。五月收割麦子，队长会安排秦老爷子带领我们小学生去地里捡拾麦穗，小孩子们最不耐战，拾了一会儿就嫌使慌（累），乱乱着（好多人吵闹着）要歇歇，秦老爷子就把大家招呼到地边的树荫下。一到树荫下一群小孩子也不安生，吵吵着要秦老爷子讲故事。他也最会哄孩子，跟大家说，我讲故事给你们，你们一会儿可得加把劲儿把一片几块地拾完。一群小学生们都答应说：中！于是老秦就天南海北，喧天摸忽雷（就是响雷，意思是有很多不实之词），啥都给我们讲，一个个听得津津有味，就好像我们置身在故事中一样，其中就有《苏三和王五》的故事。整个五月天，我们最愿意和秦老爷子去地里干活儿，因为能听他讲故事，有的故事讲了一遍又一遍，我们百听不厌，讲罢一个故事，大家哄然"咯咯"大笑一阵，就又让秦老爷子再讲一个。秦老爷子却讲一个两个，就让我们去干一会儿活儿，弄得我们心里痒痒的，可干起活儿来也一个劲儿，为的是赶紧干完这阵子活儿，还结记（惦记）着听故事哩。但听这些故事时我还小，听罢也没有记录。成年后才想起这则故事挺有意思，便把它整理了出来。（石付林）

　　有两个相好结伴外出做生意，投宿一家客店。冬天天冷，俩人决定通头儿躺。

　　甲说："咱走了一天，肚里窝哩气不少，夜里谁有了屁，都不能放在被窝儿里。"乙完全赞同。

　　不一会儿，乙感觉有屁要放，忙用脚蹬了蹬甲："伙计伙计，蒙头放屁！"那边甲一蒙头，乙赶忙在被子外边儿把屁放了。

　　又过了一会儿，甲也感觉有屁，忙用脚蹬了蹬乙说道："伙计伙计，蒙头放屁。"然而，乙刚把头蒙上，甲就顺盖地窝儿[1]把屁放过去了，把乙呛得不轻。那一头儿，甲笑得好开心。

　　乙受了这场羞辱，就想主意要报复一下甲。他听到甲止住了笑声，就用很平静的语调对甲说："我有个好故事，不知你想听不想听？"

　　冬天夜长，反正躺下去也睡不着。既然有好故事儿，甲当然乐意听，就催促乙快讲。

[1]　盖地窝儿：被窝，被子。

乙说："某村儿有一家弟兄两个，老大是光棍儿；老二不仅有媳妇儿，还生了一个大胖小子。这可把老二家两口儿乐坏了。

"老二每天从地里回来，进门儿头一件事儿就是把孩子抱过来，逗了又逗，亲了又亲，有时媳妇儿也在一旁哄孩子。

"天天如此，老大可就看不惯了。这不是在讥讽我是光棍一条吗？但是，对兄弟和弟媳，他又不好说什么。思来想去，他想出一条好主意。

"这天，他找了一个枕头，下头用个小铺地儿包上，上头蒙上一块手巾，做成个胖娃娃的模样。每次一见老二家两口子逗孩子，他也赶紧把这枕头娃娃抱出来，在边儿上逗了又逗，亲了又亲。

"这一下儿，老二家两口子又看不惯了。我们家有孩子逗孩子玩，你没有孩子出什么鳖行[1]！于是，老二偷偷儿地找了些儿溏鸡屎给哥哥抹到枕头上。哥哥回家抱起枕头就逗，撩起手巾就亲，结果亲了一嘴溏鸡屎，气得他一把把枕头扔在地上，气狠狠地说：'你呛死你老爹了！'"

故事一讲完，甲乙二人同时大笑起来。笑了一会儿，甲突然有所领悟，止住了笑声。

采录者：　侯新民，男，52 岁，林州市茶店镇大峪村人，大专，干部
采录时间：　2006 年
采录地点：　林州市
选自：　《中国民间故事全书·河南林州卷》

[1] 鳖行：形象不佳，没正形。

241

瞎毛撞上死老鼠

大清乾隆年间，临淇东乡薛家岗村有个姓薛的，由于从小有只眼睛看东西模糊，大家从小便叫他"瞎毛"[2]。在过去人们重视礼节，接受孔孟教育。瞎毛从小受父母的熏陶，孝亲尊师，友好邻里。

淇河西岸，吕儿庄姓闫的一位吏员[3]退职后，在牛家岗村建立了私塾。附近有钱人家的孩子，都到私塾里读书。瞎毛少年时家中不宽裕，常外出砍柴，为父母做家务。听说同龄的伙伴们都去念书了，自己也想去，由于家境贫寒，只能每日空闲时间，在窗外听先生讲课，用树枝在地上和墙角写字。时间长了，被先生发现了，向先生讲说了自己的状况。先生虽然看他五官不全美，但他的刻苦用功感动了先生。先生在课堂的一处角落里给他安排了一处座位，并送给他笔墨。瞎毛对闫先生的恩德铭记在心，每日为先生端茶倒水、抹桌扫地、铺床叠被，先生对他也是格外地重视。

[2] 瞎毛：林州人称年少人为"蛋"或"毛"。
[3] 吏员：当地官府的小官。

几年后，到了县里县试的时候，先生开始有点发愁了，瞎毛才干突出，但是五官不全美，旧时五官不全者尽量不要求应试，于是没有安排瞎毛去应试，其他学生都做了准备，第二天起程去县里应试，唯独瞎毛留在家中。第二天瞎毛和往常一样，起来为先生铺床叠被，结果在被褥里发现了一只死老鼠，便把事情告诉了先生。先生听后，觉得挺有意思，"瞎毛（猫）撞上死老鼠"，只听说过，还没见过。难道这是天意？于是让瞎毛回家带些盘缠和干粮赶紧上路，其他学生走得还不远，稍微快点还能赶上他们。

瞎毛回家准备了一番，便上路了，紧追慢赶，在淇北东姚社赶上几个同学。同学们还嘲笑他说："瞎猫还想撞上死耗子。"瞎毛对同学们的嘲笑毫无嗔恨之意，不言不语，随他们赶路。县试过后，众人都没有考中，唯有瞎毛考中了秀才。这件事慢慢地传播了起来，便成了一段佳话。后人常说，人不可貌相，海水不可斗量。"瞎猫就是会撞上死耗子！"

薛帅在讲述故事（摄影：刘二安）

讲述者：　闫腊生，男，59 岁，林州市五龙镇薛家岗村人，小学，农民

采录者：　薛帅，男，29 岁，林州市五龙镇薛家岗村人，中专学历，民间艺人

采录时间：　2017 年 8 月晚上

采录地点：　讲述者家中

附
记

因为我喜欢收集民间故事，所以和老人们闲坐时就会让他们说古。有一天晚上我到闫腊生家串门闲坐着，他问我听说过"瞎毛撞上死老鼠"没有，他说，就这个瞎毛是你薛家的老先人，他死了埋到了麻池昂了，因为他从小儿有个眼不得劲，咱林县（林州市）喜欢"小额"（男孩子）毛厄或者蛋了，所以都就叫他"瞎毛厄"，这个人虽说五官不全美，但是文采却是很不赖的！（薛帅）

242

公
鸡
蛋

从前，一位庄稼人有个孩子，七八岁了，勤学好问，聪明伶俐。

有一回，这孩子和他爹一块儿割麦子，他一股劲弯着腰割到地头儿，慢慢直直腰，觉得腰疼得不得了，不由连声说："喔唷！腰疼！腰疼！"他爹听了笑着说："哼，小小孩家，哪有腰？"这孩子听了一眨眼，想了个点儿，他把镰刀别到背后腰里裤腰带上，随后两手一拍，对着他爹叫道："爹，爹，我的镰呢？我的镰呢？"他爹哈哈大笑，手往他腰后一指说："你腰里别的是啥？"孩子笑道："你不是说我没有腰吗？"弄得他爹无言对答。

后来，有一天傍黑儿，他爹从外边回来，一进门就唉声叹气、愁眉不展。这时候，聪明的孩子一看就知道他爹一定有了为难事，就问他爹："爹！今个儿回家咋恁不高兴咧？有啥事吗？"

"唉！别提了，咱家马上就要大祸临头了。"他爹说后，孩子忙问："啥大祸？"

"哎呀！不知道咱咋得罪官衙了，县太爷有令叫咱明日非得给他送去个公鸡蛋不可，可咱们到哪儿给他弄公鸡

蛋咧？这不是明明给咱为难吗？"孩子听了也很生气，骂道："好一个不讲理的赃官。"遂又一想，心生一计，对爹说："爹，您老人家放心，这事叫我去办。"他爹听了说："唉，那可不行，谁不知道那县官奸诈狠毒，你一个小孩子家，哪能行？"孩子说："不要紧，我自有办法。"

"哎呀！傻孩子，你有啥法呀？"

这孩子把嘴附在他爹的耳边，小声儿如此这般地说了一遍。

他爹听了说："这倒是个办法，不过你可要多加小心哪！"他一边点头，一边应道："嗯，嗯。"

第二天一早，这孩子吃罢饭，单身一人赶到县衙。衙役们一听说是来送公鸡蛋的，便把他引进大堂。

县太爷端坐堂上，洋洋得意，正等着看看送的是啥金银财宝呢。可是，越看越不对劲，心里寻思，咋不见大人，来了个空手儿小孩？马上就火了，大声喝道："小小孩童你来做甚？你爹为何不来？"小孩一听县太爷问话，急忙回答："哎呀！大老爷，不瞒你说，我爹昨天一回去就占房[1]了。"县官一听大怒，啪——一拍惊堂木，吆喝道："哇！胡说！岂有此理？男人怎么能占房咧？"小孩一听，心中暗喜，连忙说："是啊！既然男人不会占房，那么公鸡咋会孵蛋呢？"直问得县官哑口无言、目瞪口呆。

从那以后，这赃官再也不敢拿公鸡蛋这一手敲诈勒索百姓了。这孩子智斗赃官的事也传为佳话，流传后世直至今天。

讲述者：　李天福，男，75岁，文峰区靛市村人，不识字，农民

采录者：　李濂清，男，文峰区靛市村人，干部

采录时间：1990年2月

采录地点：文峰区靛市村

选自：　《安阳故事卷》

[1]　占房：分娩，坐月子。

243

交好运的梦三

从前，有一个小村里住着一户人家，家中有兄弟三个，老大是一个种地的好手，老二是个小有名气的木匠，唯独小三啥也不会，是个游手好闲的懒汉虫。

谁好谁孬，当娘的心里最清亮。每当小三出去串游不在家时，他娘就烙油饼给老大老二吃。说来也怪，老是刚一做好，小三就回来了，气得他娘乱嚷嚷。

小三总是正儿八经地说："俺在地里睡觉，梦见娘做好吃的，俺就回来了。"

一回二回是碰的，回数多了他娘就信了。见人总是说："俺那小蛤蟆三会梦，一梦就准。"

有一天，小三的大爷丢了一头猪，找来找去找不着，便来求小三给"梦"。小三心想，这下可坏了，俺从哪儿能给他"梦"回一头猪呢？

小三来到大爷家，他大爷问小三都需要啥，小三眼珠一转说："给俺准备一条被子、一条褥子、两根绳子、一根扁担，天黑后大开街门，有啥动静也不准偷看，要不，俺的梦就不灵了。"他大爷忙答应着去做准备。

夜深人静，村里的人都睡了。这时候，小三摸黑起了床，将被子褥子一卷，用绳子捆好，插上扁担，挑起行李就偷跑了。小三一边走一边想，一边想一边笑，他笑个啥？笑大爷真憨，俺小三要褥子被子扁担，大爷就猜不出俺干啥用？虽说这回"梦猪"砸了锅，但俺有了行李，可以到其他地方混日子了。

小三穿过村子，走过庄稼地，来到一片芦苇塘边，这才停脚歇息。正当他轻松地出了几口长气时，忽然听见"哼、哼"声。他吓了一跳，定定神儿一瞧，原来，他大爷家的猪跑到芦苇塘里来了。

小三挑起铺盖卷掉头就往回走，到家后脱衣上床，美美地睡了起来。睡足了，睡够了，他大爷才敢问他："梦着了没有？"小三揉了揉眼睛，装着迷迷糊糊的样子说："梦着了！在村西头芦苇坑里呢。"

打这，"梦三"的名声就传开了，越传越大，越传越远，竟传到了县太爷的耳朵里。前几天，这县太爷恰好丢了官印。一听说"梦三"会梦，一梦就准，忙派人前去接小三，要他来"梦"官印。

小三坐上了大轿，心里可犯愁了，自言自语地说："唉——！这回俺可梦张三呢？还是梦李四呢？"梦三正犯愁，就感觉大轿停了下来，那两个差人上前跪下磕头求饶说："梦三老爷，你真神，官印是俺两人偷的，求你开恩，别说是俺偷的，放在后堂的佛像里。咱都是穷人，您老爷就开开恩吧，千万别说梦见俺俩偷的。"小三点点头，算是答应了。

来到了县衙门，县太爷问小三要啥，小三照旧说，要一条被子、一条褥子、两根绳子、一根扁担，外加白银三十两，半夜打开衙门，有动静谁也不准偷看。

按说小三已知官印放在哪里，根本不用逃，为啥还要这些东西呢？这就叫装啥像啥，糊弄人。

天亮后，县太爷亲自来问，小三装模作样地说："不用着急，你的官印在后边佛堂的神像里，是神给你拿走了。"这话把县太爷真吓住了，打那儿以后，再也不敢坑害百姓了。

"梦三"的能耐越传越玄乎，人们把他说成了活神仙。这天，知府大人发现自己的玉带丢了，忙派人去请小三，并且吩咐全府人员，吹吹打打地在衙门口迎接。小三到知府衙门后，知府大人问他要什么，小三说明了自己的要求，不过把三十两银子要到了三百两。

这天夜里，小三照样挑起铺盖卷，带上三百两银子，逃出了知府衙门。刚想拔腿快跑，就看到知府衙门前的旗杆上飘着一条玉带，他心里说："嘿，俺梦三的神通把贼都唬住了！"扭头又回到知府衙门，大大咧咧地睡觉了。

第二天，知府派人来问，小三说："这不作难，玉带就在衙门前的旗杆上呢。"知府大人不信，派人去找，一找一个准。知府大人很高兴，赏了小三五百两银子，并将小三的"神技"上报给了皇帝。

皇帝不信，天下能有这样的能人？立即传旨，要小三进京当面试验。小三在差人的前呼后拥下进了京，连想逃跑都不成。他暗叹道，完了，完了，脑瓜儿保不住了。

第二天早朝，皇帝叫人拿出来一个玉盆，随手摘下一颗青枣，将青枣放入盆内锁上，传旨叫小三上殿，"梦"盆内装的是什么。这下小三可傻了脸，他转眼一想，还是先找个借口糊弄糊弄吧，随后说："万岁爷，清早不能梦啊。"皇帝听成了"青枣不用梦"，心中大吃一惊：哎呀！这梦三还是专门梦贵重东西的，小小的青枣根本用不着他梦。他刚想要赏赐梦三金银，又说："既然不用梦，那俺就换个东西再试试。"说罢就到后宫去了。皇后来到御花园，费尽脑子想找个别人意想不到的东西。忽然，他看见一只蛤蟆从草丛中蹦了出来，忙叫宫女逮住它，将它装入盆中，来到金銮殿叫梦三"梦"。

小三本想找个借口糊弄皇帝，谁知叫他歪打正着，猜着了玉盆中的青枣，现在皇后又要试他，这可咋办？完了，完了，这下非要被皇帝千刀万剐不可了！想到这儿，他绝望地大声喊叫起来："这下子可要逼死俺小蛤蟆了！"皇后一听，梦三说出"憋（逼）死小蛤蟆了"，大吃一惊，连连称赞梦三有本事。

皇帝见梦三的确神功，十分高兴，马上赏了他一千两银子，又封他做了个七品县官。

讲述者：　赵新梅，女，已故，安阳市人，不识字，擅长讲故事

采录者：　王有才，男，40 岁，大学，安阳市燃料公司副经理

采录时间：1992 年根据回忆整理

采录地点：安阳市唐子巷附六号院

选　自：　《安阳故事卷》

附记

讲述者赵新梅是我的母亲。在 20 世纪 60 年代的一个冬天，那时候冬夜漫长，天气寒冷，天黑得也很早，晚饭后，我们小姐弟几个人就在父母住的房屋中取暖喷闲话（聊天）。父母住的是两间瓦房，里间是卧室，临窗盘着土炕，煤火台紧贴着土炕，我最小，坐在土炕边沿，脚踩在煤火台上，父母分靠在土炕两头，几个哥哥姐姐围着煤火台一圈取暖，弄两块红薯和红萝卜放到火口铁圈上烤着，权当消夜点心。我缠着母亲讲故事，要求讲"长故事"，母亲就一脸正经地说："从前有个庙，庙里住着俩和尚，小和尚要老和尚讲故事，老和尚说：从前有个庙，庙里住着……"我马上截住母亲的话头，说："不听这个，车轱辘话没完没了，讲个真长的故事。"母亲这才憋不住地笑着说："那就说个梦三吧。"讲完了这个故事，大家分吃烤熟的红薯和红萝卜，我还有点不明白，问："这个梦三的大爷、县官、皇帝咋都那么笨？"母亲不再回答，赶着我们回屋上床睡觉去了。

1992 年，我整理出这个故事，后被《河南民间文学集成·安阳故事卷》和安阳县故事集成《狐狸坟传奇》选录。（王有才）

异文：黄蛤蟆的小聪明

这故事发生在很早很早以前，尧城东前遵贵村，有一姓黄的人家。兄弟三个，老三年龄小，个子也矮，乡亲们都叫他小蛤蟆。小蛤蟆家穷没上过学，平时爱玩，和其他小孩没什么特别，就是爱耍个小聪明。

有一天，大嫂喂的一只小猪不见了，问邻居，都说没有看见。问小三，小三也说不知道。大嫂无奈只好里里外外、远处近处到处找。找了大半天，还是没找到，急得大

嫂光想哭。

其实小三看见小猪窜到村东芦苇坑里去了，他故意给大嫂开玩笑，说不知道。见大嫂真为难了，就找了个借口说："大嫂啊大嫂，别为难，我会梦，叫我梦一回，定能找到。"

说话间就躺到地上，装作酣睡，做起梦来。大嫂在一旁半信半疑地看着，还不让别人惊动他。他呼噜了一会儿，醒过来，打了口哈欠，说："有了有了，神仙告诉我，你的小猪就在村东头芦苇坑里，快去找吧。"果然，到芦苇坑里找到了小猪。

好事不出门，奇事传千里。不几天全村人都知道黄蛤蟆会做梦找东西了。他觉着好玩，就随人说去吧。

又有一次，在田间干活儿，他趁二嫂不注意，把二嫂的剪子埋到路边土里，佯装没事，跟大人一块下地干活儿。到了半晌休息的时候，二嫂想做会儿针线活儿，在篮子里翻来翻去找不到剪子，急得不得了。

二哥说："小蛤蟆你梦一梦吧，给你二嫂找找剪子。"

"好，我试试吧。"小蛤蟆说着仰面就地一躺呼噜起来，一会儿起来伸腰打个哈欠，说："有了有了，二嫂的剪子丢在路边，被土埋了，快去找吧。"果然在路边土里找到了。又是一传十，十传百，传来传去，添枝加叶，把小蛤蟆说得神乎其神。

小蛤蟆长大了，人们都叫他黄蛤蟆。不知咋的黄蛤蟆会梦的消息竟传到京城去了。

也该黄蛤蟆撞大运，正好朝廷的皇家玉印被盗了，通令京城内外抓贼找印，折腾得鸡犬不宁、神鬼不安，动用了所有的提案高手还是没找到。朝廷发了急，百官犯了愁，朝廷上下个个胆战心惊。你想，一个国家把大印丢了，那还不是大忌？这时，不知哪个官员冒出来一句"尧城前遵贵村黄蛤蟆会做梦找东西"。朝廷一听大喜，不管是真是假，立刻下诏派人去请他进京找印。

消息传来，可把黄蛤蟆吓了个半死，自知这都是在家开玩笑，哪会真做梦找东西呀？还把这事传到皇上那儿，这不是坑人吗！

说话间圣旨来到了，叫他接圣旨。那圣旨多神圣，谁敢不接？抗圣旨是死罪。黄蛤蟆只有硬着头皮接旨，请传旨官让他准备一下，明早动身。晚上他给家人嘱咐："我这一去，必死无疑。待我走后第三天，你们夜间把咱家院里石磙子弄到村头树杈上，然后点火烧柴棚，我就可以回来了，看能不能躲了这一关。"

交代之后，第二天早上就随传旨官上路了。一路上锣鼓喧天向京城进发。第三天一大早，小蛤蟆找到传旨官说："昨晚我梦见我家的石磙做精上到树上了，还给我家放了火，我得马上回去降妖救火。"

传旨官惊奇，不知真假，为了看看这小子的能耐，就准他回家，并随之返回。还没进村，就看见大火冲天，黑烟滚滚，官兵急忙跑去救火。一看果然石磙上了树，好神啊，果然梦得准。官兵们更加敬若神仙，好生侍候，非请进京不可了，换上八抬大轿抬着，全锣执事，吆吆喝喝上了路。

黄蛤蟆本想借此计不用进京了，或趁机逃走，这一上轿知道此计不成了，只得冒死进京了。黄蛤蟆在轿里如坐针毡，吃不好，睡不安。他知道进了京，说会梦是假必死，说不会梦欺君问罪也是死。反正是死，就想法拖，拖一天就多活一天，一路上他叫衙役绕行多宿，借口身体不爽，慢走行稳。传旨官看黄蛤蟆如此神也不敢得罪，悉听尊便，只要能到京城就行。

心里越不想走，就觉得走得越快，不几天就到了京城。黄蛤蟆说一路劳顿身体欠佳，朝廷就安排他暂住国师府，还专门派了两个宦官日夜守候服侍。

待黄蛤蟆沐浴养神三天之后，众大臣建议，可先试梦，看灵不灵。朝廷一听可以，就趁早朝把黄蛤蟆请进金銮殿，朝廷在御案上，扣着两个大茶碗，请他梦梦扣的是什么？

这可把他难坏了，只吓得六神不安、七窍走神，支支吾吾大半天，也没说出个囫囵话，可不说又不行，心想还是拖吧，拖一会儿算一会儿，最后一咬牙说："黄蛤蟆清早不梦。"

没想这一说可把满朝百官镇服了，原来一个碗里扣的正是两个青枣，一个碗里扣的是一只蛤蟆。这一下朝廷也高兴了，当场就封为大国师，赏给一身朝服，并当场择定三天后正式梦玉印。

黄蛤蟆强装精神，叩头谢恩，心想又能多活几天了。

这三天宦官虽然好生侍候，他却如同坐在死牢里，六神不安，吃喝无味，独自在屋里踱来踱去，自言自语说："天啊，三天上朝梦印怎么办？我可说是张三偷的还是说李四偷的。"反反复复说了一遍又一遍。

也真不该他绝命，偷玉印的是两个侍从宦官，正好一个姓张，一个姓李。他们两个合伙偷了玉印后，听说黄蛤蟆做梦找东西很准，又被皇上请来，觉得情况不好，所以天天在门外偷听。今天听黄蛤蟆一个劲儿说"我可说张三，还是说李四"这句话，吓得真的尿了一裤子，两人推门进去，"扑通"跪下，口称："国师爷爷救命。"

黄蛤蟆莫名其妙，赶紧说："请起，请起。"

"国师爷爷不答应救小的命，跪死也不敢起。"

"那你们说吧，什么事，我答应。"

两人抢着说："张三老母有病，没钱治，李四老爹死了，欠了一笔债，玉印是我们偷的，现在放在殿角琉璃瓦下面，既然国师爷爷梦出来了，只求别说出俺俩姓名，把印拿去，保住小的性命，就是再生父母了。"

黄蛤蟆一想，这是他二人救了我的命，还都是个孝子，也就干脆说："好，我不说就是了。"

等到了第三天上朝，朝廷就请黄蛤蟆梦印，黄蛤蟆心里有了数，也就不慌了，大大方方就地一躺，打起了几声呼噜，假装小睡，然后揉揉眼睛，打了个哈欠，慢条斯理地说："印是梦到了，只是天神不叫我说出贼名，怕开杀戒，求万岁原谅。"皇上说："既然如此，只要找到玉印就行了。"

得了皇上的圣旨，黄蛤蟆就领着御林军上到殿角，从瓦下拿出了玉印。

这下可把满朝文武大臣惊喜透了，朝廷高兴地下诏："赏黄金百两。"

黄蛤蟆心里一块石头落地了，满头大汗也落了，再三叩头谢恩说："黄金无用，国师不当，只求回乡，为民做梦。"

朝廷看他请求诚恳，就答应他回乡，并多赏了一百两黄金。

黄蛤蟆下朝回府即给张三李四每人二十两黄金。自己择日起程回乡，朝廷派人护送，各州城府县迎接，一路上好威风。

可是刚到家，黄蛤蟆就大病临身，卧床不起了。他想："我本来是开开玩笑，谁知惹了这么大的祸，以后怎么办？皇上再丢了东西，还要叫我去，那可就没这么幸运了，迟早落个欺君罪名，弄个斩首。"越想越怕，越害怕病越重，不到一月就咽气了。

国师爷死了，朝廷下旨，府官吊唁，县令送殡，享尽威风。

威风是威风，可人已经死了，再威风也没用了。这真是"聪明反被聪明误，耍小聪明要了命"。

采录者： 彭存希，男，51 岁，河北省大名县人，大专，干部
乔厚武，男，77 岁，安阳县高庄乡遵贵屯村人，退休教师
采录时间： 2006 年
采录地点： 文峰区文化馆
选自： 《尧城故事》

附
记

梦三的故事在安阳地区各县流传有多种异文，也有叫黄蛤蟆、梦二的。（王光明）

彭存希在采录民间故事（摄影：王森林）

244

聪明的小和尚

在很早以前，有个老和尚，很爱吃利口的面条，可他自己很懒，从不动手做，光让徒弟们干，还总爱挑毛病儿。小和尚们擀的面条，没有一次能合师父意的，不是说粗了，就是说细了、短了、厚了，反正老不称他的心。小和尚们也因为这常常挨老和尚的打骂。

这一天，小和尚们谁也不肯去给老和尚擀面条了。一位刚来不久的小和尚说："让我来给师父做吧，我会让他称心的。"其他小和尚一听都非常高兴，直念"阿弥陀佛"。

聪明的小和尚这天一早就起来了，老和尚问："干啥去？"小和尚说："今天我给师父擀面条儿。"老和尚说："到晌午再和面擀吧！"小和尚说："不行啊，面和迟了面条不筋，容易断，早点和面，擀的面条又好吃又不断。"老和尚听了这话，心里很高兴。

小和尚来到伙房，把早已准备好的纳鞋的绳儿放到水里湿了湿，又放进白面里揉了揉，到了中午，小和尚把拖了面的纳鞋绳放进锅里煮了煮，然后捞进碗里，加上菜，露出个面条头在碗边，然后恭恭敬敬地把面条送到老和尚面前。老和尚一看面条擀得这样均匀，就高兴地猛吸了一口，叽溜[1]一声，没有断，又吸了一口，还没有断。小和尚在一旁问师父："好吃吗？"老和尚没法回答，一直点头："嗯，嗯！"一股劲地吸完一碗，很满意地念道："阿弥陀佛！"

到了下午，老和尚觉得肚子里很不好受，就到庙后头的棉花地里拉屎，拉呀拉，拉了半个时辰还没有拉完，念经的钟声响了，老和尚只好兜起裤子往回走。哟！咋回事？原来这面条拉不完也扯不断，一头缠在了棉花秆上，一头还在肚子里，老和尚两手兜着裤子上了门台，慌慌张张被面条绊了一下，绊倒在门台上，头也碰破了。小和尚们忙出来扶他，这时候老和尚一看自己拉的是条绳，本想发火，又怕丢面子，只好无可奈何地念了一句："阿弥陀佛。"

从此以后，老和尚再也不敢虐待小和尚们了。

讲述者：	连菊英，女，54岁，安阳县辛店乡人，中专，家庭妇女
采录者：	刘桂荣，女，40岁，安阳市人，高中，办事处干部
采录时间：	1986年11月16日
采录地点：	安阳市北厂街105号
选自：	《安阳故事卷》

[1] 叽溜：象声词，吸食面条的声音。

245

生财有道

晚清时水冶镇有个叫吝老三的，虽说有点小家子气，心眼却灵活，会动脑子，小日子过得令人羡慕。如今他五十多岁了，种田犁地有点力不从心，便到牲口市场买回头驴犁地用。

从前犁地都是他在后边掌犁，儿子在前边拉，如今吝老三上了把年纪，就在前边牵驴引犁，让年轻力壮的儿子在后面掌犁。

一开始，吝老三的儿子见老爹在前边和驴并排站着，不好意思像吆喝牲口那样吆喝，只好对吝老三说声"爹，咱走吧"，驴就顺顺当当地往前拉。听到"爹，咱歇会吧"，任你鞭打脚踢，也休想让驴移动半步。

吝老三掌握了他家驴的这个秘密特点后，便在驴身上动起了心思，他想：就凭我家驴的这个特点，要是把它牵到庙会上去玩游戏，一百铜钱牵一次驴，要能牵走，驴就归你，这样一天下来，一个庙会赚他个五百七百的不成问题，嗯！就这么办。

于是四月十六龙王庙会时，吝老三就把他的驴牵到庙会上，对赶庙会的人吆喝起来："诸位乡亲，诸位乡亲，咱们来做个游戏，大家看清楚了，我这头驴可是五十两银子买的，你只要拿一百文铜钱，这驴任你牵，能打能踢，只要你牵得走，这驴就归你了，牵不走也只是损失一百大钱，闹个笑话而已……"

经吝老三这么一吆喝，有人思想开始活动起来：不就是一百铜钱吗？成天和牲口打交道，试试看，万一能牵得动，一百铜钱买头驴太合算了。于是有人拿出一百文铜钱，交给吝老三，便试着牵起驴来……结果一上午也没人能让这头驴移动半步。吝老三一数地上的铜钱，一吊多，心里可高兴死了，中午吃饭时，吝老三一反常态，没有吃随身带的干粮，破例进饭馆花十文铜钱吃了一碗炸酱面。

吃过午饭，吝老三又牵着驴到庙会上，玩起了牵驴游戏，一下午又赚了将近一吊钱。

吝老三数了数钱，差一百文不到两吊，他可高兴坏了，心想再等一会儿，能再来一个牵驴的，凑个整数就回家。

太阳快落山时，来了个三十左右的年轻后生，肩头上坐着个五六岁的孩子，来到吝老三跟前，问清游戏规则后，交给他一百文铜钱，把小孩放到地上便开始牵驴，结果这后生手拉脚踢，招数用尽，这头驴就是纹丝不动。

吝老三见了，开心地对这后生说："小伙子，别费劲了，天快黑了，回家吃饭去吧。"这时，站在地上的小孩子对年轻后生说了句："爹，咱走吧。"这头驴听了小孩子这句声音不太大的话后，像是听了主人的口令似的，顺从地随着年轻后生走了。

年轻后生见驴动了起来，顺手抱起小孩子往驴背上一放，高高兴兴牵着驴走了。

吝老三见此情景，脑袋"嗡"的一下子大了一圈，眼看年轻后生牵着驴走远了，呆若木鸡般地愣在那里。待回过神来后，吝老三百思不得其解，怎么也弄不懂一个五六岁的小孩子是怎样知道他家驴的秘密的。

讲述者： 姬生厚，男，56 岁，安阳县水冶镇人

采录者： 孙晨琳，男，54 岁，安阳县水冶镇东街村人，小学，工人

采录时间： 2004 年

采录地点： 安阳县水冶镇

选自： 《安阳县民间故事集》

246

饼卷饼

附
记

这个故事流传于安阳县西部水冶一带，水冶自古就是中州大镇名镇，人口密集，土特产商贸繁荣，南来北往的行脚商人多，受环境影响，也就有了"水冶出能人"的说法。

暗语、行话，多用于生意人之间，这篇故事就是我和讲述者姬生厚聊天说到行话这个话题时，他讲的一个笑话，虽然故事里说的不是行话，但颇为有趣，我就把它记录了下来。（孙晨琳）

从前，有一个小羊倌和一个老羊倌合着给财主放一群羊。

这个老羊倌又懒又馋，专好占小便宜。每天俩人把羊赶到山坡上，老羊倌叫小羊倌看着羊，他自己躺到一边睡大觉，约莫到吃饭时，小羊倌提来饭后，老羊倌总是耍着点子多吃些，每天都这样，小羊倌很生气。

这一天，小羊倌又提了饭。饭桶里是五张饼，老羊倌一瞧，心里便计划开了，他想，这回我得多吃一个饼，他把两张饼卷起来说："我吃了这个饼卷饼。"说罢就大吃起来。小羊倌一看，知道老羊倌耍刁，想了想说道："咱人小，咱吃一个。"不一会儿，小羊倌便把一个饼吃光了。这时老羊倌的两个饼才刚吃了一多半。小羊倌又拿起最后的两张饼说："咱也吃个饼卷饼！"

老羊倌傻了脸。

讲述者： 张立敬，男，46 岁，安阳县许家沟乡太平岗村人，不识字，农民

采录者： 张庆玉

采录时间： 1990 年

采录地点： 安阳县许家沟乡太平岗村

选自： 《狐狸坟传奇》

247

好听故事的皇帝

　　从前，有个皇帝很好听故事，他下了一道圣旨说："谁能给连着讲三年的故事，就封他个大官当当。"人都想当官，皇宫里就挤满了好多好多人，都等着给皇帝讲故事。有讲一个月的，有讲俩月的，还有讲半年的、一年的，可谁也没有能耐讲够三年。

　　这事被乡下一个农民知道了，他说他能讲三年故事让皇帝听。

　　他吃饱了饭，就向皇帝说开了。他说："俺那庄呀有个大财主，他家的粮食多得简直没法儿说。他请了一千个匠人，整整盖了一千天，盖了个盛小米的仓库。这仓库有三十里长，二十里地宽，一丈五尺高，里边实丁丁的全是装的小米。他呀把仓库门口却留得很小、很小，小得一次只能让一个蚂蚁过去。这一天，有两个蚂蚁来偷他的小米。第一个蚂蚁衔着一粒儿小米出来了，第二个蚂蚁进去了；第二个蚂蚁衔着一粒儿小米儿出来了，第一个蚂蚁又进去了；第一个蚂蚁衔着一粒儿小米儿出来了，第二个又进去了……"他这样"第一个、第二个，第二个、第一个"反反复复地说这两句，皇帝坐朝时他说，皇帝吃着饭他还说，皇帝睡觉了他就在床边儿上说，路上说，在厕所里解手也说，直把皇帝说得烦烦的[1]。皇帝生了气说："换吧！换吧！"这个农民说："咋换，里边的小米还多着哩，等衔完再换吧！"仍旧连着说："第一个蚂蚁出来了，第二个蚂蚁进去了……"

皇帝没了法儿，说："封！封！"意思叫他封住洞口。别叫蚂蚁再衔了。

农民一听"封"，赶紧趴到地上，磕了个响头说："谢皇上加封。"

讲述者： 赵士录，男，57 岁，大专，安阳县教师进修学校教导主任

采录者： 刚呈云，男，21 岁，安阳县辛村乡张太保村人，中师，教师

采录时间： 1961 年

采录地点： 安阳县教师进修学校

选自： 《狐狸坟传奇》

附记

这则故事在当地流传广泛，以前农村没有通电，吃过晚饭后，孩子们喜欢躺在炕上让家长讲故事。家长在讲了许多故事后，到最后总要给孩子讲这则故事。孩子们在"第一个蚂蚁出来了，第二个蚂蚁进去了"的反复中就睡着了。我小时候父亲就给我讲过，我女儿小时候，我也给她讲过。这则故事因有助于孩子睡觉而广为流传，且深受少年儿童喜爱。（张永军）

[1] 烦烦的：很不耐烦。

248

胡吹镇地主

从前，有兄弟二人，老大叫胡文，老二叫胡吹。

有一天，镇上的老地主，要请一位先生教书。十个先生就十个不满这老地主的意，都被奚落一通赶跑了。

老大胡文，凭着自己的一肚子墨水，想瞧瞧老地主到底有多大能耐。胡文到老地主家后，老地主摆上饭，说是答上问题再吃不迟。

地主问："你说是谁制的世界？"

胡文说："盘古。"

地主又问："盘古他爹是谁？"

胡文说："那我不知道。"

地主又问："咱二人坐的地方，离老天爷坐的地方有多远？"

"不知道！"

地主说："这顿饭你别吃了，给我走吧！"

胡文败败兴兴地回到家，把这事给弟弟胡吹说了。胡吹说："我明天去。"

第二天，胡吹一进地主家门就说："要说来您家教书，只读过五经四书哪还能不碰钉子！我读过九经八书，上

知天文，下知地理，古今历史没有不知道的。"地主一听，心里就怵了三分。忙说："那好，咱吃了饭再谈吧！"

胡吹说："我哪有闲工夫和你谈？你啥事不知道就问吧。"地主说："那我问你是谁制的世界？"

胡吹说："盘古"。

地主又问："盘古他爹是谁？"

胡吹说："盘古他爹是盆古，盆古他爹是缸古，缸古他爹是窑古。还问不问了？"

几个"他爹"捣得老地主倒噎气。停了一会儿，地主又问："你说咱这儿离老天爷有多远？"

胡吹说："小孩都知道，你不知道？我告诉你吧，咱这儿离老天爷七千里。你看灶王爷对联写的'二十三日去，初一五更来'正好七天，他骑的是千里马，你说多少里？"

地主说："对，对。"又问："你说你读过九经八书，这八书都是啥？"

胡吹说："八书是：东传、西传、南传、北传、上传、下传、左传、右传。这为八书。"

地主又说："你把上传背一篇吧。"

胡吹说："上传一百零七篇，背哪一篇？"

地主说："背头一篇吧。"

胡吹不假思索地背道："大黄、二黄争骨，大黄得胜而逃，二黄不服之也。随后紧跟，万一失脚，令仆而捞之，避顿两盏足够也。"

地主说："你把最后一篇背一下吧！"

胡吹背道："风砸木，木砸屋，屋砸肚[1]，肚生之癞也。"

地主一听都是自己不懂的东西，又背答如流，非常高兴，忙说："你今年就在我家教书吧。"胡吹说："那不行，我教书有个条件，今年先付小米，明年再来教书。"地主只好让长工套着大车送去三石六斗小米。

回到家，哥哥一瞧弟弟喷着了老地主。问他："你咋知道盘古他爹的名字？"胡吹说："盆比盘大，缸比盆大，都是窑里烧的，这不就是一辈儿比一辈儿大。"胡文

[1] 肚：这里指屁股。

又问："这大黄、二黄争骨是啥意思？"胡吹说："你记得那年咱家喂着两条狗，一条叫大黄，一条叫二黄，两条狗打架因一块骨头，掉到井里淹死，捞上来杀了，我吃了两碗狗肉就吃饱了，不就是这吗？"胡文说："照这么说来，风砸木，木砸屋，屋砸肚，肚生之癞也，敢是那年刮大风，你正在茅厕，风把咱家大树刮倒，砸坏房角，掉下一片瓦，正好打伤你的屁股，后来生了个大疮吧？"

胡吹说："就是这。"

讲述者：　　姬天河
采录者：　　杨国芳
采录时间：　1991 年
采录地点：　安阳县蒋村乡双全村
选自：　　　《狐狸坟传奇》

249

一日三诓

民国时的道口街有四个名人，一个是土财主施仁，再一个是开着绸缎庄的守财奴叫施德，另一个是保长施才，这三个都是鱼肉百姓的主，而且这三人都放印子钱，且用的都是驴打滚法，如果借了这三人的钱到秋后还不起，那么他就要拉你的东西抢你的地。特别是保长施才鱼肉百姓尤甚，逢年过节道口街的下人们都要给他送礼，哪怕送上一只老母鸡他也是高兴的，他摆的就是这个谱。如果谁要不上礼，这一年不是派你的款，就是拉你的夫，反正没你的好日子过。还有一个名人是一个十五六岁的孩子，叫施娃，为人和道[1]，会说话，嘴也叫得甜，只是好说诓儿，而且说得非常逼真巧妙，你上了当，还咋不了他，所以道口街上的人都喜欢他，都好听他说诓儿，就是上了当受了骗也不恼。

有一天，施娃一天说了三个诓儿，把另外三个名人都给诓了，你看他们那个急，却又丝毫没有办法。这就像扔在道口街上一个笑弹，把个道口人的大牙都快要笑掉了，

[1] 为人和道：待人和气，有礼貌。

还很解气地直夸：诓得好！

那一天，土财主施仁早早就在街心的老槐树下乘凉，见施娃走来就拦住说："施娃，说个让你叔也听听。"施娃便急着说："哪有空说诓儿呀，卫河湾芦苇滩里的鱼翻坑，我等回家拿东西捞咧！"说着头也不回地走了。这个施仁是个见便宜就占的主，听说芦苇滩的鱼翻了坑，忙跑回家拿上筐就下到芦苇滩捞鱼去了。

施娃见施仁真的下到了芦苇滩捞开了鱼，忙跑到施仁家着急地喊道："婶，我仁叔今早去芦苇滩捞鱼，蛋皮叫芦苇挂开了一个口子，让你赶紧拿上针线去缝咧！"施娃这边喊罢，忙又奔到芦苇滩边喊："仁叔，你来捞鱼，仁婶在家给你烙油饼，不想把房子引着了，让你赶紧去救火咧！现已火上房梁了！"施仁一听，这还了得，这可是祖传的家业呀，三蹦两蹦就出了水，也忘了穿裤衩，光屁股就朝家奔，到了半路正碰见拿着针线急忙赶来的老婆。老婆见施仁光屁股奔来，急忙拉住他蹲下忙问："挂的口子大不大？要紧不要紧，要不咱先缝住，再找个郎中看？"

施仁被问蒙了头，"缝啥呀？不是咱家着火了吗？还不赶紧去救火？往这儿跑干啥？"

"着火？谁说着火啦？我光知施娃说你捞鱼下身挂烂了，让我拿针线来缝，谁知你已出来了，要紧不？"

"要紧个屁！"低头一看发现自己光着屁股就更急了，忙折回去穿上裤衩大骂道，"我们都让施娃这个鳖孙给诓了，非给保长告他一状出出这口恶气不可。"正说着见施娃过来了，拦住施娃骂道："你小小年纪怎的不学好，你谁都敢骗，竟骗到老子头上了，明儿非给保长说说，把你揍扁不可！"

"不是你让我给你说个诓儿吗？"施娃一句话把这个土财主噎了个半死，只好拉着老婆气哼哼地走了。

吃过早饭，施娃去姥姥家路过守财奴施德家门口，正好施德从家里出来，忙喊住施娃说："说诓儿的，今儿咋说诓儿说到这里来了？也给我编个诓儿让我听听中不中？"

施娃知道守财奴是个为富不仁的贪财之徒，很不高兴地说："不要整天说诓儿说诓儿的，我正为一件大事着急咧！"

施德问："啥事呀，这么急？"

"卫河码头昨儿个有一船黄豆翻了，现在船主只捞走了沉船，而那些沉在水里的黄豆却不要了，知道这事的人只有我一个，我捞上来又没用，只好看着它烂掉。"施娃可惜地说道。

守财奴听后大喜，心想：怎么会没用呢？拿来做豆腐不是顶好吗？于是他小声地给施娃说道："这话你不用再给别人讲了，现在咱们就去把它捞上来，反正我家有豆腐店，你去指一下位置中不中？"

施娃满口应承："中！中！"

守财奴立刻带着三个长工来到了码头。

施娃被请了来，当施娃指着河中心说时，守财奴就带着三个长工下水摸了起来。

半个时辰后，施娃跑到守财奴家气喘吁吁地说："糟啦！东家被淹死啦。"太太顿时号啕大哭起来。施娃劝道："太太，人已死，再哭也活不转了，还是先把东家的尸体抬回来再说吧。"

施娃说完又匆匆赶到码头，对水中摸黄豆的守财奴喊："东家，坏事了，你家失火啦！"东家爬上岸问究竟怎么回事，施娃说："你家突然失火，太太和两个长工只救出一扇门板，其他东西都烧光了。"正在这时，太太和长工抬着门板赶到，东家不分青红皂白每人赏了两个耳光，当双方知道是上了施娃的当后便要上前揍他，施娃却笑着说："你不是让我说个诓儿吗？说了诓儿你们又不高兴，往后别再求我说诓儿了。"东家望着扬长而去的施娃却奈何不了他。

半下午，施娃从姥姥家回来，刚走到顺河街，就见保长黑着脸瞄上了他，他想绕过去，却来不及了，只好硬着头皮往前走。原来土财主施仁已状告到保长那里，此时的保长既没打他也没骂他、罚他，只瞄着他冷冷地问："听说你小子会编诓儿，也给我编个看像不像？"施娃一听明白了土财主告了状，只好装着无可奈何的样子说："今天确实没有闲工夫，等我闲了，我再多说几个给你听行不？"说罢就走。保长本来今天就是要教训教训他，一把将施娃拉住怒目问道："有啥急事？今天你得给我说清楚，否则别想走！"施娃知道保长是个好吃羊肉好闻膻味

儿的主，就讨好地把嘴对准保长的耳朵低声下气地悄悄说："河湾刚从崖上跌落一只羊，我得赶紧回去拿刀子剥皮割肉，去得迟了就叫人给抢了。"

保长一听有羊肉，涎水立时流下三尺多长，忙温和地说："我帮你剥，羊肉、羊蛋归我，羊头、下水和羊皮归你，好不好？"施娃则说："就这么办，你先下河湾把羊看住，我去拿刀子就来。"说完二人分头去了。

施娃先跑进保长家里，慌慌张张地对保长老婆说："保长婶子，俺……俺……俺保长叔被水漂走了。"施娃说完就哭，不等保长老婆出门，他先跑下了河湾。

保长在河湾转来转去就是不见死羊，却见施娃气喘吁吁地跑来。保长劈头就问："死羊在哪儿？"

施娃则喘着粗气说："哪还顾得上寻死羊咧，俺保长婶在家滚米汤，把你那宝贝蛋[1]掉进米汤锅里了，你快回去吧！"

保长一听自己的宝贝蛋掉进米汤锅，急急忙忙往回跑，老远就看见老婆哭着寻来，更是确信为真，想来自己老来得子真是不容易，若真要烫死，岂不断子绝孙？想到这，不由得气冲心头、眼冒金星，发疯地朝老婆奔去。老婆边走边哭，猛见自己的男人朝自己跑来，就疑见了鬼，当时就怔在原地动不得了，脸上露出惊讶稀奇古怪的表情，又一看自己的男人不像是鬼，便又笑了起来。保长跑了过去抓住老婆的领口骂道："把孩子烫坏啦，还傻笑你娘个啥？"抬手就是一掌，老婆挨了一下更是丈二和尚——摸不着头脑了。

"你说谁家的孩子烫坏啦？"老婆捂着生疼的脸问。保长这时也缓过一口气说："孩子没烫坏你哭哭啼啼干啥？"

保长老婆就把施娃的话重复了一遍，保长登时就跳了起来，忙寻施娃，施娃却不见了踪影。保长想着是自己硬拦住人家，让编个诓儿的，上当受骗怨自己，想到这不禁又苦笑了起来。

[1] 宝贝蛋：这里指儿子。

讲述者： 崔书灿，男，42 岁，滑县留固镇沿村人，本科，教师

采录者： 刘为民，男，滑县道口镇河西村人，退休教师

采录时间： 1989 年 3 月

采录地点： 滑县道口镇

选自： 《中国民间故事全书·河南滑县卷》

250

找驴

附记

我从小生长在滑县，对这里的风土人情很熟悉，这里方言也很多，特别是把骗人说成是诓人作为口头语。1968 年我从安阳师范毕业，下放到安阳县郭村乡教学，该村有一个女支书很爱开玩笑，乡里有几个电工诓女支书说要到她家吃午饭，女支书煮锅大米饭，中午左等右等不见来人，正是天热，那时也没空调，结果一大锅米饭浪费了。女支书也不甘心，等了几天，女支书给电工头头打去电话，说是乡领导要去电工头头家里吃饭，电工头头中午烙了十几人的油饼，结果没有人来，油饼浪费了。当时粮食紧缺呀！几个电工又诓女支书，当时女支书丈夫在外乡当书记，这几个电工商量之后，打去电话说女支书丈夫病故了，女支书吓坏了，马不停蹄赶到丈夫的乡政府，一进大门，放声号啕大哭，正好碰见丈夫，问她："你哭啥呀？我不是好好的吗？"这件事，不由使我联想起滑县老家《一日三诓》这个故事，觉得情节颇为相似，后来有次和刘为民闲聊，讲起了这段故事，他也觉得很有趣，便记了下来。（崔书灿）

有一天，一个农民丢了一头驴便沿路寻找。在路上遇到一个行人便问："你见一头驴往哪儿跑了吗？"那人说："你的驴跛吗？"他说："是的。"又问："你的驴一只眼瞎吗？"他说："是的。"又问："你的驴一边驮的米，一边驮的是蜂蜜吗？"他说："是的。"丢驴的又问："我的驴往哪儿走了？"那人说："往哪里走我不知道。"农民说："那你为什么对我的驴知道得那样清呢？"那人说："我看了驴的蹄印深、浅、偏、正不一致，所以知道你的驴跛；又看见路两旁的草，右边没吃，光吃左边的，所以知道它的右眼瞎。另外，在左边有丢的米粒，右边有漏的蜂蜜，所以知道驴驮的一边是米，一边是蜜。"

采录者： 李现虎，男，48 岁，汤阴县五陵镇镇抚寨村人，大专，干部

采录时间： 2005 年 11 月 6 日

采录地点： 汤阴县五陵镇

选自： 《中国民间故事全书·河南汤阴卷》

251

梨种

很早以前，有一个青年叫石三，他终年在财主的梨园里干活儿，但总也吃不饱，穿不暖。有一天，石三饿得实在支持不住了，就摘了个梨子充饥，正巧被财主发现了。挨了一顿打，扣了一年的工钱不说，还被判了坐三年牢。

石三不服。他想了个主意，便对狱官说："我有一个宝贝要献给皇上，但必须我亲自去，否则宝贝就变了。"狱官就领着石三去见皇帝。

见了皇帝，石三从怀里掏出一粒梨核，说："这是一粒金梨种，种下了能结金梨子。"皇帝听了问道："既然能结金梨，你怎么不留着自己用，却送给我呢？"石三说："这粒梨种只有从没有过私心的人种了才会结出金梨。我因偷吃了东家一只梨，就不能种了，所以献给皇上。"皇上心想：偷东西我没干过，但谁能没有一点私心呢，单就争夺皇位，暗害了自己同胞兄弟，种了也不会结出金梨。所以皇上不要。

石三又对着皇帝身旁的一位武将说："那就献给这位老将军吧。"武将听了头摇得像拨浪鼓，心想，我也有克扣军饷、冒领战功的事，种了也不会结金梨。就说："不

行不行，还是让给知县种吧。"

知县是在场的最小的官，自己干的贪赃枉法的事怕让皇帝知道，也不敢接梨种，就战战兢兢地说："万岁爷，老将军都不敢接梨种，我一个小小知县，就更不能接了。"这时，石三对押他来的狱官说："那就请狱官种吧。"狱官算不得什么官，也不怕丢人，就避重就轻地自己揭短，说道："你进牢时，我剥下你身上的一件衣服，我怎么能种呢。"一听这话，皇帝、武将、知县一齐把矛头指向了狱官，说狱官贪赃枉法，为非作歹。

石三看了，哈哈大笑，说道："你们贪赃的贪赃，枉法的枉法，都没有事情，我因饿得没有办法，偷吃了一个梨，挨了打，扣了工钱，还被送进大牢，这算什么王法！"

皇帝、将军、知县、狱官都哑口无言，目瞪口呆。

采录者：　杨运霞，女，41 岁，汤阴县人，大专，干部
采录时间：2005 年 11 月 26 日
采录地点：汤阴县任固镇
选自：　　《中国民间故事全书·河南汤阴卷》

252

仰脸喷子和马屁精

从前，小村里有一个小芝麻官儿，官儿不大，喷劲儿不小，都叫他"仰脸喷子"。他有一个账房，最会打圆场，啥时间仰脸喷子喷得漏了汤儿，他就赶紧溜沟子拍马屁，都叫他"马屁精"。这两人儿有喝的、有拉的，算得上是皮笊篱[1] 捞饺子，汤水儿不漏。

有一回，仰脸喷子仰开脸喷开了："俺在河里钓上一个大鱼蛋。"

人问："还没听说过钓鱼蛋的。"

马屁精说："亲眼见，亲眼见！水草裹着个大鱼蛋，回家磕开，小鱼盛了一大碗。"

又有一回，仰脸喷子又仰开脸喷开了："昨夜的风大呀，大得就别提了，把俺家的井都刮到邻居家的院子里去了。"

人们都说："不信，不信。"

马屁精说："亲眼见，亲眼见！篱笆墙刮到他家院里，

[1] 皮笊篱：是指对吝啬人的讽刺，笊篱本来是捞东西的，但皮笊篱捞东西就不漏汤水。

并不是就刮到了邻居家院里了。"

还有一回，仰脸喷子还是仰开脸喷开了："俺这回进山，遇见七七四十九个大强盗，强盗大得没法儿说，一刀就把俺的马砍成了两半截，俺的马好，俺骑着马头跑回来了。"

人说："哪有这回事儿！"

马屁精发了愁，说："啥不能喷，丢了马屁股，拍啥？"

原来拍马屁的人还得要马屁股。

讲述者： 朱冈先，男，69 岁，安阳县安丰乡靳家屯人，认字，农民

采录者： 朱由龙

采录时间： 1987 年

采录地点： 安阳县安丰乡靳家屯

选自： 《狐狸坟传奇》

附记

喷大话，这本是民间一种风趣的聊天话术，是人们劳作之余的放松途径。但有些人为了炫耀自己的见闻、经历，不着边际地夸大事实，甚至捕风捉影，全都是大话、假话、空话，这就被人们称作"仰脸喷子"，而马屁精也有这方面"特长"，为迎合上司添油加醋地吹拍，黑能说成白，丑能夸成美，这如马季说的相声《吹牛》所调侃的人一样。《王三两与李半斤》《吹牛皮》《仨大喷》《还是老三家的萝卜大》即如此。（王光明）

253

王三两与李半斤

据说从前有个爱喝酒的人，叫王三，人送外号"王三两"。此人喝酒很有特点，是逢酒必喝，逢喝必醉，可醉了又从不承认。

老话讲："鱼找鱼，虾找虾，王八找个鳖亲家。"

王三两真有个对脾气的酒友叫"李半斤"。

一次，王三两看家里又没酒没菜了，就想起了好几天都没跟李半斤切磋酒功夫了，于是他就到李半斤家去喝酒。三两一过，两个人都有了醉意，一边喝，一边讲起自己"光荣"的喝酒历史。王三两说："有人说我只能喝三两酒，那是这些人不知内情，这是因为我习惯用三两的壶喝酒，从来不用酒杯。一次我喝了十来壶，在山坡上躺了三天三夜没吃没喝也没觉得饿，你说我能不能喝？"

李半斤听后也不甘示弱，赶忙说："不错，别人也以为我喝酒就是半斤的量儿，一次我用半斤的壶连喝了八壶，十冬腊月躺在地墒沟里两个时辰都没觉得冷，第三天我路过沟边，见一只狗躺在那里，原来它也被我熏醉了，一直趴那儿没醒酒，你说我能喝多少啊？"

王三两说："我喝酒不挑菜，把咸鸭蛋用马尾巴穿过，拽一下马尾巴，舔一下喝一口，你说怎么着，隔壁老王家的马尾巴，这几年都让我薅光了。"

李半斤说："哥们我喝酒根本就不就菜，一次我找了一个生锈的大铁钉，边喝边嘬铁钉。时间长了，铁钉被嘬得像根针。一次，往嘴上一搁，把嘴扎了，一气就让我给扔了，换了一个大拇指粗的铁棍，这不又变成针了吗！"

两人边吹边喝，边喝边吹，一斤酒就快见底了。二人眼皮长了，舌头短了。

李半斤醉眼蒙眬，见王三两嘴巴上有嘴水往下流，便问："怎么酒没喝完，就漱开口了。"王三两结结巴巴地说："不……不是……漱口，是找……它到哪去了，我记得来时带来了。"

"老兄找什么呀？"李半斤问。"我的嘴咋就找不到了？"王三两回答。"我记得你来时是带来了，就放在鼻子下面了。"李半斤很认真地告诉王三两。

"哦！我想起来了。"王三两说罢又端起一杯酒，在脸上到处乱比画，嘴里还不停地说道，"可……可真难找啊，我记得就在这一溜儿呢！"

讲述者： 崔自连，男，69岁，滑县人，中师，教师
采录者： 崔长灿，男，35岁，滑县人，大专，教师
采录时间： 2003年2月
采录地点： 滑县道口镇
选自： 《中国民间故事全书·河南滑县卷》

254

吹牛皮

一天，三个爱吹牛皮的人碰了头。大牛皮说："哎呀，我正要去找二位。""有啥事？"二牛皮、三牛皮问道。大牛皮笑着说："我买了个大筐，想请二位帮忙抬到屋里。"二牛皮、三牛皮说："一个筐能有多大？"大牛皮说："有天那么大。"

二牛皮眨眨眼，说道："其实我也正想找二位呢，我买了个大碟子，想请二位帮我搬进厨房。"大牛皮、三牛皮忙问："一个碟子能有多大？"二牛皮说："有地那么大。"

三牛皮这时也突然说："今儿个咋这么巧啊，我也正要找二位帮忙呢，我家菜地里长了个大萝卜，正想请二位帮忙拔出来。"大牛皮、二牛皮讥笑说："算了吧，一个萝卜能有多大？"三牛皮正言说道："我这个萝卜能切一筐一碟子，最后还剩半截子。"

采录者：　苏天民

采录时间：　2006 年 1 月 15 日

采录地点：　汤阴县城关镇

附记

《吹牛皮》先后收录于《中国民间故事集成·河南汤阴卷》《中国民间故事全书·河南汤阴卷》《汤阴民间故事》，原书仅有采录者姓名。（刘二安）

异文：还是老三家的萝卜大

有一家有三个女婿，过年拜节聚在一起吹大气[1]。

大女婿说："去年俺家编了一个筐，老天都不够往里装。"

二女婿说："去年俺家编了一个芡喽，满世界这山水都装上，就才装了半芡喽。"

三女婿说："去年秋天俺家收了一个萝卜，切成丝晒干，收了两筐喔、三芡喽，萝卜还剩半截喽。"

大女婿、二女婿一听，齐声笑道："哎呀，还是老三家这萝卜大！"

采录者：　侯新民，男，62 岁，林州市茶店镇大峪村人，大专，退休干部

采录时间：　2006 年

采录地点：　林州市

选自：　《中国民间故事全书·河南林州卷》

[1]　吹大气：吹牛皮，吹大话。

255

吹破天

从前有一个穷人叫吹破天，一张嘴方圆几十里地谁也说不过他。

有一年秋天，庄稼收成不好，村里的老地主收租不但不减，反而加倍，还给大家定下一个日子，到时还不上，就要送官。大家没办法，就来找吹破天。吹破天想了想说："你们去准备一头驴，再拿一点碎银子来，剩下的事就别管了。"大家迷蒙不着[1]他要干啥，就按照他说的做了。

到了这一天，地主刚开门，就见吹破天牵着一头驴子走了进来，地主嚷着让他赶紧走，吹破天说："别急，我是来交租子的。"说着在驴肚子上一拍，驴子尾巴一翘，"噼里啪啦"掉了一地碎银子。吹破天用手划拉起来，交给地主，拉着驴子就要走。地主连忙拦住吹破天，问他是怎么回事，吹破天说自己也不知道，昨天夜里做了一个梦，说有一头驴子会拉银尿金，早上门口果然有一头驴，自己也不相信，一大早就来试试，没想到正好交了租子。

地主一听心想，平时吹破天最能编瞎话，可是这次自己亲眼看见了，于是就和吹破天商议："你牵回家又没啥喂它，不如留在我家，我给你一大笔钱。"吹破天说："那怎么行，现在我得先帮助大家把租子交了。"地主怕大家都知道了更不好办，连忙说："我不要租子了，你说多少钱吧。"吹破天说："我也不知道多少钱，况且谁相信我啊！"说完拉着驴子又要走。地主急了，连忙拿出纸和笔，写了一则不收租子的通告，贴在大门外边，还给了吹破天一大笔钱，让他不要对任何人说，吹破天这才勉强答应。

吹破天走后，地主马上把驴子喂得饱饱的，做好准备接银子。等了半天不见动静，不觉探出头去想看看，正好一股热驴粪劈头盖脸下来了。地主知道上了吹破天的当，一下子把驴子赶出大门，把吹破天抓来，关在后院磨坊里。

这时天已经冷了，吹破天在磨坊里冻得直哆嗦，看到屋里有一石磨盘，于是就搬起磨盘在屋里跑来跑去，第二天地主一来，只见他满身大汗，在石头磨盘上睡着，叫醒问他怎么回事，吹破天说："那天忘了告诉你，那头驴得喂中小米[2]，不能吃草料，不然变成了普通的驴了。幸亏我有火龙衣，要不就被你冻死了。"地主虽然将信将疑，经不住吹破天左说右说，又看上他身上的火龙衣了，让吹破天卖给他。吹破天开始死活不答应，最后地主好说歹说，又出了一个大价钱，吹破天才答应。临走告诉他，火龙衣得穿上停一会儿才会发热，穿上后千万不能说"冷"字，一说就不灵了。

有一天，地主去走亲戚，想让亲戚见识见识自己的火龙衣，于是就穿上了。一出门就冻得浑身发抖，但想起吹破天的话，不敢说冷，最后实在顶不住了，钻进了路边一棵空了一半的柿树里，结果冻死在里面。地主的家人找到吹破天问罪，吹破天一看说："他不是冻死的，是烧死的，你没看见柿树都烧黑了吗？火龙衣的火，一般人看不见。"说完扬长而去。

---

[1] 迷蒙不着：猜不着。

[2] 中小米：林州方言，纯小米。

讲述者： 郭文书，男，已故，林州市原康镇南觅村
人，不识字，农民

采录者： 高鹏伟，男，51 岁，林州市原康镇大安
村人，本科，教师

采录时间： 2020 年 4 月

采录地点： 林州市原康镇一中

256

吹破天打兔子

附记

听这个故事，是在 20 世纪 70 年代我上小学时。当时郭文书等几个老人管着给生产队看庄稼，据说他以前在大队当过保管，说话慢条斯理，非常和气，尤其非常喜欢小孩子。每次当他走累了坐在路边休息，我们就围上去，坐在他周围，看他吸烟，和他说话。有时也替他跑腿，比如他说还没去哪块地，我们就咚咚咚咚跑过去看看，回来告诉他没人偷。只要庄稼没事，郭文书老人就非常高兴，常常夸奖我们从小就能帮助大人干活儿。我们常常趁他高兴，求他给我们讲故事。记得那一次是在村西地边，郭文书老人拿着烟袋，坐在一块大石头上，给我们讲《吹破天》这个故事，讲几句抽几口烟，讲到最后"地主的家人找到吹破天问罪，吹破天一看说，他不是冻死的，是烧死的，你没看见柿树都烧黑了吗？"时，还做了个摊手的动作，哈哈大笑。

郭文书老人讲过很多故事，但我们那时年龄小，大多都忘记了。后来上学离开了家乡，和郭文书老人再也没有过接触，连郭文书老人啥时候去世都不知道。这篇故事是根据当时的回忆记录整理的。（高鹏伟）

吹破天见天打兔子，可打了几年没打着一只，别人问他，他说："这几年主要是吓吓它，等把兔子的胆吓破了，后几年儿好打。"

这一天，吹破天拾了只死兔子，他把死兔子扔到麦地里，回家拿了枪，一边走一边呜叫："都瞧俺打兔子去啦！从今儿个起俺要见红啦——"村里人都跟着他，想瞧他的笑话。

吹破天来到麦地边，朝地里"砰"地开了一枪，欢马乱跳地边跑带呜叫："打着了！打着了！"到地里，就提出那只死兔子来。

村里人问他："打的兔子咋不见血？"

吹破天说："主要是吓破了胆，血朝里流。"

讲述者： 王世俊，男，61 岁，安阳县马家乡沙井
村人，略识字，农民

采录者： 王世英，男，63 岁，安阳县马家乡沙井
村人，中专，教师

采录时间： 1990 年 3 月
采录地点： 安阳县马家乡沙井村
选自： 《狐狸坟传奇》

257

三人思靠

　　在很早以前，有三人，一个叫赵三，一个叫李六，一个叫活不久。三个常年在一块儿做生意。一天，在回来的半路上，突然刮起了北风，下起了大雪。三人无法行走，躲到了一个树洞里。风雪越来越大，冻得三人无可奈何，都想着能拾点柴火烤烤该有多好啊！可是谁也没去拾。赵三想：我不去，李六与活不久冻得受不了就去拾柴啦。李六想：我要再坚持一会儿，赵三与活不久肯定也快受不了啦，必去拾柴。活不久也是与他俩想的那样，谁也没有拾柴，结果都冻死在树洞里啦。

讲述者： 于秀方，男，60 岁，内黄县梁庄乡长均寨村人，不识字，农民
采录者： 郑进书，男，30 岁，内黄县中召乡文化站干部，高中
采录时间： 1990 年 3 月 11 日
采录地点： 内黄县梁庄乡长均寨村
选自： 《中国民间故事集成·河南内黄县卷》

258

改错

讲述者：	柴法政，男，内黄县豆公乡东街村人，不识字，农民
采录者：	柴廷岭，内黄县党史办公室干部，高中
采录时间：	1990 年 3 月 1 日
采录地点：	内黄县豆公乡东街村
选自：	《中国民间故事集成·河南内黄县卷》

彻底改好了。你看怎样？"问得大爷哭笑不得。

很早以前，有一懒汉，特别喜欢吃鸡肉，听见谁家的鸡叫一声，他的口水就能流三尺长，可自己又不愿意喂鸡，怎么办呢？晚上躺在炕上翻来覆去地睡不着觉，想到东方发亮，口水把枕头都浸湿了，也没有想出个好办法来。

第二天，他正在吃早饭，邻居家的一只鸡跑到他跟前，啄他掉在地上的米粒。他眼睛忽地一亮，故意把还没吃完的半碗往地下一倒，趁鸡专心吃食时，他一只手猛地抓住鸡翅膀，另一手迅速地捏住鸡嘴，把鸡给逮住了。可怜贪吃的小鸡一声也来不及叫出，就成了懒汉盘中的美餐。邻居找不到鸡，虽有点怀疑可又没有真凭实据，只好自认倒霉。

从这以后懒汉每天用米粒引诱左邻右舍的鸡到家，或者干脆到别家去偷。

时间一久，被邻居们发现了，都去他大爷那儿告状。他大爷把他叫到跟前开导说："干这种事情多丢人，你年纪这么轻，应该学好才是。"经大爷这么一说，他心里稍微有点开窍，他向大爷保证道："好，我改。过去我每天偷邻家一只鸡是错的，以后变成每月偷一只，等过几年就

259

聪明人

采录者： 梁福林，男，37 岁，内黄县田氏乡彭路
村人，高中，教师

采录时间： 1987 年 4 月 2 日

采录地点： 内黄县田氏彭路村

选自： 《中国民间故事集成·河南内黄县卷》

有一年涨了大水，平原如同汪洋大海，水深一丈有余，有些人逃走了，有些人淹死了。在一个村子的一棵大柳树上有些逃命的人。其中一个人抱着一袋银子，另一个抱着一个南瓜。抱银子的人想："我的银子再贵重但不能吃。如果这样下去，岂不要饿死吗？不如拿银子换南瓜……"于是，他就说："大哥，我一袋银子换你一个南瓜，可以吧？"抱南瓜的人见钱眼开，以为讨了便宜，忙说："一言为定！"结果，他用一个南瓜换了一袋银子。大水漫延了几天。换到南瓜的人，饿了就咬几口南瓜；换到银子的人呢，只有干吧咂[1]嘴。又过了几天，水下去了，换银子的人饿死了，换南瓜的人仍然活着，他又取过银子，开始了新的生活。

讲述者： 邢玉枝，女，74 岁，内黄县田氏乡彭路
村人，不识字，农民

[1] 吧咂：嘴蠕动。

260

学武艺

　　从前有个人，一心一意想学武艺，经人介绍，他来雪花寺拜了个师傅。从此师傅就整天让他给寺院挑水，交代他每挑一担水就在辘轳上打五拳。他照做了。天黑天明，日转星移，三年过去，年轻人想，三年来，啥也没学，在这儿光挑了三年水，还不如早点回家。

　　他就回家了。街坊邻居来看他，问他学了什么武艺。这一问，他心里大为烦恼，手一拍桌说："别提了。"这一拍，把个八仙桌拍得七零八落成了一片。

讲述者：　侯进礼，滑县万古乡东双庄人，离休教师
采录者：　侯相军，男，31岁，滑县万古乡东双庄人，
　　　　　本科，教师
采录时间：　1989 年
采录地点：　滑县
选自：　　《中国民间故事集成·河南滑县卷》

261

量布裁衣

　　某裁缝师有两个学徒。满师前他取出同是三尺见宽的两块布料，要徒弟各为他裁一件衣服。

　　师兄接过布，思忖说："只需照'量体裁衣'的师训办，肯定万无一失。"于是，他就细心量了师傅的衣长、袖长、肩宽……自去裁剪了。师弟接过布，把布比了比，眉头皱了皱，随即也给师傅量了一下。不过，只量了衣长和胸围，就剪裁起来。

　　不多一会儿，师弟交出了一件合体的马甲，师兄却哭丧着脸，手里提着两只袖子、一些碎布。

讲述者：　刘翠香，女，25岁，滑县上官镇逯堤村人，
　　　　　小学，农民
采录者：　逯庚珣，男，25岁，滑县上官镇逯堤村人，
　　　　　高中，农民
采录时间：　1989 年 11 月 10 日
采录地点：　滑县上官镇逯堤村
选自：　　《中国民间故事集成·河南滑县卷》

262

找痛快

　　从前，有一个好吃懒做的年轻汉子，他觉得怎么也不痛快，就去找痛快。他走到池塘边，看到一个老头儿在钓鱼。他试着钓了一会儿，觉得不痛快就走开了。他走到路边看见一个人在锄地。那汉子走到跟前说："老乡，干什么最痛快？"老乡没说一句话把锄头递给了汉子，然后道："锄地吧，你一会儿会找到痛快的！"汉子说中，就锄了起来。锄了一会儿就累得满头大汗。这时候老乡说："喝口水吧！"老乡从壶里倒了一碗水递给了那汉子，正好他渴得要命，就一饮而尽，喝完无意中说："真痛快！"

讲述者：　李治安，男，66岁，滑县留固镇李庄村人，
　　　　　村干部
采录者：　韩国常，男，37岁，滑县留固镇路安村人，
　　　　　教师
采录时间：1987年12月
采录地点：滑县留固镇李庄村
选自：　　《中国民间故事集成·河南滑县卷》

263

县官的『三性人』

　　从前，有一个县官，很少办理公务，把精力都用在了自己的家事上。老百姓因此送他外号"小算盘"。

　　这一年，县官交流到一个新的地方任职，需要雇用三个人来管理家务，这三个人各有各的标准。第一，管家务的应该找一个小性人，这样可以积蓄更多的钱财。第二，办公务的应该找一个急性人，办事利落，不耽误自己玩乐。第三，教育看管自己孩子的人除了知识渊博外，应该是个慢性人，使孩子成为一个有文化又性格稳重的人。

　　县官把班头招来，讲明了自己的意图，让班头按照标准赶快找人。班头四处打听，费了一番周折，终于找到了这样三个人。为了慎重，县官亲自对这三人进行了面试。他先把小性人召到二堂内，问道："我若把家务交给你管理，你会如何去做？"小性人听后不假思索地说："我一定精打细算，不择手段，多为老爷积累钱财。"县官听了很高兴，遂留下了小性人。

　　他又把急性人召到二堂，问道："我若把公务交给你办理，你应该如何去办，比如……"不等县官说完，急性人抢过话茬儿说道："老爷放心，我一定雷厉风行，果断

麻利，即交即办。"对于急性人抢话的不礼貌行为，县官不但不责备反而夸奖，遂又留下了。

最后叫的是慢性人，县官在二堂等了一袋烟的工夫，他才迈着八字步慢腾腾过来。县官说："我把少爷交给你教育看管，你怎样教他成为有涵养又稳重的人呢？"慢性人斯斯文文地回道："天塌了不怕，山崩了不惊。讲话要平和，举止要斯文，学习要专心，这样就可以。"县官听了也很满意，遂也留下。还为班头为他召来了合适的人选而赏了班头几杯美酒。

再说这三个人上任刚半个月光景，县官年近七旬的老母亲突染重病，眼看没几天活头了。县官急忙把小性人叫来，吩咐道："老太太的后事由你负责办理，你先到棺材铺去给老太太买个既好又便宜的棺材吧。"小性人说是，就走了。

过了一会儿，小性人回来了，对县官说道："遵老爷之命，棺材买回来了，放在院里，请老爷过目。"县官随小性人来到院中，只见这棺材周正大方，做工细致，柏木板松木档，用手一拍，当当的，价钱比一般市价还低两成。县官很满意，连夸不错不错。他掀开棺材盖，看到里面时，不由大吃一惊，原来棺材里边还放着一个小棺材。县官忙问小性人："这是怎么回事？"小性人讨好地说道："老爷，这是我趁那木匠不注意时，偷偷放在里面的。等少爷死后就不用再花钱买了。""啊，你，你……"县官气得说不出话来，遂将小性人赶出了衙门。

当天下午，县官的上司——州官派人送来一封信，约县官到州衙下棋。因是自己的顶头上司，又是举荐自己的恩人，也顾不得老母重病在身、奄奄一息，决定应邀前往。为了表示对上司的尊敬，他决定不坐轿，不骑马，带着急性人步行前往。

走到一条小河边，急性人把裤腿一挽，往下一蹲，献媚地说道："老爷，让我背您过去吧。"县官高兴地说："好。"急性人摇摇晃晃地背着县官走到小河当中，眼看水将过膝，县官唯恐把自己的衣服弄湿了，就在急性人背上说鼓励的话，封官许愿说："好好干吧，等回府后，一定提拔你当个班头。"急性人闻听心花怒放，一下把县官扔在水中，跪在河里说道："多谢老爷栽培之恩……"

就在县官与急性人赴州衙后不久，慢性人领着少爷到野外游玩。正是阳春三月，风光无限。少爷高兴极了，又是蹦又是跳，在田野里采摘野花，撒着欢乱跑。一不小心，掉到了井里。慢性人不慌不忙到井边朝井里看了一眼，慢慢地走回县衙，看见县官已从州衙回来，正在与师爷下棋。正是棋逢对手，将遇良才，两人正杀得难解难分。慢性人也不作声，默默地站在一旁观起阵来。

一盘棋好不容易下完，县官赢了，一抬头，见慢性人在一旁观看，忙问："怎么就你自己，少爷呢？"慢性人不紧不慢、一字一板地说："老爷，少爷掉井里了。"县官听了，当场晕了过去。

选自：　《汤阴民间故事》

附记

《汤阴民间故事》，原方、金亭编著，河南人民出版社 2013 年 9 月出版。该书收录 223 篇民间故事，是从 1985 年开始搜集整理的，当时动员了汤阴全县文化系统的几十个人参加，由于各种原因，未能正式出版。1990 年，又进行了第二次搜集整理。本书出版时，编者再一次进行了必要的整理和修订。遗憾的是，因为几十年的人事变迁，稿件的搜集整理又经很多人参加，大部分稿子的原始数据已经丢失，比如讲述者、搜集者等，无法一一注明。参加搜集工作的主要有：史文富、王波清、苏天民、张保东、陈铁峰、蔡金明、陈新春、莫国富、刘占学等。参加整理工作的主要有：王权、张强、程祥生。（原金亭）

二 幻想故事

（一）精怪故事

264

狐狸坟传奇

在王宁乡西北有座破砖窑，也不知经过多少年月，破得没法儿说。窑旁有个大洞，只要看下去，便瞧见白茫茫的一片，这儿就是狐仙小雪的坟墓。

传说很久以前，王宁住着姓崔的爷孙俩，爷爷捏了一辈子泥人，到头来穷得上没一片瓦、下没一分地，只有间破草棚。他说啥也不让孙儿苦娃学捏泥人了。可苦娃却偏偏爱捏泥人。苦娃怕爷爷嘴碎，就偷偷看，然后跑到附近破窑边去学捏。一来二去，捏的还真有点样儿。

这天夜里，苦娃一个人又去窑边学捏。正捏得上劲儿时，只觉得身边一阵凉风，"呼——"苦娃不由得打了个冷战："大热天，咋恁凉？"他回头一看，傻了脸。原来一个女孩不知什么时候站在了他身后。这女孩长得很怪：头发淡黄，眼珠淡黄，一身皮袄也是淡黄色的。苦娃问她："大热天，你咋穿皮袄？"女孩淡淡地一笑说："风冒[1]了。"苦娃摸摸她的头，头不但不烧，反而凉得冰手，又摸摸她的手，手也不烧，也凉得冰手，苦娃感到奇怪。

[1] 风冒：伤风感冒。

小女孩像是瞧透了他的心思，又是淡淡一笑说："俺住的地方很……很冷……"她张了张嘴，还想说什么，可没说出声来。女孩眨了眨淡黄色的眼珠，笑眯眯地说："俺叫小雪，俺也爱捏泥人。"

从这天起，两人就玩到了一块儿。每天晚上苦娃就手把手教小雪捏泥人、捏泥狗、捏泥老虎。小雪学得很认真，时间一长，他俩捏的泥人呀泥虎呀就跟真的一样。每当捏一阵子，两人总要手拉手玩一会儿，玩猫捉老鼠，玩追月亮。高兴了，还拽来野花戴在头上，玩娶新媳妇。时间一长，谁都觉得谁也离不开谁了。

这一天，天气很热，热得知了夜里都叫唤。苦娃猛然问小雪："小雪妹妹，天恁热，穿这皮袄，不怕捂一身痱子？"小雪的脸一下阴沉了，她还是那句话："俺住的地方很冷，俺……"苦娃知趣地又追问了一句："到底在哪儿住呀？"小雪的眼泪扑簌簌掉下好几串。

一晃，三四年过去了，苦娃和小雪那真是捏什么像什么。

这天，白白净净的月光下，小雪似有什么心事地看着苦娃说："苦娃哥，你捏一个我吧。"苦娃高高兴兴地说："我捏一个你，那你也得捏一个我呦。"小雪很害羞地点了点头。于是，你看着我，我看着你；你捏一个我，我捏一个你。一会儿，都捏好了。他们把两个泥人放在一块儿，肩并着肩儿，腿挨着腿儿。苦娃心里突然涌出一股从来没有过的感情。这感情是他有生以来第一次：他觉得那泥人是自己，那泥人是小雪……他突然像明白了什么，如果有一天也像这……苦娃不敢想下去，他偷偷看小雪，小雪淡黄的脸蛋，这阵子变得绯红……俩人的心里，都有那么一种朦朦胧胧的意思。

又过了很久，爷爷突然得了重病，只有出气的功夫，没有进气的力气。苦娃守着爷爷，心里还惦记着小雪。眼瞧着月亮爬上树梢，他抽空儿赶快向窑那儿跑。他不能一天不见小雪。小雪那淡黄的头发、淡黄的眼睛、淡黄的皮袄已经在他心里充得满满当当的。他跑到窑那儿，小雪早已在那里等候。小雪拉住苦娃的手，流着泪说："苦娃哥，咱去看爷爷吧？他今晚就要……"他俩跑到草棚里，爷爷还剩最后一口气儿。他使劲儿把俩小手撮在一起……

爷爷死了，小雪给爷爷穿上寿衣，戴上寿帽。她哭得比苦娃还伤心。苦娃抱住哭成泪人儿的小雪说："雪妹，俺要娶你，爷爷他让俺娶你，爷爷把咱俩的手摞在一起了。"小雪没有拒绝，也没有挣脱他，一下子扑在苦娃怀里，却痛苦地哭着说："苦娃哥，这不能啊！这不能啊！！你对我的真情我知道，我对你的真意，你也知道，可咱俩是阴阳两个界里的人，今生今世再也不能……"苦娃把小雪抱得更紧了："雪妹，管它什么人界鬼界。这些都与咱俩的真心有啥关系？只要你点头同意，那我愿意为你去死……"小雪赶忙捂住苦娃的嘴："别，别说这些破嘴子话[1]，俺……俺答应你就是了。"

这一夜，小雪没有回去，她睡在了苦娃的床上。

第二天，苦娃一觉醒来，就不见了小雪。翻开被窝一瞧，在小雪睡过的枕头旁留着一条白绸子，上面写着：

苦娃哥：

我是一只修炼千年的狐狸。我不能破身，不然得死。昨夜雪妹已成你妻。我该走了，但我不后悔，我死得很幸福，很值得。

天明后你到佛村去娶一个叫萍萍的姑娘。为了我，为了你，为了咱家有个传宗接代的后人，你要娶她，雪妹求你了，雪妹求你了。

妻小雪绝笔
即日凌晨

苦娃根本不相信这是真的，根本不相信小雪会死。他跳下床就朝破窑跑去，他知道在那里会见到他心爱的雪妹。他跑到窑边一看，一只死狐狸躺在他和小雪常坐的地方。

"淡黄色的头发，淡黄色的眼睛，淡黄色的皮……"他抱起死挺挺的狐狸，哭啊叫啊，叫啊哭啊。苦娃整整哭了一夏两秋仨冬天。他这才在他俩常呆过的地方为小雪挖了个坑。苦娃刚把小雪的坟推开，突然"轰隆"一声，天摇地晃，坟塌下去了，成了一个深不见底的洞，黑咕隆咚的洞里，却飘着白茫茫的一片雾一样的白雪。

[1]　破嘴子话：不吉利的话。

人们为了纪念小雪，给她建了庙、起了会，每逢农历正月十三，那些善男信女们便纷纷来到狐子冢，以求平安，求夫妻能恩恩爱爱过一辈子。

这风俗祖祖辈辈传下来，一直到现在，狐子冢香火不断。

讲述者：	卢玉花，女，60岁，安阳县韩陵乡东梁贡村人，略识字，农民
采录者：	郜现英，女，21岁，安阳县韩陵乡东梁贡村人，高中，农民
采录时间：	1994年
采录地点：	安阳县韩陵乡东梁贡村
选自：	《狐狸坟传奇》

附　记

狐狸坟又名狐狸冢，就坐落在韩陵镇王宁村西北的破砖窑上。高大约两三丈，踏着台阶一步一步上去就是狐家庙。

当年，我的大姐嫁到王宁村，每逢正月十三庙会，母亲前两天就拉着我步行去大姐家赶会，然后小住几天。一到吃饭时候都端着碗跑到大街上去吃饭（那时候不像现在全家围在一张桌子上），围一圈人边吃边聊，马上要过会，不由自主就提到狐狸坟，接着讲起小狐仙当年住在破窑洞里……听着听着我就睡了。回到俺家还缠着母亲给继续讲，然后我自以为是，忘头去尾给小伙伴们讲狐狸坟的故事，他们听得津津有味。

长大后才明白，不管狐仙是人是鬼，它们向往美好生活，忠于爱情，不惜牺牲自己的精神给人们以启示。现在王宁村重新翻修了这座古庙，荒草丛生变成水泥地面，各种各样的健身器材安置在周围，昔日凄凉冢庙，今朝面目一新。（郜现英）

郜现英（左二）在狐大仙庙前讲述《狐狸坟传奇》（摄影：王光明）

265

狐仙传奇

　　每到过年，家家都供"灶王爷""老天爷"，唯有二大个儿家敬了个狐仙的牌位。这还得从二大个儿遇到的一件怪事说起。

　　有一回，二大个儿卖梨膏深夜才回家。走到半路，觉得脚下有个啥东西绊了一下，他停住脚步，撩开大衫一瞧，一只狐狸趴在他的脚边。二大个儿觉得奇怪，就对狐狸说："你钻到我大衫下面干啥哩？差点把我绊倒。你走吧！"狐狸不动，用可怜巴巴的眼光看着他。二大个儿觉得怪可怜，蹲下用马灯仔细一照，见狐狸的腿受伤了。二大个儿就把狐狸抱到家，给它上了药，撕了件衣服给它包好，狐狸就走了。到四更天，二大个儿做了一个梦，梦见一个老狐仙来到他的家，说一个野鬼追赶它的孩子，还把它咬伤了，是二大个儿好心救了它，它要报答他。

　　这一年秋天，二大个儿家种的半亩谷子只打了半布袋。他从场里背到家，往囤里倒，谁知道，一倒就把囤倒满了。他又往瓦缸里倒，瓦缸一倒又满了。他又往盆里倒，盆里一倒也倒满了，最后把锅、碗都倒满了，还没倒完。二大个儿说："这咋还有哩，都盛不下了。"话音一落，布袋空了。

从救狐狸那天起，二大个儿卖梨膏的生意也比以前好多了。不用卖到深夜就能把一天做的梨膏卖完。

第二年春天，打了多年光棍的二大个儿也遇到了好事。这一天，突然有一个年轻貌美的姑娘来到他家，对二大个儿和他的老娘说："俺叫兰香，年方十八，从小没了爹，刚刚又死了娘，只剩孤单一个。有人说大哥大婶的心眼好，待人厚道，俺就想和你们成一家人家，不知道大哥大婶愿意不愿意？"二大个儿和他娘一听都高兴得没法儿提，赶紧把姑娘让进屋，又冲茶又倒洗脸水。第二天二大个儿就和兰香姑娘完了婚。一年后，又生了个白胖小子。一家和和美美，过着好日子。

有一天夜里，二大个儿正睡着觉，就觉得有人把他拎起来。睁开眼一瞧，啥也没有，却能觉得有人拽着他的衣领往院子里走。他想把兰香叫醒，可怎么也喊不出声儿来。到了院子里，拽他衣领的手松开了，一个声音说："二大个儿、二大个儿，告诉你说，你的婆娘是个狐狸精，你若不把她赶走，明天黑夜就搦死你的亲娘。"二大个儿说："你是谁，有种你就现出原形来。"那个声音说："我是野鬼，我已经两年没有吃饭了，都是你害的我。"二大个儿说："你当你的野鬼，我做我的人，咋害你两年没有吃饭了？"那个声音说："两年前你救了那个小狐狸，叫我犯了野鬼群的规矩，该吃谁吃不了，就不能吃下一个。"二大个儿说："活该，饿死你不屈。"野鬼说："好哇，你二大个儿，不把你吓死就解不了我的恨。"

二大个儿的眼前，猛地现出了那个野鬼，铜铃大眼，血盆大嘴，青面獠牙，举着狼牙棒就朝二大个儿的头上砸。二大个儿咬破舌尖，一口血喷到野鬼的身上，野鬼见血就死了。

野鬼群听说了这件事，纷纷搬走了，狐仙的一大家族就住到了二大个儿的村子里，打那往后，天旱了，狐仙就帮人浇地；人病了，狐仙就帮人采药；谁家的房子塌了，狐仙一夜就把他家的房子盖好了。人和狐仙相处得很好。二大个儿把狐仙的牌位供在自己的家里，为的是能和狐仙们平平和和地过日子。

讲述者： 杜克魁，男，50岁，安阳县文化局局长
采录者： 刘志军，男，安阳县人
采录时间： 1994年
采录地点： 安阳市西冠带巷小学
选自： 《狐狸坟传奇》

266

北猡山狐仙奇缘

在很久很久以前，有个姑娘名叫阿莲，从外地来花营村卖丝卖线。她说自己家在千里之外，和家里人走散了，只好自己靠卖丝线生活。村里人听了她的诉说，都很同情怜悯她。中午时分，她走到一个父母去世的孤儿家门口，坐在那里不走了，孤儿年方十九，看见阿莲可怜，就给她端了一碗饭让她吃，阿莲很感激这个孤儿。于是在村里老人的撮合下，阿莲姑娘就嫁给这个孤儿为妻，在花营村跟孤儿过起了日子。

孤儿的叔叔是靠打猎为生，捕鸟逮兔，捞鱼摸虾。有一天孤儿的叔叔在北猡山逮住一只雪白雪白的狐狸，背回了家，阿莲知道后，就找叔叔说："叔叔，今天找您，想求叔叔要一样东西，求叔叔一定答应啊！"叔叔说："可以，答应你就是了。"阿莲就说："叔叔从北猡山上逮住了一只狐狸，想要做件披肩，我给叔叔钱。"叔叔的确舍不得，可是侄儿媳妇说出来了，叹了口气："唉！给你吧！"于是就说："只要你喜欢，送给你吧，不要你钱的。"阿莲谢过叔叔，就抱起这只狐狸往家跑，跑到家，抱着狐狸大哭起来，并且喊狐狸叫爹爹："爹爹呀，命好苦呀！"突

然狐狸变成了一个白胡子老人，对女儿说起人话来，让赶快找医生给他看伤势，阿莲对外称找见失散多年的爹爹了，伤势也不是很重是夹伤，医生上药包扎上，就住在孤儿家养起伤来，村里的人都觉得奇怪，议论纷纷。

到了第二年，阿莲给孤儿生下了一对双胞胎，一男一女，孤儿可高兴了。转眼到了第三年，孩子们也会满院子跑了。一天，孤儿从地里回来，看见阿莲哭得眼睛都红了，再三追问，无奈阿莲才和孤儿说了实情。说自己是只修仙的狐狸，因孤儿曾在北猡山救过一只狐狸，那只狐狸是阿莲的母亲，阿莲奉母亲之命来报答孤儿的，只因人仙配婚不能超过三年，否则要遭天谴，如今三年已满。到了分别之日，夫妻二人抱在一起难舍难分。阿莲对孤儿说："你要好好把孩子抚养成人，将来孩子都是文武全才，子孙将会瓜瓞绵绵，由于我们人仙婚配，你也会沾上仙气，也会高寿而终，千万不要让孩子知道他们妈妈的身世，你也不要去找我，因为我们缘分已尽，否则有生命危险。"第二天，孤儿醒来身边只有一双儿女，阿莲不见了踪影。

后来，人们害怕后代子孙们知道山上有狐狸精，不敢上山，因为山上有很多财富和宝贝，孩子们经常上山拾粪，打柴，挖药，开荒种地……就一直不想让这个故事往下传。

讲述者： 闫水金，男，71 岁，林州市五龙镇花营村人，研究生，退休校长

李拴福，男，56 岁，林州市五龙镇花营村人，高中，农民

采录者： 宋建军，男，52 岁，林州市五龙镇中石阵村人，大专，教师

采录时间： 2019 年 11 月 29 日

采录地点： 林州市

附记

林州市民间文艺家协会五龙分会成立以后，创建了"五龙民间文

艺"公众号，发表了许多民间流传的故事，在五龙有了一定的名气，也结识了一批民间传说的讲述者。这篇传说是盘石头水库移民到鹤壁市的花营村李拴福和闫水金提供的。他们的村庄已经被盘石头水库淹没，但他们对老家故土充满了无限的眷恋。当看到我们创建的"五龙民间文艺"发表的民间故事和传说后，就想方设法电话联系到我，想让我把他们家乡流传千百年来的民间传说写下来，传给后世。我通过手机进行了录音，方便后期整理编写。他们还不放心，又让闫水金老师进行了初步记录，用微信转发给我，前前后后讲述了多篇流传于花营村的民间传说，我编辑整理后，曾发表于"五龙民间文艺"。（宋建军）

267

古石槽与狐仙

在桂林镇三井村东大街边有一个大石槽，与人们所见的石槽有所不同。大石槽东西横向放，长约六尺，宽约二尺，槽壁厚约一寸，内槽长约五尺，宽约一尺，滚圆的内部深约一尺。东北角外槽壁画成抹角，西壁底有一皮球大的圆孔。全槽由一巨石天然成形、浑然一体。

这个天然古石槽与狐仙流传着一个动人的故事。

传说很久很久以前，三井村有一郭姓人家，救了一只受伤的狐狸，抱回家养在阁楼上，敷药喂食，日夜精心调养。狐狸伤好后没走，就住在了阁楼上，与郭家人相依为命，勤俭度日。自此后，郭家办啥事都能顺顺利利办成，缺啥东西就能来啥东西，家庭渐渐兴旺、生活逐步富裕。虽然没偷没抢，但感到事有蹊跷，财物来路不明，郭家人百思不得其解，常常心存不安。

一天夜里，主人起来小便，听到院子里有响声，出门一看，有好多狐狸给他往家搬东西，其中就有他救的那只老狐狸。

老狐狸上前对他说："主人家，我是狐仙，你对我有救命之恩，终身难报。看你还缺什么，只管告诉我。"

主人说："基本什么都不缺，就是喂牲口缺一个石槽。"

老狐仙说："别管了，给你弄一个石槽。不过以后你要是听见有什么动静，尽量不要出来。即便出来，看见什么，千万千万不要吭气，可记住啊！"

主人说："行啊，记住了。"

果然，第二天夜里，从门口传来"哼嗨、哼嗨"的号子声。主人翻来覆去睡不着，咋也是躺不住了，起来出门一看，有好多狐仙用背驮着一个大石槽，喊着号子，已经快到大门口了。

主人一看，那么大一个石槽，压在弱小的狐仙身上，能受得了吗？真有点担惊害怕，不觉地大喊一声："慢点，别让压住了！"老狐仙交代的话忘了个一干二净。

刚喊罢，大石槽猛然落地，大小狐仙全部压在石槽底下，只见一股仙气，如云如雾，从槽底袅袅升起，飘然而去……

这时候，主人想起了老狐仙的话，已经晚了，赶紧弯腰双手搬槽，哪里搬得动，不觉嚎啕大哭。从此一气卧床、得病不起，家景也渐渐衰落。

从那以后，大石槽就在此处生根，有人刨多深也不见底，一直流传故事到如今。

讲述者： 郭香林，男，80 岁，林州市桂林镇三井村人，大专，退休教师
采录者： 郭宝军，男，63 岁，林州市桂林镇小店村人，高中，农民
采录时间： 2018 年 5 月 2 日
采录地点： 林州市

附记

2018 年 5 月 2 日吃了清早饭后，我有些儿事去三井村走亲戚。走到三井村村委会北边向东拐弯处，看见路右边一户农家堂屋后有一个大石槽，忽然就想起小时候俺大爷爷讲的古石槽与狐仙的故事。这让我这个民间传说故事的爱好者，对这个大石槽产生了极大的兴趣。可故事情节哪还记得。正好路边有几位谈天说地的老人，于是我就向他们询问了这个大石槽的来历。老人们七嘴八舌，热情地给我讲述了古石槽与狐仙的故事，还说故事在咱林州市南广泛流传至今。特别是一位八十余岁的老退休教师郭香林，更是讲得津津有味、兴趣盎然。他指着古石槽南边这户人家说："他家盖房挖地基时，挖了恁深都没挖见古石槽底，古石槽就是一块天然大石头。"紧接着他又给我讲述了村西龙滚沟的故事，让我听得痴迷。最后他语重心长地说："我看你是一个民间故事爱好者，把它写下来吧，流传后世。"我说："行，一定把它写下来。"郭香林老师高兴地笑了。在座的老人们都笑了。（郭宝军）

三井村的大石槽（摄影：郭宝军）

268

老王公与狐仙庙

林州市五龙镇七峪村漕汪水自然村，是一个四面环山、中间一条河沟的长谷洞天形状，东边隔岭与淇县相望，西边是箭鞏沟自然村，隔岭与泽下村相连，东西长约十里。南山有鸡精洞，与后山的纣王店相邻，北边是楼儿沟山脉，两山相隔一公里之远。

山沟的正中间北山腰，有一个小村，名叫蚕峪，因为两山的山沟里长满了桑树，清朝和民国年间是老百姓养蚕的地方。现在百姓逐渐放弃了养蚕的生意，以务农为生。山村对面的山叫火焰山，由于在民国年间村中莫名其妙地失火，遂改名为漕汪水村。

明末清初，漕汪水村有一王姓人家，名唤老王公，一生靠打猎为生。打猎这个行当，在我们这个地方叫行围，猎人常常头戴一个羊肚白毛巾，肩背一长快枪，手提着套、夹、网、笼、夹剪、压木等各种捕猎工具，一个人游走在周围的大山之中。

打猎是一个神秘的职业，老王公每天出发前，必须虔诚地叩拜山神，打猎途中，如遇到山上其他神庙，他也一一叩拜，绝不扬长而过。就是每次打猎行围在什么地方、

打什么动物，老王公都是守口如瓶，因为他相信野兽有事前预知的本领。如果碰上每月的初七、十七、二十七这些敏感的日子，老王公绝不外出打猎。在和无关的人交谈时，他从未讲过想打多少只野兽或想打到什么野兽。

就是这样一个行围打猎如此小心谨慎的人，到了五十多岁时，还是摊上一件令他从未想到过的事情。

在漕汪水北山上的悬崖峭壁上，有一个小洞，高不过五六尺，长宽不过一丈，洞里边有一木桶粗的小口，不知有多深，这个洞里住有老狐狸和五个小狐狸，一到早上，小狐狸和老狐狸都从半山腰的山洞中爬出来，寻觅一天食物后，到了晚上，就又爬进山洞中休息。

小狐狸和老狐狸在山上进出嬉闹的情景被老王公看见，他摸清了它们的行动规律。这年秋罢，正是动物膘肥的时候，老王公开始对山上的狐狸动手了。

他先是在狐狸经常出没的地方，扎了一个如布袋一样的白色空心网，如果狐狸误钻入网中，就不能出来，到时他来收网即可。这样过了三天时间，果然在网中发现一只挣扎的狐狸。老王公二话不说，提起网将狐狸摔死拿回家中。老狐狸在悬崖上看到自己年幼的孩子被摔死，只能以泪洗面，教育小狐狸再也不能误入老王公预设的套网了。

老王公一看自己的这一招不灵了，于是他就在狐狸洞外狐狸经常出入的草丛中埋下几个夹子，若狐狸经过时不小心，就能夹住它的一条腿，使其不能动弹。果不其然，第二天，他就在北山上的一块山崖下，看到被铁夹子夹住的狐狸，尽管狐狸眼泪汪汪地看着老王公，并伤心地呼叫着，但老王公心中一狠，还是把它带回家将它杀害了。

一连几天，老王公逮不到狐狸，知道狐狸有悟性，于是他拿着从自家带来的麻糖，内加百步断肠草的剧毒药物，到后山狐狸经常出没之地，悄悄地躲藏在一侧，耐心等待狐狸上钩。不一会儿，一个狐狸出来，左看看，右看看，发现附近没有什么人，就大胆地向着麻糖的方向走去，刚叼起麻糖吃了两下，轱辘一下倒地身亡，老王公看了一会儿没有动静，就上前去提起肥嘟嘟的狐狸，哼着小曲下山了。

老狐狸接受教训，教育小狐狸千万不要乱吃别人扔下的食物。等了几天，老王公仍用麻糖的办法来诱惑狐狸，

但就是不管用了。他又仔细地观察狐狸的动向，发现后岩石上有一个小坑，一到下雨天，坑内就聚集水，小狐狸活蹦乱跳地到小坑内喝水。老王公计从心来，第二天，他从家里拿来了无色无味的毒药，放到小水坑内，自己偷偷地躲在一旁，专等狐狸来喝。果不其然，它们刚从外吃罢回来，就跑到水坑内喝水，其中一个狐狸刚喝了两口，就轱辘地躺在地上不动了，其他见状，急忙四散逃跑，这次老王公又从水池边拿起狐狸，笑着从山上下来了。

接连丢失四个孩子，老狐狸万分伤心，它决定带着小狐狸离开这里，刚走出洞门，被早已在这里等候的老王公看到，将小狐狸一枪毙命。这时老狐狸也顾不了许多，站在山顶的石头上对老王公吼道："老王公，你害死了我的五个儿子，我与你没完！"老王公一听老狐狸会说话，吓得可不轻，明白这只老狐狸已经成了精，若不及时除掉它，将来定会给五个小狐狸寻仇。说时迟，那时快，他拿起枪，对着老狐狸就是一枪，老狐狸在岩石上打了一个滚，起身说道："你打呀，你打不死我，我会叫你永远不得安宁！"

老王公知道，对付这种成精的老狐狸，枪是没有办法制服的，于是，他提着打死的狐狸，快快不乐、心事重重地下山了。

他知道，动物中最难打、最难套、最难毒的就是这种成了精的老狐狸。他也听说，每年有不少老猎人都中了狐狸的迷魂圈，跌倒在悬崖下。如果狐狸不除，以后自己的时光肯定不好过。

用什么办法除掉这只老狐狸呢？听老猎人说，唯有用红枣这种食物才能勾引老狐狸上钩。狐狸不仅爱吃鸡，而且爱吃酸枣，特别爱吃红枣，大荒年间，好多狐狸在枣树旁边建窝，靠吃枣度过，它们的粪便里还有好多枣核呢。

老王公从村中找了一些红枣，便撒到狐狸洞口，看狐狸精是否吃，一天过去了，狐狸精只吃一点点，二天过去了，狐狸精又开始吃得多了一些，等到第三天以后，狐狸精就放松了警惕。这时，老王公就开始在红枣里放上蒙汗药，只等老狐狸上当受骗。果然老狐狸禁不起饥饿和红枣的诱惑，还是上了猎人的当。

当老狐狸醒来时，它已被吊在漕汪水村中间土地庙戏台边的大槐树上了。它知道，这是老王公又用计谋把它算计了，看到老王公正拿着刀将对自己开膛破肚，老狐狸流泪了，它哀求老王公说："我斗不过你，你放了我吧，以前的事都过去了，我们好自为之吧。"老王公想，我杀了它五个孩子，它会饶过我吗？斩草除根，除恶务尽，不留后患，老王公还是把老狐狸给杀了。

为杜绝后患，这次老王公狐肉也不敢吃，狐皮也不敢卖，专门劈了一堆柴火，把老狐狸架到火上烧，可烧到最后有巴掌大一块狐皮怎么也烧不掉，他又把这块东西放入红红的炭火中烧烤，这块东西却如铁砣一般，不会燃烧，最后他把这巴掌块狐皮扔到自家的烟囱里，想一天三顿饭总会把它烧焦的。可自从狐皮扔进烟囱以后，他老是听到烟囱里有动静，这使他时刻惴惴不安，夜半时分，常常被噩梦惊醒，忽然坐起，茫然四顾，什么也没有。

村中在山西居住的一个发小回村后对老王公说："我看这几天你精神不太好，有什么难事把你折磨成这样了？"老王公便将自己打死六只狐狸的事情全盘托出，最后发小对他说："要不到山西我家住一段时间再回来，也许就没有事情了。"此时老王公便离开漕汪水村到山西翼城避难。

一天，他正在地里锄麦地时，突然锄头"哐"的一声，像是锄到一只鞋子，他拿起一看，像是自己在老家烧死的那只巴掌大狐皮，还没等老王公回过神来，那只狐皮说话了："老王公，你以为跑到山西就找不到你了？你说吧，咱们的事如何了结？"老王公一听这话，扔掉狐皮，吓得放下锄头就往家跑。第二天，没和发小告别，就往河南虞城县他表弟那里跑去。

到虞城县后，表弟家中也不富裕，老王公常常还要背着竹篓拿着竹耙去搂树叶，供家烧饭之用。有一天，他在一棵杨树下搂杨树叶时，一下子又搂出那块巴掌大的狐狸皮，他被吓得瘫倒在地。只听那块被烧焦的狐狸皮说："老王公，你跑到天边我也会找到你的，咱们的账该了结啦。"老王公说："你家的六条命都是我一人欠下的，求你不要加害我的子女，我的后代再也不会当猎人了。叶落归根，还是让我回老家去死吧。"从此，老王公便回到了漕汪水村，得了一种怪病，浑身长满了疥疮，一抓像刀割一样难受，抓破了就不会凝结，最后疼痛而死。

老王公死后，家人在村西为他安排了墓地，村中北山上的狐狸洞穴也成了人们常去的地方，有好事者专门在此修建了一座狐仙小庙，村里人也不断地上香祷告，向后人述说着老王公和狐仙家的恩怨故事。

讲述者： 刘天宝，男，83岁，林州市五龙镇漕汪水村人

采录者： 刘富民，男，58岁，林州市五龙镇泽下村人，大学，记者

采录时间： 2015年3月

采录地点： 林州市五龙镇漕汪水村

269

美女狐仙

石板岩冰冰背洞口附近有一个狐仙洞，洞顶是一整块巨大的像屋脊一样的石头，走进里面，感觉就像在房子里一样，两边低中间高，特别舒适。传说这里曾经住着美女狐仙，还有一段美丽传说呢。

相传，在很久以前，离狐仙洞不远的村子里有个叫黑蛋儿的孩子，十一二岁，小时候父亲因上山砍柴离世。黑蛋儿和他娘相依为命，而且他娘又得了重病，整日卧床。黑蛋儿只好一边打理家务，一边到山上拾柴烧饭，照顾生病的娘亲。有一天他又去拾柴，拾满篮子准备背着回去，突然慌慌张张跑来一只狐狸。狐狸气喘吁吁地说着人话："小弟弟，快救救我吧，猎人很快就追过来了，我会报答你的。"黑蛋儿觉得狐狸十分可怜，可怜之心油然而生。但怎样救呢？他眼前忽然一亮，我不是有拾柴的篮子吗？于是立刻把篮子里的柴火全部倒出来，让狐狸卧倒在篮子底部，上面用柴火盖得严严实实的。刚处理好，猎人就追过来了，上气不接下气地问："小伙计，看到一只狐狸跑过来没有？"黑蛋儿顺手一指说："跑那边去了。"猎人顺黑蛋儿指示的方向去追狐狸。

猎人走后,黑蛋儿赶紧把篮子里的柴火拿出来,把狐狸放出来,狐狸出来后说:"太谢谢您了,您等一下,我送您一样东西。"说完,一溜烟跑过山那边去了。工夫不长,狐狸又返回到了他身边。对黑蛋儿说:"黑蛋儿弟弟,我送你一个小葫芦,你会用上的,但你要好好保护它,别丢失,别碰破。如果有什么大事,就到冰洞正上方的大石头旁踩三脚,喊三声'狐大姐',就可以见到我。"黑蛋儿说:"记住了。"向狐狸鞠躬致谢,定睛看时,狐狸已不知去向。

小黑蛋儿回到家中,觉得这小葫芦挺好玩,就精心地保护它。用心地玩它,睡觉都搂着它,吃饭时也把它放到怀里抱着它,成了形影不离的好朋友。后来干脆找了根红绳把小葫芦拦腰捆住,挂在自己的脖子上。一日,黑蛋儿拾柴回来,实在感到饥肠辘辘,很想吃东西。不经意间,对着小葫芦口说:"我想吃烧饼。"几分钟过后,就看见桌子上整整齐齐地放着一摞烧饼,他和娘高兴得不得了,怎么也想不出烧饼是谁送来的。

眼看娘的身体一天不如一天,小黑蛋儿尽管东奔西走给妈妈取药,但总是无济于事。小黑蛋儿急得直跺脚,没有娘怎么能行?于是又不经意地对着小葫芦口说:"要是妈妈的身体能好起来多好呀!"之后的第一天,妈妈能坐起来吃饭了,第二天妈妈能下床走动了,第三天妈妈的身体完全康复了。小黑蛋儿十分高兴,但还是想不通妈妈的身体怎么说好就好了。从此,小黑蛋儿和娘以勤劳为本,日子过得红红火火。一天,村里一位放羊的大爷送来一块羊肉,说:"看你们母子俩的身体很瘦弱,用羊肉熬点羊汤补补身子骨吧。"母子二人不好推却,谢过大爷,收下羊肉。调皮可爱的小黑蛋儿问放羊大爷:"大爷,您想要什么,我报答您。"放羊大爷哈哈大笑说:"我的鞋破了,想要鞋掌,你有吗?"小黑蛋儿挠挠后脑勺,又一次不经意地对着小葫芦口说"要鞋掌",刚想接着说:"我真的没有。"话还没说完,在放羊大爷的身后就有了一堆崭新的鞋掌。这时小黑蛋才恍然大悟,原来都是小葫芦在这里起的作用。放羊大爷有了一大堆崭新的鞋掌,乐得合不拢嘴,他找了一个大袋子,装上鞋掌高兴地扛着回家去了。

小黑蛋儿知道了小葫芦的神奇功用后,对它更是爱不释手。可就在一天因急着去拾柴火烧饭,忘记把它挂在脖子上,放在了桌子上,正好邻居家小丑来玩,把小葫芦偷偷拿走了,玩着玩着就用石头把小葫芦砸碎了。小黑蛋儿回来不见了小葫芦,就问他娘。娘说:"只有小丑来过。"小黑蛋儿就飞跑着去找小丑。刚走进他家院子,就看见了小葫芦破碎不堪,他边哭边拾起小葫芦碎片,装进口袋,飞奔着去找狐大姐。来到狐仙洞顶,找到了那块大石头。按照狐大姐的吩咐,连踩了三脚,连喊了三声"狐大姐",立刻在大石头旁出现一个洞口。从洞口走出一位如花似玉的姑娘。姑娘说:"黑蛋儿弟弟,有啥事?"小黑蛋儿把小葫芦破碎之事详细说了一遍。狐大姐关心地说:"不要着急,看你急的。"狐大姐对着黑蛋儿的口袋轻轻吹了口气,小黑蛋儿看到自己的口袋就鼓起来了,用手一摸,小葫芦完好无损,又好好地躺在口袋里了。狐大姐告诉小黑蛋儿,这个小葫芦是个宝葫芦,它是不会破碎的,回去后,只要村里谁有困难,就对着葫芦口说一下,马上就会实现愿望,解决困难。但一定要利用好,要适可而止,不可贪得无厌。小黑蛋儿答应了狐大姐,回到村里,他不到万般无奈之时,不去找小葫芦帮忙,村里人确实需要帮助时,他才开口向小葫芦请求。从此,村民们也因有宝葫芦做靠山,过上了幸福祥和的日子。

采录者: 郭松义,男,52岁,林州市石板岩镇韩家洼村人,大专,教师

采录时间: 2021年3月

采录地点: 林州市石板岩镇韩家洼村

附记

20世纪六七十年代,没有电视,没有手机。居住在深山里的孩子们,白天玩的是大人们用石头或木头制作的简单玩具,也有的把泥巴当玩具,晚上就坐在煤油灯下或月亮地里,听大人们讲故事,有的故事讲了一遍又一遍。《美女狐仙》这个故事就是那时候听邻居家老

爷爷讲的，我都听了好几遍，所以印象很深。这个故事流传的时间长、地方大，我们石板岩方圆一带人人皆知，我现在又把这个故事讲给了我的孩子们和学生们。（郭松义）

林州市石板岩镇韩家洼村冰冰背附近狐仙洞所在地（摄影：郭松义）

《美女狐仙》故事采录地韩家洼村（摄影：靳林峰）

270

狼娘

在很多年前，太行山下有个小山庄，庄头住着个李大娘，李大娘有三个美丽的小姑娘。

有一天，李大娘要去走娘家，随天[1]回不来，就嘱咐她的三个女儿说："我的好闺女，今天我要瞧恁姥姥去，留你们在家里。大妮啊，你也十二三，好好哄着妹妹玩。渴了有热水，饥了有热米饭，篮里放着熟鸡蛋。咱院里有棵大枣树，肉钩上边用绳拴，树荫下边可打悠千[2]。到夜间，你要插紧大门插儿，贯好二门鼻儿，不管谁叫别开门儿。娘我住在姥姥家，防备那好装娘的山后老狼来吃人儿。"三个女儿齐声答："娘呀，您放心吧，保险俺听亲娘话，您明天一早要回家。"

于是，她们姐妹仨，当娘出了门，随就插紧了大门插儿，贯好了二门鼻儿。天黑夜静了，她们在屋内床上睡得正香，"咚咚咚"的敲门声突然把大妮惊醒。她慌忙穿上衣服，问："谁呀？"只听见大门外唱道："大门插儿，二

[1] 随天：当天。
[2] 打悠千：打秋千。

门鼻儿，叫给大妮开开门儿！""恁到底是谁呀？""我是恁亲娘来叫门儿。"大妮说："你不是俺娘！俺娘今天住在姥姥家，半夜三更不回家。"大妮又睡下。停了有一个时辰，"咚咚咚"，敲门声又把二妮惊醒。"大门插儿，二门鼻儿，叫给二妮开开门儿！"二妮揉揉眼，问："谁呀？"大门外亲切地回答："我是恁亲娘，刚从恁姥姥家转回家。"二妮说："你不是俺亲娘，我不听你的话。"二妮又躺下，呼呼噜噜又睡着啦。到了后半夜，"咚咚咚，咚咚咚，咚咚咚咚咚咚咚"，又传来急急的敲门声，把个三妮惊醒。那歌唱得更动听："大门插儿，二门鼻儿，叫给俺三妮开开门儿！"三妮问："谁呀？""我是恁娘。小三妮最疼娘，我爬山走路累得慌。恁姥姥怕你夜里想妈妈，让我连夜赶回家。还给你捎来糖糕和麻花。"三妮最听话，说声："娘呀，你等等。""还是俺三妮好，打小就知道疼娘啦。"三妮信以为真，就悄悄下了床，打开了二门鼻儿，抽开了大门插儿，西天边上挂月牙，一看果然是娘回了家，还扛了满满的一竹篮子糖糕和麻花。

小三妮领娘进了屋，点着灯，把两个姐姐都惊醒。大妮二妮睁眼一看，是娘回来了。"唉，大妮二妮不懂事，累得老娘喘不过来气。叫恁开门咋不理？"两个大妮说："那是你不叫开，怕老灰狼吃了俺。"她娘慌忙说："对！我为啥连夜转回家，就是怕恁姐妹仁叫狼吃了。快睡吧！""扑"，她娘把灯吹灭啦。三妮偎娘又睡下。

"俩大妮，睡那头吧，这头床窄挤不下。"大妮二妮就爬到那头睡下啦。大妮想，俺爹前年被狼吃啦，夜里睡觉光害怕。俺娘睡觉偎俺仁，今夜是咋啦？不由心里有点怕。大妮一伸腿，蹬住个毛尾巴，不由得叫一声："啊呀，俺害怕！""死妮子，乱蹬啥！快睡吧，天明早上山，拾柴去放鸭。"大妮一听不搭话，心想俺娘她咋啦？说话不对头，睡觉带尾巴。心里不踏实，把二妮捣醒了。停一会儿，她俩对耳说句话，呼噜呼噜睡着啦。

"咔嚓嚓，咔嚓嚓"，那头响声不算大。二妮问："娘，你干啥？""馋妮子，快睡吧。恁娘我在这头吃麻花。想吃你就爬来吧！"二妮就要走，大妮拉住她。"咋不动！给你个！"二妮摸着个，一咬绊住牙："娘！这是啥麻花，又腥又硬，就像咬个手指甲。""傻妮子，胡说啥！麻花带

的少，吵醒大妮子，就轮不着你吃啦。"大妮一听吃一惊，装着打哈欠，叫声："娘呀娘，我也要吃麻花。""死妮子，少不了你！想吃快来吧！""娘，我不去。你也扔给我个吧！""给！"大妮用手猛一抓，怎么啦，有骨有肉还带着脚指甲。大妮更害怕，那头一定不是俺亲娘，八成是山后灰狼装妈妈，把俺三妹妹给吃啦。害怕还得强睡下，一会儿那头就呼哧呼哧睡死 [1] 了，大妮悄悄拉着二妮，偷偷下床啦，出门把屋门鼻儿拴住啦。

跑院里，大枣树下，肉钩当秋千还在树杈挂。大妮小声对二妮说："好妹妹，听姐姐话。咱俩快爬枣树，你抓住钩绳往上爬，我在下边把立梯搭。"二妮问："上树干啥？""摘枣吃。"二妮说："好。我饥啦，红枣甜脆不绊牙，我吃枣也不吃麻花。"她俩很快上到枣树上，云彩西飘露月牙。大妮把上头绳拴牢，把肉钩重又吊树下。等二妮树杈当中坐稳后，才对二妹说实话。吓得二妮打赫撒 [2]。才知道，心爱的三妹妹早被狼娘吃掉啦。

公鸡叫，老狼醒。一扑那头没人啦，就知道两大块肥肉跑掉啦。它急翻身，往外闯，头碰门子震天响，三头就把门框伤，又一头碰到枣树上。头流血，更发狂，前院后宅找姑娘，抓乱柴堆撞翻缸，旮旯缝道找得莽，厕所里也不见俩姑娘。抬头看见老枣树，吓得二妮直叫娘："啊！"树下惊动老灰狼。它看见两个孩子在枣树上，嚎嚎叫得发疯狂。正转三圈往上蹿，蹿不上；倒跑三圈用头撞，撞不倒。气得它血盆大口张几张。一连转了七七四十九圈，也没办法。它吃人心切，气急败坏，急中生智，就用牙啃树，用力过猛，"咯嘣"一声，一下就啃掉两个儿狼牙，只见它满嘴淌血，嚎叫惊人："想活命，恁快下！不想活，怨自家。我到东山磨磨牙，一嘴吞恁姐妹俩！"

大妮一听咬碎牙，开口还得叫狼妈。"好妈妈，俺姐妹想活不想死，上枣树为的吃枣呀。你想上来，给你个绳子把你拉！"那老狼一听笑哈哈："好孩子，疼妈妈，真听话，放下绳子把娘拉，我光吃甜枣不害娃，哪有亲娘吃娃娃！"大妮说："那是呀！好妈妈，上来吧，替俺把红

[1] 睡死：睡着、入睡。
[2] 赫撒：哆嗦。

枣摘两把！"大妮把带钩的绳子往下续[1]，老狼心急猛一蹿，俩妮狠劲猛一拉，凑巧啦，肉钩猛挂狼下巴，疼得它打转悠，搅尾巴，两腿连蹬带支叉[2]，鲜血不住乱滴答，嘟噜嘟噜转开啦！

东方红，出朝霞，李大娘赶早急回家。只看到，开了大门插儿、二门鼻儿，就知道家里出了事儿。她心急如火跨当院，抬头不由吃一惊：三个女儿不见影，一只老狼吊半空，黑血把枣树老根都染红。她仰望苍天放声哭，哭叫声震动山村每一家。乒嚓嚓跑来一院子人，大人小孩乱喳喳。"三个妮不听娘的话，乡亲们，一夜都被灰狼吃！……我的娇儿哇！"大妮二妮一看亲娘到，下了枣树扑向妈。姐妹俩当着众人把夜间的经历说一遍，抬出了三妮的骨头泪巴巴。众人愤恨把灰狼打，她娘仨把死狼开腔剖肚把皮扒，把狼皮就在那枣树上挂。十里八村都来看娘仨把狼杀。

采录者：王好奇，男，36岁，内黄县后河镇杨固村人，初中，教师

采录时间：2006年6月

采录地点：内黄县后河镇杨固村

选自：《中国民间故事集成·河南内黄县卷》

附记

《狼娘》先后收录于《中国民间故事集成·河南内黄县卷》《中国民间故事全书·河南内黄卷》。《狼娘》属于"狼外婆"型故事，在中国流传极广，几乎是家喻户晓。秦牧《说狼》："正因为豺狼是这样的狡猾，那个'狼外婆敲门'的故事才会传遍了欧洲和亚洲。"在安阳各县区还流传有多种异文，狼外婆也传为老狐精、狐狸精，故事情节大同小异。（刘二安）

[1] 往下续：往下放。
[2] 支叉：腿叉开。

271

老狐精

从前有一家姊妹三人。老大是个姑娘叫秋，老二是弟弟叫千儿，最小的是个妹妹叫门搭链儿。爹爹去世早，三人和娘在一起生活。有一天，娘有事要去姥姥家，第二天才能回来，临走反复叮嘱兄妹三人要关好大门，无论谁叫都不要轻易开门，说着换了衣服就出发了。

不想走到半路上，遇到一个老狐精，变作一个老太婆模样，一边走一边和她闲聊起来，他娘根本没有想到这是老狐精，就把家是哪儿的、家里有几口人、到哪里去等都告诉了老狐精。老狐精听罢，一看四周没人，立刻张开血盆大口，把他娘吃掉了，然后换上他娘的衣服，晚上来到他家门口。

老狐精敲了敲门，学着母亲的声音叫："秋、千儿、门搭链儿，娘回来了，快开门。"年龄最小的门搭链儿一听刚要开门，秋连忙拦住她说："先不要急，咱娘不是说今晚不回来吗？"说着从门缝往外一看，说："你不是俺娘，俺娘眉下边有颗黑痦子呢。"老狐精一听赶紧偷偷念了一句"东风来、西风来，给我刮一个黑痦子来"，念完

了风就刮来一个荞麦壳儿，老狐精把荞麦壳儿往脸上一搌，就成了一个黑痦子，然后再来敲门。秋从门缝再看了一眼又说："你不是俺娘，俺娘屁股上有块黄补丁来。"大灰狼又赶紧念一句"东风来、西风来，再刮一块黄补丁来"。念完后风又刮来一片黄桑叶，老狐精把桑叶往屁股上一贴，变成一个黄补丁。这一次兄妹三人都被骗过了，打开了大门。

睡觉的时候，老狐精问谁愿意和娘一起睡，三人都抢着说愿意，老狐精想了想说："谁胖谁给娘睡吧。"兄妹三人就数千儿胖乎乎的，于是老狐精和千儿睡在炕的一头，秋和门搭链儿睡在另一头。半夜里，秋听到了另一头传来"咯吱咯吱"吃东西的声音，就问："娘你吃嘞啥？"老狐精说："我肚子饿了，嚼了几口从你姥姥家带回来的馓子。"不大一会儿又听到了"喝喽喝喽"的声音，又问："娘你喝的啥？"老狐精又说："是从你姥姥家拿回的黄酒，喝了两口。"秋和门搭链儿听了都说："娘，给我们也尝尝吧！"老狐精说："今天不早了，明天让你们吃个够。"

秋越想越觉得不对劲，伸手一摸问："娘你的手怎么这么大？"老狐精说："我整天东拍拍、西拍拍，拍饼子当然手就大了。"秋又问："被窝里毛茸茸的是什么？"老狐精连忙蜷起尾巴，说："这是你姥姥给的一团麻，忘记收起来了。"这时秋已经明白，炕上躺的不是娘，千儿已经被吃掉了，怎么办呢？秋假装相信了老狐精的话，躺在那儿一动不动，脑子转来转去地想办法。

过了一会儿，秋对老狐精说："娘，我们得去茅房屙屎嘞！"老狐精说："别出去，就屙在炕边地上吧。"秋说："不行，炕边有炕神。"老狐精又说："那就屙在门旮旯儿吧。"秋说："也不行，门旮旯儿有门旮旯儿神。"老狐精心想两个小孩也作不了啥精[1]，就说："那你们就去茅房屙吧！"姐妹俩出门来，赶紧"哧溜哧溜"爬上一棵大树。

老狐精在屋内左等右等不见二人回来，就在屋里喊了"屙完了没？"秋说刚刚开始，一会儿又问屙完了没，秋说才拉出一点点。老狐精等得不耐烦了，跑出来一看姊妹俩都在树上，就试着也往上爬，爬了几次没有上去，就

[1] 作不了啥精：出不了啥花样。

问："你们怎么在树上？是怎么上去的？"秋说："我是踩着铁锅上来的。"老狐精赶紧也搬来一口铁锅放在树下，还是上不去。秋又说："东边一把柴，西边一把柴，烧红铁锅就上来。"于是大灰狼就东拿柴西拿柴，把锅烧得红红的。这时秋说："你去拿一条绳子，把一头扔给我，我把你捞上来。"老狐精就找来绳子，把一头扔给秋，然后紧紧抓住另一头开始上树。等上到半中间，秋猛然一丢，大灰狼整个掉进红红的大锅里，烫得龇牙乱叫，跳起来就往屋里跑，想抓一把香灰抹抹屁股，这时被吃掉的娘的魂灵也来了，变作一个大毒蝎子藏在香炉里，一下子蜇得它跳了起来，慌忙跑向锅台底下想再抓一把灰，娘又变成一个热鸡蛋，老狐精用爪子一抓，"噗"的一声烫瞎了双眼，什么也看不见了，就顾不上疼摸着跑向大门口，娘又变作一个石磙藏在门上边，掉下来把老狐精砸死了。

老狐精一死，屋里房梁上挂着的纺车自己笑出声来："吱扭儿吱扭儿——嘎儿郎、吱扭儿吱扭儿——嘎儿郎"，据说后来纺车的响声从那时开始，就一直这样响。

讲述者：　李江英，女，68岁，林州市原康镇大安村人，小学，农民

采录者：　高鹏伟，男，52岁，林州市原康镇大安村人，本科，教师

采录时间：2021年7月

采录地点：林州市原康镇大安村

异文：狐狸精

从前，有个妇人去走娘家，走到半路，碰到一个老婆，说她最会捉虱子，妇人信以为真，就让老婆给自己捉了起来。她一边捉，一边问："你家都有谁？"妇人道："有秋、掉、串、门搭了，还有小撵杖。"原来这个老婆是个狐狸精变的，她看再也问不出什么东西，便把这个民女吃了。

狐狸精又摇身一变，装成妇人模样，向家走去。

狐狸精走到门前，开始叫："秋、掉、串、门搭了、

采录时间：　1985 年
采录地点：　林县城关镇文化站
选自：　　　《林县民间故事集成》

小擀杖，快开门来。"几个孩子不敢相信，就说："你不是俺娘，俺不开。"狐狸精问："你娘身上有啥记号？"几个小孩齐声道："俺娘脸上有一个黑痣。"狐狸精一想事不好，忙叫："东风来，西风来，快刮一个黑豆皮来。"孩子们扒开门缝一瞧，发现真是他娘，便把门开了。

晚上睡觉，狐狸精为吃到胖孩子，便说："胖的跟娘躺，瘦的一个炕。"小擀杖和串年纪小争着要跟娘躺。当躺下的时候，小擀杖发现炕上有毛，便问："这是啥哩？"狐狸精赶忙解释："呀，是我从你姥姥家带来的麻掉在炕上。"没有多久，小擀杖便被狐狸精吃了。串觉得不对劲，又不敢喊，怕哥哥们受连累，便想了一个法，随即说道："娘呃，俺要屙。"狐狸精道："那你屙在炕下吧。"

串说："炕下有炕神。"

狐狸精说："屙在门旮旯儿。"

串说："门旮旯儿有门神。"

狐狸精没法，只好让他上茅厕。茅厕跟有一棵树，串很快往上爬去。狐狸精在屋里喊："屙完了没有？"

串说："屙了半截。"

又过了一会儿，狐狸精又喊："屙完了没有？"

串说："屙完了。"

狐狸精等了一会儿，不见回来，便出来找。走到茅厕一仰头见串在树上，便忙说："快下来吧。"

串说："你去借来桌、椅、板凳接我下来。"

狐狸精只得去借。东街借，西街借，桌子板凳都借齐。秋、掉、门搭了见串这样，都出来看，当看到狐狸精上树时漏出的尾巴，一切都明白了。很快在下面支起锅，烧起火。当火烧红锅的时候，他们一齐推倒桌椅，狐狸精便一咕咚掉在了锅里。秋、掉、串、门搭了齐声喊："东来瞧，西来瞧，烧了狐精一撮毛。东来看，西来看，烧了狐精一大片。"

讲述者：　刘林生，男，24 岁，林县城关镇石楼村人，
　　　　　高中，村干部
采录者：　苏秋林，男，29 岁，林县城关镇东街村人，
　　　　　高中，城关镇文化站长

272

老狐狸

有一个姑娘叫花儿，一天夜里，花儿娘对花儿说："花儿啦，你明天可得早些起床，拿咱那小簸箕放到村东的碾盘上，先把碾占住，等天明咱们就套牲口碾米，知道了吧！""知道了。"花儿回答说。谁知这话却被那过路的老狐狸听见了。

老狐狸前年死了媳妇，只丢下几个年幼的狐狸孩子，心里很想再娶个媳妇，可是没遇上机会，今天他听到这个消息，心里便打起了主意。

天未明，老狐狸便变作花儿街邻的一个姑娘，赶到村子里找花儿去了。他一看到花儿拿着簸箕来了，便说："花儿啦，咱当背早早[1]吧。"花儿说："不行，俺还去占碾准备碾米哩。"老狐狸说："那咱少当一会儿行吗？""那还可以，但你得先背我！"花儿笑着说。"好，我就先背你。"花儿爬到老狐狸背上，老狐狸让花儿闭上眼睛，只听得呼的一声，把花儿背得没有影儿了。

天明了，花儿娘不见花儿回来，便去找花儿，只见小簸箕放在街边的石头台上，人却不见了，花儿娘找啊找地，找了好几天没有找上，把眼也哭红了，喉也哭哑了。

一天早晨，天气很好，花儿娘正在屋里唉声叹气，忽听院里大椿树上"喳喳喳，喳喳喳"有野俏[2]的叫声。花儿娘便说："野俏啊野俏，你要是知道俺闺女的下落呀，你就把头点三点。"那野俏真的"啪啪啪"地点了三点。花儿娘喜出望外，激动地说："野俏啊野俏，你要是能带我去找俺闺女，你也把头点三点。"野俏真的又把头点了三点。花儿娘这时顺手抓了一把米说："野俏啊！今天我喂喂你，你吃饱了，带我找闺女去。"这时，野俏吃米，花儿娘换衣；野俏吃饱了，花儿娘穿好了；野俏前头飞，花儿娘后边追；野俏飞飞等等，花儿娘走走跑跑。天半晌午时，野俏飞到一个圪针坟上，只见野俏用嘴"啪啪"地啄了一个窟窿，将身一纵，钻进去了。花儿娘也用手把窟窿扒了扒，伸腿一坠，跳下去了。

到里边一看，是一所深宅大院，野俏先跳到窗棂上"喳喳喳、喳喳喳"地叫个不停，花儿在屋里说："野俏叫，亲戚到，这是谁来了吗！"她到院里一看，看见娘来了，忙把娘让到屋里，母女相见，俩人抱头痛哭一场。哭罢了，花儿给娘诉说前后经过，正说得入神，忽听院里"扑通"一声，花儿说："不好了，老狐狸回来了。"娘说："那怎么办？"花儿说："快来，先藏到缸里吧。"花儿娘把身一蹲，花儿用力把缸一扣，人藏好了，狐狸进来了。只见老狐狸进屋用鼻子乱闻，说："生人气！生人气！"小狐狸齐说："姥姥缸盆扣，姥姥缸盆扣。"老狐狸不解地说："啥是牢牢缸盆扣？"花儿说："你聋了，孩子说'要吃猪羊肉，要吃猪羊肉'，你快去给孩子割猪羊肉去吧！""好，我这就去，我这就去。"老狐狸给小狐狸割猪羊肉去了。

老狐狸走后，花儿把缸掀开，让娘出来，立即泡了一盆石灰水，给小狐狸说："孩儿们，快来洗脸喽！谁的脸洗得白，能跟娘串亲戚。"小狐狸争先恐后跑来洗脸。小狐狸被石灰水一冲，眼全瞎了，娘儿俩用绳子把小狐狸往窗棂上一拴，跑出去了。老狐狸割到猪羊肉回来以后，看到小狐狸被拴在窗棂上，眼睛全瞎了。花儿也不见了，真

[1] 背早早：也称"背遭遭"，小儿游戏，肩背着哄小孩儿，或互相背着玩。

[2] 野俏：喜鹊的别称。

是气极了。

晚上，人定月黑了，老狐狸就来到花儿家的门前，坐在花儿家门旁的石碓子上，边哭边唱："不要金盆银擀杖，光要俺的毛孩儿娘。毛孩儿哭得俺心慌。慌啊慌，慌啊慌……不要金盆银擀杖，光要俺的毛孩儿娘，毛孩儿哭得俺心慌，慌啊慌……"他哭呀唱啊，直到东方发亮，他才回去。第二天晚上，老狐狸又来哭唱。第三天晚上，老狐狸照旧前来哭唱……老狐狸经常这样哭唱，搞得人心不安，但人们惧怕老狐狸，谁也不敢出门。

一天傍晚，花儿娘熬了一锅皮胶，等到睡觉之时，便把整一锅的皮胶水倒在门外的石碓上，再去睡觉。人定月黑之后，老狐狸照例来到这里，坐在石碓上哭唱，唱到天快明时，有一个拾粪的老汉来到这里，他看到老狐狸正坐在石碓上哭唱，便大喊一声："什么人！干什么的！"老狐狸一听便跑，但屁股被粘住了，跑也没法跑，便说："碓子碓子你起起，给你一斗好细米。碓子碓子你欠欠，给你一斗好细面……"碓子既不起，也不欠，更不要狐狸的米和面。拾粪的老汉用铁锹一铲，用力一撬，只听到"咯嘣"一声，把狐狸尾巴撬断了，狐狸纵身就跑，尾巴也不要了。从此，狐狸再也不敢来了。

采录者：　骆天庆，男，60岁，安阳县安丰乡渔洋村人，中师，教师
采录时间：2005年冬
采录地点：安阳县安丰乡渔洋村
选自：　《安阳县民间故事集》

附
记

以前我们这里还没用上电时，家家用米磨面全靠石磨石碓加工。磨面时套个牛驴，赶得紧的可加工二斗粮，否则一斗也不成。所以，磨碾口粮是十分麻烦的事。

人常说"磨碾千家用"，谁家用磨得提前按占磨碾的规矩——用一种筐箩、簸箕之类的东西预先放在磨碾上，表示"有人占下"。这种事我小时候就做过。

使用牲口、趁人磨碾，很不容易。条件具备了，为了多加工一些，往往就得起早摸黑。过去文化落后，农村迷信风行。天一黑家家闭门熄灯，担心"神、鬼、狐、贼"的祸患，有关"神、鬼、狐、贼"的民间故事，有很多，广为流传。

我小时候家境贫困，晚上入屋，别说亮灯，就是划根火柴也是十分计较的。记得仲夏的一天夜里，天气热得像蒸笼，母亲也睡不着，就手摇蒲扇给我讲故事，狐狸精的故事就是那时讲的，很吸引人。

（骆天庆）

王东希农民画《背遭遭》

异文一：老狐精的故事

从前有一家四口，母亲、儿子、儿媳，还有一个未出嫁的女儿。有一次，母亲的生日快要到了，小姑子对嫂子说："明天我们一起舂些米，做一个长寿糕吧。"嫂子一口答应下来。

到了半夜，小姑子听到碓臼"咕咚咕咚"地响，走出来一看，嫂子已经在忙碌了，就赶紧过去帮忙。一会儿嫂子说咱出去拿点东西吧，小姑子跟着她出去，从此两人再也没有回来。原来嫂子是一个老狐精变的，那天正好路过偷听了姑嫂俩的对话，夜里变成嫂子模样骗走了姑娘。第二天家里发现姑娘不见了，好长时间都没有找到。

转眼间三年过去了，母亲还是整天以泪洗面，有一天，一只常来院里寻食的麻野雀儿，在树枝间蹦来蹦去地叫个不停，母亲看着麻野雀儿，想起三年未见的女儿，不觉更加伤心，就说："麻野雀儿啊麻野雀儿，你叫啥嘞？你要

是知道我女儿在哪里，就告诉我，要不就不要这样让人烦。"麻野雀儿一听转身飞走了，没过多久衔着一条红头绳飞回来。母亲一看正是女儿头上的东西，又惊又喜，马上又哀求道："麻野雀儿啊麻野雀儿，你一定知道我女儿在哪里，求求你带我们去找吧。"麻野雀儿转身向外飞去。母亲赶紧叫上儿子一直跟着。一路上麻野雀儿飞飞等等，一直到一个深山沟里，在一个大石头尖上用嘴一啄，一下子露出一个洞口。麻野雀儿飞了进去，洞口立刻合上了，二人也赶紧学着麻野雀儿在石头尖上一拧，也进了洞里。

原来这里就是老狐精的窝，姑娘在这里被关了三年了，还生了个小狐精。姑娘这时正在梳头，一看母亲哥哥进来又惊又喜，但马上想到老狐精该回来了，慌忙把母亲和哥哥扣在缸里，把麻野雀儿扣在盆下。一会儿老狐精进来，四下嗅了嗅问："我怎么闻着有一股生人气？"姑娘赶忙说："什么生人气？我进洞刚刚三年，是我梳头新散发出的脑油气吧。"老狐精不再说啥了。这时小狐精在一边说："啾啾啾啾盆里扣，姥姥舅舅缸里扣。"老狐精没听明白，就问姑娘它说的啥，姑娘说："它是想吃黑豆嘞，你快去给它弄点吧。"把老狐精打发出去了。

老狐精一走，大家赶紧收拾东西逃走，临走还带走了洞里的金盆银擀杖，一边跑一边在路上撒刺蒺藜。老狐精回来一看只有小狐精，啥都明白了，连忙在后面撵，但老狐精脚上没有鞋，一边撵得一边清除刺蒺藜，哪里撵得上？

后来老狐精又变成人形，搂着小狐精到姑娘家门口不停地哭："不要金盆银擀杖，只要小孩儿他娘。"但人们都已经知道那是老狐精变的，就在它常坐的石板上抹了一层黏胶，本想把老狐精捉住，谁知那天它先把小狐精往上一放，结果小狐精被粘住了，老狐精一看不妙，嘴里不停地念着"石板儿石板儿欠欠、石板儿石板儿欠欠"，但石板一直没有欠，看到人们围过来，老狐精只好逃走，小狐精被人们砸死了。

后来在小狐精被砸死的地方，长出四棵白菜，葱绿葱绿很是可爱，但谁也不敢食用。有一天，一个外地的货郎担儿经过这里，看到这么好的白菜没人吃觉得可惜，于是就把四棵白菜拔起来挑走了，到家一看，白菜成了四个姑娘，从此，无儿无女的货郎担儿，一下子有了四个女儿。

讲述者：　李江英，女，68岁，林州市原康镇大安村人，小学，农民

采录者：　高鹏伟，男，52岁，林州市原康镇大安村人，本科，教师

采录时间：　2021年7月

采录地点：　林州市原康镇大安村

附记

2021年7月暑假期间，一天吃过饭漫步村边，在村南，李江英和几个邻居在路边歇凉说话，于是停住脚步，和他们打招呼问好。乡下人路边闲坐说话，一般没有固定话题。谁想起啥就说啥，说着说着谈起了现在的生活有多好，村里变化有多大。一说村里的变化，勾起了大家的回忆，从过去的村子说到过去的人、过去的事，包括过去的一些故事传说。李江英老人回忆了自己小时候听过的几个故事，其中就有《老狐精的故事》。

这个故事在林州流传很广，我小时候也听大人讲过，情节大同小异，只是已经想不起来，只有断断续续的印象。这次又听到这个故事，马上拿出手机，把主要部分记录下来，回去略加整理，这就是《老狐精的故事》的由来。《老狐精的故事》在林州有很多不同版本，有待于进一步挖掘。（高鹏伟）

李江英（左三）在讲述《老狐精的故事》（摄影：高鹏伟）

异文二：斗狐

沙庄村周围全是沙圪堆，在一个沙丘的荆棘丛中，住着一个狐仙，它使用法术，狂风大作，飞沙走石，天昏地暗，这狐仙还能变成人，赶集上店。

这个村的张寡妇有个女儿，母女俩相依为命，狐仙见这姑娘越长越好看，心里很爱慕。一天，娘俩正点种花生，忽然，一阵黄风扑来，霎时天昏地暗，张寡妇站立不住，倒在地上，等大风过去，揉眼一看，女儿不见了，张寡妇到处寻找，却不见下落。

张寡妇想女儿哭干了双眼，找女儿跑断了双腿。一年后仍无消息，这天，张寡妇正拿着女儿绑过的头绳落泪，一只喜鹊落在枣树上直叫，老婆想：山喳[1]叫是喜事到，我一个孤寡老婆有什么喜事。就问喜鹊说："你这山喳一直叫，难道你知道我闺女的下落，你要知道，我给你这个红头绳，你领我去找吧。"说罢把头绳朝喜鹊扔过去，喜鹊真的叼住头绳，向沙圪堆深处飞去，到了一个四面沙圪堆环抱的荆棘丛中，喜鹊把头绳搭在洞口后飞走了。张寡妇走到跟前一看，是个洞口，张寡妇想女儿心切，便不顾一切跳下洞去。

原来这正是狐仙洞口，那阵风正是狐仙作怪，把姑娘弄到洞中，强迫成了亲，到现在已生养了两个小狐仙，刚才喜鹊叫正是女儿生育。张寡妇跳到洞里，往里一看，女儿正在里边。娘俩诉说离别经过，抱头痛哭，忽然狂风大作，女儿忙说："它回来了，你得赶快藏起来。"就把娘扣在缸底下。狐仙一进洞就东瞅西看，嘴里直说："有生人气，有生人气！"小狐仙接嘴说："水缸底下扣'咬咬'（姥姥）。""水缸底下扣'咬咬'？"狐仙听不清楚，就抱起小狐仙问，"你说啥？""孩子要吃软枣！"闺女忙接口说。"吃软枣，会上有，你等等，我一会儿就给你买来了。"

狐仙走后，女儿忙把缸搬开，顺手从案板上拿起银擀杖递给娘，又打开箱子抱出一个金盆，娘俩急忙爬出洞口，跑回村子。狐仙买回软枣回到洞中，见没有老婆了，一问

小狐仙，才知道是跑回家去了，狐仙就变成人去找，四邻把她娘俩藏起来，狐仙几次到家找又找不到，气得每天坐在村口石磙上呼叫："我不要金盆银擀杖，光要俺狐仙它亲娘！"大家见它不死心，光躲不是长法，就有人出了个主意，提前在石磙上抹上一层鳔，狐仙到后，照常坐在石磙上喊叫："我不要金盆银擀杖，光要俺狐仙它亲娘。"时间一长，胶鳔干了，怎么也起不来，忽然有人呐喊"抓狐狸呀！"四周权把棍棒，一齐向狐仙打来。狐仙一急，猛地化作一股黄风，一声尖叫逃窜了。大家走过去一看，石磙上血淋淋的，把狐仙的屁股粘掉一层皮，连尾巴也牢牢地粘在石磙上了。从此，狐仙成了秃尾巴狐狸，它再也不敢到村上祸害百姓了。

讲述者： 蒋培香，女，40岁，内黄县高堤乡南寨村人，不识字，农民

采录者： 王春善，男，23岁，内黄县高堤乡文化站职工，高中

采录时间： 1981年7月10日

采录地点： 内黄县高堤乡南寨村

选自： 《中国民间故事集成·河南内黄县卷》

[1]　山喳：当地人对喜鹊的另一种称呼。

273

孙二艳遇

孙二，府西柴村人，从小就没了爹娘，孤零零一个人，因为家里穷，到三十岁了还是光棍一条。

一天夜里，孙二在村边草庵看秋，他心里有事，怎么也睡不着。时间久了，遇见一银白色的东西慢慢过来，等走近场边，才看清是一只银狐狸。只见银狐狸在场边树荫下打个滚，站起来却变成个漂亮的少妇。少妇整好狐皮藏到草丛中，稍微整了整衣服和头发，便向村内走去。孙二猛然醒悟，这不是狐狸精吗？要到村内找强壮青年交合采补。孙二心生一计，走到树荫下，拿起狐皮，腋下一揣，急急忙忙跑回家，找个隐秘处，将皮藏好，又回到草庵内，躺下假睡，思想他的计划。

到了五更天，孙二远远看着少妇从村内走来，便紧闭双眼，鼾声大作。

少妇走到原先变化处，左右找不到狐皮。心内着急，循着鼾声找进庵内。孙二装睡不醒，少妇推拽孙二道："这位大哥，可曾见到我的宝衣？"孙二假装沉睡初醒，揉眼嘟囔："什么宝衣？"

少妇道："就是树下的银色宝衣。"

孙二说："没见。"

少妇恳求道："这位大哥，你行行好，把宝衣还给我，你要啥给你啥。"

孙二总说没见。少妇再三恳求，孙二说："真的我要什么你给什么？"少妇点头。

孙二说："我要……"

少妇说："要什么？"

孙二大着胆说："我要你给我做媳妇。"

少妇怔住，想来想去没有别的法子，只好答应，再作计较。

孙二高兴极了，说："待我回家打扫布置，早饭后来接你。"少妇无言。

孙二回家，天已大亮，遂到饭市上找人帮忙。

孙二道："叔叔大爷，给我凑几吊钱，办桌酒席。有人给我说了人，我这就去接亲。"

孙二今天娶媳妇，全村传开了。

吃过饭，孙二借来一头毛驴，驴背上搭条花褥子，驴头上挂个红绣球，在一班孩童的簇拥下出了村。

孙二到草庵把少妇扶上驴，领着新媳妇赶了半天集，一直到日头偏西，才得意洋洋往回走。

不少年轻人都觉得这媳妇似曾相识，可又想不真切，也不好说出口。今天这个热闹，确实是村里少有。

孙二自娶了媳妇，也知道勤奋了，男耕女织，小日子过得越来越有个样儿了。一年不到，媳妇生下个白胖小子，取名"旺儿"。转眼，旺儿已经周岁，牙牙学语，活泼可爱。

一天媳妇说："我进家门已经两年，还生了孩子，我那宝衣，也该拿出来晒晒晾晾，别把它霉坏了。"孙二觉得有理，也就趁着天气好，搭在绳子上吹吹风。晒罢，孙二又把宝衣叠好放回原处。入夜，两口儿着实温存一番，孙二酣然大睡。天明，旺儿啼哭，孙二醒来不见了胡氏，村里村外找不见，心里马上明白：昨天晒宝衣，媳妇知道了藏宝衣处，偷衣逃去。无奈，孙二只好为旺儿找奶吃，谎称胡氏回娘家了。时间一长，孙二看瞒不住了，只好把事情的原委说了出来，求叔叔大爷想个主意。

诸老说道："此去十里，南坡地有个大坟冢，是狐狸仙子出没处，你不妨深夜前去，向它们要人。"

入夜，孙二偷偷前往。一看，果然气派，高大门庭，灯火辉煌，与人间不同。孙二开始叫喊，没人理睬，后又顿足大骂。一会儿，门内出来一位白胡子老头儿，后面跟着童仆，问道："你是何人？为何在我门前叫骂？"

孙二一看，便知是老狐狸精，说道："你的女儿，是我的媳妇，弃儿逃跑，定是回到你这里，望岳丈让我们夫妻团聚，免得小儿受抛弃之苦。"

老者说绝没有这事，孙二就是不肯作罢。老者道："你可认识她？"孙二道："自己的媳妇哪有不认识之理。"老者说："如你认不出来，以后不准再来惹事。"孙二点头答应了。

于是，老者吩咐，把女儿们叫出来，让孙二辨认。

大门开处，从门内鱼贯走出九个一模一样的姑娘。孙二极力辨认，总也分不出哪个是自己的媳妇。

老者道："既认不出，以后不准再来滋事。"

孙二无奈，只好败兴而回。

回到家，老人们又商量了一个办法，让孙二明晚重去。

孙二如计前往，这次抱着孩子到门前大声叫骂。不一会儿，白胡子老头儿出来道："你这人不通情理，说好以后不再来滋事，为何说了不算？"

孙二道："俺孙二从不食言，今日我不认媳妇，却要媳妇来认儿。若俺媳妇不认儿，俺孙二以后绝不再来。"

老者叹道："也罢。"

九位姑娘又并排站在孙二面前，孙二也不前去辨认，坐在地上，搂着孩子哭了起来："他狠心的娘啊，丢下个吃奶的孩子就走了哇，孩子没奶吃，忍饥挨饿，谁心疼，啊……"孙二越哭越痛，可眼睛总偷摸着瞧九个姑娘的表情。说到紧要处，又在旺儿的屁股上拧了一把，旺儿疼痛大哭。只见第三个姑娘眼圈红润，想扭头抹泪。孙二趁机将孩子高高举起哭喊道："你娘不要你，我也养活不了你，干脆把你摔死，跟你娘一块儿去吧！"说着就往下摔。只见三姑娘向前猛跨一步，伸手接住了，悲悲凄凄哭起来。

老者见此情景，长嘘一声说："罢了罢了，孽缘未了。"遂吩咐人拿些银两赠送，姊妹们都来抱外甥，各有馈赠。

三姑娘抱着旺儿，一步三回首告别娘家。

后来，三姑娘还把姐妹们说给了村里的年轻人，狐仙们住进了村里。

旺儿长大后，十分聪明，进县城，考举人，秋后中举，娶妻生子，甚是得意。

孙二六十寿终正寝，三姑娘也相继去世。死时如三十许岁人，面露喜色，红润不改。

村人说："三姑娘又回娘家去了。"

不久，原来狐仙们住的坟冢，夜里又出现了灯火。

讲述者：　王世勋，男，80 岁，安阳县人，教师
采录者：　李梦夫，男，47 岁，文峰区东关集市街人，高中，工人
采录时间：　1987 年
采录地点：　安阳县文化局
选自：　《狐狸坟传奇》

274

接生婆

从前，安阳县河西村有个接生婆，她的法术很高。不管你是横生倒养，立生逆胎，她都能给你顺顺当当接生下来。她不收礼、不要钱，只要看着母子平平安安，全家脸上有了笑容，那她就知足了。

一天夜里，雨下得好大，她躺在床上咋也睡不着，儿媳妇过来一摸头："呀，烧得很。"赶忙叫她吃了药。才躺下，就有一个白胡子老头儿来到屋里。门上了闩，他咋进来的？接生婆很害怕，结结巴巴地也问不出个所以然来，白胡子老头儿"咕咚"一声跪在地上，说他的老伴儿一辈子没有生养过，这才生养了，就是生不下来，都打了几个晕儿了，要不赶紧去，恐怕大人小孩儿都保不住。说罢，那老泪就"哗哗"地流了下来。

接生婆叫儿媳妇给她穿上衣服，啥也没说跟着白胡子老头儿就往外走。门外头，早有个十八抬大轿等候着，白胡子老头儿把接生婆让到大轿里，他扶着轿杆，十八人抬起大轿一溜烟儿跑去。

这轿稳当当的，像在水里漂，又似在半空中腾云驾雾。只听耳边"飕飕飕"的风声。往外瞧，黑咕隆咚的啥也瞧

不见。不一会儿，就到了一个黑漆大门里。好家伙，那蜡烛一根儿挨一根儿，婆子丫鬟跑来，一瞧见白胡子老头儿接来了接生婆，就都齐刷刷地跪到路两边儿，白胡子老头儿瞧都不瞧一眼，领着接生婆直跑进上房。

这接生婆的手脚可真麻利，三下五除二，一个胖小子就落地了。谁知道，这胖小子屁股上拖着一条长尾巴，三分像人，七分又不像人。接生婆拿起剪刀就铰，白胡子老头儿赶忙按住："莫铰，莫铰！此物是我家祖辈流传，个个都有，不是毛病。"

白胡子老头儿拿出好多好多珍珠玛瑙、金银珠宝，叫接生婆随便拿。接生婆一样也不要。白胡子老头儿说："你是好人，我拼出老命也要报答你的大恩大德。"说罢，就叫十八抬大轿把接生婆送回去。

这种事儿，对接生婆来说，有几百回，她也没把白胡子老头儿的话放在心上。

一晃，十几年过去了，接生婆的身子骨越来越不行了，八月十五那一天夜间，就死了。

儿子、儿媳妇哭死哭活，只好买了棺材，叫来左邻右舍、亲朋好友，张罗丧事。

老和尚前来超度亡灵早上西天，可咋超度也不灵验，说是有个千年狐狸精拦住了去路，亡灵过不去，老和尚只好走了。

到了第七天，正准备钉棺下葬，这接生婆猛然出了口气儿，不大一会儿，就会哼哼了。再停一会儿，打了个哈欠，人就坐起来了。吓得左邻右舍、亲朋好友一下跑了八丈远，都当是犯了唳[1]。只有儿子、儿媳妇高高兴兴地把老娘扶到炕上，又喂水又喂米汤，养了三五天，身子骨居然比原先还硬朗。

病好了，这儿子、儿媳妇才问老娘，这咋又活过来了？接生婆说，病沉的那天夜间，来了两个阴曹地府的小鬼儿，拿着一块勾命牌，上面写着她的名字，不由分说，小鬼儿用铁链子锁上她朝西就走。半路上，见那个白胡子老头儿拄着一根龙头拐杖拦住了去路，说："这老婆子一生行善，还救了我家两条人命。"说啥也不叫小鬼儿抓去

[1] 唳：传说人死后变成的害人的怪物，叫唳。

西天。两个小鬼儿一听她做了这么多善事，就同意先不往地狱打，上阎王殿给阎王爷分说分说。这俩小鬼儿就背上了她，一路到了阎王殿。这白胡子老头儿一把鼻子一把泪的，又细细发发[1]给阎王爷说了。阎王爷也听得直流泪，就在生死簿上批了："命居九十九，终后上天堂。"又叫小鬼儿抬了轿，把她给送回来了。

讲述者： 杨三元，男，50 岁，安阳县水冶文化分
馆馆长
采录者： 刘鸿德
采录时间： 1989 年 6 月
采录地点： 安阳县文化馆水冶文化分馆
选自： 《狐狸坟传奇》

[1] 细细发发：详详细细。

275

黄三卖梨

从前，黄家村有个叫黄三的孩子，十二岁父母双亡，只剩下他孤身一人。父母给他留下的三亩薄田，他也种不好，一年到头收成有限，只好糠菜度日。生活虽然清苦，但他从不爱财，从来不拿别人的东西。街坊、邻居都很可怜他。

这年秋天，好心的邻居找到黄三，对黄三说："三儿啊！你在家也没有什么事，给我家卖梨子吧。卖的钱三分归你，七分归我。"黄三一想，觉得这也差不多，就欣然答应了。

第二天，黄三推了一车梨子，走了整整一天才到集上，急忙找了一小店住下。次日天刚麻亮，黄三就推着梨上市。早起等到上午，上午等天黑。一连三天都是一样，没有一个人买梨。虽是这样，黄三还是耐着性子等待。第四天，将近上午，来了一队大兵，把黄三的一车梨抢得只剩下三个病眼梨。小黄三哭着推车回到了小店，把事情的经过说给店主人听，店主人十分不满，但那年月不满又有什么用呢！店主人看黄三怪可怜的，就说："黄三啊！这店钱我也不要了。你回家也是受苦，在我这店里当帮手行

吗?"黄三无奈只好答应了。

这黄三给店主人当帮工倒也快活,不觉几个月过去了。进至寒冬腊月,大雪覆盖了大地,北风冷飕飕的。小黄三不时想念亲人暗自落泪。

话分两头。这时附近一座山上修行多年的一个老狐仙病了,一心想吃梨子。于是他女儿永儿,变化成人来到集上,结果连一个卖梨的影儿也找不到。她就到处打听。人说,前几个月黄三卖过梨,早没有了。这永儿心想:"找找他吧,万一他还放着呢!"

永儿寻到小店,找到黄三,说明来意,黄三说:"我把剩下的三个梨放起来了,不知道烂了没有,让我给你拿来。"原来黄三把大兵抢后剩下的三个病眼梨放在房檐下了。他急忙拿出来,一看虽有病眼,但新鲜异常。于是就给了找梨人。永儿拿到梨子格外高兴,遂从袖中取出一锭银子酬谢黄三。这黄三说什么都不要。永儿更是万分感激,说了句"后会有期",便拿着梨子飘然而去。

说来也怪,这老狐仙吃下这三个梨子以后,精神顿时好转,不几日病即痊愈,一日风和日暖,老狐仙差永儿二次下山去请黄三,要当面重谢。永儿来到小店问:"黄先生在家吗?"人们一听都呆住了,还是店主人心眼儿活,忙说:"黄先生在后院,我去请他出来。"不一会儿店主人领黄三来到前院。永儿忙上前施礼,道:"黄先生,您的梨子治好了家父的病,家父请您到寒舍住几日。"黄三一听忙说:"我真没想到会有这样的神力,况且又不是什么大事。您的情意我领了,您快回去吧!"这永儿再三请求,黄三推辞不过只好随她去了。

黄三来到山上,见一老翁,白须飘至胸间,老翁上前对黄三抱拳施礼,言道:"谢黄先生救命之恩。"黄三忙说:"这是您的福分。"老翁领黄三进了一处漂亮的宅院,很好地招待了他。不觉过了数日。虽然每餐都是山珍海味,老翁陪席,可黄三仍免不了思乡之情。一日黄三对主人说:"我在这里也住不惯,还是让我回家去吧!"这老狐仙再三挽留也留不住,只好说:"你还需要点什么东西吗?""我什么都不需要。""这样吧,我这里有一件隐身宝,你拿去,穿上它别人就看不见你了。"说着这老狐仙从里间取出一件单衣衫,交给了黄三。黄三想,这件东西

也好玩,就顺手接了过来。黄三带着隐形宝辞别老狐仙就下山了,回到家里也没给邻里谈及此事。

七月七是当地骡马大会,黄三闲着无事,想到会上试一试隐形宝的妙用。于是他穿上隐形衣,来到卖油条的案子前,伸手拿了一把,这卖油条的根本就没有理会他。一连几次拿别人的东西都没有人发现他,他高兴极了。有了这隐身宝我还愁什么呢?就这样他什么都不干了,到处乱跑,饿了想吃什么就拿什么。时间一长,小黄三就感到不满足了。于是就想起了孬点子,心里说:"听人说东村司大户的小姐美貌非凡,我何不会她一会?"天不黑,就穿上隐形衣潜入司小姐房中,到夜深人静,他与司小姐云雨一番。这司小姐害怕又害羞,违心屈从。一连数日均是如此。白天这小姐有苦难言愁眉不展。这司员外看到小姐有心事,但又不知实情,只好安排丫鬟慢慢打探。这小姐终于透露了真情,司员外知道后大怒,发誓抓住他碎尸万段。于是暗中把人安排好,并叫小姐在夜间抓住来人不放。天一黑,小黄三果然又来了,进屋上了小姐的床,小姐一把抓住,大喊捉贼。家人听到一齐上楼,把小黄三的衣服剥光,用绳子拴了个结结实实。老员外号令明天上午斩首。这个消息很快传遍了全村,传遍了三里五乡,也传到了山上老狐仙的耳朵里。老狐仙恨他不该干这种下流之事,但又一想,念他救我一命,又年幼无知,还是救他一命吧!天一亮,老狐仙变作县令,小狐变作书童打扮,一起下了山,来到员外家门前,书童向里传话说:"本县太爷到。"老员外一听忙出门迎接,让至客厅。县官说起黄三事,并要亲自面见。员外忙差人,把黄三松绑,来到县太爷跟前跪下。县太爷听了员外陈述,责备黄三几句。随后说:"这黄三一案,案情重大,应交县衙处理。"说罢带上黄三,辞别员外,扬长而去,转眼间,县太爷、书童、黄三就不见了。员外才如梦初醒,方知受骗。

再说老狐仙把黄三带到山上,责备黄三不该干这下流之事。黄三羞得满脸通红,无言以对。老狐仙说:"今后为人处世一定要正直,不可干伤天害理之事。"又说:"你今后打算怎么办?""我家还有几亩地,我要安分守己把地种好。"老狐仙连说:"好!好!"并拿出一张耘锄交给黄三。黄三接锄施礼即刻下山。来到家中,看到地里杂草

丛生，就拿起耘锄锄了起来。片刻工夫，草光了，地也锄完了。从此以后黄三不但自己的地种得非常好，而且还帮助有困难的人家锄地干活儿，村上的人都很尊重他。给他娶了媳妇。又生了孩子，小日子过得非常快活。

讲述者： 赵香玉，女，35 岁，内黄县井店镇文化馆干部，中专

采录者： 王改善，男，44 岁，内黄县井店镇文化馆干部，中专

李金声，男，53 岁，内黄县井店镇文化馆干部，中专

采录时间： 1990 年 4 月 8 日

采录地点： 讲述者家中

选自： 《中国民间故事集成·河南内黄县卷》

276

大王庙传奇

道口北辛店村有一座大王庙，过去因为灵验，所以香火很盛。

早些时候，有一天天刚亮，北辛店的三牛就拾粪拾到了大王庙的不远处，猛然间他看见路边躺着个火红的狐狸，他只当是死狐，马上高兴地扔下粪筐就想去拾那狐狸，好回去做件皮大衣，他摸了一把皮毛绒厚的狐狸，二话不说地就扛在了肩上。这时狐狸却在肩上喷着酒气说话了："好！把我送回大王庙，昨晚喝酒喝多了，全仗你辛苦。"

三牛一听狐狸在肩头说起了人话，立时就吓坐在地上，想扔下狐狸就跑。

"别害怕，我不会加害于你的，只要你把我背到殿门口就行。"

这时三牛才闻到一股很浓的酒味，却并不敢回头。他知道会说人话的狐狸的道行不一般，只好壮起胆背起狐狸跌跌撞撞地回到了大王庙。

到了正殿门口，狐狸说："今天幸亏遇见了你，要不是你，还真回不到殿里了。今天的事你也看见了，只要你出去不说，往后你就不用拾粪了。需要啥只要来庙里说一

声，我就会给你送去。"说完不见了踪影。

第二天三牛为试灵不灵，就去庙里跪在大殿正位虔诚地祷告说："想请狐狸大仙赐些银两，以解决温饱。"

三牛回到家就看见桌上放有几十两银子。有了银子他连着吃了几天肉，又置买了些东西，钱也花得差不多了。他想：既然守着这么一个活财神，不多要些钱财岂不是傻瓜？想到这他又跑到大王庙向狐狸大仙祈求，想要一口袋元宝置房买地。回到家他真的看到了一口袋元宝，他高兴得几乎发晕。于是他置了房，买了地，还纳了妾，过上了神仙似的生活。

人越有钱，就越贪婪，以后隔不长时间就去大王庙祈求一回，他的愿望都能满足。有了钱后他拴马置车放开了高利贷，还抢人家地，夺人家闺女，简直成了一个恶霸。时间长了他的钱越来越多，对那些借了高利贷还不起债的人，他拆人家的房子，夺人家的地，甚至还把人家的闺女拉来做抵押，害得百里哭声连天，他成了一个十足的彻头彻尾的恶霸。后来他再向狐仙索要金钱，狐仙竟不给了。

一日三牛醉酒，碰见一群村民准备到大王庙烧香拜佛，求神仙保佑。他趔趔趄趄地站定说："拜佛咧，大王庙早被狐狸精占去了，还不如跟我磕几个响头，我的菩萨心肠兴许能赏给你们几个花花。你们没福，求狐狸精屁事不顶。"众人不信，他却借着酒劲就把那日早晨怎样碰见狐狸精，又怎样把狐狸精背回大殿的事说了个详细。

当天夜里，西风刮得正急，他的房子失火烧了个片瓦无存，成群的骡马惊叫着飞奔而去，二房小妾也逃命人似的不见了踪影，银两地契也在火中化为灰烬，三牛哭天无泪，只好又背起了拾粪筐。

滑县道口北辛店村大王庙（摄影：崔书灿）

讲述者： 崔书灿，男，42岁，滑县留固镇沿村人，本科，教师
采录者： 刘为民，男，滑县道口镇河西村人，退休教师
采录时间： 1989年3月
采录地点： 滑县道口镇
选自： 《中国民间故事全书·河南滑县卷》

277

司惟标捉狐狸

司惟标绰号司蹩脖子，内黄县城关镇西关村人。小时候家境清贫，爱读书识字，明朝嘉靖年间考试几次不中，成了个不第秀才。

司惟标考秀才几次落榜，对自己一生的前途感到没希望，后来没办法，求亲告友借了几个钱，在西关村十字路口开了个小杂货铺。其他东西倒合得住，唯独卖酒老是脱秤，入多出少，盘不住账。他想：坛子又不漏，我自己也不喝，进来的酒卖不够数就没有了，酒究竟跑到哪里去了呢？他心里揣了个闷葫芦。因此，他就注意在酒坛上做文章了。

一天夜里，夜深人静，司惟标似睡非睡，突然听到"吱吱"的响声。仔细一看，酒坛上有一个白狐狸在偷喝他的酒。从此才解开了短酒这个疙瘩。为了捉住这只狐狸，当时他并不作声，让狐狸喝一阵子走了。第二天他把酒坛子里的酒起出了一些，剩了多半坛酒。然后，他把坛盖打开，到夜间藏在暗处，注意观察酒坛的动静。深夜时辰，这只狐狸又来了，它爬到酒坛上转来转去，一头扎下去就掉到酒坛里。这时，司惟标眼明手快，上前用盖子捂住了

坛口。狐狸被扣到酒坛里，慌成一团，原来这个狐狸已成精，口吐人言，高叫求饶："你只要放了我，再也不敢来喝你的酒了。"司惟标咬牙切齿地说："你这个东西，不知偷喝了我多少酒，今天是算账的时候了，不能轻饶你。"狐狸听了心慌意乱，苦苦哀求道："你只要让我走，保险叫你得到好处。"司惟标不相信。狐狸接着说："村西地司进士坟上有一对石马。现在子时靠东边那匹石马，正张大口向外吐宝，你可马上去接。如果你不相信，等你取宝回来放我不迟。"司惟标听后，把酒坛盖压好，喜出望外地直奔司坟。果然见那匹石马张牙舞爪，口喷烟火，喷得红光冲天。先喷出一口宝剑腾空而去，司惟标惊慌失措没有抓住。接着，喷出一本天书，他用嘴咬住；又接一本地书，用脚踩住；第三本书，他抓在手里死活不放。不觉天书升天，地书入地而走，仅剩下手里那一本书没有跑掉。这时，马嘴一合，再也不吐东西了。霎时云消雾散，司惟标如梦初醒，扫兴而回。狐狸对司惟标说："天子剑，天书归天，地书入地，只有这本邪书归你受用。"司惟标才看到一邪字，掀开酒坛盖一看，狐狸早就无影无踪了。因此，狐狸和司惟标结下了冤仇。

自从狐狸走后，司惟标打开这本邪书日夜攻读，学到了不少法术。不久，城乡亲邻也都知道他有了本邪书。狐狸虽然不敢来喝司惟标的酒了，但是，它并不甘心，还不断来西关村扰乱报复。

一天晚上，两个姑娘说起来司惟标捉狐狸的事，都恶狠狠地说："咋不把那老狐狸精一棍子打死。"不知怎的，这话叫那狐狸知道了，次日两个姑娘洗衣裳，狐狸化为一个村妇，上前和姑娘们谈了几句话转眼不见。两个姑娘随即停止洗衣，互瞪圆眼，先动口舌，后动棒槌打将起来，互不相让，打得头破血流。后来，棒槌掉到坑里，两个空手相打撕烂衣服，两个姑娘裸体在坑内活蹦乱跳。过往的人无不捂脸走过。两个姑娘父母知道后，赶紧找司惟标，叫他想个办法，去掉邪气。司惟标听后对他们说："老狐狸已成精，作弄姑娘并棵葱[1]，我先动理，后动兵，要治狐狸拔掉葱。"司惟标口中念念有词："我要初试并棵

[1] 并棵葱：连在一起的葱。

葱，看看灵不灵。"他们走后，司惟标手持纸剪的"并棵葱"望空一指，口中念念有词："疾！"两个姑娘立即停止丑态，头上一股白气飞去。司惟标手指发麻，狐狸和他明争暗斗一个回合。两个姑娘坐在坑沿继续洗她们的衣裳，又说又笑。从此，司惟标先生的名字远扬在外了。

老狐狸被司惟标战败以后，时刻怀恨在心，寻机报复。

初秋，在村西地田头上站着一个十几岁的孩子看荞麦。老狐狸一股白气落地，变化成司惟标的模样，手拿镰刀肩扛箩头，假惺惺地说："哎！哎！小家伙，到你家地里割草喂羊去。"那孩子说："不中！不中！蹚倒荞麦你得赔俺。"他转身就走，顷刻荞麦地里出现一兔一狗，兔往前跑，狗在后追。追来追去，就是不出这块荞麦地。一会儿工夫，把一块青白嫩绿的荞麦蹚得乱七八糟。那孩子一个劲儿地叫骂，不敢上前阻挡，就嚎啕大哭回家，把经过对父亲说了一遍，最后说看模样那个老头儿像是司惟标。他们非常气愤，赶到杂货店，见司惟标安然坐在那里。他俩这口气就凉了半截。他们把情况讲清后，三人马上跑到地里一看，荞麦被蹚倒十之八九。司惟标不由想起邪书云："狗追兔，兔怕狗。你不赶，它不走。"司惟标用棍一指，狗、兔消失，霎时露出了狐狸尾巴。司惟标正要用棍去打，那狐狸化股白气不见了。

有一天，司惟标在家静坐，忽然听到一个人卖辣椒。这种尖里尖气的声音，使他提高了警惕。出门一看，这菜翁头顶白气。冤家路窄，这次老狐狸是找司惟标出毒气来了。司惟标上前抓住菜担，说："你的辣椒不辣！"他针锋相对地说："辣椒还有不辣的？不辣，你都吃了不要钱。"司惟标拿起辣椒一口一个，两口一双，眨眼间就把他挑的辣椒吃光了。菜翁情知理亏，也要想法辩驳："你吃我的辣椒给我钱。"司惟标说："人说话是算数的，你咋转脸变卦了呢？没钱给你。"菜翁说："哪有不要钱的买卖！我这是三升芝麻小打油——不赊账。没钱你长两个头。"二话没说，抽出扁担就朝司惟标打来。司惟标立时跳出圈子，想起：卖菜卖菜，菜中有毒，想把我害。虽然吃光，障眼无妨。他用手朝空一指，念咒道："疾！"菜翁、菜担化为乌有，一张白纸落地，一股白气往西北逃跑。

几经较量之后，老狐狸恨透了司惟标，夜间偷袭几次

又近他不得。因为司惟标头枕邪书，脚蹬红砖，实在打不赢他。这样，虽经几次败阵，但狐狸不甘心。

这次，老狐狸变形假装艺人拜师父，来到西关村玩把戏。先打场子，观众很多。他拱手四方："我出门卖艺是为了拜师父。"当时，司惟标一眼就把那假艺人看穿。斗阵又要开始了。那艺人玩了几套之后嘴里干渴，对围观的群众说："哪位师父能往家端碗水喝喝，再演好节目。"司惟标满口答应："我去。"很快端来一笊篱水，水却一滴不漏。那艺人一看司惟标使用了邪术，接着他也露了一手。他对司惟标边感谢边用手指在笊篱上一划："喝一半给你留一半吧。"说罢，把笊篱这边的水一饮而空，那边一半立体不动。这时，观众喝彩不息。司惟标虽然脸上无光，但是他想到：今天要见见高低了。观众人山人海，那艺人接着玩活孩子大卸八块。先卸掉一条大腿，后扒出五脏六腑。司惟标手中拿一个纸剪蚂蚱，嘴里念咒掐掉蚂蚱的大腿，掏出蚂蚱的内脏。观众不断鼓掌，不断喝彩，因为司惟标暗用邪术，那艺人把小孩扒开，千方百计，机关使尽也无法安到一块了。那艺人觉得失手丢脸，十分无趣，转口说道："且不玩这一套。"马上把小孩安到箱子里。问观众想吃西瓜不？观众异口同声地说："想吃。"这时正是严冬，观众别说能吃上西瓜，就是能见到西瓜也觉得稀罕。接着那个艺人就地挖个小坑，把西瓜籽种上，喷上一口水，霎时出土，长秧，开花，结瓜，西瓜很快熟了。他正要开刀切瓜让观众品尝，谁知这时司惟标早已跑到吕祖庙里，用铁椎把大钟敲了三声。那艺人用尽全身力气，咋切也切不开，一时面红耳赤，惊慌失措，束手无策。观众直拍手叫好。那艺人抬头看见司惟标雄赳赳，气昂昂。只听司惟标用铁椎一指念咒："疾！"艺人、器具全然不见，众人惊奇不已。从此再不见狐狸。

有一次，司惟标去村西地干活儿，去到半路一股旋风贴身而来。他误认为又是老狐狸了，屈指念咒，旋风立时而定，团团转转，就是不能往前走。恰在这时，有一个街坊找他议事，司惟标欣然而去。大约有两个时辰，他猛然想起了旋风的事，急急忙忙赶到原来的地方，果真旋风还在旋转。风柱已高十余丈，腾空飞转，旋坑丈余深。司惟标一见，不禁愕然，自觉有愧，遂屈指念咒，旋风流星般

地逃去。

时过数十天，司惟标又从定旋风的地方经过，一股旋风穿身而过，风卷高粱叶，叶趁风势，从司惟标的脖子上擦过去。他觉得酸痛，用手一摸，血流衣红。后经多方医治方好，但颈项从此偏曲，故人起绰号司蹩脖子。

采录者： 张亭印，男，54 岁，内黄县城关镇政府
　　　　 干部，高中
采录时间： 1990 年
采录地点： 讲述者家中
选自： 《中国民间故事集成·河南内黄县卷》

278

皮条狐驮石槽

出道口北门向北，有一条通浚县县城的大道，也叫官道。离道口五六里，官道东侧，有个村，叫杨堤。

清末年间，村里有个好讲故事的老汉，晚上常讲皮条狐的故事。皮条狐是个啥东西，连老汉自己也说不清。反正它有很大的魔力，能驮金、驮银、驮元宝。每当老汉讲这个故事的时候，他那院里的大槐树下就挤满了人。

村里有个无赖叫张三，也是大槐树下的常客，他听故事更着迷，总想能碰上皮条狐，让他发大财。有天晚上，他忽然看见听故事的人里，有个小胖孩儿，坐在石臼上。他左看右看不认识，就偷偷注意上了。三四天过去了，小胖孩天天都来，也总是坐在石臼上。他心里暗拿主意，就照故事里讲的捉皮条狐的办法，熬了一碗皮胶，偷偷抹在石臼上。

这天晚上，那个小胖孩又来了，照旧坐在石臼上听故事。可是，故事讲完，人都走完了，那个小孩儿仍然坐在那里不动，因为他的屁股被粘住了。无赖张三非常高兴，一把抓住小胖孩儿说："你就是皮条狐吧。只要你答应帮我富起来，我就放了你。不然，我就生火烧死你。"小胖

孩儿无奈，就答应了。

皮条狐很讲信用，第二天晚上就给张三驮来了两个大元宝。日久天长，张三就富起来了。

有一天，张三对皮条狐说："多亏兄弟帮忙，我到死也忘不了你。只是，现在骡马多了，缺个大石槽，小弟再帮一下吧。"

皮条狐满口答应，说："明天五更，你在楼上看着点，见我驮个大石槽来，你就喊好轻哟，好轻哟，不然，我就驮不动，会被压死的。"

张三一夜没睡好觉，心里想，皮条狐呀皮条狐，你能让我富，也能让我穷。不如趁早除掉你。三更天，张三坐在楼上向西望着。直到鸡叫，才见村西过来一个大家伙，影影绰绰像个大石槽，他就喊："好沉哟，好沉哟。"这一喊，那大家伙立时停了，再也不动了。这就是皮条狐驮来的大石槽，皮条狐当真被压死了。

皮条狐死了，可是，没过多久，张三不知怎么又穷了，和以前一样。

讲述者： 王胜利，男，36岁，滑县道口镇东关村人，
　　　　 大专，干部
采录者： 徐怀民，男，49岁，滑县道口镇三道街人
采录时间： 1989年3月
采录地点： 滑县万古乡
选自： 《中国民间故事集成·河南滑县卷》

279

巨蟒救众生

三教堂村一男孩儿在地头玩耍，见一条小白蛇爬到他身边，晃动身子时还闪着一道银光。男孩便骨堆[1]下身子看，白蛇光洁得像玉一样透明，仰头吐着红色的芯子，好像在求救。男孩儿便把小蛇揣在怀里，带回家里养着。他常捉些青蛙或别的虫子给它吃，小蛇长得很快，身子也发粗了很多，盘在男孩家的堂屋就是一大盘，慢慢地，那些青蛙或虫子已经不够它吃了。再后来怪事就出现了，街坊邻居家的鸡、鸭、鹅，一个劲儿地叫着，扇着翅膀往他家飞。街坊邻居对这件事也十分恼火。男孩就在家看着那蛇，不让它吃邻居家的鸡、鸭、鹅，出门时用箩筐盖在盘着的蛇身上。可白蛇已经有了功力，邻居家的鸡、鸭、鹅依然会扇着翅膀飞到它的跟前。这样，男孩儿就与众邻居结下了疙瘩。一天，男孩儿掀开箩筐对蛇说："你走吧，我养不了你了，你太大了。"蛇便点点头，恋恋不舍地离开了男孩儿，爬到十多里外的万古庙里。万古庙玉皇阁大殿，一年四季，香火不断，供品不绝。蛇在这里吃供品，营养

[1]　骨堆：蹲。

丰富，长得也特别快，身体越来越粗越长。庙外有一条小溪，一到天黑蛇便到小溪里去喝水。玉皇阁大殿离小溪十几丈远，蛇头游到小溪时，蛇身还在玉皇阁的阁楼上盘着。正好有几个人在河边乘凉，发现了它便四散而逃，都说玉皇阁住着一条巨大的蟒蛇。人们由于害怕蟒蛇，不敢近前上供品。蟒蛇因为缺少了食物，也想挪个地方，就爬到了滑县老城的明福寺塔里。

在一个夏天的午后，闷热的天气让很多人都聚在城门楼下乘凉儿。大家摇晃着蒲扇，议论着闷热的天气里的一些怪事。有人说，他家老鼠成群结队地往外跑，光知道粮食不够吃，不知道家里住了那么多老鼠；还有人说池塘里的鱼大得很，"砰砰砰"地直往外跳，竟摔死在池塘外，真是奇了怪了……正当大家议论得起劲儿时，突然一人惊愕地喊道："哎呀，娘啊！塔顶上咋恁大个家伙呀！"众人不约而同地朝塔顶看，不看则已，一看便个个吓得面如土色，浑身打战，拼命逃窜。

蟒蛇大得确实吓人，斗大的头上长着两只鸡蛋大的眼睛，明晃晃地睁得溜圆，头朝人们纳凉的地方伸着，张着面盆大的嘴巴，身子盘在塔尖上，一圈一圈的。忽然，它化作一道白光，向西方飞去。后来听说，它飞去了山西的五台山。

人们刚刚散去，便觉得天旋地转，山摇地动，一眨眼的工夫，多年失修的城门便轰然倒塌。那些动物的反常行为原来是一场大地震的前兆啊！那年，滑县大地上经历了一场骇人的大地震，房倒屋塌，瓦砾一片，方圆百里变成了平地。但那一场地震过后，明福寺塔完好无损。塔神显灵，巨蟒救众生的事情很快就在当地传开了。从此，明福寺的香火更旺了，烧香上供的人来往不断。

一晃几十年过去了，当年三教堂那个顽皮的孩童，也变成了白发苍苍的老翁。他思念当年那条白蛇。一天夜里，他做了一个梦，梦见那条蛇对他说，它在五台山也想念他。养蛇人便一心想去五台山看看。说走就走，他准备好行李，带了些碎银子，白天赶路，天黑住店，风尘仆仆地摸到五台山。走到山根儿下，早有一仙风道骨模样的人在那儿等他，并拱手施礼，嘘寒问暖，体贴入微。养蛇人说明来意，仙家模样的人轻轻拉着他的手，腾云驾雾般地升到了半空，

吓得他紧闭双眼，等他睁开眼时，发现已站在一座华丽的殿堂门口。仙家模样的人说到了，并说："你的大恩大德，我永世不忘。"养蛇人不明白是啥意思，坚持说要见见那条蛇。仙家劝他不见也罢。养蛇人说："俺大老远地来一趟不容易，说啥也要见见它。"仙家见拗不过他，就说："你等着，我去喊他。"说着仙家模样的人就上楼去了。

不大一会儿，蛇就从楼梯口现身了，晃着斗大的头朝他点了点头，从楼梯上滑了下来，并慢慢地在大殿内盘了起来，滑着盘着，盘着滑着，不大一会儿，就盘起一人多高。养蛇人冲楼梯看了看，檩条粗的身子不知还有多长，他看着看着害怕起来，扭头就跑，边跑边说："不瞧了，不瞧了。"养蛇人出了殿堂，突然觉得身子轻飘飘、晃悠悠，像被什么东西驮着一样，耳旁风声呼呼。

他那样腾云驾雾地离开五台山时，正是黄昏掌灯时分。当他走到家时，人们还在街上唠闲空儿[1] 呢。

讲述者：　崔长灿，男，33岁，滑县人，大专，教师
采录者：　齐素玲，女，38岁，滑县白道口镇白道
　　　　　口村人，本科，干部
采录时间：　2001年4月
采录地点：　滑县白道口镇
选自：　《中国民间故事全书·河南滑县卷》

附记

滑县老城西南角处有座明福寺塔，是老城内现存最古老的建筑之一，与明福寺塔有关的民间故事很多，特别是"蟒神救人"的故事在滑县县城差不多是家喻户晓，但祭祀蟒神的故事，我还是第一次从崔长灿老师那里听到。因为觉得新鲜有趣，所以我也就依据崔老师的讲述，粗略地整理出来了。（齐素玲）

[1]　唠闲空儿：说闲话儿。

280

老蟒爷的故事

在内黄县高堤乡韩俄村，有一单氏家庭，这家前几辈人都会做千层豆腐。他们家的豆腐，在村子东南方的十几个村庄中，是很有名的。

许多年前，在旱涝经常出现，饥荒连年发生的年景中，单氏家庭主要靠做豆腐时剩下的豆腐渣来养家糊口。

有一年秋末的一天，这家一壮年男子换完了豆腐，担着挑子在回来的路上，又一次经过裴村老塔时，他还像往常那样，准备再薅一些铁扫帚棵，担回家后烧锅做饭用。正薅着，猛然之间发现草丛中有一枚鹅蛋一般大的蛋，这男子很是惊喜。他赶快拾起，用手轻轻擦去蛋壳上的一些沙土，放在手掌心翻来覆去地仔细看着。他想，这是什么蛋儿呢？是鹅蛋还是鸭蛋？谁家的鹅鸭能跑到这荒草沙坡里下蛋？是长虫蛋儿？怎么这么大？是不是什么鸟蛋儿呢？……

看了一会儿，壮年汉子便拽出搭在脖子上擦汗用的毛巾，一层层地把这枚蛋儿包好，放在盛豆腐的盒盘里，把薅起的铁扫帚棵捆绑好，担起挑子急急忙忙向家走去。

来到家里，这男子喜眉笑眼地向家里人说了这事儿。

全家人听了，也都非常高兴，但谁也弄不清这是一枚什么蛋儿，又舍不得把它吃掉。最后家里人一合计，决定把它放在烧锅炕一旁的灯台里边，暖一段时间，看能暖出什么鸟儿来。

过了一段时间，蛋壳破裂了，原来蛋壳里孵化出的是一条非常好看的小长虫，全家人又惊又喜。单家老爷爷是一位非常迷信的人，他郑重其事地对家人说："谁都不要毁它，也不要把它扔了，咱就把它养起来吧。"在单家人的精心喂养下，小长虫一天天长大。

自打喂养了这条小长虫后，单家虽然不是特别富有，但比起其他庄户人家来说，可算是强多了。村里有的人家有时实在无粮充饥，就把家中和地里的榆树皮剥去了，就连单家的榆树皮也被邻居剥去吃了。要不，每年救济乡民的鱼，大多数家庭都能分到，他家却没轮到过一次，而其他吃过救济鱼的村民，很多人都得了浮肿病，他家却无一人得这种病。正因为这，单氏长辈觉得是这条小长虫保佑着他的家人，给他家带来了福气。

刚开始时，小长虫有两口饭就能饱，随着增长，饭量逐渐增多，长大后每顿能喝上一碗饭。在那连年闹饥荒、有饿死人的年景里，一个普通百姓人家，这一碗饭能养一口人，哪能养得起饭量这么大的一条长虫呢？迷信的单家长者又不敢随便扔掉，更不敢毁掉，生怕出个三长两短。没有别的办法，单氏长者只好对家人说："咱央告一下这条长虫，向它说清楚，咱不是不想养活它，因为咱家的时光也不是多好过的，只是能将就着往前过日子。我想，咱那村头起的庙里有颗夜明珠，那是颗宝珠，听上辈们讲，夜明珠能隐去凶险禽兽的身形，咱就把它送到庙里去吧，要不，怕万一村里别的妇女小孩儿看见后害怕。"家里人听了，觉得庙里经常有供品供它吃，就只好这样。

可谁知，天有不测风云。过了一段时间，南方一个盗宝人路过韩俄村，将夜明珠偷去，这条长虫再无隐身之处，就又回到了单氏家中。这时的长虫身形更粗更长，幸亏只有单家老爷爷一人看见。他弄清可供长虫隐身的夜明珠被人盗走后，马上又把它送到裴村老塔坡的老塔那里，因为那里有一尊金佛爷，也能隐去长虫的身形。

光阴似箭，日月如梭。一晃几年过去，单家的生活还算可以，家中老小也平安无事，单家老爷爷慢慢感觉到那条小长虫可能就是老蟒爷，肯定是他没忘前情，在保佑家人的平安。也正因为此，逢年过节，他们从未间断过去庙里烧香上供。每年的农历六月二十四日裴村老塔坡庙会，单家人风雨无阻，总要去那里给老蟒爷烧香磕头、上供，虔诚之心不言而喻。

但是，可恨的南方盗宝人，又在一天夜里把老塔那里的金佛爷盗走了，这条蟒蛇又没了隐身之处，就又一次回到了单氏家中。当单氏长辈听村里传言说，老塔那儿的金佛爷又给南方人偷走了之后，单家长辈经过再三考虑，最后决定长途跋涉，把蟒蛇送到风景秀丽的云蒙山去。

多年后，单家长者已年老体衰。当他临近寿终正寝的时候，很有灵性的蟒蛇为了感恩图报，有一天又来到了单氏家中，它的身体缠绕在屋内的房梁上。单氏长者看到后，他确信这是老蟒爷来探望他，便用微弱的声音央告房梁上的蟒蛇说："老蟒爷，我知道您显灵来看我，我和俺家的人忘不了您。可您的身量儿有点凶，我怕家里的妇女小孩儿给我送饭时害怕，您还是回去吧。"

话音刚落，房梁上的蟒蛇突然不见了，老爷爷床头起却出现了一位白胡子老头儿。他安慰了单家老爷爷几句，又突然间销声匿迹了。事后，单家老爷爷当着全家人的面，用微弱的声音告诉家人自己遇到的事，并嘱咐他们，逢年过节，特别是老塔坡庙会，不要忘了给老蟒爷烧烧香、上上供。

时至今日，单家子孙都还念念不忘老蟒爷的恩德，逢年过节不必细说，单就老塔坡庙会，那里每年必到。

讲述者：　单秀玲，女，38岁，内黄县高堤乡北寨
　　　　　北街村人，不识字，农民
采录者：　马少青，男，48岁，内黄县高堤乡北寨
　　　　　北街村人，大专，教师
采录时间：2005年8月8日
采录地点：讲述者家中
选自：　　《中国民间故事全书·河南内黄卷》

281

学堂塔上的蟒精

府西北十五里有个永乐寨，是守着安阳河筑的七个大寨之一。这些寨子之所以临河而建，是因为安阳河是一条重要的漕运河道，从西边运石膏矿、无烟煤、铁矿石通过安阳河，就可到天津卫，再从那儿出口日本。河道上有船只来往，就有人停下来住宿吃饭，就有土匪上岸来抢劫捣乱，当地民众就沿着河岸建了一个又一个的寨子，用于防范匪众，同时也做些生意。这些寨子下面也就成了漕运码头，洹河边上也就有了七十二寨之说。

且说这永乐寨在城西北是比较有名的大寨，西北岭上的人们到城里去都在这里乘船渡河，来往人丁也是熙熙攘攘，接连不断。这永乐大寨嘛也就越建越大，最后竟然成为两三千口人的大镇。

在这永乐寨上有个高高的寺塔，砖木结构，十三层高，层层重檐，层层不同。塔壁上浮雕有各种神仙，有的在坐莲念佛，有的在弹琴吟诗，有的在飞天舒袖，有的在居坛讲经。传说塔建在这里就是为了镇住河妖，免得发大水淹了永乐寨上的房屋田地。这塔下有一个寺院，寺院内也香火兴旺，和尚们每日就着钟鼓吃斋念佛，替走向阴阳

界的人超度。后来发生了兵荒，寺里的和尚跑了，这里就成了一个学堂，学子们就在这里读书。也是由于这里风水好，也是由于这里人丁精，每年乡试，这学堂里总有学生成为庠生，再考不是秀才就是举人，于是人们都说这里"士旺"，于是这永乐寨附近的村子就都叫了士旺。永乐寨旁的这个村子就叫南士旺。

这永乐寨西北岭上有乌蛇[1]出现。这乌蛇嘛长着耳朵，还有的长有牛角[2]，还会飞。老乌蛇还长有足。人们经常见这乌蛇在麦芒上或者树梢上飞过。这乌蛇大的有两丈多长，小的有一丈多长。一百多斤重的牛犊它一口就能吞到肚里。

且说这士旺村里有个掌鞭的咧[3]，名儿叫张作栋。经常赶着一帧儿牲口上窑拉煤。这一天走到西北岭儿上才上了个坡，牲口就不走了。这时就见带梢的马[4]卧了下来，挣扎一会儿就下了个小马驹儿。掌鞭的咧就过去为小马收生，用鱼形刀把脐带割断，拿了根麻绳儿系起来，然后吐到上面几口唾沫消毒。这时候带梢的马站了起来，又拉上了套。掌鞭的咧就想把车往回赶，让带梢的马休息。小马也挣扎几下站起来，拱老马身下吃奶。奶还没下来，小马拱了几下也没吃着。这草丛上飞过来一条乌蛇，有三丈多长，碗口恁粗。说话间来到小马驹身边，张开大嘴就要吸小马驹儿。带梢的马就连踢带跳，想把它踢跑。可乌蛇却停在不远处，张着大嘴只管吸，那小马就愣愣瞪瞪[5]往乌蛇跟前走，但又不情愿，走走停停，但又抵不过乌蛇的吸力，仍被吸着。

掌鞭的咧一看这阵场呆了，心想主家对自己不赖，人家的马下了个驹儿怎么让乌蛇吃了呢？就抢起了手中的鞭子打乌蛇。这掌鞭的咧是当地有名的一把鞭，一鞭子打下去就能把小磨子打裂。那鞭子一下子打在乌蛇头上，就把它张着的大嘴给打合了。这时乌蛇没有了吸引力，小马驹就又跑回到老马跟前了。乌蛇受了疼，身子就卷成了一团儿，

停了一会儿看清了打它的是掌鞭的咧，就弯曲着身子向他扑来，尾巴收回来先试探着扫向他。这掌鞭的咧没有害怕一星儿[6]，抡起鞭子又朝乌蛇打去，一鞭子打掉了乌蛇的耳朵，又一鞭子打断了乌蛇的身子。可这乌蛇却不忿劲儿[7]，两隔节[8]都朝掌鞭的咧身边咧游。掌鞭的这下可火了，我把你打成两隔节你还能咧你。就抡起鞭子朝有头那隔节打，"啪啪"两下把那头给打碎了，"啪啪"两鞭又把长尾巴的那一隔节打成了三隔节。可那乌蛇还在那谷拢[9]咧。掌鞭的咧又朝每一隔节打了两鞭子，把乌蛇都打成了几疙瘩的，这乌蛇才算没劲了。掌鞭的咧赶紧扭转车头，把车往回撵，一气儿跑回主家家咧才算定下心来。

再说这西北岭儿上还有一个小乌蛇，不过五尺来长，擀杖儿恁粗。这一回它到一边打食儿，吃了只兔的，没跟它娘一块来，才算逃了一条小命儿。等它吃饱了找它娘时看见它娘死了，见旁边有车辘轳印，就顺着道儿从树梢儿上、麦芒上撵过去，到永乐寨里头找不着了，就在树梢上头停了下来，钻进那个寺塔里。

再说这庙里的学生每天都上课，课间就到塔下边一个厕所里解手。以前啥事儿也没有，这一天上午去解手了有小孩就圪蹴[10]到那儿厕屎。可正厕着就腾空起来了，吓得小孩没厕完就赶紧兜着裤子跑了。有一个小孩胆大，圪蹴在那儿升了空，他就俩腿晃悠着受自在，还叫着："嘿哟，嘿哟。"其他同学见他那样，也都不怕了，争着往那能腾空的茅池儿上圪蹴。

这一天老师正在改作业，一个学生就跑进来，说俺能腾空受自在儿。老师问他怎么能够腾空，学生就跟他说只要蹴到茅池上就能自动腾空。老师怕学生跌着了，家长来找不是，就过去看。这时就见一个小孩圪蹴在那儿，马上腾了空。其他小孩都排着队兜着裤子等这个小孩自在罢了自己去自在呢。小孩升了二三尺就又落回原地。这老师觉得小孩会腾空不大可能，就抬头往上看，这一看不要紧，

[1] 乌蛇：传说中会飞、长有耳朵和角的蛇。
[2] 牛角：这里指龙角。
[3] 掌鞭的咧：驭手。
[4] 带梢的马：指套在前面的马。
[5] 愣愣瞪瞪：摇摇晃晃。

[6] 一星儿：一点儿。
[7] 不忿劲儿：不服劲儿。
[8] 两隔节：隔节，东西分成的若干部分，两隔节。即两半截、两段、两部分。
[9] 谷拢：动、挪的意思。
[10] 圪蹴：蹲。

就看见塔上面的小窗里伸出来一只大皮条头[1]，从旁边的树枝中弯过来，张开大嘴正往下面吸咧。只是这皮条不太大，还没有那么大的吸力，不能把小孩吸到肚里头。赶紧让小孩离开那里。可他不能一直看着小孩不教学，学校的小孩到那儿解溲还会被吸。如果过些日子这皮条长大了，肯定得把小孩吸到肚里去。老师回到屋里就在想办法。

这老先生手下出了十来个举人，本事当然不小。想了想就从食堂里把盛盐的罐子拿来，到寨子里杀猪的那儿把杀猪刀借来，让刀把儿朝下、刀刃朝上放到盐罐子里，然后找了个胆大的小孩让他蹲到茅池上，说你腾空到茅池顶上你就松手。小孩见老师待见他，就满口答应。

再说钻进这寺塔里的乌蛇虽然吃不到小孩，却每天把落在树上的鸟儿吸一两只吃，再不就是把塔旁跑过的老母鸡吸几只吃，渐渐也长大了，吸引力也加强了。这一天又从塔里钻出身子，借着树枝树叶掩护吸小孩，就见一小孩被吸了上来。眼看快到乌蛇嘴边了，小孩突然把手中的罐儿丢开了，那乌蛇吸力还是那么大，那罐儿、杀猪刀就飞进了乌蛇的嘴里，那冲劲儿就把乌蛇的喉咙给扎破了。这乌蛇连忙挣扎，可越挣扎刀割得越厉害，竟然把乌蛇的头给割下来了，掉在寺塔下面。小孩们见塔上掉下东西来，都围过去看，一看是一个拳头那么粗、还长着耳朵的皮条头，头上还拱出寸把长的角，一下子都吓跑了。

这老先生却不怕，让学校敲钟看门的老校工打开了寺塔门儿，就见地上落着个七八尺长的乌蛇身子，那杀猪的刀子也在旁边，盛盐罐儿却打碎在地上。老师说："好兆头呀好兆头，老天爷给我们送龙肉来了，我的学生吃了龙肉今年就有人高中榜首了。"就让校工把乌蛇拖去，剥了皮扒了内脏，切成块儿炖了给学生们吃。学生有胆小的，怎么也不敢吃，老先生就带头吃。学生见老师吃了，也跟着吃，一条乌蛇就被大家吃光了。这一年乡试，学校凡是吃过乌蛇肉的当届学生都成了庠生，美得老先生嘴都合不拢了。

[1] 皮条头：蛇头。

讲述者：	刘彬，男，已故，安阳县柏庄镇二十里铺村人，剃头匠
采录者：	刘耀青，男，53岁，殷都区小庄村人，中专，农民
采录时间：	2006年7月
采录地点：	安阳县柏庄镇二十里铺村
选自：	《中国民间故事全书·殷都卷》

附
记

讲述者刘彬生于1922年，1998年去世，他是个剃头匠，走街串乡剃头，剃头时走了许多地方，见过世面。后来人们用理发推子理发了，他有磨推子的本事。剃头铺都请他去磨推子。这个故事是当时在辛店集东街开会办学习班，当时我和他一道在学习班学习，与其他几个人睡在辛店东街大队的办公室楼上，夜间闲来没事，刘彬就讲了这个故事。2006年主编《中国民间故事全书·殷都卷》时，我将这篇故事进行了整理并收入书中。（刘耀青）

282

蛤蟆媳妇

很早以前，安阳西部一个村庄有户人家，一家有三个儿子，分别叫大成、二成、三成。母亲去世早，由父亲拖拉着三个儿子长大成人，逐渐都到了成婚年龄。当地有一个规矩，叫射箭选妻。

大成到了成婚年龄，他按射箭选妻的规矩射箭，箭射到了一富豪人家。这家姑娘正在嗑瓜子，她一看眼前落箭，高兴地喊："有人快来娶俺啦！"第二天果真被大成娶到了家。

停了二年，二成到了成婚年龄。他将箭射到一个大财主家。这家姑娘正在偷烙油饼，一看厨房门口有一箭落地，她一跳三尺高："俺快当新媳妇啦！"她第二天被二成娶回了家。

大成二成的两个媳妇，不说人才长得一般，就是二人同样懒得不下地，不做针线活儿，只知吃和睡。

转眼到了三成成婚年龄。他体壮气盛，一箭射到了莲池一莲苞上。当三成追箭到莲苞前，"砰"一声莲苞开放，池中跳出一只大蛤蟆。三成犹豫再三，最后伸出懒洋洋的手，把蛤蟆抱在怀里回了家。

当全家看到蛤蟆后，都不满意，两个嫂嫂更是嗤之以鼻，弄得三成很尴尬。最后三成捧起蛤蟆放到了抽屉里。父亲和三个儿子下地干活儿，两个媳妇在家闲等着。大嫂二嫂议论："三弟长得多帅，讨了个大蛤蟆，真恶心人……"闲谈中二人比起了嫁妆来。老大说："俺娘家给了俺一柜金银。"老二说："俺娘家给俺陪送的不比你的少……"两人说着说着，到各自屋里开柜看看。结果到老大屋一开柜，见一柜石头；到老二屋一开柜，见一柜稻草。一时弄得两个傻了脸。这时蛤蟆从抽屉里跳了出来，哈哈大笑。两个嫂嫂见状，捉住蛤蟆从窗户扔了出去。

蛤蟆被扔到一棵大桐树后面，它身子一抖，蜕了蛤蟆皮，变成了一位花枝招展的大姑娘。她走到厨房做好美味午餐，然后又恢复了原形。两个嫂嫂败兴地躺到屋里去睡。

父亲和三个儿子中午时分回到家里，一进大门就闻到香喷喷的饭菜味，知道不是媳妇做的饭菜。正猜疑时，到屋里一看两位懒媳妇还在被窝里做酣梦呢。

第二天四人又下地干活儿，蛤蟆与昨天一样到厨房做饭菜，半晌午，三成从远处看到家里冒炊烟，赶紧跑回家看究竟。从窗户外看到厨房有一位美貌女子，又到屋里抽屉一看，没有了蛤蟆。他从树后找到了蛤蟆皮后，马上用火烧掉了它。三成跑到厨房，二话没说，上前搂住女子问："你是谁家女子？"女子一听挣扎往外跑。三成说："别跑了，蛤蟆皮没了，跟我过好了。"从此蛤蟆成了三成的好媳妇，两个懒媳妇都被休了。

讲述者： 袁保琴，女，61岁，安阳县磊口乡南磊口村人，初中，农民

采录者： 李文林，男，64岁，安阳县磊口乡南磊口村人，大专，退休干部

采录时间： 2006年1月

采录地点： 安阳县磊口乡南磊口村

选自： 《安阳县民间故事集》

袁保琴（左四）在向邻居讲述故事（摄影：刘二安）

283

好说贱气[1]话的光棍汉

从前，有个老光棍，他一嘴贱气话儿，要多不中听有多不中听。村里的大闺女小媳妇，见了没有一个不躲着他走的，都怕他说"荤"话儿。

有一天，他到一个山上的庙里去烧香。他许愿说，只要能叫他娶一个老婆，哪怕是麻脸儿、瞎眼儿、缺胳膊少腿儿的都中，就是憨子、呆子、傻子他也不嫌弃，娶上了，他就上全猪全羊大供。他才磕罢头、许了愿，一抬那两只母猪眼儿："唷嗬，这女泥胎真不赖，敢情给俺睡一觉，死了俺也不觉得冤。"他摸摸女泥胎的脚，摸摸女泥胎的屁股，拉拉女泥胎的手，心里酸不拉叽地怪不好受。

回到家，他咋着也睡不着，光想那女泥胎，想得都快得了病，水不喝，饭不吃，光棍儿一条，也没有人管他，他就整天整夜想那女泥胎。

这一次，他实在乏了，两眼儿才一圪挤[2]，就觉得有人推他，一睁眼儿，是那女泥胎来了。那女泥胎变成了人，

[1] 贱气：轻狂，不庄重。

[2] 圪挤：眨眼。

比那呆板板的泥胎更美丽哩，红红的小脸儿，细细的腰身，水灵灵的眼儿里，那情那意那爱，流也流不完。光棍汉一直和她高兴了大半夜。

打那儿以后，这女泥胎见天后半夜就变成了人，来和光棍汉睡觉。一连三个月，这光棍汉就脱了形[1]，瘦得皮包骨头。他没有了一点儿精神，就跟个半死的人不差啥。

这事儿传出去了，乡里乡亲都说他："活该，瞧他贱气不贱气了。"

也有不少好心人劝他："算了吧，别再跟女泥胎来往了。"

他求女泥胎："俺不敢了，你饶了俺吧。"

女泥胎说："咋呀，你不是说死了也不冤吗？还没有死就成软蛋了，不中。"女泥胎还是见天后半夜来。

老光棍算是彻彻底底服劲了，再也不敢说贱气话儿了。他去找巫婆给他出主意，说："只要能断了跟女泥胎的来往，俺再也不敢贱气了。"

巫婆就跟他说："你午时三刻，把一根桃树枝儿插在女泥胎的屁股眼里，女泥胎就作不了精了。"

老光棍照办了，果然女泥胎再也不来了。光棍汉再也不贱气了。

讲述者： 马腊花，女，60岁，安阳县人，略识字，农民

采录者： 岳建雷，男，70岁，安阳县马家乡人，中专，教师

采录时间： 1998年

采录地点： 安阳县文化局

选自： 《狐狸坟传奇》

[1] 脱了形：指瘦得没了人样。

284

任长和任短

从前，一个村里住着两个看病先生。东街的一个叫任长，西街的一个叫任短。有一天，任短的药用完了，就找到任长，二人商量着一块儿进山采药。

二人一路走着，走了大半天，来到半山腰。他们又饥又渴，就在一棵树下休息，正好树一边有个井，因为村里的井水苦，不能吃，只好跑很远到这里打水吃。他们没有水桶，也没有绳子，没法喝，任短想了个办法，对任长说："咱俩互相拉着腿，把头伸到井里喝水，不就行了。"任长说："好吧。"任短说："你先拉我，我先喝。"说罢，任长就拉着任短的脚，让任短喝了个够。任短上来后，又拉着任长的脚，让任长喝水。在任长喝水的时候，任短心里出了坏，他一松手，任长就掉到井里去了。任短收拾了任长的东西回家去了，回家以后把任长的药店也霸占了。

任长在井里费了好大劲儿，才转过身来，双手扒住井里的砖缝，才没有淹死。他喊了半天，也没人听见，因为天已经黑了。

半夜的时候，突然一阵狂风刮过，有两个狐精停在井边。一个说："听说这村王员外闺女病了，实际是那坑里

的老鳖精办的事。他们不知道，要是知道的话，用石灰把坑填起来，就把老鳖治了。"另一个说："王员外是个有福之人，他家财万贯，别的不说，就门两边的两缸金银就够几辈子花了。他家后院还有个甜水井，要挖出来，哪用跑恁远打水吃咧。"两个狐精说了一阵子话，就又一阵风不见了。任长很害怕，连大气都不敢出。待他们走后，天也快亮了，这时有人来打水，就救出了任长。任长把事情经过说了一遍，村里人可怜他，领他进村里找个地方暂时住下来。他一打听，果然村里有个王员外，王员外家小姐得了病，请了多少医生也治不好。王员外发过话："谁治好了闺女的病，就招谁为婿，继承家业。"任长想起狐精的话，就找王员外说："王小姐的病让我试试看吧。"任长牵丝诊脉，开药调治，又差人拉石灰把村边的水坑填上，让人搅动石灰，石灰生热，烧死了老鳖精，果然王小姐的病就好了。王员外很高兴，就招任长为婿，与女儿完了婚。任长说："岳父，咱们后院就有一口甜水井，何必跑恁远去打水咧？"当下王员外派人果然挖出了甜水井。

后来，山上下来一帮土匪，威逼王员外要钱，王员外没办法了。任长问明详情，说："不用作难，把门两边的金银挖出来给了他们算了。"王员外说："咱家除了有骡马，有土地，哪有成缸的银子？"任长说："挖挖看吧！"一挖，果然挖出来一缸金子、一缸银子，王员外很高兴，让任长继承了家业。

一天农闲无事，任长去赶庙会，在会上突然看见任短在讨饭吃。任短也看见了任长，任短躲闪不及，二人说了话。任长说："你咋弄成这样，要饭啦？"任短："那次真对不起，我一时失手，把你掉在井里啦，你是咋出来的？如今身穿绫罗绸缎，阔起来了？"任长就把在井里遇狐精的事说了一遍。任短很眼气，就偷偷跑到井边，下到井里等狐精。又是在半夜，两个狐精路过这里，一个说："上次咱们说的话，是不是有人偷听了？要不怎么都知道了？"这时任短在井里偷听他们说话，听见两个狐精往井边走来，吓坏了，忙喊："救人哪，救人哪！"两个狐精一听，果然有人偷听，就扬起一阵狂风把井填住了，任短也就压死在井底了。

讲述者：	位志乾，男，45岁，完小，内黄县中召乡北召村人，干部
采录者：	李香菊，女，42岁，内黄县梁庄乡李官寨村人，大专，干部
采录时间：	1989年5月10日
采录地点：	内黄县城东关
选自：	《中国民间故事集成·河南内黄县卷》

异文：老长与老短

从前有两个人，一个叫老长，一个叫老短，共同住在一个破庙里，他俩伙穿一身衣裳，老长经常穿着衣裳，去外面要些饭来养活老短。

有一天老长在外面讨回一根骨头来，见了老短说："伙计，今天我从外面讨回一根骨头，没敢吃，拿回来咱一块儿吃。"老短见骨头上肉不多，心想：老长一定讨到骨头吃饱了，又拿来这里讨好，不如自己也去外面吃几顿饱饭。听了老长的话，他的主意就更坚决了。等两人把骨头吃罢，老短说："老长哥，一直是你在外面讨饭让我吃，这一回，也该你歇一下，明天我去外面讨些吃的来吧！"老短说着，硬把老长的衣裳脱下来穿在自己身上。第二天老短出去讨饭，老长一直在家里等着老短讨饭回来，可是一直等到天黑，还不见老短回来，一天、两天、三天，还不见老短回来，才知道上了老短的当。

第四天，有人叫门，老长赶紧问是谁，一听才知道原来是几个人来庙里烧香的，老长就把事情经过说了一遍，又说自己现在没有衣裳，没法去开门。于是烧香人给了他一件衣裳和钱。后来老长就不讨饭了，开始做些小买卖，生活过得也比以前强了。

偶尔一天，老短讨饭，发现老长在做小买卖，就走到老长跟前又是说、又是哭，说自己那天到外面迷了路："找不见你老长哥，我可想你了。不想今天我们俩又走到一块儿了。"老长见老短怪可怜的，就留下老短。过了一段时间，老短对老长说："老长哥，在南边那个村子讨饭时，见那儿人很多，我想到那儿我们准会发大财。"老短一直跟老长说，后来，老长就决定到老短说的那个村子去。

他们把东西装好，让驴驮着，走了很远很远，还不见那个村子，后来山坡下发现一口井，老短说："我口渴得很，咱们喝点水，再走吧！"老长也觉得很渴，就解下驴缰绳先把老短系到井下，让老短先喝。等到老长喝水时，老短把绳子一丢，就把老长丢到井里了，老短就赶着毛驴溜了。

老长在井里，一直叫老短，可是不见老短来救他，他也没有办法，只好在井里过夜。等到半夜时候，忽然听到井上有人说话，他刚喊救命，但一想，黑更半夜的，是谁到这里来，我一喊他会不会把我害了，我还是不喊好。只听一个说："这口井快枯了，王家庄的人又得发愁吃水了。"另一个说："伙计别忙，王家庄的王员外家里就有好水源。"一个说："这是咋回事？"另一个说："在王员外家的大门以里、二门以外的正中间就有水，只要挖三尺深，就有水。吃这水可保百病不生。对了，见到水时，舀起第一瓢倒了，第二瓢水，可治一切疑难病，就连王员外的女儿的病也能治好。"第一个又说："可惜，现在还没有人知道。"另一个又说："不要忙，会有人告诉他们的。"说着两个人又起身走了，老长在井底下听了很高兴。

天刚亮，就有人来这里担水，才走到井边，老长就大声叫："救命呀，救命呀……"这个人听见，吓了一跳，一看井下有一个人，就赶快把他救了上来。老长问那人是哪个村的，那个人说："我是王家庄的。"老长一听非常高兴，说："你今天不用挑水了，你们村上就有水，在你家王员外家，大门以里、二门以外的正中间。"那人一听很高兴，就领着他去见员外。老长见到员外说我不但会找到水，还能治好你女儿的病，王员外一听，高兴得不得了，就命人按老长点的地方去挖，不一会儿，果然挖见了水，并用瓢舀了，第二瓢水让王员外的女儿喝了，王员外的女儿果然好了。王员外这一高兴，就把女儿嫁给了老长，从此老长就过上了好生活。

再说老短赶着毛驴溜走以后，没有多长时间，又把东西卖完吃光了，又过上了讨饭生活，他听说老长做了王员外的女婿，就又来找老长，说："老长哥，那天，刚把你系到井里，忽然毛驴跑了，我想先把毛驴牵回来，再把你拉上来，可是毛驴一直跑，后来我又迷了路，再也找不到你了。"老长见他很可怜就把他留下了。过了一段时间，

老短问老长："老长哥，你是怎样发财的？"老长就把那天晚上在井里听到的说给了老短，老短听了以后，非要老长把他系到那口井里，他也想发一下财，老长没有办法只好做了。到了晚上，老短忽然听到有两个人说话，一个说："上回咱们说的被人听去，泄漏了天机。"另一个说："上回咱们路过这口井时说的，也许那人是藏在这井里的。这井也就要枯干了，王家庄也不来这里吃水了，咱就把这井填了吧！"说罢就吐了口唾沫把井口封了。老短刚要喊，一抬头，井里已黑咕隆咚，又听见一声巨响，原来，另一个人搬来一座山压在井口上。两人说着话就走了。

天才发亮，老长就跑来，发现井不见了，又多了一座山，老长一直喊不见老短，后来听见老短的声音从山里传出来："老长哥，你回去吧，对不住你，这是我应得的报应。"老长没有办法救他，也只好回去了。

采录者： 张宪增，男，34 岁，林县城关人，中师，教师

采录时间： 1987 年

采录地点： 林县城关

选自： 《林县民间故事集成》

285

智除蝎子精

在很多年以前，有一个八十多岁的老婆婆，她有一儿叫儿，三十多岁了还未娶亲。儿对母亲十分孝顺，母子俩相依为命，靠种地为生，虽不富裕，倒也有吃有喝。有一天，儿拿镰刀去地里割草，来到一片坟地，看野草茂密，心里很是高兴，就挥舞起镰刀，"嚓嚓嚓"割起来。半晌工夫，累得满头大汗，他直起腰看到一块倒下的石碑，想歇一会儿，便手里拿着镰刀坐下来休息。忽然，想起人们常说这片坟地内有一蝎子精经常出没伤人的事，他连忙向四周张望。当扭腰向后看时，他大吃一惊，原来正有个三四尺长的蝎子背钩向他蜇来。他大喊一声："哎呀！"顺手拿镰刀向背后一搂，站起来就向家里飞快跑去。当时，儿拿镰刀向后一搂时正好把蝎子背钩一下子割断呢。蝎子精疼痛难忍，便逃之夭夭。儿惊慌失措地一气儿跑到家里，半晌才醒过神来。他把事情经过告诉了母亲，母亲安慰了儿子一番，告诉儿子出门要小心才是。

转眼一月有余，蝎子精的伤痊愈了，它下定决心要施计报仇雪恨。它闭眼一算，正好老婆婆一人在家，便化作一青年女子到老婆婆家中。见到儿的母亲后，说道："老婆婆，能让我喝口水吗？"老婆婆端了一碗水送给女子。女子接过水一边大口喝水，一边表示感谢。女子坐下来与老婆婆拉起家常。老婆婆打量她，不由赞叹道："好俊俏的姑娘啊！"女子提出在这里住上几日，婆婆一口答应下来。到天快黑的时候，儿回来了，老婆婆叫儿与女子见过礼，女子便帮助老婆婆做饭，忙里忙外，十分勤快，把家收拾得干干净净。儿和母亲十分高兴。一天，儿母亲提起两个人的婚事，女子便一口答应下来，儿也非常满意。来日，夫妻二人拜过天地，恩爱如宾。妻子在家织布，儿拿布到集市上卖。到集市上后，因为布的质量好，价格公道，自然卖得快。一连几次卖布，都被抢购一空。等候买布的人越来越多。

这时，天界太白金星掐指一算，这一片地界有一妖精，便要去拿她。他下界变成一算命先生来到集市。见到儿正在卖布，走上前去扯着布高声说道："这布有什么好！"说着，将布在面前一抖，布颜色立即褪尽，成了一缕一缕的像麻批一样的稀布。众人看到都吃惊不已，纷纷散去。儿说算命先生要妖术，算命先生却叫儿随他到僻静之处，向儿问清了他割草时遇蝎子精之事。儿乞求算命先生破解之术。儿听了先生之话连忙道谢。算命先生现出真身腾空而去。儿则按照吩咐，先到铁匠铺买了五个长铁钉，回家去了。他和往常一样对妻子十分体贴。第二天上午儿拿了铁锤，先在炕的中间钉上一个钉子。母亲过去说："你媳妇心疼，你快去看看吧！"儿依法又在炕的四角钉上四个钉子。母亲在院子里大喊："你媳妇在地上打滚呢，说心疼得要命！"儿不加理会，直到把五个钉子钉完。儿掀起席片一看，一个大蝎子被钉死在炕上了，蝎子的背钩快要长全了。儿对母亲说："你看蝎子精的背钩要是长全了，咱娘儿俩就没命了。"

讲述者： 郜明先，男，73岁，龙安区娘娘庙村人，中师，教师

采录者： 赵文龙，男，72岁，龙安区娘娘庙村人，大专，原《安阳经济研究》编辑部主任

采录时间： 2013 年

采录地点： 讲述者家中

286

蝎子精报仇

古时候，某村有孤儿寡母娘儿俩。

有一天，寡母套着毛驴磨面，见到一个漂亮女子在磨坊外一个劲儿地哭。天黑了，寡母问她："你为了啥事哭了好半天？天黑了，还是回家去吧。"

姑娘噙着泪说："俺没爹没娘了，跟着哥嫂过日子。俺在家经常挨打受骂，受不了窝囊气，就出来了，没个落脚处，也不想再回家了，倒是想寻死。"

寡母听后很是同情，就把这姑娘领回家里做了媳妇。这姑娘自来到她家，起早贪黑，织布纺线很勤快。

这天，街上来了个算命先生，是个老道。老道给寡母算了一卦，说她的儿媳是个蝎子精。寡母不相信。老道说："你儿子八岁那年，割草的时候，见到过一只双尾蝎子，有手掌那么大，他用镰刀砍了那蝎子一下，至今已二十二年了，蝎子精找你儿子报仇来了。不信你去问问你儿子有没有这回事，要是有的话，你给我准备好两个被套一桶油，到了来年的三月初三，你这儿集会那天，我自有用处。"

寡母回去问儿子，一问果然有，一点不差。

来年三月初三这天，儿媳妇跟着丈夫赶会去了。那个算卦的老道又来到了她家，同着寡母在她儿媳屋里一翻腾，从炕席底下的土里刨出来一张蝎子皮，有簸箕那么大。老道拿着蝎子皮让寡母看，寡母仔细一看，果真是张双尾蝎子皮，在那双尾正中还有个刀砍过的伤痕呢！随后，老道把早已准备好的两个被套浇上了油，用火点着，把蝎子皮扔进了旺火里。

寡母的儿媳跟随丈夫正在赶会，突然感觉身上烫热难熬，就知道是家里边出了事，急忙往家走。回到家那张蝎子皮已被烧成灰了。妥了，蝎子精再也甭想恢复原形了，只好恩恩爱爱过日子，一直到白头。

他，他便说出了这个《蝎子精报仇》的故事。听罢，我不吭了。"

（孙保成）

讲述者：　崔三更，男，60 岁，安阳县铜冶镇南西
　　　　　炉村人，识字，农民
采录者：　王玉海，男，36 岁，安阳县铜冶镇人，教师
采录时间：1989 年
采录地点：讲述者家
选自：　　《狐狸坟传奇》

附
记

这篇故事，是在编纂安阳县民间故事集成时王玉海提供的，王玉海对我说："讲这个故事的老头儿，其实不叫崔三更，农村合作社那阵子，他嫌吃不饱饭，就到县城里拾废品，发了点小财。崔家庄都叫他'财迷精'。因为整天灰头土脸的，到老都没娶上个媳妇。分田到户后，别人家种粮食他种菜。因为怕旁人偷，就在菜园子里搭了个窝棚，这就成了他的家。他见天三更半夜起来拔几捆菜，天一明就赶到县城去卖。所以村里人又都叫他崔三更。"

王玉海还对我说："有一天半夜三更，因为白天的事，我和老婆吵起来。怕惊醒上学的孩子，就气鼓鼓地到崔三更的窝棚里坐。他一瞧我黑虎着脸，就知道又和老婆生气了，幸灾乐祸地说：'咋样咋样，谁娶老婆谁倒霉，不是跟你说，老婆，就是你上辈子做了杀死害命的事了，她这辈子就是来找你报仇的，吃你的、喝你的，还成天气你，非叫你短命不中！俺这辈子咋不娶？俺上辈子是慈善人！'他显得有点得意。这一席没头没脑的话，真叫人摸不着南天门。问

287

隔节虫[1]

有一隔节虫在深山老林里修炼成了精，行走如飞，但它没有根除掉七情六欲的孽根。一天，它趁着明媚的月光连飞带爬地爬到一家大家闺秀的楼下，听到楼上传出悠扬动听的琴声，便顺着墙缝钻了进去。摇身一变，变成了一个衣帽齐整的公子。而后，他又顺着楼梯小心翼翼地一阶一阶踏上去，见只是一位小姐对窗弹琴，接着他又轻脚轻步地猛然从她背后扑过去，双手紧紧地抱住了她。

小女子不由一惊，怒道："何人敢在这三更半夜来此厢撒野！"

隔节虫说："对不起，小生冒犯了你，让你受惊了。是我在楼下听到你的琴声，才贸然上来的。我实话告诉你，我不是贼，也不是匪，而是来听琴的。"

小女子扭头一看，是一位儒雅英俊的公子，吼道："谁像你这样放肆？松开！"

隔节虫说："我并不是来伤害你，何必如此动怒？"

小女子害羞地说："你既然不是来伤害我，何不松开

[1]　隔节虫：蚰蜒、蜈蚣之类的虫子。

手臂坐下来。"

隔节虫说："是、是、是！"

待两个坐下，隔节虫只是目不转睛地痴呆呆地望着她。

沉静片刻后，隔节虫内疚地说："刚才我那举动是有些过分，请大小姐海涵。"接着又说："我是看你太美了，由于一时冲动，所以才……"

隔节虫看她并无反感，进而握住她的手说："你这手洁白如玉，油润如酥，柔软似锦。"周身看她一番之后又说："你这眉弯得像柳叶，你的一双水灵灵的眼睛好像一汪秋水，你的嘴唇红得犹如朝霞，你的容貌强过刚刚绽放的桃花，你的声音如同铜铃般悦耳。我可以毫不夸张地说，你赛过沉鱼的西施、落雁的王昭君、羞花的杨玉环、遮月的貂蝉。你太让我爱慕了！"

小女子羞答答地说："看你说的……"话没说完，脸上泛起一片害羞的绯云，之后又低着头说："现已鼓打五更，你该走了。这事儿如若让家母知道了，我难免一顿皮肉之苦。"

隔节虫说："你说的是。"接着又说："我本想在这里多陪你一会儿，可时间无情，以后的日子长着哩，今后我会常来看你的。"说着就向外走，刚迈两步，回头再去望小女子，只见她含情脉脉地暗送秋波。他转而安慰小女子说："多多保重，后会有期。"而后转身而去。

自从有了这次深刻而美好的幽会，隔节虫隔三差五就会来到这楼上。二人谈笑风生。时间长了，不免显现出蛛丝马迹。

再说小女子顿顿饭全由嫂嫂送来，她在楼下常常听到楼上有二人说话之声，可到楼上一瞧，却是小妹一人，于是生疑。再后来，突然发现小妹的肚子日渐隆起，觉得蹊跷，于是，便把这事儿告诉了婆婆。婆婆也觉得奇怪，随即就去询问女儿。开始她含糊其辞，不好意思承认。在母亲的逼迫下，终于说出了真相。

娘问她："那男子身材、相貌如何？"

她说："身材魁梧，相貌英俊。"

娘又问："他穿戴什么？"

她说："头戴黑方巾，身穿镶着小黄牙的黑衣服，脚穿一双黑鞋。"

又问："衣扣是黑色的吗？"

她说："不是，是两排红色的纽扣。"

娘说："他是鬼是妖还不得而知。"思忖良久又说："他再来了，你想法拽下他的两个纽扣给我，情况弄明白后我自有定夺。"

晚上，隔节虫又来了，小女子娇滴滴地说："我已经怀孕了，咱俩的感情咱俩的爱已经发展到这一步，我看你身上的纽扣蛮好看的，留下一对给我吧！"说时迟那时快，伸手将他身上的纽扣拽下了两个。隔节虫"哎呀"了一声，就流下了疼痛难忍的眼泪。这时，她已经把纽扣藏在了锦帕内。

隔节虫走后，她将锦帕交给了母亲。母亲打开一看，长叹一声说："这不是隔节虫的两只小爪爪？定是这精气作祟，害你不浅，看我能轻饶它！"并对女儿说了下一步当该如何如何。

隔节虫再次来见小女子，抱住小女子的头痛苦地说："看来，我将大难临头，在劫难逃。在我死后，你要在我怀里揣上这把阴阳扇，并且将我的遗体埋在这楼梯下面，待儿子长大后，他会用这把扇子救活我的。你一定要保重身体，切记、切记！"

这时，一帮家丁赶来了，就把隔节虫打死了。

隔节虫死后，小女子产下一男婴。为了掩人耳目，小孩称外婆为娘，与小女子姐弟相称。

世上没有不透风的墙。小孩入学后，孩子们都说他没有爹，他就闹着去问"娘"。

"娘"说："你咋能会没爹呢？"

小孩说："有爹咋会活不见人，死不见尸呢？"

小孩闹腾得昏天黑地，"娘"急了，说："你爹就在你'姐'的楼梯下埋着，你有劲儿就去刨吧！"

小孩喊下"姐姐"刨尸，扒出来一看，见他怀里揣着一把扇子，"姐"叫他拿起扇子去扇尸体，他扇了几下，尸体复活了，他睁开眼睛长出了一口气说："一觉就是七八年呀！"

这时，"姐"告诉他："他就是你爹，我才是你生身之母啊！"

小孩不解地问："我怎么喊外婆为娘呢？"

小女子说："我与你爹命中注定，一生必有两度情缘。"

讲述者：　张志莲，殷都区大司空村人

采录者：　宋魁元，男，68 岁，殷都区大司空村人，小学，退休干部

采录时间：　2004 年 12 月

采录地点：　殷都区大司空村

选自：　《民间故事选》

288

老鳖精作法

安阳城北某村有一条大路沟,这里原来是一条宽大的路,大车对面可以行走,旁边还有小推车或人行道。道旁有一条沟,常年流水,鱼鳖虾蟹到处都是,蹲在水边拿个笊篱捞虾一上午就能捞一洗脸盆儿,撒网捞鱼一网下去一个人都拉不动网。看沟岸上有个小窟窿儿往里边一掏,不是掏出螃蟹就是掏出鲇鱼,再不就能掏出一只大蚂虾来。这村子有这么个得天独厚的条件,人活得也十分滋润。彰德府经过了几次大旱,县志都记载有人们逃荒要饭,可这里却很少有人去逃荒,也没有听说过饿死人。

这个村中有一户人家,也是人丁兴旺,到了黄玉兴这一辈竟然有了弟兄四个,一个三四亩大的宅子。可是玉兴的爹黄振堂却是个坏小子出身,到老了仍然是歪点儿一个接一个。他家的地离村子远,有三里多,路也不好走,往地里运送什么都不方便。人家为了使庄稼长得好都到外边拾粪,他爹却怕出力。家中的茅厕里有了粪,他不挑到地里,也不清出来倒粪堆上,而是挑了往水沟里倒,呛得鱼鳖虾蟹到处逃窜。且说这一天玉兴他爹又往水中倒粪,却遇到老龙王来这大路沟中巡视。只见三丈多宽的水面上鱼

虾涌动,蟹鳖欢游,水里的生灵都围着一个似鱼非鱼的东西在游,一片片水波被击了起来,听声音还有东西在水中弹琴奏乐。这时,玉兴他爹就挑着大粪来了,站在村头的大石桥上歇脚。一见来了这么一大群鱼鳖虾蟹,掂起大粪桶就朝鱼群倒,那龙王就被他倒了一头大粪。龙王急了,飞快地游动了几下窜到上游去了,算没被呛着。

这龙王爷是轻易不到大路沟这小地方来的,今天来一次竟然遇到这样的主儿,发怒了,对下面的虾兵蟹将,还有老乌龟说:"都给我听着点,这村中住着一个坏老头儿,你们要给我把他的家弄败了,弄得他们鸡犬不宁、人丁不兴,妻离子散。"鱼鳖虾蟹们就连连点头,个个作揖,把老龙王的话当作了圣旨。

且说这大路沟中有一个老鳖精,道行有五千四百来年。龙王派他来这条沟中就是让他统治这方水域的,龙王走后他就开始作法了。

这玉兴的爹是一个酒葫芦儿。村里有人家办事,他都要去帮忙,别人帮忙干活儿怕喝酒,他却找酒喝。喝了酒还不去睡觉,英雄好汉气就表现出来了,站在人前讲这个的笑话,讲那个的坏话,把谁谁谁拱了谁谁谁家的门子,谁谁谁偷了谁谁谁的布匹、粮食都同人对世[1]地说出来。见了村里横的愣的,他这一会儿也不怕了,瞪着眼给人家吵架。可就是酒劲攻得腿软,人是站那儿了,腿像只下蛋的老母鸡只想往下坐。如果有人能跟他对吵一会儿,他就支持不下去了,腿一软就翻到地上,再也起不来了。大路沟中的老鳖精看他好这一口,就在这一方面下手。这黄振堂跟村里一个人不对劲,那是小时候打架挟下的仇[2]。每次他喝了酒,都要到人家家门口骂上几句。这一天又喝了酒,跌跌跄跄从办事的人家里出来,出门就遇到了那个对头钉[3]。黄振堂胸衣一解就骂开了。对头也不是好惹的,专拣难听的挑逗他,他就追过去要跟人家拼命。人家见他撒酒疯,就装作怕他往前跑。一会儿,对头就跑到村头一个茅厕里,黄振堂就追了过去。人家在茅厕里还在骂

[1] 同人对世:当着大家的面。
[2] 挟下的仇:记下的仇。
[3] 对头钉:死对头,对头的意思。

他，他就扑了过去，可没想到前边根本没有人，是大路沟中老鳖精在引他上钩。他一扑过去就跌到了粪池内。那时正是秋天，雨水都流进了粪池内，他下去就被粪淹到头顶上，喊了几声没人应，就"咕嘟咕嘟"喝了半天大粪，最后被大粪淹死了。第二天家里人到处找他，没想到在茅厕里找到了他。见他身上爬了一身蛆，只好把他捞上来，用水冲洗一番，给他穿上衣裳把他埋了。

黄振堂这坏东西死了，可老鳖精还没有放过他家的人。他家的老二叫玉璧，媳妇也是个爱占便宜的人，嘴也强得不饶人。这二媳妇好到水中洗屎褯子[1]，洗就洗吧，一边洗还一边说："鱼鳖虾蟹都来尝，尝尝恁爹的黑白糖！"这老鳖精听了就想治她。有一回她背着儿子回娘家，前面有一堆稀牛粪，老鳖精就把一块西瓜皮移到粪前面。二媳妇到那里没小心，一下踩到西瓜皮上，摔了一个嘴啃地，正好啃在牛粪上，糊了一脸一眼一鼻子一嘴，扔下孩子到沟里洗了半天才算洗净，可脸也跌肿了，嘴也成猪拱嘴了，眼也成猫精眼了。夜里二媳妇起来把儿子尿尿，一下子没坐好从炕上出溜下来[2]，煤火台边放着一个火捅，火捅疙瘩又捅进阴户里，流了很多血。叫医生看，医生说这伤在里面，咋给你上药，吃点中药吧。这二媳妇伤在私处，对人也没法讲，一动下身就疼得不得了，只盼早些好了。医生给她开了药，开了三天的，她一锅煎了，一次两大碗地喝。可没想到是药三分毒，她喝的药又过量，到半夜就死了。

家里人见玉璧的媳妇年纪轻轻就死了，非常悲痛，就给她扯了好衣裳，里里外外穿成个元宵的样子。后来听说当地有盗墓贼作怪，又怕人家盗墓，就给她穿一层衣服撒一层油，把所有的衣裳都弄成油渍斑斑的。可这二媳妇死得冤枉，阴魂不散，魂灵就经常来家里捣蛋。一天傍晚，全家人都在院里吃饭，就见二媳妇身穿着白布裙从外面进来了。玉兴媳妇见她进来了，一时间未意识到她已经死了，就说："二嫂，你回来了？"二媳妇的魂灵"哼"一声算是回答了，就仍往家里走。玉兴媳妇这才意识到她已经死

了，就喊："老二家的可回来了。"大家听说老二媳妇的鬼魂回来了，都放下碗拿起抓钩子粪杈，点起灯笼照着到处去找，可找遍家院中的角角落落，什么也没有找到。

从此黄家可就不平静了。这一天老二正在睡觉，突然有人一下子把他从炕上拗起来，接着就有人左右打他的耳光，他醒了看谁在打他，可什么也没有。吓得老二都不敢在屋睡了，把邻家一个小时的伙伴叫来给自己做伴，直到又娶上媳妇为止。

这一年春节到了，除二媳妇外，其他三个媳妇坐到一起捏饺子，包好了大年初一早上吃。玉兴媳妇正包着，就见一只小猫从外边进来，走到她身边就往裤子里面钻，吓得她赶紧上炕。老三媳妇说："老四家你咋了？"老四家说："你看那猫儿，往我裤裆中钻咧。"说着就哭。她一哭，老大媳妇和老三媳妇都哭起来了，哭得鼻涕一把泪一把的，好像受了多大的委屈。这时老大进来了，见几个妯娌在哭，喝道："大过年的哭什么哭？"三个妯娌才停止了哭，可等她们睁开眼看时，她们包的几百个饺子一个也没有了。于是大家又都起来找，找遍旮旮旯旯也找不着。这时黄家的男人们也来帮着找，可找遍煤渣坑里、炕洞子里、橱柜中、镜架子抽斗里，什么地方也没有。这时天快黑了，就听房坡上传来几声怪笑："咯咕咯咕，咯咕咕咕，别想了，咯咕咕咕……"随即什么也没有了。他家人害怕了，都聚在一个屋里。可一家人要吃要喝要过年，肉馅饺子都没了，只好重新榨萝卜[3]，剁白菜，弄了点油炒了炒包饺子。

到了初三夜里，玉兴媳妇串亲戚回来，吃了饭要到老大媳妇住的小楼上说话儿。这小楼儿是两间大小，两层，上面有一个棚子可到屋顶上。这最下边一层进门安着一个轧棉花籽的车子，脚踏式的。西南角是木楼梯，从那儿就可以上到二楼。玉兴媳妇掀开帘子进了楼门，却看到老二家的[4]在那里轧棉花，车子踏得很响。她就问了一句："二嫂，你在轧花咧？"老二家的说："嗯。"仍然轧她的花。玉兴媳妇就上楼了，上去楼后给老大媳妇说："二嫂真勤快，大过年的还在轧花咧。"老大媳妇说："她不是早

---

[1] 褯子：小孩的尿布。

[2] 出溜下来：滑下来。

[3] 榨萝卜：把萝卜切碎后放开水锅中煮一会儿，捞上来挤干水叫榨萝卜。

[4] 家的：媳妇，也作"家里的"。

死了吗，怎么还会轧花？"玉兴媳妇说："我明明看到她在轧花嘛！"这时两个人都感到奇怪，都侧耳听，就听到楼下轧花车子还在响，两个人就拿了灯从楼上下来看。这时轧花车还在转着，可早不见了老二家的。两妯娌呆了，这轧花车子又转了几下也停了。她们清醒过来，把灯一扔就往老三媳妇屋里跑。老三两口子串亲戚回来进了屋，两口子搂肩搭背正在喷套儿呢，老大媳妇跟玉兴媳妇进来一把把老三拽开，双双抱住老三媳妇浑身就筛起糠来了。老三媳妇也跟着她们浑身发抖，赶紧拽了一床被子把三个人都盖上，仨人就在被子下面筛糠，只到老三喊了几声："你们这是咋了！再闹滚出去！"她们才醒来，慢慢地撩开被子坐了起来。从那以后老大媳妇再也不敢以长媳妇自居住小楼了，就搬下来住到另外的房子里。

老大的媳妇生了个闺女叫红儿，红儿七岁那年到小楼旁的茅厕里解手，一抬头看到楼西窗台上坐着一个老婆儿，一手打着一个小黄伞，一手抱着一个小孩，嘴里还不停地哼着小曲儿。那小孩儿见到了红儿，伸着小手就叫她："咿咿咿……"红儿当时小，不知道害怕，就兜起裤子逗那小孩玩。回去后跟娘说了这事，她娘一听就愣了，说："你是发癔症咧吧？那窗户不过一尺半大小，又有窗棂，那老婆还有小孩是咋过去的。况且那窗台也只有一砖宽，能坐下个人吗？"红儿拉着娘就往茅厕里跑，到那儿那老婆还有小孩都还坐在那儿。老大媳妇一看老婆的面模[1]不由得喊起来："这不是老二家吗，你咋变得这样老了？"大家听大媳妇说老二家又回来了，都跑过来看，这时就见窗台上老二家里抱着小孩在晃呢，晃晃悠悠就没有了，吓得大家平时再也不敢上小楼了。

黄家连三赶四出这稀罕事，闹得谁也不敢夜里出来了，天一黑就上了街门，上了屋门睡觉，听到外面有动静也不敢吭。过了几天他们后院的仓库就被盗了，里面几千斤粮食、二百多斤棉花一夜之间都被人家盗了个气眼净[2]。从此家就穷了。每天到吃饭时不是没有干的就是稀的不够喝，最后弟兄四个就分了家。

这老四玉兴从小娇生惯养，爹娘都宠着他。长大娶了媳妇哥嫂也都偏着他，向着他。可家穷了，分家时谁也就不让谁了，玉兴也就跟哥哥一样分了家里的财产。家里的那个小楼是凶宅，大家都说里头有鬼，谁也不敢住，就还算公宅，没有分。这玉兴不会成家，还好吃好喝，结果弄得过不上来。媳妇嫌他不正干就回娘家了。没了管束，玉兴更加放荡起来了，跟着村里的坏小子逛窑子、下馆子，吃喝嫖赌无所不干，没多久就吸上了大烟。吸得有了瘾就把家里的地卖了吸，媳妇听说了就托人来说不跟他过了，带着一岁的小孩另嫁了一家。这玉兴吸得没了媳妇没了孩子还不改，没钱了就给哥嫂要，要不来就偷，大家就把他当贼防着。后来他没钱吸大烟了，就把分给自己的房子卖了，搬了剩下的一床铺盖到小楼内去住。这小楼里空空无一，玉兴就在第一层的下面靠墙角用干砖垒了个池子，里面抱了几抱麦秸扔里面，弄了领破席子放上面，摊上了那床铺盖住下来。

这一天玉兴又给人家打了一天短工，弄了几个钱就跑到烟馆里买大烟吸，吸过了觉得回过神来，飘飘忽忽地往家走，到了小楼里推开楼门，走向草铺侧身躺下来拉过被子就盖在身上。刚要睡觉就听得外面有响动，他说："我都穷成这样了还有人想偷我咧？我跟你拼了。"说过坐起来，从草铺旁抽了一块砖，趿上鞋就出了门。到院里一看一个白枕头在院里跌着个儿[3]往前走。一会儿这头朝下，一会儿那头朝下，没头没脸没腿没胳膊。玉兴站那里看，枕头儿也不理他，只管跌着个儿往前走，一会儿走到大院的街门前，门就自己开了，枕头儿出去了，门又自动关上。玉兴也不知道这究竟是个什么东西，砖头也没有砸出去。枕头儿走了他也就回屋去睡了。

讲述者：　王青儿，女，54岁，安阳县辛店乡二十里铺村人，农民

采录者：　刘耀青，男，53岁，殷都区小庄村人，中专，农民

采录时间：2006年12月

[1]　面模：模样。
[2]　气眼净：干干净净、全消失。
[3]　跌着个儿：翻着跟斗。

采录地点： 殷都区前皇甫村
选自： 《中国民间故事全书·殷都卷》

289

鳖精与石槽

　　瓦岗乡下辖的有个村子叫南里于，村子不小，村南头有口老井，围绕井几十户人家都是吃的这口井里的水。井旁有一具大石槽，据说能同时容下十二匹大骡马吃草，可这么大的石槽是怎么来的呢？这里面有一个传说。

　　井附近姓陈的人家很多，大部分都很本分，以耕读为主。其中一家有两个儿子，家中寡田少房，常常是吃了上顿没下顿的，过得甚是恓恓惶惶[1]。老人不在了，弟兄二人就常在一起合计怎么样才能过得富有，可商量来商量去还是商量不出话来，就是商量不出东西，二人只好作罢。

　　穷到一定时候就会转运，这一天晚上，老大做了一个梦，梦见有个白胡子老头儿对他说："你兄弟二人把我服侍起来吧，我帮你们发财。"在梦中那老大也问老人道："怎么服侍您呀？"老人答道："你安置你家一个闲地方，摆上一个小供桌，逢初一十五三六九烧上香，祷告说明王爷您来受香烟吧就行。"老大举手就要拜，可手一举就醒

[1] 恓恓惶惶：凄凄凉凉。

了，原来是一场梦。老大坐起来觉得有点意不思儿[1]，也是穷怕了想发财，就想对老二讲讲，可是一想老话说"清早说梦一天败兴"，只好按捺住心头的喜悦等吃过饭再对老二讲。

胡乱地吃了些饭，老大就兴冲冲地对兄弟讲了这个梦，老二也是想发财想得不能行[2]，就跟哥哥说："这是仙人点化咱呢，灵不灵的不妨咱先试试看。反正不费啥。"老大本来也是这个意思，兄弟二人一拍即合，当下就动手收拾起来，房子也不多，就在住的房子门后拾掇出个小地方，也没桌子，用碎砖头当腿支起一块小木板权当桌子，打扫干净后又用一只破碗洗了洗做了香炉，恰好这天又是吉日，就正式烧香按梦中老人指点的说法祷告了一番，然后该干啥就干啥去了。

晚上老大果然又做梦了，梦见白胡子老头儿问他道："家里缺什么？"老大就说："总吃不饱肚子，缺粮食，您能否先给弄点粮食？"老头儿点点头对他说："你的要求我会帮你实现，切不可对外人道。"就去了。天还没亮，兄弟二人就听见那盛粮食的缸里有"沙沙"的声音，二人下炕慢慢走到缸边一看，只见本来已快见底的缸中粮食犹如缸底有粮泉似的徐徐涨了上来，让兄弟二人十分惊喜，这两兄弟也不顾得再睡觉了，赶紧地找到一卷苇秆编的粮茓子，把即将涨满缸的粮食挖到粮茓子里去。谁知粮食把缸涨满后，粮茓子里的粮食也开始上涨了。天明了，家里的粮食缸、粮囤、坛子都满了，把兄弟二人高兴得不得了。赶紧逢吉日烧香祷告说感谢话。

家里有了吃的，兄弟二人又不满足了，就隔三差五地要些个桌椅板凳，虽说有求，可桌椅板凳之类的总能在天亮后出现在院子里，不能不让人感到神奇。

就这样老大老二有求必应的日子过了几年，都娶了媳妇儿，又置下一份大大的家业，成了方圆几里的大户人家。村里人不知这兄弟二人得了什么聚宝盆，怎么几年地[3]忽然富了呢？村中有好事者跳墙进院向屋里张望，却看见粮

仓里空无一人而粮食却在慢慢地向上涨，顺着粮囤边直往外流，虽眼气得不行却也没办法，只好翻墙回去。至此，村里人传说这兄弟二人家里有神仙相助啦，要不然就是有聚宝盆啦之类的话。

有一天晚上，白胡子老头儿又来给老大托梦了，问他弟兄二人家里还缺什么，本来家也置办得差不多了，老大一想家里的牲口房的石槽有点紧张，如果有一个能拴十二匹骡马的石槽那不是又方便又气派吗？主意打定就向白胡子老头儿说了自己的需求。老头儿说："这样吧，你的这个要求有点高，石槽太沉，我一个人弄不动，要请我的弟兄八人才能给你弄进来，你明天中午舀一碗清水放到当院就能看到我们抬着大石槽进来了。你要光说吉利话，不能乱说，不然的话对我不好。"老大点头说记下了。

第二天上午，老大让老二依梦中白胡子老头儿的说法备了一碗清水在院中，天近中午的时候了，果然见一具大白石槽慢慢向门前移来，老大不住地说些吉利话："真轻呀，真轻呀。"他忽然想起老头儿说碗水中能看见他们的影子，就有点好奇，只见碗里的水一波波地映出几个老鳖一样的东西，一数正好八个，心下大惊。心想："我这些个田产原来是老鳖精倒拾来的，老辈儿人常讲，鳖能把穷人倒拾富了，也能把富人倒拾穷了，当把人倒拾富了后就会把富家的东西再倒拾到另外一家，我这富时光还没过消停几天呢就再倒拾走？不行，我得想办法把这好时光过下去，可这能有什么法子呢？"他又想起白胡子老头儿说的不能乱说来，何不说句不吉之话把它们降住，自己也好世世代代富下去。嗯，主意一定立马实施。只听他一面说"真轻呀真轻呀"，突然话一转说了句"压死了"，那几个大老鳖正抬着起劲，忽听这么一说，除一个反应及时逃跑了外，其余的竟然全被压死了。老大一看跑了一个，暗叫不好。老二还不知道是怎么回事，光看见石槽刚才还不停地慢慢向家移动，突然一下子就不动了呢？看哥哥脸色不好，就忙问哥哥怎么回事了。老大对二弟把事情说了一遍，二人便苦思对策，不得要领。

那逃出去的老鳖精自然不会罢休，日夜不停地寻仇，先是把老大老二的财产倒腾了个精光，又对其家人出手，没过多长时间家便败了下来，又一贫如洗了。那大石槽因

[1] 有点意不思儿：有点意思。
[2] 想得不能行：想得不得了。
[3] 几年地：几年时间。

为太重不好抬，到于今还放在井台边，只留下了这个传说。

讲述者：　程好义，男，49岁，汤阴县瓦岗乡南寒
　　　　　　泉村人，识字，农民

采录者：　程新发，男，21岁，汤阴县瓦岗乡南寒
　　　　　　泉村人，初中，雕塑艺人

采录时间：　1990年

采录地点：　汤阴县瓦岗乡南寒泉村

附记

我的父亲程好义并不十分健谈，在我印象中没有那些爱讲故事的人外向，也很少见他在人多的地方讲故事。记得有一次父亲同我和弟弟在给家中的牛铡草，那时都是人工铡草，一个人执铡刀，一个人用粪勾刺朝下，另一头放在铡框的尾部，然后坐在粪勾把儿上朝铡刀里送谷秆或玉米秸秆之类的，虽说是铡秸秆，但我们这里的老百姓还是称之为铡草。而弟弟负责往跟前备没铡的草和把已铡过的叉开，我负责铡刀，这是铡草过程中最累的活儿，有时弟弟也帮我摁二铡（摁铡刀的背），这样也能轻巧点。父亲往铡刀下送草，这活儿有点危险，一般都是上点年纪有经验的人来做。

中间休息时，父亲可能是怕我们嫌累，像是安慰地说："给咱家只喂了'约'（一头牛），过去那大户都喂十几个'头过'（牲口），铡草铡得多哩很，南里于村儿那南头'扬窝儿'（现在）还有约（一口）能拴十二个骡得马哩大石头藕（牛）槽，据说那一家大户的'觅汉儿'（长工）成冬天不停地铡草。"说到这里顿了一下，表情不屑地说："咱这半月一二十天哩才铡一晌儿。"显然父亲怕我和二弟嫌累，但我对父亲所说的能拴一十二个牲口的大石槽更感兴趣，就问道："你说那么大的石头藕（牛）槽从哪来的，拴那么多'头过'（牲口）得好几米长，再说那么大的谁能弄得动？"父亲笑了笑说："这里头有约（一个）古，我给恁们说说吧。"我们这里的老年人把讲故事称为"说古"。然后就扭过身子抱了捆草到铡刀前，我一看是要边铡草边讲了，便慢吞吞地抬起了铡。父亲也一边往铡刀下填草一边讲。填草有时就不讲，以便专心铡草，扭身抱草时就说几句，似乎在不知不觉中完成了这些农活儿。虽说也累，可也并没讨厌这些个农活儿。

就这样父亲讲完了这个《鳖精与石槽》的故事。（程新发）

290

猫精

城西北某村，村中有几个大坑，那是涨大水时为了堵围子从村中挖土形成的。后来大水退了，可地面水浅，这几个坑就成了水坑。

这村中有个杀猪的屠的[1]，不仅杀猪，而且还杀牛、杀羊、杀鸡、杀鹅，凡是能够吃的动物他都杀。但这杀牛宰羊也得有人道，可这杀猪的屠的为了挣钱，什么仁义道德也不讲。有一家人家喂了一头老母猪，喂了八年给他家下了十七窝崽，卖了不少钱。后来母猪老了就卖给杀猪的屠的，要了几个钱就要老母猪上杀骨[2]了。

这买肉的讲究肉嫩，不管放锅里炖，放锅里炒都能煮得烂，炒得熟。可那老母猪肉就不容易煮烂。你别看那丝儿肉多，红卤卤[3]的，但炒起来根本炒不烂。而且这老母猪生了几窝猪娃，奶头特别大，就是毛刮得净，肉色处理得好，卖肉时刀儿割得精细，人们一看大奶头就知道是老

[1]　屠的：屠夫。

[2]　杀骨：屠宰。

[3]　红卤卤：鲜红色。

母猪。不过这杀猪的屠的有的是办法，他们在猪活着的时候把烙铁烧红了，往猪的奶头上烫，烫得猪一个劲地大叫。直到把猪奶头都烫缩了他们才把猪捅死。人们看他们这样杀猪，都骂他们缺德，说他们非遭报应不可。

且说这屠的家里有一个闺女，长得那是膀大腰圆，眼也大，嘴也大，劲儿也大。等长到十四五岁，家里要杀牛，她一个人就能把牛捆上，放翻，把牛气肠[1]给割了。然后剥牛皮，开牛腹，倒牛肠，做得十分顺手。屠的也为自己家有了这么个好帮手感到高兴。

这一天，屠的从外面买了两头老母猪来，还要学着上一次的样子烫活猪的奶头。这闺女听爹说烧烙铁就烧烙铁，叫抬猪就抬猪，二三百斤的猪她一搭手就跟爹一块抬案板上了。这时爹就叫她拿了烙铁往猪奶头上烫。这闺女连想也没有想，拿了烙铁就烫猪的奶头。可烫着烫着眼就花了，只觉得她爹那两个小奶头是猪的奶头，拿了烙铁就往她爹的胸脯上烫。一下把她爹给烫伤了，惊得她爹大叫一声放开了猪。那猪就咬断绳索跑了。她娘骂道："这死妮子，你操的啥心？！"她拿着红烙铁就往娘的胸脯上烫。她娘根本没有想到有这一回，一时躲闪不及，衣服就被烫破了，红红的烙铁就印在娘的奶头上。这时她爹回过神来，一耳光就把她打了一跤，她手中的红烙铁就扔了多远。这时她爹说："还不起来捉猪，在这儿挺啥尸呢？"闺女只好爬起来跟着爹娘捉猪去了。

可这闺女自从跌了一跤后就分不清好歹了，爹娘在前面撵着猪捉，眼看快追上了，她突然出现在前面，挡住了爹娘的视线，再看到猪时，猪就跑到了另一个方向，抓了一会儿猪就跳到水塘里边了，游到对岸钻进庄稼地，全家找了半天，什么也没有找到。回到家里她爹就对闺女拳打脚踢，恨不得一脚踢死这死闺女。这闺女起来就跑，一头拱进村当间坑中的苇泽中，找了个地方把苇子扒翻地上，躺在上面就睡了觉。这时，闺女梦见身子边儿有棵杨树，树上有许多柯杈[2]，一个柯杈上面坐着一个个小闺女。她们一个个穿着小花坎儿，一个个长着大眼睛，说不清哪会

儿还能看到她们长着胡子，但一转眼就没有了。这时那些小闺女就对她说："快上来呀，上来给你好的吃。上来给你玩。"屠的家的闺女就往树上爬。可她怎么爬也上不去，那树太高了，又太大了。这时上面的小闺女给她扔过来两对小红鞋，叫她脚上穿一双，手上穿一对。她就捡起小红鞋，一双穿脚上，一双穿手上，扒住树往上面爬，很轻松地就爬到了树柯杈上。小闺女们就给她玩，把那香甜的果子给她吃。

天黑了，屠的丢了猪，又没了闺女，就到处找，到处喊，像丢了魂一样，最后在苇泽中找到了睡觉的闺女，摇醒了闺女让她回家。闺女一看爹来了，飞快地跑了起来，她爹怕她再出事，起身要撵她，她到一棵大杨树前哧哧溜溜就爬了上去，坐在树柯杈里不下来。她爹在树下喊了半天她就是不动。最后爹走了她才慢慢下来回到家里。

后来家里杀牲口卖肉，肉天天少。她爹不知道是谁偷了肉，这一夜把肉收拾好了她爹就躺在猪肉边上，看谁来偷肉。她爹刚闭上眼睛就看闺女像只猫儿一样，四肢着地，躬着身子来到放肉的案子旁，猛一下跃起身衔了块肉就跑。屠的看了就装作没有看见，看她怎么样。这时闺女钻到暗处，咪咪地叫了两声，就来了一帮子小闺女，都是四肢着地，一个个躬着身子，见屠的闺女手中有肉，都扑上来抢，你一块我一口，五六斤肉就都没有了。然后互相看看就都悄悄往肉案子那儿钻，屠的一下子跳起来，挥起杀猪刀就一阵乱砍，砍倒了几个猫精，算是把它们吓跑了。闺女也跑回屋中，倒下睡觉。屠的拖起闺女问怎么回事，闺女说自己睡着什么也不知道。

屠的知道闺女被猫精缠上了，就到处找有眼的[3]给瞧。有眼的说冬天你把村里那几坑苇子都买下，让人同时放火烧，就能把猫精烧死，你闺女的病也就好了。屠的听了有眼的说的话，掏了四五头猪钱买下了几坑苇子，让人一起放火，苇坑就烧了起来。这时屠的带着几十号人站在坑边，看从苇坑中跑出猫来就打死，跑出来就打死。这时闺女却从家跑来了，拿着杀猪刀挥舞着："你们咋这样亏心，咋杀我的姊妹？"说着拿刀就往人们身上乱砍，把人都吓跑

[1]　牛气肠：牛气管。

[2]　柯杈：树杈。

[3]　有眼的：指阴阳仙、风水仙，能看清地下宝藏、风水走势、事情因由的人。

了。还是屠的胆大，上前扭住闺女，夺下了刀，又把闺女双手捆上，又让人们看着烧苇子。大火烧过后人们在苇坑中发现几百只猫，都烧成了灰了。

这闺女回到家里就疯了，白天躺在太阳地上睡觉，一到晚上一下子就窜到房脊上，一边学猫"咪咪"叫，一边掀砖拆瓦，闹得家人不得安宁。屠的没办法，只好把她捆了起来。可她就一声接一声地学猫叫，吓得邻居家的小孩听到猫叫就大声哭。她娘看闺女一直这样，说给她寻个婆家让她走吧。咱这个家不能让她给祸害了。

屠的见老婆这样说就找来媒婆给闺女说媒。人家说城北某村有个小青年长得倒不赖，瞧哪儿有哪儿，就是缺一火[1]，脑子不够数儿。但家里就这一个男孩，有十来亩地，嫁过去也不会吃苦。屠的与老婆一商量就同意了，择个日期就把闺女嫁给人家了。

这闺女到了丈夫家里就没病了，也会下地干农活儿，也会纺花织布做针线活儿。就是隔三差五吃过晚饭她就串门去了，到半夜三更才回来，这时嘴里就有一股血腥气。丈夫缺一火也不问咋回事，老婆回来了抱住就睡觉。可第二天老丈人家就有人找来了，说家里刚杀的肉被盗了，看闺女拿了没有。可婆家竟然没见一块肉，当然不会承认什么。闺女见爹娘来了也端茶倒水，十分热情。从那以后屠的家只要再烫老母猪就得连续几天丢肉，一丢就是两头猪。不论怎样看，不论多少人看，就是找不到原因，干脆就不再杀老母猪了。说来也怪，从那儿往后肉就不再丢了。

这一天那屠的得了一种怪病，只觉得心里冷得慌，不论吃再烧的饭，进了肚都觉得是一块冰。就叫老婆给自己灌了瓶热水，焐到胸口上才算好些。过了一段焐热水瓶也不管用，就叫老婆烧了烙铁往胸脯上烫，烫得肉吱吱地冒烟，屠的反倒觉得好了些，连声不断地叫痛快。可烫过后伤口就溃了脓，没多久肉就烂了，烂得都能看到骨头，还能看到里面的肺一张一合的，没几天杀猪的屠的就死了。从那以后闺女再也没有疯过，也没有学过猫叫。

讲述者： 许连珍，女，75岁，殷都区北蒙办事处三家庄村人，不识字，农民

采录者： 刘耀青，男，52岁，殷都区小庄村人，中专，农民

采录时间： 2005年3月

采录地点： 殷都区北蒙办事处三家庄村

选自： 《中国民间故事全书·殷都卷》

附记

这个故事是我小时候听母亲讲的，讲的是北蒙双塔村一个女人的故事。她家是杀猪杀牛的，她也参与杀牲畜。这女人后来嫁到三家庄，是母亲的远房亲戚。人特别厉害，跟人共事十分刻薄。四五十岁时上树仍然上得飞快。村里的人都对这女人敬而远之，不愿跟她接触。2006年主编《中国民间故事全书·殷都卷》时，我将这篇故事进行了整理并收入书中。（刘耀青）

[1] 缺一火：缺心眼儿。

291

鸡蛋精

从前，有个老婆子很尖头[1]，有啥好吃的，从不舍得叫儿孙们吃，都要锁到地窖里。到底里头锁着多少好吃的，谁也弄不清。

一天，这老婆子忽然得了病。这病也古怪，见天到三更半夜，她一下子坐起来，就叫："来了，来了！"啥来了？谁也瞧不见，谁也不知道。紧跟着她就又呜叫："哎呀——到头里了，头痛呀——"她在炕上翻扑浪打滚地痛一阵子，又呜叫："哎呀——到心里了——"又捂着心口眼儿翻扑浪打滚地疼一阵子。就这个样儿，一直折腾到天明。天将亮，她说："走了，可走了。"这就开始安生了，一不疼了，二不痒了，跟没事儿人一样。

请来郎中，郎中说她没病；请来巫婆，不管装鬼吓神，咋摆弄也不管用，照疼不误。

儿孙们花了好多好多钱给她瞧，就是咋也瞧不好，只得见天守着瞧她疼，谁也没办法。想啥办法也不管用，只能长出气儿。

后来，一个走江湖的神汉来到她家瞧出了门道，拿了一根针，穿上一个线团，坐在老婆子的身边等三更天。时辰到了，老婆子一骨碌坐起来，呜叫："来了、来了！"神汉还是没有动。一会儿又呜叫："哎呀——到头里了，头疼呀——"神汉还是没有动。一会儿又呜叫："哎呀——到心里啦，心疼呀——"神汉还是不动。最后，老婆子叫开了："哎呀——到脚里了，脚疼呀——"神汉拿起针，猛朝她的脚心戳去。只听"叽叽"几声，针从老婆儿的脚心蹦出来，一蹦一蹦地从窗户出去了。

一找找到地窖里。呀——满地窖都是好吃的。针就别在一个鸡蛋上。这鸡蛋在地窖里放的时间长，都成了精。

老婆子再也不尖头了，有了好吃的就叫儿孙们吃，她家也没再闹过鬼。

讲述者：	乔梅花，女，38 岁，安阳县北郭乡人，初中，农民
采录者：	李海燕，女，17 岁，安阳县北郭乡人，高中，农民
采录时间：	1991 年
采录地点：	安阳县北郭乡
选自：	《狐狸坟传奇》

附记

这是我母亲讲的一个故事，我采录整理的。

民间有一种迷信的说法，啥东西养的时间太长了，或长得太大了，就容易成精，比如传闻中的蛇精、鳖精、猪精等等。这篇故事就是这种迷信的说法，表面说的是鸡蛋放久了成了精，其实是说"尖头"老太太得了心病，吝啬，放着吃的东西不让家人吃。（李海燕）

[1] 尖头：尖，吝啬，小气。尖头，即吝啬的人。

292

王小儿智降白兔精

王小儿从小就死了爹娘，姐姐把他养大。他天天上山砍柴，靠卖柴过日子。

一天，王小儿去砍柴，遇见一个通天大旋风。旋风刮到王小儿身边，吹起的尘土直扑他的眼。王小儿心里烦恼，顺手将砍柴斧对准旋风狠狠地投过去。只听咧"哎哟"一声，旋风过的地儿落下了一只绣鞋，鞋上沾着血迹。王小儿捡起鞋一瞧："呀！这不是姐姐的吗？咋会叫旋风刮来？还带着血，能是姐姐叫旋风刮走了……"想到这儿，他没心打柴，赶忙回来。到家以后，果真姐姐不见了。

是啥妖怪抢走了姐姐？王小儿又气又急，下决心把姐姐找回来。他离开家，一边走一边打听姐姐的下落，找啊，找啊，不知找了多少天，走了多少路，姐姐一点音信儿都没有。他呀，瘦得皮包骨头，身子再也挪不动。一散劲，就瘫倒在一个山坡上睡着了。

当他醒过来的时候，身边立着一个白发苍苍的老头儿，问他为啥躺在这儿，王小儿从家出来这么多天，没人搭理他。这时候见了老人，就像见了救星一样，一把鼻涕一把泪，把自家的不幸诉说了一遍。老人说："我知道你

姐姐在哪儿。"王小儿赶紧问："在哪儿？"老人说："你挤住眼，我背着你，咱一会儿就到了。"王小儿依了老人，趴在他的背上，闭着眼，只听见耳朵边"呼呼呼"的风响。不一会儿，老人说："睁开眼吧。"王小儿睁眼一看，到了一个深深的洞里，老人不见了。他才知道是遇见了神仙。

洞里黑黑的，王小儿顺洞往前摸。不一会儿，前边明了。明的地方有个洞门。王小儿进了洞门，是一座宅院，姐姐正在院子里忙着啥。他喊着姐姐就扑了过去。姐弟见面，大哭一场。随后，姐姐给他做饭吃，说了被刮来后的情况。原来，姐姐被白兔精抢来，强逼成了婚，现在都有孩子了。

姐弟俩正说话，忽然听咧外面风呼呼地响。姐姐知道是白兔精来了，忙叫弟弟藏在水缸里。白兔精一进门，就闻闻，说："咋有股生人气呀？"王小儿的姐姐说："洞咧都咱自家人儿，哪有生人气呀？"白兔精又问："恁刚才吃的啥呀？"他们的孩子抢先说："擀咧饼，熬咧肉，瓮底下扣咧俺亲舅。"白兔精说："既然是他舅来了，就让他出来吧。"王小儿的姐姐见白兔精没有害兄弟的意思，就叫王小儿出来见面。

就这样，王小儿在洞里住了下来，慢慢地跟白兔精混熟了。白兔精每天出去赶集，带回来吃的、穿的和用的东西。有一天王小儿问："这些东西是咋弄来的？"白兔精拿出一顶帽子，说："戴上这帽子，就能飞到洞外，到集上你看见人家，人家看不见你，想吃啥就拿啥。"说着还做样子让王小儿看。果真，他戴上帽子，王小儿就看不见了。王小儿说："姐夫，这帽子能不能叫我戴戴？"白兔精说："自己人，咋能不行？"就把帽子给了王小儿。王小儿戴上帽子，白兔精也看不见他了。

这一天，王小儿和姐姐偷偷商量好，趁白兔精睡着了，戴上帽子，背着姐姐，飞出洞外，回到了家。白兔精呢，再也出不了洞了。

讲述者： 李梅菊，女，30岁，内黄县二安乡沙河庄村人，不识字，农民

采录者： 李国存，男，9岁，内黄县二安乡沙河庄

293

小
三
砍
柴

村人，学生

采录时间： 1965 年

采录地点： 内黄县二安乡沙河庄村

选自： 《中国民间故事集成·河南内黄县卷》

附记

这个故事，也是我小时候母亲李梅菊给我们弟兄讲的。"王小儿打柴"在我们这一带是系列故事。故事的特点是，主人公都叫王小儿，全以打柴为生。年龄有的未成年，有的已经成年。王小儿性格诚实善良，纯朴胆大，有力量也有智慧。故事内容多含古灵精怪。结构线索一般是遭了难——勇奋斗——奇遇仙——得帮助——胜邪恶。如我另采录的《青桃白桃》《老虎兄弟》等都是。（李国存）

从前，有个小孩叫小三。爹娘死得早，跟哥嫂一起生活。

哥嫂待小三很不好，每天天不亮就叫他上山砍柴。

有一天，嫂嫂对丈夫说："天天白养活他，大了又得给他娶媳妇，又要分咱的家。哪一天，我早点给他做些饭，吃了饭，让他天不明上山，到山上让狼虫虎豹吃了他。我们也省了心，家产也用不着分了。"哥哥开始还有些犹豫，后来也就同意了。

这一天，才半夜，小三正睡得香，就被嫂嫂骂醒了："白养活你哩！天啥时候了？还不砍柴走！"小三想，往常每天夜里睡三觉才起床，今天才睡了两觉怎么就叫走？心里这么想，嘴里不敢说。忙起床，吃了些饭，背上担子，走了。

来到山脚，看不见路。小三就钻到山脚的山神庙里等天明。刚钻进小庙，听见庙后"哗哗啦啦"一阵响动，像有啥东西来了。小三慌忙从小庙里钻出来，"哧哧溜溜"地爬上了庙旁一棵大树上，听下边的动静。

原来，庙旁来了一群妖精，有狼精、狐精、猫精、猴精，它们互称狼大哥、狐二哥、猫三哥、猴四弟。

四只妖精刚坐定准备议事，狐二哥大叫："不对！不对！有活人味儿，找找吧！"狼大哥摆手说："甭找，那是我在这里吃了一个小孩。"众妖不再说什么，开始议事了。

猴四弟问："张家庄有一家，家里有棵老梨树，结的梨儿大、甜、酥，今天突然干死了。那是咋哩？"

狼大哥说："那我知道，树下埋了半缸金银，刨出金银，树就活了。"

狐二哥问："王家庄有一家儿，家里有个香亭[1]安不牢，你们说那是咋哩？"

猫三哥回答说："那是香亭下边有四个金砖，刨出金砖就安牢了。"

狼大哥问："李家庄有一家，后院有个秆草垛，人不能走近，那是咋说的？"

狐二哥答道："那秆草垛里有一群蝎子，每个足有一尺多长，长到二尺长，跑出来，就会把全村的人都蜇死。"

众精齐问："有啥治法？"

狐二哥说："有办法！烧一大锅开水，找七个年轻小伙子，用麦权翻一层，开水泼一层，就能把蝎子全泼死。"

猫三哥又问："朝中张宰相的女儿，十分漂亮，心灵手巧。就是头上不长头发，那是咋回事？"

猴四弟笑着答："嘻嘻嘻，那是我干的。我在她的头顶上插了三根小旗儿。细看看有三根金丝黄发，拔掉那三根黄发，黑发自然就长出来了。"

"喔喔喔……"远处，村上传来了鸡啼声，天要亮了。四妖慌忙散去，各归洞府。

小三从树上爬下来。不久给人家治活了梨树，得了金银；泼死了蝎子，受到感谢；安牢香亭，得了金砖；给宰相女儿治得长出了头发，宰相把女儿许配小三，结了婚，荣华富贵了。

小三的嫂嫂得知他富贵的原因后，就赶忙回到家里对着丈夫的耳朵说："哼！听了几句话有啥了不起！今天黑来，咱也去听些话来，也许比他还富贵哩！"于是，哥嫂

半夜里早早吃了些饭，也来到山神庙旁躲起来。一会儿，一阵响动，四妖精又来了。

猴四弟尖叫着："不对，不对！活人气。"

众妖齐说："是，活人气。那次，我们没细找，叫一个孩子把些话全听走了，今天可得仔细些。"四个妖精一齐寻找，把小三的哥嫂找了出来分分吃了。

采录者： 郭新江，男，38 岁，林县合涧乡郭家岗村人，大专，教师

采录时间： 1985 年

采录地点： 林县合涧乡

选自： 《林县民间故事集成》

附记

据郭新江讲，他小时候最爱听他娘访古，不管是在被窝儿，还是在月亮地，他们小孩儿总是缠着他娘给他访古，《小三砍柴》就是那个时候他娘给他讲的，而且还不止一次地讲过，所以给他的印象很深。《小三砍柴》的故事在林州各地都有流传，合涧有流传，就连在横水长大的我老伴儿也听过长辈讲过，她现在还会给晚辈们讲述这个故事。（房海林）

[1]　香亭：香案，用来放香炉的长方形桌子。

294

蛤蟆儿子

有一个李员外，他吃斋念佛，修桥铺路做善事，可惜四十拐弯[1]了，还没得一男半女。一天，李员外在屋门口站着，瞧见一个蛤蟆从墙角蹦出来，心里说："哪怕夫人能生个蛤蟆，俺也不嫌弃。"

过了俩月，李员外的夫人一连几天不想吃饭，请来个郎中一评脉，果然有了身孕。

九月怀胎，李夫人要生了。接生婆忙了一阵子，李夫人却生了一个大蛤蟆。瞪着两眼"呱、呱"直叫，吓得接生婆扭头就跑。仆人报知李员外，李员外说："好！好！蛤蟆也比没有强。"说罢，李员外就让人在屋里修了一个大池子，倒进温水，把蛤蟆小小心心地放进池里养起来。就这样，一晃过了十五年，蛤蟆长得有簸箕大。

蛤蟆十五岁了，李员外两口子想：虽说是蛤蟆儿子，也得给它娶个媳妇呀，要不这万贯家产将来给谁呀？李夫人找了媒婆，媒婆跑断了腿，也给蛤蟆儿子说不上一门亲。李员外想：不中就给它娶个蛤蟆媳妇吧。李员外买了

几回蛤蟆，可一放池子里，就都死了，李员外两口子愁得头发都白了。整天瞧着蛤蟆儿子长出气短叹气，想不出一个好办法来。一晃又过了四五年，李员外两口子早把给蛤蟆儿子娶亲的事丢到了九霄云外。蛤蟆儿子整天冲着老两口儿子呱呱叫，一副乐悠悠的神态，老两口儿也只好认命了。李员外的精神一天不如一天了，一想到断子绝孙，李员外在池子边落泪落了七七四十九天。有一天大早起，李夫人劝他到外边走走，散散心。李员外说："这雪天雪地的，往哪儿走？"李夫人说："到山上瞧梅花儿。"李员外突然心里亮了，就披了羊皮袄同夫人上山瞧梅花。

雪地里的梅花开得很火红，老两口儿心情也格外好。转悠着，突猛瞧见一个冻僵的闺女，李员外给她披上了羊皮袄，李夫人拾了树枝子生了火忙乱了一阵子，闺女醒了，老两口儿问她，闺女说，她叫梅花，山西梅花庄人，父母早亡，投亲不遇，三天三夜没有吃饭了。老两口儿把她带回家，一进门，蛤蟆儿子就冲着梅花直叫唤，梅花也不害怕，还摸了摸蛤蟆的头。

吃过饭，老两口儿要认梅花做干闺女，梅花说："干闺女还得嫁出去，做了李家的媳妇，才是一家人。"高兴得老两口儿摸不着南天门，当天夜里就张罗着与蛤蟆成了亲。

半夜里，李夫人睡不着觉，她给李员外说要去陪陪梅花，别叫蛤蟆儿子吓着她。李员外觉得在理，就叫她去了。李员外还没有圪挤眼，李夫人就失急慌忙地跑回来说："老头子，快去瞧瞧，咱蛤蟆儿子变成人了。"李员外躺着没动，他觉得是夫人想儿子瞧花了眼，顺嘴说："咱命里没儿不强求子，胡乱呜叫啥？"李夫人鼻子嘴里往外喷喜气儿，一边拉一边说："死老头子，你不会自己去瞧瞧！"

老两口儿正拉扯着，一个高高大大的小伙子领着梅花进来了。李员外一瞧，这小伙子真的从鼻子到眼跟自己年轻时长得一模一样，还在疑惑，小伙子拉着他的手叫了一声"爹"，还喜眉笑眼地说："爹，俺就是你的蛤蟆儿子啊。"

原来呀，事情是这样的：这一年，天下大旱，旱得村东头的大坑里快没有了水，旱得鱼儿白了肚，旱得蛤蟆到处蹦着找水喝。李员外一辈子吃斋念佛，修桥铺路做善事，

[1] 四十拐弯：四十岁出头，四十多岁。

一瞧一坑的生灵快渴死了，就出钱叫人在坑边打了一眼深井，日夜不停地叫人打水灌到坑里，这才保住了成千上万的蛤蟆的命。

蛤蟆奶奶想报答李员外的救命之恩，就到送子观音那里替李员外求一男半女。送子观音一翻"上世今生因果簿"，说："李家该断后，他的祖上是个屠户，杀了一万零一条命。"蛤蟆奶奶没话说了，天命是不可违的。看好文曲星要下凡到人间治理天下，蛤蟆奶奶就求他委屈二十年，送子观音也说二十年后让梅花仙子给他当老婆，文曲星这才披了张蛤蟆皮投生到李员外家。

后来，文曲星考中了状元，再后来就当了宰相，把天下治理得富富强强，梅花仙子生了五男二女，李家从此就兴旺开了。

讲述者： 贺书芳，女，78岁，安阳县人，略识字，农民

采录者： 李云英

采录时间： 1996年

采录地点： 安阳县

选自： 《狐狸坟传奇》

295

猫妮

从前，有个小伙子，名叫王小儿，他养了一头小白猪，长得肥头头、光溜溜，十分叫人喜爱。

一天，有个过路人到他家投宿，见了这头小猪，十分吃惊，说："这头小白猪是个神猪。等二月二那天，把它赶到东海边，让它喝海水。喝饱海水，不用喂，就长大了。"王小儿不信。那人说："不信把猪卖给我，我愿意出高价儿。"王小儿听了那人的话，半信不信，心想试试也不打紧。到了二月二，他就赶着小白猪往海边走。

到了东海边，还没等叫猪喝水，突然有个白胡子老头儿拦住了。老头儿说："恁来了，走，到我家去歇会儿。"说罢，拉起王小儿就走。老头儿把王小儿领到一座大庄园，像迎贵客一样把他请到了客厅。

客厅的小凳子上，卧着一只小花猫。老头儿让王小儿坐了，就指使小花猫说："猫妮，去给客人拿套衣服来。"那猫去了一会儿，就拿来一套好衣服。老头儿硬要王小儿脱了破衣服，换上这套好衣服。王小儿弄不清老头儿要干啥，心里直打鼓。问老头儿，老头儿也不接话，只管对小猫说："猫妮，去拿酒菜。"那猫出去一会儿，又端来了酒

菜。王小儿推让不过去，只得和老头儿一块儿喝酒。老头儿一会儿指使猫妮做这，一会儿指使猫妮做那。小猫啥都会干，乖巧伶俐，把王小儿伺候得舒舒服服，好大会儿，他才想起还要赶猪去喝海水。

老头儿看王小儿要走，就拦住说："你喂头猪能赚几个钱，我仓库里有的是金银财宝。这样吧，你把猪留这儿，要啥我给你啥。"王小儿想了想，说："要财宝俺当不起，你要是喜欢小猪，就把这个小猫给我吧，看它伺候人多灵巧。"老头儿听说王小儿要猫，一脸不高兴，说："要个猫干啥，灵巧它当不了钱花。你到我仓库，随便拿一个宝贝，就够你吃喝一辈子啦。"可是，王小儿非常喜欢小猫，别的啥也不要，就要小猫。老头儿红口白牙，把话说出来了，也不好反悔，最后只得把小猫给了王小儿，让他带回家。

自打有了小猫，王小儿再也不孤单了。他每天从地里做活儿回来，猫妮就把做好的饭端上；他衣服脏了破了，猫妮就给他洗了补好。说也奇怪，猫妮本事也真大，不光会做，还能弄来好多好吃的东西。王小儿想吃啥，不管家里有没有，干活儿回来，这顿饭做的准就是啥。跟那神仙会变一样，哪怕是山珍海味，它也能弄到。真稀罕哪！

王小儿憋不住好奇。有一天，他假装去地里，出门走不远就又回到家，藏到厨房里，用一领席子卷成圆筒，自己钻进去，从席缝里偷偷往外看。

到做饭的时候了，小花猫来到厨房里，就地打个滚，脱下了猫皮，变成个十七八岁的大姑娘。这姑娘长得呀，要多好看有多好看，把王小儿看傻了。一会儿，姑娘把饭做好，披上猫皮再打个滚，又变成了小花猫。

王小儿知道了这个秘密以后，多想让小花猫变成人，不再变回去呀！他打定主意，这天又一次藏在席里边。等她脱下猫皮正做饭的时候，突然从席里边钻出来，抓起猫皮就扔进炉膛。姑娘吓了一跳，赶紧去抢。可是晚了，那猫皮忽隆一下烧着了。

说到这儿，你知道猫妮是啥人吗？她是东海龙王的小女儿啊！原来，王小儿的小白猪就是个神猪，要是在二月二那天让它喝海水，就能把海水喝干。东海龙王知道这事儿，很是害怕，就变个老头儿，拦住王小儿，哄走了小白猪。不想他的闺女让王小儿换走了。

小龙女变不回去了，急得呜呜直哭，说："你把猫皮一烧，我变不成猫，给你弄不来东西，咱咋过呀！"王小儿劝姑娘说："不要紧，只要能天天看着你，我不吃饭也行。"龙女被王小儿的憨劲逗笑了。王小儿喜欢美丽的她，她也喜爱诚实憨厚的王小儿。不用说，他俩就结成了夫妻。

王小儿有了小龙女，再也不愿下地了。他天天守在家里，两只眼死活不离老婆。时候长了，龙女说："你天天守着我，地荒了，咱吃啥？"王小儿说："我离不开你，一会儿不见就没魂了。"

龙女见王小儿着迷的样子，想了个办法。她找了两张纸，画上两个美人，画得跟自己一模一样，裱在两个木牌上，让王小儿带到地里，一个插在地这头，一个插在地那头。王小儿锄地，往这边锄，看这张画，往那边锄，看那张画。锄一下，看一眼。再锄一下，再看一眼。就这样，媳妇像在自己身边一样。

有一天，王小儿正在地里干活儿，忽然刮来一阵狂风，刮的是满天尘土。随风刮来的一大块黑云彩，遮住阳光，啥也看不见了。王小儿一看要下雨，赶忙收拾工具回家。他先拔下来地这头的美人画，再去地那头。地那头的美人画早叫风刮不见了。丢了一张画，王小儿丢了半拉魂。回到家后，龙女安慰他说："那怕啥，咱会画，再画一张不就行了。"

这事啊，可不像龙女说的恁简单。有一天，王小儿从地里干活儿回来，媳妇不见了。村里人说，不知道打哪儿来了一群官兵，把人抢走了。王小儿急死了，四处打听，没有媳妇的下落。打这儿，他吃不了饭，睡不着觉，身子一天一天地消瘦下去。

王小儿正愁得要死，忽然做了个梦，梦见龙女来到他的身边。原来那画叫风刮走，有人拾到献给县官了。县官迷上了画上的人，就派兵四处查访。访着了龙女，抢到了县衙，逼她和自己成亲。可是龙女一直不说话，不管你咋劝咋打，劝也不听，打也不疼，就是不从。县官没法，就把她关进大牢。这时候，龙女来给王小儿托梦。梦中，龙女叫他明天戴上狗皮帽子，穿上狗皮袄，去县城卖姜姜菜芽。到时候这样这样……

第二天，县城逢集。龙女在牢里突然叫看守传话，说叫县官陪她到集上走走。县官听说美人开口说话了，非常高兴，赶紧把龙女请出大牢，换上好衣服，领着她一起来到集上。

他们在集上转着转着，就碰见这个穿着狗皮袄，戴着狗皮帽子，在卖萋萋菜芽的王小儿。龙女一见王小儿，"咯嘀"一声笑了。县官一看美人笑了，越发高兴，问她笑啥。龙女说："我看这个人怪有意思咧。"县官说："你看他有意思，就把他请到县衙，叫你多看几眼。"说着，就把王小儿请到县衙，摆上宴席招待。龙女又说："你要是给他换换衣裳，那就更有意思了。"县官想讨美人喜欢，哪能不办，立马让王小儿穿上官衣，自家换上狗皮帽子狗皮袄。龙女一看是时候了，就摆出官太太的架儿，支开了衙役。随后拔刀杀了那狗官，让王小儿坐了县衙。

讲述者：　李梅菊，女，30 岁，内黄县二安乡沙河
　　　　　庄村人，农民
采录者：　李国存，男，9 岁，内黄县二安乡沙河庄
　　　　　村人，学生
采录时间：　1965 年
采录地点：　内黄县二安乡沙河庄村
选自：　　《中国民间故事集成·河南内黄县卷》

296

长虫女

从前有一个小伙子，名叫董梁。董梁父母去世早，他只能靠打柴为生。他每天早起去上山打柴，到午后才回来。

有一天，董梁起得晚一点，和往日一样拿起斧头，扛着扁担和绳子向山上走去。走到半路，见一群小孩围住一条长虫在打，他赶忙阻住小孩不让打，这时他见长虫危在旦夕，快要死去，赶忙把长虫放到自己的口袋里。回家后，就把它喂在了一个粮缸里。从此，他每天卖柴换回的粮食先喂过长虫，然后自己才做饭吃。

这样过了一个月，长虫的伤养好了。董梁想放它走。可又一想，自己是个单身汉，无依无靠，孤苦伶仃，除了打柴就是吃饭，不如喂养着长虫。长虫在董梁的喂养下，一天天地长大了。

有一天，董梁卖柴回来，进屋掀开粮缸，长虫在里边安然地躺着，当他去掀锅做饭时，一看锅，不禁一愣，只见锅里已经有了做好的米饭，当时他还以为这是邻居给自己做的，就匆匆地吃了两碗。剩下的又喂了长虫。

到了第二天，董梁砍柴又回到家里，他看过长虫，又去做饭时，锅里又有做好的米饭，这时，他惊讶了，究竟

是怎么回事呢？董梁决定弄个明白。

第二天一大早，董梁拿着斧头，扛着扁担，拿着绳子，装着又去砍柴的样子，悄悄地隐在墙外，偷偷看着家里的情况。

到了晌午，太阳移到正南的时候，忽然，董梁的门子开了，从里边走出一个漂亮的闺女。只见那闺女手里提着一条长虫皮，向四处看了看，见无动静，便把长虫皮挂在门头上，回屋去了。到了屋里，那闺女揭开锅盖，添了些水，就生起了火，开始做饭。

这一切，在墙外的董梁看得清清楚楚，这时他才明白，那闺女就是长虫变的，于是，悄悄地开了街门，进了院子，走到屋门，从门头上摘下长虫皮，悄悄走到女子背后，把长虫皮一下扔到了锅底火里烧着了。那女子听见有动静，忙站起来，回头见是董梁，羞怯地笑了笑。董梁忙问："你是哪家的小姐，到我的房里？"那女子说："我是长虫女，上次你救了我，心里感恩不尽，看你勤劳、正直，我对你很钦佩，所以，就脱掉长虫衣，给你生火做饭。"董梁高兴地说："这些我都知道了。"从此以后，他们二人便拜堂成亲，结姻缘。

有一天，长虫女对董梁说："董郎，你看咱院子这么小，屋子这么破，难道咱再没别的庄子吗？"董梁说："有是有庄子，可就是一个大坑，咱们穷得这样，又盖不起房子，垫起来也无用。"长虫女让董梁带他去看一看，董梁便带她看了看自己的庄子。

第二天，董梁又去砍柴路过大坑的时候，见坑没有那么深了，他还认为自己记错了，也没在意。可一连几天，坑一天比一天浅了。这消息像长了翅膀一样在附近的村里传开了。一传十，十传百，不料，后来传到县官的耳朵里。

县官名叫曹能，他亲自带领衙役，坐着轻纱轿来到了那个地方，吩咐衙役十步一人，整整看了一后晌，什么动静也没有。这时，一旁的人对他说："县老爷，这坑白天不变浅，夜里才会浅呢！"县官一听便说："我就不信，再守它一夜，到底这坑是浅是深，要弄个明白。"县官和衙役整整又守了一夜，到了第二天天亮，县官和衙役们一看，个个都惊呆了，坑果然垫高了不少。县官一个一个地问衙役，夜里见到什么没有，衙役们大多说没有，只有两

个衙役说夜里看见一个白老鼠跑了数趟，县官立即想到白老鼠可能是宝贝，就问这是谁家的大坑，别人对他说是董梁家的，县官想，这董梁一定知道白老鼠在哪里。他忙派两个衙役前去董梁家，告诉董梁，限他三天交出白老鼠，如果不交出，满门斩首，绝不宽容。

董梁满脸愁云，把衙役的话对妻子讲了一遍，长虫女嘿嘿一笑，对董梁说："这你不要怕，交出白老鼠很容易！"说完，就地一滚，就变成了一只白老鼠。

董梁抱着白老鼠来到了县衙里，县官喜得眉开眼笑，接过白老鼠左看看，右看看，正在得意的时候，白老鼠一口把县官手上的肉咬去一大块，痛得县官直叫唤，忙说："把它扔到火炉里烧死。"衙役把白老鼠扔到了火炉里，忽然火炉里出现一个大铁蛋，县官说："你又变了样，把它取出来，用锤砸碎。"衙役们取了出来，放到铁砧子上，一锤砸下去，铁蛋直向县官飞去，把县官打得一命归了阴。衙役和班头见此情景，赶忙收拾东西，各自逃命了。

董梁一面哭泣一面回家，一路上悲痛万分，想起妻子被火烧死的情景，更是痛哭失声。可刚一到家，他愣住了，只见妻子正在院里做一件新衣服，他惊喜地上前问妻子是怎么回事，长虫女回答："董郎，县官把我扔到火炉里，我变成了铁蛋，他取出要砸碎我，我便飞向县官，打死那个混蛋，回到了咱的家里。"董梁惊喜万分，一头扑到了妻子的怀里。

从此以后，夫妻二人恩恩爱爱，一个纺织，一个耕种，日子过得很好。后来还盖了五间楼房。

讲述者： 袁振华，男，60岁，内黄县马上乡八里庄村人，不识字，农民

采录者： 袁连周，男，30岁，内黄县马上乡文化站干部，高中

采录时间： 1987年3月10日

采录地点： 内黄县马上乡八里庄村

选自： 《中国民间故事集成·河南内黄县卷》

297

槐生

很久很久以前，彰德府西的韩家庄有个韩员外，家有良田千顷，富甲乡里，只是膝下无子，只有一个女儿，取名金花，聪明伶俐。

金花十岁那年，随爹娘到后花园乘凉，见后花园的老槐树下萌出了棵小槐树来，长势旺盛，与老槐树形同父子，便问爹爹："这大树有多大年龄了？"韩员外指着小槐树笑着说："它儿子都比你大两岁。"金花听了说："那我还得叫它哥哥呀！"金花母亲也打趣地说："是，该叫它哥哥，等你长大了，就嫁给它好不好。"金花听了笑着说："嫁就嫁，就怕到时你们不愿意。"

八年后，金花已经出落成了一个仙女般的大姑娘。这一天她独自一人到后院老槐树下乘凉，突然发现这里不知什么时候多了一间精致的书房。她感到很奇怪，进屋一看，见有个风度翩翩的少年正在读书。见她进来，他连忙放下书本说："金花妹妹，快来。"

金花听了仔细一看，不认得这少年，便问道："你是何人？咋在我家看书？"

这少年听了笑着说道："妹妹咋连我都忘了，你母亲将你许配给我了，我都在此等候八年了，今日有幸和妹妹相见，你就不要躲我了。"

金花和少年谈得很投机，就是想不起母亲啥时候将自己许配了人家。她见这少年不但才貌出众，言谈举止也颇有风度，便从心眼里爱上他，两人说话一直到天亮。

第二天一早，丫鬟醒了，见小姐不在床上，连忙四处寻找。后来在老槐树下面的大条石凳上找到了她，她还在那儿睡得正香呢。

从此后，金花便怀了身孕，金花母亲起先还一直瞒着韩员外，可时间长了，纸里包不住火，韩员外知道后大怒，将女儿大骂了一顿。金花自觉无脸见人，当天晚上就悬梁自尽了。

金花母亲十分悲痛，埋葬女儿时，特地将自己珍藏的一些古钱撒在棺材里，作为垫背钱，与金花一起下葬。

半年后，丫鬟上街买东西，遇见一个少妇怀抱婴儿。这少妇很像小姐金花，仔细一看真是金花，丫鬟很害怕，连忙回家去给老爷、夫人讲述，老爷、夫人不信，可丫鬟说得活灵活现。老两口儿便商定，明日到街上看个究竟。

第二天，员外和夫人来到街上，丫鬟看到那小妇人时，指给员外和夫人看。二人近前一看，果然和女儿金花一模一样，怀里抱着个婴儿，那小妇人到麻糖铺扔下一枚铜钱，买了个麻糖又抱着婴儿走了。

韩员外和夫人见了，连忙到麻糖铺要过铜钱一看，夫人认得正是自己扔进棺材里的垫背古钱，这才确认那妇人就是自己的女儿金花。第二天，员外和夫人又到街上，待小妇人买了麻糖回去时，尾随其后，一直跟到金花的坟丘旁，小妇人突然不见了踪影。

当地风俗，闺女未出嫁就死了，不能归葬祖坟。韩员外也是在荒地里用砖把金花的棺材丘了起来，二人来到坟丘一看，见坟丘一侧裂开了一条缝，仔细一听还有婴儿哭声，两人赶紧扒开坟丘，掀棺材一看，见女儿静静地躺在棺材里，身上爬着个白白胖胖的婴儿。

夫人抱起婴儿爱不释手，再看金花，早已是过世之人。原来婴儿是大富大贵之人，一命护二身，婴儿和母亲连着血魂，一直在坟丘里活了半年多，待婴儿得救后，金花才真正死去。

韩员外夫妇给孩子取名槐生，悉心抚养，长大后进京赶考，被皇上点了头名状元。

讲述者：　安来锁，男，安阳县水冶镇人
采录者：　孙晨琳，男，55 岁，安阳县水冶镇东街
　　　　　村人，小学，工人
采录时间：2005 年
采录地点：安阳县水冶镇
选自：　　《安阳县民间故事集》

（二）鬼和不怕鬼的故事

298

有钱能使鬼推磨

据传说，从前彰德府城南野地里有个高鬼和一个矮鬼，经常在村头飘荡。一天夜里三更时分，他们又相遇了，矮鬼见高鬼长得漂亮，很羡慕，就不解地问："你为什么长得这么漂亮？"高鬼得意洋洋地说："这是绝技。告诉你吧！我给人家推磨，人家给我好吃的，所以我就长得漂亮。"矮鬼很受启发，心想："这事倒也简单，今天我就试试去。"

矮鬼同高鬼分手后，就穿入一条巷道，进入一户穷人的住宅，一瞧见一盘磨就急忙推起来。这时，屋里的老汉被一阵推磨声惊醒。老汉忙捅了捅老婆，说："你听三更半夜谁在推磨？"老太婆翻了翻，道："你管他呢！不做亏心事，不怕鬼叫门。"这时，忽然鸡叫了，矮鬼不敢再推下去，就走了。一连三天，就都是这样。没见得有什么好处，矮鬼一怒之下，便不再来了。

几天后，矮鬼和高鬼又见面了。矮鬼非常气愤，说道："你小子为什么骗我？"高鬼听了一愣："我并没有骗你啊！我问你老兄，在什么地方干的？"矮鬼道："在一家穷人家干的。"高鬼听了，哈哈大笑起来，说道："这就

是你老兄的不是了，你想，这些穷人并没有做什么亏心事，再说他们本身穷得叮当响，拿什么东西来伺候你呢？那些富人平时吃喝嫖赌，寻花问柳，榨取穷人的血汗，尽干一些不仁义的事情。他们这些人心虚，经你一吓，他们不就给你送出好吃的来了吗？"

矮鬼听了，心里一亮，说道："多谢大哥的指教，小弟马上就去试试。"就这样，矮鬼来到一栋比较阔气的房子前，翻入院中，正好看到一盘磨，就推起来了。这时，正在屋子里那个无恶不作的富人，听到外面的推磨声音，非常害怕，就像老母猪筛糠一样，急忙叫起他的老婆，把好吃的东西摆了一桌子，硬着头皮子抬到院子里，开始烧香磕头。矮鬼一看到好吃的就急忙奔上前去大吃一顿。

从此后，矮鬼专门找富贵家敲竹杠，搞得人心惶惶，那些人不惜花钱买东西孝敬。于是民间就有了"有钱能使鬼推磨"的说法。

讲述者：　翟天贞，男，62岁，安阳县韩陵乡人，小学

采录者：　张俊山，男，67岁，安阳市北郊东大姓村人，高小，退休干部

采录时间：2005年10月

采录地点：安阳农校家属院

选自：　《安阳县民间故事集》

附记

这是一句广为人知的俗语，作为故事，我以前没有听说过，直到张俊山推荐给我这篇故事。和《金马驹》一样，讲述者虽然不同，但表达的意思、寓含的道理是一致的。（王光明）

299

旱魃[1]

民国初年，安阳北部农村风传有旱魃出现。当地人说旱魃就是屈死的鬼，每天拿着两把扇子扇天上的云，使当地大旱，庄稼歉收。

传说府北金渠村有一位姑娘叫杜莲，年仅十六七岁，有一天到地里去挖野菜，遇到了邻村的一个无赖。这无赖叫梁孬只，整天游手好闲，拿着粘鸟儿用的杆子，到野外树上粘鸟儿。当上到树上时看到了麦田中的杜莲姑娘，就把粘鸟的杆子往树上一绑，就下了树朝杜莲扑了过去。杜莲姑娘就被他糟蹋了。

这梁孬只干完了坏事，爬到树上取下杆子背了就跑了。这一下杜莲可被吓坏了，梁孬只走了好久了她都不知道兜起裤子来。就在这时，又一个汉子赶集路过这里，到了麦地边想解手，看到了倒在麦田中的杜莲，扑上去又把杜莲强奸了一次。杜莲这一下可吓傻了。

天快晌午了，家里人还等着杜莲挖来野菜下锅呢，可杜莲还没回来。家里人只好到野外去找。父亲在麦田中看到了下身流着血的女儿。他不仅没有同情女儿，反倒抡起大巴掌朝女儿打去。他恨女儿失了身，败坏了杜家的名声。杜莲被父亲这么一打，醒了过来，马上哭了起来，随手兜上了裤子。就在这时，过来一拨赶集的人。他们看到倒地的麦子还有地上的血，知道出了大事。可这些人没有同情杜莲，还打听受害者叫啥，是哪里人。杜莲年纪幼小，就顺口说了出来。没想到这却犯了大忌，她的父亲怪她丢了丑又说出家中的情况，又抡起了大巴掌，把女儿打得满嘴流血。此时，杜莲呆了，不知道自己该说什么了。

杜莲的父亲怕女儿再把人丢下去，拖起女儿就往家里走。这时却听身后的说："这一下杜家人可有好看的了，有了这么个破闺女，这辈子是别想在人前抬起头来了。"

杜莲的父亲没什么文化，除了种那三亩多地也没有别的营生。听人们这样的议论，更觉得杜家名声坏了，拖着女儿到了村头的大井前，他一把夺过女儿手中的篮子，随手把女儿推到了井中，杜莲就被淹死了。

杜莲的爹回到了家中，杜莲的奶奶问孙女怎么了，杜莲的爹气哼哼地说："没出息的东西，菜没挖到，倒掉到井里淹死了。哼，一个赔钱的货，死也得让家里赔口棺材。我去叫几个人，把她捞上来埋了。"说着走了。

杜莲的娘一听说女儿死了，当下就大哭起来。这时就见杜莲爹带了一帮子人拿着绳子、杠子往外面走了，杜莲娘就跌跌撞撞地跟了过去。当大家把杜莲捞上来时，杜莲早已死了。杜莲爹就在旁边薅点草，把杜莲的尸体用些乱草盖上，埋在村头的柳丛里了。

杜莲死了，可家里人都想她，弟弟妹妹也常问家长说："俺姐姐啥时回来？"每当提起，杜家大人就流眼泪，可杜莲爹却在骂："哼，赔钱的东西，死了活该。"

这一天傍晚，大家都端着饭到街上吃。街上就聚了好些人。杜莲的奶奶端了一碗稀饭来到门口却看到杜莲来了，杜莲见到了奶奶就说："奶奶，你在吃饭。我给你带来了麻糖。"说着就把麻糖放到奶奶的面前，就往家中走了。

奶奶说："杜莲娘，杜莲娘，看到杜莲往家里去了吗？"杜莲娘说："是啊，我是看见杜莲往家中去了。"奶奶说："杜莲不是死了吗，咋能又回来呢？"杜莲的爹一

[1] 旱魃：旧时传说中引起旱灾的怪物。

听说，叫道："不好，杜莲的魂又回来了，快打，不能让这鬼魂回家。"

吃饭的人一听，立刻动了起来，有的回家中拿来粪权，有的拿来抓钩，有的拿来了铁锨，有人点起了火把，匆匆地奔到了杜莲家。可是，寻遍杜莲家的旮旮旯旯，也没能找到杜莲。第二天奶奶来到街中，想看看杜莲给自己带来的到底是什么，只见自己放过碗的石台上竟然放着一堆干屎。奶奶不由得说："难道我孙女真的成鬼了啊，吃的麻糖竟然是人屎啊。"

后来，杜莲隔三差五就来了，来时不是给奶奶带烧饼就是麻糖，可第二天再看杜莲带来的东西，不是人粪就是牛粪。再后来，杜莲带来的不是死小猪就是死小孩子，弄得人人害怕。说来也怪，自从杜莲死后，这安阳城北一带就没下过雨。人们说杜莲成了旱魃了，有人经常见她在井边、在田间、在小路旁摇着两把扇子扇风。天上有几片云彩也被她扇走了。

有人既这样说了，大家也就都信了。为了让老天下雨就拢了一班人打旱魃。特别是金渠村、大田村、梁营一带的人就自动组织起来，到处找旱魃的去向。可是，听人说旱魃在什么地方出现，到了那里什么也没有了，人们就再去找旱魃。这一天他们来到了漳河边的柳丛中，看到了杜莲站在树梢上，拿着两把扇子在扇着。嘴里还唱着："人哪人，你亏了心，我不能报仇就扇云，旱死恁个老龟孙！"天上有块云彩，都被杜莲的扇子给扇跑了。

人们见到旱魃就冲了过去，锨、锄、权、钩一起朝杜莲打去。可他们没到杜莲的跟前，杜莲就从树枝上飞走了，一晃不见了。

人们整天找旱魃打，就是找不到，可天仍在旱，庄稼仍是一片枯黄。这时人们就找阴阳仙算算旱魃在何处。本地有个阴阳仙叫白连起，人们求他想个办法。白连起说："这事好办，你们知道旱魃是谁吗？"他们说是金渠的杜莲。阴阳仙说："那好办，你们只要把她的坟扒了，把她的尸体暴晒三日，她就不能当旱魃了，老天也就下雨了。"

当地人信的就是阴阳仙，于是就组织了一帮子人去扒杜莲的坟。这时杜莲的奶奶坚决不同意，趴在杜莲的坟上不起来。可大家求雨心切，就叫来了杜莲的爹。杜莲爹看

到自己的女儿给一方人造了这么大的灾难，上前把老母亲拉起来，背了就走。人们就你伸锨，我拿镢头，开始扒杜莲的坟。

坟被扒开了，下面就是开棺了，胆小的就后退到了一边，胆大的就过去用洋镐开棺。杜莲的棺材打开了，人们凑过去一看，杜莲脸上的白毛长得比头发还长，人们吓得起来就跑。就在这时，天刮来了凉风，随即就是乌云满天，再停一会儿就是打忽雷下雨。只见杜莲从棺中飞了起来，随着闪电钻进了云中。接下来响了几声炸雷，随后大雨就下了起来。

人们为躲雨都跑了，回到家看着窗外这瓢泼似的大雨。这雨接连下了三天三夜，只下得平地涨水三尺。可是，水大了又把小苗给淹了，这一年城北一带的庄稼颗粒无收，杜莲的爹也在这年冬天饿死了。

讲述者：　黄秋珍，女，已故，安阳县洪河屯乡黄庄村人，农民

采录者：　刘耀青，男，53岁，殷都区小庄村人，中专，农民

采录时间：2006年9月

采录地点：殷都区北蒙办事处大碾屯村

选自：　《中国民间故事全书·殷都卷》

附
记

旱魃，安阳人叫旱魔，说是一种能让老天大旱的鬼，能成为旱魃的人多是屈死鬼。在20世纪五六十年代，经常听人们讲旱魃的故事。说安阳城北部时不时地有旱魃出现，人们就是求苍天降雨都不行。没有办法，人们只好去问阴阳仙。结果城北有个姓白的阴阳仙，说知道哪里有屈死的人，扒了他的坟毁了他的尸就把旱魃给打了，从此天就会降雨。

本篇故事的讲述者黄秋珍，生卒年不详，娘家是安阳县洪河屯乡黄庄村人，嫁到了安阳县辛店乡二十里铺村。有一次我在生产队拉犁，黄秋珍就讲起了她娘家那一带出旱魃的事。说这旱魃是个屈死的鬼，死后有人看到她在漳河边的柳树梢上扇风，天上有云就被她扇飞。还

是那一带人集中起来打旱魃，扒开她的墓后发现她脸上的白毛有半尺长。挖了她的墓后老天就下了雨。当时我们几个小青年听了都感到害怕，以后都不敢独自去割草挣工分了，出门都是结伴而行。（刘耀青）

300

鬼街

水冶镇地处南北东西交通要道，生意兴隆，在镇内有一条东西大街，最为兴旺发达。

但这条大街却有鬼街之说。白天大街两侧是活人开店做生意，晚上就变成了游魂飘荡、阴风飕飕的鬼街。凡死了亲人的人家，晚上在这条大街上都能见到自己的故人。

有个远在四十多里外居住的周至仁，四十多岁，娶妻王氏，十分贤惠，二人感情很好。成婚二十六年，王氏病倒有十四五年之久。周至仁与爱妻治病花去银钱无数，终因回天无力，爱妻于去年病故。常言道：中年丧妻乃人生之大不幸，这周至仁也一样，爱妻亡故已有一年之久，心里仍想念不已，久久不能忘怀。

听友人说来到水冶镇上的东西大街就能与过世亲人见面，周至仁就决心要到水冶镇与亡妻见面。于是周至仁就找到友人央告，友人劝道："至仁兄，人死如灯灭，不见也罢。"周至仁则死心塌地，一定要与亡妻会上一面，哪怕是只说一句话也行。

友人被缠不过，只好答应，两人就动身来到水冶镇，友人与他定下熟人店房居住。店主晓得周至仁来意后劝道："客官，我把你藏在柜里，晚上夫人来后，只准从柜门缝里朝外看，千万不可出声，不然，可能有性命之忧。"周至仁一一答应。

到了晚上，周至仁被锁在衣柜里，心里想早早见到爱妻的面。好不容易熬到后半夜，忽然觉得气温骤降，冷风飕飕，大街上鬼哭狼嚎之声不断。周至仁立刻心惊肉跳，两腿忍不住直打颤。

突然他听见有人叫他道："周至仁，你这假正人君子，给我滚出来。"周至仁听了，觉得奇怪，忙从柜门缝里往外看，见正是自己过世爱妻王氏，披头散发，面色蜡黄，圆瞪二目，和自己印象中贤惠的妻子完全两样。她正在面对着衣柜破口大骂："周至仁，你说你为我治病花掉不少银两，那是前辈子你欠我家的债。前一辈我家是开药店的，你在我家药店学徒，后来把我家药店里的贵重药材偷了个精光。我嫁与你就是为讨债而来，我治病花的银两还不及你偷我家药材钱的一半，待我来世托胎还要到你家去讨债，你就等着吧。"

周至仁在衣柜里吓得要死，再也不敢往外看一眼。他的死鬼妻子一直在屋里折腾到天将放亮、鸡鸣以前才恋恋不舍地骂着出了屋，驾着阴风走了。

天亮后，店主与友人把衣柜打开，看到周至仁被吓瘫在里面，二目呆滞。后友人将他护送回家。自此，周至仁再也不提到这阴阳鬼街来了。

采录者：　刘贵林，男，28岁，安阳县水冶镇教师，中专
采录时间：1984年
采录地点：安阳县水冶镇
选自：　《安阳县民间故事集》

异文：阴阳店

都说水冶有条阴阳街，街上白天开的是活人店，夜里就成阴魂店了。

那时候，彰德府有个姓刘的，只有一个孩子，那孩子短命，十八九岁就生病死了。

这个姓刘的埋了儿子以后，咋着也过不来那股劲儿，想儿成疯，光想再见儿子一面。后来他听人说，要是能住进水冶街"阴阳店"，就能跟死人见面了。他就急忙去找一位开店的朋友。朋友劝他还是不见为好，可他非见不可。朋友推脱不过，只好答应他住进了"阴阳店"。

朋友告诉姓刘的："你住这店，得叫我用张席子把你圈住，到夜里你只能在席筒里往外瞧，不能说话，更不能走出席筒来。要不你就得死。"

姓刘的把这话牢牢记在心里。天黑透，姓刘的站在席筒里，一心盼着能早点跟儿子见面。好容易等到后半夜，才远远听到大街上有个马蹄声来到了店房外，一会儿，有个脚步声就进了店。这个人一进店就叫："姓刘的，你不是要瞧我吗？我来了，你就出来吧！"他从话音听出正是他儿子，于是赶忙隔着席筒往门口那儿瞧，那个鬼魂正好进了门。这一瞧，就把他吓得尿了一裤子。他看到，那具鬼魂脸上青一道、蓝一道、红一道、紫一道，一张嘴咧得像个大血瓢似的，嘴角里伸出两颗弯长的大獠牙，可怕极了！

那个鬼魂蹦到席子边儿说道："姓刘的，你说你是我爹，我倒说我是你爹，你说我治病花了你很多钱，白生养我十几年！那是你前世欠我的账，就是为讨账我才投胎你家的，要不是我临死牵走了你家的大白马，上辈子的账你还欠着我没还清。今天，咱俩这笔账结清了，但是你还得反回来再叫我二十年的爹，出来，你出来，我知道你就在这个屋子里……"就这样，整整闹了半夜，直到天明鸡子一叫唤，那个鬼魂才走了。朋友进屋来打开席筒一看，姓刘的已被吓得翻了白眼，打那儿以后再也不提见他的儿子了。

讲述者：　任殿卿，男，58 岁，安阳县人

采录者：　李凌华，男，安阳县人

采录时间：　1994 年

采录地点：　安阳县

选自：　《狐狸坟传奇》

301

陈小鬼

在很早以前，城东南蒋台屯陈家，一年轻妇女死于难产，因她死得年轻而不得上穴，故而被寄埋在陈家临路的一个地角里。在没有这个坟墓以前，有个串村卖麻糖的每天黎明时分都要经过这儿，有了这个新坟墓后，他仍然要经过这儿。但是，自从这儿有了这个新坟，每次他走到这儿，不知咋的，就觉得有些异常。一是看到不远处有一片隐隐约约的庄子；二是从这个庄子里走出来个既陌生又年轻的女买主；三是这女买主从不说话，一买上麻糖就转身回去了，待她走后，那种莫名其妙的感觉也就消失了。买卖如同在梦中。虽然如此，他由于慌着赶路，所以既没在意，也没去多想。

再说，那时候买卖交易用的是铜钱，可他在晚上点钱时，都会从衣袋里掏出两张纸钱[1]，虽然他也觉得有些离奇，但也没当成回事儿。一连几天，天天如此，这就促使他在了意。为了澄清这纸钱是谁给的，他改变了原来的收钱方式，由原先口袋混装，改为按买主先后，依次将钱放

[1]　纸钱：冥币。

在油布下的夹层里。这样一来，结果证实，第一个买麻糖的就是那个既陌生又年轻的女买主，就是她付的铜钱变成了纸钱。尽管如此，他也从未向外声张。

有一天，他没起早去串村卖麻糖，而是吃过早饭后直奔那个新坟墓。他到那儿一看，隐隐约约的庄子不见了，而坟墓却是一边干一边湿。他觉得这新坟墓里一定是出了邪，就到蒋台屯去打听。当他得知是陈家的，就到陈家如实相告。可陈家并不领情，认为他是捕风捉影，是用欺人之谈来套钱的。他觉得陈家冤枉了他，错怪了他，感到很委屈，一怒之下，便把这事儿一一兜在大街上。不一会儿，就轰动了全村。

当他们双方吵得难分难解时，有位老先生站出来说话了，他说："依老夫之见，量他也不敢在咱蒋台屯胡说八道，更不敢在咱蒋台屯如此信口开河！他说这坟上出了邪，有了鬼，咱耳听为虚，眼见为实，打开棺材便知虚实。是实，你陈家当众向人家道歉；是虚，他就别想囫囵着出了咱蒋台屯！"

老先生的话还真顶用，陈家立即召集了几十条身强力壮且胆大的汉子，带着工具、石灰、火把去发墓。

当棺材打开，众人看到女尸上趴着一个赤身的婴儿，这婴儿虽然面如土色，但嘴角、嘴唇上还残存着嚼成烂泥似的麻糖糊糊，一摸，还有气，陈家人就把他抱回去了。这正应了"母子不同穴"之说。女尸呢？女尸犯了惚[1]，惚怕阳光，阳光一照，她就彻底一命呜呼了。

因这婴儿出生在坟墓里，故而人们就叫他陈小鬼。这陈小鬼不仅命大，而且后继有人。其后代都和他一样，面带土色。

只因这桩事很离奇，至今仍然在蒋台屯周边的村子里流传着。

采录时间：　2004 年 3 月
采录地点：　殷都区大司空村
选自：　　　《民间故事选》

讲述者：　田海莲、周明贵
采录者：　宋魁元，男，68 岁，殷都区大司空村人，
　　　　　小学，退休干部

[1]　犯了惚：诈尸。

302

王大烟袋火烧土布袋

在尧城遗址——遵贵屯，至今流传着一个逗鬼的故事，那就是王大烟袋火烧土布袋。

据说在很早很早以前，尧城至将台村三里路的中间有一段大深沟，沟的两岸耸立，好像两堵大高墙，把路夹在中间。走进这段深沟，谁都觉得阴森可怕，尤其夜间走路，头发会竖起来，总觉得身后像有人跟着似的，回头看吧什么都没有，想跑又不敢跑，怕输了胆。怕得直想哭，又不敢哭，哭了怕鬼看到更欺负你。

都知道这沟里闹鬼，常有土布袋出现，单等有私心、爱财、贪便宜的人，只要你一拾布袋，背起来准把你压死。这土布袋白天从不出现，只在夜间有单人行走时，它就横在你前面不远的路中间，装得满满的一大袋粮食，很像从车上掉下来的，专等贪小便宜的人来拾。可见鬼要害人，也要合乎人的心理。传说，这条土布袋用这种方法已经压死好几个人了，再加上传说中的添枝加叶，越传越厉害，越说越可怕，直闹得这短短三里地，夜间不敢走人，白天人不愿走，宁可绕上几里地，也要躲开这条沟。

遵贵屯有一贫穷汉子，叫王大烟袋，身高马大，膀大腰圆，力量过人，胆量也无人可比。只是饭量大，因家里穷，时常吃不饱，心里不痛快，常常吸旱烟解闷。久而久之，越吸越厉害，光嫌烟锅子小，不过瘾，竟弄了个铁烟锅，有酒盅那么大，吸起来，一股烟能冲丈把高，三袋过后，能把铁烟锅烧红。因家穷买不起烟叶，就用豆叶、茄叶代用。

有一天，王大烟袋在街上一家大染房里和几个邻居扯闲话，自夸自己有多胆大："我给黑白鸡角打过架，在东坡捉过鬼，还给死人打过通铺。"

邻居们都笑他喷大话，染房掌柜说："好！咱今晚打个赌，晚上你去将台沟，把土布袋背来，算你赢，我买十斤肉请各位的客。""一言为定。"王大烟袋拍着胸脯、美滋滋地说。

到了晚上王大烟袋来到染房和众人告别，独自向将台沟走去。染房掌柜随后带领众人暗自出发，偷偷跟了去，躲在远处观看。

王大烟袋大摇大摆地向沟里走着，不时还喊几声《穆桂英挂帅》的唱腔，挥舞着长烟袋当长枪，学着穆桂英挂帅的架势，自我壮着胆，一步一跳往前走。刚进沟不远，他的头发"噌"一下竖起来了，那条土布袋突然出现在面前，就横在前面不远的大路上。

怎么办？不能退回去，丢脸！他定了定神，强装悠闲地说："有钱人家里猪肉臭，穷人家里没有腥。我能拾几斗粮食，也好度过春荒。"说着来到布袋跟前，用脚踢了踢布袋，觉着软绵绵的，接着说："今天我真有运气，捡到一袋粮食，不管是谁丢的，背回去先吃上几顿饱饭再说。"

"先歇歇，攒攒劲。"说着，他一屁股坐在布袋上。

王大烟袋边说边抽起烟来，抽了一袋又一袋，一直抽了十多袋，看看铁烟锅烧红了，就猛转身拿着烟袋锅朝布袋烫去。只听"啪"的一声响，冒出一溜火星窜向东北坡，边窜边落火星，一会儿，火星散完了，土布袋也不见了。

王大烟袋自己定了定神说："什么土布袋、铁布袋，小小鬼怪，还禁不住我的烧烟锅，一烧就跑了，明天你再来，我还烧你。"

他的话音刚落，就听有人喊："大烟袋，快回来吧，你赢了。"

他听出来是染房的人在喊他，赶紧往回走，走了一会儿就跑起来，越跑越快。跑到跟前，擦擦头上的汗，定了定神，咧开嘴说："怎么样？我还行吧？"

"大烟袋，你真胆大，真行。"不远处他们相遇，都在夸他。

至于他们怎么吃肉喝酒请客的，我们就不知道了。只知道从此以后，将台沟再也没有土布袋出来害人了，大路渐渐恢复了喧闹，王大烟袋除害成了故事传了下来。

采录者：　彭存希，男，51 岁，河北省大名县人，大　　　　　专，干部
　　　　　乔厚武，男，77 岁，安阳县高庄乡遵贵　　　　　屯村人，退休教师
采录时间：　2006 年
采录地点：　安阳县高庄乡遵贵屯村
选自：　　　《尧城故事》

异文一：于大胆刀劂土布袋

过去，从大司空村到郭家湾，有一条一漫东南的斜路，斜路中段是一道深沟，沟旁有个半亩来大的三角坑，坑缘上常常现化出[1]一条土布袋，土布袋作祟害人，闹腾得人心惶惶，路断人稀。久而久之，这条通往城区的车马大道，竟然变成了一条人迹稀少的背路。

土布袋是如何作祟害人的呢？据遇见过土布袋的人讲，它是在白不涝的[2]天气晚上多有出现。过路行人走到那里，就会看到一条土布袋横在路当中。走近它时，心里想麦子，里边装的就是麦子，心里想谷子，里边装的就是谷子，心里想豆子，里边装的就是豆子，反正心里想啥，里边装的就是啥，怪叫人眼馋动心的。要是真的把它扛到肩上，那就坏事了，"一里轻，二里重，三里过来背不动"，还会

[1]　现化出：出现。
[2]　白不涝的：形容灰蒙蒙的。

把人活活地压死。随着时间的推移，谁也弄不清它在那儿伤害过多少条人命，给这世上撒下过多少个孤儿寡母。

当时，大司空村有一姓于的打鱼人，外号人称"于大胆"。他膀大腰圆，五大三粗，顿吃斗米，力大惊人，不但武艺高强，而且很有胆识。当他听说土布袋作祟害人的事后，彻夜未眠，反复琢磨着制伏土布袋的事。

一天傍晚，阴晴交融，正好是个白不涝的天气。于大胆吃饱喝足，袖着他早已备好的锋利短刀，只身一人向三角坑走去。他走到那里便自言自语地说："家里正缺小米下锅哩，有谁来解我这燃眉之急呢？"说来也怪，声音刚落，眼前就闪现出一条大布袋，袋子里果然装着小米，看上去黄灿灿，闻起来香喷喷，抓在手里沉甸甸，他朝四下一望，连个人影儿也没有，又说："今日有求必应，我不把它背回去还对不住丢米的呢！"他不慌不忙地把袋口捆扎好，左手掐起袋口，右手就去托袋底……说到这儿，有人会担心他重蹈别人的覆辙，再吃土布袋的亏，其实不然，他在"将计就计"。他把身子往下一沉，说时迟那时快，趁势就把藏在袖筒里的短刀反转过来，以迅雷不及掩耳之势，就狠狠地把刀子插入了土布袋，再用力猛地向上一劂，就给土布袋来了个大开膛，这时只听"叽——"的一声，鬼就一溜火星向西南岗方向逃去，从此以后，就再也没人看见过那害人的土布袋了。

于大胆虽然离开人世几百年了，但他刀劂土布袋的故事至今仍在大司空村方圆的乡村里流传着。

讲述者：　宋魁元，男，54 岁，铁西区大司空村人，　　　　　小学，干部
采录时间：　1990 年 10 月
采录地点：　铁西区大司空村
选自：　　　《民间故事选》

异文二：李大胆智斗土布袋

传说在很久以前，在本村后街西头的大路上常闹土布袋。每逢到月亮未出来的月黑头天气，土布袋就会出现在这一带，如果有人爱占小便宜，你心里想要小米，布袋里就是小米，心里想要白面，布袋里就是白面，想要玉米，里面就是玉米，想要豆子里面就是豆子，反正你想要啥它就来啥。可是当你将布袋背在身上时里面就要变成泥土了，越来越重，"一里轻，二里重，三里过去就要命"。不知道害过多少贪财之人。

后街有个姓李的年轻人，长得膀大腰圆、五大三粗，天不怕，地不怕，神鬼不怕。他听到土布袋的故事说："什么土布袋，就是铁布袋我也不怕它，今晚我就去会会它！"

这天，正是月黑头天气，李大胆吃过晚饭就往腰里别了一把刀，向村西头走去，快到西头路上时，果然发现路上躺着一条土布袋，他边走边说："家里正缺小米吃哩，能拾一袋小米多好呀！"走到跟前用手一捏，果然是一袋小米。"真是天助我也！"他一只手抓住布袋口就往肩上抡，谁知那布袋轻飘飘地就跳到他的肩上，他一手紧抓布袋口，另一只手拔出尖刀就向布袋捅去，只听得"叽叽喳喳"一溜火星向西北窜去，从此，这一带再也没有出现过土布袋了。

讲述者：　龚元成，男，64岁，安阳县白璧乡大寒
　　　　　村人，小学，农民
采录者：　方宪仁，男，21岁，安阳县白璧乡大寒
　　　　　村人，高中，干部
采录时间：1966年
采录地点：安阳县白璧乡大寒村

附记

20世纪70年代以前，农村没有电视，农民的文化生活非常单调，每天吃过晚饭，人们就纷纷聚在生产队饲养室，那里养着全队的牛驴骡马，里面点一盏煤油灯，光线昏暗，牲口粪尿气味熏人，但大家并不在乎，都专心致志听老人讲故事。龚元成老人擅长讲鬼故事，大家都很爱听，他讲的《李大胆智斗土布袋》让我记忆犹新，2008年后根据回忆整理。（方宪仁）

303

榷鬼的传说

俗话说"阳间人榷人，阴间鬼捣鬼"。有没有人榷鬼的事呢？还真有！

北大河[1]由西向东缓缓而来，一流流到郭家湾老石桥那儿，就显得水湍流急了。河水撞在石头上，就会发出震耳欲聋的响声，怪怕人的。在过去，那一段地带几乎年年淹死人，甚至不止一个两个。从而就一传十十传百地说那里"残"。淹死鬼多得数不清，淹死鬼到时候还要找替死鬼。这就吓得一些人不敢轻易在那儿下河洗脚、洗澡了。

有个人也风言风语地听说过这儿"很残"，当他走到这里，由于天气炎热，浑身冒汗，他竟把这儿"很残"的事抛到了脑后，他放下手里所拿的东西，把裤腿向上一挽，就跳到浅水里洗脚。他这一下去不大要紧，两条腿像被什么东西扯住似的，一直往深水那边拖。他觉得不对劲儿，也就想起了淹死鬼作祟的事。于是，他沉着气，装出一副大大咧咧的样子说："日他娘呀，天这么热，光洗脚不中，

爽当[2]脱光衣裳痛痛快快地到深水里大洗大洗！"说着就向岸边移动。

淹死鬼还以为他真的脱了衣服会回来送死，就松开了手。淹死鬼一松手，他就赶紧上了岸。他简单地擦了擦腿上的水，穿上鞋，回头向河里说："你天天在这儿坑害人，不知你给这世上撒下多少个孤儿寡母，今个儿又险些把老子拉到阴曹地府，呸！你在这儿等着吧，看谁再上你的当！"说罢，他拿起东西走了。

采录者：　宋魁元，男，53 岁，铁西区大司空村人，
　　　　　小学，干部
采录时间：　1989 年 12 月
采录地点：　铁西区大司空村
选自：　　《民间故事选》

异文：拉脚坑

在韩陵乡东南有个不多大点儿的水坑，人们叫它"拉脚坑"。传说，拉脚坑里有好多好多的鬼魂。这些鬼魂三年一转生，临转生前，还得拉下一个替死鬼做替身。人们都知道这"拉脚坑"很缠[3]，所以没有人来这儿洗衣服或者洗澡。

这一年，天旱得很，可拉脚坑的水，照样水汪汪的。有一天，一个叫"傻二婶"的妇女，从地里干罢活儿回家。路过坑边，觉得脚底生火怪难受，一时间忘了这是拉脚坑，便坐在石头上，脱下鞋子，把大脚向水里伸去。刚一伸到水里，只觉得一双大脚被啥东西拽住似的，直往下薅。她吓得头发梢儿都直煞起来。这一吓，她才想起这是拉脚坑，是有鬼魂来拉她做替死鬼。傻二婶的傻劲儿上来了。她抓住石头，拼命往外拔两只脚。她和那鬼魂的劲儿，大小差不多少，拉锯似的，一来一回。傻二婶想跑是跑不了，鬼

[1]　北大河：洹河的俗称。

[2]　爽当：干脆。

[3]　缠：闹鬼的意思。

魂也拉不下去。傻二婶急了，就大声呜叫开："她娘的腿，还不胜脱光了爽爽利利洗个澡。"她呜叫着，就解扣子，松腰带。鬼魂以为傻二婶当真要洗澡，就松了手。傻二婶一提脚，赶紧就往坑上爬，拿起鞋提着裤子就跑。傻二婶跑回家，找人写了个木牌钉在坑沿上。从那儿以后，再也没人敢到拉脚坑去洗脚了。

郜现英（中）介绍当年的"拉脚坑"旧址（摄影：刘二安）

讲述者：	卢玉花，女，60岁，安阳县韩陵乡东梁贡村人，略识字，农民
采录者：	郜现英，女，21岁，安阳县韩陵乡东梁贡村人，高中，农民
采录时间：	1994年
采录地点：	安阳县韩陵乡东梁贡村
选自：	《狐狸坟传奇》

附记

　　这篇故事采录于早年的记忆。早在生产队时期，村里每家每户都安装了小喇叭，每天定时广播，有新闻、娱乐等，听广播算是那个时期农村仅有的文化生活了。记得那年夏天吃过晚饭，一家人坐在院子里手拿荷叶扇乘凉，听着小喇叭里传来的悦耳歌声。接着一条消息吸引了我："呼吁全民投稿，搜集当地的民间传说"。那时我正值青年，对文化的渴求欲正强的时候，对长辈讲述的故事很感兴趣，听到县文化部门征稿，我就积极响应采录整理了《拉脚坑》等多篇故事。

　　我对这个故事至今记忆犹新。20世纪80年代没有自来水。农村水脉水位浅，几米就能挖个井，所以村里的大坑小沟一年四季都有水。韩陵乡东南角有个很大的水坑，大姑娘小媳妇平时都会聚集在这里洗衣服。

　　我大约十来岁的时候娘千叮咛万嘱咐说："你奶奶的奶奶说过拉脚坑里有鬼，千万不要一个人去洗衣服和玩耍，小鬼拉下去你十来个人也拽不上来。"那时候我特别听话，每每从拉脚坑经过吓得一溜烟赶紧跑过去。这就是传说中的拉脚坑，现在想起来都心有余悸。

（郜现英）

304

庙房遇鬼

城北有座小庙，内有一座大殿，东西有俩配殿。冯玉祥跟奉军在这儿打过仗后庙里的神像被推倒了，大殿变成了学校。后来学校散了，大殿就空着，东西两配殿就成了一家富户的仓库和牲口房。

这富户叫柴乱的，喂有十头牛、两头驴，还有六匹马，一个人顾不过来，就请来一个叫昌儿的半大老头儿给他喂牲口。这昌儿家里穷，家里有老伴和几个闺女，还一个儿子，又没有地，只好经年累月住在庙上，给柴乱喂牲口。

这庙上的泥胎虽然被推倒了，神灵儿却仍然存在。牲口能看到神与鬼，到夜里就乱踢乱叫，最后神灵儿见在西偏殿里也不能安生，就搬到大殿里头去了。

人们信神，有信得轻的，只到大节季[1]儿才给神灵儿烧香上供儿。有的信得很，每月初一、十五，还有节令儿都要上供儿，到时候善男信女儿就扛着香拿着箔提着蜡带着糕来了，跪下来磕头上供。这昌儿家里穷，肚里也穷，平时经常偷吃料豆子，见有人来上供就帮着张罗，眼头不

见就拿人家的糕往嘴里送，或者装一两个带回家里给孩子们吃。那些善男信女见他帮忙烧香，也都乐意给他留下小糕儿什么让他吃，可神灵就不愿意了。神灵儿说：每回人家来上供还没放那儿你就给吃了，我得治治你。

这一天昌儿喂牲口一直喂到半夜，给牲口上了最后一道草料就摊开被子去睡，屋里有牲口，夜里是不熄灯的，那架在柱子上的黑油灯也就成夜价燃着。

这昌儿刚睡了一会儿，就觉得有人在他脸上吹热气儿，这时牲口就又踢又尥，他被惊醒了就睁开了眼睛，一看什么也没有，但那原本点着的灯却吹熄了。他干了一天活儿也累了，就说："灭叫它灭吧，反正牲口没灯也能吃草。"就又睡去。可刚睡下，就又觉得有人在自己的脸上吹气儿，牲口又尥起来，就又睁开了眼，可一看灯儿却又点了起来。他说："刚才我睡时明明没点灯，这灯怎么明了，是谁点的呢？莫非有了鬼了？"就吓得屙了一裤子，后半夜就不敢睡了。

白天牲口都被长工短工牵去使用了，昌儿没了事，躺在屋内好好地睡了一觉。到了半夜里累了又躺了下来，却不敢睡着，就半闭着眼看有谁来吹灯。这时就见那灯头一歪就灭了。随即牲口就又踢又尥。他以为是风吹的，就起来把灯点上，用牛皮纸卷了个筒儿罩在灯上，虽说光线暗了些但风是吹不灭了。那灯老实了一会儿，就突然窜起多高的火苗，然后又熄灭了。他以为没了油，就擦亮火柴点上，然后去加油，可灯里却满满咧。这一下昌儿可害怕了，心想这是咋回事，就坐在床上看着灯。看了个把时辰没有事，就盖上被子再去睡觉，可却听到床下"不哩不登"[2]"不哩不登"响，他才要坐起来看，有什么东西一下把他挡起来，然后一松手又让他倒下去。他一倒下去下面就"不哩不登"地响，一不响了就猛一下把他挡起来，然后再让他倒下去。他又趁有人挡他时一下子跳了起来，拿起旁边的拌料棍就朝床底下乱赫捞[3]，结果就没动静了。可他只要再躺下，就又"不哩不登"响，就又挡他。这一下可吓坏了昌儿，又屙了一裤子。

[1] 节季：节日。

[2] 不哩不登：象声词，意思是有响声。

[3] 乱赫捞：乱敲打。

昌儿给主家说这里闹鬼，不想干了，主家就来陪他睡了几夜，什么事儿也没有，可只要剩下昌儿，就又会出这样的事，昌儿就会吓得屙稀。

这一天是三月十五，又有人来上供了，昌儿就又去帮忙，想再弄个小糕儿吃。可刚拿起了小糕儿就觉得想屙屎，只好把小糕儿放下，但放下小糕儿就觉得什么事也没有了。从那儿昌儿再也不敢帮人家上供了，也不敢偷吃小糕儿了。但他生就好帮人家忙的性儿，就把大殿里里外外扫得干干净净，让人家来烧香上供。从那以后再也没有出现灯自燃自灭的事。他躺下来睡觉不论早晚也没有什么东西再把他拎起来。只要是有人来上供，他回到家里总会发现桌子上或案板上放着一个小糕儿。昌儿才知道是神灵儿跟他开玩笑，嫌他拿糕吃咧。

讲述者： 张富，已故，安阳县辛店乡二十里铺人，农民

采录者： 刘耀青，男，53岁，殷都区小庄村人，中专，农民

采录时间： 2006年3月

采录地点： 柏庄火车站

选自： 《中国民间故事全书·殷都卷》

附记

本篇故事讲述人张富，小名叫张黑柱，1932年出生，1995年去世，生前当过地方杂牌兵，有木匠手艺。这个故事是我们一起在村南生产队的粪堆倒粪时他讲的。此粪坑是生产队肥料的主要来源，北面200米处就是该村的杨爷庙。张富就向大家讲庙上的故事。当时那个叫昌儿的人也是与他同时期的人，以前家穷卖萝卜，常到庙上吃供物。2006年主编《中国民间故事全书·殷都卷》时，我将这篇故事进行了整理并收入书中。（刘耀青）

305

宰相大人坐胎儿

城北有个有名的算卦先生叫白连起。他只要到那儿往那儿一坐，人们就围上来了。他只要一看人的面相就说，你家姓啥，你家里有爷还是有奶奶，父母在不在，你结婚没有，你结婚了命中有几个孩子，现在来了几个孩子，你这生命中有没有财，有大财还是有小财，有没有人谋你的财。一说一个准儿。他还会相庄子，看风水，经他选的阴宅只要埋了先人，三年内那家必定发。

城南某村有一家，弟兄三人，长大后都娶了媳妇，有的生了三个孩子，有的生了五个孩子，全家一二十口人在一起生活。这一天当家的高董天到会上去买东西，正遇到白连起在会头上算卦，围着一大群人。这时就听白连起说："大家停一停，有宰相大人的爷来了，你们都停一停叫他过来。"大家听这都愣了，蹲着的不由得都站了起来，站着的就后退了一些，七嘴八舌地叫："谁是宰相的爷，谁是宰相的爷？"高董天也不知道自己会当宰相他爷，就仰着脖子往前走。这时白连起站起来说："谁是董天先生，请过来，有你的卦。"高董天一听说有自己的卦，就走过来说："我叫高董天，你怎么知道有我的卦？"

白连起看了看高董天说:"高老先生,你家的坟在你们村东南地是不是?"高董天说:"是呀。"白连起问:"你那块地是北头东西短,南头东西长是不是?"高董天说:"是呀。"白连起说:"这块地要出宰相了。这块地是你种着,从你这一辈起第三辈内就出宰相。"高董天笑笑说:"谢谢算卦先生的恭维了,我恐怕没有这命。"白连起道:"能算出宰相出在那里,得那块地的风水,恐怕这中原地带就我白连起一个人哪。好好好,老先生不信,那我也就不说了,走吧,就是我算准了也不要你的钱,安阳地盘上能出个宰相,我白连起脸上也光彩。"

这高老爷子在城南这一片是一个大善人,遇到灾荒年就放粮舍饭,遇到穷人过不上来也出手相援,今儿见人家算卦的说自己家要出宰相,虽然不太相信,但有人家这句恭维话就该掏腰包了,就掏出一两银子给了白连起,说:"谢谢你的卦。"白连起接了钱作了一揖,又说:"董天先生,明天晚上你让你的儿子媳妇到这块地里去睡觉,谁能在那儿安安稳稳地睡上一夜谁就能怀上宰相。你赶紧回去吧。"高董天听了也是半信半疑,就点点头回家了。

高老爷子回了家,跟家中的儿子们谈起算卦的说的话,这时有个街坊来串门儿,听到高老爷子这么说就接上了话:"那个给你算卦的是姓白不是?"高老爷子说:"是啊。"街坊说:"白连起算卦灵着呢,他说叫你干啥你干了保证能成事。"高董天晚上就让大儿子到东南地的那块地里睡觉。

老大已经有了五个孩子,其中四个闺女一个小子,但媳妇才三十岁,血脉正旺着呢。两个人听说到这块地里睡就能生宰相,吃过饭把五个孩子送到奶奶屋里,挟着被子铺底就上了东南地,到那儿找了一堆格当的[1]就放到地当间,摊上被子褥子就去睡觉。刚躺下来就听得有鬼叫唤,只听得"叽——呜——吱儿"乱叫。高老大媳妇就害了怕,说:"咱走吧,这里到处是鬼,咱别让鬼给架走了。"高老大说:"我是宰相他爹,鬼又能咋着了我,睡,咱们只管睡,睡到天明再说。"

高老大又搂着媳妇睡了下来,两个人刚要行夫妻之事,

[1] 格当的:高粱秆。

鬼叫声可又响了起来,这时就见有一堆没有头、只有身子的肉骨桩的[2]从北边走来,到了他们跟前伸出手就去推他们。他们想跑可被子却好像捆在自己身上一样,蹬也蹬不开,拽也拽不掉,鬼推着他们就像滚球,"忽律律"[3]往前一着滚。只听鬼叫道:"快忽律,快忽律,快忽律……"一气儿把他们推到南头儿水沟子里,把他俩弄成了水鸡子[4]。这时候那被子也能打开了,人也能站起来了,老大拉了媳妇就跑,两个人就顺着沟边一气跑到家。跑到家里关上门儿两口子就钻进被窝,你搂着我,我抱着你筛糠。这天晚上两人都得了急凶汗[5],屙得衣裳上、被子上都是屎,过了七八天才算好。

老大遇到了这么个事,老二两口子就笑老大两口子,在屋里关着门说:"哼,没有宰相儿的命,倒争着去风水宝地上睡呢,就没有看看自己有耳朵垂的[6]没有。今晚上咱俩去东南地里睡,一定能怀上宰相。"到了夜里老二两口的就去到东南地睡了,也带着铺底被子,也找了一堆高粱格当的铺上。两个人钻进被窝就摞到一块儿,一心想生个宰相来。可他们刚到一块儿就见地东北角冒出一个大火蛋,随着"叽——"一声叫,就出来一大帮子鬼,有的长得细长细长的,有的是粗骨碌的[7],有的像碾盘大的老鳖,妖魔鬼怪抬着轿、敲着锣鼓就来了,到他们身边上来两个尖头没下巴颏的东西,把他们的被子一撩架起了他们就走。走到一个大井边说:"进圆大门儿!"就把他们推到井里边了。好在这老二两口子没有宰相儿的命却也是宰相的大爷,命不该绝,两个人竟然扒着井窝从井里边上来了。这高老二有点二杆子味,说:"白连起说俺老高家有宰相的命,我为什么不能生个宰相呢。老婆,咱回去继续睡,非给他睡出个宰相不可。"说着拉了老婆就回去,拿出枕巾抹了抹身上的水就继续睡。可还没容老二上到老婆肚上,那帮妖魔鬼怪就又来了。一人抓起来老二,一人抓

[2] 肉骨桩的:没有头的肉体。
[3] 忽律律:滚动的象声词。
[4] 水鸡子:落水鸡。
[5] 急凶汗:急病,吓得昏迷不醒。
[6] 耳朵垂的:耳朵垂下的肉,说是耳朵垂大了有福。
[7] 粗骨碌的:形容只粗不长。

起了他的媳妇就腾起空来了，飞到了大井边的两棵柳树上，把老二搁到北边那棵树的树梢上，把他媳妇搁到南边那棵柳树的树梢上。要说吧也怪，那树梢那么细一点，却能承受住一个人的重量。树梢儿一晃一晃地仿佛要把他们摔下来，却又掉不下来。老二两口的[1]也不敢动，只怕掉下来跌死了。第二天早上村里人都到地里干活儿咧，却发现老二两口的脱得褐肚子躺在树梢上，就当作笑话传。这时老二两口的就都喊救命。高董天听见了赶紧找人拿了被子到树下接着，让他们往下跳。老二两口子就跳下来了，人们赶紧用被子裹住他们让他们回了家。从那儿老二再也不说生宰相了，后来到那一块地里干活儿也是半晌午才去，很早就收工，只怕妖魔鬼怪再折磨他们。

第三夜时该老三去地里睡了，老三两口的就把俩闺女送到奶奶屋里，然后一个人挟了被子，一个人挟了铺底枕头去了，到那儿地头薅了一堆野草铺上，两口子就抱到一块儿睡觉。这时就听"叽——"的一声地东北角又蹦出来一个大火蛋，这时牛头马面、肉骨碌的、尖头没下巴颏的、像鳖像泥鳅的就都出来了，张牙舞爪地就想去撵老三，这时天上就出现了五彩祥云，一个神仙踏着祥云，拿着拂尘，在两个仙童的引导下从天上降了下来，到了那帮子魔鬼那儿说："你们要干什么？干什么？"这帮子妖魔头儿说："这块地是出宰相的地方，阎王爷让我们看着不让凡人占咧。你看，那几个土头劣子就想在那儿下种坐胎[2]呢，我们不撵他们撵谁呀？"神仙说："玉皇大帝已经给国家派来宰相了，宰相大人正在那儿坐胎呢。我们就是来护送宰相大人呢，你们可不能惊动了他们。要是你们坏了宰相大人的事，我让你们连个鬼命儿也不留。"这帮妖魔鬼怪听神仙这样说赶紧磕头作揖，连声说："是是是！""吱——"一声就都不见了。

高家老三与媳妇就安安生生地在东南地里睡了一夜，那天夜里老三媳妇就怀上了孩子，九个月后就生下了一个胖小子，长大后就当了北朝的宰相，并且成了三朝元老。

[1] 两口的：夫妻二人。
[2] 坐胎：怀孕。

讲述者： 张老四，男，已故，安阳县辛店乡二十里铺村人，木匠
采录者： 刘耀青，男，53岁，殷都区小庄村人，中专，农民
采录时间： 2006年7月
采录地点： 殷都区皇甫屯村头
选自： 《中国民间故事全书·殷都卷》

附记

讲述人张老四，生卒年不详。他是个木匠，家里制作的纺花车子很有名，销路极广。他的性子比较慢，当时烧煤都到柏庄车站去拉，经常见他挑了一担煤慢悠悠地从门前走过。一次夏季看场，村里的男人都到麦场去睡，我紧挨着他摊开了被子，他就讲了宰相大人坐胎的故事。当时他坐在被子上，手舞足蹈地讲着。讲到妖魔鬼怪出现时，还装着样子比画给我们看。当时我们才十一二岁，都吓得浑身发抖。2006年主编《中国民间故事全书·殷都卷》时，我将这篇故事进行了整理并收入书中。（刘耀青）

306

祭坟

原来每年清明、七月十五、春节，大家都去祭坟，而他不去，等过了两天他才去，他不买烧纸，而是在这个坟头拿几张，那个坟头拿几张，拿得多了才去给爹娘上坟。这样他不用拿钱买草纸，心里说，这也不是没烧过的，非烧了的才算。谁知，时间长了，就引起了这样的怪事，这故事在当地久久传闻。

讲述者： 郭玉凯，男，49岁，安阳县安丰乡人，小学，农民

采录者： 郭忠智，男，36岁，安阳县安丰乡人，高中，农民

采录时间： 1985年

采录地点： 安阳县丰乐镇

选自： 《安阳县民间故事集》

有一年，丰乐镇有位陈嫂突然中邪，哭哭啼啼。陈哥请来"巫婆"，捉鬼拿邪，围观人很多。巫婆上香、烧银两[1]，跳起了大神。停了下来，用手夹住"陈嫂"手的中指开始问话说："你是哪方妖怪？"陈说："我不是妖怪，我是五只娘。"巫婆问："来干什么？"陈说："我来求您给俺五只带个话，不要俺五只再给俺借钱了。整天讨账的人很多，光利息也还不起，闹得俺不能安生，整天心神不静，过不好日子。"巫婆说："还有啥事？"陈说："没事，只要给俺五只说不给俺借账就行了。俺现在就走。"说后陈嫂病好了。

这时，街坊截住"李五只"问："五只，你娘刚才带来了话，说你给她借的账还不清，你咋给你爹娘借账的？"李五只听后，二话不说，跑到"草纸铺"买了一担子"烧纸"到坟上说："爹娘，过去借的账是谁的，我也不知道，现给你这些，谁要给谁，人家要多少给多少，不够了再给我托梦，我再给您。"回村后李五只才说出真相，

[1] 烧银两：烧银箔，烧纸元宝。

307

投胎

讲述者： 崔金来，男，77岁，安阳县铜冶镇南西炉村人，略识字，农民

采录者： 王玉海，男，36岁，安阳县铜冶镇人，教师

采录时间： 1989年

采录地点： 讲述者家中

选自： 《狐狸坟传奇》

古时候，有一个人死了，去到阎王殿里报名。阎王爷一查名册，过去他们两家是亲戚，阎王爷就徇了私，对他说："你别喝阴间这碗迷魂汤了，还投胎回阳间去吧！"

这个人听了，说："阎王爷，你叫我回阳间投胎，能不能叫我自己选个家门？"

阎王爷说："你想选个啥家门？"

这个人说："父举高官子登科。"

阎王爷说："中。"

这个人又说："千顷土地靠川河。"

阎王爷说："不难。"

这个人又说："再叫我娶个好媳妇。"

阎王爷说："好办。"

这个人又说："一辈子光过二十年[1]。"

阎王爷说："有这好事也轮不到你去，我早就不在这儿当阎王了。"说罢，一巴掌把他打出了阎王殿，叫他当小鬼儿去了。

[1] 光过二十年：永远活在二十岁。

308

仨鬼投胎

讲述者： 张秀香，女，52 岁，安阳县人，高中
采录者： 卿艳，安阳县人
采录时间： 1995 年 7 月
采录地点： 安阳县
选自： 《狐狸坟传奇》

雨停了，天黑了，放羊老汉才赶着羊往家走，走着走着，羊群突然不走了，放羊老汉到前边一瞧：头羊四条蹄直打战。放羊老汉也没在意，拉着头羊的羊角往家赶。

没走几步，从前边过来仨女人，说是迷了路，要往贾家庄找贾三。放羊老汉和贾三同村住，从来没听说过他有啥亲戚。反正是顺路，放羊老汉就领着仨女人往村里走。

路上，仨女人你一句我一句直抱怨。头一个瘦高个儿的女人说："就说虐待婆婆还能咋？"第二个白头发的女人说："嫁两个丈夫算啥事？"第三个穿白鞋的女人长叹一声说："种瓜得瓜、种豆得豆，因果报应。"

放羊老汉把仨女人送到贾三门口，三个女人一闪就不见了。放羊老汉觉得奇怪，就进门问贾三，贾三说："根本就没见有啥女人，倒是我家的猪才下了三个母猪娃。"放羊老汉到猪圈一瞧，只见一个母猪娃是瘦长个儿，一个母猪娃是黑身白头，一个母猪娃是黑身白蹄。放羊老汉才知道遇上了三个投胎的女鬼。

309

鬼友

从前，有个老头儿，他烦乱[1]，就在漫间地[2]搭了草棚住。他见天都要在月亮地儿里弄几碗酒抽抽[3]，麻嗖嗖[4]的就躺在干草上睡他的觉。一个人过得得着哩[5]。

这一天，他才摆好菜，倒好酒，猛不丁地见一个人站在他的酒桌前。那人黄脸、黄手、黄胳膊，叫人一瞧就恶心。那人瞟了老头儿几眼，端起那碗酒就喝，喝了一抹嘴就不见了。一连三天，都是这劲儿。

到第四天里，老头儿在酒碗里尿了一泡，那人端起碗闻了闻就撂下了，没有喝酒，也没有走。

老头儿说："你是谁？总得说说吧。"

那人坐下来，思想了老半天，才说："俺不是人，是个淹死鬼。俺前生爱喝酒，见酒就上瘾，总想抿两口儿。"

他还对老头儿说："这事可万万别向外说，传到上头

[1] 烦乱：嘈杂，不安静。
[2] 漫间地：旷野中。
[3] 抽抽：把酒端起来喝下。
[4] 麻嗖嗖：醉醺醺。
[5] 得着哩：好惬意，特享受。

的耳朵里，可不是闹着玩的。"

老头儿本来就胆大，见鬼也不是啥三胳膊六腿儿的怪物，反而觉得给鬼做伴儿，怪舒坦。打那以后，老头儿天天夜里叫鬼来喝酒。

他们成了朋友，成了啥都敢说的好朋友。

有天夜里，鬼照时来了[6]。喝罢酒，他说："我已经找到了替身，就要托胎转生了，这是最后一回喝酒了。"

老头儿问鬼的替身是谁，他只说："这是天机，不可泄露。"

老头儿不罢休，一直缠着问，鬼才说："明儿晌午有个戴铁帽子的，要到南河洗澡，他一下河就会淹死，我就会转生。"他俩又喝了一会儿酒，就散了。

天明，老头儿早早吃罢饭，就搬了个凳子坐在南河桥的正当间儿，俩眼一直瞧着过路的，瞧了半天也没瞧着戴铁帽子的人。老头儿心想："当诓的[7]吧。"才想起身走，就见一个青年人买了口铁锅，嫌天热，把锅扣在头上挡日头。他走到桥上，把锅往老头儿脚边一撂，叫老头儿看着点，就要下河洗澡凉快。老头儿一把拽着他，说啥也不让他下河。那人没法儿，只好走了。

夜里，鬼来了，进门就嘟囔："俺不给你说吧，你偏叫俺说，俺转生不成，阎王爷非把俺打入地狱不可。"说着就哭了，哭得鼻子泪流了一大摊。

老头儿说："他上有老，下有小，他一死，这一家儿咋着活？"

鬼一听，也觉得有理儿，也就不哭了，俩人你一盅我一盅喝着闷酒儿。临到天明，老头儿说："阎王问你，你就实打实地说，说你不忍心毁了这一家儿。真不中，你到地狱，老哥照样陪你喝酒。"

判官把鬼抓到阎王殿，叫阎王爷定他的罪。泄露天机就得火烧水浸下油锅，这是规矩。鬼试着把老头儿的话给阎王爷说了。阎王爷一听，觉得很新鲜，想不到这鬼还有人心。阎王爷说："好吧！官封城隍，上任去吧！"

鬼从下地狱一下成了城隍爷，高兴得吱吱儿叫。城

[6] 照时来了：照着昨天的时间来了。
[7] 当诓的：欺骗人。

隍庙离老头儿家也不远，这真是打着踢脚^[1]难找的美差。这鬼即刻坐着轿，穿着官服，带着许多跟班的，去找老头儿。

一进门，差点把老头儿吓蒙过去，瞧了好半天，才瞧出是那鬼酒友。城隍向他说了事儿的前前后后，并向老头儿磕了个头，认了老哥。俩人痛痛快快把酒喝了个够。那鬼这才坐进轿子，叫小鬼们抬着，去城隍庙上任去了。

打那儿往后，城隍爷就有了人心，专给老百姓办好事，老百姓也就把城隍庙修得越来越神气了。

讲述者： 姜太付，男，60岁，安阳县人
采录者： 姜岩，男，安阳县人
采录时间： 1996年
采录地点： 安阳县
选自： 《狐狸坟传奇》

异文：白鸡角子^[2]

白鸡角子不是啥正儿八经的神，因浑身白，又是"屈死鬼"之类的杂牌鬼祟，因而人们给其起名为"白鸡角子"。

有天深夜，王二在邻村赌钱回家，在路上碰见一位女人。只见她头戴白巾，身穿重孝，鼻涕一把泪一把地在野外嚎啕大哭。

王二觉得奇怪，深更半夜的，一女人家身穿大白，在荒郊野外放声大哭，其中必有缘故，我得问个究竟。于是开口发问："唉，大半夜啦，你个女人家，有啥大事不回家？"

那女人不耐烦地说："你走你的路吧，多管闲事，我回不回家与你啥相干！"

王二遭了顶撞，很不是滋味儿，就执拗地再问："今天你得说说，不说清我就不走。"

---

[1] 打着踢脚：形容手舞足蹈的样子。
[2] 白鸡角子：当地方言，就是白急脚子鬼，是阎王专门派来抓差的。

那女人见这男子愣头愣脑的，顶撞也不走，不是好惹的，就对他说了实话："我死得屈，不找到替死鬼，就不能到阳间转生。今天年三十啦，我还在阴间受罪，没得转生，我想明天到东庄赵吉祥家，叫他儿媳妇替我死去，我好转生。这事你可不能对任何人说，坏了我的大事。"王二说："这你放心，你对我相信，说了真情，我咋能向外泄露，误你的大事！"说后就走了。

那女人说的赵吉祥家的儿媳妇，实际上是王二的姑姑家的表嫂。因她平素心眼窄狭，鸡毛蒜皮子事就脸不洗、饭不吃、寻死去，只是抢救及时，才几次没死成。

王二听过那女人的话后，没先回家，就径直到姑姑家敲门。姑姑问："谁？"王二答曰："我。"姑姑没好气地说："大年除夕了，不安分守己在家，夜半到此乱敲门，是不是又来借钱啦？"王二说："不是，有要紧事，快开门！"

王二见到姑姑说："明天你记住，表嫂不论办错什么事，你都担待她。有鬼来缠她，想叫她当替身。"姑姑说："记住了，这好破。"

第二天一早下饺子，他表嫂端的一锅盖儿饺子还没进厨房，就在院里"扑喳"一声撒了满地。

表嫂觉得怪没材料，大年节哩，竟丢这丑，一气之下就往她屋儿跑。姑姑见状，就紧追不舍地说："你饺子撒得好！你这是一敬天，二敬地，保管全年有福气，撒得确实好！"表嫂自愧无脸见人，没想婆婆竟说这巧话儿，觉得颇为离奇，不由自主地跟着"哈哈"笑了起来。后来包的饺子煮熟后，表嫂端盘子，拿碗，手一滑，竟"砰砰嚓嚓"全打啦！她又生了大气，又想到屋里去寻死。

婆婆见她到屋找绳，就又笑哈哈地说："这盘子碗打得好，这是一送碗，二送盘，儿女双全代代传！刚才光给老天爷送去饺子，就忘了送盘子碗儿，叫他老人家咋吃哩？你这一送，他老人家准高兴，保佑咱全家老少平安！好，打得好！"这话儿她儿媳妇第一次听见，觉得怪新奇，也就不再上吊了。

白鸡角子的诡计步步失败，认准是夜里那男的透了气，想生法儿吓死他！

一天深夜，白鸡角子在王二返家的路上截住他，满腹牢骚地说王二言而无信，泄露了她的机密，误了她的大事。

王二如狡辩，恐她也不信，就干脆说："那是俺表嫂，我不能不救。你生我的气，就随你的便吧！"王二的话还没说完，只见那女的身似电线杆高，青面獠牙，浑身带血，满头白发垂地。王二见状，顿时感到有些害怕。但他胆没怯，立即强打精神，笑着说："真美，真好瞧！再变得花哨些，更让我开开眼界。再变，再变！"

说着说着，只见眼前显出了个麦秸垛，垛上无数个奇形怪状的狰狞小鬼儿乱跳舞。王二见后，就大声喊道："好，好，我身上正冷，来了个麦秸垛，我正好点着取取暖！"边说边往兜里掏火柴。白鸡角子见他真要点火烧她，自知再变再吓他也无济于事，就自认失败，化作一团白气，一溜烟跑了。

采录者：　李友义，男，67 岁，汤阴县宜沟镇前里朱村，大学，县委党校副教授

采录时间：　2005 年 12 月 5 日

采录地点：　汤阴县宜沟镇

选自：　《中国民间故事全书·河南汤阴卷》

310

赌
鬼

有个赌鬼名叫王三，每天以打牌为业，一天不打牌浑身难受，每打每赢，赢了就花天酒地，醉生梦死。

这一天，赌鬼赢了钱，在镇上喝醉了酒，半夜才回家，当走到半路一座古坟时，看到坟旁边的小屋里有灯光，还有一片吵闹声，赌鬼心想：这里平时只有一个看瓜的老人，今天怎么这样热闹？看看去。

赌鬼来到小屋跟前，隔着破了的窗户往里看，见有三个人正在灯下打牌，且桌上的钱很多，每人面前一小堆。赌鬼见了，可高兴了，心想：这样的主儿可不多见，待我进去赢他一把。

于是赌鬼咳嗽了一声进到屋里，看到三个人都没见过，心想可能是其他村的人吧，就对三人说道："哎，三缺一，正好我来凑个数。"三人中的一人抬头看了看赌鬼说道："你有钱吗？"赌鬼从腰里摸出两卷钱，往桌上一放，对三位说道："怎么样，够打一圈吧？"三位见了都高兴起来，连声说道："好、好，来吧！"

赌鬼手气特别好，又会偷牌捣鬼，不一会儿，就把三人的钱赢了个光，赌鬼把钱拢到一堆，高兴地对三人道：

"都没钱了吧？算了，今天就到这里，回家喽。"

三人站起来拦住了赌鬼说道："不能走，我们有的是钱。"其中一人对另外两人说道："你俩人拦住他，我这就去取钱去，今天非把钱赢回来不可。"

不一会儿就见出去的这位赶着一辆马车来到小屋门口，三位齐动手把一大箱子从车上卸下来，箱内的钱多得数不清。赌鬼这下可开眼了，长这么大还没见过这么多钱。于是赌鬼就又跟三位打起牌来，一直打到四更天，又把三位赢了个精光。三位你看看我，我看看你，没办法，只好认输："仁兄，牌技高超，我等服输，既已输完，咱认个朋友，这马车一并送与你吧！"说罢，三位出门不见了。

赌鬼高高兴兴地回到家，把钱放到炕上，躺在钱上，美美地进入了梦乡。

赌鬼一直睡到天亮，睁开眼一看，见自己躺在一堆锡箔纸叠的元宝上。他跑到屋外一看，马车原来是葬死人用的纸车，到这时赌鬼王三才明白过来，自己昨天晚上与鬼打了一夜的牌。

从此，赌鬼再也不赌了。

采录者：　　刘贵林，男，安阳县水冶镇人
采录时间：　1964 年
采录地点：　安阳县水冶镇
选自：　　　《安阳县民间故事集》

异文：鬼打牌

从前，有个赌鬼，赌瘾大着哩，见了谁薅谁："走，当[1]两圈儿。"他又会偷底摸张儿，哪一回当钱都赢，赢了钱就去那小酒馆里喝几盅。日子长了，谁也不敢跟他当。他成半夜在村里转悠，咋哩？找当牌的，赢了钱好喝酒。

这一天夜里，他正转悠到村头，一眼瞧见村外的一个庵子里亮着灯，他心说准是躲着他当牌的，就悄没声地向庵子走去。这庵子就在乱坟岗的边儿上，谁家死了人，就在这庵子里守孝。赌鬼不害怕，咋哩，因为当牌的瘾大呗。

庵子里有三个人在当，他一个也不认识，大概是外村的。他来了，正好三缺一，四个人围着土墩子就当开了。

赌鬼人精，手气好，不一会儿，就赢了一大堆钱。眼瞧着快把那仨赢光了，不提防，偷底摸张儿被人家抓住了手脖子，仨人结结实实把他打了一顿，没收了他所有的钱。赌鬼不服气，说明儿个黑了再当，不把你仨赢得卖裤子就不算大名鼎鼎的赌鬼。这仨人也发誓赌咒：明个黑了谁不来谁是妮子养的。

天一黑，四个人都到了，赌鬼把压箱底的钱都拿来了，整整一麻袋。这三个人钱多得才吓人哩，是套着一辆马车拉来的，钱上头还搁着一个聚宝盆，说盆子里的钱用不完、输不光。赌鬼碰见这么大的户头，也真算开了眼，大把的铜钱往桌上头一放，就赌开了。先赌铜钱，赌鬼赢了；再赌银元宝，赌鬼也赢了；接着就赌金元宝，赌鬼又赢了。赌鬼高兴的那个劲儿就别提了，套上马车，把银元宝、金元宝往车上一放，抱起聚宝盆，高高兴兴往家里赶。

到了家，赌鬼点上灯，把金、银元宝倒了一屋子，他高高兴兴地躺到上面打滚。这一夜，他高兴得没合眼，笑得合不拢嘴，摸不着南天门。谁知道，鸡子一叫，这些金、银元宝都变成纸的，跑到门外一瞧那辆马车，也是芦苇搭的架儿，用纸糊的，再一瞧那聚宝盆，原来是一个底下钻了眼的老盆。他傻了脸，才知道和死鬼当了两夜牌。

讲述者：　　龙宝信，男，55 岁，安阳县文化局干部
采录者：　　岳建雷，男，70 岁，初中，退休教师
采录时间：　1998 年秋
采录地点：　安阳县马家乡
选自：　　　《狐狸坟传奇》

[1]　当：参与活动或游戏，这里是打牌的意思。

311

替死鬼

赌鬼整日价赌钱，不把钱输光是不离赌场。这天后半夜，赌鬼输得只剩下个裤衩子，只好抱着膀子往家里跑。

正跑着，猛听见一阵女人的哭声。"俺的天儿啦……"这声音瘆人着哩，吓得这赌鬼浑身直起鸡皮疙瘩，扭头就跑。跑了几步一想：这个女人说不清要上吊哩。救她一命，她家里还不给我弄俩钱当赌本？兴许这俩钱就会时来运转，大把大把的银子就能赢到手里。想到这儿，赌鬼不怕了，扭头就朝那哭声走去。

他瞧见这个女人一边哭，一边把绳子往树枝上扔，一回，两回，咋也扔不上去。赌鬼知道这女人要寻死，就说："有啥事儿想不开，给俺说说吧，俺帮你出气。"

女人黑丧着脸说："甭管，滚一边儿去。"

赌鬼说："呀嗬！老子救你，你反倒敢骂老子。"说着，一把夺过绳子，一瞧，心里说："这咋偷俺家的绳子来上吊？"

女人说："我是女鬼，再不走我就吓你。"

赌鬼说："俺是赌鬼，你要再不说实话俺就把你卖了当赌本。"

女鬼一下子现出了原形，瞪着绿灯眼，满脸血道子，长舌头、尖指甲，就朝赌鬼扑来。赌鬼一下子拧住她的胳膊，往身上一甩背上了说："到赌场先押一注子。"

女鬼害怕了，只好说了实话，她说她在这里找替死鬼。她哭，那个替死鬼就伤心，她上吊，那个替死鬼才上吊，不知咋啦，这绳子高低不上去，那个替死鬼三天三夜没吃没喝了，她的男人不管她，整天在外面赌钱，那个替死鬼叫花儿。

赌鬼一听花儿，心里直发毛。

这花儿正是他老婆。

赌鬼掏出绳子，一下子把那个女鬼勒死了。赌鬼赶紧往家里跑，看见他的老婆也正拿着绳子往枝杈上扔，不知咋的，绳子高低扔不上，赌鬼救了老婆，再也不赌了。

讲述者： 乔梅花，女，37岁，安阳县北郭乡人，初中，农民

采录者： 孟利利

采录时间： 1990年

采录地点： 安阳县北郭乡

选自： 《狐狸坟传奇》

312

门前为啥放石狮

从前，有个县官姓石名思，他整夜整夜地不睡觉，数他的金元宝，数几遍，记住了，往抽屉里一放，就又忘了，拿出来从头数。一晚上，三十遍二十遍地数，五十遍六十遍地数，一直数到鸡打鸣。

这一天，县官一上堂就打瞌睡。有一个财主来告状，说有个贼偷了他家的金元宝。县官一激灵，赶紧往后跑，一瞧，抽屉还上着锁，金元宝数也不差。到堂前就叫衙役打那财主，打了一顿，那财主问他："干啥打俺？"

县官说："光顾睡觉，不看好财宝，不打你打谁？"

财主不服气，说："你这县官咋当的？"

县官说："好哇！你敢骂老爷，打！"

县官说了一声"打"，就睡着了。衙役们抡开板子一个劲儿地打，县官不说停谁敢停？！一直从早起打到后响，早把财主打成了血泥肉浆。县官一醒，见把财主打成了肉糊儿，也不敢吭声儿，就叫衙役把他埋到后花园儿。

没几天，那个贼给逮住了。县官说："你这个贼，真不是好东西，害得老爷我见天不敢睡觉，打死你也不亏。班长衙役，给我打！"

县官说了一声"打"，就睡着了，衙役们抡开板子一个劲儿地打。县官都说打死不亏，谁还手下留情，只两个时辰，就把这个贼给打死了，县官又把他埋到后花园儿。

这俩死鬼夜里见了面，都觉得冤，就到阎王爷那里告状。阎王爷一听，压根儿就不信阳间会有这种事，说再糊涂也不会糊涂到拿人命当儿戏。把状纸往下一掷，就叫小鬼儿把俩死鬼撵出了阎王殿。

这俩死鬼见天坐在坟头上哭，哭得县官一家不得安生，哭得县官查元宝也查不清数儿。县官没法儿，就找了个巫师来撵鬼。

巫师夜里来到坟头上，对两个死鬼说："拿人钱财，替人消灾。二位请到别处哭吧。"

这俩死鬼不是巫师的对手，害怕魂儿给巫师镇住，到那时，可是连哭的份儿都没有了，只好夜里跳出墙去，到荒郊野外去哭。

巫师见了县官，就云天雾地跟他喷开了，说他如何如何在阎王殿上跟死鬼打官司，差一点儿把命都丢了。喷得县官的头发梢儿都竖了起来，就把自己的十个大金元宝给了巫师。

这巫师比谁都孬，一见县官还剩下一大堆金元宝，就起了黑心。

夜里，他到荒郊野外找着那俩死鬼，跟他们说："俺跟阎王爷有八拜的交情。以前不知道你们的冤情，今儿俺给你们写好状纸，保险一告就准。"说罢，就写了一道符，上写：状告石狮。这俩鬼千恩万谢，拿着符告状去了。

县官这几个月过得很平活，见天夜里[1]还是数他的金元宝。这一天正数着，巫师来了。巫师跟他说："就这几天儿，阎王爷就叫鬼来锁你，到阎王殿，非下油锅不中。先给你说个保命的法儿，见天夜里，抱一只大红公鸡数元宝。有啥动静，别搭理它，能保你三天不死。"当天夜里，阎王殿的小鬼就拿着锁命锁来锁他。那阴风"呼呼"地刮，锁链"哗啦啦"直响，小鬼一瞧他怀里抱着个大红公鸡，那阳气"呼呼"地往外直顶，小鬼也没有办法儿，一直闹到天将明，小鬼才走了。

[1] 见天夜里：每天夜里。

闹腾了一夜，把个县官吓得半死，赶紧叫人把巫师请来，说要啥给啥，只要不叫小鬼再来闹。

巫师把县官所有的元宝都拿走了，就给县官说："状纸上写的是石狮，你就刻两个石狮放到大门儿外边，叫小鬼找它们算账去。"

夜间，小鬼来了，巫师就叫他们去锁石狮，说："也不瞧瞧状纸上写的啥？胡锁！"

小鬼去锁石狮，石狮就跟他们打开了，一直打了三万八千六百四十三年，现如今，还打着哩。

谁想消灾避难，谁就在自家门口放两个石狮子，准能保你一家平安。

讲述者： 任殿卿，男，58 岁，退伍军人
采录者： 任昱
采录时间： 1989 年
采录地点： 安阳市南关
选自： 《狐狸坟传奇》

313

阎王殿为啥在十八层地狱

从前，有个人叫王二拐，这王二拐是九能加一能——实在能。阳间的人谁都能不过他，一来二去，他就喷开了："就是阎王爷也不是俺王二拐的对手，不信叫他来试试。"

阎王爷原来在天庭办公，听到这话，可把胡子给气歪了。就派了两个饿死鬼去捉拿王二拐来问罪。王二拐隔着门缝一瞧这两个鬼：黄不拉叽的脸，除了骨头架子割不下二两肉，知道就是两个饿死鬼。就大大咧咧地把两个饿死鬼招呼进了厨房，说："俺说鬼兄鬼弟们，俺和阎王爷本来也没啥冤仇，既然二位跑恁远来了，咱先吃点饭再去咋样儿？"俩饿死鬼一听叫吃饭，那命都会不要，赶快就坐在灶台边的石头台上烧火做饭。趁着俩饿死鬼忙前忙后的时光，王二拐就往锅里头下了药。饭熟了，饿死鬼吃了一碗又一碗，吃了一碗又一碗，一直吃一直填不饱肚子，吃得时间长了，药性管了用，就往灶台边一歪，"呼噜呼噜"睡着了。

阎王爷左等右等不见饿死鬼转回来，就知道大事不好，又派了两个吊死鬼前去捉拿王二拐来问罪。王二拐隔着门

缝一瞧这两个鬼：细长细长的脖子，舌头耷拉到胸脯前头。知道就是两个吊死鬼。就在门框上吊了两个绳套儿，又在两个凳子面上抹上熬好的皮胶。这两个吊死鬼一进大门，就瞧见绳套儿，吓得连门都不敢进。王二拐就大大咧咧地对他们说："俺说鬼兄鬼弟们，俺和阎王爷本来也没啥冤仇，既然二位跑恁远来了，咱先坐一会儿咋样儿？"俩吊死鬼一听叫坐不叫吊，那命都会不要，赶忙就坐在凳子上。这一坐，皮胶粘住了屁股，咋也跑不了。

阎王爷左等右等不见吊死鬼转回来，就知道大事不好，又派了两个凶恶的杀人鬼前去捉拿王二拐来问罪。王二拐隔着门缝一瞧这两个鬼：没有头，脖颈上还"咕嘟咕嘟"地直往外冒着血泡沫。就知道是两个杀人的恶鬼，在人间被杀了头，才到阎王殿上当差的。这王二拐不慌不忙，咬破了手指，在吊死鬼和饿死鬼的脖子上画上了血道道。俩杀人鬼一瞧吊死鬼和饿死鬼都被杀死了，生怕再把这杀人的罪名摁在他俩头上，二话没说，掉头就跑，那个狼狈劲儿，比杀他们都害怕。

俩杀人鬼一股气跑回阎王殿，这么这么向阎王爷说了。阎王爷一听："好哇，好你个王二拐，真是胆大包天，瞧我咋收拾你！"阎王爷说罢，就叫小鬼们牵来了千里鬼驹，腾黑云驾黑雾，"嗒——"一眨眼就到了王二拐的家门口。

王二拐知道阎王爷该亲自出马了，就从猪圈里拉了一头大公猪，蘸着清水，在给猪刷毛上的污泥。阎王爷来到他身边，他假装不知道，一边洗污泥，一边对大公猪说话儿："万里哼，万里哼，你比阎王爷的鬼驹能，王二拐的性命全靠你，一薅神毛无影踪。"

阎王爷一把抓住王二拐，说："你好大的胆子，死到临头，还装神弄鬼糊弄我。"

一瞧是阎王爷到了，王二拐赶紧趴在地上就给阎王爷磕头："千岁爷息怒、息怒，小的正准备骑万里哼去谢罪哩。其实，咱两家本来既没冤又没仇，都是小的胡喷八道，惹得您千岁爷生气，小的这就陪千岁爷走一趟。"说着就骑上大公猪，去薅猪头上的那三根神毛。

"你给我停停，"阎王爷说，"你一薅神毛没了影踪，阎王爷我可上哪儿去找你？"

王二拐说："不会、不会。"说着，猛就去薅猪头上的神毛。

这时候阎王爷可操着心哩，一个比一个快，出手就搋住了王二拐的手，说："你想从我阎王爷的眼皮子底下滑溜走，没门儿。打听打听，我阎王爷有没有这历史。"

没法子，王二拐只好从大公猪的身上下来，服服帖帖地站到一边儿。

阎王爷神气十足地骑上了大公猪，说："我先到阎王殿等你，你骑上鬼驹赶紧来。"说罢就去薅猪头上那三根神毛，一薅，猪不动，再薅，还不动，三薅，猪疼了，"嗷——"地叫唤了一声，还是不动。

王二拐赶紧说："这万里哼是神物，认主家，咱俩得换换穿戴才中。"

阎王爷一听，也是个理儿，就给王二拐换了穿戴。

这王二拐换上阎王爷的官衣、官帽，骑上鬼驹就上阎王殿。那牛头马面、小鬼判官也分不清真假，都来给王二拐磕头。

王二拐走路一拐一拐的，小鬼判官问他咋了，王二拐说："都是叫那'王二拐'打的，等几天王二拐来了，给我把他打入十八层地狱。"

好几天，阎王爷才骑着万里哼来到阎王殿，众小鬼不容分说，就把阎王爷打入了十八层地狱。打那以后，阎王爷就在地狱里办公了。

讲述者：　孟兆生，男，58岁，安阳县人，农民
采录者：　许焕庄
采录时间：1991年
采录地点：安阳县吕村乡
选自：　　《狐狸坟传奇》

314

急脚子鬼的故事

南平村的周会先娶了老婆不到一年就死了。阎王爷叫他在阎罗殿听差，阎罗地府都管这听差的叫急脚子鬼。意思是，一有差使，就得风一样去，风一样回，不能耽搁半个时辰。耽搁了，就得剥皮抽筋下油锅。

有一回，周会先去勾一个魂儿，一口气跑了九十九里，跑得嘴干舌渴，喉咙冒烟。他想喝口水，没有，他想吃点饭，也没有。正干渴得不能行，瞧见一个妇人刚做好一锅小米汤，他急手毛脚地就去喝，一下子把锅给打破了。那妇人见啥人也没有，锅子平白就破了，知道是鬼，就骂娘捣奶奶地骂开了。先几句，周会先也就忍了，骂到后来，周会先也恼了，顺手拿开个草棒给她擩在头皮里，叫她生一辈子疮、流一辈子脓。

阴疮就不好好，花了不少银两，就是不长口，可苦了那妇人。

这一天，周会先闲来没事干，跟一班子小鬼在喷古[1]，正喷得热闹，猛地觉得身上一阵烧，好生生地就起了一身

燎泡。小鬼们一算，就知道那妇人家扎了草鬼在用开水浇。小鬼们都恼了，给她一家人的头皮里都擩了根草棒儿。她一家人就都得了阴疮，烂得不长口，啥郎中也瞧不好。

后来，一个阴阳先生知道了是周会先捣的鬼，就叫这妇人去求周会先的老婆，他老婆就带着妇人一家到他的坟上烧了好多好多纸钱、元宝和金条，还烧了童男、童女和大殿。周会先在地府一下成了大财主，就把那妇人和她一家人头皮里的草棒儿都去了。还叫那对童男童女不隔间儿[2]地回去一趟儿，帮那妇人家扫地、推磨收庄稼。妇人也就三六九[3]地给周会先烧点儿纸钱，鬼和人搁合[4]得可好。

讲述者：	刘鸿德，男，安阳县许家沟乡岗西村人
采录者：	张良平
采录时间：	1998 年
采录地点：	安阳县
选自：	《狐狸坟传奇》

---

[1]　喷古：讲故事。

[2]　不隔间儿：不定时，偶尔。

[3]　三六九：当地方言，与"隔三差五"意思相近，指时常，时间差距短，经常性不断地去。

[4]　搁合：相处。

315

刘大胆吃鬼

在黄华镇庙荒村流传着一个刘大胆吃鬼的故事。

传说，早年间，庙荒村出了一个姓刘的胆大的人，人送外号刘大胆。当年，刘大胆跟本村的几个人相跟着去别村一户人家打短工，有一次活儿多，干到很晚才回家。他们三四个人相跟着，摸黑赶路往家回。

一路上大家说着话壮着胆，这个说："听说前面有一片坟地一直闹鬼来，你们怕不怕？"另一个说："咱经过那儿，谁也别吭气儿，碰见啥了也不要搭理他！"只有刘大胆不说话，听到大家的话只哼了一声。等他们相跟着走到坟地那儿了，刘大胆说："你都先等我一会儿，叫我尿一泼[1]。"说完就往坟地走，大伙儿说："你候[2]去那里头了，不要招惹住那东西了。"刘大胆却说："就是叫他出来哩，出来了我给你扭住他。"大伙儿只好站着等他。黑天摸地[3]哩，就听见坟地里有了动静，接着一个尖细的声音

说："叫你不害怕，我叫你吃些炒面你就害怕了。"接着一阵沙土"扑沙扑沙"甩过来。只听刘大胆大叫一声："少作怪。"顺手解下腰上的系腰带，一下套住了那小鬼，伙伴们黑暗中见一黑乎乎的东西在跟刘大胆打架，吓得拔腿就跑。刘大胆把那小鬼一捆，顺势往背上一背，对大伙儿叫道："等等我。"他越叫，大家跑得越快。你想想，他身上背的一个鬼啊，谁敢等他？一会儿工夫，他们都跑回了村子。村里人听得外头作乱，出来看热闹，听说是刘大胆捉了个鬼回来，就齐往刘大胆身上看，只见刘大胆身上竟背了块烂棺材板！刘大胆赶紧叫他老婆拿了捆秆草[4]点着，把棺材板放火上烧，就见那板子吱吱乱叫，还冒出了一咕嘟白色东西，一会儿变得像一个白馍一样。刘大胆一把抓住，塞到嘴里嚼巴嚼巴就吃了。

自此之后，再也没有听说过闹鬼的事儿了，可刘大胆吃鬼的故事一直传了下来。

讲述者：　刘明生，男，71岁，林州市黄华镇庙荒村人，高中，退休校长

采录者：　刘建舟，男，46岁，林州市黄华镇马地掌村人，初中，自由职业者

采录时间：2020年11月17日

采录地点：林州市黄华镇庙荒村

附记

我跟老校长刘明生本是不相识的。我的战友思亮与老校长家离得较近，有一回我俩电话闲聊，他知道了我正在搜集整理民间故事，就跟我说他知道有个人肚子里应该有"货"，这个人就是老校长刘明生。于是，我便让思亮跟老校长约好了时间，去拜访他。那一天天气稍有些冷，一到他家门口，便见老人站在门口迎接我。老人的热情使我打消了很多顾虑，采录进行得很顺利。他为我讲了他们村子的来历，村里老皂角树的故事，还有这个刘大胆吃鬼的故事等，使我大开眼界，

[1] 尿一泼：尿一泡。
[2] 候：不要。
[3] 黑天摸地：比喻天黑，看不清东西。
[4] 秆草：谷子秆。

他语言表达清楚，逻辑严谨，没有什么废话，不愧是一名老教师。回来后，我当天便整理了这个《刘大胆吃鬼》的故事。（刘建舟）

讲述者： 马腊花，安阳县人
采录者： 岳建雷，安阳县人
采录时间： 1998 年
采录地点： 安阳县
选自： 《狐狸坟传奇》

异文：一块棺材板子

从前，有个人的胆子很大，黑灯瞎火的敢在墓骨堆[1]上睡。都说女鬼好闹男人，可他偏不怕："嘿，啥时咱能背个女鬼回来当当老婆就得劲儿了。"

这一回，也真够玄乎的。

他在水冶卖了一天米，天黑才往回赶。出了城南门就下起了罗面小雨，天黑路滑，他也不在乎，骑着头小黑驴儿，"叽溜咣当"往家赶。正走着，就听到有女人的哭声。"吁——"他停住驴，竖起耳朵这么一听：这女人的哭声又阴又冷，好不瘆人。"嘿沙"一下，他出了一身鸡皮疙瘩。这女人的哭声，是从深沟底下传上来的，这沟里，到处都埋着死人，也不知从哪一辈子开始，这附近十里八村的，凡没有祖坟的，就都埋到这条沟里。时间这么一长，有露着棺材板的，有露着棺材头的。白天都没有人敢下去，这黑间，咋有女人在那里哭呢？是鬼？是人？他一没留神，那驴吓得"叽里咣当"跑了。他不在乎，知道驴认家门。倒是那女人，如果是鬼，就背回家当老婆，不缺她吃，不缺她花；如果是人，就把人家送回家，比烧三炷香积的阴德多。主意一定，他也不知道啥叫害怕，就深一脚浅一脚地下到沟底。脚一滑，一骨碌，跌了个仰八叉，一摸摸着一个骷髅罐子。哭声停了。一个浑身上下带着一闪一闪磷火的鬼影飘到他跟前，说："你的胆子还怪大哩。你敢把俺背回家，俺就做你的老婆。"

这个人说："背就背，不就是一个女鬼，背到家先得劲儿几天再说。"

女鬼爬到背上，他背开就走，先是觉得轻溜溜的，越背越沉，等到家一瞧，哪有啥女鬼，原来是一块长六尺半、宽一尺三寸、厚二寸半的棺材板子。

[1] 墓骨堆：坟冢，坟头。

316

斗鬼

从前，一个串村的戏班里有个唱花脸戏的，班里人都叫他花脸王。

一次，为了不误演期，他提前一天赶到演出地点——彰德府东乡的小清流。晚饭后，社首送他到村东头一座古庙里去休息。他燃起油灯一张望，好大的殿啊，空荡荡的，三间大殿只中间有一尊佛像，四角挂满了蜘蛛网，叫人感到阴森可怕。他不在乎这些，便打开行李，铺到供桌上，拿出烟枪吸起烟来。吸一阵便眯起眼来舒服一阵。忽然，油灯暗了一下，他一惊，一看，毫无动静，门子仍闩得好好的，他便重新躺下来。谁知道，一眨巴眼，愣了，只见一个十七八岁的大闺女正站在不远的地方向他含笑送情。那闺女长得眉清目秀，姿态绝艳，实在诱人。可他转念一想，不觉心颤肉跳。这门子闩得好好的，也没听到脚步响，她是咋进来的？想她不是狐狸精便是阴鬼，不由得头发一直煞[1]冒出一身冷汗，咋办？跑？能跑得了吗？喊？三更半夜又没邻居谁能听见？他思量着：不能怕，要

[1] 直煞：竖起来。

斗一斗她。这时，那闺女轻移莲步，亲热地说："知道你远道奔波劳累，孤苦伶仃好生寂寞，小女子特来陪你寻乐，消消疲劳。"花脸王一听，蓦地坐起来，正色道："俺花脸王生来不贪色、不爱财，你走吧！"那闺女倒也不怒，却笑吟吟地伸胳膊去抱花脸王的脖子，娇滴滴地说："别装正经了，人生在世谁不爱乐，趁这夜深人静，暂欢片刻又有何妨呢！"花脸王一瞧她动了手，不由发了怒，猛地把那闺女的手臂推得老远，喝道："再不走，就别怪我不客气！"说罢转身抓起他的兵器——唱戏用的九节钢鞭。那闺女一愣向后退了几步说："真不知好歹。你好好想想吧，待一会儿，俺再来陪你。"说罢突然没了踪影。花脸王没有一丁点儿睡意了，他干脆躺下身来，又吸起他的烟。

魔鬼缠人伎俩是变化多端的，明的暗的软的硬的无所不有，无所不奇，使你防不胜防。一直到后半夜，花脸王渐渐有了倦意，上眼皮直打下眼皮。突然，一阵阴风吹过，在梁头上吊了个闺女，只见她白衣、白裤、白袜、白鞋，一身统白，披头散发，窄窄的吊死鬼脸儿，酱紫色的舌头伸出足有半尺长，瞪着两个死眼珠子像要滚下来似的。花脸王一见，腾地坐起来，哈哈大笑，说："这能吓住谁？吊死鬼俺不知见过多少，快滚吧！""扑通"一声，绳子断了，那闺女直挺挺地立在地上，一蹦一蹦地直扑花脸王。花脸王振了振精神，抖了抖胆量，吼道："你这一套不行，看俺的。"他伸手抓了一把化妆油色，红的黄的蓝的白的往脸上一抹，成了个五花凶鬼脸，他高举钢鞭拉开架式，唱道："俺钟馗是也，特来捉拿小鬼。"他也一蹦一蹦蹦上去，一鞭打了过去，只听"嗷"的一声，一溜火星向门外蹿去，就什么也不见了。

第二天，他向社首说起了这件事，社首说："前十几年一个闺女因乱搞男人丢了丑，便跑到那殿里悬梁自尽了。谁知道变成了鬼都本性不改，真是江山易改，本性难移呀。"

讲述者： 魏立田，男，49岁，教师

采录者： 乔厚武，男，65岁，安阳县高庄乡遵贵屯村人，退休教师

采录时间： 1990 年 9 月

采录地点： 安阳县

选自： 《狐狸坟传奇》

317

胆大秃子

有个人，头上没毛，胆子特别大，都叫他胆大秃子。

村西头的山沟里，凡不能入祖坟的死人都埋在那里，一到夜里，鬼哭狼嚎，鬼灯来回飘，没有一个人敢进这山沟。

胆大秃子给村里人打赌，只要有人摆酒席，他夜里敢去吃。

几个好事的兑钱给他买了酒肉吊在一棵大树上。后半夜，他摸到树上取下来酒肉，坐到坟头上，把酒倒进骷髅里，把骨头当筷子又吃又喝起来。一个吊死鬼气不过，走过去说："胆大秃子，你也太不把鬼当人瞧了。"胆大秃子说："吃就过来，不吃就爬一边。"吊死鬼拿了肉，只能闻肉气儿不能吃，胆大秃子一把拽下吊死鬼的舌头，带着血就吃起来，吓得吊死鬼跑了。

又来了一个无头鬼，无头鬼说："俺杀人太多了，被砍下了头，俺是恶鬼。"胆大秃子顺手又摸了一个骷髅罐，往里尿了说："你敢不敢？"无头鬼说不敢，胆大秃子说："赶明都得给我搬到山那边住，不然，我见天夜里来闹你们，叫你们死也不得安生。"

打那儿以后，山沟里平和了，再也没闹过鬼。

讲述者：	孙保成，男，44 岁，文峰区东南马道人，大专，干部
采录者：	李梦夫，男，49 岁，文峰区东关集市街人，高中，工人
采录时间：	1989 年
采录地点：	安阳县文化局
选自：	《狐狸坟传奇》

318

神鬼怕恶人

　　一人盖房，把厕所盖在了太岁头上。这人很凶，连太岁也不敢和他斗，太岁只好叫人家往头上屙，唯一的办法是一天到河里洗一回头。一天河神说："太岁，你算窝囊到底了，你就不能给他点颜色瞧瞧！"太岁说："那怎么办？"河神说："先动动他的碾子。"太岁回来后，碾子就自动转开了，这凶人一看说："伙计们，快背谷子来！"伙计背了谷子，碾子又不转了，那人就站在当院大骂，碾子又转了，一不转就骂，那碾子一直转了一天，碾了不少米。

　　晚上太岁又到河里洗头，河神说："咋样？"太岁说："别提了，给人家推了一天碾子，一不推人家就大骂。"河神说："走，我跟你去。"路上又遇见了权神，三个一齐来到这家。河神大喊："开门！"凶人说："是何人啊？"河神没听清，以为说是"河神"啊！心想，这人真不简单，我没来到，人家就全知道了，吓得一溜烟跑了。凶人又说："把那权拿来！"权神心里想，河神跑了又叫拿我，也赶紧跑了。其实凶人是叫家人拿顶门的桑权。太岁没法只有叫人家往头上屙，每天晚上到河里去洗。

讲述者： 耿海州，男，25 岁，内黄县马上乡善宜
店村人，初中，农民

采录者： 朱尽忠，男，33 岁，内黄县马上乡文化
站干部，高中

采录时间： 1990 年 3 月 18 日

采录地点： 讲述者家中

选自： 《中国民间故事集成·河南内黄县卷》

319

泥胎塑鬼

滑州秀才褚梦苓，很早就没了娘，家中十分清贫，有天夜里，他在自家的院中为亡母的忌日祭祀。过了许久，才想起那用于祭祀的果子酒菜还在，慌忙外出收拾。他刚出门，便看见祭拜的地方有一青一黄两个小鬼，只一尺高矮，穿着用草编织的裙子，正在抢食地上的供品，褚生见了，十分害怕，慌忙用立在墙角的扁担驱赶它们，两个小鬼似乎很害怕他，上蹿下跳，尖叫着躲避褚生的追打。

这时，那两小鬼竟说出人话，不断向褚生求饶，褚生见了，突然不再害怕，高声问道："哪来的小鬼，竟敢扰民作乱？"只听那小青鬼回答："秀才息怒，我等乃东山土地龛前的两个泥塑小鬼，并非恶灵。"褚生听了又问："既然是正神门下，何以贪我先人的祭品？"小黄鬼叹道："秀才不知，土地爷的府邸并不在此间，那神龛长久无人祭祀，我兄弟二人无以为生，加之受尽各路鬼神欺辱，平时并不敢惊扰其他生灵，此次实难忍受饥饿，寻迹前来，还望秀才宽恕！"

褚生听了，有些同情这两个鬼，说道："想来尔等应有些小术，能使手段，却不以此法横行人世间，从而乱坏

阴阳的律法，实属情有可原，我的家中虽没有美味佳肴、珍馐美酒，但粗茶淡饭尚能温饱，如若不弃，任尔取用。"两小鬼一听大喜，不断拜谢他的美意。这以后，褚生都会放一些饭菜于院中祭二鬼，二鬼往往入夜便至，有时用了饭菜，便驾一阵阴风去了，有时又会留下，与褚生彻夜交谈，时日一久，一人两鬼非常说得来，慢慢成了非常要好的朋友。

过了一年，褚生要去参加乡试，苦无盘缠，非常忧虑，二鬼见他烦恼，便说道："一直以来承蒙你的恩情，今儿个见你有了难处，如何能袖手旁观呢！过两天是西山鬼王的寿辰，下有帖子请我兄弟，不过是诈取寿礼的伎俩罢了，你可与我兄弟走一遭，自有法子助你赴考！"褚生见二鬼并非戏言，犹豫着答应了下来。到了鬼王寿辰当夜，二鬼让其备雄鸡一对、字画一幅，同往鬼王府邸去了，去的路褚生都记在心里，到了西山鬼王府邸，果然好生热闹，各路鬼怪都到了，大厅中，竟有宴席二三十桌，坐得满当。看那鬼王模样，一身红袍，赤须白面，令人恐惧。

此时只听青鬼低声道："若是坐了宴席的第二排，事可成矣！"褚生闻言不解。此时众鬼起身献礼，那鬼王见二鬼献雄鸡一对，面露不悦之色，令鬼仆引二鬼坐末尾之处。二鬼又禀道："大王今日寿辰，如何敢薄了礼数，这位褚生，是阳间有名的文人雅士，特请来为大王作字画一幅。"言罢让褚生献礼，那鬼王见状果然高兴，赐三人坐于居中位置，刚落座，黄鬼便指了指酒杯，褚生一摸，原是纯银而造，再看前排，摆放的乃纯金酒杯，而末尾座上只是普通的铜杯罢了。

褚生此时方才明白二鬼的心思，但四周皆为鬼魅，惊恐而不敢言，开宴后，众鬼豪饮，不知不觉中过去很长时间，众鬼醉的醉，走的走，那鬼王也大醉离席，并无鬼注意褚生他们，二鬼将桌上的银杯都收了，与褚生一道返回到宅院中，为避免夜长梦多，二鬼送褚生连夜赴考，直走到天快亮时，才与褚生拜别，褚生没有办法，只好去了。那银酒杯也有一二十两，足够他使用。半年后，褚生才中了举人，返回到家中，当地的乡绅大户听说后，都排队来拜见他，送钱送地送佣人。褚生念二鬼仁义，祭拜了它们，但并没有见其前来相见，甚为担忧。

某夜，褚生酒后往鬼王府邸行去，见鬼王率众鬼迎接，褚生问青黄二鬼所在，鬼王言："此二鬼乘寿宴之际，盗我银杯，已被我拿下狱中。"褚生闻言，只好求情道："望大王能看我薄面，饶恕此二鬼的罪过。"鬼王笑言："你身负朝廷功名，这才来拜，若为人间的官员，何必要管这等阴司闲事！"褚生不好直言相告，只好问他如何才肯放了二鬼。鬼王道："我有阴邸，却无阳间道场以受香火，若建我一道场，可释二鬼。"言罢便率众鬼去了。褚生回去后，召众乡绅于西山建鬼王庙，始才见二鬼来访。

褚生问："今该如何打算？"二鬼道："将至庐州府土地庙讨个事来做。"人鬼有别，褚生不好强留，遂治宴款待二鬼，送有几里，方才拜别。这便是人之命运，你帮我，我助你，来来回回，才是真情。

讲述者：　崔自连，男，69岁，滑县人，中师，教师
采录者：　崔长灿，男，35岁，滑县人，大专，教师
采录时间：2003年2月
采录地点：滑县道口镇
选自：　　《中国民间故事全书·河南滑县卷》

附
记

这个故事是小时候父亲给我讲的，那时父亲很少给我们兄妹讲鬼故事，因为父亲不相信鬼神的存在，都是自己吓唬自己的。但有一定教育意义的鬼故事，他偶尔也会给我们讲一些。也许因为父亲有一定的文化基础，所以给我们讲故事时所使用的语言，除了常用的方言之外，地方土语并不十分明显。这篇故事，是我参加工作后，通过回忆记录整理的。（崔长灿）

320

女儿坟闹『鬼』

在东坡庄的西地里，有一片坟地，因这里埋的都是女人，所以，人们称这儿是女儿坟。这片坟地的墓骨堆儿上，长满了杂草，风一吹"哗哗"直响，阴森森的怪吓人。也不知从谁嘴里传出的，说那里经常闹鬼，吓得这一片儿的人，一到天黑就不敢从那儿路过。

离东坡庄三四里地远，有个西坡庄，村里有个啥都不怕的小伙子，叫陈大胆。有一年冬天的一个晚上，西坡庄牛屋里围了一班子人，一边儿烤火，一边儿东一犁西一耙地喷闲话儿。不知咋的，话头喷到女儿坟上了。一个叫黄大郎的小伙子说："前一时，听说女儿坟上又闹鬼了，有个女鬼拦住一个过路的汉们，缠着不丢，非要和他成亲不中，当场把那人吓了个半死，回家就得了神经病。"陈大胆一听火了："我咋没听说过，你这是吓唬人哩！"黄大郎也急了："你不信？有胆你就往坟地走一趟。"陈大胆说："走一趟咋着，她能把我吃了？"黄大郎说："咱打个赌，你要是今儿个夜里敢去，我请你的客儿。"陈大胆一拍腿说："中，中！一言九鼎。"黄大郎问陈大胆："你去坟上，拿啥为凭证？"陈大胆想了想说："我往女儿坟上楔个木橛子，管你明儿个白天去瞧。"

等到后半夜，陈大胆披上大衣，拿着斧子和准备好的木橛子，劲哄哄地出了村。

这天夜里，天正阴着，周圆圈黑洞洞的，还刮着哧溜溜的西北风，越么瘆人[1]。快到女儿坟时，陈大胆只觉得头发梢子往上长，心里有点怵气[2]。回去吧，大话已经喷在前头了，办不到别人会笑话。他心一横，故意大声咳嗽了一声，壮了壮胆，继续往前走。

到了坟边，陈大胆靠近最外边儿的那个墓骨堆，赶紧往下一圪蹴[3]，把木橛子往地上一插，举起斧子就使劲往下砸，约莫着差不多了，陈大胆起身就走。将要迈步，衣服就被拽住了。陈大胆心里慌了，就使劲往回拽，谁知越拽越紧。这下可把陈大胆吓孬了[4]，他以为真的是鬼拽住他不让走了，他打着战连声说："你放了我吧，我再也不敢来了。"

不管陈大胆咋说好话，这"鬼"就是不松手。拽来拽去闹腾了一阵子，把大衣撕下一个角子，他也顾不得细瞧了，斧子也不要了，拔腿就往回跑，一口气跑到家，用被子蒙住头，浑身直筛糠。

第二天一早，黄大郎就听说陈大胆叫鬼闹住了，他和几个小伙子一起去女儿坟上看个究竟。到坟上一看，他们几个笑得直不起腰。原来，陈大胆慌里慌张钉木橛子时，把自己的大衣角儿钉在地上了，怪不得咋也拽不动哩。从这儿往后，方圆几里的老百姓，再也不信女儿坟闹鬼的事了。

采录者：　王承先，男，70岁，汤阴县人，高中，退休干部

采录时间：　2005年9月15日

[1] 越么瘆人：更加吓人。
[2] 怵气：胆怯，害怕。
[3] 圪蹴：蹲下。
[4] 吓孬了：吓坏了。

采录地点：　汤阴县菜园镇

选自：　《中国民间故事全书·河南汤阴卷》

321

鬼买肉

　　县东的菜园集上有户卖肉的人家，生意说不上好，可也算凑合，卖肉的早上出摊，晚上收摊，日子就这样悠悠闲闲地过着。

　　这一天，白天生意也一般，就是晚上收摊迟了一会儿，希望能多卖些肉，好多赚点钱。

　　还真就是想啥来啥，天黑掌起了灯的时候儿，只见一个人急匆匆地来了，这人脸灰不溜秋的，也不说话，用手一指肉，又收回手伸出两个手指头。卖肉的问道："买二斤？"那买肉的就点了点头。卖肉的割好、称罢、用麻绳一系，顺手递给了来人，那人一手接肉一手往衣襟怀里摸出一把铜钱来放在肉案板上，然后扭身提着肉走了。卖肉的把案板上的钱一枚一枚地数着，不多不少正好。他伸头从案板里向街上探了探，见街上没什么人了就收摊了。

　　第二天又出摊，白天正常，天黑时分，那个脸灰不溜秋的人又来了，他还是不说话，用手一比画，卖肉的照例给他割肉，他又交钱，然后不说话转身提肉离开，消失在夜色中。

　　如此三番，天天如此。一日，卖肉的在案板里边总结自己几天下来的得利，却见钱匣子里凭空多出了一叠活人上坟给死人烧的纸钱，他先把铜钱一数，心里算了一下，觉得亏本，想想自己卖肉没出什么纰漏，那是谁给的纸钱呢？就疑心地乱想起来。他想，这几天总有一个人老在天黑、自己傍收摊时来买肉，那人面生，并不像这一片的人，尤其是他脸色灰不溜秋的，莫非是鬼？想到这儿，他连忙把纸钱按铜钱数目数了数，正好能对上亏空，不由得大怒。卖肉的胆量比较大，他心说：哼，你这坑人的鬼，若敢再来，一定给你个好看的。想罢，把钱匣子往身边一放，也不声张，继续坐在那里卖肉。

傍晚时分，卖肉的也并不早收摊，他心想着要报这亏空之恨，便单等那灰面人来。不一会儿天黑下来了，那灰脸人如约了一般又来了，这次卖肉的握刀在手，不等他用手指就问道："割哪儿？"那人并不知道卖肉的已知他底细，还以为人家把自己当成了老主顾，卖肉的热情问话呢，他照旧也不答话，还是用手一指，就在这一当口，卖肉的眼疾手快，握手的刀猛地砍向来人的手，那人反应过来往回抽手时，已有些迟了，只听"嘭"的一声，原来是砍在手上，只见溅起一溜火光，那人如电闪一般向镇南逃去。

卖肉的一看，刀砍在他手上还能嘭出火星，便确定这家伙果真不是人，就也追了出去，可一出镇南门，就啥也看不见了。卖肉的悻悻而回，却看见肉案上落下一块并在一起的两根石头手指，他"哦"的一声就明白怎么回事了。

第二天天一亮，卖肉的就出镇南门奔元天官坟去了，元天官坟就在镇南岗的半岗上，坟前的甬道两边，俱是石人石马和石羊之类的东西。他来到坟前的甬道上，单检查两边的石人，发现有一个石人的手少了两根手指，还是新印痕，就知道是这个石人作祟，便对着他骂起来了。直骂得那石人面露惭色，从此后，那石人再也没去过镇子上坑过人了。

不信你去菜园南岗上看看，现在那石头人还少着两根手指头呢！

讲述者： 程好义，男，49岁，汤阴县瓦岗乡南寒泉村人，识字，农民

采录者： 程新发，男，21岁，汤阴县瓦岗乡南寒泉村人，初中，雕塑艺人

采录时间： 1990年

采录地点： 汤阴县瓦岗乡南寒泉村

附记

我父亲程好义是一个地地道道的农民，很瘦小，一生没怎么离开农村。父亲很能干，会石匠、瓦匠，还做过一阵子编席子的篾匠。

父亲并没有给我和弟弟、妹妹讲过什么大道理，但很愿意讲故事给我们听，也可能有时是有意的，是让我们明白做人做事的道理，有时可能是无意的，好打发干农活儿时的无聊。可现在想来，我们即便是听鬼故事后也没害怕过，应该是因为他老人家挑选白天讲的鬼故事，而神故事却随时可以讲。

讲《鬼买肉》的故事时，好像是在地里摘绿豆荚，我们姊妹们那时年龄还小，母亲因为身体的原因，不能干多少活儿，父亲还要去砖窑上做工补贴家用，只能抽时间干农活儿。所以父亲也只能让我们几个帮干农活儿。那时我们小，贪玩不懂事，老不愿意干，父亲就在干农活儿时给我们讲故事，当时我们听得都挺入迷，以至讲到那屠夫第二天找到石头人时，说石头人脸有挂不住的表情后，屠夫就回去了，我当时插嘴说："咋不叫石头人赔钱？"老爹说道："它买肉用的是（烧）纸钱，赔的还是（烧）纸钱。"我一想也就不吭声了。就这样不知不觉中把农活儿干完了。（程新发）

程新发雕塑作品《虎娃》（摄影：刘振民）

322

误杀儿子

从前，有一位老人到酒店里去饮酒。回家路上，遇见个鬼变成他儿子来戏弄他，老人很生气。到家后，才弄清楚是被鬼骗了，这事与儿子无关。第二天，老人又去酒店饮酒，并随身带了宝剑，准备报仇，但他的儿子想到父亲昨天吃了亏，不放心，出去接他的父亲。老人一见以为又遇上了鬼，拔剑就刺，不料杀了自己的真儿。

讲述者： 刘翠香，女，25 岁，滑县上官镇逯堤村人，
　　　　 小学，农民
采录者： 逯庚珣，男，25 岁，滑县上官镇逯堤村人，
　　　　 高中，农民
采录时间：1989 年 11 月 10 日
采录地点：滑县上官镇逯堤村
选自：　　《中国民间故事集成·河南滑县卷》

323

宋大刚捉『鬼』

宋大刚是水塔河村宋家的先祖，明代人，身高七尺，膀大腰圆，眼如铜铃，说起话来如同虎啸，力大无比，胆大无邪，什么事对他说，都是小菜一碟。古老的卫河改道了，从水塔河到内黄县高堤村，相隔只有一里路，一里路内要经过三道河，如果不是蹚水，就得绕道多走五六里路，天热时人们都喜欢蹚水。但是，在二道河经常发生淹死人的事，传说卫河水里有鬼。有一天晚饭后，家家户户都熄了灯，宋大刚躺在床上翻来覆去，怎么也睡不着，便起身带着一条大绳来到二道河。"都说有鬼，我今天就要看看这个鬼到底是啥样儿。"宋大刚藏在一棵大树下，静静地等着，一个时辰过去了，什么动静也没有。宋大刚心想再等会儿，又过了一小会儿，听到水面上"哗哗"地响，宋大刚这时将大绳的一头拴在大树上。这时，宋大刚觉得一股凉气在吸着，知道下面要有事了，他又把绳的一端拦腰捆住自己。宋大刚身不由己地在一步步地顺气而动。宋大刚走了十来步，发现水上面游的不是鬼，而是一条碗口粗、足有丈余长的大蟒蛇。宋大刚心想，我身不由己地走动，原来是这条大蟒蛇吸哩，过去淹死的老乡为啥找不到

尸体，可不就是被它这条蟒蛇给吞下去了吗？宋大刚心中有了准备，身体往前走了几步已被大绳拉紧，就在这时，大蟒蛇吸不动了，它也恼怒了，"嘶"的一下，头抬得与树一般高，窜到宋大刚跟前，宋大刚猛地一个躲闪，躲开蟒蛇头。宋大刚想，常言说打蛇要打七寸，打蟒也要打它的要害。蟒蛇"唰"的一下将头转回来，宋大刚"噌"的一下骑到蟒蛇的背部，两只大手狠狠地掐住蟒蛇的脖子，使它不能呼吸，也不能摇头，宋大刚又掐了半个时辰，这时大蟒蛇再也不动弹了。宋大刚这才慢慢地松开了手，用绳子系个扣，套住这条大蟒蛇，拖回了家，干脆就把这条大蟒蛇吊在树上叫人观看。

第二天天亮，果然招来了许多男女老少，打听宋大刚捉"鬼"的事儿，宋大刚说，不是鬼在作怪，而是这条大蟒蛇在作怪。今后不管过河还是蹚水都平安了。宋大刚为民除害的事在外村外乡也传开了，到现在这里还流传着这样一段民谣："天不怕，地不怕，就怕宋大刚的两手掐。"

讲述者： 张金印，男，82 岁，汤阴县任固镇岳儿寨村人，师范，退休教师
采录者： 栗文飞，男，55 岁，汤阴古贤乡东冢上村人，大专，干部
采录地点： 汤阴县任固镇岳儿寨村清泉寺
采录时间： 2012 年 6 月 12 日

附
记

张金印是一位小学教师，讲述这篇故事时已经 82 岁，退休 22 年了。他长期生活在故乡汤阴县任固镇岳儿寨村，这里是汤阴东部，邻近卫河，古老的故事传说众多。2012 年 6 月 12 日，我到汤阴县任固镇岳儿寨北村清泉寺院内采风，听张金印老人讲述了一些精彩的民间故事和传说。张金印老师是教师出身，语言清晰，表达明白，地方语言丰富，讲述故事时，非常动感情。有时手舞足蹈，眉飞色舞。把故事的情节演绎得活灵活现，人物形象在他的讲述中栩栩如生，尤其是对人物和动物的动作模拟得十分逼真，有时连声音都能模拟出来，

给人以身临其境之感。比如讲到"宋大刚又掐了半个时辰，这时大蟒蛇再也不动弹了"，我都能听到他咬牙的声音，两只眼睛瞪着，两只大手做出的死掐动作。那情景令我久久不能忘怀，至今还经常出现在我的记忆里。后来，我鼓励帮助他将这些故事和传说整理成《清泉寺轶事》一书。（栗文飞）

故事采录地汤阴县任固镇岳儿寨村

324

捉鬼

汤阴县韩庄乡大光村，村子南面有一条牤牛河，河上有一座大石桥叫官桥子，通过这个桥上的路叫官路。往北直通汤阴城大南门，往南能到降城、青山。官桥子处在几个村子交界的地方，距桥最近的村庄有三四里路，这些村子的人习惯叫它为四里桥。桥周围几里地远都是泊洼地，涝年经常闹水灾，所以，这一带地里多数种高粱。一到秋天，路两边的庄稼像两堵绿墙，路变成墙中间的胡同，人走在路上感到阴森森的。

官桥子东边有一片坟地，说坟地里有恶鬼常到桥上化缘，或变作穿重孝的小寡妇，或变成一头黑驴，在深更半夜劫单个走路的人，骗人上当，然后把人闹死。降城村有个叫甄旦子的人，有三十多岁，听别人说得有鼻子有眼的，将信将疑，就对讲闹鬼的人说："我经常到城里贩点货，做小买卖，起五更搭黑[1]赶路，夜里往官桥子上过，少说也有几十趟，怎么一次也没碰到啥？"别人说："你身强力壮得像凶神一样，鬼咋敢闹你哩。它闹的都是些胆

小有病的或喝醉迷迷糊糊的。"甄旦子听了暗想，要真想到官桥子上见鬼，就得装病或装醉。没病装病装不像；装醉容易，鬼又不知道我酒量多大喝了多少，真醉假醉不容易看出来。他打定主意，要装醉见鬼。

过了几天，甄旦子到城里去办事，办完事，天就快黑了。他就想，今天何不就装醉，试试能不能见鬼。就到一个熟悉的饭馆里跟掌柜的说起闲话来。要了两碟菜，打了四两酒，连吃带喝，喝酒的时候故意酒到衣服上一些，弄得满身酒气。吃喝罢了，甄旦子对掌柜的说："我得赶紧走，怕迟了关了城门出不去。"他出城之后走到南园，想，听人说，非到半夜以后，鬼才出来，我现在还不能走。他经常走这条路，这村也有不少熟人，他就到路边谷家牛屋跟当槽的[2]喷开了。磨蹭到二更天以后，他故作惊讶地对当槽的说："可忘了大事，今夜家有人等我，得赶紧走。"说罢就上路。离官桥子还有里把地，他就装起醉，走路东倒西歪的，嘴里还唧唧哝哝说些呓话[3]，酒香伴着呓语在小北风里飘。又过了一阵子，他走到离桥四五十步远的地方，看到桥头上果然有一个庞然大物，近前细看，是一头又肥又壮的黑驴。他就故意把话说呓些："是谁家的大黑马……送……送我回家吧……哈哈……哈哈……"他伸手上前去牵，那驴用嘴头子闻了闻他身上的酒气，就乖乖地跟着他走了。走了几步，他顺手抓住鬃毛，翻身跃上驴背骑着往家走。边走边想，鬼身上有了人血就变不回原形了。于是，他暗暗将中指咬破，把血涂到驴脖子上。

甄旦子来到家里，把老婆叫起来，就要弄粮食套磨。老婆唧哝说："明儿个不能磨，为啥夜里磨？"他说："借人家的驴，天明了就得送回去，夜里磨也比你推磨强。"老婆想，倒也是，磨一套顶推好几回[4]。甄旦子点上灯笼，挂好套，把驴套上就磨起来。他折了一根树条子，打得那驴绕着磨道飞跑，那驴浑身冒汗喘粗气。

天快放亮时，姓耿的老头儿早起拾粪，路过这里，看见甄家夫妻打着驴磨面，就问："谁家的驴？怪不心疼。"

[1] 搭黑：抹黑，趁黑天。

[2] 当槽的：喂牲口的。

[3] 说些呓话：说些胡话。

[4] 磨一套顶推好几回：套上牲口磨面顶上推几回磨。

甄旦子说："拾的，使一套得一套没人找，用罢了送到马家沟上杀锅[1]，剥皮、抽筋、熬油。"耿老头儿说："多可惜，啥牙口了？"甄旦子说："没瞧！"说着就磨完了，刚卸套，耿老头儿走到跟前要掰开驴嘴瞧牙口，先看到驴脖子上有血，就说："怎么把驴脖子打破了。"说着就用手去擦血。甄旦子连忙制止，话还没说出口，驴脖子上的血已被耿老头儿擦去。只见眼前一溜火星变作一股黑烟消失了，黑驴也不见了。

这时，甄旦子把捉鬼的经过说透，耿老头儿大笑起来，说："你真行，真是胆小的怕鬼吓，鬼怪怕胆大。"从此，几辈子了，再没人见到官桥子上有什么鬼驴了。

采录者：　开弓，男，46 岁，汤阴县人，大专，干部

采录时间：　2005 年 10 月 26 日

采录地点：　汤阴县五陵镇

选自：　《中国民间故事全书·河南汤阴卷》

325

夹鬼

从前，有个人酒后半夜回农村老家。

走到半路，有两个瘦麻秆形的人连声说："叫搀着你，叫我搀着你！"他晕晕乎乎，跟跟跄跄，就没说什么被搀扶了。

走着走着，他见周围满是荒草，柏树林立，净是坟墓。他心里一震，立即酒醒，知道搀扶自己的是两个鬼魂，想谋害自己。于是壮足了胆，猛地把俩鬼紧紧夹在胳腋窝内，朝家快速走去，只听俩鬼不停地嚎叫："放开俺吧，俺不敢啦。"

鬼越叫越挣脱他夹得越紧。走到家门口，高声喊道："老婆子，快掂秆草[2]，把这俩家伙烧了！"

他老婆按照他的吩咐，抃来秆草，只见他把夹来的俩鬼往火堆里一撂，听得"砰啪"两声，就什么也不见了。火灭之后，只见灰里有两块骨头。

[1] 杀锅：屠夫家杀牲口用的大锅。

[2] 秆草：作牲畜饲料的禾茎杂草。

采录者： 李友义，男，67岁，汤阴县宜沟镇前里
朱村，大学，县委党校副教授

采录时间： 2005年12月5日

采录地点： 汤阴县宜沟镇

选自： 《中国民间故事全书·河南汤阴卷》

326

烧画儿

从前，有个姑娘每到夜深人静，就梦见一个美男子拥抱她，使她"入窍"。慢慢地，这姑娘面黄肌瘦，不像人样儿。

她妈给她抓这药，喂那药，都不见效，而且病越来越严重，这可急坏了她妈。

有一天，她妈听说来了一位名医，就赶快请到家。她向名医述说了病情。

医生到姑娘病屋，上上下下、左左右右仔细打量，只见姑娘床头墙上有幅唱戏的画儿，其中有位公子长得天庭饱满，地阁方圆，眉清目秀，神姿潇洒。医生当着姑娘和她妈的面严肃地说："这幅画儿中的那位公子已经成了精，每天深夜打搅姑娘的就是他！"

姑娘妈一听，忙问："那该咋办哩？"

医生认认真真地说："你把这画撕下来，用火把它烧了。他就没精气儿啦！"姑娘和妈按照名医说的，把画儿撕了下来，放火烧掉。从此，姑娘半夜睡觉安稳，病慢慢好了。

采录者：　李友义，男，68 岁，汤阴县宜沟镇前里
　　　　　　朱村，大学，县委党校副教授
采录时间：　2006 年 3 月 20 日
采录地点：　汤阴县城关
选自：　　《中国民间故事全书·河南汤阴卷》

327

孙三遇鬼

民国初年某日，林县泽下人孙三步行进城办事，因泽下离林县城很远，刚过原康，天就黑了下来。越过淅河，走到大圣山后，天又下起了大雨。前不临村，后不临店，孙三没办法，只得硬着头皮继续冒雨前行。当费尽全力摸黑爬到山顶时，早已被淋成了落汤鸡。这时雨仍在不停地下，他看到路旁有座庙院，便想进庙里避避再赶路程。

他走进院内，见庙里空无一人，便摸黑坐在了主殿门旁的一块石头上。没想到雨越下越大，坐了一会儿，便迷迷糊糊进了梦乡。

大约四更时分，一声炸雷把孙三惊醒，他借着闪电的亮光，看到院子西边，放着一口尚未油漆的棺材，棺材内钻出了个披头散发的女人，孙三一看，马上毛发倒竖。他正想逃走，却见那女人也一步一步向庙门走去。最后，竟一屁股坐在了门上。他只好屏住呼吸，耐心等待时机。此时，他见那女人理了理头发，伸出双手，去接喝房檐上落下的雨水。一边接，一边喝，足足用了五六分钟时间，最后，站起来看了看四周，见没什么动静，便又返回原地，躺到棺材里去了。

孙三一看机会来了，便轻轻站起来，蹑手蹑脚摸黑走到庙门口，用尽平生之力，一步跨出门外，深一脚浅一脚没命似的向山下跑去。直跑到山下的一个村边，见村头一家屋里还亮着灯，听到屋内还有人说话。此时，他也顾不得许多，便"砰砰砰"上前敲门，还没等屋里人应声他已累得瘫倒在地上。

听到有人敲门，屋内走出了四五个人，他们见一个人瘫坐在门外，便上前询问。此时的孙三心慌意乱，便把他在庙里见鬼的事说了一遍，没想到此事却引起了这家人的异常关注，他们把孙三扶进家中，又详细询问了这女人的一些情况。

原来这家姓程，老两口儿守着一个儿子，去年刚给孩子办完婚事。没料到，小两口婚后感情不和，一天两头吵嘴生气，在最近的三天前，才又打了一架，媳妇不辞而别，至今没有下落。婆家派人四处寻找，娘家、亲戚家都没见踪影。井里池里也打捞遍了，也始终是活不见人死不见尸。娘家见没了女儿，一纸诉状告到了县衙。刚才从家里出来的这四五个人就是共同商议此事的程家亲友。他们听了孙三的叙述，联想到了自家失踪的媳妇，便想看个究竟。一行人来到山顶庙中，走近棺材一看，果然不出所料，正是自家的媳妇。

他们把媳妇接回家中，问了情况。原来媳妇离家出走后，想到娘家贫困，哥嫂嫌弃，又不想连累亲友，也没脸再回婆家。路过山顶庙中歇了一会儿，见有一口空棺材放在那里，便决定在此暂时栖身。她在棺材里一连躺了三天，腹内饥渴难忍，听到外边响雷下雨，便到屋檐下接水喝。这件事，虽把孙三吓了个半死，却帮程家找到了媳妇。

人找到了，两亲家都放下了心，小两口也吸取了教训，程家从此过上了安生日子。为让后人永远记住这件事，便把这条山沟称作"孙三沟"。

讲述者：　王买金，男，68岁，林州市姚村镇三孝村人，大学，干部

采录时间：　2012年

采录地点：　林州市

328

端公捉『鬼』

从前，河南有一个端公，自称法力无边，能擒妖捉怪、驱邪避灾。他每次出外办事，不论刮风下雨，还是深更半夜，从来不在百姓家住。宣称自己会"五鬼抬轿"，只消念动咒语，便会有个小鬼把他抬着送回家里。因此，大名远扬，来请他驱邪降妖的人很多。

一天深夜，端公做完法事，主人送出村外，端公便独自回家。他来到一座乱坟岗附近，突然传来阵阵哭声，这哭声时大时小、时尖时厉，端公心知有异，上前大喝一声："何方妖物，遇见本法师，还不快快躲开。"谁知话音刚落，只听一声怪叫，从乱坟岗中腾地跳出一个怪物来，只见这怪物头如斗大，身似牦牛，身形忽小忽大，忽高忽低，一纵一跳来到近前，口中仍不停地发出一声声时大时小、时尖时厉的哭声。端公一看，大惊失色，强定了一下心神，口中念念有词："天灵灵，地灵灵，妖怪来了活不成，活不成，活不成……"念了一阵咒语，用手杖画了一个大圆圈，来了胆气，大喝一声："大胆妖怪，你敢进我第一道皇城？"话音刚落，只见那怪物身形一闪，便纵进了圈里。端公一看，吃惊不小，忙又画了一个圆圈，

念念有词，又是一声大喝："大胆妖怪，你敢进我第二道皇城。"一言未了，只见那怪物又是一纵，已进了第二圈。端公一看怪物连闯两城，自己法术不灵了，只吓得头发根都竖了起来，心知这次是遇到了克星，自己必不能脱身，便硬着头皮，又画了一个圈，结结巴巴地喊道："妖……妖怪，你……你敢进我……我第……第三道皇城。"话没说完，妖怪双翅一展，已飘到了眼前，一下站到第三道皇城里。端公吓得魂飞魄散，屁滚尿流，连滚带爬地逃回了家里。

第二天，端公吓得人事不省，一连几天，水米未进，嘴里不停地喊着："大王饶命，大王饶命！"家里人知道端公被妖怪拿住了，早晚性命不保，便着手为他准备后事。

就在这时，从村外来了一人，自称是端公好友，要求见端公。家人便把他领到了床前，唤醒端公，端公认出是自己的同行好友，忙让坐下。那人问端公为何病成这样，端公就把那天夜里遇鬼的事情说了一下。只见那人哈哈一笑，说道："老哥，你见的那不是鬼，那是我和你开的玩笑。"端公又是摇头，又是摆手，连说："不会不会，我亲眼所见是一厉鬼。"那人说："老哥不信，我去拿样东西来你就明白了。"一会儿，只见那人拿了一只圆桶套在头上，把被单片披在身上，摇头摆尾在屋里纵跳了一阵，接着又发出一阵时大时小、时尖时厉的哭声。端公这才如梦方醒，长出了一口气。

讲述者： 张家瑞，男，59岁，安阳县太平店村人，识字

采录者： 张庆玉，男，安阳县人

采录时间： 1990年11月

采录地点： 讲述者家

选自： 《狐狸坟传奇》

329

刘财主背鬼

"渴得池"位于五龙镇石阵村和薛家岗交界处，也有人叫"水圪倒池"，其实就是一个大水坑。围绕这个渴得池，当地流传着一个刘财主背鬼的故事。

前石阵有一个姓刘的财主，经常乐善好施，救济穷人，常帮人渡过难关，而且还胆子大。有一次他路过渴得池看见路边有一个外地女人病死在路旁，刘财主就安排人买了副棺材收敛埋藏。所以，人们都称刘财主是个大善人。有一天，他骑着马去外边收账回来，路过渴得池时天已黑了。正走着忽见一披发女子身穿白衣在路中间拦住了去路，哭着对刘财主说："急着回家，能不能捎上一程？"刘财主心中有数，知道遇见鬼了，心里想："自己没做过亏心事，怕什么，看看她要作啥精。"就对她说："你上马来吧，我捎你一程。"古代人们都束有两个腰带，一个在里面，一个在外面，外边的腰带当地人叫战带。刘财主偷偷解下外面的战带攥在手里，女鬼一跃上了马。马有灵性，也能认出是鬼，马就尥蹄子，不想驮女鬼。女鬼只好双手搂住刘财主的腰，刘财主向后一甩战带，把女鬼和自己紧紧捆在一起，一打马鞭，就向村里跑去。此时，女鬼附在刘财主

耳边对刘财主说："您放心，我是来报恩的，我是您安排人收敛埋葬的外地女人，谢谢您收敛埋藏之恩，明天我就要去投胎转世了，送您一块板，做张书桌吧，愿您的孩子能早日升官发财。"说罢背上没了动静，刘财主放下心来，快马加鞭向村子里跑去，一口气跑到家门口，喊家人开门，发现身上背了一块烂材板[1]。第二天，刘财主就让木匠用棺材板做了一个书桌，放在学堂里，让孩子们在上面读书学习用。

过了几年，孩子们要参加科举考试了，临行的头天傍黑儿[2]，要在家里进行祭拜，刘财主就把书桌摆在院子里，桌子上放斗，斗里装上粮食，插上香，按仪式进行了祭拜，保佑孩子考中功名。孩子祭拜完毕以后，突然，有一只猫头鹰飞到斗的旁边，家人正要想赶走猫头鹰，刘财主连忙拦住家人，对他们说："是好事，不要赶它走。"家人们不解，刘财主转身对孩子说："放心去吧，一定会考取功名的。"果然，孩子考中了举人。后来，家人们问刘财主："当家的，你怎么知道一定会考中的呢？"刘财主说："那天祭拜完毕，猫头鹰不是飞到斗旁吗？鬼斗为魁，寓意不是要中魁吗？"家人们都佩服当家的才智。刘财主家三个孩子都是在此桌子上学习考上了举人。因为书桌是棺材板做成的，寓意有"升官发财"的意思，因此家人们称此桌为"财桌子"。后来，石阵村好多人家都仿照刘财主家桌子的样式做成了"财桌子"，让孩子在上面学习，希望孩子能早日成才。

采录者：　宋建军，男，52岁，林州市五龙镇中石
　　　　　阵村人，大专，教师
采录时间：　2019年6月
采录地点：　林州市五龙镇

[1]　烂材板：林州方言，从地下挖出来的腐烂的棺材板。
[2]　傍黑儿：林州方言，傍晚。

附
记

小时候喜欢听故事，每到夏天，老人们都聚在俺村儿老君庙前两棵大槐树下凉快，老人们提着烟袋，吸着烟，喝着水。妇女们有的在腿上搓着绳，有的纳着鞋底，边听老人们讲故事。特别是鬼的故事，既害怕，还想听。《刘财主背鬼》的故事就是那时候听老人们讲的。说得有鼻子有眼，并说这个故事是真的，现在中石阵村许多老人还知道这个故事，而"财桌子"确是中石阵村老户人家基本都有，只不过后来误传成了"柴桌子"。现在有些人家还有，但不多了。（宋建军）

宋建军在讲述《刘财主背鬼》的故事（摄影：刘二安）

330

够吃了

从前，有几个商人贩货，赶了一天路，天黑啦，来到荒凉的一处小店投宿。不巧，店里客人住满了。

商人们看看，前头一片荒凉，周围既无村庄，也无旅店，没办法，他们央求店主，叫随便找个地方，能待一晚上就行。店主人说："店里还有一间闲屋，就是里边放着一口棺材，因怕客人忌怪，没当客房，您要不嫌弃，就在里边住吧。"

商人们走了一天，早已累得够呛，巴不得赶快躺哪儿，哪还顾得了这些。一听说有地方住，赶忙答应，当即就让店主领到那儿。

这是一间放东西的旧客房。一边放着棺材和乱东西，一边是一个大炕。商人们就在炕上并排一律头朝外躺了下来。

不一会儿，都"呼呼噜噜"睡着了，可是有一位商人，看到那口棺材心里害怕，吓得咋得儿[1]也睡不着。

到了半夜时候，小店里静得怕人，这位商人突然听到

棺材里"嘭嘭、嘭嘭"响了几声。只吓得他激灵出了一身冷汗。他还忍不住朝那棺材看，只见那棺材的天板慢慢慢地错到了一边儿。从里面慢慢慢慢钻出一个白胡子老头儿，穿着一身送老衣[2]，朝他们走来。这位商人见到这个情形，早吓得魂飞天外，大气都不敢出。

白胡子老头儿，慢慢走到靠边睡的一位商人跟前，用手指弹弹那商人的头，"嘣嘣"，嘴里说道："够吃了！够吃了！"又来到挨他睡的第二个商人跟前，一样弹弹那人的头，"嘣嘣"，"够吃了，够吃了。"就这样，白胡子老头儿弹一个人说一遍，弹一个人说一遍，从边上一个挨一个朝这边弹过来。商人们太疲乏了，都没被弹醒。轮到这位没睡着的商人，也照样弹了。这位商人觉得弹得很疼，可他又不敢动。白胡子老头儿，弹过来一遍，就松了一口气。重新回到棺材里，错上天板，恢复了原来的样子。这位商人经过这个情形，一不敢叫，二不敢动，胆战心惊地挨到天明，一夜都没敢合眼。

天明以后，他把夜里见"鬼"的情形告诉伙伴们。伙伴们也很奇怪，对店主一说。店主却哈哈大笑起来，说那不是鬼，是他爹。他爹非常喜爱给自己预备下的棺材和送老衣，每晚都穿着送老衣，躺在棺材里睡觉。父亲还十分关心店里的生意。他眼花看不清，就用弹头的法儿，数数店里住几个客人，如果有够多的客人，挣的钱就够吃用了，所以他念着"够吃了，够吃了"的话。

商人们听罢店主的解释，才恍然大悟。

讲述者：　王学仁，男，31岁，内黄县人，演奏员
采录者：　李国存，男，15岁，内黄县二安乡沙河庄村人，学员
采录时间：　1971年
采录地点：　剧场附近农家
选自：　《中国民间故事集成·河南内黄县卷》

---

[1]　咋得儿：不管怎么样。

[2]　送老衣：装殓时给死人穿的衣服。

331

坟中坟

最初听这个故事，是在 20 世纪 70 年代。我 1971 年参加工作，在内黄县豫剧团乐队当学员。当时叫"内黄县工农兵文工团"。我们这些学员十五六岁，都是初出农家的"毛蛋孩子"。王学仁是剧团乐队拉小提琴的老师，是我们公认的"大学问家"。他给我们讲过好多故事，比如《梁山伯与祝英台》《一千零一夜》等。他讲述能力非常强，把故事讲得绘声绘色，我们非常喜欢。

我们剧团那时多在乡镇演出。乡镇剧场条件差，没有专门的宿舍，多是在剧场附近农家找几处闲空房，就地铺上干草。男职员住几间，女职员住几间。我们打开自带的行李，就像故事讲的情形一样，十几个人一字儿排开，头朝外睡大铺。空房没有电器设备，点一支蜡烛，焊在墙上，火头恍惚跳跃，把屋子里装点得阴森可怕。戏演完后，已经夜深人静。由于工作性质决定，我们都是"夜猫子"，戏刚演完，睡不着，就求王老师讲故事。

记得那夜，王老师卖关子，说没啥讲了。我们便说："随便讲点啥都行。"王老师问我们想听哪样的故事，我们说法不一，其中不知谁说："讲个害怕的吧。"老师说："不能讲害怕的，怕你们睡不着觉，影响明天练功演出。"我们说："不怕不怕。"他问："真不怕？"我们回答："真不怕！"老师说："好，那就讲个破除迷信的吧。"

王老师开始讲了，他讲得非常投入。故事中讲述的情景，与我们听故事时的场景非常相像。也许是因为我们所处的情景让他想到的故事内容。我记得讲到"慢慢慢慢"时的语气，让我的心都不敢跳了。讲到"嘣嘣"时，我真的吓出一身冷汗，头真的有点疼。我感觉大多数人都听得害怕了，可大家都硬撑着，谁也不出声。讲到最后，店主人解释了"鬼"的原因，大家一片哗然。有的说："王老师，你这是自己编的，来吓我们的！"王老师不点头，也不摇头。是不是王老师编的，大家议论不一。有说是，有说不是。王老师只是笑而不答。到底是不是他编的，现在已经无从考究。倒是第二天我一问，确实有听了睡不着觉的人。

从那儿以后，很长一段时间里，我们学员伙伴的打闹中增加了一项内容，就是从他背后偷偷弹两下他的脑袋，加上两句"够吃了，够吃了！"对方便醒悟，转过身来还击。于是，打闹便启动了。这个故事也随着打闹流传开来。

王学仁是个自学能力很强的人。其实我觉得他的文化程度最多是个初中，但一定看过不少书，我记得他讲《一千零一夜》里的《巴格达窃贼》讲得非常好。我的文化程度说是高中，其实高中只上了一年，"文革"时期的初、高中都是两年制。只是档案上都填高中，就这样延续下来了。（李国存）

从前，一个村子里唱夜戏，临时搭起的戏台，两边两根木杆子上绑着两盏大油灯，把戏台照得明晃晃的。那天唱的是《包公案》。包公整冠端带，一声喊："王朝马汉，落轿！"立刻锣鼓轰鸣，大号长啸，包相爷一身正气，出现在台子上。刚亮罢相坐下，正要道白，只听一个女子的声音喊道："包相爷，冤枉啊！"这一喊不要紧，把台上的"包相爷"弄愣了，还不该告状的上场咧，咋可喊板了？停了一刻，却不见有人出场。这时又听见一声喊叫："冤枉啊！""包公"一看，只见一个白色阴影跪倒在他面前，带着一股阴风。"包相爷"也吓得汗毛直竖，站起来就向后台跑去。一时，台子上乱了套，台下也乱了，有吹哨的，有喊叫的，有拍手的，还有投东西的。"包公"回到后台，班主问是咋回事。演包公的演员说，他刚往公堂上一坐，就恍恍惚惚看到一个浑身素衣的女子跪到地上喊冤，好像是个真的冤魂。班主叫接着唱，演包公的演员咋说也不干了。班主没有法儿了，只好自己来。他穿好装，打了脸，一敲锣鼓，出场了，亮相后，刚坐到"大堂"上，果真又看见那个冤魂，口喊冤枉，跪到了堂前，班主吓得

附记

也不轻，跑回后台，当晚推说身体不好，也不唱了。

第二天，地保把这事禀报给了县官。县官也不信，就坐轿来到这个离县城不远的村庄。问明详细情景，决定当晚还唱《包公案》，由他扮包公。

到了晚上，县官一出场亮相，道白后坐到"大堂"上，果然冤魂又出现了。县官见了也不惊慌，说道："你是哪里来的小女子，有何冤枉，只管对本相讲来，好为你申冤报仇。"那女子听了，也没说话，忽地飘到了台下。县官见了，忙领着王朝、马汉、张龙、赵虎等人随后追赶。一直撵到漫天地里一个荒草糊楝的坟头上，那女子的身影忽然不见了。县官心里感到奇怪，觉得这坟中有问题，就对着坟头说："小女子，知道你有冤情了，本官一定设法为你申冤报仇。"当晚，县官就叫人在坟旁搭了个棚子，叫来了地保等人，问明了是谁家的坟和坟主的情况。把坟主叫来询问，坟主听了也很奇怪，说里边埋的是他父亲，不愿意叫挖坟开棺，可他也挡不住呀，只好听从了。

第二天，挖开坟，开了棺验了一遍，也没查出啥问题。天黑了，县官坐在桌案旁，手托双腮，闭目暇意，忽然又听到一个熟悉的声音说："大人，您再往下挖呀。"他慌忙睁眼往四下里看，啥也没有。问身旁守候的衙役，也都说没有看见有人来，连声音也没听到。县官疑心，立即叫人抬出坟中的棺木，继续往下挖，挖了没多深，果然挖出了一具年轻女子的尸体，尸体完好，还没有腐烂，只是衣衫被撕破了，露着下身。县官立刻再次传呼坟主，坟主也说不清是咋回事儿。又叫来埋人时的总管，查了名册，把当时挖坟坑的人都找来，一个个当场拷问。先是谁都说不知道，后来一吓唬，其中一个胆小的青年招认了害死这女子的经过。

去年埋人时，几个年轻小伙子在挖墓坑，正挖着，从路上过来一个年轻媳妇，长得水灵灵的，很有几分姿色。几个人见了馋得不转眼珠儿地盯着人家看。其中一个说："瞧，这小娘儿们多好看，咱把她拉来玩玩咋样？"另一个说："你敢？"另一个人说："你敢拉来，我就敢……""谁要不干是孬种。""拉来了，我也敢。"几个人七嘴八舌，

发誓赌咒，就岗[1]到那儿了。就这样，两三个小伙子把那年轻妇女拉拉扯扯拽到高粱地里给轮奸了，把人家的裤子也撕坏了，还堵着人家的嘴。办完事，几个人觉得这场面不好收拾了。放她走吧，一告状，就不得了。咋办咧？几个人作了难，经过几个年轻小伙子一阵撕弄，那柔弱女子一时连站也站不起来了。几个更害怕了，一时情急，就商量着用铁锨把那妇女给打死了。当时有人想了一个点子，在已经挖好了的墓坑中，又挖了一个小点的深坑，把那妇女的尸体放进去埋了，上边又用脚踏实、拍光，休息了一会儿，约法三章，叫两个人看着，其余的人回家去了。下午，主家按时出殡，埋葬了老人。几个小伙子也都暗暗高兴，觉得这事办得怪轻巧。咋也想不到会有今天。这一来，几个人全都吓傻了，只好乖乖地招供画了押。

县官叫人写了供状，把两具尸体重新葬埋，在墓前设了香案，说："小女子，今天你的冤情大白了，你是向包相爷告的状，到时我一定叫包相爷为你申冤，你安歇着吧。"县官回到县衙，将几个犯人暂押在南监，将案卷整理后派人送到府里审批。秋后，批文下来了，县官又扮成包公的模样，用铡铡了这几个狂徒。

讲述者：　王玉僧，男，61岁，河北省隆尧县人，初小，退休工人
采录者：　胡德葆，47岁，内黄县人，大学，干部
采录时间：1989年12月23日
采录地点：安阳机床厂家属院王玉僧家
选自：　　《安阳故事卷》

[1]　岗：说大话无法收回了。

332

鬼捶背

从前，粮行里有两个小伙计，既好听人讲"鬼故事"，又很害怕"鬼"。他俩怕别人知道自己胆小，所以处处装大胆。

有一天，他俩下乡去收小麦，事情办妥当了，天也黑了。农家人说天黑路不好走，小心碰到"鬼打墙"，邀他俩在这儿住一夜。可这俩伙计硬是水仙不开花——装蒜，说自己从来不怕"鬼"，再黑的夜路也敢走。农家人见留不住他们，就让他俩走了。

刚上路，他俩就争着说话，这个拍着怀里的钱袋说，今天收的小麦又干价又低，回去东家一定会赏俺。那个摇着搭在肩膀上的秤杆秤砣说，今天收的小麦肯定会长斤两，这是要秤星[1]的功劳，东家肯定会多赏俺。接着，俩人又吵吵其他事，嘴就不停，声音一个比一个高，逆风都能传出二里地。

为啥他俩要齐声嚷嚷呢？原来他俩心里都害怕，想用声音给自己壮胆，也想用声音吓跑路上的"鬼"和"妖"。

说起来人也怪，越是怕啥越想啥。两个伙计吵吵了一阵子后，口干舌燥，渐渐地谁也不想开口了。他们的嘴安静了，眼珠子却转得快了，瞧见一个土堆，心里就猜想"坟墓"中藏着什么模样的"鬼"；瞧见树扑棱[2]一晃动，就猜想是不是"鬼"在跟着走。他俩越想越怕，越怕越想，嘴上不说，脚下步子加快猛走着。

眼看离城越来越近了，两小伙计心里轻松了一点，装钱袋子的伙计说，快到家了，不用害怕了。那个背秤杆子的伙计说，俺又不怕，你慌啥？他光顾显摆自己，脚下一磕绊，猛地打了一个趔趄，就觉得后背被人重重地捶了一下，他回头看了一下，身后没见有人，就抱怨装钱袋子的伙计说："哎！你别吓唬俺，你捶俺一下干啥？"那装钱袋子的伙计说："你别赖俺，俺可没捶你！"背秤杆的伙计见装钱袋子的伙计不认账，心里一激灵，赶紧往前迈了一大步。这时，他又感到后背"咚"一下被捶，喊道："你不承认，咋又捶俺一回！"他说话的声都岔音跑调了。

要说这害怕它也会传染，背秤杆子伙计的怕劲[3]使装钱袋子伙计更害怕了，他哆哆嗦嗦地说："俺可是……真……真的没……没捶……捶你"。背秤杆子的伙计更是结结巴巴地说："你你你……没动……动手，那是谁……捶俺的？"

是谁？是"鬼"？两个小伙计同时想到"鬼"，这下子再也憋不住了，"啊"地大叫一声，拔腿就跑。那背秤杆子的伙计边跑边说："哎哟，一捶，又一捶……"等跑进城里就吓晕死了。

东家来看两个小伙计，背秤杆子的伙计讲了昨天夜的遭遇说："鬼捶背！俺跑得越快，他捶得越快，现在俺的脊梁骨还痛得狠。"东家撩开他衣裳，只见后背青一块紫一块的，东家突然笑了起来，说："这算什么鬼捶背，是你搭在后背上秤砣砸的。"

[1] 要秤星：玩秤杆。

[2] 树扑棱：树枝或灌木丛。

[3] 怕劲：害怕的样子。

讲述者： 王玉亭，男，88岁，安阳市人，识字
采录者： 王有才，男，46岁，大学，安阳市燃料
总公司副总经理
采录时间： 1997年
采录地点： 安阳市唐子巷附六号院

333

薛建章告冥状

　　清早的淇河石板桥上出现一支骡马队，最前面的是一辆马车，马车前有赶马的马夫坐在一侧，里面坐了一位六十来岁的人，马车后面是平板车，上面驮着几个大礼盒，后面还有几辆是戏班子的车，他们走在石板桥上，从淇水上穿过。

　　马车里的这位叫张公济，人送雅号"张善人"。是辉县万仙山下的一个生意人，一生积德行善，灾荒年施粥救百姓，修桥铺路，救济穷人，生意做大后，散布钱财，为民造福，他散布的钱财多挣的钱也越来越多，最后成为当地很有钱的大财主，大家都称他为"张善人"。

　　这位张善人年过六旬，一生过得也算舒坦，唯一让他放心不下的就是他的儿子张家福，这家伙平日里尽干缺德事，还是个守财奴，乡亲们给他取了个外号叫"张公鸡"，说他爹是救济穷人的张公济，他却是一个一毛不拔的铁公鸡，干脆叫他张公鸡吧。

　　道光十七年，遇见了罕见的旱灾，地干裂得能伸进手去，村里的几口井也接二连三成了枯井。奇怪的是，村里的井都干了，只有张善人家门口的井水还挺充沛。也许是

张善人积德行善的缘故吧！

张善人外出做生意已有些时日，留在家中的儿子张家福却是很得意，说这是祖上保佑，每天从井里取完水，他就拴了两条狼狗守着，任何人不能取一滴水。

村里的百姓眼巴巴地看着水却用不了，有个老太太拉着小孙子，嘴唇已经干裂，实在是渴坏了，偷偷溜到张家门口，想拿个瓦罐打口水喝，水没打着，却叫张家福的狗咬伤了。张家福发现后，还派人把老太太打了一顿，老太太奄奄一息，小孙子趴在奶奶的身上哇哇大哭。村里人实在看不下去了，就去找张家福评理，张家福却说："此井是上天赐给我张家的，不管是谁，偷我家的水就是不行。"大家恨他恨得牙根痒痒，纷纷说："这个张公鸡咋不早死呀！""阎王爷咋不让黑白无常把张公鸡勾走啊！"

还有人说："这个张公鸡，等他死了我们谁也别给他抬棺材，烂在家里也别管他。"

这些话不知怎么传到了张家福耳朵里，他听到后"嘿嘿"一笑，故意在大街上说："我姓张的三十年五十年的还死不了，到那时候我那财主老爹早已西去，给我留下偌大家产，还愁没人给我抬棺？只怕都争着给我穿孝呢！"

俗话说"人嘴有伤"，没想到张家福说大话还不到三天，他家真就死人了，死的是张家福他爹。这天一早，家人发现张善人死在佛堂的香案前，脸上还挺红润，身子却早就冰凉了。张家福放声大哭起来，他这一哭，张善人西去的消息传遍了全村。

张家是大财主，丧事办得很排场。大门上挂起了白绸，屋檐下也挂起白灯笼，门窗全挂上了白绸花，灵堂摆满了纸扎，棺材用的是独帮独底的柏木料，请了双班响器班[1]，还请了和尚念经做超度。四邻八村来吊唁的人更是络绎不绝，吊唁归吊唁，都是看在死去的张善人的面子，就是找不到抬棺材的人。

原来，乡亲们都商量好了，张老善人的丧事大家一定得帮忙，可他儿子张家福太嚣张了，也得借此机会治治他，看他有多大本事。他平时一毛不拔，尽做些伤天害理的事，就叫张善人在灵棚里先多躺会儿吧，他总不会一直让张善人在家躺着吧。

张家的丧事没了大家的帮忙，还真是不行。最让他犯愁的是，请不到人来抬棺材，这样下去，老爹的遗体还不得烂在家里呀！张家福便沉不住气了，他一咬牙，放出话去，谁给他爹抬棺，就给一两银子。抬棺要八个人，棺头棺尾各四人，这一下就要耗费八两银子，张家福这回也算是下了狠心了。

即使这样的条件，也还是没有人来抬棺，乡亲们这会儿可算是摆开谱了[2]。

张家福咬了咬牙，又开出二两银子一个人的高价，乡亲们还是没人愿意抬这个棺材。张家福实在没法子，只好让乡亲们自己开价，不管什么价，他都答应。

乡亲们开出了价，给张老善人抬棺材，要一步一文钱，抬到坟地，有多少步就算多少钱。张家福一听，偷偷乐了：一步才一文钱，从家里到坟地能走多少步呀？就答应了他们。

价钱讲定，大家就都来帮忙了，丧事终于能进行下去了。出殡那天，几个壮汉把张善人的棺材抬起来，亲人们哭着便往外送。棺材刚抬起来，往外走了第一步，便有人喊了一声："一文钱！"

张家福心里这个气呀，棺材还没出灵堂呢，这就开始算啦？再走一步，又有人喊了一声："两文钱！"

就这么往前走着，棺材慢吞吞地刚被抬出张家门外，摔了老盆[3]，就已经数到了八百文钱。张家福暗暗心疼，这才出家门口，要是走到祖坟，还不定要多少钱呢！

乡亲们抬着棺材在村子里歪歪扭扭地走着，用了整整八千步才拐出村子。张家福顾不上哭爹，心疼得却直冒汗，他可不是死了爹心疼，钱对他来说比任何东西都亲。一千文钱就是一两银子啊！这才出村口，要到祖坟得花多少钱呀！他这才知道自己上了当，一步一文钱，看起来少，真要算起来可就多了。

乡亲们抬着棺材向张家祖坟的方向走去。一路上，张家福跟着他们的步子算多少钱。走了半个时辰，送殡队伍

[1]　响器班：农村办红白喜事用的乐队。

[2]　摆开谱了：摆出某种姿态显示给人看。

[3]　老盆：灵柩出门时由继承家业的孝子摔掉的瓦盆。

来到一片荒地，这是片乱葬岗，七零八乱的坟头上都长满了杂草。张家福突然高喊了一声："停！"

棺材停住了，张家福说："棺材就放在这里，挖个坑埋了吧。"

乡亲们惊呆了，这还没进张家祖坟呢！像张老善人这样德高望重的人，不光要埋在祖坟里，还要埋在显要位置，怎么能在这乱葬岗入土，成为孤魂野鬼呢？

张家福却一屁股坐在地上，说："我实在撑不住了，现在已经两万五千步了，就是二十五两银子呀！真要抬到祖坟，我还不得把家底都赔进去呀！"

既然张家福决定了，乡亲们对着棺材说："张善人啊，你生了这不孝之子，我们也无法啊！"便就地挖坑，要在这里给张老善人下葬。刚挖了没两下，棺材里却有了响动，好像有人在里面拍打。大伙都吓了一跳，这是不是诈尸了呀？张家福吓坏了，跪在棺材前哭道："爹呀，儿子不孝，实在不能把您送到祖坟上了，省点银两多给你买点纸钱，你到那边需要什么就买什么。"

这时，棺材里隐隐约约传来喊叫声："我儿开门，我儿开门！"正是张善人的声音。有几个大胆的乡亲，上前七手八脚地把棺材盖撬开，就见张善人哆哆嗦嗦地从里面坐了起来。乡亲们吓得不轻，张家福更是跪在地上直打寒战。

一时，人们也分不清张善人是人是鬼，只见他坐在棺材里咳了两声，说："大家都别慌，我不是鬼，我又活过来了。那天是鬼差抓错人了，现在才把我放回来了。"

张善人就对大家讲，昨天他外出回来，听说不孝的逆子做出了有损阴德之事。晚上，他在佛前进香，正在念叨着："我张公济，一生无愧于天地，怎奈生了这么个不孝的逆子……"突然就觉得一阵眩晕，倒在地上。一会儿，他觉得身子飘飘忽忽地到了空中，旁边还有两个人架着。张善人心里好生奇怪，还以为是被人绑架了，就问："你们是什么人？要干什么？"其中一个就对张善人说："你叫张公济吗？我们抓的就是你！我们是勾魂使者，你的阳寿到头了，专门抓你到阴间的。"

张善人回头一看，差点吓个半死，这俩一个青一个黑，瞪着一双大眼，嘴似血盆，从血盆里露出獠牙来甚是吓人，

这不是鬼差是什么，他暗想，自己虽然年过花甲，但也没有做过什么坏事，唯有逆子常损阴德……还在想为什么被抓呢，鬼差却是猴急猴急的，不容张善人分说就把他带进了鬼门关前。

这鬼门关甚是热闹，人山人海排着大长队，男女老少，贫富贵贱，啥样的人都有，比赶集还人多。来到鬼门关前，但见大小不等的鬼差，手持利刃来回巡逻。过了鬼门关，在路旁有座大城，里面是鬼哭狼嚎，撕心裂肺，张善人抬头看了下，上面阴森森的三个大字"枉死城"。

张善人问："两位神爷，这枉死城就是唱戏的常说的枉死城吗？"

青鬼回答道："不是寿终正寝，而是由于自杀、灾害、战乱、意外、谋杀、被害等，死后不去土地庙报到的野鬼、含冤而死的鬼魂都被关押在此，直至原有命数注定的寿命终结为止，例如某人命数注定九十岁寿命终结，却在四十岁不慎提前身故，因而死后就会被集中至枉死城关押，直至九十岁才得以自枉死城释放。在此期间，枉死城中关押的亡魂能够像阳世之人一样生活，并且能够登城观望，查看谋害他的人是否受到报应，但其人身自由会受到严厉的控管。人死后，后人不去土地庙压纸报到，也会进入枉死城。哎，有些人把自己父母的魂交给了门神，岂不知父母被困枉死城内啊！"

黑鬼又说："这些鬼既无法收到阳世亲友烧给亡魂的纸钱和生活用品，也无法在中元节，像其他亡魂一样，返回阳世接受阳世亲人的供养，一切烧给这些亡魂的金钱物品都会暂时存放在辅佐地藏王菩萨的目莲尊者处，直到这些亡魂亲眼见到谋害他的人得到应有的报应，怨恨的心情得到慰藉，提出解发诸殿各狱之时，意即到这些亡魂在枉死城的关押期满之后才能转交，然后再根据其生前善恶，或奖或罚，转世投胎。"

青鬼又说："别跟他啰唆这么多了，他这辈子完了，到老孟那一喝汤啥也不记得了，咱跟他说了也是白说。"黑鬼说："我常听说有抓错鬼的，还阳后对阳间人说阴间事的。"

青鬼说："那都是没本事的干的事，能抓错的是极少的，咱快走吧，让人看见又要说咱俩磨蹭了。"

顺着阴冷黑暗的大道往前走，前面一处建筑，建造结构相当奇异，上宽下窄，面如弓背，背如弓弦平列，除了一条石阶小路外，其余尽是刀山剑树，十分险峻。站在上面，五大洲、四大洋都可以望见。

青鬼说："快看看吧，这里是望乡台，再看看家吧，过了这儿就再也别想看到阳世家乡了。"

张善人站在望乡台上观望，一团黑雾之中出现了他的家乡，儿子家福正在因为没人抬棺材而发愁，看着儿子算计银子的神态，他不由得流下了泪水。

张善人现在非常恨自己，恨自己年轻时光顾着做生意，对儿子的教导疏忽了，如果能重来，一定要严加管教。

穿过望乡台来到一座宫殿，地府有十殿分别由十个阎王掌管，只见大殿上方悬挂了"秦广王殿"，这里正是一殿秦广王处，正中坐着王爷装束的正是秦广王，旁边有大鬼、小鬼、拿本子的鬼、巡逻的鬼。

俩鬼上前跪倒："大王，辉县张公济带到。"

秦广王说："判官，查查他的一生。"

只见秦广王身旁的一个官吏，头戴乌纱，身穿红袍，一半脸黑，一半脸白，这位就是阴阳判官，阴阳两界的善恶尽由他一手掌握。

阴阳判官翻开善恶簿看了会儿说："禀告大王，这上面写张公鸡本叫张家福，三十六岁，因不行善事，作恶多端，又是一毛不拔，乡亲们都称为张公鸡，与堂下之人年龄不符啊！"

秦广王拍了下惊堂木："下跪可是张公济？"

张善人战战兢兢地说："正是小民张公济。"

秦广王问："你活了多少岁？"

张善人答："小民刚过六旬，一生积德行善，没做过任何坏事。"

秦广王又问："张公济，你儿子有个外号，你可知否？"

张善人答："小民不知，只知他整天不行善事。"

秦广王再次拍响惊堂木，大喝道："无用的奴才，叫你们抓张公鸡为何把张公济给抓来了？罚俸禄半年，马上送张善人还阳。"

两个鬼差不敢多言，吓得两腿直打哆嗦。

俩鬼差押着张善人出了一殿，对张善人说："你叫张公济，你儿子也叫张公鸡，害得我们白跑一趟还被训斥罚俸。"

张善人听得糊里糊涂："我儿子叫张家福啊，怎么会和我一个名呢？神爷，你们一定是弄错了。"

鬼差说："你儿子为人不好，又是一毛不拔，大家伙儿给他起了个外号叫张公鸡。"

这时张善人才明白过来，可纵然是儿子不好，也不能让他再下来啊，那不成了白发人送黑发人了。

张善人"扑通"一声跪在鬼差面前哭求："两位神爷行行好，让我回去了，能不能别让我儿子下来了，给他一个改过的机会，行不？"

俩鬼差"嘟嘟囔囔"商量了一会儿说道："为了你，我们白跑了挨了训不说还罚俸啊，这路不能白跑，俸也不能白罚，训也不能白挨吧！"

张善人心想，阳间有贪污受贿，没想到这阴间的鬼也贪污受贿，可自己身无分文拿什么送给他们呢？

这时，俩鬼差说："张善人，你那公鸡儿子在上面给你烧了很多钱，只要……"

"全送给你们。"张善人说。

俩鬼把张善人送到枉死城门口，对张善人说："你在这等着，俺俩拿了钱再送你上去。"

一阵阵阴风吹来吹去，张善人趴在枉死城的大门上，眯住一只眼睛往里面看，这一看可把他吓坏了，因为门的那边有无数双眼睛也在朝门外观看，只听见里面鬼哭狼嚎，甚是吓人。张善人不敢再多看一眼，继续蹲在枉死城门口等那俩鬼。

俩鬼拿到钱后，兴高采烈往回返。路上遇见了三殿判官和一个鬼魂，俩鬼见了三殿判官，很客气，虽不是一个殿的，但毕竟人家是领导，于是非常客气地拍了一阵马屁，问："判爷在此做甚？"

判官说："这个鬼魂是我阳间的一个亲戚，因在阳世做了一辈子坏事，要直接打入无间地狱[1]去受刑，毕竟是亲戚，于心不忍啊！"

这时，俩鬼眼珠一转，对判官说："判爷，可否找人

---

[1] 无间地狱：阿鼻地狱。是八大地狱之第八，也是八大地狱中最苦的一个。

代替呢？"

判官说："生死簿对每个人都有记录，找个没名号的鬼不好找啊！"

俩鬼说："今天我们去抓人，结果错把老子当儿子抓了，这不，秦广王让送回还阳，俺弟兄俩想，反正他也要还阳了，就把阳间给他送的钱收了，那个人现在还在枉死城外等着呢！"

判官说："你俩若能办成此事，就到三殿做个副判吧。"

俩鬼一听，咧开大嘴笑着说："谢谢判爷提拔。"

俩鬼来到枉死城前，对张善人说："张大善人，咱走吧。"张善人便跟着俩鬼走了，就这样不知不觉进了无间地狱。俩鬼从鬼差升到了副判，再也不用跑腿了。

张善人到无间地狱后才得知自己被那俩鬼差骗了，后悔也晚了，无间地狱有凶鬼、恶鬼、饿死鬼等多种叫不上名字的鬼，那些鬼看到新来的可是没少欺负张善人，张善人心想，进了这无间地狱，算是永世不得超生了。

这天，来了一位先生，看穿着打扮，定是在地府有个一官半职的，他一手拿着账本，一手拿着朱笔，好像是个判官，却又没有判官那么凶。这位先生在无间地狱里转了一圈，看见萎缩成一团的张善人，便问："这位鬼魂你是哪里人士？因何事被押至此？"

张善人眼含泪水对这位先生说："我是河南辉县盘上人士……"

先生听后，忙把张善人搀扶了起来，非常客气地对张善人说："我是临淇淇东薛家岗人，姓薛名建章，咱虽不是一县但也相隔不远，也算是老乡了。"

说起薛建章，不得不说他在阳世是难得的人才，到阴间也是不可多得的鬼才。薛建章祖上是世代耕读，家族里没有做过大官的，也没有多么有钱，但论文才学识还是大有人在。薛建章就是其中一位。

薛建章自幼就被称为神童，七岁时就能熟读四书五经，对所看过的文章书籍是过目不忘。他上到郡庠生就没有再往上去应试，在村里办了私塾，教育后人。每逢过年，义务为乡亲们书写对联，谁家办红白事了也是去写写记记，在村里人缘相当好，嘉庆十五年他还亲自主持编修了薛氏族谱。

张善人听了薛建章的话，擦了擦泪水，问道："薛老哥啊！你怎么到这里的呢？"

薛建章说："我和你一样，生前行善积德，助人为乐，常与冤屈之人写状纸，死后到土地庙报到后，土地给我安排了一只仙鹤，让我到西天去享福，本来就要西去的，突然想起在阳世常听说书的人说，阴间十殿阎罗最后的转轮王是我家祖先薛仁贵，我非常仰慕我家祖先，所以就驾鹤飞过十殿之中九殿，来到第十殿，至今未走。"

张善人又问："西天多好，你怎么留在这阴曹地府了？"

薛建章答："你有所不知啊，转轮王他看到我的善恶录后，让留下来辅佐他，转轮王说他身边没有可靠之人，想让我留下辅佐他，看他对我满怀信心，我在阳世时每逢过节都要去我薛氏祖茔后的'白庙碣'上白虎庙拜祭他老人家，对他非常敬佩，所以就暂且留下了。今天得到地藏王菩萨发来十殿的文书，说是让去各大地狱巡逻，看可否有冤魂，转完了十八层地狱，就到这儿来了，来到这儿的鬼一般情况下是出不去的。"

张善人连忙合掌默念"南无地藏王菩萨"。张善人说："我在家设有佛堂，常读诵《地藏经》和《观世音菩萨普门品》，没想到地藏菩萨如此灵验。"

薛建章说："这样吧，你跟我到十殿，我给你写一纸诉状，然后禀明转轮王，让他盖个印，你到五殿阎罗老包那儿向那俩鬼告了，然后向五帝阎君说说你的事情，阎罗老包看到转轮王的印鉴定会公正廉明，若令郎能知错就改，我想五帝阎罗老包一定会宽恕他的。"

薛建章取出纸笔，一幅诉状给青黑二鬼定下了几款罪：一、草菅人命，乱勾魂魄。二、贪污受贿，违背王命。又给三殿判官定了买卖官职罪。然后写了几句让阎罗老包宽恕张家福的话。

张善人跪倒在地，痛哭流涕地说："薛公对张某真是再生之恩，待张某还阳后一定亲到墓地答谢。"

薛建章说："做人应该时刻为他人着想，为大家着想，做鬼依然如此，不必言谢。"

张善人说："我还阳之后定抬花糕大礼，请戏班演戏三天，以示感恩之情。"

薛建章说："那倒不必，你把你的事迹对外人宣说，让世人改恶向善、行善积德就好了，另外我有三个儿子，晒、普、是，还望张公还阳后，对他们讲述阴司之事，让他们正直为人，严格要求自己，不要放纵自己。"

张善人说："礼是我的心意，一定要去，薛公的话我也一定带到。"

薛建章把张善人领到五殿门口，对张善人说："各殿各司其职，薛某不便进去了，我们就此作别吧！"张善人和薛建章互相告别。

张善人双手持状纸进了五殿。鬼卒接过状纸呈于五帝阎君看，五帝阎君看后大发雷霆："我地府怎能有如此恶差，马上打入阿鼻地狱，永世不得超生。"张善人连忙叩谢。

五帝阎君又说："张公济啊，你可以去还阳了，你在阴间受的苦可以为你儿子免一些罪责，但是你要告诉你儿子，三天之内做些大功德可得个长寿，如若不然，三日之后我便亲命我的大将范、谢二差去索拿，你现在可以回去了。"

五帝阎君派了范无救和谢必安两位地府大将，把张善人送到阴阳界口，用袍袖一甩，张善人乘着一阵旋风就回来了。

张善人说完这段奇遇，张家福在一旁吓得脸都黄了，"张公鸡"就是他的外号呀！原来鬼差来抓的是自己呀，要不是错抓了父亲，这会儿自己早已到阴曹地府了。

乡亲们听得明白，看来他们成天咒张公鸡死，怨气直达上天，阎王知道了，真要来抓人呀！

张家福害怕再被阎王叫去，便把自家的井敞开，乡亲们可以随便来打水。之前他承诺的一步一文钱，也全部兑现，那二十五两银子都给了乡亲们，乡亲们用这些银子打了一眼深井。

张家福在这三天里走路遇见坑马上就填，见了可怜人就施舍，连着积了几次阴德，到第三天夜里竟然没事，他又活到了第四天。从此以后，他就像变了个人似的，处处与人方便，乐善好施，"张公鸡"的外号也没人叫了，反而都叫他"张好人"。

张善人为了遵守对薛建章的承诺，请了一个大戏班，蒸了大花糕。一行人抬着花糕，后面跟着戏班子，从汤汤淇河上穿过。

领头的人拦住了行人问："请问你认识临淇淇东薛建章吗？"

"过了这座桥就是淇东了，薛建章我不认识。"正在赶路的小哥答道。

往前走来到渔村，又遇见了一位老大爷，又问："老哥，您认识临淇淇东薛建章吗？"

"啥？薛建章，他是薛家岗的，早已不在人世了，你打听他干什么？"老大爷回答道。

领头的又问："您以前认识他？"老大爷说："薛建章是个好人啊！有一年小老儿与人打官司，由于没钱，没人帮忙写状纸，人家薛老弟从这儿路过，非亲非故的，看我可怜就帮我写了状纸。虽然薛老弟已去，我永远记得他啊！"

张善人辞别老大爷，直奔薛家岗而去。

来到村口，便向人们打听薛建章，这个名字可以说是妇孺皆知，就是每个人在回答时总是好奇地问上一句："他早死了，你们还找……"

张善人早也预料到乡亲们会好奇，于是在搭戏台的空余时间对大家讲述了事情的整个经过，大家无不惊叹不已。

张善人命佣人在薛建章坟前搭了戏台，墓门石上摆上了花糕大供，让戏班演了三天大戏。薛建章地府写状救人还阳的故事一时在四邻八村传播开来。

张善人寿终正寝后，过了几十年，张家福也得了善终，他出殡那天，全村的乡亲都抢着来给他抬棺材，你抬一路，我抬一路，场面相当壮观。张家的后人从此都不敢做坏事。

讲述者：　薛维林，男，57岁，林州市五龙镇薛家岗村，小学，农民

采录者：　薛帅，男，14岁，林州市五龙镇薛家岗村，初中，学生

采录时间：2002年

采录地点：讲述者家中

附记

　　薛维林是我爷爷，讲述这个故事时我爷爷已生病，那时我上初中一年级，每到星期天我就坐到爷爷身边拿起作文本记爷爷讲的故事，隔段时间就拿出来到学校给同学们讲讲。随着年龄的增长，慢慢地作文本也丢失了。爷爷去世后，我又听薛根喜、薛启生、张伟成、刘天生、冯万科、薛宏元、薛柏林等人讲起此故事，从他们的讲述中又采录到了许多新的故事情节，结合爷爷讲的整理出了此故事。爷爷当时给我讲的是财主在祖坟边上唱了三天戏，但是有人说是吹了一天唢呐，有的说是唱了三天比响器班大点的小戏，有的说是放了半天炮，说法有多种，最终还是按照爷爷说的写了下来。（薛帅）

（三）动植物故事

334

老鼠嫁女

很久很久以前，在一个阴湿寒冷的黑洞里，住着一对年迈的老鼠夫妇和他们的女儿。老两口儿眼看着自己如花似玉的女儿一天天长大，商量一定要为闺女找一个最好的婆家，让闺女摆脱他们现在这种不见天日的生活。

于是，老鼠夫妇决定出门寻亲。

刚一出门，他们就看见天上的太阳。太阳高高挂在天上，光芒万丈，亮照四方。他们想：任何黑暗都怕太阳，见到太阳光马上就变亮起来了。看来世界上最神气的应该是太阳，太阳是世间最强大的。女儿嫁给太阳，就是嫁给了光明，就会摆脱他们现在这种不见天日的生活。老鼠夫妇找到太阳，向太阳求亲。太阳听了老鼠夫妇的请求，皱着眉头说："我可不是你们想象的那样强大，云彩就能把我的光芒遮挡。把你女儿嫁给云彩吧，这样比嫁给我强。"

老鼠夫妇一听，原来还有比太阳还强大的啊。于是他们又去找云彩，向云彩求亲。云彩苦笑着回答："尽管我有遮挡太阳光芒的力量，但是大风能把我吹散。只需要一阵大风，就可以让我'云消雾散'，大风来了我胆战啊。"

老鼠夫妇寻思着，原来风比云彩还厉害啊。于是，他们赶快找到了能克制云彩的风。风笑着说道："我虽然可以吹散黑云，但是墙能打败我，只要一堵墙就把我制得服服帖帖！"

老鼠夫妇听说墙比风更厉害，赶快又找到墙。墙看到他们，露出恐惧的神色："在这个世界上，我最怕的是你们老鼠，因为我们再硬的墙也会被你们老鼠打出洞，最终会倒塌。"

老鼠夫妇仔细思量：满世界找来找去，归根到底原来是我们老鼠最厉害啊。那我们老鼠又怕谁呢？我们怕的肯定是世界上最厉害的了。对了，自古以来老鼠怕猫！看来猫最神气，如果老鼠和猫结了亲，以后我们老鼠还用怕谁呢！

于是，老鼠夫妇找到了花猫，坚持要将女儿嫁给花猫。花猫听了哈哈大笑，满口答应下来，并择定吉日，将婚期定在正月十八。

正月十八，老鼠夫妇家喜烛高照，喜字高挂，张灯结彩，喜气洋洋。老鼠夫妇的女儿头戴红花、身穿新衣坐在花轿之内，一群老鼠在旁吹吹打打，锣鼓喧天，唢呐欢唱，好不热闹。四个老鼠抬着花轿，送亲老鼠前呼后拥，将新娘送进猫家，入了洞房。

到了回门的日子，老鼠父母一直不见女儿女婿回家，放心不下，便去猫家探望。在花猫家到处见不到闺女，便问花猫将闺女藏哪里啦。花猫告诉他们："因为怕别人欺负新娘，新婚之日我就把她放在肚子里保护起来了。"

老鼠夫妇一听，知道大事不好，吓得抱头便跑。

讲述者： 樊晓磊，女，43岁，内黄县宋村乡屯西村人，大学，剪纸、农民画艺人

采录者： 刘会丰，男，49岁，内黄县六村乡刘邢固村人，大学，干部

采录时间： 2013年12月1日

采录地点： 内黄县宋村乡屯西村

选自： 《中国民间剪纸集成·豫北卷》

老鼠嫁女的故事在民间流传很广，且有许多版本。安阳不仅流传有故事，而且以剪纸、农民画等民间工艺美术形式表现老鼠嫁女。本篇故事曾收录在《中国民间剪纸集成·豫北卷》的"豫北民间剪纸的谣谚与故事·剪纸故事"中。剪纸作者即为本篇故事讲述者。（刘二安）

樊晓磊剪纸作品

异文：老鼠嫁女

高老庄有个公鼠精，人们叫它公鼠爷，它在那里住了千年。而母老鼠精呢，就是《西游记》中那个喝灯油的妖精。当初落凡跟公鼠爷成了夫妻，后来被天神责怪摄了魂魄，到唐僧取经天路上作怪。但又看上了唐僧，为此丢了道行。临死时却生下一窝老鼠，一共有六个。这母老鼠精临死前告诉孩子们说你爹还在高老庄，在猪八戒他丈人家的粮仓旁住着呢。当初我怀了你们却来修行，一直没把你们生下。现在你们来世间了，我却被摄去魂魄了。你们快快回去找你爹吧。你爹一个人也怪孤独的。

这母老鼠精说过这话就死了，老鼠姐弟呢就一人抓把土算把母老鼠精埋在山坡上了。随后这六个老鼠姐妹呢，大姐在前，其他的在后，就衔着前边人的尾巴去高老庄了。

它们到了高老庄，公鼠爷却不认它们。直到这老鼠中的大姐给它讲了母亲如何成精，又如何被天帝罚下天庭受

罪，最后如何被天神所灭的事，这公鼠爷才信了。一见面前都是自己的子女，于是抱抱这个哭一顿，抱着那个哭一番。直到抱着儿女们都哭过才转向正题。说呀，你娘一去千年没有回来，没想到却被人家给毁了。你们从今往后哇，就跟着我好好地过日子呀。老鼠儿女们听了，都连连说是。

可这六个老鼠从西域回到高老庄呀，路上走了近一年。除了鼠大姐，它们都是凡胎呀，没有修炼成老鼠精啊。它们既然是老鼠嘛，就不像人十七八岁才算成年，才能成婚，而是六个月大身体就成熟了，就可以结婚了。但因为遵母亲之言来高老庄找爹，一路上都克制着自己的欲望来到高老庄。

这公鼠爷精呢，一见儿女们都到了成婚年龄，马上为儿女们张罗婚事。于是，就把这大女儿嫁给大儿子，二女儿嫁给二儿子，三女儿嫁给三儿子。反正这是几万年来的鼠道，在鼠界嘛，也是光明正大，不算乱伦。

可是呢，这公老鼠的大女儿身上却有了老鼠精传下的精气，它带兄弟姐妹们一路从西域归来，看到了人间繁荣的景象，就想学个人样，要有高超的思想境界。所以，它不愿与兄弟结婚，要另嫁他家。它这样做嘛，也是为了后代健康成长，二是也想离开这高老庄到别地生活。

可这公鼠爷却想不通啊。历朝历代，我们老鼠家庭都是这样过的。这大闺女虽然在你妈肚中过了千年，但你也是我这鼠爷的种啊。如今回到东土，你就还得按照我们老鼠规矩过日子。所以，坚决不同意女儿外嫁，并说呀，肥水不流外人田，你们都必须按我的安排办，都必须给我留在这高老庄。

这其他的兄弟姐妹呢，没有这鼠大姐见识广，也没有老鼠精传下来的灵气。现在来到老家了嘛，当然得听老爹的了，况且，老妈也向自己交代过要大家听老爹的。所以呢，二弟二妹、三弟三妹就偷偷地成婚了，只有鼠大姐不愿跟大鼠弟成婚。

这公鼠爷见大女儿不听话，就来了主意。把其他的儿女们叫到一块，说呀，我们老鼠界嘛，有老鼠的规矩，不能因为你大姐作怪就改了宗规。

这天夜里，鼠大姐呢，干了一天的活儿累了，就早早地休息了。可没想到呢，这公鼠爷呢，竟然把鼠大鼠二鼠

三，还有鼠二姑娘、鼠三姑娘都叫来了，让鼠大悄悄地把鼠大姑娘给绑床上了，然后让鼠二姑娘、鼠三姑娘给鼠大姑娘扒了衣服，让鼠大给它行夫妻之事。

这鼠大呢，全身都是老鼠的本性，根本不问什么鼠伦，扒光衣服就上。可这鼠大姑娘呢，从西域走到东土，身上自然带了母老鼠精的灵气。这自是精气嘛，就比它们的鼠气高明了许多。它被绳子一捆，立刻醒来了，一看父亲和兄弟姐妹要自己办醒醒之事，气歪了脸，只一挣，就把绳子挣断了。一下子跳起来，拿起裙子遮了羞，呵斥道："啊，好哇，你们这些无耻之辈，想让我也变成俗鼠呀。"

这时，鼠大就说了："大姐，你也不要自恃清高。咱娘当时怀着咱们修行，不也看上唐僧了吗，都想吃唐僧肉呀。咱们又比娘高明了多少。我们就还按那祖宗八辈的规矩办吧。反正咱们也都是世间畜生，就是学做人事也高级不到哪里去。"

鼠大姐说："不行，我们虽然是无名鼠辈，也要出尘脱俗。从我此辈起，娶媳妇嫁汉子，只能嫁给别家，不能自己乱伦。"大家听了不以为然，特别是鼠大，见兄弟妹妹们一对对地成家去了，就想用强，让鼠大姐入彀。但这时呢，却从外边跑过来了个黄鼠狼，鼠大姐就跟黄鼠狼跑了。从此呢，鼠大姐就跟黄鼠狼成了亲，生出一窝窝的黄老鼠来，也就是黄鼠狼。因为鼠大姐身上带着母亲的仙气，它生的孩子嘛，也被称为黄仙。至今，人们还在传着黄仙、狐仙的故事。

讲述者： 秦梅只，女，已故，安阳县辛店乡二十里铺村人，不识字，农民

采录者： 刘耀青，男，53岁，殷都区小庄村人，中专，农民

采录时间： 2006年7月

采录地点： 安阳县柏庄镇二十里铺村麦场

附记

讲述人秦梅只是我奶奶，老人家生于1903年，1976年去世。1958年，母亲与村里的成年男女都去炼钢铁了，我和一岁多的弟弟就由奶奶抚养。夜间我和弟弟钻进被窝后奶奶就给我们讲老鼠精的故事。因为老鼠小，不很吓人，讲它的故事也吓不着我们。奶奶就讲了老鼠如何跟孙悟空有联系，又如何回到高老庄。奶奶当时说的是高楼庄，这村子就在城边上。我们那时只知道猪八戒的丈人家就是高楼庄的。而老鼠的大姐嫁给了黄鼠狼。（刘耀青）

335

十二生肖与老鼠嫁女

村里传有"正月十七儿,老鼠嫁妮儿"故事,据说这天是老鼠们的喜庆日子。

传说玉皇大帝指派猫咪通知牛虎鸡狗等禽兽上天,按能力资格排座次。精明的老鼠偷听到猫咪的传话后,就先往天国跑,当它跑得感到有些累了,正巧看到牛老大一路狂奔过来,老鼠便一纵身跳到老牛的头上,说:"牛大哥带我一程。"老牛本想把它甩去,可是狡猾的老鼠抓住牛角,怎么也甩不下来,无奈老牛只得带着它,等到了南天门的时候,老鼠又一个纵身,跳到了最前面,糊涂的玉皇大帝见老鼠来得最早,就钦封它为十二生肖之首。

猫咪只顾忙着通知别人,等它赶到南天门的时候,十二生肖已经排满,反倒没有了它的位次,自此与老鼠结下了深仇大恨。老鼠觉得自己有点不仗义,论武艺也斗不过猫咪,于是就很想与猫咪化解怨恨。它想出一个主意,便请来黄鼠狼当媒婆,要把自己最漂亮的女儿许配给猫咪为妻。猫咪感觉十二生肖没有自己的位置,能娶老鼠的漂亮女儿为妻也算值得了,就满口应允下来。于是老鼠择定吉期,黄道吉日就选定在正月十七,它又偷了一只女人的

绣花鞋当作花轿,吹吹打打把女儿送到猫咪的新房里。

后来,每年到了正月十七的夜里,家家的老鼠都要打发自己的女儿出嫁,抬的花轿就是各家太太小姐的绣花鞋。它们专拣好看的绣花鞋,哪一只漂亮,就挑哪一只抬走。所以这天夜里入睡前,上了年纪的老人都要再三告诫年轻的太太小姐们收拾好自己床下的绣花鞋,不然就会被老鼠当作花轿了,东拉西藏,第二天清晨就难以找到。

据说,在正月十七的夜里,要是有人把尿罐扣在头上,身子趴在床底下,还可以听见老鼠嫁妮儿的欢庆声,能看见老鼠嫁妮儿的婚礼场面,或许还可以得到"新娘子"散发的喜庆礼品。

讲述者: 贺自行,男,52 岁,高中,滑县四间房乡东呼村人,村干部

采录者: 刘宏伟,男,54 岁,滑县人,大专,干部

采录时间: 2017 年 11 月

采录地点: 滑县四间房乡

选自: 《中国民间故事全书·河南滑县卷》

杨国平农民画作品《老鼠嫁女》

336

十二生肖的来历

当年，玉皇大帝感到人间的人口不好控制，决定到凡间征选十二种动物，用它们的属相作为生肖给人类归属，十二年一个轮回，这样以便掌握人的生死存亡。于是，他下令让普天下的动物正月初一来天宫报到，根据它们各自的能力最后排出十二生肖。

动物们知道此讯，个个非常高兴，纷纷准备赴会。

其中，牛知道自己腿脚迟缓，便在大年三十晚上就离家动身，结果赶了个第一名。牛第一个赶到后，虎第二个赶到，第三个是兔，第四是龙，后边排着的是蛇、马、羊、猴、鸡、狗、猪、鼠。

老鼠与猫本来是一对好朋友。猫贪睡，临赴会前一天晚上，对老鼠说："明天一早你叫我啊。"老鼠点头说："好，我一定叫你。"就这样，猫放心去睡大觉了。老鼠一觉醒来，天已经不早了，见猫睡得正香，心想：何必多一个竞争对手呢？便撇下猫独自走了，最后一个到场。

这些动物中，龙本来生得浑身鳞甲，银髯金须，虎蹄鹰爪，腾云驾雾，威风凛凛。美中不足的是头顶光秃秃的，好像缺了点什么。龙在去天宫的路上，遇见大公鸡。它见

大公鸡不仅羽毛漂亮，而且头上还长着一对美丽的角，不由心动，便向大公鸡借头上的角。大公鸡摇了摇头说："不成，我参加生肖竞选大会还想漂亮呢！"龙说："就凭你那一身漂漂亮亮的彩衣，就准能入选。你的角长在头上也是多余。"大公鸡爱听奉承话，有心把角借给龙，但还是舍不得。正在这时，爬来一条大蜈蚣说："鸡大哥，你就借给龙大哥吧，你要不放心，我作保。"大公鸡见有蜈蚣作保，便答应了。龙万分欢喜，并满口应承生肖竞选大会后立即将角还给大公鸡。

生肖竞选大会好不热闹！天上飞的、地上跑的、水里游的、树上栖的全都聚到了一块，熙熙攘攘，热闹非凡。玉皇大帝按照动物们来天宫的早晚从百兽百禽中挑选了牛、虎、兔、龙、蛇、马、羊、猴、鸡、狗、猪、鼠十二种动物。排次序的时候，玉皇大帝说："牛虽笨拙，但身材魁伟健壮、力气大，又来得最早，排首位。老鼠长得不起眼，个子又小，来得也晚，排在最后。其他的还按原来顺序。"

玉皇大帝话音刚出口，老鼠灵机一动，赶忙跳到玉皇大帝面前说："别看牛身材高大，其实我在人们的心里比牛大。不信听听老百姓说谁大。"

玉皇大帝听了老鼠的话，觉得这个家伙有点不知天高地厚。便说："我们既然是为百姓选生肖，由百姓来说更好。"于是，传下旨意，让牛和老鼠都到街上去走一趟，看老百姓说谁大。牛上了街，人们对它很友好，有的摸摸头，有的赞扬几句，却没有一个人说牛大。这时，老鼠突然窜上牛背，把人们吓了一跳，只听人群惊呼："哎呀！这老鼠真大啊！"这一喊让老鼠得了逞，玉皇大帝不好违言，只好将老鼠排在十二生肖的第一位。

十二生肖竞选大会，老鼠不仅入选，而且排在首位，自然十分得意。回家后，见猫刚刚睡醒，便说："猫兄，生肖大会开完了，我被选为第一。"猫一听急了，吼道："什么？你为什么不叫醒我？你这个心术不正的坏东西。"说罢，便猛扑向老鼠。老鼠见猫翻了脸，吓得慌忙逃回鼠洞。从此，猫和老鼠就成了冤家对头，一直延续到今天。

再说大公鸡被排在龙的后面，心里很不服气，后悔自己不该把角借给龙。散会后，大公鸡找龙讨要自己的角。龙不想把如此漂亮的角还给它，猛地跳水里躲起来了。大

公鸡不会水，只好去找作保的蜈蚣。蜈蚣说："你还得找龙去要你的角，它硬是不还，我有啥办法？"说完，蜈蚣也躲了起来。从此，大公鸡头上没有了角，只留下红红的鸡冠。每天早晨登上高处大叫："龙哥哥，角还我！"平时，到处用爪子刨寻蜈蚣，只要见到蜈蚣就叨。

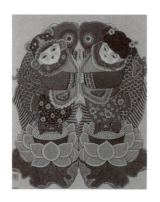

王东希农民画作品《连年有鱼》

刘会丰（左）在采录王东希（右）讲述民间故事（摄影：王勇军）

讲述者：　王东希，男，54岁，内黄县马上乡谭头村
　　　　　人，中学，灯笼画、农民画艺人
采录者：　刘会丰，男，49岁，内黄县六村乡刘邢
　　　　　固村人，大学，干部
采录时间：　2013年12月8日
采录地点：　内黄县马上乡谭头村

337

燕子报恩

小勇家住着一窝小燕子。窝里有一只小燕，还没等到出窝时，从窝口掉下来了。小勇看到小燕掉到地上，马上将小燕抱了起来。一看它的腿摔折了，于是就给它上药包扎，并从此精心喂养着。天气冷了，小燕子的腿也治好了，也会飞了，与其他燕子一块儿飞向了南方。

第二年受伤的小燕长大了，飞回了小勇家。燕子连叫了两声，吐到了院子一粒北瓜粒。小勇爸觉得有点奇怪，就把这粒种子种到了地里，并用心施肥浇灌和管理，使这株北瓜长得格外茂盛。

这株北瓜与其他北瓜一样开花、结果，但它与其他不一样的是它只结了一个北瓜，且又粗又大，有光泽。

等北瓜成熟后，小勇妈用刀去切，一刀下去，只听"咯嘣"一声，从瓜里跳出个宝珠来。全家一看，聚到一起，知道是小燕子的回报。

讲述者：　袁保琴，女，61岁，安阳县磊口乡南磊
　　　　　口村人，初中，农民

采录者： 李文林，男，64 岁，安阳县磊口乡南磊
口村人，大专，退休干部

采录时间： 2006 年 1 月

采录地点： 安阳县磊口乡南磊口村

选自： 《安阳县民间故事集》

338

狗为啥不吃粮食

远古时，人们都过着不愁吃、不愁穿的好时光。这都是五谷神的功劳。五谷神见天照看庄稼，翻地犁地、布种下雨，忙得不知黑天白夜的。种一个谷种，能收三十穗谷子；种一粒麦子，能收三十穗麦子。这人呢，不愁吃喝，就不知爱惜粮食了，越来越糟蹋粮食。五谷神就把人告到玉皇大帝那里。玉皇大帝一听，就要毁了天下的粮食。观音菩萨说："等我到凡间走一趟，瞧瞧真假，再毁也不迟。"

观音菩萨变成一个又脏又丑的老太婆，约莫到吃晌午饭的时间，就到村里要饭。人都嫌她又脏又丑，都不给她饭吃，还撵她。她走到一家大门口，坐在石头台上歇息。说来也巧，这家媳妇抱一个小孩到大门外厕屎，一瞧这叫花婆挡了她家的门口，张嘴就说："爬远点，好狗不挡路。"观音菩萨就往一边挪了挪。那孩子尿了一摊，又厕了一摊，他娘抬头呜叫："老大，拿几张油饼来；老二，抓几把谷子来。"这家媳妇用白面油饼给小孩擦屁股，用谷子垫屎垫尿。

观音菩萨差点没气死。她扭头就跑到地里掐谷穗，她

要把那三十个穗头捋光，叫天下的人都饿死。一圪挤眼的工夫，观音菩萨就捋了二十九个，就剩下一个的时光，狗气喘吁吁地跑过来，见面就给观音菩萨磕头，说："人造孽，饿死他们活该。俺咋啦，俺也靠粮食活呀！可别连俺也饿死。"

啥叫菩萨心？菩萨心就是好心。狗一说，观音菩萨就发了善心，说："瞧着你的面子，给你留一个谷穗，但你得发誓，不能叫人吃。"

狗说："我要让人吃了，叫我成了吃屎的狗。"

人到底比狗能，人哄着狗把这一个谷穗吃了。狗犯了诅咒，只好吃屎了。人和狗就成了好朋友。

讲述者：	王世俊，男，61 岁，安阳县马家乡沙井村人，略识字，农民
采录者：	王世英，男，63 岁，安阳县马家乡沙井村人，中专，教师
采录时间：	1990 年 3 月
采录地点：	安阳县马家乡沙井村
选自：	《狐狸坟传奇》

339

老马救主

宋高宗时，太行山下有个泉门村，村里有一农夫叫皇甫端，五十多岁，家与屠夫为邻。

这一天，皇甫端用独轮车推着粪肥往地里送，远远见一中年汉子牵着一匹瘦马来到屠夫门前。这马见到皇甫端后，便扯着缰绳硬是不往屠夫家进。中年汉子用鞭子抽打，一边打一边骂道："畜生，死到临头还这么犟。"这马儿望着皇甫端"吧嗒吧嗒"直掉眼泪。

皇甫端见马儿可怜，顿生恻隐之心，便对中年汉子说："你这汉子且住手，我这里有礼了。"说着对中年汉子拱了拱手。中年汉子连忙还礼道："这位老哥，不知有何话讲？"皇甫端道："看这马儿怪可怜的，不如将它卖与我吧？"

中年汉子听了皇甫端的话，思忖了一下答道："不瞒老哥，这是匹老马，干不得重活儿。""干不得重活儿，往地里送送粪肥总可以吧。"于是皇甫端与这卖马的汉子讲好，用四两银子把老马买了下来。

皇甫端把马牵到河里，认真地给它洗刷了一番，露出了它的本来颜色。原来这是匹枣红马，一洗比先前精神多了。

自此，皇甫端每天到农田耕作时，就把老马牵到野外。野外有的是青草，这老马走到哪儿吃到哪儿。俩月以后，老马身子已是滚瓜溜圆，耕田犁地、拉车套碾样样都行，皇甫端欢喜不已。

皇甫端家在山区，他有农闲时采药的习惯，大山是个天然药库，枸杞黄连、酸枣杜仲应有尽有。这一天，皇甫端把三个月来积攒的药材用麻袋装了，让老马驮着来到八里路外县城北大街的药店。他与药店掌柜杨同昌是老朋友了。两位老友一见，免不了先讲几句客套话，然后将药材过了秤，价钱也不讲，连同从前的账目一一清算后，杨掌柜把银子交与皇甫端道："老弟，眼看快过年了，路上多保重。"

正待皇甫端要走时，天上下起了雨，而且越下越大。杨同昌见状热情地挽留皇甫端，接着杀鸡打酒，招待老友。从中午到天黑，雨一直没有停的样子。无奈，皇甫端只好住了下来。

晚上，老哥儿俩同住在东厢房，一直叙话到半夜。二人正待要入睡时，只听后院老马"咴咴"长嘶。不久家里人来报说："东家，客人的马在槽头发狂，缰绳都快扯断了，你快去看看吧。"

杨同昌听后惊问皇甫端："老弟，你的马怎么这样性烈？"皇甫端疑惑地说："哪能哩，这是一匹差点被屠宰的老马，被我买下来养成现在这个样子，它一直都很温顺，今天咋成怎样了？走，后边看看去。"

于是，二人又穿好衣服，向后院走去，出门刚走七步，忽听得身后"轰隆"一声响，惊天动地，尘烟四起。二人忙回头一看，好险！原来是二人睡觉的东厢房倒塌下来。二人吓得心惊肉跳冷汗直冒，来到后院一看，老马也不叫了，温驯地站在那里。

杨同昌感叹道："皇甫端贤弟，若非老马狂叫，我俩焉有活命？看来，好心必有好报，你从杀锅上把它救下来，如今它也救你一命，我也跟着沾了光，这真是一匹有灵性的好马呀！"

从此以后，皇甫端对老马感情更深了，干脆跟老马一齐睡到马厩里，与老马做伴。又过了两年，老马终于寿数已尽。皇甫端赶紧请兽医医治，无奈已是回天无力，老马再也没有起来。

皇甫端如同死了家人，伤心地哭了好几天。人们纷纷劝道："皇甫兄，你对它已经是仁至义尽了，它已经死了就别伤心了，赶紧抬到东院杀锅上卖了，还能换俩钱，不然一臭可就白扔了。"皇甫端哪里听得进这样的话！他找了几个邻居帮忙，把老马埋在自家的地里。

第二年春天，春暖花开，在埋老马的地方长出了一根葫芦藤。令皇甫端惊奇的是，此藤见风就长，不长时间就长得有小孩胳膊粗细。到秋天葫芦成熟时，这棵藤上结的葫芦大得惊人，任你年轻后生也抱不了两个。

皇甫端心里很高兴，收下葫芦晾干后便到集市上去卖。这样罕见的葫芦谁不喜爱？人家都争相购买。卖完葫芦，皇甫端一数钱，竟然卖得四两银子，与当年买马所花的银子不差分毫！人们都说皇甫端心眼好，这是老马变成葫芦来报答他的。从此皇甫端便在埋老马的地方种葫芦，每年结的葫芦卖掉后，足够他一年的开销。

采录者： 刘贵林，男，57岁，安阳县人，中师，教师

采录时间： 2003年

采录地点： 安阳县文联

选自： 《安阳县民间故事集》

340

漏

从前有一个小孩儿，他大娘家买了一头驴，光油油的毛使人非常喜爱。他想：今晚非给他偷走不可。一到晚上，老虎下了山，来到小孩的大娘家想吃驴肉，可一听屋里还有人说话儿，老虎赶紧藏到牲口棚里。只见屋里人在说："咱老两口儿啥都不怕，光怕漏。"老虎心想：啥是"漏"？肯定比我老虎都厉害。正在这时候，那个小孩来偷驴，天黑得啥也瞧不见，他从驴棚里揪住老虎的耳朵，就使劲往外拉。老虎心想肯定是"漏"来了，也不敢吱声，就出来了。这小孩直当[1]是驴，骑到老虎背上就走，快到天明的时候了，小孩瞧得这个东西不像驴，瞪开眼再一瞧，呀！是只大老虎。小孩害了怕，也不敢吱声儿，他见前面一棵大树，心想：非闯到树上把这个大老虎碰死不可。这时老虎也想，非把你这个"漏"碰死在树上不中。小孩两腿儿一夹，老虎就朝树上碰过去，谁都操着谁的心，小孩一咬牙上了树，老虎从树边闯过去，老虎不敢回头，一直往前跑，跑哇跑哇，跑到一个树林子里，碰见一个猴儿。猴儿说："虎大哥，慌张个啥？"老虎一边喘气，一边说："那棵大树上有个'漏'，这个'漏'非常非常厉害，骑了我一夜，差一点把我压死。"猴儿的双眼皮一眨一眨的不相信。猴儿说："哪儿有这种事儿，咱一块儿去瞧瞧。"老虎也觉得怪，也想回头瞧瞧啥是"漏"，就说："走。"猴又说："我走不动。"老虎说："你骑在我背上，我驮着你走。"老虎驮着猴，一会儿来到这棵大树下，小孩儿一瞧大老虎驮着猴精又回来了，就知道事儿不好，就赶紧在树上藏了身。猴儿来到树下，心里也是七上八下的，说不害怕吧，那才是瞎喷哩。猴儿壮了壮胆对老虎说："我一歪头你就拉我，千万不要让'漏'把我吃了。"老虎说："你上吧。"这猴儿就得得摇摇[2]往树上爬，树上的小孩儿见猴儿当真上了树，吓得拉开了稀屎，猴儿瞧见黑模糊的东西朝头上打下来，怕是"漏"，赶紧一歪头，下边的老虎拉起猴儿就跑。老虎一直拉着猴儿跑了老远老远，猴儿跑不动了，就又驮着它跑，一直跑得没有一点儿劲了，才躺到地上喘气儿。猴儿也吓得脸红了。小孩儿下了树，就回家了，他再也不敢偷他大娘家的驴了。

讲述者：　乔梅花，女，36岁，安阳县北郭乡人，小学，农民

采录者：　李生学，男，37岁，安阳县北郭乡文化站干部，高中

采录时间：1989年

采录地点：安阳县北郭乡文化站

选自：　《狐狸坟传奇》

附记

这是我母亲讲述、父亲采录整理的一篇故事，当时我也在场，另外还有几个村里的孩子。

这篇故事具有童话色彩，我小时候母亲就给我讲过这个故事，她

[1]　直当：以为。

[2]　得得摇摇：形容害怕的样子。

还经常给村里的小孩子们讲。在农村，谁家小孩不听话，大人们习惯用"老虎来了"吓唬他，母亲讲这个故事一是为了给孩子们壮胆量，别怕老虎；二是教育他们从小就学好，别干偷鸡摸狗的事。（李海燕）

乔梅花剪纸作品《威震四方》（摄影：李海燕）

341

老虎兄弟

我说的这个王小儿，住在一个靠山的村子里。他父亲早就去世，家里只剩一个年迈的老母。母子相依为命。

这王小儿生来身子骨特别壮实。二十几岁，长得身高丈二，膀宽三尺，脸色黑红，力大无穷。他挑柴用的扁担，就有檩条那样粗。挑那两大捆柴，就能装一大车。就这样天天早起去山里打柴，到天晚，带回来卖柴换来的米面，供娘儿俩吃用。

这一天，王小儿照常早早起来，扛着扁担，拿着绳子，上山去打柴。进山里，要走一段险路。这里，两边都是万丈深沟，中间一条窄窄的小路，就在山脊梁上。走这条小路，像是在沿独木桥。这天，王小儿刚走到这条险路的半截，突然刮起一阵狂风。跟着狂风，"嗷呜"的一声，从山上下来一只老虎，一跳跳在王小儿前边，往那儿一蹲，挡住去路。吓得王小儿激灵一下，打了个寒战。路两边是万丈深沟，绕也绕不过去。回去吧，今天打不成柴，换不来米，娘儿俩就得挨饿。再说往后退，老虎见你怯了，准追过来，那你能跑掉吗？王小儿心里又乱又急，前思思后想想，咋也不是。他握紧扁担，拿好架势，以防老虎扑过来。

再说这老虎，看见王小儿五大三粗，像个巨人一样站在那儿。特别是手里那根扁担就有檩条粗。它要往前扑，一下子扑倒人了，没啥说咧；万一扑不倒，挨上那一扁担，也够受的。再说退回去吧，自家堂堂兽王，还怕一个人儿？叫百兽知道了，不笑话它么！就这样，老虎也是进退两难，蹲在那里，一时也没了主意。

他俩你看着我，我看着你。谁也不进攻，谁也不退走。半晌过去了，他们俩像中了定身法一样，谁也不动。最后还是王小儿聪明。他先试探着说："老虎，你拦住我咧路，是不是想吃我？要想吃，就过来吧！"说着，晃了晃那扁担。老虎听了，眨了眨它那铜铃样的眼，没有动。王小儿又说："老虎，你不敢来，就让开道，叫我过去。"老虎又眨眨眼，还是没有动。王小儿又试探着说："老虎，你不来，又不走，看来咱是有缘分啦，要不咱拜个朋友咋样儿？这样吧，你要愿意拜朋友，就摆摆头。要不愿意，就甭摆头。"老虎好像听懂了王小儿的意思，真的摆了摆头。

王小儿松了口气，继续说："既然愿意，你就过来吧。"说罢放下了扁担。老虎也慢慢走过来，蹲在王小儿面前，抬头看着这个新结识的巨人，又眨了下眼。

拜朋友得烧香磕头，对天盟誓。山里没香没土咋办，王小儿就找来一些碎石子，堆成一堆，插上三根小棍，算是烧香了。安排停当，王小儿先跪下来，对"香"磕了三个头。老虎看来也不笨，也趴在"香"前点了三下头。

朋友拜过，王小儿说："咱俩既然拜了朋友，就是弟兄啦。论年纪，我比你大。我是哥，你是兄弟咧。老虎兄弟，你看天不早了，柴我一根没砍。砍不来柴，我们娘儿俩就得挨饿。你走吧，我得赶紧砍柴去。"说罢就要走，可这老虎一下跳到王小儿面前，拦住了王小儿直点头，好像示意让他等着。随即"嗷呜"的一声，就跑走了。不大一会儿，老虎叼来一头野猪，放在王小儿跟前。

王小儿明白了老虎的意思，就把野猪捆好，扛在肩上，转身往家走。按说那老虎也该回山了，可那老虎看王小儿走，就紧跟在他的后面。王小儿咋劝也不回去。没法儿，只得领它回村。

村里人远远看见王小儿扛着一头野猪，领着一只老虎回来，个个吓得逃进家里，关紧大门。到家后，王小儿的娘看见一只老虎跟在儿子后边，立马就吓昏过去了，叫了半天才醒过来。王小儿忙对老虎说："老虎兄弟，你看你样子长得凶恶，把咱娘都吓坏了，还是回去吧！"老虎这才点点头，扭身回山去了。

自打他们拜了朋友以后，王小儿每次上山，老虎都要来见见。王小儿见着老虎，就把自己的心事数说数说。老虎兄弟不能说话，也能听懂王小儿话的意思。说得对了，老虎会点点头；说得错了，老虎会摇摇头；说得喜了，老虎会跳跳舞；说得悲了，老虎会流流泪。山里的野兽，知道王小儿是大王的朋友，谁也不敢去招惹。王小儿呢，打柴的干劲更大了，打的柴也更多了。过去觉得非常孤独，现在能跟老虎兄弟说说话儿，心里满是乐趣。

这一天，老虎正在山上闲游，忽然看见山路上，有个十来岁的小孩儿，牵着一头毛驴，驴背上坐着一个女人，远远走过来。老虎想，俺哥还没媳妇呢，把这个女人给他介绍介绍吧。想好，老虎就一下子窜到山路上，截住了驴子。牵驴的孩子一看老虎来了，惊叫一声，没命地跑了。那女人吓得呆在驴身上，不能动弹了。驴呢，好比老鼠见了猫，浑身筛起糠来。老虎慢慢走过来，用嘴衔起缰绳，拉起驴就走。驴好像中了魔法一样，由不得跟着老虎走起来。就这样，老虎把驴子牵到王小儿家，扭头就回去了。

王小儿这时卖柴还没回来，他娘看见这个情形，赶忙出来，把那吓迷的女人扶到屋里，救醒过来。一问，才知道她是个寡妇，受不了婆婆的虐待。这回是她娘家兄弟接她回去改嫁咧。王小儿的娘非常同情她，又是烧水，又是做饭，还不停地说些安慰的话，安排着等王小儿回来就送她回家。

女人见王小儿娘这样热情，心里慢慢安定了下来。问了王家的情况，后来又见了王小儿。她十分喜欢王小儿的勇敢和勤劳，就打定主意不再走了。托人给娘家捎信儿，要给王小儿做媳妇。

你说怪不怪，老虎这红娘还真的当成了。

老虎不断到王小儿村里来，就惊动了当地的地方官。地方官心里害怕，就上县衙报告，说王小儿犯了结交野兽、扰乱地方、强占妇女三条罪状。县官听了大恼，立马就派老班头带领衙役们去捉拿王小儿。

老班头早听说王小儿力大无穷，不敢捉拿。可是县官有令也不能不听。他脑瓜一转，想了个主意，就到王小儿家，假意说县官有事来请，把王小儿骗到了县衙。一进县衙，老班头给衙役们使了个眼色。衙役们乘王小儿不注意，一伙齐上，把王小儿捆了起来。县官早信了地方官的话，也不升堂审问，直接就把王小儿判罪下了南监。

老虎一连好多天不见王小儿上山打柴，心里想哥哥，就来到村里。王小儿被抓走没几天，家里就断了粮。王小儿的娘没饭吃，饿得躺在床上起不来。她一见老虎，像见了救星，就把王小儿被抓的事说了一遍。老虎听罢扭头就走，先从山上给王家衔来一头野猪，随即二返头回山去，站在中间最高最高的山上"嗷呜"叫了三声。四边山上的四只大老虎听见兽王的号令，也各自"嗷呜"叫了三声。霎时，全山的野兽，天上飞咧、地上跑咧、树上蹦咧、洞里钻咧，都来集合。集合齐了，它们跟着大王，狂风一样朝县城扑来。

来到县城，四个大老虎跳上四个城门楼，大小走兽们在城墙边站满了一圈，把县城围得严严实实。飞禽在县城上空盘飞，黑压压遮住了太阳。城里的人只吓得全都躲在家里，关紧门大气都不敢出。老虎呢，雄赳赳，气昂昂，大摇大摆朝县衙走去。

县官一看这个情形，吓得忙叫关大门。随即和老班头商量办法。老班头说："事儿是因王小儿起咧，还是叫王小儿来解围吧。"事情紧急，县官赶忙来到南监，放出王小儿，求王小儿劝退兽兵。王小儿答应了，走到大门口，隔门对老虎说："老虎兄弟，县太爷答应放我了，我没事啦，你们回去吧。"老虎点点头，来到正十字街，"嗷呜"叫了三声，四门楼上的大老虎听见也"嗷呜"叫三声。不一会儿，兽兵们退得干干净净。

县官见兽兵退了，就松了一口气。他想，王小儿太厉害了，能调动野兽。这人不除，以后闹起事来，他这县衙能坐稳吗？想到这儿，就翻脸不认账，把王小儿罪加一等，押进死牢。随后行文进京，要除掉王小儿，以绝后患。

过了几天，老虎又去村里看，见王小儿哥还没回来，知道上了县官的当，就又来到中间最高最高的那座山上，

"嗷呜"叫了三声。四个大老虎也各叫三声，兽兵们又向县城扑去。这次它们不围城了，直接围住县衙。几头野牛，一齐用力，撞开县衙大门，兽兵们冲了进去。衙役们谁敢抵挡，只吓得一个个抱头鼠窜。野兽们不管三七二十一，见人就咬，衙役兵将死伤无数。县官吓得稀屎屙一裤，要不是钻在床底下，早就没命了。野牛又撞开南监，放出王小儿。老虎兄弟驮上它王哥，带着兽兵们闹哄哄地回山里去了。

讲述者：　李书文，男，57 岁，内黄县二安乡沙河
　　　　　庄村人，农民
采录者：　李国存，男，11 岁，内黄县二安乡沙河
　　　　　庄村人，学生
采录时间：　1967 年
采录地点：　讲述者家中
选自：　　《中国民间故事集成·河南内黄县卷》

附记

李书文是我邻居，和我爷爷是同龄人，按街坊辈我该叫他伯父。他没上过学，却有一肚子故事。他说，光"王小儿打柴"他能讲 12 个。春节学校放假，也是农闲时节，晚上我就跑到他家，央他讲故事。他兴致来了，能给我讲到深夜。一直讲到他全家都睡了，我妈来叫我，我才悻悻离开。（李国存）

342

帮虎吃食

老虎是山中之王，什么野兽都怕它，它性子凶恶，力量大，跑得也快，要是饿了，在山上转一遭，遇见狼吃狼，遇见狐狸吃狐狸，遇见兔子吃兔子，什么也跑不了。山上的野兽跑净了，它就下山来，到山脚下的村子里吃羊、吃猪、吃牛，甚至还吃人。因为它打食儿挺容易，所以常常吃得饱饱的，吃饱了就躺在山坡上晒太阳。

有一天，老虎从山下跑了回来，卧在青草里，很自在地歇着，用舌头舔爪上的血。它的朋友小猴子看见了，知道它又吃饱了，心里很羡慕，就凑过去说："虎大哥看你多好！天天吃得饱饱的！""猴兄弟，你这话怪咧！难道不吃饱，让饿着吗？"小猴子叹了口气说："唉，你是可以这样说了！像你力气大，爪牙像刀一般快，打食容易，所以吃得饱饱的，我呢，力气小，没有能耐，常常两天三天的没有饭吃。"老虎想起刚才吃的一顿饱饭，不由打了一个饱嗝儿，就说："真可怕，我每天打的食儿都吃不了！刚才我吃了一头牛，还剩一条大腿呢！""虎大哥，既是你打的食儿吃不了，下次何不带我去？只要你剩下一点，就够我吃一顿的了。""猴兄弟，事情可也不那么

简单，危险多着呢！譬如说吧，山下猎人很多，也许就遇上了。若遇上猎人，我跑得快，窜山越洞，眨眼间就跑回来了，可是你跑不了那么快，那不危险吗？"小猴子听了，犹豫了一会儿，眼珠一转，又想出主意来，说道："那不要紧，我虽然力气小，爪牙不锋利，可是我身体灵便。咱可以找一根绳子来，一头拴在你腰里，一头拴在我脖子上，你驮着我，咱俩下山去。若遇见吃的，咱们就逮来吃，假若有危险，我在你身上骑着，你也就可以驮着跑回来了。"老虎想了想，也行，就点头答应了。

第二天，它们准备好了，就真的那样下山去打食儿。

再说，西山根儿住着一个农夫，这个农夫养着一头驴。他很喜爱这头驴，吃的喝的照顾得很周到，驴也很听话，拉车、耕地、拉碾子、拉磨，帮了农夫不少的忙。就在这天，农夫种好了地，就牵着驴到山坡上来放牧。驴吃草，农夫在树下抽烟，闲得坐在地上没有什么事，不一会儿，农夫就瞌睡了，躺在草地上睡着了。

这时，老虎驮着小猴下山来讨食儿，恰巧来到这里，小猴坐得高，看得清楚，就说："虎大哥，看，那边树底下，不是躺着一个人吗？"老虎抬起头来一看，可不是，就说："猴兄弟，下来下来，咱慢慢地过去逮他！"小猴跳下来，跟在老虎身后，悄悄地过去逮那农夫。

再说，那头驴正在一旁吃草，远远地看见一只虎驮着一只小猴走来，那头驴就想："它们肯定是吃我主人来了！吃了我主人，谁来照顾我呢？可是虎挺厉害，我又不敢去惹它，这可怎么办呢？我吓它一下吧！"于是就大声叫了起来，说道："哦呀呀！好小猴，你昨天说给我送礼，送三只虎来，为什么今天只给我送了一只虎来？三只虎我都吃不饱，一只虎哪里够填牙缝呢？"

这头驴是个大叫驴，嗓门极大，它的身子也很高，像是很厉害的样子，老虎不觉就有点害怕起来。再听了驴的话，小猴把自己当作礼物，给人家送来了，不觉又恨起小猴来，所以不等小猴往身上蹦，撒腿就跑。小猴来不及往老虎身上蹦，可是又有绳子拴着，就被老虎拖着跑了。山上除了石头还是石头，连磕带碰的，不一会儿的工夫，就把小猴活活地给拖死了。

讲述者：　刘向东

采录者：　张宪增，男，32 岁，林县城关人，中师，
　　　　　教师

采录时间：　1985 年

采录地点：　林县

选自：　　《林县民间故事集成》

采录时间：　1981 年 5 月 10 日

采录地点：　内黄县井店镇文化站

选自：　　《中国民间故事集成·河南内黄县卷》

异文：瘸驴与老虎

这一天，一只瘸驴在山上正吃草，突然来了一只老虎，瘸驴见了非常害怕，便低头想了个主意。就大声叫唤："我两耳朵尖尖嘴又长，高山以上我为王，每天我吃两只虎，今天才吃一只狼。"老虎一听，不好，吓得扭头就跑，正跑得急的时候，遇到了一只猴子，猴子就问："虎大哥，你为何跑得这样慌忙？"老虎气喘喘地对小猴说："快跑！"又将它遇到的情况向猴子说了一遍，猴子听了哈哈大笑说："老虎大哥，你上当了，你是山中大王，哪儿又来一个王？分明是它怕你才设法吓你的。"老虎不信，猴子就说："不信咱俩一块儿去看看。"老虎吓得不敢去，猴子就说："不要紧，我和你做伴。"老虎说："你能上树，我不会上树，那……我咋办？"猴子说："这样吧，咱俩用一根藤，一头系在你的腰上，一头系在我的腰上，你看咋样？"老虎一听，这还差不多。这样一根藤条捆着它两个就又去找瘸驴。瘸驴一见不好，除老虎外，又添了一只猴子，这一定是猴子想的点子，低头又想了一计，背着它们大声喊道："高高山上一棵槐，每天只等小猴来，小猴欠我两只虎，为啥只牵一只来？"老虎一听，啊！小猴骗我了，拿我来抵债，赶快跑吧！没等小猴知道，老虎拔腿就跑，穿山越涧。结果把小猴给摔死了。

讲述者：　李金声，男，44 岁，内黄县井店镇文化
　　　　　馆干部，中专

采录者：　魏培林，男，45 岁，内黄县六村乡文化
　　　　　站干部，中专

343

大灰狼和小山羊

讲述者： 李运，男，55 岁，安阳县北郭乡教师，中专

采录者： 李生学，男，39 岁，安阳县北郭乡文化站干部，高中

采录时间： 1990 年

采录地点： 安阳县北郭乡龙凤学校

选自： 《狐狸坟传奇》

附
记

　　这是我父亲采录整理的一篇故事，讲述者李运也是我们村的，还是我的一个长辈。这篇故事有寓言色彩，有点《农夫与蛇》的味道。给孩子们讲这篇故事的目的就是要他们学好，说明善有善报、恶有恶报的道理。小羊善良，终有好报；狼再狡猾，最终被猎人打死。（李海燕）

　　小山羊的妈妈叫大灰狼吃了，小山羊发誓要报仇。

　　停了几个月，小山羊长大了，它在自家的院子里挖了一口很深很深的井，井口上用草和土搭了搭，就把一把椅子放到上面。

　　大灰狼饿了，就来小山羊的家，想把小山羊吃了。小山羊赔着笑，把大灰狼让到院子里。大灰狼见有把椅子，就一屁股坐上去，"哗啦""扑通"大灰狼摔到了深井里。

　　小山羊搬了石头就朝井里砸，大灰狼哭丧着脸说："小山羊是好心肠的孩子，这一石头下去，不就把大伯我给砸死了？你不会这样狠心的。"

　　小山羊说："你是个大坏蛋，为啥吃了我妈妈？"

　　大灰狼说："那是狐狸出的主意，想起了这我就直后悔，这回来就是向你赔情道歉的呀。"

　　小山羊信了大灰狼的话，就把梯子顺下井去。大灰狼一爬上来就说："善良的总是被凶恶的吃掉。"说罢，张开血盆大口就去扑小山羊。

　　忽然，"砰"的一声枪响，大灰狼被老猎人打死了。老猎人说："我不打兔子山羊，专打狐狸和狼。"

344

大灰狼吃秤砣

中专，职工

采录时间： 1989 年 4 月

采录地点： 安阳县北郭乡

选自： 《狐狸坟传奇》

在一个小山坡上，住着一户人家，老两口儿和一个六七岁的孩子。这天，老两口儿准备去赶会，对孩子说："爹娘老了，带不了你去赶会，你在家玩儿吧，回来给你买好吃的。"孩子很听话，就一个人坐在屋里的板凳上，爹妈临走时把屋门锁上了。后半晌，一只大灰狼来到了院子里，隔窗瞧见屋里有个胖嘟嘟的小孩儿，不由流出了口水，便使劲撞门。小孩儿怕大灰狼把门撞开，赶快从窗口扔出块白馍馍，大灰狼三口两口吃完了又去撞，小孩儿又扔出块馍。反复几次，小孩儿看见那大灰狼越吃越想吃，也不撞门了，前爪搭在窗台上，眯缝着眼，张着嘴专等自己给它扔馍吃。小孩这时就把一个秤砣烧红，扔到大灰狼张开着的大嘴里。大灰狼还以为是白馍呢，一下就吞到了肚里，不一会儿，贪吃的大灰狼就烧死在山坡上。

讲述者： 乔梅花，女，37 岁，安阳县北郭乡人，
初中，农民

采录者： 李海涛，男，19 岁，安阳县北郭乡人，

345

狐狸捕鱼

狐狸最爱吃熊掌和鱼，可是往往还闻不到熊掌的味儿就被熊掌打得晕头转向。不敢吃熊掌，只好想办法弄鱼吃。可这狐狸不识水性，只好望着河里的鱼流嘴嘴[1]。

有一天，狐狸看见一个人去河边捕鱼，它便跟着去河边瞧，学学捕鱼的招法。不大一会儿，它还真学会了，它瞧见有一条小鱼钻进一个网眼当中，进不能进，退不能退。狐狸大笑起来，它笑那个捕鱼人傻，明摆着一个眼儿就能逮住鱼，他偏偏要弄那么多眼儿。

狐狸回家编了一个好大好大的绳套，它拿着自己做的一孔之网，高高兴兴地到河边捕鱼去了。

讲述者：　孙献华，男，50 岁，安阳县人，教师
采录者：　陈占海，男，安阳县人
采录时间：1989 年
采录地点：安阳县
选自：　　《狐狸坟传奇》

[1]　流嘴嘴：流口水。

346

臭嘴乌鸦

清早，乌鸦去喜鹊家串门。乌鸦说："夜儿个晚上，我听到打谷场上有嚼粮食的声音。过了会儿，只见那馋嘴的花猫从里拱出来了，一个劲儿用舌头舔他那双肮脏的爪子。"

说完，乌鸦仇恨地斜看了正"呼噜呼噜"睡觉的花猫。"是呀！"喜鹊"叽叽喳喳"地说："要不是晚上偷吃粮食，正经人哪有现在还睡大觉的。"

"哼，可恶的'野猫子'。"

一会儿，粮堆的主人来晒粮了。喜鹊对他说："喂，晒粮的人，昨晚上花猫偷吃了你的粮食。"

晒粮人笑了，他看了一眼喜鹊身边儿那只乌鸦说："乌鸦的嘴是臭的。"

讲述者：　杨品，男，32 岁，安阳县人
采录者：　马晓蕾，男，安阳县人
采录时间：1989 年
采录地点：安阳县
选自：　　《狐狸坟传奇》

347

狗逮老鼠

　　猫当了县令，还娶了猫太太，叫狗当衙役，放哨站岗。猫县令和太太整天在县衙里吃香的喝辣的，渐渐觉得老鼠的味道不如从前鲜美了。老鼠见猫不吃老鼠了，就猖狂起来，咬烂了猫的衣裳，还咬坏了猫县令的大印。猫愤怒了，就叫狗衙役去逮老鼠，狗衙役累得满头大汗也没逮住一个老鼠，猫就打了狗的屁股。狗衙役嘴上不敢吭，心里头却说："哼，一当官就弄不清了，忘了自己是干啥的了。"

讲述者：　张敬祖，男，48 岁，安阳县文化局干部
采录者：　闫国平，男，26 岁，安阳县文化局干部
采录时间：1989 年
采录地点：安阳县文化局
选自：　　《狐狸坟传奇》

348

狗熊收贡

　　老虎当了大王，就封狗熊为收贡宰相，叫它去找狼县令，每天上三百只兔子的贡。狗熊就找到狼县令，说："大王有旨，每天上六百只兔子的贡。"狼找到兔子，说："大王有旨，每天上一千二百只兔子的贡。"没多长时间，老虎、狗熊和狼县令就把兔子吃光了。后来，狗熊说狼县令不会办事，就把狼吃了，老虎说狗熊不配当宰相，又把狗熊吃了，最后老虎也饿死了。

　　当了官就贪，最后只能是这个下场。

讲述者：　张敬祖，男，48 岁，安阳县文化局干部
采录者：　王海民，男，29 岁，安阳县文化局干部
采录时间：1989 年
采录地点：安阳县文化局
选自：　　《狐狸坟传奇》

349

老叫驴

从前，有一头老叫驴，拉不动车了，就没人要了，它只好到山里啃草吃。有一只猛虎来吃它，老叫驴知道跑也没用，就站在那儿想办法。等猛虎靠近了，它把两只眼瞪得铜铃大，装出一副凶相，嘴一咧一咧的，把牙在石头上磨得"哧哧"响，一边磨一边说："我哧呼哧呼牙磨快，一心要吃老虎菜！"老虎一听，吓得扭头就跑，它怕老叫驴把它当菜吃。老虎跑着跑着遇到一只狼，老虎把这事给狼说了，老虎和狼就一起去找老叫驴。它们偷偷走到老叫驴身后，就听老叫驴一边磨牙一边说："哧呼哧呼牙磨快，一心要吃老虎菜；老虎尾巴长，连上那只狼！"狼一见老叫驴快磨好了牙，吓得扭头就跑。它俩跑着跑着遇见了一只獾。老虎和狼把这事给獾说了，它们仨就一起去找老叫驴。它们偷偷藏在树后，就听老叫驴一边磨牙一边说："哧呼哧呼牙磨快，一心要吃老虎菜；老虎尾巴长，连上那只狼；狼的尾巴尖，连你那只獾。"獾一听吃虎吃狼又吃獾，吓得扭头就跑。跑着跑着又遇到一只红屁股猴，猴

说它不害怕，它们四个又厮跟着[1]去见老叫驴。它们靠到了树后头又听老叫驴一边磨牙一边说："哧呼哧呼牙磨快，一心要吃老虎菜；老虎尾巴长，连上那只狼；狼的尾巴尖，连你那只獾；獾的尾巴流着油，连你这只红屁股猴！"猴一听连它也吃了，吓得扭头就跑。

它们四个跑着跑着又碰见一只花豹，花豹也说它不害怕，它们五个又厮跟着去见老叫驴。它们远远地藏在树后，就见老叫驴磨好了牙，还听老叫驴说："哧呼哧呼牙磨快，现在就吃老虎菜；老虎尾巴长，连上那只狼；狼的尾巴尖，连你那只獾；獾的尾巴流着油，连你那只红屁股猴；猴没有戴帽子，连你这只小豹子！"说着就朝它们藏身的地方"儿哇、儿哇"大叫。它这一叫，四周的回声儿也跟着叫，吓得虎、狼、獾、猴、豹扭头就跑，再也不敢回来了。

讲述者： 孙献华，男，53岁，安阳县文化馆馆员

采录者： 李生学，男，44岁，安阳县北郭乡文化站干部，大专

采录时间： 1989年

采录地点： 安阳县文化站

选自： 《狐狸坟传奇》

附记

这是我父亲采录整理的一篇故事，我还帮父亲誊抄过一遍这篇故事的文稿，他还叮嘱我，要认真，不要丢了字，不要修改，保持原汁原味。这显示出父亲对民间文化的用心。（李海燕）

[1] 厮跟着：跟着，跟随着。

350

老驴过河

有一头老驴背了盐过河，滑了一下，跌倒在水里，那盐化了，站起来时轻了许多。它很高兴。又一回它背了海绵走到河边，故意滑了一下，可是那海绵吸了水，驴不能再站起来，淹死在那里了。

讲述者： 刘翠香，女，25 岁，滑县上官镇逯堤村人，小学，农民

采录者： 逯庚珣，男，25 岁，滑县上官镇逯堤村人，高中，农民

采录时间： 1989 年 11 月 10 日

采录地点： 滑县上官镇逯堤村

选自： 《中国民间故事集成·河南滑县卷》

351

人参姑娘

从前，太行山麓有一座小山丘，山丘上有一座寺院，周围云雾缭绕，院内苍松挺拔，花红草绿，景色宜人，这所寺院里有几个小和尚和一个刁残的老和尚。

这几个和尚中年龄最小的是个十六岁的少年，佛名智明，他手脚非常勤快，心地善良，每天起早摸黑，擦神佛，扫地板，浇花草，烧火做饭，支应[1]老和尚，一天到晚忙个不停，尽管这样，还常常遭到老和尚的指责和欺凌，但慑于生活贫困，少家无业，只好忍气吞声。

一天早晨，智明端着饭来给老和尚吃。见老和尚还未起床，就把饭放到桌子上，恭敬地说："老师父请用早饭。"老和尚正睡得香甜，被唤醒后，心中不悦，慢腾腾地穿衣蹬靴洗脸，直到穿戴得衣冠整齐，才端起饭碗。谁知这老和尚用筷子搅了搅往嘴里喝了一口，觉得饭凉了一些，联想到刚才智明唤醒自己，破坏了自己的美梦一事，不由心头火起，把脸沉得像猪肝，咬牙切齿地说："我看你是存心让我吃凉饭，是不是，给我跪下！"话没落音把

[1] 支应：伺候。

一碗饭整个朝智明胸前掷去，碗撞到智明身上又掉在地上摔个粉碎，饭洒了智明一身。智明有心反抗，但深知老和尚的狠毒，无可奈何，强压怒火，委屈地跪下。老和尚正在考虑如何整治小和尚，只见大徒弟慌慌忙忙地走进屋里，对老和尚打躬说道："老师父在上，弟子在下有事禀告。"老和尚用鼻子"哼"了一声："何事？为何这样惊慌？""山寨主的老母亲病故，请你带领徒弟前去行事。"老和尚眉头一皱略加思索说："好，我马上就去。"转身凶狠地对智明说："上天罚你跪，我走后，你如轻举妄动，苍天有眼，回来我抽你的筋，剥你的皮！"说完"砰"的一声落了锁走了。

不一会儿，寺院里万籁俱寂，小智明跪得膝如针扎，两腿仿佛灌了铅，眼泪像断了线的珠子"扑簌、扑簌"地滴在胸前的衣上，日头从东到南，从南到西，不时落山，智明从早到午，从午到晚，滴水未进，连饿带困，神志进入昏迷状态，不知不觉地瘫在地上……

"小兄弟、小兄弟，你醒醒。"几声亲切悦耳的女儿声音传进智明的耳朵，传到智明的脑子里。昏迷的智明神志慢慢清醒过来，用力睁开眼，只见一片漆黑。扭头环视，只有一线月光从西边的窗口照进屋里。月光下一个俊俏的姑娘的脸庞映入他的眼帘，再往下看，姑娘蹲在地上，自己就半倚在她的胳膊上。他心里一惊：这姑娘是谁？我这是……智明疑虑的神色，没有躲过姑娘智慧的眼睛，她面带笑容，和蔼可亲地说道："小兄弟，好些了吗？"智明点点头。"别害怕，我是你浇灌的那棵人参草。因为我生长在花丛中，所以未被人发现，平时我见你辛勤劳动，有一颗高尚纯洁的心，就对你产生爱慕之情。今天老和尚这样欺负你，我看在眼里疼在心上，趁夜深人静之时我特意来看望你，如果需要的话我可以献出生命，为你报仇雪恨，使你获得自由。"一番话使智明消除疑虑，他高兴地说道："多谢姑娘好心，只是那老和尚性格刁钻，又有一手好武术，能把他怎么样？"人参姑娘把嘴凑近智明耳边，如此这般交代一番定下了整治老和尚的妙计。

不巧不成书。人参姑娘给小智明的话正好被从外边回来的老和尚听见了。原来老和尚正要往门口走，忽听屋内有说话声，且又是男女对话，便悄悄地把耳朵附在窗前，听了个仔细。他想："我盼人参几十年了，心愿未遂；如今这人参倒送上门来，真是踏破铁鞋无觅处，得来全不费工夫，到嘴边的肉哪有不吃之理，虽这人参已成精，但凭我多年修炼，征服这人参精还是瓮中捉鳖——没跑儿。到我降住她，让她现出原形，用这人参来保养我后半生，虽说不上长生不老，也可延年益寿。"想到这里，便蹑手蹑脚地走到门前，悄悄地开了锁，以闪电般的动作推开门，一个箭步，跃到小和尚跟前，用那凶神恶鬼般的眼睛扫视一番，奇怪，只有小和尚一个人，就上前一把揪住小智明的衣领，咬着牙吼道："老实说，那个姑娘哪里去了？快说。"小智明结结巴巴地回答："哪……有什么姑娘，我……我不知……知道。"

老和尚眼珠一转，暗想，这样硬逼是达不到目的的，不如诱出他的实话来。便一反常态，换出一副皮笑肉不笑的嘴脸，松开手让小智明坐下，并佯装亲热地给智明倒了杯热水，又从厨房弄来点饭让智明吃。智明饥饿难忍，便大口地吃起来，边吃边想，这老东西心毒手狠，这样亲热地对待我，一定是黄鼠狼给鸡拜年——没安好心。不管怎样，你有你的千条计，我有我的老主意，看他往下怎样说。

老和尚见智明吃完，假装关心地说："别害怕，刚才也许我的耳朵邪了，听见屋里有女人的说话声，今天在回来的路上，见一股白气冲咱寺而来，听说咱这寺院附近有一蛇妖能变成美女，专门残害英俊少年，你还年轻，可要提防啊！"

小智明将计就计，佯装谈虎色变，恐惧地说："那、那真要碰见蛇妖怪，该怎么办？我刚才像做了一个噩梦，梦见一个美女进屋来，对我说了许多甜言蜜语，大概我被美女蛇妖缠住身了吧！老师父救命啊！"

老贼不知这计中之计，信以为真，还暗暗夸赞自己足智多谋。就说："我本对你有意见，念师徒之情，我哪有不救之理！只是你必须听我吩咐，依计而行，才能成功。"智明道："那是当然。"老贼眼珠一转计上心来。暗想，何不趁机借这小子之手找到人参宝贝，就走到柜子前打开锁，从中取出一根线轴和一个线球，穿针引线，转身递给小和尚，故作神秘地说："这是伏妖针和伏妖绳。你待那妖魔来时，趁机把线轴插在那妖精身上，任那妖魔有天大的本事也逃不脱我的手心。"智明见老贼这样狠毒刁滑，恨在心上，但不露声色，故作感激地对老贼说："谢老师父救命之恩，我一定遵师父之言行事。"

这天晚上，人参姑娘又来到小和尚智明的屋里。打听了老和尚的所作所为，不禁为智明的机智打心眼里高兴。对小和尚又交代了一番，拿过线轴子扯着线离开了。

小智明按计行事，便向老贼说："师父，那妖魔来过了，我按计行事已把线轴插在这妖身上，请您快去降妖吧！"

老和尚喊来几个徒弟，带着锹顺线寻找，发现线伸到后院墙角花池的一棵花儿下，老和尚见这花儿掌状复叶，花儿淡黄色，知道这是人参，就命徒弟快挖。

徒弟们挖一锹，老和尚仔细地寻找一遍，一块泥巴都不放过，名曰抓妖，实则寻找人参。大约挖到半人深处出现轴子的尾巴，老和尚叫住手，自己跳进坑里小心翼翼地刨出一根根指头肚大小模样的人参来。老和尚如获至宝，眉开眼笑，口中振振有词："人参精，人参妖，今天你可跑不了。"边说边得意地捧回住室。

老和尚把人参翻来覆去地看了一番，暗想，煮熟吃了吧！否则夜长梦多，不能让几个穷小子钻了空子，于是一反常态，改变过去那种衣来伸手饭来张口的懒惰习惯，亲自下厨房，添水生火煮起来。说来也真巧，老贼正提心吊胆之际，忽听一阵脚步声由远而近，连忙迎出门去，一看大徒弟慌慌张张地跑来，打躬说道："老师父在上，弟子在下有要事相禀。"

"有何事？快讲。""山寨主有要事相商。"老贼有心吃了人参肉再去，可又怕得罪山寨主，去吧又怕徒弟偷吃了人参。无可奈何，只好集中来众徒弟，一本正经地说："我正在煮妖为民除害，这是天命。但山寨主有事来请，我速去速回。你们在家，只可加柴，不可掀锅，以防妖魔逃去。如有违者，按佛规严厉处罚。"众徒弟合掌应道："遵命。"老贼出门而去。

小智明见老贼走远，插上大门，就对大家说："伙计们，这东西并不是恶魔，而是货真价实的人参，人吃了可以长寿。我们本没有这份福气，今天老和尚有事离开，岂不是天赐良机，我们尝尝又有何妨！"

众人听罢格外高兴，只是不敢下手，小智明见状，就先从锅里捞出人参，咬了两口，香味扑鼻，芬芳四溢。弟子们也都轮流着吃了起来，不一会儿，只剩下小半截。小和尚见众人都停下来，就又接过来全部吞进肚去。众人都惊恐地说："老和尚来了如何交代？"小和尚遵照人参姑娘的嘱咐，把事情的前因后果和老贼来后应付的计策，对大家作了交代。众人都为人参姑娘爱憎分明的品格和自我牺牲的精神所感动。

"笃、笃笃……"的敲门声，把伙计们对人参姑娘的追思中断。只见小和尚打手势让大家躲开，自己上前端起人参锅举过头顶，用尽平生力气掷到地上。随着锅碎汤溅，闪出一团耀眼闪光向空中射去。同时响起"轰隆隆"的声音，如雷贯耳。和尚们感觉到浑身轻飘飘的，耳边响着"呼呼"的风声。少顷，风声停止。小和尚喊人们到大门上。拉开门闩，拽开两扇大门往外一看，哪里还有老和尚的影子。只见门外云雾缭绕，原来寺院悬离地面。此后每到夜晚，这座寺院就传出轰鸣的声音，据说这是人参姑娘为人间鸣不平的缘故。

后人把这座寺院称为"恩音寺"。

采录者：　史永，男，28岁，汤阴县人，大专，干部
　　　　　吴正海，男，29岁，汤阴县人，大专，
　　　　　干部
采录时间：1987年
采录地点：汤阴县
选自：　《中国民间故事集成·河南汤阴卷》

352

人参仙子

村边有一座庙，庙里有一个老和尚和两个小和尚。每天夜里老和尚都要到别的庙里谈经，庙里就只剩下两个小和尚。

有一天夜里，老和尚走后，来了一个胖小孩和两个小和尚玩。玩得正热闹时，小孩停住说要走，他刚走，老和尚就回来了。从此以后，小和尚发现老和尚一走，小孩就来了，一到老和尚快来时，小孩就要走。

这件事被老和尚知道了，问小和尚们晚间和谁玩。小和尚就把胖小孩来找他们玩的事一五一十地给老和尚说了，说小孩白胖白胖，圆脸儿，头上有个小辫子，手脖和脚脖戴着圆圈儿，好看极了。老和尚一听，暗自高兴，他知道这个小孩就是传说中的人参仙子，吃了他就可以长生不死。老和尚就拿出一盘儿红头绳儿，红头绳儿的一头有一个大针，他对小和尚们说："今晚这小孩要来和你们玩时，你们就和往常一样和他玩，等他说要走，你们就把这个大针别到他的小辫上，他一直走，你们一直松开手里的红头绳儿，等我回来……"老和尚如此这般地交代了一番。

晚上，老和尚走后，小胖孩果然又应时地来了。正玩得热闹，小孩说要走。一个小和尚忙把大针往他头上一别。小孩觉察到了，一边跑，一边哭着说："不和你们要了，你们原来想害我。"可他没有发现头上的针，小和尚忙松开红头绳儿。小孩一直拖着红头绳儿跑出庙外，消失了。

老和尚回来后，一听小和尚说按他说的办了，心里很高兴，叫小和尚早早睡觉，准备第二天早起干活儿。

第二天，老和尚早早起床，唤醒小和尚，带着早已准备的锹镢，顺着红头绳儿一直找到庙后去。在一个大石头旁，红头绳儿入了地。老和尚让小和尚顺着往下挖，挖了三尺深，果然挖出一个白胖白胖像小孩一样的大人参。

回到庙里，老和尚把人参装进蒸笼里，让小和尚烧火。老和尚说："我再出去一会儿，马上就回来。我不回来，千万不能动笼。"说罢老和尚出去了。

不一会儿，蒸笼里透出了香味，而且越来越浓。两个小和尚忍不住了，商量着先打开笼尝一点。笼一打开，香味更是扑鼻。他俩开始还准备少吃一点尝尝，就一人掐了一小块，一吃，真是香得没法说了，他俩竟全忘了老和尚的嘱咐，不用多长时间把一个人参吃得精光。他俩刚把洗锅水往地上一泼，一群鸡犬就围住喝地上的水。这时，两个小和尚才想起老和尚快回来了，正在商量对策，突然一阵天旋地转，大地慢慢地上升起来，寺院、鸡、犬、小和尚一齐升到空中。两个小和尚成了仙，鸡犬也升了天。到现在，不隔间儿还能听到天空传来鸡啼犬吠声，那就是和小和尚一齐升天的鸡犬在叫呢！

采录者：　郭新江，男，38岁，林县合涧乡郭家岗村人，大专，教师

采录时间：　1985年

采录地点：　林县合涧乡

选自：　《林县民间故事集成》

353

樵夫和人参的故事

在石板岩漏子头村下有一条深沟，人称大沟，曾是古代人打柴的好地方。这里流传着一个樵夫和人参的故事。

据说山下有一樵夫，孤身一人，每日早出晚归到大沟深处打柴为生，寒来暑往，从不间断。转眼又到了大年三十，后半夜竟下起了大雪。凌晨，被过年的鞭炮声惊醒的樵夫，再无睡意，索性穿衣起床，踏着积雪习惯性地走向大沟，走着走着发现了一串脚印。樵夫心中纳闷了，心想：我起这么早上山，竟然还有比我更早的！好奇心驱使着他顺着脚印一看究竟。不大工夫来到了一个洞口前，看到一扇石门敞开着，石门两侧各放着一根棍子，像两个侍卫一样守在石门两旁，更奇怪的是竟有两只鞋子挂在棍子顶端。

樵夫在洞口呼喊："有人吗？"过了许久，终于从洞里走出一个人来，他惊愕地看着樵夫，说："你怎么在这儿？这个时间段不应该有人来的。"樵夫把来到这里的经过告诉了那个人。那人说道："谢谢你没有动我这双鞋子，要不今天我就从洞中走不出来了。"他又说道："洞中有无数的宝藏，不过你一个人过日子，要了有些浪费。咱俩也算有缘，为感谢你没动我鞋子，告诉你一个秘密，你不许对其他人提起。这洞门外有一棵硕大的千年人参王，周围还有很多小人参，你要是实在生活不下去了，就去采挖一棵最小的，到集镇兑换些柴米油盐，能确保你衣食无忧，切记，千万不可动最大的那棵。"樵夫回来以后，根本没把这件事放在心上。斗转星移，时过境迁，樵夫年事已高，砍柴时渐感体力不支。在他生活陷入困境时，突然想起了当年之事。于是，隔三差五地就去那个洞口采一棵小的人参维持生计。时间久了，邻居发现了他的异常，经再三追问才知道了实情。樵夫过世后，邻居迫不及待地去寻觅人参。贪婪之心驱使他先朝那棵最大的下手，挖着挖着，突然一棵硕大的人参带领众多小人参腾空而起，转眼间飞上山顶不见踪影。

采录者：　刘永庆，男，41 岁，林州市石板岩镇漏子头村人，初中，自由职业者

采录时间：　2020 年 4 月 27 日

采录地点：　林州市石板岩镇

附　记

《樵夫和人参的故事》在我们当地历代都口耳相传着，在没有现代通信技术的年代，老人们访古给小孩儿们听，是最受孩子们喜欢的娱乐节目，也是大人们平时取乐的方式。砍柴人因为常年在山中，就发生了奇遇，人们也知道了他的奇遇故事，就流传下来。我小时候，最爱听爷爷访古，爷爷一有空，我就缠着他讲故事。但爷爷肚里也没有多少故事，反过来调过去（反复多次）一直是讲那几个。我就是听我爷爷反葫芦捣马勺（反反复复）讲述了无数遍，才记着了《樵夫和人参的故事》。(刘永庆)

354

人参王

太行山西域的车佛沟，有一个山坳叫参王圪道，这个地方曾有"人参王"之传。

很久以前，坐落在车佛沟的寺院内有一个大和尚和一个小徒弟，人们都称小徒弟为小和尚。

这一个小和尚自从入寺院以来，便成了大和尚的奴仆，一年到头为大和尚担水。寺院对面的南山脚下有一眼泉水，修有一口小井，这便是和尚们唯一吃水的地方，小和尚每天要翻山越岭，顶风冒寒，到此处担水。

一天他去担水，走到井边，忽然看见一位姑娘在井边坐着。小和尚人幼年少，很少与人往来，今天看见井边坐着位姑娘，也不敢顺便与姑娘寻话，拉长道短，只是依照平常习惯匆匆忙忙地去井里打水。当他担起水桶要走的时候，那位坐在井边的姑娘却叫他："小相公，你且慢走呀！我有事要与你商量，你看意下如何。"

这个小和尚从来没有被人唤过"相公"，今天听到姑娘唤自己"相公"，还是头一次。心里头更是甜滋滋的，忙回答说："小姐，你有啥心事，只管讲来，奴仆一定顺从。"这时姑娘一听叫她小姐，便羞得脸蛋都红了，不敢

正视小和尚，低下头说道："奴近日来，由于一连病了几天，卧床不能起身，常言说：'人有病，圪囊跳蚤虱子满身上。'我病愈后头上仍有许多虱子，闹得头皮经常发痒，今天前来寻人给我捉虱子，恰巧碰上了你，想麻烦你给我捉一下虱子，你看如何。"小和尚听姑娘一番话语，叫自己给人家捉虱子，可受为难了，心想，自己从来未与女人打过交道，今天人家娇嫩似玉的姑娘叫给她捉虱子，还得摸摸女孩家的头发哩，这种去姑娘头上摸摸捉捉的做法太难看了，岂不叫人家见了说长道短。况且，人常说："男女交往是非多。"如不去给人家捉虱子，又失去了礼节。正在为难之时，姑娘又轻声叫道："小相公，快来呀！帮我一点忙，你以后若有大难，我一定帮忙。"小和尚说："我帮你忙是可以的，但我觉得咱男女在一块儿往来做事，恐怕人家见了说长道短哩。"姑娘说："只要我们立得正，站得正，还怕人家乱议论吗？"这时姑娘边说边去拉小和尚，说："走呀，小相公，快急死人了。"小和尚在这种情况下，也只好去了，到井边的一块大石头跟前，姑娘一屁股蹲下让小和尚给她捉虱子，这时小和尚面带含羞脸色，慢慢地抬起手来认真地、反复地扒起姑娘头发耐心地捉起虱子来。就这样，每次都要耽误一点时间，等小和尚担回水后，就要耽误做饭，一次影响了，大和尚还不说什么，时间长了，大和尚就憋不住口了。一天小和尚又回迟了，大和尚便追问起小和尚迟回来的缘故了，便问："小弟，你为什么天天回来得这么晚呀？"小和尚不肯说实话，只是说："路不好走，这几天腰也有点痛，因此，回来得太晚了，请师父原谅。"就这样骗过半年多时间。

有一次，大和尚细盘细问起来，小和尚才说了实话，详细地告诉了师父。大和尚一听，便知道这是参王作的怪，为了找到参王的老家，就给小和尚出了个主意，将缚捉参王的办法交代给他，并拿出一个线球和一根银针交给了小和尚，同时劝告说："小徒弟，你再去担水的时候，如果那个姑娘还叫你给她捉虱子，你把针线准备好，并将线球线头纫在针冠上，当你给她捉虱子捉到头顶部，暗暗将银针猛插在她的头顶上，她就会带线而逃，奔回老家，我们就可以牢牢稳稳地缚住这个参王了。"

又一天早上，小和尚依照师父的吩咐，带着针和线球，

担着水桶照样担水去了，到了井上果然又见到了那位姑娘在等着他。这时，小和尚暗暗拿定主意，准备按照师父的意见将这参王缚住，但表面上却装着一副温和的样子，照常去给那姑娘捉虱子，等到接近头顶时，小和尚掏出带线的银针，朝着那姑娘的头顶上猛刺下去，那姑娘"唉呀"一声，便带线而逃，小和尚马上返回寺院，禀报了参王被缚的经过。

大和尚一听，心中万分高兴，便和小和尚一同出发，带了镢锹，来到井上，看见线球已减少了很多。二人便跟随"线引子"一直向银针找去，上了一道岭，翻了一座山，又过一道洼；走过风门迪，跃过老虎岩；爬上搁笔架，再下峨眉盘，转过一个弯，上上下下，弯弯曲曲，忽见山坳一亩三，就到了参王家，大小和尚好不容易才到达了目的地。他们顺线一看，只见一个瓷碗扣着线头，打开瓷碗一看，便是一棵大参，参头有许多发白的颗颗小粒，这种小粒就是那"姑娘"头上的虱子。参头中间有一根银针，这根银针就是小和尚刺在"姑娘"头上的银针。大和尚吩咐小和尚说："咱们今天将它刨下来，刨的时候要从周围刨大坑，免得伤坏参体。"就这样，他们不大会儿刨了出来，拿着参王愉快地回到了寺院。

回到寺院中，他们先将参洗净泥土，然后放到锅里蒸。大和尚对小和尚说："今天我去担水，你在院内看门烧火蒸参，如果你闻到有味道时，光烧火，别揭锅盖。"说罢大和尚走了。

小和尚在家没敢懒惰，一股劲地烧火，不一会儿，他突然闻到了炒肉般的香味，便馋得直流口水，忙揭开锅盖一看，条条参块像红肉一样，香味扑鼻而来，忙捡了一条塞进嘴里，嗬！好香甜的参块呀！比吃肉还美。于是小和尚便一股劲地吃了起来，当他将要吃完时，已觉得身子很轻很轻，当他吃完最后一块时，不知不觉飘上了天空。

大和尚回来一看，寺院内小和尚无影无踪了，锅里蒸的参块也全部没了，大和尚非常气愤，可也无奈，只好去刷刷锅去做点饭吃。谁知刷锅的脏水饮了狗，过了一会儿，狗也渐渐地上了天空。

大和尚看到狗也升上了天空，更加气愤，心想，人家都能离开人间、飞上天空，我一个人留在人间还有何用，

便又去洗锅，将洗下的乏水自己一饮而尽，不大一会儿，他也觉得身轻了，便高兴地跳了起来，随着跳动，不知不觉已经到了空中，慢慢地向上飘动，谁知飘呀、飘呀，参水力量已尽，大和尚顿时摔了下来，摔到了万丈深沟。从此，这个深沟叫"跌老道沟"。南山长参的山坳，叫"参王圪道"。

采录者：	谷向东，男，33 岁，林县石板岩乡西乡坪村人，乡文化站站长
采录时间：	1985 年
采录地点：	林县石板岩乡
选自：	《林县民间故事集成》

附记

我们石板岩现在虽不产人参，但却流传着好多人参的故事和传说。小时候就听我爷爷讲过多次《人参王》的故事，而且《人参王》的故事在石板岩北部五个村流传甚广，这大概与石板岩和山西平顺搭界儿，在山西平顺那儿就有人种植人参，听说也有野生人参。想来以前，石板岩也有过人参的踪迹。现在在石板岩西北部的车佛沟村的确有个地名叫"人参圪道"，还有个跌老道沟也与人参故事有关联。1985 年我任石板岩乡文化站站长，参与搜集整理民间故事集成，就把小时候听我爷爷讲的和石板岩北五村流传的《人参王》采录成文，收录进《林县民间故事集成》。（谷向东）

355

子母参

相传在很久以前，石板岩西部三十多里处的车佛谷，层峦叠嶂，林深草密。这里住着一户人家，主人姓赵名生，是一个忠厚老实、身强力壮的砍柴汉。妻子叫钱娟，是一个朴实勤快的农家妇女。夫妻俩互敬互爱，相依为命，常年靠砍柴纺织糊口度日。尽管他们勤劳节俭，但日子过得还是紧巴巴的。老两口儿一直到花甲之年，才生了一子，起名赵钱。

有一年除夕，下了一场大雪。初一，赵生吃过五更饭后，依旧到山上去砍柴。他走在崎岖的山间小路上，猛然发现前面已有一行脚印。心想：我穷得大年初一都得上山砍柴，难道还有比我更穷的人吗？赵生一直跟随脚印走至深山，来到峭峰矗立的山崖陡壁下，发现一双鞋子摆在崖下石洞旁，他四处望望，不见人影，喊了几声，无人答应。他感到很奇怪，一心想弄个究竟，于是就在洞旁一面砍柴，一面留心谁来取鞋。日过正午，柴砍了两捆，但仍不见来人，他索性坐在洞旁石头上休息一下。忽听到有人问："赵生！你在此做甚？"赵生一惊，见一长者站在面前，头发皆白，须如银丝，面色红润，身材不凡。赵生感到惶恐，老实巴交地给长者说了家里生活困难，无奈大年初一还得进山砍柴。长者深表同情，对赵生说："我看你是一个勤劳善良之人，我点给你一个地方，那里长着一片人参，你实在过不下去时，可到那里去挖些，不过，这事只能你知道。"赵生转身向长者拜谢，但长者却不知去向。再看洞前的鞋子也无影无踪了。赵生将信将疑，挑起柴，回到家中，依旧过着清苦的日子。

第二年，天下大旱。赵生一天打的柴换不了半升米，偏偏妻子因过度劳累，一病数十日不能起床。他忽然想起那天发生的事情，于是，就来到老人所指点的地方。只见约有半亩来地的山坡上，长满了大大小小的人参，其中有一株最大的，叶蔓遮盖了大片的山坡，散发着醉人的甜香气味。赵生心想：这大概就是人们常说的"子母参"了。他细心地挖了几棵子参，很满足地到集市上卖了，换回了点粮食和几服草药，治好了妻子的病，勉强熬过了灾荒。

赵生临死前，心想：我一生勤劳度日，未曾有半点懒惰，没有违背老人的嘱咐，也从来没有向别人讲过，可是总得对儿子有个交代才是。于是他把赵钱叫到跟前，说了早年遇仙人指点之事，并讲清地点和老仙人的嘱托，言毕命终，寿在百岁。

赵钱自幼娇生惯养，好逸恶劳。听了父亲的交代，心里美滋滋的，得意地想：靠着这片子母参，保管我有享不完的荣华富贵。他草草安葬老父后，急不可耐地来寻找父亲所说的地点。反复寻找，却只见荆棘丛生，野草遍地。

采录者： 郭紫明，男，40 岁，林县石板岩乡郭家庄村人，大专，干部
采录时间：1985 年
采录地点：林县石板岩乡
选自：   《林县民间故事集成》

附记

我是土生土长石板岩人，石板岩民间故事较多，我在记事的时候，在家里、在村里饭市上，就听到了不少，我就把听到的故事都写了下来，有十多个。我参加工作后，更有机会了解这些故事传说的来龙去脉。在下乡期间，我利用吃派饭和劳动时，了解故事情节，弥补了一些遗漏的故事情节。

20 世纪 80 年代初，我步行往返 50 多里山路，专程去采访了车佛沟村宽沟自然村的刘其林。他知道的民间故事多，还领我找到车佛沟南坡自然村申周明、东庄自然村李明珠，听他俩讲述故事，并领我登山 5 里多考察松树林子里的"参王圪道"等故事发生地。"参王圪道"有个参王坑，传说是和尚挖人参仙子的地方。根据他们的讲述，我整理了《子母参》等故事。（郭紫明）

356

人参娃娃

在五龙镇丰峪村三道庄村东侧路南的高台上，向南沟走到拐弯处，向上再走几百步左右的小路，上面有一块地，在地的里边，有一块石头门，就是人们传说的"人参门"，石门里有"人参洞"。人们可从人参门进去，从另一处出来。不过后来整修梯田，把这个人参门给毁了，后边的人参洞也给堵塞了。

相传洞中住着"人参娃娃"。据三道庄村的人们传说，很久以前，在山清水秀、风光旖旎的丰峪三道庄村，生长着许多人参。其中有两棵活了上千年，有了灵性，变成了人参娃娃，夜晚经常在山中玩耍。晴朗的月夜，有人还在山上见过他俩的影子，一男一女，白白胖胖的，身高不足三尺，腰里围着醒目的红布兜兜，蹦蹦跳跳，十分可爱，从人参门走进走出。

在三道庄村东北的悬崖峭壁下，有一个古寺院，不知建于何时，现在只剩下断壁残垣。据传古寺中有一位老和尚和两个小和尚，老和尚听说三道庄村东的人参门里有人参娃娃，喜出望外，一心想抓来看看。他白天睡觉，夜晚到村外去守候，一连几个晚上，也没有看到人参娃娃。两

个小和尚白天为他砍柴、做饭、干家务活儿，穿破衣不说，还经常挨打受骂。有一天晚上，老和尚又外出寻找人参娃娃去了，两个小和尚正在寺里捣碓臼干活儿，忽看见门外站着两个戴红兜兜的白胖娃娃，只见这俩娃娃怯生生地说："我们帮你捣米好吗？"两个小和尚正愁干不完活儿挨骂呢，就答应了，他们四个人一会儿就把米捣完了。从此以后，每当老和尚外出的夜晚，俩娃娃就过来帮忙干活儿，然后一块儿玩耍，有说有笑，快活极了。

有天晚上，老和尚回来得较早，从窗户里发现了屋里有人，就轻轻地用手指蘸着唾沫在窗户纸上抿了一下，原来是两个人参娃娃正在和两个小和尚玩耍，他猛地推开门，猫着腰去抓，但两个胖娃娃瞬间就不见了。老和尚狡猾地对两个小和尚说："我给你们俩每人一根带着红线的针，等胖娃娃再来的时候，你们把针别到他们的红兜兜上，然后松开线，到时候，你们就可以经常和人参娃娃在一起玩了。"

两个小和尚信以为真，高兴了大半夜。又到了晚上，两个胖娃娃果然又来了，他们留胖娃娃玩了一会儿，依照老和尚的吩咐，分别为人参娃娃别了针、松了线。

第二天早晨，老和尚早早地起来，顺着弯弯曲曲的红线向前找去，一直找到现在的人参门才找到了人参娃娃，但苦于洞口只有一尺多高，进不去洞里，只好把两个洞口垒上，回去叫两个小和尚前来为他捉拿人参娃娃。

三道庄的人以前就很痛恨这个不行正道的老和尚，但苦于找不到借口，无法整治老和尚。这次听说老和尚要捉拿人参娃娃的时候，气愤极了，他们愤怒地捣毁了这个寺院，赶走了这个老和尚。

"人参娃娃"的故事，就一直在三道庄和丰峪村，远至临淇、泽下境内流传开来。近据三道庄村的栗四姐说，前几年的中秋佳节，他晚上出门到村东去转圈，还亲眼看到两个不足一米高的人参娃娃手拉着手，朝东边的人参门跑去了。

讲述者：　栗四姐，男，67 岁，林州市五龙镇丰峪村三道庄村人，初中，村干部

采录者： 刘富民，男，57 岁，林州市五龙镇琅沃
村人，大学，记者
采录时间： 2014 年
采录地点： 林州市五龙镇丰峪村

五龙镇丰峪村三道庄村"人参洞"（摄影：房海林）

附
记

一般认为豫北不产人参，但汤阴、内黄都流传有人参故事，尤其是林州流传更多，在石板岩、五龙等乡镇还有与人参相关的地名，车佛沟村有一个山坳叫"参王圪道"，当地流传有"人参王"的故事；五龙镇丰峪村三道庄村有一块石头门，就是人们传说的"人参门"，石门里有"人参洞"。"人参娃娃"的故事，就一直在三道庄和丰峪村流传，还流传到附近的临淇、泽下等乡镇。据采录者介绍，他们老家，丰峪村三道庄村海拔 800 米之上，是一个阴凉的地方，他去这个村采访时，遇到退休的村支书栗四妞，栗四妞说，自己年轻的时候还挖到过人参，他们村南沟的村里人也挖到过人参，不过都很小，约有大拇指一般。后来他又领着去看了看所说的人参门，并讲述了人参娃娃的故事。据村上的老人讲，人参门上边还有一块很大石头，后来，修田造岸，把人参门毁掉了，石头后面是人参洞，现在还留有遗迹，不过被当时的人给垒住了。（刘二安）

五龙镇丰峪村三道庄村"人参门"（摄影：刘富民）

357

罕见的娃娃

很早以前，在茂盛的树林里，有一座红砖瓦的寺院，里面住着一班和尚。

一天，一个机灵的和尚发现斋食缺少，心里很不安，决心查个究竟。这天他藏在一边，目不转睛地看着厨房门口，忽然，一个白胖白胖的娃娃走出来，到了庙墙边，娃娃紧走几步，腰稍微一弯，两手轻轻一扬，只听"嗖"的一声，两脚霎时离地，翻墙而过。和尚吸了一口凉气，不知是什么怪人。走出庙外查看，连娃娃的影子也不见。他有点不相信自己的眼睛，使劲揉了几下，慢慢向前寻找，还是找不到娃娃的脚印。小和尚急忙回寺院对老和尚细说一番。老僧听了，不由一惊。可他智多谋广，接着便说："等他下次来时，你在门内等着，主动给他搭话，你用一条长红线拴在他的脚踝上，等他走去再来叫我。"小和尚一一记在心里。这天，小和尚早在厨房等候，娃娃推门进来，看见和尚也不理会，小和尚问道："你是从哪里来的？"娃娃没有回答。接着又问："你是干什么的？"娃娃仍没有回答。娃娃伸手抢了干粮便走，小和尚伸手就拉，一滑手，娃娃飞也似的跑了。

小和尚下决心按计划行事，等了几天，娃娃又照样来，和尚躲在门后，等娃娃进来，迅速将房门关上，娃娃却毫无反应，一点也不在乎，和尚开口问他，娃娃总是闭口不言。和尚料定他是个哑巴，便走到娃娃身边，抚摸着他光滑的身子，满脸笑容，趁机把准备好的一团红线抖开，把线头系在他的脚踝上，很热情地把他送出庙门。娃娃没有发觉，照旧向林中走去。娃娃带着红线一走，和尚急忙放线团。一会儿，这红线头停止不动了，一定是娃娃不走了。他赶忙到庙里报告。老和尚一听，满心欢喜，随即召集众僧一起顺着那条红线查找。红线弯弯曲曲，伸出很远。最后红线尽头埋在地下，老和尚笑着说："他定住在这里了。"令众僧向下刨，刨着刨着，见到一个小洞，娃娃横躺在里面。老和尚睁眼一看，啊，原来是一个人参成了娃娃。吃了他就能长生不老，要是和尚道士吃了可以升天堂，成为仙人。他们便把人参娃娃挖出来弄到寺院。老和尚一边搓着念珠一边说："我们修行多年，并没有如愿以偿，今日得天独厚。可以腾云驾雾，飘游四海，优哉乐哉。"忙吩咐众僧整理锅灶，他去换些药料来，下在锅里使其味道更美。临走时，老和尚嘱咐了一句："你们不等我来，千万不要先吃。"众僧齐口应诺。

寺内众僧忙作一团，把胖胖的娃娃放在锅内，牢牢盖上锅口。众僧轮替烧火，累得满身是汗。一会儿，一股清香的气味飘出。啊，真香啊，香气越来越大。众僧的口水都流出来了，他们借口说尝一尝，把锅揭开，众僧争先恐后，都品尝一遍，最后往锅里一瞧，哎呀！全吃光了。他们怕受到老和尚惩罚，就把煮剩的汤浇在寺院的墙脚下，这时老僧赶到，一看只剩下一点汤，就大发雷霆，怒声斥责："不等我来，为何先吃！"众僧一齐跪在地上不敢出声。这时，在墙外浇汤的几个和尚，浇了一周，脚刚踏入寺院，只觉脚跟不稳，一看寺院摇摇晃晃，拔地要飞，众僧齐声大喊大叫，不知怎样是好，老和尚看势，紧走几步抓起一把铜勺，舀了一勺汤，猛喝几口，便扭头跑到窗口，抓住窗棂，两脚用力一蹬，纵身跳起，飞上天去。这时寺院已经脱离地面向上升起，进入九霄云外，升到天堂。老和尚因没吃到肉，只喝了几口汤，就上天不能，入地无法。后来每遇阴天，就乘云在天空盘旋高飞。现在不知去向，无影无踪。

讲述者： 聂具臣

采录者： 聂延军，男，31 岁，河南清丰县人，大学，
内黄县文联主席

采录时间： 1987 年 11 月 10 日

采录地点： 讲述者家中

选自： 《中国民间故事集成·河南内黄县卷》

讲述者： 聂具臣

采录者： 聂延军，男，31 岁，河南清丰县人，大学，

（四）宝物故事

358

宝船

很久以前，有母子俩，住在一条河边，靠儿子王顺打柴过日子。

有天上午，王顺上山打柴，走到河边，看见桥上有个老头儿一脚踩空，掉进了河里。王顺下去把老人救了出来。老人说："我走不动了，家在山那边，你把我送回去吧。"王顺说声"中"，背着老人送到家里。老人很感激，从枕头底下摸出一个四指长二指宽的小船，放在地上，说了三声"变"，小船越变越大。眼看屋里盛不下了，老人又说声"停"，它就不往大处变了。老人再说声"小"，它又越变越小，变成原来的样子。王顺看这船会大会小，连声说："这是个宝船！这是个宝船！"老人说："你救我一命，我把这船送给你啦。到七月十五，这里要发大水，这船你会用得着的。到时候你啥都可以救，不要救人。切记！"老人说罢，连人带房子都没有了，地上还放着那个小船。王顺知道这是遇上了神仙，便带着小船回家了。

七月十五这天真的发了大水。王顺忙叫小船变大，母子俩坐在船上，顺水漂去。王顺看见一团蚂蚁在水里漂，感到怪可怜，就把它们救上了船；一会儿，又见一条长虫在水里凫，王顺又把它救到船上；又一会儿，看见水里漂个蜜蜂窝，上面有不少蜜蜂，王顺也把蜜蜂救上了船。刚把蜜蜂救上船，就听有人喊救命。王顺一看水里有个人，想起了老人的话：啥都可以救，不要救人。可他又想，见死不救，一场大罪呀，能眼看着叫他淹死吗？想到这儿，就把那人救上船来。

船漂到岸边，蚂蚁、长虫、蜜蜂都向王顺母子俩点点头走了。王顺对被救上船的人说："这位大哥，你也走吧。"那人泪流满面地说："我的家被水冲了，没地方去了，就让我和你们在一起吧！"说着，跪在了王顺母子面前。老太太见他可怜，就把他收下了。这人叫张义，比王顺大，王顺就叫他张大哥。三个人上了岸，王顺把船变小，收了起来。他们在那里搭个庵住了下来，还以打柴为生。

一天，王顺、张义去砍柴，张义对王顺说："兄弟，咱那条船是宝船哪！你把它献给皇上，就会被封为进宝状元。到那时，一来不用再打柴了，二来也让咱娘过几天好日子。你说行不？"王顺说："给咱娘说说，看行不行。"

砍柴回去，王顺把张义的想法对他娘一说，老太太同意了。王顺把小船拿出来，对张义说："张大哥，我在家里伺候咱娘，你去献宝吧。得官以后，快些回来，免得我和咱娘挂念。"

张义去了几个月，不见回来。王顺他娘不放心，就叫王顺去找。

王顺来到京城，找到进宝状元府，见了张义。张义表面上花言巧语，对王顺很亲热，暗中却下了毒手。他派人把王顺打死，扔到城外芦苇棵里。

不知过了多少时候，王顺慢慢又活了。他站起来四下一看，见旁边有一条长虫，嘴着一棵灵芝草。长虫把灵芝草放下，对王顺说："恩人，你救过我的命，我要报答你的大恩哪！你拿着这棵灵芝草到京城里，去给皇姑治病吧。治好了皇姑的病，她会帮你申冤的。"说完走了。

王顺进到城里，就看见了皇榜，上边写着：谁能治好皇姑的病，年龄相当，就把皇姑许配给谁。王顺揭了皇榜，进宫把皇姑的病就治好了。皇上就准备让王顺跟皇姑成亲。张义听说了，又嫉恨又害怕，赶忙求见皇上说："万岁，皇姑本是金枝玉叶，怎能配这个穷百姓呢？"皇上说:"是呀,我也这么想。可君无戏言,说过的话怎能不算数呢?"张义说:"臣有一计,把他关进一间屋子里,让人把一斗黑芝麻和一斗白芝麻掺到一起,限他三天之内把黑白芝麻分开。若能分开,说明他有能耐,让他跟皇姑成亲;若分不开,就说皇姑嫌他没能耐,死活不愿,这就把他赶出宫去,暗暗除掉,啥事都没有了。"皇帝听了,点点头说:"此计甚妙,就这么办。"

王顺坐在一间黑屋子里,看着地上的一堆黑白芝麻唉声叹气,怨起皇上来:常言说,君无戏言。你这个皇上咋说话不算数哩?你不愿让皇姑嫁给我这个平头百姓也罢,何必出这难题刁难我呢?莫说限我三天,三十天我把这一大堆芝麻也分不开呀!他正纳闷哩,爬过来一个蚂蚁说:"恩人,不要发愁。你救过我的命,我要报你的大恩哪!等着吧,我叫些蚂蚁帮你来分!"一会儿,来了一大群蚂蚁,半天工夫,就把黑白芝麻分开了。王顺很感激这群有情有义的蚂蚁,对着它们作了个揖,把它们送走了。

张义一计不成,又给皇上献了一计:让人用五十四顶花轿,抬着皇姑和五十三个宫女,叫王顺来挑。若挑着皇姑坐的轿,说明这是天意,就让他和皇姑成亲;若挑错了,说明老天不成全,把他赶出京城除掉他。皇上又点点头答应了。王顺一听叫他从五十四顶花轿里挑皇姑,挑着了才能成亲,知道又是出难题刁难他,气得在心里直骂。这时候忽听有个声音在耳边叫他,扭头一看,是只蜜蜂。蜜蜂说:"恩人,不要生气。你救过我的命,我要报你的大恩哪!让你挑皇姑坐的轿时,你看哪个花轿顶上有蜜蜂飞,就挑哪个。"说完飞走了。

第二天,从后宫里抬出五十四顶花轿,在皇宫大院转,让王顺挑皇姑坐的那顶轿。花轿一模一样,王顺看看这个,瞧瞧那个,看来瞧去,见一顶花轿上边有蜜蜂転圈子飞,用手一指说:"这个轿里坐的就是皇姑!"皇帝见王顺挑出了皇姑坐的轿,心想:看来老天有意成全他们,不能再故意刁难了。就答应让他们择定吉日成亲。张义也不敢再多嘴了。

王顺和皇姑成亲以后,他把张义忘恩负义的事从头到尾对皇姑说了一遍,还骂张义连长虫、蚂蚁、蜜蜂这些小小的畜生也不如。皇姑听了很气愤,就向皇上告发了张义。

皇帝这时才明白了张义为啥两次设计想害死王顺,于是大怒,立即传旨把张义推出午门斩首。

事后,王顺把老娘也接到京城享福去了。

讲述者:	李云峰,男,65 岁,滑县老爷庙乡第六营村人,私塾,农民
采录者:	李书生,男,18 岁,滑县老爷庙乡第六营村人,初中,农民
采录时间:	1987 年 5 月 20 日
采录地点:	讲述者家中
选自:	《中国民间故事集成·河南滑县卷》

359

王小的故事

王小并不小，他是一个十六七岁的小伙子，长得虎背熊腰，浑身上下有用不完的劲儿。

王小没有父亲，只有一个年过花甲的老母亲。王小上山砍柴，老母在家纺花，母子二人，相依为命，日子过得紧巴巴。

这一天傍晚，王小正在院中劈柴，从门外进来一个白发苍苍的老大娘。她吃力地来到王小跟前，颤声说："孩子啊，可怜可怜我这老婆子吧。我已经一天米水没沾牙，好不容易来你家，给点吃的就回家。"

王小说："大娘你快到屋去，屋里暖和好说话，要说吃的也不多，你就把我的吃了吧。你千万别吃我娘的，可不能饿坏她老人家。"

老大娘点了点头说："孝顺的孩子，你放心吧。我决不会吃你娘的饭。愿老天爷保佑你，降福于你们家。"说罢，老大娘就进了屋。她来到锅前，掀开锅盖，三搅两搅，一锅米汤，就变成了一锅稠洞洞的米饭。母亲看到这些，知道是哪位神下凡啦。也不敢追问，就喊儿子道："王小，你快来吧！来喝米饭吧！"

王小说："娘！你不是烧米汤吗？怎么又做米饭啦？今天把那点米吃完了，明天咱吃啥？"

母亲说："傻孩子，你别说傻话，难道当娘的，还不如你会当家？"

王小听母亲这么一说，就扔下斧头，来到屋中。他揭开锅一看，真是一锅稠米饭。他连忙掀开米缸，里面的米还是那些。他看了看母亲，又看了看老大娘，顿时明白了几分。于是，他连忙盛了一碗，端给老大娘，又盛了一碗，端给了老母亲，再盛一碗，就着咸菜自己吃。

吃罢晚饭，白发老大娘执意要走。王小上前一步，跪着哀求道："老大娘，你别走。你一走，俺就喝不上稠米饭啦。"

白发老大娘说："好孩子，快起来，我走以后，你们还能吃上稠米饭，只是有一件，每天砍柴回来，你得去石山奶奶庙上看一看。如果庙中的石狮子红了头，就会有大灾大难临头。不过，你不要怕。大难不死，必有后福，老天爷会保佑你的。我给你一条纸船，你把它供奉起来，它会帮助你的。"说完，白发老大娘不见了。

从那以后，王小每天砍柴回来，甭管多累，他也要到奶奶庙上叩个头儿，看看那石狮子红了头没有。

日月如梭，光阴似箭。一转眼工夫，三个月过去了。王小每天往奶奶庙跑，引起了两个人的注意。这两个人不是别人，正是村里两只虎——歪嘴儿桃和烂眼梨。他们在村里狼狈为奸，干了不少坏事，村民们都恨他们。他们见王小总往奶奶庙跑，就想问个明白。

这一天，王小打柴回来，顾不得擦把汗，又往奶奶庙跑。二虎见王小跑来，就截住他问："王小，你每天到这里来，想干什么？"

王小说："我什么也不想干，是想来这儿看看。希望你们高抬贵手，让我回去吧！我家里还有老娘，她老人家正等着我回去吃饭呢！"

二虎抓住王小的俩胳膊，死活不放。他们说："今天你不说出个青红皂白来，饿死那老狗，你小子也别想回去。"

王小知道不说是不行了，就说："我是来看看，奶奶庙里的石狮子红了头没有。"

二虎紧追不放，连声问道："红了怎讲？不红怎么说？"

王小道："红了就有大灾大难，不红就是平安无事。"

"有什么大灾大难？快快讲来！"

"这，这我确实不知道。就是打死我，我也说不出来。"

二虎见再问下去，也没有什么意思，就放了王小。

王小走后，二虎商量道："咱何不买点红颜色，把狮子头抹红，看王小是什么举动。"

第二天，王小又去奶奶庙，没走到跟前，就看见一片红。他二话没说，赶忙往家里跑。

跑进院里，王小喘着粗气喊："娘！娘！快点快点，石狮子红头了。"

母亲来到院中，大水已经滚滚而到。娘俩连忙拿出纸船，放在水中。说来奇怪，那纸船一见水，就变成了一只木船。母子俩回屋里收拾了一下，就上了船。他们看一眼那滚滚的洪水，慢慢地闭上了眼睛，任洪水漂泊。

一个浪头，险些将小船打翻，王小睁开眼睛，见有几个白团在船边翻滚，就伸手捞了上来。又过了一会儿，他看到一个少年在水中出没，就也把他打捞上船。

漂来漂去，小船儿漂到一个山脚下停了下来。于是他们就下了船，砍来树木野草，盖起了茅草房，在这里住了下来。

那被救的少年叫孙狗，与王小是同乡。家人被洪水淹死了，就认了王小母亲为干娘，称王小为哥哥。

这一天，他们俩上山砍柴。忽然间狂风大作，直刮得天昏地暗。等狂风刮过来，王小看到一个怪物，一出手，将斧子投了过去。只听得"唉哟"一声，地上便留下点点血迹。

过了几天，北京城里贴出告示，说是某月某日，皇姑被一个风怪刮去。谁能救出皇姑，高官拣做，拜堂成亲。王小一想，正是那日子。心中一高兴，就拉孙狗上了山。

他们顺着血迹，慢慢地寻找着。找啊找啊，终于，血迹不见了。两个人看了一阵，才找到一个像老鼠洞一样的窟窿。王小用力一跺脚，那窟窿就增大了；又一跺，那窟窿又增大。跺了七八十来脚，那窟窿像井口那么大啦。王

小说："孙狗，你下去看看吧，如果能救出皇姑，这好处就算你的啦。"孙狗说："我害怕，我不敢下去。要下，你就下。如能救出皇姑，那便宜就算你的。小弟能讨点好就行了。"

王小说："好！那我就下去。"说罢，他把绳子系在腰间，叫孙狗把他放下去。他对孙狗说："狗弟儿，等我在下边晃绳子，你就往上拔。"

下了洞，王小看到一座院落。那院落是坐北朝南，一对旗杆，石狮守门，好不威严。王小没有心思细看，手持斧头，闯了进去。门口有人阻拦，被王小一斧下去劈成两半儿。进得院来，王小见一个女子在洗衣服，泪流满面。于是，他走到跟前，小声说："你就是皇姑吧？来，我救你逃出去！"

皇姑说："不！妖怪不除，就是出去了，还得被他刮回来。"

"那怎么办呢？"

"怎么办？也好办。就看你有胆没有胆，如果你有胆就杀了这黄风怪。这样，你不仅救了我，也为民除了害。"

王小说："好，这我就去杀了他。"

皇姑拦住说："冒冒失失，必然遭他暗算。你知道他是什么？他是一个九头怪。要想杀害他，必须从他心脏下刀子。否则，你就是把他的九个头都砍完。他也会长出新的来。"

王小说："我明白了，我一定要把这妖怪杀死。"说罢，王小又要闯入。

皇姑说："且慢！叫我先进去，看他睡着了没有。等他睡了，你才能动手。"隔了一会儿，皇姑出来说："你去吧，他睡了。"

王小闯了进去，举起斧头，用力砍了下去，那九头怪惨叫了一声，就死去了。

王小杀了九头怪，拉着皇姑向洞口走去。到了洞口，皇姑将一只玉镯递给王小说："这只玉镯，就是定亲之物，你可好生保存。"王小接了过来，揣入怀中。他用绳子系上皇姑，晃晃绳子，对上面喊道："孙狗，快把皇姑拉上去。"

孙狗正在洞外打盹儿，听得喊他，忙拔了起来。提

得上来，见是皇姑，就起了坏心。他把绳子扔进井里说："哥哥，你在洞里当神仙吧，我和皇姑要进京！"皇姑本想搭救王小，但又怕孙狗对他下毒手。万般无奈，只得随他进京。

王小听了孙狗的话，便破口大骂："你这小子，忘恩负义，叫你不得好死。"

王小知道，自己早晚得死于这洞中，索性游玩起来。他来到这里看看，那里瞧瞧。在一个房间里，王小看到一条白蛇，被根钉子扎着，心里实在不忍。他伸出手去，把那钉子拔去。白蛇摆摆尾巴，化作一股白烟，飘然而去。

这条白蛇，不是一般的蛇，而是东海龙王爷的干闺女——小白龙。小白龙飞出洞口，一想，不对，我被人救了，怎能不救人家。于是，她又返回洞中，对王小说："你是何人？为何坠入这个魔洞？"王小见白龙问他，不由声泪俱下……

小白龙说："不要紧，我救你出去。你回家告诉老母一声，我再送你进京。到了京城，皇帝见你拿有玉镯，会让你与皇姑成亲的。"说罢，小白龙说："你抱住我的尾巴，我带你出去。"王小感到两耳生风，不一会儿，就到了家里。

这天中午，王小与孙狗同时进的京城，见了皇帝，皇帝一见女儿归来，龙颜大喜。又见一女招来双婿，又感到莫名其妙。听了女儿的哭诉，皇帝才算明白了。

皇帝是一国之主，怎肯将女儿嫁给穷人。他看了二人一眼说："你们俩都是救命恩人，可我只有一个闺女，只能招得一个驸马，哪有一女二婿之道理。这样吧，今天晚上，我给你们每人三斗芝麻、三斗谷子，芝麻谷子混在一起。到了明天日出，谁能把芝麻谷子分开，我就招谁为驸马。谁要是分不开，那就不客气了。"

王小听了皇帝的话，知道圣上想赖婚。到了晚上，王小也不去拣那芝麻、谷子，倒头便睡，反正娶皇姑是没指望了。

一觉醒来，天已大亮。王小看一眼那堆混合物，不由吃了一惊。原来，芝麻和谷子已经分开。王小仔细一看，才看清是蚂蚁干的。原来，他从船上捞起的那几个白团，就是蚂蚁籽。蚂蚁籽变成了蚂蚁，帮了他的大忙。

王小弯下腰，望着那疲倦的蚂蚁，感动得流出了眼泪。他想：孙狗连这个小生灵都不如。蚂蚁还知道感恩报德呢！

王小招了驸马，在朝为官；而孙狗呢，叫皇帝问了斩刑。以后的以后，王小将母亲接进了京城，一家人过上了幸福的生活。

讲述者：　尹秀荣，内黄县人
采录者：　陈国希，男，37岁，内黄县田氏乡杨庄村人，高中，农民
采录时间：1990年3月21日
采录地点：内黄县田氏乡杨庄村
选自：　　《中国民间故事集成·河南内黄县卷》

360

天理良心

有个青年叫良心，这天，他在河里打鱼，天下着雨，快要黑天了，连一条小鱼也没有打着，浑身淋得像个落汤鸡。他垂头丧气地背起渔网正想回家，忽然听到湖水里"哗啦"一声。"是鱼！"良心把网一张撒了过去，拉上网来一看，真是一条几十斤重的大鱼。良心高兴了，就背着大鱼回了家。

刚一进门就喊起来："娘，快烧锅，熬鱼吃！"

良心的娘已经饿了一天，慌忙接过鱼篓一看，大吃一惊："天老爷呐，这哪里是吃的鱼，是天鲤神鱼啊！吃了会遭天打五雷轰的。"

良心一听娘说是天鲤神鱼，也害怕起来。又过了一会儿，就背着天鲤神鱼上镇上去了，想用鱼换点米面来。良心来到镇上的菜市里，把鱼往摊上刚一摆，就围了很多很多买鱼的，这个要买，那个也要买。正要卖给一个人，一个老渔翁说："这是天鲤神鱼，吃了会有罪的。"老渔翁这么一说不要紧，买鱼的人"哗啦"走得一干二净，谁也不敢买了。良心只好饿着肚子，背起天鲤鱼走回家里。

良心的娘一见神鱼没卖，就慢慢地将鱼接过来，放进了一个大水缸里。

过了一会儿，良心饿得难受极了，不问三七二十一，摸起把菜刀就在缸沿上磨了起来。

天鲤神鱼见良心在水缸上磨刀，就说话了："良心哥，您磨刀干吗？"

"杀你吃！"良心说。

"求求您，好心的良心哥，甭杀我了，您要啥我给你啥。"天鲤鱼求饶起来。

良心一听说要啥给啥，就说："好吧，你每天能给俺送一吊钱来，够俺娘俩吃饭穿衣的，就不杀你。"良心说完，只见天鲤神鱼在水缸里一打挺，缸里窜出一吊钱来。打那，良心就不再下湖打鱼了，靠天鲤送钱吃饭穿衣。

一年过去了，良心又想，天鲤鱼的钱只够维持生活的，还没有积存呀。

这天，良心又拿着菜刀，在缸沿上"咻咻"地磨起来，天鲤神鱼又问："良心哥，您又磨刀干吗？"

"杀你吃！"良心说。

天鲤神鱼又求饶了："好心良心哥，您甭杀我了，您要啥俺给啥。"

良心说："只要你每天给送两只元宝来，就不杀你。"说完，只见天鲤鱼一打挺，水缸里窜出了两只明晃晃的元宝来。打那，天鲤鱼每天都给良心送两只元宝。

春去秋来，整整三年，良心盖得楼房瓦舍一片明，成了方圆几百里的富裕门户。

这天，良心骑马来到一个小镇上，见一群人围在街旁看京里发来的皇榜，上面写着：皇上的女儿腹疼不止，只有吃了天鲤神鱼才能治好。谁要是把天鲤神鱼献上，就招谁为驸马。

良心看完皇榜，高兴地勒马回家。俗话说："家有财产万贯，不如进京做官。"机会已到，这驸马可不能给别人争跑喽。良心想着想着来到了家里，派人套上大车，水缸里又添了水，连鱼带缸拉着进京，上贡天鲤鱼去。

到了金銮殿前，御史禀报皇上："有人进贡天鲤鱼来了。"皇上大喜，马上派了大臣去接贡品。大臣们把水缸抬到皇上面前过目。谁知一掀缸盖，水缸空空的，既没鱼，也没水了。

原来，在大臣们接水缸的时候，天鲤鱼带着水就往东海去了。

皇上一看空缸，大发雷霆："这个小畜生，竟敢欺君，快快拉出去斩了！"良心当即被斩首在午门。

天鲤神鱼走了，良心被杀了，这是忘恩负义的结果。打那就留下了"不讲天理，没有良心"的说法。

讲述者： 王德贵，男，69 岁，安阳市郊区马家垒村人，私塾两年，农民
采录者： 王家俊，男，42 岁，安阳市郊区马家垒村人，大学，公务员
采录时间： 1996 年
采录地点： 安阳市郊区马家垒村

361

王二小要饭

从前有一户姓王的人家，父母早亡，兄弟两个，哥哥娶了媳妇，成了家。老二年纪也不小了，该到成家的时候了。哥嫂两口子夜里躺在被窝里商量，嫂说："老二该成家了，咱还得花钱给他娶媳妇，还得分产业，这样一折腾，家里不就穷了。还不如这会儿把他分出去咧。"哥不敢打嫂子的别，就同意了。

第二天，兄嫂把二小叫到跟前说："现在你长大了，咱们把家分开吧，省得俺孩子多，拖累你。"二小为人忠厚老实，但不憨不傻，听了哥嫂的话，心里明白是要往外撵他，虽说有些生气，也没说啥，点头同意了。哥哥又按妻子的意思说："二小，你还小，种地太吃力，种不好不打粮食，还赔种儿呢，就甭要了，不种地，要牲口也没啥用，净累赘，干脆也甭要了，你一个人住到场里那间屋子里，又自在又没人打扰，多舒展啊。"二小听了，啥也没说，抱起铺盖卷到场屋里去了。没有床，抱了些柴草铺成地铺。没有锅碗，就出去要饭。近地方要遍了，就到远地方去要。有一天，天黑了，回不来了，王二小就到一座破庙里过夜。他正迷迷糊糊地睡着，忽地听见有人说话，他

赶紧躲到了神像后边。好像进来了几个人。一个说:"今儿个咱在哪儿喝酒咧?"另一个说:"就在这儿吧。"说着几个人就走进了庙里。模模糊糊看见一个上年纪的、几个年轻的。上年纪的说:"天是黑呀,点上蜡吧。"说着,把一根手指点上,拔下来插到了供桌上。一个年轻的说:"吃喝啥咧?"老头儿说:"都现成。"说着,从腰里掏出一个小布袋,往供桌上一摔立时四盘菜、一壶酒,齐塌堆摆到了供桌上。几个人吃喝起来。王二小在暗中偷看着,心想,这个小布袋可真神,我要能有了它,就再也不用要饭了。他想好了一个点子,就附身到神像后边,猛地大叫一声:"哒!哪里来的妖怪,竟敢在上神面前胡闹!"那几个人一听神像发了怒,怕惩罚他们,转身出门,一溜烟跑走了。王二小一见,赶紧转到供桌前,去吃那剩下的酒菜,瞅见那神布袋也留在了供桌上。二小高兴极了,吃饱喝足后,把神布袋装在身上,连夜回家去了,他害怕那几个人回头向他要神布袋。

再说王二小的哥哥和嫂嫂,自从赶出二小足有半月,不见二小来向他们要吃的,以为早饿死了,就到场屋里去了。推开门一瞧,屋里啥也没有,二小在乱草堆上躺着。两口子心里说,果真饿死了。可是走近仔细一看,二小身上汗津津的,用手一摸鼻子,出气还怪大咧。老大用手推了推二小,半天二小才醒过来。老大说:"二小,天都后半晌了,还睡,不去弄饭吃?"二小揉了揉眼:"哥,甭慌,我好多天就不去要饭了,吃现成的,想吃啥有啥。"哥嫂哪里信他胡说,嫂嫂撇撇嘴,以为他饿得狠了,说胡话咧。只见二小到屋外边,盘腿坐到了一辆四轮大车厢里,从怀里取出一个小破布袋,往车上一摔,立即就有两盘菜、一壶酒摆在了他的面前。哥嫂一见,全惊呆了。停了一会儿,两口子很亲热地说:"好兄弟,这些天委屈你了,咱们还回家吧,我们都很想你。"又问二小咋弄了这宝贝布袋。二小是个诚实人,就给他们讲了得神布袋的经过。嫂嫂听了笑眯眯拉住二小的手说:"兄弟,走,咱回家去,嫂嫂想死你了,今儿个俺是来请你回家的。"二小想自在,咋说也不回去。哥嫂见骗不了宝物,只好回家了。可是他俩仍不死心。就叫男的换上开了花的袄,拿上一个破碗,拉着一根木头棍子,也装成要饭花子的模样,夜里

到二小说的那座庙里去夺宝。

夜里,果然又有几个人进了庙,进了庙就点上蜡,四处照,一下把老大给拉出来了,给他要神袋子,王老大说没见过啥布袋。几个人一听急了,一个说:"甭问他了,吃了他算了。"另外两个就去拽他。老大吓坏了,赶紧求饶说布袋是他兄弟抢走的,跟自己无关。几个人说:"限你三天时间,回去把宝物给要回来,不然就叫你永远落个长鼻子。"说完,拽住老大的鼻子一拉,那鼻子一下子变得足有几丈长,随后又变得跟大蟒一样粗细。老大没法,只好把鼻子盘到脖子上,背着回家了。

回到家,妻子一见,忙问是咋回事儿。王老大如实向妻子说了一遍事情的经过,妻子也很急,没办法,就请了一位先生来给他治鼻子。先生用手术刀给他割了长鼻子,上了药,谁知道那鼻子马上又长了。先生考虑这事儿有点蹊跷,就问王老大两口:"恁两口儿是不是做了啥亏心的事儿了?"王老大两口儿为了治好鼻子,只好把如何生心借分家为名往外赶二小,又如何骗二小说出得神袋的经过,又去庙里抢宝贝的事一五一十地讲了一遍。先生听了说:"你们两口子也太狠心了,是神灵在惩罚恁啊,我看,只有真心认错,决心改正才能得到宽恕。"老大两口儿,经过开导,确实改变了,到场屋里向二小诚心地认了错,把二小接回家里,待他很好,又着手为他操办婚事。过了一段时间,老大的鼻子才慢慢恢复了原来的样子。

讲述者: 牛德举,男,64岁,安阳市体委退休干部,高小
采录者: 胡德葆,男,48岁,内黄县人,大学,干部
采录时间: 1989年12月15日
采录地点: 安阳市体委家属楼
选自: 《安阳故事卷》

362

小谭香哭瓜

一座叫不出名的山上，满山荆棘丛生，一条小河从西向东流过。相传一百多年前，山上曾有个村庄，村里有位谭员外，早年在朝中做官，后来告老还乡，皇帝赐他百亩田地。从此他便在无名山下建立家宅，和妻子、女儿过着无忧无虑的生活。因为他姓谭，这个村子便叫谭家庄。

有一年冬天，眼看就要过年了，谭员外的妻子却突然病倒，卧床不起，山珍海味她连闻都不闻，附近的名医都被请来为她治病，仍治不好。她的女儿小谭香十多岁了，她看着母亲憔悴的面孔，心如刀剜，她跪在母亲床前，轻声询问母亲想吃什么，母亲的嘴角蠕动了好几下，才艰难地说："小谭香，我不知得了什么病，真想吃点西瓜。"小谭香一听为难了，自己家里虽说家财万贯，可现在冰天雪地，就是拿出一百两纹银，上哪儿去买西瓜？小谭香不愿意让母亲失望，就拿上银子，独自一人外出买西瓜。她见人就问有没有西瓜，别人都笑她："你这小姐，看来一定是有钱人家的女儿，现在正是十冬腊月，哪里还有什么西瓜！等到明年六月六，我挑大个的西瓜给你送去一担。"小谭香被别人误认为是嘴馋的娇娇小姐，委屈的泪水在眼

眶里直打转。傍晚，太阳早已下山了，小谭香只得拖着疲惫的身体回到家，悄悄进入自己的绣楼，换上一身薄纱衣坐到自家的花园里哭了起来。她哭着、哭着，哭到头更天的时候，一颗金黄色的瓜子从天而降，钻到离小谭香一米远的地里。她仍旧哭啊、哭啊！哭到二更天的时候，那粒瓜子竟长出了嫩绿的叶子，扯出了一片瓜秧。北风呼啸，夹杂着飞舞的雪花。三更天，小谭香差点没有冻僵，雪越下越大，她仍是不停地哭啊哭；泪水把地上的雪花化成了一片雪水，小谭香简直成了雪人。四更天的时候，瓜皮已经发黄，小谭香哭得喉咙已经沙哑。五更天，那大西瓜落下来，被一阵风吹到小谭香跟前。

小谭香睁开那双泪汪汪的眼，看见一个大西瓜在自己面前，她什么也顾不得，用冻得通红的小手抱起西瓜，连蹦带跳地回到厨房，切开西瓜给母亲送去。她母亲一共吃了三口，吃头一口胜似蜜水，吃第二口疾病全消，吃第三口便拄着拐杖离开了病床。小谭香把余下的西瓜让村里的老人都吃了，把西瓜籽种到了地里。从此这里便盛产西瓜。据说，小谭香哭出来的西瓜是王母娘娘送给小谭香的。怪不得，那无名山下种的西瓜特别大特别甜。直到今天，那西瓜仍是甜得沁人心脾。

讲述者：　李婷瑛，女，53岁，林县泽下乡石官村人，
　　　　　不识字，农民
采录者：　李香生，男，32岁，林县泽下乡石官村人，
　　　　　高中，文化站干部
采录时间：1986年3月
采录地点：林县泽下乡石官村
选自：　　《林县民间故事集成》

363

张八顶金佛

安阳城西北有个岭，岭上有个村叫张胡顶，可本地人却叫它张八顶。张八顶在那一片是最高的地方，就是下再大的雨也没有淹过。可有一年夏天却从岭西北天空涌来一片云，下了一阵雨，从村西北涌过来一股水把村子淹了，倒了几十座坯座子房水就退了。当地人把这场雨叫作水淹张八顶，与传说中的水漫金山一样。

一百多年前，这里村东有一个寺院，有五六十亩大，寺院内苍松翠柏挺拔，殿宇神堂高大，在方圆百十里内都颇有名声。寺院内香火旺盛，朝山的人也络绎不绝。香火旺了，和尚也就多了，寺内的和尚有四五十个。这些和尚平时做法事，闲时种菜，也过得优哉游哉。

这里有三重大殿，第三重殿内供着释迦牟尼佛，高有三丈，旁边坐着他的弟子数人。奇怪的是，这大佛金顶上还有一个小佛，端端地盘坐在大佛头上的发髻中。人们只以为是塑像时匠人随便塑的，多少年来都没有在意。

这一天，从山下走来了一个南方盗宝的商人。当地人不叫盗宝，而叫斗宝。这斗宝人的名字叫马奔月，家住南洋，听说国内人的文化不深，知道的事不多，就想来浑水摸鱼，发个天大的财来。

马奔月进了寺院，庙里的住持一看他西装革履，感觉到财神来了，立刻迎了上去："善哉善哉，施主从哪里来？"

马奔月直直地说："南洋！"

住持："施主是来烧香还是来神游[1]？"

马奔月："都是。"说过就往大殿内走。住持也就小心翼翼地跟了进去。

这马奔月走过前殿，走过中殿，又来到了大殿。他双手合十，站那里鞠上一躬。当他走到后殿时，抬头观看头顶上的释迦牟尼佛，却对释迦牟尼佛头上的小佛像产生了极大的兴趣。他想，像这样大佛头上塑小佛的情况很少有，在这不起眼的地方有这种情况就奇怪了。也就在他疑虑丛生时，佛像上头落着几只麻雀儿，见来了人，急匆匆地往外飞，翅膀就撞到了小佛上，上面的灰也就被蹭去了一块，露出了下面的金身。马奔月见了眼睛一亮，但又怕老住持看到，就双手合十，躬下身来了。

住持见施主对大佛如此虔诚地膜拜，也在双手合十，叫了声"阿弥陀佛"。这时就见马奔月从怀里掏出一块光洋来，放进了神像前的功德箱内，发出了重重的声响。住持一看施主布施，出手就是一块光洋，不由得瞪大了眼睛。要知道，在当时一块光洋可买两袋洋面哪。所以就身不由己地走过去，敲响了佛前的铜磬，铜磬发出一声悦耳的声响。这是要告诉佛爷，有人上供了，望诸神保佑，也是感谢施主给了寺庙赞助。

马奔月心中有事，转身就往外走，住持对此慷慨的施主也以礼相待，把他送到了寺门外。当马奔月的步子在外面消失，住持赶紧转身回到大殿中，打开功德箱取出了那一块银元，而后又到外边担水浇菜。

马奔月出了寺，心中却还惦念着大殿中的小金佛，就转到寺后，翻墙跳了过去，径直奔到大殿内，从大佛身后攀上，伸手取过了那尊金佛，放入怀中就往外走。可事也有巧，当马奔月到了三重殿院中，老住持又带领着小和尚们挑着空桶走来，因为天快晌午了，他们也要吃斋了。

[1] 神游：随便游。

马奔月看到了和尚们，赶紧伏在地上侧着耳朵听，老和尚不知其故，走过去道："阿弥陀佛，施主在干什么？"

马奔月说："刚才我在外面听到地下有金马驹叫，就追着它的足迹来到了寺内。"说着就往外面跑，但又怕老住持产生怀疑，跑不远就伏地而听。和尚们一听说地下有金马驹，都过来看热闹，马奔月到了寺外他们都跟到寺外，马奔月趴在地上，他们也都随之趴在地上。这一下马奔月可没辙了，只好站起来，双脚并一起站在那里，对他们说："这地下有金马驹在跑，你们想不想分股啊，如果想分股就站在这儿，压住金马驹的尾巴不要让它跑了，我们好把金马驹挖出来。"

和尚们一听说马奔月要给自己分股份，就站在马奔月所站的地方。马奔月腾出空来，说："这金马驹是神驹呀，尾巴有三里长，你们每隔三步远站个人。"和尚听了，就按三步远站一个人。这时，到张八顶村赶会的人看和尚如此站着，就来问究竟，听说只要踩了金马驹的尾巴就可以分钱，都找马奔月要求参股。马奔月急于脱身，只好把所有要求参股的人都按三步远一个个安排了。这样从岭上一直排到岭下。马奔月对最后一个人说："你踩好，不要动，我到村里找张锨，还得用红线绳围住它才能开挖。你可千万不要动啊。"

最后一个人连连点头，虔诚地站在那里。马奔月就奔村里去了，到了村边一看有一个不小的苇荡，一头拱了进去，顺着其中的小路跑了。站在那里踩金马驹尾巴的人一直等马奔月回来，可到了中午仍不见马奔月的踪影，才知道上当了。有几个身强力壮的小伙子自告奋勇下岭去找他，除了见到一望无边的苇荡再也见不到人了，张八顶寺院的金佛就这样被盗了。

讲述者： 方老洋，男，约70岁，安阳县柏庄镇人
采录者： 刘耀青，男，53岁，殷都区小庄村人，中专，农民
采录时间： 2006年3月
采录地点： 柏庄火车站
选自： 《中国民间故事全书·殷都卷》

364

神笔

这个故事发生在春秋战国时代。

有个叫廉广的人，一天到山上采药，没想到天公不帮忙，半道上竟下起了瓢泼大雨，他只得跑到一棵大树底下躲避。风挟带着雨珠"哗哗"地一个劲儿往下倾泻，一直下到半夜雨才停。廉广看看黑灯瞎火的没法再采药，只得整理好行装，垂头丧气地沿山路缓缓而下。

没走多远，眼前有个人影挡住了去路，把他吓了一跳。他定睛一看，发现对方是个隐士模样的人。没等他开口，那人先说话了，问他深更半夜的怎么还在这里。廉广心里虽然有些害怕，但还是把上山采药遇到下雨的事说了。那人笑着说："好，你跟我来。"接着他们在山路边的林子里坐下，又说："药没采到没关系，我会画，只要我把这教给你，你把它画出来，那药就会立刻显现。"廉广也不惊讶，连连点头表示愿意跟着学，但又为难地讲："只怕我学不会。"那人安慰道："其实也不用多学，只要用我给你的笔画，你所需要的东西就会出现。不过你一定要好好保藏，千万不能随意乱画。"接着，他从怀里掏出一支五色笔递给廉广，廉广连忙叩头致谢。待他将头抬起来时，那

人已悄然无踪，四周是一片寂静。

廉广回到家里，拿五彩笔试画了几株药材，果然没多大工夫，那药材便出现在他面前，他顿时高兴得不得了。但他牢记着送笔人的叮嘱，不到关键时刻决不轻易使用。过了些日子，他去县城。姓李的县官非常爱画画，不知怎么的竟知道了廉广那天在山上的奇遇，就设酒席请廉广。

两人边喝边聊，李县官似乎是很随意地问起了廉广的山上之行，廉广却始终不露声色。李县官无奈，只得直截了当地提出了画画的真情，再三恳求廉广作画。廉广拗不过他，只好在墙壁上画了数百个准备进攻作战的鬼兵。这事让李县官手下的一个姓赵的尉官知道了，他也把廉广请了去，苦苦要求廉广给他也画一幅画。廉广没法，只得也画了一群准备战斗的鬼兵。

当天夜里，李县官和赵尉官睡得正香，猛然间被一阵紧似一阵的"隆隆"战鼓声惊醒。他们睁眼一看，嗬，只见墙上两队鬼兵大摆战鼓，摇旗呐喊地正打算好好干一家伙。他们慌忙爬起来，把那些画在墙上的鬼兵给毁掉了。廉广得悉后情知不妙，赶紧打点行装，逃向邺城。

当时邺城的县官晓得这事后竟也来了兴趣，又把廉广请来，再三恳求他给画一下。廉广告诉他，那天夜里他偶然遇上那位神仙，得到画笔，因为在显灵，所以那位神仙再三叮嘱过不能随便乱画。但县官还是执意要廉广画，他说："你画鬼兵要打起来，画一件东西就没法打起来了。"他要廉广给画一条龙，廉广被缠得实在没办法，就勉勉强强地画了一条龙。才停笔，忽然天上刮起了一阵大风，就见一片云雾缠绕升腾，飘然而至。那条龙见了，倏然腾身而起，一下窜入了云雾之中，随风飞去。天空忽然响起了惊雷，紧接着便是电光闪烁，豆大的雨珠"哗哗"地砸向地面，这场暴雨一连下了好几天还不见停，县官忧心如焚，他担心越积越大的水会将城里的房屋全冲毁。他怀疑廉广身上有妖术。滂沱大雨仍没完没了地下，县官气得毫无办法，只得将廉广关押在狱中。

廉广在牢里大喊冤枉，哭声震天，结果让山神给知道了。这天夜里，喊叫了一天的廉广慢慢进入了梦乡。那位山神来到他身旁，说："你如果打算从这里逃出去，就在地上画一只鸟，随后对它大叫一声，它就会带你从这里飞走。"

天蒙蒙亮，早就醒来的廉广从怀里掏出那支五彩笔，悄悄地在地上画了一只鸟，他试探地叫了一声，那鸟果然展开了翅膀，廉广毫不犹豫地坐了上去。大鸟立刻向上升腾起来，扑动着翅膀，向远方飞去。

他们飞呀飞，一直飞到山脚下，在那儿寻见了山神。那位山神对廉广说："我原想送一支神笔给你，可以给你带来好运，谁晓得你把秘密给泄露了，结果反害了自己，你还是把画笔还我算了。"廉广就从怀里掏出那支神笔，还给了山神。山神接过笔，倏忽一下便不见了，廉广从此也不再会画画。那条在县城画的龙以后竟变成了一幅壁画。

讲述者：　　杨贵生，男，安阳市人，安阳市文化局干部

采录者：　　牛化法，男，43岁，安阳县磊口乡目明村人，大专，干部

采录时间：　2005年12月

采录地点：　安阳市市场管理办公室

选自：　　　《安阳县民间故事集》

365

金斧子的故事

李家庄有两个顽童，大的叫大能，小的叫小憨。一天他俩到村外玩耍，玩着玩着走到了一片树林中。他们再往前走时，发现一眼旱井，并看到很多蜜蜂从井下飞上来。别看他俩年纪小，还真有心眼哩。他们认为这么多蜂从井下飞来，下面一定会有蜂蜜。这时大能对小憨说："我比你有力气，我在上面拽着你两条腿，你把头伸到井里看个究竟。"于是大能拽着小憨两条腿，小憨头朝下，伸手向井壁掏蜜。大能在上面有点支持不住时，几个蜂偏偏落在了他鼻子上，蜇了他一下。他不觉伸出另一只手赶蜂，谁知这一伸手，把小憨丢到了井底。大能失手没法，跑回了家里。大能跑回家里后，妈妈问他为什么满头大汗，大能把小憨掉到井里的事一五一十地告诉了妈妈。

妈妈急得告诉大能说："儿呀，这事可大了。你千万不能说你与小憨一块玩了，更不能说掉井里的事。谁要问你，只说不知道。现在你就赶紧躺到被窝里去。"大能照妈说的躺到了被窝。

小憨妈上午等到中午，中午等到天黑，就是不见小憨回来。知道他平时与大能好，又常在一起玩，就到他家打听。大能妈回答："俺大能感冒了，一天根本没出去，一直在炕上躺着。"小憨家一连找了十多天，杳无音讯，小憨妈整天哭呀哭，把眼也哭瞎了。

再说小憨掉下井后，喊大能不应，上又上不来，也是哭呀哭，哭着哭着，往前一看很开阔。就哭着往前继续走，走到尽头看到一黑油大门。于是他用小手拍门，从里门走出一位白胡子老头儿。当老头儿问及小憨为何到此处时，小憨照实说得一清二楚。老头儿听后说："你现在还真没办法上去哩，只有到七月七日那天才能上去。现在只好在我这里干活儿等了，到时候会让你上去找你妈的。"

小憨从此服侍着老头儿，扫地、抹桌、打水，包括给老头儿提便壶等，都很殷勤，很得老人喜欢。日月穿梭，七月初六那天，老头儿领着小憨，打开他的宝库，让他拣一件他称心如意的东西。小憨看来看去，金银元宝他不拿，单看中了一把金斧头。老头儿准允后，拿起金斧告诉小憨说："这把斧不是一般的斧，你要想要什么，拿起斧砍三砍，就说'金斧金斧开开，我来与你要东西来……'"

七月七日那天，小憨手拿金斧，按老头儿交代的那样，骑上一只大公鸡，闭紧了眼睛，飞出旱井。他继续念着暗语和家里住地。大公鸡飞到了李家庄，飞到了他家门口。

小憨到家门口，看到妈妈坐在大石头上，并喊着："小憨，小憨，你在哪儿呀？……"小憨上前扑向妈妈怀里说："妈，我就是小憨。"妈哭诉着说："我哪能看见呀！……"小憨知道妈为了他把眼哭瞎了，对妈说："不要紧，我能让你看到。"搀扶着妈妈回到了家里。

小憨同妈回到家，迫不及待地拿起金斧砍了三砍说："金斧金斧开开，快给我妈献出治眼药来。"小憨把献出的药，赶紧让妈妈一饮而尽，真是药下眼明，妈妈终于看到了孩子。随后家里需要啥，利用金斧都得到了；并为街坊张大伯治好了腿疼，为李奶奶治好了头晕，为好多人行了不少善事。

小憨得金斧的事，很快在全村传开了。同样也传到了大能家。第二年春天，大能妈问："大能，你知道那个地方吗？""知道。"大能很有把握地回答。妈又说："那好，你领着我到那个地方讨个宝，咱在庄上也显显眼。"说着拽着大能往外走。娘俩不一会儿来在旱井旁，妈趁大能不备，将大能推下了井。

大能被妈推下井，幸好没伤着，但哭着埋怨妈妈。他走着走着，同样看到了黑油大门，也同样敲开大门看到了白胡子老头儿。老头儿问明大能掉井的来龙去脉后，同样安排他干活儿等到七月七日才能上去。

大能知道情况后，只好在这里熬日月等七月七。他干活奸猾不踏实，支吾了事。老头儿看在眼里，记在心里。大能总算盼到了七月七。老头儿同样让大能到宝库挑东西。大能一进宝库，看堆满了金银财宝，别提啦，他装呀装，拿呀拿，装不下了还想要。等大能把金银财宝装足拿够后，老头儿同样让大能骑上大公鸡，让大能回到了家里。

大能回到家门口后，看到瞎妈妈在哭着喊他。他赶紧上前把妈扶到家里，告诉妈说："妈别哭别愁，我给你带回来好多金银财宝，会给你治好眼……"说着往外掏呀掏，全掏地上了。不知怎的，一眨眼工夫，金银财宝全变成了砖头瓦块。大能一看躺到地上直打滚，气了个半死，母亲还是眼瞎。

讲述者： 袁保琴，女，61岁，安阳县磊口乡南磊口村人，初中，农民

采录者： 李文林，男，64岁，安阳县磊口乡南磊口村人，大专，退休干部

采录时间： 2006年1月

采录地点： 安阳县磊口乡南磊口村

选自： 《安阳县民间故事集》

366

宝锣

古时候，有母子仨，住着三间砖瓦房、三间茅草房，种着三亩水浇田、三亩荒山地，小日子过得倒也不赖。可是，自从老大娶来个媳妇后，家里就不平和了，这媳妇动不动就跟家里人摔盆砸碗、嚼[1]爹骂娘。

一天，她跟老大说："你家那个老不死的，成天价慢慢腾腾，一天能干多少活儿？还有你那个弟弟，别瞧年龄不大，还真不少吃饭哩。依我看，咱们干脆分开家，各过各的吧。"

老大说："自从爹死后，咱娘又当爹又当娘，好不容易把俺弟兄俩拉扯大，俺咋狠心跟他们分家呀。"

"中，那你就跟他俩去过吧。"老大的媳妇说着就在屋里掂着东西砸开了。

老大惹不起，赶忙用好话央求她："你说咋着就咋着，你说咋着就咋着。"

媳妇说："咱跟他俩这样分，三间瓦房归咱俩，三间茅草房归他俩，三亩水浇地归咱俩，三亩荒山地归

[1] 嚼：骂人。

他俩。"

老大知道别不过，只好说："你说咋分咱咋分，你说咋分咱咋分。"

分家后，老二天天就到那三亩荒山地里干活儿。下地时，他总是挎着粪箩头，把粪拾到地里头。

头年，老二种了一亩粮食一亩菜一亩棉花，正赶上了风调雨顺，棉花收了整一担，粮食收了百十斗，菜收得吃不完。

第二年，老二把地里都种上了西瓜。他每天又锄草来又松土，挑水抗旱浇瓜园，西瓜长得圆溜溜。眼看又是丰收年，看着那西瓜滚了一地，老二更下功夫了，搬来土块压瓜藤，拿来铲刀铲枝杈。他忙活得离不开瓜地了，就叫母亲往地里给他送饭吃。

西瓜地里，长着一根很粗很粗的瓜藤，有胳膊那么粗，又肥又壮，结了个大西瓜，有半间房那么大。

这一天，大西瓜熟了，搬不动，老二就拿把刀儿，在那个大西瓜上割了个门，心说一块一块往家拉，用手一推，"噗"，那扇西瓜门开了。老二往里一看，感到更奇怪：恁大个西瓜，里边没有瓜瓤，空空的，活活像是个小屋子。老二一哈腰，就钻进去了，觉得身上又凉爽又舒服。他往四里一看，光溜溜的，心想：住这儿可比草棚强。他禁不住喊了起来："大西瓜，真不赖，切个口儿住进来，又挡风，又凉快，心里觉得真舒坦。"说罢，就在西瓜屋里睡下来。

第二天，老娘给他送去早饭，一进西瓜地，就见满地都是野兽蹄子印，喊了几声，也不见儿子应，就知道出了事。她把饭篮子一扔，就"儿呀，儿呀"地哭开了。

原来，老二躺在西瓜屋里，一觉睡到了半夜里，他听到外边西瓜地里"扑喳，扑喳"的有响声，往外一瞧，月亮地里有一大群狼、老虎、豹子、猴子，还有兔子，把他那三亩西瓜全都给糟蹋得不成样子啦。老二也不敢出去，心疼得直掉泪。

这时，有一只猴子走进了西瓜屋，站在那儿大声喊："都来瞧，这个西瓜多么大，咱们把它抬回去，当房子住吧！"野兽们都走了过来，七手八脚把这个西瓜屋子抬走了。

野兽们把西瓜屋子抬进了深山，放在一座山神院子里。一只老虎对猴子说："你去老窝把咱那面宝锣提过来，咱们先喝酒吧。"

猴子"叽溜咣当"跑了，不一会儿，就掂来了一面锣。

老虎说："敲吧，要酒要肉。"那猴子"锵"地一敲锣说："宝锣宝锣真灵验，给咱美酒一大坛。"话一落音儿，果然就来了一大坛美酒。那只猴子又"锵"地一敲锣说："宝锣宝锣真灵验，给咱大肉一大盘。"话落音儿果然就来了一大盘肉。它跟那宝锣要啥就来啥，不一会儿，就要了好多好吃的。

野兽们一放锣就吃喝起来，高高兴兴闹腾了一夜，天明时，一个个醉醺醺地睡在了地上。老二从西瓜屋里走出来，拿起那面宝锣，赶紧就跑了。

回到家娘也高兴了，老二把宝锣一敲，说："宝锣宝锣真灵验，给咱肉面两大碗。"话一落音儿，果然来了两大碗热腾腾的肉卤子面条，他给娘端到面前一碗，自己吃了一碗，母子俩吃得好香甜好香甜。

后来，老二跟宝锣要了一头牛、一张犁，还是那么勤勤恳恳地种地，母子俩过日子很幸福。

这事儿，不知咋叫老大媳妇知道了，她就叫老大去借宝锣，老大不敢不听她的话，就去借来了老二的宝锣，回到屋里问媳妇："你要啥？"媳妇上前跟老大夺过来宝锣就敲，"锵锵"，"银子来！""扑通"便掉进屋里一块银子。她又一敲锣，"锵锵"，"金子来！""扑通"又掉进屋里一块金子。媳妇一见金子和银子，俩眼就红了，狠敲着宝锣要开了"锵锵锵……"，"金子来，银子来，金子来，银子来……"，"锵锵锵……咣当"，用劲狠了，把宝锣上敲了个大窟窿。霎时间，"扑通"从那宝锣破窟窿里狠往外落开石头了，石头块块堆成了一座小山，把老大和媳妇都压死在这座山下。

讲述者：　王三虎，男，42岁，安阳县铜冶镇南西炉村人，高小，农民

采录者：　王玉海，男，36岁，安阳县铜冶镇人，教师

采录时间： 1989 年

采录地点： 讲述者家中

选自： 《狐狸坟传奇》

367

宝葫芦的故事

古时候太行山脚下，住有一户人家，主人是一对哑巴老夫妇。

有一天，一只小鸟飞到他们院子里，"叽叽喳喳"叫个不停。老两口儿出来一看，小鸟冲他们飞来，丢下一粒种子飞走了。

老两口儿拾起种子看了又看，但不知是什么种子。

春暖花开的时候，老汉把那种子种到了院子里。不久，种子发芽了，抽枝了，展叶了，一个劲地往长里长。老汉没办法，只好用木棍搭了一个架子。很快，开花了，结果了，但从始至终，架上的枝蔓长得枝繁叶茂的，却只结了一个果实，就像八仙中吕洞宾手中的那个宝葫芦。

有一天，家里来了一个小伙子，见了那个葫芦爱不释手，总也不想走。

"把这个葫芦卖给我吧！"小伙子说。

老汉心想一个葫芦不值什么钱，小伙子喜欢拿走得了，给什么钱啊。于是老汉便摇了摇头，并伸出一只手摆了摆。

"五百铜钱？"小伙子以为是老汉要的价钱。

老汉又摇了摇头，还是一个劲地摆手。

"一千铜钱？"小伙子以为是老汉还想要高的价钱。

老汉依然摇了摇头，还是一个劲地摆手。

这时，屋子里的老婆也出来了，一个劲地冲老汉摇头、摆手，意思别跟小伙子说了，让他拿走得了。老汉只好停止摇头摆手，摊开手站在了那里。

"好，我就给你们一千铜钱。"小伙子将铜钱放到老汉手里，拿着葫芦匆匆忙忙走了。

小伙子拿着葫芦回到家，越看越后悔，他想：一个破葫芦不当吃，不当喝，自己干什么非要用一千铜钱去买啊？傻啊。

正当小伙子后悔的时候，一只小鸟飞来，落地变成了一个美丽的大姑娘，大大方方走到小伙子面前，轻声细语地给小伙子说："快快跟我来，葫芦会给你带来幸福的。"

小伙子一脸纳闷，迷迷糊糊拿着那葫芦跟随姑娘来到山前面，只见姑娘伸手将葫芦抛在空中，然后口中念念有词："金色的葫芦来，山门快打开！"

只听得"轰隆"一声，太行山忽然裂开了一条缝，一条宽阔的山谷展现在他面前：山谷里漫山遍野都是金银珠宝珍珠玛瑙，十八匹金马驹驾驶着十八辆轿车就在旁边。

小伙子高兴得直叫喊，跑进山谷里，一个劲地往轿车里装宝贝，十八辆轿车都装满了，他赶起金马驹往外走。

这时，就见山谷门渐渐地开始合拢了，小伙子使劲拉着轿车，等他的身子刚刚出了山谷，山门就合拢了。

原来，那葫芦是件宝贝，是开山门的钥匙。

小伙子赶着装满金银财宝的轿车刚刚回到家，就见到拿着一千铜钱来还钱的哑巴老两口儿。老两口儿将铜钱塞给小伙子，摇了摇头，伸出一只手摆了摆，然后扭头就走。

这时，小伙子恍然大悟，原来是老两口儿见自己喜爱宝葫芦，不要一分钱白送自己啊。再想：宝葫芦本来是两个老人的，这些金银财宝本来应该是属于老人家，自己应该去送给老两口儿。于是，小伙子赶着轿车，将金银财宝全部拉到了老两口儿家。

老两口儿看见小伙子赶着轿车送来金银财宝，还是摇头、摆手。这回小伙子知道了，这是老两口儿不肯收下这些财宝啊。

讲述者： 温尽云，女，81岁，内黄县六村乡刘邢固村人，中学，农民

采录者： 刘会丰，男，汉族，49岁，内黄县六村乡刘邢固村人，大学，干部

采录时间： 2013年12月12日

采录地点： 内黄县六村乡刘邢固村

附记

故事讲述者是我母亲，她原来是个小学教师，识文断字，会讲许多民间故事，讲起来滔滔不绝。那年冬天，我回老家看望母亲，见院子里的葫芦瓜秧已经干枯，还乱七八糟耷拉在树上面，就拿起镰刀进行拆除，并且从树的高处拽下来一个大葫芦。那个葫芦个比较大，形状也好看，我随口就说了一声："这是个宝葫芦啊！"母亲在一旁看到，拿起那个葫芦笑笑说："就是！就是！这宝葫芦可还是有个故事呢。"我和孩子们好奇地问："啥故事啊？给俺讲讲听吧。"于是，母亲讲了这个故事。

故事采录地刘邢固村历史悠久，文化氛围浓厚。其村东南一里地有全国最古老、最大的古枣园，正南十里地是闻名全国的祭祖圣地二帝陵。该村古时还是通往南北二京的重要水运码头。该村除民间故事流传外，还是北路坠子发源地。北路坠子是国家级非遗河南坠子三大组成部分之一，1885年由该村的民间艺人刘燕江结合三弦书、道情等创立。北路坠子发展成闻名中外的大曲种，该村周围二十公里内先后出现乔清秀、李延成、王巧珍、张全有、焦军芳、王四群等百余名享誉全国的北路坠子名家，出现两千多位坠子艺人。（刘会丰）

《宝葫芦的故事》采录地内黄县六村乡刘邢固村（摄影：刘会丰）

368

小三儿分家

古代，林县的一个村庄里有一户王姓人家，家境还算殷实，虽不算大富大贵，但也够上小康水平，有几十亩地，四合头院[1]，老两口儿和三个儿子，老大老二都已经娶了媳妇，唯有小三儿还小，不能自立生活。可是老两口儿相继在两年内因病去世，丢下弟兄三人在一块过活。

两个哥哥都已娶了媳妇成了家，待小弟弟也很好。小三儿虽然年纪小，还干不了重活儿，但却很效劳[2]，不论家务活儿还是地里活儿，只要力所能及，就不怕脏和累，而且早早就学会了赶车的把式。家里有一头牛和一挂牛车，他经常赶着牛车去干活儿，因此，就与老牛交成了好朋友。

两个嫂嫂起初对待这个小叔子还算周到，但天长日久，又都有了小孩后，家务多了，就开始嫌弃起小叔子，多次窜捏[3]丈夫与小三儿分家。开始，两个哥哥还说小三儿还小，等给他娶了媳妇再分吧。可是顶不住老婆的反复唠叨，

[1] 四合头院：林州方言，就是四合院。
[2] 效劳：林州方言，很勤劳、能吃苦的意思。
[3] 窜捏：林州方言，鼓动的意思。

终于当面给小三儿说了要分家的事。小三儿一开始还没当回事，可停了几天两个哥哥又给他说要分家，急得小三儿整天愁眉苦脸，他实在还不想分家。

有一天，小三儿又赶着牛车外出干活儿，他在前边牵着牛边走边想心事，忽然听到身后传来"小三儿，小三儿"的喊声，他扭回头看看后边也没人，就又向前走了。可是，刚走了几步，又听见后边"小三儿，小三儿"的叫声，只得又扭回头看，还是没见到有人，只看到老牛的嘴还在动，好像是说话的样子。小三儿就对老牛说："老牛哥，是你跟我说话吗？"老牛真的开口回答："嗯。"小三儿又问老牛："你有啥话？说吧。"

老牛说："小三儿，你两个哥哥要与你分家，你就与他们分吧，但分家你就只要我和这挂车，还有门前的那棵树，再要后山的一片儿地，其余的咱都不要。"

当两个哥哥再次跟小三儿提起分家的事时，小三儿才无可奈何地说："分就分吧。"两个哥哥见小弟同意分家了，便也摆起大度来，问："三儿，数你小，也还没娶媳妇，家里的东西尽你拣。"小三儿却说："家里的东西我都不要。"两个哥哥又说："怎么能不要东西呢？不中，你先拣。"小三儿只好说："叫我拣，我就只要那头牛和牛车、门前的那棵树，再从后山给我一片儿地，其余我都不要了。"两个哥哥和嫂嫂见小三儿只要了这点东西，心里的一块石头落了地，但嘴上却还说："三儿你就要这点儿东西怎么行，你住哪儿？吃啥哩？"小三儿说："这你们就别管了。"就这样，弟兄三个分了家。小三儿牵着老牛套上车，赶着牛车出了住了十几年的老屋。

分家时，两个哥哥把后山的几亩薄地给了小三儿。小三儿赶着牛车走向后山，一边走，一边问："牛大哥，牛大哥，咱接下来咋办？"老牛见主人问，就回答说："咱先去拉石头，盖房子。"小三儿是个效劳人，靠着一头牛和一辆破车，硬是一个人在后山他分的地上盖起了一座房子，解决了住房问题。接下来，耕种经营那几亩薄地。除了吃饭和几个时辰的休息外，其余时间基本上就长在了地里，深耕细作，沤肥上地。经过几年辛勤干活儿，把几亩薄地侍弄得成了旱涝保收的好地，又开了一些荒地，也种上了庄稼蔬菜，年年都有好收成，解决了温饱问题。

一年夏天，小三儿在地里汗流抹水地干罢活儿后，就从地里跑回老房子，想去看看哥哥们过得咋样。由于走得急，本来一身汗水的他，又跑了怎远的路，身上汗水更多，又热又累，走到老家门前他那棵大树下，就坐下来在树荫下凉快凉快。突然从烈日下到凉快的树荫下，真是凉热两重天，小三儿竟在树下睡着了。那棵树上有一个大鸟窝，窝里边住着一只金翅雕，这时正在树枝上，从这枝树枝上跳到那枝树枝上，看见树下睡着自己的主人，就想送给主人一场造化。因此，一撅屁股，屙了一颗金豆子，小三儿正张着嘴，睡得正香时，金翅雕屙下来的金豆子正好落进了他的嘴里，正睡的小三儿也不知是啥东西，就不喃不喃[1]咽进了肚里。结果，金豆子一入肚，小三儿的肚里就产生了一股气，"嗵"的一声放了个大响屁，小三儿也被屁声惊醒了，就闻见自己周围一片香气扑鼻，久久不散。正在迷惑之时，他肚子一鼓又放了一个屁，一股香气又弥漫起来。这时小三儿才知道这些香气原来是自己肚子放屁形成的。他想了想，既然我放出的屁这么香，我何不去叫卖香屁呢？

小三儿主意打定后，就从树下走出，到了一个大村庄上，边走边吆喝："卖香香屁，卖屁香香！"村里有一个财主家的佣人听到小三儿吆喝着卖屁，就回到财主家与财主说："有人在街上卖香屁哩。"老财主一听，觉得这真是一个怪事，就让佣人去把小三儿叫到家里，与小三儿说："你如果真放出来的屁是香的，俺家里的财物任你要，但如果你放出来的屁是臭的，俺家也不缺枣木橛子，我要用枣木橛子把你钉死在墙上！"小三儿说："中。"

小三儿和财主刚刚商定放屁奖惩规则，小三儿就一欠屁股，"嗵"的一声，顿时一阵香气弥漫了满屋，久久不去，把老财主和全家人震惊在当场，满屋香气缭绕，老财主和家人纷纷说："真香！真香啊！从来没见到过有放香屁的。"直到停了半响，老财主才对小三儿说："我不赖你，就按咱先前说定的，俺家的所有东西，包括土地和金银财富尽你要。"小三也不是贪得无厌之人，不要粮食，挑了几亩好地，还有几样金银财宝和几匹布等实用物件。老财

主还说："就要这点东西，再挑些吧。"小三儿说："够了，不少了，够我用了。"

这次卖屁，小三儿认为可发了大财。因此，小三儿的劲头更足了，一边卖屁，一边耕种土地，粮食连年丰收，挣的钱是日进斗金，又新盖了几座房屋，一座气派的四合头大院拔地而起，并且心向慈善，经常接济生活困难者，不但成了八方临近有名的财主，而且被人们称作大善人。他的善良和仁慈感动了四邻八乡，上门提亲者络绎不绝，最终娶了一位漂亮贤惠的媳妇，三年过后两口子生养了两个孩子，一男一女，更给家里增添了无限欢乐。

有一天，小三儿从地里回到自己家门口，往远处一看，见到从路上向他家走来一个人，身上衣服破破烂烂，蔫头奄脑，乱发垢面，边走还边喊："小三儿，小三儿……"走到小三儿跟前，小三儿才认出是他大哥，就问："哥，你咋成了着[2]样儿？"哥说："三儿啊，哥现在过得不好，穷得揭不开锅了。听说你家发财了，哥想问问你是咋个发了财了？"小三儿说："哥呀，兄弟除了能受[3]，也没啥本事，就是有一天我在咱家门前那棵大树下睡觉时，树上的金翅雕给我屙了一嘴，我就咽了，结果从此我放出来的屁成了香屁，我就去卖香屁，挣了一些钱。"

哥哥听了小三儿的话，也连忙跑回自己家门前的那棵树下学着小三儿的样子在树下睡觉。一会儿，树上的金翅雕发现树下睡着的是小三儿的哥哥，一撅屁股屙下一泼屎[4]，也正好落入到他的嘴里，他也不喃不喃咽进肚子里了。第二天，小三儿的大哥也到街上去卖屁，也走到原先小三儿卖屁的那个老财主家门前吆喝着卖香屁哩。老财主让人把老大叫到家里，要买他的香香屁，并且定的规则也与第一次买小三儿的屁时的一样。王老大"嗵"的一声屁从肛门而出，顿时一股呛人的臭气弥漫四周，财主和家人纷纷本嘴[5]捂鼻，足足有半个时辰，屋里的臭味才消散出去。财主气得怒火冲天，当即命人将王老大用枣木橛子钉住四肢钉挂到墙上。可怜王老大想发财的梦想破灭了。

[1] 不喃不喃：吃东西时用舌头在嘴里搅动一下而吞咽的意思。

[2] 着：林州方言，这的意思。

[3] 能受：林州方言，能干活儿、能出力的意思。

[4] 一泼屎：一泡大便。

[5] 本嘴：林州方言，合上嘴，闭口。

忽然有一天，小三儿看见老牛两眼的泪水哗哗往下流，小三赶紧问道："牛大哥，你咋哩流泪？"老牛无奈地告诉小三儿："我老了，为你干不了活儿了，不久我就要死去了。不过我死后千万要保存好我的皮，以后你一旦有难，我那张皮还可帮上你的忙。"几天后老牛真的死了，小三儿十分悲痛，想着老牛与自己从小相依为命，帮助自己从一个懵懂少年到成家立业，娶妻生子，成就了一番家业，牛老哥功不可没，于是悲从心来，在老牛的尸体前痛哭失声。遵照老牛生前遗嘱，小三含泪扒下老牛的皮，晾干保存起来，并以隆重的礼仪为老牛厚葬。

讲述者： 纪合先，女，66 岁，林州市横水镇东赵村人，中师，小学高级教师

采录者： 房海林，男，68 岁，林州市合涧镇石板沟村人，大专，退休职工

采录时间： 2021 年 9 月 10 日

采录地点： 林州市开元街道善德社区谊源新城小区

附
记

据讲述人说，《小三儿分家》的故事是在她们姊妹们很小的时候，父亲为了哄她们高兴给她们讲述的，而且讲述过无数次，她现在 60 多岁了，《小三儿分家》的故事情节都还能记住。现在她又把这个故事经常讲给孙辈们听，时常逗得孙辈们笑声阵阵。（房海林）

房海林（右）向本卷主编刘二安（左）介绍采录情况（摄影：靳林峰）

369

兄弟俩上太阳山

从前，有弟兄二人，老大贪财、狡诈，老二忠厚、善良。

爹娘死后，给他们留下一点家产，老大贪心，总想独吞。老二看出老大的心思，只要了一把镢头，上山开荒种田去了。

这一天，老二行至半山腰，坐在一棵树下休息，就见一只乌鸦来到他面前，对他说："小哥哥，你有啥困难？说出来我也许能帮助你呢。"老二说："我不要别的，只要一点庄稼种子就行。"乌鸦说："没有种子，可以用金子去换么。"老二说："我啥都没有，自从爹娘死后，家产归了哥哥，我只有这把镢头。"乌鸦看老二可怜，就说："太阳山上有好多金子，我可以带你去拾。"

就这样，乌鸦让老二骑在背上，闭上眼睛。并且告诉他拾金子要在太阳出来之前，不然就会被晒死。老二记住了乌鸦的话，到了太阳山，看见满山的金子，只拾了两块就说够了。乌鸦见太阳还没出来，就让他再拾点，老二又拾了两块，就说中了。他想，有了这些金子足够买种子用了。这样，乌鸦背着老二飞离了太阳山，把他送到原来的

地方。

有了金子，老二去买回了种子，在山上开荒种地。老大见他有了金子，就问金子从哪儿来的，老二如实告诉了哥哥。于是，老大也学着老二的样子，坐在半山腰等待乌鸦的降临。果然不大一会儿，乌鸦飞来了，没等乌鸦开口，老大就编造了苦难的身世和困难，让乌鸦帮助他。乌鸦把对老二说过的话又对老大讲了一遍，就背着他去了太阳山。

到了太阳山，老大看见满山的金子，高兴得忘乎所以，他一个劲儿拾呀拾呀，乌鸦连催了他好几遍，他还不肯离去。乌鸦看太阳慢慢升起来，天气越来越热，再不走就会被晒死，而老大还是那样贪婪地拾着金子，终于飞走了。老大自己留在了太阳山，当他觉得热得难以忍受时，想走已来不及了，终于被晒死在太阳山上。

采录者：　胡庆荣，女，42 岁，汤阴县人，大专，干部
采录时间：2005 年 11 月 26 日
采录地点：汤阴县任固镇
选自：　　《中国民间故事全书·河南汤阴卷》

异文 1：金银山

在早先年间，有一家哥儿俩，老大为人尖酸刻薄，老二待人诚实厚道。老大娶了媳妇，老二还没成亲。弟兄俩分开过。嫂子看不惯老二，就和丈夫计议，一心要害死他。

这一年春天，老二连下地的种子都没有，就向哥哥借。老大便把谷种全炒熟了，只有一颗掉在了锅台上，没有被炒，他把谷种借给了老二，老二便把这些种子全种在了地里，没过几天，地里只长出了一棵苗，他每天精心看管，浇水施肥。到了秋天，那棵苗竟长成了一人高的谷子树。老二高兴坏了。

有一天，老二一时大意，谷子穗被飞来的一只像羊羔般大的老鹰衔跑了。老二气得坐在地边，抱头痛哭，哀戚的哭声传得很远很远。不大一会儿，只见老鹰又飞了回来，对老二说道："好小伙，别哭了，你快回家取条布袋

来，跟我去装金银。"老二连忙回家取来布袋，趴在老鹰身上，老鹰驮着他飞。没过多长时间，来到一座大山上。老二一看，只见遍地金银，灿烂耀眼，老二便装了半口袋，又让老鹰把他驮了回来。

老二有了钱，便娶了媳妇盖了房，过上了好日子。老大见老二日子越来越富，就央求弟弟说给他如何发了财。老二就一五一十地对老大说了。

老大暗暗打好了主意。第二年春上，他也把一斗谷种全炒了，故意丢下一粒没炒。地种上后，果然也只出了一棵苗。他好吃懒做，坐等谷苗长大，到了秋后，谷子熟了，也叫老鹰叼去了。他坐在地头假意痛哭。老鹰回来，也叫他去拿一条布袋，驮他到了金银山。一见遍地金银，他就红了眼，拼命往布袋里装，他的布袋太大了，装了好一会儿还没装满。老鹰发了急，催促道："快走吧，一会儿太阳神巡山过来，会把我们烧死的。"老大不听，一个劲儿地装。直到把布袋装满，背不动，只好拖着挪到老鹰背上，让老鹰驮他走，老鹰试了试，驮不动他，就从身上把他抖下来，独自展翅飞走了。这时，太阳神巡山来了，一见老大，立刻燃起熊熊大火把贪心不足的老大烧死了。

讲述者：　孙国华
采录者：　焦玉江，男，28 岁，林县原康乡曹家沟
　　　　　村人，中专，教师
采录时间：1987 年
采录地点：林县原康乡曹家沟学校
选自：　　《林县民间故事集成》

异文 2：贪心贼的故事

从前，有弟兄两个，虽是一奶同胞，但秉性大不一样，老大生性贪婪吝啬，放屁崩出个豆子也要捡回来。老二为人厚道，没有歪心眼。他们的爹娘死后，老大就起了歹心。

有一天，老大对老二说："老实讲，天下没有不散的席，咱们现在分家吧。哥哥本想把家里最好的房子给你，俺到山坡上的草房里住。可是，老规矩长子不离家，你

看……"老二回答说："俺到山上草房中住好了。"

老大接着说："山下的水浇地倒不少，可你住山上，来回不方便，山上有二亩旱地，你看……"

老二说："俺就要那二亩旱地好了。"

老大又说："咱家牲口也不少，可俺的地多，你只有二亩地，有一头牛就够了，还省许多饲料，你看……"

老二说："中，俺就要一头牛好了。"

谁知第二年天下大旱，老二的庄稼焦了，树枯了，牛也连饿带渴地死了。老二傻眼了。这一天，他老着脸皮去向哥哥借粮，刚一开口，就被堵了回去。老二伤心地跑到祖坟上大哭起来。哭了一阵，老二解下腰带，挂到树上，准备去上吊，忽听有人说："别死，俺给你出个主意。"

老二左右看看，没见一个人影，他正疑惑，就见坟角大树上飞下来一只乌鸦，这乌鸦对他说："你骑到俺的背上，俺驮你到太阳山上，金银财宝，尽你拿个够。但你必须在天亮前离开，不然会被太阳烧化的。"

老二感激地点点头，骑到乌鸦背上，飞到了太阳山。他随手捡了几件金银财宝，就骑着乌鸦回来了。

老二带回来金银财宝后，搬下山来，买了一座小院，买了十几亩水浇地，又买了几头牲口，日子越过越红火。

再说老大，自从不借给兄弟粮食后，天天盼着兄弟早点饿死，好把山上的两间草房和二亩山坡地收过来。可是盼呀盼，兄弟不但没有饿死，反而发了。老大眼红了，就去问老二，老二就把乌鸦驮他取宝的事儿讲给了老大。

老大一听，决定马上去找乌鸦。他来到祖坟上，学着兄弟的样子大哭，随后也要上吊。这时候，树上的乌鸦飞下来，说愿意驮他到太阳山上取财宝。老大高兴地骑到乌鸦背上，来到了太阳山。

太阳山上，遍地是财宝，黄的是金，白的是银，绿的是宝石，红的是玛瑙，看得人眼花缭乱。老大从身上取下一个很大很大的大口袋往里装。这时，乌鸦给他说："快点走吧，天就亮了。"老大说："再等等，再等等。"他一边装一边笑老二太傻，取回的珍宝太少，连乌鸦催他的话也听不见了。山上火焰腾腾，把老大烧成了灰。

讲述者： 赵新梅，女，已故，安阳市人，不识字，擅长讲故事

采录者： 王有才，男，40岁，大学，安阳市燃料公司副经理

采录时间： 1992 年根据回忆整理

采录地点： 安阳市唐子巷附六号院

选自： 《狐狸坟传奇》

370

红绿宝珠

很久以前，黄家庄有一位十二岁的少年，名叫杨民。因荒年交不起地租，他父亲被本村的恶霸财主黄银彩逼死了，母亲气得生了疯魔病，不久也含恨而死。剩下杨民独自一人，只得靠讨饭为生。

一天上午，杨民又热又渴，烦躁地在海边沙滩上走，走着、走着，忽然看见不远处有个快要干枯的小水坑，一条金色鲤鱼在里边奄奄一息。见有人来，金色鲤鱼呼救说："小哥哥，快救救我吧。"杨民听鲤鱼说话便惊奇地问："你是谁呀？咋落到这儿了？"金色鲤鱼两眼落泪，痛哭着说："我是被潮水冲来溅落到这儿的，小哥哥，快把我放回大海吧。我忘不了你的恩情。"杨民听了金色鲤鱼的话，想起自己的身世，不由心里一阵难受，泪水像断了线的珠子，扑簌簌从眼里滚出来。接着他立即用双手捧起金色鲤鱼，飞一样向海边跑去。金色鲤鱼一归大海，便在海面上跃了三跃，表示感谢，随即化为一道金光不见了。夏秋过去了，冬天已经到来。一天傍晚，杨民讨饭到陈家庄陈万法家里，陈万法老汉见到他骨瘦如柴，冻得直打哆嗦，便把杨民拉进草房里，顺手从坑上捞起自己的一

件破大袄，披在杨民身上，又让老伴端来饭菜，说："孩子，别嫌饭菜不好，坐下吃吧。"杨民受宠若惊，怎敢坐下吃？陈万法的老伴一见也说："别害羞，坐下吃吧，家里没外人，只俺老两口儿。"多少年来，杨民从没有得到过这样好的款待，他含着热泪，顺从地坐下狼吞虎咽般地吃了起来。

吃罢饭，陈万法问清杨民的身世，然后说："杨民，你也不算小了，总该有个家吧，你若是不嫌弃我家贫穷，就在这里住下吧。"杨民想了想，看了看两位慈祥的老人，感激地说："您二老不嫌弃我，我情愿做您的义子。"老两口儿一听，心里非常高兴。

光阴似箭，日月如梭，转眼七八年过去了。杨民跟着陈万法老汉，起早摸黑，勤勤恳恳，在租地上干活儿。现在，他已长成一个精干的小伙子，不管犁耧锄耙，还是扬场放磙，样样拿得起放得下，他做过去的活儿，谁见了谁夸。

有一年大旱，好几个月来天上没长一丝云、没落一滴雨，眼看着半尺高的苗儿就要枯死了，人人像热锅上的蚂蚁。杨民站在田头，见此情景，双眉紧锁，闷闷不乐。这时，忽然刮来一阵清风，杨民不由自主地微微闭上眼睛，慢悠悠地躺在了地上。又迷迷糊糊觉得一道金光闪过，一个非常漂亮的年轻姑娘站在他的跟前。姑娘眼含秋波，微笑着说："杨民，我寻找你好几天了，你知道我是谁吗？我就是龙王的女儿，八年前你救下的金色鲤鱼呀！现在，遭了旱荒，你无法生活，为了报你救命之恩，我得到父王的允许，特和你结为夫妻，请你跟我到龙宫去。那里有吃不完的山珍海味、穿不尽的绫罗绸缎，咱恩爱到老，共享富贵。"杨民听了，低头想了一阵，摇摇头说："我一个人去享荣华富贵，义父义母，还有千千万万的穷苦百姓不还是受苦受难！你既然报答我的救命之恩，就想办法下一场透雨吧。"杨民的一席话深深感动了鲤鱼姑娘。她两眼含泪说："既然如此，我依从你的心愿。"说罢便从口袋里掏出红绿两颗宝珠，轻轻地放在杨民手里，还俯在他的耳边如此这般地说了一番，随即化为一股清风不见了。

杨民睁眼醒来，果见手里有红绿两颗宝珠，明光耀眼。他站起身来，按照鲤鱼姑娘说的使用办法，用手托起红宝

珠，晃了三晃，大气吹了三吹，果见天空电光闪闪，雷声"隆隆"；一块黑云滚滚而来，霎时笼罩头顶。他立即把红宝珠抛向天空，说了声"疾"，白帐子大雨"哗哗"地在他周围下了起来。他走到哪里，雨下到哪里。然而他身上滴雨不落。他又把手握了三握，大口吸了三口气，说了声"停"，乌云立即消散，蓝天如洗。红宝珠又规规矩矩落在他的手里。

杨民心花怒放，欣喜若狂，飞一样地跑回家里，把得宝的经过跟陈万法老两口儿说了，随后，他没顾喝一口水，便带上红绿宝珠辞别二老，急急忙忙地走了。他走东走西，普降透雨，禾苗得雨滋润，渐渐由黄变绿，旺盛地长起来。

消息很快传到黄家庄黄银彩的耳朵里。他想：我有良田万顷，要再有降雨宝珠岂不富上加富！不如我先把他请来，降下一次透雨，看他怎样使用。然后杀了他，获得宝珠。主意一定，便找到杨民，皮笑肉不笑地说："呵，杨民长成大人了，咱本乡本土的，人不近土也近。听说你有降雨宝珠，你就给我的地降一次雨吧。若能降雨，要啥有啥，否则，哼……"黄银彩龇牙咧嘴，露出一副狰狞的面孔。杨民一见黄银彩，气得二目瞪圆，牙齿咬得咯吱咯吱响，知道他今天找上门来，没安好心，于是便想好了一个主意，说："黄银彩，你想让我给你地里下雨，得依我一件事。"黄银彩问："哪一件？"杨民说："你家大业大，福星高照，全家老少应随我到地里重祭宝珠，宝珠才能降雨。"黄银彩一心想着降雨，连连说："中、中、我从下。"随即命令全家老少搭车坐轿，簇拥着杨民来到地里。

杨民喜滋滋地站定一看，见有不少丫鬟仆女、车手轿夫，便指着他们说："你们请先回去，不然会冲了黄家的福星。"这样，杨民支走了丫鬟仆女、车手轿夫等受苦的人，光剩下黄家一窝坏家伙，便伸手掏出绿光闪闪的绿宝珠，放在手心里，晃了三晃，大气吹了三吹，只见狂风大作，乌云滚滚，转眼遮盖天空。杨民大声喝道："你们还站着干什么，快跪下磕头！雨就要降下来了。"黄银彩一家一听，慌忙一齐跪下来，头磕着地，就像鸡子叨米一样。"嗖"的一声，杨民已把绿宝珠抛向天空，说了声"疾"，只见鸡蛋大的、碗口大的、人头大的石头"扑通扑通"向黄银彩一家猛砸下来，直砸得黄银彩一家喊爹叫娘，走也

走不动，跑也跑不脱。不大一会儿，黄银彩一家全被砸成了肉泥。

杨民出了气，解了恨，收了绿宝珠，随后，回到村里，把黄银彩的田地、金钱、粮食、骡马牛羊统统分给了穷苦百姓，然后离开黄家庄，又到别处去降雨了。

讲述者：　陈光明，男，50 岁，内黄县井店镇杨河道村人，小学，农民

采录者：　陈克生，男，40 岁，内黄县井店镇杨河道村人，中专，教师

采录时间：　1990 年 4 月 6 日

采录地点：　内黄县井店镇杨河道村

选自：　《中国民间故事集成·河南内黄县卷》

371

夜明珠

吴村东头，住着兄弟二人。因父母去世早，哥儿俩相依为命。老大个头稍高，细长脸，长个薄嘴皮，能说会道，但为人不诚实，干活儿爱偷懒，因此，人们给他起个绰号"大滑子"。老二个子不高，浓眉大眼，厚厚的嘴唇，不善于言谈，为人诚实可靠，干活儿有一股子牛劲，因此，人们称他为"二牛"。

一天老二吃罢晚饭，信步来到了村头沙滩，正走着，突然，后面跟上来一位美丽的姑娘。二牛赶紧大步走开，不让那姑娘跟上。可是二牛走多快，那姑娘撵多快。最后累了，二牛不得不停下休息，这时姑娘也赶上来了。二牛腼腆地说："请问这位姑娘，你一直跟着俺为何？"姑娘很大方，"咯咯"一笑，说道："看你这位相公，这条路难道只兴你走，就不叫俺走吗？""这……也是呀。"二牛顿时脸红了。"你是吴村的二牛吗？""是啊。你怎么知道的？"姑娘微微一笑，红着脸说："我家住龙王府，是龙王的三小姐。因你为人憨厚，特下凡到人间与你成亲，你心下如何呀？"二牛听了不知如何是好，连忙说："姑娘，让我去问问哥哥，请你稍等一会儿。"说罢扭头就走。这

姑娘赶紧伸手去拽二牛的手。二牛向后一退，醒了。啊，原来是一个黄粱美梦。睁开眼一看，天还没有亮。他没多想，躺下又酣然入梦了。一会儿，这姑娘又来到二牛的跟前，姑娘正要伸手，他又醒来了。就这样一连几次。二牛觉得奇怪，忙唤醒哥哥，他把这美梦如此这般讲了一遍。老大一听，也感到奇怪。但又一想，我二弟的为人感动了上帝，派仙下凡也有可能。但嘴里却说："二弟，不要胡思乱想，哪有这样的美事，快睡吧。"二牛没多想，一眨眼，又进入梦乡。而老大，心里想着此事，翻来覆去睡不着。于是，他起身穿衣，走进马棚解下缰绳，骑上马向村头沙滩跑去。

二牛刚入睡，这姑娘又来了说："甭傻了，来迟就……""喔喔……"雄鸡报晓了，二牛醒来，啊，天快亮了，一看大哥不见了，一想对了，他可能去看那姑娘了。人家给我托的梦，大哥去了真是太那个了。想着，起身来到马棚，马不见了，他便徒步向沙滩走去。

来到沙滩上，果然看见老大正和那位姑娘谈话。只听那位姑娘说："你很会说话，可我知道，都是卖甜瓜的，没有卖苦瓜的。"说着说着，二牛来到跟前。姑娘正被老大缠住，这时见二牛来到，眼珠一转计上心来，说道："这样吧，你们俩到龙王庙取一颗夜明珠，谁能拿来，我便与谁结婚。"弟兄二人欣然同意了。

老大骑上马，径直向龙王庙方向奔去。

二牛准备到邻居家借匹马，可又一想，这样岂不耽误人家的活儿。于是，他徒步朝龙王庙走去。走啊，走啊，也不知走过多少山岗、多少坑洼，日头西斜，二牛走到一个村庄。村头挤满了人，在乱哄哄地议论什么。二牛走到跟前一问，才知山洪暴发，这个村庄有被洪水淹没的危险。二牛上前问路，说了要去龙王庙的目的。一个村民恳求他，想让他捎一颗"避水珠"拯救这方民众。

离了村庄，山洪越来越大，二牛费尽周折，终于来到了龙王庙。只见龙王庙周围净是水，微风刮来，浪头也有三尺高。龙王庙像一叶轻舟，在水里漂荡。二牛又往前走，看见老大正望庙兴叹，老大见二弟一瘸一拐地走来，说道："二弟，这么大的水，咱咋取夜明珠啊！"二牛也只好说："哥哥咱跑这么远的路，不能空着手回去，我跳

下水试试，如果说我淹死了，你千万不要再往下跳了。"说罢，"扑通"一声跳下水去。水刚漫住脖颈。老大见二弟没事，自己也忙跳下水去，因他的个子高，水只打到腋窝。费了九牛二虎之力，弟兄二人终于游到了龙王庙。那两位把门的神将问明了他们的来意，便打开宝库门子让他们去拿，告诉他们，借宝珠，一人只准拿走一颗。一进宝库，各种各样的宝都有，颗颗发出金光。老大想，宝珠这么多，多拿走几颗谁知道！他偷偷装了一口袋出去了。二牛心想：人家只准拿一颗，拿走就能和姑娘成亲。而村民则有被洪水淹的危险。是为一人还是为众村民……救人要紧！再说哥哥拿走了"夜明珠"，让他俩成亲也好，我年纪还不大。想到这里，只拿了一颗"避水珠"出来了。

老大骑着马走得很快，又来到这个村头，全村老少都在土围墙上坐着。问老大借来"避水珠"没有，老大马也没下，从口袋拿出一颗，扔给村民。水不仅没落，反而浪头更大。

天快黑的时候，二牛也走到这个村头，村民问道："乡客，托你办的事办了没有？"二牛边回答边拿出了"避水珠"。说时迟，那时快，刚才还是白浪滔天，顿时洪水"哗"地退了下去。村民们高兴万分，用好饭、好菜招待了二牛。

第二天早晨，村民在村头闲走，看到退去的大水河洼地里有个乌龟，像一个箩那么大，他们把乌龟剥开，从乌龟肚子里剥出了一颗金光闪闪的"夜明珠"，众村民一致同意，要把这颗"宝珠"赠给二牛。开始二牛不要，最后推辞不过，只好收下。

二牛辞别了众村民，回到了家乡。他来到村东头沙滩上，不早不晚，见老大正和那位姑娘谈些什么，只听那位讲道："你带来的'宝珠'不少，却都成了'水珠'。就是说破了舌头也算白说。"

这时二牛捧着"夜明珠"一拐一瘸地向姑娘走来。姑娘一见，满心欢喜，双手抱住二牛，从此，他们结成了幸福的伴侣。

讲述者： 张志德，男，65 岁，内黄县宋村乡兰庄村人，小学，农民

采录者： 张希江，男，31 岁，内黄县宋村乡兰庄村人，教师

采录时间： 1990 年 3 月 17 日

采录地点： 内黄县宋村乡兰庄村

选自： 《中国民间故事集成·河南内黄县卷》

372

避水珠

从前林虑山下有个小伙子，没爹没娘，依靠上山砍柴过日子。一天上午，他正在砍柴，听到一只鸟儿叫得很好听，就停下活儿，聚精会神地听起来。

晌午，小伙子回到村，人们见他只砍了很少一点儿柴，就问他是咋回事，他说他在山上听鸟叫耽误了工夫。一个老汉对他说："那鸟叫的地方有宝，你去刨吧。"小伙子扛了把镢头，高高兴兴地上了山。他找到鸟叫的地方，使劲地刨，刨见了一颗光闪闪的小石子儿，他把小石子儿小心地保存起来，每天都要看好几遍。

过了两天，有个收宝的人来到村里。小伙子想，我刨的那个小石子儿留着也没大用，不如卖几个钱实惠。他对收宝的人说："我有个宝，你要不要？"收宝的人说："你拿来我看看。"小伙子把小石子儿给收宝的人看了看，收宝的人知道这东西叫避水珠，把它带在身上，走到海边，海水就干了。可是，他故意说这东西不是宝，只给了小伙子很少几个钱。

收宝的人占了便宜，决定试试宝的威力。他往东走了几天，到了海边。果然，他一来，海水就迅速地下落，不

大会儿就露出了海底，他的面前出现了一座美丽壮观的宫殿。把门的是个白胡子老头儿，老头儿热情地领他去见龙王。龙王问他："你的宝是从哪儿来的？"收宝的人迟疑了半天才说："是一个小伙子卖给我的。"龙王说："你去把宝退还给小伙子吧。"收宝的人舍不得，但又不敢违抗龙王的旨意，只好照办。他一离开海边，海里的水就又涨满了。

收宝的人把宝还给小伙子，谎称这东西一点儿用也没有，只字不提自己和龙王会面的事。小伙子老实，接过宝，把钱如数还给了他。

常言说：没有不透风的墙。收宝的人试宝及面见龙王的事终于传到了小伙子的耳朵里，小伙子也想试试这宝的威力。他走了几天，来到海边，海也干了，一座美丽壮观的宫殿出现在他的面前。看门的老头儿领他去见龙王，龙王对他说："这宝是我失落到林虑山上的，请你还给我好吗？"小伙子说："林虑山离这儿很远，那里没水，你咋能到那里呢？"龙王笑了笑说："小伙子，你这个问题提得好。在很久以前，林虑山那里也是海呀！后来，海水退了，那里才成了陆地。"小伙子说："既然这宝是你的，还给你是应该的。"说着，把宝还给了龙王。

为了感谢小伙子，龙王给了小伙子很多钱。后来，小伙子娶了媳妇，过上了丰衣足食的日子。

采录者：　赵长生，男，56岁，林州市合涧镇河南元村人，高中，干部
采录时间：　2006年
采录地点：　林州市
选自：　《中国民间故事全书·河南林州卷》

373

金鸟

从前，有个孩子叫王小。这王小生来命硬，从小失去了生身父母。他是靠邻里的施舍长大的。

这一年，王小已经十六岁，他扔下牧鞭，给本村一家财主扛长工。当长工可不是美差呀，出的是牛马力，吃的是猪狗食。稍不注意，就会遭到东家的打骂。

有一天，王小病了，发高烧，说梦话，一天米水不沾牙。这东家是一个吃肉不吐骨头的笑面虎，不但不给他请先生看病，还硬逼着他去担水。

王小本想不去，可又怕东家打他。过去就有一次，天下着大雪，东家叫他去担水。在过门槛时，水洒了一点儿，东家就没头没脸地打了他一顿。想到这事，王小就感到伤口疼。无可奈何，王小只得支撑着虚弱的身子，担走水桶，摇摇摆摆地向山泉走去。

走着走着，王小感到眼冒金花，天旋地转。王小连忙扔下水桶，踉踉跄跄紧走几步，扶着一棵大松树，昏倒在地。

也不知过了多久，王小恍恍惚惚地听到有人在喊他："王小，王小！你醒醒，醒醒。"声音多么好听，好像是母亲在叫他。王小挪动了一下身子，吃力地睁开了眼睛。奇怪呀！王小心里想，这四周没有人影呀，哪里传来的声音？哦，我明白了，可能是我烧得厉害，出现了幻觉。想到这里，王小又闭上了眼睛。

"王小，王小！你醒醒，醒醒！"王小刚一闭上眼睛，那声音又在他耳边响起。这哪里是幻觉，分明是有人在叫我。王小再次睁开眼睛，还是没有。

"喳喳、喳喳！"王小抬起头，看到树上有一只喜鹊。王小心想，难道是它在对我说话？"正是。"喜鹊果然会说话啦。喜鹊对王小说："这棵树下有只宝剑，山泉旁边有只金鸟，你用这只宝剑，可挖出那只金鸟。得到那只金鸟，你就会得到幸福。"说罢，那喜鹊拍打翅膀，飞走了。

王小强打起精神，坐了起来，用他那干瘦的双手，在树旁抠呀抠呀，抠了一阵，他终于抠出了那只闪闪发光的宝剑。王小看到宝剑，顿时来了精神，病情也好了一半儿。他担起水桶，向山泉走去。

来到泉边，王小放下水桶，从怀中掏出宝剑，看准一个地方，就挖了起来。他挖呀挖呀，听到"咯嘣"一声响，一个金光四射的金鸟，出现在王小面前。王小双膝跪下，双手将金鸟拿在手里。他擦去上边的土，对着金鸟说："喜鹊说过，得到你，我就会得到幸福。这样吧，你先让我的病好了吧。"那金鸟没有言语，只点了点头，王小的病就好了。王小将金鸟揣在怀里，担上那清清的泉水，兴高采烈地向山下走去。

每天晚上，王小就拿出那金鸟取乐。那金鸟落在王小的手上，拍打着翅膀，摇晃着尾巴，瞅着王小"叽叽喳喳"地叫唤。什么画眉、燕子、黄雀……各种各样的鸟叫，都比不上这金鸟的声音好听。

常言道："没有不透风的墙。"没过几天，金鸟就被东家的一个狗腿子发现了。狗腿子告诉了东家，东家就来到了王小的茅草屋。东家对着王小，皮笑肉不笑地说："听说你弄到一只金鸟，还不拿出来叫我看看。"王小说："不让看，这是我的宝贝，任何人不能看。"东家没想到王小敢顶撞他，顿时去掉笑脸儿恶狠狠地说："什么你的，你连人都是我的！给我打！"

狗腿子见主人发了话，上去就是一拳。没想到拳还没有挨着王小，就被一道寒光击了回来。只听得"扑通"一声，狗腿子摔倒在东家身上，两人顿时鼻青脸肿，哭爹喊娘。王小看到他俩的狼狈相，开怀大笑："哈哈哈哈……怎么样？你还看不看金鸟啦？啊？我的东家！"

东家一翻身站起来，拍打着身上的土说："不看啦，不看啦！"边说边灰溜溜地退了出去。

东家是一个无恶不作的大流氓。他见自己斗不过王小，就将此事报给了县官。县太爷也是一个贪官，他得知此事，立刻差人将王小带来。

县太爷对王小说："你这刁民，为何得了宝贝，不献朝廷，自己受用？"

王小见事已到此，也难保住了，就说："谁说我不上交，我要亲自面君，奉献万岁。"

县官见王小如此说话，实在没有法，只得带他面君。但有一件，必须把所得赏银，分给他一半。王小不依，争来争去，只给他四分之一。这样一来，王小所得赏银，就有一半儿落入县官和东家的腰包。

第二天，他们就上路了。一路上，他们是晓行夜宿，马不停蹄。不一日，他们来到京城。来到宫门外，他们滚鞍下马，刚要进宫，却被门军拦住："哎！哎！你们是干什么的，为何闯入宫殿？"县官道："我们是来献宝的……"县官如此这般地说了一遍，门军仍不让过。最后，他们答应将献宝所得赏银给门军四分之一才算了结。

上得金銮宝殿，王小双膝跪下，口呼万岁万万岁，把金鸟献了上去。圣上见了金鸟，龙颜大喜，立即传下一道圣旨，叫人将金库打开，任王小搬取。

管金库的来到金库前，说什么也不打开，硬叫王小分给赏银。王小无奈，只得又给他四分之一。王小随他进得金库，看着那雪白的银锭，闪光的金锭，不由得动了心。王小笑着对那人道："我有一事，需要面君讲明，赏银暂且不取，你随我来。"说罢，只顾自己走了。

来到金銮宝殿，王小启奏道："我主万岁，小民不要那金银财宝。"圣上不解地问："你要什么？"王小道："现在杂税太多，民不聊生，怨声载道。我想叫万岁减免杂税，使你的臣民安居乐业，也就心满意足了。""好！"圣上说，"我这就传旨减免税收。"说罢，圣上又对王小

说："你小小年纪，忧国忧民，实乃我良民也。难道除此之外，你就别无他求了吗？"王小听圣上这么一说，连忙说道："谁说我别无他求，我求圣上赐给我四百君棍。"圣上闻听此，不由大惊，问道："这是为何？"王小指了指东家、县官、门军和那库官说："我献宝讨赏，都被他们四人瓜分了……"

圣上闻听此言，不由龙颜大怒，说道："你们这些败类，还不跪下请罪。"

他们四人闻听此言，顿时魂飞天外，连忙"扑通"跪下，叩头求饶。

圣上哈哈大笑，对着王小说："我就成全了你，让他们死于棍下。"说罢，圣上喊道："来人！把他们四个，推出午门，给我狠狠地打！"

王小献宝归来，受到人们的热烈欢迎。

讲述者：　陈清元，男，74岁，内黄县田氏乡杨庄村人，不识字，农民

采录者：　陈国希，男，37岁，内黄县田氏乡杨庄村人，高中，农民

采录时间：　1990年3月22日

采录地点：　内黄县田氏乡杨庄村

选自：　《中国民间故事集成·河南内黄县卷》

374

金五卖豆腐

道口东南六里有个村庄，名叫金庄，庄里有座菩萨庙。庄里有个叫金五的人，靠卖豆腐过日子。他每天天不亮就挑着豆腐出门，正好经过菩萨庙。时间一长，菩萨被感动了。菩萨想：这么能干而又能吃苦的人，日子过得紧巴巴的，得想办法帮帮他。

有一天，金五卖豆腐走到庙门前，看到地上有个明晃晃的东西，他放下豆腐挑上前一看，原来是个大元宝，他赶快拾起来，把元宝装在兜里，高高兴兴地跑回家里去了。第二天，金五及早守候在庙前，等到先天那个时辰，又见庙前有个大元宝，他高兴极了，要是一天拾一个大元宝，不出半年，就有花不完的钱。果真这样，他天天等天天拾，没多长时间，金五就富起来了。从此，街坊邻居也都看得起他了，连城里的富户也都对他另眼相看。这时，村里人把他的名字金五改为金屋，于是就"金屋金屋"地叫起来了。金五听了之后觉得很顺耳。金五不再卖豆腐了，天天游手好闲，寻花问柳，俨然阔少一个。穷街坊向他借钱，他却比谁都刻薄，死活不肯相助。

菩萨认为金五是个贪图享受的人，决定不再帮助他。

一天，金五又及早在庙前等候，想再拾个大元宝。谁知一直等到天明，连个元宝影儿也没看到，他无可奈何地"唉"了一声，便垂头丧气地回家去了。到家后，他想：今天没拾到元宝不要紧，反正拾得也不少了，大概够我享受一辈子了。想到这里，他便立即去点积攒的元宝，谁知打开箱子一看，他不禁"啊"了一声，原来箱子里空空如也，一个元宝也没有。转眼间，金五又成了穷光蛋。百般无奈之下，他只好再沿街叫卖豆腐了。这时，村里人又把他的名字金五改为金无，于是"金无金无"地叫起来。

讲述者： 崔长灿，男，33岁，滑县人，大专，教师
采录者： 齐素玲，女，39岁，滑县白道口镇白道口村人，本科，干部
采录时间： 2001年4月
采录地点： 滑县道口镇
选自： 《中国民间故事全书·河南滑县卷》

375

神鞭吸水

堤南有一村庄，庄名青柳庄，庄里有户人家，媳妇过门三天就死了丈夫，只剩婆媳二人过日子。婆婆又狠又毒，自己啥活儿也不干，平日里无论上地下坡，刷锅搪灶，或是割草担水，缝缝补补，啥都支使儿媳去干，稍有不顺心，不打就骂，还动不动罚儿媳跪三炷香。

儿媳秀云，是个贤惠媳妇，对婆婆一天三请安，百依百顺，和街坊邻居从没磨过嘴。大家都说她是"好花长到粪坑里，好媳妇碰见个恶婆婆"。

民国大旱那年，柳青河干枯断水，两岸的垂柳，经骄阳暴晒，棵棵无精打采。靠柳青河吃水的人们只得到十几里外的豆庄"豆善人"家去打水。"豆善人"是滑州有名的大恶霸，他横行乡里，欺压百姓，方圆十几里以内不许别人打井。老百姓吃水都得到他深宅大院里去挑，男的来挑水，他任意敲诈打骂，女的来挑水，他任意侮辱糟蹋。为此，滑州人恨他恨得咬牙切齿，但都是敢怒不敢言。

这一天，秀云起五更摸黑路来回跑了十几里路挑回来一担水。刚走到庄头，碰见一个白胡子老汉。这老汉身穿破衣服，头戴破草帽，满面虚汗，嘴唇干裂，左手牵着一头瘦毛驴，右手掭着短鞭杆。他拦住秀云，干哑着嗓子说："好孩子，我快要渴死啦，让我喝点水吧！"

秀云心想：这水要叫老汉喝，婆婆知道后少不了又得挨顿毒打；要是不叫他喝，老汉弄不好就得渴死。嗯，挨打不过是自己皮肉受点苦，救人可是件大事。她想到这里放下挑子，把一桶水放在老汉面前。谁知这老汉渴得厉害，"咕咚咕咚"一气儿喝了一桶，顺手又掭过另一桶饮了毛驴。老汉拱手道谢，牵着毛驴远远走去。

秀云无奈，担着两只空桶又拐回去重挑二回。因为回来得晚，婆婆不由分说把她狠狠打了一顿，又罚她跪三炷香才算了事。

不料从此以后，秀云每天挑第一担水回来，总是碰上那个老汉，两桶水都被老汉和毛驴喝光。为这事不知遭了多少臭骂，挨了多少毒打。

夏末的一个早晨，旭日东升，晴空万里，喜鹊在柳枝间飞来飞去，"叽叽喳喳"叫个不停。秀云挑着空桶刚出庄，就又碰上了老汉。没等秀云开口，老汉便掭着胡子笑着说："好孩子，你真是个好心人，为了别人，自己心甘情愿受委屈，这我全都知道。善良的人，你的苦日子就要到头啦！"说着，他把手里的鞭子递给秀云，接着说："我把这鞭子送给你，拿回家去把它挂在缸沿上，从今往后，你就不用再跑远路挑水啦。"

秀云接过鞭子，心中半信半疑，一愣神的工夫，老汉跨上毛驴一晃而去。

秀云回到家，把鞭子挂到缸沿上，转眼之间，缸里果然涨满了清凌凌的水。秀云舀起半瓢水一尝，又凉又甜。她喜欢得眉开眼笑，急忙跑出门外告诉乡亲们。大家跑来一看，又惊又喜，齐声问秀云是从哪儿得来的神鞭。秀云把事情的经过细说一遍，大家都说是秀云好心感动了神灵。

从此，青柳庄的人们都到秀云家里挑水吃，再也不用起早贪黑、跑远路去受"豆善人"的气了。

乡亲们都到秀云家来挑水，这事却气坏了秀云的恶婆婆，她一见有人来挑水，就脚蹬门槛，指鸡骂狗，从天明骂到天黑。秀云劝说婆婆，她不但不听，反说秀云给她遭了灾，为这事对秀云打骂得更凶了。实在没办法，秀云就等夜里婆婆睡了，轻轻开开大门去叫乡亲们来挑水。

这年正月初二，秀云回娘家探望二老爹娘，恶婆婆在家起了坏心。她想：这事要是叫"豆善人"知道了，可是吃罪不起，不如趁儿媳不在家，把这鞭子收藏起来，还叫各家各户到"豆善人"家去挑水。

无巧不成事。就在这时，"豆善人"一脚门里，一脚门外，见了恶婆婆皮笑肉不笑。他对秀云的神鞭早有耳闻，恨之入骨。是秀云的神鞭断了他的财路，坏了他的好事。这日得知秀云回娘家，特意来探个究竟。恶婆婆一见"豆善人"驾到，急忙让座端茶，把自己藏鞭的想法如实告诉了"豆善人"。"豆善人"闻听，随即喜笑颜开，伸出拇指连连说妙。

主意拿定，恶婆婆走上前去，她伸手刚把鞭子提离缸沿，不料"呼"的一声，可着缸口成了大泉眼，水"咕嘟咕嘟"冒出来，不大一会儿，满院子全是水，浪花翻滚，水越涨越深，恶婆婆和"豆善人"吓得连喊救命，没等人来到，就被淹死在水里冲跑了。

太阳落西，秀云从娘家回来，看到水从庄里往外流，汇成了一条河，不由心里嘀咕，急忙跑到家门口一看，那水是从自己家里淌出来的，听乡亲们说，婆婆和"豆善人"被大水冲走了。

秀云哭着往水里跳，大家拉住她，劝她不必伤心，说这是恶人应得的报应。秀云呼天叫地，越哭越悲痛，哭着哭着，哭昏过去了，大家慌了手脚，围着她连声叫喊。

正在这时，忽然一阵驴蹄子声响，正南边过来一个骑驴的白胡子老汉。老汉来到跟前，二话没说，将水缸扔进了柳青河里。老汉把秀云扶上驴背，还没等人们弄清是咋回事儿，连驴带人已无影无踪。

讲述者： 刘长悦，男，39岁，滑县牛屯镇程坡寨村人，高中，干部

采录者： 牛继红，女，37岁，滑县人，高中，工人

采录时间： 1988年10月

采录地点： 滑县王庄乡牛庄村

选自： 《中国民间故事全书·河南滑县卷》

附记

1988年的秋天，我随丈夫从周口军分区转业到滑县，因为老家是牛屯乡程坡寨村的，一到节假日就回老家探望父母。邻居二嫂是个漂亮女人，就是腿有点瘸，过门不到三年就死了丈夫，家里只剩婆媳二人过日子。二嫂的婆婆是个恶道人，经常打骂二嫂，说她是个"丧门星"，克死了男人。二嫂常常背地里偷哭，不敢和婆婆顶嘴。二嫂平时啥活儿都干，瘸着腿还上村头挑水，村里人同情二嫂，都把打来的水送到她家门口。这天，我和丈夫老刘正往二嫂家送水，正赶上二嫂的婆婆骑到二嫂的身上，连打带骂，我俩上前又拉又劝，想不到也挨了两拳头。我们两个在回县城的路上，路过牛庄村头，看到一位白胡子老头儿，牵着一头毛驴，正在一口烂水缸里饮驴……于是，老刘就给我讲了《神鞭吸水》的故事，我说你就瞎编吧，还不是因为劝架挨了一拳？老刘哈哈大笑，我也开心地笑了。回到县城我就把这个故事记录下来。（牛继红）

376

洛玉取黍

相传在很久之前，在太行山的一个山坳里住着一户人家。两个年过半百的老夫妻与一个不满十岁的儿子，一家三口，靠打柴打猎为生。由于他们久居深山，老夫妻不知姓名，只给他们的小儿子取了个名字叫洛玉。一年秋天的一天，洛玉随父亲上山砍柴，在回家的路上，忽然听到路旁有呻吟声。父子俩顺着声音寻去，见路旁一棵大树下，躺着一个花白胡子的老人。看来老人已奄奄一息。洛玉爹把老人扶起，拿出葫芦往他嘴里倒了点水，老人微微睁开眼说："看来你们父子是好人，我不行了，我告诉你们一件事。从此往北走过九九八十一座山峰，穿过四十条山沟，有一个玉屏峰，峰上有个洞，名叫藏黍洞，洞里有一个金盒，盒里有几粒金珠，是稀世之宝，将来世界上的动物越来越少，人类要生存下去，必须靠这东西才能生活下去。我不行了，你们父子要生法取来，以救天下苍生。"说到这里，他喘了喘气，又说："不过那个洞口上有两个巨蟒守卫，任何人不得近前。要取这宝物，每年只有一个机会，就是在冬至那一天，巨蟒要熟睡一天，要趁这个机会才能进洞。并且取出宝物以后，要杀死两条巨蟒，否则

这两个怪物醒来会尾追而来，把人吃掉，抢回宝物。"老人说完，就两眼一闭，与世长辞了。

洛玉父子用土把老人埋了，下山回家去了。过了几年，洛玉的父母相继去世，洛玉却记得林中老人的嘱托。又过了几年，洛玉已十五岁了，他能像大人一样砍柴了。这年秋天，他想起老人的话，决定到玉屏峰去一趟。因家中只剩他一个人了，也无什么牵挂，就草草整理了行装出发了。

在山中，他走啊，走啊，渴了饮山泉，饥了吃野果，困了睡山洞。树叶由青变黄，由黄而落。这一天，他终于来到一座高大的山峰前。只见此山翠峦叠嶂，险峻异常。想想第二天就是冬至，他决定连夜登山。山上无路，他攀树枝抓野蔓。黎明时分，在他的头上，出现一个山洞，洞上三个大字"藏黍洞"清晰可见。他仔细观看洞口，只见两条巨蟒大口喷着血气，懒洋洋的似快入睡。他暗伏下来。半晌了，天下起了小雪，两条怪物发出熟睡的鼾声。洛玉一跃而起，从腰中拔出砍柴的斧子，把两条巨蟒拦腰砍断。到了洞内，只见洞中央的石床上，一个金盒闪闪发光。洛玉取出金盒，打开一看，里面的宝珠发出刺眼的光芒。洛玉把金盒放在包裹内，下山回家。

回到家，洛玉也不知这宝物有多大用处，他左思右想，并不断打开盒子观看，总想不出它的用处。

冬去春来，百花盛开。有一天，洛玉又拿着盒子在院里观看，突然，一只鸡飞来，撞了洛玉的一只手，盒子"咣当"掉在地上，几颗宝珠落在地上。洛玉伸手去捡，只见几颗宝珠自己钻入了地下。洛玉正在着急，忽见宝珠钻地的地方，长出几棵嫩芽，非常茁壮地往上长。一会儿，就长了一人多高。洛玉看见，在长出的苗上都有两个棒槌似的东西。洛玉取下两个，去掉它们的衣服。只见棒槌上结满了宝珠，这些宝珠散发着诱人的香味。洛玉取下一粒，放在嘴里，香甜无比。洛玉高兴极了，他把那东西取名叫黍，走出山坳，到百姓中去散发。人们为了感谢洛玉，把这东西叫玉黍。打这儿以后，太行山一带出现了玉黍，人们有了饭吃，不再挨饿。

采录者： 庞敬国，男，32 岁，汤阴县瓦岗乡小元
村人，干部

采录时间： 1987 年

采录地点： 汤阴

选自： 《中国民间故事集成·河南汤阴卷》

377

聚宝盆

附
记

《洛玉取黍》先后收录于《中国民间故事集成·河南汤阴卷》《中国民间故事全书·河南汤阴卷》，原书仅有采录者姓名，现重新调查补充，其他要素仍不详。（刘二安）

明初，桃村来了一户逃荒人家，男的推着一辆独轮车，车上有一床铺被、几个陶制坛罐和黑粗瓷碗，女人肚子挺得高高的，看样子又有了六七个月的身子。男的姓华，叫华良，女的姓梁，叫梁花，他们是打山东逃荒过来的。小车上还坐着两个男孩，一个四岁，一个两岁。夫妇俩在街东的一个财神庙里安了家。这财神庙只是一间丈把长宽、无门无窗的破庙，一尊半人高的木雕财神像，长年无人侍奉已歪倒在一边，厚厚的浮灰已糊住了这财神的鼻子眼。

华良和梁花一连两天，扫的扫，洗的洗，将小小破庙的地下、墙上打扫得干干净净。山墙头还垒了口露天灶生火做饭，大人叫，小孩闹，嗨！这就成了一个家了。女人家的心细，她修补了神台，洗净上神像，将财神立在台上，扶摆端正，还买了两炷香，一边拱手作揖，一边祈祷着。一家人和财神爷做了伴。

这华良是个庄稼人，耕耙收种、扫帚扬场锨，样样拿得起，还有一身使不完的劲儿，没几天就被街上潘老爷家雇为伙计。这梁花虽是个小脚女人，但做得一手好面食，发出的馒头能当球拍，擀出的面条厚薄长宽一刷齐。今晚

切的面，明早也不会粘在一块儿。只在潘老爷家露了一手，一个潘村街从南到北已无人不晓了。开始时谁家想吃梁花的手擀面，就上门去请。面擀好了，东家大都送她一碗半碗面粉做工钱，小日子也就凑合着过了。可这梁花是个带身子的女人，眼看着肚子一天天大起来，东走西颠的也不太方便。潘太太给出了个点子，她借梁花十斤面粉，让梁花每天在家擀面条，门口摆个摊子，谁家要吃面条就上门来买。就这样，潘村街头从此有了家面点店。那财神庙自从住进了他们家，神台上开始隔三差五地有人来上香，后来渐渐地香火不断了。

一天夜里，华良睡夜突然醒了，再也睡不着。他爬了起来，推醒了正在熟睡的梁花，说："快醒醒。我刚才做了个梦，梦见在耕田时耕出个大瓦盆，还没等我拾起，过来一个白胡子老头儿。老头儿说这是个宝盆，若往盆里放粒米，不一会儿就能变成一盆。用得好，会给人带来幸福；用得不当，会让人家破人亡。还没等我说话，老头儿就化作一阵烟飘走了。这梦不知是凶是吉？"梁花累了一天，本来睡得正香，被丈夫推醒，有点烦，说："管他哩。是福不是祸，是祸躲不过。"说完翻个身又呼呼睡着了。第二天天亮后，东家叫华良套牛耕田。老牛一趟没到头，铁犁翻出了个大瓦盆。华良忙捡起瓦盆，揩去泥，看了看，普通的一个瓦盆，没有什么特别之处。歇歇后，华良把瓦盆抱回来，交给梁花，高兴地说："昨晚的梦应验了，我耕地还真的耕出了个宝盆。"梁花看到丈夫抱回一个盆，翻了个白眼道："你是打着不走，牵着倒退。我前两天就跟你商量着买个盆回来，你还说家里的盆只有个裂口子，用绳箍一下还能用。今天谁让你买了？是捡着便宜了吧？"华良说："昨晚我跟你说梦里的事，你忘了？真是耕田耕出来的，说不定真是个宝盆。"梁花接过瓦盆，翻来调去没看出什么特别，以为是丈夫编故事哄人，顺手往桌上一撂，就听"当啷"一声，发出金属的撞击声。两口子同时一惊："哎呀！真和普通的盆不一般。"华良顺手抓了一把黄豆撂在盆里，只见盆里顿时起了层雾气，不一刻成了满满一盆黄豆。华良高兴得蹦了起来。他把黄豆倒进一只口袋，又抓了一把黄豆放在盆里，不一会儿又是满一盆；又把盆里的黄豆倒进口袋，仍抓了一把放在盆里，

又是满满一盆。就这样一连三盆，华良还要放。梁花冷静下来，阻止住华良说："你把昨晚的梦再细说一遍。"华良把昨晚的梦详细重复了一遍以后，盯着梁花问："怎么啦？"梁花说："这盆应当用来和面用，咱要靠辛苦持家，不能靠取巧生财，不劳而获。否则这个家会有灾祸。"梁花立了条规矩，这盆里除每天和面外，不能往盆里放其他物件。华良向来都是听老婆的，这次自然也不例外。

从那以后，华良还是干他的伙计，梁花还是卖她的面条。不过，现在不用再买面粉了。梁花每天和完一盆面，擀完面条，抓把面粉放在盆里，第二天还是和一盆面，就这样每天都能从盆中变出一盆面来。

有天晚上，华良趁梁花睡下了，悄悄放了一个铜钱在盆里。第二天梁花准备和面做生意，发现盆里满满一盆铜钱。她知道是华良干的，来了气，跑到屋里把华良从被窝里拽了出来，发起了脾气："你是要钱，还是要这一家老小平安？"华良憨憨笑着："钱哪有老婆孩子好呢。"梁花余气未消："那你干吗背着我弄这黑心钱？"华良说："我根本没想要，不过是好奇想试试。"梁花说："那好。你去找工匠，我们就用这钱，把财神庙修复一新，再给财神爷镀个金身。"

一晃又是一年过去了，华良和梁花攒了不少钱。他们接着财神庙往东盖起了三间像样的房子。华良还是在潘老爷家当伙计，梁花也还是每天和面卖面条。这年，夏蝗成灾，飞蝗蔽天，所到之处，禾麦皆无，十户人家有五户讨饭，路边、山坡的榆树皮都被剥下充饥。这样下去肯定会饿死许多人。梁花和华良商量着，从明日起向灾民发放馒头，每人每天两个。第二天天没亮，梁花就蒸了一锅馒头，倒在一个大盆里，然后拿一个馒头放在聚宝盆里，不一会儿变作了一盆馒头。如此反复着，天快亮了，雪白的馒头已堆满了一大笸[1]。华良带着大儿子分头在路口向过往讨饭人和贫苦人转告，财神庙梁花向灾民发放馒头。人们一传十、十传百，财神庙前排起了长龙。灾民们手捧着雪白的馒头，对梁花感激不尽。就这样每天在梁花家门前都有

[1] 一大笸：笸，盛馍的筐子或篓子，多用高粱秸穿制而成。在幻想故事里，这里的笸，其形当然大得无边。

成千灾民领食馒头，整个潘村无一人饿死。贫苦人家都说华良和梁花是神仙派下凡间救苦救难的菩萨。那些富户人家中，开始有人注意华良一家了，他们对梁花每天发放馒头感觉蹊跷。百里之内小麦基本绝收，华良家哪来那么多的小麦面？每日发馒头上万个，需要蒸多少锅啊，可怎么不见梁花家烟囱冒烟呢？人们纳闷，好奇，不断增了些猜疑。大老爷们中有问华良的，问他哪来那么多面粉；老太太、小媳妇们有问梁花的，问她蒸上万只馒头要多长时间。每当人们问华良时，华良总是憨憨一笑，说："咱媳妇有能耐。"每当人们问梁花时，梁花也都笑着说："连锅蒸省时间。"潘老爷是个心里做事的。一天他到华良家送工钱，一进门就说："他大嫂子，今年是灾年，你家也是凭手吃饭，天天接济灾民，我估摸着你积攒已用差不多了，今年的钱提前算给你。"说着从褡裢里掏出三吊钱放在桌上；同时两眼像是安了轴，四处乱转，一没看到粮垛，二没看到大锅，三没看到大蒸笼。离开华良的家后，潘老爷神乎其神地说梁花是天上下凡的救世菩萨，一盆一笾的大馒头挥手就来，根本不用面粉、不上笼、不生火。

人们越传越神，许多人从很远的地方慕名而来，一是一睹活菩萨尊容，二是要买几斤梁花亲自擀的面条带回去，说是吃了这面条百病不侵。梁花每天不多不少就做一盆面生意。梁花挣的钱攒着，攒多了，够办一件像样的事了，就全拿出来。潘村有了像样的蒙馆[1]，那是华良和梁花两口子捐的款；潘村有座像样的石拱桥，那也是他们两口子捐的款。

一转眼十几年过去了，华良和梁花都老了，三个儿子华龙、华虎、华豹也都相继成了家，沿着老房往东，山连山每家三间房。老大在街上开着饭馆，老三在街上开着布店，只有老二华虎继承父业，耕种着家里的十几亩田。因为附近上百里的人都十分敬重梁花，三房媳妇也是对婆婆敬重如神。三个儿子虽各有家业，但仍是同锅舀勺，一个大伙食摊子，三个媳妇不要烧不要弄[2]的，也落得自在。一日梁花突然得了怪病卧床不起，话也不能说，急得华良

[1]　蒙馆：小孩子启蒙的学堂，收的多是上初小的学生。
[2]　不要烧不要弄：指不用烧火煮饭，不用干杂活儿。

团团转。一辈子都是梁花指挥这个家，他只能干个呆事，梁花要撒手去了，他也得跟着。梁花最放心不下的是那聚宝盆。她担心三个儿子和三个媳妇得了此物，会贪得无厌。她叫过华良，用手指指盆，比画着手势交代后事。她想说的意思是，老大得饭店产业，老三得布店产业，老二有田种，三个都能过去，留着这盆不会有好处，不如把它埋入地下，免得惹下祸端。可这华良脑瓜转得慢。他误把梁花的话理解成老大饭店、老三布店都需要钱周转，老二种田每年只需种子，这盆谁也不给，由他管着。

梁花死后，华良分别给了老大、老三每人50锭银子，给了老二一口袋麦种，三个儿子分灶起伙，各过各的了。老二华虎辛勤地耕种着他所得的十几亩地，服侍着老子。老大老三开着他们的店，他们每人得了50锭银子，见老头儿子跟老二过日子，而老二两口子只分得一袋麦种，为什么也很乐意，不吭不响？越想越怀疑，是不是老头子另外留了家财给老二？老大老三兄弟俩逼着老头子，问到底留了多少银子给老二？华良被逼得没办法，说出了实话。三个儿子才知道父亲有个聚宝盆。老大想，这聚宝盆要是归了我，天下还有谁比我富呢？老二想，天下哪有不劳而获的美事呢？你今天不劳而获，明天还不知要损失些什么呢！我可不要什么宝盆。老三心想，这聚宝盆不能让老大一人得去。他提出这聚宝盆要三兄弟轮着用才合理。

经过一番争论，才讲定由老大华龙先用聚宝盆，以后每家用一天。老大华龙两口子乐滋滋地把宝盆抱回家，忙不迭地先把一锭银子放进盆中，不到一刻变成了一盆；倒在地上，再变一盆。就这样两口人不停地忙着，反复地倒着银子，银子越变越多，越堆越高，到了半夜，整个三间屋子全堆满了，这两口子还在不停地变，不停地倒，不停地堆。突然"轰"的一声，四面墙被挤崩溃了，屋顶塌了下来，两口子都被埋在了银子堆里。老三两口子半夜没睡，只等天亮过去要聚宝盆，突然听到"轰"地一响，慌忙跑出来看，只见老大家屋塌了。这时老二和老头子也都听到了响声。两家人一起过来，在倒房的废墟里又扒又抠。老三想找的是宝盆，老二和老头子想的是要救人。这样，一直扒到天亮，老三没找到盆，老二和老头子也没找到人。倒房堆里，除了破砖碎瓦之外，根本扒不到银子，而只

是一块块狗头石[1]。这时华良想起了当年的梦，梦里白胡子老头儿说过："用得不当，会让人家破人亡。"这话全应验了。

讲述者： 王德贵，男，69岁，安阳市郊区马家垒村人，私塾两年，农民
采录者： 王家俊，男，41岁，安阳市郊区马家垒村人，大学，公务员
采录时间： 1996年
采录地点： 安阳市郊区马家垒村

378

金豆子与金元宝

传说很早以前，林虑县姚村有一木匠，姓李，五十来岁，心地善良，为人厚道，勤劳朴实，常年在山西做木工活儿，一年回一次家。有一年因天降大雪，路途难行，到腊月二十九紧赶慢赶，才走到天桥断，这时天已将黑，又下着雪，李木匠看看奔腾的河水，再看看独木桥上裹了厚厚的冻雪，桥下又是万丈深渊，不觉倒吸了口凉气，身上长毛[2]，浑身颤抖，心想今天无论如何是过不去了，明天过河，三十到家也不误过年。

在这前没有村后没有店的漳河滩上，大雪飘飞，寒风呼啸，怎么度过这漫长而又寒冷的长夜呀？

正在为难之时，恍恍惚惚看到不远处有一丝光亮，心想这地方怎么会有人家？也许和我一样穷途末路吧。既然这样，何不搭伴过夜，也好有个照应。李木匠挑着木工家具，深一脚浅一脚地朝着光亮走去。他好像在荒漠找到了绿洲、黑暗找到了光明一样。李木匠来到近前一看是一户人家，只求住下也没有多想，便上前敲门。

---

[1] 狗头石：鹅卵石。

[2] 身上长毛：汗毛倒竖。

不一会儿门开了，出来一位老翁，看上去年事已高，白胡白须，但鹤发童颜，神气十足，声如洪钟。李木匠急忙问道："老伯，天黑雪大，今天过不去河了，想借宿一晚。"老翁说："来吧！"便把李木匠领进了院内。

李木匠来到院内一看，是一座规规正正的四合院，灯火通明，如同白昼。老翁看着李木匠挑的木匠工具便问："你是木匠？"李木匠说："嗯，养家糊口的手艺。"

老翁说："还没有吃饭吧？你看这样好不好，我家有一部分桌椅板凳，年久失修，你给我修理一下，我去做饭，饭好了我叫你，天明就送你过河，你看咋样？"李木匠连忙说："中、中。"说罢李木匠就干起活儿来，老翁回屋做饭去了。

在干活儿中李木匠不见老翁和其他家人出来，只见一只白鸽子和一只灰鸽子来回交替地飞着，等李木匠干完活儿了，老翁也从屋里出来了，天也亮了。

老翁说："你帮我干了一夜的活儿，也在我家住了一宿，不收你住宿费也不给你工钱了。我蒸了两个玉米面窝窝头，你带上到路上吃吧，现在就送你过河。"说罢又给他塞到兜里一把黄豆。

老翁送李木匠出来门说："你要闭上眼睛，我叫你睁眼你再睁眼。"李木匠按照老翁的吩咐，闭上眼睛，像睡着了一样。在睡梦中听到老翁说："睁开眼吧，已经过河了。"李木匠睁开眼一看，自己已经站在了漳河南岸，身后是波涛汹涌漳河水，也不见老翁，只见自己木工家具放在旁边。李木匠急着回家过年，刚才闭眼像睡了一觉，顿觉有了精神，挑起木工家具就赶路去了。

李木匠一路紧走，也顾不上吃干粮，到村边就听到村里的鞭炮声，知道晌午了。但是李木匠家里却没有过年的气氛。家里人想他，一走二年没有音信，也不知道还有他没有，妻子哭丧着脸向大门外张望着，好像在等他回来。

李木匠到街门口就喊："我回来了。"妻子听到喊声就往外跑。见了面妻子又哭又闹。李木匠说："哭啥，我不是回来了吗？又不误过年。"妻子说："这是第二年三十儿啊！"

原来老翁家的鸽子飞一圈就是一天。白鸽子飞来是白天，灰鸽子飞来就是黑夜。李木匠听妻子一说，心想我在

他家整整干了一年活儿啊！想到此，愤怒地说："我给他干了一年的活儿，一分钱工钱也没有给，就给了我一把黄豆。"盛怒之下，伸手将兜里的黄豆抓起来甩到地上，妻子一看全是黄灿灿的金豆子，李木匠也傻了眼。赶紧去摸那两个窝窝头，打开一看是两个金元宝。李木匠一家人欢天喜地地过了新年后，就开始买地，建房，从此过上了幸福生活。

讲述者：　方进财，男，85岁，林州市姚村镇三孝村人，高小，农民

采录者：　方建增，男，61岁，林州市姚村镇三孝村人，本科，干部

采录时间：2020年

采录地点：林州市姚村镇三孝村

附
记

　　我从小就听俺爹在农闲时、饭市上（农村人集中吃饭的地方）讲故事，由于当时年龄小，时间久远，好多故事记得不全面。2020年11月，《中国民间文学大系·故事/传说卷·河南卷·安阳分卷》编委会在林州市召开启动会，我很受鼓舞，为了收集整理民间故事和传说，又回老家让85岁的老父亲重新讲述了《金豆子与金元宝》《郭巨埋儿》等故事，这些故事在豫晋冀接壤的林州市、安阳县，以及山西省长治市平顺县、壶关县，河北省邯郸市涉县、磁县都有广泛流传。（方建增）

379

苦娃、财主和老龟

从前，九龙河岸边的村子里住着一个男孩，名叫苦娃，十岁上死了爹娘，只好给老财主家当长工。

苦娃每天起五更达半夜地干，狠心的老财主，常常不让苦娃吃饱饭。

有一天，苦娃一大早起来，把老财主家的前后院都打扫干净了，已是日上三竿了，老财主家的人都在吃饭，可老财主对苦娃说："你去把茅房里打扫干净，再吃饭。"苦娃拿了扫帚去扫茅房了。

苦娃扫完茅房，刚要去吃饭，老财主又叫他去挑水。苦娃挑水回来，老财主家的人已经吃罢饭了。这时，老财主又说："苦娃，你去河边洗完菜回来再吃早饭吧！"苦娃没办法，只好忍着饿肚子到九龙河边洗菜。

苦娃一边洗，一边哭。这哭声被九龙河里的老龟听见了。老龟从河底凫了上来，来到苦娃洗菜的地方，问苦娃："小娃娃，你叫什么名字？你哭啥呀？"

苦娃哭得正伤心，听见有人和他说话，止住眼泪一看，原来是九龙河里的老龟在问话哩。

苦娃对老龟说："俺叫苦娃，老财主光叫俺干活儿，不叫俺吃饭，俺肚子实在饿得慌啊！"

老龟对苦娃说："你别再去给老财主家干活儿了，骑在我的背上，让我驮着你去到一个孤岛上，那里有许许多多的贝壳，是世间的宝贝，带回来一些卖了，够你吃饭了。"

苦娃听了老龟的，把篮子里的菜往河岸上一扔，骑在老龟的背上，老龟就驮着苦娃向河里游去了。

老龟驮着苦娃游啊游，游到了那个孤岛上。

这岛上的贝壳太多了，五颜六色，光彩夺目，美丽极了。苦娃捡了一篮子美丽的贝壳，又骑在老龟背上回到了河岸边。

苦娃把捡来的贝壳拿到街上去卖，人们都抢着买他的贝壳。苦娃卖了好多钱，再也不用饿着肚子去给老财主干活了。

这事被老财主知道了，他也想发大财，就去问苦娃。苦娃把实话告诉了他。

老财主穿上一身破衣服，也装着到九龙河边去洗菜，他一边洗，一边哭，装着哭得很伤心的样子。

老龟听见了，游到河边，问道："这是谁在哭啊？"

老财主早等得不耐烦了，一听老龟来问话，赶忙说："我是老财主家的佣人，老财主光叫我干活儿不叫我吃饭，我肚子里实在饿得慌呀！老龟、老龟啊，你快点帮帮我的忙吧，你驮着我去一个孤岛上，叫我捡那么多的贝壳吧！"老龟一点头，老财主高兴了，赶紧拿了他准备好的几条大口袋，骑到了老龟背上。

老龟驮着老财主游啊游，游到了九龙河心，对老财主说："老财主，你到九龙河底去捡贝壳吧！"老龟说罢一欠身，把老财主掀翻到河水里去了。

讲述者：　王明信，男，48岁，安阳县人，大专，文化局干部
采录者：　张进忠，男，安阳县人
采录时间：1989年
采录地点：安阳县吕村文化站
选自：　　《狐狸坟传奇》

380

烂锅片

一个小孩儿在地里割草，发现一束草长得是又大又旺。他就把那束草割了下来。奇怪的是，那个地方又原样长出来一束草。他又把草割了，草又长了出来。草随割随长，一直割不完啦。结果，不一会儿他就割了一篓草回家了。第二天，他又到那里割。

小孩的爹娘见他割草又快又多，非常奇怪，问是咋回事。小孩儿就把那束草的事儿说了。爹娘觉得小孩见宝了，就让小孩领着来到那束草的地方挖了起来。挖呀挖呀，挖出一个烂锅片。爹娘非常败兴，就把烂锅片拿到家，随便扔到了墙角里。

一天，他家的母鸡钻到屋里，在烂锅片里下了个蛋。小孩儿把蛋拿出来，可是里边还有一个蛋。再拿还有，再拿还有。蛋一直拿不完。他们才知道这真是个宝贝。家里粮食少了，他们把粮食倒进去一些，粮食就一直吃不完。

有个财主知道了这事儿，就仗势硬说烂锅片是他家的，把宝贝抢走了。

财主把元宝放进烂锅片里，拿出一个元宝还有一个元宝，拿出一个元宝还有一个元宝，一直拿，一直有。很快，他家的元宝就多得盛不下了。

财主的爹，也去拿元宝。他满满拿了两手元宝，转身去放。不小心脚一滑，就坐进烂锅片里。财主去拉他，结果，拉出个爹，还有个爹，拉出个爹，还有个爹，一会儿拉得满屋子都是爹，爹再也拉不完啦。这下，可把财主气坏了。

讲述者： 郭运峰，男，11 岁，内黄县二安乡前花固村人，学生

采录者： 李国存，男，12 岁，内黄县二安乡沙河庄村人，学生

采录时间： 1968 年

采录地点： 学校教室

选自： 《中国民间故事集成·河南内黄县卷》

附记

郭运峰是我同桌，这个故事是他在课间给我讲的。（李国存）

381

鸡狗犁地

从前有弟兄二人。分家时老大对老二说："弟弟，明天鸡一叫，谁起得早家产由谁挑。"弟弟说："好吧。"半夜时分老大偷偷地起来，走到院子里，捏起鼻子"喔、喔、喔"叫了三声，然后冲屋里喊："老二，鸡叫了。我比你起得早，家产我来挑。"老二不知哥哥使奸，只好同意。老大挑了三间瓦房、两匹马、二亩好地。剩下的两间破草房、一只鸡、一条狗、三分薄田，算给了老二。犁地的时候，老二没有马，便在自己屋里伤心地哭了起来。这时鸡和狗进来了对他说："主人啊！套上我们去犁地吧。"老二摇摇头说："不行啊！你们太小啦，拉不动的。"鸡和狗说："行，不信在院里试试。"老二走到院里，套上鸡狗，把鞭一甩，鸡狗果真拉着犁子犁了起来。于是他高兴地来到地里，刚要犁，从路上走来一个老头儿，看到他套着鸡狗，十分惊奇，便问老二："青年人，你要干什么？"老二说："我要犁地呀。"老头儿不信，说："吹牛皮，你要能用鸡狗犁地，我给你十两银子。"老二把鞭一甩，鸡狗如飞般地拉着犁，一会儿就犁完了，老二赢了十两银子高高兴兴地回家了。

老大套着马犁地，怎么赶马也不拉，气得他一顿鞭子就把马给打死了。他丧气地向家走去。遇着老二的地，吃了一惊："咦？老二怎么犁完了？"来到家，他问老二，老二如实告诉他，还把银子亮出来给他看。老大看见银子，眼都红了，便对老二说："弟弟呀，你的鸡狗让我用一用。"说罢，不管老二答应不答应，套上鸡狗就走。来到地里，刚要犁，来了一个卖棒槌的，见他套着鸡狗，就给他打赌："你要是用鸡狗犁地，我给你十两银子，你要是骗我，我给你十棒槌。"老大十分高兴，把鞭一甩，鸡狗连动也不动，他生气地把鞭抽打过去，一下把鸡狗打死了。结果他挨了十棒槌，在柳树下挖了个坑埋了鸡狗回家了。

老二一听说鸡狗死了，便跑到地里柳树下哭了起来。他边哭边摇着树，只听"扑通""扑通"，从树上掉下许多金元宝。他高兴地拾起元宝回家了。

老大知道老二得了一堆金元宝，也赶忙拿起一个布袋走到那棵柳树下，一边干号一边使劲地摇树，只听"扑通""扑通"，掉下许多砖头、瓦块，砸在他的头上，砸了好多包。他拿把斧子，把树砍倒了。树砍倒后，他自己要了树干，把树头给了老二。

老二用柳树条编了一个筐，放到房檐下，这时天上飞来一群雁，他望着雁说："南飞雁，南飞雁，飞到筐里下个蛋。"那些雁一只一只地飞到筐里下蛋，一会儿下了满满的一筐。老大看见了又眼红了，他把老二的筐子放在自己的屋檐下，学着老二的话说："南飞雁，南飞雁，飞到筐里下十个蛋。"那些雁果真飞到筐里，等雁飞走他满心欢喜地取下来，一看里面尽是雁屎，气得把筐扔到灶火里烧了。老二来到灶火一看，筐灰里边尽是些炒花生，他抓了一把边吃边走。老大见了，也去刨灰，正巧一粒火星一蹦，蹦进了他的眼内，把贪心的老大一只眼给烧瞎了。

讲述者： 郭全希，内黄县人
采录者： 宗留振，男，27岁，内黄县亳城乡文化站干部
采录时间： 2006 年
采录地点： 内黄县亳城乡文化站
选自： 《中国民间故事全书·河南内黄卷》

382

贪婪财主命呜呼

有座大山，山上住着一个贪婪的财主，山下住着许多穷人。这些穷人大多数是贪婪财主家的佃户和家奴。有一佃户家的男人累死在农田里，撇下了媳妇和儿子。财主不但不照顾他们母子俩，反而还把他们在他家租的农田收走了。母子两个为了生计，迫不得已，只好去拾粪。

一天临黑，母子二人实在累得走不动了，就夜宿在路旁的土地庙里。土地爷见这孤儿寡母怪可怜的，就给她儿子托了一个梦，说黎明之前你们母子二人一定要抓紧时间到庙后的茅厕里去淘大粪，那儿的大粪很多，淘了这一次，以后就用不着再出来起五更打黄昏拾粪了，也不再受风吹日晒的罪了。儿子醒后就把梦说给了母亲。母亲听了又惊又喜，又是将信将疑，对儿子说："明儿个清早咱两个不妨去碰碰运气。"儿子说："中。"

母子二人淘呀淘，他们淘的不是大粪，而是淘了九九八十一个金元宝，天明正好淘完，喜得母子俩热泪盈眶。

金元宝到家后，他们就卖了两个，从此母子俩就过上了不愁吃、不愁喝、不愁穿、不愁戴的好日子，并且还把

一些粮食、布匹和钱送给了一些缺衣少食的穷苦人家。周围的人看到他娘儿俩过上了好日子，个个羡慕不已，就打听他们家是如何时来运转走出困境的。娘儿俩都如实相告。谁知这一消息像长了腿一样很快就传到了贪婪财主的耳朵眼里。

财主听到这一情况后，既眼红又嫉妒，他恶狠狠地说："这两个穷鬼咋会富得这么快呢？是哪股风儿吹的？"为了探得这一虚实，他心生一计，放出风声说："我家的金元宝存放的日子久了，都被虫子给蛀出小孔洞了，再不好好晒晒就被虫子蛀得没分量了。"

他母子两个听说虫子能蛀金元宝，心里很不安。他们拿出来几个一看，果然看到个个金元宝上都有个小孔洞，他两个怕金元宝被虫子蛀得不顶用了，就悄悄拿出来晒在房顶上。

阳光下，房上的元宝金光闪闪，光芒四射。贪婪财主看得一清二楚，垂涎三尺。他得了这个实底，哈哈大笑。当天晚上，他就带着一帮如狼似虎的蒙面家丁窜到了他们母子的家，把卖后剩下的金元宝全部抢走了。

第二天早上，贪婪财主刚起床，就闻到院子里一股刺鼻的大粪气，仔细一闻，臭气是从库房里散发出来的。他打开库房门一看，他抢来的金元宝变成了一摊摊的稀屎巴巴，而且他家的金元宝也变成了稀屎巴巴。

贪婪的财主又气又急，就让狗腿子们把这些稀屎巴巴清理到他们母子的院子里。他们走后，稀屎巴巴又变成了金元宝。母子两个见劫后余生的金元宝回来了，而且比抢走的金元宝还要多。贪婪的财主听到这一赔了老本的消息，就再次去抢，可一次比一次赔得惨。贪婪的财主气得暴跳如雷，谁知这一气，竟然嘴歪眼斜瘫倒在地上，不两天就一命呜呼了。

讲述者： 宋魁元，男，71 岁，殷都区大司空村人，小学，退休干部

采录者： 刘耀青，男，53 岁，殷都区小庄村人，中专，农民

采录时间： 2007 年 5 月

采录地点：　殷都区大司空村
选自：　　《民间故事选》

383

黄
笛
儿
吹
横
笛

从前，有个姓黄的小伙儿，吹得一手好横笛。他吹横笛，人听了不走，鸟听了不飞，草禾棒儿听了还蹦三蹦。父母死得早，他也没有兄弟姐妹，村里人不知道他叫啥名字，就都叫他"黄笛儿"。

黄笛儿孤身一人过日子，横笛成了他的好伙伴。每天干活儿回来，他都要吹，给自己消愁，也给村里人解闷儿。

村子的南面有个大湖，湖里住着老龙王。老龙王天天听到从村里传来的笛声，也被迷住了。他嫌远听不过瘾，这天，就变成一个白胡子老头儿，进村来请黄笛儿到他那里吹笛做客。有人请吹笛，黄笛儿高兴地答应了。

龙王把黄笛儿领到村南湖边，趁他不注意，把手一招，湖底的龙宫就变成一座庄院起到了湖上。黄笛儿走着走着，看到原来是湖的地方，突然添了一座庄院，楼房瓦舍一大片，心里好奇怪，就问老头儿："这是啥地方？"老头儿说："这是我新盖的府第。"黄笛儿听了，不大相信，也不好多问，就一直跟着老头儿进了庄院，来到正房客厅。老头儿让人摆上茶点，就听小伙儿吹起笛儿来。

龙王有三个闺女，也想来听笛儿。按规矩她们不出阁，是不能出来见人的。大闺女想了个点儿，变成个白草鸡，卧到客厅的台阶下听。二闺女学姐姐，变了个黄草鸡，卧在客厅的台阶上听。三闺女胆更大，变了个黑草鸡，飞到客厅的窗台上听。

就这样，黄笛儿不断到龙宫吹笛，成了龙王的常客。

有一天，黄笛儿又来吹笛。龙王对他说："你给俺吹笛这么长时候了，我得好好酬谢你。你到我仓库拿些银钱宝贝吧。"黄笛儿说："吹笛儿是自家取乐，要啥酬谢！"龙王过意不去，说："不要银钱财宝，随便挑样东西也行，要啥我给你啥。"黄笛儿见老头儿真心想给，一说再说，也只得答应。要点啥呢？他想了半天，也想不出要啥好。正发愁呢，那只听笛的黑草鸡从窗台上跳下来，进了客厅，朝黄笛儿身边跑来。黄笛儿就随口说："我看这黑草鸡不赖，就叫我把它抱走吧？"龙王知道这黑草鸡是三闺女变的，就不大愿意，说："你要它干啥？光会吃，又不能当钱花。"黄笛儿说："钱多有啥用？我孤单单的，做个伴儿吧。"龙王说过要啥给啥，见黄笛儿一心想要，也就答应了。

自打黄笛儿把黑草鸡抱回家，他每天干活儿回来，锅里的饭就做好了，想吃啥锅里做的正是啥。他觉得好奇怪。

这一天，他就从地里提前回来，偷偷地藏在厨房里看动静。到了做饭的时候，那黑草鸡跑到厨房，扇了扇翅膀，脱下黑羽衣，变成了一个漂亮的大姑娘。饭做好了，她披上羽衣，又变成了黑草鸡。黄笛儿明白了。第二天，就又藏在厨房里。等黑草鸡脱下羽衣做饭时，他突然上前，抓起羽衣，扔进火里烧了。

那姑娘见羽衣一烧，自己变不回去了，羞得是无处藏无处躲的。黄笛儿说了半天好话，她才安下心来。其实，在龙宫听笛儿时，她就相中了黄笛儿，要不，为啥她不早不晚偏偏在黄笛儿正发愁要啥东西好时，跑到他跟前呢？

黄笛儿得了三龙女，高兴坏了。龙女也说早有爱慕的心思。俩人选个好日子，结成夫妻。

可是好景不长。神仙报恩一百天，跟凡人是不能结婚的。到了一百天头上，龙王坐着轿车来叫闺女回去。龙女哭着不走。龙王变了脸，叫人把她强行拖上了轿车，打马离去。

黄笛儿追到湖边，只见轿车分开水路，走进湖底。轿车过后，又成了汪洋一片。

打这儿以后，黄笛儿天天到湖边吹笛儿，一边吹一边掉泪。每当他吹笛时，就有一条金色鲤鱼游到水边，静静地听着。有人说，这条鲤鱼就是龙女。

讲述者： 李光智，男，55 岁，内黄县二安乡沙河庄村人，农民

采录者： 李国存，男，11 岁，内黄县二安乡沙河庄村人，学生

采录时间： 1967 年

采录地点： 讲述者家中

选自： 《中国民间故事集成·河南内黄县卷》

384

塌崖出[1]与金牛推磨

相传在很久以前，太行山里一个小村庄住着五六户人家。其中一户当家人姓刘名金，是一个憨厚之人，常年靠砍柴度日。

有一年大年初一，刘金刚吃过五更饭，就向妻子等家里的人说："咱常年吃糠咽菜，今天吃了一顿扁食[2]，在家闲着反倒不自在，你们在家玩乐，我上山砍柴去，中午不要等我，半后晌就回来了。"说罢就和往常一样，依旧取着镰，背着一条两头尖的扁担，头上还戴着一顶很旧很脏的羊毛毡帽，向着深山沟走去。

天快饭时了，才来到一个名叫塌崖出的地方。于是头也没抬地只顾向前边山坡走着，走了没有几步远，忽听背后有人喊话："砍柴的哪里去？你请过来呀。"刘金抬头向后一看，就在壁立如削的山崖根儿，站着一个身穿大衫、头戴礼帽、肩上还背着条毛线布袋的大汉。刘金不由得停住脚步深思起来：我穷得大年初一上山割柴，他这样的打

扮是个穷汉吗？身上背着条布袋可又不像是要饭的，他在这里干什么，即便是强盗我也不怕，他一个人，我一个人也能打过他。"喂喂，砍柴夫，你快过来呀，不要害怕。"又是他的二遍叫唤。

提起塌崖出，据老人们说，里边有一个金牛和一个银闺女，里边有取之不尽、用之不完的金银财宝，可惜都叫南方蛮人取跑了。

今天，来取宝的也是个南蛮人，此人名叫周福通。得了一尺想一丈，是南方最有名的财迷，人们给他送了个外号叫"填不满"。当他来到这里取宝的时候，送钥匙的人还没有来，再过一刻的时候，山门就开不开了。他看见刘金来到这里，背着一条扁担正好当他的钥匙用，就赶忙喊话叫刘金过来。

刘金十分惊异地来到他的跟前，"填不满"就赶快对他说："时间已经到了，请你帮帮我的忙，你别去山上砍柴了，我用一下你的扁担，你在外好好给我看守，千万别动，一动山门一锁，我就出不来了，里边有大量的财宝，只准我一个人进去，等我出来后，给你许多，足够你一辈子享用的。"刘金一听实为欢喜，急忙点头应承说记住了。于是忙把扁担交给他。只见这个"填不满"站在崖根儿，嘴里不知念了些什么，赶忙把扁担往崖根儿一竖，忽听得一声隆隆巨响，山崖就裂开了三尺来宽的一道石缝，里边青堂瓦舍，一眼看不到边。周福通背着布袋进了里边取宝去了。没有走几步就又招呼刘金说："我什么时候出来，你等到我什么时候，咱一同回去。"刘金点头说道："记下了，放心吧。"

再说这个地方的东崖根儿，有一个尖瓜石，每当阳光射到这个石头尖，天就晌午了。刘金每天砍柴就以石为记号，回家后正好半后晌。这时的阳光早已射过尖瓜石了，这个"填不满"还没有出来。刘金在外着急地想道，我真该回家了，再不回去，就要搭大黑了，家里老父、老母、妻子儿女一定以为我割柴出啥事了。大年初一的，为啥要叫他们这样结记[3]自己呢。可又一想，自己亲口承诺给人家在洞口死等，现在人家没出来，自己不吭声就走了，实

[1]　塌崖出：指悬崖下面的通道。

[2]　扁食：饺子。

[3]　结记：惦记，挂念。

在不对人，唉，干脆进去叫他一声吧。

刘金顺着洞往里走，没走多远，就见一头黄澄澄的老牛在拉磨，一个白雪雪的闺女在边站着。刘金想，这可能就是老辈人说的"金牛推磨银闺女看"吧。他本来想到跟前去好好瞧瞧，可又一想找人要紧，于是就只管往里找人去。才走几步，突然有人喊他："砍柴的刘金，不要进去了，我马上就要关洞门了，一关门你可就出不去了，只有死在这里喂金牛啦。"刘金一听，扭头一瞧，原来是银闺女喊他，连忙回答说："银小姐，我不偷宝贝，我是来找一个背毛线布袋的人，他让我在洞口等他，可是直到现在还没有出来，你看见他了没有？"

"就是那个'填不满'吧，他回不去了。"

"怎么，出了啥事了？"

"他进来后，我说给他装一布袋金豆子让他走，他还不呢，非要把我们的金牛牵走。我们的主人说了，不让他回去。你也不要等他了，我给你些金豆子回去吧。"

刘金一听，银闺女要给自己金豆子，忙说："不要，不要，就是给了也没有地方装。"

银闺女一看刘金没有取布袋，衣服上也没谷处[1]，也很为难，抬头一看，刘金头上戴着个破毡帽，忙说："就把你头上的帽子脱下来装满走吧。"说罢就给刘金捧起了金豆子。刘金装满帽子，才准备走，突然洞口传来"哗啦啦"一阵响声，刘金以为关上洞门出不去了，吓得出了一身冷汗，连忙给银闺女跪下说："银小姐，念我家里有父母双亲和妻子儿女，让我出去吧。"银闺女一听知道刘金弄错了，忙拉起刘金说："你不要害怕，这是我的金牛角擦着洞壁了，它擦一下，外面的红崖就要塌一批，不擦崖就不塌，不相信你来瞧瞧。"说着银闺女就牵着牛用角又去洞壁上擦了一下，只听外边又是一阵响声，这回刘金是亲眼所见，才放了心，赶紧谢了银闺女就往外走，才走两步，刘金想：这崖经常塌，砸死了很多人，要是崖不塌，不就可以不砸人了吗？想到这，刘金又返回来，跪到银闺女面前说："银小姐，你再行行好吧，能不能不要叫金牛去洞壁上擦撞，不要叫崖塌，不要再叫砸死人了，以前死

[1]　谷处：衣服上的兜、口袋。

的太多了。"银闺女以为刘金返回来嫌金豆子少呢，一听他说后，才知道不是这么回事，心里很感动，但她还是不露声色地说："不行，牛脾气改不了。"刘金一听，跪着苦苦哀求。银闺女看他真心实意，就说："塌崖改不了，但我能让金牛每年转一圈塌一次崖，改成每三年塌一回，为了不砸死人，塌崖日期定在三年头上的正月初一，因为那天人们大部分都在家过年，这样一来，每三年头的正月初一就不能取宝了，你看行不行？"

刘金说："取宝不取没啥，只要能少塌一回崖、少砸死几个人就行，我们庄稼人只要种种吃吃过得去，从来不求什么恩赐。"

"那就这样定了，你快回去吧，我要关洞门了。"银闺女说。

刘金看再求也没啥用了，只好谢了银闺女出来了。他走出洞口，把扁担一取，只见洞门"哗"的一声关得平平实实，而周福通这个"填不满"却永远没有出来。

刘金回到家里后，继续辛勤劳动，生活实在无法维持或者邻居谁家有了困难后，他才肯拿出些金豆子用用。

至于塌崖的事，自从刘金给银闺女讲情后，就很少有人被砸死过。再说洞里的金豆子，到每年正月初一施舍时，附近的贫苦百姓只要生活能过得去，都不去洞里取。至于其他贪财的人和外地的人就更不敢去取了，因为都害怕进去后出不来了。

直到现在，塌崖出附近的村庄人家，都还保留着正月初一不出门和生活过得去了就不求财的风俗。

讲述者：　白青年，男，27 岁，林县任村乡白家庄
　　　　　村人，高中，农民
采录者：　赵福生，男，24 岁，林县任村乡任村人，
　　　　　大专，干部
采录时间：　1987 年
采录地点：　林县县城
选自：　　《林县民间故事集成》

385

金牛银牛

附记

《塌崖出与金牛推磨》的故事发生在离我们村八里地的马家岩村石板自然村，也就是当今马家岩水库淹了的地方，名字叫塌崖出。这个故事是我们当地老辈人流传下来的，当地六十岁以上的人都会讲这个故事。20世纪80年代搞民间故事集成时，我给赵福生讲述了这个故事，他也是任村的。（白青年）

林州石阵村的东山坳是一个风水宝地，传说有一头金牛和一头银牛就住在山里的两个洞里，因此，人们就把这两个山洞叫金洞银洞。

传说，在石阵村的大殿沟与王帽谷垛之间的山脚下，曾经住着一户人家，已经绵延三代。他们在山间种了几十亩地，丰衣足食，生活得很富裕。比较离奇的是他们家的地不上粪照样长得好，人们非常羡慕，但也不知道什么原因。人常说富不过三代，到了孙子辈，由于不愁吃穿，两个孙子染上了赌博恶习，经常到三里地外的石阵村进行赌博，时常半夜才归。

有一次，到了后半夜弟儿俩[1]才回家，快到家的时候，兄弟俩借着月光，看见有一头黄牛和一头白牛在他们家的地里吃麦苗。弟儿俩就上前想把牛赶回家，明天再找牛的主人，结果牛不听话，跑进了山沟里。第二天，兄弟俩给他爹说了此事，他爹到地里查看，没发现被啃坏的麦苗，心里也感到很奇怪。

[1] 弟儿俩：林州方言，就是弟兄俩。

在以后的日子里，兄弟俩半夜回家，经常发现两头牛在他们家地里吃庄稼，几次想逮住牛都没有成功，都让牛跑进了深山里。有一次，兄弟俩输了很多钱并欠了账，没法回家向爹要钱，一边走一边商量怎么办，快到家的时候，又看见了一黄一白两头牛在他们家地里吃庄稼，哥哥对弟弟说："咱把两头牛卖了不就还上账了。"于是，俩人回家拿了两条绳子，又一人拿了一把镰刀，准备逮住牛以后，牵到临淇集上卖掉，把赌账还上。可是，两头牛犟得很，弄了大半夜也没有拴住，把兄弟俩累得顿时生了歹意，干脆把牛杀了卖肉吧，就下了杀手，手挥镰刀向牛身上砍去。牛受伤以后，满含热泪，连叫了数声，就向抬灵关方向跑去。兄弟俩紧追不放，拽住牛尾巴，继续向牛身上砍，牛流了很多血。两头牛跑到抬灵关下，互相看了一眼，就一头钻进了山石中不见了。兄弟俩傻眼了，知道遇到了神牛。这时天已经明了，看见地上牛流的血变成了金块银块，兄弟俩沿路把金块银块拾回了家，给父亲和爷爷说了此事，爷爷仰天长叹："不孝的孙子把我们家的风水宝地毁了。"

从此以后，地里的庄稼收成减了许多，即使给地上了粪庄稼也没有以前长得好了，家景衰了下来。后来，山脚下的山泉也慢慢断流了，全家只好举家迁往外地谋生。直到现在山脚下还有他们家的房子遗址，那块地人们叫"房壳郎地"[1]。

石阵村有一大户人家姓付，祖传银匠，专做金银首饰生意，会冶炼熔金。付家听说金牛银牛钻进山里的事以后，也很想发一笔财。抬灵关正好是他们家的山坡，他们就到抬灵关上实地勘探，果然发现金矿银脉，就在抬灵关下建起了厂房，让自己家人开采矿石，进行冶炼金银。付家开办金银矿的事不想让别人知道，因此就不让其他人靠近他们的矿洞和冶炼厂，以免走漏消息，让官府知道。

抬灵关是通往彰德府的官道。常言说"没有不透风儿的墙"，付家开采金银矿的事还是让人们知道了，消息传了出去。没多久，官府也知道了此事，派人来催他们交税。付家人好吃好喝招待官差，只说矿的开采价值不高，缓缓再说，拒不交税。强龙不压地头蛇，官差没办法，只好回去交差。此后当地知府又派人催了几次，也没有结果。

知府只好将此事上报到州府。州府派兵前来石阵，把付家抄了家，封住洞口，把正在金洞银洞采矿的十八个人全部熏死在洞中，付家只有一个瘸子得以逃脱，逃到了东大岭以东的淇县过活。

从此，付家在石阵村彻底消失了，只留下了付家的祖坟，现在那块地叫"付家坟"。抬灵关下还有他们家冶炼金银的痕迹呢！

后来，又有人也想开采金矿银矿，但都因开采价值不高，不合算而停工。由此人们传说，金矿银脉可能是金牛银牛钻山时身上带的血而形成，已经被付家采光了。

发现金牛银牛的人家搬走了，开采金矿银矿的付家被抄灭了，但故事儿却流传了下来。这事儿让南蛮子[2]听说了，便来到石阵东沟转了几天，还真发现了金牛银牛的线索。他身背一袋朱砂，从抬灵关山上手撒朱砂一直跟到城峪岭，从城峪岭又跟到沟窑头村，终于发现了金牛银牛的踪迹。于是一路跟踪，把金牛银牛逼到了碾上山脚下。南蛮子有钱，雇了好多人挖山，一心要把金牛银牛挖出来。两头牛无奈，趁晚上跑出来，顺碾上村向北一路狂奔。南蛮子发现后，继续狂追。金牛银牛经过岩上村、野猪泉村、水峪、小大宽河跑到了淇河边的盘石头村，眼看着就要被撵上了，一眨眼儿工夫，两头牛钻进了盘石头村边淇河的深潭里，没了踪影。任凭南蛮子生能八法使尽，两头牛再也没有出来。

采录者： 宋建军，男，52岁，林州市五龙镇中石阵村人，大专，教师

采录时间： 2019年6月

采录地点： 林州市五龙镇中石阵村

---

[1] 房壳郎地：指周围有山壁或土坡，中间是一块田地的地块。

[2] 南蛮子：林州方言，对南方懂风水的人和有地质地理知识的人的普遍称呼。

《金牛银牛》的故事是在我小时候父亲给我们讲的。那时候我十六七岁，我家有六分承包地就在"房壳郎地"前面。那时候还有房子遗址，生产队在里面圈牛。2000 年左右才修成了地，成了苹果园。那时候农村拖拉机很少，我家也没有喂牲口，到了秋天，承包地全靠用镢头筑地，俺爹教学平时没有时间，全靠星期天劳动，爹娘带领我们兄弟三人，当时三弟才十岁左右，在地里筑地。干活儿累了，总想歇会儿，于是，就问俺爹："爹，为啥咱的地里面有这几间房壳郎？旁边还有个水池？"爹为了让我们继续筑地，提高劳动效率，就对我们说："你们一边筑地，我一边给你们讲讲关于这个房壳郎的传说。从前这里住了一户人家，山脚下有一眼山泉，流到这个水池里，常年不干……"这个故事我把它记在了心里，也从中受到了教诲和启迪——做人要勤劳致富，不能贪。2017 年父亲去世后，2018 年我加入了林州市民间文艺家协会，2019 年我才把这个故事记录了下来。（宋建军）

386

南蛮子盗走金马驹

在很久以前，南蛮子常来北方盗宝，遇上风水宝地，他们从不放过，能用的则用，不能用的则毁。

一年冬天，有一南蛮子来到安阳南岭南边的王佐村，他在那儿没寻到什么宝，也没发现什么风水宝地，便怏怏不乐地顺着崎岖的小路向东走去。天有不测风云，他刚上路不久，天上就下起了鹅毛大雪，不一会儿，整个南岭被雪裹了起来，茫茫无际。他遇上了这般鬼天气，不免脚步踉跄，一不小心，竟然摔了一跤。他挣扎着爬起来，居然发现离他不远处有片草帽大的地方没有雪，他小心翼翼地强打起精神，向那片无雪的地方走去。他伸手朝下一摸，觉得那片地皮温乎乎的，他意识到下面不仅有宝，而且还是一个好穴位。由于天上下着大雪，迫不得已，他只好暗记于心，踏着厚厚的雪向东走去。临黑[1]，他才走到了一座寺院前，他叫开寺院的大门，里边出来个六十多岁的老汉。他说："老人家，我出门在外，刚上路天上就下起了鹅毛大雪，走到这儿，雪虽停了，但又到了大黑，请您老

[1] 临黑：傍晚。

人家行个好，让我在您这儿将就一宿行吗？"

老汉听他说得怪可怜的，说："我姓吴，是在这儿看寺院的。这寺院叫清莲寺，实际上是座尼姑庵。除我之外，里边住的全都是尼姑，你要是不嫌弃的话，就到我住的屋里委屈一宿好了。"

南蛮子说："那就谢谢您吴大伯了！"

吴老汉让他吃过晚饭，说："天不早了，你也累了，咱们歇着吧！"说罢，二人就躺下了。

南蛮子说："吴大伯，晚生还有一事相求，请您老人家再帮个忙好吗？"

吴老汉说："咱们爷儿俩有缘，难得住到一块儿，说吧，帮啥忙吧！"

南蛮子说："我想请您老人家给我找一根二尺多长、鸡蛋来粗的小木棍和一柄斧头。"

吴老汉说："俺这寺里烧水煮饭全凭劈柴，这两样东西咱这儿都有。"

吴老汉随即取来斧头和木棍给了南蛮子。南蛮子在小木棍的一端砍了个尖儿，就随手放在了手边。这时南蛮子说："没事了，咱爷儿俩也该休息了。"

吴老汉想：南蛮子是外地人，黑更半夜的要这些东西做什么？南蛮子想：待吴老汉睡着了，我好到那片无雪的地方下个记号。不大会儿，吴老汉就打起了呼噜。南蛮子以为吴老汉真的进入了梦乡，就蹑手蹑脚地拿起木橛和斧头，趁着雪光走了出去。他这诡秘的行动没有瞒过吴老汉。他前脚走，吴老汉后脚就跟去了。当南蛮子"嘭、嘭、嘭"把木橛楔到离地面还有尺把高时，他抬头一看，吴老汉已经站到了面前。南蛮子感到又惊讶又尴尬，便掩饰说："没劲！"虽然声音不大，但吴老汉听得一清二楚。

吴老汉问他："咋着没劲？"

南蛮子说："所谓'没劲'，就是这穴底气不足，是个不中用的穴。"吴老汉不信他这一套，便又问他："十七的还想哄十八的！你既然知道这穴不中用，那你何必跑到这儿出憨力呢？"吴老汉照木橛上就是一脚，木橛"呼哧"一声就下去半尺多深。吴老汉气急败坏地说："你大爷都不把你当外人，而你却把你大爷当外人了！"

南蛮子知道此事露了馅，便搭讪着说："你说中用就

中用，你说不中用就不中用，作为晚辈的我绝不跟大伯您抬杠，也不能给大伯您打别，至于这穴有劲没劲，日后自有分晓。在这节骨眼上，我不便多说。大伯您上了年纪，万万别生气，天不早了，咱爷儿俩也该回去了。"

第二天早上，雪过天晴，南蛮子知趣地告别了吴老汉。

南蛮子走后不久，吴老汉就把祖上的遗骨迁了过来，起名叫吴家坟。说来让人不可思议，没出二年，吴老汉的一个晚辈就在朝中做了大官。

南蛮子从来没有放下那个气脉很旺的穴，也不曾想到吴老汉会用那一穴，于是便千里迢迢二度来到王佐，他到那块地里一看，再一打听，得知吴老汉不但用了那一穴，家中还出了个不小的官。南蛮子又气又恼又恨，为报复吴老汉，他只好去见吴老汉。彼此见面后，他首先表示祝贺，又说再好的穴也会有美中不足之处，吴老汉看他态度诚恳，便说："咱爷儿俩有缘，直言无妨。"

南蛮子说："请大伯恕我直言，据我了解，您的晚辈虽然官位不小，大有可能是昙花一现，更难说世世代代再出什么大官了……"

吴老汉听他这么一说，又惊又怕，说："咋着才能保住他的官职？咋着才能保住世代官官相传呢？"

南蛮子说："这个不难。按地理上讲，关键的关键就在坟上。"

吴老汉说："在坟上？"

南蛮子说："是，在坟上。"

吴老汉说："在坟上，那又该咋办呢？"

南蛮子很自信地说："咱爷儿俩到坟上一看便知，我自会对症下药。"

他俩一同到了坟上，南蛮子仔细一瞧，发现坟上有许许多多的马蹄印，知道气脉吹得金马驹跑得很欢，就对吴老汉说："你照我拖的脚印打堵丈二高的围墙，在西北角留个大门，在东南角留个小门儿，这样坟上就聚气了，坟上聚了气，一定会逢凶化吉，好上加好。"他看吴老汉很相信他，又说："大伯呀，就我今日所言，天知地知，你知我知，天机不可泄露，天机泄露，大祸临头，并会殃及子孙后代。"

他这一派胡言吓得吴老汉乖乖就范，一是把坟上旺盛

的气脉封闭了，二是给金马驹戴上了无形的笼头。围墙砌起后，南蛮子趁吴老汉不备，就把金马驹神不知鬼不觉地盗走了。这样一来，吴老汉家在朝中的大官不但没保住，反而被皇上贬家为民，不但世世代代不出官，而且后代嘴上有好几个人出豁子，人们叫他们豁嘴子。

讲述者： 赵培育，男，龙安区马投涧乡王二岗村人，农民

采录者： 宋魁元，男，71 岁，殷都区大司空村人，小学，退休干部

采录时间： 2007 年 5 月

采录地点： 殷都区大司空村

选自： 《民间故事选》

异文：金马驹

在县城西北部有座美丽富饶的大山，相传二百年前，那里山姿雄伟，树木参天，鲜花异草，香风阵阵。山中不但有棒槌、鹿茸，而且积藏着大量的金银元宝，还有匹价值连城的金马驹儿，在山里拉着金磨，天天磨着金豆豆。每逢大雾天气，金马驹便钻出山洞，绕山嘶叫。

有一年，突然从南方来了两个人，围着山转了几天，发现山中有宝物，便产生了盗宝的念头。当时，此地人烟稀少，离山不远住着一户人家，老两口儿无儿女，终年靠挖棒槌谋生。两个南方人在老人家住了一个多月，每天观山探宝，踏遍了山中的各个角落，寻找着开山之处。不知不觉已到了深秋季节，两个南方人准备回南方去。临行前送老汉五枚葫芦籽儿，再三嘱咐说："来年清明那天种到地里，阴历八月十六日傍晚摘下来保管好，不得让外人知道。事成之后，赠送白银千两。"老汉一听这个价，惊讶地问："这有什么用呢？值这么多银子？"南方人摆手说："不必多问，明年我们来了，自然就知道了。"老两口儿不再追问，便收下了葫芦籽。

秋末冬临，冬往春来，转眼间到了清明。老汉叫老伴找出葫芦籽准备下种。老伴在房笆上找出葫芦籽一看——事不凑巧，五枚种子叫耗子嗑了四枚，幸亏剩下一枚，种到地里之后老汉天天跑到地里看望，到了谷雨才破土而出。老两口儿如获至宝，天天松土、浇水，换班看守。进了伏天便开了密密麻麻的白花，全是花，只在三尺上根部结了一个牙葫芦。老两口儿掐尖、打蔓，盼望葫芦长得快一些。到了秋天，牙葫芦长得立起来有一人多高，老两口儿高兴得成天嘴都合不上，因为一千两银子要到手了。

单说八月十五到了，早晨还是响晴的天气，傍晚却天气骤变，刮起了刺骨的寒风，不多时便飘起了雪花。老汉望着又鲜又嫩的牙葫芦对老伴说："今晚肯定有霜冻，恐怕葫芦又受不住，如果冻坏了就不值钱。我看摘回来吧。"老伴急忙说："这怎么行啊？南方人不是告诉明天晚上摘吗？""唉！差一天有什么了不起，如果冻坏了不是白费心血了吗？"就这样老两口儿把葫芦摘下来了。

八月十七这一天，两个南方人突然来了，当得知葫芦提前一天摘下来时，便对老汉说："我不是告诉你八月十六摘吗？"老汉红着脸争辩说："可你没说下霜冻时摘不摘呀？"两个南方人张口结舌说不出话来，便付了一千两银子把葫芦扛走了。半个月过去了，两个南方人找来一位身材高大、虎背熊腰的驯马骑手，还带来一个套马杆子。南方人对骑手说："我们把山叫开，你进去用套马杆子套住金马驹往外拉，顺便扛出一扇金磨，完事之后赠黄金千两，但千万不得超过两个时辰。"骑手一一应承。两个南方人走到山坡前，手拿牙葫芦在山洞口站定，念念有词。不到一个时辰，只听"咔嚓"一声，山洞门开了丈余宽，里头金光四射，耀目难睁——金马驹正在"轰轰隆隆"磨金豆豆呢！驯马骑手钻进洞内扬杆套马，谁知金马驹性情暴烈，连踢带咬，"咴咴"直叫，几次三番都难以接近。时辰眼看就要到了，两个南方人急得直搓手。最后，好不容易套住了金马驹的脖子，拼命往外拉，两个南方人贪财心切，大喊："扛金磨呀！快扛金磨！"骑手又扛起一扇金磨，用一手拉住套马杆，使出全身力气也拉不出来。两个南方人急红了眼，也不管时辰到不到，急忙进洞帮忙往外拉。只听"轰隆"一声巨响，山崩地裂，石雨横飞。由于葫芦成熟差一天，顶不住山石的压力，挺了一个时辰便

被压碎了。大力士骑手葬身于山中，两位盗宝的南方人也一命呜呼了。

讲述者： 董玉柱，男，67 岁，安阳县韩陵乡人，农民

采录者： 张俊山，男，67 岁，安阳市北郊东大姓村人，高小，退休干部

采录时间： 2005 年

采录地点： 安阳县洪河屯豆公村

选自： 《安阳县民间故事集》

387

南蛮子盗走金香炉

安阳市南边有好几个村都叫七里店，由北往南数，依次是肖七里店、侯七里店、李七里店、张七里店、苏七里店。还有两个叫什么七里，因为时间久了，小村并到大村里，也就无人知晓了。

传说七里店有座奶奶庙，大殿内塑着一尊慈眉善目的老奶奶神像，她伸着一只右手指向前方，面前的供桌上放着一个起明发亮的黑漆漆过的大香炉，供桌边上还写着"前七里，后七里，金香炉就在七七里"十四个醒目的黑字（也有人说是"张七里，李七里，金香炉就在七七里"）。后来附近的一些财迷心窍的人就在老奶奶所指的方向前争先恐后、各不相让地乱挖乱刨起来，他们风雨无阻，起五更打黄昏把那片地方翻了个底朝天，甚至把庙院的前墙下边也都掏成了大大小小的空洞，可是谁也没能得到金香炉。

就在此时，有个南蛮子来盗宝，他听说此事后，先在庙前目睹了这些深浅不一的坑坑洼洼，随后又到庙院、大殿各处一点不漏地观察了一番。他据此推测，即便是这个七里店有金香炉，金香炉也不可能放在庙外，而应当放在庙内；进而又觉得秘密应在"七七里"上边，"七七里"

犹如一方魔巾，令人不知所云，金香炉大有可能就在"漆漆里"，也就是黑漆漆过的大香炉才是金香炉。

一天，南蛮子乔装打扮去给老奶奶上香，暗中移动了一下供桌上的大香炉，他觉得这个香炉比铁的还沉重，判断它是金的，后来南蛮子趁人不备，便轻而易举地把金香炉盗走了。

南蛮子不辞而别了，供桌上黑漆漆过的大香炉也不翼而飞了，这时那些财迷心窍的人才意识到那个黑漆漆过的大香炉才是真正的金香炉。

讲述者：　赵培育，男，龙安区马投涧乡王二岗村人，农民

采录者：　宋魁元，男，71 岁，殷都区大司空村人，小学，退休干部

采录时间：　2007 年 6 月

采录地点：　殷都区大司空村

选自：　　《民间故事选》

388

藏宝图

有一年，一个南蛮子得到了一幅"藏宝图"。按照图上的路线，他查到了宝物就在高堤北边一个村庄的庙中，他顺着这条路线，趁深更半夜，来到了这座庙里。

南蛮子进庙后，借着庙里蜡烛的光亮，他左找右找，到处找了个遍也没找到。他又把庙里的东西翻腾了一遍，还是没找到。南蛮子纳闷起来：这是咋回事儿？难道图上标错了地方？还是我看错了地方？他赶快从包裹里拿出随身带着的算盘，"噼里啪啦"地打了起来（传说，南蛮子找宝物时迷失了方向或找不到时，常用打算盘的方法给自己指路）。算盘上显示找的方向和地方并不错。

南蛮子又赶紧从怀里找出"藏宝图"，借着灯光又仔细看起来。这时，他隐隐约约地看见，在标宝物的地方，模模糊糊有几行特别小的字，他把供桌上的蜡烛拨亮，凑近再仔细一看，只见上面写着："南七里，北六里，七六十三里，宝物就在这七里。"南蛮子看着这些字，怎么也想不出这里面的道道儿来。

他坐在供桌旁边的椅子上，对着灯光，眯缝着眼，皱着眉头在认真地想，心里还一个劲儿地念叨着："南七里，

北六里，七六十三里，宝物就在这七里。""宝物就在这七里……"最后一句，他一遍又一遍地反复念叨着。

突然，他睁开了眯缝着的眼，看着原来没有注意到的供桌上的两个香炉。只见那俩香炉绿漆罩面，亮光闪闪。他赶紧端过来那俩香炉，凑着灯光仔细看起来。他看着看着，不由得笑了起来："喔，'宝物就在这七（漆）里'，这是在迷糊人哪。"

原来，"宝物就在这七里"中的"七"，实际上暗接的是谐音"漆"，这是藏宝物的人在糊弄人，看你是不是真聪明。

讲述者： 马张德，男，52 岁，内黄县高堤乡北寨南街村人，不识字，农民

采录者： 马少青，男，48 岁，内黄县高堤乡北寨北街村人，大专，教师

采录时间： 2005 年 8 月 16 日

采录地点： 讲述者家中

选自： 《中国民间故事全书·河南内黄卷》

389

玉财主祝华

明朝时候，万古乡胡营村有个玉财主叫祝华。他有俩银人，能跟着他走，走哪儿跟哪儿。他的银子啥时候也花不完。当时说的"秦八缺，孔九箱，祝华的银子用斗量"就是说的这。

有一回，祝华过河，船走到河心不走了。祝华问："咋不走啦？"船家说："给船钱吧，不给就不走。"祝华说："不都是过河才给钱？"船家说："对人家是那，对你可不是，得在这儿给钱。"祝华说："要多少？"船家可劲说了个数。祝华说："中，找个笊篱。"祝华拿着笊篱，往水里一舀，一下子舀了一笊篱银子，又舀几下，舀了一大堆，把船压得往下沉。船家忙说："中了，中了，不要了，早知这儿恁些银子，还要你咧弄啥，我自己也会捞。"船家把祝华送走，又回到河心去捞。可是捞了半天，连半两银子也没捞到。

有个县官听说祝华银子很多，就把祝华抓去了，关了六七天，把他带上公堂。县官问："祝华，你不是玉财主哟？银子在家放着呀，还是在监狱里放着呀？"祝华说："也没在家，也没在监狱里。"县官说："胡说，我不管你

放在哪儿，限你三天，给我拿出两万两银子，拿不出来，休想回家。"祝华说："你恁多银子，还用给我要？"县官说："我哪儿有银子？"祝华说："就你这堂上方砖底下咧银子够你一辈子花不完。"那县官忙命人撬开一块方砖，果然白花花咧银子。县官笑着说："早知道我这儿有银子，还抓你干啥。"就把那块方砖盖好，把祝华放了。过几天，县官用银子了，来撬那块方砖，撬开一看，全没了。

祝华本是要保活大章小皇帝咧，后来小皇帝被当朝军师伐了。小皇帝没出世，玉财主也就没用了。他那俩银人听说小皇帝被伐了，一商量，还是到别处另找个主吧。听说山西王太兰也不错，俩银人就跑到山西王太兰那儿去了。到那儿一看，王太兰地位、人缘都不胜祝华，俩银人就雇了一辆小车，让那人送他俩回来。到了祝华家门口，俩银人下来车说："你在这儿等会儿，俺回家拿钱。"俩银人往里一走，往门两边一闪，立在那儿不动了。那个推车人等了半天，就不见送钱出来。正好祝华走出来，那人问："先生，刚才有俩人，我从山西把他们推来，还没给钱咧呀。"祝华说："那俩人啥样？"推车人把长相一说，祝华心想，果然是这俩家伙。就说："中，你在这等会儿，我去给你拿钱。"祝华进门，往后一看，一边站着一个银人。祝华知道这几天他俩不在家，正恼火咧，一怒，一个人打了两耳光，又拿了银子给了推车人。

事后，祝华越想越生气，一怒之下，把两银人化成了碎银，从此，他家就败落了，一天不如一天。

有一天，祝华家来了个风水仙，是个南蛮子，在祝华家门口转来转去，祝华出来，问他看啥，南蛮子说："你这个家可是败了啊。"祝华说："可不是。还能救不能？"南蛮子说："你看，门口这个朝正西的水道眼儿就不好，有碍招财进宝，若能把它治住，用不了多久，你家还可发起来。"祝华说："把它用土堵住不就中了。"南蛮子说："不中，得用一个犁铧横着放进去。"

祝华信了，就放进去了一个犁铧。谁知，这个水道眼儿正是他的喉咙呀。不久，他就死了。

讲述者： 祝振师，男，54 岁，滑县万古乡胡营村人，
　　　　 小学，农民

采录者： 祝金佩，男，22 岁，滑县万古乡胡营村人，
　　　　 高中，学生

采录时间： 1992 年 12 月

采录地点： 滑县

选自： 《中国民间故事集成·河南滑县卷》

390

金头银花

早先，内黄县高堤乡北寨村的东大庙是一块风水宝地，老辈的人都知道这事儿。在这里，发生了许多叫人想不到的怪事儿。

有一年春天的一个早起，天还昏不朗汤[1]的时候，村里一位老人赶早儿起来去拾粪，他路过东大庙后面不远处的那条路时，看到在庙墙后的墙根儿那儿，有一个明晃晃的东西。他走近一看，是一颗人头，只见那人头上的头发是金黄色的，头上还插着银白色的花朵。老人并不害怕，只是觉得奇怪，但又一想："这可能是庙上的宝物吧，我不能随便动它。"

老人回到村里后，天已经大亮，村里好多人都起来了，老人把自己看到的怪事儿一说，人们都觉得怪稀罕。有的人说："哎呀！你咋恁憨呢？那金头银花肯定是个元宝，你要是把它拿回来，肯定就发大财了。就是薅儿根头发来，恁家的人吃喝一辈子也不用发愁。"老人听了，嘿嘿一笑，没有答话，他总认为庙上的东西不能随便乱动，因为他特

别迷信，怕拿了庙上的东西，一辈子也还不清。

这时有人提出让老人领着去看个稀罕，老人就领着村里人来到那里。可是，再看那个地方时，金头银花却不见了。有人说老人可能是眼花了，也有的说可能是天明了，宝物隐藏起来了。

接连几次，老人的确都看到了那金头银花，后来，那金头银花却不见了。

有一天，一个阴阳仙儿路过村里，村里老茬儿的人向他说明了金头银花的事儿，阴阳仙儿打了个"唉"声，很不情愿地说破了秘密："这又是南蛮子办的事儿。'金头银花'一出现，他们知道这里肯定要出皇帝，就破了这里的风水，把'金头银花'盗走了。"

讲述者： 马章德，男，52 岁，内黄县高堤乡北寨南街村人，不识字，农民

采录者： 马少青，男，48 岁，内黄县高堤乡北寨北街村人，大专，教师

采录时间： 2005 年 8 月 16 日

采录地点： 讲述者家中

选自： 《中国民间故事全书·河南内黄卷》

[1] 昏不朗汤：意为天还不太明亮。

391

康小斗儿

从前有一家要饭的，有一天走到一个村庄，看看天色不早了，就问村里人有没有闲房可以住一晚。村里人告诉他们，房子倒是有，房主叫康小斗，现在不在家，可以暂住，但康小斗一回来就得腾出来。要饭的连连答应，就在这里住了下来。

住了一天，又住了一天，康小斗还没有回来，要饭的也没地方去，也就一直在这里住着。

有一天，又有一家要饭的走到这里，同样也是想找个地方住一晚，村里人就告诉他有房子但已经有人住下了，让他们自己找上门商议商议。先来的一家觉得都是穷苦人，就答应让他们住一晚。

没想到到了夜里，刚来的这一家媳妇生下个小孩儿。按照习俗，女人坐月子不能出门。再说，这时候身体正虚弱，还带着小孩，一家人出去更加艰难。只好在这里再住一段，等过了满月再走。

从此男人白天出去，女人在家自己照顾自己。先来的一家看到他们饥一顿饱一顿的，就把平时积攒的一斗玉米和一斗米糠送给他们，让他们贴补一下生活。

一个月时间很快就过去了，后来的这一家觉得该走了，想想这一个月来前一家对自己的照顾，心里感激不尽，就去找人家坐一坐道个别，说一声谢谢再走。

两家人在一起说着话，都有一点留恋，前一家人感慨地说："从此一别，不知道以后会不会再遇见，也不知道你们姓啥叫啥。"后来的一家想了想说："我们无论走到哪里，都不能忘了你给我们的一斗糠和一斗玉米，我们就给孩子起名叫康小斗吧，以后祖祖辈辈都不忘你们的恩情。"

先来的一家人一听"康小斗"三个字，马上说："原来是我们该走了。"说完就收拾东西，准备离开。

后来的一家一下子不知所措，不知道发生了什么事情，连忙问："你们为什么要走？是我们说错啥了或者做错啥了吗？"先来的一家就把村里人说见到康小斗就把房子腾出来的事告诉了他，说现在你家孩子就是康小斗，这是天意，说明我们该离开了。后来的一家说什么也不答应，说："天意也是善良的，你们不能走，该走的是我们。"

两家你推我让地惊动了村里的人，村里人听了他们的话，对他们说："你们都是重情义的人，为什么不能都留下来呢？"两家人一听有道理，于是都不走了，一起住了下来，两家人和和睦睦互相照顾着，生活在一起。

讲述者： 李先英，女，73岁，林州市原康镇大安村人，小学，农民

整理者： 高鹏伟，男，52岁，林州市原康镇大安村人，本科，教师

采录地点： 林州市原康镇大安村

采录时间： 2021年8月24日

附记

李先英老人随子女在外居住多年，但一有时间总要回老家住几天。2021年8月，李先英回来，每天吃过饭都要到村里走走，和街坊邻居互相见见，说说话。这一天，我在街上遇见她，和她打招呼。说话

中得知她每天还辅导嫂子家的小孙子学文化，使我非常敬佩，没想到这个谦虚低调的老人竟然是个文化人，而且对传统的民间谜语、歌谣、故事等都有一定了解。

我告诉老人能不能把这些传统的民间文化收集整理一下，老人非常支持，第二天我在村边南桥柳树下又见了她，老人给我讲了几个谜语，又讲了几个故事，其中《爱出难题的老公公》《康小斗儿》，我是第一次听到，便马上记录下来，进行整理。过后不久，李先英老人就又往外走了。（高鹏伟）

（五）其他幻想故事

392

老外郎的故事

（1）砍柴遇仙翁

从前，林县木纂村有个人叫外郎，父亲早逝，每天砍柴为生，与老娘相依为命。

有一年春节，老娘心疼儿子常年辛苦，就对他说："外郎啊，明儿就是初一了，早上吃过扁食，说啥也不能去砍柴，休息一天吧！"

初一早上，吃过扁食，外郎又要出去，老娘阻拦他，外郎说："老娘啊，我天天吃完糠疙瘩还去砍柴呢，今儿吃了扁食，可得去砍柴，我知道娘心疼儿啊，我不用休息。"说罢，背起绳担，从起灯山北边往太行山去了。

走到道棚庵黄楝凹，看到两个鹤发童颜的老人"呱嗒呱嗒"拉着一个小风匣，正在炼元宝，童子拿来两枚桃子，老人边吃边炼，吃完之后就随手把桃核扔在一边。过了一会儿，外郎发现那两个桃核长成了小树，而且转眼就开了花，转眼又结了果，这时他发现身边的草一青一黄只是瞬间的事，他正在纳闷，"嗡"的一声飞来两只白屎壳郎，老人出手捉住，除去头、爪、翅膀便送进嘴里道："妙哉！妙哉！"

一旁的外郎闻着香气扑鼻，但禁住了诱惑，忽然听见童子喊："元宝成了！元宝成了！"老人收拾收拾准备走时，送给外郎一本书，对他说："研习好这一本书，你以后就不用来砍柴了！"说完，转眼人就不见了。外郎看看地上，老人吃过屎壳郎的头、爪、翅膀还有香味，扭脸再看自己的绳担，已经腐烂了。

外郎拿着书往家返，走进木纂村，没有一个认识的人，村里一个八十多岁的老者问："你是谁啊？"

他说："我叫外郎，就是这个村的，咋就都不认识我了啊？"

老者说："倒是听说过村里有个叫外郎的人，还是俺老老爷爷传说下来的，听说他初一起五更去砍柴了，后来就没有了音讯，都以为掉下悬崖摔死了，你现在回来了，到底是神还是鬼啊？"

外郎把经过一一道来，原来他遇到仙翁了，如果当时他把屎壳郎的头、爪、翅膀吃了，就能跟着仙翁修仙上天了。

天上一天，人间百年，他回来已经是三代人过去了，回到家房子早已倒塌了。邻居帮他重新修好茅草房，外郎供奉上老娘的神位，哭了一场祭奠过老娘，从此深居简出在家研习天书，学会了奇门遁甲法术，经常出外靠给人禳灾祛病为生，再也不用辛苦砍柴了。

（2）碾盘套毛驴

一天，一个外地耍把戏的人到了木纂村，来在村中石狮子口，看看旁边没树，有一口大石碾盘斜竖在墙边，就把毛驴拴在碾盘上，敲锣打鼓要把戏，吸引了许多村人围观。这时，有一个小姑子和她嫂子抬水往家走，古时候都是小脚女人，两人抬水本来就很吃力，走路也慢，把戏人也是故意捉弄，对姑嫂俩使了法术，只见两人小脚不停挪动，就是走不出草席片一块大的地方，把姑嫂两人累得满头大汗，筋疲力尽。村里人赶紧去找外郎，他正在起灯山上与小和尚摸纸牌娱乐呢，得知情况后，他说："年轻人出门在外还敢撒泼呢，我去会会他，给他点颜色看看。"外郎下山走到狮子口，远远看到姑嫂俩还在挪着小脚抬水不停走步，知道把戏人施了"泰山压顶"法术。趁着众人不注意，他悄悄走到毛驴身边，用手轻轻捋着毛驴脖颈上的毛，嘴里说道："这头小毛驴的毛真顺啊！"突然"啪"的一声拍了毛驴一下，驴头就钻到碾盘心中间了。不等众人发觉，外郎又回山上找小和尚摸牌了。驴头卡在碾盘心不能动，"欧啊——欧啊——欧啊——"地叫了起来，把戏人一看，驴头怎么就钻到那么小的碾盘心了，顿时明白此地遇到能人了，赶紧收了法术，放走了姑嫂俩。他走到碾盘边，不论施展何种法术就是不能拔出驴头。他心里不服，心说待我施展法术害死套毛驴的人，法术自然就失灵，毛驴就能拔出头来了。

（3）智斗歹人

此时正值三九严寒十冬腊月，把戏人对众人说："咱不管毛驴的事了，接着耍把戏，我来到宝地，混口饭吃，有钱的捧个钱场，没钱的捧个人场，耍得不好，还请众位多多海涵，今天为众位演个绝的，但不知谁家有西瓜子拿来一个用，我现在种到地下，一个半时辰结出沙瓤大西瓜，切开都分一块尝尝。"

众人十分好奇，有人从家拿了西瓜子，把戏人种到了地下，果不其然，一会儿就钻出一棵幼苗。村里人赶紧到起灯山去告知外郎，外郎说："这个年轻人不服劲，切西瓜就是要切我的头啊，看来他要与我斗法了，你赶快下山，等西瓜快熟时，你立即上来报知，迟了我就没命了。"村人跑到狮子口远远观察，一个时辰过去了，结出了个碧绿的小西瓜，眼见快熟了，赶紧跑到起灯山通知外郎。

寺里晨钟暮鼓，钟楼里吊着一口大钟，外郎钻到大钟下躲了起来。把戏人看看瓜熟了，摘了下来，大声对众人说："咱现在切开尝尝吧。"拿了一把锋利的菜刀用力向西瓜切去，他在狮子口切一刀，起灯山的大钟"当"地响一声，他切一刀钟响一声，一共切了三刀，金灯寺的钟声响了三声，就是切不开西瓜。

他明白遇到高人了。他双手一拱说："请大家高抬贵手，告诉我本村的能人尊姓大名！"村人把外郎的情况与他讲了一番，带他到起灯山钟楼下，外郎还躲在钟下。

外郎对把戏人说："我不能出来，你到狮子口把西瓜变回西瓜子，再上山来找我，不然我一出来，你再加害于我如何是好。"

把戏人下山收了法术，来到大钟前，说："初到宝地，不知天高地厚，得罪您老，我情愿拜您为师，还望您老脱下碾盘，放出毛驴，我以后再也不敢为非作歹了。"

外郎说："做人要仁慈善良，防人之心不可无，害人之心不可有，出门在外，须知天外有天，人外有人，不可骄傲自大，仗势欺人，仗技害人。我且放出你的毛驴。"

外郎下山来到狮子口碾盘边，抚摸着驴头说："这头小毛驴真听话啊！"突然"啪"的一声拍了驴头一下，驴头就钻出碾盘心了。毛驴一自由，把戏人目露凶光，恶狠狠地对外郎说："后会有期！"不像先前拜师时恭敬了，随后骑着毛驴扬长而去。

外郎说："江山易改，本性难移。此人并没有痛改前非，依然怙恶不悛，日后还要祸害百姓，并且还要加害于我，他如要再切西瓜，没人告知于我，我也不能时时躲在大钟底下，我就没命了。罢，罢，罢，我只好为民除害了。"

外郎回到家，拿出两根扁担，在一头备紧铁尖，口中念念有词，变成水桶粗的两条大蟒蛇，出门去追赶把戏人，一直追出林县界外，到了辉县南村，把戏人无路可逃，掉下悬崖见阎王爷去了。

（4）遁身返家园

有一天，外郎赶着毛驴驮着两筐煤，从安阳水冶往回走，路过林县县城南关。外郎名声在外，人们都知道他身怀绝技，会奇门遁甲法术，但却没有亲眼见过，南关一干闲人，拦住不让他走，外郎问："咋了，有啥事啊？"

一人说："听说你会耍把戏，演一个再放你走。"

外郎说："你都瞧瞧，我现在赶着毛驴驮着煤，远路无轻载，毛驴已经累毁了，要一个把戏，就把毛驴压瘫了，我就回不了家，这样行不行，等哪天我得空了，再来给你们演一个。"

众人起哄说："不中，不演不叫走！"有人紧拽着毛驴缰绳不放。

外郎想，看来不演不行了，也不能冷却大家的盛情，出门在外以和气为本，可是也不能把毛驴压瘫了，得想个两全其美的办法才好，他环视一圈，看到旁边有一个卖酒瓮的生意人，灵机一动，心想有了，我使一个"遁身术"解围吧。

外郎说："你等借一个酒瓮来，我把毛驴和煤变进去，我自己也钻进去，聊博众位一笑！"

众人觉得很稀罕，长这么大没见过毛驴和人钻酒瓮，赶紧借了一个，放在人群中间，外郎把毛驴牵到酒瓮前，手挦着驴背上的毛，口中念念有词，"啪"的一声拍了一下毛驴，"吱——"，毛驴化作一股青烟钻到瓮中去了。外郎又说："众位请了，我也去了！"也化作一股青烟钻进瓮里了。

大家拍手叫好："老外郎钻进瓮里啦，老外郎钻进瓮里啦！"围观的人里三层外三层，越聚越多，有人趴在瓮口对着喊："老外郎！"瓮里传出回音："嗯！""老外郎！""嗯！""老外郎！""嗯！"大家都好奇地去试着喊，谁喊瓮里面都答应。

不一会儿，打南边过来一人，问道："恁都在这儿干啥呢？这么多人！"有人告诉他说，老外郎变戏法钻进瓮里啦。他说："不可能啊，我刚打南边过来，在平房庄看见老外郎赶着毛驴驮着煤往家走，俺俩人还打招呼来！这会儿恐怕快到家了。"

其中一人赶紧跑到瓮边，又喊"老外郎"，里面又回答"嗯"，又有一人起哄说："咱把这个酒瓮砸破看看是啥情况？"

早有人搬块大石头，"当"的一声把酒瓮砸成了好多块，又有人喊"老外郎"，只听每一块瓮片都答应"嗯"，众人情绪高涨，个个兴奋起来，喊了一会儿，没了声音。

一人说："甭喊了，这是老外郎到家了，他收了法术，酒瓮就不答应了！"

就这样，老外郎法术高明远播整个林县。

（5）命丧五鬼抬轿

木纂村西的起灯山每天黄昏，坐缸娘娘由金童玉女提灯相伴，两盏神灯在空中悠悠飘过，前去朝拜西面太行山上金灯寺，黎明时分正好到达，金灯寺因此也叫落灯寺，背西面东，依山开凿，建在太行高峰悬崖峭壁之上，站在寺院俯瞰，阡陌纵横，村落原野，尽收眼底。寺内原有得道高僧，讲经说法，坐禅论道，外郎经常前去聆听，时间久了与高僧成为好友。

从木纂村到金灯寺有六十里路，山路蜿蜒曲折，盘旋上升，中间还要经过危险陡峭的猴梯，民间有"望见金灯墙，还有十里长"的说法，上去一趟十分辛苦。外郎会法术，施展神行法，迈开云游脚，走起路来呼呼生风，遇到熟人打招呼，必须拉住大树或抱着巨石才能停住，随时往返，出门在锅里馏上红薯，回来不误吃饭。

这一天，外郎又去金灯寺会见老和尚，畅谈甚欢，从红日东升一直谈到繁星满天，和尚留他用斋，方外之人不便用酒，外郎荤酒不忌，和尚以茶代酒陪他用餐，也是一时兴起，不免多贪几杯，直喝得酩酊大醉。和尚留他不住，明日约好为人看病。神行法、云游脚也可施展，但夜行猴梯恐有不测，思来想去用"五鬼抬轿"吧。

外郎祭起招鬼印，不多时就召来了五只鬼，抬来一顶轿，外郎歪歪倒倒上了轿，口里念念有词，只见一鬼掌旗，另外四鬼抬起轿子就在空中飞起来了。五鬼不能见光，要天亮前回到阴曹地府，不能听到鸡叫，如果听到，鬼便扔下轿子跑走了。

愚者千虑，必有一得；智者千虑，必有一失。外郎一上轿就进入梦乡，忽略了在鸡叫前收起法术放走五鬼，也是外郎大限到期，走到起灯山下西坡村池塘边的时候，外郎仍然双眼紧闭、鼾声如雷，天色已经渐渐发白，就听一声嘹亮的鸡鸣，五鬼抬起轿子，"扑通"一声把他扔到池塘里，纷纷跑回，外郎一道冤魂飘走了！

采录者： 罗鹏军，男，48岁，林州市合涧镇三池村人，本科，干部

采录时间： 2021年6月

采录地点： 林州市合涧镇木篆村

393

毛怪古的故事

明朝时候，滑县上官村出了个才子叫毛革物，能写善画。毛革物无意仕进，佯作癫狂，蔑视礼法，人们都叫他"毛怪古"。

（1）拜师得神笔

有一年，上官村大会，一街两巷，人群挤挤抗抗，叫买叫卖，非常热闹。

这时来了个老头儿，蓬头垢面，衣衫破烂，肩上挎了个要饭的挎篓，一只手拿个酒壶，噙在嘴里。走起路来两腿像摞蒜，东倒西歪。有时绊倒了，酒壶也不离嘴。引得许多人跟着看稀罕。毛怪古从小颖悟，他见了，悟到，壶嘴不离嘴，是"口连口"，正是个"吕"字，一定是吕洞宾下界，就不顾众人笑话，跪在老头儿面前，非拜老师不中。老头儿无法，说："我一贫如洗，也没啥给徒弟，就给你一支笔吧。"说着从怀中掏出了一支秃笔，交给了毛怪古，扬长而去。

附记

林州是钟灵毓秀、神奇美丽的一方土地，古往今来，处处孕育着优美的神话故事和民间传说。儿时，听着父亲的故事入睡，其中就有老外郎的故事。多年以后，记忆已不完整，仅存模糊的片段和零碎的场景，后于父亲逝世十周年回家，又听了一遍姑父讲的版本，进行了整理。外郎的故事很多，版本不同，以上仅是只鳞片爪，尚有更多以待打捞挖掘。这些故事传说，能够丰富想象、滋润心灵，让听到的儿童简单知道为人处事的规矩，初步建立善恶美丑的标准。凌晨起灯山寺院稀疏的钟声、黎明时分南坡传来猫头鹰凄厉的叫声、深夜南墙上蹲着的大黄猫、夜路上不期而遇闪着绿光的狼眼、半夜叼着鸡疾走的黄鼠狼，成为记忆中永远难忘的意象和物象。而这些，正是受益于儿时神话故事和民间传说的灌溉滋养。（罗鹏军）

原来这是一支神笔。从此毛怪古用这支神笔，写字字古，画画画活。惩恶扬善，干了很多给老百姓出气的事。

讲述者： 刘其涛，男，57岁，滑县老爷庙乡西中冉村人，大专，教师

采录者： 云守相，男，42岁，滑县万古乡梁村人，大专，教师

采录时间： 1987年5月10日

采录地点： 滑县第三职业高中

（2）父子天官

当时上官村东北有个村子叫永兴营，出了个大官，做到吏部天官。他用计赚了皇上一个"父子天官"的美称，要在滑县城关南街修牌坊，夸耀乡里，叫毛怪古在牌坊上写"父子天官"四个字。好不容易请来了毛怪古，毛怪古心里说："你修牌坊。那些溜沟舔腚[1]的人送的礼修个牌坊还用不了。你分明是个赃官。"就搭笔写了"父子天"三个字，骂吏部是侍候皇上、讹诈乡里的官，然后拂袖而去。吏部不愿意，又舍不得"父子天"那三个好字，只好遍请写字好手，费了好大事，补了一个"官"字。这个字写得也不错。人们都说："近看那四个字，分不出好坏，远看'父子天'三个字往上鼓，'官'字就显得平常了。"

讲述者： 仝学枝，男，94岁，滑县万古乡梁村人，私塾六年，老中医

采录者： 云守本，男，41岁，滑县人，大专，教师

采录时间： 1987年5月20日

采录地点： 滑县万古乡梁村

[1] 溜沟舔腚：沟，指人的屁股沟。溜沟的、舔屁股，讽刺那些跟在别人的屁股后面拍马屁的人。

（3）惩治店主

毛怪古不拘礼法，他的女儿从小受他的影响，也很任性。那时妇女时兴裹脚，裹得越小越好，美称"三寸金莲"。毛怪古的女儿当然不愿受那个拿把[2]，结果长了一双大脚。

后来，毛怪古的女儿出嫁了，走娘家回婆家，都从街当中一家饭铺门前过。店主是个假正经，想取笑一下毛怪古的女儿。有一天上午，他老远看见毛怪古的女儿来走娘家，叫店伙计泼了满街脏水。毛怪古的女儿来到跟前，怕弄脏裙子，只好提起裙子，露出了一双大脚，引得店主人和他的伙计哈哈大笑，还说些取笑话。毛怪古的女儿听了，骂道："你姑奶奶脚大，是天生的，有啥可笑。"这更引起他们一阵哄笑。毛怪古的女儿来到娘家，把这事跟毛怪古一说，毛怪古说："好办，让我教训教训他。"他就提笔在一张白纸上画了两只小白兔，交给了女儿，并如此这般地交代了一番。

下午，毛怪古的女儿回婆家又从饭铺门前过。店主人又让伙计们泼了一街水。没想到毛怪古的女儿来到跟前，袖子一抖，从袖筒里掉出一张纸，转眼变成了两只小白兔，蹦蹦跳跳地向饭铺跑去，一下子跳到了饭铺的锅台上。两个伙计急忙去捉，一个撞下了一摞碗，一个弄翻了半锅汤。两只小白兔又跳到一张桌子底下。一个伙计钻到桌子底下去捉，结果弄翻了桌子，上面的盘子"哗"的一声摔在地上，打了个粉碎。店主人急了，拿起擀面杖就打，一下子打在水缸上，打破了水缸，流得满地是水。不一会儿，饭铺被弄了个乱七八糟。两只小白兔还在跳这儿蹦那儿，逗得街里人都来捉，还是捉不住，又白白毁了许多东西。店主人又想哭，又想笑，想制止众人，制止不了。想求毛怪古的女儿，她不知何时走过去了，没一点办法，只好跑去找毛怪古，向他承认是自己的不是。毛怪古正在家里喝酒，已经喝醉了，由店主人搀着，歪歪扭扭来到饭铺。店主人大声喝道："别捉了，毛先生来了！"忽然毛怪古一口酒反上来，"哇"的一声吐了店主人一脸。毛怪古憷憷怔怔

[2] 受拿把：受约束。

问店主人："我喝得酒好不好？"店主人赶忙擦脸上的酒菜，一面赔着笑脸，说："好酒，好酒，毛先生不喝孬酒，我这一闻就只想醉。不过，你还是先收了兔子吧，再闹一会儿，我这饭铺就开不成啦。"毛怪古这才分开众人，上前弯腰抓住了两只兔子的耳朵，往上一提，变成了一张画，装进了袖子，趔趄着扬长而去。

讲述者： 仝学枝，男，94 岁，滑县万古乡梁村人，
私塾六年，老中医
采录者： 云守本，男，41 岁，滑县人，大专，教师
采录时间： 1987 年 5 月 20 日
采录地点： 滑县万古乡梁村

（4）画长明灯

毛怪古的一个朋友新盖了一座房子，用白石灰把墙壁抹得又平又白，想让毛怪古在上面画个画，又知道他好打别，想了个主意。

这天，毛怪古的朋友把墨研好，把笔准备好，放在桌子上，又备了一桌酒菜，然后派人请毛怪古来陪客。毛怪古来了，问陪谁。朋友说："我请了个名画师，想在这墙壁上画个画。你也懂点，叫你和画师唠唠，免得画师嫌闷得慌。"毛怪古一听，心里老大不高兴：有谁比我画得好？还是朋友呢，请人家画，不请我画。就说："那咱先喝着等吧。"说着就拿起了酒壶。朋友一把夺过酒壶，放在一边说："叫你陪客，客人不来，你咋能先喝咧。不过，这个画师也太拖拉了。我去接接他。"说着走出门去。

朋友一走，毛怪古见一旁桌子上有墨有笔，心说：你不叫我画，我偏要画。就拿起笔，蘸饱墨汁，往粉白墙上甩开了。三甩两甩，整个粉白墙上就都成了墨点点了。

哪知他的朋友使的是激将法，没有走，趴在外面窗台上偷看他作画，见他拿笔乱甩一气，赶紧跑进房子阻拦，

抓住胳膊，又去夺笔。毛怪古吃力地把笔往墙上一砍，在墙正中上下弄了一道墨，粉白墙成了墨墨点点。朋友气坏了，躺在床上生闷气。毛怪古也不管他，拿起酒壶自斟自饮，直喝得醉醺醺的，歪歪拐拐走了。

谁知到了晚上，满墙壁墨墨点点变成了满天星星，当中那道墨变成了长明灯，把整个房子照得亮堂堂的。

讲述者： 仝学枝，男，94 岁，滑县万古乡梁村人，
私塾六年，老中医
采录者： 云守本，男，41 岁，滑县人，大专，教师
采录时间： 1987 年 5 月 20 日
采录地点： 滑县万古乡梁村
选自： 《中国民间故事集成·河南滑县卷》

（5）毛怪古命殉大运河

据说，毛怪古还是一位算命先生，他能掐会算，十分灵验，堂屋正门墙上挂着一副早已发黄的对联："奥妙阴阳指点迷人去处，先断后问提醒久困英雄。"这是他十分珍爱的对联，正是这副对联，支撑着他的一生所求。由于他掐算占卜非常灵验，远近百十里之内前来卜卦者络绎不绝。经过他的占卜，有的避过了血光之灾，有的得到了美满婚姻，有的冤家成了兄弟，有的高官得坐、骏马有骑……让大多前来问卦的人都十分满意和信服。正因为占卜灵验，大家众星捧月，不惜路途遥远，常常自动找上门来。他的脾气也由此越发古怪起来。任凭等的人再多，排起的队伍再长，他也坚持每天只算一个时辰，且在卯时。占卜时既不烧香也不磕头，由此当地人称他"毛怪古"。

毛怪古也同样奈何不了岁月的沧桑，在他弥留之际，儿孙们守在床前端饭倒茶，宽慰安抚，无微不至，就连他从小养的一条大黑狗，也时时陪在身边。

某日，儿媳对公公说："你成天给人家算命，让他们

春风得意、美满幸福，能不能给咱家也算算，让你的儿孙们也捞个一官半职的。"毛怪古慢慢睁开眼睛，用微弱的声音说："算了，算了，命中没有别强求。"说完便又闭上了眼睛，但怎么也耐不住孩子们的一再哀求，最后，毛怪古说："倒是有一个机会，看看能不能把握住。"接着他欠了一下身子，闭上眼说道："等我百年之后，一是你们不要给我过丧事；二是入土时全身赤裸，一丝不挂，用个破草席一裹即可；三是家里的大黑狗要狂叫，任凭它叫，千万不要管它；四是你们在午时，到县城明福寺塔前，看看塔尖的影子指在哪里，就把我埋在哪里，只要过了七七四十九天大事告成。能否有此福气，就看你们的造化了。"毛怪古说完便断气了。

毛怪古在停丧期间，一家人不敢哭，也不敢叫，只是商量着父亲所交代的事。大儿子说："不办丧事可以，埋在塔边也行，全身赤裸下葬，我接受不了。"大儿子一言中的，从心情来说，大家都接受不了。虽说这些年来家里不太富裕，但是，父亲这么多年也为他们挣了个温饱，衣食无忧，最后让老人家赤身而去，真是不忍。当天上午二儿子备上干粮向县城而去，走到明福寺塔时吃了点干粮，喝了点水，就已到午时，看看四下无人，便在塔尖影子的地方做了个暗号，匆匆回到家中。等到天已擦黑，一家人把毛怪古用草席卷起，放在平板车上准备去县城下葬。大儿子还是不忍心让父亲光着身子离开，再说，今年又是父亲的本命年，按风俗就该给父亲穿红，就自作主张拿出自己的一条红裤头，满含热泪给父亲穿上，并在心中默默祷告父亲一路走好。深夜，一家人拉的拉、驮的驮、背的背，悄悄地向县城出发了。全家人折腾了一个晚上，终于按毛怪古的遗训为他入了土。

从此以后，每天一到午时，毛怪古家那条大黑狗，都要分秒不差地站在房顶，头朝正北方向"汪汪"叫上好一阵子。

且说自从毛怪古下世后，皇宫中的人每天都感到地动山摇，惶惶不可终日，天地也莫名其妙地黄风大作，像要有大事发生一般。见此情景，皇上也不敢怠慢，马上召集宫中巫师研究对策，巫师们经过认真研究后说："皇上，近日宫外有帝王之气不断袭扰，看来，要有真龙降世。"皇帝一听，身上直冒冷汗，急忙说："你们马上给我算出在哪个方向，在哪个地方。"巫师们立即设立法台作法，但是作法要在每天午时才能奏效，让人为难的是，每到午时就有狗汪汪地狂叫不止，让人无法辨别方位，直急得巫师们团团打转。接着，巫师们又推算出，从出现征兆那天起，在七七四十九天之内如不能破解此事，改朝换代的事就谁也控制不住了。皇帝知道此事后，更加焦急万分。

再说毛怪古家那条大黑狗，每天的叫声十分瘆人，家里大人和四邻八舍都很烦恼，当叫到第四十八天的晚上，邻居家的一个淘气孩子偷偷下药，把这条大黑狗给药死了。第二天午时，由于大黑狗停止了狂叫，皇宫的巫师们立即测算出帝王之气出在卫地，皇上便马上派兵前往捉拿。

皇家御林军几百号人马，按照巫师指点的方向，一路来到明福寺塔前，挖地三尺后，只挖出一张草席。巫师连忙设台作法，继而测算出龙离不开水，离此最近的、能成气候的就是大运河，他十拿九稳朝运河去了。接着原班人马又一路到道口运河，在河边一片空地处展开法台，当场作法，并口中念念有词。顷刻间，只见巫师猛地睁开眼睛说："在其他地方就不要再挖了，快顺着运河东岸，沿线挖出一条三尺深的沟，看看还能否赶上。"将士们一个个摩拳擦掌，挥去冷汗，又添热汗，不大工夫，就在堤上挖出一条壕沟，只见一条乌龙上半身已钻进水中，龙头左右摆，发出无奈的惨叫，其下半身还是人形，双腿在稀泥中来回蹭搓，一条红裤头牢牢地钩在树根上，难以挣脱。此时，狂风大作，树断枝飞，运河水滚滚咆哮，溅起三尺巨浪，泥沙飞溅，金光四射。巫师匆忙上前，用一把桃木剑紧紧地钉住龙头，士兵们蜂拥而上，只见刀、枪、铁锨和榔头一齐打来，把这条半龙半人的怪物砸了个稀烂。顿时，风平浪静，一切如旧。

看到此情此景，作法的巫师用袖子擦了擦额头上冒出的冷汗，感叹地说："好险啊，若不是那条红裤衩绊着，它早已经游入大运河之中，脱胎换骨，成为真龙天子改朝换代了。"

毛怪古一家听说后，后悔死了。

讲述者：　徐慧根，男，27 岁，滑县四间房乡四间
　　　　　房村人，本科，干部

采录者：　刘继干

采录时间：　1992 年 12 月

采录地点：　滑县道口镇

选自：　　《中国民间故事全书·河南滑县卷》

394

好事的蒋神仙

据说在清朝年间，内黄县高堤乡南街村的蒋氏家族里，有一位老人，人们称他"蒋神仙"。因为他经常做出一些令人意想不到的事情。后来，一位云游天下的道士说破了其中的缘故，说他是一位保国的军师，也是一位仙人，因为他要保的皇帝未成气候便夭折了，所以，无人收留。

有一年春天，高堤有集。这一天，除了高堤南街里做买卖的商贩，还有许多周边村里做买卖的商贩和赶集的人。本村的蒋神仙在家没事，也想去集市上溜达。他带上自己最心爱的特大号长杆儿烟袋锅，向家里人打了声招呼，就出门去了。

来到集上，他东看看，西瞧瞧，不一会儿，来到了一个卖烟叶的摊位前，他的烟瘾被引发了出来。本来好捉弄人的他，这时又打起了歪主意。

"哎！卖烟叶的，这烟叶咋卖咧？"他笑眯眯地向卖烟叶的问道。"这烟叶儿呀，我也不说谎，给你说个实落价吧，一吊钱一斤。你请打听我说的这个价儿啦，瞧中不中？"卖烟叶的热情地回答。

蒋神仙眨巴眨巴眼，用请求的口气又问道："能不能

叫品品味儿？瞧咋样儿？""哎呀！中，你先来一锅品品味儿，要是中，你再买。"卖烟叶儿的更加热情了。

这时，蒋神仙不慌不忙地掀开衣襟，拽出了他那特大号的长杆儿烟袋锅。卖烟叶的一看他那特大号的长杆烟袋锅，傻眼了。旁边站着的赶集的人也都吃惊不小。卖烟叶的平时见过的烟袋锅，最大也不过像六钱的酒盅那么大，可他看到这位买主的烟袋锅却像小孩子们喝饭用的墩子碗儿，等他醒过神儿来，蒋神仙也把烟袋锅装满了。卖烟叶的真有点舍不得，但又不好意思收回自己说的话，只好忍痛割爱。

卖烟叶的看到蒋神仙洋洋得意地把锅子里的烟叶抽完，心想：好家伙！他这一锅子可让我赔得不少，真倒霉。卖烟叶的心里像打了五味瓶似的，酸甜苦辣咸，什么味儿都有。他苦笑了一下，嘴里不由自主地说了一句："哎呀，我说这位大哥，你干脆把我的烟叶都吃了算啦。"好事的蒋神仙听了这句话，嘿嘿笑了一声，不冷不热地应道："中，那我就都吃了。"说着，他掀开衣襟，把长杆烟袋锅插在腰间，抓起摊上的烟叶就吃起来。

这时，过往赶集的人，都被蒋神仙那夸张的举动惊呆了。只见蒋神仙一把一把地吃着烟叶，不一会儿就吃完了。卖烟叶的先是惊呆，接着疑惑起来，最后，似乎感到这是一种不祥之兆，可能遇到什么高人或仙人啦。正在这时，旁边一位看热闹的本村长者，挤到卖烟叶的跟前，悄声对他说："哎，我说卖烟叶的，恁可能不知道，这是俺村的蒋神仙，听说他是一位会使法术的人。恁央告央告他吧，恁一央告，他可能就把烟叶还给恁啦。"

卖烟叶的听了那位长者的话，马上换了一副笑脸，用哀求的口气说道："哎呀！我真是不识好歹，不知仙人来我这儿。我刚才说的话有得罪您的地方，请您多多原谅，别跟我一般见识。"

本村那位长者又来到蒋神仙跟前，对他好言相劝："我说，蒋神仙，别跟人家闹难看啦，人家做个小本生意也不容易，抬抬手让人家过去吧。"

这时，蒋神仙睁开眯缝着的双眼，打了一个呵欠，慢悠悠地说道："去吧，你的烟叶在东大庙神像前的供桌下。"

卖烟叶的道了谢，然后就赶快去了东大庙，一看，自己的烟叶果真全都在供桌下面放着。

好事的蒋神仙本性难改。又是一年一度的秋收季节，家家户户都收了庄稼，瓜果李桃也开始上市了。这一日，高堤又是一个大集，蒋神仙领着自己的小孙子也想去集上游游转转。他们祖孙俩来到十字街北边不远处，看到右边有一个卖桃的摊位。他的小孙子看到了那个儿大红嘴的桃，馋得口水都快下来了。他拽着爷爷的手央求道："爷爷，我想吃那桃，给我买桃吃吧。"蒋神仙摸着孙子的头说："中，爷爷管你吃个够。"然后，爷孙俩向卖桃子的摊位走去。

"喂，卖桃的，我的小孙孙想吃恁的桃，给俩桃吧。"卖桃的一听，觉得这话有点不太顺耳，苦笑了一下，就顺口说道："老大爷，您说话是不是有点不合情理，俺做买卖也不容易呀。"

的确，在过去那穷年月，谁会让别人平白无故占自己的便宜呢。卖桃的商贩当然不例外。

本来就好找碴儿的蒋神仙又打起了歪主意。他从卖桃的摊位旁边拾了一枚桃核，拉着小孙孙向旁边一块空地走去，边走边对小孙孙说："走，不叫吃他的桃，咱就自己种桃树，吃咱自己的桃。"

来到空地处，蒋神仙从旁边拾起一块碗片儿，在地上挖了一个坑儿，把桃核扔到坑里后，对一旁的小孙孙说："小儿，往坑里尿个泡。"小孙孙往坑里尿过泡后，蒋神仙又埋上了土。

正当旁边围观的人都窃窃私语时，奇迹出现了。只见刚埋过的土坑里，拱出了一棵桃树苗，而且那苗儿像有人往上拔似的直往上长。眨眼间，又长出了枝杈，布满了绿叶，接着朵朵桃花相继开放。不到一袋烟工夫，红嘴个儿又大的桃子结满了枝头。看热闹的人都惊得目瞪口呆，连卖桃子的人也转过身来惊讶地看着。

蒋神仙对着欢蹦乱跳的小孙孙说："吃吧，这是咱的桃。"小孙孙高兴地摘取那一个个大个儿红嘴桃，把它们吃掉。不一会儿，小孙孙抹了一下嘴，对蒋神仙说："爷爷，我吃饱了。""吃饱了，吃饱了咱就不要这桃树了。"说完，他去旁边一户人家找来把利斧，"啪啪"几下，把桃树拦腰砍断了。

这时，人们只听"咔嚓"一声响，原来是那位卖桃的扁担从中间折断了，看热闹的人感到又吃惊又奇怪。卖桃的商贩再看自己的摊位时，摊上的许多桃子都不翼而飞了。卖桃的还没回过神来，蒋神仙已领着自己的小孙孙回家去了。

光阴荏苒，寒暑易节。这一年春天，隔河相望的八里外的任固古镇有一个大集。早饭后，蒋神仙去任固集上转悠了一圈儿，就早早地回来了。当他来到任固地界的卫河大堤西边不远处时，忽然从南边刮过来一股通天旋风。恶习难改的蒋神仙嘿嘿一笑，对着旋风嘴里咕哝了一句咒诀，旋风突然停了下来，粗大的旋风在原地直打转儿，就是往前走不动，硬是把土质较硬的胶泥瓣儿地掘了一个方圆几亩丈余深的大坑。

这时，从旋风里传出了声音："我是关羽关云长，也就是庙里的老关爷。我要去赴一个约会，午时我要赶到地点，你要是误了我的时辰，小心你的性命！""嘿嘿，我跟你玩玩，不要紧，误不了的。"说完，他又狡黠地一笑，冲着旋风点点头，径直向家里走去。

蒋神仙回到家中，觉得有点累，就躺在床上睡了。等他一觉醒来，隔窗一看天，又一算时辰，"哎呀"一声，马上从床上爬起来，嘴里咕哝了几句咒诀，然后头也不回地向本村的东大庙跑去。

来到东大庙，他像狸猫似的钻进了供桌下边，心里直扑腾。

过了许久，他想看一下外面的动静，但又不敢随便出走。这时的蒋神仙，真像是一口吞了二十五只老鼠——百爪挠心。

又过了一会儿，他战战兢兢地从供桌下钻出来，心神不定地来到楼上的小窗户边，双手扶着小窗户边框，伸出头往外望了望。就在这时，从天空飘落下一片高粱叶，恰好落在了蒋神仙的脖子上，蒋神仙激灵灵打了个冷战，说声"不好！"赶快把脖子缩了回来。

蒋神仙失魂落魄似的回到家里，接下来的事情就令他叫苦不迭了。原来高粱叶划过他脖子的地方，一天天烂了起来。其实，那片高粱叶正是关羽老关爷手使的大刀。不久，这位蒋神仙便一命呜呼了。

讲述者： 马玉民，男，55 岁，内黄县高堤乡北寨
北街村人，初中，农民

采录者： 马少青，男，48 岁，内黄县高堤乡北寨
北街村人，大专，教师

采录时间： 2005 年 8 月 9 日

采录地点： 讲述者家中

选自： 《中国民间故事全书·河南内黄卷》

395

修仙

从前，彰德府有个叫李三的，四十多岁的人了，还是弄啥啥不中，别人都不愿意搭理他。他就坡下驴说："俺早看破红尘了，俺要学修仙。"

这年夏天，李三闲着没事，便出了城到南关外的井楼去找神仙。这井楼，是明代郭阁老读书的地方。说是郭阁老读书时打瞌睡，就在楼当中挖了一眼井，他坐在井口上读书，就不瞌睡了。后来郭阁老当了宰相，这井楼就成了"来鹤楼"，还在楼里塑起了"魁星"和"菩萨"神像。年代久远了，这井楼里就住进了鬼神。

这李三走进这井楼，只觉得凉飕飕的，浑身上下都落了汗。他转了一会儿，觉得乏了，便躺在神像旁迷糊[1]着了。李三正在迷糊中，忽听有人说话，一个问："喂，你知道不知道，明天要有一个神仙从这儿路过？"另一个说："知道，可就是不知道这老道啥时辰来。"

"这是天机，不能让外人知道。"

"唉，这家伙睡着了，听不见。"

[1]　迷糊：似睡非睡。

"那——给你说吧，明天午时。"

李三听到这儿，激灵一下醒了，他四下一看，除了神像外，楼里没有一个人，他想了一会儿，心里就明白了。

第二天中午，李三赶了个早来到井楼，眼见的午时刚到，就见一个老道士走了过来，他连忙迎上去，"扑通"一声跪在地上说："老神仙，收俺做个徒弟吧，俺想修仙。"老道士微微一笑说："俺不是神仙，也不想收徒弟。"李三说："天知你是神仙，地知你要路过这儿，你糊弄不了俺。"老道士见天机泄露了，只好答应收李三为徒弟。

李三跟着老道士要去修仙，刚上路没走多远就问："老神仙，都教俺啥仙术呢？"老道士反问说："你想学啥呢？"李三想了想说："听老辈人讲，有一种点石为金的仙术，学会了这仙术，俺不就发大财了？你就教俺这仙术中不中？"

老道士听李三说要学点石为金的仙术，便伸手向空中一举，变出一只大碗来，接着往碗里屙了一泡屎，对李三说："你把这吃了吧。"李三接过碗，用食指蘸了蘸，刚挨到嘴边，就觉得臭气熏天，他猛地把碗一摔说："修仙还得受这罪！俺不学了！"

李三来到城河边，蹲下身子去洗手，低头一看，那个蘸过屎的手指头竟变成了金指头。

从此，"金指头李三"修仙的故事就传开了。

讲述者：　赵新梅，女，已故，安阳市人，不识字，擅长讲故事

采录者：　王有才，男，35岁，大学，安阳市钟表厂工会主席

采录时间：1987年5月根据回忆整理

采录地点：安阳市唐子巷附六号院

选自：　《狐狸坟传奇》

附
记

讲述者赵新梅是我的母亲。我上小学三年级时，正赶上"三年困难时期"，母亲是街道义务居民小组长，她带队组织居民下农村支援田间管理。一个星期天，母亲带着我到东关一个村的庄稼地里间谷子（间苗），她带着一个小板凳，大热天坐在田间谷苗垄里，一边拔草，一边间谷苗，热得满头大汗。我年纪小，跟着走还觉得闷热难耐，忍不住给母亲说："费这劲爪嘞（干啥）？"母亲抬头看了我一眼说："干啥都得费劲，只有吃屎省劲。"回家吃过晚饭后，就给讲了这个李三修仙的故事。当时我并不理解这故事是告诫人们只有实干才能有成果的励志故事，只明白了"干啥都得费劲，只有吃屎省劲"。（王有才）

一家兄弟二人，弟出世不久，父母就相继撒手而去。于是便叫这二小孤二。

孤二从小失去爹娘，自然生活很苦。但他从不怨天尤人，也从不嫉妒别人，更不向强过他的人攀比。因为他相信自己长着一个仙脑袋、两只仙眼睛，将来一定会成仙。

有一天，孤二走到一个柴市上，忽然间，迎面来了一个衣着褴褛、头发蓬松、袒胸露腹、面色古铜、身体壮实的挑担汉子。这壮汉肩挑两捆用单绳捆着的麦糠。说来也算奇怪，担子虽然晃晃悠悠，但前后两捆麦糠既不撒，也不掉。

孤二一眼就看出他是一位神仙，于是便转身尾随其后走到城西。他见行人稀少了，便彬彬有礼地轻声问道："你是神仙吧？"

担糠人回过头来一看是孤二，便点头搭话说："那你定是孤二了。"二人相视而笑。

担糠人又说："我已找你多时了，今日有幸见面了，我实话告诉你，我此来是度你成仙的。"

孤二说："我上无老下无小，无牵无挂，一个人吃饱，全家人不饥，你就度我去吧。"

担糠人说："度你成仙并不像你说的那么轻巧、那么简单，你还要经过一番磨炼，磨炼成了，我自会度你成仙。过不了磨炼关，你还是凡夫俗子。"

孤二说："我该如何磨炼呢？"

担糠人说："这儿不是咱长谈的地方，咱俩找个清静的地方再说吧。"

他二人一前一后走到一幽静处，担糠人放下担子说："我急着出恭。"他往下一蹲，就"噗嗤噗嗤"屙了一大摊。他兜起裤子又说："你把它吃了吧！"

孤二看着这摊令人恶心的臭屎，伸出右手食指指指说："你叫我吃这？"他这话刚一落音，这食指顿时变成了有血有肉而透明的了。

担糠人见他犯疑也不勉强，且说："由此看来，你只是有仙脑、仙眼而无仙体，我是点化你吃了这扑摊[1]屎，你这凡体就化成仙体了，可是……"

孤二又去看那摊屎，就在这一眨眼的工夫，担糠人和那一摊屎都已无影无踪了。

孤二虽然未能成仙，但有了这一仙指，不论遇见患什么病的、生什么疮的，经他这仙指一指，都会"指到病除"。后来，他云游四方，竟然成了一名能包治百病的名医。

讲述者：　韩银成
采录者：　宋魁元，男，68 岁，殷都区大司空村人，
　　　　　小学，退休干部
采录时间：2004 年 3 月
采录地点：殷都区大司空村
选自：　　《民间故事选》

[1]　扑摊：摊开一堆。

397

神溪水

从前，有老两口儿住在半山腰，没儿没女。老头儿子每天上山打柴，起早贪黑地干，老婆子在家做做吃吃、洗洗涮涮，日子过得倒也平和。

有一天，老头子出门砍柴走了，老婆子做熟了饭，就坐在家门口等，可她一直等到天黑也不见老头子回家来。整整等了一夜，天快亮的时候，才看见有个人影走过来，她老远老远就呜叫："是老头子不是？"

"是啊，可让你等苦啦。"老头子走近了，老婆子看清了，却愣住了："老头子咋变得这样年轻了，嘴上没有胡子了，脸上没有皱纹了，像是二十多岁，这是咋回事啊？"

老头子说："昨天，我遇见一只鸟，那只鸟会唱歌，唱得可好听啦，把我都给迷住了。我扔下柴火去追鸟，追了一会儿，那只鸟就不见了，眼前出现了一条溪流，当时我觉得嘴里很渴，就趴在小溪边喝了几口水，我喝那水就和酒味一样香、一样甜，不知咋回事，我就昏昏沉沉地睡着了，当我醒来后，觉得身上怪有劲，走起路来轻巧了。老婆子，你说这事多稀罕？"

老婆子一听高兴了，急急忙忙地说："老头子，那条小溪在哪儿，今儿个，我也去喝几口那种水，变个大姑娘。"老头子乐呵呵地用手指给了老婆子。老婆子按着老头儿的指点，找那条小溪流去了。

老头子整整等了三天三夜，等急了就顺着山道去找老婆子。

老头子找到那条小溪流，可是不见老婆子。老头子慌了神儿，大声鸣叫："老婆子，老婆子，你可不能变成大姑娘不要俺了……"老头子边走边喊，一声接一声鸣叫着老婆子。

老头子走到一片树林边，听到树林里隐隐传出婴儿啼哭声。老头子顺着哭声走进树林，看见地上扔着一身旧衣服。"好面熟啊！"原来旧衣服里裹着一个女婴。老头子抱起婴儿仔细一看，婴儿给老婆子长得一模一样；那身旧衣服也是老婆子身上穿着的。

从此，老头子天天抱着这个婴儿，去给她找奶吃。

原来，老婆子喝溪水一连喝了三天三夜。

女人，一说年轻，心都狠着哩。

讲述者：　张继只，男，60岁，安阳县人
采录者：　张新明
采录时间：1989年
采录地点：讲述者家中
选自：　　《狐狸坟传奇》

398

穷姑娘和富姑娘

很久很久以前，有个姑娘，她家很穷，住着又矮又旧的土屋子，吃了上顿没下顿，衣服补丁摞补丁，但姑娘长得挺漂亮，心眼也蛮好。

有一天，穷姑娘在地里锄草，锄着锄着，瞧见土里有一块儿半新不旧的布，她心说补衣裳用，就捡起来到河边洗了洗，搭在树枝上，就又去锄地了。

一会儿，飞来一只老鸹，叫了几声就把那块布给叼走了。穷姑娘赶紧放下锄就去追老鸹。追呀追呀，追到一座山边儿，老鸹一下子不见了。穷姑娘正在发愣，忽然走来一位白头发的老奶奶。老奶奶说："姑娘呀，你从哪儿来呀？"穷姑娘给老奶奶一一说了。老奶奶说："俺给你找块旧布，先到屋里坐吧。"穷姑娘到屋里，见桌上放着好几个黄窝窝，热气腾腾的，穷姑娘想吃，又不敢。老奶奶说："吃吧，吃饱了肚子，赶紧回家。"穷姑娘一口气吃下五个黄窝窝，吃罢窝窝，奶奶搬来一只小木箱给穷姑娘，告诉她："半路上不准掀，得到家洗了澡才能掀。"姑娘按老奶奶的话做了，得到一箱子亮光光的金银财宝。穷姑娘就把这金银财宝分给了乡亲们。她依旧种她的地、收她的庄稼，谁知道她收了玉米，玉米就变成了金豆子；收了小米，小米变成了金锞子；她收了棉花，棉花变成了大珍珠。她又把这些东西分给了天下的穷人。

这事儿叫一个富家姑娘知道了，这富姑娘心又贪手又黑。她去问穷姑娘，穷姑娘——给她说了。富姑娘就扮作穷姑娘，也去锄地，锄着锄着，面前出现了一块新崭崭的布。她也到河边洗了洗搭在那棵树上，不一会儿，也飞来一只老鸹，拍拍翅膀，把那块布叼走了。富姑娘赶紧追着老鸹跑。跑着跑着遇到一座山，从里边走出来个白头发的老奶奶。老奶奶也把她领进屋。富姑娘一见桌上的黄窝窝就恶心，一个也没有吃。老奶奶搬出个小箱子，也告诉她说半路上不准掀，得到家后洗个澡才能掀。富姑娘搬上箱子就走了。箱子轻溜溜的，她嘀咕开了：这能有几块元宝？富姑娘心里有气。半路上，她老想瞧瞧老奶奶是不是偏心眼儿，就把箱子打开了。只听"嗖"的一声，箱里冒出股黑气，黑气里站着个男妖怪，披头散发，脸像锅底，眼像黑洞，张着血盆大口，一伸手，就把这贪心的富姑娘抱去做老婆了。

讲述者：　刘书梅，女，69岁，安阳县北郭乡人
采录者：　申三英
采录时间：1990 年
采录地点：讲述者家中
选自：　《狐狸坟传奇》

399

住家仙背碾

水冶镇有户姓杨人家，杨家是个富户，院子里有一盘石碾，杨家吃米吃面都到外面去磨，从来没用过这盘碾。

清同治年间，杨家的先人生活虽穷，却很慷慨，曾经救助过一个外乡姓黄的老人，后来这黄老人便和杨家先人成了好朋友，从此杨家便发了家，日子越过越红火。原来这黄姓老人是个住家仙，只要杨家少什么东西，给他说一声，他就能给弄来，不论吃的、穿的、用的，杨家能不发吗？

这年秋天，黄姓老人又来到杨家，和杨家先人聊天，黄姓老人问道："家中还缺少啥不？"杨家先人忙回答道："不缺，不缺，自从你我交上朋友后，家里啥都不缺了，只是碾米、磨面得跑到鳖盖山下水磨，太远，若能再有一盘石磨就全了。"

黄姓老人听了，皱了皱眉头说："行，今儿晚上我给你弄一盘石磨，可有一条，待我背来时，你一定要说'真轻，真轻'，千万别说沉，你可记好了，要是我背来了，你一说沉，我可就大难临头了，千万切记！"说完黄姓老人就走了。

半夜时，杨姓先人一听屋外有动静，赶紧出去一看，见黄姓老人背着一盘石碾，足有千斤之重，刚才还记得黄姓老人的嘱咐，心一慌全给忘记了，开口便说："这碾真沉。"话刚落口，黄姓老人把石碾摔在地上，吐了口鲜血，有气无力地对杨家先人说："老哥，咱的交情到头了，你我就此分手，啥时候你想我了，就到山西楼斗县去看看我。"说完便不见了踪影。

从那以后，杨家先人总觉得对不起黄姓老人，一直想去看望他，可又打听不到山西楼斗县在哪儿，一直也没去成，杨家先人总是觉得很内疚。

到了春天播种时，杨家先人到西山墙上摘犁耙，才在耕耧里发现一只早已死去的黄鼠狼，杨家先人才明白啥是"山西楼斗县"。为了纪念黄姓老人这位仙家，杨家这盘碾从来没用过。

讲述者：　王运，男，44岁，安阳县水冶镇人，小学
采录者：　孙晨琳，男，32岁，安阳县水冶镇东街
　　　　　村人，小学，工人
采录时间：1982 年
采录地点：安阳县水冶镇
选自：　　《安阳县民间故事集》

400

露水姻缘簿

曹山镇有曹磊夫妻二人开了个杂货店，一晃二十多年过去了，他家竟成了曹山镇有名的富户。

男人有了钱，就想找个野女人，女人的下眼皮子肿，有钱的男人一勾搭，就动了心。这一天，一个小娘儿们来店里买东西，俩人一见面就有了那个意，曹磊没要钱，小娘儿们就给他留下了口信：三更天，刘庄东头见。

二更天后，曹磊就悄悄地溜出店门，急急忙忙地朝刘庄走去。走到半路，迎面走过一个白胡子老头儿，老头儿说："曹磊，恭喜恭喜。"曹磊说："老人家，你我素不相识，半夜喜从何来呀？"白胡子老头儿哈哈一笑说："喜从何来？你自己知道哇。你到底干啥去，不该恭喜吗？"

曹磊出了一头冷汗，张口结舌也答不上来。老汉见他不答话，就拿出一本小册子说："这是一本天书，你瞧瞧今夜的秘密，册上记得清清楚楚。"曹磊觉得奇怪，接过册子趁着月光一瞧，册中全是一些密密麻麻的蝌蚪文，曹磊一个字也不认识。他对老汉说："俺不识这字，老人家说给俺听。"老汉收回册子说："这是露水姻缘簿，册中记的全是私情野缘。今夜你与刘氏勾搭的私情，那是你们

两个有一段露水野缘情，今晚正是一对野夫妻偷情花烛夜，我露水姻缘老人前来为你祝贺。"

曹磊一听这话，心里也就不害怕了。他给老汉恭恭敬敬地施了一礼，说："多谢老人家，请问我与刘氏可有多长时间的私情野缘？"露水姻缘老人说："实对你说了吧，你与刘氏有缘分，今夜里该花烛相配。你夫妻两人的野缘均均相等，长短并齐，你妻若是不是奸妇，便有杀身之祸。今夜你若是改正前非不会刘氏，我让你夫妻的奸情一笔对销，马上让那奸夫改变主意，免去你妻的一场祸灾。此事非同小可，你可要掂掂轻重啊？"

老汉说完后就不见了。再说曹磊的叔伯弟弟曹良，是个二流子，家里穷得叮当响，今年二十八岁了，还没讨上老婆。今夜二更，他见曹磊出了店门，只是把店门虚关着，心里就出了坏主意。他跑回家拿了一把尖刀，鬼鬼祟祟地来到杂货店，他见嫂子睡得很死，就撬开了银柜。曹良哪里见过这么多的银子，他惊得两目圆瞪，再一瞧嫂子露出的白肉膀子，也禁不住大发淫心。他两眼一转就打好主意，先把嫂子强奸了，再把嫂子杀死，白白花花的银子也有了逃跑的盘费。正当他要下手时，曹磊从外边回来了。曹良一见曹磊，先是发毛，紧跟着就说："哥，你上哪了，要不是俺来得及时，你瞧这银子……"曹磊一屁股坐在炕上说："唉，做啥事都有报应啊！"

讲述者： 杨文喜，男，50岁，安阳县铜冶镇人，小学，农民
采录者： 杨金书，男，45岁，安阳县铜冶镇人，中专，教师
采录时间： 1991年
采录地点： 安阳县铜冶镇西炉村
选自： 《安阳县民间故事集》

401

梁小非君子，无毒不丈夫

话说从前早早旧，山村里有个卖针线的货郎叫梁小。家里穷得很，整天挑着货郎担走山串村。

这一天，路过一座山，见几个小孩用树枝挑着一条小蛇在玩，梁小觉得怪可怜，就用几个铜钱买下了这条小蛇。

他把蛇带回家，放到瓦缸里。他舍不得吃鸡蛋，可总要每天喂小蛇一个鸡蛋。小蛇长得很快，他又把小蛇放进木箱，无论街坊邻居谁来瞧蛇，蛇都没有咬过人，梁小就给蛇起了个名字——无毒。

无毒一天比一天长，一天比一天粗，见天得十来个鸡蛋吃，吃得梁小越来越穷，吃得梁小没有一个铜钱去进货，梁小就要饭来养活它。

又过了半年多，梁小实在养不活它了，就对蛇说："无毒呀无毒，俺实在养不起你了，俺给你找个好去处，你自己养活自己吧。"

无毒的眼里流出了泪，向梁小点了三点头。

梁小带着无毒，向山里走去，他们走哇走哇，一直走了三天三夜，才找到一个大深潭，这大深潭里的水碧蓝碧蓝的，稍浅一点的地方，都能瞧见潭底的游鱼。梁小对无

毒说："这地方怪不赖，你就住在这里吧。"

无毒向梁小点了三点头，就一下跃进了深潭里。

梁小不养活无毒了，货郎担慢慢又火红起来。梁小忘不了无毒，逢到赚的钱多了，就买一担子鸡蛋给无毒送去。无毒见了梁小，总高兴得跟啥似的，那股亲热劲儿简直没法儿说。

这样一直过了三年，无毒的头上不知啥时长出了角，身上长出了爪，小鳞片也换成了大鳞片，无毒成了龙。

这一天，梁小想到京城做生意，他又担了一担子鸡蛋来瞧无毒，他把想法给无毒说了，无毒又向梁小点了三点头。

梁小到了京城，那生意就像有神保佑，做啥成啥，那钱就像拾的一样。他买了房子，想盖楼，一拆旧房，从里面掉出了三块金砖、三块银砖。一块金砖没用完，就盖了五大间楼、三大间厢房。梁小有了钱，就想娶一个很漂亮很漂亮的老婆。媒人左说一个不成，右说一个也不成，都说梁小的眼光比山高。

这一天，京城出了皇榜，梁小不认字，就叫别人念给他听。原来皇帝的女儿得了一种怪病，非吃龙眼才能好。皇榜上说，谁治好了公主的病，就把公主嫁给谁。

梁小动心了。

他骑上马，一溜烟向深潭奔去，他没有给无毒带鸡蛋，他想要无毒一只眼。

无毒啥也没说，只朝梁小点了三点头，梁小捋起袖子，一把就抓下了一颗血淋淋的龙眼。无毒痛得"嗷——"的一声滚进了深水潭，血把碧蓝碧蓝的水染红了。

公主吃了龙眼，病果然就好了，梁小就和美丽的公主成了亲，成了驸马爷。

这样梁小美滋滋地过了三年。这一天，公主突然又犯了老毛病，皇帝知道他能取回龙眼，就又叫他去取。

梁小来到深潭，对无毒说："无毒呀无毒，你的命是俺给你的，你就把另一只眼给俺吧。"无毒没有向梁小点三点头，梁小捋开袖子就要抓无毒的另一只眼，无毒往后一闪，狂叫一声，张开血盆大嘴就把梁小吞进了肚里。

梁小不是君子，他救了无毒，已经得到丰厚的报偿，就不该再贪心。

无毒也不是大丈夫，它受人恩惠，不该再吃掉梁小。

后来的人，把梁小改成了量小，就成了现在的"量小非君子，无毒不丈夫"了。

讲述者：　　刘宏生，男，38 岁，安阳县人，高中
采录者：　　刘金玉
采录时间：　1991 年
采录地点：　安阳县
选自：　　　《狐狸坟传奇》

402

龙胎夭折

清朝末年。有一天，一位云游天下的阴阳先生到汤阴县菜园地界的高寒村时，突然间患病。他强支撑着身体向村里走去。当他来到一户大宅院的高门楼前时，实在支撑不住了，就病倒在这家门前。

这家主人是个员外。早饭后，员外无事，想出门去溜达溜达。一开街门，刚好看见了倒在自家门前的老人。他快步走上前去仔细一看，只见老人脸色发黄，口吐白沫，嘴里还哼哼着，肩上搭着一个阴阳先生常用的褡裢。员外猜想这肯定是一个阴阳先生，病倒在自家门口了。

平日里，员外就爱做善事，接济乡邻。现在他看到是一位阴阳先生，马上叫家里人把老人招进家中，放在自己的床铺上，然后派人叫来了医道高的看病先生，给这位老人看病。

阴阳先生的病经过医治，一天天好起来。这期间，员外对阴阳先生好吃好喝好照应，后来阴阳先生的病好了，身体也壮实起来了。阴阳先生觉得人家这样好生照顾自己，不但给自己看病，还管吃住，应该报答人家。

这一天早饭后，家里其他人都各司其事去了，屋里只剩下员外和老人二人在唠嗑。闲聊中，阴阳先生眯着眼仔细看了一会儿员外，然后环顾一下房内，又用手捋了一下自己的胡须，诚恳地对员外说："掌柜的，您对我这么好，给我看病，又管吃喝，我真该感谢您。我想到您院中看看您的宅院，您瞧中不中？"员外一听，喜上眉梢，连忙起身打躬作揖道："中！中！谢谢先生啦。先生，请！"

来到院中，阴阳先生绕着院子转了一圈儿。员外刚想问什么，阴阳先生开口道："您的坟地我能看一下吗？""哎呀！先生，中！"员外激动得简直不知说什么好。

员外带着先生来到自家坟地。先生看了一下坟地的位置，又眯着眼仔细看了一下四周，然后非常神秘地悄声对员外说："你家的坟迁一迁吧，按我所说的地理位置迁，你家的下辈小孩肯定能成个了不得的人物。因为我叫您迁的那个地方，是块上好的风水宝地。"员外一听，急不可待地追问："请教一下先生，能出什么样的大人物呢？"先生眯着眼摇头道："天机不可泄露。您不要再问了。"

但员外耐不住先生的话对他的诱惑，非要打破砂锅问到底不可。他再三恳请先生相告，并向先生保证不告诉别人，同时把先生作为长辈看待。先生眨巴眨巴眼睛，手捋着胡须，低头思索了一会儿，觉得情不可却，便打了一个"唉"声，用凄楚的声调说道："掌柜的，我不是不对你说，如果我一说出口，我的眼睛肯定会很快地瞎掉，变成实瞎子。""哎呀！先生，甭管了，如果真是那样的话，我向天发誓，我和家里的老小，一定把您当作长辈看待，一辈子供应您吃好的、穿好的，给您养老送终，到您百年后，大操大办。"

先生听了员外的一番话，长出一口气，然后看看四处无人，态度非常严肃地低声告诉他坟要迁的位置、葬埋时的穴向和挖穴的深度。最后嘱咐他："在挖立主的[1]坟坑时，如果遇到活物，不管是什么，千万不要毁掉，也不要再挖了，埋在这个深度的地方就行了。"

二人回到员外家后，员外马上找来木匠，重新做了棺

---

[1]　立主的：坟地上最大辈儿的坟叫作主坟，新采的坟，埋最大辈儿的人在这里，就叫立主。

材，又找来一些办丧事时专职挖坑殡葬的人，依照先生的吩咐，在指定的地点进行挖坑。

待挖到一定深度时，突然发现立主的坟坑中，有一棵特别粗大的缠绕着的草。立刻停挖，把立主的祖宗的棺材先行下葬，然后依次葬埋其他的棺材。

自从员外迁了坟以后，家景更加兴旺起来，经常是高朋满座。而此时他的三媳妇也确定怀了身孕。先生告诉他，他媳妇怀的正是龙胎，也就是未来的皇帝。话音刚落，本来渐渐视物不清的先生，一下子眼睛全瞎了。但员外从未向家人及外人透露过一点儿先生所说的秘密，只是让家人好生待候他的三媳妇。

却说那位阴阳先生，自从向员外泄露了天机以后，员外确实对他不错，并嘱家人也要好生对待。即使先生瞎了以后，员外也没嫌弃过。

但好景不长，没过几个月，员外对这位阴阳瞎子就开始冷淡了。一是经常来他家的亲朋好友耻笑他奉养了一个无用的瞎子；二是员外看到自己的三媳妇的腹部一天天大起来，认为所怀的龙胎万无一失了，再继续供养这位瞎子已成了累赘。因此，员外总觉得心里不是个滋味，就不再像先前那样好生对待他了。有时给他送去一碗残茶淡饭，有时甚至连一碗剩饭也懒得送去。阴阳先生真是后悔莫及，但因眼瞎，徒弟们又不在眼前，毫无办法，真是哑巴吃黄连——有苦难言。

这一日，正是员外的三媳妇将要临产的日子，阴阳先生思来想去，总觉得自己不能再在这里待下去了。他趁员外家人都去照应三媳妇的时候，凭着自己的记忆，摸索着走出了员外的家门。

来到街上，他刚挪动不远，从远处走来一位身背褡裢的男子汉。那男子汉走到离阴阳先生不远处时，呆愣愣地站住了。瞬间，他又吃惊地叫了起来："师父！怎么是您。您的眼睛怎么瞎了？"并迅速走上前去，双手扶住了面黄肌瘦、衣衫褴褛的师父。

阴阳先生听到叫声，先是一愣，但马上从声音听出是自己的大徒弟。阴阳老者真是悲喜交加，心中万语千言真想向徒儿倾诉一番。但他马上又意识到这里不是说话的地方。他急忙对徒儿说："快！快带我离开这个村子，离开这里再说。"

徒儿带着师父迅速来到另一个村庄，找到一个饭馆，给师父要了一桌上好的饭菜，又要了一壶酒。徒儿看到师父面黄肌瘦、衣衫褴褛，吃饭狼吞虎咽的样子，特别是看到师父原来那双炯炯有神、闪闪发亮的眼睛现在完全瞎了，心里特别难过，眼泪不由得扑簌簌地掉了下来。他猜想师父一定吃了不少苦，这里一定有隐情。

师父吃喝过后，徒儿刚问了一句："师父，您这几年……"阴阳老人马上连摇头带摆手，然后低声对徒儿说："徒儿，走，咱师徒俩找个僻静地方说话。"徒弟心领神会，带着师父来到这个村庄边沿地带，找了一个僻静处，停了下来。

师徒二人刚落座，徒弟又急不可待地问起了师父。师父尚未开口，却已是老泪纵横了。老人哽咽了一阵，然后哀怨地长叹一声，才悲悲切切地把自己前前后后遭遇的事情全部告诉了徒弟。

徒弟越听越来气，当他听完后，气愤地对师父说："这忘恩负义的东西，难道就这样让他欺负咱们吗？师父，这不能给他算了！难道就没别的办法惩罚他吗？"听了徒弟的话，师父又长长打了一个"哎"声，摇摇头道："不好办呢！他媳妇的胎儿马上就要临产了。"接着，师父又长叹一声，面有难色地说道："要想惩罚他倒是也有办法，但这得有特别大的胆量，因为办这事很危险，甚至会命丧黄泉。""师父！您说吧，只要能惩罚他们，为了师父，哪怕是上刀山下火海，徒儿也不怕。"

听了大徒弟一番发自肺腑的话，师父感激得又一次流下了眼泪。他用手拍了拍徒弟的肩膀，颤声说道："徒儿，师父没白教你一场，你真是师父的贴心人。"接着，他告诉徒弟买一把快刀，去那家的坟地上，那员外家立主的坟头上有一股又粗又大的通天白气。去到那里，对着那股白气拦腰砍断，然后，马上往回快跑。一百步之内千万不要回头。因为在百步之内，有很多肉眼看不到的狼虫虎豹，在护卫着那股白气，如果回头，不要说它们现身后把人吃了，就是吓也能把人吓死。

徒弟依照师父的嘱托，冒着生命危险，去那家坟地快刀斩了那股通天白气。当他跑出一百步之外时，本来晴朗的天空却打了一声震耳欲聋的霹雷。霎时间，乌云密布，电闪雷鸣，紧接着，下起了像血一样的红雨。

徒弟跑回师父所在的地方，师父得知徒弟把事办完后，立即对徒弟说："快！我们快跑！能跑多远跑多远。"徒弟拉着师父，冒着血红的大雨向远方跑去。

再说那个忘恩负义的员外，正当三媳妇龙胎临盆时，只听天地间打了一声震天动地的霹雷，随之，龙胎撕心裂肺似的一声惨叫，降生了。接生婆及服侍的人一看，生下的孩子面无血色，浑身冰凉。再仔细一看一摸，方知已经气绝身亡。这时，只听外间屋里的人喊道："呀！外面下的雨是红色的，咋像血一样啊！"

正在心神不定的员外，闻声向外一看，确实是红色的雨。恰在这时，里屋传出龙胎夭折的噩耗。员外一听，惊得目瞪口呆，像一尊泥塑一样，呆呆地站在那里，好大一会儿没说话。他家里的人也都吓得团团乱转，手足无措。

家人正要去请郎中时，突然间，只听员外呼天号地一声大叫："啊！我的龙孙呢！你咋这么命短呢！我哪里……"刚哭诉到这儿，他猛然间想起了家中那位阴阳瞎子，便急切地对三个儿子说道："快！快去把咱家那位阴阳先生给我叫来。"

一会儿，三兄弟失魂落魄地跑了回来，告诉父亲阴阳先生不见了。员外一听，脚一跺，气急败坏地说："这肯定是他办的事。你们都快去找他，一定把他给我抓回来。"

三兄弟带了家中几个壮汉，冒雨在村里村外找了个遍，哪里还找得到。

就这样，一代帝王未成人就夭折了。也正因为这样，本应辅佐他的一代将相诸如蒋神仙、林老虎、单小五等无人收留和管理，一个个走上了灰色的道路，慢慢地销声匿迹了。

讲述者：　马玉民，男，55岁，内黄县高堤乡北街人，初中，农民

采录者：　马少青，男，48岁，内黄县高堤乡北寨北街村人，大专，教师

采录时间：2005年8月9日

采录地点：讲述者家中

选自：　《中国民间故事全书·河南内黄卷》

403

十个儿子

很早很早以前，东海边有个穷渔村，村里住着老两口儿。老两口儿没儿没女，常年在海上打鱼为生，辛苦了大半辈子，还是穷得叮当响。

这一天，老两口儿出海打鱼。从清早开始，不知道撒了多少网，网网都空。看看日头快落了，连一条鱼也没打着，两口儿那个急呀！老婆儿一屁股坐在船上，死也不动弹了。老头儿不死心，又将网狠狠地甩了出去。停了一会儿，起网一看，还是没有鱼，就见一个拳头大的铁盒子夹在网格里。老头儿骂道："我要的是鱼，谁要你个倒霉的东西。"说着，抓起铁盒就要往海里扔。忽然，船舱里"哗哗"乱响，老头儿揭开舱板一看，呀！满满的一舱鱼，活蹦乱跳。老两口儿很是奇怪，正纳闷咧，只听"哗啦"一声，那个铁盒子自己打开，从里边滚出十粒宝珠，闪着银光，晃得老两口儿眼都睁不开了。

自打得了宝珠，老两口儿再不用出海打鱼，想要啥，说一句话，马上就有，喜得老两口儿一日三遭拜天谢地。

这消息很快就传到了京城，皇帝老子知道有人得宝，就急红了眼，立即传旨，叫一个大臣去收宝。

这钦差大臣，领着官兵来到渔村。一进街，就惊得鸡飞狗跳，家家关门。

老头儿隔门缝一看，见官兵直奔自己的家，知道事儿不好，忙叫老伴快藏宝贝。老婆儿吓得浑身哆嗦，拿着宝珠不知道藏哪儿好。这时候官兵已经踹破门闯进来了，她就顺手将宝珠填到了嘴里。钦差大臣院里一站，贼眼一瞪，张口就要宝贝。老头儿把宝看得比命都重，不管大臣咋逼问，死活不承认。那大臣不信，领着官兵把小屋翻腾了个乱七八糟，最后也没找到宝贝。原来老婆儿一慌，把宝珠咽到肚里去了。官兵们找不到宝，就把老头儿捆上，押到京城交差。

老婆儿咽了宝珠以后，肚子就不断胀大，一阵一阵地疼，到了晚上，生下了十个奇形怪状的儿子。不一会儿，儿子一个个长得跟大人一般。老婆根据他们的长相都起了名字。老大叫长腿，老二叫大手，老三叫大嘴，老四叫火鼻儿，老五叫厚皮儿，老六叫拱地儿，老七叫千里眼，老八叫顺风耳，老九叫天上走，老十叫云里飞。

有了这十个儿子，啥事都好办了。长腿和大手去海里打鱼，不用船，不用网。长腿往海里一跳，海水才不老盖儿 [1] 深。大手蹲在长腿不老盖儿上，伸手去捞鱼，一捞就是一大捧，一捧能装半船。大嘴跟火鼻儿管做饭。火鼻儿点火，一哼火点着了。大嘴当风匣 [2]，嘴一吹，"呼呼呼"几下饭就做熟了。老婆儿看着十个儿子一个比一个有本事，心里总算安定下来。

再说老头儿被抓到京城，死活不交宝贝。皇帝一恼，要把他处死。这事，千里眼看见了，顺风耳听着了，忙叫厚皮儿去救。事儿紧急不敢怠慢，天上走、云里飞架着厚皮儿腾空，霎时来到京城。这时皇帝领着三千御林军，把老头儿绑到法场，眼看就要开刀。厚皮儿忙喊："刀下留人，儿愿替爹一死！"

按当时法律，父亲犯罪，儿子可以替代受刑。所以，刀斧手解开老头儿，绑了厚皮儿，按到刑桩上，手起一刀，只听"咔嚓"一声，刀刃竟歪二指，厚皮儿嘻嘻还笑。再

[1]　不老盖儿：膝盖。
[2]　风匣：风箱。

砍儿刀，刀头都使断了，也没伤厚皮儿一根汗毛。皇帝就叫御林军齐上，枪棒乱扎乱捶。御林军个个累得满头大汗，厚皮儿呢，呼呼睡着了。皇帝没法，放了厚皮儿，又把老头儿抓了起来。

第二天，皇帝把老头儿绑到海边，要推到海里淹死。这事儿千里眼看见了，顺风耳听着了，忙叫长腿去替。皇帝把老头儿放了，绑了长腿，推到海里。长腿歪歪扭扭站起来，海水还淹不到不老盖儿，他蹚着海水就走了。皇帝没法，又把老头儿抓了起来。

又一天，皇帝把老头儿绑在大树上，周围放满干柴，要用火烧。这事儿千里眼看见了，顺风耳听着了，忙叫火鼻儿前去替。皇帝用火鼻儿换下来老头儿，点着大火。大火越烧越旺，看看就要烧着火鼻儿。火鼻儿抽一下鼻子，只听得"滋"的一声，火鼻儿把漫天大火都吸进了鼻子里去了。皇帝见火突然熄灭，正在发愣，又听得"滋"的一声，火又从火鼻儿鼻子里喷出，直向皇帝烧过来。皇帝吓得捂住头就跑。御林军跑得慢的，头发胡子都烧着了。皇帝气得一跺脚，又把老头儿抓了起来。

这回，皇帝叫人刨了一个大坑，要把老头儿活埋。这事儿，千里眼看见了，顺风耳听着了，就叫拱地儿前去。皇帝把拱地儿埋到坑里，半天不见动静，总算松了口气。可反过来一想，上几次都没能处死人，这次别再……想到这儿，急忙叫人验刑。御林军刨开一看，坑底处往外有个窟窿，拱地儿早钻得没影儿了。皇帝又傻了眼。没有办法，只得使出最后一招，把老头儿关起来，不给饭吃，要活活饿死他。

就在这时，十个儿子也直奔京城来救父亲。皇帝听到消息，急令皇兵出城迎敌。弟兄十个一点也不怕，他们各显本领：长腿一手托着一顶草帽，一手抱着大手。大手伸着双手去捧皇兵。捧一捧，装进草帽；再捧一捧，还装进草帽。一捧一捧往里装。装满后，天上走、云里飞抬起草帽，一帽一帽把皇兵扣到海里。火鼻儿喷着火，大嘴吹着风。火趁风势，风助火威。大火烧得皇兵哭爹叫娘。厚皮儿用手砍，拱地儿用头碰，千里眼、顺风耳来往指挥。一阵子，就把皇兵消灭得干干净净。皇帝吓得忙叫御林军紧闭城门。弟兄十个来到城下，没法进去。大手一急，抓住

厚皮儿就扔进城去。不知啥时候，拱地儿从城墙上拱个窟窿也进去了。两人把城门打开，弟兄们一齐冲进城去。御林军一见，"呼啦"一下跑了个精光。兄弟们闯进皇宫，抓住了皇帝，救出了父亲。还打开了国库，把金银财宝粮食衣物统统分给穷苦的老百姓。

后来，十个儿子和他们的父亲，又回到渔村，过上了幸福的生活。

讲述者： 李文同，男，12岁，内黄县二安乡沙河庄村人，学生

采录者： 李国存，男，10岁，内黄县二安乡沙河庄村人，学生

采录时间： 1966年

采录地点： 内黄县二安乡沙河庄村

选自： 《中国民间故事集成·河南内黄县卷》

404

上茅山

从前，有两个同窗好友，一个叫张学生，一个叫李学生。他们天天在学堂念书，念得头懵眼花，心里腻烦透了。

这天，二人忽然听说茅山的景致特别好，便想去逛逛。于是，他俩偷了家里的一些钱，悄悄地结伴上路了。

茅山离这里很远很远。他们走了没多长时间，便把钱花光了，为了吃饱肚子继续赶路，张学生写的字好，就提笔卖诗；李学生会武术，就上街耍弄刀枪挣钱。就这样，也不知走了多长时间，他们来到了茅山脚下。打听茅山的情况，当地人说，茅山是一座长满茅草的荒山，山顶上有块好几亩地大的石板，平展展、光秃秃地盖住山头。那石板，四十年自动掀开一次，随后马上又盖上。石板开后，才能看见里边的景致。因此，看茅山的景致像看铁树开花一样难，而且像看昙花一样，时间就那么一露，还只能站在山上远远地看。过去，也有人乘石板开时下去了，可是下去之后，再也没有出来。

张、李二位学生听到这些情况，全败了兴。可是这么远来了，也得到山上转转哪。

从山脚到山顶，大约十里远近，只有一条羊肠小道可

以通行。路两边长满了茅草，沿路越往上走，茅草越密越深，快到山顶的地方，就有齐腰深了。到了山顶，果然看见了那块石板。

他俩正在观看石板，忽然听见"轰隆"一声响，震得山摇地动，石板周围裂开了一条缝。紧接着，石板慢慢地向上掀起。呀！真有好运气，四十年才一次的好机会叫他们赶上了。石板掀开后，嗬！里边好大的一个地方啊。这茅山原来是空的，从上到下，越来越宽，底上是座城，城里金光闪闪，城外树林翠绿。好一派世外仙境啊！从上边山口，还有一道石阶，曲曲折折，通到山底。

张、李二位学生，看景早看得心花怒放，忘记了当地人的告诫，不由得走下山口，顺着石阶边看边下。

他俩下啊、下啊，下完了石阶，到了山底。茅山美景就在眼前了，你看他俩那个高兴劲儿吧！正当他们高兴得着迷时，又听见"轰隆"一声，抬头一看，呀！不好！石板开始下落了。他们慌了，赶紧沿着石阶没命地往上跑。李学生有武艺，跑得快，张学生没武艺，跑得慢！他们一前一后地往外冲，当李学生刚跑出山口，张学生还没出山口时，石板"轰隆"一声盖住了。张、李二位学生，一个石板里，一个石板外，连后悔带害怕，一齐号啕大哭起来。可是事已到了这种地步，哭有啥用，好朋友生死离别千言万语，万语千言，悲痛的心情自不必说。最后二人只好就此分别。

不说李学生回去怎样，先说张学生在山口石板下面歇了一会儿，心想，反正活不成，倒不如把景致看个够。于是，他又顺着石阶慢慢走下山底，一直进到茅山城内。可是，景致再好，这时在张学生眼里也看不出好了。

张学生闲逛了半天，觉得肚里饥饿。街上倒是卖什么的都有，可他人生地不熟的，身上又无分文钱，只好咽唾沫、勒裤带了。

转着转着，忽然，一位公公打扮的人拦住他说："我们王爷有请。"到了这种地步，张学生还怕什么。他顺口答应，跟着那人就走。那人领他进到城里的一座大宫殿里，拜见了一位老人。那老人热情地接待了他，说他是稀客，难得到这里来，并摆下酒宴招待他。张学生有点莫名其妙，但他也不多想，拿起来东西只管吃，反正吃一点赚

一点。宴后，又给张学生安排了住处，让他白天到街上闲逛，晚上就歇在那里，每天好吃好喝好照应。张学生也不问因由，只管尽情享受。

时间一天天地过去了。张学生在来茅山的路上，吃尽了千辛万苦，只落得面黄肌瘦，可是到这时候，他已养得身宽体胖、满面红光了。

有一天，老头儿又召见了他，询问了他来到这里的一些情况后，便拿出一张纸牌子，递给他说："你明天把这纸牌子插在帽子上，在大街里见了好东西只管吃，没人敢问。"张学生接过那纸牌，心里半信半疑。

第二天，他按照老头儿说的去做，果然不假，大街上卖东西的瞅见他帽子上的纸牌，不管他拿来什么吃，都不管不问。不到半晌，他便吃得十分饱了，只是吃的咸东西较多，觉得口渴得很。想找点水喝，可是街上没卖水的，他走着走着，不觉来到城外。城外有一处山崖，崖边流下一股泉水，"叮咚"作响，泉边有一水池，水清见底，池边有一位姑娘在洗衣服。姑娘长得美丽极了。张学生一见就被吸引住了。他两眼发直，四肢发僵，呆在那里，泥胎一般，半晌才回过神来。他战战兢兢地走到姑娘身边，施礼打躬："请问小姐，能让我喝口水吗？"那姑娘听见问话，扭过脸来，瞅了一眼张学生，"咕嘀"一声笑了。张学生低头瞅瞅自己身上并没有什么可笑之处。姑娘见他往身上瞅，反而"咯咯"大笑起来。张学生莫名其妙："小姐为何发笑？""你死到临头了，还斯斯文文的，岂不可笑？""我好好的咋会死呢？"姑娘指指他的帽子："你头上插着'亡命旗'难道不知道？"张学生摘下帽子，看了看老头儿写的纸牌，不明白。姑娘解释说："我看你是外来人，不认识我们这儿的字。你帽子上写的是'顿餐'二字，就是说你剩下今天最后一顿饭，明天就活不成了。"张先生不信："小姐你真会开玩笑。""谁敢跟你开这玩笑，我们这儿是魔法城，不归人间管辖。给你纸牌的就是我们这里的国王，每逢外边进来人，他都供养起来，养得肥了，到了一百天头上，就把他吃了，没一个能活着回去的，你大概也够天儿了吧。"张学生掐指一算，不假，到今天来了九十九天，明天就整整一百天了。于是，他吓坏了，腿一软，就跪在地上，连叫："小姐救我，小姐救我。"姑娘

把他扶起来："不用怕，我既然跟你说了，就有法子救你，跟我走吧。"

那姑娘收拾好衣服，领着张学生回到城里，转了几条街径直走进了老头儿的宫院。张学生疑惑地问："这是那国王的地方。咱怎么到这儿来了？"姑娘微微一笑："我是这里的公主，怎么不能进？"张学生一听姑娘是那老头儿的闺女，可气坏了，说："原来你们是一家人哪！要害我快下手，别变着法儿拿我开心。"公主看张学生激动的样子，笑了笑，诚恳地说："俺是一家人，可不是一样的心。"

公主把张学生领到一座偏殿里等着，就到父亲那里去求情，说张学生如何如何聪明伶俐，要留他当随身仆人。国王先是不准许，但是经不住女儿一个劲地苦求，最后只好答应了。

靠偏殿有座小空房子，是专供仆人居住的地方，公主让张学生住了进去。当天晚上，张学生还没睡，公主突然神色慌张地来了，要他把铺盖从床上挪到地上，等躺好后，就用一个大箩筐把他扣在里边，外边又堆上厚厚的石灰，将箩筐埋住，并嘱咐说，晚上不管发生什么事都不要动。张学生闹不清怎么回事，只好顺从地在里边呆着。

到了深夜，只听外边不住地响着炸雷，把他耳朵都快震聋了，还热得难受，觉得都快被烤熟了。

第二天一早，公主刨开石灰叫他，他拱出箩筐一看，外边房子塌了，屋里的东西也烧光了，幸好石灰保护着他，要不，他早就没命了。问过公主，才知道原来老头儿嘴上答应饶了张学生，可心里并不罢休，幸亏公主料到了这一点。张学生十分感激公主，但他担心以后还会受害。公主说："我爹知道这次有女儿保护，以后就不会再害你了。再说，论法术，他还斗不过我呢！"

就这样，张学生在公主的保护下，过着无忧无虑的生活。他名义上是公主的仆人，实际二人亲如兄妹。后来，他们相爱了，并海誓山盟，暗订了终身。

时间一天天地过去了。由于离家日久，张学生渐渐产生了思乡之情，他想念父母，也想念好友李学生。想回家看看，可是公主不同意，他思乡心切，每日心事重重，吃不下饭，睡不好觉，身体渐渐消瘦下来。后来，他实在忍

受不下去了，就瞒着公主，找着国王，说了要回乡的事，国王听了哈哈大笑，说："要回去，可以，不过必须替我办一件事，如果办好了，不但让你走，还要给你一件国宝作为酬劳，让你带回去。"张学生问什么事，国王交代说后花园里有九根青竹竿，你把它砍下来就得了。张学生答应了，回去拿了斧头就要砍。这时公主急匆匆地赶来拦住了他，送给他九条红头绳，让他先把红头绳系在竹竿上，然后再砍。张学生按公主的话做了。竹竿砍下来后，张学生一看，魂儿差点儿被吓掉，那砍下的九根竹竿，变成了九条恶龙，张着血盆大口，一齐来吞张学生。幸好那九根红头绳变成了九条铁锁链，将龙紧紧捆住。恶龙只能在原地挣扎，不能前进一步。张学生吓坏了，后悔自己不该瞒着公主，莽撞行事。他找着公主赔了不是，公主对他说："茅山从来没有让人出去过，国王能轻易答应你吗？不过这样倒也好，你把他的事办了，他就不好再阻挡你了。临走时，国王酬劳你，让你拣宝，你再好的宝贝别要，只拿那把破伞就行了。还要记住，破伞回家之前不要打开，一打开就坏事了。"

临走时，国王领张学生去国库拣宝。国库里，金子、银子、各种珍宝，成堆成垛。张学生看也不看，直接拿起那破伞。国王见了，很不高兴："那么多金银财宝你不拿，拿这把破伞干什么。"张学生说："用这把破伞，回去路上能遮遮雨就行了。"国王见他执意要拿，自己有言在先，也只好让他拿了去。

随后，张学生辞别了国王，夹着破伞，沿着石阶往上攀，走到茅山出口，说来也巧，那大石板"轰隆"一声，开了缝，接着慢慢掀开了。张学生进来时，茅山开盖儿，到现在又开盖儿，人间已整整过去了四十年。他激动地出了茅山口，向家乡走去。

走着走着，忽然，天下起大雨来。路上的人，都淋成了落汤鸡。张学生记着公主嘱咐不敢撑伞，所以，浑身也湿了个透。旁边的人见了，一个劲儿地嘲笑他，说这是哪来的傻子，有伞不用，甘心受淋。跑到村里，大家挤在门楼下避雨。可是谁也不让他避，他来到哪里，哪里就把他挤了出来。张学生真好比哑巴吃黄连——有苦没法说。羞辱之下，他急了，就不管三七二十一，一下子撑开了破伞。

这一打不要紧，从伞里掉出一个人来。你说这人是谁？原来是公主。公主娇弱的身子，纸糊的一般。脚是三寸金莲，站也站不稳。她从伞中掉出后，一屁股蹲在地上，连声埋怨张学生不该不听她的话，说她这样一个弱女子，怎能走这么远的路。可是，事已至此，后悔也来不及了。

雨过天晴之后，张学生搀起公主上路了。没走多远，公主就走不动了。张学生眼睁睁地看着妻子，背也背不动，拖也拖不走，急得他坐在地上哭起来。公主看见张学生作难的样子，反而哈哈大笑起来，说："我跟你逗着玩呢，看你那呆样子。"随后，她拿出一张红纸，剪成了两匹纸马，吹上一口仙气，那纸马就变成了两匹枣红大马。他二人各骑上一匹，飞快地跑了起来。

走着走着，张学生又犯了愁，说："咱手中没有分文钱，吃饭住店咋办？"公主说："这才好办呢，我变成个大黑骡子，前边有个集镇，你把骡子牵到集上去卖，咱不就有钱了。"张学生一听急了："那不成，我就是要饭回去，也不能把老婆卖了啊！"公主笑了："你真傻，我能变过去，就不能变回来吗？"接着，她又嘱咐张学生："你把我牵到集上，第一，要卖五百吊钱，少了可别卖；第二，你记住，卖给谁都行，千万不要卖给庙里的和尚；第三，卖过以后，到村外大槐树下等我。"

说罢，公主来到一个僻静之处，转眼之间，就变成了一匹又高又大的黑骡子。张学生把骡子牵到了集上。集上的人见了，都夸骡子好，可是谁也拿不出这么高的价钱。转了半天，也没有把骡子卖出去。

这个集镇的庙里，有个老和尚。他多年修行，神通广大，但心眼坏。公主不让张学生把骡子卖给和尚，就是怕他使坏。可是这天，偏巧他到集上闲逛，一眼就看出了这匹骡子是个仙体。他知道仙体吃了能延年益寿，就凑上前去，要买黑骡子。张学生见是个和尚，多少钱也不卖。老和尚心生一计，转身离开，走到一边，把五百吊钱给一个老头儿，托他来买黑骡子。张学生不知是计，就把骡子卖给了老头儿，得了钱，直奔大槐树而去。

这和尚见计谋成功，非常高兴，他把骡子牵回庙内，拴在一间黑屋里，门窗用纸糊严，不透一点气儿，回头去安排锅灶，准备杀骡子。

这庙里的一群小和尚，听说师父买来了一头骡子，都争相去看。可是门锁着，窗封着，他们过不去，又看不见。一个小和尚想了个点子，用手蘸了点儿唾沫，把窗户挖了个孔。当他刚要把一只眼凑上窟窿去看时，突然"扑啦"一声，一只麻雀从里边飞出来，把他吓了一跳。小和尚再往里看，骡子已经不见了。他赶忙把此事报告给师父。老和尚一看骡子变成麻雀跑了，急忙变成一只老鹰，展翅追了上去。

麻雀飞离了集镇，照直向那大槐树飞去。后边的老鹰紧紧追着不放。麻雀刚落到大槐树上，老鹰就到了，照直向它扑来。麻雀眼看自己就要被抓住，就急中生智，慌忙变成一枚铜钱，"当啷"一声，落到了树下。这时张学生正在树下等着公主，忽然见一枚钱落在身边，也不管是哪里来的，顺手将钱塞进钱袋里，老鹰看得真切，急忙飞向一边，变成一个老头儿，向槐树走来。他走到张学生身边，施礼打躬，说刚才他用钱投树上的鸟，钱落在树下，问张学生拾到没有。张学生说拾了一个钱，说着就从钱袋里摸出一个递给老头儿。老头儿说，这个钱不是他的，他的有记号。张学生就把钱袋里的钱往外倒，好让老头儿拣。公主一听说要倒钱，赶忙往袋角处钻。这样，张学生倒钱时，手提袋角，正好捏住那个钱，所以，那钱就没有倒出来。老头儿拣了半天，自然找不到公主变的那个钱。最后他只好败兴而去。

少时，公主从钱袋里钻出来，现了人形，向张学生讲了刚才的惊险经过。埋怨张学生太老实，不该让老头儿拣钱，说："你也不想想，谁会干那用钱投鸟的赔本买卖？"张学生这才恍然大悟。

不管怎样吧，钱总算有了，他俩歇息一阵儿，骑马上路了。可是，老和尚偷鸡不着，反丢把米，怎肯罢休，他赶上张学生他们，偷偷地向公主射出了两支毒箭。毒箭不偏不斜，正好射进了公主双眼。公主立即跌下马来，昏了过去。张学生守在她的身边，连心疼带害怕，全没了主意。停了一会儿，公主醒转过来，叫张学生不必伤心，等回到家后，把她按进锅里，用一百块桑木柴烧煮，就能把箭取出来。但是不能让任何人知道。如果有人见了，就取不出来了。

张学生回到家后，马上关紧了大门，找来一百块桑木柴，将公主按进锅内，添上水，烧煮起来。

再说他的好友李学生，自从茅山分别后，在人间度过四十年，早已白发苍苍了。他听说张学生回来了，高兴得简直发了疯，过来把张学生的门敲得震天响。门敲不开，就抖抖精神，借武功飞身跳过墙来。二人相见了，可是一百根桑木柴还没有烧完。张学生揭开锅一看，公主不见了，锅底上留张纸条，上写：

要想夫妻再见面，
除非二次上茅山。

讲述者：　郭东坤，男，35岁，内黄县人，高中
采录者：　李国存，男，34岁，内黄县二安乡沙河
　　　　　庄村人，高中，干部
采录时间：1990 年 4 月 24 日
采录地点：讲述者家中
选自：　　《中国民间故事集成·河南内黄县卷》

异文：胡二马叶

胡二从小父母双亡，无依无靠，从河东流浪到马家庄。马家庄有一个叫马叶的小孩，见胡二每天要饭，很是同情，他把自己穿不着的衣服给胡二换上，还经常给他送点好饭。胡二过意不去，就给马叶家扫院子，砍柴做零活儿。胡二、马叶两个越来越好。后来就拜了朋友，一同到学堂读书。

过了几年，胡二长高了，也懂事了，见马叶家生活也越来越紧张，不愿意再拖累人家了。

这天，胡二读书回家，见村头很热闹，挤上前一看，是玩把戏的，舞枪弄棒，七十二变，把胡二给迷住了。看完后有的扔钱，有的端饭，胡二站在那里不动，等人家收拾完，上前施礼道："各位师傅手艺真好，请问是从哪里学来的？"艺人回答："是从茅山学来的。"胡二又问：

"茅山在哪里？离这儿有多远？""你要去，一直西南就能找到。"

胡二到家后，不顾马叶一家劝阻，第二天便打好行李直奔西南去了。

一天，胡二来到一片柏树林中迷失方向，前不临村后不着店，想问路也没个人烟。一天又没吃东西，肚里饿得咕咕直叫。天黑了，胡二见无路可走，不禁失声痛哭起来。

原来这个柏树林中住着一个五雷大仙，还住着一个猴仙和一个蛇仙。五雷仙有一个女儿，名叫凤仙。五雷仙经常教育女儿："光办好事，别办坏事。"凤仙一见谁迷了路，就去引路，从不作恶。这天，凤仙正在玩耍，忽听得有哭声，心想：可能又是谁迷了路，我何不去送他一程。一阵轻风，来到胡二跟前，一看，原来是个少年书生，看上去相貌不凡，便上前问道："这位公子，你到这荒林野地哭啥呀？"胡二一听有人问，抬头一看，一位美女站在面前，胡二也顾不得许多，便把自己的出身和受马叶一家养育之恩、立志到茅山学艺说了一遍。凤仙见胡二举止稳重大方，顿时起了爱慕之心，就说："你听我的话吗？只要依了我，就不用去茅山学艺了，并且还能化险为夷、遇难呈祥。"胡二见有人搭救，忙满口答应，跟随凤仙进入柏林深处。胡二抬头一看，眼前出现了青砖瓦舍、亭台楼阁。凤仙领胡二走进大厅，见了父亲，要求父亲为女儿主婚，五雷仙一听心中不快，不愿意让女儿嫁给凡人，就暗下决心除掉胡二。便随手写了封请帖，命胡二送到东庙蛇仙那里。胡二接过请帖出了大厅，刚要出门，被凤仙截住。因凤仙向父亲提出与胡二成亲之事，发现父亲脸色不好，于是对父亲有了疑心，她接过胡二手中请帖一看，原来是要蛇仙害死胡二，顿时怒火冲天，对胡二说："到那里不要进庙，从门外扔进去就回来，千万不能停留。"胡二照凤仙说的，到庙门口，把请帖塞进门缝回头就走。走出好远，听到背后有风声，扭头一看，一个大蛇伸着血红舌头，正朝自己扑来，几棵大树被吸得直转。胡二一惊，拔腿就跑。

雷仙见这次没害死胡二，就又生一计，把胡二叫到身边："你猴仙叔害了眼病，这是我给他配的眼药，你给他送去吧。"胡二出门后，凤仙见又是陷害胡二，就说："到那儿不要超过三句话，把药给他捂上，赶紧回来。"胡

二牢记凤仙的话，走到西头庙上，见过猴仙，说明雷仙差他上药的经过，猴仙正眼痛得厉害，听说有药，忙答应上药。胡二解开药包，猛地捂到眼上，转身就走。猴仙觉得两眼刺疼，知道上了当，伸手就抓胡二，胡二已经跑远了，他急得乱跳，只是睁不开眼。

雷仙见陷害不成，就跟女儿当面讲明不许和他成亲，决定给胡二一些财宝，打发他去了就是。凤仙告诉胡二："你啥也别要，只要墙上那把破伞就行了。"胡二见了雷仙，交谈后说明只要那把伞，雷仙一听满口答应，叫胡二自己摘下带走。凤仙说："半路上千万不能打开伞，带着回马家庄就是了。"胡二摘下伞，抱着直奔马家庄去了。

这天，天气炎热，有两个人在路边锄地，见胡二抱着伞不打凉就说："这小子真有点憨，放着伞不打。"胡二听了心想，反正凤仙不在跟前，我打开看看吧。伞一打开，只见凤仙从伞中掉下来，凤仙埋怨道："不叫你开伞你不听话，我一个年轻女子，五更黄昏行路，多不方便。"胡二叫凤仙回到伞中，凤仙说："我已经被两个锄地的人冲了，如今只有咱们同行。"天黑了，他们走到一个村子，找到一家客店，胡二找到店家说："我带一个妇道人家，看店中有无一间小屋，让她住下。"这时，有两个人骑着大马也住在此店，看见凤仙漂亮非常，就叫过店家问："掌柜的，那女的是不是自己人？"店家说："也是行路客人。"那两人又说："你去给她商量一下，叫她给我二人倒杯酒吃，这里有赏。"说罢拍拍钱褡[1]，掌柜的一听就火了。心里说：你俩不是好东西。转念又想，问问也行，不同意就算了。店家到凤仙处说明了情况，不料凤仙听了满口答应，两个人要了酒菜，叫凤仙倒酒，二人对饮起来，凤仙手疾眼快，在酒中下了蒙汗药，几杯酒落肚，那两个人和店家都醉倒了。凤仙急忙叫起胡二，解下两匹大马，连夜直奔马家庄。

胡二、凤仙到了马家庄，进了马叶的茅屋草舍，全家人欢聚一堂，胡二、凤仙再三对马叶表示感谢。凤仙说："咱们先修修房子吧！"第二天，果然现出一片楼房瓦舍，很是阔气。胡二、马叶见凤仙果然道行不浅，就求

[1] 钱褡：褡，褡裢，过去出门在外用于装东西的长条状袋子。这里指装钱的袋子。

她给全村都修修房屋。第二天，全村房舍焕然一新。四邻亲友，杀猪宰羊，都来看望他们，为胡二、凤仙贺喜成亲。从此，胡二、马叶弟兄俩勤奋劳动，凤仙呼风唤雨，年年丰收，十里八村也都丰衣足食。

讲述者：　郑文德，男，内黄县高堤乡北寨村人，农民
采录者：　王春善，男，内黄县高堤乡文化站职工，高中
采录时间：　1990 年 3 月 11 日
采录地点：　内黄县高堤乡北寨村
选自：　《中国民间故事集成·河南内黄县卷》

405

青桃白桃

从前，有个员外，五十多了，跟前没有儿子，只生一个女儿，十七八岁了，长得很漂亮。这一天，忽然刮来一阵儿通天大黑旋风，刮得昏天黑地。旋风过去，员外家的女儿就不见了。

员外叫人四处寻找，一点踪影也没有。员外没法，就贴出来一张告示。告示上写着，谁能找着他女儿，要钱有钱，要人有人。

村里有个小伙儿，名叫王小儿。上无父母，下无兄弟姐妹，独身一人，靠上山打柴过生活。这一天，他打柴回来，看见告示，就顺手揭了下来。

员外听说王小儿揭了告示，慌忙把他请到家里，好吃好喝好照应。随后问王小儿往哪儿去找。王小儿说："甭多问，你收拾收拾跟我走就行了。"

这王小儿可不是莽撞人，他咋敢揭告示呢？一来是他胆大，二来呢，他碰巧知道了旋风的下落。那天他打柴回来，看见旋风刮到一座破庙里不见了，就断定这妖魔藏身的地方肯定在庙里。

王小儿心中有数，就领着员外直奔破庙。他们来到庙里找啊找啊，找了半天，在后院找着一眼枯井。枯井很深，黑咕隆咚瞧不着底。一股冷气从里边冒出来，吹得人骨头节发凉。

王小儿找来一架辘轳，架在井口上，又弄了好多好多条井绳，接在一起，当作辘轳绳。绳头系上一只箩筐。收拾停当，他把砍柴斧别在腰里，坐在筐中，叫员外搅着辘轳把他连人带筐往下续。"骨碌骨碌"，一直续了三天三夜，才把筐子续到底。

洞底处地方很大很大，黑得啥也看不见。王小儿出了筐，像瞎子一样在下边摸。摸呀摸呀，也不知摸了多长时间，才看见前边透过来一点光。走近一看，呀！是个洞。他正想进去，忽然从洞里传出一阵怪叫，吓得他急忙闪在洞门边，侧着身偷偷往里看。

这洞里有几张石桌、几个石凳。员外家的女儿正趴在石桌上哭。石凳上坐着个老妖，长得青面獠牙，浑身白毛，魔爪有二寸多长。那血盆大嘴一张一张，正在骂它底下的一群小妖。

原来，老妖把员外家的女儿摄进洞来，要强逼成婚。它派小妖去置办酒席，小妖们，你推我，我推你，谁也不敢出去。老妖才发了怒。

就这样，老妖痛骂半天，小妖还是不去。它就拿起一个酒瓶子，一抢，把小妖们装进瓶里，一盖口，关了禁闭。随后驾起狂风，气呼呼地出洞去了。

王小儿看到这个情形，慌忙闪进洞去。那姑娘一见自己村里人来了，"哇"的一声大哭起来。王小儿忙叫她甭哭，说，要想出去，就得如此如此，这般这般。姑娘点头明白了王小儿的意思。

一会儿，妖风刮来，老妖要来了。王小儿急忙躲进洞门后，手握利斧，憋住气不出声。

那老妖进了洞，把掂来的一大堆酒肉放在石桌上。忽然，他觉得空气不对劲，就用鼻子嗅了嗅说："怎么一股生人气呀？"姑娘就接口说："相公，这里只有你我两个，哪来的生人气呀？"那妖怪听见喊"相公"早高兴蒙了，哪还管什么生人气不生人气，连连说："娘子说得对，娘子说得对。"姑娘也趁机给妖怪斟上了酒。老妖喜得全不知道东南西北了，"咕嘟咕嘟"只管往肚里灌酒。不一会儿，就喝得醉趴在石桌上。王小儿一看时机到了，就偷偷地绕到妖魔身后，双手握斧，照准它那后脑瓜子，使尽全力劈下去。这一下，就把那脑袋瓜子开了瓢，妖怪"扑通"一声，倒在地上不动弹了。王小儿见妖怪死了，不敢停留，慌忙拉起姑娘就往外摸。

摸到洞的出口处，找到箩筐。王小儿叫姑娘坐在筐里，把井绳晃了三晃。员外在上边得到信号，就摇起了辘轳。等摇上来箩筐，员外一看里面坐着他闺女，高兴得就甭提了。等他二返头放箩筐，再往上摇王小儿的时候，员外的脸沉了……

辘轳一圈圈地转着，员外想：告示上写得明明白白，谁救出他闺女，要钱有钱，要人有人。要是把王小儿摇上来，自己费尽心血、大半辈子积攒下来的万贯家财不就落到别人手里啦！自己的千金小姐不就嫁给了一个砍柴的啦！这时候反正闺女出来了，倒不如一不做二不休……想到这儿，他顺手摸出一把刀，"啪"的一声，砍断了井绳……

筐子一下子落到了洞底，王小儿被摔得昏死了过去。也不知停了多长时间，王小儿才慢慢醒过来。他忍着浑身疼痛，在黑暗中又摸索起来。摸到了妖洞里，看见妖怪的酒肉还在，就大口大口地吃起来。酒肉就这么多，不一会儿就吃光了。这以后咋办呢？他又在洞里摸索起来。

摸着摸着，发现洞口两边有两棵桃树，结满了桃子。左边一棵结的是青桃，右边一棵结的是白桃。他顺手摘了一个青桃吃了。这一吃不当紧，他的三百六十骨节发响，霎时，自己变成了妖怪模样，头上长角，身上长毛，獠牙也拱出来了。他先是害怕，可后来一想，反正是死，吃饱了再说。就又去吃了个白桃。说也奇怪，他马上又变回原来的模样。哦，原来这是供妖怪变化的两棵妖桃啊！妖桃也没啥，挡饥就行。他爬上树，摘了些青桃，又摘了些白桃，准备留着吃。到这时，他不觉得饿了，只是浑身疲乏。就长出一口气，把身子一歪，倒在洞里的石桌上睡着了。

他正睡得迷糊的时候，隐隐约约听见有人喊："救命啊，救命啊！"他醒了，往四周看看，没有人，当是做梦咧，就又睡了。刚睡着，又听见了呼救声。他急忙坐起来，朝四周仔细地瞅了半天，才看见洞壁上有一条小白蛇被钉着，呼救声是那蛇发出来的。他赶紧把蛇救下来。那蛇说："谢谢大恩人救命，我是龙王的太子小白龙，误中了妖魔的圈套。要不是恩人劈死妖魔，我就活不成了。咱们赶快走吧。"王小儿说："洞这么深，咋走啊？"小白龙说好办。它让王小儿一手提着桃子，一手抓住自己的尾巴，闭上眼千万别睁开。王小儿照话做了，就听得耳边"呼呼"风响。不一会儿，小白龙说："睁眼吧。"他睁开眼一看，自己已经出了洞口，稳稳落在草地上了。他撒开蛇尾，那小白龙一溜白烟上天了。

王小儿回来的消息传遍了全村，可把员外吓坏了。他生怕王小儿报仇，天天闭门不出。可是一天天过去了，不见王小儿有啥动静，心才慢慢放下来。

一天，王小儿在街上拿着几个青桃大声叫卖，说是从仙洞里得的，自己就是吃了这仙桃才降住妖怪、出了妖洞的。既然是仙桃，他要价高得出奇，一般人问问就走了，都买不起。

员外听说后，想了想，这就对了，王小儿不得宝贝，咋能出洞呢？这仙桃肯定是好东西。再说，他女儿在妖洞受了惊吓后，出来身子一直就不大好。他就厚着脸皮找着王小儿买了一个回来。回到家，给了他闺女，说："妮儿，吃了吧，吃了仙桃，就再不怕妖魔鬼怪了。"闺女吃过青桃之后，霎时变成了个长毛妖怪。

员外这才知道得了报应。慌忙叫人抬着金银财宝跟他去见王小儿。见了王小儿后，他鼻子一把泪一把地求饶。王小儿不理他，他就跪在地上死也不起来。王小儿没法，就拿出一个白桃切开，给了员外一半。

员外得了半个白桃，赶忙到家叫闺女吃了。闺女就变成了一半像人一半像鬼的怪模样。员外再去求王小儿，王小儿说："想要那半个白桃，除非你以后不再作恶。"

讲述者：　李青连，男，15岁，内黄县二安乡沙河
　　　　　庄村人，农民
采录者：　李国存，男，13岁，内黄县二安乡沙河
　　　　　庄村人，学生
采录时间：　1969年
采录地点：　内黄县二安乡沙河庄村
选　自：　《中国民间故事集成·河南内黄县卷》

李青连是我本家哥，小学没上完，就辍学务农。他和我玩得最好。假期里，我参加生产队集体劳动，总愿意和他搭帮。因为我俩有说不完的话。有一天，我们一块儿破粪。所谓破粪，就是生产队用大车把积的草肥拉到田间地头堆起来，等秋庄稼收到家，准备种小麦了，大堆草肥要破开，就两个人一组，用箩头把草肥从地头抬到地里，分成小堆。这个故事，就是我们俩抬粪时，一边抬他一边给我讲的。（李国存）

406

万忍

从前，有个人叫万忍，他家很穷。家里仅有的一点产业也被村上的财主霸占了。万忍从县告到省，都因无钱无势告不赢。万忍不甘心，逢人就打听，总要找一个说理的地方。

有一天，听人们说，只有西天佛祖那里能说清人间的理儿，万忍就决定到西天去。背了二斗芝麻作干粮，就起身了。

走啊，走啊！他夜宿晓行，跋山涉水。每天吃五粒芝麻，渴了喝几口山泉水。一天，来到一个山庄，庄上有一位告老还乡的阁老，听说万忍是到西天佛祖那里去的，忙把他请到家里，宾客相待。阁老说："老汉为官清廉，当政时处处为民着想，如今告老还乡。有一件事使我发愁，我的小女儿年过二八，容貌十分，手脚灵巧，诗书针线无所不精，只是长到这么大，就是不说话，你见了佛祖，问问这是怎么回事？"

万忍说："记住了，我见了佛祖一定先问你的事情。"告别阁老继续西行。

走啊，走啊！不知又走了多久，前边见一所村庄，村头一位中年男子早立在那里，对万忍说："听说您是到西天见佛祖的，我有一件事请您替我问问，我家一个果园，各种水果都有，往年果实累累，今年突然一齐枯了。问问佛祖，这是怎么一回事？"万忍说："记住了，见了佛祖，我一定先问你的事。"

走啊，走啊！不知又走了几年几月，眼前出现一片汪洋，人说是到了西海了。万忍正在发愁没船过海，只听有人喊叫："万忍，我送您过海。"万忍看时，觉得奇怪，是从一个小岛上发出的声音，岛上无人。仔细又看，哪里是小岛，原来是一个大海龟，有一座小山那样大哩！大龟催他说："您的路程还很远哩！快过来站到我身上，闭上眼睛。"万忍马上站上去，闭了眼睛。不一会儿，大龟说声："睁眼！"万忍一看，已到了西海西岸，忙作揖感谢大龟。大龟说："别谢，我正好有一件事想求您哩。我知道您是到西天去见佛祖的，见了佛祖请您问问，千年老龟不沉底是啥原因，我整天为这事发愁呢。"万忍回答说："我记住了，见了佛祖，一定先问你的事情。"

走了九年十三个月，万忍终于来到西天，见了佛祖，拜罢，万忍牢记着，先问人家的事，不能违了诺言，就把自己的事放在了后边。

万忍问："阁老家有一姑娘，年已二八，从不说话，请问佛祖，这是怎么回事？"

佛祖说："见夫口自开。"

万忍问："有一果园，果树突然干枯，是啥道理？"

佛祖说："树下有金，挖出树自旺。"

万忍问："千年老龟不沉底是咋说的？"

佛祖说："前肢窝下各有一个避水珠，抠下，自沉。"

万忍问："我……"

一句话还没说完，只见佛祖掌一合，眼一闭，睡着了。万忍怎问，只是不答。万忍忙问睡多长时间，旁边的神答："睡十年九天。"万忍心里盘算着，带来的芝麻籽，仅够回去的路上吃了，哪还能再等这长的时间呢。心里很苦闷，觉得好不容易才见到佛祖，只问了别人的事情，佛祖就睡了，自己不是白跑了吗？转念又一想：像我这样的人天下多得很，怎能都问遍！如果问了自己的事，别人的事解决不了，不同样是痛苦吗。他觉得自己别人都一样。

想到这里，心里也就高兴了，背起干粮袋愉快地往回走。

来到西海岸，老龟已等在那里几年了。万忍上了龟背，老龟把他送过东岸。万忍让老龟翻过身来，从它的前肢下抠下两个避水宝珠。只见老龟如释重负，愉快说声"谢谢"，安然地沉下了水底。万忍得了两颗宝珠。

来到那个村庄，那位中年男子正在果园地里浇树，一棵棵高大的果树叶子蔫了。中年男子见万忍来了，忙问树枯蔫的原因。万忍说明原因，他们一齐动手，果然一棵果树下挖出一罐金银。刚挖出来，果树就旺了。那男子万分感激，准备把挖出的金银全送给万忍，万忍不肯，推让好久，只好收下全部金银的一半。那男子留万忍住了几日，又送了他很远才洒泪而别。

来到阁老的村头，他的小女儿正在门外溪边洗衣服。见万忍西游归来，忙跑回家告诉父亲："爸，那个人从西天回来了。"到家里，阁老问起佛祖的回答，万忍说："佛祖说，见夫口自开。"阁老就要把女儿嫁给万忍，万忍慌忙推辞。阁老说："女儿不会说话，我遍求名医，已许下谁给女儿治好就把女儿许配给谁的诺言。现在佛祖又有言，女儿今天开口讲话，正是天配良缘，万万不可推辞。"阁老给万忍完姻，招万忍为婿。

万忍把西游的经过说给阁老。阁老听说万忍得了许多金银和避水宝珠，说："避水珠，此乃国宝，不能私存，应交献皇上。况且听说我国不久将东征东海野寇，正用着，你宜速进京献宝，不宜拖延。"万忍就带着阁老的信进京献宝。

皇帝得到宝珠，带文武百官江边试验。皇帝把宝珠一举，果然见汹涌的江水立即退走，大江见底。皇帝龙颜大悦，当即封万忍为"进宝状元"。

采录者：　郭新江，男，38岁，林县合涧乡郭家岗村人，大专，教师

采录时间：　1985年

采录地点：　林县合涧乡

选自：　《林县民间故事集成》

407

石
门
开

郭新江的姥姥家是合涧街姓史的，他姥爷在那时算是一个有文化的人，但很古板严肃，脾气不太好，他一般不与小孩儿们嬉闹。但他肚子里的神奇故事很多，几个外甥小孩子有时间看到他姥爷高兴了，就会缠着让他访古。《万忍》故事就是那个时候郭新江的姥爷给他们讲述的。（房海林）

在很早以前，淅河南有个石岭，石岭上有个村庄，十几户人家，这个村里有个十三四岁的小孩，父母早亡，跟着哥嫂过日子。

一天，吃过早饭，嫂嫂又让这个小孩上山砍柴，临走对他说："多砍点回来，砍少了不要回来吃饭。"小二听嫂嫂这么说，就不声不响地背起柴担、拿着镰刀上了石岭。小二爬上石岭拣干柴猛砍起来。正砍得起劲，忽然远处传来"救人啊！有人跌下崖了"的喊声。小二连爬带跑从高陡的崖壁上爬下来，顺着喊声跑去，跑到跟前一看，一个小孩因砍柴不小心跌下崖了，挂在崖壁的树杈上哭喊着。小二当机立断，把几个孩子的绳连接起来，拴在一棵大树上，他顺绳溜到那个孩子跟前，让那个孩子握紧绳慢慢向上爬，他上去后，小二接着往上爬，不料绳子断了，小二摔下了崖壁。

上边的孩子看到小二掉下去了，喊破喉咙没应声，以为小二死了，就哭着回去村上了。

小二跌下去后，被两个大石缝卡住了，也失去了知觉。不知过了多长时间，才慢慢地睁开了眼睛，他看到一位美丽的姑娘在喂自己水喝，自己躺在一座漂亮的屋子里，小二惊讶了。

"小二，快喝了这碗水，喝了你就会好的。"那姑娘说。这时小二周身疼痛难忍，挣扎着爬起来把一碗水一饮而尽，顷刻疼痛全无。小二起来向姑娘道了谢，并说明想回家去。姑娘说："你开门看一看，能回去吗？"说着推开石门。小二一看，自己站在崖壁上，屋子就在峭壁中间，小二心中猜疑，百思不得其解，在这悬崖上哪会有人呢？而且是一位姑娘。

"小二，你就别回去了，帮我在这里喂马好吗？省得跟着哥嫂受气。"小二越听越疑惑，她怎么还喂着马呢？姑娘推开另一座石门，只见一群大红马，个个膘肥体壮，仰天长嘶。小二望着周围崖壁，更是疑惑不解，这马吃什么呢？姑娘指着山下的麦苗说："吃麦苗呗。""那怎么行！那是大家的命根子。"

"那你在这里给我放马。"姑娘说。

小二想起姑娘的救命之恩，又看看麦田，就答应给姑娘放马，但要求姑娘允许他每年秋收后让马给村里耕地，姑娘爽快地答应了。

姑娘打开后边一扇石门，现出一条山洞，洞外一座大山，峭壁入云，无路可攀，但见草木青青，小河叮咚。

姑娘对小二说："只有这里可通后山，每天你到后山放马，一定要做到只走一条路，不能乱走，这里的米不准外拿，不准随便离开石洞，否则，你会变成石人。"

自此，小二每天从石洞到后山放马，每到秋天，姑娘打开另一石门，有路直通村庄，小二乘夜间带马下去，只用一夜，全村的地就都耕完了。

三年后，小二时常想起村里的乡亲们，阴历六月初六傍晚，小二偷偷打开另一扇石门，让马都驮一袋米赶到村，全分给了乡亲们。分了以后，小二转眼不见了。大家一直找到当初小二跌下去的石崖边，看见小二在石壁的石门之旁变成了石人。

自此以后，每年六月初六，这里的石门都要开一次。

采录者：　刘广增，男，21 岁，林县城关乡庙荒村人，本科，干部

采录时间：　1985 年

采录地点：　林县县城

选自：　《林县民间故事集成》

408

阴阳三和王大胆

从前，万古乡胡营村有这样两个人，一个会过阴[1]，排行老三，人称"阴阳三"；另一个姓王，胆量大，都叫他"王大胆"。

阴阳三和王大胆的上辈子是冤家对头。王大胆肚量宽，早把上辈人的仇气忘光了。阴阳三鸡肠狗肚，忘不了上一辈的仇，总想找机会治治王大胆。

这天，阴阳三见了王大胆，激他说："大胆兄弟，都说你胆大，你敢不敢去家庙里睡三夜？"王大胆说："咱打个赌吧，赌一桌酒席。我敢睡三夜，酒席钱你拿；不敢睡三夜，这钱我拿。"这样就说定了。

天一黑，阴阳三早早就睡下过阴去了。王大胆吃罢晚饭，夹条被子去了家庙。庙里顺山墙垒个小炕，挨炕头修个锅台，对面放口白茬棺[2]。他把被子一抻，在炕上睡下了。正迷迷糊糊睡哩，忽听那棺材"咔嚓咔嚓"连响三声。

他吓一跳，赶紧爬到屋梁上。往下一看，只见棺材天板[3]开了，从里边出来个怪物：披头散发，浑身白毛，青面獠牙，大豁鼻子向外翻着。王大胆头皮直发麻：娘吔，这是个啥物件呀？又听那怪物"呼哧呼哧"闻闻说："好大一股生人气儿！好大一股生人气儿！"说着四下瞅瞅，不见有人，就去扒锅台，掀一块坯摔地上，掀一块坯摔地上。掀着掀着鸡叫了，怪物回到棺材里，天板又合上了。熬到天明，王大胆从梁上下来，拿着被子回家了。

第二夜，王大胆直发怵，也不挟被子，披个烂袄去了。他上了炕也不敢睡，往墙上一靠，坐那儿了；棺材一开始响，又爬到屋梁上。那怪物出来闻闻，又是那句话："好大一股生人气儿！好大一股生人气儿！"四下看看没有人，又去掀锅台，土坯扔一地，也没找着啥。怪物在家庙里来回转三圈儿，眼往上一翻："啊，你在这儿呀！"就往上蹦。一蹦一尺高，又一蹦二尺高，越蹦越高。眼看再一蹦就抓住梁了，鸡又叫了，那怪物又回到了棺材里。

这第二夜，可把王大胆吓毁了，心里说：第三夜咋过呀？唉，等死吧。对，死前得弄点儿好的吃吃。早饭后，他就去赶集了。到集上，见一群人围住个算卦的，他挤里头，想看看算得准不准。算卦仙儿一看见他就说："你是王大胆吧？"他猛一惊："你咋知道？""你这人方圆几十里谁不知道？看你的气色，还得算一卦咧！""算就算算吧。""等等，给人家算完再给你算。"算卦仙儿给别人算完了，把王大胆叫到一个僻静地方说："你眼下可是有灾呀！"王大胆说："这我知道。我就是来集上买点儿好吃的吃吃，等死咧。"接着把打赌遇妖的经过说了一遍。算卦仙儿说："为啥等死咧？得想个法儿呀！""有法儿吗？""有。"王大胆赶紧趴地下磕个头说："那你教教我吧，我一辈子也不忘你！"算卦仙儿说："等晌午头儿上，你找一条纯黑狗，把它杀死，血盛尿脬里，把四只爪子剁下来。等天黑了，你把尿脬挂脖子上，把狗爪子掖腰里，上到梁上等着。啥时那怪物快抓住梁时，把尿脬里的血挤嘴里，照怪物脸上喷三次，它就不动了；再拿狗爪子朝它身上摔，四只狗爪子轮着用一遍，就没事了。"王大

[1] 过阴：指到阴间活动的一种方法。纯属迷信。
[2] 白茬棺：没有油漆的棺材。
[3] 天板：棺材盖。

胆得了破法儿，谢过算卦仙儿，喜喜欢欢地回家了。半路上正好碰见阴阳三。阴阳三故意气他说："咋样，大胆兄弟？赌甭打了，认输吧！"王大胆说："不。只剩一夜了，我还想赢你咧！"

王大胆回到家，照算卦仙儿说的做好了准备，天一黑又去家庙了。那棺材一响，怪物又出来了，走到梁下说："你还在这儿呀！"又往上蹦开了，越蹦越高。眼看怪物就抓住梁了，"噗"一声被喷了一脸狗血，就坐到地上了；歇会儿它又蹦，快抓住梁时，又被喷一口狗血。这样喷了三次，怪物摔倒起不来了。王大胆从梁上下来，取出四只狗爪子，轮换着朝怪物身上摔。摔到天明，他把家庙门一关，找阴阳三去了。

阴阳三家大门还没开，王大胆就拍着门喊："三哥开门！三哥开门！"阴阳三的老婆开开门，王大胆来到阴阳三床前大声说："恁大瞌睡呀？起来吧！"可咋叫也没应声，掀开被子一看，阴阳三早死了。原来那怪物行凶是阴阳三施的法术，因为抵不过王大胆，把他给累死了。

讲述者：　祝振师，男，50岁，滑县万古乡胡营村人，小学，农民

采录者：　祝金佩，男，18岁，滑县第三职业高中，学生

采录时间：　1990年1月

采录地点：　讲述者家中

选自：　《中国民间故事集成·河南滑县卷》

409

憨大胆

有一天，憨大胆碰上个胆大憨，俩人坐在一块就喷开了，憨大胆说他的胆子大，胆大憨说他的胆子大。胆大憨说："离这里不远有座城隍庙，那座庙里有个龇牙判子，到了夜里俩眼就放寒光，活人见了能吓死！你一个人黑灯瞎火敢不敢去？你要是敢去，我才相信你是个憨大胆。"

憨大胆说："这有啥？"

胆大憨说："你今天夜里就进城隍庙，去时端半碗饭，到了天亮我去瞧一下，判子嘴上粘着米饭，就认你是个憨大胆。"憨大胆说："中。"

夜里憨大胆端着碗硬米饭进了城隍庙，黑摸着[1]去往判子嘴上抹饭。可他刚给判子抹了一嘴饭，就听那个判子"咯嘣咯嘣"嚼了嚼给咽下去了。憨大胆赶忙去摸判子的那嘴，刚才抹的那块硬米饭就是没了。把憨大胆吓得身上打了个冷战，心想：咋这个泥判官还会吃饭哩？憨大胆定了定神又抹到判子嘴上一块米饭，判子"咯嘣咯嘣"嚼了嚼把饭咽下去了……就这样憨大胆一块米饭一块米饭地往

[1]　黑摸着：摸着黑，在黑暗中行动。

判子嘴上抹，判子一嘴一嘴地往下咽，抹到底，他端的一大碗硬米饭快抹完了，判子嘴上还是没有粘着米。这一来可把憨大胆给弄急了，他把碗里剩下的一老大块硬米饭都给判子抹到了嘴上，说："我就在这儿看着，你要是再往下咽，我就破上这个碗不要了，照你头上就扣！"这一招可真灵验，那块硬米饭判子不敢咽了，到了天亮一瞧，这城隍庙里的判子是胆大憨装的，憨大胆说："我是个憨大胆，不想今儿个碰上个胆大憨。"

讲述者：	崔三更，男，60岁，安阳县铜冶镇南西炉村人，识字，农民
采录者：	王玉海，男，36岁，安阳县铜冶镇人，教师
采录时间：	1989年
采录地点：	讲述者家中
选自：	《狐狸坟传奇》

410

王小儿砍柴

很早的时候，王家庄有个王小儿，说起这孩子，那命苦着哩。他七岁死了爹，八岁死了娘，爹娘欠老财主王仁义一屁股债，得王小儿还。咋还？给王仁义家整年整年地干活儿。他干的活儿重得不得了，出太阳以前，得砍回一捆柴，吃个窝窝头，就得去放羊，回来时，再捎两捆柴，一天打不够三捆柴，除挨鞭子外，还不叫吃饭。

都好说，出力长力。王小儿干活儿不惜力，挑两捆柴有三百来斤。一年一年长大后，三五百斤的东西，他拿开就跟耍的一样。十八岁，就长成了个结结实实的大小伙儿。

这一天，天不明他又上山砍柴了，正砍着砍着，一只美丽的金凤凰落在他跟前的一棵小树杈上，这金凤凰浑身闪着银亮银亮的光，头上有一个金亮金亮的光环子，王小儿一瞧就知道，准保是只仙凤凰。

仙凤凰说："好心的人，帮我孵个孩子吧？"

王小儿说："叫俺替你出力气吧，俺没孵过孩子。"

仙凤凰对他说："只要把凤凰蛋挂在心口上，别打摔，别受凉，九九八十一天后，就会出来小凤凰。"王小儿一听，说："这能办到。"金凤凰就给了他一个透亮透亮的凤凰蛋。

王小儿撕了个布衫,抱着透亮透亮的凤凰蛋挂在心口上。他白天小心地打柴,夜间用俩手捂着暖在心口间。他不敢拿出来瞧一瞧,生怕凉了蛋。七七四十九天的时间,凤凰蛋透出了淡淡的香气,这香气儿还招来小蜜蜂,小蜜蜂整天整天地围着王小儿飞。八八六十四天的时间,这凤凰蛋就有了动静,一会儿像鸟儿飞,一会儿像小孩儿动。这一天,他正砍着柴,一下听见有人跟他说话儿:"王小儿,王小儿,要媳妇不要?王小儿,王小儿,要媳妇不要?"

王小儿一瞧,是一只乌鸦,王小儿说:"咋不想哩!唉,可没人跟俺。"

乌鸦说:"要媳妇不难,要媳妇不难,把凤凰蛋掰开,就有一个现成的媳妇。"

王小儿说:"俺暖的是只小凤凰。"

"真傻、真傻。"说罢,乌鸦就飞了。

到了晚上,凤凰蛋说话了:"小儿哥、小儿哥,俺给你当媳妇吧。"

王小儿说:"好是好,可你妈妈来了俺咋说?"

凤凰蛋不吭了。

到了九九八十一天的早上,那个仙凤凰飞来了,她说:"好心的人,你把蛋给俺吧。"王小儿从心口上取出凤凰蛋给了仙凤凰。

仙凤凰跟蛋说:"你就跟你的救命恩人做媳妇吧。"

凤凰蛋说:"俺愿意,俺愿意。"

仙凤凰嗑开了凤凰蛋壳,一个很美很美的大姑娘就成了王小儿的媳妇,她叫三仙。

小两口儿住在茅草房里,睡在茅草堆上,吃树叶野菜,都喝最清最清的山泉水。苦是苦,可俩人过得很舒坦,就像雨后的春黄瓜,绿莹莹、脆生生。谁见了谁眼气。

有一天夜里,天上下着很大很大的雨,茅草棚架不住大雨,满房坡都漏了。王小儿说:"等年底东家给了工钱,把草棚拾掇拾掇。"三仙说:"你咋说,俺咋办,你圪挤住眼吧。"王小儿一闭眼,眨巴眼的工夫,茅草房就成新的了。屋外,还有一道篱笆墙。王小儿高兴地说:"你会变?"三仙说:"会。"王小儿说:"那你再变一张床吧,再变点家什吧。"三仙说:"你圪挤住眼吧。"眨巴眼的工夫,有了新床,有了新家什。

第二天,王小儿就不去王仁义家当长工了。他和三仙一起,把没有人要的山坡地变成了好地,他俩一起耕种,种上了粮食,种上了各种菜。

这事儿,像风一样刮到地主王仁义的耳朵里,他不信,走过去一瞧,说:"把那穷小子给我叫过来问话!"

王小儿老实得像块大青石,他照实一五一十地给王仁义说了。王仁义说:"你爹死的时候,借了俺一两银子,你娘死的时候,借了俺两张席子,当时都言明了,是驴打滚利钱,你爹死了十八年,你娘死了十七年,账房,算算。"

账房一算,银子四万八千两,席子三万六千张。

就在这个时候,三仙走过来,说:"东家,该你的东西,都给你送到家了。"

王仁义回家一瞧,银子堆了半间房,银闪亮、白花花,他高兴得蒙了头。再一瞧席子,堆满了八间房,那尿骚气冲天价臭,谁闻一鼻子,恨不得吐三天三后响。

他叫人抓来三仙问话,三仙说:"你说的是驴打滚利钱对吧?"王仁义说:"对。"三仙说:"借你的席子上面有七泡尿,十七年了,尿驴打滚,臭也得驴打滚,你算算,该不该这个臭劲儿。"

王仁义没话了,说:"席子俺不要了,别把俺呛死。"

三仙说:"那银子也不要了?"

王仁义不舍得银子,只好叫人放了七天七夜的火,把席子烧了。

王仁义这几天没睡过一天安生觉。人心没尽,有了银子想金子,有了金子还想要人哩。他在琢磨,咋着才能把三仙娶到手?一娶了三仙,这金山银山不就都有了,谁还稀罕那半房银子?

他叫人从外地买来三十三只大老虎放进山里,对王小儿说:"你还进山给俺砍二捆柴吧。"王小儿不知道山里有了老虎,就去了。到山里头,三十三只老虎就来了,它们一瞧是凤凰娘娘的女婿,就帮着给他弄好了两捆柴,还把他送到山下头。

王仁义见老虎不吃王小儿,就在酒席里下了耗子药,叫王小儿来吃。王小儿吃进肚里，就跟没事人一样，王仁义心说，耗子药不管用？他就叫账房尝尝，账房一吃就死了。

他问王小儿："你咋吃了耗子药不死？"

王小儿说，临来的时间，三仙叫他吃了一个仙枣儿。

王仁义觉得能不死比啥都强，他就把王小儿锁在屋子里，叫三仙给他送三千三百三十三布袋仙枣儿来回人。

三仙就变了三千三百三十三头黑叫驴，驮着三千三百三十三布袋仙枣儿来回王小儿。

王仁义在家里布置了三百三十三个壮汉，拿着三百三十三条绳子，专等三仙一进门，就把她捆起来拜堂成亲。

三千三百三十三头黑叫驴驮着三千三百三十三个大布袋进了王仁义的家院。最后一头黑叫驴的腿儿刚进门槛儿，山里头那三十三头饿老虎就来吃这三千三百三十三头黑叫驴，三千三百三十三头黑叫驴乱窜开了，踩死了那三百三十三个壮汉和王仁义。

讲述者：　宋治美，男，62岁，安阳县吕村乡人，
　　　　　农民
采录者：　宋治顺，男，安阳县文化局干部
采录时间：1992年2月
采录地点：安阳县吕村学校
选　自：《狐狸坟传奇》

411

是谁偷了老爷顶的门

民国年间，临淇南山有一小村庄，村里有个闫姓小伙，弟兄排行老三，大伙儿都叫他闫三。闫三好吃懒做，整天游手好闲，干一些偷鸡摸狗的事，快三十岁了还没有娶上老婆。

农历二月十五是临淇土地庙会，每逢会时，山里人都要把准备好的土特产拿到会上卖。有一年，又是二月十五庙会，闫三看老百姓都拿着土产去卖了，最赖的也背了点柴去卖了，自己却啥都没有。

闫三想，我何不也去山上砍点柴挣个钱呢。闫三拿起斧头别到腰上，朝老爷顶方向而去，走了好大一会儿也没见到有可砍的柴，不是被人砍了就是在绝根儿没法砍。总不能空手来空手去吧，总得弄点儿东西去会上。

这时，闫三看见了山顶上的老爷庙。老爷庙供奉的真武大帝，俗称"南顶老爷"，是远近闻名的祈福圣地，被尊称为"老爷顶"。闫三上到山顶，来在老爷庙前。老爷庙有两道门儿，第一道是木门，第二道是石门，闫三看着

木门起了坏水儿[1]，心想，这两扇门背到会上肯定有人要。于是他跪下来，双手合十说道："南顶老爷啊！我快饿死了，把你这两扇门送给我吧，你要不愿意就说话，愿意就别说了。"闫三对着南顶老爷神像说了几句，端下两扇门背着就下山了。

来到集上，找了个空位，放下两扇门，坐到一旁等买家。集市上密密麻麻的人不断从闫三身前走过，就是没有一人问价。快晌午了，他又饥又渴，心想，卖不出去就得挨饿回去了。这时一个精神抖擞的老人走到闫三面前说："年轻人，这两扇门咋卖哩？"闫三说："上岁数哩，两扇门给十块钱吧。"老人二话没说就从兜里拿出了十块钱，交给闫三，扛着两扇门走了。闫三心里暗自高兴地说："这老头儿连价都不还就要了，肯定是个傻老头儿。"

闫三把钱装兜里，哼着小曲回家了，回到张村南坡上，用手去摸兜里的钱，发现没有了。这可急坏了闫三，摸了摸兜也没破，怎么会没了呢？会不会是南顶老爷罚我呢？

闫三带着疑惑登上老爷顶，到庙前一看傻眼了，两扇门在门轴上安得好好的。闫三赶紧跪下来对着真武神像说："老爷啊！求你饶了我，我以后再也不敢做坏事了，一定做一个好人。"

从此闫三跟着村里人外出务工，在家种田，帮邻里们干活儿，几次修老爷顶他都义务去搬砖挑瓦，完全变了一个人。又过了几年，闫三娶了一房媳妇，还生了子女，一家人过上了幸福生活。

讲述者：　刘银翠，女，70岁，林州市五龙镇栗家洼村人，不识字，农民

采录者：　薛帅，男，32岁，林州市五龙镇薛家岗村人，中专，民间艺人

采录时间：　2020年4月

采录地点：　林州市五龙镇真武庙中

[1]　坏水儿：坏点子。

附
记

栗家洼老爷顶庙主刘银翠与我联系，想写一本老爷顶的小书。有一天我和宋建军老师到栗家洼真武庙找见刘银翠，还有几位老人，到客房里坐着聊南顶老爷都有什么故事，刘银翠老人讲了好几个。讲到偷门板这个故事时，她说这个人在偷门板后还有后续故事，现在人家还有后人！（薛帅）

412

恶人有恶报好人有好报

采录者： 孙献华
采录时间： 1989 年
采录地点： 安阳县
选自： 《狐狸坟传奇》

古时候，有兄弟俩，老大奸，老二憨。这一年，兄弟俩分家，老大分了一头牛，老二分了一条狗。狗帮老二开荒种地打粮多。老大牛死地荒不收粮，就借走了老二的狗，让狗拉犁狗不走，老大打死了老二的狗。

老二哭着把狗埋，狗坟上小树长出来。老二一边摇树一边念叨："小小树，报狗恩，早落黄金晚落银。"一会儿，落下了三块黄金一屋雪花银。老大黑夜偷偷去摇时，他念道："摇钱树，聚宝盆，早落黄金晚落银。"摇罢落了一身放屁虫。他一怒之下砍倒了树。

老二用树条编了个筐，挂在房檐下，念叨着："南来的雁，北飞的雁，都到我筐里下个蛋。"一眨眼，大雁成群，蛋满筐。他卖了蛋，买回了粮和盐。老大借走老二的筐，也招来雁，哗！弄了他一身的雁屎。他只好把雁屎当粮食。

讲述者： 王明信，男，48 岁，安阳县人，大专，文化局干部

413

不
见
黄
娥
心
不
死
，
不
见
关
才
不
掉
泪

从前，在一个村儿里，有一家财主，财主家有个闺女叫黄娥。这黄娥一十八岁，长得很俊。村里还有一户穷人家，家里有母子二人，小伙子叫关才，年龄也不过二十岁，长得也很齐整。他用嘴打口哨就像吹笛子，唱的歌更好听。每天，他干活儿时，总是边吹边唱，天长日久，打动了绣楼上的黄娥。她一听到关才的吹唱，就停下手中的针线活儿，到窗前倚着，瞧那关才干活儿，直到关才走远了，她还呆呆地想着啥，舍不得离开。时间一长这黄娥就慢慢得了相思病，吃不下饭，睡不着觉，眼瞧着一天比一天瘦弱，最后就病倒在床上。老财主请遍名医也不见效，她娘说尽了宽心话："闺女呀，有啥心事儿就对娘说，娘一定答应你。"黄娥起初摇摇头，眼瞧着瘦得皮包骨头，没几天活头了，才跟娘说了真心话。

她娘告诉了她爹，她爹想，关才家里穷得紧，门不当，户不对，听说还是头顶秃，咋能把闺女嫁给他？又一想，要是不从女儿吧，女儿就病难好、命难保。这下可愁坏了老财主。她娘叫来她姑、她舅想办法。她姑说："先

不提丫头的亲事，把关才叫到咱家里，让他到后花园干活儿。等这丫头瞧见他是个秃子，往后啥事儿就好办了。"老财主一听，觉得这是个好办法。当晚就叫管家叫了关才来帮工。

这时正在三月里，春暖花开好风景。这关才在花园里边干活儿边唱歌，总是唱那哥呀妹呀的情歌。绣楼上黄娥边看边听，心情一天比一天畅快，不到半月，病就全好了。

三月末，立夏过，天气暖洋洋的，关才干活儿不惜力，头上发热，脸上冒汗，帽子只好顶到头尖儿上。一天，一不小心，帽子被树枝儿挂掉了。黄娥瞧见关才确实是个秃头顶儿，爱关才的心就顿时没有了，便叫爹辞退了他。

关才回到家，黄娥那美丽的影子老缠绕着他。一闭眼就瞧见了黄娥，躺在床上，就觉得黄娥在他的被窝里。关才也得了相思病。他家穷，请不起医生，又没法得到黄娥。就这么折腾了几个月，关才断气了，但他的心还没有死，仍在跳动。他娘哭得死去活来，别人埋关才，她也不让，她说："心还在跳，兴许还能活。"

一直到冬天，村里来了个江南蛮子，是个木匠。他先在别人家里干了几天活儿，便到了关才家。他对关才娘说："我死了爹娘，你死了儿子，咱成一家儿人吧！"关才娘一听就答应了。

这一天，关才的舅舅家过会，套着车来叫关才娘，关才娘就去了。蛮子木匠趁着这时机，剜出关才的心，连夜逃回了江南。他弄了个不大的水盘子，把关才的心放在当中，敲一下盘子，关才的心就在水盘中转动一下，还发出吹口哨的声音；敲两下，那心就一张一合唱起了歌，还净唱那哥呀妹呀的情歌子。蛮子木匠也不做工了，干脆凭这挣起了昧心钱。时间不长，就挣了大把大把的票子，成了有名的富翁。

再说黄娥姑娘让爹爹辞退了关才后，也听说关才得了相思病，心里觉得不得劲儿。后来，她爹给她找了个城里当官儿的，黄娥也就出嫁了，随丈夫到了南方。

有一天，丈夫带着黄娥去拜一个大官儿。这官儿正在听唱，黄娥一瞧，是一颗活脱脱的心放在水盘中，一张一合唱着歌儿。黄娥听出是关才的心在唱，她知道，关才的心是为她而唱。想起了那生生死死的往事，黄娥哭了，就

在黄娥眼里流出第一滴泪水的时候，关才的心就停止了跳动：他真死了！

这真是：不见黄娥心不死，不见关才不掉泪！后来被人们传成："不见黄河心不死，不见棺材不掉泪。"

讲述者：　王世俊，男，61岁，安阳县马家乡沙井村人，略识字，农民

采录者：　王世英，男，63岁，安阳县马家乡沙井村人，中专，教师

采录时间：　1990年3月

采录地点：　安阳县马家乡沙井村

选自：　《狐狸坟传奇》

414

找活佛

从前有一个人，一心想修炼成仙，他走东串西，跑南闯北，遍访许多仙山名刹，打听活佛住在哪儿。

一天深夜，他走到白玉山后边的一个小屋子里，见一个老婆婆在灯下纺棉花。这老婆婆浑身上下透着仙气。他上前施了一礼，问："老婆婆，活佛在哪里？"老婆婆说："活佛现在住在你村里。"

这个人又问："活佛是啥样儿？"

老婆婆说："活佛和我年纪差不多，她掀着怀，露着妈[1]，两手沾着面嘎渣，你闭上眼，一会儿就能见到她。"

这个人闭紧了双眼，只觉得自己身子离开了地面，像腾云驾雾一样，停了一会儿，"扑通"一声，落在地上。他睁眼一瞧，原来是回到了自己的家门上。他上前喊叫他娘开门。这里，他娘正在家里和面蒸馍，听到儿子的声音，没有顾上扣扣子和洗手，就慌忙跑出来给儿子开门。儿子一见，正是刚才在山上那个老婆婆说的，"掀着怀，露着妈，两手沾着面嘎渣"。他恍然大悟，母亲就是把你养大

[1] 妈：乳房。

成人的活佛啊！

415

不孝顺儿媳学婆婆

讲述者： 申本仁，男，59 岁，安阳县善应镇人，
农民

采录者： 申兴发，男，55 岁，安阳县善应镇北善
应村人，初中，干部

采录时间： 1989 年

采录地点： 安阳县善应镇

选自： 《狐狸坟传奇》

传说，从前有家人，只有母子二人。老娘省吃俭用，把儿子养大成人，娶了一个媳妇，儿媳妇很不孝顺，她吃好的，让婆婆吃孬的。开始她吃白馍黄蒸，让婆婆吃糠咽菜，后来干脆光让婆婆喝米汤，她吃稠米。不知怎的，她婆婆越吃越胖，她越吃越瘦。她问邻居，邻居对她说："你婆婆有福气，你可以学你婆婆。"

她开始学婆婆，每天喝米汤，整天饿得她直不起腰来。有一天，天气闷热，忽然下起小雨来，婆婆在炕上坐着从窗户里伸出头来让雨淋，婆婆说："哎呀，真舒服！"儿媳妇见婆婆那样她也学。有天下雷雨，她也像婆婆那样上到炕上，从窗户里伸出头来让雨淋，她的头刚伸出，忽听轰隆一声响，雷就把儿媳妇的头给击飞了。邻居都说："这是她罪有应得！不孝顺的儿媳，她的头被龙抓走了。"

讲述者： 武老婆，女，70 岁，安阳县永和乡人，不
识字，农民

采录者： 宋治顺，男，安阳县文化局干部

采录时间： 1990 年

采录地点： 安阳县永和乡

选自： 《狐狸坟传奇》

416

两个朋友

　　从前，有个人叫忠保，他没有爹，没有娘，没有老婆孩子，光棍一条。他待人憨厚，心地善良，就是很穷。

　　有一天，他进山打猎，遇见一个快饿死的人，就把他背到家里，给他水喝，给他饭吃。这个被救活的人叫王本，他说他是要饭的，也没有了爹娘。

　　忠保就让他住在自己家，拿出最好的衣服让他穿，拿出最好的猎肉给他吃，说："你也别嫌俺穷，咱一齐打猎，在一块儿过日子吧！"王本巴不得有落脚的地方，就同意了。

　　二人成了朋友，忠保为哥，王本为弟，二人打猎过日子。

　　一天，弟兄二人在山上打猎，一天啥都没打着，傍黑碰到一只金钱豹子。金钱豹子肉好吃，皮也很值钱，二人拿弓箭就没命地追，追着追着，就见那只金钱豹跳进了一口枯井里，王本不敢下，忠保说："我下去！"忠保把绳子系在了腰里，拿起长刀说："听见喊声，把我提上来。"王本说："知道了。"

　　忠保到井下打着了火石，找了找，不见死豹子，也没有活豹子，就向上大声喊："兄弟，下边没有，拉我上去！"王本早在心里打起了坏主意。他觉得平时忠保待俺好，还不是想让俺多打猎、多卖钱，让俺狠拉套呀！俺就那么憨？又觉得，东庄刘林家的闺女相中了俺，只是没有住房，忠保死在枯井里边，俺好给刘林的闺女成亲。他想到这里，就把绳子砍断了。

忠保没法儿了，就靠在井帮儿上犯愁。约莫到了一更天，听到刮来一阵风，紧接着听到一个人的脚步声。这时忠保喊："上边的人，行行好，救救我吧！"上边这个人是个白胡子老头儿，他说："一会儿来救你，你千万别叫了，来了一个鬼。"说罢，风似的跑了。吓得忠保在井底下连大气都不敢出。

停了不一会儿，来了一群黑乎乎的东西坐在井台上，一个说："刘员外闺女的病，恐怕一辈子不能好了。"另一个说："想叫病好，有一个办法。"

"有啥办法？"

"用这口井东南角上的灵芝草！一治就好，就是这井太深了。"

他们又七嘴八舌地说了一阵就走了。

这群人走后，忠保在下边打着火镰，一看东南角真有一棵青藤藤圆蓬蓬的灵芝草。他连根拔起，用手巾包好。

过了好一会儿，来了那个白胡子老头儿，朝井下喊道："东西到手了没有？"

"啥东西？是不是灵芝草？到手里了！"忠保说。

老汉说："好！我提你上来！"说着，一用气，就把忠保提了上来。白胡子老汉说："上天保佑，无边福分。你可到刘村给刘员外闺女治病。"说完，又化作一阵风不见了。

刘员外闺女病得不省人事，刘员外见天守着闺女，吃不下饭，睡不好觉。

这天晚上，刘员外守着闺女惝了一惝，就做了一个梦，梦见一个白胡子老汉对他说："有一个叫忠保的，能治好你闺女的病，病好后，你要把闺女嫁给他，这是缘分，切记切记。"

话说忠保上了井，就一路打听刘家庄，不几天，就到了庄门口，刘员外早派人在各个路口上守候了几天，一见

忠保一表人才，虎背熊腰，当下就把忠保用轿抬到家里。忠保叫小姐喝了灵芝汤，只一顿饭的工夫，小姐的病就全好了，半月后，他们就成了亲。

再说王本，他离开枯井，就到东庄刘林的家里，人家一打听这事，就知道他心眼不好，就不愿意了。王本也不会打猎，只好把房子卖了吃，不长时间就要起饭来。

转眼过了两个多月。一天，忠保骑着马领着十几个人打猎玩，在路上凑巧碰见了王本。

王本说："那天我正要提你，被一阵大风刮到一个山洞里，一病就是十来天，病一好我又到枯井边找你，连叫几十声没人应，问谁谁不知道，我哭了好几天。后来又到处找你也找不到。"说罢就哭起来。忠保见他说得可怜，就又把他领回了家。到家后，依然是好的酒叫他喝，好的饭叫他吃，并叫他住下，还和他一块打猎玩耍。王本问忠保咋一下发了财，还娶了花媳妇，忠保一五一十地给王本说了。

王本就又操了心。

一天下午，俩人赶着一只老虎，一直赶了两个时辰，老虎到了枯井边，跳下去就又不见了。王本抢着说："我下！"说着抢了绳子就往下滑。忠保说："下边没有就晃绳子，我往上提你。"

王本下去以后，就把提他的绳子割断了。任忠保在上面喊破了嗓子，王本在下面连搭理都不搭理，忠保一想，可不，王本也想发财娶花媳妇哩，就带着人马先回去了。

天黑下来了，那一群黑乎乎的东西又过来了。一个说："都怨你，那天晚上在井上说话，井下有人听，灵芝草被盗走了，这个人还给他闺女成了亲！"

另一个说："真的？"

大家都说："难道还哄你？"

一个说："全怨这口井，咱把它平掉！"大家就七手八脚地搬石块、土块，小的扔，大的推，一会儿就把这口井平了。

讲述者： 张汉清，男，76岁，安阳县人，教师
采录者： 刚呈云，男，24岁，安阳县辛村乡张太

保村人，中师，教师

采录时间： 1964 年

采录地点： 安阳县永和乡小寒村

选自： 《狐狸坟传奇》

417

仰笸借米扣笸还

　　张老汉有两个女儿，大女儿善良厚道，嫁给了邻村东头的一户人家，这户人家家道殷实，有吃有喝，小日子过得无忧无虑。二女儿聪明伶俐，嫁给了姐姐邻村的西头，虽是两村，但相距很近。而这户人家家境远不如姐姐家，口粮供不应求，这样一来，她不得不去姐姐家借粮，以解燃眉之急。

　　在姐姐眼神好时，她总是借多少还多少。后来姐姐的两眼出了毛病，什么也看不见了，妹妹再去借粮总是借多还少。有一次她拿着笸又去姐姐家借米，姐姐说："你去西屋米缸里掄吧，好几缸米你随意掄。"她揭开一个缸盖一看，金灿灿的小米香气扑鼻，她就笸口朝下掄了一大笸。她嫌不济事，又用手捧米堆成尖，她端着米笸对姐说："我今儿个借了你家一笸冒尖的米，以后还恁时也还一笸冒尖的米。"

　　姐姐说："你先别说这些，吃完了你就再来掄。"姐姐的话刚落音儿，她就小心翼翼端起满满的一笸米走了。

　　再说她家当年收成也不错，她碾了米就去还姐姐。她觉得姐姐两眼看不见，还米时笸底朝上，只是在笸底上边堆了个米尖尖。因为她心虚，又怕姐姐生疑，她就虚情假意拉着姐姐的手说："你摸摸，是不是堆尖的一箩？"

姐姐说："摸啥哩！咱俩一奶同胞，姐姐又不是信不过你，多也多不给外人，少也少不给外人，你说呢？"

妹妹说："只要你放心，我心里也就踏实了。"

姐姐说："你家啥时缺米你就啥时来掇。"

她觉得借多还少占了姐家的小便宜，又做得天衣无缝，回家后就沾沾自喜地向婆婆、丈夫谝能说："姐姐两眼看不见，俺是仰箩借米扣箩还，其实只是还了她家箩底上面的那个米尖尖，一来一往净赚了姐家实实在在一箩米。"

婆婆听了说："不是婆婆我数落你，你做这件忘恩负义的事，迟早会遭报应的。"

说来也算怪，时隔不久她就得了一场急病死了。因为当时她的遗体停放在草铺上，阎王爷就惩罚她转生了一只不离家的小草鸡。这只小草鸡长得很快，眼神可像她的眼神了，从小到大不离婆婆、丈夫左右。婆婆、丈夫也觉得很奇怪，由此也常常想到她仰箩借米扣箩还的事，倍感愧疚。

临到这只草鸡要下蛋的时候，丈夫不但给它铺垫了一个舒适的窝，而且还专门喂它好饲料。但是，谁曾想，这只草鸡总是把蛋下到姐姐家柴草垛下的草窝里，下过后就连飞带跳跑回来。这样一连喂了这只鸡一十八年，它就丢了十八年的蛋。她丈夫实在气不过了，一怒之下就把这只鸡给杀了。当天夜里，草鸡就给丈夫托了一个梦，说："仰箩借米扣箩还，阎王爷判我'填饭'[1]姐家十八年，再过两日就轮着'填饭'你，只是还欠姐家一个大鸡蛋，你却杀我染黄泉。"

丈夫醒来一回想，还真的是这么回事，对媳妇说："你昧了良心遭报应，只因缺德损了命。你要知道，为人不做亏心事，一生一世得安宁。"

采录者： 宋魁元，男，70岁，殷都区大司空村人，小学，退休干部

采录时间： 2006 年 7 月

采录地点： 殷都区大司空村

选自： 《民间故事选》

[1] 填饭：也叫填眼、填憨，无偿贡献的意思。这里指上辈子办了亏心事，这辈子来还债。

418

张捣鼓的故事

从前，有个人叫张打滚，因为好权人，所以人们都叫他"张捣鼓"。

张打滚家里很穷，娶不上老婆，后来不知咋着却捣鼓了个老丈人。他老丈人是个嫌贫爱富的人，是因为上了张打滚的当才把女儿嫁给他的。自打他女儿嫁给张打滚，张打滚连一回东西也没有给他送过，张打滚的老丈人总想把张打滚除掉，再为女儿找个有钱的人家。

有一天，张打滚的两个小舅子把他装进麻袋里，夹在了河边的一棵树杈上，准备到了吃过晌午饭没有人了，把他扔到河里淹死。

张打滚那两个小舅子刚走不多大会儿，就来了一个赶猪唰，他一边赶着一群猪走一边说："唉！我的烂眼病啥时候能好呀！"张打滚一听马上喊："捂烂眼啦——准捂烂眼啦——"（古代迷信，钻到布袋或麻袋中把眼捂住，系住口可治烂眼）。赶猪的一听就把张打滚从树杈上弄了下来，问："能不能给我捂捂呀？""甭慌咧，先看看我的眼捂好了没有？"赶猪的一看，别说好了，就是连个疤瘌都没留，可高兴啦，就钻进了麻袋里。张打滚忙给他系住口，夹在了那个树杈上，就赶着这群猪回家了。

到了正午，张打滚的两个小舅子来到河边，抬起麻袋就扔进了河里。这样，赶猪唰就被活活淹死了。

张打滚那两个小舅子回了家就去接他们的姐姐回家。到了姐姐家就给姐姐说姐夫被淹死了。还没等他俩说完，他姐就说："他哪儿淹死了？我刚才还看见他在西边垒猪圈咧。"俩小舅子不信，往西一看，就是，张打滚正在那儿垒咧欢咧。张打滚一见到他俩就说："你们俩真不会办事，把我扔的地方水那么浅，只能赶这一群猪回来，深咧地方看着那些马在那儿跑，就是抓不住马笼头，要是把我扔咧再深一些，我不赶一群马回来啦？"他俩小舅子一听，就想发这个马财咧，就问："姐夫，你还能去那个地儿不能啦？叫我们也去赶一群马来。"张打滚说："那咋不能啊？就在那水深咧地方儿，走吧，咱随当去吧。"

他们来到河边，张打滚指着那又深流咧又急的地方说："看见了没有，就那个地方儿有马。"张打滚那个大舅子还没听完就跳进了河里，水一深，一淹，他就在河里乱抓起来。张打滚就随当对二舅子说："你看，你哥都在那儿抓住一群马了，你还不赶紧下去赶一群上来。"他二舅子听罢，也跳到了那个深地方，也在河里头乱抓了一阵，就都叫水冲走了。

到了阴间，赶猪的和张打滚的两个小舅，还有一些被他骗过的小鬼都乱告张打滚的状，说他咋着骗人，咋着骗人，阎王爷一听也很生气，可拿过生死簿一查，他的阳寿还不到咧，也就算了。可是其他小鬼都不愿意呀，就一直告状，阎王爷没法了，就只好命手下先把他带来。

阎王爷先派了光脚鬼去带张打滚。光脚鬼来到张打滚家问："张大哥在家没有？"张打滚说："谁呀？在家咧。""阎王爷叫我来带你去咧。""中，你进来等会儿吧，临走咧给你大嫂再磨点儿面吧！""那叫我跟你推会儿吧！"张打滚倒好了粮食，光脚鬼就推，刚走了几步，就扎脚上很多蒺藜狗刺，光脚鬼往地上一坐，想拔掉脚上的蒺藜狗，又坐了一屁股刺，两手按着地往上一站，又按了两手。这时，张打滚拿起推磨棍照着光脚鬼打开了。

光脚鬼白挨了一顿打，也没有带走张打滚。阎王爷又派赶猪的那个烂眼鬼去带。烂眼鬼来到张打滚家，见张打滚正给他媳妇点眼咧，就问："张大哥，你在干啥咧？""哦，我在给你嫂子治烂眼病，用这药水一点就好了。""你也给我点点吧？"张打滚和了一些辣椒面儿，点进了烂眼鬼的眼里，烂眼鬼一揉眼，又挨了一顿打。

这下阎王爷又派了秃鬼去带张打滚。来到他家，又看见张打滚手里拿着一个"钢钻"，正在给他媳妇那光头（实际是她头上戴着个瓢）上栽头发咧。那秃鬼就说："张大哥，给我也栽栽吧？""甭慌咧，让我给你嫂子栽好。"该给秃鬼栽了，张打滚拿起"钢钻"用力猛地朝秃鬼的头上扎去，一下就把头扎透了。还没等张打滚拿起棍，秃头鬼就带着"钢钻"跑了。

一连又去了好几个小鬼，都没能把张打滚带到阎王殿，而且都带着伤回来了，阎王爷急了："一群没用的笨蛋，看我咋把他带来。"这回阎王爷亲自去带了。

阎王爷骑着"千里驹"来到张打滚家。张打滚从家牵出一头很瘦的老水牛，就骑到了它的背上。阎王爷问："你骑一头牛能跑快吗？""别看它瘦，它可是条万里牛，你那千里驹拍一拍走八百，可我这'万里牛'按一按就走一万咧。""真咧哟？""我骗你干啥？""那咱俩换吧？""嗯——好吧，我这'万里牛'可认生呀！""不碍事儿。""那咱俩连衣裳、帽子啥都得换了。"就这，他俩就换骑了，张打滚骑上"千里驹"一拍就到了阎王殿。阎王爷骑着张打滚那头瘦水牛，就是不往前走，见水就下，把阎王爷弄了一身污泥，费了好大劲儿才走到阎王殿门口。就听张打滚说："这不是哟，我把他带来了。"只见光脚鬼、烂眼鬼、秃鬼、张打滚的俩小舅等都一齐拥过去按住阎王爷就打。这下可把阎王爷气坏了，在地上大喊："甭打啦，我是阎王爷！""你是阎王奶也不中。"就这样，一会儿就把他打死了。

从此，就再也没有阎王爷了。

讲述者：　白石庆，男，46岁，滑县老爷庙乡西中
　　　　　冉村人，不识字，农民
采录者：　白俊立，男，19岁，滑县老爷庙乡西中
　　　　　冉村人，高中，学生

采录时间：　1989年12月10日
采录地点：　滑县老爷庙乡西中冉村
选自：　　《中国民间故事全书·河南滑县卷》

异文：张草辫降鬼

张草辫是个邪仙儿[1]，他一辈子降妖捉怪拿鬼，本事大着咧！这一天，他的寿限到了，阎王爷派小鬼来拿他归阴。

张草辫一算，这次来带他的是个烂眼鬼，就熬了些鳔[2]，在家等着。

一会儿，烂眼鬼来了，叫："张草辫，该你死啦，阎王爷叫带你咧，跟我走吧。"

张草辫说："别慌，我正治烂眼咧。"

烂眼鬼一听，说："那你给我治治吧。"

"那你还带我咧，我不给你治。"

"治治吧。治好了，我就不带你啦。"

"那好吧。先点点儿眼药。"张草辫叫烂眼鬼坐下，用鳔往他眼里一点，就把他的两眼粘住了。随后，抢起棍子就打。烂眼鬼看不见，没法还手，挨了一顿棍子，"吱吱唠唠"叫唤着跑了。

阎王爷又派秃头鬼来了。

张草辫算准了，就准备好一把椅子、一条绳子、一个钻。

一会儿，秃头鬼来了，叫："张草辫，该你死啦，阎王爷叫带你咧，跟我走吧。"

张草辫说："别慌，我正栽头发呢。"

秃头鬼一听，说："那给我栽点儿吧。"

"那你还带我咧，我不给你栽。"

"栽点吧，栽了我就不带你啦。"

"那好吧。"张草辫把秃头鬼捆到椅子上，用钻在他头上钻起来。疼得秃头鬼"吱唠"一声带着椅子逃走了。

[1]　邪仙儿：治邪病的巫师。

[2]　鳔：过去木工用的黏合剂。

阎王爷又派尖屁子[1] 鬼来了。

张草辫算准，就往对杵窑[2] 里放些鳔。

一会儿，尖屁子鬼来了，叫："张草辫，该你死啦，阎王爷叫带你咧，跟我走吧。"

张草辫说："别慌，我在家正治尖屁子呢。"

尖屁子鬼一听，说："那你给我治治吧。"

"那你还带我咧，我不给你治。"

"你治吧，治好了，我就不带你了。"

"那好，对杵窑里有药，你先坐上吧。"

尖屁子鬼一坐，就被粘住了。张草辫抡起棍子就打。尖屁子鬼疼得受不了。猛一扯，把尖屁子扯下半截才逃走了。

阎王爷见小鬼带不来张草辫，只好自己来。

张草辫算准了，这次阎王爷是骑着千里驹来的，他就找只小牛犊，放进牛棚里。

一会儿，阎王爷来了，叫："张草辫，几回都带不走你，这回该走了吧？"

张草辫说："别慌，叫我鞴鞴我的万里牛！"

阎王爷一听，说："呀！你有个万里牛哇。咱换骑中不中？"

"不中，你骑万里牛，我骑千里驹，跟不上你咋办？"

"不要紧，我让你先走。"

"先走是中，那咱得把衣裳也换了。"

阎王爷满口答应，先让张草辫穿着自己的官衣，骑着千里驹走了。随后往牛棚一看，什么万里牛，原来是个刚出生的小牛犊，别说走啦，连立还立不起来呢。他只好抱起牛犊在后边撵。

张草辫先到了阴曹地府。小鬼小判们当是阎王爷回来了，慌忙迎接。张草辫学着阎王爷的样子，坐在宝座上，吩咐说："张草辫在后头咧，等他来到，就把他乱棍打死。"

那些小鬼小判们，特别是烂眼鬼、秃头鬼、尖屁子鬼，早恨透了张草辫，得了个令，都提起了精神，准备好棍子。

一会儿，阎王爷抱着牛犊，一瘸一拐，气喘吁吁地来了，刚一进门，就被打死了。

这样，张草辫当了阎王爷。

讲述者：　李光智，男，53岁，内黄县二安乡沙河庄村人，农民

采录者：　李国存，男，9岁，内黄县二安乡沙河庄村人，学生

采录时间：　1965年

采录地点：　讲述者家中

选自：　《中国民间故事集成·河南内黄县卷》

---

[1]　屁子：屁，屁股。

[2]　对杵窑：米臼。

419

一艘高粱秸秆船

话说很早很早以前的一天，水神、火神和土地神聚在一棵大垂柳下下棋。他们边下棋边谈论着一年来在人间经过的事，火神说："现在没有了好人，我化成一个老农，三九天云游，没一个人给我一把火，我真想在今年草干树枯的时候，放一把火，把他们都烧死。"水神接茬儿说："唉唉，就是。我去年三伏天去人间云游，讨了俩月水喝，都没讨到一口，我要发滔天洪水，把他们全都淹死。"土地神听了说："我土地上的人，虽然有坏人，但绝不会没有好人。你们这样不分好坏，心也太狠毒了。"水神说："土地呀土地，你就去区分好人和坏人吧！"

于是土地神化成一个老翁，身穿一件破青衫，担着两只油桶，走村串户去卖油。他的香油浓香扑鼻，便招来很多买油的人。人家要一葫芦，他便给两葫芦，人家要半葫芦，他就给一葫芦，他桶里的油，卖呀卖呀总也卖不完。土地神走过了好多村庄，从来没有人找来说油给多了，他心里有一种说不出的痛苦，但又不能说明，只好继续卖油。

又一天快晌午的时候，土地神到了一个较偏僻的村庄。有个年轻人来买油，土地神又是那样——要一给二。可是

年轻人回去一会儿又出来了，问土地神："老伯伯，您给我的油多了吧？"

"没多。"

"我买了一个葫芦，我看这油有两葫芦。这样吧，为了不错，您就再量一量吧。"

土地神也不说啥，一量，果然多了一个葫芦。年轻人说："您老再把油还回去吧，不然我也付不出多的油钱。"

土地神心里说：还真有个好人。于是问他："小伙子家住哪里呀？"

"那不是，前边朝东的那间小草屋便是。您如果哪天卖油回家晚了，就到我家歇息歇息。"

"那自然，那自然。"

说完土地神继续卖油，年轻人回家了。

过了几天的一个傍晚，卖油老翁担着油担，走进了年轻人的家。见到年轻人后说："孩子，我今天卖油回家晚了，能不能在你家借宿一夜，明天再走？"

"中啊！老伯伯，我给您烧火做饭。"于是俩人高高兴兴地做饭，吃罢饭还一直唠了半夜的闲话儿。

第二天，天色微亮，年轻人就烧火做饭。可是，当他把饭捧到老人跟前时，老人说什么也不吃，可怜巴巴地说："我今天身体有病了。我……我的病啥时候才能好啊。"

"不怕，千万别难过，在这儿和在你家一样。"

"那我可连累你了。"

"没啥，这算啥。"

年轻人暂且不去打柴卖柴了，整日侍候着老人。清早，他到山里采些草药，回家后煎药让老人喝下，再给老人做些可口的饭菜，得空再给老人洗洗衣服，端屎端尿。

一连十多天，老人的病体渐渐好了，年轻人也很高兴。这回老人说："孩子，我在这里病了十多天，你侍候了我十多天。今天我的病好了，能走了。我没有啥报答你，我就用你这堆烧火的高粱秸秆编只小船吧。"年轻人说："老伯伯，我们这里没江，又没湖，还十年九旱，我要船有啥用？"土地神说："等到今年六月间，会一连下几天的小雨。这时你要经常看看你们村边庙前的那头石狮子，等看到它的眼睛红了，你一定坐上小船，记住，一定记住。"

年轻人听完点了点头。

日子过得好快，转眼就到了六月天，十五以后，果然下起了小雨。头两天，路上不好走，三四天后，路上有了水坑，五六天后，就坑满河水涨了。年轻人想起了卖油翁的话，不断到村边庙前去看那头石狮的眼睛。天还下着小雨，路也更难走了。他干脆光着脚，一趟一趟地跑。

再说，庙里有些趁着雨天喝酒作乐的闲人。看了年轻人一趟一趟地跑，感到很奇怪，便问："喂，小伙子，你来回跑，是不是练走泥路？"开始，年轻人不理睬他们，问得多了，才小声说："我看石狮的眼睛红了没有。"人们听了，嘲笑说："石狮的眼睛咋会红？他大概有病吧！"

这时，有个闲人说："这样吧，咱们把石狮的眼睛染红，看他咋地？"于是用鸡血把石狮的眼睛染红了。不想这时石狮的眼睛也真红了。年轻人来到一看，马上转身回去，刚坐上高粱秸秆船，滔天洪水就来了，一时间，洪水便淹没了庄稼、房子和大树。一眼望不到边的洪水，恶浪滔天，坏人一个个被卷入漩涡，可是年轻人乘坐的高粱秸秆船，不怕洪水恶浪，水涨船高，稳如泰山。

洪水经过了几日渐渐退了。等水退以后，年轻人一看，自己的房子还是好好的，庄稼和草更青了，大地净化了。洪水过后，留下了一条条清河，弯弯曲曲向东流去。凡是有船坐的好人，又开始了新的生活。

讲述者： 孙好礼，男，80 岁，安阳县人
采录者： 魏书明，男，安阳县人
采录时间： 1989 年
采录地点： 安阳县
选自： 《狐狸坟传奇》

420

善有善报

俗话说得好："人操好心天不昧，不操好心天不饶。"人在世上，不管你做了好事还是坏事，都会有相对的报应。

传说，在很早以前，山里住了一户人家，夫妻二人，上有一个老母亲，下有一个小孩。他夫妻二人心地非常善良，不但对母亲十分孝顺，而且善于帮助别人。他以砍柴卖柴为生，在山上打柴碰见那些迷路的、饿肚子的总会想法儿给予帮助。有一天，男人又去山上砍柴，碰见了一个老婆婆晕倒在路边，他便赶紧上前去救助，又喂水，又掐人中，一会儿老婆婆醒了。他就问老婆婆家是哪儿的，老婆婆说："你要是能把我背到山下那个小庙里，我就没事了，就会有人把我送回家的。"男人二话不说，背上婆婆，就往小庙走。一二十里的山路，他硬是一口气把老婆婆背回了庙里。临走时，老婆婆对他说："你是个善良的人，我会报答你的。"

转眼十几年过去了。樵夫的儿子也长成了大小伙子。有一回，小伙子去集上卖柴，迎面过来了一队官兵把他捉去充了军，小伙子上了战场。有一回他的队伍被敌方打败了，几乎全部死光。就在他也要被敌人砍死的时候，忽然

一阵狂风刮来，只刮得天昏地暗，把敌人的眼睛都刮得睁不开了。只见一个老婆婆来到他的身边，用手一拉他说："你把眼睛闭上，我带你出去。"他便闭上眼睛，只觉得身体飘了起来，耳边风声呼呼直响，一会儿，老婆婆说："睁开眼吧。"小伙子一睁眼，竟然是自己家门外的路口。小伙儿急忙倒身拜谢，老婆婆说："当年你参救过我，今天我救你也是还当日之情。"小伙儿问老婆婆是哪儿的人，老婆婆只说："我是黄华寺的。"一眨眼便没了人影。

小伙儿回家后，与父母相见，叙说了事情经过，全家悲喜交加，发誓要找到恩人，便四处打听黄华寺，一直找到了河南林县，就是今天的林州市。在黄华他们发现寺里黄华老奶奶塑像竟与当日他父子二人所见的老婆婆一模一样。这就是传说中的黄华老奶奶显灵的故事。

讲述者： 高菊英，女，75 岁，林州市黄华镇马地掌村人，小学，农民

采录者： 刘建舟，男，46 岁，林州市黄华镇马地掌村人，初中，自由职业者

采录时间： 2020 年 11 月 22 日

采录地点： 林州市黄华镇马地掌村

附
记

高菊英是俺娘。她共生育了我们兄妹四个，我是老小，两个哥哥，一个姐姐，从小我们就是听着俺娘的儿歌和小故事长大的。俺娘小时候虽然生活很苦，但她从来都是乐观向上，心存良善。她常给俺们说，举头三尺有神灵，人做事都是有老天爷瞧着呢！这个故事，以前俺娘给我们讲过不止一次，记得她说也是听别人讲的。后来我又问她时，她说这个故事是她经历过的，说是那个去黄华寺找恩人的是一对儿夫妻，还跟她问路怎样走。（刘建舟）

421

白胡子老汉找天边

中原地带有一古刹，叫作龙岩寺。寺有百亩大，仅大殿就有七重，僧侣百人。晨钟暮鼓每天响起，诵经声夜以继日。由于龙岩寺名声远扬，方圆百里的善男信女们都来这儿朝拜、上香。听说龙岩寺的神灵也十分灵验，你只要上香，你的愿望多能实现。于是龙岩寺香火旺盛，朝拜的人络绎不绝。

这里有个长老，叫无尘大师，讲经布道，教习弟子，使寺院中出了许多有名的高僧，都到北京、五台山、开封等名寺院做了住持。可是，寺院中一个刚进来的弟子却十分顽劣，无尘大师的话怎么也听不进去。大师就把他单独叫到禅房，问他为什么这么不经心做佛家弟子。这弟子就说了实话。

这个弟子叫吴界，是个穷人家的孩子，由于家穷，平时吃不上饭，就跟小伙伴们到处玩耍。当然，出了门就自由了，肚子饿了就有了门道。夏秋时节就到山上岭间采野果子吃，春天就到河中摸鱼捞虾捉蛤蟆吃。冬天嘛，也能找到吃的东西，那就是挖药材。当时，遍地都是瓜蒌，瓜蒌根就是中药天花粉。把它挖出来洗掉泥，刮掉皮晒干了

就可卖钱，卖了钱也就有了吃饭的资本了。由于吴界有门道，小孩子们就跟着他到处疯跑。可吴界的父亲却不知道孩子的本事，见孩子出门了不是拽回来打一顿，就是弄根绳儿拴到门上，这更增加了吴界的叛逆之心。于是他就到了龙岩寺当了和尚。

吴界人是到了佛界，可心还在野外，念经时也看着外面的原野，当然经文就背不会了。师傅知道了这些情况，就劝他还俗。这时，吴界的父亲吴能找来了，拖了儿子就走，出寺院门就把他打了一顿，要他回去。吴界回到家父亲就把他又拴门上，不给饭吃。这时一个要饭的经过这里，见吴界可怜，就把要来的黄馍喂他吃了一个。吴界感谢要饭的，问他："我什么时间才能脱离苦海？"要饭的给他说："你能找到天边，就会获得自由。而且还能找到不死的药，从此有了自由身，想干什么就干什么，也能帮助一方百姓。"

吴界把要饭的说的话记在心里，就磨断了绳索，跑了出去。他又回到龙岩寺取衣服，师傅问他回到家父亲怎么样对他，吴界就说家不回了，自己要去找天边，而且还要找到不死的药给大家吃，给大家自由身。师傅也支持他，就念动佛法，要佛祖保佑吴界去天边取不死的药。于是从寺院内取了一斗芝麻一斗盐给他作路费，说："你饿了，就吃一粒芝麻，吃一粒盐，就可到天边。"

吴界见有师傅支持，找天边寻不死的药的信念就更加坚定，于是背了盐和芝麻就上了路。这时父亲就追到寺院来了，一看吴界在前面走，就追过去要打他。可这龙岩寺的师傅就是南海菩萨落凡，他不仅给了吴界吃的东西，而且给了他法力。吴界他爹去追吴界，吴界就飞了起来，树木河沟一跃而过，大江大河也是一跨就过。吴界他爹一见儿子会腾云驾雾了，知道他受了神仙的指点，再不归自己管束了，只好垂头丧气地回到了家。

这吴界一路向西，过高山，过大河，过沙漠，过荒原，过雪山，过泥淖，把所有的山川大河都浏览过了。可不论走到哪里，除了田野阡陌就是高山大河，再不就是无尽沙漠、茫茫的雪山、无边的大海。这时，吴界袋子中的芝麻与盐仅剩几粒了，前面却是荒凉的大山。但寻找天边、寻找不死药的信念鼓舞着他，使他又重新上路。结果又走了

几天，盐和芝麻都吃光了，自己的仙力也变得一点没有了。走路也靠一步步地走了。这时，他看旁边的树上有酸枣就摘来吃。可这酸枣也是神仙的仙丹，天帝就派了大蛇在保护。一见有人偷吃，上前就缠了他的身体，张开血盆大口就要吃他。但这时吴界已经好些天没有吃东西了，浑身无力，身体被蛇缠着，只好一手抓蛇头，一手抓蛇尾努力不被蛇吃掉。

吴界的意志战胜了大蛇，蛇在他的撕扯下终于死掉了，吴界扔下死蛇又走上寻找天边的路。他吃着山上的野果和水里的鱼虾拼命地走着。这时就见前面的河面上漂来了一块木头。吴界正在看，就被一种力量吸引，身子就飞起来上了木头。到了木头上才看到这木头非常大，有五间房屋那么大，虽然海浪拍打着，风暴撕卷着，雷电又时时地击来，想把它打碎，但这木头却好像是特殊材料做成的，风浪卷不走，雷电击不垮，就那样从河流中漂向大海、漂向大洋。吴界就在这风浪中漂泊着。有时饿昏了，海中自有鱼儿跃上木头上，吴界就伸手抓了吃。过了些日子没有鱼落上木头上了，木头边却长上了许多藤壶。吴界就拿拳头狠狠地砸这些藤壶，最后打得手都流血了，才把藤壶打碎，吃里面的肉。这样在风雨飘摇中过了一年之久，吴界才到了大洋的另一边。这里又是一片大陆。吴界为找到不死的药上了岸，就到处品尝各种植物。但世间的植物有千万种，许多是有毒的，吴界一一品尝，一天竟然吃了一种白里透红的果子，吃过后就昏死过去。这时就梦见师傅从天而降，来到吴界身边，给他喝了一葫芦凉水，吴界的毒就被解了，慢慢地醒来。师傅说："找到不死的药了吗？"吴界说："还没有。"师傅就给他一个白面馍馍，告诉他一顿只能吃一半，其余的一半放在袋子里下顿吃。吴界答应，师傅就化作一团祥云飞去了。从此，吴界就继续在另一块大陆上找不死的药。这块大陆上的所有草木花朵几乎被他尝遍，也不知道哪个是不死的药。可他却饿得皮包着骨头，像一个带皮的骷髅了。

这一天，他又来到大洋边，大洋上仍然漂着那个大大的木头。吴界没有找到不死的药，就登上木头继续寻找。谁知道他一登上这木头，木头就变得有五间房屋那么大，自然地向前漂流。他又经过惊涛骇浪，电闪雷鸣，又吃着

跳到木头上的生鱼和附着在船边的藤壶活了下来，又到了另一块大陆上。于是又弃了木头上岸，继续在山川河流中寻找不死的药。这天他吃了许多东西也觉得没有吃饱，就在袋子中搜寻。这时却见袋子中有以前师傅送给的馍克星儿[1]，取一点放嘴里嚼嚼咽下，又用手抠，结果还有，一直抠，一直有，过一会儿竟然吃饱了。再摸袋子，里面竟然有了个不小的馍。这时他喜出望外，就带着这个馍每天抠一点吃。可这馍不论怎么抠，就一直那么大，陪着他又走了许多的路。但那个馍却一直藏在袋子里。

吴界出去三百年了，身体变得骨瘦如柴，人也变得白发苍苍的，腰也躬了，头也哈了，走路也走不动了。这时却发现前面有一片寺院，他抬头一看上面有字，竟然写着龙岩寺，不由得说："我吴界这不是又回来了吗？"可进寺院一看，龙岩寺香火旺盛，僧侣们念经声像唱歌一样好听。到了午时，鼓声响起，传到百里之外。吴界向和尚们问起了寺院的住持无尘大师，和尚们告诉他说无尘大师在三百年前就圆寂了。吴界说："无尘大师曾经资助我一斗芝麻和一斗盐让我找天边，怎么我回来他就不在了呢。"人们都说他在胡喷乱侃呢。

这时从南洋过来一帮子寻根问祖的人，听说这人是三百年前出去找天边寻不死药的吴界和尚，就一起来问候。这时和尚们问他看到天边没有。他说自己走了三百年又回来了，不知道天边在哪里。大家又问他寻的不死药呢，他说也没有找到。人们问他说你没寻到不死的药咋活了三百年。他说我整天就吃几口师傅给的馍过日子，也不知道三百年已过。

于是大家就翻他的东西找不死的药，可除了在他袋子中找到一个白面馍馍再也没有其他。有人问："你就吃这一个东西活了三百年？"他说这馍馍是师傅给的，自己每天掰一点吃，它却每天就这么大。人们就说："这才是不死的药，你吃这一个馍馍就活了三百年。"寺院住持一听说这馍馍就是不死的药，就给他要过来，放在石臼中捣碎，然后掺了白面混在一起做馍馍给大家吃，大家吃一口这馍馍都能活七八十，于是人们就把馍馍当成不死的药了。由

[1] 馍克星儿：馍的碎屑。

于每人分到的少，吃的也少，所以不能像吴界那样活三百年，最多只能活七八十岁。

讲述者：　陈文书，男，23岁，安阳县曲沟镇洪岩村人，高中，经商
采录者：　刘耀青，男，53岁，殷都区小庄村人，中专，农民
采录时间：　2006年4月
采录地点：　安阳县水冶镇麻水村龙岩寺
选自：　《中国民间故事全书·殷都卷》

附记

本篇故事的讲述者陈文书，是龙岩寺的赞助商。对于龙岩寺的建设捐了许多款，对龙岩寺的历史和神话故事知之甚多。2006年我在采录殷都区民间故事时，到龙岩寺采访，正遇到陈文书与看庙人周金河在谈论寺庙的修建事宜。采访过程中陈文书就向我讲述了龙岩寺的往事及寺庙流传的故事。他讲的很多，如《拖荆笆的故事》等。（刘耀青）

422

济世苍龙

从前，滑县万古西街有一慈善人家，家里有个叫老苍的雇工，膀大腰圆，臂力过人。他为东家管理菜园、耕田种地。

说也奇怪，东家往菜园去看了几次，都见他在屋里"呼噜呼噜"大睡。东家实在忍不住，便对他说："老苍，菜该浇了。"老苍说："中，晚上浇吧。"说罢，又鼾声如雷。

第二天一大早，东家就到菜园去看，见几亩菜地都浇过了，那菜都是水灵灵的。东家一见这般光景，心想：一个人绞辘轳，一桶水一桶水地往上绞，一夜之间，竟能浇几亩地，真奇怪！

数日后，东家又催老苍浇菜。老苍还是那句话："晚上浇吧。"为解开疑团，天还未黑，东家就藏到菜园近处，要看个究竟。天刚定更，只见老苍走到井旁，把尾巴往井里一扎，又一扑甩，菜畦里就存有四五指深的水。东家这才明白，原来老苍是条龙！

春天来了，东家要往地种谷子，老苍说："还是种高粱吧。"东家自从知道老苍是条龙以后，对老苍总是言听

计从。东家按老苍的意见，种上了高粱。当高粱苗该锄的时候，老苍说："叫我去锄吧。"东家说："中啊，你去锄吧。"老苍把地锄完后，对东家说："你到地里头看看，留的苗是稀还是稠。"东家到地里头一看，大吃一惊：呀，这么大一块地，咋只留了五棵苗？东家回到家里，没好气地对老苍说："稠，剩一棵就中啦！"老苍二话没说，就到地里把四角留的四棵高粱苗都锌掉了，只留下中间一棵。他哪里知道，地里留五棵高粱苗，那是叫他代代五子登科；现在只剩下一棵，表示他以后辈辈是单传。

高粱熟了，收到场里后，老苍说："天擦黑再碾吧。"东家说："中啊，天黑再碾吧。"天黑后，高粱碾好了。谁知，只打了一鹌鹑布袋儿。老苍叫东家把粮仓楼马门打开，再搬架梯子。老苍站到梯子上往仓里倒高粱，好像玩魔术一样，"哗哗哗"一个劲儿地倒个不停，那高粱米从袋子里往外流，如同九天银河开了口，直倒得仓满往外流。东家说："中啦！中啦！不要再倒啦！"老苍不倒了，把袋子角里剩下的高粱撒向四方。第二年，方圆二十四个县，获得丰收的都是红高粱。老百姓有饭吃了，顺利度过了灾荒年。

讲述者： 孙春录，男，滑县万古乡西万古村人，供销社退休职工

采录者： 肖随普，男，35岁，滑县万古乡西万古村人，中专，教师

采录时间： 1989年3月

采录地点： 滑县万古乡

选自： 《中国民间故事全书·河南滑县卷》

附记

我和孙春录是一个生产队（现在叫村民小组）的人，住得也很近，按街坊辈我得叫他爷。记得那一年放伏假，我在家没事，两个老太太和春录爷找我跟他们配配角儿玩牌，就是打麻将。我说我不会。他们说，不会教你。从那天起，只要没别的事情，吃过饭我们就聚在一起

玩牌。当然我们玩牌纯属娱乐。吃饭有早晚，人到有先后，我们在等人的时候，往往东扯葫芦西扯瓢，不定聊些什么。说得最多的话题是原来万古玉皇阁的故事与传说。他们讲的故事都是我过去不知道的，引人入胜。春录爷讲的"苍龙"有头有尾，并且有济世意义，当天晚上，我就把它记录了下来。后又经过文字修改，投稿《安阳日报》和《河南日报》等报刊，都被发表。（肖随普）

423

白龙王报恩

一年冬天，白龙王犯了天条，被打下凡间，变成了一条小白蛇，冻僵在路边儿。有个老汉把它救了起来。

白龙王为了报答这老汉的救命之恩，便变作一个身强力壮的小伙子，来给这老汉家当长工，说："不要工钱，只要管饭、管住，就中。"

这老汉没儿没女没老婆，孤身一人，又上了岁数，种着三十亩薄地，正发愁没人干活儿呢，当下就应承了。

一天，老汉叫白龙王去浇地，问他几天能浇完，白龙王说："别人得三十天，俺只要三天就中了。"

头一天，老汉去给他送饭，见他在地里睡大觉，老汉问他，他说："慌啥，不是还有两天吗？"

第二天，老汉又去给他送饭，见他还在地里睡觉，连一桶水也没浇，老汉心里说，不给人家工钱，歇就歇着吧。

第三天，老汉提前给他送饭，咋见地里那口井满口地往外冒水。不一会儿就把那三十亩地浇完了。老汉觉得怪奇怪，也不好张嘴问，放下碗筷就走了。

浇罢地，老汉叫他去点高粱，他去了屁大一会儿就回来了，老汉问他，他说他只种了五棵高粱，四个地角儿各一棵，当中一棵。

老汉哭笑不得，生气地说："咋种恁稠？"

白龙王说："那俺去拔几棵。"说罢，到地里便把那地角儿的四棵拔了，三十亩地只留下一棵。

转眼该收秋了。白龙王对老汉说："东家，高粱熟了，给哪儿造场啊？"老汉说："就那三十亩地，你随便造吧。"白龙王就把那三十亩地，除了那棵高粱外，都造成了场。造好后，白龙王又说："套上咱的大车，往家拉高粱吧。"老汉说："套啥车，我背回家就中了。"便空着手向地里走去。

他来到地里，就见白龙王抓住那棵高粱秆一晃，就跟下了大暴雨似的，一圪挤眼，那三十亩地上便落下了厚厚的一层，又一晃，那高粱便堆起尖，眼瞧着就要流到别的地里了，老汉急喊："妥了，妥了！"

他这一喊，白龙王就不见了。

他觉得稀罕，抓住那棵高粱秆儿，任你咋摇，也晃不下一个高粱粒来。

后来才知道，那是白龙王，来报老汉的救命之恩的。

打那以后，老百姓就都不敢打蛇了，都把"蛇"敬奉为神。

讲述者： 孙好礼，男，80岁，安阳县人，略识字
采录者： 李国云
采录时间： 1989 年
采录地点： 安阳市
选自： 《狐狸坟传奇》

424

老天奶奶当家

当你站在河沿上，觉得这里比别的地方风大，而果木林中又比别的地方风小，夜里下雨的时间比白天多，你知道是怎么回事吗？

相传，在很久以前，老天爷和老天奶奶为了谁当家——主管天下，发生了争吵。老天奶奶说她能管好天下，让人类生灵过好日子，老天爷也说能管好天下，而且要比老天奶奶强。一时间争吵不下，最后商量好一人当家一年，老天奶奶起头先当家。

这年一开春，船家为了多拉货，少出力，就烧香叩头，许愿说："老天奶奶刮大风吧，让船帆借风，多拉几趟，赚了钱，到年底俺给您上猪头大供。"

果园里的人烧香叩头许愿，却说："老天奶奶，千万别刮大风。一刮风，果花败落，结不成果，成了灾荒年，让我们怎么过呀！只要老天奶奶不刮大风，让果坐[1]好，等丰收了，给您上鲜果大供。"

种地的农夫看着因缺水快要旱死的庄稼，心急得很，

[1] 坐：结果的意思。

忙烧香叩头，许愿说："老天奶奶下大雨吧，只要下雨，庄稼丰收了，到年底给您上花糕大供。"

晒干姜的人也许愿说："老天奶奶千万不要下雨，让我把姜晒干。要不一年吃喝无着落，全家人只有饿死。只要能晒好姜，到年底我拿出一半钱买上礼品给您上供，一年四季烧香叩头。"

老天奶奶一听可发了愁，一个要风，一个不要风，一个要雨，一个不要雨，都许下大供，这可咋办呢？想来想去咋也想不出办法，只好找老天爷商量。

老天爷一听哈哈大笑："还要当家呢！这点小事都解决不了。"老天奶奶忙问有什么办法，老天爷说："有供不光要吃，还能四个供都吃。"当即给风婆和雨神下了一道圣旨，上面写着："有风顺河走，莫要窜花行，夜里下大雨，白日晒干姜。"老天奶奶自知不行，才交了权，老天爷就当家至今。从这以后人们一有事，就请老天爷保佑。

讲述者： 许会斌，男，82 岁，内黄县楚旺镇西街村人，私塾四年，退休职工
采录者： 张国安
采录时间： 1987 年 10 月 6 日
采录地点： 讲述者家中
选自： 《中国民间故事集成·河南内黄县卷》

425

贪心的财主

从前有个财主，贪得无厌，靠放高利贷剥削、克扣穷人为生，逼得不少穷人倾家荡产，逃荒要饭，而他家的金银财宝却到处都是，家中盛不下。于是，他就盖了一座大仓库，用缸把这些东西装起来。他和老婆每天都要到仓库里去看几遍、摸几遍。

有一天，这两个老家伙来到仓库，看罢金银财宝以后，老财主不满足地说："这些东西太少了，要是世界上一切东西都变成金银财宝归我就好了。"

财主夫妻正在高兴的时候，突然来了一位白胡子神仙，神仙问财主："你的金银财宝够用不够用？"财主急忙说："不够，不够，还差得多呢。"神仙听罢说："要是不够的话，你就照着我的话去做。明天起床以后，你用手去摸，摸到什么，什么就会变成金银归你了。"神仙说后，飘然而去。

这天晚上，财主想到明天要多少金银就有多少，高兴得一夜没有睡好觉，直到天快亮才睡去。等到财主醒来，已经快晌午了，他连忙用手去掀被子，被子立即变成了金银，他的手碰到枕头，枕头也就成了银子。财主高兴极了，

急忙翻身下床，把家里所有的东西统统摸了一遍，所有的东西立即变成了金银了。这时，别提他们那个得意忘形的劲儿啦。

把所有的东西摸遍以后，财主又累又渴，想要喝水，他的老婆急忙去端水。端来水递给财主，可是财主没有办法喝水了，他的手刚接过水碗，水碗和水立即变成了银子；他想吃饭，饭也无法吃了，一端饭碗和饭立即变成了金子。财主老婆难过地痛哭起来，眼泪扑簌扑簌往下掉。这时，财主用手拍着她的肩膀劝她说："不要难过，不要难过。"没有想到这么一拍，他老婆立即僵住不动了，变成了一堆金银，财主看见这种情景，哭着喊道："我不要金银财宝了，我不要了！"边哭边用手狠捶自己的胸膛，谁知，刚捶了两下，财主自己也变成一堆金银了，就这样，好个贪心的财主，竟成了具僵尸。

采录者：　韩德贵，男，51 岁，汤阴县人，大专，干部

采录时间：　2005 年 12 月 18 日

采录地点：　汤阴县五陵镇

选自：　《中国民间故事全书·河南汤阴卷》

426

钱迷

从前，有个叫"钱迷"的人。此人爱钱如命，见钱眼开，和钱结下了"不解之缘"。就连给他的儿子起名也不离开钱。大儿子叫"半两"，二的叫"宝货"，三的叫"五珠"，四的唤作"通宝"。他家常年供奉着"和峤"的牌位，早晚三次祈祷。这和峤是晋朝时的大钱迷，做官时千方百计弄到了许多钱，因此被后世有钱瘾的人当作"钱神"供奉起来。

一天，钱迷正在和峤牌位前祈祷，忽然听见空中一声响亮，连忙出门，往上看去，一个光华灿烂的大铜钱从天上慢慢掉下来。钱上坐着一个身穿晋代衣冠、生得面黄肌瘦肚腹鼓胀的人。此人对钱迷说："我是和峤，念你多年来对钱一片诚心，专门来超度你，请上钱吧。"钱迷喜出望外，对着和峤磕了三个响头，便弃家登钱，随和峤腾空而去。

钱迷在空中紧闭双眼，只听耳边呼呼风响，也不知飞了多长时间，风住了。和峤说："下去吧。"钱迷睁开眼，见钱停在一座冲天牌楼跟前，上面写"钱境"两个金色大字。随着和峤穿过牌楼，见各处银桥玉路、朱门金户，街

上人来人往，个个喜笑颜开，手里都拿着大大小小的钱，有的上面写着"天下太平"，有的写着"长命富贵"，钱迷看得口水直流。正行之间，听到前面人声沸腾，声如雷鸣，顺着声音望去，一个大钱竖在那里挡住了去路，那钱金光闪闪，奇大无比，大钱的下边，密密麻麻的人，都想争夺这个钱。钱迷挤进人群，见工农士商，三教九流，无一不有。有穿紫袍、拿笏板的达官贵人在那里伸手的，有土豪劣绅在那里勒索的，有捏造词讼在那里讹诈的，有摆设赌具在那里引诱人的，有怒目横眉在那里恐吓的，有花言巧语在那里欺哄的，有暗设牢笼在那里图谋的，更有杀人放火在那里抢劫的，有描写假字在那里撞骗的，还有挖墙掏洞在那里偷窃的，种种丑态，样样都有。钱迷直连连点头，不住赞叹。再看大钱下竖着无数的长梯，远远见那钱眼之内金碧辉煌，好像天堂一样。钱迷上前正要登梯，猛然看见梯旁尸骸遍地，白骨如山，直吓得浑身筛糠，后退几步，跌倒在地，瘫作一团。和峤见钱迷害怕的样子，哈哈大笑："回去吧，没有胆量的东西，不担风险，哪能捞到富贵。"说着转身就要离去。钱迷咬咬牙站起来，心想，眼看到手的富贵不能不要，就是死了也心甘。便说："老师慢行，弟子愿上。"说着便颤颤抖抖地向梯上爬去，好容易爬到钱眼附近，往里一望，净是华丽的楼阁，金殿瑶池，地下碧玉铺路，两旁翡翠为墙，气象之富、景致之美，都不是人间所有的。钱迷越看越爱，暗想："这样的洞天福地，在那里住上几时，也不枉生在人世一辈子。"伸头就往里钻，谁想那个钱渐渐收缩起来，把钱迷的脖子套住，竟然进也进不去、出也出不来了。

采录者：　史文富，男，59 岁，汤阴县岳庙街人，大专，教师

采录时间：2005 年 11 月 7 日

采录地点：汤阴县任固镇

选自：　　《中国民间故事全书·河南汤阴卷》

427

金元宝

一对年轻的夫妇流落在外乡讨饭，路上，媳妇说："我肚里很难受，看来是要生了。"丈夫说："咱前不临村后不着店的，你忍着点儿，咱得到前边找个地方呀。"

小两口紧一阵慢一阵赶到了一个村庄，他们看到一家大院落就停住了脚步。男的登门找见这家的当家的施礼说："大叔，俺是落难的外乡人，走到此地，俺女人就要临产了，请您老人家行行好，给她安置个地方，让她遮遮身子吧！"

当家的随他出来，见他女人怪难受的，就说："你别看这所院子蛮大的，其实并无空闲的地方。"他"唉"了一声又说："村头有一所小院，但不知你们去不去？"

年轻人说："出门在外，俺也不求啥好歹，是地方就行了。"

当家的说："我给你直说了吧，那所院子不干净啊！"

年轻人急忙说："没关系，不干净没啥，我可以打扫打扫、清理清理嘛！"

当家的说："我说的'不干净'是说那所院子里有邪气！"稍停片刻又说："从盖起那所院子起，至今很少有

人住过。就是住上三天两黄昏，他们就不住了。有人说在那儿夜间做噩梦，有的说还会把人拎起来，有的说还能把人架到墙头上。唉，怪怕人的！"

年轻人说："她快要生了，俺实在无路可走了，只要您老人家开恩，容她将就过了这一关，俺哪顾得了那些妖魔邪气呢！"

当家的说："天有不测风云，人有旦夕祸福。我是怕你们出意外，而不是不肯让你们住。"

年轻人说："那是，那是，您老人家给俺提个醒好。就是发生啥不测，俺也不会埋怨您老人家的。"

当家的说："那好，我领你俩先去瞧瞧，你们觉得行，就住，不行，我只好再另想办法了。"说着就把他们领去了。

当他们一同走进这所小院，天空突然阴了下来，闪电也不时划破长空，并且接连不断地听到"隆隆"的闷雷声，夜幕也即将降临了。

这所院子，青砖铺着甬道，栽种的小树也不超出二年。五间北屋是瓦房，三间东屋是平房，西南角像是个厕所，墙壁都是白灰捅缝。进到北屋一看，青砖墁地，正中四块大方砖对成"田"字形，墙壁粉刷一新，木质梁檩粗大，大梁上贴有红纸黑字的"黄道吉日""上梁大吉"的字条，并系着红枣、花糕、竹筷。五大通间，室内虽无他物，反倒显得宽敞、幽静。

主人问："可以吗？"

年轻人说："可以，可以！您老人家能让俺住上这上好的房子，俺算是住上天堂了。"

主人说："那好，你就住下吧！"

主人走后，他两个就打地铺歇息了。男的刚一合上眼，就听到婴儿"呱呱"落地之声，女的告诉他是个男孩。他们虽是出门在外，但心里也觉得蛮喜欢的。

媳妇把孩子一包，就吩咐丈夫去埋衣胞。他刚一出门，就被蒙蒙的细雨淋了一头。他转身回来对媳妇说："外边下着小雨，就给孩子起名叫'小雨'吧。"

媳妇说："中。小雨这名字好，是老天爷送的，也是他降临人世带来的。"

丈夫说："外边下着小雨，可这衣胞往哪儿埋呢？"

媳妇说："这屋是砖墁地，就在东南角掀两块砖，埋下衣胞不就成了。"

他掀起了两块砖，向下一刨，乃是一块方巴砖[1]，巴砖下面是一只小瓷罐，透过闪电，瓷罐里装有三个金元宝。他把这个意外的发现说给了媳妇，媳妇说："你照原样封好，再换个地方吧。"

丈夫接着又刨了东北角、西北角、西南角，角角都是如此。

媳妇说："角角没地方，你就把它埋到大方砖下边吧。"

丈夫说："中，中！"他把四块大方砖掀开，刚一刨，也是一块方巴砖，方巴砖下边的瓷罐里也装有三个金元宝。

媳妇说："你别再刨了，先给人家按原样封好。"她接过衣胞，放在了身边。

天明，丈夫看这五处像没动过似的，便出门讨饭去了。

早饭后，主人来看他们，问："你家男人呢？"

女的说："讨饭去了。"

"昨天夜里平和吗？"

"托您老人家的福，平和、平和！"

"生了没有？"

"生了。"

"男孩还是女孩？"

"男孩。"

"起名儿没有？"

"起了。当时下着小雨，他爹给他起名叫'小雨'。"

"好、好，'小雨'应天时，得地利，大吉大利，大吉大利！"

"添了孩子添了愁啊！"

"你给你男人说一下，在你月子里，他就别往外跑了，缺啥可到我那儿去取，没好有歹，先将就着往前走，等你过了月子再说吧！"

"大叔，那我就代他先谢谢您老人家了！"

小雨满月那天，他向主人辞行，并请主人去验收房子。

主人说："那所院子就是那么几间空房子，你们不

[1] 巴砖：也就是八砖，一种古代的建筑材料，方形八角，故曰"八砖"。

住了，把门锁上，把钥匙给我送来就得了，我去不去没关系。"

年轻人说："大叔啊，关系大着哩！"

他俩一同来到这所院里，他向主人道谢说："在俺危难之际，是您老人家给了俺绝处逢生的机会，俺没齿难忘您老人家的大恩大德啊！"说着就"扑通"一声跪倒在主人面前。

主人拉起他说："你的心意我领了，不是咱爷儿俩今世有这缘分吗？"

待主人将要举手锁门时，年轻人拦住说："大叔，您先别锁，清点过您家的元宝再锁不迟。"

主人莫名其妙地问："元宝？哪来的元宝？"

年轻人说："四个墙角十二个，中间三个，一共一十五个。"稍停片刻又说："眼下，我把实话告诉你，是俺来的那天晚上，天上下着小雨，我无法出去埋小雨的衣胞，情急之下，我扒开屋内五处砖墁地，是无意中发现的。因为我知道这个底细，担心以后发生意外，所以我才如实告诉您老人家。"

主人不以为然地说："哪有这等稀罕事？我盖房子时并没往这儿放过元宝呀！"

年轻人把铺地砖揭开，十五个金光闪闪的元宝使主人惊呆了。他拿起来仔细一看，个个元宝上都铸有"小雨"二字。

主人说："这元宝是小雨的，是老天爷点化你们来取的。"

年轻人说："不，不！不管上边铸着啥，反正这东西不是俺带来的。"又说："大叔，您就收起来吧，您收起来，我们才好上路呀！"

主人说："罢了，罢了！你不取，我也不勉强你了。今天也是我小孙女的满月，她和小雨同年同月同日同时生，乳名凤枝，家里已操办过她做九[1]的事了，一男一女双喜临门，我心里格外高兴，我去套车，把你们送回去。"

年轻人说："不，不了！俺家大小已劳驾您老人家多日了，不能再给您老人家添麻烦了。"并深施一礼说："大

叔，再见吧！"

他们走后，老人家便套上大车装上米面去追赶，没追多远就追上了，并且把他们平平安安地送到了家。当年轻人把米面卸下来，回头再去招呼大叔时，大叔已经走得无影无踪了。后来又在米面布袋里发现了那一十五个金元宝。

十六年弹指一挥间，小雨与凤枝喜结良缘。不久，小雨又中了状元。皇帝得知这位老人不平凡的事迹后，立即赐"恩泽府第"金字大匾一块，并拨白银千两，建"乐善好施""德崇泰岱"牌坊一座。

讲述者：　关合生
采录者：　宋魁元，男，58 岁，铁西区大司空村人，小学，干部
采录时间：　1994 年
采录地点：　铁西区大司空村
选自：　《民间故事选》

---

[1]　做九：婴儿出生后九天要办庆宴。

三　笑话

428

二大爷的故事

二大爷的故事在内黄楚旺一带流传了几百年，潘庄村是个原只有几户人家的小村，却出了一位处世精明的人物——二大爷。说起二大爷这称呼，还是从二大爷的姑表侄上得到的。原来，二大爷的姑姑嫁给了附近镇上的一位大户，姑姑的儿子称二大爷为表哥，姑姑的孙子自然称表大爷了。在这一带，外甥分家要找舅舅来断公理，而舅舅却没有二表哥明白，所以，以至后来姑姑家有什么疑难问题，都去找二大爷，而二大爷每次都把事情办得妥妥帖帖。时间长了，这村里人都知道大户人家重大事情和疑难问题都是由潘庄他们二大爷来办的。所以后来每当村里有什么难解决的事件了，大家都会半开玩笑半认真地说：不行咱也去请他二大爷吧！意思是他二大爷把人家大户家的事情都能办好，何况咱们小户人家的这点鸡毛蒜皮的事。

（1）杀牛打瓮

这天，二大爷正在家里闲坐，突然侄儿慌慌张张跑来说："二大爷，大事不好，快想办法吧！"二大爷说："咋啦？出啥事啦？"侄儿说："俺家的牛犊子去吃瓮里的豆子了，牛头伸进去后，牛角绊住了瓮沿，瓮扣在牛头上，牛看不见路在那里乱蹦乱跳，怎么也弄不下来瓮。俺爹怕牛踩着人，叫找您想法哩！"二大爷说："那还不好办？去找个快刀，将牛头砍下来，那瓮不就掉下来了？"侄儿一听，高高兴兴地跑去了。

可是不大一会儿，侄儿又回来了。二大爷说："又咋了？"侄儿说："按您老人家的教法，倒是把瓮从牛身上弄下来了。可那牛头还在瓮子里卡着，怎么也弄不出来，俺爹又叫我找您讨主意。"二大爷说："好办，拿把锤子砸了，那牛头就弄出来了。"

到了晚上，侄儿端了一大碗热腾腾的牛肉送给二大爷吃，二大爷瞧着牛肉，不由得哭了。侄儿一见忙问："二大爷，这牛肉可是最好的牛肉，我们谁都没有吃，就先给您送来了。大家都说，要不是您法子多，还不知出啥大事呢！"二大爷说："我哭不是因为这事，我是想，现在还有我这个眼[1]呢，你们还能吃上牛肉，要是哪会儿没我这个眼了，你们可连吃牛肉的份也没了！"

侄儿听二大爷说得凄惨，也不由放声大哭起来。

讲述者： 甘朋书，男，约65岁，内黄县楚旺乡甘庄村人，不识字，农民

采录者： 甘学礼，男，16岁，内黄县楚旺乡甘庄村人，高中，学生

采录时间： 1974年5月6日

采录地点： 内黄县楚旺乡甘庄村

选自： 《中国民间故事全书·河南内黄卷》

[1] 眼：内黄方言，意思是我还活着，能看见。

（2）月亮脱皮

八月十五清早，潘庄村头围了一圈人"叽叽喳喳"议论着。见二大爷来了，大家赶忙让开说："这下好了，这下好了。二大爷见多识广，一定知道这是啥东西了。"原来，有一个卖粉皮的从潘庄路过，将一张粉皮掉在潘庄村头，村里人没见过这是啥，正在议论。二大爷上前拿起粉皮，仔细端详起来，想这东西薄薄的、圆圆的，从来没见过。要说自己不知道，怕街坊说自己见识不广；要说知道，又不知道说什么好。正在作难，突然想起今天是八月十五，天上的月亮在八月十五最圆最亮，莫不是月亮脱的皮吗？一定是，一定是。于是二大爷向周围的人说："这东西可是个好物件，别说你们，就是我也是头一次见。这可是天上的东西。"瞧着大伙吃惊地看着自己，二大爷又得意地说："你们知道这月亮为啥到八月十五最圆最亮吗？因为每到八月十四，这月亮就要把老皮脱掉，换上新皮，所以这月亮到八月十五最圆最亮。这就是月亮脱下来的老皮。"大伙一听，不觉都吃惊起来，要不是二大爷说，大伙还真不知道月亮每年还要脱一回皮呢？

讲述者：	甘朋书，男，约65岁，内黄县楚旺乡甘庄村人，不识字，农民
采录者：	甘学礼，男，16岁，内黄县楚旺乡甘庄村人，高中，学生
采录时间：	1974年5月6日
采录地点：	内黄县楚旺乡甘庄村
选自：	《中国民间故事全书·河南内黄卷》

（3）掉刀

月亮把皮脱到潘庄这样一个小村，可把潘庄人高兴坏了。由二大爷提议，每家兑了钱，要唱一场大戏，庆祝一下。

出门订戏，还得让二大爷去。二大爷找了两天，总算找到了戏班。一说唱一场戏，戏班就不愿去，推说不知潘庄在哪儿。二大爷说："好找，好找，就在楚旺东门外。"于是多付了戏价，在戏单上写明时间，地址就写成了楚旺东门外，到了唱戏这天，潘庄人起得早早的就把街道打扫一遍，单等戏班前来唱戏。可是等到半晌，只听西边敲锣打鼓地唱起戏来，却不见戏班往潘庄来。于是二大爷就与村里几个人向西找来。来到楚旺东门外一看，戏班正在那里唱得热闹，唱的是《穆桂英下山》一场。只见台上的穆桂英手拿绣绒刀正与杨宗保对打，突然失手将拿绣绒刀掉在台上。台下观众一看，不由"嗷嗷"地起哄起来。好在扮穆桂英的演员是老演员，临场不乱，临时加上一句词："姑娘紧紧腰，穆瓜拾起刀！"扮穆瓜的演员见穆桂英将刀掉了，正不知咋办才好，听穆桂英一说，赶紧上前将刀拾起，递给了穆桂英。两人配合得恰到好处，台下不由又大声喝起彩来。

戏唱完了，二大爷几人去找戏班论理："俺村订的戏，戏价都交了，你们不给俺村唱，却来这里唱，今天怎得给俺说说理！"戏班里人说："你们明明订的是楚旺东门外，俺就在楚旺东门外唱，有啥不对？不信恁瞧瞧戏单上咋订的。"二大爷一瞧戏单，也傻了眼，于是几人商量每家再兑些钱，无论如何也要在潘庄唱上一场。

戏挪到潘庄，还唱《穆桂英下山》，当唱到穆桂英和杨宗保对打一场戏时，扮穆桂英的演员没有失手，刀也没掉。二大爷一看，马上叫停。戏班人不知因何叫停，就来问二大爷。二大爷说："你们在楚旺东门外演《穆桂英下山》时，有穆桂英掉刀情节，为何到俺村就没了？莫非欺负俺村小人少没见过世面不成？"戏班人给二大爷解释说掉刀是演员失手了，来这儿演员没有失手，所以也就没有那情节了。无论怎样解释，二大爷就是不信，无奈，戏班只好重演一回，重掉一次刀方算完事。

讲述者：	甘朋书，男，约65岁，内黄县楚旺乡甘庄村人，不识字，农民
采录者：	甘学礼，男，16岁，内黄县楚旺乡甘庄

村人，高中，学生

采录时间： 1974 年 5 月 6 日

采录地点： 内黄县楚旺乡甘庄村

选自： 《中国民间故事全书·河南内黄卷》

（4）黑驴打滚和二龙戏珠

潘庄要嫁闺女，二大爷领着几个年轻人去当送客。临出门时，各家大人都嘱咐道："你们年轻人没出过门不知道外边的规矩，到了男家要多听多看恁二大爷，千万别让外人看了咱的笑话！"

到了男家，这家是个大户人家，门槛有二三尺高，二大爷穿着长衫头前走着，几个年轻人紧跟在后边。进大门时，二大爷将腿高高抬起迈过了一只脚，再抬后边的腿时，长衫后摆被后边紧跟的年轻人踩住了，二大爷用力往前一挣，后边年轻人发现踩了二大爷衣衫，赶紧抬脚。这前边一挣，后边一松，刚好把二大爷摔了个跟头。好在二大爷身手还算麻利，就势打了个滚就爬了起来。后边的年轻人见二大爷进门时打了个滚，也就学着二大爷的样子，每人打着滚进了门。

吃饭时，陪客向二大爷请教："这位老先生，刚才进门时你们每人打了一个滚才进来，不知这是啥说数？"二大爷说："这叫黑驴打滚。有道是黑驴滚一趟，家兴财帛旺。这是盼着亲家家兴财旺。"一句话说得陪客喜笑颜开。

当天吃的是猪肉炖粉条，二大爷边吃边想，本来我进门时打滚是出丑的事，现在经我一解说，倒把丑事遮住了。越想心中越高兴，不由"扑哧"一笑，倒把吃到口中的粉条笑得从鼻孔口呛了出来。几个年轻人见二大爷两个鼻孔中出来两个粉条，也不知又是啥规矩，赶紧从碗中抓了粉条向鼻孔中塞去，无奈费尽了力气，也没塞到鼻孔中。

回家的路上，几个年轻人问二大爷鼻孔中出粉条是啥讲究，二大爷说这叫"二龙戏珠"，几个年轻人一听，不禁埋怨起二大爷不事先教会大家这招，让他们几个人在人

家家里出了丑。

讲述者： 甘朋书，男，约 65 岁，内黄县楚旺乡甘庄村人，不识字，农民

采录者： 甘学礼，男，16 岁，内黄县楚旺乡甘庄村人，高中，学生

采录时间： 1974 年 5 月 6 日

采录地点： 内黄县楚旺乡甘庄村

选自： 《中国民间故事全书·河南内黄卷》

（5）办丧事

潘庄潘艮斗母亲死了，找二大爷主持丧礼。二大爷想，我们潘庄现在人丁渐多，这办丧事也不能再像以前那样简简单单的算了，也该学些大村的规矩才是，于是和大家一商量，没有不愿意的。可是这大村的规矩到底如何，谁也不知道。要是去外村请人，还怕人家笑话。到底还是二大爷办法多，买了礼物，赶了一二十里路，到繁阳请一老先生指点。

繁阳的老先生听说潘庄二大爷提了礼物前来学丧礼的规矩，很是热情，怕自己说了二大爷记不住，就问清了死者家中儿子、媳妇及孙子姓名，按丧礼的规矩写了一份，让二大爷回家按本念。二大爷拿了底稿，高高兴兴地回了家。

第二天，潘庄全村男女老少几十口人都到潘艮斗家，二大爷看人已到齐，就掏出从繁阳讨取的底子念道："孝子翻跟头。"孝子潘艮斗知道要在他母亲丧事上立规矩，心里很是高兴，这时听二大爷叫孝子翻跟头，只说是大村规矩，理当如此，就在灵前翻了一个跟头。原来，这底稿上面写的是孝子潘艮斗，无奈繁阳这老先生字体潦草，这二大爷识字又不多，倒把潘艮斗三字念成翻跟头。潘艮斗翻过了跟头，二大爷接着念："孝媳，也是！"原来这媳

妇姓也，二大爷看作了"也"。媳妇一听也要翻跟头，不由有点作难，原来这媳妇怀了九个月身孕，要翻跟头有点难办，于是向二大爷说："您看我身子不方便，这翻跟头怕是难办，能不能想个别的办法代替一下？"二大爷一听，觉得有理，心想那大村人办事也不一定事事周到，干脆我把不能翻跟头的人让他上上俩滚得了！于是说道："孝媳身体不便打俩滚算了！"孝媳按着二大爷的吩咐，在本家嫂子的帮助下打了俩滚。潘艮斗的儿子叫四方，二大爷看的时候把方字上边的一点看丢了，见侄媳打罢了滚，就念道："孝孙，翻四万。"这四万个跟头，一直翻到天黑，翻得孝孙头晕眼黑才翻了三四百个，眼见天黑，全村人一天还没吃饭，二大爷只好让大家先回家吃饭，休息，第二天早起再来。

到了第二天，全村人一早就来到潘艮斗家，二大爷向大家说："昨天晚上我想了一夜，这四万个跟头要让一个人翻，少说也得十天半月，我想咱不如大家都来帮忙，长辈的翻一个顶百个，平辈的翻一个顶十个，真翻不动了，打俩滚也算，大家说中不中？"大伙一听二大爷发了话，都说："中，中。"于是全村男女老少都在潘艮斗家翻起了跟头，打起了滚，直到天黑，这四万个跟头才算勉强翻够，全村人打着灯笼火把打黑把潘艮斗母亲埋了。全村人也一致商量，以后这大村规矩再好也不学了。

讲述者：	王成田，男，42岁，内黄县石盘屯乡人，初中，干部
采录者：	甘学礼，男，29岁，内黄县楚旺镇甘庄村人，大专，干部
采录时间：	1987年10月2日
采录地点：	讲述者家中
选自：	《中国民间故事全书·河南内黄卷》

（6）接生

潘艮斗媳妇因为在婆母丧事上打了俩滚儿动了胎气，就觉得腹中难受，要生孩子，无奈生了一天，也没生下来，原来是难产。接生婆没法了，让潘艮斗请来了二大爷。

二大爷问清了情况，让潘艮斗打了俩鸡蛋用开水冲了，先让媳妇喝了，然后从腰里掏出小铜锣"咣咣咣"地猛敲起来。潘艮斗说："二大爷您看您侄媳妇这一天没生下孩子，我们都快急死了，叫您老来想办法。您老不想办法倒也罢了，怎的乱敲起锣来了？"二大爷说："侄儿有所不知，我这敲锣就是接生的法子。"潘艮斗说："这敲锣是什么接生的法子？"二大爷说："你没见那耍把戏的、卖玩物的一进村就咣咣咣地敲锣吗？这锣只要一敲，那小孩就跑出来了，不是买东西，就是看把戏。我这一敲，你那儿子还能不跑出来看热闹？这一出来，这事不就办好了吗？"艮斗媳妇里间屋内生了一天，水米未进，刚才喝了一碗鸡蛋茶，才觉得身上有了点力气，正在怕二大爷进来接生不好意思呢，就听见二大爷敲起了锣，正不知是啥原因，听艮斗和二大爷一番对话，不由得"扑哧"一笑，这一笑一用力，倒把孩子平平安安生了出来。可把潘艮斗和接生婆高兴坏了，连夸二大爷办法真高。

讲述者：	王成田，男，42岁，内黄县石盘屯乡人，初中，干部
采录者：	甘学礼，男，29岁，内黄县楚旺镇甘庄村人，大专，干部
采录时间：	1987年10月2日
采录地点：	讲述者家中
选自：	《中国民间故事全书·河南内黄卷》

（7）看病

二大爷祖上曾有过看病先生，不过到了二大爷这一代，十分也就只留下二三分了。越是这样，二大爷倒是天天把银针带在身上，总想找机会露一手。

这天早起，二大爷遛弯儿来到路口，只见一个年轻人躺在地下翻扑棱打滚地叫唤。二大爷赶紧上前探问，年轻人只是捂着肚子"哎哟"地叫。二大爷知是年轻人肚子痛，赶紧掏出银针，找准穴位，一针扎下。还真见效，年轻人立时不喊不叫了，二大爷见自己扎的针见了效，心里非常高兴，停了一会儿，将针起出，年轻人见二大爷起了针，翻身爬起，向二大爷磕起了响头，二大爷连忙拉住。

年轻人站起身来，对二大爷千恩万谢，问明了二大爷的村别姓名，要待事情办完后专程前来感谢并要给二大爷传名。

那年轻人果不食言，办完事后专程到潘庄谢过二大爷后，又利用各种机会说潘庄有个二大爷那真是神医。我的肚痛病每回痛起来，没俩时辰好不了，就是好了，也要浑身酸软半天才能缓过劲来。这不，那次让潘庄二大爷只扎了一针，不但肚痛病立时好了，并且身上也有劲了，真是大大的神医。

说者有意，听者也有心，刚好本村街坊弟兄两个正因为父亲有病遍请名医看不好而发愁，听说潘庄有名医，就同街坊一起去潘庄请二大爷来看病。

二大爷见有人请自己看病，一来心里高兴，二来因自己医术不行，难免心中有点不安，不过还是硬着头皮去了。到了病人家，二大爷随着这弟兄二人进了里屋，二大爷见床上躺着一个老头儿，面色发黄，掀开被子一看，浑身浮肿。二大爷本就没有啥本事，见了老头儿的模样，自是说不起病名。到底是二大爷见识不一般，深吸了口气，收了收神，慢慢地向兄弟二人说："我看恁爹的肿可不是好肿啊！"话音刚落，二大爷突然发觉这话说得不妥当，说人家爹不是好种，可是骂人的恶话，抬眼一看那兄弟二人，只见那弟兄两个二目圆瞪、一脸怒气。二大爷一看不好，赶紧接口说："我咋看恁爹的肿跟我过去的肿一样！"本来，二大爷只想说我可不是骂恁爹的，我过去也得过像恁

爹一样的肿病。谁知这肿和种二字同音，说人家爹的种跟他的一样，岂不是成了人家的爷爷了？弟兄两个一听，不由大怒，一把将二大爷推出门外，骂道："什么狗屁神医，快滚，快滚！若再胡说，非打烂你的嘴不可！"

二大爷高兴而来，败兴而归，还留下两句顺口溜：银针一下医通神，不是好种丢大人。

讲述者：　曹银保，男，70 岁，内黄县石盘屯乡麒麟村人，小学，农民

采录者：　甘学礼，男，32 岁，内黄县楚旺镇甘庄村人，大专，干部

采录时间：1990 年 1 月 8 日

采录地点：曹银保家中

选自：　《中国民间故事全书·河南内黄卷》

（8）吃稀罕

这天，二大爷去繁阳赶集，到了晌午，觉得肚子饥了，就找饭馆吃饭。

繁阳名吃有扒糕、灌肠 [1]、面鱼、烧麦。这些虽是天下美味，但二大爷已经吃过，这次二大爷想找些稀罕的饭吃。于是沿着大街边走边看，发现一招牌写着五个草字，就上前细看，原来是"刁前半内而"几字。二大爷心想，这刁前半内而不知是啥，我不但没吃过，就是连名字也没听说过。不如我去吃上一顿，看它味道如何。于是走进饭馆。

你说这刁前半内而为何物？原来是刀削羊肉面五个字，这一来因为字写得潦草，二来因为二大爷识字不多，三来因为二大爷眼神不济，倒把五个字看错了两对半。二大爷进了饭馆，看了半天，才找了一个空位坐下，对着跑堂的叫道："伙计，给我来一碗'刁前半内而'！"跑堂的正

[1] 灌肠：内黄县的一种传统特色小吃。

忙得不可开交，听二大爷喊叫，忙跑过来，一听二大爷要什么"刁前半内而"倒把跑堂的说糊涂了，正要细问，只见门口来了几个衣衫光鲜之人，跑堂的丢下二大爷，赶紧去招呼客人去了。

二大爷左等右等，不见上饭，不由心里急了，正要发急，那跑堂的打点好后来的客人，又回到二大爷桌前问道："刚才您老人家说要吃什么饭呢？"二大爷说："刁前半内而。"跑堂的问："什么'刁前半内而'？我咋没听说过这名？"二大爷说："明明是你们的招牌饭，咋没听说过？快给我端来就是！"跑堂的不知二大爷到底要什么饭吃，也不敢再问，就跑到厨下，对大师傅说了，大师傅一听，也不知是什么东西，倒是跑堂的机灵，向大师傅说："我看这老头儿怪怪的，莫不是个疯子，不如把那些剩饭菜给他热上一碗，打发他吃了走人。"大师傅一听有理，就在泔水桶中捞了些剩饭菜在火上热了，让跑堂的端给了二大爷。

二大爷见跑堂的端了热气腾腾的一大碗过来，心中高兴，可是吃在口中，但觉得酸不拉叽，还带着一点臭味，二大爷强忍着把饭吃了，临走时边给跑堂的饭钱，边小声地附在跑堂的耳边说："伙计，你们的'刁前半内而'已经酸了，要赶快卖掉，要不可就全白搭了。"说罢，也不等跑堂的回答，就昂首走出了饭馆。

讲述者：　刘忠民，男，33岁，内黄县宋村乡人，大专，干部

采录者：　甘学礼，男，38岁，内黄县楚旺镇甘庄村人，大专，干部

采录时间：1996年7月6日

采录地点：内黄县宋村乡政府

选自：　《中国民间故事全书·河南内黄卷》

（9）买绸衣

二大爷在饭馆吃饭时，受了跑堂的冷落，心里有气，想这城里人真是势利眼，我等了半天，才给我端了一碗酸臭菜，那些晚来的人，他倒热情招待，无非人家穿得光鲜一些罢了，哼，我不如也买上一身好衣服穿上，看看人们对我的态度如何。

二大爷打定主意，来到一个绸缎庄前要买衣服，无奈掏尽了身上的钱，只够买三尺绸布，让裁缝做衣服，裁缝说只能做一条裤衩。二大爷想，裤衩就裤衩，反正是绸的。可是裤衩做好，二大爷却又犯了难，现在已是十月天了，如要光穿一条裤衩，还不把人冻死，如果将裤衩穿在里边，旁人如何知道咱穿了好衣服？到底还是二大爷办法多，就向裁缝铺借了纸墨，写了个"内穿绸裤衩"的条子往屁股上一贴，满大街招摇起来。

赶集的人见有一老头儿屁股上挂着一个"内穿绸裤衩"的条子，觉得稀奇，都跟着观看，二大爷也当是人家知他穿了好衣服，前来恭敬，也不觉心里高兴，只管旁若无人地走下去。正走之时，突觉内急，看见街边有个厕所，赶忙入内方便。

二大爷从厕所中出来，原来围观的人已散了去，二大爷又走了段路，都没见有人观看自己。二大爷纳闷，莫非这条街上的人不是势利眼不成，还是别的？二大爷想到这里回手一摸屁股，才发现那屁股上的纸条不知何时掉了。原来如此，二大爷赶紧回头找了起来，一找找到自己刚才方便的厕所前，却见那厕所上贴着一个纸条，也没顾细看，拿了就贴在自己屁股上自管自地走了下去，这一来，后边围观嬉笑的人更多了。

原来，这纸条并不是二大爷丢的那张，而是厕所的主人为了修厕所，贴上一张"禁止大小便"的告示，二大爷光看见是五个字，也没细分辨就贴到了屁股上，那围观的人能少吗？

讲述者：　刘忠民，男，33岁，内黄县宋村乡人，大专，干部

采录者：　甘学礼，男，38岁，内黄县楚旺镇甘庄
　　　　　村人，大专，干部
采录时间：　1996 年 7 月 6 日
采录地点：　内黄县宋村乡政府
选自：　　《中国民间故事全书·河南内黄卷》

（10）买打鸣鸡

二大爷外出办事误了归程，只好住店，刚睡到半夜，就听见外边有"咕咕哏儿"的怪叫声，二大爷正不知道是啥叫哩，店掌柜的进屋来说："各位客官，鸡已叫了，天快明了，那么要赶路的请收拾洗漱准备上路。"等掌柜的话音一落，二大爷忙问："掌柜的，你刚才说鸡叫了，天快明了，莫非刚才'咕咕哏儿'的叫声就是鸡叫吗？那为啥鸡一叫天就快明了？"掌柜的听二大爷问得奇怪，就说："老客开什么玩笑？这鸡叫天明谁不知道？"边说边要向外走。二大爷见掌柜的误会了，连忙说道："掌柜的莫要生气，不是我开玩笑，我们是小村之人，村中从未养过鸡，不知鸡为何物，所以才向你讨教。"掌柜的见二大爷说得诚恳，就向二大爷解释说："不是鸡一叫天就要亮了，而是每到天亮时这鸡才叫唤打鸣。"二大爷又问："天天如此吗？"掌柜的说："天天如此。"二大爷又说："掌柜的，我和你商量个事，看你能不能把你的打鸣鸡卖给我，也好让我们小村人家知道个天明地黑？"掌柜的说："我这只打鸣鸡喂了三年了，打鸣特别准，不能卖给你，你若要买，可到前边集市上买去。"二大爷说："你如不能卖给我，能否让我看看这鸡是什么模样？到集上买时我也有谱。"掌柜的说："这鸡在架子上呢，架子六七尺高，黑天半夜的看也看不见，够也够不着，不过这鸡的模样我倒可以和你说说，这鸡是两个翅膀、两条腿，浑身羽毛，硬硬的嘴，你到集上按这模样买就行了。"

二大爷见住店的人都起身赶路，也就起身离店，往家赶。正走之时，突听得"嘎嘎嘎"叫声一片，二大爷扭头一看，原来是一年轻人撵着一群活物走来。二大爷待走近了一瞧，两个翅膀、两条腿，浑身羽毛，硬硬的嘴，这不就是掌柜说的鸡吗？于是向小青年招呼："喂，小哥，慢走，我给你商量个事如何？"那青年正撵着鸭子去集市上卖，见有老者说话，只好慢下来说："啥事，您说吧！"二大爷又说："我想将你这一群鸡买了，不知你肯卖不肯卖？"年轻人道："我这是鸭，不是鸡，我就是要去集上卖哩！"二大爷道："不管你这是鸡是鸭，只要卖就行，但不知你要多少钱一只？"年轻人道："你若要一只两只，那要每只两文，你如都要了，我这是七十多只，你给一百文就行。"二大爷一听不贵，摸遍了全身，只有九十五文，不好意思地向年轻人说："我就剩这九十五文了，你看中不中？"年轻人说："中、中。"于是二人交代清楚，各走各的路了。

二大爷高高兴兴地把一群鸭子赶回家，并让大家赶快搭好架子，天黑了将这"打鸣鸡"放在架子上，啥时它一叫天就快明了，大家伙就该起床下地干活儿了。全村老少一听很是高兴，心想，再也不用为不知天啥时明发愁了。于是各家各户连忙回家搭棚，天黑把这些"打鸣鸡"放上架子，然后安心地睡去。

谁知没到半夜，家家户户都来到二大爷家，二大爷也起来在家坐着，等待天明。可是众人等了几个时辰，才见东方发亮，于是议论纷纷，都讨论这"打鸣鸡"为何不按时打鸣。议论了半天，还是二大爷看出了毛病，指着鸭子的扁嘴向大伙说："不是这打鸣鸡不按时打鸣，肯定是咱搭的架子不好，早早地把它摔下来了，又摔扁了嘴，你看这嘴都摔扁了，它还能按时打鸣吗？"大家一看，都说就是这个理，于是众人才散去。

讲述者：　甘否文，男，58岁，内黄县楚旺乡甘庄
　　　　　村人，小学，农民
采录者：　甘学礼，男，17岁，内黄县楚旺乡甘庄
　　　　　村人，高中，学生
采录时间：　1975 年 1 月 18 日
采录地点：　内黄县楚旺镇甘庄村
选自：　　《中国民间故事全书·河南内黄卷》

（11）买老天爷

快过年了，二大爷想，听说大村人家过年时都供个老天爷，好保佑全家一年平安，不如我也去繁阳请个老天爷回来，也好保佑全家平安，于是来到繁阳。

过了腊月二十，每天都是年集，繁阳集上人山人海，二大爷走了两条街也没听见人吆喝卖老天爷，二大爷有心找人问问，又怕人家笑话自己没见过世面，要是不问，自己还真不知老天爷是个啥样，正没主意时，忽听有人说："我的老天爷，个真大。"二大爷循声一看，有一堆人正围在一起看什么东西。二大爷赶紧扒开人群，挤了进去，只见人们正围着一个像锅盖一样的圆东西议论着："我的老天爷，我这是头一回见这么大个的。""老天爷，可不是成精了吗！"二大爷一听大伙这个说老天爷，那个说成精了，这肯定就是神了，于是向卖主说："你这个老天爷卖多少钱？我要了！"卖主正发愁光有人看，没人买呢，听说有人要，忙说："你给九文钱，就请掂走吧！"二大爷一听不贵，丢下九文钱，掂着老鳖回了家。

村里人听说二大爷请来了老天爷，都来看稀罕。二大爷将老鳖往供桌上一摆，烧了香，磕起头来。众人一瞧二大爷磕头，也跟着磕头。这老鳖被二大爷搦着脖子走了一二十里路，这时放在桌上觉得舒坦了，又受烟气熏蒸，不由爬动起来，二大爷一见，想这老天爷定嫌我们村小人少，不愿赴位，于是让儿子找来锤子和钉子，将老鳖的四条腿钉在桌上才罢。于是，就在繁阳一带留下了一句骂人的歇后语：潘庄的老天爷——鳖一个。

讲述者：　甘否文，男，58岁，内黄县楚旺镇甘庄
　　　　　村人，小学，农民
采录者：　甘学礼，男，17岁，内黄县楚旺镇甘庄
　　　　　村人，高中，学生
采录时间：　1975年1月18日
采录地点：　讲述者家中
选自：　　《中国民间故事全书·河南内黄卷》

异文：请老天爷

快过年了，家里人让二大爷去请"老天爷"。老天爷是个啥样，二大爷根本不知道。他到集上到处转悠，想听听啥是老天爷，好请回去供奉。当二大爷走到卖鱼市上时，看见一个卖老鳖的，一只鳖正好从筐子里爬出来，卖鳖的人喊："我的老天爷，你想到哪儿去呀！"二大爷一听这就是老天爷，就忙作揖说："这老天爷我请了。"说着付了钱，用布袋装着背回了家。

讲述者：　曹关成，男，65岁，内黄县石盘屯乡麒麟村人，不识字，农民
采录者：　余旭，男，56岁，中师，干部
采录时间：　1990年3月19日
采录地点：　内黄县石盘屯乡麒麟村
选自：　　《中国民间故事全书·河南内黄卷》

（12）买鹅

二大爷将一群鸭子当打鸣鸡买了回来，虽说不能打鸣，可是这群鸭子大都下起蛋来，倒给潘庄人带了不少好处。后来二大爷听说鹅下的蛋比鸭子下的蛋还大，就想买些鹅回家养。于是专门到繁阳集上看了鹅的模样，回家拿钱要买鹅。

二大爷正走之间，看到一人在向河滩里张望，不由心中好奇，到跟前一看，原来河滩内有一大群"鹅"正在吃草，二大爷心想，我要是回家拿了钱上繁阳去买，还不如问问这放鹅的人卖不卖，他要是卖，我一来可以少跑好些路，二来说不定还能省些钱哩。于是问那人："这位老弟，我看你放的这一群鹅不少，不知你能不能卖给我几只？"那人一听，不由心中好笑，看这老头儿年纪也不小了，怎么连大雁和鹅都分不出来，不如我哄他一哄，万一骗上几个钱，还能喝上几盅。于是说道："你要想买，我就都卖

给你，你出一吊钱如何？"二大爷一听一大群鹅只要一吊钱，觉得不贵，不过还是还价说："你要是半吊钱卖给我，我就全要了！"那人说："半吊就半吊，拿钱吧！"二大爷身上带的只有三十文钱，有心回家拿钱，又怕放鹅的不等，错过了便宜，于是一狠心将身上的半旧长衫脱下，递给那人说："这是三十文钱和我的长衫，也顶半吊，你瞧中不中？"那人说："中，中，卖给你了。"

那人收了钱和长衫，对二大爷说："我这鹅可是恋旧主，你必须等我去得看不见影了，你才能往家撵，你要撵得早了，它们就跟我走了，你可要记住了。"二大爷连连答应。待那人走得不见了踪影，二大爷前去撵"鹅"，谁知还没走到那群"鹅"跟前，那群"鹅"就一拍翅膀向天空飞去，一会儿飞得无影无踪，二大爷白赔了三十文钱和一件长衫，站在那里直后悔没问那放"鹅"的人家住哪里，要不也好找到他家里去。

讲述者：	巩怀印，男，64岁，内黄县高堤乡人，大专，退休干部
采录者：	甘学礼，男，45岁，内黄县楚旺镇甘庄村人，大专，干部
采录时间：	2003年9月8日
采录地点：	内黄县高堤乡政府
选自：	《中国民间故事全书·河南内黄卷》

（13）旋锭[1]

有一回，一个旋锭子的艺人到了潘庄，差点没出大事。

过去，农村纺线用的都是枣木、梨木等硬木做的锭子，这种木制锭子比筷子长些，两头尖，中间粗，用土制的旋木旋的。旋锭子的艺人推着独轮车，进村就吆喝"旋——

锭——子——哩"，一口气要喊两分钟，能推车走七八十米。这回旋锭子的艺人进了潘庄，还照老规矩大声吆喝"旋——锭[2]……"谁知后边两个字还没喊出口，就出了潘庄村。旋锭子的艺人不知道潘庄这么小，只说是过了这几户人家沙丘后边还有人家，谁知一过沙丘，也就出了村。旋锭子的见没了人家，也败了兴，剩下两个字也就不喊了，坐在沙丘后休息起来。

潘庄人正在吃午饭，听见有人大喊旋腚，可吓坏了。于是家家闩门闭户，不敢露头，生怕出门被人旋了腚去。要说还是二大爷胆大，先听人喊"旋腚"，也吓了一跳，后来一想这大天白日，是谁有这么大的胆敢来旋腚？于是叫了儿子媳妇，又喊了全村几十口人，手拿杈把棍棒，找了出来。

来到村口，只见一人坐在小推车前休息，二大爷大着胆子上前问："刚才是你喊着要旋腚吗？你咋恁大胆子，敢来俺村旋腚？"旋锭子的艺人一见来了一群人拿着棍棒，心中早已害怕，见二大爷一问，忙跪在地下说："诸位不要误会，我乃旋锭子的手艺人，出来混口饭吃。俺这行的规矩就是进村就吆喝，好让大家知道。本来俺是想喊'旋锭子哩'，谁知你们村子太小，我拖的音也太长了，刚喊了'旋锭'两字，就出了村。我见没了人家，也就败兴，剩下俩字，就没喊出口，没想到引起大家的误会。请诸位原谅，就我这个外乡人，就是有天大的胆子，也不敢来旋大伙的腚不是？"大家一听有理，也就放心回家去了。旋锭子的艺人见大伙一走，赶紧推起小车，一溜烟地跑了，再也不敢上潘庄来了。

讲述者：	王成田，男，42岁，内黄县石盘屯乡人，初中，干部
采录者：	甘学礼，男，29岁，内黄县楚旺镇甘庄村人，大专，干部
采录时间：	1987年10月2日
采录地点：	内黄县石盘屯乡政府
选自：	《中国民间故事全书·河南内黄卷》

[1] 旋锭：过去纺线用工具把木棍旋成锭子样，把棉线纺出来往上面缠。

[2] 旋锭：这里的"锭"是"腚"的谐音。腚是屁股，旋腚是把屁股给割掉的意思。

（14）爷俩抬杠

二大爷的儿子爱抬杠。这天爷儿俩正从粪坑往外出粪，二大爷看这粪沤得好，就说了句："咱这粪坑真好，啥都能沤。"儿子这时正站在坑上，听父亲一说，一脚将粪坑沿上一块石头蹬了下去，说："看这块石头能沤不能。"

又有一次，爷儿俩到地里看秋庄稼的长势，儿子见一棵玉子长得特别好，就问："为啥这棵玉子比别的都粗大？"二大爷说："你没见这棵玉子下边有泡大粪吗？"儿子说："有大粪的地方就该长得大吗？那我屁股眼跟前的几根汗毛长了一二十年，按你说的早该长成大树了，咋老不见它长呢？"一句话说得二大爷无话回答。

这不，这年春天下了场大雨，爷儿俩又抬起了杠。

二大爷看着外边下着的大雨，自言自语地说："今年这场雨真好，种啥出啥。"

儿子接口道："种米，它能出吗？"

二大爷说："米没皮，当然不能出。"

儿子道："鸡蛋有皮，种下能出吗？"

二大爷说："鸡蛋虽然有皮，可它没嘴（指种子的芽眼）。只要有皮有嘴，它就能出。"

儿子一指二大爷正喝着的茶壶说："你喝水的茶壶有皮又有嘴，种到地里能出吗？"

一句话，气得二大爷怒上心头，掂起茶壶向儿子摔去，儿子一躲，一把好端端的茶壶立时粉身碎骨了。

讲述者：　刘忠民，男，33岁，内黄县宋村乡人，大专，干部

采录者：　甘学礼，男，38岁，内黄县楚旺镇甘庄村人，大专，干部

采录时间：1996年7月6日

采录地点：内黄县宋村乡政府

选自：　《中国民间故事全书·河南内黄卷》

（15）抬驴

该犁地了，二大爷与儿子一块儿去繁阳集上买了一头小毛驴。出了集市，二大爷说："你牵着驴，让我骑上试试。"于是，二大爷骑着驴高高兴兴地往家走。

刚走没多远，就听赶集的人说："你看这人真不懂事，自己骑在驴上，让一个小孩牵着。"二大爷一听有理，赶紧下驴，让儿子骑上。

又走了一段路，又听人议论："你看这年轻人多不知孝顺，自己骑着驴，却让他爹地下走着。"儿子一听赶紧跳下来，爷儿俩一齐牵着驴往家走。

又走了一段，又听人说："你看这爷儿俩真是傻蛋，放着驴不骑，却地下走路，真不会享福。"爷儿俩一听赶紧都上了驴。

又走了一段，前边过来几个老头儿边走边说："我看现在的人越来越没良心了，一个小小的毛驴，爷儿俩都骑在上面，这是它不会说话，要是会说话，还不骂死他们！"爷儿俩一听，赶紧跳下毛驴，不知如何是好。

眼看天快晌午了，儿子说："咱爷儿俩一直在这儿站着也不是法子，我肚子也饥了，你快想个法子吧！"

二大爷说："我骑吧，人家说我不懂事；你骑吧，人家又说你不孝顺；咱俩都骑吧，人家又说咱没良心；咱牵着走吧，人家又说咱俩是傻蛋。你说咋办才好？"

儿子说："平常咱村就你主意多，咋这会儿就没法儿了呢？"

二大爷一拍眉头说道："有法子了，你赶快回家，让你哥再叫上几个人，找上几根杠子，拿上几条绳子，咱把它抬回家，看别人还说啥话。"儿子一听有理，不一会儿叫来了人，将驴绑上，抬回村里。

讲述者：　马建志，男，41岁，内黄县人，大专，干部

采录者：　甘学礼，男，47岁，内黄县楚旺镇甘庄村人，大专，干部

采录时间：2005年4月7日

采录地点：内黄县第二人民医院

选自：《中国民间故事全书·河南内黄卷》

（16）卖兔子大回皮

二大爷去卖兔子，刚好收兔子的掌柜不在家，只有家中娘儿们在，收兔子的筐和秤都锁了起来。娘儿们没法，让二大爷明天再来。

二大爷本想把兔子卖了再买些东西回家，兔子卖不了，身上又没带钱，啥事也办不成，于是向掌柜的娘儿们说："我这老远跑来了，还靠卖兔子的钱买东西回去，你无论如何也要把兔子收下。"老板娘说："筐和秤都锁在了屋里，我也没拿钥匙，那里倒有一杆大秤，你要能想法称出兔子的重量我就收下。"二大爷眼珠一转，忙说："好，好，好。"于是二大爷将大秤挂在树上，对老板娘说："我抱着兔子，抓住秤钩称一下分量，然后再把兔子放下，再称我的分量，两下一减，可不就是兔子的分量了吗？"老板娘一听有理，就按二大爷的法子称出了兔子的斤数，给了二大爷兔子钱。

临走，老板娘问二大爷："刚才你想的法儿真好，不知那是个啥法子？"二大爷说："就叫卖兔子大回皮好了！"

讲述者：　王成田，男，42 岁，内黄县石盘屯乡人，初中，干部

采录者：　甘学礼，男，29 岁，内黄县楚旺镇甘庄村人，大专，干部

采录时间：1987 年 10 月 2 日

采录地点：内黄县石盘屯乡政府

选自：《中国民间故事全书·河南内黄卷》

（17）论心胸

这天割麦子，说好中午饭让儿媳妇送到地里吃。到了晌午，儿媳将饭送来。原来是汤面条，二大爷端起碗还没喝就觉得香气扑鼻，大有肉味。于是问儿媳："今天这汤面咋恁香？是不是有肉？"原来，今天有个卖肉的来到潘庄，儿媳妇想起公爹和丈夫、兄弟在地里掏力，真想割上些肉，可是一问价钱又舍不得，于是将肉翻来覆去地摸了好大会儿，也没要，不过两手可沾满了猪油，回家将手洗了，做汤面时将洗手的油汤倒入了锅里，所以这汤面吃起来就有了肉味。

儿媳将事情的经过一说，儿子急了，骂道："你这娘儿们真不会过日子，要是将那些油水倒入咱家缸里，不就多吃些日子？"

二大爷一听，说道："你也别埋怨你媳妇不会过日子，我看你也不会过日子。要是把那油水倒入咱村的井里，全村人不都沾了光了吗？做啥事可不能光想着自己呀。"

小儿子一听接口道："我看你俩说的都不对，如果把这油水倒入咱东边的河里，不光咱村人能沾上光，那沾光的人不更多了吗？"

二大爷一听，不由心中高兴，连声夸道："还是我二儿子心胸宽，想得远，将来一定比你哥有出息。"

讲述者：　王成田，男，42 岁，内黄县石盘屯乡人，初中，干部

采录者：　甘学礼，男，29 岁，内黄县楚旺镇甘庄村人，大专，干部

采录时间：1987 年 10 月 2 日

采录地点：内黄县石盘屯乡政府

选自：《中国民间故事全书·河南内黄卷》

（18）逗孙子

二大爷的孙子七八个月了，平日很听话，谁抱都中，不知咋了，今天是哭闹不止。儿媳正在忙着做家务，儿子去地里干活儿，二大爷哄不下孙子，就抱给了儿媳妇。

农村妇女哄孩子，无非是让他吃奶，可是今天这孩子奶也不吃，只是哭闹。二大爷见孙子一个劲地哭，就向孙子说："好孩子，乖孩子，快吃奶吧，奶甜着哩，你不吃爷爷可要吃了！"边说边将嘴凑向儿媳乳房。儿媳听公爹这样说，知道是哄孩子，可是见公爹的嘴凑了上来，不觉心里发慌，正向儿子嘴里填的奶头失了方向，一股奶水冲到了二大爷的脸上，流向二大爷嘴边。二大爷一脸尴尬，回到屋里。

第二天，二大爷还没起床，儿子就来到屋里，向着二大爷说："你都恁大岁数的人，咋恁没出息？真丢人！"

二大爷无缘无故受了儿子数落，不由翻身坐起，骂道："好你个王八蛋，天没明哩，你就来骂老子，老子咋没出息了？咋丢人了？你不给我说清楚，今天给你没完！"

儿子说："你昨天做的啥事，你不知道？还让我说明才好看哩？"

二大爷摸不清大头小尾，不知儿子发的哪门子邪火。原来，儿子为了赶活儿，打黑才回到家，这时，二大爷已经睡下，吃过饭睡觉时，听儿媳说今天儿子哭闹，二大爷逗儿子之事，本来儿媳也是随口说说，谁想儿子一听就要找他爹说道说道，让自己媳妇好说歹说劝住了，这不一早起来就找二大爷论理来了。见二大爷还装迷糊，就道："你当老公公的要吃儿媳妇的奶哩，你还装啥正经哩！"

二大爷骂道："好你个狗东西，你也不问青红皂白，大清早就来给老子找不痛快，那昨天我不是逗孩子，哄孩子想不让他哭闹吗？莫说我没吃你媳妇的奶，就是吃上两口，又该如何？你可别忘了，你吃了我媳妇好几年的奶，我可是啥话没说！"

儿子一听，不由更急道："你说这话可是人话吗？我吃你媳妇的奶你就该吃俺媳妇的奶吗？那要按你说的那样，你娶俺娘做老婆，我就该娶恁娘做老婆吗？"

二大爷听儿子越说越不像话，顺手拿起夜壶，向儿子摔去，儿子一躲那夜壶刚好砸到面缸上，只听"啪"的一声，一个好好的夜壶摔得粉碎，一夜壶老骚尿全洒在了面缸里。

讲述者： 王平，男，63岁，内黄县楚旺镇人，初中，退休干部
采录者： 甘学礼，男，35岁，内黄县楚旺镇甘庄村人，大专，干部
采录时间： 1993年8月27日
采录地点： 内黄县楚旺镇甘庄村
选自： 《中国民间故事全书·河南内黄卷》

（19）坐席

县太爷听说二大爷是个能人，就派人请二大爷和各乡绅到县衙赴宴。二大爷接到请帖时，正在酒醉当中，只抽出请帖看了一眼是初一，就又睡了。到了初一，二大爷打扮了一番前去赴宴，谁知到县衙门前一看，毫无动静，一问看门之人，说是初三。二大爷从怀中掏出请帖仔细一瞧，可不是初三咋的。只因当时二大爷酒喝得多了，只把请帖抽出一半，初三的"三"只看到上边的一横，所以错了日子，只好无精打采地回到了家。

回家后，二大爷心想，为了赴县太爷的席，我早饭也没吃，谁知又成了初三。干脆，我这两天也不吃饭了，好腾空了肚子，到初三好好吃他一顿。

到了初三，二大爷一早到了县衙，宴席摆上，果然十分丰盛，二大爷饿了两天，也顾不得体面不体面了，专拣那好的肥的吃，筷子头如下雨一般，不一会儿就吃得酒足饭饱。席罢，各人都散了，二大爷也向家走来。

出来城，二大爷打着饱嗝，慢慢往家赶，突然一阵风

吹来，刮掉了头上的礼帽。二大爷见自己心爱的礼帽掉了，赶紧上前去拾，谁知吃得太饱，怎么也弯不下腰来。于是，只好用脚踢着礼帽，往前走到一个十字路口，等来往过路之人帮忙。

还好，不大一会儿，从那边来了一个怀孕的妇女，待那妇女走近，二大爷说："这位大嫂，请帮忙如何？"

那妇女道："啥事？"

二大爷说："我的礼帽掉了，想请你帮忙拾起来。"

那妇女道："你的礼帽掉了，你不去拾，咋叫我给你拾？"

二大爷说："我今天坐席哩，吃得太多了，弯不下腰去，所以才请你帮忙。"

那妇女一听，不由怒道："你这人好没道理，你只知你坐席吃得多了，弯不下腰去，你就没看看我能不能弯下腰去？"

二大爷仔细一看，这妇女也是腰粗肚大、难以弯腰之人，不由说道："对不起了大嫂，我今天喝了点酒，没有仔细看，不知大嫂你也是刚坐席回来。"

那妇女一听，边走边骂道："真是瞎了眼！谁坐席来着。"

讲述者：　杜国志，男，56岁，内黄县楚旺乡甘庄
　　　　　村人，中专，教师
采录者：　甘学礼，男，17岁，内黄县楚旺乡甘庄
　　　　　村人，高中，学生
采录时间：1975年5月28日
采录地点：内黄县楚旺乡甘庄小学
选自：　　《中国民间故事全书·河南内黄卷》

（20）割肉

二大爷想吃饺子，就让儿子去繁阳割肉。并向儿子交

代，咱从来没吃过饺子，不知饺子的做法，你请卖肉的给你写个底子[1]回来，咱好按底子去做。儿子点头应了，去繁阳割肉。

到了中午，儿子空着手回来了，二大爷问："你割的肉呢？"

儿子说："让老鹰叼走了，不过底子还在，我看那老鹰光叼走了肉，没有包饺子的底子，它也没法吃！"

原来，这儿子按二大爷的吩咐，割了二斤肉，又让卖肉的将包饺子的方法写了底子，怀揣着底子，手提着肉往家赶，走到半路，觉得内急，就找了个树棵子将肉挂在树枝上，自己去拉屎了。这时，刚好有一个饿老鹰，看见了挂在树枝上的肉，飞扑下来，将肉叼走。儿子一看，就去追赶，哪里还赶得上？后来一摸怀中包饺子的底子还在，就放心地回了家。

二大爷一听儿子的交代，连声说："好，好，以后干啥事就得留上一手。"从此就在潘庄一带留下了一句俗语：潘庄的割肉——有底。

讲述者：　王成田，男，42岁，内黄县石盘屯乡人，
　　　　　初中，干部
采录者：　甘学礼，男，29岁，内黄县楚旺镇甘庄
　　　　　村人，大专，干部
采录时间：1987年10月2日
采录地点：内黄县石盘屯乡政府
选自：　　《中国民间故事全书·河南内黄卷》

（21）摔鸭子

自从二大爷将鸭子当作打鸣鸡买回了潘庄，虽然不能打鸣，可是鸭子大都下起了蛋，给潘庄人带来了不少好处，于是潘庄人大多养起了鸭子。

[1]　底子：底稿。

鸭子多了，就免不了有串群的时候。这一天，二大爷正在家中闲坐，两个街坊掂着一只鸭子找上了门。这个说这鸭子是我的，那个说鸭子是他的。二大爷见俩人争持不下，就将鸭子要了过来，然后用力向地下摔去，只听"啪"的一声，把一只鸭子摔得一命归西。然后对二人说："你去打上两斤酒，你去买上两样菜，晚上再到我这儿来。"然后，让儿媳烧了一锅水，将鸭子烫了，拔毛，炖在锅里。

到了晚上，二人按二大爷的吩咐掂了酒菜来到二大爷家。二大爷让儿媳将炖好的鸭子盛上，三个人每人满了半碗酒喝了起来，待到那二人喝得差不多了，二大爷说："你看你二人为一只鸭子，争吵不休，不但伤了和气，还让人笑话，像今天这样，咱将鸭子炖了吃了，又喝了酒，和和气气的，不比为一只鸭子闹别扭强得多么？"

二人听二大爷说得有理，连连称是，于是潘庄村就有了"二大爷摔鸭子——正确处理邻里纠纷"的俗语。

讲述者：　王成田，男，42 岁，内黄县石盘屯乡人，
　　　　　初中，干部
采录者：　甘学礼，男，31 岁，内黄县楚旺镇甘庄
　　　　　村人，大专，干部
采录时间：1989 年 1 月 2 日
采录地点：内黄县石盘屯乡政府
选自：　　《中国民间故事全书·河南内黄卷》

（22）喝鱼汤

一年夏天，暴雨倾盆，突然有条鱼落在二大爷院子里。二大爷认为这是老天爷的恩赐，就叫他老婆熬成鱼汤让村里人都尝尝。老伴先把鱼放进锅里端着一盆水一下子倒进去，然后点火烧了起来。锅开后，二大娘先盛一碗给二大爷，随后每人一碗，二大爷喝了一口说："好香的鱼汤啊！"接着大伙都端起鱼汤喝起来，互相看看都说："香得很！香得很！"这时二大娘从屋里走出来，附耳对二大爷说："鱼还活着，我添水时把它溅在锅台上啦！""好！好！那赶快把鱼放到井里，让全村人，天天喝鱼汤。"

讲述者：　曹关成，男，65 岁，内黄县石盘屯乡麒麟
　　　　　村人，不识字，农民
采录者：　余旭，男，56 岁，中师，干部
采录时间：1990 年 3 月 19 日
采录地点：内黄县楚石盘屯乡麒麟村
选自：　　《中国民间故事全书·河南内黄卷》

附
记

一

二大爷的传说在楚旺一带流传了二百多年。

说起二大爷，就不得不说连庄村。连庄原来并不是一个村而是一个寺院，坐落于卫河岸西周侗墓附近，有《岳飞传》中沥泉寺的影子，因庙中有几十亩地，雇了连姓人耕种，后寺院败落，连姓人家就安居于此，也就被冠以小连庄，到 1987 年我调入石盘屯乡政府时，连庄连、陈姓总人口才 180 余人。

关于二大爷是真有其人。一种说法是因与石盘屯村大户人家是姑表亲戚，姑姑的孙子应称其为大爷，因其行二，故称二大爷。另一种说法是其在石盘屯大户人家当管家，大户人家的儿子辈称其为二大爷。因为人精明、办事周到而得到认可。但因其村小，被外村人讥笑，故将一些诙谐笑话编在他身上。

楚旺是清末大镇，有着水旱码头，营运四十二县漕粮，驻有兵勇一百余人和厘金局（税务局），南北客商多在楚旺停歇交易，故有"金彭城，银水冶，撵不上楚旺一斜街"之说。意思是彭城因生产瓷器而日进斗金，水冶因生产石灰、铁器而日进斗银，但都比不上楚旺斜街上的收入多，因为南方客商将茶叶等南方货物运来楚旺后，在斜街上住宿和交易，然后装船运往天津、北京。这些客商闲时打听当地奇闻逸事，那些聪明的经纪人就将连庄二大爷的故事添枝加叶拿来说笑，天长日久不断加工，越传越远。

我少年时在农村，晚上无事常到牲口棚里听老人讲故事，大家就将二大爷的故事当笑话来说，最可笑的一次，听甘朋书讲二大爷

的故事，还被驻村干部好一顿批评。那是 1966 年时，我上小学四年级，因当时大旱，全体学生放假参加生产队抗旱。因学校放假时生产队长已上班了，我们几个小孩就扡篮子拿铲子去地里铲草喂兔子，那时谁家都喂几只兔子，卖了钱买笔买本。我们刚到生产队的菜地，看菜地的甘朋书就把我们叫了过去，要给我们讲连庄二大爷的故事。他讲时先念了"杀牛打瓮计谋高，月亮脱皮真奇巧，黑驴打滚你教会，二龙戏珠你咋不教"，然后一句一句地讲。我们刚津津有味地听完第三句，驻村工作的一个县领导来到跟前，呵斥道："你们几个是干啥的？现在都在抗旱你们不去抗旱在这里闲扯啥呢？"甘朋书说："我给他们说连庄二大爷的事呢。"领导说："二大爷是干啥的？二大爷就不抗旱了？赶紧去抗旱！"我们几个学生吓得赶紧跑了。故事还没听完可把我们几个闷坏了。后来我就对连庄二大爷的事上了心。大学毕业参加工作后，我安排了安阳，后调回内黄派到石盘屯乡政府工作，连庄村正好归石盘屯管辖，这对我搜集二大爷的故事更方便了。由于连庄二大爷的故事在内黄几乎是家喻户晓，所以几乎人人都能说上那么一两段。时间一长，搜集得就丰富了，后来我又基于二大爷的风格创作了一部分，就有了现在的二大爷传奇及后传。

但有些事确实是真实发生的，如摔鸭子、卖兔子大回皮等，就发生在 20 世纪六七十年代。由于这些故事流传甚广，都是当作笑语在闲谈时讲来，也难说具体是谁讲述的，为了避免麻烦，在打印此书时，就将连庄改成了潘庄，因后来家事工作太忙，也就停止了搜集和整理。（甘学礼）

二

二大爷的故事主要是由内黄甘学礼采录的，他从小喜欢听故事，1974 年上中学时就开始搜集二大爷的故事，参加工作后继续搜集整理，历经 20 多年，坚持到 1996 年，编撰了《潘庄二大爷传说》一书（打印本），2001 年又补充内容再次打印。

也有将二大爷称为"武二大爷"的，所传故事基本相同。二大爷的故事还流传到内黄县之外，殷都区宋魁元在其搜集整理的《民间故事选》中，也收录了数篇，流传地为内黄县石盘屯乡连庄，该村虽然不大，但在过去曾出了个十里八乡尽人皆知的机智人物。此人排行老二，因他年长，人们尊称他"二大爷"。二大爷见识多，阅历广，为人处世很有几把刷子。他经历过许多事，也给后人留下许多流传甚广的故事。可惜因搜集整理者宋魁元已去世，讲述人资料不详。（刘二安）

甘学礼《二大爷的故事》手稿（摄影：甘学礼）

《二大爷的故事》流传地连庄村（摄影：刘二安）

429

『二合一』的故事

我们这一带农村，人们说笑话，总爱提到一个叫"二合一"的人，说他滑稽、自私又爱面子，而且生活有些不检点。关于他的笑话还演变成了当地流行的歇后语。

（1）尿床

他小时候常尿床。一天起床后，他娘一摸被窝里又湿了，就问他："你又尿盖体窝[1]了？"他说："冇。"他娘又问："那咋有点儿湿？"

再摸时，感觉有点黏。就问："你屙盖体窝里了？"他笑着说："那还沾沾咧。"他母亲哭笑不得。后来人们说什么事儿，只要是能有点关联或相近的事，就引申成歇后语：二合一屙屎——沾沾儿咧。

（2）西瓜皮

他家里穷，夏天看到别人买西瓜吃，他儿子眼馋，在大街上捡别人扔掉的西瓜皮，再去啃几口。他发现了，觉得很没面子，就假装生气地对在场的人说："这孩子真没出息，看我不打他。"

二合一转身见一个卖煎灌肠的正在烧火，身边放着几块劈柴，顺手抄起一块劈柴装着去打儿子。儿子见状转身就走。一边走，又一边捡起两块厚些的瓜皮。他边跺脚边喊："咱家有西瓜你不吃，在这儿拾西瓜皮吃，真丢人！看我不打死你！"

儿子连忙跑几步拐进一条胡同。他追了上去，回头看看没有别人，就说："小子，甭跑了。把这块劈柴送咱家。"

走到儿子跟前把劈柴递过去，又说："给我一块瓜皮，叫我也啃两口。"

这件事也成了歇后语：二合一打孩子——都是装的。

（3）吃丸子

他村邻村有一个古庙会，成会的那天，相邻的村都招亲戚。

他村一个女婿来丈人家赶会，离村子近了，遇上了二合一。二合一慌忙上前，热情地说："来到了？"串亲戚的人应了一声。他就去接那人扛着的竹篮子。那人知道他的为人，不让他接。他说："我替你扛一会儿。"来人拗不过他，只好松开手。

他一手掂着竹篮子，一手掀开盖篮子的穗子手巾[2]看篮内都有什么吃的。

他发现竹篮内有肉丸子，就说："哟嗨！炸的丸子不孬，叫我尝一尝。"一边说一边捏一个送进口里。来人不

---

[1] 盖体窝：被窝，被子，也叫"盖底窝"。

[2] 穗子手巾：旧时用织布机织布，最后的一段经线无法穿梭引纬，女人们就把最后那段经线三五根一道搓成小线绳，带上一段布，作手巾用，人们称作"穗子手巾"。

好意思制止。他就快走几步，离来人有五六步远时，又抓起几个丸子，狼吞虎咽吃了下去。来人见状想紧赶几步去抢过篮子，他也加快脚步前行，边走边吃。到了村口，他又抓起一把丸子，放下竹篮子，边嚼着丸子边说："我给你放这儿了，我先走了！"

串亲戚的人来到竹篮子跟前一看，为亲戚带的两碗丸子，被二合一吃了将近一半。

后来两个人又见面了，二合一没话可说，转身就走了。

以后便又被传成了歇后语：二合一吃丸子——没话说了吧。

（4）爽高粱叶

旧时，我们这一带秋季都爱种高粱。高粱出穗后，为了增加高粱通风透光的力度，人们都把高粱下部的叶子去掉，称作"爽高粱叶"。因为这个季节正值三伏天，天气炎热，爽高粱叶的人往往汗流浃背。

这一天，二合一与儿媳都到高粱地爽高粱叶。为避免衣薄汗浸带来的不雅，二合一提议分别从高粱地两端开始。儿媳在地的南头，二合一去地的北头分头开工。二合一到了地北头，爽了一阵子高粱叶，觉得闷热，就脱了衣服，光身子继续爽高粱叶，忘记了南头有儿媳妇儿。自己爽高粱叶的声音掩盖了别人干活儿的声音，不知不觉和儿媳妇儿接近了。二合一忘记了自己光着身子。二人碰面时，儿媳妇儿大吃一惊。二合一不好意思地说："唷！透了。"

于是，就有了"二合一爽高粱叶——透了"的歇后语。

讲述者：　田明先，男，81岁，内黄县张龙乡南羊
　　　　　坞村人，完小，乡村医生
采录者：　田讯川，男，73岁，内黄县张龙乡南羊
　　　　　坞村人，大专，教师
采录时间：　2022年3月
采录地点：　内黄县城顺河路东永军诊所

附
记

二合一的故事，我从小到大多次听人当笑话说，但他的真名都未曾有人提起过。我觉得这样的笑话有取笑人之嫌，就没有收集整理。近日有机会和老家乡村医生田明先闲谈，扯起二合一的故事。他把二合一的几件事归为一体，较完整地讲述，引起我的兴趣，便作了整理。（田讯川）

田讯川（左）在采录田明先（右）讲述的笑话故事

（摄影：田讯川 自拍）

430

见相学样

从前，洹河南北两家结了亲，洹河南的男家要去洹河北的女家娶亲。

临走时，男家管事的总管将去娶亲的人叫到一起，交代说："大家都知道风俗不同，十里改规矩，你们去了，多是年轻人，规矩知道的少。"说着，又把王老头儿叫到跟前，对大家说："年轻人不懂规矩，就应该多听、多看、多学，你们不懂，就看这王老头儿行事，他怎么着，你们就学着怎么着。有些规矩，只能看着学、照着做，不能明说出来，免得女家人说我们不懂规矩。大家要见相学样。"年轻人听后，都说，照着学就是了。

男家娶亲队伍整队出发，前面打着旌旗后面敲锣打鼓，遇村步行，仪式隆重，过村便坐，说他们一路来到洹河北女家村头，一路劳累。王老头儿在车上坐着时间长了，老腿酸麻，从车上让人搀扶着下来后，没走几步，便"扑通"一声跪在地上。其他打旗的仪仗队和敲锣打鼓的年轻人，不知其中原因，都认为这是这一带的规矩，便一起随王老头儿全都跪在村头，女家客人也不知是啥原因，赶紧上前搀扶，接入女家。总之，在女家村里，这帮年轻人真

是见相学样。老头儿作揖，他们也作揖；老头儿腿脚不麻利，走路摇摆，他们也学着摇摆；老头儿抓腮，他们也学着抓腮，真是出尽洋相。女家人因为是新亲戚，懂规矩的心里总觉好笑，也不便指出来，不懂的也觉得奇怪，以为这是洹河南岸的规矩呢。

女方家安排男家坐定，招待新郎官照旧是辣面条。过去家里贫穷，招待不起宴席，招待男方仪仗队一律大碗。

王老头儿和大家一起吃着大碗面，想起下车后摔跤跪地一事，自觉得好笑，不由得打一喷嚏，吃呛着了，粉条从鼻子眼中喷出，眼泪汪汪的，年轻人看到王老头儿这种怪相，这怎么学呀，于是，有故意学打喷嚏的，有给鼻眼中塞粉条的，有的挤眼故意抹泪的，真是千奇百怪，怪相出尽……

女方家人看到后，也只是惊讶，不知男方家人到底为什么这样，该不会是男方家人的一种习俗或规矩吧？

讲述者： 王德贵，男，69岁，安阳市郊区马家垒村人，私塾两年，农民

采录者： 王家俊，男，42岁，安阳市郊区马家垒村人，大学，公务员

采录时间： 1996年

采录地点： 安阳市郊区马家垒村

附记

一

我父亲王德贵是个鼓手，村里红白事上击鼓奏乐每次少不了他。一日村里马家嫁闺女，请村里几个鼓乐能手帮忙，大家敲打奏乐热闹了一番之后，趁着男方家人还没有到，饭菜还没准备好，几个年轻人便凑到鼓手跟前问这问那，甚至想把一些鸡毛蒜皮的男婚女嫁琐事都问个水落石出。几个上年龄的老者也在旁边旁敲侧击，拼命劝解，很想请鼓手王德贵给大家讲个明白。王德贵无奈就把鼓槌一放，烟头一掐说："婚丧嫁娶十里改规矩，各地都有所不同，我们就从故事《见

相学样》说起吧……"

故事未完，大家早乐得前仰后合，是应该反着听呢还是……大家若有所思。（王家俊）

二

《见相学样》与《二大爷的故事》中的笑话《黑驴打滚和二龙戏珠》情节相似，王老头儿与二大爷一样，在娶亲仪式上出了洋相。二大爷经常在各种场合闹笑话，做出许多可笑而又滑稽的事，但他都会凭自己的狡黠应付过去，找各种借口搪塞，闭塞的乡人往往还会信以为真，二大爷已经成为一个在当地闻名的笑话人物。（刘二安）

431

露球能[1]

有一个小青年十七八岁，两只眼忽笼笼的，嘴巴巧巧儿咧，能说会道，就是说话办事儿可选能[2]，总想盖过别人。当然，这小孩也虚心好学，啥话也想听，啥事也想问，问过了记心里，一遇机会就跟人家侃，表示自己比别人有学问。所以人们都叫他"露球能"。

这一年人家托人给他对找了个事儿，在棉花货栈让他当账房，给人家管账。这露球能算盘打得可以，只要打一遍就算对了，打二遍的都很少。人家劝他再打一回，他指着自己的鼻子说："咱是谁，咱干啥咧，经咱的手的事儿还能错了？"就不复查。伙计们见他露球能就想椎他。所以，人家在那儿说话，只要他去了人家就不说了。这一天人家又在那儿说得热得得咧，露球能闯进去了，问："恁都说咧啥？"一个伙计说："俺在这儿说学功夫咧，老张有功夫儿，你学不学？"露球能说："那要看啥功夫，要是三分不值二分的我还不学咧。"老张说："我这功夫叫作

[1] 露球能：装聪明。

[2] 可选：很，非常。

隔窗提货，而且货比窗户眼大，你学不学？"露球能听人家这样说，赶紧说："学，我学，我学。"人家说："学可以，但没有白教的。你弄一瓶酒、二斤猪头肉，叫弟兄们吃吃喝喝我就教给你。"露球能说："学东西咧不花点钱咋能行，好，我现在就打酒割肉。"说着就出了门。这棉花站前面就有个食堂，里面有酒有肉，露球能到那儿买了二斤肉让人家给切碎了，打了一斤老白干，然后就回到屋里。到屋里那几个伙计就拿来筷子、小瓷碗，把酒分了分，也给了露球能一份儿，然后大家坐一起喝酒吃肉。吃罢了露球能说："我学功夫可是真心学的，老张，教吧。"

老张一抹嘴站起来："好，吃了人家的就得教人家几手。这样，你站在临街的这个窗户眼那儿，闭上眼我给你个物件，一念咒儿就能从窗眼外面提到里面了。"露球能就遵照老张的话就站到屋内的窗户下面，两只手伸到窗户外。这时老张和伙计们都走到窗外看，老张就从厕所里提出来两只夜壶，交到露球能手中，说："提好，睁眼。"露球能睁开了眼，见手里提着两只夜壶，就说："念咒儿啦，念哪？"老张说："我给你说，你左手哩拿的是王经理喏[1]便壶，右手拿的是李经理喏便壶，你看着办吧，我们走了啊。"大家就起来走了。到这时候露球能才知道老张这一班人榷自己咧。他想把夜壶提到窗眼里，可夜壶大窗眼小怎么也提不过去。他想把夜壶扔了，又知道这两个夜壶是王经理李经理的，摔破了闹不好人家就不让自己在这儿干了。就那样提着两只夜壶在窗后边站着。第二天早上有人来卖花了，有挑担的，有拉车的，却见露球能手提着两个夜壶站在窗后，人家说这孩子在这儿干啥咧，没事了啥不能干，咋净玩夜壶啊。

讲述者： 邵分，男，52岁，安阳县柏庄镇东方红村人，农民

采录者： 刘耀青，男，53岁，殷都区小庄村人，中专，农民

采录时间： 2006年11月

采录地点： 殷都区高楼庄村

选自： 《中国民间故事全书·殷都卷》

[1] 喏：那个。

附记

故事的讲述人邵分，1972年与我一起在西部山区泉门矿山开矿。讲露球能故事时是在一次放炮崩矿石前。放炮是在矿工下班以后才能点炮，可当时离下班还有一二十分钟，大家收拾了工具从矿坑中上来，而邵分就准备下去点炮。但点炮是必须按钟点的，我们一起在工棚洞内坐着，邵分就讲了这个露球能的故事，讲得大家哈哈大笑。后来他放炮后我们就一起回食堂吃饭。2006年主编《中国民间故事全书·殷都卷》时，我将这篇故事进行了整理并收入书中。（刘耀青）

432

书
童
吃
白
饭

从前有个学童，跟着老先生出游，一走走到一个集镇上，到中午时肚子饿了，老先生就跟书童一块儿去饭铺吃饭。当时要了两碗烩饼吃了，老先生一摸口袋中没有钱，就想办法让人家免除饭费，就把跑堂的叫来，说："小掌柜呀，你叫什么名字呀？"跑堂的说："我没有名字。"老先生说："我给你取个名字吧。"跑堂的说："那好呀。"老先生问："那你姓啥呀？"跑堂的说："我姓于。"老先生就说："你叫于得水吧。鱼得了水一辈子有吃有喝。"跑堂的说："那好哇，我就叫于得水。"老先生说："算算饭钱，我们师徒俩吃了多少钱？"跑堂的说："不要钱了，你给我取了这么好的名字，这顿饭算我请了。先生慢走啊，下回再来。"老先生说了声抱歉就带书童走了。

又过些日子，老先生又带书童出门，又忘了带钱，在饭铺吃过饭后又问跑堂的："小老板，你叫什么名字呀？"跑堂的说："我没有名字。"老先生说："我给你取一个吧。"跑堂的说："好哇。"老先生又问："你姓啥？"跑堂的说："我姓马。"老先生说："那你就叫马登云吧。马登了云就成龙马了，龙马就是天马，天马行空，独往独来，

你将来一定能干大事。"跑堂的说："那好，我就叫马登云。"结果，老先生装作又要掏饭钱，跑堂的又免了他们的饭费。

小书童见老先生骗顿饭吃这么容易，就不跟老先生学习了，一个人单独出去了。这天也来到一个镇上，也坐到饭铺里，大鱼大肉地要了一桌，吃过后也想学老先生给人家取名免了饭费，就问跑堂的："小老板你叫什么？"跑堂的说："我没有名字。"小书童说："我是读书的，学富五车，才高八斗，给你取个名字怎么样啊？"跑堂的说："那好哇。"小书童说："你姓啥？"跑堂的说："我姓王。"小书童说："那你就叫于得水吧。"跑堂的说："我姓王。"小书童说："要不，你就叫马登云吧。"跑堂的说："我姓王。"

结果，小书童是大鱼大肉吃了一顿，可饭钱还得自己掏。

讲述者：　方麻生，男，已故，安阳县柏庄镇二十里铺村，农民

采录者：　刘耀青，男，53 岁，殷都区小庄村人，中专，农民

采录时间：2006 年 5 月

采录地点：安阳县柏庄镇二十里铺村电磨坊

选自：　《中国民间故事全书·殷都卷》

附
记

讲这个故事的人方麻生，大名方春祥，生于 1932 年，1998 年去世。他从小得了天花，脸上虽有后遗症，却是一肚子点子。说出话来那可是怪异百出，让你挨了骂好半天才能感觉到他在骂你。于是人们也就回敬他一个笑话，说有人牵了驴到会上去，这驴看到卖花椒的就想吃，结果牵驴的拽着缰绳没有拽住，这驴就吞了一大口花椒。可这花椒一进肚就起效了，麻得他那驴脸呀都枯楚（皱）了。但你不管怎么回骂人家，人家都能荤的素的给你来一段。像这个书生吃白饭的故事寓意就很深。有的人学东西不认真，对事情一知半

解，就装得人五人六，结果说出话来比卖石灰的爷脖子还白，最后自食其果。

《书童吃白饭》是我们一起在跃进渠施工时，一天吃过中午饭一起去工地，他讲了这么个笑话。2006 年主编《中国民间故事全书·殷都卷》时，我将这篇故事进行了整理并收入书中。（刘耀青）

433

烧心蛋

有个人生在大山里，从来没有见过世面。这一回，他与伙伴们走出大山，来到大平原上，第一次看到铁路上奔驰的火车，觉得很稀奇，他问同伴："那是啥东西？"伙伴告诉他："那是火车。"他疑惑不解地说："这家伙爬着还跑得这么快，要是它站起来跑，恐怕跑得更快吧？"

伙伴看他老土，不愿伤他的面子，只是为之一笑，后来带他到饭馆吃饭，吃的是元宵。这个人没见过这东西，夹起来就吃，可却烧嘴，就一口吞下了，结果烫得肚子里很不好受，这时伙伴问他味道怎么样，他说："哎呀，烧心蛋，这辈子再不吃它了。"

后来，他又到城里的一家亲戚家去了，人家给他包了饺子让他吃，他又夹起刚起锅的饺子一口吞下，又烧起心来。他叫道："哎呀，烧心蛋，你长了耳朵我就不认识你了？"

讲述者： 王景华，男，70 岁，安阳县柏庄镇二十
里铺村人，农民

采录者： 刘耀青，男，53 岁，殷都区小庄村人，
中专，农民

采录时间： 2006 年 3 月

采录地点： 北关区铸钟街教堂

选自： 《中国民间故事全书·殷都卷》

434

吃啥屙啥

附
记

我家对门有一个从大山中来的人家，女人从山中嫁到大平原，是
有原因的。1969 年我在那边开跃进渠，就住在他们家那个村子下面。
要从驻地看他们的村子，得把头仰起来，直到脖子挺得不能挺了，才
能看到山顶上他们的村子。当时我们这些从平原来的小青年们对大山
有种好奇感，就在放假时结伴上了这个村子。这村子叫黄金垴，上面
只有四户人家。而这里山垴上有个规矩，山垴上生下的姑娘只能留在
山上而不能嫁下山去，除非这辈人姑娘比小伙多。当然，是小伙子
嘛，娶不上姑娘，你是可以下山找对象的。这四家只能靠转亲繁衍后
代。由于上千年的近亲结婚，人种都有点退化。男人个子很低，脑袋
像方的。女子倒长得红白花儿一样。也由于他们那一代人中多生了一
个女子，待山垴上的男女都配成对后这女子就多余了。正好我和小伙
伴们上山，见了这姑娘。我的同伴就想娶了这姑娘，后来小伙伴出了
三百块钱彩礼把这姑娘娶到手了，我们就成了对门邻居。有一年姑娘
回黄金垴接来她母亲，母亲没有见过世面，对什么都好奇。她没见过
藕，说是白萝卜捅了几个窟窿骗人；她没见过火车，说火车站起来肯
定比趴着跑得更快；她吃元宵一口咽下烧了胃，说是烧心蛋。后来见
到饺子，说是元宵长了耳朵。我的邻居们都笑话她，她也过不惯平原
的日子，吵着要回山上。从那儿我就没有再见过她。（刘耀青）

一天早上，一卖大粪的端着碗到街上吃饭，刚出门
儿，就看见一卖肉的从厕所里出来，他客套地问："您吃
过了？"

卖肉的觉得大早起他这话扫兴、别扭、不顺耳，便回
敬说："咱都是卖啥吃啥吧！"

卖大粪的觉得他这话中有话，不识好歹，好心没得好
报，便说："这正像你说的'卖啥吃啥'，殊不知吃啥还屙
啥哩！"说罢，扭头就走了。

讲述者： 宋魁元，男，58 岁，铁西区大司空村人，
小学，干部

采录时间： 1994 年 8 月

采录地点： 铁西区大司空村

选自： 《民间故事选》

435

剃头

老汉这时进退两难，只好让他给全刮了。

采录者：　宋魁元，男，55 岁，铁西区大司空村人，
　　　　　小学，退休干部
采录时间：　1991 年 9 月
采录地点：　铁西区大司空村
选自：　　《民间故事选》

有个老汉去剃头，剃完头，又挨着刮脸，理发的一不小心，剃头刀子走了手，这一走手不大紧，竟给老汉刮掉了一个胡须角儿。理发的怕老汉找他的麻烦，就顺手用刷子蘸上胰子水往老汉的嘴边上一抹再抹，他边抹边问："流不流了？"老汉觉得满嘴胰子沫[1]往下流，就说："流。"停了一会儿，剃头的不抹了，又问："流不流了？"老汉觉得胰子沫不流了，就说："不流了。"

理发的听他这么一说，马上就是"嚓嚓"两刀，把老汉的一个胡须角儿刮掉了。老汉觉得不对劲儿，就着急地问："你怎么把我留的胡须给刮掉了？"理发的说："这就是您老人家的不是了，我问你留不留了，你说不留了。我才刮了两下，你就怨起我来了！"

老头儿知道差了壶[2]，也就不说话了。停了一会儿，理发的对他说："不刮就别刮了，省得你嫌我刮掉了你的胡须角儿。"

[1]　胰子沫：肥皂泡。
[2]　差了壶：坏事了。

436

剃半个头不要钱

从前，有个爱占小便宜的人。一天，他到一家理发店问掌柜的："剃半个头要多少钱？"掌柜的随口说："剃半个头不要钱。"他便坐下来让人家给他剃，剃了半个头就说不剃了，用毛巾把头盖住，站起来就走，剃头的当他是个神经病，就笑着让他走了。他来到另一家理发店问："剃半个头要几个钱？"人家还说："不要钱。"他便把头上的手巾一去，又叫这家理发店给他剃了这半个，于是笑嘻嘻地走了。

讲述者： 张俊山，男，70岁，安阳市北郊东大姓
村人，高小，退休干部
采录者： 王光明，男，48岁，安阳县白璧镇郭盆
村人，大专，安阳县文联干部
采录时间： 2005年
采录地点： 安阳县文联
选自： 《安阳县民间故事集》

437

还价钱

从前，有个剃头的，把钱看得比碾盘还大，从来不准别人讨价还价。

这天，一个小伙计来剃头，小伙计问："光葫芦几文钱一个？"

剃头的说："老价钱，光葫芦八文。"

小伙计说："呦，都便宜了，你还这么贵。"

剃头的说："便宜的是贱头。"

"四文中不中？"小伙计给他还价儿。

剃头的二话没说就剃开了，可头顶却留下一片不剃。

小伙计说："咋不光？"剃头的说："光葫芦八文，毛葫芦四文，一分价钱一分货。"

小伙计只好掏八文，把毛葫芦剃成光葫芦。

讲述者： 卢玉花，女，60岁，安阳县韩陵乡东梁
贡村人，略识字，农民
采录者： 郜现英，女，21岁，安阳县韩陵乡东梁
贡村人，高中，农民

采录时间：　1994 年

采录地点：　安阳县韩陵乡东梁贡村

选自：　　　《狐狸坟传奇》

438

吃嘴的婆娘

从前，有个婆娘光吃不干，一举一动都要把吃挂在嘴上。

冬天，天阴沉沉的，不一会儿就下起雪来。她男人在里间忙活，她在外间闲坐着。

男人问她："下多厚了？"

她回答："一饼厚了。"

停了一会儿，男人又问她："下多厚了？"

她回答："一馍厚了。"

又停了一会儿，男人又问她："下多厚了？"

她回答："一花糕厚了。"

她男人听她尽在嘴上打饥荒[1]，气得心里窜火，嗓口眼里冒烟，一气之下就没头没脑地打起她来。她连哭带叫跑到院里，哭闹声招来了不少街坊邻居。

众人见她在雪地上翻拨浪打滚[2]的，就伸手把她拉了起来。有人问她是咋回事，她原原本本地说了一遍。又有

[1]　打饥荒：争执。

[2]　翻拨浪打滚：在地上翻滚。

人问她打得咋样，她像念经一样，嚅嚅溜溜[1]地说："打得我的头呀像乱馓子[2]，打得我的嘴呀像发面卷子[3]，哭得我的眼呀像刚出锅的肉丸子。"接着又长一声、短一声地哭起来。

有个街坊兄弟劝她说："俺哥咋会舍得打你？就算是打你，你也是揭不下来了。你说咋办吧？"

她止住哭声，说："咋办？我要求条件不高，他不答应，瞧我能给他闹成啥样子！"

那位兄弟问她："你要求啥条件吧？"

她说："山珍海味不可能，鸡鸭鱼肉又难成，要求条件并不高，二斤驴肉就摆平。"

那位兄弟与她开玩笑说："嫂子呀，你吃了驴肉又该学驴叫了。"

这句话逗得她哭笑不得。众人散去。

采录者：　宋魁元，男，53 岁，铁西区大司空村人，
　　　　　小学，干部
采录时间：　1989 年 12 月
采录地点：　铁西区大司空村
选自：　　《民间故事选》

[1]　嚅嚅溜溜：抽着腔儿说话。

[2]　馓子：油炸的面条。

[3]　发面卷子：油卷，花卷。

439

厨子揣肉

相传，有位厨子，街坊邻居家办红白喜事都要请他帮忙。他在煮肉时总是选一块最好的肉，用揩布一裹，放在暗处，待事儿办完后，找个机会便会把肉揣走，为逗他老婆欢心，总是对老婆说："今个儿又给你带回来一块好肉来。"时间长了，也就养成了占小便宜的坏习惯。

有一年他为儿子办喜事，肉还是由他煮，当肉一熟，他看身边无人，便慌慌张张挑了一块最为理想的肉，用布一裹，放到了背眼处，婚事毕，他解下围裙，收拾了刀勺，便伸手去拿那块肉，当他将要向怀里揣时，他老伴一脚门里一脚门外走了进来，见他又在揣肉，便问他："老东西，你这又是弄啥哩？"

他见来者不是别人，而是自己的老伴，便小声说："别吱声，这是我专门为你挑的……"

老伴见他荒唐，就没好气地连问带责备地说："这是谁家办事？你还揣肉，你真糊涂透顶了！"

厨子一拍脑袋："忘了，这是自己办事，用不着揣了。"

采录者： 宋魁元，男，53 岁，铁西区大司空村人，
小学，干部
采录时间： 1989 年 12 月
采录地点： 铁西区大司空村
选自： 《民间故事选》

440

打赌

有两个人坐在一起打赌。

甲：今天晚上我能叫咱村的许多女人同时都挨打。

乙：那不可能。

甲：不信？你敢与我打赌？

乙：打就打，打啥吧？

甲：今儿个晚上要是有十个女人挨打，你给我买两瓶好酒，不超过十个，我给你买。

乙：那好，一言为定。

这天晚上，村头正好唱社戏。甲就钻到麻棵地里捋了一大把麻花儿，他偷偷摸摸转到女人群的后边（过去乡村看社戏，男女有别。男的在左边，女的在右边，男女绝不可混合在一块儿），趁戏唱到热闹当中，人们不注意，他就用力一撒，麻花儿就神不知鬼不觉地飘落到许多女人的头上。然后他再站到戏台旁边的高土堆上大喊："谁？放着好戏不瞧，钻到麻地里干啥哩？嘿，一个男的，一个女的。别跑，别跑！"

他假戏真做，有意让戏台下所有的男人都听见。有的男人没听清，就互相打听。这样一来，一传十、十传百，

霎时搞得戏台下边比戏台上边还热闹。

戏散后，不少男人往家走着，心里就有了疑问：我老婆是不是跟人家钻到麻地里了？回家见自己老婆的头上有麻花儿，就以为她在麻地里搞了见不得人的勾当，也不说三七二十一，开口就骂，抬手就打，甚至一些老娘们儿、大闺女也无一幸免，同样遭受皮肉之苦。

据乙挨门挨户了解，甲赢了。但挨打的女人都恨透了这两个打赌的人。

讲述者：　魏敬东，男，62 岁，林县人，初中，退休干部

采录者：　宋魁元，男，55 岁，铁西区大司空村人，小学，干部

采录时间：　1991 年 7 月

采录地点：　讲述者家中

选自：　《民间故事选》

441

老汉骑驴

有个老汉夏天爱喝小米绿豆米汤，可在麦前他家存放的小米已经所剩无几，于是，他便骑着毛驴去赶集。

集上，小米多得很，一筐一箩摆了满街。他见一筐米黄灿灿的，抓了一把一闻，香气扑鼻，于是籴了二斗。

他把米布袋往驴背上一放，就赶着毛驴回家。路上，老汉觉得很累，就抬腿骑在驴背上。

还没走几里路，他见小毛驴浑身冒汗，上气不接下气，不免就心疼起小毛驴来，于是，就喊了一声："吁，站住！"小毛驴闻声停住了脚步，他就趁着个土坡从驴背上跳下来。

老汉站在小毛驴前头说："二斗米就把你压成这样子，要知这样，还不如我扛着呢！"说罢，他就把米布袋从驴背上卸下来，扛在自己肩上，又骑着毛驴向前走。还没走多远，小毛驴又是大汗淋漓，上气不接下气。二斗米也压得他浑身冒汗，眼冒金星，这样他就训斥起小毛驴来，生气似的说："你真是越来越不知足，我替你扛着米布袋你还不想走，嘚，快走吧！"

还没到家，小毛驴就累歪了，"扑通"一声就摔倒在

地，老汉也从驴背上摔了下来。

采录者：　宋魁元，男，70 岁，殷都区大司空村人，小学，退休干部

采录时间：　2006 年 7 月

采录地点：　殷都区大司空村

选自：　《民间故事选》

442

学生背书

有个教书先生叫李万年，他不饮酒，也不吸烟，而是最爱睡大觉。

有一次他教学生读《百家姓》，他先读了第一句"赵钱孙李"，然后逐字讲解说："赵，就是咱村赵大老爷的赵；钱，就是大洋钱的钱；孙，就是我的孙子的孙；李，就是我李万年的李。"完了之后又问学生："听清了吗？"学生齐声说："听清了。"而后他就睡觉去了。

他还没躺稳，学生们就在课堂上乱作一团，"叽叽喳喳"的声音影响了他睡安稳觉，于是他就趿拉着鞋走进了教室。他把学生大声训斥了一番之后，又指着一个最调皮的学生让他背书。只听他背道："赵大老爷大洋钱，我的孙子李万年。"

先生感到没趣，就不让别的学生再背了。

讲述者：　张家驹

采录者：　宋魁元，男，50 岁，铁西区大司空村人，小学，干部

采录时间： 1986 年 1 月

采录地点： 铁西区大司空村

选自： 《民间故事选》

443

你我她

　　过去，有个财主一心望子成龙，可他的笨蛋儿子偏偏不争气，连续请了几个名师，都是叫花子家出丧——不见效（孝）。财主十分生气，最后又用大价钱聘请一外地名师。这老师满口应承，特地把老婆也带来当助教。

　　过了几天，财主问儿子学了几个字？"三个。""都是啥字？""我、你、她。"财主满心欢喜地说："光会念还不行，还得会讲解每个字的意思。"老师费了九牛二虎之力，没想到是越教越糊涂，最后老师只好指着自己解释说："我——就是你的老师，你——就是我的学生，她——就是你师娘。记住了没有？""记住了。"

　　中午吃饭时，财主让儿子解释"你、我、她"这三个字。儿子说："我——就是你的老师，你——就是我的学生，她（指其母亲）——就是你的师娘。"

　　财主一听，生气地说："胡说！老师教的都是错的，我给你讲讲：我——就是你爹，你——就是我儿子，她——就是你娘。"

　　一吃罢午饭，笨儿子就找老师去了，他说："老师老师，俺爹说你教的都是错的，最后还是俺爹把俺教会了。"

老师说："你讲讲我听听。"

笨儿子便比画着说起来："我——就是你爹，你——就是我儿子，她（指师娘）——就是你娘。"

采录者： 王买金，男，41 岁，林县姚村乡三孝村人，
　　　　 大学，干部
采录时间： 1985 年
采录地点： 林县
选自： 《中国民间故事全书·河南林州卷》

444

两口子打架

三里屯有个叫保川的，娶了个媳妇叫宝蓝，两个人平时就好拌嘴，芝麻大的事也能打起架来。这天早上他们刚起来，就打到了大门外，宝蓝抓得保川脸上好几道血道子，保川拽掉了宝蓝的几缕头发。保川骂宝蓝："你个狗日的娘们儿"，宝蓝骂"保川你个鳖下的汉们儿"。看那架势不打出人命来不罢休。街坊邻居看到了，赶紧过来劝架，人们硬是把他们拉开了，本家的婶子就问："你们两口子打架是为啥？"

宝蓝说："我昨晚梦见回娘家咧拾了一卷子布。我说做个布衫，再做条裤子。他非得做个袍子不可。"保川说："我常年在外撺车，起五把更的，冷，叫她给我做件袍子她都不。她只顾自己。"宝蓝说："你光说自己风光咧，就没说说我。我过门三年了，连件新衣服也没有，上回回娘家，还是借了三婶子的。"保川说："反正你不能不顾我，这袍子不做我就不跟你过。"宝蓝说："不过就不过，我改嫁个好人家，不干活儿就有吃有喝。"保川说："你敢，看我打不折你的狗腿。"

两个人又撕扯到了一起，大家赶紧又把他们拉开，三

叔说：“啊？你们两口子打架原来只为一卷子布啊。你们拾的那卷子布在哪儿呢？”保川说：“还没有捡来呢，那是媳妇梦中的事。”

讲述者： 王景华，男，已故，安阳县柏庄镇二十里
铺村人

采录者： 刘耀青，男，53岁，殷都区小庄村人，
中专，农民

采录时间： 2006年3月

采录地点： 安阳县柏庄镇二十里铺村

选自： 《中国民间故事全书·殷都卷》

附记

本篇故事讲述者王景华，生于1920年，1991年去世，生前在村里当生产队长，脑子灵活，经常在干活儿时给大伙讲故事。那天他带大家拉犁耕地，休息时他就讲了这个笑话。笑得大家都捂着肚子。我那时还在上小学，也拉着绳子拉犁，听了这故事后也很受启发。2006年主编《中国民间故事全书·殷都卷》时，我将这篇故事进行了整理并收入书中。（刘耀青）

445

胖子与瘦子

胖子与瘦子在一块儿开玩笑。

胖子说：“你吃了二三十年饭，光长骨头不长肉，浑身上下瘦得像根麻秆儿一样，遇着风儿还会把你吹倒似的。我有个偏方，你吃吃，包管你会胖起来。”

瘦子问他：“你有啥法儿叫我胖起来？”

胖子说：“很简单。你每天喝三碗马尿肯定会胖起来。”

瘦子“啊”了一声说：“我说你咋会吃得像头肥猪似的，原来你是天天喝马尿啊！”

采录者： 宋魁元，男，67岁，殷都区大司空村人，
小学，退休干部

采录时间： 2003年6月

采录地点： 殷都区大司空村

选自： 《民间故事选》

446

铁匠木匠斗嘴

铁匠与木匠凑在一起。

木匠说:"闲来无事,我给你说个故事吧?"

铁匠说:"中!"

木匠说:"故事是这样:有一家兄弟两个,他们都以卖酱为生。他们走街串巷,你来我去,既吃力,又不方便。于是弟兄两个经过商量,老大在村东头卖,老二在村西头卖,这样都可以减少劳累。后来有人对老二说:'你卖一斤只给十六两,而你家老大却是卖一斤贴半斤,他是变着法儿夺你的生意。'老二信以为真,随即就去质问老大。可是老大说根本就没有这回事儿!老二以为老大不肯认账,就说:'你承认也好,不承认也罢,反正是无风不起浪,没有秧儿拏不成蛋儿[1]!'老大急了,抱怨说:'咱俩一奶同胞,是谁跟谁,当哥的我决不会做出那对不住兄弟的事,也决不能施歪点子去夺兄弟的生意。'不管老大如何说,老二就是不信。老大气得没法儿,就赌咒说:'谁要是贴酱[2],谁就不是人!'"

铁匠知道木匠是骂自己的,就在想歪点儿。后来他们俩又凑在一起。

铁匠说:"前一阵子听说养鳖有利可图,我就不做铁匠活儿了,我觉得做这买卖合算,于是我就买了它一大筐。在往水里放养之前,为了试试哪种鳖长得快,我就用酱在每只鳖盖上画上不同的记号。后来,当从水中把它们捞出来时,我觉得好奇怪,不知咋的,捞一只是没酱[3],捞一只是没酱,唉,反正每只鳖都成了没酱。"

讲述者: 赵彩军

采录者: 宋魁元,男,56 岁,铁西区大司空村人,小学,干部

采录时间: 1992 年 5 月

采录地点: 铁西区大司空村

选自: 《民间故事选》

[1] 没有秧儿拏不成蛋儿:没有那事就不会有风声。

[2] 贴酱:谐音"铁匠"。

[3] 没酱:谐音"木匠"。

447

虚惊

讲述者：　胡秀琴

采录者：　宋魁元，男，24 岁，安阳市郊区大司空村人，小学，职工

采录时间：　1960 年夏

采录地点：　安阳市郊区大司空村

选自：　《民间故事选》

过去行文是从右而左上下排列。

一天，一堆人正围着官府里刚贴出来的告示看。有个叫二小的小伙子也挤进人群看热闹。他不识字，便问身边的人："那上面写的是啥？"

谁知此人也是大字不识两布袋。他见问，便说："告——"告下边的"示"字他不认识，刚读了个"告"字就卡了壳。他眯缝着眼略一想，似乎茅塞顿开，把"示"字上下分开，读作"二小"二字，又重新连到一块儿，读作了"告二小"。

二小听了，惊恐不已，自言自语说："我没犯法，怎么会有人告我呢？！"还没听那人读正文，他就吓得冒了一头冷汗。

身旁的另一个人见他神色失常，想必是那人读错字造成的，就急忙加重语气纠正道："那是告示，不是'告二小'。不做亏心事，不怕鬼叫门。你何必对此大惊小怪呢？"

二小听了他这番话，才算解除了这场虚惊。

448

断句故事

（1）

有个人在家潦倒不堪，而外出不两年就时来运转。为了把这喜人的变化告诉家人，便让人代他写了这样一封信：

今年好倒霉少不得打官司喂猪喂成象老鼠全死净

家里收到信后请人来读，读信人却念成：

今年好倒霉，少不得打官司，喂猪喂成象（像）老鼠，全死净

家里一听惊恐万状。

（2）

过去有个月下老与一小伙子介绍对象，他在信中概括地介绍了姑娘的相貌，本意是让男方尽快答应下来这门亲事。信是这样写的：

满头黑发没有麻子脚不大端正

由于信中缺少标点，男方断句为：

满头黑发没有，麻子，脚不大端正

这样一来，把一个好端端的姑娘变成了头秃、脸麻、脚有毛病的"丑八怪"，于是，男方一口拒绝。

在月下老的再三催促下，男方去相亲。一看，那姑娘长得蛮好，很中意，就答应下来这门亲事。要不是月下老耐心督促，这门亲事难免告吹。

（3）

从前，有个财主膝下无子，只有一娇女。他怕年老无人照料，家产被外人侵吞，于是便招了个"倒插门"女婿。女婿过门没几年，他又娶了个年轻的媳妇。时过一年，小老婆生下个男孩。财主担心女婿离开，为了稳住他，便在他重病期间立下字据，字据是这样写的：

我死后财产均归我子我婿外人不得侵占

字据一式两份，一份给了女婿，一份给了小老婆。

女婿吃了定心丸，更为岳父卖力，也为抚养内弟而日夜操劳。后来岳父死了，内弟也长大成人了。这孩子翻脸不认人，要把他姐夫扫地出门。姐夫无奈，手持字据告到县里，要求以字据为凭，平分家产。

旧社会天下乌鸦一般黑，县官与财主是一丘之貉，一个鼻孔里出气。他看了双方的字据，就断为：

449

一斤扒九两

我死后财产均归我子，我婿外人，不得侵占

　　财主留下这张没有标点的字据，竟然成了内弟赶走姐夫的无情棒。这个模棱两可的字据，害苦了辛劳多年的女婿。

采录者：　宋魁元，男，55 岁，铁西区大司空村人，
　　　　　小学，干部
采录时间：　1991 年 9 月
采录地点：　铁西区大司空村
选自：　　《民间故事选》

　　甲乙丙丁四人聚在一块闲聊，后来就聊到了酒上。甲说他能喝半斤，乙说他能喝八两，丙说他能喝一瓶，丁说："你们虽然都有些酒量，但比起我来恐怕还得往后挨挨。我不是当着哥们的面夸海口，要论喝酒，我喝他个一斤八九两还是不成问题的。"甲与他打赌说："你要是真能喝一斤八九两，就算是我们三个请你的客；喝不了，算你输，你倒要请我们仨。"丁说："当真？"甲说："君子一言，驷马难追。"说着说着就掂来了两瓶酒。

　　丁打开瓶盖，倒了一两，端起酒杯，一饮而尽。他放下酒杯说："多谢哥们关照，我赢了！"甲乙丙齐声说："还剩那么多酒，怎么能说你赢了呢？"

　　丁成竹在胸地说："我说我的酒量是一斤扒九两，一斤扒掉九两，岂不是一两而已，我已喝了一两，那当然是我赢了。"

　　甲乙丙连呼上当。

采录者：　宋魁元，男，48 岁，铁西区大司空村人，
　　　　　小学，干部

采录时间：　1984 年 7 月

采录地点：　铁西区大司空村

选自：　　《民间故事选》

450

骗吃

从前，有一个人去城里赶会，所带的银子全部花光了，眼见天过中午，肚子里饿得慌，想买点吃的，可口袋里无有分文。

他眉头一皱，计上心来，想出了一条骗吃的办法。

他走到一家炸油条的铺子跟前，盯住油条左看看，右看看，掌柜的以为是买油条的，忙问他："客官，买多少？"而他边摇头边说："哎！你炸油条可是费油啊！"掌柜的一听心想：想必这位知道炸油条省油的方法。掌柜的放下手里的活儿，拉住他进了屋内，炒了四个菜，弄了两瓶老窖，又美美地让他吃了个饱。吃完饭掌柜的问他："我炸油条费油，那怎样才省油啊？"他说："想省油蒸馍啊！""啊？"掌柜的后悔了。

讲述者：　袁振华，男，60 岁，内黄县马上乡八里
　　　　　庄村人，不识字，农民

采录者：　袁连周，男，30 岁，内黄县马上乡人，
　　　　　高中，文化站干部

采录时间：　1987 年 3 月 10 日

采录地点：　内黄县马上乡八里庄村

选自：　　　《中国民间故事集成·河南内黄县卷》

讲述者：　　杨国庆，男，铁西区大司空村下乡知青

采录者：　　宋魁元，男，37 岁，铁西区大司空村人，
　　　　　　小学，干部

采录时间：　1973 年

采录地点：　铁西区大司空村

选自：　　　《民间故事选》

异文 1：省油

有个人游手好闲，到处骗吃骗喝。

有一天他去赶会，会头上见一家炸麻糖的生意不错，就蹭到油铛[1]跟前，眼珠子瞪得圆圆的，恨不得跳到滚着的油锅里。之后，连连摇头，"唉唉"声不断。炸麻糖的弄不清他葫芦里装的什么药，便问："你是称麻糖吧？"他既不说称，也不说不称。待买主快要走光了，他才一边不喃嘴[2]一边说："你炸麻糖太费油了，这还能多赚钱吗？"

炸麻糖的以为他既有省油的高招，又有能多赚钱的门道，就想讨他的教。于是就把他让到饭篷下，又送麻糖又端汤。之后，又客气地说："小本生意，不成敬意。请先生先吃饭，饭后请您把省油的好法儿传授传授。"

他边吃边说："这个好说，一点就透。"

他吃饱喝好后，连连打着饱嗝儿，对炸麻糖的说："会上这么多人，不可让旁人把这法儿偷走。我怕他们争你的行，夺你的利，咱还是到会外边去说吧！"

炸麻糖的信以为真，就跟他走了好远好远，见路上人稀了，又凑近他问："如何才能省油呀？"

他神秘兮兮地把炸麻糖的拉到身边，又把嘴贴近他的耳朵，小声说："实话告诉你吧……"刚开了个头就没有下文了。炸麻糖的焦急地追问："你说吧，我听着哩！"他缓口气说："实话告诉你吧，卖蒸馍比炸麻糖省油。"

炸麻糖的知道上了当，"唉"了一声，扭头就回去了。

异文 2：省油的诀窍

有一个炸麻糖的，卖的时候儿总是欺老哄小、短斤少两的，这事儿叫王三儿听说了，王三儿是这一带有名的"智多星"，就想治治那个炸麻糖的。

这一天，王三儿瞧这个人在炸麻糖，就在他圆圈儿转来转去，还自言自语地说："这样炸，多费油哩！"炸麻糖的一听，以为他有啥省油的窍门，就赶紧走过来赔着笑脸问："师傅，来吃麻糖吧。"王三儿指着一个要饭的说："我不饥，你叫他吃吧。"炸麻糖的虽说不情愿，但为了学到炸麻糖省油的技巧，还是装得怪大方的样儿对要饭的说："吃吧，我今天管你个饱。"那个要饭的也不客气，拿起麻糖就狼吞虎咽地吃了个肚儿圆。炸麻糖的向王三儿恳求道："师傅，刚才你说这样炸太费油，你说说咋样炸才省油？"王三儿笑着说："咋省油？改了行，卖馍！"卖麻糖的一听傻了眼……

讲述者：　　王保平，男，60 岁，汤阴县伏道乡伏道
　　　　　　村人，农民

采录者：　　刘长明，男，55 岁，大专

采录时间：　1990 年 3 月 1 日

采录地点：　汤阴县伏道乡

选自：　　　《中国民间故事全书·河南汤阴卷》

[1]　油铛：油锅。

[2]　不喃嘴：嘴蠕动着。

破嘴子话 [1]

《骗吃》《省油》《省油的诀窍》之类的笑话，也出现在机智人物刘更新的故事《省油秘方》、郭老钻的故事《炸油条费油》中，同样的狡黠，既可以作为智慧的表现，也可以作为骗人的手段。（刘二安）

有一个爱说破嘴子话的人。村里人办事都不叫他帮忙。有一回，他姑姑家孩子满月，他非要去，临走时他娘嘱咐他："到姑妈家啥话也不叫说。"他答应了。

一进门，他姑姑亲热地说："来了？"他翻翻眼、点点头，一声不吭。吃过饭后，要回家了，他出门时，对送他的姑父说："俺今天可没说一句破嘴子话，您家的孩子要是死了这可不怨俺。"

讲述者：　杜培良，男，77 岁，安阳县人，农民
采录者：　马晓蕾
采录时间：1989 年
采录地点：安阳县
选自：　　《狐狸坟传奇》

[1]　破嘴子话：不吉利的话。

452

张三报喜

张三老婆昨晚生了胖小子，他心里很高兴，天刚亮就跑到岳母家报喜。一进门碰到了大舅嫂，大舅嫂问他来干啥，张三高兴地对大舅嫂说："我媳妇生了！"大舅嫂又问张三："生了个啥？"张三说道："我让你三猜。""女孩？""不是。""男孩！"张三答道："嗯、嗯，猜得准！让你三猜，两猜就猜中了！"

采录者： 孙晨琳，男，55 岁，安阳县水冶镇东街
村人，小学，工人
采录时间： 2005 年
采录地点： 安阳县水冶镇
选自： 《安阳县民间故事集》

453

爹吃草不吃

黑灯瞎火的，孩子要骑驴玩，爹怕跌着他，就趴在地上说："你骑爹吧！"
"不，不，爹不是驴！"
"爹是驴！"
"那爹吃草不吃？"
爹不吭声了。

讲述者： 郜文秀，女，20 岁，安阳县韩陵乡东梁
贡村人，初中，农民
采录者： 郜现英，女，21 岁，安阳县韩陵乡东梁
贡村人，高中，农民
采录时间： 1989 年
采录地点： 安阳县
选自： 《狐狸坟传奇》

454

咸死他

附记

这篇故事是听我爷爷李永合在他屋里吃饭时讲的。20 世纪
五六十年代，农村生活还比较贫困，缺粮，少油，蔬菜也很少，老百
姓生活很节俭，早晚喝粥吃咸菜，根本没有炒菜之说。这篇故事就是
我们就着咸菜喝粥时爷爷讲的，给我留下深刻的印象。《安阳县民间
故事集》编纂征稿时，我根据回忆整理了这篇故事。（李文林）

李文林（左二）在讲笑话（摄影：王光明）

在过去，食盐短缺，特别是在偏远山区就更短缺了。
一家主人走出山寨，总算搞了点盐，并买了一块老咸菜。
回到家里为了省盐，把那块老咸菜吊在桌子上面，规定吃
饭时，谁要觉得饭淡，可以看老咸菜一眼。

有一次吃饭时，他家大儿子吃了一口饭，挨着看了老
咸菜两眼。二儿子发现后报告了父亲："爹，俺哥看了老
咸菜两眼。""别理他，咸死他哩。"父亲用责备的口气朝
大儿子大声训。

采录者：　李永合，男，已故，安阳县磊口乡南磊口
　　　　　村人，不识字，农民
采录者：　李文林，男，64 岁，安阳县磊口乡南磊
　　　　　口村人，大专，退休干部
采录时间：2006 年
采录地点：安阳县磊口乡南磊口村
选自：　　《安阳县民间故事集》

455

宝宝

有一年轻媳妇，娘家捎来口信说娘身体不好，让她有空到娘家看看。她听到信儿后，哪里还能再等，尽管天已傍黑，从炕上抱起宝宝，蒙上风衣就走。为了走捷径，她直向一块北瓜地走去。慌忙中被北瓜秧绊倒，宝宝也摔到了地上，她慌乱中从地里摸起"宝宝"，抱起来就走，到娘家已经半夜。

姥姥急忙去看小宝宝，结果打开风衣一看，怎么闺女抱了个北瓜！这下可急坏了她闺女，叫着她弟弟打着灯笼往回找。他们找到北瓜地，一看有她家的一个枕头，这下她就明白了好多。她抱起枕头就往自己家跑，到屋里一看，宝宝仍睡得甜滋滋的。

采录者：　李文林，男，64 岁，安阳县磊口乡南磊口村人，大专，退休干部
采录时间：　2006 年
采录地点：　安阳县磊口乡南磊口村
选自：　《安阳县民间故事集》

附记

这篇故事是我年轻时就记在心里的。有一年春节，去磊口乡卜居头村我舅舅家走亲戚拜年，妗子在做饭，舅舅卜章记就和我闲聊，他知道我喜欢听故事，就给我讲了这个故事。当时我就记在了心里，时隔几十年也没有忘记。（李文林）

异文：慌张媳妇

慌张媳妇就好慌张，办啥事都是慌里慌张的。

这一天夜里，听说娘家门儿上唱戏，慌里慌张地抱开孩子就跑，路过北瓜地跌了一跤，抱起个北瓜就跑。看了半天戏才想起叫孩子吃奶，慌里慌张地把奶头往北瓜上一搁，也不管吃不吃。瞧罢戏才想起往娘家瞧瞧，慌里慌张抱起块土坷垃就跑。

她娘叫她找孩子，找到戏台下，一瞧是个北瓜；找到北瓜地，一瞧是个枕头；找到婆家，孩子还在炕上睡着哩。

讲述者：　王世俊，男，61 岁，安阳县马家乡沙井村人，略识字，农民
采录者：　王世英，男，63 岁，安阳县马家乡沙井村人，中专，教师
采录时间：　1990 年 3 月
采录地点：　安阳县马家乡沙井村
选自：　《狐狸坟传奇》

456

要写大家写

一个寺院的墙壁上被游人写满了字。除夕时，和尚们把墙壁粉刷一新。

住持和尚挥开大笔，在墙上写了"此处不许写"几个字。

一个游客看了后，便在后边加了一句："为什么你先写？"

另一名游客不服气，又添上"他写由他写"。

最后又有人凑趣写道："要写大家写！"

新粉刷的墙壁很快又被写满了字。

讲述者： 张保周，男，40岁，安阳县文联干部
采录者： 牛化法，男，42岁，安阳县磊口乡目明村人，大专，干部
采录时间： 2004年
采录地点： 安阳县文联
选自： 《安阳县民间故事集》

附记

这则故事广泛流传于安阳县多个乡镇及安阳市周边一带。

我在安阳县矿管局工作时，经常参与安阳县文联文学笔会或文学采风活动。一次采风活动，我与时任安阳县文联副主席的张保周一组，他为人开朗，说话幽默风趣，他讲了这个故事，大家听了都笑声不止，气氛非常活跃。（牛化法）

457

千里驹

从前有个秀才，想买一匹快马进京赶考。他来到马市，一位卖马的迎上来说："我这匹马是千里驹，一口气能跑一千里，你看合适吗？"

秀才一听，火了。说："卖马的你安的什么心，这里离京城才九百里，跑过那一百里路，难道让我走回来吗？"

讲述者： 张俊山，男，70 岁，安阳市北郊东大姓村人，高小，退休干部

采录者： 王光明，男，48 岁，安阳县白璧镇郭盆村人，大专，安阳县文联干部

采录时间： 2005 年

采录地点： 安阳县文联

选自： 《安阳县民间故事集》

附记

这则小故事采录于 2005 年。我 2004 年调入县文联工作，紧接着赶上了民间文化遗产抢救保护工程启动，我被安排为安阳县民间文化抢救保护工程领导小组办公室专干，平时和一些民间艺人和民间文艺爱好者接触也就多了，和张俊山先生认识就在那时候。

张俊山是一位民政部门退休干部，他退休前长期在基层民政所工作，和社会群众打交道多，在接触群众拉家常时听到很多有趣的民间故事和传说，他记性好，对民间文化也非常感兴趣，于是就自己动手整理了一些故事、笑话、传说等。

在一次闲聊中，我说到现在摩托车时兴了，我的自行车该退役了，骑自行车回一趟老家实在太辛苦。张俊山就说，时代进步了，平常人出行都骑上千里驹了，这摩托车比马还跑得快，你说这摩托车是不是就是古人幻想的千里驹？于是他就给我讲了这个《千里驹》故事。讲完他走了，我有感于时代变迁就记录下了这则故事。（王光明）

458

念信

附
记

2005 年秋季的一天，张俊山到我办公室闲坐，我们自然而然就聊起了老话题——民间故事。他说，在从前的封建社会里，大多数人都不识字，一个村里难找一个读过书的人，所以写信和念信就得专门找人代劳，而找的写信人因为文化水平有限，往往有些字不会写就会写错别字，或者画符号，念信的人也会因为识字有限而误读，因此闹出误会或笑话是常有的事，也不乏故意打趣的故事。（王光明）

一个不识字的人请人帮他念妻子的来信，他非要念信人捂住耳朵不行，念信人不解其意，问："为什么让我捂住耳朵？"他说："当然你得捂住耳朵，因为这是我老婆来的信，你怎么能听呢？"

讲述者： 张俊山，男，70 岁，安阳市北郊东大姓村人，高小，退休干部
采录者： 王光明，男，48 岁，安阳县白璧镇郭盆村人，大专，安阳县文联干部
采录时间： 2005 年
采录地点： 安阳县文联
选自： 《安阳县民间故事集》

459

用图记赊欠账

采录时间： 2005 年
采录地点： 安阳县文联
选自： 《安阳县民间故事集》

从前，洪河屯集上有一家杂货店，店主不识字，便常用图标记赊欠账目。一天，他的邻居赊了他五个鸡蛋，他就画了五个圆圈，停了两天人家给了他钱，他顺手在圆圈上画了条直线以表勾销。过了一段时间，店主拿着账簿到邻居家要账，邻居说："我已结账，你不信到我墙上看看。"墙上和店主账簿上画的一样，也是五个圈上划了一道横线。店主一看，"不错不错，你还了我鸡蛋，可你还欠我一串糖葫芦！"店主气愤地说。

又一次，一个邻居先要了一个锅盖，他画个圆圈，又买了一条擀面杖，他又在圆圈上画了一条直线。人家来还钱，他一看图说："你欠一个油撇子的钱。"于是邻人十文的账只付了一文钱。

讲述者： 张俊山，男，70 岁，安阳市北郊东大姓村人，高小，退休干部

采录者： 王光明，男，48 岁，安阳县白璧镇郭盆村人，大专，安阳县文联干部

附记

这则故事广泛流传于安阳市城郊北部北郊、洪河屯一带。

采录者张俊山老家系安阳市北郊乡东大姓村人，该村与洪河屯集是近邻，从小在老家生活直到成年的张俊山对洪河屯一带流传的故事颇为熟悉，尤其是那些很有趣味性的小故事、笑话，更是耳熟能详。

那是一次我和几个民间文化爱好者下乡到洪河屯采风的时候，我们一路上说说笑笑，聊着有关洪河屯的风俗民情，聊洪河屯当地的婚丧嫁娶风俗，聊当地的方言土语，大家聊得是津津有味。

张俊山插话说："我给大家说一个发生在洪河屯集上的故事吧，这个故事可是真事哩，至于是哪一辈子的事我说不清楚了，不过都说是真人真事，我也信以为真。为啥呢？听过话你们就知道了。"于是他就讲起了《用图记赊欠账》这则故事。

他讲完这则故事，话音一落，大家就议论开了，估计这故事不假，但应该有后人演绎的成分，过去没文化的人多，没文化的人做生意就凭记性记账，或者画符号记账，这现象很正常。至于鸡蛋变成糖葫芦，也可能闹过这样的笑话。

如今的洪河屯集上商铺林立，那家杂货店早已湮没在岁月的长河里，要去探个究竟也无从下手了。（王光明）

460

忌讳

皇甫屯有个老秀才叫皇甫珏，老伴早年去世，他靠教书辛辛苦苦地把儿子养大，并娶了儿媳妇。

新媳妇娘家离皇甫屯较远，常言道，三里路不同风俗，新媳妇在娘家时，只要是同辈人意见相左时经常好说一句"娘那个脚"，这句话也随新媳妇嫁了过来。

一家三口人，只要新媳妇和丈夫稍有意见不合时，新媳妇便"娘那个脚"一句话甩了出来。新郎官倒没啥，老公公可受不了，脸一沉，摇着头背着手而去。

一开始，新媳妇还没感觉到，次数多了，新媳妇感到不对劲了，便问新郎官："咱爹是咋了？我说了句'娘那个脚'，他就不高兴了？"

新郎官听了，笑着对新媳妇说："你刚来不知道咱爹名叫皇甫珏，珏与脚同音，你左一句'娘那个脚'，右一句'娘那个脚'，他听了当然不高兴了。"新媳妇听罢笑弯了腰，对新郎官说："我不知道，以后不说就是了。"

新郎官试试新媳妇到底能不能记住，半夜时将一只脚伸进新媳妇的被窝里。新媳妇以为他是睡迷糊了，用手给他推了回去。过一会儿新郎官又把脚伸进新媳妇被窝里，新媳妇又把他推了回去。如此一连四五次，新媳妇急了，坐起来推了新郎官一把说："哎！你还管咱爹不管！"

新郎官听了感到奇怪，也坐起来问道："咱爹咋了？"

"咱爹一直往我被窝里钻。"

讲述者： 郭尽忆，男，75岁，安阳县人，退休干部

采录者： 王光明，男，41岁，安阳县白璧镇郭盆村人，大专，干部

采录时间： 1998年

采录地点： 安阳县文联

选自： 《安阳县民间故事集》

附记

这则故事的发生地为皇甫屯，即现在的安阳市殷都区北蒙街道皇甫屯村。

讲述这则故事的郭尽忆老先生当时对我说，皇甫屯村位于安阳城区西北郊，地处平原与丘陵交汇处，是个民风淳朴的村庄，过去的村民全靠种田为生，家家户户保持着亲和的邻里关系。村民爱说笑话，开朗风趣，《忌讳》这个小故事就是在该村流传很久的一个故事。

我说，在封建时代，儿媳妇是不敢和公爹开玩笑的，但有些胆大又开朗的儿媳妇也免不了偶尔说几句笑话逗公爹开心。这则故事虽然儿媳妇没有直接给公爹开玩笑，却通过给老公开玩笑调侃了一下老公公，一个活泼开朗的媳妇活灵活现出现在故事中。

老郭说，现在去皇甫屯打听这个事，恐怕没人能说清这个事发生在啥时候，发生在谁家，估计都不会承认的。（王光明）

异文：避讳

过去，子女都不兴直说长辈人的名儿，叫"避讳"。就是该说时，也得绕个弯儿。

有个媳妇过门儿时候不长，就光忘避讳。老公公叫先觉，"觉"跟"脚"同音，动不动就带出个"脚"。"看你踩了我的脚。""今儿我得洗洗脚。"男人就吵她，说她没

记性，要叫爹听见，多不好。后来，为这，男人还打了她一顿。女人挨了打，就小心了，遇着"脚"就绕过去。

这一夜，小两口睡觉，不小心，男人的脚压到她肚子上了，她拍醒男人。男人不耐烦地说："正睡咧，你拍啥呀？"她正想说你把脚从我肚上抬下来，话到嘴边又不敢说了。咋说呢？脚是公爹得避开，一着急说："你把咱爹从我肚子上抬下来吧。"

讲述者：　　卢新士，男，滑县上官镇西合村人

采录者：　　侯富强，男，1965 年生，滑县上官镇人

采录时间：　1989 年

采录地点：　滑县

选自：　　　《中国民间故事集成·河南滑县卷》

461

要饭的和虱子

几个虱子在老要饭的胸脯上干开了仗，痒得老要饭的躺不安生。老要饭的对虱子说："给恁多肉吃，给恁多血喝，这咋还不叫睡个囫囵觉。"虱子说："就这里暖和，谁都不愿意搬家，你给评评理吧。"老要饭的说："你们就都将就点吧，等开了春，脊梁上还有大片的空地方。"

讲述者：　　刘刚，男，36 岁，安阳县人

采录者：　　右兵

采录时间：　1991 年

采录地点：　安阳县

选自：　　　《狐狸坟传奇》

462

先学学

刘二家的尿盆一连没了五六个。

这天，他下了决心，非要抓住这个偷盆的家伙不可。儿子回了家，一瞧没人，提起尿盆就跑。刘二在后面偷偷追，到沟口，只见儿子跪在地上"啪"的一声摔了盆子哭开了："我的爹呀——"

刘二气极了，拧住儿子的耳朵，说："你恨你爹死？"

儿子说："不不，是先学学，到时候怕哭得不好听。"

讲述者： 孙爱萍，女，27 岁，安阳县人，教师

采录者： 郭买林

采录时间： 1990 年 9 月

采录地点： 安阳县辛村乡

选自： 《狐狸坟传奇》

463

呆子找驴

呆子家的驴丢了，他不去找驴，去找瞎子算。瞎子也不是个好东西，给了他二两巴豆，说吃了巴豆就能找着驴。

呆子的老婆一瞧是泻药，跟找驴根本不沾边儿，就劝呆子别吃。呆子冲老婆发脾气："不吃药咋能找着驴。"根本不信老婆的话。

说好说歹，呆子吃了半剂。就这半剂，呆子就拉开了稀，逢茅厕就进。呆子急了，拉一次稀他叫几回："拉、拉、拉肚子，拉到天明打官司。"

看好，他进了小偷家的茅厕，小偷一听呆子来这里鸣叫打官司，就害了怕，赶紧把驴放了，却把驴套藏起来。

呆子找到驴，对着他的老婆又发开了脾气："都怨你，要是把药吃完了，驴套不就也找回来了？"

讲述者： 冯天福，男，56 岁，安阳县郭村乡人

采录者： 张林森

采录时间： 1989 年

采录地点： 安阳县郭村乡
选自： 《狐狸坟传奇》

464

学懒

从前有一个懒汉，整天东游西逛，啥活儿都不干。一天偶尔走过一个学堂，一些学生正在念书。先生看见他说："你走远点，我们这儿可不教怎么学懒！"懒汉听了，知道挖苦他，但他偏又问一句："你这儿不教，哪个学堂教'懒'呢？"一个过路人听到了他们的对话，想给懒汉开个玩笑，就说："我开个'懒'学堂，正愁没学生呢！明天你来上吧。"

第二天，懒汉去了他家，站在门外喊："师父，我来上学了。请你出来给我掀帘子。"这位"师父"一听：光听说他懒，原来懒得真够呛！随即一摆手，说："好啦，你不用进来了，回去吧，你已经出师了。"

讲述者： 王民，女，内黄县人
采录者： 李香菊，女，40岁，内黄县梁庄乡李官寨村人，大专，干部
采录时间： 1987年3月2日
采录地点： 内黄县城关镇东关村
选自： 《中国民间故事集成·河南内黄县卷》

465

梦里背书

讲述者： 石书云，女，32 岁，安阳县人
采录者： 卜福存
采录时间： 1989 年
采录地点： 安阳县
选自： 《狐狸坟传奇》

从前，有个教书先生整天眯缝着眼，打哈欠。人送外号"老圪蔫[1]"。

有一天，教书时，圪蔫劲儿又来了。不知念哪儿了，忽然看见一只老鼠刚从洞口露出头来，便大声念："出头儿出，露头儿露。"学生跟着念道："出头儿出，露头儿露。"老鼠见没人理它，溜着墙根儿出来了。先生见了又教学生："溜墙根儿。"学生也跟着："溜墙根儿。"刚一念完，老鼠窜了。先生说："跑了跑了。"

先生的一个学生老是睡着觉还背书。这一天，一个小偷儿来学生家偷东西。刚一探头儿学生看好梦里背书："出头儿出。"小偷以为被人发现了，贴着边不敢出气，过了一会儿，觉得没有动静，又扒着头往里探，学生又说："露头儿露。"小偷儿吓得溜着墙根儿往外走，随即又听到一声"溜墙根儿"，小偷更害怕了，连忙抬腿就跑。

[1] 圪蔫：人的精神不振。

466

捉贼

大哥二哥半夜合伙儿去偷东西，结果二哥被逮住了。他大声鸣叫："大哥，大哥，俺被拧住耳朵了！"

大哥说："别鸣叫，不拧住鼻子都不要紧。"

那捉贼的赶紧去拧鼻子。一松手二哥就跑了。

讲述者：　卜照孝，男，60岁，安阳县人
采录者：　卜宪玉
采录时间：　1990年
采录地点：　安阳县磊口乡
选自：　《狐狸坟传奇》

467

是俺把灯吹乏了

夜里，豁嘴子睡觉吹灯。他一连吹了十几遍，油灯就是不灭，他爹只一下子就把灯吹灭了。

豁子不服气，说："是俺把灯吹乏了，你才吹灭的。"

讲述者：　崔海生，男，57岁，安阳县铜冶镇南西炉村人，私塾，农民
采录者：　王玉海，男，36岁，安阳县铜冶镇人，教师
采录时间：　1989年
采录地点：　安阳县铜冶镇南西炉村
选自：　《狐狸坟传奇》

468

小两口打架为啥事

从前，山里头住着两口儿，这两口儿一个比一个能。

一天夜里，男的说："赶天明了，俺去赶集，路上要是拾块布，你得给俺做条裤子穿。"女的说："啥呀，想你娘的脚吧，拾块青布俺做裤子，拾块花布，俺做布衫。"

男的又说："俺偏不拾布，就拾双破鞋。"

女的一听男的非拾破鞋不中，就动了手，男的也不让她，两口儿就打开了。

讲述者： 申本仁，男，59 岁，安阳县善应镇人，
　　　　 农民
采录者： 申兴发，男，55 岁，安阳县善应镇北善
　　　　 应村人，初中，干部
采录时间： 1989 年
采录地点： 安阳县善应镇
选自： 《狐狸坟传奇》

469

放咸屁

从前，有个铁嘴钢牙的人，谁都说不过他。他也觉得自己能耐挺大，处处找别人的碴儿。这一天，他跑到一个老郎中那里，想戏弄一下这老头儿。他说："俺肚子饥了想吃饭，渴了想喝水，瞌睡了想睡觉，这病儿咋及[1]能治好？"

老郎中说："黄豆半碗，大盐一把，熬成汤，喝了，放放咸屁就好了。"

讲述者： 申本仁，男，59 岁，安阳县善应镇人，
　　　　 农民
采录者： 申兴发，男，55 岁，安阳县善应镇北善
　　　　 应村人，初中，干部
采录时间： 1989 年
采录地点： 安阳县善应镇
选自： 《狐狸坟传奇》

[1] 咋及：怎么。

470

男子汉大丈夫

胖妻子把瘦丈夫打得钻到床底下不敢出来。

胖妻子说："有种的，你出来！"

瘦丈夫说："有种的，你进来！"

胖妻子打丈夫弯不下去腰，更别说钻到床底下了。

胖妻子说："你出来吧，俺不打你了。"其实是诳他的。

瘦丈夫早知道是她的诡计，就说："男子汉大丈夫，说不出来就不出来！"

讲述者： 郑全学，男，43岁，安阳县人

采录者： 李来保

采录时间： 1989年

采录地点： 安阳县政府

选自： 《狐狸坟传奇》

471

捣蛋学生和没出息先生

从前，有个先生教着一班子学生。这一天下了学，四个学生一块儿往家走，到庙门口，见一个卖凉粉的，就问："卖凉粉的，多少钱儿一碗？"卖凉粉的说："八文钱一碗。"四个学生一叽咕，就一个人掏了二文钱买一碗凉粉合吃。芝麻酱、小磨儿油、黄瓜丝儿一调，才到要一递一口地吃，教书先生倒背着手儿过来了："嗯——呸。"学生一听是先生的声儿，赶忙端起碗："先生吃吧。"这先生一闻："哟——真香。"接过碗来，三下五除二，吃了个精光。碗一搁，倒背开手儿就走了。

四个学生气得没法儿，就拾了块石灰疙瘩，一人一句在庙墙上作开了诗：

第一个学生写：学生四人，

第二个学生写：兑钱八文。

第三个学生写：大块凉粉，

第四个学生写：先生独吞。

写罢，一扔石灰疙瘩就回家了。

看好，有一个书生闲来逛庙，见庙里的神像很大，就来了诗兴，顺手拾起地上的石灰疙瘩，作了一首诗：

八大金刚立两门，

威风凛凛吓煞人。

脑袋倒有篓斗大，

擤回鼻子有半斤。

写罢，一扔石灰疙瘩就走了。

这书生的个子高，诗写在上面，学生的个子低，诗写在下面。先生吃罢饭，又倒背着手儿往教室走，路过庙门口，见墙上有诗，就停下来念开了。

他先念："八大金刚立两门学生四人。嗯，不错，有骨气。俩大金刚才顶俺一个学生。"

他往下念："威风凛凛吓煞人兑钱八文。文理不通，文理不通。"

他再念："脑袋倒有篓斗大大块凉粉。胡闹、胡闹，脑袋跟凉粉咋能乱比？"

他又念："擤回鼻子有半斤先生独吞。啊——呸！"

讲述者：　王介吾，男，40岁，安阳市人，医生
采录者：　王海民，27岁，安阳县人，教师
采录时间：　1981年
采录地点：　安阳县瓦店乡
选自：　《狐狸坟传奇》

472

牛油

小徒弟替掌柜的看杂货摊儿，买主问："有红糖没有？"小徒弟说："没有。"又来一个买主问："有线袜儿没有？"小徒弟说："没有。"掌柜的教给他："人家问有红糖没有，你不会说有白糖？白糖比红糖甜得多。人家问有线袜儿没有，你不会说有丝袜儿？比线袜儿光得多。"小徒弟记住了。

这一天，来了个妇女，问他："有月经纸没有？"

小徒弟说："没有月经纸，有洋蜡，比那光得多。"

妇女骂他："算啥做的你。"

小徒弟没听清，说："牛油。"

讲述者：　张慧玲，女，22岁，安阳市郊区漳涧人
采录者：　孙雅，女，16岁，安阳市人，中学，学生
采录时间：　1994年
采录地点：　安阳市鼓楼电影院
选自：　《狐狸坟传奇》

附记

采录人孙雅，为《狐狸坟传奇》(《中国民间文学集成·河南省安阳县故事卷》) 主编孙保成的女儿，尚在读中学，协助父亲采录了一些比较短小的民间故事（主要是笑话）。

473

戏弄农夫讨没趣

从前有个农夫，没读过书，不懂文绉绉的客套话。有一天，他见到一位秀才在大路下阅书诵诗，便上前请教："相公，'令尊'二字是什么意思？"秀才抬头一看，原来是个没学问的农夫，竟连"令尊"是对人家父亲的尊称都不知道。于是就要笑他说："这'令尊'二字嘛，就是称呼人家的儿子。"说着，这位秀才暗暗得意，情不自禁地掩嘴而笑。

农夫信以为真，又接着问秀才："相公，你府上有几位'令尊'呀？"秀才一听，顿时气得肺都要炸了，但又不好发作，只好说："我家没有'令尊'。"农夫是个诚实厚道之人，以为秀才讲的是实话，就立即安慰他说："相公，你府上没有'令尊'不要紧。我家共有五个'令尊'（儿子），你喜欢哪个，我就送一个做你的'令尊'，这不是很好吗？"此时秀才哭笑不得，他想要小聪明戏弄农夫，结果却弄巧成拙，有口难言，只好转身溜走了。

讲述者： 王书太，男，66岁，中师，退休教师

采录者： 张俊山，男，67岁，安阳市北郊东大姓
村人，高小，退休干部

采录时间： 2005年

采录地点： 安阳县

选自： 《安阳县民间故事集》

附
记

　　采录者给我提供这篇故事时曾说过一句话，至今记忆犹新。他说，社会上有些人，自恃肚子里有点墨水，就看不起农民，还去农民面前炫耀显摆，甚者还去耍笑戏弄老农，结果是碰一鼻子灰。

　　采录者说他在农村工作时遇到过这种情况，这个故事就是早年在农村听来的。虽然时隔很久，但记忆犹新，现在还有人说到这个故事。（王光明）

474

猪肝与竹竿

　　从前有个妇女好吃懒做。一次她的老母猪生了十多个小猪崽，她把小猪都用泥糊住一个个烧烧吃了。她的婆婆很生她的气，就说："今天你赶集给我买竹竿儿吧。"那个妇女就到集上买了很多猪肝儿，她还自言自语地说："恁想吃猪肝儿，不叫我吃，我现在就吃。"她又买了两个烧饼，配着猪肝饱餐了一顿，临走又买了两个大猪耳朵放着她来家吃，到了家，她婆婆问她："你买的竹竿儿呢？"她把吃剩的猪肝儿拿出来，婆婆一见很发急，说："你的耳朵在哪里？"她又慌忙拿出买来的两个猪耳朵交给了婆婆，可她心里说："那么多猪肝还不够你吃吗？为啥还得叫把耳朵再给你？"可是她没有说出来。婆婆一见猪肝和猪耳朵，大发脾气说："我是叫你买竹竿，谁叫你买猪肝！"

讲述者： 林忠德，男，48岁，内黄县二安乡大槐林
人，大专，干部

采录者： 柴连生，男，38岁，内黄县豆公乡人，高

中，文化站干部

采录时间： 1990 年 3 月 4 日

采录地点： 内黄县二安乡大槐林村

选自： 《中国民间故事集成·河南内黄县卷》

475

比俭省

妻子说："今天的面条，一定很香。"丈夫问："咋回事？""我去串娘家时，来半路上遇到个卖猪肉的，我摸了两手猪油，往锅里洗了洗，它能不香吗？"丈夫一听，拿起烧火棍，就朝妻子打去。妻子见事不好，连忙就跑，到了街里，他大爷截住了。大爷问："咋啦？一进家就打？""她弄了两手油，往锅里洗了洗，她要往缸里洗洗，不够咱吃两天吗？""打，狠打！她要往井里洗洗，不够咱吃两年吗？"

讲述者： 李成华，男，33 岁，内黄县田氏乡杨庄村人，高中，农民

采录者： 陈国希，男，37 岁，内黄县田氏乡杨庄村人，高中，农民

采录时间： 1990 年 3 月 21 日

采录地点： 内黄县田氏乡杨庄村

选自： 《中国民间故事集成·河南内黄县卷》

476

打灯笼难找

从前有弟兄俩，老大在家种田，老二在外教书。一日，弟兄二人在商议买年货时因想法不同便抬起杠来。老二说："哥哥，我们家不是很富裕的，凡事要俭省点为好。"老大说："你抠啥？你整天在外教书，又不劳动，粮食是我收来的，我偏要卖上几斗，多买些年货。你要不高兴，来年等开了学我去教书，你在家种田，到那时，凭你咋着，我定不干涉！"老二见哥如此说，也只好答应了。

等过了春节，学校开学了，老大便把诸事安排给老二，往学校教书去了。那时候学校里有一种规矩：凡新到的老师，要给学生一一重新命名。自然，这老大也不例外。这天下午，正式开课了。老大便叫起一名学生问道："你姓啥？""姓王。""那好，你叫王玉吧！"老大又问另一学生："你姓啥呢？""姓玉。""那你叫玉王。"老大接着问第三个学生："你姓啥呢？""姓李。"老大一听便傻了眼。因为他只认识王玉这两个字，所以一听这学生姓李，他便发起野急，把这个学生狠狠地训了起来："谁叫你姓李？你为何不姓王、不姓玉？"一顿胡骂，把个小学生吓得再也不敢吭声。小学生回到家中，哭着把此事对父亲诉说了

一遍，父亲听罢大怒，当下便叫了几个人，要到学校去收拾老大。再说这老大得了此信，吓得慌忙跑到校园后边的大柳树上藏了起来。这个学生的父亲带人在校园里找了几遍也没找到，最后来到校园的后边，因天已大黑，什么也看不到了，小学生的父亲便说："咱们回去打灯笼来找吧，今天看他能跑哪儿！"老大在树上听得众人的脚步声走远了，忙跳下来一口气便跑回了家。老二问他："为何天这么晚又回来了？"老大便把命名的事对老二说了一遍。老二听罢，真是又好气又好笑，说："哥哥，像你这样的先生，真是打灯笼也难找哇！"老大忙接道："对！二弟，他们真回家打灯笼去啦，这回看他们往哪儿找我！"

讲述者： 王树松，男，70 岁，内黄县马上乡东同柱村人，不识字，农民

采录者： 王子峰，男，30 岁，内黄县人

采录时间： 1990 年 2 月 26 日

采录地点： 讲述者家中

选自： 《中国民间故事集成·河南内黄县卷》

477

改姓

从前，一家姓王的大富户，有一个娇生惯养的儿子名叫王主。他爹先后给他请了八个教书先生，才教会他六个字，那就是王、一、二、三、五、主。明知自己的儿子不是教书先生的材料，但他看到儿子一天天长大，说啥也得给儿子找个吃饭门路。于是便腾出自家三间瓦房办起了学堂，让儿子小王主当先生。

小王主这回还真听了他爹的话，高高兴兴去教书。开学的头一天学生都来报名，小王主坐在八仙椅子上指着学生说："不管你们在家叫什么名字，凡进了学堂的都由老师给你们起名字。"说着对学生甲说："你叫王一！"对乙说："你叫王二！"又对学生丙说："你叫王三！"对学生丁说："你叫……"本来该叫王四，但自己不会写四字，说出来又怕丢面子，就强辩说："四没有五多，你叫王五。"学生戊说："老师，我是老五，那我该叫啥名呢？"王主灵机一动说："你是最后一个，数你最大，你叫王王吧！"说着一位外村姓刘的学生也来报名，王主不会写刘，他想了想说："谁在我王家庄上学都得改姓，姓王，你就叫王一一。多个一，小一辈，多交学费一石小麦。回去

吧！"接着又对大家说："今天头一天，学堂起名，明天教书。"

第二天，王主叫他的仆人端鹰牵犬在村外等候。他装模作样地走进学堂，来给学生上课。他走上讲台，坐在八仙椅子上，学生们害怕老师，谁也不敢吭声，这时一只老鼠从洞里露出头来又急忙缩回去，王主便说："露头回也。"学生跟着念了起来。小老鼠看到没猫，又没有了声音，就顺着墙根跑了。王主接着又念道："溜墙跑也！"然后说："今天就背这两句，一定要念会。"说着就大步走出学堂同家仆游玩去了。

讲述者： 孙美玉，男，60 岁，内黄县石盘屯乡麒麟村人，初中，农民

采录者： 孙明堂，男，56 岁，内黄县文化局干部，中专

采录时间： 1990 年 4 月 5 日

采录地点： 内黄县石盘屯乡麒麟村

选自： 《中国民间故事集成·河南内黄县卷》

478

那我还去呢

讲述者： 陈清元，男，72岁，内黄县田氏乡杨庄
村人，不识字，农民

采录者： 陈国希，男，37岁，内黄县田氏乡杨庄
村人，高中，农民

采录时间： 1990 年 3 月 22 日

采录地点： 内黄县田氏乡杨庄村

选自： 《中国民间故事集成·河南内黄县卷》

在阴曹地府，阎王爷要与一个屈死鬼平反。

勾命鬼马大哈把屈死鬼带上阎王殿。阎王爷看了屈死鬼一眼，说："现已查明，由于马大哈的粗心，错把 99 看成 66，叫你早回阴间三十三年。今天，特把你叫来，是为了给你平反，让你再回人间去。"

"叫我回去，得答应我三个条件。"屈死鬼说。

"第一条是什么？"阎王爷问。

"高楼大厦要一座，不愁吃来不愁喝。"屈死鬼说。

"第二条呢？"阎王爷没有回答，接着问道。

"夏穿绸来冬穿缎，吃喝都要佣人端。"屈死鬼说。

"第三条呢？"阎王爷摇摇头，又问。

"美女我要十二双，青春常在二十多。"屈死鬼又说。

"那我还去呢！"阎王爷觉得这差事挺美，失口说出这样一句话。惹得小鬼哈哈大笑。阎王爷瞪了小鬼一眼，吼道："笑什么？对这种人的过高要求，我们是不能答应的。"说到这里，他停了停，对马大哈说："是你把他带来的，你再把他送回去。记住，他提的那三个条件，统统作废。"

479

云诗争烟

采录时间： 1990 年 3 月 21 日
采录地点： 内黄县田氏乡杨庄村
选自： 《中国民间故事集成·河南内黄县卷》

从前，有三个讨饭的朋友住在一个破庙中，这一天夜里，他们讨饭回来，发现庙里有半截香烟。三个人半截烟，咋个吸法？老大说："这样吧，咱们来个云诗答对，谁说得穷谁吸。怎么样？"老三说："行，起大排小，你先说。"老大心里说："三滑头，我先说也没你的便宜。"老大扫了老三一眼，说："听我的，我家半夜屋，香头儿当蜡烛。铺着案板睡，盖着旧抹布。怎样？"老二说："大哥没我苦，你们听：我无家睡在路，星星当蜡烛。铺着坷垃睡，盖着筋么骨[1]。谁苦？"老三说："我苦。你们听：我断饭七八天，昏沉在人间。虽说有口气，为的半截烟。别争了，还是让我吸了吧！"

讲述者： 杨文堂，男，45 岁，内黄县田氏乡杨庄村人，小学，农民
采录者： 陈国希，男，37 岁，内黄县田氏乡杨庄村人，高中，农民

[1] 筋么骨：肋巴骨。

480

咸鸡与咸蛋

从前，有一位教书先生去赴宴，宴席上有人指着盘子里的咸鸡蛋问他："请问先生，这鸡蛋没有缝，为什么能咸呢？"先生想了半天回答不出，便说："我回去看看书，再告诉你们吧。"教书先生回到家，四书五经翻了个遍，也没找到答案。

一天，先生到酒馆去喝酒，买了只咸鸡做下酒菜。当他咬了一口咸鸡肉时，忽然叫道："有了，有了，我说鸡蛋为啥有咸的呢，原来是咸鸡下的呀！"

讲述者： 赵香玉，女，35 岁，内黄县井店镇文化
馆干部，中专
采录者： 李金声，男，53 岁，内黄县井店镇文化
馆干部，中专
采录时间： 1990 年 4 月 18 日
采录地点： 讲述者家中
选自： 《中国民间故事集成·河南内黄县卷》

481

大马虎与二马虎

大马虎二马虎是弟兄俩，一个比一个马虎。他俩打通腿[1]睡觉咧。睡着睡着，大马虎觉得腿痒痒啦。他癔儿巴征[2]地摸着二马虎的腿挠起来。可是不解痒，他就使劲挠。把腿都挠破了，还是不解痒。二马虎呢，不管大马虎咋挠，人家呼呼大睡，不动也不醒。

讲述者： 孟东印，男，36 岁，内黄县人，演员
采录者： 李国存，男，22 岁，内黄县二安乡沙河
庄村人，学员
采录时间： 1978 年
采录地点： 剧场附近农家
选自： 《中国民间故事集成·河南内黄县卷》

[1] 打通腿：两个人在一个被窝里一颠一倒睡。

[2] 癔儿巴征：也作"癔儿八征"。癔，癔病。征，发愣，发呆。意为呆头呆脑，傻而愚蠢。

482

明白了

有个傻瓜去坐席，在席上吃得挺饱。回家的路上风吹掉了他戴的草帽，他想拾，却弯不下腰去。这时对面过来一位妇女，妇女肚又大腰又圆，傻瓜忙招呼说："来来，给拾起来草帽，我弯不下腰去。"妇女又羞又恼，涨红脸说："娘那个脚，你没长眼哪！"傻瓜揉揉眼睛，怔了半天，突然说："哦哦，明白了，你也坐席来呀！"

讲述者：	左文良，男，75 岁，内黄县东庄镇西野庄村人，不识字，农民
采录者：	左运贵，内黄县人
采录时间：	1987 年 11 月 27 日
采录地点：	内黄县东庄镇西野庄村
选自：	《中国民间故事集成·河南内黄县卷》

483

谁说的大

三个人在一起喷大话，看谁说的大。第一个人说："俺家有个盘子，跟那天样。"第二个人说："俺家有个碟子，跟那地样，地比天还大。"第三个更能喷，说："俺家粪堆上出了棵黄瓜秧，结了根黄瓜，能切你那一盘子，切你那一碟子，还余剩半截子。"

讲述者：	李文山，男，23 岁，内黄县二安乡沙河庄村人，小学教师
采录者：	李国存，男，7 岁，内黄县二安乡沙河庄村人，学生
采录时间：	1963 年
采录地点：	乡村小学院内
选自：	《中国民间故事集成·河南内黄县卷》

484

醋坛子

从前，有两个结拜的弟兄，一个叫王六，一个叫李斌。二人数年未曾来往。王六忽然想起兄弟李斌，于是，就马上启程前去看望。

来到李斌家，出来开门的是一位拉着小孩的年轻女子。王六说明来意后，那女子慌忙将他让进家来。走进院子，王六见一座新瓦房耸立在院子中央，样式美观大方，不禁脱口赞道："好座漂亮的房子！"那女子随口附和道："这都是好邻居帮忙。"来到屋里，那女子领的那一小孩忙递给王六一杯茶。王六一见十分高兴，连声夸道："多么聪明的孩子。"那女子微微一笑说："这都是祖上的阴功。"王六见这女子很通大礼，就问："不知贵夫人是我兄弟的什么人？"那女子慌忙施礼答道："奴家是你兄弟的贱妾。"王六一听更加从内心里佩服。他见李斌外出不在，就起身告辞，那女子将他送出大门说："三五日等你兄弟回来，我就让他前往贵府。"

回到家里，王六见自己的妻子很不会说话，不觉有些生气。但他的妻子并不服气，扬言等李斌到来做个样子看。

经过几天的准备，王六的妻子已把李斌老婆说的那几句话背得烂熟。只是"贱妾"二字她总记不牢，于是，她想了一个主意，在桌子下边放一个醋坛子，里面插了根箭，以免忘记。

几日后，李斌果然来了。王六的老婆也把李斌让进院里。为了试验自己的才华，让躲在屋里的王六听，她故意说："听说你要来，老娘特意给你让了座好房子。"李斌见她这样讲话，不禁把眉一皱，也随口说："房子不错。"王六的老婆见机会到了，马上接口道："这都是祖上的阴功。"李斌又把眉皱了一皱。为了继续表演她的伶牙俐齿，她故意把孩子递给李斌说："叫叔叔。""叔叔。"李斌无奈接过孩子说："好漂亮的孩子。"王六的老婆一听，可有了用武之地，便高声说："这都是好邻居帮忙。"说完得意地笑了起来。李斌见她这样不懂事，真是又气又乐，就问："你是我哥什么人？"王六的老婆一听先是一愣，后又往桌子底下一看，谁知坛子里那支箭不知啥时让小孩拿跑了，于是她得意地一笑说："我是你哥哥的醋坛子。"

讲述者：　李佩章，男，75岁，内黄县张龙乡田达
　　　　　村人，高中，教师
采录者：　牛建华，男，36岁，内黄县人，农民
采录时间：　1990年6月
采录地点：　讲述者家中
选自：　《中国民间故事集成·河南内黄县卷》

485

才大齐天

采录时间： 1990 年 3 月 21 日
采录地点： 内黄县马上乡七里井村
选自： 《中国民间故事集成·河南内黄县卷》

　　两个落榜的举子，住在一个店里。晚上店家和他俩拉闲话，拉一会儿，一举子问店家："掌柜的贵姓？"店家说："反正有土有木。"说过店家也就走了。

　　可他二人怎么也想不起店家姓什么，一举子抱头睡在床上，往上看，土墙上钉一木橛子，高呼："老兄你看！"另一举子一看也高兴了："对呀，墙是土橛是木，他不姓橛姓什么！"二人一细想不笑了，各自抱头大哭起来。店家听到哭声赶紧跑来，问他们哭什么，二人把经过一说，问店家："你说公平不公平？我二人才大齐天，也只是名落孙山的呀。"说着二人又大哭起来。店家一听倒在地上打着滚哭，二人问："你又哭什么？"店家说："我姓了半辈子杜，老了老了又改姓橛呀。"

讲述者： 张廷柱，男，45 岁，内黄县马上乡七里井村人，初中，农民
采录者： 朱尽忠，男，33 岁，内黄县马上乡文化站干部，高中

486

二胯骨剃头

站干部，高中

采录时间： 1990 年 3 月 21 日

采录地点： 讲述者家中

选自： 《中国民间故事集成·河南内黄县卷》

从前有个小孩叫二胯骨，拜师学剃头。开头师父不敢叫他给人剃，就给他个南瓜，在南瓜上学剃，一到吃饭时师娘一叫他，他把刀往南瓜上一插就跑了。后来时间一长他就习惯了，不想剃了就把刀往南瓜上一插。有一次师父叫他在人头上剃，他剃了老大一会儿一个头还没剃完，可巧师娘又叫他，他把刀往人头上一插，一刀下去一个大口子，血窜了他一身。

二胯骨学会了剃头，就是不会磨刀子。有人就编了顺口溜："二胯骨的刀，剃的不如薅，薅还不要紧，千万别用挖耳刀。"

有一次，有个人叫他剃头，正剃时那人痛得实在忍不住了说："你先别剃了，叫我到家。"他说："正剃头到家干吗？"那人说："我问俺娘还要我不要了，要是不要了我再来剃。"

讲述者： 张近玉，男，50 岁，内黄县人，初中

采录者： 朱尽忠，男，33 岁，内黄县马上乡文化

487

捣诓[1]大王

讲述者： 张东德，男，75 岁，内黄县亳城乡东草坡村人，不识字，农民

采录者： 张怀恩，男，38 岁，内黄县亳城乡东草坡村人，大专，干部

采录时间： 1989 年 5 月 19 日

采录地点： 讲述者家中

选自： 《中国民间故事集成·河南内黄县卷》

附记

张东德，在家行二，个子矮矮的，很敦实。他一生无儿无女，却很喜欢孩子。张东德没有上过学，讲故事却是行家里手，山南海北、千奇百怪、云天雾地、妖魔神仙鬼怪变人的故事信手拈来，我们都叫他"故事大王"。20 世纪六七十年代，村里实行生产队，张东德是生产队的饲养员，负责的牲口棚正设在村中间。每当晚饭后，牲口棚就成了人们谈天说地侃大诓的场所。张东德说笑话常常面无表情，听者已经笑得前仰后合、鼻涕眼泪顺脸流，可他还在绷着脸一本正经地讲故事。（张怀恩）

过去，有一个人爱捣诓，许多人上过他的当，人们都叫他"捣诓大王"。另有一个人说："我就不信'捣诓大王'能诓了我。"

有一天，这个人见"捣诓大王"慌慌张张从地里跑回来，累得满头大汗，就截住他说："'捣诓大王'你甭慌，请你现在给我捣个诓。"

"捣诓大王"气喘吁吁地说："那边河湾里鱼耦啦[2]，我正急着回家扛网咧，哪还有时间捣诓。"说完就头也不回地急急走了。

这个人见"捣诓大王"急急忙忙的样子，心想这回总不能是"诓儿"，就急忙跑到家里，扛起撒渔网向河湾里跑去。可是等他跑到河湾一看，那里一个人也没有，河湾里的水澄清澄清的，连个鱼的影子也没有。他一边往回走，一边垂头丧气地说："哎，又叫'捣诓大王'给诓了。"

[1] 捣诓：说谎话。
[2] 鱼耦啦：指鱼多得把水都搅浑了。

488

瞪眼瞎看告示

讲述者： 张东德，男，75 岁，内黄县亳城乡东草坡村人，不识字，农民

采录者： 张怀恩，男，38 岁，内黄县亳城乡东草坡村人，大专，干部

采录时间： 1989 年 5 月

采录地点： 讲述者家中

选自： 《中国民间故事集成·河南内黄县卷》

有一天，官府贴出了一张告示。有一个人不识字，却想听别人念念告示上写的是什么。可是看告示的人谁也不吭声。

不一会儿，有一个人一边吃烧饼，一边用劲往告示跟前挤。这个人就紧跟着吃烧饼的也挤到告示跟前。可是这位主儿挤到告示跟前也是光看不吭声。这个人憋不住了，就问吃烧饼的："那是啥？"

"烧饼。"

"上边是啥？"

"芝麻。"

这个人急了，就用手拽拽吃烧饼的人的衣角，大声问："上边那黑的？"

"糊啦。"

这个人忽然明白了，就把手一甩，说："原来你也是个瞪眼瞎。"

吃烧饼的听了也急了。他把头一扭，说："你才是瞪眼瞎呢。你没看见我正在吃烧饼吗！"

489

犟筋头

　　父子二人，性子都很犟，凡事轻易不让人。有一天，父亲留客人在家喝酒，打发儿子进城买肉。儿子买了肉往回走，快出城门时，碰到一个人迎面走来，谁也不给谁让路，两人就对面立在那儿。过了半天，家里等肉炒菜，还不见儿子回来。父亲去找，进了城门，看见儿子和那人对立在那儿，就对儿子说："你先把肉拿回去，陪客人吃饭，让我和他站。"

采录者：　逯庚珣，男，1964 年生，滑县上官镇逯
　　　　　堤村人，高中
采录时间：1989 年
采录地点：滑县
选自：　　《中国民间故事集成·河南滑县卷》

490

放屁

　　娘儿俩去街上换豆腐。母亲憋不住放了个屁觉得怪不好意思，就怪儿子说："你这个小孩，放屁也不拣地方！""是我哟？是你。"儿子争辩，娘的脸一红一红。

　　来到家，娘骂儿子："你个傻种，我个大人家，放个屁不知道多丢人。"

　　儿子又回到街上，对卖豆腐的说："刚才那个屁不是俺娘放咧，是我放咧。"

采录者：　逯庚珣，男，1964 年生，滑县上官镇逯
　　　　　堤村人，高中
采录时间：1989 年
采录地点：滑县
选自：　　《中国民间故事集成·河南滑县卷》

491

老二陪客

讲述者： 牛草英，男，40 岁，汤阴县人，高中，干部

采录者： 张文，男，42 岁，汤阴县人，大专，干部

采录时间： 2006 年 1 月 23 日

采录地点： 汤阴县城关镇

选自： 《中国民间故事全书·河南汤阴卷》

从前，有兄弟俩，老大经常不下地劳动，有了客人还陪客。老二经常下地劳动，老二的媳妇有了意见，就对老二说："陪客都是咱哥去，你就不能去陪客？谁不知道陪客能吃好哩。"有一天，家里有了客人，老二对老大说："哥，今天我陪客啦。"老大说："中呀，你就陪客吧。"老大知道老二缺个心眼，就对老二说："吃饭时你先动筷子，客人才吃。"老二说："中。"老大知道老二吃得多，又对老二说："客人吃一个馍，你就吃两个馍。"老二说："知道了。"一会儿，酒菜都摆上来了，老二就拿起筷子，对客人说："来来，先吃，先吃。"这一手老二没有丢了人。喝罢酒该吃饭了，客人从桌上拿了一个馍，老二赶紧拿了两个馍，狠吃狠吃，吃完了，客人又拿了一个，老二又拿了两个，连啃带咽地吃完了。谁知，这个客人饭量也不小，抬手就要拿第三个馍，老二一看急忙按住客人的手说："你还吃哩，想撑死我哩吗？"

492

倒拿借据

从前，有个财主向人讨债，颠倒拿着借据，那人讥笑地说："你怎么这样拿呢？"财主一听生气地说："我拿着是给你看的，难道是我自己看的吗？"

采录者：　靳平书，男，50岁，汤阴县人，高中，干部
采录时间：　2005年12月24日
采录地点：　汤阴县城关镇
选自：　　《中国民间故事全书·河南汤阴卷》

493

张三吐鸡子

从前，有个人叫张三，此人疑心很大。有次，他很不在意地吐了一口痰，正巧落在一根鸡毛上，又仔细一看，害起怕来，便对妻子说："今儿个，不知道咋回事，我从嘴里吐出一根鸡毛来？"妻子一听，觉得很奇怪，便跑到东邻去问："俺孩子他爹，不知道咋回事，今儿个从嘴里吐出一个鸡翅膀来。"东邻一听，也觉得很奇怪，就到西舍那里说："今儿个，不知道咋回事，张三从嘴里吐出一只鸡来。"就这样，越传越奇，越奇越传，传来传去，就传出一个张三吐鸡的笑话来。

采录者：　王权，52岁，汤阴县瓦岗乡龙虎村人，
　　　　　高小，文化馆干部
采录时间：　1987年
采录地点：　汤阴县
选自：　　《中国民间故事集成·河南汤阴卷》

494

信别字

以前，有父子俩在外做生意，开了个杂货铺。这一年将近年关，铺子里生意好，忙不过来，还雇了一个人帮忙，春节不能回家过年。父亲就对儿子说："你先给家里写封信，就说今年生意很好，还雇了一人帮忙，年前回不去，等年后发了财再回。"儿子写好信就让人捎回去了。

大年三十，家里人接到信，喜出望外，连忙请人念。谁知一念，全家人都慌了。信上写道："铺里亡故一人，年前不能回，过罢年发材回家。"婆婆以为老头儿子死了，儿媳妇以为丈夫死了，哭哭啼啼乱作一团，年也没有过好。

过罢年，父子俩赚了不少钱，高高兴兴地回家了。路过儿子他姥姥家时，父亲对儿子说："我先回去，你先到姥姥家看看。"儿子到了姥姥家，刚好他母亲因思念老公和儿子，心里难过，回娘家散心，正住在这里。母亲一见儿子一人回来，知道死的肯定是老公了，一下子便大哭起来，一会儿昏死过去。儿子很奇怪，娘见了儿子应该高兴才对，怎么反而如此悲伤呢？等母亲醒过来，就问："我们发财回来，你该高兴才是，哭啥哩？"母亲道："信上说，铺子亡故一人，恁俩人出去，回来一人，不是你爹

死了？"

再说媳妇愁眉不展呆在家里，一见公公一人回来，也以为是丈夫死了，便放声大哭，寻死觅活。老头儿也很纳闷，就劝儿媳说："我们虽然回来晚了几天，可是发了大财，你不高兴咋还哭哩？"儿媳妇说："信上说铺里亡故一人，恁俩人出去，现在只有你一人回来，那不是恁儿子死了？"老头儿一听，哈哈大笑，说道："你男人往他姥姥家拐拐，一会儿就回来。"儿媳妇半信半疑，以为哄她，正说着，母亲和儿子回来了，母亲的眼哭得像红桃似的，一见老头儿子，破涕为笑。儿媳妇见丈夫回来，高兴得啥似的。

老头儿和儿子感到很奇怪，就让她们拿出信来看。原来"忙"字写成"亡"字，"雇"字写成了"故"字，"财"字写成了"材"字。三个错别字，虚惊一场，闹了个笑话。

采录者： 史文富，男，59岁，汤阴县岳庙街人，大专，教师

采录时间： 2005年11月4日

采录地点： 汤阴县城关镇

选自： 《中国民间故事全书·河南汤阴卷》

495

曹双儿买驴

俺们这儿提起曹双儿买驴的事儿，谁也会笑得直不起腰来。

曹双儿家有一头毛驴儿，瘦不说，还瞎了一只眼。曹双儿他爹就叫他牵着毛驴到邻村的会上卖掉，再买头好驴回来。临他走，他爹还再三叫他别像平时那样马大哈，睁着眼像没眼儿，跟瞎子一样。

双儿到会上一小会儿就把驴卖了一百块钱，自己还觉得怪不少哩！卖了驴，曹双儿就到处磨游[1]去买好驴。

买曹双儿驴的是个老牲口贩子，很会捣鼓。他把刚买到的驴牵到河边用水刷了一遍。刷过水后，毛色非常光亮新鲜，看上去很精神，就又牵到会上去卖。

曹双儿转了一圈没买到好驴，来到洗刷过的驴前停了下来。老牲口贩子瞧他有心思，想买，就上前搭话儿："老弟，你瞧这头驴有多好，刚才有人给我一百三十块钱我还不卖哩，老弟要是想要，咱这样吧，一百二十块算给你。"双儿摸摸驴身说："驴身上咋恁湿哩？"老牲口贩子

[1] 磨游：游玩、转悠的意思。

说："天气热，我用水刷了一下，怕它中暑。"双儿心想："这头驴瞧起来还差不多儿！"当下掏出一百二十块钱买下了这头驴。

回到家，他爹一瞧他逮着自己的驴回来了，就问："双儿，咋驴没卖了？"双儿说："咋没卖？没卖咋能买新的？"他爹一听气毁了，鸣叫道："双儿，你买驴咋就不瞧？咋买的还是自己的驴？"双儿一听吓了一跳："不会吧，我用了一百二十块钱买的，咱家的驴才卖了一百块钱。"他爹一听更气了："小杂种羔子，你好好瞧瞧，驴眼瞎吧，你眼也瞎？驴有一只眼，你也有一只眼？"双儿走到驴前一瞧，傻眼了——这时他的眼可一点也不瞎，他清清楚楚地瞧着驴的一只眼是瞎的。

从这儿，人们一提起曹双儿，就笑着摆手说："不瞧，不瞧。"引得别人也都大笑了。

采录者：   左斌，男，1951 年生，汤阴县白营乡杨村人，大专，干部
采录时间： 2006 年 1 月 12 日
采录地点： 汤阴县城关镇
选自：   《中国民间故事全书·河南汤阴卷》

496

拽
裤
衣

采录时间： 2006 年 2 月 9 日
采录地点： 汤阴县城关镇
选自： 《中国民间故事全书·河南汤阴卷》

从前，有个大财主，他有个侍从，很会溜须拍马、见机行事，格外献殷勤，颇讨主子欢心。

有一天，主子七十大寿，城乡的达官贵人、名门豪绅，都来祝贺。

开饭之前，众贵客想观赏他的后花园，财主欣然同意。

在走的路上，侍从见财主的后边绸裤夹在屁股里，就献殷勤，用手把夹着的裤衣从屁股内拽了出来。

当着众贵客的面，你在主人的屁股上乱弄乱拽，很不雅观，故财主扭脸狠狠地瞪了他一眼，意思是你这样做，多难堪，岂不令人耻笑？

侍从见主子狠狠瞪了自己一眼，分明是说自己错了，不该这样做。于是，就知错速改，立刻用指头又把拽出来的裤衣捅进主子的屁股内。众客人见状，个个面面相觑，都憋不住哈哈大笑起来……

采录者： 李友义，男，68 岁，汤阴县宜沟镇前李朱村，大学，县委党校副教授

497

赖皮赌牌

有一赖皮，与甲、乙、丙打麻将。四人约定，一把一清，赌注每把一元，找不开钱的例外。

头一把，赖皮输给甲。甲说赖皮："给钱！"赖皮却说："你找不开，等会儿给。"

第二把，赖皮又输给了甲。甲又要，赖皮又说："你找不开，等会儿给！"

连赌数把，都是甲赢，赖皮输。甲怕赖皮赖账，就说："不当了，结算吧。"只见赖皮慢腾腾从口袋里摸出一分钱硬币，晃了晃说："你还是找不开吧！"

采录者： 李现虎，男，49岁，汤阴县五陵镇镇抚寨村人，大专，干部

采录时间： 2006年2月7日

采录地点： 汤阴县五陵镇

选自： 《中国民间故事全书·河南汤阴卷》

498

生了好

从前，有户人家，儿媳妇过门不久就要过年了。年三十晚上，全家团圆，都很高兴。儿媳妇把饺子煮好端上桌子，还没有吃，公公就问："生不生？"儿媳妇实话实说："不生，生啥呢！"公公有点不高兴。丈夫用脚踢踢媳妇，媳妇不知咋回事。

回到房里，丈夫对媳妇说："年三十晚上得说生（升），生儿生女、升官发财的意思。"媳妇说："知道了。"

来年三十晚上，媳妇把饺子煮了一个开就捞出来端上桌子。公公又问："生不生？"媳妇又实话实说："生，这回可生了！"公公高兴了，全家人都说："生（升）了好！生（升）了好！"可是，吃过饺子没到天亮就都闹开了肚子。

采录者： 田俊杰，男，67岁，汤阴宜沟镇翻身街人，师范，农民

采录时间： 2006年5月5日

采录地点： 汤阴县宜沟镇

选自： 《中国民间故事全书·河南汤阴卷》

499

我来告诉你

一位老者搬了把躺椅在路边的树荫下，想好好睡一觉，刚闭上眼睛，一个人就问他："老大爷，和平路在哪儿？"

老者往前一指："向前走五百米就是。"那人说了声"谢谢"二字就走了。老者刚要睡下，又有人问他："大爷，文明道在哪儿？"老者有点不高兴，往后一指："退回去拐个弯就是！"

那人走了之后，老者想："这怎么能睡好呢？"于是，就在一块纸板上写了"我不认识路"几个字，往身边一放，就躺在椅上安心睡了。

老者正睡得香，一个人轻轻把他推醒了，说道："大爷，您不认识路，您想往哪儿走？我来告诉您！"

采录者：　田俊杰，男，67岁，汤阴宜沟镇翻身街人，
　　　　　师范，农民
采录时间：　2006年5月5日
采录地点：　汤阴县宜沟镇
选自：　《中国民间故事全书·河南汤阴卷》

500

再也不敢生孩子了

农家自古有三喜，盖房娶亲生孩子。

有一家这年新娶了媳妇，大年三十儿包饺子，小姑子瞅了瞅嫂嫂的腰身说："今年咱家是五个人，到明年这个时候儿，说不定就成了六个人。"

新媳妇一听就知道是盼望自己生孩子哩，马上接话说："俺可不敢再生孩子了！俺在俺娘家生了一个孩子，差点被俺哥给打死！"

采录者：　赵长生，男，56岁，林州市合涧镇河南
　　　　　元村人，高中，干部
采录时间：　2006年
采录地点：　林州市
选自：　《中国民间故事全书·河南林州卷》

501

张大户请客

附记

我初中毕业后回乡参加农业生产，社员们集体劳动，常常边干活儿边说笑话。当时的很多笑话都和民间流传极广的傻孩子、傻女婿之类的笑话有关，这个笑话也是那时从社员们口中听来的。那时农村还相当封建，人们往往在家里娶了新媳妇后，过年聚在一块儿包饺子时讲这个故事，在笑声中提醒新娘子注重节操。（赵长生）

张大户为儿子办喜事，准备了四桌酒席。午时已过，才到三十位客人，整整差一桌。"哎，怎么该来的客人都没有来呢？"张大户来到第一桌酒席前说。这桌客人一听，心里觉得老不是滋味儿，主人说该来的不来，那我们是不该来的来了！一气之下，借故离席而去。张大户一看，客人又少了一桌，心里更急了。他可怜巴巴地对第二桌上的客人说："你们看，这不是给我找难堪吗？不该走的客人又走了。"第二桌上的客人一听，哟！不该走的客人都走了，那我们是该走的没走哇？一气之下，也都相继不辞而别。张大户来到第三桌客人跟前，显得有些委屈。第三桌上的客人抱怨他不会说话，把客人都气走了。张大户赌咒发誓地说："老天在上，我张大户说的可不是他们！"第三桌的客人一听，你说的不是他们，那一定是说我们啦！一气之下，也站起来，怒冲冲地走了。

采录者：　王买金，男，41岁，林县姚村乡三孝村人，
大学，干部

采录时间： 1985 年

采录地点： 林县

选自： 《中国民间故事全书·河南林州卷》

502

师徒俩

从前，有师徒二人，师傅好在人前说大话，人称"牛皮王"；徒弟善于巴结师傅，人称"马屁精"。

这年春天，"牛皮王"在众人面前说："昨天我沿河看景，见河上漂着一把斧子！"众人听了觉得新鲜：斧子怎能漂在水上呢？"马屁精"连忙证实道："这是我亲眼所见的真事，那斧子是砍在一根木头上的！"

这年夏天，"牛皮王"在众人面前说："昨天我去钓鱼，一下子钓上来一只鸭子蛋！"众人听了都说不可能：鱼钩怎能钩住鸭蛋？"马屁精"连忙证实说："这是我亲眼所见的真事，原来那鱼钩钩住了一只袋子，里边装着一只鸭蛋！"

这年冬天，"牛皮王"在众人面前说："昨天我用竹篮到河边挑了一担水回家。"众人都说这事稀罕：竹篮打水一场空嘛，怎能担水回家呢？"马屁精"连忙证实道："这是我亲眼所见的真事！前天夜里下了场连汤雪，我师傅家的两只竹篮放在当院，天亮时那竹篮的孔都被冰雪冻住，担水时一点儿也不漏！"

"牛皮王"见众人表情都很惊奇，越发得意，他又对众人说:"前些日子我骑马出远门,遇上一伙强盗,强盗一刀把我的马后半截砍去,我只好骑着马头跑了回来。"众人听了个个摇头:这是不可能的,半截马咋能驮人?

这时,"马屁精"站在旁边一言不发。"牛皮王"急了,拉了拉"马屁精"的衣角说:"你快告诉他们,这是不是真的。"

"马屁精"哭笑不得地说:"师傅,你若说马头被砍去这倒好说,现在你说马后半截被砍去,没有了马屁股,你让我还怎么拍哩!"

采录者:	王买金,男,41岁,林县姚村乡三孝村人,大学,干部
采录时间:	1985年
采录地点:	林县
选自:	《中国民间故事全书·河南林州卷》

503

书呆子赶集

有个书呆子去赶集,路过一个小水沟,他便停下来自言自语:"跳过去还是跃过去?"旁边的一个农民说:"小小水沟,一跳就过去了。"书呆子一听,立即双脚并拢,一跳跳进了水中。农民笑着说:"你真笨,连跳都不会。"他回答说:"双脚是跳,单脚是跃,愚人害我也。"

采录者:	王买金,男,41岁,林县姚村乡三孝村人,大学,干部
采录时间:	1985年
采录地点:	林县
选自:	《中国民间故事全书·河南林州卷》

504

山神爷显灵

讲述者： 李庆红，女，47 岁，林州市陵阳镇柳林村人，大专，银行职员

采录者： 赵长生，男，70 岁，林州市合涧镇河南元村人，高中，退休干部

采录时间： 2020 年

采录地点： 林州市

有个孩子步行往家里赶，走得腰酸腿累，饥渴难忍。眼看天要黑了，但离家还有很远的路程。这时，他看见路旁有座山神庙。

这孩子想乘机歇歇脚，就走进了庙里，跪下给山神爷磕了个头，求山神爷给自己加点儿劲儿，也好早点儿赶回家。

磕完头走出庙门，这孩子仍觉得身上四肢无力，肚子又饿，简直是寸步难行了。

突然，路边草丛中窜出两条野狼。

这孩子什么也顾不得了，没命地向前跑去，一边跑一边回头看，两只野狼一直在身后追赶。

孩子也不知道哪儿来的那么大的劲儿，竟然翻山过岗，一口气跑回了家。

他气喘吁吁地把求山神爷给加劲儿和路上遇到野狼的事儿都给娘说了。

娘说："那就是山神爷显灵哩，要不你咋会有那么大的劲儿哩？"

505

急性子和慢脾气

　　一个急性子，一个慢脾气，二人围在火盆边取暖，一边说着闲话。

　　就听慢脾气的人说道："我看见一个事，只怕说出来你会性急。"

　　"什么事？"

　　"我看你那袍子底角着火了。"

　　急性子一听立刻跳了起来："你这家伙，怎么不早说！"然后一阵扑打。

　　慢脾气说："说你性子急，果然不假。"

采录者： 赵长生，男，70岁，林州市合涧镇河南元村人，高中，退休干部

采录时间： 2020年

采录地点： 林州市

选自： 《中国民间故事全书·河南林州卷》

506

路不平

　　一位相公在书童的陪伴下出门闲逛。他觉得走起路来一脚高一脚低的，便不住地骂："什么破路？今天这路也太不平了！"书童听相公不断地骂，可自己也没感觉到路有什么不一样的，低头看看相公脚上，原来两只靴子，一只是高跟的，一只是平跟的。

　　相公说："快回家去给我把那一双拿来。"

　　不一会儿，书童空着手回来了："少爷，家里那一双也是一只高跟，一只低跟。"

讲述者： 李庆红，女，47岁，林州市陵阳镇柳林村人，大专，银行职员

采录者： 赵长生，男，70岁，林州市合涧镇河南元村人，高中，退休干部

采录时间： 2020年

采录地点： 林州市

选自： 《中国民间故事全书·河南林州卷》

507

两碗和三碗

　　某员外有个傻闺女，临出嫁前，她娘交代说："到了婆家，要看碗吃饭，大碗你就吃上两碗，小碗你就吃上三碗，千万不要多吃。"闺女点头称是。

　　出嫁后的第二天，闺女搂着个大肚子痛苦地喊叫着来到她的娘家。她娘大吃一惊，忙问："你咋了？"闺女哭着说："俺吃饭撑的。"她娘又问："你就不会少吃些儿？"闺女委屈地说："俺一嘴也没多吃，就按你说嘞，大碗吃了两碗，小碗吃了三碗，统共才吃了五碗！"她娘一听"啊？"一声，气晕倒在地上。

采录者：　石富林

采录时间：　1987 年

采录地点：　林县

选自：　《林县民间故事集》

508

照圣人的话断案

　　从前有个县官，没喝过多少墨水，但为了卖弄学问，在断案时总要翻看《论语》对照而行，并以此自夸："人家说半部《论语》治天下，何况我有一部哩！"

　　有一天，这个县太爷升堂审判两个小偷儿。

　　第一个贼偷了一只小鸡。县官随手翻开《论语》，只见上面写着："朝闻道，夕死可矣。"这话语原意是：在早晨悟得了宇宙事物的真理，就算是当晚死去，也可以没什么遗憾了。但县官不仅不解其意，反而认为"道"与"盗"是同义词，所以他判道："黄昏时，立即将此人处死！"旁边的幕僚悄悄对他说："判得太重了。"县官瞪了幕僚一眼，很有城府地说："不重，不重，《论语》上说'朝闻盗（道），夕死可矣'，这不是说，早上捉到盗贼，黄昏便要处死吗？"

　　第二个贼是个杀人放火的惯犯。他眼见偷鸡的都要判斩，自觉必死无疑。哪知县官一看案卷，查知贼人的父亲也是个大贼，三年前就斩首了。老爷此时竟马上离座，对贼人低头便拜，连声说："圣人道，三年无改于父之道，可谓孝矣！你父死三年，竟还继续为盗，无改父志，可算当今大孝矣！可敬可敬！"犯人感恩不尽。公堂上的差役目瞪口呆。县太爷沾沾自喜地说："本老爷照圣人的话断案，岂能错乎？"

讲述者：　孙保成，男，51 岁，文峰区东南马道人，大专，干部

采录者：　牛化法，男，43 岁，安阳县磊口乡目明村人，大专，干部

采录时间：2005 年

采录地点：安阳县文化局

选自：　《安阳县民间故事集》

509

挖水井

有兄弟三个挖水井，老三在井下挖泥，老二在井上拔泥，老大站在一旁看着。

一会儿，老二累了，说："哥，你来干会儿，让我歇歇吧。"老大忙摇着手说："不行，咱们谁也不能歇。"老二说："那你还立着干啥？""我这是在指挥呀，你没听人说'一个指挥家儿，顶仨人干'吗？"老二只好又接着干了。干了一会儿，老二突然扔掉手里的家伙，也站在哥的一边。老大问："你怎么又不干了？"老二说："你不是说'一个指挥家儿，顶仨人干'吗，那俩指挥不就是六个人干吗？！"老三在井下听到俩哥的对话，也喊了起来："哥，快让我也出去吧，咱仨指挥，那样也就等于九个人在挖井啊！"

讲述者：　单金生，男，34 岁，内黄县高堤乡咀头村人，小学，农民

采录者：　单建设，男，28 岁，内黄县城关镇人，高中，干部

采录时间： 1990 年 4 月

采录地点： 内黄县

选自： 《中国民间故事集成·河南内黄县卷》

附录

一

安阳常用方言对照表

搜集整理

王光明　刘二安　刘耀青　张永军　房海林

国际音标标注

刘二安　李学军　蒋煜锴

方言字词	国际音标	方言释义
腌臜	[A³⁴ ·tsʌ]	侮辱
挨靠	[ɣai³⁴ ·k'au]	归置、清理
鏊子	[au²¹³ ·tɛ]	烙饼用的圆形饮具
巴砖	[pʌ³⁴ ·tsuan]	即"八砖",一种古代的建筑材料,方形八角
白	[pai⁴²]	占便宜
白不涝的	[pai⁴² pɤʔ³ lau²¹³ ·tɛ]	形容灰蒙蒙的
白莛棺	[pai⁴² ts'ʌ⁴² kuan³⁴]	没有油漆的棺材
白鸡脚子	[pai⁴² tɕi³⁴ tɕuoʔ³ ·tɛ]	当地方言,就是白急脚子鬼,专门是阎王派来抓差的
白毛尾	[pai⁴² mau⁴² ·i]	毛尾,头发。白毛尾是白头发
摆开谱了	[pai⁴⁵ k'ai³⁴ p'ur⁴⁵ ·lɤ]	摆出某种姿态显示给人看
扳	[pan²¹³]	砸、打、摔
半墒雨	[pan²¹³ saŋ³⁴ y⁴⁵]	墒,是墒情,即下雨的情况。下透了叫全墒,下了一些叫半墒雨
傍黑儿	[paŋ³⁴ xər⁴⁵]	傍晚
宝贝蛋	[pau⁴⁵ pei²¹³ tan²¹³]	儿子
背屈	[pei²¹³ tɕ'yɛʔ³]	吃亏
背早早	[pei³⁴ tsau⁴⁵ ·tsɑu]	也称"背遭遭",小儿游戏,肩背着哄小孩儿,或互相背着玩
被子铺底都蹬成了龟孙	[pei²¹³ ·tɛ p'u³⁴ ·tiɛ tou³⁴ təŋ³⁴ ts'əŋ⁴² ·au kuei³⁴ ·suən]	把被子褥子都蹬烂了
本得	[pən⁵⁵ tɛʔ²⁴]	说得
筳	[piɛn⁴⁵]	盛馍的筐子或篓子,多用高粱秆穿制而成
扁食	[piɛn⁴⁵ sʅʔ³]	地方方言,就是饺子
鳔	[piau²¹³]	过去木工用的黏合剂
憋气	[piɛʔ³ tɕ'i²¹³]	闷气,沉闷
不出出	[pɤʔ³ ts'uoʔ³ ·ts'uo]	形容非常生气
不挡手	[pɤʔ³ taŋ⁴⁵⁽⁴²⁾ sou⁴⁵]	能干
不得劲	[pɤʔ³ tɛʔ³ tɕin²¹³]	不舒服
不忿劲儿	[pɤʔ³ fən²¹³ tɕiər²¹³]	不服劲儿
不圪节	[pɤʔ³ ·kɤ tɕiɛʔ³]	圪节也作"隔节",正好,告一段落。不隔节,不到一段落,不完整
不隔间儿	[pɤʔ³ kɤʔ³ tɕiar³⁴]	不定时,偶尔
不老盖儿	[pɤʔ³ lau³⁴ kar²¹³]	膝盖
不哩不登	[pɤʔ³ liɛ pɤʔ³ ·təŋ]	象声词,意思是有响声
不喃不喃	[pɤʔ³ ·nan pɤʔ³ ·nan]	吃东西时用舌头在嘴里搅动一下而吞咽的意思
不喃嘴	[pɤʔ³ ·nan tsuei⁴⁵]	嘴蠕动着
不亭	[pɤʔ³ t'iŋ⁴²]	不平均,不公平
不许过	[pɤʔ³ ɕy⁴⁵ ·kuo]	没有想到,想不到
不要烧不要弄	[pɤʔ³ iau²¹³ sau³⁴ pɤʔ³ iau²¹³ nuŋ²¹³]	不用烧火煮饭,不用干杂活
不知咋的	[pɤʔ³ tsʅ³⁴ tsʌ⁴⁵ ·tɛ]	不知咋回事
草鸡	[ts'au⁴⁵ tɕi³⁴]	母鸡
差了壶	[ts'ʌ²¹³ ·lɤ xu⁴²]	坏了事,也作"岔了壶"
缠	[ts'an⁴²]	闹鬼的意思
长虫	[ts'aŋ⁴² ·ts'uŋ]	豫北民间对蛇的称谓
场	[ts'aŋ⁴²]	收打农作物的场地
趁水和泥	[ts'ən²¹³ suei⁴⁵ xuo⁴² ŋi⁴²]	趁火打劫、借机发挥
翅翅	[ts'ʅ²¹³ ·ts'ʅ]	翅膀
抽	[ts'ou³⁴]	把酒端起来喝下
搊起来	[ts'ou³⁴ ·tɕ'i ·lai]	扶起来,推起来
出恭	[ts'uoʔ³ kuŋ³⁴]	人排泄的婉辞,大便,解手、解溲。以前的学堂上写着出恭入静,后来就把出恭说成解溲
出律下来	[ts'uoʔ³ lyʔ³ ·ɕiʌ ·lai]	滑下来
厨屋	[ts'u⁴² vəʔ³]	厨房
憷气	[ts'u²¹³ ·tɕ'i]	胆怯,害怕
粗骨碌的	[ts'u³⁴ kuoʔ³ luo³⁴ ·tɛ]	形容只粗不长
审捏	[ts'ua²¹³ niɛ⁴²]	林州方言,鼓动的意思
打别	[tʌ⁴⁵ piɛ²¹³]	上劲,说反话
打蛋	[tʌ⁴⁵ tan²¹³]	结团,形容多
打二号	[tʌ⁴⁵ ɚ²¹³ xau²¹³]	抄了近路,从人家后面捣鬼
打花	[tʌ⁴⁵ xuʌ³⁴]	买花,批发花
打饥荒	[tʌ⁴⁵ tɕi³⁴ xuaŋ³⁴]	争执
打轿回府	[tʌ⁴⁵ tɕiau²¹³ xuei⁴² fu⁴⁵]	回去
打通腿	[tʌ⁴⁵ t'uŋ³⁴ t'uei⁴⁵]	两个人在一个被窝里一颠一倒睡
打心椊照着血泊潺	[tʌ⁴⁵ ɕin³⁴ ts'uei⁴² tsau²¹³ tsɤʔ³ ɕiɛʔ³ p'oʔ³ ·ts'an]	打心椊指心脏;照着,挨上;血泊潺,指血液中。这里是说一颗心落到了肚子里
打着踢脚	[tʌ⁴⁵ tsɤʔ³ t'i³⁴ tɕuoʔ³]	形容手舞足蹈的样子
大笔	[tʌ²¹³ piɛʔ³]	大书法家
大节季	[tʌ²¹³ tɕiɛʔ³ tɕi²¹³]	大节日
大十五	[tʌ²¹³ sɤʔ³ u⁴⁵]	正月十五
大天老明	[tʌ²¹³ t'iɛn³⁴ lau⁴⁵ miŋ⁴²]	天亮后许久
大鸣小叫	[tʌ²¹³ u³⁴ ɕiau⁴⁵ tɕiau²¹³]	说话声音大,像喊叫
逮	[tai⁴⁵]	拉
带梢的	[tai²¹³ sau³⁴ ·ei]	套在前面的马
担到	[tan²¹³ ·tau]	放到东西上,为放水方便
当槽的	[taŋ³⁴ ts'au⁴² ·ei]	放到东西上
当间	[taŋ³⁴ tɕiar²¹³]	当中,中间
当诓的	[taŋ³⁴ k'uaŋ³⁴ ·ei]	欺骗人
当央	[taŋ³⁴ iaŋ⁴⁵]	正中间
挡饥	[taŋ⁴⁵ tɕi³⁴]	充饥
叨叨	[tau³⁴ ·tau]	夹菜吃
得得摇摇	[tɛʔ³ tɛʔ³ iau⁴² ·iau]	形容害怕的样子
得着哩	[tɛʔ³ tsɤʔ³ ·lei]	好惬意,特享受

方言字词	国际音标	方言释义	方言字词	国际音标	方言释义
地当儿	[ti²¹³ ·tã ɛ]	地方	圪蔫	[kɤ³⁴ ·iɛn]	人的精神不振
地面宽	[ti²¹³ miɛn²¹³ kʻuan³⁴]	地多	胳老肢	[kɤ³⁴ ·lau tsʅ³⁴]	腋窝
滴溜	[tiʔ³ ·liou]	①提着，拎着；②垂着，吊着	搁头里	[kɤ³⁴ tʻou⁴² ·ei]	在前边，跑前边
弟儿俩	[tiə̃r²¹³ lia⁴⁵]	弟兄俩，也作"定儿俩"	歌歌溜溜	[kɤ³⁴ kɤ liou³⁴ ·liou]	文绉绉的
第天	[tiʔ²¹³ tʻiɛn³⁴]	第二天	格当的	[kɤʔ³ taŋ³⁴ ·tɛ]	高粱秆
吊钩撩匙	[tiɑu²¹³ kou³⁴ liɑu⁴² ·sei]	吊钩，把牲口的脖子吊起来的钩子；撩匙，喂牲口用的专用工具	格格崭崭	[kɤʔ³ kɤʔ³ tsan³⁴ ·tsan]	崭新
			隔节虫	[kɤ³⁴ tɕiɛʔ³ tsʻuŋ⁴²]	蛐蜒、蜈蚣之类的虫子
			跟前	[kən³⁴ ·tɕiɛn]	身边、家里
吊头灰耳	[tiɑu²¹³ tʻou⁴² xuei³⁴ ər⁴⁵]	没个人样	供养	[kuŋ²¹³ iaŋ⁴⁵]	敬奉神仙
掉叠肚儿	[tiɑu²¹³ tiɛ⁴² tur²¹³]	脱肛	钩担	[kou³⁴ ·tan]	专用于挑水桶的扁担，因两端有铁钩故称"钩担"
跌着个儿	[tiɛ³ tsɤʔ³ kɤr]	翻着跟斗			
丢丑	[tiou²⁴ tsʻou⁵⁵]	找野男人	狗头石	[kou⁴⁵ tʻou⁴² sʅʔ³]	鹅卵石
丢撇了	[tiou³⁴ pʻiɛ⁴⁵ ·lɤ]	让人偷了	孤老	[ku³⁴ ·lau]	情人或嫖客
丢着	[tiou³⁴ tsɤʔ³]	等着，放着	谷拢	[kuoʔ³ ·luŋ]	动，挪
毒直直	[tu⁴² tsʅʔ³ ·tsʅ]	毒辣辣	顾嘴	[ku²¹³ tsuei⁴⁵]	挣钱吃饭
肚肚	[tu²¹³ ·tu]	屁股	管主	[kuan⁴⁵|⁴² tsu⁴⁵]	老板
对杵窨	[tuei²¹³ tsʻu⁴⁵ iɑu⁴²]	米臼	光肚子	[kuaŋ³⁴ tu²¹³ ·tɛ]	光身子
对头钉	[tuei²¹³ tʻou⁴² tiŋ³⁴]	死对头、对头的意思	锅底门	[kuo³⁴ ti⁴⁵ mən⁴²]	炉灶门
墩墩鼓	[tuən³⁴ ·tuən ku⁴⁵]	大鼓	锅壳廊	[kuo³⁴ kʻɤʔ³ lɑŋ³⁴]	小土灶
恶囊	[ɣʔ³ ·nɑŋ]	肮脏，不干净	锅饹馇	[kuo³⁴ kɤ tsʌ³⁴]	锅巴
摁得慌	[ən⁴⁵ leiʔ³ ·xuɑŋ]	硌得慌。摁，本读去声，安阳方言读上声，硌的意思。触着凸起的东西觉得不舒服，躺得不舒服	过阴	[kuo²¹³ in³⁴]	指到阴间活动的一种方法，纯属迷信
			哈刹	[xɤ³⁴ ·sʌ]	哆嗦
			旱魃	[xan²¹³ pʌ⁴²]	旧时传说中引起旱灾的怪物
			嗬嗬溜溜	[xɤ³⁴ xɤ liou³⁴ ·liou]	抽着腔儿说话
耳朵垂的	[ər⁴⁵ ·tuo tsʻuei⁴² ·tɛ]	耳朵垂下的肉，说是耳朵垂大了有福	赫撒	[xɤ³ ·sʌ]	哆嗦
发面卷子	[faʔ³ miɛn²¹³ tɕyan⁴⁵ ·tɛ]	油卷，花卷	黑嗔	[xɤʔ³ ·tsʻən]	黑嗔纳脸，愁苦而充满怒气
发帖子	[faʔ³ tʻiɛ³⁴ ·tɛ]	发名片，当地人叫片子	黑摸着	[xɤʔ³ məʔ³ tsɤʔ³]	摸着黑，在黑暗中行动
法儿	[fɤr³⁴]	有办法，有本事	黑天摸地	[xɤʔ³ tʻiɛn³⁴ məʔ³ ti²¹³]	比喻天黑，看不清东西
翻拨浪打滚	[fan³⁴ pəʔ³ lɑŋ⁴⁵|⁴² kuan⁴⁵]	在地上翻滚	哄了	[xuŋ⁴⁵ ·lɤ]	娶了（媳妇）
翻泉眼	[fan³⁴ tɕʻyan⁴² iɛn⁴⁵]	地下水翻上来	红卤卤	[xuŋ⁴² lu³⁴ ·lu]	鲜红色
烦忌	[fan⁴² ·tɕi]	也作"烦气"，惹人讨厌	候	[xou³⁴]	不要
烦乱	[fan⁴² ·luan]	嘈杂，不安静	吼吃咧	[xou³⁴ tsʻəʔ³ ·liɛ]	吼，别，先别。停一会儿吃
犯了惚	[fan²¹³ ·lau xuʔ³]	惚，诈尸	吼龇牙	[xou³⁴ tsʻʅ³⁴ iʌ⁴²]	不要张嘴咬人
房壳郎地	[fɑŋ⁴² kʻɤʔ³ lɑŋ³⁴ ti²¹³]	指周围有山壁或土坡，中间是一块田地的地块	忽律律	[xu³⁴ lyʔ³ lyʔ³]	滚动的象声词
			胡抿	[xu⁴² min⁴⁵]	胡乱写
风冒	[fəŋ³⁴ mɑu²¹³]	伤风感冒	煳粑的	[xu²¹³ pɤ³⁵ ·tɛ]	煳，将饭烧焦；粑，饭烧焦后黏着在锅底的结层
风匣	[fəŋ³⁴ ·ɕiʌ]	风箱			
服手	[fɤʔ³ ·sou]	顺手，得心应手	糊了	[xu³⁴ ·lɤ]	紧跟着
盖体窝	[kai²¹³ ·ti uo³⁴]	被窝，被子，也叫"盖底窝"	煳生生	[xu²¹³ səŋ³⁴ ·səŋ]	焦黄酥脆
秆草	[kan⁴² ·tsʻau]	谷子秆	虎势势	[xu⁴⁵ sʅ²¹³ ·sʅ]	形容威严
杠	[kaŋ²¹³]	抹，涂抹	滑酸	[xuʌʔ³ suan³⁴]	尖酸刻薄
高兴得啥似的	[kau³⁴ ·ɕiŋ ei³ sʌ⁴⁵ sʅ²¹³ ·lei]	高兴得不知说什么好	话本	[xuʌ²¹³ pən⁴⁵]	书
圪挤	[kɤ³⁴ ·tɕi]	眨眼，也作"圪挤眼儿"	坏水儿	[xuai²¹³ suər⁴⁵]	坏点子
			回	[xuei⁴²]	赎回
圪蹴	[kɤ³⁴ ·tɕiou]	蹲下	回嘴	[xuei⁴² tsuei⁴⁵]	反驳
			会	[xuei²¹³]	集市，赶会

方言字词	国际音标	方言释义	方言字词	国际音标	方言释义
会儿大了	[xuər²¹³ tʌ²¹³ ·lɤ]	时间长了	笼嘴	[luŋ⁴⁵|⁴² tsuei⁴⁵]	戴在牲口嘴上，防止牲口吃东西的器物
昏不朗汤	[xuən³⁴ pɤʔ³ laŋ³⁴ t'ɑŋ³⁴]	天还不太明亮			
擢贬干	[xuo³⁴ ·piɛn kan³⁴]	祸害完，败光家产	立主的	[li³⁴ tsu⁴⁵ ·tɛ]	坟地上最大辈儿的坟叫作主坟。新采的坟，埋最大辈儿的人在这里，就叫立主
火通	[xuo⁴⁵ t'uŋ³⁴]	捅煤炉用的铁棍			
鸡毛扇子眼	[tɕi³⁴ mau⁴² san²¹³ ·tɕ iɛn⁴⁵]	眼睫毛不停地翕动			
急手下双	[tɕi⁴² sou⁴⁵ ɕiʌ²¹³ suaŋ³⁴]	事情来得突然，弄得手忙脚乱没法处理	吏员	[li²¹³ yan⁴²]	在当地官府的小官
			联儿	[liar³⁴]	顺口溜
急凶汗	[tɕi⁴² ɕyŋ³⁴ xan²¹³]	急性昏迷，急病，吓得昏迷不醒	两隔节	[liaŋ⁴⁵ ·kɤ tɕiɛʔ³]	隔节，东西分成的若干部分。两隔节，即两半截、两段、两部分
几年地	[tɕi⁴⁵ ɲiɛn⁴² ti²¹³]	几年时间			
记铁实	[tɕi²¹³ t'iɛʔ³ ʂ̩ʔ³]	记清楚	两口的	[liaŋ⁴⁵|⁴² k'ou⁴⁵ ·tɛ]	夫妻二人
家的	[tɕiʌ³⁴ ·lei]	媳妇，也作"家里的"	溜沟舔腚	[liou³⁴ kou³⁴ t'iɛn⁴⁵ tiŋ²¹³]	沟，指人的屁股沟。溜沟的、舔屁股，讽刺那些跟在别人屁股后面拍马屁的人
尖	[tɕiɛn³⁴]	尖头，小气、吝啬			
尖嘟子	[tɕiɛn³⁴ tu³⁴ ·tɛ]	尖屁股			
见了谁媥谁	[tɕiɛn²¹³ ·lau sei⁴² xau³⁴ sei⁴²]	见到人就拉			
见天夜里	[tɕiɛn²¹³ t'iɛn³⁴ iɛ²¹³ ·lei]	每天夜里	临黑	[lin⁴² xɤʔ³]	傍晚
贱筋出槽	[tɕiɛn²¹³ tɕin³⁴ ts'uoʔ³ ts'au⁴²]	淫心大发	露球能	[lou²¹³ tɕ'iou⁴² nəŋ⁴²]	装聪明
贱气	[tɕiɛn²¹³ ·tɕ'i]	轻狂，不庄重	乱赫捞	[luan⁴² xɤʔ³ ·lau]	乱敲打
胶泥	[tɕ'iau³⁴ ·ɲi]	黏土	落草	[luo³⁴ ts'au⁴⁵]	生下来
揭走	[tɕiɛʔ³ tsou⁴⁵]	拿走，偷走	驴屁大嘴	[ly⁴² p'i²¹³ tʌ²¹³ tsuei⁴²]	嘴大的意思
结记	[tɕiɛʔ³ ·tɕi]	惦记，挂念	妈妈	[mʌ³⁴ ·mʌ]	妇女乳房，也简称"妈"
襟子	[tɕiɛ²¹³ ·tɛ]	小孩的尿布	妈妈骨朵	[mʌ³⁴ ·mʌ kuoʔ³ ·tu]	奶头
今儿黑	[tɕiər³⁴ xɤʔ³]	今天晚上	麻秆儿	[mʌ⁴² kar⁴⁵]	麻割掉后撕去皮，就是麻秆，皮用来纺线或者弹后当成棉絮纺织成布。这里形容人瘦
筋么骨	[tɕin³⁴ ·mɤ kuoʔ³]	肋巴骨			
经介	[tɕiŋ³⁴ tɕiɛ²¹³]	经纪，介绍买卖双方交易			
嚼	[tɕyɛʔ³]	骂人	麻嗖嗖	[mʌ⁴² sou³⁴ ·sou]	醉醺醺的
开怀	[k'ai³⁴ xuai⁴²]	生育	麻糖	[mʌ⁴² ·t'ɑŋ]	油条
开先那	[k'ai³⁴ ɕiɛn³⁴ ·nʌ]	刚开始	麦芒	[mɛʔ³ maŋ⁴²]	麦穗上的芒
看好	[k'an²¹³ xau⁴⁵]	正好	门上	[mən⁴² ·laŋ]	邻居
可迭	[k'ɤ⁴⁵ ·tiɛ]	很，非常，过分，特别	满脸枯皱皮	[man⁴⁵|⁴² liɛn⁴⁵ k'uo³⁴ ·ts'uo p'i⁴²]	满脸皱纹
可手	[k'ɤ⁴⁵|⁴² sou⁴⁵]	适用，适合	漫间地	[man²¹³ tɕiɛn³⁴ ti²¹³]	野外空地，也作"漫天地"
抠嗦	[k'ou⁴⁵ ·suo]	吝啬，小气	没成色	[mɤʔ³ ts'ən⁴² ·sɛ]	没本事
拉倒	[lʌ³⁴ tau⁴⁵]	完事	没谷	[mɤʔ³ kuoʔ³]	衣服上的兜、口袋
烂材板	[lan²¹³ ts'ai⁴² pan⁴⁵]	从地下挖出来的腐烂的棺材板	没挑儿	[mɤʔ³ t'iaur³⁴]	无可挑剔
			没有秧儿挐不成蛋儿	[mɤʔ³ iou⁴⁵ iãr³⁴ luan⁴² pɤʔ³ ts'ən⁴² tar²¹³]	没有那事就不会有风声
狼烟	[laŋ⁴² iɛn³⁴]	原来是指长城上报信时点的烟火，叫狼烟。这里是指屁像狼烟			
			蒙馆	[məŋ⁴² kuar⁴⁵]	小孩子启蒙的学堂，收的多是上初小的学生
老鳖一	[lau⁴⁵ piɛ³⁴ ·i]	戏中的人物，吝啬鬼，一毛不拔			
			迷瞪	[mi⁴² ·təŋ]	磨蹭，耽误时间
老叼	[lau⁴⁵ tiau³⁴]	老鹰，也作"老雕"	迷糊	[mi²¹³ ·uo]	似睡非睡
老壳篓	[lau⁴⁵ k'ɤʔ³ ·lou]	老妇女，老身子，老壳子	觅汉	[miɛʔ³ ·xan]	长工
老娘	[lau⁴⁵ ɲiaŋ⁴²]	隆起的乳房	抿	[min⁴⁵]	收敛嘴唇少量沾取
老盆	[lau⁴² ·p'ən]	灵柩出门时由继承家业的孝子摔掉的瓦盆	明儿	[miãr⁴²]	明亮，光亮
			明儿早	[miãr⁴² tsau⁴⁵]	明天早晨
			明个黑了	[miŋ⁴² kɤʔ³ xɤʔ³ lau]	明天晚上
老头的	[lau⁴⁵ t'ou⁴² ·tɛ]	当地人对自己丈夫的叫法	明杖	[miŋ⁴² tsaŋ²¹³]	盲人探路的竹棍
愣愣瞪瞪	[ləŋ²¹³ ·ləŋ təŋ³⁴ ·təŋ]	摇摇晃晃	馍克星儿	[mo⁴² k'ɤʔ³ ɕiãr³⁴]	馍的碎屑

方言字词	国际音标	方言释义	方言字词	国际音标	方言释义
磨一套顶推好几回	[mo²¹³ i³⁴ t'au²¹³ tiŋ⁴⁵ t'uei³⁴ xau⁴⁵⁴² tɕi⁴⁵ xuei⁴²]	套上牲口磨面顶上推几回磨	丘子	[tɕ'iou³⁴ ·tɛ]	土包子，土丘
磨游	[mɤ³⁴ ·iou]	游玩、转悠的意思	屈说	[tɕ'y³⁴ suɛʔ³]	诬陷
木什	[mu²¹³ ʂʅʔ³]	木料的意思	缺一火	[tɕ'iɛʔ³ ·iɛ xuo⁴⁵]	缺心眼儿
墓骨堆	[mu²¹³ kuoʔ³ tuei³⁴]	坟冢，坟头	榷	[tɕ'uo³⁴]	骗，坑，害
那	[nuo⁴²]	那里，林州方言读"挪"	染色	[zan⁴⁵ sɛ²¹³]	染料，染色的颜色
南蛮子	[nan⁴² man⁴² ·tɛ]	对南方懂风水的人和有地质地理知识的人的普遍称呼	人脚定了	[zən⁴² tɕuoʔ³ tiŋ²¹³ ·lɤ]	夜深人静，没人活动了
能受	[nəŋ⁵² sou¹³]	林州方言，能干活、能出力的意思	日不错影	[zʅ²¹³ pɤʔ³ ts'uo²¹³ iŋ⁴⁵]	准时
			日鬼捣棒槌咧	[zei²¹³ kuei⁴⁵ tau⁴⁵ paŋ²¹³ ts'uei⁴² ·liɛ]	捣鬼
年轻少壮	[ŋiɛn⁴² tɕ'iŋ³⁴ sau²¹³ tsuaŋ²¹³]	年轻有为	肉谷桩的	[zou²³ kuoʔ³ tsuaŋ³⁴ ·tɛ]	没有头的肉体
黏不搭的	[ŋiɛn⁴² pɤʔ³ tʌ³⁴ ·tɛ]	黏糊	肉鼓囊囊	[zou²³ kuo³⁴ naŋ³⁴ ·naŋ]	不软不硬的样子
尿一泼	[ŋiau²¹³ ·i p'uoʔ³]	尿一泡	仁核桃俩枣儿	[sʌ³⁴ xɤ⁴² tau liʌ⁴⁵⁴² tsaur⁴⁵]	不算多，不多
捏	[ŋiɛ⁴²]	人家，也指说话人			
捏咕半天	[ŋiɛʔ³ ·ku pan²¹³ t'iɛn³⁴]	暗中探讨	三六九	[san³⁴ liou²¹³ tɕiou⁴⁵]	与"隔三差五"意思相近，指时常、时间差距短，经常性不断地去做某件事
牛角	[ŋiou⁴² tɕuoʔ³]	龙角			
牛气肠	[ŋiou⁴² tɕ'i²¹³ ts'aŋ⁴²]	牛气管	三棋	[san³⁴ tɕ'i⁴²]	三盘棋，连下三盘棋
喏	[nuo³⁴]	那个	馓的	[san⁴⁵ ·tɛ]	油炸的面条
沤热	[ou²¹³ zɛʔ³]	湿度大、无风的闷热天气	散伙	[san²¹³ xuo⁴⁵]	罢休
跑腾	[p'au⁴⁵ ·t'əŋ]	折腾、办事	杀骨	[sɤʔ³ kuoʔ³]	屠宰
喷	[p'ən³⁴]	说闲话	杀锅	[sɤʔ³ kuo³⁴]	屠夫家杀牲口用的大锅
喷古	[p'ən³⁴ ku⁴⁵]	讲故事	傻二扑楞	[sʌ⁴⁵ ·ər p'ɤʔ³ ·ləŋ]	傻劲，办事傻
喷在前头	[p'ən³⁴ tai²¹³ tɕ'iɛn⁴² ·t'ou]	吹牛吹到前边了	筛糠	[sai³⁴ k'aŋ³⁴]	颤抖，发抖，也作"筛起糠"
劈柴	[p'i³⁴ ts'ai⁴²]	劈开的木柴	山喳	[san³⁴ tsʌ³⁴]	当地人对喜鹊的另一种称呼
皮条头	[p'i⁴² ·tiau t'ou⁴²]	蛇头	上	[saŋ²¹³]	插了门栓
皮笊篱	[pi⁴² tsau²¹³ ·lyɛ]	是指对各啬人的讽刺。笊篱本来是捞东西的，但皮笊篱捞东西就不漏汤水	烧银两	[sau³⁴ in⁴² liaŋ⁴⁵]	烧锡箔，烧纸元宝
			身上长毛	[sən³⁴ laŋ³⁴ tsaŋ⁴⁵ mau⁴²]	汗毛倒竖
			神游	[sən⁴² iou⁴²]	随便游
撇了	[p'iɛ³⁴ ·lɤ]	从上面舀	生能八法	[sən³⁴ nəŋ³⁴ pɤʔ³ fʌʔ³]	千方百计
破嘴子话	[p'uo²¹³ tsuei⁴⁵ ·tɛ xuʌ²¹³]	不吉利的话	省	[sən⁴⁵]	俭省，节省
仆囊	[p'ɤʔ³ naŋ³⁴]	虚而松软	失急慌忙	[sɤʔ³ tɕiɛʔ³ xuaŋ³⁴ maŋ⁴²]	也作"慌而失忙"，形容慌张忙乱
扑摊	[p'ɤʔ³ ·t'an]	摊开一堆			
栖栖遑遑	[tɕ'i³⁴ ·tɕi xuaŋ⁴² ·xuaŋ]	凄凄凉凉	识足	[sɤʔ³ tɕyɛ³⁴]	知足
起火	[tɕi⁴² ·xuo]	焰火的一种，类似炮仗，绑在芦苇秆儿上头，炮捻儿在下，点燃后升空，有点像火箭。也叫"钻天猴""冲天炮"	食气	[sʅʔ³ ·tɕ'i]	食积，吃食物过多而引起的消化不良
			实聋子	[sɤʔ³ luŋ⁴² ·tɛ]	全聋，听不到耳边大声呼喊的声音
气眼净	[tɕ'i²¹³ ian⁴⁵ tɕiŋ²¹³]	干干净净、全消失	使得慌	[sʅ⁴⁵ ei²ʔ³ ·xuaŋ]	非常累
掐	[tɕ'iʌ³⁴]	辞退	试忽试忽	[sʅ⁴⁵ xuoʔ³ sʅ²¹³ xuoʔ³]	试试，跟他针锋相对
抢墒种谷	[tɕ'iaŋ⁴⁵ saŋ³⁴ tsuŋ²¹³ kuoʔ³]	趁着刚下雨种谷，不然地就干了，发芽受阻	手爪儿	[sou⁴⁵⁴² tsuʌr⁴⁵]	比画
			树柯杈	[su²¹³ k'ɤ³⁴ ·ts'ʌ]	树杈
切些儿	[tɕ'iɛ³ ·iɐr]	缺些儿，缺心眼	树扑棱	[su²¹³ p'ɤʔ³ ·ləŋ]	树枝或灌木丛
勤谨	[tɕ'in⁴² ·tɕin]	勤劳，谨慎	耍物	[suʌ⁴⁵ vəʔ³]	把面做成鸟、兔、鱼等样子的叫"耍物"
青丝洄	[tɕ'iŋ³⁴ sʅ³⁴ tɕyŋ²¹³]	洄，肉冻。不带一点肉皮的冻，当地叫"青丝洄"			
			爽当	[suaŋ⁴⁵ ·taŋ]	干脆
			水鸡的	[suei⁴⁵ tɕi³⁴ ·tɛ]	落汤鸡
腈受	[tɕ'iŋ⁴² sou²¹³]	继承	睡死	[sei²¹³ sʅ⁴⁵]	睡着、入睡

方言字词	国际音标	方言释义	方言字词	国际音标	方言释义
说些呓话	[suɔʔ³·ɕiɛ i²¹³ xuA²¹³]	说些胡话，说胡话	效劳	[ɕiau¹³ lau⁵²]	林州方言，很勤劳、能吃苦的意思
厮跟着	[sən³⁴ ən³⁴·tɛ]	跟着，跟随着	邪仙儿	[ɕiɛ⁴² ɕiar³⁴]	治邪病的巫师
四大扇	[sɿ²¹³ tA²¹³ san²¹³]	大钹	挟的仇	[ɕiɛ⁴²·lei tsʻou⁴²]	记下的仇
四根柱儿	[sɿ²¹³ kən³⁴ tsur²¹³]	四条腿	卸了	[ɕiɛ²¹³·lau]	摘了
四合头院	[sɿ¹³ xɤ⁵² tʻou⁵² yan²¹³]	林州方言，就是四合院	心事点	[ɕin³⁴·sɿ tiɛn⁴⁵]	点子，办法
四十拐弯	[sɿ²¹³ sɿ³ kuai⁴⁵ uan³⁴]	四十岁出头，四十多岁	旋锭	[ɕyan⁴² tiŋ²¹³]	这里的锭是腚的谐音。腚是屁股，旋腚是把屁股给割掉的意思
送老衣	[suŋ²¹³ lau⁴⁵ i³⁴]	装殓时给死人穿的衣服			
随天	[suei⁴² tʻiɛn³⁴]	当天			
塌崖出	[tʻɤʔ³ iA⁵² tsʻuoʔ³]	指悬崖间下面的通道	旋锭子	[ɕyan⁴² tiŋ²¹³·tɛ]	过去纺线用的锭子，用工具把木棍旋成锭子样，把棉线纺出来往上面缠
抬杠	[tʻai⁴² kaŋ²¹³]	吵嘴			
蹄爪	[tʻi⁴² tsuɑ⁴⁵]	手脚			
天板	[tʻiɛn³⁴ pan⁴⁵]	棺材盖	寻	[ɕin⁴²]	娶媳妇
天已经明了	[tʻiɛn³⁴ i⁴⁵·tɕiŋ miŋ⁴²·ʌ]	天已经亮了	轧花轴	[iA²¹³ xuA³⁴ tsu⁴²]	棉花摘下来得用轧花车子压掉棉籽，才能用来纺织，轧花轴是指轧花车上轴
填饭	[tʻiɛn⁴² fan²¹³]	也叫"填眼""填憨"，无偿贡献的意思。这里指上辈子办了亏心事，这辈子来还债			
通铺	[tʻuŋ³⁴ pʻu²¹³]	两个人钻一个被窝，各朝一头睡觉，叫"打通铺"或"打通通"	沿	[ian⁴²]	顺着走
			眼	[iɛn⁴⁵]	内黄方言，意思是我还活着，能看见
同人对世	[tʻuŋ⁴² zən⁴² tuei²¹³ sɿ²¹³]	当着大家的面	嘻嗝症	[iɛʔ³ kɤʔ³ tsəŋ²¹³]	胃癌，吃不下饭
统共	[tʻuŋ⁴² kuŋ²¹³]	林州方言，一共	野俏	[iɛ⁴⁵ tɕʻiau²¹³]	喜鹊别称
屠的	[tʻu⁴²·tɛ]	屠夫	夜儿个晚上	[iɛr²¹³ kɤʔ³ uan⁴⁵·saŋ]	昨天晚上
土垛的	[tʻu⁴⁵ tuo²¹³·tɛ]	用土堆的墙壁，只在上面用梁栋搭建	一缸儿	[iɛʔ³ kã³⁴⁵]	一段、一场，唱一段
脱了形	[tʻuoʔ³·lau ɕiŋ⁴²]	瘦得没了人样	一红一色	[iɛʔ³ xuŋ⁴² iɛʔ³ sar³⁴]	羞愧难当的样子
歪点儿	[vai³⁴ tiar⁴⁵]	坏点子	一能儿	[iɛʔ³ nə̃r⁴²]	露能，装聪明，耍小聪明
万宝全	[uan²¹³ pau⁴⁵ tɕʻyan⁴²]	什么都有	一条船	[iɛʔ³ tʻiau⁴² tsʻuan⁴²]	连襟
往下续	[vaŋ⁴⁵ ɕiA²¹³ ɕy²¹³]	往下放	一星儿	[iɛʔ³ ɕiə̃r³⁴]	一点儿
为的	[uei⁴²·tɛ]	下肢瘫痪，不能走路的人，只能用手撑着身体挪动	胰子沫	[i⁴²·tɛ mar³⁴]	肥皂泡
			椅肘子上	[i⁴⁵ tsou⁴⁵·tɛ·laŋ]	椅背上
乌蛇	[u³⁴ sɛ⁴²]	传说中会飞、长有耳朵和角的蛇	癔儿巴怔	[i²¹³·ər pɤ³⁴·tsəŋ]	也作"癔儿泊怔"。癔，癔病；怔，发愣，发呆。意为呆头呆脑，傻而愚蠢
呜叫	[u³⁴·tɕiau]	喊叫	淫棍	[in⁴⁵ kuən²¹³]	色鬼
杌子	[u²¹³·tɛ]	小凳子	悠千	[iou³⁴ tɕʻiɛn³⁴]	打秋千
细细发发	[ɕi²¹³·ɕi fAʔ³ fAʔ³]	详详细细	油铛	[iou⁴² tsʻəŋ⁴⁵]	油锅
瞎话	[ɕiau³⁴·xuA]	谎话	于今	[y⁴² tɕin³⁴]	现在
瞎毛	[ɕiɛʔ³ mau⁵²]	林州人称年少人为"蛋"或"毛"	鱼耦啦	[y⁴² ou⁴⁵·ʌ]	鱼多得把水都搅浑了
吓孬了	[ɕiA²¹³ nau³⁴·ʌ]	吓坏了	榆木疙瘩	[y⁴² mɤ²¹³ kɤ³·tɤ]	脑子不开窍，自己不动脑子
现化出	[ɕiɛn²¹³ xuA²¹³ tsʻuoʔ³]	出现	玉茭穗子	[y²¹³ tɕiau³⁴ suei²¹³·tɛ]	玉米棒子
香亭	[ɕiaŋ³⁴ tʻiŋ⁴²]	香案，用来放香炉的长方形桌子	越过越喧	[yɛʔ³ kuo²¹³ yɛʔ³ ɕyan³⁴]	越过越好
			越么瘆人	[yɛʔ³·mɤ sən²¹³ zən⁴²]	更加吓人
响器班	[ɕiaŋ⁴⁵ tɕʻi²¹³ pan³⁴]	农村办红白喜事用的乐队	咋得儿	[tsA⁴⁵·tər]	不管怎么样
想得不能行	[ɕiaŋ⁴⁵ ɕi pɤʔ³ nəŋ⁴² ɕiŋ⁴²]	想得不得了	咋及	[tsA⁴² tɕiɛʔ³]	怎么着
小旋的儿	[ɕiau⁴⁵ ɕyan²¹³·tər]	小锣	怎价说	[tsən⁴⁵·tɕiɛ suoʔ³]	这样说
小姨	[ɕiau⁴⁵ i⁴²]	小姨子，丈夫称妻子的妹妹	怎灵	[tsən²¹³ liŋ⁴²]	那么灵
孝尊	[ɕiau²¹³·tsuən]	孝顺			

方言字词	国际音标	方言释义
榨萝卜	[tsʌ²¹³ luo⁴² peiʔ³]	把萝卜切碎后放开水锅中煮一会儿，捞上来挤干水叫榨萝卜
揌布	[tsan⁴⁵ pu²¹³]	抹布
占房	[tsan²¹³ faŋ⁴²]	分娩，坐月子
掌鞭的咧	[tsaŋ⁴⁵ piɛn³⁴ ·tɕ ·liɛ]	驭手
杖	[tsaŋ²¹³]	放进去的意思
照时来了	[tsɑu²¹³ ʂʅ⁴² lai⁴² ·iʌ]	照着昨天的时间来了
着	[tsuo²¹³]	林州方言，这的意思
真	[tsən³¹²]	内黄方言读 zhèn，这么
直当	[tsəʔ³ taŋ²¹³]	以为
直煞	[tsəʔ³ ·sʌ]	竖起来
纸钱	[tsʅ⁴⁵ tɕ'iɛn⁴²]	冥币
制	[tsʅ²¹³]	称重量
中小米	[tsuŋ¹³ ɕiɑu³¹ mi⁴²]	林州方言，纯小米
抓嘞业	[tsuʌ⁴⁵ ·lei ·iɛ]	干啥去了
跩书肚的	[tsuai⁴⁵ su³⁴ tu²¹³ ·tɛ]	装有学问，拿腔拿调地说话
拙拙地	[tsuoʔ³ tsuoʔ³ ·lei]	偏偏，意料之外又在意料之中
拙嘴笨腮	[tsuoʔ³ tsuei⁴⁵ pən²¹³ sai³⁴]	指不会说话，话不成句
嘴嘴	[tsuei⁴⁵|⁴² ·tsuei]	流口水
作不了啥精	[tsuoʔ³ pɤʔ³ ·liau sʌ⁴² tɕiŋ³⁴]	出不了啥花样
坐不住马鞍桥了	[tsuo²¹³ pɤʔ³ tsu²¹³ mʌ⁴⁵ an³⁴ tɕ'iɑu⁴² ·lɤ]	马鞍桥，本意指马鞍，因为马鞍像个桥，当地有人说马鞍叫马鞍桥。后用来指位置、官位。坐不住马鞍桥了，原来是指将领遇到急事，不能平静地任由马匹驮自己前行了。安阳人这句话是说遇到急事、大事，当事人再也不能平静，待不下去了，坐立不安，不能沉默了，连马鞍都坐不住了
坐胎	[tsuo²¹³ t'ai³⁴]	怀孕
坐席	[tsuo²¹³ ɕi⁴²]	赴宴
座	[tsuo²¹³]	结果
做九	[tsuo²¹³ tɕiou⁴⁵]	婴儿出生后九天要办庆宴

二

安阳市民间故事
讲述者简介
（按照出生时间排序）

搜集整理

王光明　王海晓　王森林　刘二安

刘振民　陈东海　杨保新　房海林

段瑞峰　郜廷丰　崔长灿　焦国建

甘朋书（1905？—1984？）
男，
内黄县楚旺乡甘庄村人，
不识字，农民

有编织修理簸箕的手艺，年轻时游走乡里，以修理簸箕补贴家用。平时喜爱搜集讲述民间故事。本卷收录其讲述的故事《二大爷的故事》（《杀牛打瓮》《月亮脱皮》《掉刀》《黑驴打滚和二龙戏珠》）等篇。

赵新梅（1913.2—1978.9）
女，
安阳市西郊郭潘流村人，
家庭妇女

她生逢乱世，一生经历了许多苦难。作为家中最小的女儿，因生存艰难，很小被迫送给南关一对靠卖煤土为生的老夫妇收养。养母虔心礼佛，常在城隍庙做义工，受此影响，她能听到各种人讲故事、传说、笑话，也能常看到各种社戏。她虽然没上过学，但博闻强记，18岁嫁到文峰区唐子巷王家。她经历了军阀混战、土匪横行、日寇侵占的战乱时代，第一个儿子夭折，但她坚强善良、乐观爽朗，其后又生养了七个儿女。1949年后，她积极参加群众自治，义务担任街道小组长，各项工作都带头干，常用故事教育子女做好人。在编纂《河南民间故事集成·安阳故事卷》时，其最小的儿子王有才所采录的故事，多数由她讲述。本卷收录其讲述的故事《喷大话碰上巧嘴女》《仨女婿拜寿》《傻子买竹竿》《交好运的梦三》《修仙》等篇。

邢玉枝（1915.7—1995.2）
女，
内黄县田氏乡彭路村人，
不识字，农民

出身贫苦，曾讨过饭，没上过学。忠厚朴实，性格温和，和睦乡邻，多次接济比自己更困难的邻居，威望很高。生前勤劳俭朴，善于纺花织布，家人穿的衣服和鞋都是其手工做的。记性很好，能完整讲述几十部传统戏和几百个民间故事。本卷收录其讲述的故事《三弟兄养父》《傻女婿学话》等篇。

田枳（1922—1995.10）
男，
内黄县张龙乡南羊坞村人，
小学，农民

年轻时推木轮车做些小买卖，到盆窑开（批发）大小成套的瓦盆，到乡下走村串户零卖。赚个脚力钱，补贴生活。1958—1962年去林县王家沟（安阳钢铁厂东冶铁矿）大办钢铁当工人。后一直在家当农民。擅长珠算，但凡能叫出名堂的算盘技艺，都能熟练地边念口诀边拨算珠，快速拨打成功。善于讲故事，深受人们欢迎。本卷收录其讲述的故事《土埋脖子的人》。

肖守纪（1922—2012）
男，
滑县万古镇西万古村人，
不识字，农民

年轻时生活艰苦，当过石匠，给人锻磨挣顿饭吃以节省家中口粮；生产队时多次被村里抽出参加县里的水利及交通建设，砌石修桥。老了没事在街里爱闲唠。本卷收录其讲述的故事《哥俩许愿》。

孙春录（1924—2009）
男，
滑县万古镇西万古村人，
小学

当过生产队副队长。每逢万古镇三、六、九集，初一、十五会时，给万古供销社营业食堂帮忙当临时工，后来转为正式职工，成了一名厨师。退休以后在家赋闲。本卷收录其讲述的故事《济世苍龙》。

王德贵（1927.11—2003.7）
男，
郊区北郊乡马家垒村人，
私塾两年

一生务农，爱听人说书，爱好相声，劳动之余，在家乡的饭市上给大家聊一些包公破案、杨门女将征西的传说故事。年轻时跟随父亲学习家传木工手艺，后因生计从事泥瓦匠业，是村里民间器乐班的鼓手，也是农村中讲故事的高手。生前活泼幽默，以乐于助人、逗人为趣。本卷收录其讲述的故事《见相学样》《天理良心》《"省三县"拜师》《抠门》《够本急》等篇。

刘春同（1928.2—？）
男，
内黄县六村乡刘邢固村人，
不识字

出身于农民家庭，少年时就随村里面梅花拳武术班习武练拳。习拳空暇，爱听师傅们讲古、喷大空，日久自己也就学会了许多故事。曾担任过村里生产队长。本卷收录其讲述的故事《枣为媒》。

纪万春（1928.5—2011.4）

男，

林州市横水镇东赵村人，

中师

1946 年 2 月参加革命，1949 年 10 月前在河北省涉县八路军造枪厂工作，1949 年 10 月至 1951 年在林县师范上学，1951 年至 1956 年在林县横水乡教学，1957 年至 1960 年 6 月在林县文教局工作，其间于 1958 年至 1960 年参加了黄河花园口治理工程，1960 年 6 月至 1992 年 3 月在林县人民法院工作，曾任民庭庭长。1992 年后在工作之余将自己收集到的民间故事讲述给侯新民，其中刘更新的故事《巧进考场》《充数》《"南通十省"》《写碑文》《不做官》被收入侯新民编著的《风流才子刘庚星的故事》。本卷收录其讲述的故事《"南通十省"》《写碑文》等篇。

王玉僧（1928—2009）

男，

祖籍河北省隆尧县

小学

退休于安阳机床厂，冶炼铸造翻砂工人，由于喜爱美术，工作之余为工厂的宣传栏、报栏画插图。他自幼受父母亲影响，喜爱民间文化，熟悉传统典故和民间故事；酷爱民间艺术，毕生钻研剪纸艺术，创作出大量剪纸作品，在国内各种报刊发表，在各级美展中展出、获奖，晚年独创"剪叶艺术"，受"剪桐封弟"典故的启发，以桐树叶、橡树叶、美人蕉叶等叶料作底，创作出大量精美的剪叶作品。本卷收录其讲述的故事《南坛地》《坟中坟》等篇。

王世俊（1929—2006）

男，

安阳县马家乡沙井村人，

略识字，农民

精通中医，会把脉，善针灸。能讲不少故事，在安阳县文化局编纂民间故事集成时，由其胞弟王世英采录整理，选入安阳县民间故事集成《狐狸坟传奇》多篇。本卷收录其讲述的故事《黄仆囊赶集》《吹破天打兔子》《狗为啥不吃粮食》《慌张媳妇》及刘更新的故事等篇。

田显（1930.3—2003.2）

男，

内黄县张龙乡南羊坞村人，

小学

青年时期在河北省峰峰运输公司当运输工，1959 年以后回村务农。当过农村机械手、村电工、生产队记工员。农村实行家庭承包责任制以后，当过村交易员。闲暇时间，常常在街头巷尾为大家讲故事，读小说。由于性格活跃，说话风趣幽默，讲故事活灵活现，深受村民爱戴。本卷收录其讲述的故事《学话》。

田金芳（1930.4—2001.9）

男，

内黄县张龙乡南羊坞村人，

完小毕业

1953—1954 年在河北省魏县回隆镇当税收代办员，回村后在村历任初级社、高级社、集体农庄会计、张龙公社企业会计、南羊坞村大队会计。1963 年以后，参加生产队劳动，不再任职。田金芳从小聪明睿智，热爱学习，性格随和。无论干什么工作，成绩都十分出色。办事认真负责，细致入微。清廉无私，从不贪占集体或个人便宜。一生热爱读书学习，知识和阅历丰富多彩，深谙世态炎凉，审时度势，处事圆满无误，秉承正义，助人为乐。且善于引古喻今，谈吐文雅大方。经常以扯闲话讲故事讲道理论曲直，深受村民拥戴，从无人言其差错。本卷收录其讲述的故事《离唱不说话》。

张金印（1930.8—　）

男，

汤阴县任固镇岳儿寨村人

师范

1957 年安阳师范毕业，1958 年参加教育工作。1990 年退休前曾参加乡镇党史编辑工作。讲述的民间故事传说有《土地爷赌牌》《清泉寺上借官印》《五陵浩短腿子》《小宋村沙古堆》《短腿六只》《岳老相单刀赴会》《岳老相棒打杨七》等。编著有《岳儿寨清泉寺轶事》，收录清泉寺传说 30 余篇。2018 年，"清泉寺传说"被列入安阳市第五批非物质文化遗产项目名录。本卷收录其讲述的故事《宋大刚捉"鬼"》。

许连珍（1930.12—2021.7）

女，

殷都区北蒙办事处三家庄村人，

不识字，农民

姐妹五个，没有兄弟，家中只有一亩地。14 岁嫁到安阳县二十里铺，生下 5 个孩子，长子夭折，其余 4 个现在健在。她一生勤劳持家，在艰难困苦的日子中乐观向上，把生活中遇到的事情都向儿子们讲述，对儿子做人处世都很有启发。次子刘耀青从小听她的教诲，所主编《中国民间故事全书·殷都卷》中，许多故事就是听母亲讲述的。本卷收录其讲述的故事《傻女婿学东西》《猫精》等。

温尽云（1932.11—2017.1）

女，

内黄县六村乡刘邢固村人，

初中

出生于革命家庭，其父母是 1929 年加入中国共产党的老党员。幼年就跟随父母走家串户拉家常、讲故事、宣传革命道理。后来，在抗日小学参加宣传队。先后担任温邢固完小教师、刘邢固大队妇女主任等职。会讲许多民间故事。本卷收录其讲述的故事《宝葫芦的传说》。

卢玉花（1934.6—2014.8）

女，

安阳县韩陵乡东梁贡村人，

务农，略识字

娘家为安阳县韩陵乡卢家湾村。她很小就非常喜欢听讲故事，小时候从奶奶、爷爷、母亲、邻居口中听到许多有趣的民间故事及传说，婚后在婆家生活，在生产队劳动，闲暇时间她经常把这些故事讲述给村民听，是村里公认的讲故事能手。在她的影响下，其女儿部现英受到民间故事的熏陶，也很善于讲述民间故事、采录民间故事。卢玉花讲述的故事曾收录于"三套集成"《安阳县民间故事卷》《狐狸坟传奇》《中国民间故事全书·安阳县民间故事集》。本卷收录其讲述的故事《傻女婿和能媳妇》《狐狸坟传奇》《拉脚坑》等篇。

李爱田（1935.6—2013.5）

女，

内黄县中召乡潲沱村人，

农民

出生在农民家庭，性格活泼开朗，能唱善讲，是当地有名的民间歌手。乡间的夜晚，忙碌一天的人们或聚集街头，谈天说古；或是闺女、媳妇、老太太坐在一起纺线"教曲儿"，借以消遣娱乐，驱赶疲劳。在这样的环境中耳濡目染，她听了就记，记下就唱，学会了好多故事、歌谣。她讲的故事有《青滴溜儿红滴溜儿》《红罂粟》《傻扑腾》《会唱歌的木匣子》《梦二先生》等十余篇；演唱的歌谣有《青头蚂蚱死得苦》《红油柜疙瘩锁》《童养媳妇真难熬》《小扁嘴》等四十多首。本卷收录其讲述的故事《傻扑腾》。

崔自连（1935—2013）

男，

滑县上官镇崔阳城村人，

中师

1954—1957 年在滑县师范上学，1957 年参加工作，1961 年响应号召回村支农，1965 年复教成为民办教师在本村教小学，

改革开放后恢复公办教师资格，在本村教学直到退休。喜欢讲述民间故事，常常讲给子女们听。本卷收录其讲述的故事《买话儿》《王三两与李半斤》《泥胎塑鬼》等篇。

李友义（1938.2—　　）

男，

汤阴县宜沟镇前李朱村人，

大学

河南大学毕业，曾在汤阴三中、县文化馆、县豫剧团、党史办工作，退休前为汤阴县委党校副教授，热爱写作，编撰有诗歌、快板、小戏，讲述、采录的民间故事与传说有：《榆木疙瘩胡二傻》《卖长发药》《暗偷绣鞋》《烧画儿》《胳膊窝夹鬼》《白鸡角子的传说》《"降城"为啥改名叫"将城"？》《巧治"赛仙姑"》等。本卷收录其讲述的故事《榆木疙瘩胡二傻》《白鸡角子》《拽裤衣》《咸死他》《宝宝》等篇。

田俊杰（1939.4—　　）

男，

汤阴县宜沟镇翻身街人，

初师

曾做过区、县政府通讯员，小学教师。1961 年，返乡务农。一生热爱写作和宣传，其撰写的稿件多次在国家、省、市、县媒体上刊发和播出。步入老年后，创办村"老年协会"，热心公益事业，参与编纂了《中国民间故事全书·河南汤阴卷》《汤阴民间故事文化丛书》《汤阴老龄工作回顾》。现为安阳市作协会员、汤阴县民协会员，曾获安阳市老有所为奉献奖章。讲述、采录民间故事传说《母女俩解梦》《咸蛋的由来》《大嘴姑娘相亲》《三人说戏》《生了好》《"粥店秀才"金匾的由来》《妯娌四个吟诗对簿公堂》《一粒蚕豆种子》《公鸡和母鸡》《财神休妻》《母女俩解梦》《三句话不离本行》《李大爷字谜说年龄》《衙役猜谜》《老农考秀才》《丫头难倒教书匠》《欧阳修"羞"秀才》《康熙寻父》《乾隆神游扁鹊庙》《挂中堂的来历》《一个女婿半个儿的由来》等。本卷收录其讲述采录的故事《妯娌四个吟诗对簿公堂》《老农考秀才》《李大爷字谜说年龄》《母女俩解梦》《生了好》等篇。

程好义（1941.1—2018.4）

男，

汤阴县瓦岗镇南寒泉村人，

识字，农民

闲以瓦匠为业，常用讲民间故事的方式教育子女。讲述的故事传说有《朱元璋偷锅》《老关爷收周仓》《椿树为王的故事》《王莽撵刘秀》《牛郎织女的传说》《鳖精与石槽》《鬼买肉》等，由其儿子程新发采录。本卷收录其讲述的故事《鬼买肉》。

田明先（1941.5— ）
男，
内黄县张龙乡南羊坞村人，
完小毕业，乡村医生

曾任集体农庄会计。当过摆渡工。后自学攻读医学书籍，跟乡派驻村医生学中医。1965年出席内黄县卫生系统双先代表会，1967年出席安阳市卫生系统双先代表会。其后一直当村赤脚医生。1974年参加内黄县卫校培训学习，1975—1995年任乡村医生。由于本人勤奋学习，善于钻研，对中医、西医深入探索，能中西医结合治疗多种民间疾病。同时虚心向村内老针灸先生请教，认真学习针灸。在针灸治疗偏瘫方面取得了可喜的成效。联合诊所制度实行后，又和村中两位年轻人一起分享医疗成果。并将两个儿子培养成为医生。他性格开朗，热心行医，悬壶济世，平易近人，常用故事逗笑病人，帮助病人从心理上解脱困扰，提升治疗效果。德高望重，深受村民爱戴。本卷收录其讲述的故事《"二合一"的故事》。

黄天信（1942.2—2017.1）
男，
安阳县韩陵乡东见山村人，
高中

1960年参加工作，安阳县电业局职工、厂办主任，直至退休。河南省民间文艺家协会会员、市民协理事。出生地地处安阳城郊平地孤耸出的韩陵山，传说山名源于韩信埋母。该山历史传说甚多，曾为北魏时期的古战场，有定国寺古碑文记载。退休后，以收集整理民间故事为乐，在省市级报刊发表故事作品30余篇，与冯湘平合编出版了《韩陵山的故事》一书。《中国民间故事全书·安阳县卷》曾收其采录故事10多篇，约2万字。《中国民间文学大系·故事·河南卷·安阳分卷》收其讲述、采录故事传说《扮鬼称花记》《吟诗戏财主》《赵员外考子》《傻女婿》《酸枣树王》《韩陵山决战》《曹操赠马》《韩琦见义勇为》《韩信埋母》《韩信巧治白脸奸》《韩信治军发明象棋》《一脚留下韩陵山》《王宁藏父留村名》等。本卷收录其讲述的故事《赵员外考子》《扮鬼秤花记》《吟诗戏财主》《傻女婿》等篇。

崔尧璋（1942.9—2018.12）
男，
内黄县城关镇人
初中

中国工艺美术家协会会员，中国老年书画协会会员，河南省民间文艺家协会会员，书画家、雕塑家、柳根板字画研究传承人。自幼练习柳根板字画，在祖传的"柳根板字画"基础上，大胆创新，吸收柳根板字画技法，创造出柳根"人形字画"和"象形字画"，在全国大展中多次获奖。本卷收录其讲述的故事《哑谜》。

程天生（1944.2— ）
男，
龙安区善应镇天喜镇村人，
小学

农民，热爱民间文学，搜集讲述了不少民间故事、传说、笑话等，主要有机智人物种九长的系列故事《给驴瞧病》《帮人打官司》《吃麻糖》《吃咸菜》《摸妇女的小脚》《骂铁匠》《吊孝》《偷玉荽》《井里捞孩子》及《九龙山老玉的故事》等。本卷收录其讲述的故事《吃麻糖》《吃咸菜》《打孝子》《吊孝》《撅鳖》等篇。

孙保成（1945.1— ）
男，
文峰区东南马道人，
大专

安阳县文化局退休干部，《狐狸坟传奇》主编。1990年，安阳县有关领导决定，由他主编"中国民间文学三套集成"中的安阳县故事卷，安阳县文化局专门组成了领导班子，县文化馆馆长王明信跑遍全县所有乡镇的文化站，要求他们下村布置采录任务，搜集整理民间故事和传说。孙保成在主编安阳县《洹河报》期间，团结了安阳县一大批文学爱好者。接受编纂任务之后，他用各种方法联系他们，要求他们搜集整理作品。经过三年努力，共采录100多万字，选编50余万字，由于经费不足，压缩到35万字，定名为《狐狸坟传奇》，于1996年出版。本卷收录其采录、讲述的故事《照圣人的话断案》《穷秀才吃饭》《就是那个"种"》《胆大秃子》等篇。

骆天庆（1945.3— ）
男，
安阳县安丰乡渔洋村人，
中师

安阳县民协会员，小学高级教师。其家乡渔洋村是个千年古村落，漳河边的一个古渡口，过往商人比较多，为当地留下了不少趣闻轶事。而骆天庆从参加工作在本村教学一直到退休，长期工作生活在渔洋村，对当地老辈人口耳相传的民间故事、传说、歌谣特别感兴趣，也就用心记忆，再讲给年轻一代听。《中国民间故事全书·安阳县卷》编纂时，其讲述和采录了数十篇故事，有《三个女婿作诗》《仨女婿拜寿》《善应河谷的清泉》《老狐狸》《不要赌咒》《六月二十四日拜河神》《灶君神奇》《牡丹御花传奇》等。本卷收录其讲述的故事《三个女婿作诗》《老狐狸》。

袁保琴（1945.6— ）
女，
殷都区磊口乡南磊口村人，
初中，农民

家有老伴、四个儿子、四房儿媳，被授予安阳市"五好文明家庭"，安阳县"文明之家"，殷都区"殷都区最美家庭标兵户"匾额。本人被评为"安阳市最美老人"。她爱说爱笑爱热闹，讲故事、说笑话、扭秧歌、说快板。擅长剪纸，义务为百姓红白喜事剪纸。她的多彩"喜"在原县委大门西展出，她做的"虎头鞋"照片被《安阳县民俗志》收入。曾多次获县、乡"和谐家庭"及"好婆婆奖"，2012 年获河南省敬老助老总会"魅力老人奖"，扭秧歌先后登上安阳市"我是大明星舞台"、安阳县"百姓大舞台"表演，登上河南卫视"金色梦舞台"与著名主持人庞晓戈、郭晨冬演小品。她讲的故事被《中国民间故事全书·安阳县民间故事集》收入，她讲的笑话、俚曲、谜语被《安阳县民间文学集》收入。本卷收录其讲述的故事《婆媳打哑谜》《仨女婿拜寿》《蛤蟆媳妇》《燕子报恩》《金斧子的故事》等篇。

高菊英（1945.9—）
女，
林州市黄华镇马地掌村人，
高小，农民

她喜欢向人们讲述民间故事和民间传说，如《善有善报》《恶有恶报》等故事，让年轻人在享受故事乐趣的同时，受到优秀传统文化的教育和熏陶。本卷收录其讲述的故事《善有善报》。

史文富（1946.10—2020.5）
男，
汤阴县岳庙街人，
大专

曾任汤阴县教体局教研员，中学高级教师，安阳市政协委员，汤阴县政协常委，中国甲骨文书法艺术研究会会员，汤阴县民协主席。擅长中国画，把擅长运用到教育事业之中，创立了"语文课插图教学法"，他主编的《家长读本》指导学生家长配合学校辅导学生学习。平时，还搜集整理了一些民间故事，搞些剪纸艺术，曾在各级各类刊物上发表。讲述、采录的故事传说有《扁鹊墓的艾草》《扁鹊与扁鹊庙》《吕洞宾与穷汉》《仨别字》《钱迷》《魏知县进贡》《前唐遗味》《琵琶寺》《仙艾》。本卷收录其讲述的故事《仨别字》。

郝顺才（1946— ）
男，
林州市东姚镇下庄村人，
大学

中华诗词学会会员，河南省诗词学会理事，河南省作协会员，林州市民间文艺家协会理事，助理政工师，现任红旗渠精神学习会副会长兼秘书长。1968 年 10 月到林县（今林州市）红旗渠灌区管理处办公室工作，2006 年退休。自幼爱好文学，听说过许多民间故事传说。参加工作后，曾参加林州民间故事"三套集成"的采集整理，讲述采录了多篇传说故事，获林州市首届民间文学优秀成果奖。编印章回体民间传说《平世王与苍龙爷传奇》。本卷收录其讲述的故事《亲嘴》《偷灯笼》《母女和好》《唱戏》等篇。

崔书灿（1947.6— ）
男，
滑县留固镇沿村人，
本科

1968 年毕业于安阳师范学校，1997 年中央党校经济管理系本科毕业。1982 年在内蒙古满洲里市扎赉诺尔矿务局干部培训处工作，1986 年调入滑县县委党校教研室工作。喜欢新闻工作，多次投稿中央人民广播电台，被评为中央台优秀听评员，曾兼任《中国特产报》特邀记者。喜欢民间故事搜集工作，写有多篇民间故事。现任滑县作家协会理事、滑县诗词研究会会员，作品发表于中央人民广播电台、《农民日报》、《河南日报》、《呼伦贝尔报》、《滑台文学》等媒体、报刊。本卷收录其讲述的故事《一日三诓》《大王庙传奇》等篇。

方进财（1947.11— ）
男，
林州市姚村镇三孝村人，
小学，农民

他喜欢看书，爱讲故事。20 世纪 70 年代，生产队时期，他担任三孝村第七生产队党组长，经常在农闲时节、下雨天、饭市（农村集中吃饭的地方）带领社员摘棉花、摘花生等场合给社员们讲故事，大人小孩都愿意听。除了《三国演义》《杨家将》等，他还把本地故事传说讲给大家听，如《郭巨埋儿》等，本卷收录其讲述的故事《金豆子与金元宝》。

李天生（1948.5— ）
男，
龙安区马家乡李庄村人，
初中

自幼爱好画画，后来经老师指点，自学学会了神话人物绘画，在民间走街串巷绘画。讲述的故事传说有《李广成传说》《兴阳禅寺塔的传说》《傻小子》《哪如一回吃成屎》《书生和官员对对子》《一家四口对诗》等。本卷收录其讲述的故事《一家四口对诗》。

张良术（1949.11—　）
男，
滑县慈周寨乡后柿园村人，
初中

毕业后曾任村小学民办教师和中学代课教师，1987 年转为国家干部后，被调入乡镇机关工作，曾担任慈周寨乡和瓦岗寨乡党委秘书和宣传委员等职。爱好写作，系中国民间文艺家协会会员，曾任滑县民协副主席，著有《村野百草园》《融融春意浓》《瓦岗军的故事与传说》等书。喜欢民间文学，经常注意民间故事的整理和新故事的创作，讲述、采录的民间故事传说有《聪明糊涂蛋》《聪明的农民》《农民女婿智答老员外》《翟让巧戏"骗人精"》《兔崽换马驹》《翟让智取土豪财》《程咬金盗财》《程咬金三劫皇纲》《程咬金探地穴》《泰山老奶庙传奇》《柿园村的来历》《小屯村名的来历》《朝真观的传说》等。本卷收录其采录、讲述的故事"农民女婿智答老员外"《三个女婿拜年》《聪明糊涂蛋》等篇。

刘明生（1949.12—　）
男，
林州市黄华镇庙荒村人，
高中

1967 年于林县一中毕业后回乡务农，1972 年参加教育工作，担任初中语文教师，1979 年调回庙荒村学校担任校长，直至 2009 年退休，从教 38 年。在教学之余，他喜欢向学生和人们讲述民间传说故事，传播优秀传统文化。他讲述的民间故事，被"黄华民间文艺"公众号收录。本卷收录其讲述的故事《刘大胆吃鬼》等。

赵长生（1950.5—　）
男，
林州市合涧镇河南元村人，
高中

河南省民间文艺家协会会员，林州市民间文艺家协会副主席，林州市曲艺家协会主席。长期从事公安文秘工作和业余通讯报道，热爱民间文学，常年活跃在林州市文化艺术舞台和民间文学领域。特别热衷于本地方言的搜集和民俗研究，善于创作人们喜闻乐见的文艺作品，是人们喜爱的"快板大王"，编写出版《林州方言快板集》两集。采录的民间故事曾选入《中国民间故事全书·林州卷》。《中国民间文学大系·故事·河南卷·安阳分卷》编纂工作启动后，很快在"林州民间文艺"和

"芝兰园"等公众号推出了自己讲述、采录的民间故事与传说，有《担水》《父子对诗》《提意见》《请客》《酸枣树》《骗一骗》《糊饭》《送羊》《父子锄地》《和尚头》《巡按求医》等。本卷收录其讲述的故事《父子对诗》《请客》《提意见》《父子锄地》《糊饭》等篇。

李生学（1952.4—2004.12）
男，
安阳县北郭乡东河干村人，
高中

河南省民间文艺家协会会员。1969 年参加工作，在吕村镇文化站做宣传干事；1978 年到北郭乡文化站任站长。其工作、生活的地方离城市较远，受现代化媒体文化影响慢，农民的文化生活还保留了街头巷尾讲故事的习惯，这使他对民间文化产生了浓厚的兴趣，经常利用下乡的机会接触农村爱讲故事的老人，采集了很多民间故事、传说、笑话。其爱人乔梅花也是省民协会员，也很爱讲故事，为李生学采集民间故事提供了很多原始资料。其采集的故事有多篇入选"三套集成"安阳县卷《狐狸坟传奇》和《中国民间故事全书·安阳县卷》。本卷收录其讲述的故事《仨女婿拜寿》《漏》《大灰狼和小山羊》《老叫驴》等篇。

秦仁保（1952.9—　）
男，
龙安区龙泉镇平棘村人，
初中

河南省民间文艺家协会会员。出生于木工世家，从事古建文物修缮，木雕、根雕艺术 50 余年，多件作品先后在省、市比赛中获奖。在进行古建文物修缮时，一些老者给他讲述了很多故事。他还走街串巷，拜访多位老者，搜集整理民间故事。讲述的故事传说有《平棘村的由来》《牛家岗的由来》《麻水寺上头一功》《墩鞭石的传说》《阎王的故事》《白蛇的传说》《两好搁一好》《千里送鹅毛》等。本卷收录其讲述的故事《两好搁一好》《千里送鹅毛》。

李江英（1953.6—　）
女，
林州市原康镇大安村人
小学文化，农民

乐于助人，和睦乡邻，勤于劳动，善于持家，重视子女教育，让子女懂得做人的道理。善于把小时候听到的故事分类，讲给不同年龄段的人，使得一些将要失传的故事得以流传。讲述的民间故事有《老狐精的故事》《犁地人治怪病》《梦三儿》《整瞎先生》等。本卷收录其讲述的故事《老狐精》《老狐精的故事》。

乔梅花（1953.6— ）
女，
安阳县北郭乡东河干村人，
中学

出生于河北省临漳县砖寨营乡朴庄村，1967 年毕业于临漳县
向阳中学，曾担任过乡卫生院会计、村民兵连长、妇女主任、
团支部书记等。她从小非常热爱民间文化，从奶奶、姥姥、母
亲、姨妈口中听到许多有趣的民间故事、传说。1973 年和在
安阳县北郭乡文化站工作的李生学结婚，由于丈夫在文化站工
作，民间文化成为夫妻共同的爱好，她从娘家带来的故事也促
进了地域民间文化的融合，又不断把这些故事讲给女儿和周围
的人听。其女儿李海燕也善于讲述民间故事。乔梅花讲述的故
事传说有《屙金尿银的故事》《鸡蛋精》《母善主》《仨女婿拜
寿》《赌鬼》等。本卷收录其讲述的故事《仨女婿拜寿》《鸡蛋
精》《替死鬼》《漏》《大灰狼吃秤砣》等篇。

梁淮森（1953— ）
男，
林州市横水镇东赵村人，
初中

1970 年参军，曾担任部队首长警卫员，参加过国有大企业
的"三支两军"，1976 年 4 月退伍。当年 5 月进入林县红旗
造纸厂工作，担任业务员多年。1974 年开始学习研究周易文
化，编著《梁淮森姓名学》。日常生活中注重收集民间传说故
事，利用聚会和劳动、工作闲余时间向人讲述。本卷收录其故
事《癞蛤蟆吃了天鹅肉》。

纪合先（1955.11— ）
女，
林州市横水镇东赵村人，
中师，教师

1975 年高中毕业后，进入东赵大队学校当教师，从教 36 年，
1996 年被评为林州市模范教师，2010 年退休。从小在父亲呵
护下长大，爱听父亲讲故事，其中《小三儿分家》等故事，父
亲给她和妹妹讲了不知多少遍，往往在听故事中安然入睡。为
人母后，她又把当年父亲讲的那些故事讲给子女们听。老年退
休后，她又为子女们照看小孩儿，她发挥她教师的特长，经
常给孙辈们讲述《小三儿分家》《孙锁儿砍柴》等故事和童谣，
辅导孙辈们的文化学习一丝不苟。本卷收录其讲述的故事《小
三儿分家》。

单金生（1956.1— ）
男，
内黄县高堤乡咀头村人，
小学

一直在本村从事农业劳动。上小学三年级的时候，父亲为了让
他挣工分，就不让他上学了，他就下地拔草、拾粪。虽再也没
上过学，但是他却天生聪明，能说会道、爱唱爱笑，记性也非
常好，很喜欢和大人们在一块儿说话聊天，学会并积累了很多
故事和笑话。本卷收录其讲述的故事《巧用人》《挖水井》《对
尖》等篇。

纪进昌（1958— ）
男，
林州市横水镇东赵村人，
高中，退休职工

1976 年进入林县大众煤矿工作，2014 年退休。爱好民间文学
和音乐，擅长小提琴演奏。1988 年他利用业余时间自办音乐
培训班，被《中国煤炭报》《安阳日报》报道。退休后，仍活
跃在林州的民间文艺舞台，曾参加本土多部影视片的表演，参
与组织了林州市第一届民间春节文艺晚会、洪谷山旅游文化节
等多项文艺活动。本卷收录其讲述的故事《县官断案审椿树》。

王东希（1959.12— ）
男，
内黄县马上乡谭头村人，
中学

中国农民书画研究会会员，河南省民间文艺家协会会员，河南
省著名资深农民画、木版灯笼画、工笔画、泥塑、雕刻艺术家。
几十年痴心于农民画创作，作品凝聚民间风情，配色和造型赏
心悦目，富含传统经典元素，美轮美奂颇有特色，让人爱不释
手，广受赞誉，被中央电视台、河南电视台、《人民日报》《中
国文化报》《河南日报》《大河报》和美国、法国、日本等中外
媒体多次报道。作品在中国美术馆展览并被收藏，在全国各
地和十几个国家展出，获国家、省级大奖。代表作《背遭遭》
《连年有鱼》等被外交部指定为外交礼品。本卷收录其讲述的
故事《十二生肖的来历》。

白青年（1960.3— ）
男，
林州市任村镇白家庄村人，
高中，农民

爱好民间文学。河南省作家协会会员，河南省报告文学学会会
员，安阳市作家协会会员，林州市民间文艺家协会会员。在
"民间文学三套集成"工作中，成绩显著，1987 年被林县文化

局评为先进工作者。作品多次在人民论坛网、中国青年网、人民法制网及《安阳日报》《红旗渠报》发表，著有长篇纪实文学《红旗渠劳模任羊成》，由河南人民出版社出版，在安阳市第九届精神文明建设"五个一工程"评选中被评为优秀作品奖。本卷收录其述述的故事《塌崖出与金牛推磨》。

高明仓（1962.4—　　）
男，
林州市原康镇原康村人，
高中，农民

1979年进入林县服装厂当工人，1981年到原康乡办企业当工人，1986年进入原康乡政府办公室工作，1991年至1999年任原康镇政府办公室主任。后又到原康镇的个体企业里当车间主任、办公室主任。他十分热爱写作和民间文学。在服装厂上班时认识了郝剑平，两人都爱好写作，成为文友，文章在《安阳日报》《安阳法制报》《新乡晚报》《中原文学》《河南日报·农村版》等报刊发表，还在《山西民间文学》发表了《卖豆腐的为什么敲梆子》等民间故事。因为喜欢上了民间文学，与当时林县文化馆的彭新生、郝卫平等人熟悉后，就给郝剑平讲述了一些民间故事，还将自己采录整理的民间故事，交给文化馆彭新生。彭新生把他的故事收录到了《林县民间故事集成》里。本卷收录其述述的故事《更新剃头》《省油秘方》《在外面别叫狗咬着》等篇。

陶兆敏（1966.12—　　）
女，
滑县上官镇陶家村人，
大学

1984—1989年在河南中医学院上学，毕业后在滑县中医院妇科门诊工作至今。在工作期间，先后担任妇科主任、医务科长等职务。虽是医学专业出身，但兴趣爱好广泛，尤其喜欢本地民间文化。本卷收录其述述的故事《四根灯芯儿》。

樊晓磊（1970.5—　　）
女，
内黄县宋村乡屯西村人，
专科

从小跟母亲学习剪纸、蛋壳彩绘、葫芦彩绘。现为河南省民间文艺家协会会员、安阳市美术家协会会员、安阳市老年书画协会会员、内黄县蛋壳彩绘代表性传承人。本卷收录其述述的故事《老鼠嫁女》。

三

安阳市民间故事
采录者简介
（按照出生时间排序）

搜集整理

王光明　王森林　方建增　刘二安

刘会丰　刘振民　陈东海　房海林

段瑞峰　崔长灿

王世英（1927—2009）
男，
安阳县马家乡沙井村人，
中专，教师

擅长美术，尤爱画虎与牡丹，闻名乡里。在安阳县文化局编纂民间故事集成时，采录整理其胞兄王世英讲述的民间故事，选入安阳县民间故事集成《狐狸坟传奇》多篇。本卷收录其采录的故事《黄仆襄赶集》《吹破天打兔子》《狗为啥不吃粮食》《慌张媳妇》及刘更新的故事等篇。

乔厚武（1929.4—2016.2）
男，
安阳县高庄镇遵贵屯村人

安阳大公学堂毕业，终生从教。1989年从遵贵屯初中部退休，即致力于尧城保护工作，查找资料，多方寻找和古尧城有关信息。为了更好地宣传尧城，保护古尧城遗址，和志同道合者一起四处筹资，重新修建古尧城北门，并将十几年搜集的资料汇集整理，与彭存希合著出版《尧城故事》。本卷收录其采录的故事《斗鬼》《王大烟袋火烧土布袋》《黄蛤蟆的小聪明》等篇。

申兴发（1934.7—2009.3）
男，
安阳县善应镇北善应村人，
初中

1951年参加工作，先后在安阳县供销社、安阳县淮调剧团、安阳县电影公司、安阳县文化局工作。安阳县作协会员，多篇作品在报刊发表。由于热爱民间文学，工作期间不断收集整理一些民间故事、歌谣，退休后回老家安阳县善应镇北善应村生活，配合当地旅游业发展，担任村西古道观长春观景区负责人，接触到更多社会群众，收集了不少民间故事、歌谣。其采录的一些故事、传说曾收录编入《狐狸坟传奇》（"三套集成"安阳县故事卷）、《中国民间故事全书·安阳县卷》，其采录的歌谣、谜语曾编入《安阳县民间文学集》。本卷收录其采录的故事《找胡子》《仨女婿对诗》《训逆子》《儿死西瓜破》《活神仙出丑记》等篇。

王权（1935—1996）
男，
汤阴县瓦岗乡龙虎村人，
高小

汤阴县文化馆干部，《中国民间故事集成·河南汤阴卷》主编。采录的民间故事传说有《二人打赌》《张三吐鸡子》《岳飞作诗训秦桧》《岳飞大义灭亲》《岳飞赔情劝将》《岳飞显灵踢供桌》《赵王沟和马刨泉的传说》《施全祠的来历》《鸡为啥怕"嘶"》

《一麦九穗》等。本卷收录其采录的故事《二人打赌》。

牛安民（1936.5—2009.2）
男，
林州市横水镇石家壑村人，
大学

北京师范学院汉语文学专业毕业，中学高级讲师，河南省民协会员。历任高三语文教师，擅长作文教学，曾参与河南省编初中教参和高中语文"关于介词结构"一节的修改，被人民教育出版社中学语文室采用。酷爱民间文学，长期利用节假日采访和搜集民间故事和传说，发表于市级以上报刊的有40多篇，6万多字，为保存、弘扬、传承林州民间优秀传统文化起到积极作用。1987年编纂出版的《林县民间故事集成》中收录其采录的民间故事和传说28篇，如《黄华水治好了高欢娘娘的疮》《宰相肚里行舟船》《穿宫翰林刘泽溥》《刘更新的传说》《郭巨真孝母假埋子的传说》《一条捞面》《小和尚参军》《纪秀成与相国寺高僧》《龙头山》《槐树岭》《羊毛山》《母猪坡》《王小见夜叉》《洪洞老槐树下是咱家》《正月初五送穷灰》《不见黄河心不死》《相遇在小桥》《三山争高》等。本卷收录其采录的故事《更新上学》《三告董冠头》《趣斗老滑酸》《善辩考官》《巧拜县太爷》等篇。

宋魁元（1936.8—2013.3）
男，
殷都区大司空村人，
小学

多年来从事民间故事的搜集、整理。1987年撰写《巧联修辞趣话》书稿。1993年为《安阳谚语集成》提供谚语多条。2002年、2003年自费编印了《古今春联荟萃》《民间故事选》各一册。民间故事曾在《安阳说古》一书选载11篇，在《文峰耸秀》一书选载5篇。还搜集《语汇拾遗》《俚语》《歇后语》《谜语》《特型词汇编》各一册。本卷收录其采录的故事《面条汤》《年老得贵子》《朱灰只行劫》《蠢人改春联》《与鬼对对联》等篇。

张俊山（1938—2018）
男，
殷都区东大姓村人，
高小

1950年参加工作，长期在安阳县民政系统工作。安阳县民协会员。喜欢搜集民间故事，尤其是民间笑话，曾在民间故事蕴含量较大的韩陵乡民政所工作多年，长期与农民打交道，听闻了很多民间故事、笑话，且很用心，凭着自己的文化底子，努力不辍，将听到的都记录下来，养成了习惯，几十年的工作之余，记录了几十本民间文化资料。《中国民间故事全书·安阳县卷》收其采录的故事 20 余篇,6 万多字,《中国民间文学大系·故事·河南卷·安阳分卷》收其采录故事传说《有钱能使鬼推磨》《马那个》《老干家儿》《死背硬记》《千里驹》《耳朵在布兜里》《下边有猫吗》《剃半个头不要钱》《四个媳妇与公爹》《村妇智斗清和桥》《小妹对诗解夫围》《关公月下斩貂蝉的故事》《骡子不育的由来》《芝麻糖与"祭灶"吃糖》《见义勇为的宰相韩琦》《韩陵山和合二仙的故事》等。本卷收录其采录的故事《姐夫与小姨》《村姑巧对妙联》《妙联选郎君》《巧对药联结良缘》《小官庄的女婿》等篇。

刚呈云（1940.5—2020.11）
男，
安阳县辛村镇张太保村人，
中师

1957 年参加工作，河南省作协会员，安阳县民协会员，中学高级教师，先后在安阳县辛村乡小学、北郭乡中学任教。毕生热爱民间趣闻轶事，热爱写作，热爱农村生活，热爱发生在农民之间的故事，其创作的小说、散文和收集整理的乡野趣闻、民间故事文字总量近 200 万字，《河南日报》《羊城晚报》《热风》《时代》多家媒体发表过其作品。其采录和讲述的民间故事传说曾被《中国民间文学三套集成·安阳县卷》《狐狸坟传奇》《中国民间故事全书·安阳县卷》收录多篇，有《好听故事的皇帝》《神箭将军和神刀剃头匠》《两个朋友》《瞧嘴吃》《傻子做买卖》《兄弟四人上京赶考》等。本卷收录其采录的故事《王大憨做买卖》《神箭将军和神刀剃头匠》《好听故事的皇帝》《兄弟四人上京赶考》《两个朋友》等篇。

李文林（1942.1—　）
男，
殷都区磊口乡南磊口村人，
大专文化，退休干部

1969 年参加工作，一直在基层工作至退休，退休后返聘至今。平生酷爱楹联、诗词，时代论文撰写，喜爱民间文学，特别是对于民间故事和民间歌谣、谜语的采集。曾在《中国楹联家大辞典》《中华诗词艺术家大辞典》《当代国学家大辞典》等 180 余家专业书、刊、典、鉴发表 600 余篇、幅作品。采录的民间故事多篇被收入《中国民间故事全书·安阳县卷》。2014 年被评为安阳市"最美老人"。本卷收录其采录的故事《婆媳打哑谜》《仨女婿拜寿》《蛤蟆媳妇》《燕子报恩》《金斧子的故事》等篇。

胡德葆（1942.11—　）
男
内黄县人，
大学

河南大学中文系毕业。曾在安阳师专中文系任教。1983 年调安阳地区文联工作，后转安阳市文联做文学期刊编辑工作，先后编发刊物 120 余期。系河南省作协会员、文学学会会员，曾任河南省民间文艺家协会理事、安阳市民协主席。工作之余，创作文学作品 150 余件，并获奖。《高高的白杨树》在全国性儿童期刊《儿童时代》发表，获"光辉十年优秀文学作品奖"，收入重庆出版社出版的《全国寓言征文选》一书。儿童诗《钢板也要钻透它》在海燕出版社主办的期刊《向阳光》发表并辑入儿童诗集《红花朵朵》。论文《十二生肖传说与民俗》获河南第二届民间文艺理论研讨会优秀论文奖，辑入《神话与民俗》一书。主编的《安阳故事卷》、参与主编的《安阳谚语卷》均获第二届中国北方民间文学评奖二等奖、河南民间文学二等奖。在"民间文学三套集成"工作中被全国集成规划领导小组评为先进工作者，受奖励。本卷收录其采录的故事《把脉》《南坛地》《王二小要饭》《坟中坟》等篇。

侯新民（1944.1—　）
男，
林州市茶店镇大峪村人，
大专

1960 年 6 月被选为空勤学员入伍。1986 年 12 月转业回到林州。先后在林州市政法委、林州市文联和林州市政协文史委工作，退休前任林州市政协文史委员会副主任。他出生于农村，自幼就喜欢听瞎先生说书，上学后喜欢写作。在部队服役期间也是业余写作积极分子。利用业余时间采写新闻，创作诗歌、小说、曲艺等文学作品。经常向军内外报刊投稿并被发表。转业后笔耕不辍，热心搜集本土民间故事和传说。刘庚星是个阿凡提式的机智人物，才华出众，足智多谋，刚直不阿，惩恶扬善，其众多故事全系民间口传，为了采录刘庚星故事，他见人就问，回到老家也向乡亲们打听，利用闲暇时间到县城周围村庄采访，还骑着自行车到传说中的刘庚星的家乡采桑镇下川村查看了刘庚星的墓地。为了节省时间，凡是重复的故事，他不让对方细说；每得到一篇新的故事，他就当天整理成文。经过断断续续的两个多月时间，编撰了《风流才子刘庚星的故事》，收录刘庚星的故事 100 余篇，1993 年 2 月由文津出版社出版。他还编撰了长篇章回小说《天门会》，以及《民间歌谣和谜语》《林州民间故事》等十多本书。本卷收录其采录的故事《刘更新的故事》《祈雨》《找事儿》《通头儿躺》《还是老三家的萝卜大》等篇。

王买金（1944.8— ）
男，
林州市人，
大专

林州市文物管理所原所长兼文化馆副馆长，林州市"民间文学三套集成"编委主任。1964年10月参加工作，2006年退休，从事文化工作40多年。中国民间文艺家协会会员，中国群众文化学会会员，中国老科学技术工作者协会会员，安阳市政协文史资料《古寺古塔古民俗》《古碑古桥古村落》副主编，《林州市地名志》主编。2018年，获安阳市首届"民间文艺鼎甲奖"终身成就奖。2021年6月，受聘为林州市民间文艺家协会终身名誉主席。在《民间文学》《中国文化报》等报刊发表文章200余篇。出版有《民间趣题》《游戏百法》《民间趣话》《传世古训》《林州村名探源》《林州地名考释》《林州俗语集解》《林州历史典故》《林州百家姓》等专著9部，240余万字。本卷收录其采录的故事《你我她》《张大户请客》《师徒俩》《书呆子赶集》等篇。

方宪仁（1945.5— ）
男，
安阳县白璧镇大寒村人，
大专

1970年参加工作，历任安阳钢铁厂工人、车间文书、车间党支部委员，车间团支部书记，厂团委委员，安全科科长。其家乡大寒村，是一个千年古村落，村内有千年古刹"大寒宫"南北两座，名闻方圆百里，自古及今每年两度庙会，南来北往的香客众多，他从小就爱听老人讲故事，有些故事几十年仍记忆犹新。2008年，其被吸收为安阳县民间文艺家协会会员。2008年，参与编写《中国民间故事全书·安阳县卷》，2010年参与编写《民间说曹操》，2012年参加了《中国民俗志·安阳县卷》的编纂，分工编写的《游乐民俗》。2020年，将自己收集整理的民间故事编成了《乡里故事小编》。本卷收录其采录的故事《懒点儿好》。

郭紫明（1945.12— ）
男，
林州市石板岩镇郭家庄村龙床口
自然村人，
大专

退休干部。河南大学文秘专业函授毕业，1964年3月参加工作，历任大队团总支书记、党支部副书记，公社团委副书记、革委会委员，公社（乡）党委宣传委员、统战委员兼党委办公室主任，1987年参加开发王相岩旅游景区。1990年至2002年先后任石板岩乡人民政府常务副乡长兼王相岩风景名胜区管理处第一届管委会主任，石板岩乡人大常委会常务副主任。郭紫明十

分爱好民间文学，在开发石板岩旅游事业中，利用工作和业余时间走遍了全乡的山山水水，广泛调查走访知情人和景点，采录当地民间故事和传说。编著《走进神秘的太行大峡谷》一书，由中国文联出版社出版，书中讲述记录了许多民间传说故事，既是石板岩和太行大峡谷的旅游指南，又是石板岩神话、故事、传说集大成者。晚年仍关心和参与林州民间文艺家协会的工作，担任林州市民协石板岩工作委员会名誉会长。本卷收录其采录的故事《子母参》等篇。

李香菊（1947.3—2002.12）
女，
内黄县梁庄镇李官寨村人

河南省民间文艺家协会会员，馆员职称。1969年参加工作。1984—2000年，先后任内黄县文化局文化股股长、文化馆副馆长、局党组成员。在文化部门工作十多年中，多次被上级部门授予"先进工作者""三八红旗手"等荣誉称号。1988年9月，率团参加河南省第一届艺术节，获"优秀组织奖"；1989年，和他人共同创作的古装剧本《宫外皇后》被市文化广播事业局评为三等奖，剧本在《河南新剧作》中发表；1991年，被安阳市委宣传部评为"先进工作者"；1991年7月，主编的《中国民间故事集成·河南内黄县卷》获国家哲学社会科学重点科研项目"优秀成果一等奖"，本人被全国艺术科学规划领导小组、中国民间文艺家协会、中国民间文学集成全国编纂委员会评为"先进工作者"；1991年11月，被河南省文化厅、河南省人事厅联合授予"河南省文化系统先进工作者"奖章；1993年12月，创作的民间传说《赐颖美酒育英雄》获河南省民间文艺家协会《中国名酒传说故事》征文优秀作品二等奖，该作品同时还荣获安阳市首届民间文学优秀成果二等奖；1993年，获安阳市"优秀农村思想政治工作者"称号。本卷收录其采录的故事《"圣贤愁"》《任长和任短》《学懒》等篇。

郭新江（1947.5— ）
男，
林州市合涧镇郭家岗村人，
大专

教育工作者。1967年毕业于安阳师范学校，1967—1984年在林县合涧乡从事教学工作。1984年进修于鹤壁教师进修学院历史专业，1986年后工作于鹤壁职业技术学院。热爱历史和民间文学，在林州从事教育工作期间利用业余时间从事民间文学创作，采写了大量民间故事和传说。采录的民间故事有《刘秀的传说》《刘更新的传说》《吃驸马与望京楼》《楼圪台的传说》《人参仙子》《万忍》《小三砍柴》《糠窝窝与元宝》《诚儿娶媳妇》《粪草换李子》《贪吃媳妇》《天下第一家》《屠夫对哑谜》《县太爷训父》《人老成精》《压纸与揭纸为啥哭法不一样》等。本卷收录其采录的故事《屠夫对哑谜》《三两银与三两漆》

《巴豆饼》《糠窝窝和元宝》《小三砍柴》等篇。

田讯川（1949.12— ）
男，
内黄县张龙乡南羊垛村人，
大专

安阳教育学院汉语言文学专业毕业。自幼受到良好的教育。1963 年升入内黄县一中初中部学习。喜爱文学、文艺。在校黑板报上发表文章，是学校文艺宣传队成员。1968 年毕业，受家庭出身影响，返回原籍当农民。多次向县文化馆投文艺作品稿件，是村文艺宣传队主要演员。1979 年参加教育工作，教学之余，写作从未间断，创作有小说、诗歌，在《内黄文化》发表。在乡教育办公室工作 16 年，先后向《小学教学》《农村实用技术》《成人教育》及《河南科技报》等报刊投稿数十篇。是多家报刊通讯员。退休后，先后受聘到内黄县工业中专、内黄县第九实验学校任教，到交通驾校、四方驾校等任校长。帮助村委会编写《南阳垛村志》。帮助唐代诗人沈佺期故里撰写碑文，学会电脑打字、排版打印，被评为 2021 年"好乡贤"。《中国民间故事集成·河南内黄县卷》编纂时，曾采录整理民间故事十余篇。本卷收录其采录的故事《离唱不说话》《学话》《土埋脖子的人》等篇。

牛继红（1950.12— ）
女，
出生于陕西省宝鸡市，祖籍河南省太康县，
高中

中国民间文艺家协会会员，河南省民间文艺家协会会员，滑县民协原主席，现任滑县民协名誉主席。1986 年随军转入滑县热电厂，现已退休。学生时期就喜爱文学，所作作文常被老师当作范文读给学生听。自 1971 年参加工作以来，坚持业余创作，著书《悠悠乡土情》，与人合著《踏浪者的故事》，民间故事《断河葬母》获省民协 1984—1994 十年优秀成果奖，民间故事《欧阳修与冰堂春酒》荣获省民协二等奖。采录的民间故事传说有《断河葬母》《神鞭吸水》《苏丽姑娘》《遇挚友安全出狱》《为民众举旗造反》《蒙翟让李密发誓》《顾大局寨主让位》《风雪夜翟让遇难》《巧破盗银案》《秦大夫的儿子》《黄龙潭的传说》《欧阳修与冰堂春酒》《韩家私房辣椒酱的来历》《申氏石磨香油的来历》《郭氏砖雕坊的来历》等。本卷收录其采录的故事《神鞭吸水》。

张怀恩（1951.2— ）
男
内黄县亳城镇人，
大专

2011 年从内黄县委党校退休。是中国民间文艺家协会会员、河南炎黄文化研究会会员、河南省黄河文化研究会会员，曾任内黄县历史文化研究会常务副会长兼秘书长、《内黄文化》主编。主要著作（含主编）：《颛顼帝喾故事》《岳飞故事》《红色沙区》《内黄老区革命故事》《内黄革命老区人物集》《内黄革命老区革命遗址》《挺起不屈的脊梁》《中华圣帝颛顼帝喾》《难忘的知青岁月》《新编内黄民间故事》《少年岳飞故事》《内黄县革命老区发展史》《走进内黄》（丛书七册）。创刊并主编《内黄文化》（前 16 期）。曾在各级报刊发表论文、专题、诗歌、散文等 300 余篇。本卷收录其采录的故事《傻子借整子》《捣诓大王》《瞪眼瞎看告示》等篇。

孙晨琳（1951.8— ）
男，
安阳县水冶镇东街村人，
小学

1970 年参加工作，曾在安阳县建材总厂、安阳化肥厂工作。河南省民间文艺家协会会员。其出生地和工作地安阳县水冶镇，是中州名镇，是一个人文荟萃的小都市，民间文化资源特别丰富，尤其是民间故事，南来北往的行脚商人传播很多，他在工作之余，勤于细心收集整理民间文学作品，在国家、省、市级故事刊物上发表故事近百篇。《中国民间故事全书·安阳县卷》收其采录的故事 30 余篇，约 7 万多字，《中国民间文学大系·故事·河南卷·安阳分卷》收其采录故事传说《以毒攻毒》《生财有道》《高招》《对谜》《四女婿拜寿》《仨女婿拜寿》《遗产》《奇人奇药》《卖墨斗》《铜匠教徒》《搬家》《卖驴》《撞名》《许三礼妙对补官》《马丕瑶智断人命案》《贺六过江》《马吉樟智救同乡》《冯玉祥施计讨军饷》《崔氏膏药》等。本卷收录其采录的故事《对谜》《卖墨斗》《铜匠教徒》《家产》《搬家》等篇。

左斌（1951.8— ）
男，
汤阴县白营镇杨村人，
大专

中国民间文艺家协会会员，河南省民间文艺家协会会员，河南省作家协会会员。曾任汤阴县文联副主席。在电台、报刊发表新闻、小说、调查报告、传说故事等 200 余篇。主持《中国民间故事全书·河南汤阴卷》的编纂，讲述采录民间故事传说《不见黄河心不死》《"降城"为啥改名叫"将城"？》《岳飞家酒千古传》等。本卷收录其采录的故事《曹双儿买驴》《千里送鹅毛》。

王有才（1952.2—　）
男，
文峰区唐子巷人，
大学

河南省民协会员，河南省作协会员，高级政工师、经济师、行业高级经营师，曾在企业任团委书记、工会主席、公司副总经理、党委副书记，2012年退休。自幼受母亲赵新梅、父亲王玉庭影响，听说过许多故事传说。参加工作后，利用业余时间学习写作，1980年起集中精力进行安阳民间故事传说的采集整理，采录了《交好运的梦三》《坏小三》《喷大话碰上巧嘴女》《傻子买竹竿》《李秀才认亲》《贪心贼的故事》等民间故事，郭阁老的故事《卖棒槌》《仁义巷》《夸爹》《大萝卜和小萝卜》等人物传说，《文峰塔的传说》《韩陵片石》《柏门珠沼》《小南海的传说》等风物传说。《兄弟》1985年获河南省首届民间文学二等奖；《李秀才认亲》1985年获安阳市优秀作品奖；《大萝卜和小萝卜》1980年发表于《河南青年》，被《河南民间文学集成·安阳故事卷》收录，1986年获安阳市首届民间文学优秀成果奖；《洹上袁林》1989年发表于《殷都工人报》，后被《安阳日报》连载。采录的民间文学作品选入《河南民间文学集成·安阳故事卷》7篇，选入安阳县故事卷《狐狸坟传奇》十多篇。《从〈红楼梦〉中的经济描写看作品的主题》发表于《红楼梦学刊》1987年第2期，1988年获市优秀作品奖。本卷收录其采录的故事《喷大话碰上巧嘴女》《交好运的梦三》《傻子买竹竿》《修仙》等篇。

谷向东（1952.3—　）
男，
林州市石板岩镇漏子头村南寺自
然村人，
高中

1971年高中毕业后回乡务农，曾参加石板岩太行隧道开挖工程建设。1974年至1978年在石板岩公社（乡）政府工作，时任车佛沟基点农业技术干部。1978年12月被林县文化馆录用为石板岩乡文化站专职干部，曾参与编纂《中国民间故事集成·河南林县卷》。1982年至1985年主持编写《石板岩乡志》。1987年参加石板岩太行大峡谷旅游开发工作。2002年至2006年任石板岩乡长助理。2007年至2012年负责编修《石板岩乡志》。本卷收录其采录的故事《人参王》。

梁福林（1952.5—　）
男，
内黄县田氏镇彭路村人，
大专

小学高级教师。从小喜欢文学，尤其喜欢听母亲讲民间故事。20世纪80年代，曾根据母亲讲述，整理民间故事百余篇，被内黄县文化局和文化馆选入《中国民间故事集成·河南内黄县卷》20余篇。现为中国音乐文学学会会员、中国诗词协会理事、河南省戏剧家协会会员等，经常发表歌词、诗歌、剧本等作品。本卷收录其采录的故事《三弟兄养父》《傻女婿学话》。

申洪运（1952.6—　）
男，
林州市任村镇盘阳村人，
大专

退休教师。林州市第二届道德模范（敬业奉献类）提名奖获得者。林州市民间文艺家协会常务理事，林州市民俗文化专业委员会副会长，林州市作家协会和摄影家协会会员。长期致力于地方历史文化的挖掘研究。2012年，写成近23万字的《盘阳草根录》《盘阳碑刻录》，其中《盘阳草根录》获安阳市首届民间文艺"鼎甲奖"民间文学作品奖。另有多篇文章发表于《安阳日报》《红旗渠》报和《林州民间文艺》《林州文苑》等媒体。2021年2月，林州市民协授予其"优秀民间文艺家"荣誉称号。他采录的故事传说有《洞房鸳鸯诗》《世上没有约好人》《卢二小盗酒》《张天奇单刀救灾嫂》《卢振刚以守为攻破围攻》《草莽枭雄杨三堂》《倔老汉智斗骂街婆》《木刀杀人》《卢家大院发迹故事》《穆桂英围土退辽兵》《东盘阳灵泽王庙的传说》等10多篇。本卷收录其采录的故事《松树庙唱戏木刀杀人》。

冯湘平（1952.11—　）
男，
安阳市人，
大专

安阳日报社退休干部，中国民间文艺家协会会员，安阳市民间文艺家协会顾问，河南省姓氏文化研究会冯姓委员会常务副会长，安阳工学院客座教授，安阳儒联副秘书长。与人合编《韩陵山的故事》《安阳说古》等。采录有《傻女婿》《赵员外考子》《吟诗戏财主》《王宁藏父留村名》《一脚留下韩陵山》《韩信治军发明象棋》《韩信巧治白脸奸》《韩信埋母》《拜兄弟》等民间故事与传说。本卷收录其采录的故事《赵员外考子》《扮鬼称花记》《吟诗戏财主》《傻女婿》等篇。

朱尽忠（1953.4— ）
男，
内黄县马上乡善宜店村人，
高中

1978—2005 年任马上乡文化站站长。自幼喜爱书画，经常收集民间故事。本卷收录其采录的故事《哑谜》《猜字》《借物》《买话》等篇。

刘耀青（1953.6— ）
男，
殷都区小庄村人，
中专

参过军，务过农。河南省作家协会会员，河南省民间文艺家协会会员，安阳市殷都区文联副主席，殷都区民间文艺家协会主席。主要作品有《殷都宝鉴》《甲骨文的故事》《铁血北蒙》《问鼎殷都》《中国民俗志·殷都卷》、《殷商悲歌》三部曲，主编《中国民间故事全书·殷都卷》。在日常生活中，注重民间故事的搜集，采录故事传说近 500 篇。平时经常给周围的人讲故事，宣传中华优秀传统文化。还在西瓜视频上发布"殷墟刘哥讲故事"，目前已发布 60 多篇。本卷收录其采录的故事《学践书肚的》《王买只偷瓜》《青丝迥》《敬德打马上锅台》《傻女婿学东西》等篇。

原金亭（1953.6— ）
男，
汤阴县人，
大学

北京理工大学自动控制专业毕业，曾就职于解放军青藏兵站部格尔木大站，中国空空导弹研究院，汤阴县文化馆、县委宣传部、县文联、县文化局。出版有《岳飞与岳庙》《岳飞故里》《岳飞岳庙传说故事》《汤阴民间故事》等著作 5 部，发表小说、散文、诗歌、民间文学、报告文学、通讯等各类作品数百篇。多篇作品曾获河南省好新闻一等奖，省、市文艺作品奖。获县优秀专业技术人才称号，20 世纪 80 年代加入省作家协会，任市作协副秘书长、县作协主席。为安阳市岳飞传说故事非遗传承人。采录的故事传说有《乾隆游庙》《秦桧王氏偷油喝》《臭秦桧污染汤河》《岳飞出世》《岳母刺字》《岳飞书写〈出师表〉》《岳飞的笔墨纸砚》《张知县题字》《牛老爷造铁像》《没有碑的御碑亭》《巧媳妇》等。本卷收录其采录的故事《县官的"三性人"》《巧媳妇》。

房海林（1953.9— ）
男，
林州市合涧镇石板沟村人，
大专

从小就对故事有着特别的爱好。1974 年参加林县大众煤矿井下工作。20 世纪 80 年代获得自修大学文凭，并被调到了矿办公室，除负责企业各类文稿的撰写和对内对外宣传外，经常在国家、省、市、县各级媒体上发表文章。1992 年先后担任集团公司政治处主任、企业综合办主任、企业党办主任。2008 年冬退休。2014 年后相继加入林州市诗词学会、林州市作家协会、安阳市作家协会、河南省诗词学会。其文学作品不断在本土和全国 20 多家知名网络和平面媒体发表或转载。2020 年 11 月，成为《中国民间文学大系·故事·河南卷·安阳分卷》林州市编纂人员之一，在全市范围内收集了大量民间故事和传说，并以饱满的热情投入到稿件的修改整理上，夜以继日，经常加班熬夜，在很短的时间里完成了《中国民间文学大系·故事·河南卷·安阳分卷》林州市卷本的初稿。还采录了《县官断案审椿树》《做了亏心事就怕鬼叫门》《舜王孝感动天》等十几篇民间故事。本卷收录其采录的故事《小三儿分家》《县官断案审椿树》。

肖随普（1954.3— ）
男，
滑县万古镇人，
中专

1971 年参加教育工作，其间曾任小学校长、初中副校长职务。2002 年被借调至万古镇文化站，一直到 2010 年。滑县作家协会会员，安阳市作家协会会员。致力民间故事搜集十余载，在《河南日报》《安阳日报》《滑州日报》《滑州文化》等报刊上发表多篇作品，采录民间故事传说四十余篇，编印《万古的故事与传说》一书。本卷收录其采录的故事《哥俩许愿》《济世苍龙》。

李香生（1954.7— ）
男，
林州市五龙镇石官村赵官自然村人，
高中，乡镇干部

1978 年高中毕业后，进入泽下公社乡村学校当教师。1982 年进入泽下乡政府，担任乡文化站站长 8 年，其间参与了"中国民间文学三套集成"的收集和采录工作。后任乡镇基点组长、信访干事、司法干事等。他酷爱民间文学和文学创作、绘画、音乐、书法等，曾多次参与县（市）、乡展览的规划设计布展工作。本卷收录其采录的故事《小谭香哭瓜》。

王家俊（1954.9— ）
男，
北关区彰北街道马家垒村人，
大学

1978年毕业于河南大学中文系，1974年参加工作，曾任安阳市六中教师，1988年被安阳市志办公室聘为编辑，1995年被安阳电台特聘为《老安阳》节目主持人。中国古都学会会员，中国殷商文化学会会员，河南省民间文艺家协会会员，河南省民俗学会理事。1976年后师从河南大学张振犁教授，参与并采集整理编纂《河南民间故事集》，1993年后参与安阳电台经济台"星期天魔方程"主持地方风情节目《老安阳》，编辑播出具有地方特色的风物传说故事掌故等文稿200余万字。本卷收录其采录的故事《屁门还没闭》《同行是冤家》《"省三县"拜师》《抠门》《够本急》等篇。

彭存希（1955.6— ）
男，
河北省大名县人，
大专

安阳市文峰区文化馆文博馆员，安阳市文峰区民俗展馆负责人，安阳市文峰区古城保护整治复兴指挥部仓巷街分部工作人员，安阳古城保护热心人士。擅长摄影和书画创作，长期从事安阳老城古建筑、遗迹文化研究，在第三次全国文物普查工作中荣获"先进个人"称号。退休后，发挥优势，以安阳八大景、新八大景、新十六景为题材，发掘、整理、弘扬安阳古城文化、地域文化，创作了数百幅国画作品，受到社会各界广泛好评。主编《尧城故事》，中国国际文艺出版社2006年9月出版，收录民间故事50余篇。本卷收录其采录的故事《黄蛤蟆的小聪明》《王大烟袋火烧土布袋》。

郭宝军（1955— ）
男，
林州市桂林镇人，
高中

出生在农村，一生与土地打交道。爱好文学创作，尤其爱好民间文学。在侍弄土地庄稼、外出打工时，也没有丢下自己的文学梦想。有诗词、散文、故事、传说在林州市内外媒体上发表过。先后加入林州市诗词学会、林州市作家协会、林州市民间文艺家协会。本卷收录其采录的故事《古石槽与狐仙》等篇。

李国存（1956.3— ）
男，
内黄县二安乡沙河庄村人，
高中

1971年参加工作，先后工作于内黄县工农兵文工团、内黄县文化馆、内黄县文联、濮阳市戏剧创作研究室，2016年退休。曾任《中国民间故事集成·河南内黄县卷》编委，采录的故事传说有《张文显》《张草辫降鬼》《诗迷》《两个诗人》《老土儿进城》《傻小儿学精话》《三个女婿拜寿》《关羽和周仓》《狗腿子的传说》《巧云》《爷儿俩一同拜天地》《盖鲁班》等。其中《盖鲁班》还发表于《濮阳日报》。另有《马蛋》发表于《豫苑》。《落榜秀才传奇》故事集（与人合作），在《中原文学》增刊印行。本卷收录其采录的故事《够吃了》《老土儿进城》《两个诗人》《傻小儿学精话》《瞎话篓》等篇。

单建设（1956.4— ）
男，
内黄县高堤乡咀头村人，
高中

1978年2月在内黄县城关镇文化站工作，曾先后任后河镇（当时称乡）武装部干事、副部长，亳城乡武装部长、副乡长。2005年2月份调到内黄县城市管理行政执法局工作，2009年退居二线，2017年退休。虽然工作几经调动，但对民间文学却情有独钟，在干好本职工作的同时，不断收集整理民间故事和笑话。本卷收录其采录的故事《巧佣人》《挖水井》《对尖》等篇。

聂延军（1956.10— ）
男，
河南省清丰县阳邵镇陈庄村人，
大学

历任内黄县文化局副局长、县文联主席，濮阳市戏研室主任，市文联主席、党组书记，《濮阳日报》总编辑，团中央《辅导员》杂志主编、《基础教育论坛》主编、《好作文》主编。国家一级编剧，高级编辑，享受国务院特殊津贴专家。现为中国人生科学学会副会长兼中小学教育专业委员会会长。2003年加入中国作家协会。共出版长篇小说、专著6部，电影剧本3部，电视剧剧本5部，200多万字。曾获河南省首届优秀文艺成果鼓励奖、中南六省（区）电视剧金帆奖、全国地方戏曲交流演出优秀编剧一等奖、中宣部"五个一工程"奖、文化部第四届文华奖、河南省优秀文艺成果奖等十几项奖项。在内黄工作期间采录的民间故事传说有《琴声惊刺客》《李知县断案》《罕见的娃娃》《团圆席上的笑话》《李六求婚》等。本卷收录其采录的故事《罕见的娃娃》《团圆席上的笑话》《李知县断案》等篇。

冯新志（1956.12— ）
男，
殷都区侯庄村人，
高中

河南省曲艺家协会会员，安阳市曲艺家协会理事。自幼爱好文艺，小学三年级即登上舞台。此后走上文化生涯，刻苦求学，勤学苦练，擅长评书、坠子、快板、故事，自编自演，自拉自唱。常用的创作演出作品60多篇，长短不一，新旧俱全，主要有《少林英雄传》《绿林英雄传》《包公案》《刘公案》《呼家将》《杨家将》等。身为民间艺人，面向群众，深入基层，不拘演出场地，田间地头、红白喜事、公共场所都能去，借题发挥，就地取材，见景生情，现发现卖，雅俗共赏，合辙押韵，通俗易懂，老少皆宜。多年来搜集采录民间故事传说上百篇，保存有20世纪80年代搜集整理的民间故事手抄本三辑，收录民间故事传说70多篇。其中"三套集成"《安阳故事卷》选录《武丁巧计举傅说》《女元帅妇好的传说》《郭朴修书让宅基》《郭朴送茶叶》《郭朴认货不认人》《郭朴巧建一百零三孔桥还有余的传说》《郭朴认干闺女》《郭朴骑驴送闺女》《郭朴巧建断梁寺》《赵简王智取青铜剑》《审笆箩》《马丕瑶断铜钱案》《安阳城的来历》《梯子口的来历》《贴虎避邪》《送面羊的来历》《审枣树》等十多篇。本卷收录其采录的故事《审枣树》。

刘富民（1957.1— ）
男，
林州市五龙镇琅沃村人，
大学

安阳日报社原记者、编辑，曾任《安阳日报》广告部主任、经营管理办公室主任，副高级职称。河南省摄影家协会会员。退休后，游历于乡村古镇和山水田园之中，热心于民间文学，采录民间传说和故事，收集方言俗语，出版有《鲜花盛开的地方》《走进太行大峡谷》画册。2016年参与编写《五龙镇志》，书中收录了五龙本地许多民间故事和传说。讲述、采录的故事传说有《胡淇"起死回生"的故事》《老王公与狐仙庙的故事》《小神山刘家墓地的故事》《猎人与狐仙的故事》《南坡老仙女》《小车辋村的传说》《五龙洞圣母显灵》《五龙洞的传说》《五龙洞老君巡山》《琅沃村的传说》《人参娃娃》《关公松》等。本卷收录其采录的故事《人参娃娃》《老王公与狐仙庙》。

李现虎（1957.4— ）
男，
汤阴县五陵镇镇抚寨
村人，
大专

河南省书协会员，曾任安阳市书法协会理事、汤阴县文联主席。擅长书法。在民间文学创作方面，曾参与《岳飞》专题片的编

纂工作。主持《中国民间故事全书·河南汤阴卷》的编纂，执笔撰写前言，采录民间故事传说《找驴》《傻子拉煤》《憨小子买羊》《老癔》《老半熟子》《二杆子问屁》《赖皮赌牌》《尧会村名的来历》等。本卷收录其采录的故事《傻子拉煤》《憨小子买羊》《找驴》《赖皮赌牌》等篇。

栗文飞（1957.5— ）
男，
汤阴县人，
大学

河南省作协会员，安阳市作协会员，汤阴县作协副主席，安阳市第十届政协委员。曾任汤阴县政府目标办副主任，县政府办公室主任科员，《汤阴县志》副主编、《新汤阴时讯》副总编兼社会文化版主任，安阳文化大讲堂特聘讲师。岳飞研究会会员、岳飞教育基金会副会长兼秘书长。已出版《老年心理学实用读本》《岳飞颂歌》《周文王羑里城》《安阳洪洞移民》《周易成语》《安阳老区革命故事丛书·汤阴卷》《岳飞》等。另有《黄河流域传说故事》《岳飞传说故事集》《论语成语》等书稿。本卷收录其采录的故事《宋大刚捉"鬼"》。

王光明（1957.9— ）
男，
安阳县白璧镇郭盆村人，
大学

副研究馆员，中国民间文艺家协会会员，河南省作家协会会员。1980年参加工作，先在农村中学任教任职，2004年调到安阳县文学艺术界联合会工作，任安阳县民间文艺家协会主席、县作家协会副主席、县民间文化遗产抢救保护工程办公室专干，直至2017年退休。热爱民间文艺事业，曾收集整理安阳地方原始民间歌谣300多首，民间谜语200多则，民间熟语1000多条（已出版为《安阳县民间文学集·歌谣谜语俚语熟语卷》），主持编纂了《中国民间故事大全·安阳县卷》《中国民俗志·安阳县卷》（两套民间文化遗产抢救工程项目均已靠县财政资金印刷成书）。主持安阳县民协工作时，曾获河南省"金鼎奖·集体成就奖"；编著的《民间说曹操》获河南社科类优秀成果特等奖。在《中国民间文学大系·故事·河南卷·安阳分卷》编纂中，主持整理了安阳县、滑县共130多万字的民间故事、传说文稿，对所有选编篇目进行了认真的编辑整理。本卷收录其采录的故事《千里驹》《念信》《用图记赊欠账》《仨婿探病》《忌讳》等篇。

甘学礼（1958.9— ）
男，
内黄县楚旺镇甘庄村人，
大专

1982年毕业于安阳师范专科学校，先后任安阳市豫北纱厂中学教师，内黄县石盘屯乡政府行政秘书，宋村乡政府副乡长、副书记，高堤乡副书记、人大主席，内黄县第二人民医院党支部书记。2018年退休。从小喜欢听故事，1974年上中学时就开始搜集二大爷的故事，参加工作后仍继续搜集整理，坚持到1996年，历经20多年，编撰了《潘庄二大爷传说》一书（油印本），2001年又补充内容再次打印。本卷收录其采录的故事《杀牛打瓮》《月亮脱皮》《掉刀》《黑驴打滚和二龙戏珠》《办丧事》等篇。

魏庆选（1958.11— ）
男，
滑县老爷庙乡魏庄村人，
大专

中国民间文艺家协会会员，河南省作家协会会员，滑县木版年画研究会原会长。曾任滑县文化局（旅游文物局、新闻出版局）局长、滑县县委老干部局局长。曾编辑、出版《滑县民间故事集成》《滑县民间歌谣、谚语集成》《滑县饮食文化》《滑县民俗文化》《滑县木版年画》，发表中短篇小说多篇。其中《滑县民间歌谣、谚语集成》《滑县民间故事集成》分别获得河南省哲学社会科学优秀成果二、三等奖，《滑县民俗文化》获得安阳市社会科学优秀成果三等奖。本卷收录其采录的故事《仨女婿拜寿》《雇短工》《俩伙计打架》《和尚秀才游春》等篇。

方建增（1959.2— ）
男，
林州市姚村镇三孝村人，
本科

高级工程师，国家注册一级建造师，政工师。1977年进入林县大众煤矿工作，曾任林县大众煤矿副矿长兼党办、矿办主任、矿党委副书记。2020年10月任林州市民协副主席，2021年4月任林州市民协秘书长。2020年11月以来，组织协调林州市民协会员参与编纂《中国民间文学大系·故事·河南卷·安阳分卷》林州市卷本，并亲自采录民间故事和传说《郭巨埋儿》《漳河天桥断的传奇故事》《三孝马龙洼的传说》《姚村好汉桥》《三孝村军地沟和红河岸的传说》等。本卷收录其采录的故事《金豆子与金元宝》。

焦玉江（1959.11—2009.11）
男，
林州市原康镇曹家沟村人，
高中

安阳市作家协会会员。1978高中毕业后，即进入当地农村高中班当民办教师，擅长高中化学、语文教学。1985年左右离开教学岗位外出打工。1993年后进入林州市姚村镇定角集团公司担任办公室主任，后又转岗进入原康养鸡场担任办公室主任。爱好新闻、文学，在教学和工作之余，笔耕不辍，在《河南日报》《农民日报》《中国信息报》《法制日报》《乡镇企业报》《安阳日报》《洛阳日报》等报刊发表大量新闻报道、文学作品，编纂《林县民间故事集成》期间，积极参与采录民间故事。他采录的故事传说有《太公楼的传说》《刘墉观对联》《金银山》《傻子卖牛》《三媳妇当家》《班门弄斧》《三子学艺》《火龙单》《大年初一挂"破灯"的由来》《送客的由来》等。本卷收录其采录的故事《三媳妇当家》《金银山》。

马少青（1959— ）
男，
内黄县高堤乡北街村人，
大专

高堤乡南街小学教师。1982年开始文学创作，采录收集的民间故事传说有《埋狗训夫》《断石磨的传说》《藏宝图的故事》《金头银花》《扁担开花鲤鱼打鼓》《老蟒爷的故事》《东大庙的传说》《诚实的杨怀》《孔子周礼天下》等。本卷收录其采录的故事《扁担开花鲤鱼打鼓》《老蟒爷的故事》《藏宝图》《好事的蒋神仙》等篇。

牛化法（1962.6— ）
男，
安阳县磊口乡目明村人，
大专

1980年参加工作。河南省作协会员，安阳市殷都区作协副主席。现在安阳县矿产资源管理局工作。热爱民间文艺，"三套集成"编纂时采集整理了10多万字的民间文学作品。主流媒体发表作品3000余篇（幅）约300万字，作品曾获国家、省、市级奖多次，文章散见《人民日报》《光明日报》《河南日报》《教师报》等。著有《创造风流》《清凉山传说》《青山青史》等。采录的民间故事传说有《大概出不来》《聪明的儿媳妇》《新媳妇戏小和尚》《医生巧对县令》《孩童巧对秀才》等。本卷收录其采录的故事《照圣人的话断案》《新媳妇戏小和尚》《孩童巧对秀才》《神笔》《要写大家写》等篇。

杨保新（1962.11—　）

男，

龙安区善应镇杨家坪村人，

大专

1980年参加工作，任善应镇文化站站长。安阳县民协会员，龙安区文联委员，安阳市摄影家协会会员，中国民俗摄影协会会员。采集整理的民间故事和传说《破头山的来历》《朱砂洞的故事》《天喜镇村名的来历》《飞来的扬州塔》《唐王李世民灵泉寺降香》《敬德墩鞭石》等选入安阳县民间故事卷《狐狸坟传奇》。本卷收录其采录的故事《九龙山"老玉"的故事》《种九长的故事》等篇。

徐增奇（1962.12—　）

男，

林州市姚村镇上陶村人，

在职研究生

中小学高级教师。1980年参加教育工作，1988年走上学校管理岗位，从乡村到城市、从教师到校长，历经40余年，承担和主持国家级、省级教育科研课题6项，获得科研成果一等奖7个，在报刊发表中小学教学研究论文数十篇，先后17次被省、市、县表彰为优秀教师和先进工作者，被授予河南省教育厅学术技术带头人、省电化教育专家库成员、中国教育学会第七届全国百名优秀中学校长等荣誉。热爱民间文学，1987年出版的《中国民间故事集成·河南林县卷》收录他采录的民间故事有《巧断砖头案》《两铜还三鞭》《是是是》《一捏酥》。本卷收录其采录的故事《巧断砖头案》。

袁连周（1963.5—　）

男，

内黄县马上乡八里庄村人，

高中

1983年至1985年在内黄县文化馆从事民间文学搜集整理工作，现任马上乡文化服务中心主任。本卷收录其采录的故事《隐身草》《财主和儿子》《长虫女》《骗吃》等篇。

赵福生（1963.6—　）

男，

林州市任村镇人，

大专

高级职称，市农业农村局干部。河南省民协会员，安阳市民协会员，林州市民协副主席。2018年被林州市文联、林州市民协授予"十大杰出民间文艺家"荣誉称号。自幼受家庭影响，喜欢看民间唱戏和听大人们讲故事，十分崇拜抗金英雄岳飞和隋唐好汉。1982年参加工作后，利用业余时间搜集整理了

大量民间故事和传说，采集到很多民间歌谣和谚语。参与《中国民间文学三套集成·河南林县卷》的普查、搜集及整理工作，编写民间故事、歌谣、谚语等共计16万字，获安阳地区"中国民间文学三套集成"先进工作者和金质奖章。参与《中国民间故事全书·河南林州卷》的编写工作，任副主编。采录的故事传说有《没腰小孩气老财》《"好心作了驴肝肺"的由来》《塌崖出与金牛推磨》《葫芦官判葫芦案》《木家庄和盘阳的传说》《孟家坟》《官戒岭上的奶奶庙》《楂婆山、柳盆山和扁担岭》《马刨泉》等。本卷收录其采录的故事《县太爷难判家产案》《塌崖出与金牛推磨》。

石付林（1963.6—　）

男，

林州市任村镇仙岩村人，

高中

高考落榜回乡当了农民。从小爱好文学，上学时所作作文常被老师在班里当范文。回乡后，一边务农，一边晚上在煤油灯下练习写作。1986年参加吉林省作家进修学院举办的文学函授班，他的多篇文章被东北媒体采用。后到安阳百货批发站当了合同工，业余时间又参加了安阳日报社首届培训班，成为通讯员，在多家报纸发表过作品。本卷收录其采录的故事《苏三和王五》。

齐素玲（1963.12—　）

女，

滑县白道口镇白道口村人，

本科

中国作家协会会员，滑县作协主席。20世纪80年代开始创作，有小说、散文、纪实文学等散见于报刊。出版有长篇纪实文学《赵毅敏》、长篇小说《红颜》。其中小说《红颜》荣获2011年河南省第九届精神文明建设"五个一工程"奖。讲述、采录的故事传说有《巨蟒救众生》《金五卖豆腐》《欧阳修断案》《欧阳修闲游明福寺》《欧阳修妙语戏"酸秀才"》《欧阳修让道》《欧阳修进城》《欧阳修访韩琦》《欧阳修劝学》《逆子求医》《白虎庙》《十二眼井》等。本卷收录其采录的故事《巨蟒救众生》《金五卖豆腐》。

刘宏伟（1964.6—　）

男，

滑县高平镇刘谭村人，

大专

中国散文诗学会会员，河南省作家协会会员、诗词学会会员，滑县作协副主席、诗词学会副会长。参加工作后，历任连队文书、乡镇办公室秘书干事、副主任、文化站站长等职，业余时间坚持文学创作。受祖父影响，听过一些故事传说，参与过滑

县民间故事传说的采集整理工作，部分作品被《滑县民间故事集成》收录。2016年至2020年，参与了政协滑县委员会编辑出版的《滑县一村一故事》采编工作，主要负责滑县四间房镇各村故事的采集、加工和编辑整理工作。其间采录的民间文学作品选入《滑县一村一故事》30余篇，2020年获该项工作先进个人荣誉，同时本人所负责的四间房镇也获得了先进乡镇荣誉。在市级以上报刊发表文章700余篇（首），2017年出版散文集《临街的小窗》，与人合著散文诗集《八面晞风》。本卷收录其采录的故事《十二生肖与老鼠嫁女》。

刘会丰（1964.10—　）

男，

内黄县人，

大专

副教授级研究员，中国曲艺家协会会员，河南省民间文艺家协会会员，安阳市曲艺家协会副主席，内黄县文广体旅局干部。出版有《安阳市曲艺志》《滥觞与辉煌》《坠剧》等10余部专著，在《文化月刊》《曲艺》等发表戏剧、曲艺论文50余篇，在《人民日报》《中国人口报》等报刊发表曲艺作品300多篇，编导的节目及理论研究曾获全国曲艺理论研讨会、全国河南坠子大会、全国曲艺展演、全国计生曲艺大赛、河南省小品小戏曲艺大赛、河南省曲艺牡丹奖等百余次大奖，编导的节目曾200多次参加中央电视台、梅兰芳大剧院、全国百戏盛典、大运河八省优秀节目、晋冀鲁豫戏剧等展演，策划组织举办了中国北路坠子明星展演、中国内黄枣乡达人秀等文化活动百余次，参与国家、省、市民协组织的各类活动200多次，成功申报国家级、省、市级非物质文化遗产项目30余项，与全国50多位专家教授合作开展50多项专题研究。采录的民间故事与传说有《枣为媒》《宝葫芦的传说》《老鼠嫁女》《十二生肖的传说》《柳根板字画的传说》《康氏木版灯笼画的传说》《康熙与灯笼》等。本卷收录其采录的故事《老鼠嫁女》《宝葫芦的传说》。

宋建军（1967.11—　）

男，

林州市五龙镇中石阵村人，

大专

林州市民间文艺家协会会员，林州市摄影家协会会员，中小学一级教师。曾多次被评为优秀教师。酷爱摄影、摄像，喜欢搜集整理民间故事及传说。作品发表于《安阳日报》"林州播报""淇河两岸"等媒体，所拍的《刘家大院》视频被多家媒体转播，民间传说故事被《五龙镇志》收录。采录的故事传说有《秀才学医》《"亏心丸"》的故事《"倒罐"起来的故事》《石阵村刘家致富》《北猿山狐仙奇缘》《刘财主背鬼》等。本卷收录其采录的故事《金牛银牛》《北猿山狐仙奇缘》《刘财主背鬼》等篇。

崔长灿（1968.4—　）

男，

滑县人，

大专

1989年7月毕业于安阳师范专科学校历史系，2000年6月毕业于河南省教育学院历史系。滑县城关镇欧阳中学历史教师，中国诗歌学会会员，河南省作家协会会员，河南省散文诗学会理事，河南省诗词学会会员，安阳市作家协会理事，滑县作家协会副主席，《滑台文学》和《中原散文诗》编辑，出版有散文集《回不去的岁月》和散文诗合集《八面晞风》等著作，部分散文诗作品被收入《中国散文诗年选》，作品多次在省内外多家报刊和网络上发表。参与滑县民间故事传说编纂工作以来，共搜集和整理七十多万字近六百篇民间故事与传说。本卷收录其采录的故事《四根灯芯儿》《买话儿》《王三两与李半斤》《泥胎塑鬼》等篇。

程新发（1969.4—　）

男，

汤阴县瓦岗乡南寒泉村人，

中专

河南省民协会员，河南省非物质文化遗产汤阴泥彩塑技艺传承人。自幼家贫，唯喜欢画画和听老人们讲故事。16岁得以师从本乡老艺术家赵守业先生学习民间绘画和泥塑工作，并悉心钻研，以此为业，常年奔波于各地寺庙从事泥彩塑。在此期间借机聆听了许多民间故事与传说。见讲述者多为老人，而听者寥寥，因此对民间故事的消亡常怀隐忧，对民间文学的喜爱又令其不忍割舍，但其本人文化程度不高，除看专业书本之外，多读的是一些文史闲杂书籍，作的也是一些打油诗以自娱自乐，偶有绘画、泥塑作品和小诗发表于本县杂志上。采录的民间故事传说有《鳌精与石槽》《牛郎织女的传说》《鬼买肉》《高汉庙的传说》《老关爷收周仓》《王莽撵刘秀》《椿树为王的故事》等。本卷收录其采录的故事《鬼买肉》《鳌精与石槽》。

郭松义（1969.4—　）

男，

林州市石板岩镇韩家洼村人，

大专

1987年3月参加教育工作，长期在石板岩镇郭家庄学校任教，擅长语文教学。喜欢文学与书法，业余时间喜欢收藏、采录民间传说故事，是林州市民协会员，文章曾在《河南日报》、林州《红旗渠》报发表。本卷收录其采录的故事《美女狐仙》。

高鹏伟（1969.6— ）
男，
林州市原康镇大安村人，
本科

出身于农民家庭，初中毕业考入师范学校，18 岁开始参加工作，多次获得优秀教师、模范班主任等称号。平时喜欢文学，对中国传统文化有很大的兴趣。位于林州西南的原康镇，历史悠久，文化深厚，原康人自古就喜欢讲故事、听故事，有的是传说，有的是故事，他在周末或其他业余时间，走访会讲故事的老艺人，或茶余饭后与街边的人们闲谈，搜集那些多年来讲了一遍又一遍的老故事，采录的故事传说有《老狐精的故事》《犁地人治怪病》《梦三儿》《整瞎先生》《南觅村》等。本卷收录其采录的故事《吹破天》《老狐精》《老狐精的故事》《康小斗儿》《爱出难题的老公公》等篇。

焦国建（1969.7— ）
男，
内黄县中召乡滹沱村人，
大专

中国民间文艺家协会会员，河南省作家协会会员，河南省摄影家协会会员，河南省民间文艺家协会会员。现任内黄县政协秘书长，曾任内黄县文联主席、文物旅游局局长。在《诗刊》《星星》《绿风》《诗潮》《莽原》《奔流》《河南日报》《少年文艺》等报刊发表作品，有作品收录在诗刊社选编的《2003 中国年度最佳诗歌》，获《莽原》新作家奖诗歌一等奖，出版诗集《谁知道风的下落》、散文集《蓝花瓷片》，编著有地方文化图书《帝乡神韵》《内黄意象》《门泊桃红》《商中宗太戊陵》《天下一家 根在内黄》《内黄古韵》《卫河古道》等，主编《中国民间故事全书·河南内黄卷》。本卷收录其采录的故事《傻扑腾》。

刘永庆（1970.10— ）
男，
林州市石板岩镇漏子头村人，
中专

毕业后回乡务农，后从事建筑业，担任项目技术与施工管理职位。他爱好民间文学和写作，工余时间善于收集民间传说故事并从事文学创作，作品在林州有关媒体发表。本卷收录其采录的故事《樵夫和人参的故事》。

王海晓（1972.1— ）
男，
滑县王庄镇郎柳集村人，
大专

滑县风物滑州文化传媒有限公司董事长、千村文化工程发起人及总编。就读滑县一中期间，任《小荷》文学社社长。滑县早期文学刊物《蓝火文学》特约编辑，滑县诗词学会副秘书长，滑县历史文化研究会副秘书长，滑县作家协会副秘书长，河南省政协滑县历史文化研究员。滑县政协编纂《滑县一村一故事》，任第一辑执行主编。采录撰写的民间故事传说数百篇。本卷收录其采录的故事《两好搁一好》。

郜现英（1973.2— ）
女，
安阳县韩陵乡东梁贡村人，
高中

年轻时在市卫生局下属的印刷厂从事排版等工作，因长期对文学作品有着浓厚的兴趣，在工作之余经常涉猎一些民间文学作品。个人自幼受家庭文化熏陶，小时候早上睁开眼就让母亲卢玉花讲故事，晚上闭上眼还缠着母亲听故事，听着就睡着了。在母亲的熏陶下对民间故事情有独钟。曾采写有《幸福因分享而美好》《爱在宜居》等故事性文章。讲述、采录的民间故事、传说有《狐狸坟传奇》《定国寺》《韩陵山的由来》等。本卷收录其采录的故事《傻女婿和能媳妇》《狐狸坟传奇》《拉脚坑》等篇。

罗鹏军（1973.4— ）
男，
林州市合涧镇三池村人，
本科

毕业于中国矿业大学本科，先后在江苏省徐州市企业和事业单位就职。他从小就爱听老人讲故事，听着父亲讲的故事入睡。成年后，他特别爱好民间故事和传说，在工作之余，凭记忆整理了儿时听大人们讲述的故事。为了写好故事，他进行了多次采录。本卷收录其采录的故事《老外郎的故事》。

刘建舟（1974.1— ）
男，
林州市黄华镇马地掌村人，
初中

河南省书法家协会会员，林州市民间文艺家协会理事，林州市作家协会会员，林州市民协黄华镇工作委员会副会长兼秘书长。初中毕业后外出打工。1994 年应征入伍，在部队服兵役 4 年，先后担任过连队文书、班长、团支部书记、代理排长等。退伍回到家乡后，为了减轻政府就业压力，自谋职业，干起了个体生意。业余时间苦练书法艺术，多次在县、市、省级书法展览中获奖。同时，他十分爱好民间文学和文学创作，一有闲余时间就去采录民间传说故事，并通过民协民间文艺平台传承优秀民间文艺。本卷收录其采录的故事《刘大胆吃鬼》《善有善报》。

李立国（1974.5—　　）
男，
龙安区马家乡李庄村人，
本科

河南省民间文艺家协会会员，河南老字号"李家手工红薯粉条"传承人，龙安区非遗项目"李氏粉条"代表性传承人，李庄落子文化传媒公司经理，兴阳禅寺塔文保所所长，安阳市优秀文物保护员，龙安区马家乡村村主任，总监理工程师。自幼受父亲影响，利用业余时间搜集整理了许多民间故事传说，其中有《李广成传说》《兴阳禅寺塔的传说》《傻小子》《哪如一回吃成屎》《书生和官员对对子》《一家四口对诗》等。本卷收录其采录的故事《一家四口对诗》。

段瑞峰（1975.10—　　）
男，
林州人，
本科

河南省作家协会会员，龙安区文联主席。业余时间喜爱写作，有新闻稿件、人物通讯、报告文学、散文等作品在《安阳日报》等报刊发表。近年来，积极组织参加全区民间故事文艺采风活动，对流传于龙安区的风俗传说进行调查、搜集、整理，并参考有关民间传说典籍，在广泛深入民间调查研究、采集整理的基础上，采录民间故事数十篇，有《麻水寺上头一功》《墩鞭石的传说》《白蛇的传说》《阎王的传说》《千里送鹅毛》《牛家岗的由来》《平棘村的由来》等。本卷收录其采录的故事《千里送鹅毛》《两好搁一好》。

李海燕（1978.3—　　）
女，
安阳县北郭乡李北郭村人，
高中

河南省民间文艺家协会会员。出生于一个具有传统民间剪纸艺术又有民间故事熏陶的家庭，2008年，其采录的民间故事多篇被收录进《中国民间故事大全·安阳县民间故事卷》，2012年被评为安阳市传统民间剪纸艺术传承人。其父李生学生前系安阳县民协副主席，其母乔梅花为安阳县民协会员、安阳市传统民间剪纸艺术传承人和民间故事讲述者。父母能写会画会讲故事，加上她聪敏好学，从小即受环境熏陶，耳濡目染，在上小学期间就利用课余、假期时间开始学习剪纸和给同学讲故事。

她向母亲学，向村里的老奶奶、大婶大妈学，加上母亲手把手地指导，剪纸技艺逐渐提高，学会讲很多民间故事。她可以娴熟地驾驭剪纸工具。

她把故事与剪纸结合起来，使两种艺术有机融合。功夫不负有心人，由于她刻苦钻研并耕耘剪纸技艺不辍，作品多次获奖。她每一幅剪纸作品，又都蕴涵着一篇优美的民间故事。本卷收录其采录的故事《鸡蛋精》。

薛帅（1990.1—　　）
男，
林州市五龙镇薛家岗村人，
中专

林州市民间文艺家协会五龙专业委员会副会长，林州市民协工艺美术专业委员会理事，林州市民间文学专业委员会副会长，《五龙民间文艺》主编。毕业于河南省工艺美术学校。毕业后一直从事泥塑、彩绘行业，作品见于山西、河南等地。常年花费大量时间，省吃俭用，研究民间文化，考古、搜集民间故事、民俗风情，采写民间文学，拓碑10余年。采录多篇民间故事、传说，在市内外报刊和专业网站发表。还发挥自己的专业特长，将许多五龙镇的民间故事进行录音录像，在"五龙民间文艺"平台进行播放，形象直观地再现了民间故事和传说的场景。本卷收录其采录的故事《瞎毛撞上死老鼠》《是谁偷了老爷顶的门》《薛建章告冥状》等篇。

四

安阳民间故事
图书与资料
（按照编纂和出版时间先后排序）

1.《安阳市民间故事集成》
（第三辑）
安阳市文化馆
1962 年 5 月
印行辑数不详
（刻写油印本）
本辑为清末小朝寺农民抗粮
运动传说故事专辑

4.
《中国民间故事集成·河南
汤阴卷》
王权 张保东 主编
1987 年 7 月
资料集
收录民间故事 120 篇

7.
《滑县民间故事集成》
魏庆选 主编
1990 年 2 月
资料集
收录民间故事 150 余篇

10.
《风流才子刘庚星的故事》
侯新民 著
文津出版社
1993 年 2 月出版
收录刘庚星故事 100 余篇

2.《汤阴民间文学》
汤阴县文化馆 编
1984 年
不定期内部刊物
（打字油印本）
辟有民间故事、笑话等栏目

5.
《林县民间故事集成》
彭新生 主编
1987 年 8 月
资料集
收录民间故事 160 余篇

8.
《中国民间故事集成·河南
内黄县卷》
李香菊 主编
1990 年 10 月
资料集
收录民间故事 200 余篇

11.
《韩陵山的故事》
冯湘平 黄天信 著
中州古籍出版社
1993 年 4 月出版
收录民间故事 59 篇

3.
《河南民间故事集》
中国民间文艺研究会河南分
会、河南大学中文系 编
中国民间文艺出版社
1985 年 5 月出版
收录安阳民间故事 5 篇

6.
《林县民间传说》
李广平 编著
1988 年春
资料集
收录民间故事传说 30 多篇

9.
《岳飞岳庙传说故事》
金亭 著
中州古籍出版社
1991 年 9 月出版
收录岳飞岳庙故事 52 篇

12.
《安阳故事卷》
胡德葆 张瑞和 游玉清 主编
中原农民出版社
1993 年 10 月
收录民间故事 100 篇

13.

《善应传说传奇故事选》

安阳县善应镇文化站 编印

1996 年

资料集（打印本）

收录民间故事 50 余篇

16.

《中国民间故事集成·河南卷》

张楚北 主编

中国 ISBN 中心

2001 年 6 月

收录安阳民间故事 16 篇

19.

《帝乡神韵》

焦国建 编著

中国文联出版社

2003 年 4 月

收录故事传说 36 篇

22.

《平世王与苍龙爷传奇》

郝顺才 李安贵 编

2003 年 12 月

资料集

收录章回体民间传说 18 章

14.

《狐狸坟传奇》

孙保成 主编

1996 年 7 月

资料集

收录民间故事 300 余篇

17.

《潘庄二大爷传说》

甘学礼 搜集整理

2001 年 6 月

资料集（打印本）

以章回体收录二大爷传说 53 回

20.

《民间故事选》

宋魁元 搜集整理

2003 年 5 月

资料集

收录民间故事 40 篇

23.

《解读岳飞故乡》

王波清 编著

中国广播电视出版社

2004 年 5 月

收录岳飞传说 5 篇

15.

《林州民间故事》

侯新民 著

天马图书有限公司

1998 年 5 月

收录笑话、故事 200 余篇

18.

《颛顼帝喾故事》

张怀恩 著

天马图书有限公司

2001 年 12 月

收录故事 50 余篇

21.

《安阳说古》

冯湘平 马省洲 编著

内蒙古人民出版社

2003 年 12 月

收录民间故事 90 余篇

24.

《武探花杨炳与〈习武序〉》

杨彦明 著

中国文史出版社

2004 年 9 月

收录杨炳传说 8 篇

25.

《龙安传说》

史志宏 著

中国戏剧出版社

2005 年 3 月

收录民间故事 70 余篇

28.

《文峰耸秀》

李苏平 主编

中国文史出版社

2006 年 6 月

收录民间故事 17 篇，地名

传说 10 篇

31.

《中国民间故事全书·河南

内黄卷》

焦国建 主编

2006 年 6 月

资料集

收录神话、传说、故事 300

余篇

34.

《甲骨文的故事》

刘耀青 编著

中国文史出版社

2007 年 9 月

收录民间故事 67 篇

26.

《瓦岗军的故事与传说》

黄顺卿 主编

滑县人民政府瓦岗寨旅游开

发指挥部办公室

2005 年 6 月

资料集

收录瓦岗军故事传说 130 篇

29.

《中国民间故事全书·河南

林州卷》

彭新生 主编

2006 年 6 月

资料集

收录神话、传说、故事 300

余篇

32.

《中国民间故事全书·河南

汤阴卷》（上）

河南汤阴卷编委会 编

孙笑梅 主编

李现虎 左斌 副主编

2006 年 9 月

资料集

收录神话、传说、故事 290 篇

35.

《林州村名探源》

王买金 编著

中国广播电视出版社

2008 年 7 月

收录村名传说故事 400 余篇

27.

《林州文史资料》

（第十五辑）

林州市政协文史资料

文员会 编

2005 年 12 月

资料集

收录"林州村名溯源"200

余篇

30.

《中国民间故事全书·河南

滑县卷》

徐慧根 主编

2006 年 6 月

资料集

收录神话、传说、故事 300

余篇

33.

《尧城故事》

乔厚武 彭存希 主编

中国国际文艺出版社

2006 年 9 月

收录民间故事 50 余篇

36.

《安阳文史资料》（第十六辑）

2008 年 12 月

齐瑞申 编

资料集

收录地名传说 6 篇

37.

《安阳县民间故事集》

秦和金 主编

王光明 副主编

2008 年

资料集

收录民间故事 200 余篇

40.

《万古的故事与传说》

肖随普 王志民 编

2009 年 7 月

资料集

收录滑县万古镇故事传说

30 余篇

43.

《千年古县汤阴地名民俗与

革命故事》

栗文飞 编著

中国文史出版社

2011 年 3 月

收录民间故事 80 余篇

46.

《岳儿寨清泉寺轶事》

张金印 臧佩臣 编著

汤阴县任固镇岳儿寨清泉寺

编印

2013 年 5 月

资料集

收录清泉寺传说 30 余篇

38.

《中国民间故事全书·殷

都卷》

（殷都文史资料第 2 辑）

刘耀青 主编

2008 年

资料集

收录民间故事 100 篇

41.

《刘更新传奇》

华新 著

长江文艺出版社

2010 年 8 月

收录刘更新传奇故事 7 章

41 篇

44.

《盘阳草根录》

申洪运 编著

2012 年 4 月

资料集

收录民间故事 100 余篇

47.

《汤阴民间故事》

原方 金亭 编著

河南人民出版社

2013 年 9 月

收录民间故事 200 余篇

39.

《中国木版年画集成·滑

县卷》

冯骥才 主编

中华书局

2009 年 6 月

收录与年画有关的故事与传

说 7 篇

42.

《民间说曹操》

王光明 编著

大象出版社

2010 年 11 月

收录曹操故事传说 60 余篇

45.

《岳飞故事》

张怀恩 著

河南人民出版社

2012 年 7 月

收录岳飞故事 63 篇

48.

《大唐武平寺》

崔复生 主编

马家山村三套集成编纂委

员会

2013 年 9 月

资料集

收录武平寺故事传说 16 篇

49.
《岳飞传说故事集》
栗文飞 著
2014 年 2 月
资料集
收录汤阴、内黄等地岳飞故事 100 余篇

52.
《古都安阳——安阳历史文化精选》
申维时 主编
2015 年 4 月
资料集
收录古城民间故事、名人故事传说百余篇

55.
《岳飞与汤阴岳飞庙》
陶涛 编著
中州古籍出版社
2015 年 12 月
收录岳飞传说故事 3 篇

58.
《滑县一村一故事》
马修乾 主编
大象出版社
2017 年 11 月
收录滑县各村民间故事 140 余篇

50.
《万古的故事与传说》
康淑华 主编
2014 年 8 月
资料集
收录滑县万古镇故事传说 40 余篇

53.
《扁鹊与扁鹊墓庙》
王东 编著
中州古籍出版社
2015 年 12 月
收录扁鹊传说 20 篇

56.
《周易与羑里城》
陶涛 编著
中州古籍出版社
2015 年 12 月
收录传说故事 9 篇

59.
《邺南首镇——宜沟史话》
刘振民 主编
河南人民出版社
2017 年 11 月
收录民间故事 60 篇

51.
《走进内黄·地名趣谈》
张怀恩 编撰
中州古籍出版社
2014 年 12 月
收录地名故事传说 56 篇

54.
《岳飞文化研究》
王波清 主编
中州古籍出版社
2015 年 12 月
收录《岳飞》8 集文献片解说词，内含岳飞传说多篇

57.
《冯门故事》
冯湘平 主编
北京燕山出版社
2015 年 12 月
收录安阳民间故事 5 篇

60.
《文峰耸秀·寻迹》
朱艳丽 主编
中州古籍出版社
2018 年 1 月
收录故事传说 30 篇

61.

《张德酿酒》

傅玉生 著

2018 年 5 月

资料集

收录章回体张德酿酒的故事

64.

《中国民间剪纸集成·豫北卷》

程健君 主编

2018 年 12 月

河北教育出版社

收入安阳剪纸故事 2 篇

67.

《文峰区地名故事》

栗小俊 主编

2019 年 6 月

资料集

收录地名等故事 143 篇

70.

《滑县一村一故事》

（第二辑）

马修乾 主编

政协河南省滑县委员会

2020 年 2 月

收录滑县各村民间故事 200 篇

62.

《新编内黄民间故事》

（上下册）

刘修河 张怀恩 主编

2018 年 6 月

资料集

收录民间故事 179 篇

65.

《紫金山古文化传奇》

李海顺 李明生 撰

2018 年

资料集

收录民间故事 11 篇

68.

《汤阴运河故事》

栗文飞 编著

2019 年 10 月

资料集

收录民间故事 90 余篇

71.

《内黄古韵》

政协内黄县委员会文史委编

2020 年 6 月

资料集

收录各类故事 10 余篇

63.

《北关区地名故事》

王利萍 主编

2018 年 11 月

资料集

收录故事传说 36 篇

66.

《安阳故事传说》

李恩义辑录

2019 年 3 月

资料集

辑录安阳传说故事 50 余篇

69.

《南岭故事》

郜廷丰 主编

2019 年 12 月

资料集

收录民间故事 80 余篇

72.

《少年岳飞故事》

邵敬春 主编

2020 年 8 月

中国工人出版社

收录岳飞故事 56 篇

73.

《乡里故事小编》

方宪仁 著

2020 年

资料集

收录故事 40 余篇

74.

《汤阴优秀民间故事文化丛书》（上册）

刘振民 许永昌 高林丽 主编

2021 年 10 月

资料集

收录各类故事 600 余篇

后记

经中国民间文学大系出版工程办公室批准,《中国民间文学大系·故事·河南卷·安阳分卷》《中国民间文学大系·传说·河南卷·安阳分卷》(以下简称《安阳故事/传说分卷》)的编纂列入 2020 年工作计划,安阳市工人文化宫承担了此次编纂的具体工作。

为尽快高质量完成编纂任务,《安阳故事/传说分卷》编委会(以下简称编委会)做了充分的前期资料准备,一方面将各县区编纂"三套集成"以来的资料,分为既有电子版又有印刷版、只有电子或只有印刷版,进行分别整理,无电子版的尽快转电子版;另一方面建立了微信"安阳故事传说征集群",广泛动员安阳市民间文学工作者搜集、整理未收入"三套集成"和故事全书的资料,共同参与到编纂工作中。

为全面铺开编纂工作,2020 年 8 月,编委会首先在龙安区、安阳县召开启动工作会。在工作经费落实后,又从 10 月起到 12 月,陆续在林州、汤阴、滑县、内黄召开启动会。鉴于安阳市老城区(文峰区、北关区)未进行过"中国民间文学三套集成"、中国民间故事全书的编纂,资料较为分散,12 月 27 日召开老城区民间故事传说座谈会,开展老城区民间故事传说的征集补遗。至此,安阳故事、传说两个卷本的编纂同步全面启动。

经过几个月的辛勤工作,部分县区已完成选编初稿。为加快编纂进度,保证高质量完成《安阳故事/传说分卷》的编纂,2021 年 3 月 6 日,编委会在安阳市工人文化宫召开了培训暨审稿会。中国民协副主席、河南省民协主席、大系河南省专家委员会传说组组长程健君,河南省民协顾问、大系河南省专家委员会故事组组长乔台山,河南省民协秘书长刘炳强,项目助理王博峰,以及安阳市有关编纂人员等参加了会议。程健君主席首先讲话,他向与会人员介绍了中国民间文学大系出版工程概况,详细介绍了河南省民协在出版工程中所承担的任务。刘二安汇报了《安阳故事/传说分卷》编纂工作情况,殷都区、龙安区已完成故事卷、传说卷的选编,安阳县已完成故事卷的选编,传说卷也即将完成;文峰区、

0841

故事·河南卷·安阳分卷
后 记

北关区同属老城区，两区编纂人员合作，已完成了初稿。在抓紧推动各区编纂进度的同时，下一步将重点推进各县的编纂工作。培训会上，乔台山、程健君分别向编纂人员讲授了编纂体例、编纂规范等相关工作，编纂人员与专家进行了交流。

培训暨审稿会后，开始重点推进各县的编纂工作。2021年3月中下旬，编委会到汤阴、滑县、内黄、林州，与各县编纂人员座谈交流，具体落实各县编纂人员所承担的任务，以便推进编纂进度。

2021年4月15日，编委会召开编辑部工作会议，总结了前一段编纂情况，已完成初稿的有安阳县、殷都区、龙安区、老城区（文峰、北关）即将完成，编委会以《中国民间故事集成·河南卷》《河南民间文学集成·安阳故事卷》所选录的安阳故事传说为基础，整理已完成的县区卷本，开始汇编市卷本。为推进尚未完成的各县卷本的编纂工作，加快进度，工作会议确定由编辑部成员王光明、刘耀青、高艳芳、刘二安四位分工，以"三套集成"故事卷和故事全书为基础，分别整理各县资料，由各县负责新征集资料的整理。

《安阳故事/传说分卷》林州编纂推进会，于5月15日在安阳市工人文化宫召开。会议总结了《安阳故事/传说分卷》整体编纂进度，在"三套集成"安阳故事集成基础上，已完成市区（殷都、龙安、文峰、北关）部分的选编，安阳县部分也已完成初稿，下一步重点转入其他各县的选编。负责县卷本选编的王光明、高艳芳、刘耀青介绍了各自选编的进度。靳林峰介绍了林州编纂情况。

2021年6月11日，《安阳故事/传说分卷》编纂工作推进会在安阳市工人文化宫召开。会上，刘二安、赵乾民分别传达了河南省民协2021年工作会暨《中国民间文学大系·河南卷》编纂工作推进会精神，汇报了安阳故事传说卷编纂情况。故事和传说的县区卷本已全部完成选编初稿，共计220万字，开始整体汇总市卷本。赵乾民在会上宣读了中国民间文学大系出版工程领导小组办公室、中国民间文艺家协会关于同意刘二安担任安阳故事/传说两卷主编的任命函；刘二安主编向《中国民间文学大系·故事·河南卷·安阳分卷》副主编以及《中国民间文学大系·传说·河南卷·安阳分卷》副主编颁发了中国民协、河南省民协聘书。《安阳故事/传说分卷》副主编的人员构成，既有从事过"三套集成"、故事全书编纂的老民间文艺工作者，也有来自高校的专家学者，有各县区民协的负责同志，还有文化系统的非遗工作者，以及承办单位参与具体工作的领导，人才济济的编纂力量，将为故事传说卷的编纂提供全面的保障。与会人员还就安阳故事传说卷的编纂、安阳老字号故事的征集及其他民协活动的开展进行了热烈的讨论。汤阴等县民协提供了该县故事传说讲述者、采录者等有关要素的补充资料。

经过编委会成员半年多的辛勤工作，2021年7月，《安阳故事/传说分卷》两个卷本的正文初稿部分业已完成，转入了要素、附记和附录的修订与编纂，先后召开了附录编纂工作会和采录者座谈会。

"三套集成"故事卷的编纂至今已近三十年，民间故事全书的编纂也将近二十年，随着时间的推移，许多参与过"三套集成"故事卷、故事全书编纂的民间文学工作者已经失联，有些已经去世，有些工作变动或调往外地。我们千方百计联系到了在世的全部各县区"三套集成"故事卷和故事全书的主要编纂人员。在整理相关资料时，我们怀着沉痛的心情，怀念那些为安阳市民间文学做出贡献的已故民间文学工作者，怀念那些曾大力支持安阳市民间文艺事业发展的已故老领导。"中国民间文学集成河南安阳市卷编委会"的总编李正冠（时任安阳市委宣传部副部长），副主编王劲宣（市文联主席）、王世杰（市文化局副局长）、张瑞和（市委宣传部文艺科副科长）、游玉清（市文联副主席），《中国民间故事集成·河南汤阴卷》主编王权，《中国民间故事集成·河南内黄县卷》主编李香菊，《中国民间故事全书·安阳县民间故事集》主编秦和金，虽然都已经永远离开了我们，但《安阳故事/传说分卷》要铭记他们的名字，《安阳故事/传说分卷》的编纂，也有他们的一份功劳。我们还先后联系到《河南民间文学集成·安阳故事卷》主编胡德葆、中国民间故事集成河南安阳县卷《狐狸坟传奇》主编孙保成、《中国民间故事集成·河南汤阴卷》主编张保东、《林县民间故事集成》主编彭新生，以及目前居住在外地的《中国民间故事集成·河南滑县卷》主编魏庆选，《中国民间故事集成·河南内黄县卷》编纂人员李国存、聂延军等，《安阳故事/传说分卷》也要铭记他们的名字，将他们列入安阳市民间文学群英谱中。

《安阳故事/传说分卷》的编纂，得益于自"三套集成"工作以来，安阳市民间文艺界已经形成的一支团结能干的团队，数十年如一日正常运作，《安阳故事/传说分卷》编纂工作启动以来，大家同心同德，共同努力，是完成《安阳故事/传说分卷》编纂任务的主要基础。在本次编纂工作中，老城区（文峰区、北关区）冯湘平、彭存希、王森林、李恩义、齐瑞申、安民、王家俊、王有才、赵文龙；殷都区刘耀青、冯新志、宋魁元之子宋海庆；龙安区段瑞峰、杨保新、郜廷丰、李立国、李海顺、徐玉生；林州市靳林峰、房海林、方建增、薛帅；安阳县王兴学、王光明、孙保成、张永军；内黄县刘秀河、焦国建、刘会丰、甘学礼；汤阴县刘振民、陈东海、栗文飞、程新发；滑县徐慧根、秦剑、崔长灿、牛继红、王海晓等，都做出突出的贡献。

《安阳故事/传说分卷》的编纂，也得益于有安阳市工人文化宫这样良好的工作环境。安阳市工人文化宫多年来积极支持安阳市民间文艺工作，被中国民协中华灯谜学术委员会命名为"全国优秀灯谜城"，被全国总工会命名为"全国职工灯谜的学校和乐园"，被河南省文化厅命名为"河南省非物质文化遗产社会传承基地"，创建了全国首家灯谜专业图书馆——中华灯谜图书馆。多年来，安阳市工人文化宫已成为安阳市民协会员之家，安阳市民协多次被评为全省民协系统先进单位，奖牌就挂在文化宫，这是市民协的光荣，也是工人文化宫的光荣。从 2006 年以来，安阳市历年申报的五十余家"河南老字号"在这里评选推荐，在这里还举办过多次民协活动，召开民协工作会议，尤其是承办了安阳市首届民间文艺"鼎甲奖"评选颁奖活动，举办了安阳市首届民间工艺精品展，承担并圆满完成了《中国民间文学大系·谜语·河南卷》的编纂任务。在接受《安阳故事／传说分卷》光荣而艰巨的编纂任务后，工人文化宫领导表示，一定要举全宫之力，全力支持故事、传说卷编委会的工作，给予人力物力财力全面支持，与编委会全体成员齐心协力，共同努力，保证圆满完成故事、传说卷的编纂任务！

本卷在编纂过程中，曾得到中国文联出版社编辑王素珍、周小丽的指导，大系出版工程民间故事专家组组长万建中，专家组成员李生柱、漆凌云，大系出版工程学术委员会委员曹保明，中国民协顾问、河南省民协名誉主席、大系出版工程河南省专家委员会主任程健君，河南省民协顾问、大系出版工程河南省专家委员会故事组组长乔台山仔细审读了全部书稿，提出许多宝贵意见，谨此一并致以衷心的感谢。

刘二安

2021 年 12 月 15 日